LA SECONDE GUERRE MONDIALE AU JOUR LE JOUR

2 194 jours de guerre

LA SECONDE GUERRE MONDIALE AU JOUR LE JOUR

2 194 jours de guerre

FRANCE LOISIRS

LA SECONDE GUERRE MONDIALE
AU JOUR LE JOUR

par Cesare Salmaggi et Alfredo Pallavisini

Titre original : 2 194 GIORNI DI GUERRA

Traduit de l'italien par Georgette Gauthier, Alain Guilhon, Elisabeth de Lavigne, Armand Oldra et Ariel Piasecki

Traduction des cartes : Marie-Thérèse Ménager et Jacques Sablayrolles

Encadrés additionnels de Marcel Péju et Claudio Olivieri

Cartographie : Studio cartografico Giovanni de Agostini, Milano

Iconographie : Franca Cambié, Antonio Di Leo, Virginia Guarneri

Mise en pages : Davide Danti

Maquette de la nouvelle édition : Ervin S.R.L.

Édition du Club France Loisirs, avec l'autorisation des Presses de la Cité
ISBN 2-7242-3892-3
Numéro d'éditeur : 13867

PRÉFACE

La Seconde Guerre mondiale au jour le jour, *véritable chronique du plus vaste conflit de l'Histoire, offre une vision simultanée de tous les théâtres d'opérations, depuis les steppes russes jusqu'à la jungle de Malaisie et aux îles Salomon, depuis le froid glacé des fjords les plus septentrionaux jusqu'aux sables brûlants du désert libyen, depuis les bunkers du mur de l'Atlantique jusqu'aux limites les plus reculées des océans — ce qui permet de mieux évaluer le jeu et la portée des événements, et de mieux saisir leur déroulement. Certaines lacunes se trouvent ainsi comblées, certaines décisions apparemment déconcertantes deviennent plus aisément compréhensibles.*

Quelques dates sont à ce titre particulièrement significatives. Ainsi le 8 juin 1942, par exemple, où commencent les premières exterminations massives de Juifs à Auschwitz, alors que le général Koenig résiste héroïquement à Bir-Hakeim aux blindés de l'Afrikakorps de Rommel, que les troupes allemandes, en Crimée, montent à l'assaut des forts de Sébastopol et que s'achève la gigantesque bataille navale de Midway, dans le Pacifique.

Si l'originalité de ce livre est de suivre, jour par jour, la chronologie de la guerre 39-45, il n'aurait pas été complet sans les nombreuses pages d'analyses qui le parsèment et qui apportent sur les moments-clés, politiques ou militaires, une vision plus large, plus globale.

Durant ces années de guerre, toute vie artistique et culturelle ne s'est pas arrêtée. Au contraire, certaines œuvres ont eu un impact considérable sur les consciences et ont joué un rôle historique important. En marge de la chronologie politique et militaire du conflit, des encadrés rappellent ainsi les faits marquants de cette autre actualité.

La Seconde Guerre mondiale au jour le jour, *illustré de près de 700 photographies noir et couleurs ainsi que de 80 cartes, est l'ouvrage de référence indispensable pour comprendre l'implacable logique du conflit le plus meurtrier de l'Histoire.*

En haut: Chamberlain, Daladier, Hitler, Mussolini et Ciano posent pour la postérité à Munich, en septembre 1938.
En bas: Neville Chamberlain signe les accords qui doivent éviter une nouvelle guerre à l'Europe.

PROLOGUE

29 septembre 1938
Accords de Munich. Ils sont signés par les représentants de la France (Daladier), de la Grande-Bretagne (Chamberlain), de l'Italie (Mussolini) et de l'Allemagne (Hitler) à la fin d'une réunion tenue dans la capitale bavaroise pour résoudre le problème des Sudètes, minorité tchèque de langue allemande qui demandait depuis longtemps son annexion au Reich. Le gouvernement de Prague s'y était toujours opposé, car il voyait là une menace pour sa sécurité et son intégrité nationale. Mais la violente propagande allemande avait finalement entraîné la France et l'Angleterre à chercher à tout prix une solution diplomatique de l'affaire en demandant la médiation de Mussolini. Par les accords de Munich, la France et l'Angleterre, prétendant se justifier par « le profond réalisme avec lequel elles voient la situation allemande », cèdent sur tous les points aux prétentions de Hitler. Elles autorisent en fait l'Allemagne à occuper la région des Sudètes entre le 1er et le 10 octobre, à condition qu'elle renonce à toute extension territoriale ultérieure aux dépens des nations voisines. Malgré leur expérience politique, Chamberlain et Daladier sont convaincus d'avoir mis un terme à l'expansionnisme allemand et surtout d'avoir sauvé la paix. Rarement illusions furent démenties par les faits avec une telle rapidité : les événements qui allaient suivre firent justice des espoirs des deux hommes. Aban-

LES PROTAGONISTES DE MUNICH

Édouard DALADIER, né à Carpentras en 1884, est député radical-socialiste depuis 1919. Plusieurs fois ministre depuis 1924, il est deux fois de suite président du Conseil entre 1933 et 1934. Partisan du Front populaire, il est ministre de la Défense nationale (1936-1937), puis chef du gouvernement (10 avril 1938) après la scission de la coalition de la gauche. L'instabilité de la situation politique intérieure le contraint à s'incliner devant l'arrogance hitlérienne et, bien qu'à contrecœur, à souscrire aux accords de Munich. Le 4 octobre, il rompt avec le Front populaire, qui a âprement critiqué sa « soumission » à Hitler. En réalité, sa politique est indécise et ne deviendra ferme qu'en 1939, quand il saura honorer ses engagements envers la Pologne.

Arthur Neville CHAMBERLAIN, « l'Homme au Parapluie », est né à Edgbaston (Birmingham) en 1869 ; il est député conservateur depuis 1918. Plusieurs fois ministre, il succède, au mois de mai 1937, à Stanley Baldwin à la tête du parti et du gouvernement britannique. Il cherche à neutraliser l'agressivité de Hitler et de Mussolini en pratiquant la politique de l'*appeasement* (la paix au prix de concessions). D'opinion contraire, son ministre des Affaires étrangères, Anthony Eden, a démissionné le 21 février 1938. Il l'a remplacé par lord Halifax, qui partage ses vues. A son retour à Londres, après la signature des accords de Munich, il annonce solennellement à son pays qu'il apporte « la paix pour notre temps ». Malgré le démenti des faits, sa bonne foi est indiscutable.

Benito MUSSOLINI, né à Dovia di Predappio en 1883, est au pouvoir en Italie depuis 1922. Inspirateur de Hitler, dont il se défie (d'autant plus que l'élève a dépassé le maître), il pratique depuis des années une politique extérieure agressive contre la France et l'Angleterre. En 1935, il a envahi l'Éthiopie. L'année suivante, il a envoyé en Espagne un corps de « volontaires » important pour porter secours à Franco. Comme Hitler pour l'Allemagne, il revendique pour l'Italie un « espace vital » et émet des prétentions sur la Corse, la Tunisie, Djibouti, Nice et la Savoie. Mais, face à la puissance croissante de l'Allemagne, il a conscience de la faiblesse de son pays et, à la conférence de Munich, il sera le médiateur convaincu et déterminant en faveur de la paix.

donnée par la France et l'Angleterre, la Tchécoslovaquie doit céder à l'Allemagne presque 30 000 km² de son territoire avec 3 500 000 habitants, dont 2 800 000 de langue allemande. Mais ce n'est pas tout. L'infortunée Tchécoslovaquie, après un second partage paraphé le 20 novembre 1938, perd d'autres fractions de territoire au profit de la Pologne (1 700 km² et 228 000 habitants) et de la Hongrie (20 000 km² et 772 000 habitants). De telles cessions territoriales font perdre à l'économie tchécoslovaque une part importante de ses ressources minières et de son industrie.

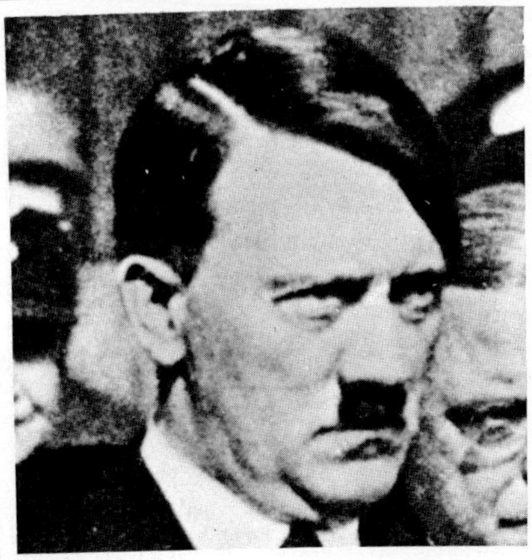

Adolf HITLER, né en 1889 à Braunau, en Autriche, est chancelier du Reich depuis le 30 janvier 1933. Après avoir imposé son « ordre » à l'Allemagne, il en a excité le traditionnel nationalisme par une propagande très habile. Avec perfidie et brutalité, il s'est libéré de toute opposition intérieure, en particulier de celle des généraux de la vieille garde. En politique extérieure, les faits lui avaient toujours donné raison. Au mois de mars 1936, personne n'avait réagi devant la remilitarisation de la Rhénanie ; le 13 mars 1938, l'annexion de l'Autriche (Anschluss) à l'Allemagne avait été servilement acceptée par les puissances européennes. Aujourd'hui, son succès à Munich lui permet d'occuper la région des Sudètes, prélude à des exigences bien plus importantes.

1er octobre 1938
Les troupes allemandes commencent l'occupation des Sudètes. L'opération était préparée dans les moindres détails depuis plusieurs mois, preuve manifeste que le sort des Sudètes était réglé, même sans la signature des accords de Munich.

5 octobre 1938
Démission du président tchécoslovaque Bénès. Il sera remplacé le 30 novembre par le docteur Hacha.

7 novembre 1938
A Paris, le conseiller d'ambassade allemand von Rath est abattu par un jeune Juif de dix-sept ans, Herschel Grynszpan, qui veut venger ses parents déportés de Hanovre.

9 novembre 1938
En Allemagne, pogrom de la Nuit de Cristal : prenant prétexte de l'assassinat de von Rath, les nazis incendient 267 synagogues, saccagent et pillent 7 500 magasins, tuent des dizaines de Juifs et en déportent 30 000 autres, de seize à quatre-vingts ans, dans des camps de concentration.

14 mars 1939
La Slovaquie, à la tête de laquelle se trouve le prélat germanophile Josef Tiso, proclame l'indépendance de Prague sous la protection de l'Allemagne et cède à cette dernière l'exploitation des ressources minières de la région.

15-16 mars
La République tchécoslovaque cesse d'exister. Les Allemands occupent la Bohême-Moravie et y imposent leur protectorat.
☐ La Hongrie annexe la Ruthénie subcarpatique, partie extrême-orientale de la défunte République tchécoslovaque.

17 mars
Chamberlain accuse Hitler de n'avoir pas tenu ses engagements.

21 mars
L'Allemagne renouvelle à la Pologne, pour la quatrième fois depuis le 24 octobre 1938, les demandes suivantes qui devaient être lourdes de conséquences : lui restituer Dantzig ; lui permettre de construire, à travers le corridor de Dantzig, une autoroute et une voie ferrée extra-territoriales entre l'Allemagne et la Prusse-Orientale ; lui garantir à longue échéance le respect de ce nouvel arrangement territorial.

23 mars
Le gouvernement polonais renforce le dispositif militaire du corridor de Dantzig. Parallèlement, à la suite d'un accord avec la Lituanie, les Allemands occupent le territoire de Memel (rebaptisé Klaïpeda en 1923), confinant à la Prusse-Orientale et habité par des populations de souche allemande.

26 mars
La Pologne rejette une fois de plus les demandes allemandes.

28 mars
Les Polonais déclarent solennellement que toute tentative allemande de modifier le statut de Dantzig sans leur consentement entraînerait inévitablement la guerre.

31 mars
La Grande-Bretagne annonce qu'elle garantira l'indépendance et l'intégrité territoriale de la Pologne contre d'éventuels agresseurs. La France s'aligne sur cette politique.

6 avril
Le ministre soviétique des Affaires étrangères, Maxime Litvinov, propose de conclure des accords anglo-russes au niveau des ministres.

7 avril
Pour contrebalancer l'expansion allemande en Tchécoslovaquie, des troupes italiennes occupent l'Albanie. Le roi Zog se réfugie en Grèce.

12 avril
L'Assemblée nationale albanaise approuve un ordre du jour qui

sanctionne l'union personnelle du pays à la couronne d'Italie.

13 avril
La France et la Grande-Bretagne, sur la base du document relatif à la Pologne, rendu public le 31 mars, se portent garantes de l'indépendance et de l'intégrité territoriale de la Grèce et de la Roumanie.

15 avril
La Chambre des faisceaux et des corporations proclame l'union dynastique du royaume d'Italie et du royaume d'Albanie en la personne de Victor-Emmanuel III.
☐ L'ambassadeur britannique à Moscou, sir William Seeds, demande à Litvinov que l'U. R. S. S. prenne, à l'égard de la Pologne et de la Roumanie, le même engagement que celui qu'ont pris les Français et les Anglais.

18 avril
Le ministre soviétique des Affaires étrangères Litvinov propose une alliance décennale entre la France, la Grande-Bretagne et l'U. R. S. S.

20 avril
Hitler célèbre son cinquantième anniversaire par la plus importante parade militaire que l'Allemagne ait jamais vue.

27 avril
La Grande-Bretagne réintroduit le service militaire obligatoire.

28 avril
Au Reichstag, Hitler dénonce le pacte décennal de non-agression conclu en 1934 avec la Pologne, ainsi que l'accord par lequel les deux pays s'étaient engagés à rechercher une solution pacifique au problème de Dantzig. Il réclame en outre la cession de la ville libre à l'Allemagne.

20 mai
La guerre civile qui a éclaté en Espagne en 1936 prend fin par la victoire du général Francisco Franco Bahamonde, soutenu par l'Allemagne et l'Italie.

22 mai
Les ministres des Affaires étrangères d'Italie et d'Allemagne, Galeazzo Ciano et Joachim von Ribbentrop, signent le pacte d'Acier. Pour les deux parties, cet accord politico-militaire doit devenir un moyen de pression diplomatique sur les démocraties occidentales et être le signe de l'identité d'intérêts entre l'Italie fasciste et l'Allemagne nazie. En fait, il n'a pas la solidité que son nom peut faire supposer. Dans les hautes sphères militaires et politiques de Rome, on se rend compte que Hitler se livre en Europe à un jeu de hasard dangereux, et s'il est vrai que l'Allemagne a accepté la condition posée par l'Italie — une guerre éventuelle ne doit pas éclater avant deux ou trois ans — il est aussi vrai que Hitler veut la guerre et la veut tout de suite. La « question polonaise » lui en offrira l'occasion.

23 mai
A propos de la « question polonaise », Hitler annonce à ses généraux : « Ne vous attendez pas à une répétition de l'affaire tchécoslovaque. Cette fois, la guerre, vous l'aurez. »

26 mai
Enfin décidées à changer d'attitude en face de la menace allemande et à s'opposer aux incroyables prétentions de Hitler, la France et la Grande-Bretagne cherchent à pousser l'Union soviétique à une alliance avec la Pologne. Les efforts de la diplomatie occidentale n'aboutissent pourtant à aucun résultat concret, surtout parce qu'à partir du 3 mai, Litvinov, ami de l'Occident, a été remplacé par Molotov qui, ayant moins de scrupules que lui, est plus enclin à chercher un accord avec l'Allemagne, pour des raisons uniquement tactiques.

25 juillet
250 avions anglais participent à des vols d'entraînement dans le ciel de France.

23 août
Au nom de l'Allemagne et de l'Union soviétique, les ministres des Affaires étrangères Joachim von Ribbentrop et Molotov signent à Moscou un pacte de non-agression auquel est annexé un protocole secret relatif au futur — donc certain — partage de la Pologne. Il s'agit là d'un changement de position inattendu et déconcertant, qui laisse le monde entier inquiet et perplexe. L'« accrochage » de l'U. R. S. S. que les puissances occidentales n'avaient pas réussi à réaliser en dépit de longs mois de tractations est accompli en quelques semaines par la diplomatie allemande. Pourquoi ? La réponse est très simple. Berlin pouvait offrir à Moscou un cadeau que la France et la Grande-Bretagne n'auraient jamais pu faire, c'est-à-dire la moitié de la Pologne, la Bessarabie et les États baltes. Le même jour, la Pologne et la France rappellent sous les drapeaux quelques classes de réservistes, sans toutefois décréter la mobilisation générale.

25 août
Les puissances occidentales cherchent comment répliquer à l'extraordinaire coup diplomatique allemand du 23 août. La Grande-Bretagne réagit très vivement. Chamberlain qui avait déjà annoncé, le 31 mars, que le gouvernement de Sa Majesté soutiendrait la Pologne par tous les moyens, garantit publiquement et inconditionnellement les frontières de son allié. L'accord est signé à cette date dans la capitale anglaise.
☐ Berlin, 16 h 30 : Hitler est informé de la signature de l'accord anglo-polonais. 19 h 30 : le Führer annule son ordre d'envahir la Pologne, diffusé à 15 heures. La radio et les journaux allemands, magistralement orchestrés par Goebbels, ministre de la Propagande et de l'Information du IIIe Reich, répandent de fausses nouvelles sur de prétendues persécutions d'Allemands en Pologne et inventent même de véritables massacres. Selon ces sources, 24 Allemands auraient été massacrés à Lodz, et 15 à Bielsko-Biala, au sud de Katowice.
Le navire-école de la marine

allemande, le *Schleswig-Holstein,* jette l'ancre dans le port de Dantzig, déchaînant l'enthousiasme de la population d'origine allemande.

26 août
En France, suspension *sine die* de tous les journaux liés au parti communiste.

27 août
Les interventions des ambassadeurs anglais et français accrédités à Berlin, sir Neville Henderson et Robert Coulondre, les lettres de Chamberlain et de Daladier à Hitler, et leurs pressantes invitations au gouvernement polonais pour l'engager à traiter, rien n'y fait : le sort en est jeté.

28 août
Le gouvernement français institue la censure sur la presse, la radio et le cinéma.

29 août
Par le canal de l'ambassadeur anglais à Berlin, Hitler adresse un ultimatum à la Pologne. Elle devra envoyer un plénipotentiaire dans la capitale allemande avant le 30 août afin de régler la question de Dantzig et du corridor sur la base d'un document en seize points (il s'agit, en réalité, d'un véritable diktat) élaboré par Ribbentrop et Hitler lui-même.

30 août
En prévision d'une attaque imminente, toutes les unités de l'aviation polonaise quittent les aéroports où elles se trouvaient pour rejoindre les terrains opérationnels. Les contre-torpilleurs de la marine polonaise reçoivent l'ordre d'appareiller vers la Grande-Bretagne. En restant dans leurs bases, ils auraient été inutilement sacrifiés.

31 août
Afin de satisfaire, au moins en apparence, Mussolini, qui a demandé la convocation immédiate d'une conférence internationale pour conjurer la guerre, le Führer accepte de recevoir à Berlin l'ambassadeur polonais Lipsky. C'est un dialogue de sourds qui ne dure que quelques minutes. On annonce ensuite que « l'offre généreuse » des Allemands a été repoussée par les Polonais. La rencontre entre Hitler et Lipsky a eu lieu en fin d'après-midi. A 21 heures, Ribbentrop remet aux ambassadeurs de France et d'Angleterre une note dans laquelle il dénonce le refus de la Pologne d'engager des pourparlers. Plusieurs heures auparavant, précisément à 12 h 40, le Führer avait déjà signé l'ordre d'attaquer la Pologne. Le début de l'opération était fixé au lendemain 1er septembre à 4 h 45. 20 heures : comme s'il en était besoin, on « invente » même un *casus belli.* Des sources allemandes communiquent : « La station radio de Gleiwitz a été prise d'assaut par un groupe d'insurgés polonais et momentanément occupée. Les insurgés ont été repoussés par les agents de police du poste frontière. Au cours de la rencontre, des coups de feu ont été tirés, et l'un des insurgés a été blessé mortellement. » La vérité est tout autre. Les « insurgés polonais » sont des hommes du *Sicherheitsdienst* (service de sûreté) allemand, vêtus d'uniformes polonais que leur a fournis l'amiral Canaris, chef du service secret, et commandés par un S.S. fanatique, Alfred Helmut Naujocks. Ayant reçu l'ordre codé du chef du service de sûreté, Reinhard Heydrich, les douze « insurgés » ont simulé l'attaque, se sont emparés de la station radio et ont lu au micro, en polonais, une déclaration antiallemande pleine de menaces et d'incohérence, puis ont aussitôt pris la fuite.

L'Europe en 1939. Arrivé au pouvoir en 1933, Hitler avait déjà réalisé une partie de son programme : réoccupation de la Rhénanie en 1936 ; annexion de l'Autriche au Reich en 1938 ; annexion du territoire des Sudètes la même année et occupation de la Tchécoslovaquie en mars 1939.

Hitler annonce au Reichstag (1er septembre 1939) l'entrée des troupes allemandes en Pologne.

1939

1939

JANVIER	**4.** Roosevelt dresse un réquisitoire conre les dictatures.
FÉVRIER	La Grande-Bretagne et la France reconnaissent le régime franquiste.
MARS	**15/16.** La République tchécoslovaque cesse d'exister. Les Allemands occupent la Bohême-Moravie.
AVRIL	**7.** Les troupes italiennes occupent l'Albanie. **28.** Hitler dénonce le pacte décennal de non-agression conclu en 1934 avec la Pologne.
MAI	**20.** La guerre civile en Espagne prend fin par la victoire du général Franco. **22.** Les ministres d'Italie et d'Allemagne signent le pacte d'Acier.
JUIN	**13.** Le Japon décrète le blocus des concessions britanniques et françaises en Chine.
JUILLET	**22.** Moscou annonce l'ouverture officielle de négociations commerciales germano-soviétiques.
AOUT	**23.** L'Allemagne et l'Union soviétique signent à Moscou un pacte de non-agression. **25.** La Grande-Bretagne garantit inconditionnellement les frontières de la Pologne.
SEPTEMBRE	**1er.** A 4 h 45, l'armée allemande franchit la frontière polonaise. C'est la guerre. **3.** La France et la Grande-Bretagne entrent en guerre contre l'Allemagne.
OCTOBRE	**6.** Les dernières résistances sont éliminées et la campagne de Pologne est officiellement achevée. **27.** La Belgique proclame sa neutralité.
NOVEMBRE	**30.** L'armée soviétique attaque la Finlande.
DÉCEMBRE	**7.** Le Grand Conseil fasciste réaffirme la non-belligérance de l'Italie. Le Danemark, la Suède et la Norvège proclament leur stricte neutralité dans le conflit russo-finlandais.

23 août 1939. Au Kremlin, Molotov signe le pacte de non-agression entre l'U. R. S. S. et l'Allemagne. Derrière lui, Ribbentrop, Staline et Souslov. Un protocole secret règle le partage de la Pologne.

1er septembre. Le croiseur cuirassé et navire-école allemand Schleswig-Holstein, dans le port de Dantzig, ouvre le feu contre les fortifications de la Westerplatte, où se trouve l'arsenal de la faible marine polonaise.

1er septembre

A 4 h 45, l'armée allemande franchit la frontière polonaise. Le *Fall Weiss* (« Plan Blanc », nom de code de l'opération) est déclenché. Les appels que le roi des Belges Léopold III a lancés en son nom et au nom des six autres petites nations d'Europe, les exhortations du président américain Franklin Delano Roosevelt, les supplications du pape Pie XII, enfin une médiation de dernière heure proposée par Mussolini demeurent sans effet. C'est la guerre.

Les Allemands enfoncent la frontière en plusieurs points avec 53 divisions aux ordres du général von Brauchitsch. Leurs forces sont articulées en deux groupes d'armées : le *Heeresgruppe* Nord, sous le commandement du général von Bock, et le *Heeresgruppe* Sud du général von Rundstedt. Les armées sont commandées respectivement par les généraux von Kluge et von Küchler (*Heeresgruppe* Nord) et les généraux List, von Reichenau et Blaskowitz (*Heeresgruppe* Sud). A la tête des unités blindées, les généraux Guderian, Hoepner et von Kleist, dont on entendra longuement parler les années suivantes. Les défenses polonaises sont bousculées et emportées en quelques heures. Les chars allemands pénètrent profondément en territoire ennemi. Dans le port de Dantzig, le croiseur-cuirassé et navire-école *Schleswig-Holstein* ouvre un feu meurtrier contre les faibles défenses de la Westerplatte, où se trouve l'arsenal de la marine polonaise.

Ce même 1er septembre, Dantzig est rattachée au Reich. L'annexion officielle à l'Allemagne sera effective le 1er novembre.

Le résultat de l'agression était escompté dès le départ, et le partage de la Pologne figurait déjà dans les clauses secrètes du pacte germano-soviétique du 23 août. En gros, la ligne de démarcation entre l'Allemagne et l'U. R. S. S. suivra les cours de la Narew, de la Vistule et du San. La Lituanie entrera dans la sphère d'influence allemande ; l'Estonie, la Lettonie, la Finlande et la Bessarabie (que la Roumanie devra restituer à l'Union soviétique) passeront sous la coupe de l'U. R. S. S.

L'ALLEMAGNE

Bien moins puissante qu'elle ne pourra s'en glorifier par la suite après sa foudroyante victoire sur la Pologne, l'Allemagne a commencé à reconstituer son armée en 1936. Jusqu'à cette date, conformément aux dispositions du traité de Versailles, elle ne pouvait avoir sous les armes que 100 000 militaires de carrière — dont elle a fait, d'ailleurs, autant d'officiers et de sous-officiers en vue de son futur réarmement —, aucune artillerie lourde et aucun char. Vers la fin de 1939, la Wehrmacht compte 98 divisions, dont 52 de l'armée permanente et 10 autres immédiatement utilisables. Les 36 divisions qui restent, formées en grande partie de vétérans de la Première Guerre mondiale, manquent d'artillerie et d'armement lourd. Avec la mobilisation, elle pourrait mettre sur pied en peu de temps 16 autres divisions ersatz ou divisions de renfort.

L'infanterie allemande est armée de fusils Mauser modèle 1924, de mitrailleuses Madsen et de mitrailleuses légères Bergmann-Schmeisser. Elle est dotée, en outre, de mortiers de 81 mm, de canons antichars de 37, de mitrailleuses antiaériennes de 20 et de vieux canons de 77. En revanche, l'artillerie est remarquablement équipée d'obusiers de 105, de canons de 105 et de 155, et du 88 antichar et antiaérien, la plus fameuse pièce d'artillerie de la Seconde Guerre mondiale.

Mais le haut commandement allemand a fait porter tous ses efforts sur les deux armes qui, selon les stratèges, doivent conduire à la victoire : le char et l'avion. Prophète et propagandiste infatigable d'une doctrine avalisée par Hitler, le général Heinz Guderian a élaboré une nouvelle stratégie fondée sur la « guerre de mouvement ». Avec cette « révolution » tactique, l'engin blindé ne sera plus, comme dans la doctrine d'emploi traditionnelle, un auxiliaire de l'infanterie protégé par l'artillerie, mais l'arme autonome, le facteur principal de la percée, suivi à distance par l'infanterie et protégé par les bombardiers en piqué. En septembre 1939, les Allemands peuvent donc mettre en ligne 6 divisions blindées, chacune dotée de 288 panzers. La moitié de ces forces sont constituées de Pz Kw-1, de 6 tonnes seulement, armés de 2 mitrailleuses et surnommés « boîtes à sardines » en raison de la faiblesse de leur blindage (de 8 à 13 mm). Les panzers véritablement efficaces, c'est-à-dire les Pz Kw-4 de 20 tonnes, avec un blindage de 25 mm et armés d'un canon de 75 mm, sont à peine 24 par division (donc un total de 144). Le reste des engins est constitué de Pz Kw-2 et de Pz Kw-3, respectivement de 9 et 16 tonnes, équipés de petits canons de 20 et de 37 mm.

L'aviation allemande a revu le jour en 1935, et la capacité annuelle de production de ses usines a été portée progressivement à 6 000 appareils. Au 1er septembre 1939, sur 4 800 avions existants, 2 695 sont prêts à l'emploi. Ils se répartissent ainsi : 771 chasseurs, 408 chasseurs-bombardiers, 336 *Sturzkampfflugzeuge* (« avions de bombardement en piqué », les célèbres stukas) et 1 180 bombardiers en altitude. Les modèles allemands sont les meilleurs du monde, avec les chasseurs Messerschmitt Me 109, les chasseurs-bombardiers Me 110, les bombardiers en piqué Junkers Ju 87 (les stukas), les bombardiers en altitude Ju 88, Dornier Do 17, Heinkel He 111, Ju 52, et l'hydravion Ke 115, très efficace pour les reconnaissances sur mer à grand rayon d'action et pour la lutte anti-sous-marine.

Des trois forces armées, la marine est vraiment le parent pauvre. Elle ne peut se mesurer aux puissantes flottes alliées. Elle dispose des cuirassés *Scharnhorst* et *Gneisenau* et des cuirassés de poche de 10 000 tonnes *Deutschland, Scheer* et *Graf von Spee* (en réalité respectivement 11 700, 12 000 et 12 100 tonnes), bâtiments mobiles, de fort blindage et puissamment armés. Sont en outre disponibles : le croiseur lourd *Hipper*, les croiseurs légers *Emden, Köln, Königsberg, Leipzig, Nürnberg, Karlsruhe* (en cours d'armement), 21 contre-torpilleurs et 12 vedettes lance-torpilles. D'autres navires sont en construction : les croiseurs

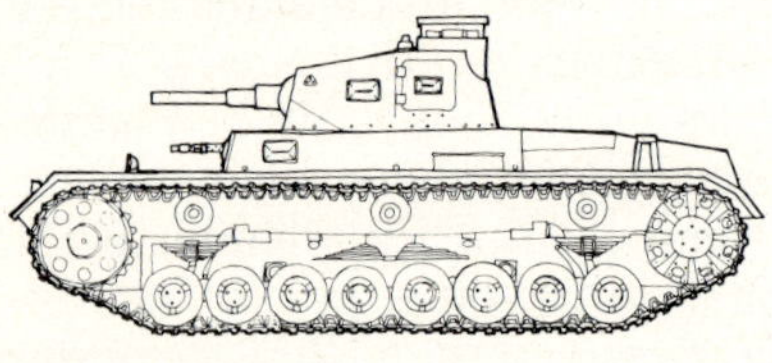

Ausf. C

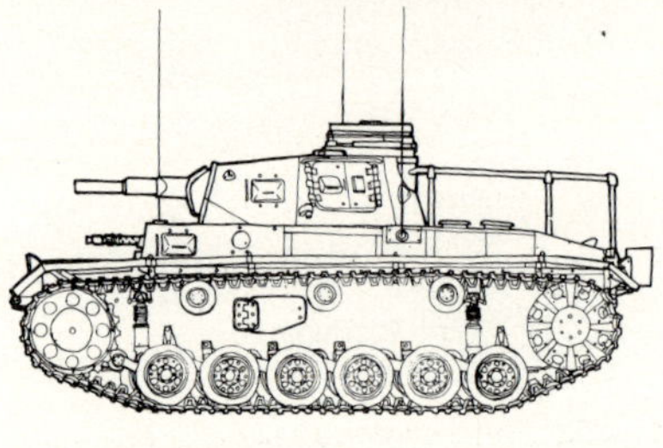

Ausf. E

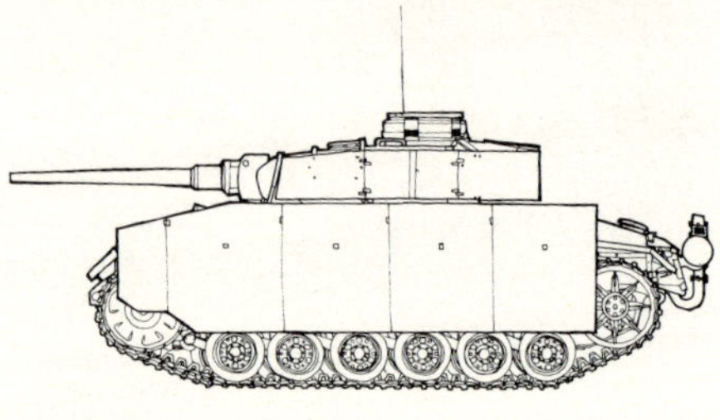

Ausf. M

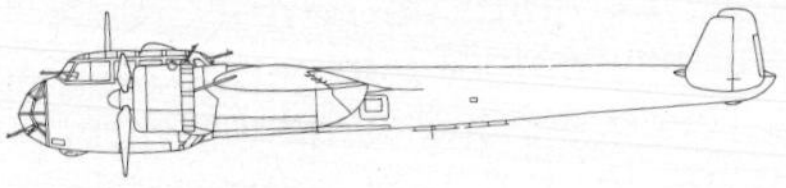

Dornier Do. 17

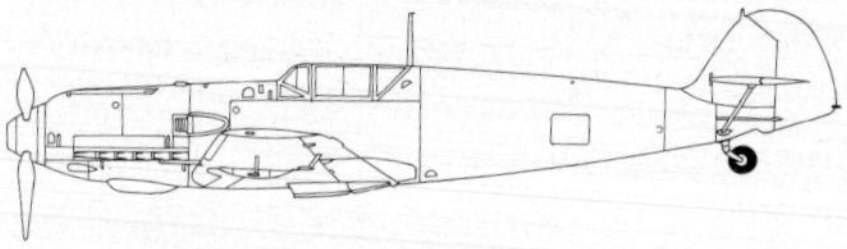

Messerschmitt Bf. 109

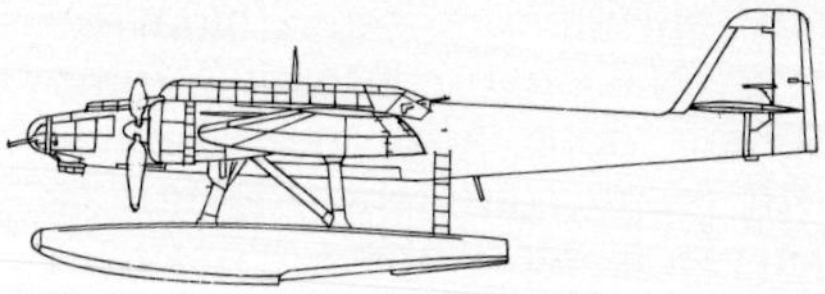

Heinkel He. 115

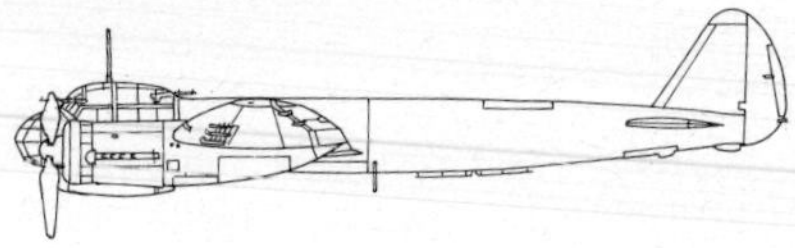

Junkers Ju. 88

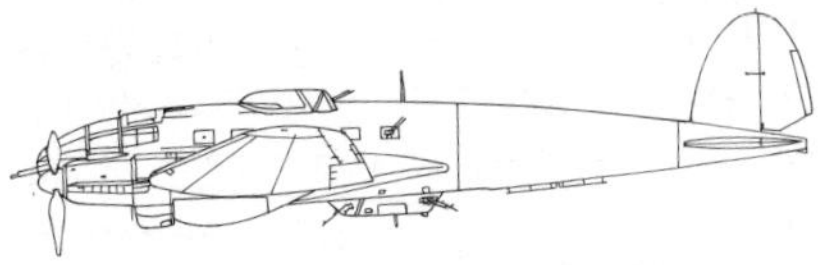

Heinkel He. 111

Junkers Ju. 87

lourds *Blücher* (affecté à une escadre vers la fin de septembre 1939), *Prinz Eugen* (disponible en août 1940), *Lützow* (cédé à l'U. R. S. S sans être achevé à la fin de 1939) et *Seydliz,* qui ne sera jamais terminé. Entre août 1940 et février 1941, deux autres navires de bataille entreront en service : le puissant *Bismarck* (50 900 tonnes) et le *Tirpitz.* Le porte-avions *Graf Zeppelin* ne sera jamais achevé. Enfin, il faut ajouter à ces unités 159 sous-marins *(U-Boote)* côtiers ou de haute mer. Avant le 1er juillet 1943, 1 193 autres submersibles entreront en service.

A partir du 19 août, douze jours avant le début des opérations sur le front polonais, les cuirassés de poche *Deutschland* et *Graf von Spee,* ainsi que 18 *U-Boote* prennent position dans l'Atlantique. Entre le 1er septembre 1939 et le 30 mars 1940, ils couleront 753 000 tonnes de la flotte ennemie, tandis que dans la Manche et la mer du Nord, 317 154 tonnes seront encore coulées du fait des actions aériennes, des attaques de contre-torpilleurs et de sous-marins, et des mines larguées par les avions. Enfin, à partir du 3 septembre 1939, jour de l'entrée en guerre de la France et de la Grande-Bretagne, de nombreux « croiseurs auxiliaires », modernes bateaux corsaires à grande autonomie, commenceront leurs incursions.

Sur le front oriental, les Allemands mettent en ligne 53 divisions, dont leurs 6 divisions blindées, 4 divisions motorisées et 4 divisions « légères », c'est-à-dire mécanisées, avec un certain nombre de chars. Ils destinent au front occidental 33 divisions, dont la plupart sont à effectif incomplet, manquent d'instruction et sont en partie dépourvues de pièces d'artillerie et de moyens lourds. Sur ce dernier front, 11 divisions sont en état de combattre efficacement, mais Hitler compte sur l'inertie des Français et des Anglais et sur les défenses de la ligne Siegfried (ou mur occidental, *Westwall*), profond barrage construit à partir de 1936 par l'organisation Todt, qui s'allonge sur 500 kilomètres de Bâle à Aix-la-Chapelle, en face de la puissante ligne Maginot.

La structure hiérarchique des forces armées allemandes est rigoureusement centralisée. Au sommet, on trouve le Commandement suprême des forces armées (OKW, *Oberkommando der Wehrmacht*), dont font partie Hitler et l'état-major des forces armées, dirigé par les généraux Jodl et Keitel. A l'échelon immédiatement inférieur, les commandements des trois armées : celui de l'armée de terre (OKH, *Oberkommando des Heeres*), confié au général Walther von Brauchitsch (avec pour chef d'état-major le général Franz Halder) ; celui de la marine de guerre (OKM, *Oberkommando der Kriegsmarine*), attribué à l'amiral Erich Raeder (avec l'amiral H. Schniewind comme chef d'état-major) ; et celui de l'armée de l'air (OKL, *Oberkommando der Luftwaffe*), à la tête duquel se trouve le feld-maréchal Goering (avec le général Hans Jeschonnek comme chef d'état-major).

Panzerkampfwagen III Ausf. G-1940

2 septembre
Tandis qu'elle propose à nouveau de convoquer une conférence internationale pour faire renoncer au conflit (cette conférence devrait se réunir le 5 septembre), l'Italie se déclare non-belligérante.
Le gouvernement allemand déclare qu'il respectera l'intégrité territoriale de la Norvège à condition qu'elle ne soit ni menacée ni violée par des pays tiers.
Pendant ce temps, la « guerre-éclair » *(Blitzkrieg)* des Allemands se poursuit à toute allure en Pologne. Les quatre batailles des frontières (Silésie-Slovaquie, Czestochowa, Poméranie, Prusse-Orientale) sont pour eux autant de victoires irrésistibles. Les forces venant d'Allemagne se joignent à celles qui viennent de Prusse-Orientale. La Xe armée du groupe Rundstedt atteint la Warta. En 36 heures, elle a pénétré de 80 km en territoire polonais. Venant du sud, les troupes du général List menacent déjà Cracovie.
La Luftwaffe s'assure de la maîtrise du ciel. Elle a détruit au sol une grande partie des avions polonais, bombarde les P. C. et les routes, en provoquant des embouteillages sur les arrières ennemis.
Des contacts fiévreux se succèdent toute la journée entre Paris et Londres. Malgré leur ferme décision de respecter les engagements pris envers la Pologne, gouvernements et états-majors sont en désaccord sur la date et les modalités d'intervention.
Londres, 22 h 30 : parlementaires et ministres se rendent auprès de Chamberlain pour lui demander de prendre une décision ferme. De fait, un télégramme est envoyé à sir Neville Henderson, ambassadeur anglais à Berlin, pour lui préciser la teneur de l'ultimatum à remettre au gouvernement allemand.

3 septembre
La France et la Grande-Bretagne entrent en guerre contre l'Allemagne. 9 heures : l'ambassadeur d'Angleterre Henderson remet au conseiller d'ambassade Paul Schmidt, interprète de Hitler, l'ultimatum de Sa Majesté britannique. Dans le document, il est déclaré que si avant 11 heures, c'est-à-dire dans deux heures, l'Allemagne n'a pas donné d'assurances formelles et précises sur le retrait de ses troupes de Pologne, la Grande-Bretagne se considérera en guerre contre le Reich.
La France se décide à son tour. A midi, Robert Coulondre, son ambassadeur à Berlin, remet l'ultimatum de son gouvernement. Il prendra effet le jour suivant, 4 septembre. Le texte évite toutefois d'utiliser explicitement le mot « guerre » : tentative ultime et désespérée de se concilier le dictateur allemand. Mais le sens du document n'en est pas moins clair. Hitler demeure interdit. Il avait cru, une fois de plus, que les Alliés occidentaux n'auraient pas bougé. A Ribbentrop qui le met au courant de la situation nouvelle il demande, surpris et l'accusant presque : « Et maintenant ? »
11 heures : la Grande-Bretagne entre officiellement en guerre contre l'Allemagne.
11 h 45 : de sa résidence officielle du 10, Downing Street, à Londres, Chamberlain annonce l'événement à ses compatriotes. « Nous n'avons rien à nous reprocher », affirme-t-il entre autres choses, et il conclut : « Dieu nous protège et défende le

JOE LOUIS

Joe Louis, le « bombardier noir », envoie au tapis J. H. Lewis.

Le 20 septembre, sur le ring de Detroit, le « bombardier noir », Joe Louis, défend victorieusement son titre mondial des poids lourds en battant Bob Pastor par K.O. à la onzième reprise. Né dans l'Alabama en 1914, Louis devient professionnel en 1934. Il collectionne rapidement les victoires (dont 18 par K.O.) et connaît sa seule défaite contre l'Allemand Max Schmeling en 1936. L'année suivante, en battant James Braddock à Chicago, Louis devient le plus jeune champion du monde de l'histoire de la boxe, et le second boxeur de couleur (après le légendaire Jack Johnson) à conquérir le titre. Ensuite, sa carrière est fulgurante. En 1938, il prend sa revanche sur Max Schmeling (devenu entre-temps le symbole de l'orgueil racial de l'Allemagne nazie) en le battant par K.O. dès la première reprise. Il défend encore 25 fois son titre et se retire du ring en 1949 après avoir battu Jersey Joe Walcott à New York. L'année suivante, le 27 septembre, il manque la reconquête de sa couronne en se faisant battre aux points par Ezzard Charles ; en 1951, à trente-sept ans, il doit s'avouer définitivement vaincu devant l'étoile montante Rocky Marciano.
Célèbre pour la rapidité et la force de ses coups, Joe Louis est unanimement considéré comme le plus grand poids lourd de l'histoire, supérieur même à Mohammed Ali (Cassius Clay). Il fut d'ailleurs sacré boxeur du siècle en 1981 et les États-Unis lui rendirent l'hommage d'un héros à sa mort en 1982.

bon droit. » Un cabinet de guerre est constitué : Winston Churchill y assume la charge de Premier Lord de l'Amirauté, et Eden celle de secrétaire d'État aux Dominions.
11 h 35 : tandis qu'à l'ambassade du Reich à Londres un fonctionnaire du ministère des Affaires étrangères (Foreign Office) et le chargé d'Affaires allemand Kordt règlent avec courtoisie le départ de la capitale anglaise des diplomates allemands et de leurs familles, les sirènes de la défense antiaérienne donnent l'alerte. Ce sera la première d'une série longue et tragique. La femme de Churchill fait remarquer que la ponctualité et la précision allemandes ne se démentent jamais.
La Grande-Bretagne décrète le blocus naval de l'Allemagne. Toute marchandise à destination du Reich sera confisquée, quelle que soit la nationalité du bateau qui la transporte.
17 heures : à son tour, la France entre en guerre contre le IIIe Reich. L'ultimatum français, qui devait arriver à expiration le lendemain, prend effet le jour même.
□ Les 33 divisions allemandes du *Heeresgruppe C*, le groupe d'armées du général von Leeb, continuent à s'installer en défensive le long de la ligne Siegfried et des frontières belge et hollandaise.
□ L'Inde, l'Australie, la Nouvelle-Zélande et les dominions les plus attachés à la Grande-Bretagne entrent en guerre à ses côtés.
□ 21 heures : l'U-Boot 30 prend pour un cargo armé le transport de passagers anglais *Athenia*, de 13 500 t, et le coule, faisant 112 victimes, dont 28 citoyens américains. Aux États-Unis, ce grave événement suscite une profonde animosité contre l'Allemagne. Cependant, pour protéger les liaisons maritimes, l'Angleterre pense à remettre en vigueur le système des convois qui a fait ses preuves à la fin de la Première Guerre mondiale.

4 septembre
Le *Völkischer Beobachter* accuse Churchill d'avoir voulu la destruction de l'*Athenia* pour créer un incident entre l'Allemagne et les États-Unis.

5 septembre
L'héroïsme des Polonais n'est pas suffisant pour arrêter les Allemands, qui enfoncent la ligne de la Vistule et s'apprêtent à franchir bientôt la Narew et le Boug occidental.

6 septembre
Les IIIe et IVe armées du *Heeresgruppe* Nord et les VIIIe et X^{e} armées du *Heeresgruppe* Sud marchent sur Varsovie. La XIVe armée du général List prend Cracovie et se dirige vers la frontière roumaine. Le commandement suprême polonais donne l'ordre de repli général sur la ligne Narew-Vistule-San. Pendant la nuit, le gouvernement polonais quitte Varsovie pour la région de Loutsk-Kremenets tandis que Rydz-Smigly replie son P.C. à Brest-Litovsk, sur le Boug.

7 septembre
Des avant-gardes françaises, limitées à des patrouilles, franchissent la frontière allemande près de Sarrelouis, Sarrebruck et Deux-Ponts.
C'est le début de la « drôle de guerre », pendant laquelle les

Paris : position de D.C.A. sur l'esplanade des Invalides. Comptant sur la ligne Maginot, la France entre en guerre avec une préparation insuffisante et peu d'armes modernes.

LA FRANCE

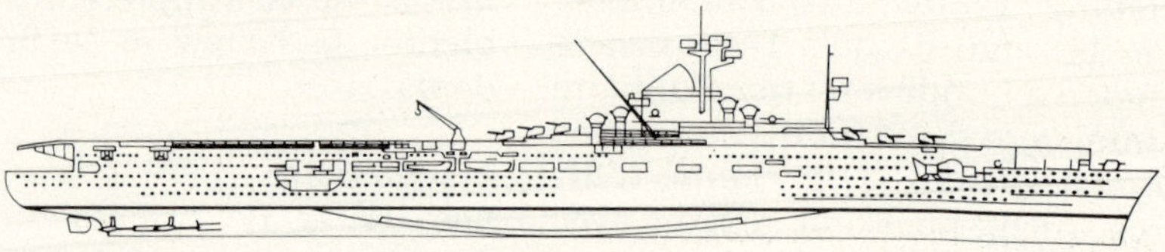

1 porte-avions

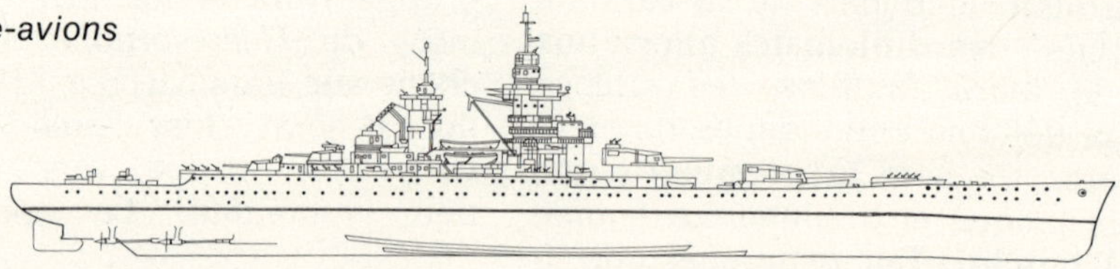

3 cuirassés (+ 2 en construction)

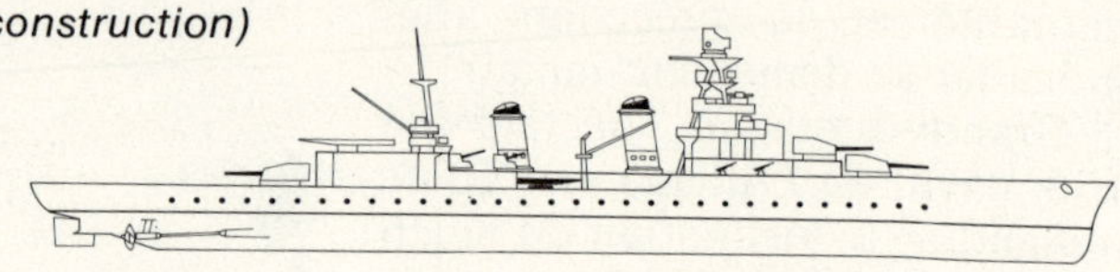

18 croiseurs

En 1939, l'armée française est la plus importante du monde. Elle a le plus grand nombre de divisions (environ 110 sont mobilisées), la plus forte dotation en artillerie, et même le plus grand nombre de chars. Elle comprend 65 divisions d'active, dont 1 blindée (en cours de formation) et 2 motorisées. En peu de temps, elle peut en mobiliser 25 autres. Si l'on tient compte des 13 divisions de forteresse et de celles qui devront s'installer sur la frontière italienne pour éviter les surprises, ce sont environ 70 grandes unités qui font face aux Allemands. L'infanterie française est dotée du fusil 1886/1916, du fusil Mas 1936, des mitrailleuses lourdes Saint-Étienne et Hotchkiss et des mortiers de 60 et 81 mm.

Bien que remontant à 1918, l'artillerie est très supérieure à celle des Allemands. Ses pièces de 47, 75, 105, 155 et le canon antichar Hotchkiss de 25 sont excellents et éprouvés. Le canon antiaérien de 90 est également excellent, mais il n'en existe que quelques batteries. Les blindés, plus nombreux et plus résistants aux impacts que ceux des Allemands, mais aussi plus lents et d'un rayon d'action plus faible, sont de trois types : Renault, Hotchkiss et F.C.M. Leur poids varie de 6 à 7 tonnes pour les automitrailleuses de reconnaissance, de 30 à 33 tonnes pour les chars B1 et B1 bis. L'épaisseur du blindage des chars les plus lourds atteint 70 mm. Au total, les Français disposent de 2475 chars modernes et efficaces, et de 240 automitrailleuses. Cependant, cette supériorité numérique ne devait pas leur donner la supériorité stratégique, le haut commandement français ne leur attribuant que le rôle traditionnel d'appui de l'infanterie.

L'aviation française est très inférieure à l'aviation allemande. Elle entre en guerre avec 1300 appareils, la plupart vieux de cinq ou dix ans, et dont beaucoup ne sont plus opérationnels. Le gros de la flotte aérienne est constitué d'Amiot-143, de Farman-223, de Bloch-174, 200 et 201. Les seuls bombardiers vraiment modernes sont les Lioré-et-Olivier Léo-45, mais il n'y en a que 5 le 3 septembre 1939. Quant aux chasseurs Morane-Saulnier-406 et Caudron-714, ils ne peuvent rivaliser avec les Messerschmitt. En revanche, les Dewoitine-520 sont récents et ont de bonnes performances, mais 90 exemplaires seulement seront en service à la fin de 1939.

La marine française dispose de bâtiments modernes et puissants, avec des équipages bien entraînés. Outre quelques bâtiments anciens, elle compte, 3 cuirassés (plus 2 en construction), 1 porte-avions, 18 croiseurs, 32 contre-torpilleurs, 45 torpilleurs, 71 sous-marins, 6 sous-marins mouilleurs de mines, 8 avisos coloniaux, ainsi que de nombreux bâtiments divers (avisos, patrouilleurs, chasseurs de sous-marins, ravitailleurs, mouilleurs de mines, etc.). Le chef d'état-major est l'amiral Darlan, qui fera partie du gouvernement de Vichy.

L'armée française n'a pas la hiérarchie centralisée de l'armée allemande. En théorie, en qualité de chef d'état-major général, Gamelin est le commandant en chef des forces armées. En réalité, la marine et l'aviation conservent jalousement la plus grande autonomie, et l'armée de terre elle-même a pratiquement deux commandants en chef, puisque le général Georges, qui a la responsabilité du secteur du front le plus important, celui du Nord-Est, jouit d'une indépendance de décision presque absolue à l'égard de Gamelin.

Char B1 bis

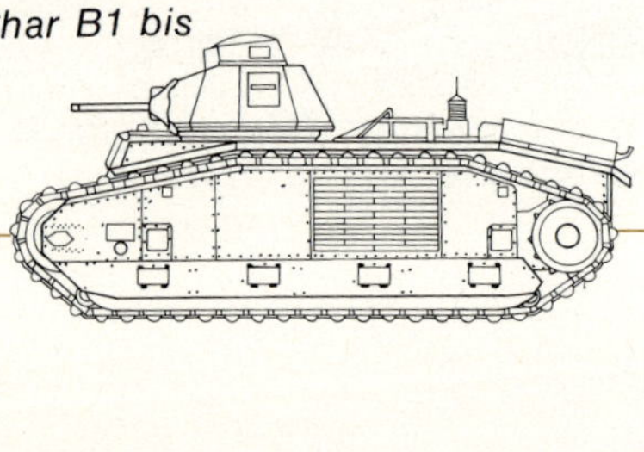

Hotchkiss H.35

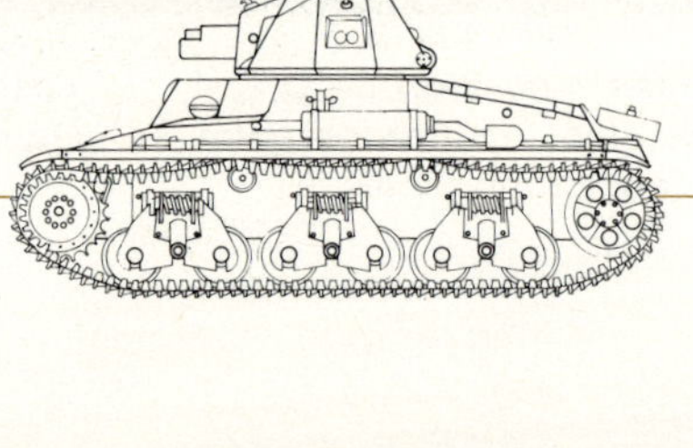

Renault R.35

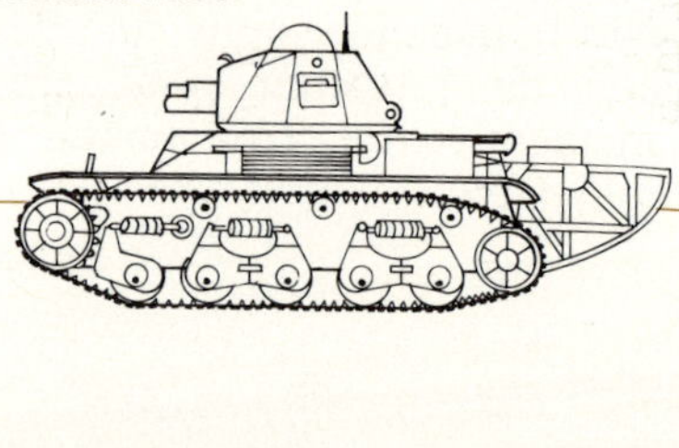

LA GRANDE BRETAGNE

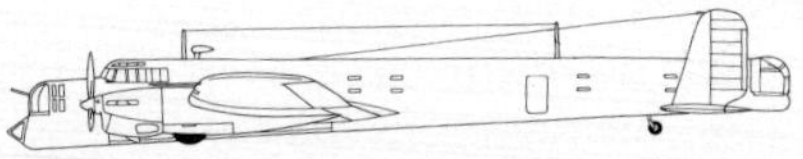

Armstrong Whitworth Whitley

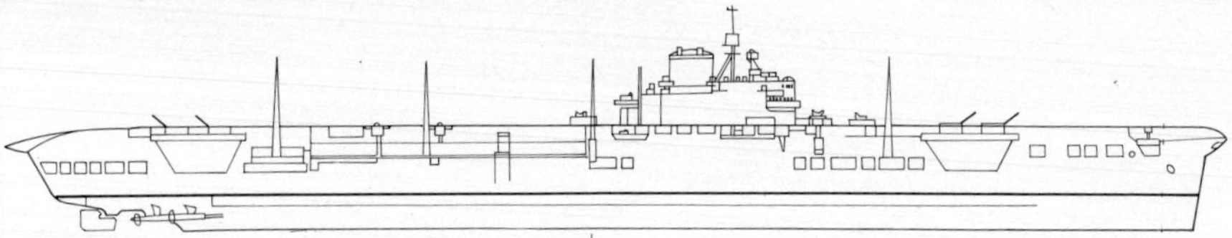

7 porte-avions

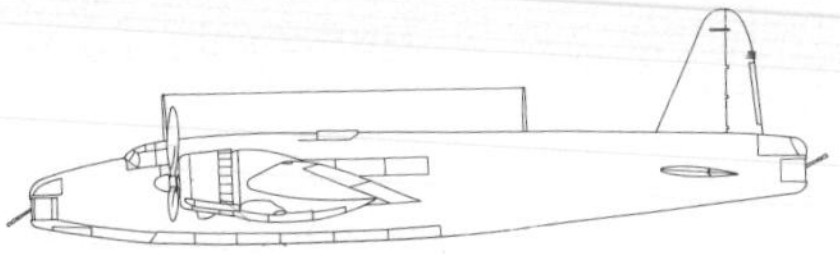

Vickers Wellington

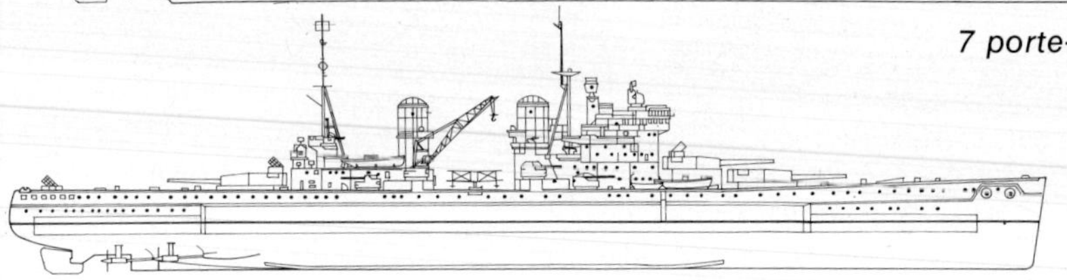

12 cuirassés

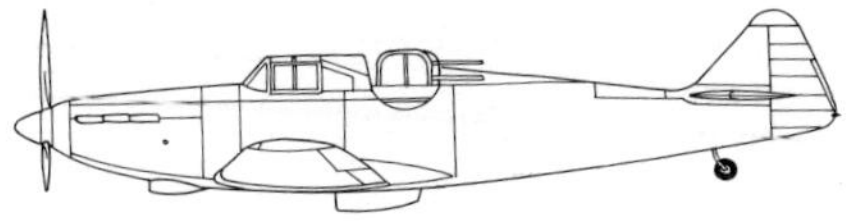

Boulton Paul Defiant

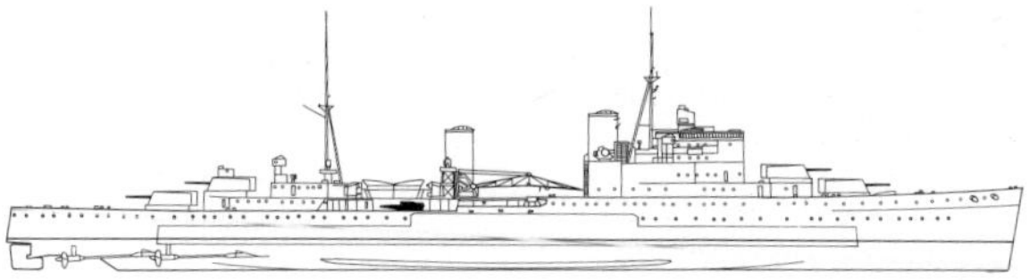

60 croiseurs

L'Angleterre n'a institué le service militaire que le 27 avril 1939, un peu avant la guerre, et le 3 septembre, l'armée britannique est encore une force négligeable. Les premières semaines du conflit, elle ne pourra envoyer sur le continent que 5 divisions aux ordres du général Gort. Toutefois, 26 autres divisions étaient en cours de formation et il était envisagé de porter ce nombre à 55 le plus tôt possible. L'infanterie est dotée du fusil Lee-Enfield, de la mitrailleuse Maxim, de mortiers de 2 et 4 livres et de canons antichars. Mis à part ses nouveaux canons de 25 livres, l'artillerie anglaise est démodée. L'armée blindée comporte peu de chars, d'un poids de 12 à 16 tonnes. La plupart sont des Vickers, armés de 4 mitrailleuses et d'un canon de 45 mm.

La Royal Air Force, commandée par le maréchal de l'air sir Hugh Dowd, est des plus modestes mais la plupart de ses appareils sont modernes et efficaces. Ses bombardiers bimoteurs Armstrong Whitworth Whitley, Vickers Wellington et Handley Page Hampden, et ses Bristol Blenheim sont trop peu nombreux mais de bonne qualité. En plus des vieux Boulton Paul Defiant et des Gloster Gladiator, la chasse est dotée d'excellents Spitfire et de Hawker Hurricane. Les gros Sunderland et les Swordfish sont chargés des reconnaissances lointaines et des bombardements sur mer.

L'arme de choix de l'Empire britannique est sa marine, la plus puissante du monde. En plus de sa flotte de faible tonnage, elle possède : 12 cuirassés, 3 croiseurs de bataille, 7 porte-avions, 2 ravitailleurs d'hydravions, 15 croiseurs lourds, 45 croiseurs légers, 184 contre-torpilleurs, 58 sous-marins et 27 vedettes lance-torpilles. Le programme de constructions navales est imposant : 10 cuirassés, 9 porte-avions, 23 croiseurs, 32 contre-torpilleurs, sans compter d'autres bâtiments. La marine britannique doit être présente sur toutes les mers et la Home Fleet a une supériorité écrasante sur la Kriegsmarine. En outre, de nombreuses unités sont dotées des équipements techniques les plus récents, comme le radar (*radio detection and ranging*, « détection et télémétrie par radio »), qui repère les objectifs par réflexion d'impulsions radio, et l'asdic *(allied submarine devices investigation committee)*, analogue au sonar américain, appareil de détection par le son qui permet de localiser les sous-marins en immersion (la marine allemande a aussi ce type d'instrument).

En Angleterre, la hiérarchie du commandement est loin de la rigidité allemande, mais elle est moins chaotique que dans l'organisation française. Il existe un comité des chefs d'état-major des trois armées, à la tête duquel se trouve le chef d'état-major impérial, le général Ironside. Le commandement suprême de la marine est exercé avec autorité par le Premier Lord de l'Amirauté, sir Winston Churchill.

Supermarine Spitfire

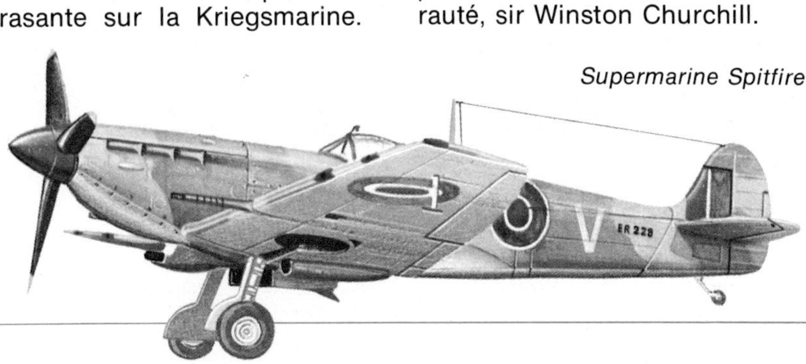

L'invasion de la Pologne a commencé le 1er septembre 1939. En 18 jours, la Wehrmacht aura vaincu l'armée polonaise.

Le 27 septembre, Varsovie succombe sous le feu de l'artillerie et de l'aviation ordonné par Hitler. Ici, un détachement des vainqueurs assure le service d'ordre le long d'une des rues les plus touchées.

armées se font face sans combattre, en attendant vainement l'issue des entrevues diplomatiques en cours.

8 septembre
Les Anglais remettent en vigueur le système des convois, déjà expérimenté pendant la guerre de 1914-1918. Ils assurent la protection de trois itinéraires : deux de Liverpool et de la Tamise à l'Atlantique ; le troisième de la Tamise au Firth of Forth.

8-11 septembre
En Pologne, la bataille fait rage dans la région de Radom, à une centaine de kilomètres au sud de Varsovie. Les Allemands capturent 60 000 Polonais.

9 septembre
Les premiers éléments de la BEF *(British Expeditionary Force)*, sous les ordres du général Gort, embarquent pour la France.
7 heures : la 4e *Panzerdivision* déclenche du sud-est sa première attaque contre Varsovie. Après 3 heures de combat, elle est repoussée sur ses positions de départ. Les Polonais se battent avec bravoure.
☐ Le Canada déclare la guerre à l'Allemagne.

10 septembre
Aux pressantes sollicitations du maréchal Rydz-Smigly, commandant en chef de l'armée polonaise, le chef d'état-major français, le général Gamelin, répond que plus de la moitié de ses divisions d'active ont déjà engagé le combat sur le front nord-est et qu'il ne lui est pas possible de faire plus.

11 septembre
Toute la zone industrielle de haute Silésie est aux mains des Allemands.

12 septembre
Les Français cessent leurs actions sporadiques contre les Allemands. Ils se rendent compte qu'ils ne peuvent plus aider la Pologne.

12-18 septembre
L'armée polonaise du secteur de Poznan, qui aurait dû marcher sur Berlin, fait un demi-tour imprévu

pour prendre de flanc la VIIIe armée allemande. Ainsi débute la violente bataille de la Bzura, où les Allemands, par leur extrême mobilité et l'indiscutable habileté de leur manœuvre, enferment 19 divisions polonaises dans la première grande « nasse » de l'histoire de la guerre et y font 170 000 prisonniers.

13 septembre
Comme vient de le faire la Grande-Bretagne, la France constitue un cabinet de guerre. Édouard Daladier y assume à la fois les fonctions de président du Conseil et celles de ministre des Affaires étrangères.

16 septembre
Varsovie est encerclée par les troupes allemandes. Sommée de se rendre, elle refuse avec dédain.
Le gros de l'armée polonaise, concentré entre Lwow et Chelm, et qui comprend 38 divisions d'infanterie, 11 brigades de cavalerie et 2 brigades motorisées, est anéanti. Les généraux allemands proposent de faire le siège de Varsovie et d'attendre que la faim contraigne la ville à se rendre, mais Hitler répond qu'elle doit être considérée comme une forteresse à réduire par des bombardements d'artillerie et d'aviation. Détail curieux : le général polonais qui défend Varsovie s'appelle Rommel.

17 septembre
Affirmant par la bouche de Molotov que le gouvernement polonais a cessé d'exister, l'U. R. S. S. donne le champ libre à ses troupes pour occuper la Pologne pratiquement sans défense.
☐ Les Allemands occupent Brest-Litovsk, puis, se conformant aux clauses secrètes du pacte de non-agression du 23 août, évacuent des régions et des villes qu'ils viennent d'occuper, parmi lesquelles Lwow.
Le président polonais Ignacy Moscicki, le gouvernement et le commandant en chef des forces armées, le maréchal Rydz-Smigly, démissionnent et se réfugient en Roumanie.

Éléments du génie allemand dans un faubourg de Varsovie. Encerclée le 16 septembre, la capitale refuse de se rendre. Elle payera cher son courage. Sa garnison était commandée par un général du nom de Rommel.

SIGMUND FREUD

Sigmund Freud, le père de la psychanalyse, meurt dans son exil londonien, le 23 septembre, à 83 ans. Il laisse en héritage la psychanalyse comme thérapie des troubles nerveux, mais aussi comme conception de l'esprit humain, de la pensée, de la vie affective et des relations socio-culturelles.
Né à Freiberg en Moravie, en 1856, Freud passe sa jeunesse à Vienne où il fait des études de médecine, et commence à exercer comme physiologiste. En 1885, il se rend à Paris pour suivre les cours du neurologue Jean Martin Charcot. Ce séjour se révèle décisif pour sa carrière. De retour à Vienne, il travaille comme neurologue dans une clinique pédiatrique et commence à se consacrer au traitement des maladies nerveuses. Après quelques essais avec les techniques de l'hypnose, Freud adopte la méthode des « libres associations », fondée sur la reconstruction de la pathologie à travers l'analyse des libres associations d'images fournies par le patient. C'est au cours de cette période féconde qu'il systématise ses théories fondamentales : l'analyse des rêves est la clé qui donne accès aux désordres mentaux et qui permet de les interpréter ; il existe une vie inconsciente régie par des règles différentes de celles de la vie consciente ; la névrose se forme à partir de la répression et du refoulement des forces inconscientes ; la personnalité psychique s'articule en moi, ça et sur-moi ; il existe déjà au stade infantile une mémoire sexuelle refoulée (complexe d'Œdipe) ; le conflit entre les pulsions fondamentales de vie et de mort est un élément d'interprétation des phénomènes sociaux.

□ Au large des côtes occidentales de l'Angleterre, le porte-avions *Courageous* est coulé par l'U-29 du commandant Schuhart. On déplore 500 morts.
C'est le premier dommage important que la marine allemande inflige à la flotte britannique. L'Amirauté décide de ne plus employer désormais de porte-avions dans la chasse aux sous-marins.

18 septembre
Sous la pression allemande, la Roumanie interne les membres du gouvernement polonais qui lui avaient demandé asile la veille.

19 septembre
L'Armée rouge fait sa jonction avec les troupes allemandes à Brest-Litovsk. Le Führer entre triomphalement à Dantzig.
La campagne de Pologne peut être considérée comme achevée; désormais, il n'y aura plus que d'amples actions de ratissage.
□ Le premier corps d'armée anglais débarque en France.

26 septembre
Le gouvernement français décrète l'interdiction du parti communiste et la dissolution de toutes les municipalités administrées par le P.C.

27 septembre
Assiégée et soumise aux bombardements terrestres et aériens, la ville de Varsovie se rend. 160 000 hommes sont faits prisonniers. Hitler annonce aux principaux chefs de la Wehrmacht son intention d'attaquer la France, mais ses généraux refusent de prendre au sérieux ce programme, qu'ils estiment irréalisable avec les moyens dont ils disposent.

28 septembre
Un des derniers bastions de la résistance polonaise, constitué de 4 divisions encerclées depuis le 10 septembre dans la ville de Modlin et la région de Kutno, se rend après s'être battu avec un courage extrême.
□ A Moscou, von Ribbentrop et Molotov reprennent leurs entretiens sur le partage de la Pologne et les sphères d'influence de l'Allemagne et de l'U.R.S.S. Celle-ci obtient toute liberté d'action sur la Lituanie qui, d'après les accords précédents, devait passer sous influence allemande. En contrepartie, la ligne de démarcation germano-russe est déplacée vers l'est (en réalité, les Soviétiques reculeront jusqu'à la ligne Narew-Boug-San), et la région comprise entre la Vistule et le Boug occidental est dévolue à l'Allemagne. Les Allemands occupent la partie la plus riche de la Pologne, avec 22 millions d'habitants et la quasi-totalité des industries. Les Russes annexent 200 000 km² de territoire polonais, essentiellement consacrés à l'agriculture, avec 13 millions d'habitants.
□ L'U.R.S.S. et l'Estonie signent un traité d'assistance mutuelle. Les Soviétiques obtiennent le droit d'occuper les principales bases militaires de ce petit pays.

30 septembre
A Paris, constitution d'un gouvernement polonais en exil, présidé par le général Wladyslav Sikorski.
□ Le *Graf von Spee* coule le

L'OS A MOELLE

A vingt-quatre ans, André Isaac dit Pierre Dac commence une brillante carrière d'humoriste en 1917 sur le front avec des chansons patriotiques et comiques *(La Victoire aux cheveux ras, Je veux me faire chleuh)*. Durant l'entre-deux-guerres, il se produit dans les cabarets et, à partir de 1937, à Radio-Cité. L'année suivante, il fonde l'hebdomadaire burlesque *L'Os à Moelle* auquel collaborent les dessinateurs Maurice Henry, Jean Effel, Moisan. Pendant deux ans, ce journal égaye la vie des Français, tout en leur montrant l'absurdité du monde au bord de l'abîme. Pierre Dac élève au rang de l'art le non-sens, qu'il pratique avec un brio inégalé. L'hebdomadaire cesse de paraître avec l'armistice. Afin d'échapper aux Allemands, Dac s'enfuit en juillet 1940 en zone Sud où il entre dans la Résistance. Après maintes péripéties, il arrive en 1943 à Londres où il rejoint l'équipe des « Français parlent aux Français ». A la B.B.C., son humour caustique et iconoclaste fait mouche à chaque fois, notamment lorsqu'il s'attaque aux deux plus virulents ténors de la Collaboration, Philippe Henriot et Hérold-Paquis. De retour à Paris à la Libération, il refait paraître son journal sous le titre de *L'Os Libre* qui reprend son nom originel de 1954 à 1966.

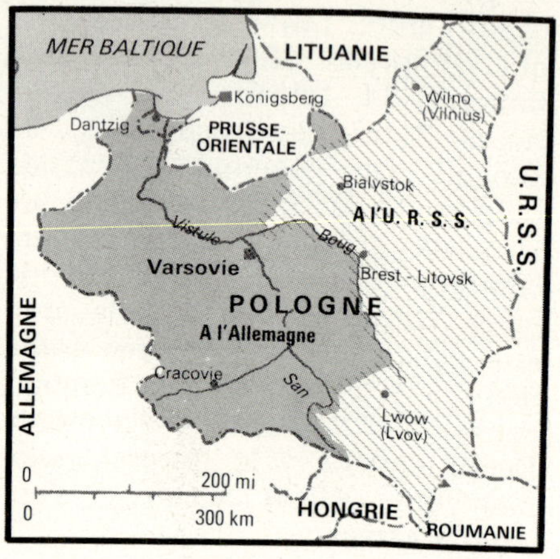

Brest-Litovsk, 21 septembre 1939. Un officier russe règle avec des officiers supérieurs de la Wehrmacht des détails de la ligne de démarcation entre Allemands et Soviétiques. Le second à partir de la droite est le général Guderian, grand théoricien des blindés. A droite : partage de la Pologne.

L'ENCYCLIQUE *SUMMI PONTIFICATUS*

Pie XII, élu au Saint-Siège en mars 1939, condamne les principes totalitaires dans sa première encyclique, *Summi Pontificatus*, datée du 20 octobre. L'encyclique souligne en particulier les droits des petites nations, affirme la nécessité de la protection des minorités, de la coopération économique et du désarmement et insiste sur l'importance de la religion comme unique garante d'une paix « juste et durable ». Ces idéaux seront réaffirmés dans le message de Noël.

paquebot anglais *Clement*. Les Alliés ont déjà perdu 185 500 t de navires de commerce. La grande chasse aux cuirassés de poche commence.

1er octobre
Reddition des héroïques défenseurs du petit port militaire de la presqu'île de Hel, au nord de Dantzig. Trois contre-torpilleurs et quelques sous-marins polonais réussissent à prendre le large et à gagner l'Angleterre. C'est aussi la fin des combats sur les côtes de la Baltique. Les derniers foyers de résistance seront éliminés en quelques jours.
☐ Les Polonais ont laissé 694 000 prisonniers aux mains des Allemands et 217 000 aux mains des Soviétiques. On ignore le nombre de Polonais tués, blessés ou disparus au cours des combats. De leur côté, les Allemands n'ont eu que 10 572 morts, 30 322 blessés et 3 409 disparus.
☐ A Panama, les 21 États d'Amérique décident d'établir le long de leurs côtes une « zone de sécurité » de 300 à 600 milles à l'intérieur de laquelle toute action de guerre sera considérée comme un acte d'hostilité envers l'État intéressé.

4 octobre
Mobilisé, Maurice Thorez, secrétaire général du Parti communiste français, déserte son unité en vue de gagner Moscou.

5 octobre
L'U. R. S. S. signe avec la Lettonie un traité d'assistance mutuelle analogue à celui du 28 septembre avec l'Estonie.

6 octobre
Les dernières résistances sont éliminées et la campagne de Pologne est officiellement achevée.
Dans un discours au Reichstag, Hitler lance un appel à la paix et propose aux puissances occidentales de reconnaître le nouveau *statu quo* en Europe orientale.

8 octobre
L'Allemagne annexe de fait les territoires polonais qui lui avaient été retirés par le traité de Versailles.
☐ Le parquet militaire français engage des poursuites contre les députés communistes, dont plusieurs sont arrêtés.

10 octobre
L'U. R. S. S. signe avec la Lituanie un traité d'assistance mutuelle analogue à ceux qu'elle a signés avec la Lettonie et l'Estonie. La ville de Wilno (Vilnius) et son territoire, annexés à la Pologne en 1922, sont restitués à la Lituanie.

11 octobre
En France, Édouard Daladier, président du Conseil, prononce à la radio un discours méprisant pour les propositions de paix de Hitler.

12 octobre
Le Premier ministre anglais Chamberlain repousse l'appel à la paix lancé par Hitler le 6 octobre.
Début des entretiens russo-finlandais en vue d'un échange de territoires.
☐ Première déportation des juifs de Vienne et de Prague à Nisko, en Pologne.

M. SMITH AU SÉNAT

Le 20 octobre, au New York Music Hall, a lieu la première de *Mr Smith Goes to Washington (M. Smith au Sénat)* de Frank Capra. Précurseur de la comédie sophistiquée (*Platinum Blonde,* 1931, *Millionnaire d'un jour,* 1933 et auteur du célèbre *New York-Miami,* 1934, qui lui vaut un oscar), le metteur en scène italo-américain devient, pendant les années du New Deal, le plus grand représentant de l'optimisme rooseveltien et, avec Walt Disney, le plus prolifique créateur de mythes culturels.

M. Smith au Sénat vient compléter idéalement une trilogie de films commencée en 1936 avec *L'Extravagant M. Deeds,* et poursuivie en 1938 avec *Vous ne l'emporterez pas avec vous;* ces trois films ont en commun le thème de la revanche de l'honnête homme ordinaire sur la richesse et la société corrompue, et sur les institutions perverses et malades.

Ce film, qui constitue une charge satirique contre le Sénat des États-Unis, a pour interprète principal James Stewart, un des acteurs préférés de Capra.

La rade de Scapa Flow, considérée comme inviolable par les Anglais.

14 octobre
A 1 h 30, le sous-marin allemand *U-47,* commandé par le lieutenant de vaisseau Günther Prien, pénètre dans la petite base navale de Scapa Flow, dans les Orcades, et coule le *Royal Oak.*

15 octobre
Traité entre l'Allemagne et l'Estonie sur le transfert vers le Reich des Estoniens d'origine allemande.

16 octobre
Des avions allemands attaquent des navires anglais dans le Firth of Forth et endommagent les croiseurs *Southampton* et *Edinburgh,* ainsi que le contre-torpilleur *Mohawk.*
□ Une contre-offensive allemande chasse de Sarre les troupes françaises; Forbach est évacué.

19 octobre
Signature d'un pacte d'assistance mutuelle entre la France, la Grande-Bretagne et la Turquie.

21 octobre
Traité germano-italien sur le droit d'option pour les habitants du Haut-Adige.

26 octobre
Monseigneur Tiso devient président de Slovaquie.
□ A l'exception des territoires qui seront officiellement annexés au Reich, la Pologne occupée par les Allemands est transformée en gouvernement général, avec Cracovie pour chef-lieu et Hans Frank, ancien ministre de la Justice du Reich, comme gouverneur. Il instaure aussitôt la terreur et la chasse aux intellectuels et aux juifs polonais. Tous les juifs du gouvernement général sont astreints au travail obligatoire. Le port d'un insigne distinctif leur sera imposé le 23 novembre.

27 octobre
La Belgique proclame sa neutralité.

Mouilleur de mines allemand.

30 octobre
L'U. R. S. S. annexe les territoires qu'elle occupe en Pologne. Ils seront intégrés aux républiques d'Ukraine et de Biélorussie.
□ Traité entre l'Allemagne et la Lettonie sur l'évacuation des Allemands des régions baltes.

31 octobre
La chasse au cuirassé de poche *Graf von Spee* se poursuit sur toutes les mers, avec 4 cuirassés et navires de bataille, 14 croiseurs et 5 porte-avions britanniques, néo-zélandais et français.

1er novembre
La ville libre de Dantzig, le corridor polonais, les régions frontières cédées à la Pologne en 1919 par le traité de Versailles, l'est de la haute Silésie, la région de Lodz et le district de Ciechanow sont officiellement annexés au Reich.

3 novembre
A Moscou, les entretiens russo-finlandais se poursuivent au sujet des demandes soviétiques d'échange de territoires et de rectifications de frontières.
□ Les États-Unis modifient leur loi de neutralité. Malgré un fort courant d'opinion encore isolationniste, Washington commence à tendre la main à Londres.

7 novembre
La reine Wilhelmine de Hollande et le roi des Belges Léopold III lancent un appel à la paix et offrent leur médiation.

8 novembre
Sur instruction secrète de Hitler, un attentat à la bombe est perpétré contre l'un des sanctuaires du début du nazisme, la *Bürgerbraukeller,* célèbre brasserie de Munich. La propagande nazie, orchestrée par Goebbels, accuse l'Intelligence Service et surtout Otto Strasser, ex-nazi de gauche réfugié à l'étranger en 1933. Cette accusation permet à Hitler d'éliminer une fois pour toutes les oppositions internes en Allemagne, et plus spécialement l'opposition de gauche. Malgré la popularité du régime, accrue par le succès de la guerre-éclair en Pologne, le Führer sait qu'il compte encore de puissants adversaires dans son pays : outre la gauche la plus irréductible, les Églises catholique et protestante, et une partie des grands chefs militaires.

POMEZIA

Pomezia.

Le 29 octobre a lieu l'inauguration de Pomezia, dernière des « villes nouvelles » construites durant l'assainissement des marais Pontins. Fondée officiellement par Mussolini le 25 avril de l'année précédente, Pomezia vient s'ajouter à Littoria Latina (inaugurée en 1932), Sabaudia (1934), Pontinia (1935) et Aprilia (1937). Les architectes, Petrucci, Tufaroli, Paolini et Silenzi, ont travaillé selon une conception « rurale » et des critères de rationalité qui avaient déjà inspiré les plans des cités précédentes. Pomezia est une commune rurale destinée à abriter 12 000 habitants — dont 3 000 dans le centre urbain — sur une surface totale de 12 hectares.
Selon les projets du régime, la nouvelle ville, située pratiquement aux portes de Rome, doit servir de trait d'union entre la campagne Pontine et la campagne Romaine, ce qui constitue un vaste territoire qui s'étend des monts Lepini et Ausoni et du promontoire du Circeo jusqu'au domaine du Castel Porziano, sur une étendue de 134 000 hectares.
Transformée progressivement, Pomezia est aujourd'hui un gros satellite industriel de Rome.

Installation sur un bateau anglais d'un dispositif contre les mines magnétiques.

12 novembre
Chamberlain et Daladier, au nom de la Grande-Bretagne et de la France, déclinent l'offre de médiation de la reine Wilhelmine de Hollande et de Léopold de Belgique.
□ Winston Churchill annonce à la radio que si les Anglais réussissent à passer l'hiver sans événement grave, ils auront gagné la première campagne de la guerre.

13 novembre
Les Finlandais suspendent leurs pourparlers avec les Soviétiques et, bien que sans illusions, mobilisent leurs faibles forces (environ 200 000 hommes). Les entretiens avaient commencé le 12 octobre, par l'arrivée à Moscou du ministre plénipotentiaire finlandais Juho Kusti Paasikivi. Il s'était trouvé devant des propositions soviétiques d'échange de territoires ressemblant à un ultimatum. L'U. R. S. S. proposait de céder à la Finlande 5 500 km^2 dans les régions septentrionales de Repola et de Porajorpi, contre le recul de la frontière finlandaise dans l'isthme de Carélie, entre le lac Ladoga et le golfe de Finlande, de façon à placer Leningrad hors de portée d'éventuels canons ennemis. En outre, elle exigeait la cession de certaines îles du golfe de Finlande et la location pour trente ans du port de Hangö. Elle réclamait enfin des rectifications de frontière dans l'extrême Nord, de manière à disposer de Petsamo, seul port finlandais de la mer de Barents à n'être jamais pris par les glaces. Les Finlandais sont prêts à accepter, sauf en ce qui concerne la cession de Hangö, qui donnerait à leurs voisins le contrôle absolu du golfe de Finlande et de la région la plus importante de leur pays. Mais les Russes sont irréductibles, et les Finlandais n'ont plus qu'à abandonner les pourparlers.

14 novembre
Hitler repousse avec courtoisie la médiation de Wilhelmine de Hollande et de Léopold de Belgique.

Septembre-15 novembre
Débarquements japonais dans la Chine du Nord.

16 novembre
La médiation offerte par le roi Carol de Roumanie le 13 novembre est rejetée par les belligérants.

17 novembre
Le Conseil suprême allié, réuni à Paris, décide que, dans l'éventualité d'une attaque allemande à travers la Belgique, les Alliés résisteraient sur la ligne Meuse-Anvers. Le maréchal Pétain s'était jadis opposé à prolonger les fortifications de la ligne Maginot jusqu'à la Meuse, considérant que la configuration du terrain des Ardennes rendrait impossible toute tentative d'invasion dans ce secteur.

19 novembre
Churchill propose d'envoyer des avions larguer des mines dans le Rhin, entre Strasbourg et la Lauter.

21 novembre
Le croiseur anglais *Belfast* est gravement endommagé par une mine magnétique.

22 novembre
Dans la soirée, un avion allemand a largué près de Shoeburyness des objets difficiles à identifier, suspendus à des parachutes. Les autorités militaires, immédiatement averties, envoient sur les lieux deux officiers artificiers. A marée basse, ces derniers décou-

LE ROCKEFELLER CENTER

Le Rockefeller Center, qui est le plus grand ensemble architectural des États-Unis pour les affaires et les loisirs, est inauguré à New York le 1er novembre. Commencé en 1931 à l'instigation de John D. Rockefeller, il a été conçu par de prestigieux bureaux d'architectes (Reinhard & Hofmeister; Hoat, Godley & Fouilhouz; Corbett, Harrison & MacMurray); il comprend des emplacements pour les bureaux, les magasins et les salles de jeux et de spectacle. Il englobe même dans son enceinte le Radio City Music Hall, célèbre et immense salle de style Art Déco, ouverte en 1932 et le R. C. A. Building de 70 étages.

vrent que les engins sont des mines magnétiques immergées. Il s'agit d'armes secrètes que les avions allemands ont disséminées à la sortie des estuaires et aux approches des ports anglais.
Une fois désamorcées, elles sont transportées dans un arsenal pour y subir des examens destinés à étudier les mesures propres à les neutraliser. En effet, entre septembre et octobre, les mines magnétiques allemandes ont détruit quelque 56 000 t de navires alliés ou neutres.

23 novembre
Le croiseur auxiliaire anglais *Rawalpindi,* en patrouille entre l'Islande et les îles Féroé, est coulé par le croiseur de bataille *Scharnhorst,* sorti dans l'Atlantique avec son *sister-ship* le *Gneisenau* pour attaquer les convois anglais. Le sacrifice du *Rawalpindi* n'est pas inutile, car les deux croiseurs allemands doivent renoncer à leur mission et rentrer à leur base en passant à travers les nombreuses unités ennemies qui quadrillent la mer du Nord cherchant à les intercepter. Sont affectés à cette chasse 15 croiseurs anglais et français, le cuirassé *Warspite* ainsi que des forces aériennes.

27 novembre
Le gouvernement soviétique s'élève violemment contre un bombardement des troupes russes par les Finlandais dans le secteur de Leningrad et dénonce le traité de non-agression russo-finnois de 1932. Naturellement, Helsinki nie les faits ; les Soviétiques ont néanmoins trouvé là leur « casus belli ».

28 novembre
Les préparatifs s'intensifient à la frontière russo-finlandaise.

29 novembre
L'Union soviétique rompt les relations diplomatiques avec la Finlande, ignorant l'offre de dernière heure des Finlandais de retirer unilatéralement leurs troupes des frontières.

30 novembre
L'armée soviétique attaque la Finlande, axant son effort sur l'isthme de Carélie, tandis que l'aviation bombarde Helsinki. Cependant, les Finlandais opposent une vive résistance au premier assaut d'un ennemi supérieur en nombre et mieux doté en matériel mais qui, sous-estimant les capacités de son petit voisin, n'avait lancé dans la bataille que les grandes unités du secteur militaire de Leningrad.

1er décembre
La pression des Soviétiques continue dans l'isthme de Carélie.

2 décembre
L'agence soviétique Tass annonce la formation d'un « gouvernement populaire de Finlande » (gouvernement fantoche, bien entendu), présidé par Otto Kuusinen, membre du Komintern depuis de nombreuses années. Mais ni les manœuvres politiques et diplomatiques de l'U. R. S. S., ni son action militaire n'aboutissent à un résultat. Les Finlandais opposent une résistance désespérée, obstinée et courageuse : se déplaçant à bicyclette dans les sentiers ou à skis dans les forêts épaisses, ils attaquent sur leurs flancs les grandes formations ennemies (contraintes d'utiliser les routes) et leur infligent de lourdes pertes. Bravant les blindés russes, ils utilisent un type de projectile qui sera universellement connu sous le nom de « cocktail Molotov ».
☐ Le gouvernement fantoche de

Kuusinen exhorte les Finlandais à « abattre l'oppresseur » (le gouvernement légitime) et à accueillir les « libérateurs » (les soldats de l'Armée rouge). Il signe un traité avec l'U. R. S. S. par lequel les exigences des Russes sont acceptées dans leur totalité en échange de toute la Carélie soviétique.

□ Le *Graf von Spee* coule le navire anglais *Doric Star.*

3-12 décembre

Devant la supériorité des forces ennemies dans l'isthme de Carélie, les Finlandais se replient en ordre sur la « ligne Mannerheim », ainsi appelée du nom de son organisateur, le général Carl Gustaf Mannerheim, héros national, fondateur de la République finlandaise en 1919, et qui était devenu le chef de la résistance contre l'envahisseur. En définitive, cette « ligne Mannerheim » ne représente pas grand-chose : une simple succession de fortifications de bois et de ciment barrant l'isthme carélien sur une quarantaine de kilomètres.

4 décembre

Une mine magnétique endommage le cuirassé *Nelson.* Ce sera la dernière grande victime de cette insidieuse « arme secrète » allemande : les techniciens anglais ont en effet trouvé le moyen de neutraliser les mines magnétiques en « démagnétisant » les coques des navires au moyen de circuits électriques, selon le procédé du dégaussement.

Journée noire pour les flottes alliées : 2 contre-torpilleurs sont coulés, 2 autres et 1 mouilleur de mines endommagés.

□ L'U. R. S. S. explicite sa position en déclarant d'une part que le gouvernement légal de la Finlande est celui présidé par Kuusinen et, d'autre part, qu'entre la Russie et la Finlande il n'existe aucun différend ; dès lors la question des négociations avec Helsinki ne se pose même pas.

5 décembre

Les Soviétiques atteignent la ligne Mannerheim dans le secteur tenu par le 2e corps d'armée.

LE NYLON

Betty Grable.

Le Nylon, fibre synthétique appelée à transformer profondément le marché des textiles, est désormais fabriqué industriellement aux États-Unis. Après une dizaine d'années d'études sur les polymères, une équipe de chimistes dirigée par Wallace H. Carothers met au point, en 1937, dans les laboratoires de la firme Du Pont de Nemours, une substance synthétique particulière, composée de macromolécules, appartenant à la famille des polyamides. C'est l'année suivante que Du Pont de Nemours annonce la découverte de cette fibre, et qu'il lui donne le nom de Nylon.

Introduit à grand renfort de publicité sur le marché américain dès 1940, le Nylon obtient un succès immédiat ; il trouve rapidement des applications dans le domaine militaire, notamment pour les parachutes et certains uniformes spéciaux. Mais on l'utilise surtout pour remplacer la soie, ce qui permet aux Américains de porter un coup très dur à l'économie japonaise, principale productrice mondiale de soie naturelle.

Après la guerre, le Nylon entre en force dans différents secteurs de l'industrie, et envahit le domaine de la mode ; en quelques années, les bas Nylon provoquent une véritable révolution des habitudes vestimentaires, et font de cette nouvelle matière un des symboles les plus significatifs de l'époque.

6 décembre

La pression russe s'accroît sur la ligne Mannerheim.

7 décembre

Une division russe réussit une percée jusqu'à la petite ville de Suomussalmi, sur le lac Kianta.

□ Le Grand Conseil fasciste réaffirme la non-belligérance de l'Italie.

□ Les gouvernements des trois pays scandinaves — Danemark, Suède, Norvège — proclament leur stricte neutralité dans le conflit qui oppose l'U. R. S. S. à la Finlande.

□ Le *Graf von Spee* coule encore un bateau anglais dans l'Atlantique. C'est le navire allemand le plus redoutable et la bête noire des marines alliées. Une escadre d'interception de 2 croiseurs lourds et de

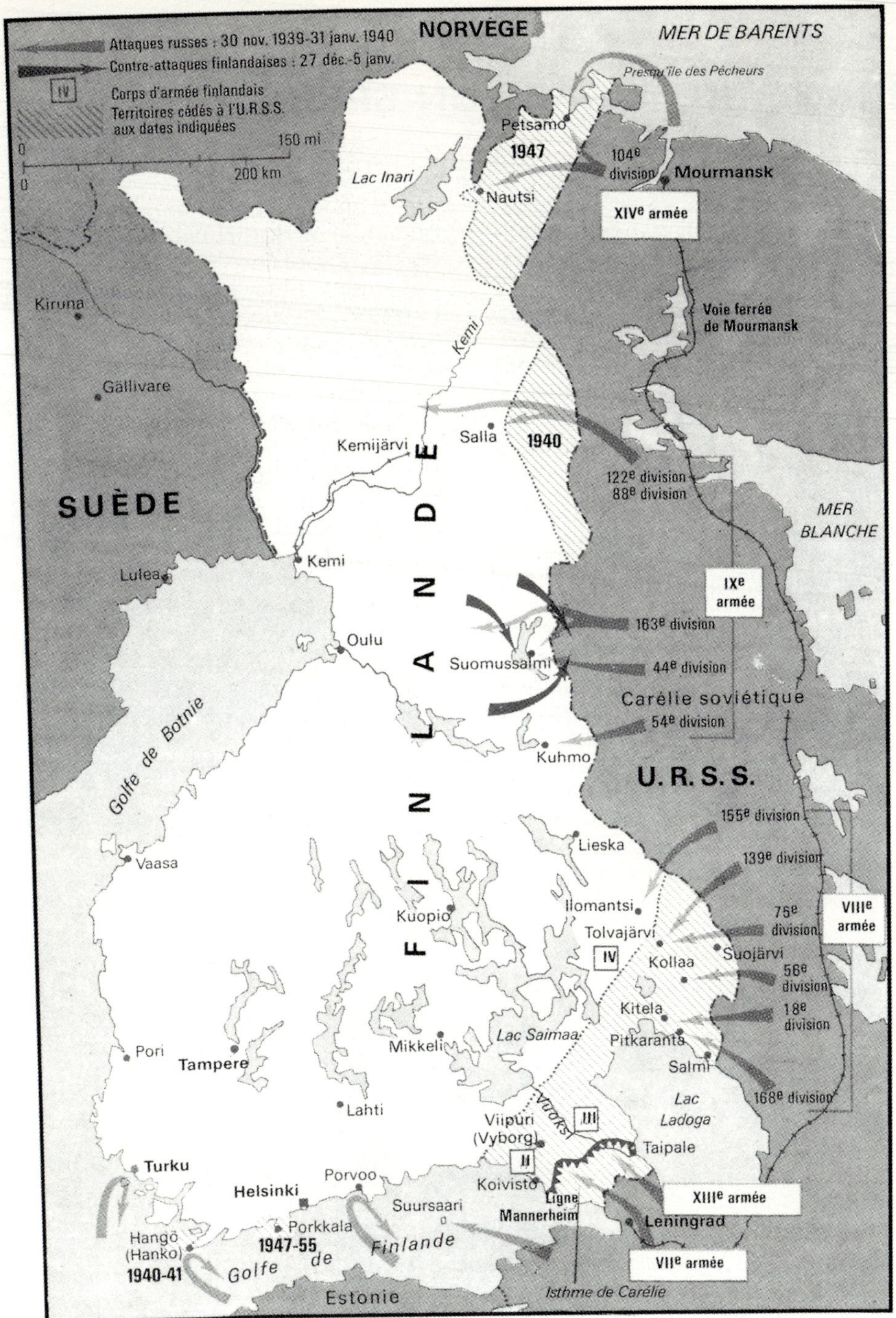

L'attaque de la Finlande par l'Union soviétique. L'opération débuta le 30 novembre 1939.

LES FORCES EN PRÉSENCE

FINLANDE. Après la mobilisation générale, l'armée compte environ 150 000 hommes répartis en 9 divisions et 8 brigades autonomes. L'équipement laisse beaucoup à désirer : même les uniformes et les tentes manquent. L'artillerie est nettement insuffisante : chaque division dispose de 18 mortiers de 81 mm, de 36 canons — tous de modèle ancien — et de 112 canons antichars de 37 mm. Il n'existe aucune défense antiaérienne et pour ainsi dire pas de moyens de transport motorisés ni d'équipements radio. L'aviation compte environ 150 appareils, tous de type ancien. Quant à la marine de guerre, elle est négligeable mais dispose d'un système de défense côtière efficace.

U. R. S. S. Sont engagées dans la guerre contre la Finlande 45 divisions, soit une masse d'environ 800 000 hommes, 1 500 blindés et 1 000 avions. Cependant, malgré leur supériorité écrasante en hommes et en matériel, les Soviétiques sont mal armés pour une guerre hivernale sous ces latitudes (de nombreux soldats soviétiques ont été envoyés vêtus de leurs uniformes d'été pour mener une campagne qui ne devait durer en principe que quelques jours) contre un ennemi certes doté de très peu de moyens, mais qui tire remarquablement parti de l'environnement pour surprendre l'adversaire.

2 croiseurs légers, aux ordres du commodore Harwood, se poste au large de l'embouchure du Rio de La Plata. On suppose que le bateau corsaire reviendra dans les parages pour frapper les paquebots qui prennent la route très fréquentée conduisant à l'estuaire, où sont situés, entre autres, les ports de Montevideo et de Buenos Aires.

11 décembre
Hitler rencontre l'homme politique norvégien Vidkun Quisling, fondateur dans son pays de l'Union nationale, mouvement pro-nazi.

12 décembre
Pour aider la Finlande, la France lui envoie 5 000 fusils mitrailleurs modèle 1915.

De son côté, l'Angleterre contribue à la résistance finlandaise en lui fournissant des mortiers Brandt, des fusils mitrailleurs modèle 24, des antichars et quelques avions.

☐ Churchill se prononce en faveur d'un débarquement en Norvège. Il affirme que c'est « l'humanité et non la légalité que nous devons prendre pour juge ».

LE SABORDAGE DU « GRAF VON SPEE »

13 décembre

6 h 14 : L'*Admiral Graf von Spee* est repéré au large de l'estuaire du Rio de La Plata, à 150 milles environ de Montevideo, par le croiseur lourd *Exeter* et les deux croiseurs légers *Ajax* et *Achilles* (ce dernier fait partie de la marine néo-zélandaise). Le quatrième bâtiment de l'escadre est en train de se ravitailler aux îles Falkland. Le commandant du *Graf von Spee,* le capitaine de vaisseau Hans Langsdorff, croit se trouver en face d'un seul croiseur (il a confondu l'*Ajax* et l'*Achilles* avec deux contre-torpilleurs) et, au lieu de prendre du champ le plus rapidement possible, il ouvre le feu contre l'escadre navale britannique.

Trois minutes plus tard, à 6 h 17, le feu de l'ennemi se retourne sur le *Graf von Spee.* Touché, le navire allemand s'éloigne derrière un rideau fumigène et met le cap sur le Rio de La Plata. L'*Exeter* et l'*Achilles* ont eux aussi été touchés par le feu de l'ennemi. L'escadre anglaise n'en continue pas moins à suivre l'ennemi en le maintenant sous un feu meurtrier. Cependant, à 7 h 40, l'*Exeter,* criblé d'impacts, doit abandonner la partie, tandis que l'*Ajax* et l'*Achilles* — ce dernier légèrement endommagé — continuent la poursuite. La bataille se termine à 7 h 54. Le *Graf von Spee* a une partie de son artillerie inutilisable, des dommages à la coque et de nombreux blessés à bord. Bien qu'il sache qu'il va s'engager dans une trappe, le commandant Langsdorff décide de se réfugier dans le port neutre de Montevideo, où les conventions internationales l'autorisent à faire halte pour une durée inférieure à 72 heures. Vers minuit, le bateau allemand entre au port. Il confie ses blessés à un cargo allemand ancré à Montevideo et procède aux réparations les plus urgentes. En dépit de l'insistance de l'ambassadeur d'Allemagne à Montevideo, le gouvernement de l'Uruguay refuse de proroger le délai autorisé de 72 heures. L'*Ajax* et l'*Achilles,* qui ont été rejoints par le *Cumberland* arrivant des îles Falkland, attendent leur proie à la limite des eaux territoriales uruguayennes.

17 décembre

Passé le délai de 72 heures qui lui était accordé, le *Graf von Spee* quitte lentement le port de Montevideo et se dirige vers le milieu de la baie. Pensant que parmi les unités anglaises qui l'attendent à la limite des eaux territoriales se trouvent aussi le croiseur de bataille *Renown* et le porte-avions *Ark Royal,* le commandant Hans Langsdorff a demandé à Berlin l'autorisation de se saborder, solution certainement plus honorable que l'inertie forcée, ou la capture et l'internement de l'équipage. Langsdorff est autorisé à détruire son cuirassé. Il est 18 h 15 quand le *Graf von Spee* largue les amarres devant une énorme foule de curieux. Une grande partie de l'équipage a été débarquée. A 20 h 50, arrivé au milieu de l'estuaire, le *Graf von Spee* se saborde. Le croiseur *Renown* et le porte-avions *Ark Royal,* qui ont été la cause indirecte de ce sabordage, se trouvaient alors à 1 000 milles environ du port de Montevideo. Ainsi se termine une poursuite que les Anglais avaient entreprise le 30 septembre. Avec le *Deutschland,* le cuirassé de

Graf von Spee

Arkroyal

poche *Admiral Graf von Spee* était un véritable joyau du génie maritime allemand. Il jaugeait 12100 t standard, avait une cuirasse de 10 cm et était armé de 6 pièces de 280 mm et de 8 pièces de 150 mm. Il pouvait filer 26 nœuds et avait une autonomie de 20000 km à la vitesse de 19 nœuds. Lancé le 30 juin 1934 et entré en service deux ans plus tard, il se trouvait dans l'Atlantique avec le *Deutschland* depuis le mois d'août 1939. Les deux bâtiments étaient entrés en action le 26 septembre et, en un peu plus de deux mois, avaient coulé aux flottes neutres et alliées plus de 50000 t. A la nouvelle des premières destructions, l'Amirauté anglaise (ministère de la Marine) avait constitué 9 groupes de recherche avec des navires britanniques, français et néo-zélandais. L'ensemble comprenait 14 croiseurs, 5 porte-avions, 4 cuirassés et un nombre adéquat de contre-torpilleurs. Le 11 novembre, le *Deutschland*, qui avait jusque-là bourlingué sur les routes de l'Atlantique Nord, était prudemment rentré en Allemagne par l'océan Glacial Arctique et la mer du Nord, tandis que le *Graf von Spee* avait poursuivi son action dans l'Atlantique Sud et dans l'océan Indien, en suivant la tactique du « frappe et disparais » de la guerre des corsaires. Jusqu'au jour où il était tombé sur l'escadre de croiseurs du commodore Harwood.
Imaginant quel choc psychologique et quelle perte de prestige ce serait pour l'Allemagne si le sort du *Graf von Spee* devait être réservé aussi au *Deutschland,* Hitler décida de rebaptiser ce dernier du nom de *Lützow*.

19 décembre
A Buenos Aires, le capitaine Hans Langsdorff, commandant du *Graf von Spee*, se suicide pour, comme il l'écrivit, « éviter que le discrédit ne vienne entacher le drapeau de l'Allemagne ».

17 décembre 1939. A l'expiration des 72 heures que lui avait accordées l'Uruguay, le Graf von Spee *sort du port de Montevideo et se dirige vers le milieu de la baie, où il se saborde à 20 h 50. Son commandant se suicidera.*

Dégagement des décombres d'un quartier d'Helsinki.

14 décembre

A la suite de son agression contre la Finlande, l'Union soviétique est condamnée et exclue de la Société des Nations. C'est là une des rares décisions énergiques qu'ait prises cet organisme international destiné à garantir la paix du monde. La Société des Nations invite les pays membres à accorder à la Finlande toute l'aide possible.

☐ Hitler. ordonne à l'*Oberkommando der Wehrmacht* (OKW), le commandement suprême des forces armées allemandes, de préparer une étude préliminaire sur les questions liées à l'invasion de la Norvège. Avec les événements qui se préci-

AUTANT EN EMPORTE LE VENT

Le 15 décembre, au Grand Théâtre d'Atlanta, a lieu la première d'*Autant en emporte le vent,* le film le plus célèbre de toute l'histoire du cinéma.

Le film est tiré du roman à succès de Margaret Mitchell, paru à peine trois ans auparavant ; il constitue un véritable manifeste du cinéma hollywoodien, la synthèse la plus réussie qu'on ait vue sur les écrans entre le mélodrame et l'histoire, entre les effets spéciaux en Technicolor et l'expression des sentiments. Beaucoup de scènes (comme le grand incendie d'Atlanta) font désormais partie de la mémoire collective.

Autant en emporte le vent est l'exemple type du film créé par le producteur ; c'est en fait David O. Selznick, un des géants du cinéma de l'époque, qui en est le véritable auteur. Il modifie sans arrêt le scénario, change de metteur en scène (la charge est confiée successivement à George Cukor, à Sam Wood, et enfin à Victor Fleming) et mène une véritable chasse aux acteurs. Après d'innombrables bouts d'essai et d'authentiques sondages d'opinion, on aboutit au choix qui sera plébiscité par le public : Clark Gable (le Rhett Butler rêvé par l'auteur du roman) et Vivien Leigh (Scarlett O'Hara).

Le film a pulvérisé tous les records de recettes (80 millions de dollars pour la première distribution, et 150 millions pour les suivantes — un chiffre inégalé jusqu'aux années 70), et a remporté 10 oscars.

Ci-dessus : Vivien Leigh et Clark Gable.

En haut, la ligne Maginot : champ de rails antichars. En bas, Maurice Chevalier et Joséphine Baker visitent les troupes.

LE D. D. T.

Le chimiste suisse Paul Müller met au point la formule du dichloro-diphényl-trichloréthane, un puissant insecticide de synthèse, incolore et inodore. Le D.D.T. est immédiatement utilisé à une grande échelle par les troupes alliées en garnison dans les régions infestées; il se révèle très efficace dans la lutte contre le moustique anophèle, agent de transmission du paludisme.

GILLES

Gilles de Pierre Drieu La Rochelle témoigne des obsessions de l'auteur qui recoupent celles d'une certaine jeunesse française à la recherche éperdue de nouvelles valeurs morales et sociales, bien plus que politiques ou idéologiques. Pour Drieu, le fascisme est « le mouvement politique qui va le plus radicalement dans le sens de la grande révolution des mœurs, dans le sens de la restauration du corps, dans le sens de la défense de l'homme contre la grande ville et contre la machine ».

pitent les mois suivants, cette étude deviendra un véritable plan d'opérations.

15 décembre
Trois des brigades d'infanterie anglaises, débarquées en France en octobre, sont réunies pour former la 5e division de la *British Expeditionary Force* (BEF). Cette division sera déployée au sud de Lille, sur une ligne fortifiée qui s'étendra et se renforcera pendant les mois d'inactivité que Hitler, espérant peut-être trouver une solution diplomatique au conflit, accordera à ses troupes du front occidental. La ligne est consolidée par 400 casemates nouvelles et 65 km de fossé antichar bétonné. La BEF n'est en contact direct avec l'ennemi que dans le secteur de Metz.

16 décembre
En Finlande, la principale attaque russe commence dans le secteur de Summa, par une intense préparation d'artillerie. Toutefois, au cours de la nuit, des soldats finlandais spécialement entraînés détruisent environ 70 chars soviétiques.

17-19 décembre
Le *Graf von Spee* se saborde. (Voir l'encadré de la page 32.)

21 décembre
L'accord germano-italien sur le transfert volontaire en Allemagne des citoyens italiens de langue allemande est étendu à la province de Trente.

22 décembre
En dépit des attaques répétées des troupes soviétiques, les Finlandais tiennent solidement leurs positions défensives. Pour les Soviétiques, cette première bataille se solde par une coûteuse défaite.

23 décembre
Les États d'Amérique adressent aux gouvernements anglais, français et allemand une énergique protestation contre l'action navale qui s'est déroulée dans l'estuaire du Rio de La Plata. Le document affirme que cette action est une violation manifeste et dangereuse de la « zone de sécurité » américaine.
☐ Deux navires de commerce allemands sont interceptés par des unités britanniques près des côtes des

LES RAISINS DE LA COLÈRE

Écrivain déjà célèbre (*Tortilla Flat, Des souris et des hommes,* etc.), John Steinbeck publie, au cours de l'année, *Grapes of Wrath (Les Raisins de la colère).* Le roman obtient un très grand succès auprès du public et de la critique.
Analyse lucide et impitoyable de la misère et de l'exploitation pendant les années de la grande dépression, *Les Raisins de la colère* décrit, d'une manière crue, les dramatiques aventures de la famille Joad dans le Dust Bowl californien. Steinbeck s'impose comme la voix du prolétariat américain.
En 1940, John Ford tire un film du livre. Bien que les dialogues gomment la verdeur originelle de la langue du roman, et que la fin soit modifiée dans un sens optimiste, le grand metteur en scène d'origine irlandaise réalise là un film très intense considéré comme le manifeste cinématographique du New Deal.

Henri Fonda.

Les interprétations de Henry Fonda et de Jane Darwell sont superbes, et la photo de Gregg Toland est remarquable de précision.
Parmi les producteurs du film figure la Chase National Bank, établissement qui avait activement contribué, pendant la crise de 29, à l'expropriation des fermes, et par conséquent à l'exode massif des paysans.

États-Unis. L'un des deux, le *Columbus,* de 32 000 t, est coulé à pic; l'autre cherche refuge dans les eaux territoriales de la Floride. Dans une longue lettre où il s'exprime avec une remarquable habileté, Churchill explique au président Roosevelt que les actions de police des marines alliées garantissent également la sécurité des navires de commerce des États-Unis et des États d'Amérique du Sud, puisque les bateaux corsaires allemands s'arrogent le droit de capturer ou de couler les bâtiments neutres qui transportent des marchandises pour les Alliés.

La ligne Maginot : casemates et barbelés près d'Hagondange.

24 décembre
Pie XII lance un nouvel appel à la réconciliation. Il n'est pas plus écouté que les précédents.
□ De leur victoire de Tolvajärvi, au nord du lac Ladoga, les Finlandais retirent un butin considérable : 60 chars et 30 canons.

25 décembre
Français et Allemands passent le premier Noël de guerre sur la ligne Maginot et la ligne Siegfried. Le front occidental est des plus calmes et la « drôle de guerre » se prolonge, mais le Führer a déjà élaboré de nouveaux plans, qu'il mettra en œuvre dans les prochains mois. Russes et Finlandais fêtent aussi Noël sur le front, ces derniers avec plus d'entrain que leurs adversaires, puisqu'ils ont réussi à les arrêter. Par une action de guérilla intelligente et courageuse, dans des conditions climatiques très dures (on se bat à des températures de – 30 °C), le David finlandais a contraint le Goliath soviétique à marquer le pas. Le fait est de bon augure pour les mois à venir.

28 décembre
En Angleterre, la viande de boucherie est rationnée.

29 décembre
La troisième tentative finlandaise pour chasser les Soviétiques de la rive septentrionale du lac Ladoga réussit. Les survivants de la 163e division russe s'enfuient. Les Finlandais capturent 11 chars, 25 canons et 150 camions.

31 décembre
Les attaques des *U-Boote* et des unités de surface, les mines magnétiques et les actions aériennes ont fait perdre aux Alliés, depuis le début du conflit, 746 000 t de bateaux de commerce, 1 porte-avions, 1 croiseur auxiliaire et le cuirassé *Royal Oak.* De leur côté, les Allemands ont perdu une dizaine d'*U-Boote,* le cuirassé de poche *Graf von Spee,* mais seulement quelques dizaines de milliers de tonnes de leur flotte marchande. En cette fin d'année, le bilan est vraiment positif pour la *Kriegsmarine.*

1940

1940

JANVIER	**30.** Dans un discours au palais des sports de Berlin, Hitler déclare que la première phase de la guerre s'est conclue par la destruction de la Pologne.
FÉVRIER	**19.** Hitler fait accélérer la préparation du plan d'invasion du Danemark et de la Norvège.
MARS	**12.** Le traité de paix russo-finlandais est signé à Moscou.
AVRIL	**9.** Les troupes allemandes commencent à occuper le Danemark et la Norvège.
MAI	**10.** L'offensive allemande à l'Ouest. □ A Londres, Churchill forme un gouvernement d'union nationale. **22.** Le Parlement britannique vote l'*Emergency Powers Act,* qui donne pleins pouvoirs à l'exécutif. **27.** A Dunkerque commence l'évacuation du corps expéditionnaire britannique (opération « Dynamo »). **28.** Capitulation de la Belgique, signée par le roi Léopold III.
JUIN	**10.** L'Italie déclare la guerre à la France et à la Grande-Bretagne. **18.** A la radio de Londres, le général de Gaulle lance son premier appel à la nation française.
JUILLET	**16.** Hitler envoie sa directive n° 16. C'est l'annonce officielle de l'opération « Otarie », qui prévoit le débarquement de 20 divisions sur les côtes sud de l'Angleterre.
AOUT	**13.** C'est le « Jour de l'Aigle », l'*Adlertag,* nom de code de la première journée du bombardement auquel l'aviation allemande soumettra les bases aériennes, les terrains d'atterrissage et les installations aéronautiques anglaises.
SEPTEMBRE	**7.** 300 bombardiers allemands déversent 337 t de bombes sur Londres. **27.** A Berlin, Ribbentrop, Ciano et Saburo Kurusu, signent le Pacte tripartite.
OCTOBRE	**28.** A l'aube, les troupes italiennes d'Albanie franchissent la frontière grecque.
NOVEMBRE	**14.** Pendant la nuit, 449 bombardiers allemands pilonnent Coventry, capitale de l'industrie automobile anglaise.
DÉCEMBRE	**9.** En Égypte, les Anglais enfoncent les lignes italiennes à Sidi-Barrani. **29.** Roosevelt déclare : « Nous devons être l'arsenal des démocraties. »

Pilonnés par les stukas, Anglais et Français se pressent sur la plage de Dunkerque et courent vers les bateaux. Ils abandonnent 2 000 canons, 60 000 véhicules et des milliers de tonnes de carburant et de ravitaillement.

1er janvier
L'auteur dramatique et militante socialiste finlandaise Hella Woulijoki informe le ministre des Affaires étrangères de son pays qu'elle a été invitée à se rendre à Stockholm pour y rencontrer son amie Aleksandra Kollontaï, ambassadeur de l'U. R. S. S. en Suède. Il s'agit d'une nouvelle tentative soviétique pour résoudre « diplomatiquement » la question finlandaise.

5 janvier
L'Union soviétique reprend sa politique de pénétration dans les Balkans. Le premier acte de cette « offensive » est la signature d'un traité de commerce avec la Bulgarie.

7 janvier
Relève de la garde au sommet de la hiérarchie militaire soviétique : le commandement des opérations contre la Finlande est confié au général Semion K. Timochenko.

8 janvier
Dans la région de Suomussalmi, les Finlandais du général Siilasvuo réduisent en pièces la 44e division d'assaut soviétique et capturent 35 chars, 50 canons, 25 petits canons antichars et 250 camions.

10 janvier
Le ministre finlandais des Affaires étrangères Tanner autorise Mme Woulijoki à se rendre à Stockholm pour y rencontrer Mme Kollontaï.

□ Adolf Hitler annonce aux commandants des trois armées Hermann Goering (armée de l'air), Erich Raeder (marine) et Walther von Brauchitsch (armée de terre) sa décision de déclencher le 17 janvier son offensive sur le front occidental.

□ Un avion allemand ayant à bord les commandants Reinberger et Hoenmans est contraint d'atterrir aux environs de Mechelen-sur-Meuse, centre agricole belge situé à faible distance de la frontière allemande. Les deux officiers sont porteurs de documents très importants et très secrets, destinés au commandant du groupe d'armées B et concernant l'offensive sur le front occidental. Les autorités belges apprennent ainsi l'intention de Hitler d'envahir la Belgique et les Pays-Bas.

13 janvier
En raison des conditions météorologiques défavorables, Hitler remet au 20 janvier son offensive à l'Ouest.

15 janvier
La Belgique n'autorise pas les troupes françaises et anglaises à traverser son territoire.

16 janvier
Hitler reporte au printemps son offensive à l'Ouest.

□ En France, l'état-major décide de mettre sur pied deux nouvelles divisions blindées. La Chambre des députés vote la déchéance des députés communistes.

□ Les Alliés commencent à préparer une intervention armée dans la péninsule scandinave.

20 janvier
Hitler expose à son état-major quelques modifications du plan d'offensive à l'Ouest. Ces modifications devraient donner au « plan Faucille » de von Manstein un plus gros effet de surprise.

LA DIRECTIVE No 6

Dans sa directive no 6 du 6 octobre 1939, le Führer envisageait, à partir du 12 novembre, une grande offensive allemande dont l'objectif était de « conquérir les territoires hollandais, belge et français de manière à pouvoir entreprendre des actions de guerre navale et aérienne contre l'Angleterre et à constituer une ceinture de sécurité autour du bassin de la Ruhr », cœur de l'industrie lourde allemande. En réalité, l'objectif final était l'invasion de la France.
Le plan d'invasion, baptisé *Fall Gelb* ou « plan Jaune », a été élaboré par le commandement de la Wehrmacht en calquant presque le plan von Schlieffen, préparé dans les années précédant la Première Guerre mondiale. Il n'est plus d'actualité, et ne tient pas compte de l'évolution tactique de l'armée allemande dont la doctrine est fondée sur la guerre de mouvement et sur l'emploi massif des engins blindés. Beaucoup de généraux désapprouvent ce plan, en particulier le général von Manstein, chef d'état-major du groupe d'armées Sud de von Rundstedt. Von Manstein en propose un autre, qui envisage une attaque de divisions blindées dans le secteur des Ardennes où, en raison des difficultés du terrain, l'ennemi ne s'attend pas à l'offensive, puis une rupture du front de Sedan et enfin une percée vers l'embouchure de la Somme pour atteindre la mer. Il a l'occasion d'exposer son plan à Hitler en février 1940. Quelques semaines plus tard, le 6 mars, à Berlin, les différents plans d'offensive sont examinés. Celui de von Manstein, *Fall Sichelschnitt* ou « plan Faucille », est soutenu par von Rundstedt et Guderian, malgré les objections de l'*Oberkommando*. Hitler assiste au débat sans prendre parti. Peu après, il décide d'adopter le plan Manstein, qui sera ainsi précisé : deux jours avant l'attaque des Ardennes (conduite par Guderian avec 3 divisions blindées, 4 divisions de soutien et 3 divisions en réserve), la Wehrmacht envahira les Pays-Bas et la Belgique, de manière à attirer vers le nord le plus grand nombre possible de divisions alliées. Si l'ennemi tombe dans le piège, une grande partie des forces franco-anglaises sera encerclée et anéantie. Une fois assuré le contrôle des côtes de la Manche, l'armée allemande pourra diriger son attaque contre Paris et le cœur de la France.

Erich von Manstein.

WALT DISNEY

Après le retentissant succès obtenu par *Snow White and the Seven Dwarfs* (*Blanche-Neige et les sept nains*, 1937), Walt Disney entreprend, en 1939 et 1940, la production de deux autres longs métrages, *Pinocchio* et *Fantasia*.
La sortie de *Pinocchio*, prévue pour 1939, a subi un retard de programmation, dû aux difficultés d'adaptation de l'ouvrage de Collodi et aux problèmes de mise au point des nombreux effets spéciaux. Ce n'est donc qu'en février 1940 qu'il est distribué dans les salles. Le film est bien accueilli par la critique mais ne rencontre pas la faveur du public malgré la ressemblance entre le visage de la marionnette et ceux, désormais célèbres, des sept nains.

En novembre, à New York, sort *Fantasia*, une ambitieuse tentative de cinéma d'animation à valeur culturelle. Né de la collaboration entre Disney et le musicien Léopold Stokowski, le film est un mariage réussi entre le cinéma d'animation et la musique classique ; il marque le retour au premier plan de Mickey Mouse dans cette adaptation en images de *L'Apprenti sorcier* de Paul Dukas. D'autres histoires sont construites sur des musiques de Bach, Tchaïkovski, Stravinski, Ponchielli, Moussorgski et Schubert. Les effets visuels et sonores sont extraordinaires : la bande-son, dirigée par Stokowski, est gravée en futursound. Cependant, *Fantasia* n'obtient pas le succès commercial escompté.

27 janvier
Bien qu'il ne soit pas tout à fait convaincu, Hitler ordonne de préparer la campagne contre la Norvège et le Danemark pour devancer l'opération franco-britannique. Les Alliés ont eux aussi des visées sur la Norvège.
□ Dans un discours à la chambre de commerce de Manchester, Churchill manifeste son inquiétude et sa perplexité devant ce qui semble être un simulacre de guerre et se demande pourquoi la Grande-Bretagne n'a pas encore subi de bombardement aérien.

29 janvier
A la suite des entretiens entre Mme Woulijoki et Mme Kollontaï, l'U. R. S. S. envoie au gouvernement suédois une note dont la teneur précise que « l'Union soviétique ne formule aucune objection de principe à un accord éventuel avec le gouvernement Ryti », c'est-à-dire le gouvernement légitime de la Finlande. Cette déclaration ouvre le chemin de la paix, puisque l'U. R. S. S. admet implicitement qu'elle renonce à soutenir le gouvernement fantoche d'Otto Kuusinen, et donc à annexer toute la Finlande.

30 janvier
Dans un discours au palais des sports de Berlin, Hitler déclare que la première phase de la guerre s'est conclue par la destruction de la Pologne.
La deuxième pourrait peut-être commencer aussitôt par la « guerre des bombes » que Churchill, trois jours plus tôt, s'était étonné de ne pas connaître encore.

1er février
Le général Timochenko déclenche une attaque de grand style contre les Finlandais dans le secteur de Summa. Précédée d'une intense préparation d'artillerie et appuyée par une puissante aviation, l'action est engagée par les chars et l'infanterie.

2-3 février
L'armée finlandaise réussit à contenir l'offensive soviétique contre la ligne Mannerheim.

5 février
Le Conseil suprême allié approuve un plan d'intervention en Finlande. En attendant, il y envoie une aide importante : avions, canons antichars et antiaériens. Le corps expéditionnaire comprendra au moins 3 divisions.

9 février
Le général von Manstein, auteur du plan *Sichelschnitt*, est nommé commandant du 38e corps d'armée nouvellement constitué.

10 février
Au cours d'une réunion du Conseil de défense finlandais, à laquelle participe notamment le général Mannerheim, animateur de la résistance aux Soviétiques, trois attitudes politiques possibles sont définies à l'égard de l'U. R. S. S. : ou calmer les Russes et obtenir la paix en leur offrant une île à la place de Hangö, qu'ils revendiquaient avant le conflit ; ou continuer la guerre avec l'appui effectif de la Suède, en admettant qu'on puisse l'obtenir ; ou, ultime ressource, accepter l'offre d'intervention que la France et la Grande-Bretagne ont faite au gouvernement finlandais.

11 février
La VIIe armée soviétique enfonce la ligne Mannerheim. Les Finlandais se retirent en bon ordre et s'installent sur une seconde position défensive.
☐ L'Union soviétique et l'Allemagne signent un accord commercial. En échange d'armements et de produits manufacturés, Moscou exportera en Allemagne des produits agricoles et des matières premières, surtout du pétrole.

12 février
Mannerheim exprime ses doutes sur le plan d'intervention des Alliés.

14 février
Au Vatican, le pain, le beurre, le café, le sucre, le tabac et l'essence sont rationnés.

15 février
L'Allemagne déclare que tous les navires marchands britanniques seront désormais considérés comme bâtiments de guerre et traités comme tels.

16 février
Dans le Jossing Fjord, donc dans les eaux norvégiennes, le contre-torpilleur anglais *Cossack* attaque le bateau allemand *Altmark*, employé naguère au ravitaillement du *Graf von Spee*. Le *Cossack* l'emporte et libère 299 prisonniers anglais qui se trouvent à bord de l'*Altmark*. Le gouvernement d'Oslo proteste contre la violation de sa neutralité. Londres proteste à son tour contre l'attitude des hommes politiques norvégiens, qui sont qualifiés de « myopes ».

17 février
Toutes les troupes finlandaises qui ont évacué la première ligne Mannerheim ont rejoint leur position de défense intermédiaire.

19 février
Hitler ordonne d'accélérer la préparation du plan *Weserübung* (« Exercice Weser »), appellation conventionnelle du plan d'invasion de la Norvège et du Danemark.
☐ Le général Mannerheim réorganise les défenses finlandaises.

20 février
Le général Nikolaus von Falkenhorst est désigné par Hitler pour prendre le commandement des troupes destinées à occuper la Norvège et le Danemark.

21 février
Le général Timochenko, commandant les troupes soviétiques en Finlande, remanie son dispositif en vue d'une nouvelle attaque des lignes de défense finlandaises.
☐ En Pologne, à Auschwitz, début des travaux d'implantation de quatre camps de concentration allemands.

23 février
Le gouvernement soviétique fait connaître aux Finlandais ses ultimes conditions de paix. La Finlande doit renoncer à l'isthme de Carélie et aux rives du lac Ladoga, céder à bail à l'Union soviétique pour une durée de trente ans la péninsule de Hangö, signer enfin un pacte d'assistance mutuelle afin d'assurer aux deux pays la maîtrise totale du golfe de Finlande. En échange, l'U. R. S. S. évacuera la région de Petsamo.
☐ La Suède fait connaître officiellement qu'elle n'entend absolument pas intervenir dans le conflit russo-finlandais et qu'elle n'autorise pas les Alliés à traverser son territoire.

26 février
A la suite de l'attaque, le 16 février, de l'*Altmark* par une unité navale anglaise, Hitler estime que la neutralité norvégienne est trop fragile et n'offre pas de garanties suffisantes. Il fait accélérer la préparation du plan *Weserübung* et signe sa première directive pour déclencher l'opération. L'Allemagne vise en particulier le minerai de fer suédois et la position stratégique des deux pays.
☐ Le ministre finlandais des Affaires étrangères Tanner est en visite à Stockholm. Le gouvernement suédois l'invite à accepter les conditions de paix des Russes et lui promet, dans cette éventualité, une aide importante pour reconstruire son pays.

27 février
Vers le soir, Mannerheim ordonne à ses troupes d'évacuer leur seconde ligne de défense.

28-29 février
Les troupes de Timochenko franchissent la seconde position défensive finlandaise.

1er mars
Le sous-secrétaire d'État américain Sumner Welles arrive de Rome à Berlin, pour se rendre ensuite à Londres et à Paris. Il est chargé par son gouvernement de proposer la médiation des États-Unis afin de trouver un terrain d'entente entre les belligérants. Mais cette tentative est vouée à l'échec, en premier lieu parce qu'elle est trop tardive, ensuite parce que personne, en Europe, ne croit plus à la paix.
☐ L'ultimatum soviétique relatif aux dernières propositions de paix à la Finlande arrive à expiration.
☐ Hitler envoie ses dernières instructions pour le plan *Weserübung*.
☐ Sur le front occidental, la « drôle de guerre » se prolonge. On enregistre quelques duels d'artillerie et des activités de patrouilles. Les avions allemands sont très actifs en mer du Nord et sur les Orcades. Le communiqué allemand annonce qu'ils ont coulé un cargo anglais et en ont endommagé quatre autres.

2 mars
Le 2e Bureau français a connaissance des préparatifs allemands contre la Norvège et le Danemark.

2-3 mars
La Suède et la Norvège renouvellent aux Alliés leur refus de laisser transiter sur leur territoire des troupes et du matériel de guerre.

3 mars
Timochenko déclenche une puissante offensive en Carélie.

4 mars
Les unités blindées soviétiques prennent d'assaut la ville de Viipuri (aujourd'hui Vyborg, en U. R. S. S.), le point stratégique le plus important de Carélie et de toute la Finlande méridionale. La manœuvre est facilitée par l'épaisse couche de glace qui recouvre le golfe de Finlande.

La ville de Viipuri sous le bombardement des avions soviétiques. Les conditions fixées par l'U. R. S. S. à la Finlande stipulent en premier lieu la cession de Viipuri et de l'isthme de Carélie, et la location de Hangö pour 30 ans.

5 mars
L'U. R. S. S. fait savoir qu'elle est « encore » disposée à faire la paix aux conditions précédentes, arrivées à expiration le 1er mars. Étant donné la situation militaire, le gouvernement de la Finlande accepte de reprendre les négociations avec l'Union soviétique.

6 mars
Une délégation finlandaise ayant à sa tête Kusti Paasikivi, homme politique et diplomate de grande expérience, se rend à Moscou. Mannerheim lui-même considère désormais inutile de poursuivre une lutte inégale et accepte de traiter avec l'Union soviétique. D'ailleurs, les Occidentaux continuent à promettre leur aide, mais n'envoient qu'une faible quantité de matériel, au surplus démodé.

8 mars
Les troupes soviétiques s'emparent de Viipuri.
□ L'U. R. S. S. repousse une demande finlandaise d'armistice immédiat.

9 mars
L'armée finlandaise n'est plus en mesure de conserver ses positions, et le général Mannerheim demande au pouvoir politique de composer avec les Soviétiques.

12 mars
Le traité de paix russo-finlandais est signé à Moscou. Le gouvernement soviétique impose des conditions très dures, que les Finlandais acceptent : la cession de l'isthme de Carélie avec Viipuri, d'une partie de la Carélie orientale, et de la presqu'île des Pêcheurs dans l'océan Glacial Arctique ; en outre, la péninsule de Hangö sera cédée à bail à l'U. R. S. S. pour une durée de trente ans, et les personnes et les biens russes jouiront de la libre circulation sur le territoire de Petsamo. Bien que mutilée et humiliée, la Finlande conserve néanmoins son indépendance nationale.

13 mars
11 heures : les combats cessent sur tout le front finlandais. Au cours du conflit, la Finlande a perdu environ 25 000 hommes et l'U. R. S. S. près de 200 000. Les Finlandais déplorent 45 000 blessés, contre un nombre inconnu, mais certainement très élevé, chez les Soviétiques. A la fin des opérations, les Russes avaient en ligne 45 divisions d'infanterie, 4 divisions de cavalerie et 12 groupements blindés. De leur côté, les Finlandais n'ont jamais réussi à engager plus de 200 000 hommes à la fois. L'Union soviétique, dans ce difficile conflit, a perdu des centaines de véhicules blindés et plus de 1 000 avions. Pour les observateurs occidentaux, la preuve semble faite que, à l'exception de ses réserves en hommes (11 millions de mobilisables), le potentiel de guerre

CONCERTO FOR COOTIE

1940 est pour Duke Ellington une année faste, tant sur le plan de la création que sur celui de la discographie. Avec l'arrivée de deux instrumentistes de premier plan comme Ben Webster (saxo ténor) et Jimmy Blanton (contrebasse), son orchestre atteint une homogénéité musicale quasi parfaite, et le « Duke » met au point des arrangements extraordinaires, et des compositions inédites très efficaces. L'orchestre grave ainsi des morceaux qui sont entrés tout droit dans l'histoire du jazz comme *Jack the Bear, Cotton Tail, Ko-Ko*, et surtout *Concerto for Cootie* qui est dédié au trompettiste soliste Cootie Williams. Enregistré à Chicago le 15 mars, *Concerto for Cootie* est un véritable chef-d'œuvre et un grand classique ; la trame orchestrale et la partie solo y atteignent un équilibre parfait. Il s'agit là d'une musique très écrite qui, en tant que telle, marque une étape importante de l'histoire du jazz-concerto.

de l'Armée rouge est nettement inférieur à celui de la Wehrmacht.

18 mars
Hitler et Mussolini se rencontrent au Brenner. Le Duce déclare que l'Italie est prête à entrer en lice contre les Anglais et les Français.

19 mars
A Rome, le ministre des Affaires étrangères, Galeazzo Ciano, reçoit pour la seconde fois en quelques semaines le sous-secrétaire d'État américain Sumner Welles.
☐ Première et sévère condamnation du nazisme par un représentant officiel du gouvernement de Washington : l'ambassadeur des États-Unis au Canada, James Cromwell, affirme que l'Allemagne de Hitler essaie ouvertement de détruire l'ordre social et économique sur lequel est fondé le gouvernement de son pays.
☐ En représailles contre l'attaque allemande de Scapa Flow, le 14 octobre 1939, 50 bombardiers de la R. A. F. pilonnent la base d'hydravions allemands de Hörnum, dans l'île de Sylt.

20 mars
A Paris, désavoué par la Chambre des députés par 239 voix contre 1 et 300 abstentions, Daladier présente la démission de son cabinet. Le même jour, le procès des 44 députés communistes s'ouvre devant le tribunal militaire de Paris.

21 mars
Le gouvernement français commande à la Norvège de l'eau lourde pour ses recherches atomiques.

22 mars
Formé le 21 par Paul Reynaud, le nouveau gouvernement français n'obtient la confiance de la Chambre que par 268 voix contre 156 et 111 abstentions.

28 mars
La France et l'Angleterre s'engagent à ne pas conclure de paix séparée avec l'Allemagne.
☐ Le Conseil Suprême interallié décide de miner les eaux norvégiennes et d'occuper les ports de la Norvège occidentale à partir du 5 avril.

31 mars
Depuis le début du conflit, dans les eaux britanniques et dans l'est de l'Atlantique jusqu'à hauteur de Gibraltar, les *U-Boote* ont coulé 753 803 t à la flotte alliée. La Kriegsmarine a perdu 18 sous-marins. Dans l'Atlantique, les cuirassés et contre-torpilleurs allemands ont coulé un total de 63 098 t. Le long des côtes anglaises, les mines immergées par les sous-marins, les contre-torpilleurs et les avions ont détruit 281 154 t. En outre, 36 189 t ont été coulées par les avions.

3 avril
A Londres, Chamberlain remanie son ministère. Churchill se voit confier la présidence du comité des ministres de la Défense et obtient l'accord du gouvernement pour miner les eaux territoriales norvégiennes, mesure déjà décidée à la réunion du Conseil suprême interallié du 28 mars.
☐ A Paris, fin du procès à huis clos des députés communistes. 36 sont condamnés à 5 ans de prison, 8 à 4 ans avec sursis.

5 avril
Pour des raisons techniques, le départ des premiers contingents du corps expéditionnaire allié en Norvège est retardé jusqu'au 8 avril.

7 avril
Aux premières heures de la matinée, les bateaux allemands qui transportent les troupes de débarquement en Norvège lèvent l'ancre.
☐ Les premiers éléments du corps expéditionnaire allié en Norvège embarquent sur des croiseurs anglais.
☐ Dans la soirée, la flotte anglaise quitte Scapa Flow et se dirige vers les côtes de Norvège pour intercepter la flotte allemande.
☐ Dans la nuit, 8 contre-torpilleurs britanniques posent 3 champs de mines dans les eaux territoriales norvégiennes.

8 avril
Les Alliés informent le gouvernement d'Oslo qu'ils ont posé des mines dans ses eaux territoriales.
11 h 50 : près de Lillesand, au large de la côte norvégienne, le sous-marin polonais *Orzel* coule le bateau allemand *Rio de Janeiro,* affecté au transport des troupes d'invasion, et en recueille les naufragés. Bien qu'il soit maintenant certain que les forces allemandes sont en mer, le gouvernement norvégien ne décide pas encore la mobilisation générale. Dans la soirée, au cours d'une réunion du Conseil des ministres, le colonel Rasmus Hatledal, chef d'état-major de l'armée de terre, affirme au ministre de la Défense que tous les officiers de l'état-major se mettent à sa disposition. On décide en secret la mobilisation de 5 brigades de l'armée de campagne au sud de la Norvège.

9 avril
Les troupes allemandes commencent à occuper le Danemark et la Norvège. Le corps expéditionnaire comprend 7 divisions d'infanterie et 2 divisions de montagne, un corps d'armée aérien de 400 avions de combat, 70 avions de reconnais-

KARL BOSCH

Le 27 avril meurt à Heidelberg le chimiste et industriel allemand Karl Bosch. Né à Cologne en 1874, il a fait des études d'ingénieur chimiste, puis il est entré dans l'équipe de recherche de la firme B. A. S. F. (Badische Anilina und Soda Fabrik). Pendant la guerre, il a largement contribué à la fabrication du carburant synthétique. Dans les années 20, Bosch a réussi à appliquer à l'échelle industrielle les études de Haber sur l'ammoniac de synthèse, pour la production de fertilisants ou d'explosifs.
Prix Nobel de chimie en 1931, Bosch est devenu en 1935 président de l'I. G. Farben, charge qu'il a occupée jusqu'à sa mort.

Un détachement d'infanterie allemand avance vers Lillehammer.

sance et 500 appareils de transport. Toute la marine du Reich participe à l'opération. L'armée d'occupation est articulée en sept groupements. Deux premiers, aux ordres du général Kaupitsch, envahissent le Danemark et en font la conquête en 48 heures. 12 heures après le débarquement, les troupes de Kaupitsch entrent déjà dans Copenhague. Les cinq autres débarquent à Oslo, Kristiansand, Bergen, Trondheim et Narvik. Au cours des opérations de débarquement, les Allemands perdent le croiseur lourd *Blücher* devant Oslo et deux croiseurs légers : le *Karlsruhe* à Kristiansand et le *Königsberg* devant Bergen.

□ A la nouvelle de l'attaque allemande au Danemark et en Norvège, Français et Anglais demandent à la Belgique l'autorisation de pénétrer sur son territoire. Le gouvernement belge refuse.

10 avril
Le roi Christian X et le gouvernement danois se soumettent à l'ultimatum allemand.

□ Le roi Haakon de Norvège désavoue le gouvernement fantoche de Quisling.

□ Une force navale anglaise surprend 10 contre-torpilleurs allemands dans le fjord de Narvik et en coule deux. Elle en perd également deux.

□ Paul Reynaud, président du Conseil français, déclare au Sénat que « la route permanente du fer suédois vers l'Allemagne est désormais coupée ».

11 avril
Le major général Laake, commandant en chef de l'armée norvégienne, démissionne. Il est remplacé par le général Otto Ruge.

13 avril
Le cuirassé anglais *Warspite* coule 8 contre-torpilleurs allemands ainsi qu'un sous-marin, le *U-64*, dans le fjord de Narvik.

□ Nouvelles directives du gouvernement anglais au maréchal de l'air sir Algernon Portal, commandant l'aviation de bombardement : en cas d'invasion de la Belgique et de la Hollande par les Allemands, les objectifs prioritaires seront les concentrations de troupes et surtout les voies de communication et les installations de la Ruhr ; les bombardiers lourds agiront de préférence de nuit.

15-16 avril
Les premiers contingents britanniques débarquent en Norvège.

17 avril
Le croiseur anglais *Suffolk* bombarde l'aéroport de Sola, près de Stavanger. Gravement endommagé par la Luftwaffe, il réussit toutefois à regagner Scapa Flow.

19 avril
Débarquement à Namsos, en Norvège, de 3 bataillons français de chasseurs alpins (3 000 hommes).

20 avril
Les Allemands sont au contact des lignes norvégiennes qui défendent Lillehammer, Rena et Aamot.

21 avril
La progression allemande se poursuit en Norvège.

22 avril
Deux colonnes allemandes progressent vers le nord, le long de la Rena et du Glomma.
Dans l'après-midi, les Allemands

attaquent dans le secteur de Balbergkamp, au nord de Lillehammer.

24 avril
Le président du Conseil français Paul Reynaud invite Mussolini à ne pas entrer en guerre.
□ En Norvège, les Allemands avancent sur tous les fronts.

27 avril
Hitler annonce à Keitel, commandant en chef des forces armées, et à Jodl, chef du bureau « opérations » de la Wehrmacht, qu'il a l'intention de déclencher l'offensive contre la France la première semaine de mai.

28 avril
La 15ᵉ brigade alliée du général anglais sir Bernard Paget, partie de Trondheim, ne réussit pas à progresser vers Gudbrandsdal. Paget fait savoir au commandant en chef de l'armée norvégienne, Otto Ruge, que le départ des Alliés du centre de la Norvège est inévitable.

30 avril
Les troupes allemandes venant d'Oslo et de Trondheim font leur jonction à Dombas.
□ Une partie des troupes alliées abandonne le sol norvégien.
□ A Lodz, en Pologne, les Allemands créent le premier ghetto fermé.

1er mai
Dans un message personnel à Mussolini, le président Roosevelt l'invite instamment à ne pas entrer en guerre.
□ L'attaché militaire français à Berne signale à Paris que les Allemands déclencheront une grande offensive entre le 8 et le 10 mai et que leur effort principal se fera en direction de Sedan.

□ **5 mai**
Le roi Haakon et le gouvernement norvégien se réfugient à Londres, et forment un gouvernement en exil.

7 mai
En raison de l'échec des Alliés en Norvège, le Premier ministre anglais Chamberlain est mis en minorité à la Chambre des Communes et contraint de démissionner.

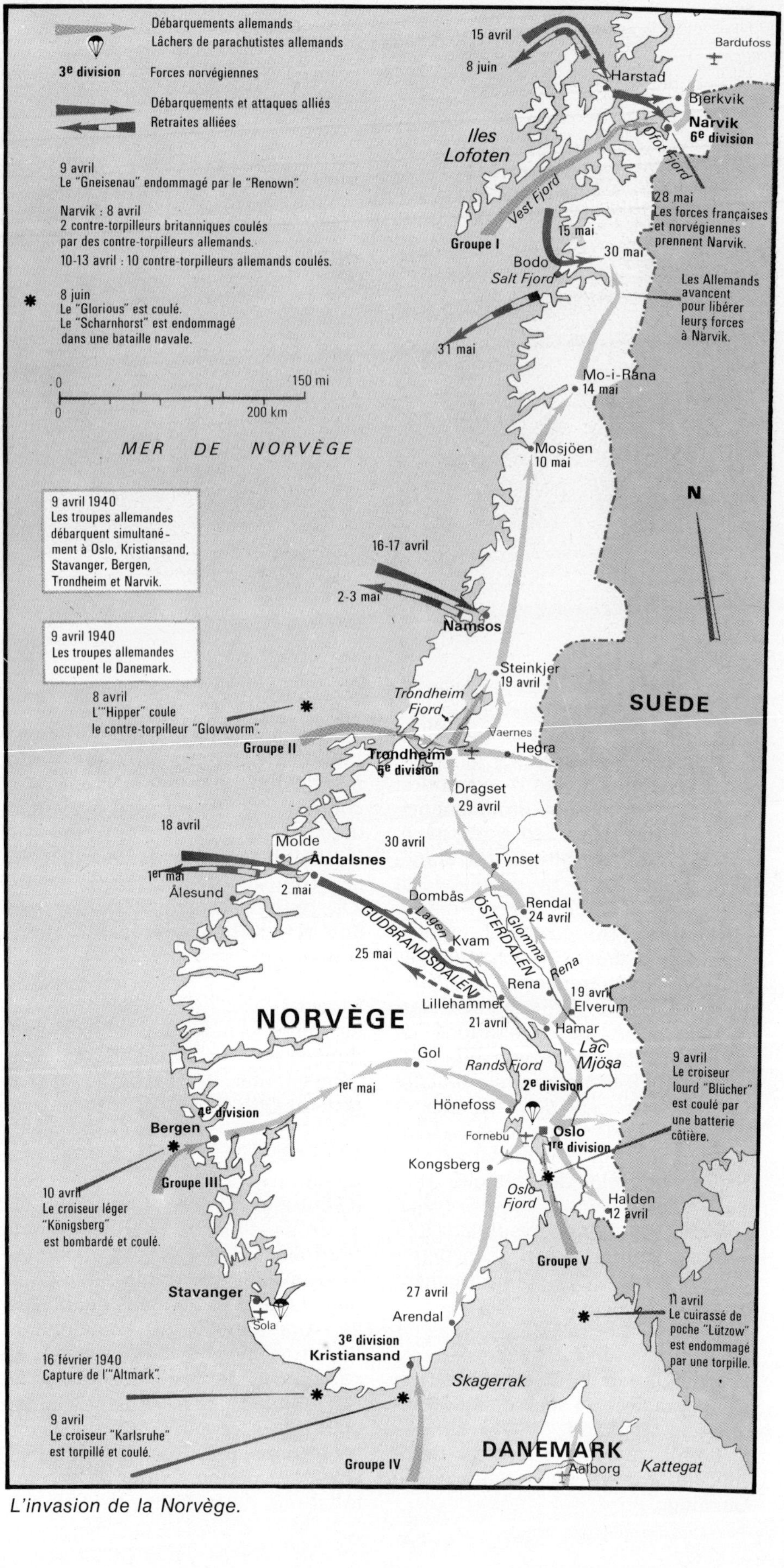

L'invasion de la Norvège.

L'EXPOSITION UNIVERSELLE DE NEW YORK

En avril se termine l'Exposition Universelle de New York, la plus importante exposition qui se soit jamais déroulée sur le continent américain. Dans un contexte mondial difficile, et en dépit d'un échec financier total, cet événement a connu un énorme succès auprès du public, avec 45 millions de visiteurs, ce qui constitue un record absolu.
Bien que l'Europe soit au bord de la guerre, la manifestation est dédiée à la paix et au progrès (le thème officiel en est « The World of Tomorrow », le monde de demain), et c'est le président Franklin D. Roosevelt qui prononce en 1939 le discours d'inauguration devant 600 000 personnes.
Comme à l'Exposition internationale des arts et techniques de Paris en 1937, l'architecture y tient une large part et s'inspire des conceptions les plus modernes.
Les constructions les plus importantes sont le *Trylong*, une pyramide effilée de 250 mètres, et la *Périsphère*, une grosse sphère de cristal de 60 mètres de diamètre.
Cette Exposition Universelle de New York bénéficie d'une large participation étrangère puisque 63 nations y sont représentées avec leurs pavillons respectifs. Certains sont particulièrement remarquables, comme le pavillon finlandais aux parois de bois ondulé, œuvre d'Alvar Aalto, très intéressant par la modernité et la hardiesse de son architecture.

8 mai
Jacques Davignon, ambassadeur de Belgique à Berlin, signale que les Allemands sont en train de rédiger un ultimatum destiné à son gouvernement.
En même temps, l'attaché militaire près l'ambassade de Belgique à Berlin câble à ses supérieurs que le commandement suprême allemand a diffusé l'ordre d'attaque.

9 mai
Veille de l'offensive allemande à l'Ouest.
Le matin, le général Wilhelm Keitel, chef de l'OKW (Oberkommando de la Wehrmacht), transmet les instructions du Führer, commandant suprême des forces allemandes, pour l'offensive à l'Ouest, prévue pour la matinée du lendemain. Cet ordre d'attaque, diffusé aux hauts échelons de l'armée allemande, indique notamment : « Jour J 10-V, heure H 5 h 35. Les noms de code « Dantzig » ou « Augsbourg » seront communiqués aux différentes formations de la Wehrmacht le 9-V avant 21 h 30. »
□ 23 h 15 : alerte générale en Belgique. La France et la Grande-Bretagne en sont informées.

10 mai
5 h 35 : tandis qu'en Hollande les troupes aéroportées allemandes se lancent sur les ponts de Rotterdam, Dordrecht et Moerdijk, et qu'en Belgique d'autres parachutistes sautent sur le canal Albert et sur le fort d'Eben-Emaël, pivot de la défense de Liège, les forces des groupes d'armées A (von Rundstedt) et B (von Bock) franchissent les frontières belge, hollandaise et luxembourgeoise.
7 h 30 : les avant-gardes de la VIIe armée française et de la B. E. F. entrent en Belgique. Le plan allié, ou « plan Dyle », envisageait de contenir une éventuelle attaque allemande en portant le gros des forces de défense en Belgique et en s'appuyant à droite sur Sedan et les Ardennes comme charnière, d'où la pénétration immédiate des Français et des Anglais en territoire belge. Cependant, il ne prévoyait pas que les Allemands attaqueraient précisément dans les Ardennes, considé-

rées comme infranchissables. Par contre, von Manstein était certain de pouvoir percer dans ce secteur. En attaquant en force dans les Pays-Bas, le commandement allemand attire les Alliés vers le nord-est et facilite ainsi sa percée dans les Ardennes, puis sa progression vers la mer. La perte brutale de Sedan, pivot de la manœuvre alliée, aura des conséquences désastreuses pour les Français et les Anglais.

□ A Londres, Churchill forme un gouvernement d'union nationale.

11 mai

Des parachutistes allemands et des éléments transportés par planeurs s'emparent du fort d'Eben-Emaël, et les forces ennemies encerclent Liège.

□ Le président Roosevelt exprime au roi des Belges Léopold III toute l'émotion et l'indignation des États-Unis devant l'invasion de son pays par les Allemands.

□ Churchill donne à l'aviation de bombardement son autorisation pour effectuer des incursions sur le territoire allemand.

□ Trois divisions anglaises se mettent sur la défensive sur la rive gauche de la Dyle, entre Wavre et Louvain.

12 mai

Les Belges renforcent leurs positions sur la ligne de la Dyle.

□ La VIIe armée française, qui avait pénétré aux Pays-Bas, reçoit l'ordre d'évacuer la région de Breda

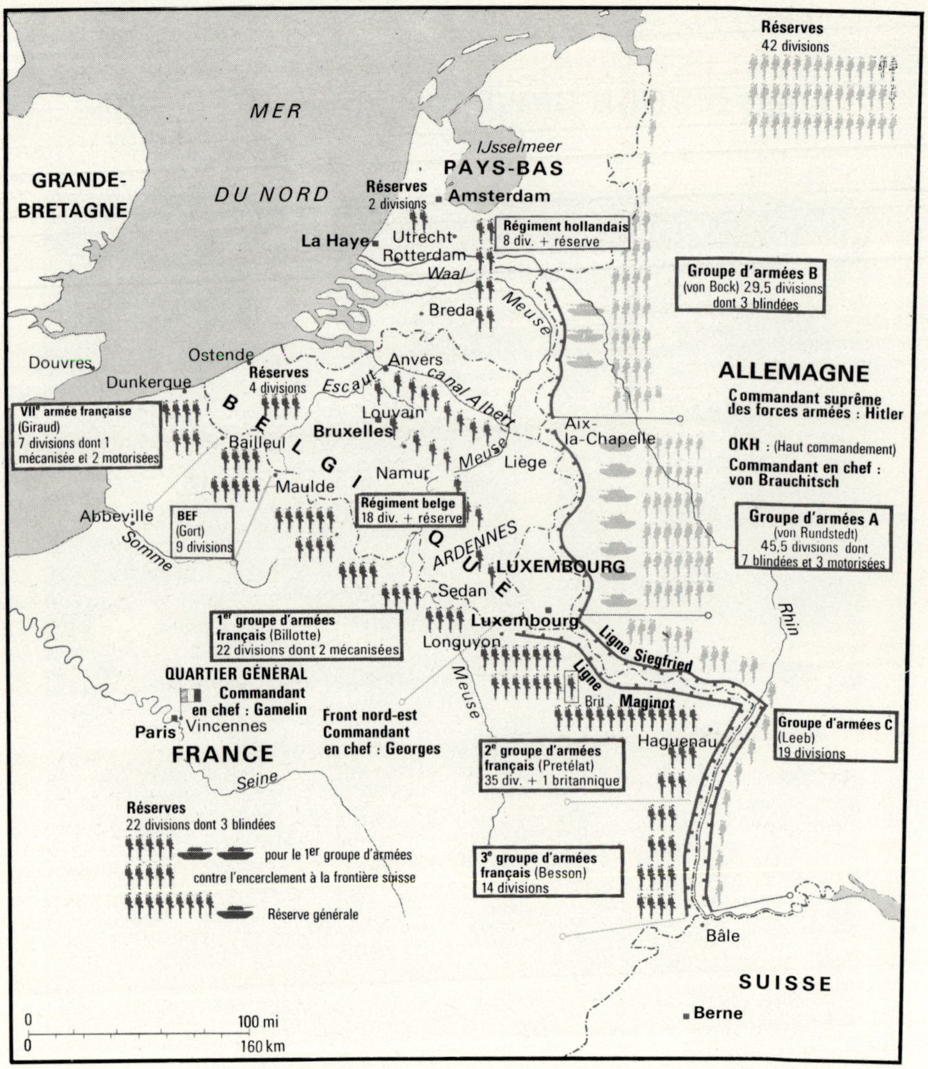

Au mois de mai 1940, des forces à peu près équivalentes, même en nombre de chars, se font face sur les frontières belge et hollandaise, et en arrière de la ligne Maginot et de la ligne Siegfried. Mais, grâce à leur unité de commandement et à leur doctrine d'emploi des engins blindés, les Allemands auront la supériorité.

LES ARMÉES ET LEUR DÉPLOIEMENT

Sur la frontière allemande, de Bâle à la mer du Nord, des millions d'hommes et des milliers de blindés se font face de chaque côté. Les positions des adversaires sont approximativement les suivantes : du sud de la frontière hollandaise à Aix-la-Chapelle, les Allemands ont déployé le groupe d'armées B, formé de 29 divisions et demie, dont 3 divisions blindées, aux ordres du général von Bock ; d'Aix-la-Chapelle à Trèves, le groupe d'armées A de von Rundstedt, avec 45 divisions et demie, dont 7 divisions blindées et 3 divisions motorisées ; de Trèves à la frontière suisse, le groupe d'armées C du général von Leeb, avec 19 divisions. Le seul groupe d'armées A comprend donc presque la moitié des divisions d'infanterie en ligne et 7 divisions blindées sur les 10 qui sont disponibles. Les réserves allemandes se montent à 42 divisions.

De l'autre côté de la frontière, se trouvent trois armées distinctes : à l'extrême nord, l'armée hollandaise avec 8 divisions (ses réserves ne sont pas connues) ; presque face aux Allemands du Groupe d'armées A, l'armée belge avec 18 divisions ; et, en arrière de la frontière française, les forces franco-britanniques schématiquement déployées ainsi : de la mer du Nord à Bailleul, la VIIe armée française (général Giraud) ; de

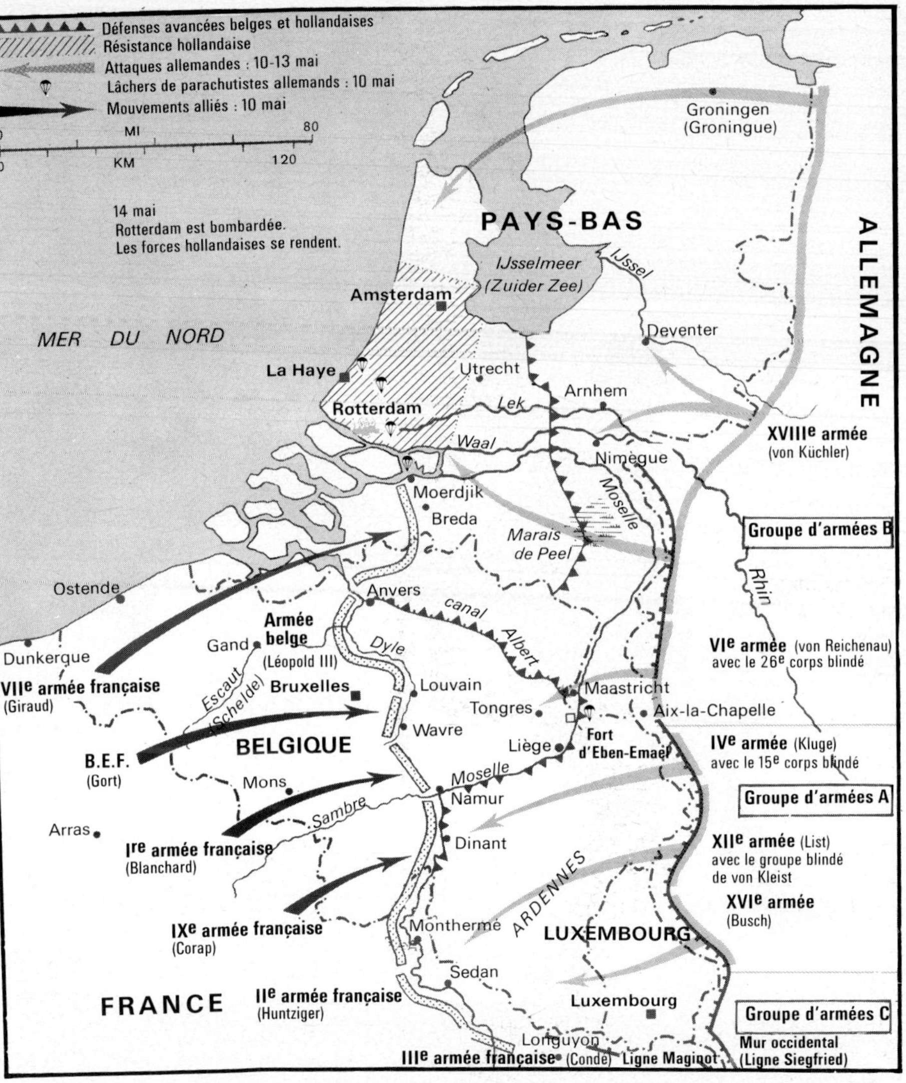

La 10 mai, avec l'offensive allemande en Hollande et en Belgique, commence la grande bataille à l'Ouest. En 24 heures, les Allemands auront occupé le fort d'Eben-Emaël, clef de la défense de Liège, considéré comme imprenable, et réalisé une percée dans les Ardennes. Le 22, ils seront déjà sur la Manche.

et de se replier sur Berg op Zoom et Anvers.

☐ Les troupes françaises abandonnent à l'ennemi la rive droite de la Meuse et s'établissent sur la rive gauche. La position de Sedan, particulièrement importante, est également abandonnée à la 1re et à la 10e division blindée de Guderian. Plus au nord, à la hauteur de Dinant, la 7e division blindée allemande atteint la Meuse.
La Luftwaffe opère des bombardements systématiques sur les arrières ennemis.

13 mai

De part et d'autre de Sedan, Guderian force les passages de la Meuse avec deux divisions blindées.
En Belgique, la Ire armée française et les divisions anglaises de lord Gort atteignent la Dyle : les Anglais s'établissent entre Louvain et Wavre, les Français entre Wavre et Namur. Les Allemands s'emparent de Liège.
L'armée hollandaise est en débandade, et le commandement donne l'ordre de repli sur une ligne de défense appelée « Forteresse hollandaise », bande de terrain comprise entre Amsterdam, Rotterdam et Utrecht. La reine Willhelmine et son gouvernement se réfugient à Londres.

☐ Un communiqué du quartier général français reconnaît honnêtement la situation : « De Namur à Mézières, l'ennemi a réussi à établir deux petites têtes de pont, l'une à

Bailleul à Maulde, les 9 divisions de la B. E. F. *(British Expeditionary Force)* du général Gort ; de Maulde à Longuyon, sur la zone située à gauche de la ligne Maginot, le Ier groupe d'armées français (général Billotte) avec 22 divisions dont 2 divisions mécanisées ; enfin, de Longuyon à la frontière suisse, le long de la ligne Maginot, les IIe et IIIe groupes d'armées français (généraux Prételat et Besson), formés respectivement de 35 et 14 divisions (1 division britannique fait partie du IIIe groupe d'armées). L'armée française a 22 divisions de réserve, dont 3 blindées. Le commandant en chef des forces alliées est le général Maurice Gamelin. Les Allemands ont à leur tête le feld-maréchal Walther von Brauchitsch.
Les Alliés comptent au total 2 900 000 hommes, et les Allemands, 2 750 000.
Les Alliés possèdent 2 574 chars modernes et 2 128 avions, dont 1 648 français (219 avions de bombardement, 946 chasseurs et 483 avions de reconnaissance, qui ne sont pas tous disponibles le 10 mai) et 480 anglais (800 autres sont demeurés en Grande-Bretagne). L'Allemagne dispose dans l'immédiat de 2 600 chars, d'une épaisseur de blindage inférieure à celle des chars alliés, mais plus standardisés et d'une plus grande autonomie que ceux de ses adversaires, et de 3 227 avions.

Cette photo de propagande allemande, prise sur le front occidental, portait en légende : « Aucune force ne peut arrêter notre infanterie. » Affirmation orgueilleuse, mais confirmée par les faits au mois de mai 1940.

Houx, au nord de Dinant, l'autre à Monthermé. Une troisième, plus importante, a été réalisée dans le bois de la Marfée, près de Sedan... »

14 mai

13 h 30 : Rotterdam est soumise à un terrifiant bombardement aérien. Henri Winkelman, commandant suprême des forces armées hollandaises, signe la capitulation des Pays-Bas.

16 heures : les chars français, prêts à contre-attaquer les Allemands qui ont percé sur la Meuse, entre Dinant et Sedan, reçoivent l'ordre de se disperser sur un front de 20 km. La IXe armée française du général Corap se replie sur Rocroi. Pendant toute la journée, environ 200 bombardiers alliés attaquent sans résultat, par vagues successives, le pont de bateaux que Guderian a fait lancer sur la Meuse, près de Sedan, et par lequel affluent les renforts allemands. Des 85 appareils abattus par la D. C. A. allemande, 35 sont des avions anglais. Entre Dinant et Sedan, les Allemands ont ouvert une brèche de 80 km. Dans l'après-midi, Guderian concentre sur la Meuse la quasi-totalité de ses deux divisions blindées. La VIe armée du général Walter von Reichenau reçoit l'ordre d'attaquer les positions ennemies entre Louvain et Namur. L'action est prévue pour le lendemain.

15 mai

Le président Roosevelt invite pour la seconde fois Mussolini à ne pas entrer en guerre.

□ La 6e division blindée allemande coupe la retraite à l'armée Corap, qui se débande.

La VIe armée allemande exerce une pression de plus en plus forte sur les lignes alliées entre Louvain et Namur. Bien que la situation militaire soit des plus critiques, l'optimisme continue à régner dans les quartiers généraux français. Voici des extraits de comptes rendus officiels de l'état-major du général Georges au commandant en chef des forces terrestres, le général Gamelin : « Peu d'événements nou-

REBECCA

J. Fontaine et L. Olivier.

Histoire mélodramatique chargée de mystère et de suspens, *Rebecca* est le premier film américain d'Alfred Hitchcock. Adaptation fidèle du roman à succès de Daphné du Maurier, le film met en scène une jeune femme confrontée au souvenir et à l'image de la première épouse, disparue, de son mari ; confrontée aussi à l'hostilité de la gouvernante qui la considère comme une intruse. Dirigeant Lawrence Olivier et Joan Fontaine, Hitchcock réalise là un film où se manifeste la maturité de son talent.

veaux... Faibles infiltrations ennemies vers Mézières-Charleville... Colmatage de la brèche de Sedan... L'attaque semble stoppée... Tous les prisonniers soulignent la fatigue des troupes allemandes... » Le communiqué quotidien de Gamelin dit, entre autres choses : « La journée du 15 semble marquer une halte. Entre Namur et la région à l'ouest de Montmédy, notre front, qui avait été bousculé, est en cours de redressement... »
Incursions aériennes de la Royal Air Force sur les régions industrielles de la Ruhr.
En fin de soirée, le grand quartier général français apprend que les blindés allemands ont atteint Montcornet, à une vingtaine de kilomètres de Laon. Gamelin en rend compte immédiatement à Daladier, ministre de la Défense nationale, qui ordonne de contre-attaquer aussitôt. Le général Gamelin répond qu'il n'a plus de réserves.
L'écroulement de l'armée française est proche.
Pendant la nuit, le gouvernement français adresse à Churchill un appel pressant pour qu'il intensifie l'appui aérien britannique.
☐ Le gouvernement anglais décide de limiter le nombre de modèles de sa production d'avions.

16 mai
Le général Gamelin décline toute responsabilité pour la défense de Paris et donne l'ordre de retraite à toutes les forces françaises qui se trouvent en Belgique. Les troupes belges reçoivent l'ordre de se replier sur l'Escaut. Les divisions du général Gort battent également en retraite.
☐ Churchill écrit à Mussolini pour l'inciter à ne pas entrer en guerre contre l'Angleterre. De toute manière, le danger croissant de voir l'Italie intervenir dans le conflit détermine le gouvernement britannique à faire abandonner à ses navires la route de la Méditerranée au profit de l'itinéraire plus sûr du cap de Bonne-Espérance.
☐ Le président Roosevelt demande

11 mai 1940. Avec une poignée de parachutistes qui en aveuglent les meurtrières, les Allemands s'emparent du fort d'Eben-Emaël, l'une des fortifications de Liège, que les experts militaires considéraient comme imprenable.

au Congrès un crédit extraordinaire de 900 millions de dollars pour renforcer les forces armées.

□ Le président du Conseil français, Paul Reynaud, fait savoir par radio à Churchill que la bataille est perdue et que la route de Paris est désormais ouverte à l'ennemi.

□ Vers la fin de l'après-midi, Churchill et sir John Dill, chef d'état-major impérial en second, prennent l'avion pour Paris. A 17 h 30, au Quai d'Orsay, ils rencontrent le président du Conseil, Paul Reynaud, le ministre des Affaires étrangères, Daladier, et le général Gamelin, commandant en chef des armées françaises.

□ La 7e division blindée de Rommel a pénétré de 80 km en territoire français, en direction de Cambrai, et a capturé environ 10 000 prisonniers et 100 chars.

Dans la soirée, les divisions blindées de Guderian se trouvent à environ 90 km à l'est de Sedan.

17 mai

Au lieu de progresser vers Paris, en direction du sud-ouest, Guderian infléchit sa marche vers le nord-ouest. A midi, ses avant-gardes atteignent l'Oise au sud de Guise, près de Saint-Quentin. Les contre-attaques hardies des 150 chars de la 4e division blindée du colonel de Gaulle (17-19 mai) au nord de Laon sont un succès pour les Français, mais ne parviennent pas à arrêter la poussée des blindés de Guderian. A la suite de ces actions, de Gaulle est promu général à titre temporaire.

Des éléments de la VIe armée du général von Reichenau entrent à Bruxelles. La capitale de la Belgique est déclarée « ville ouverte ».

A Paris, c'est un soupir de soulagement : la ruée des chars allemands est écartée. Le président du Conseil, Paul Reynaud, rappelle le maréchal Pétain de son ambassade à Madrid et le général Weygand de son commandement du Levant.

18 mai

Guderian occupe Saint-Quentin. Rommel atteint Cambrai.

Le général Giraud et les restes de la IXe armée française (l'ancienne armée Corap) entrent dans la petite

POUR QUI SONNE LE GLAS

Ernest Hemingway fait éditer *For Whom the Bells Tolls (Pour qui sonne le glas)*, son livre le plus long, et qui restera pendant longtemps le plus populaire. Témoin direct de la tragédie espagnole, Hemingway raconte l'histoire de Robert Jordan, un jeune Américain idéaliste, membre des Brigades internationales ; ayant reçu l'ordre de faire sauter un pont d'une grande importance stratégique, il se joint à un groupe de partisans républicains. L'histoire mêle les contradictions politico-idéologiques et personnelles du groupe, et une affaire d'amour entre le héros et une jeune Espagnole, Maria.

Fresque politiquement courageuse de la guerre civile espagnole, le livre est évidemment mal vu des fascistes, mais aussi des communistes à cause de l'exaltation, vaguement anarchiste, de l'action individuelle. Dédié par l'auteur à sa femme Martha Gelhorn, combattante en Espagne, *Pour qui sonne le glas* marque un tournant décisif dans la vie de Hemingway : sa vie s'identifie désormais à celle de ses personnages. Les droits cinématographiques sont acquis par la Paramount et le film sort en 1943. Le scénario est signé par Duddley Nichols, la mise en scène est de Sam Wood. Il s'agit d'une passable histoire d'amour et de guerre en Technicolor, bien interprétée par Gary Cooper, Ingrid Bergman, Akim Tamiroff et Katina Paxinou.

Gary Cooper (à droite), dans le rôle de Robert Jordan.

ville du Cateau, située à faible distance de Cambrai. Ils sont faits prisonniers par les Allemands qui y étaient arrivés depuis quelques heures. Les Allemands s'emparent également d'Anvers.

□ Exalté par les succès foudroyants et répétés des Allemands, Mussolini répond par la négative aux messages que Roosevelt et Churchill lui ont envoyés les jours précédents.

19 mai

Les 9 divisions blindées allemandes qui ont enfoncé le front français entre Namur et Sedan se réorganisent dans les régions de Cambrai et de Péronne.

□ A Paris, le maréchal Pétain est nommé vice-président du Conseil. Changement au sommet des forces armées françaises : le général Gamelin est remplacé par la général Weygand, âgé de soixante-trois ans.

□ Le général Rommel, qui, la veille, avait reçu l'ordre de s'arrêter pour permettre aux échelons d'attaque de se réorganiser, réussit à convaincre son supérieur direct, le général Hoth, commandant le 15e corps blindé, de laisser à sa 7e division l'occasion d'aller occuper les hauteurs stratégiquement importantes qui dominent Arras.

20 mai

Rommel atteint son objectif et occupe les hauteurs autour d'Arras.

9 heures : la 1re division blindée, avec Guderian en premier échelon, occupe Amiens.

19 heures : la 2e division blindée de Guderian occupe Abbeville. Une heure plus tard, l'un de ses escadrons atteint la Manche à Noyelles-sur-Mer. D'est en ouest, les chars allemands ont ouvert dans les lignes alliées un couloir d'une trentaine de kilomètres de largeur. Au nord de ce couloir se trouvent la Ire armée française, les 9 divisions du corps expéditionnaire anglais du général Gort et l'armée belge ; au sud, 4 armées françaises, déployées d'ouest en est : les Xe, VIIe VIe et IIe. Après avoir atteint la mer, les Allemands ont pratiquement encerclé 45 divisions alliées dans les Flandres et dans l'extrême nord de la France. Le Führer exulte et déclare que l'armistice sera signé dans la clairière de Rethondes, à l'endroit même où fut signé celui du 11 novembre 1918, et que la France devra restituer à l'Allemagne « tous les territoires dont elle s'est emparée dans cette région depuis quatre cents ans ».

21 mai

Les forces blindées anglaises essaient de couper le couloir allemand à la hauteur d'Arras, mais, après un bon départ, sont obligées de regagner leurs positions initiales. Deux divisions de la Ire armée française tentent avec le même insuccès une manœuvre analogue en direction de Cambrai.

Un soldat du corps expéditionnaire anglais s'enfuit dans Louvain bombardé. Plus loin, un officier semble vouloir prouver, plus aux autres qu'à lui-même, que le flegme britannique n'est pas un mythe.

Le grand amiral Erich Raeder, commandant en chef de la Kriegsmarine, attire l'attention du Führer sur la nécessité de préparer, pour toute éventualité, un plan d'invasion de la Grande-Bretagne par mer.

22 mai
Le Parlement britannique vote l'*Emergency Powers Act,* qui donne pleins pouvoirs à l'exécutif.
☐ Les divisions blindées allemandes, qui ont atteint la mer à Noyelles le 20 mai, se dirigent franchement vers le nord, en particulier la 2ᵉ, qui avance sur Boulogne, et la 1ʳᵉ, qui progresse vers Calais.
☐ Au château de Vincennes, le général Weygand, nouveau commandant en chef des forces armées françaises, expose au président du Conseil Paul Reynaud et au Premier ministre britannique Churchill un plan destiné uniquement à éviter la défaite, puisque les Anglais de la B.E.F. sont en train de se replier de l'Escaut à la frontière française et que les Français n'ont pas su s'opposer à l'envahisseur avec efficacité et ont même été bousculés. D'après ce plan, les Belges se replieraient sur l'Yser, tandis que les Anglais et la Iʳᵉ armée française contre-attaqueraient en force en direction du sud-ouest. En même temps, les armées venant du sud franchiraient la Somme, puis, par une attaque vers le nord, feraient leur jonction avec les forces alliées dans ce secteur. Le général Weygand pense que cette triple manœuvre devrait permettre de briser le coin formé par les divisions blindées allemandes. De son côté, la R.A.F. fournirait tout l'appui aérien nécessaire.
Le plan Weygand obtient l'agrément des hommes politiques. Malheureusement, malgré l'arrêt imprévu de la progression allemande entre le 23 et le 25 mai, aucune des manœuvres prévues ne pourra se réaliser. En tout premier lieu, les Belges ne sont absolument pas disposés à se replier plus à l'ouest de la Lys. En second lieu, bien loin de pouvoir attaquer à partir d'Arras en direction du sud, les 9 divisions britanniques du général Gort éviteront de justesse l'encerclement en évacuant la ville dans la nuit du 23 au 24. L'attaque alliée à partir du nord sera donc reportée au 26 mai. Mais, le soir du 25, le général Gort devra lancer sur Ypres deux des divisions destinées à l'offensive afin de colmater une brèche dans le dispositif allié à l'endroit précis où les lignes de défense anglaises et belges auraient dû se souder. Enfin, il n'y a aucune coordination sérieuse entre les Français et les Anglais.

23 mai
Le général von Rundstedt, commandant le groupe d'armées A, donne l'ordre à ses unités blindées de s'arrêter pour se regrouper.

24 mai
La 2ᵉ division blindée allemande investit Boulogne; la 10ᵉ division attaque Calais.

25 mai
Les Allemands s'emparent de Boulogne. Les Alliés se replient sur Dunkerque.
Le front belge s'effondre entre Geluwe et la Lys.

26 mai
Le commandement belge informe ses alliés que la situation de son armée est critique. De son côté, le gouvernement belge prie le roi Léopold de quitter son pays, comme l'ont déjà fait la reine de Hollande et la grande-duchesse de Luxembourg. Léopold III refuse.

27 mai
Devant les attaques répétées de la 10ᵉ division blindée allemande, Calais capitule.
☐ A Dunkerque commence l'évacuation du corps expéditionnaire britannique (opération « Dynamo »). Intervention massive de la R.A.F.
☐ Le président Roosevelt offre sa médiation à l'Italie, à la France et à l'Angleterre, et leur propose d'engager des pourparlers afin d'éviter à l'Italie d'entrer en guerre.
☐ 17 heures : le roi des Belges Léopold III envoie un parlementaire au quartier général allemand. C'est le premier acte de la capitulation belge.
22 heures : les Allemands font savoir à l'envoyé du roi que le Führer exige une reddition sans condition.

Accompagnée de ses trois enfants, une femme erre dans les ruines d'une ville belge.

28 mai
0 h 30 : sans consulter les Alliés, Léopold III signe la capitulation de son pays. Le gouvernement le désapprouve, mais, objectivement, il n'y a plus d'armée belge.
☐ La fin de la Belgique convainc Mussolini qu'il est temps pour l'Italie d'entrer dans la guerre.
☐ Les armées françaises reculent sur tous les fronts. A Dunkerque, environ 350 000 soldats attendent sur les plages le salut qui viendra de la mer. Ce jour-là, 17 804 hommes s'embarquent pour l'Angleterre. Mais la situation est très grave. La ville et les quais sont soumis à d'intenses bombardements aériens, tandis que les bateaux anglais qui réussissent à quitter le port doivent éviter le feu des batteries allemandes installées à Calais et les attaques des *U-Boote* qui viennent de la mer du Nord.

29 mai
Les Allemands s'emparent d'Ypres, d'Ostende et de Lille.
☐ A Rome, dans la matinée, le commandement suprême est constitué. Mussolini en prend la tête.
☐ Sous les attaques continuelles de la Luftwaffe, d'ailleurs très bien contenues par l'aviation anglaise, l'évacuation de Dunkerque se pour-

Le roi des Belges, Léopold III, inspecte ses faibles unités blindées en compagnie du ministre de la Guerre, le général Denis.

suit. 47310 hommes réussissent à traverser la Manche.

□ Hitler informe ses commandants de groupes d'armées réunis à Cambrai qu'il a décidé de « rassembler immédiatement les forces blindées nécessaires à une action vers le sud, afin de régler ses comptes avec l'armée française ». 10 *Panzerdivisionen* sont réorganisées en 5 *Panzerkorps*, dont 3 sont confiés au général von Bock, commandant le groupe d'armées B, et 2 à von Rundstedt, qui commande le groupe d'armées A. Von Bock déplace sur la Somme ses IVe, VIe et IXe armées, pour leur faire prendre position au côté des IIe, XIIe et XVIe armées de von Rundstedt, déjà installées sur l'Aisne et l'Ailette.

De son côté, le général Weygand, commandant en chef des forces armées françaises, a l'intention de contre-attaquer précisément à partir du sud du couloir dans lequel se sont engagées les divisions blindées allemandes, région où se trouve concentré le gros des forces françaises. Il oppose donc aux *Panzerkorps* les grandes unités suivantes : sur la gauche de son dispositif, les Xe, VIIe et VIe armées ; au centre, la IVe et la IIe armées ; et, sur la droite, les IIIe, Ve et VIIIe armées.

Vers minuit, la plus grande partie du corps expéditionnaire anglais et presque la moitié de la Ire armée française sont en vue de la mer aux environs de Dunkerque.

30 mai

A Dunkerque, l'évacuation des troupes alliées se poursuit, tandis que l'artillerie anglaise tire ses dernières munitions pour tenir en respect les troupes allemandes qui avancent. La Luftwaffe coule 3 contre-torpilleurs et en endommage 6 autres. Elle coule également de nombreux bateaux de pêche et un certain nombre de cargos employés avec les navires de guerre pour amener les Alliés sur le sol anglais.

□ Mussolini fixe au 5 juin l'entrée en guerre de l'Italie.

31 mai

A Dunkerque, 68104 soldats alliés réussissent à embarquer. Par ailleurs, l'Amirauté décide de retirer de l'opération tous les contre-torpilleurs modernes, car elle ne peut plus se permettre de perdre d'autres bâtiments de ce type.

Le général Gort, commandant la B.E.F., et sir Francis Brooke, commandant le 2e corps britannique, embarquent pour Douvres. Les troupes anglaises qui se trouvent encore en France passent sous les ordres du général Alexander.

□ Churchill arrive à Paris avec trois de ses collaborateurs les plus proches : Clement Attlee, lord du Sceau privé, sir John Dill, adjoint au chef d'état-major général impérial, Hastings Ismay, chef d'état-major.

□ Nouvelle intervention de Roosevelt auprès du gouvernement italien. Le président américain fait savoir à Mussolini que l'entrée en guerre de l'Italie contre la France et l'Angleterre amènera le gouvernement des États-Unis à aider davantage les Alliés occidentaux.

1er juin

Lord Cork and Orrery, amiral britannique commandant la force combinée alliée en Norvège, informe le roi Haakon que ses troupes sont contraintes de se retirer. On tombe d'accord pour retarder l'opération de 24 heures.

□ L'artillerie allemande soumet le littoral de Dunkerque à un feu intense, tandis que la Luftwaffe lance son attaque la plus violente depuis le début du rembarquement. En quelques heures, 1 contre-torpilleur français, 3 contre-torpilleurs anglais, 2 ferry-boats, 1 dragueur de mines et 1 canonnière sont coulés. La ligne de défense anglaise est enfoncée à Bergues, à quelques kilomètres de Dunkerque, et les arrière-gardes britanniques devront nécessairement se replier sur la côte. A la suite de l'offensive allemande, l'Amirauté décide de suspendre momentanément les opérations d'embarquement pour l'Angleterre. Néanmoins, avant que l'ordre ne soit appliqué, 64229 hommes ont déjà réussi à quitter la plage de Dunkerque.

□ Hitler demande à Mussolini de retarder de quelques jours la date de l'entrée en guerre de l'Italie, que le Duce avait fixée au 5 juin. De son côté, Mussolini répond au dernier message que Roosevelt lui a adressé le 31 mai et déclare qu'il ne peut accepter l'invitation du président des États-Unis à ne pas entrer dans le conflit.

2 juin

Mussolini répond à Hitler qu'il accepte de retarder au 10 juin à minuit l'entrée en guerre de l'Italie.

□ Pendant la nuit, l'opération « Dynamo » s'achève. Les 4000 derniers soldats britanniques quittent le sol de France.

3 juin

Les Allemands font un effort décisif contre le périmètre défensif de Dunkerque. Les arrière-gardes françaises doivent se replier sur une ligne située à un peu moins de 3 km de l'extrémité de la jetée est de Dunkerque. Mais la résistance ne pourra pas durer bien longtemps.

4 juin

A 3 h 40, le contre-torpilleur *Shikari* lève l'ancre. C'est le dernier bateau qui quitte Dunkerque. Il transporte des troupes françaises. A l'aube, les Allemands arrivent sur la plage. Entre le 27 mai et les premières heures du 4 juin, 338226 hommes, dont environ 120000 soldats français, ont quitté la France. L'opération était dirigée par le commandant du département maritime de Douvres, l'amiral Bertram Home Ramsay, qui avait réquisitionné toutes les embarcations disponibles, y compris les yachts privés, grands ou petits. Ainsi, le nombre de 7669 hommes embarqués le premier jour de l'opération « Dynamo » passe à 17804 soldats de la B. E. F. le 28 mai, à 47310 le 29, pour atteindre 120927 entre le 30 et le 31 mai. Pour la seule journée du 1er juin, ce nombre s'élève à 64229 et enfin à 54000 pour la nuit du 3 au 4 juin.

Au cours de ce sauvetage grandiose et désespéré, les Alliés ont perdu environ 200 embarcations de toutes tailles, 177 avions, dont 40 % de bombardiers, contre 140 appareils pour la Luftwaffe. Appliquant un juste principe militaire selon lequel le personnel doit être sauvé avant le matériel, les Anglais ont abandonné sur le sol français 2000 canons, 60000 véhicules automobiles, 76000 t de munitions et 600000 t de carburant et de ravitaillement. L'Angleterre est pratiquement désarmée. Après l'évacuation de Dunkerque, il ne lui reste

LA DÉBACLE ET L'EXODE EN FRANCE

2 millions de soldats prisonniers, 6 à 8 millions de civils sur les routes au milieu des débris d'une armée en retraite ; la moitié de la France se repliant sur l'autre, dans un incroyable désordre souvent aggravé par les mitraillages de l'aviation allemande... : c'est un pays traumatisé, en état de choc, qui croit voir dans l'armistice, en juin 1940, la fin de son cauchemar.

Pour les habitants des régions frontalières, le gouvernement avait prévu un plan d'évacuation que la « drôle de guerre » avait permis d'appliquer. Tout changea lorsque se déclencha l'offensive allemande. Des dizaines de milliers de Belges, puis de Français du Nord, fuyant la zone des combats, commencèrent à refluer vers le Sud. Quand les Allemands franchirent la Somme, le mouvement s'accentua. Et le 10 juin, quand le gouvernement quitta Paris, il se mua en panique incontrôlable.

En quatre jours, la région parisienne vit fuir 2 millions de ses habitants, dans une cohue de véhicules surchargés de bagages hétéroclites. Une ville comme Tourcoing tomba de 50000 à 700 personnes ; Évreux, de 20000 à 172. Dans le même temps, de modestes bourgs et villages du sud de la Loire se gonflaient d'une population flottante de milliers de réfugiés.

Sur les routes de France, les longs cortèges du désarroi.

Le 17 juin, les derniers ponts sur le fleuve avaient sauté, coupant les cortèges de l'exode, tout en engloutissant quelques dizaines de malheureux.

Familles disloquées, dispersées, sans ressources, enfants perdus... ; aux innombrables drames humains s'ajouta bientôt un problème social de grande ampleur. 2 millions de soldats, raflés à la faveur de la déroute, étaient gardés par l'Allemagne comme monnaie d'échange, privant ainsi la France d'une part appréciable de sa population active.

Il faudra plusieurs mois après l'armistice pour que s'atténuent les conséquences de cette migration sans précédent dans l'histoire contemporaine de la France. Encore de nombreux réfugiés ne rentreront-ils pas dans leurs foyers : soit qu'ils ne le puissent pas, comme les expulsés d'Alsace-Lorraine, soit qu'ils restent en « zone libre », pour des raisons professionnelles, politiques ou raciales.

plus, sur le sol métropolitain, que 500 pièces d'artillerie disponibles, en comptant celles qu'on a retirées des musées.

□ Parlant à la Chambre des communes, le Premier ministre Winston Churchill déclare que si l'Angleterre venait à être occupée par les Allemands, elle continuerait la guerre à partir des territoires de l'Empire.

5 juin

La « Bataille de France » commence par un violent bombardement aérien et un feu continu d'artillerie lourde sur la Somme et sur l'Aisne, ainsi que sur les arrières des armées françaises déployées entre Abbeville et la ligne Maginot. Le général Weygand adresse à ses divisions un appel affligé : « Puisse la pensée des souffrances de notre pays insuffler en vous la ferme résolution de résister. Le destin de la nation et l'avenir de vos enfants dépendent de votre détermination. » L'ordre est donné à toutes les unités de défendre leurs positions sans esprit de recul.

□ Le général de Gaulle est nommé sous-secrétaire d'État à la Guerre.

6 juin

Sur la basse Somme, entre la côte et Amiens, le 15e corps blindé du général Hoth réalise une percée dans le dispositif de la Xe armée française. En revanche, entre Amiens et Péronne, la VIIe armée française résiste bien aux attaques des 14e et 16e corps blindés de von Kleist. Plus à l'est, l'infanterie de la IXe armée allemande réussit à faire une brèche dans le dispositif de la VIe armée française, mais est repoussée devant le Chemin des Dames. Néanmoins, les Français doivent se replier sur la rive gauche de l'Aisne. De leur côté, les 39e et 41e corps blindés du *Panzergruppe* de Guderian avancent vers le sud-est en direction de Châlons-sur-Marne et de Langres, c'est-à-dire vers la frontière suisse, afin de prendre à revers la ligne Maginot et les armées françaises déployées à l'est (précisément la IIIe armée, la Ve armée et la VIIIe armée).

LA JEEP

Dans les années 30, l'armée américaine met à l'étude un projet d'engin militaire rapide, pouvant être utilisé à la place des motocyclettes pour les opérations de reconnaissance. Le véhicule, qui apparaît pour la première fois en 1940, reçoit rapidement le nom de « Jeep », terme qui vient probablement de la prononciation approximative de l'expression « general purpose ». Construite par la Willys-Overland Company, la Jeep se révèle en peu de temps un engin de liaison aux possibilités énormes et étonnantes, capable d'une très grande mobilité sur les terrains les plus accidentés, grâce à ses quatre roues motrices et à son moteur à essence à quatre cylindres.

Bien qu'étant le plus petit véhicule automobile dont soit dotée l'armée américaine, la Jeep se montre particulièrement puissante, résistante et maniable, apte au transport de troupes, d'armes légères, mais utile également comme ambulance et comme engin de combat ou de radio-transmissions.

7 juin
Le roi Haakon VII de Norvège et son gouvernement quittent Tromsö à bord du croiseur *Devonshire* afin de gagner Londres.
☐ Les Allemands occupent Montdidier et Noyon, ainsi que Forges-les-Eaux, à 60 km au sud de la Somme et à une quarantaine de kilomètres de Rouen. Arriver à la Seine n'est plus qu'une question de temps.

8 juin
Au large de Narvik, les croiseurs de bataille *Gneisenau* et *Scharnhorst* coulent le porte-avions britannique *Glorious* et ses deux contre-torpilleurs d'escorte.

9 juin
Les dernières troupes alliées abandonnent la Norvège. Un armistice préliminaire entre les Allemands et les autorités norvégiennes qui sont restées dans leur pays entre en vigueur.
☐ Les Allemands occupent Dieppe, Rouen, Compiègne, et atteignent la Seine et la Marne. Pour les Français, la bataille de la Somme s'est transformée en déroute. L'aile gauche de la Xe armée française, demeurée complètement isolée, se replie sur Saint-Valery-en-Caux pour tenter de rejoindre la mer. Pendant ce temps, les troupes allemandes franchissent la Marne. Le général Weygand avertit le président du Conseil, Paul Reynaud, que les lignes de résistance peuvent céder définitivement d'un moment à l'autre. L'armée française est pratiquement en déroute.
☐ Le général de Gaulle, sous-secrétaire d'État à la Guerre, fait une rapide visite à Londres pour examiner la situation avec les Anglais.

10 juin
Les Allemands traversent la Seine, tandis que l'armée française se retire en désordre sur la Loire. Le général Weygand admet officiellement que le front s'est effondré. Le gouvernement français quitte Paris pour Tours. De source officielle, on annonce que l'Italie est sur le point de déclarer la guerre à la France et à la Grande-Bretagne.
16 h 30 : le comte Galeazzo Ciano, ministre italien des Affaires étrangères, reçoit l'ambassadeur de France au Palais Chigi et lui communique que « l'Italie se considérera en état de guerre avec la France à partir de demain, 11 juin ».
16 h 45 : le ministre italien des Affaires étrangères remet une déclaration de guerre analogue à l'ambassadeur de Grande-Bretagne.
Les discussions se poursuivent dans les hautes sphères politiques et militaires françaises. Weygand, le commandant en chef, considère comme imminente la défaite de ses troupes et propose de se rendre. Paul Reynaud pense, au contraire, à une ultime résistance en Bretagne.

10-11 juin
Pendant la nuit, des avions italiens décollent de Sicile et lancent leurs premières bombes sur Malte.

11 juin
Le général Alexandros Papagos, chef d'état-major de l'armée grecque, assure que son gouvernement a étudié attentivement les déclarations de Mussolini et annonce qu'il fera respecter, si besoin par les armes, la neutralité de son pays.
☐ L'aviation italienne fait huit incursions sur Malte.
☐ Le général Hering, gouverneur militaire de Paris, annonce que la capitale a été déclarée ville ouverte. La décision a été prise par le général Weygand, qui considère inutile de défendre militairement une ville entourée par l'ennemi à l'est et à l'ouest. De leur côté, les Allemands font savoir qu'ils ne reconnaîtront à Paris le statut de ville ouverte que si toute résistance militaire fran-

L'ARMÉE ITALIENNE

Au jour de la déclaration de guerre, elle dispose de 73 divisions comprenant 106 régiments d'infanterie, 12 régiments de bersagliers, 10 régiments alpins, 12 régiments de cavalerie, 5 régiments de chars, 32 régiments d'artillerie et 19 régiments du génie, auxquels il faut ajouter 1 légion de chemises noires. En réalité, sur ces 73 divisions, 19 seulement sont à effectif de guerre, tandis que 34 autres n'ont que le quart de leur personnel et que les 20 dernières sont entièrement à compléter. En plus de ce manque d'effectif, il faut considérer le nombre de 73 divisions mobilisées le 10 juin en termes de force réelle. En effet, la division d'infanterie italienne comprend seulement 2 régiments d'infanterie et 1 régiment d'artillerie, alors que dans les autres armées la division est composée de 3 régiments d'infanterie et de 4 groupements d'artillerie et même davantage. En outre, l'armement de l'infanterie est inadapté à la guerre moderne. Les moyens de l'artillerie sont franchement médiocres, si l'on pense que les meilleurs canons sont ceux qui ont été pris aux Autrichiens pendant la Première Guerre mondiale. Les chars sont démodés, peu protégés et dotés d'un armement désuet. Le 10 juin, les forces terrestres italiennes sont ainsi réparties : en métropole, 39 divisions d'infanterie, 4 divisions alpines, 2 divisions d'infanterie motorisée, 3 divisions transportées sur véhicules, 2 divisions blindées et 2 divisions légères ; en Albanie, 3 divisions d'infanterie, 1 division alpine et 1 division blindée ; en Libye, 9 divisions transportées sur véhicules, 3 divisions de chemises noires et 2 divisions indigènes ; en Éthiopie, 2 divisions d'infanterie ; et, enfin, dans les îles de la mer Égée, 1 division d'infanterie.
La marine italienne comprend 2 grands cuirassés modernisés et 4 autres en cours d'aménagement, 19 croiseurs, 132 contre-torpilleurs et torpilleurs et 107 sous-marins. Avec son armement de qualité et ses équipages bien entraînés, elle représente une puissance de choc considérable. Cependant, les opérations mettront en évidence deux facteurs de faiblesse de cette force redoutable pour n'importe quel adversaire : tout d'abord, le manque total de coordination avec l'aviation, auquel s'ajoute l'absence de véritable aviation navale ; ensuite, la faiblesse des réserves de mazout.

çaise cesse au nord d'une ligne passant par Saint-Germain, Versailles, Juvisy, Saint-Maur, Meaux. Les Français acceptent cette condition. A la nouvelle que leur ville sera épargnée, les Parisiens se sentent soulagés.

□ Le Conseil suprême interallié se réunit à Briare. Entre autres personnalités, Reynaud, Weygand, Churchill et Eden y participent. Les Français demandent avec insistance que l'aviation anglaise intervienne à leur profit, mais Churchill, craignant une offensive de la Luftwaffe sur l'Angleterre, refuse.

□ La progression des armées allemandes se poursuit vers le centre de la France. Reims est tombé aux mains de l'ennemi.

La situation de l'armée française est la suivante : des 30 divisions qui existent encore sur le papier, 11 ne possèdent plus que 50 % de leurs effectifs, 13 sont réduites à 25 % et les autres ne sont que des « débris ».

□ Premières attaques en Afrique. L'aviation italienne bombarde Port-Soudan et Aden ; l'aviation anglaise effectue des raids sur l'Érythrée.

12 juin

A Briare, la réunion du Conseil suprême interallié continue.

□ Dans la matinée, Guderian traverse les hauteurs de Champagne et lance le 39e corps blindé sur Châlons-sur-Marne, qui tombe sans opposer de résistance.

□ Le général Weygand signe l'ordre de retraite générale. Au Conseil des ministres français, qui se tient près de Tours, il estime, en qualité de commandant en chef de l'armée, qu'il est nécessaire de demander un armistice. Le maréchal Pétain est du même avis. Mais Paul Reynaud, comme chef du gouvernement, repousse énergiquement cette proposition.

□ Au sud de la Crète, le sous-marin italien *Bagnolini* coule le croiseur britannique *Calypso*.

13 juin

Le Premier ministre anglais Churchill rencontre pour la dernière fois le président du Conseil français Paul Reynaud, partisan de la résistance à outrance à l'envahisseur allemand. Par un message à Roosevelt, Reynaud sollicite l'aide des États-Unis. Il demande au président américain de « jeter dans la balance le poids de la puissance américaine afin de sauver la France, sentinelle avancée de la démocratie ».

□ Le *Eastern Prince*, premier cargo transportant des armes en Angleterre, quitte les États-Unis.

□ L'Espagne, qui était restée neutre jusqu'à ce jour, se déclare non-belligérante.

14 juin

Après une série de bombardements sur des objectifs industriels de la banlieue, Paris, déclaré ville ouverte, est occupé par les Allemands. A la tour Eiffel, les soldats du Reich amènent le drapeau tricolore, tandis que les stations de radio émettent déjà en langue allemande. C'est le début de l'occupation de Paris.

Le gouvernement français quitte Tours pour Bordeaux.

La VIIe armée française et l'armée de Paris se replient sur la Loire.

Au sud de Sarrebruck, la ligne Maginot est enfoncée par le groupe d'armées C. Pendant ce temps, le commandement suprême allemand envoie de nouvelles directives à ses troupes pour leur prochaine manœuvre en territoire français. Le 14e corps blindé devra se porter sur la Loire, en direction du sud-ouest, afin de couper la retraite des forces françaises qui se replient sur Bordeaux ; le 16e corps blindé se dirigera au sud-est, vers Dijon et Lyon,

Soldats de la garnison de Verdun en train de déposer leurs armes au pied d'un Allemand.

pour prendre à revers les défenses des Alpes et faciliter ainsi aux Italiens le passage des cols ; enfin, les 39ᵉ et 41ᵉ corps blindés de Guderian progresseront vers l'est, en direction du plateau de Langres et de la Suisse, pour couper la retraite aux troupes de la ligne Maginot.
□ Des troupes espagnoles occupent la zone internationale de Tanger.

15 juin
C'est maintenant le président du Conseil français, Paul Reynaud, qui, contraint par les événements, propose de demander la paix aux Allemands, mais c'est précisément le général Weygand, hier encore ardent partisan de l'armistice, qui s'y oppose.
Verdun tombe aux mains des troupes allemandes.
□ Le président Roosevelt répond au message que Paul Reynaud lui a adressé le 13 juin : il promet que les États-Unis enverront une plus grande quantité d'armement en France et en Angleterre, mais indique qu'ils ne sont pas disposés à entrer en guerre.
□ Raids de l'aviation anglaise sur l'Italie du Nord.
□ En Lituanie, les forces soviétiques occupent Kaunas et Vilna (aujourd'hui Vilnius).

16 juin
Au cours de la réunion du Conseil des ministres français, le maréchal Pétain reparle d'armistice et menace de démissionner si les membres du cabinet s'y opposent. Malgré leurs engagements antérieurs envers les Anglais, les autorités françaises leur font part de leur intention de traiter avec les Allemands. La réponse de Churchill est la suivante : « A condition que la flotte française rejoigne immédiatement les ports britanniques pendant les négociations, le gouvernement de Sa Majesté donne son plein consentement au gouvernement français pour qu'il engage des pourparlers d'armistice. »
De Gaulle, qui se trouve à Londres depuis la veille, téléphone à Paul Reynaud le texte d'une offre d'« union franco-britannique », élaboré depuis déjà quelque temps. En substance, il s'agit de la fusion des deux États. Reynaud est personnellement favorable à ce projet, mais l'idée est mal accueillie au Conseil des ministres. Reynaud donne sa démission. Pétain constitue aussitôt un nouveau cabinet et, à 23 heures, charge son ministre des Affaires étrangères Paul Baudouin de pressentir les Allemands et les Italiens. A minuit, par le canal de l'ambassadeur d'Espagne à Paris, le gouvernement français présente officiellement sa demande d'armistice.
□ Après la conquête de Dijon, les blindés de Guderian arrivent sur la Saône et se dirigent directement sur Besançon et Pontarlier. La ligne Maginot est ainsi contournée, tandis que le groupe d'armées C traverse le Rhin près de Colmar.
□ Au cours de la nuit, un bateau britannique quitte la France après avoir embarqué l'eau lourde commandée le 21 mars à la Norvège.

Le drapeau à croix gammée flotte sur Paris. Du haut de l'Arc de Triomphe, les vainqueurs admirent leur conquête.

17 juin
A midi, le maréchal Pétain, nouveau président du Conseil français, s'adresse par radio à la nation pour lui annoncer que des pourparlers d'armistice sont en cours.
□ Churchill s'adresse aux Anglais pour leur faire part de la démarche française. Il affirme qu'après la bataille de France il y aura certainement la bataille d'Angleterre. Mais les Allemands ne sont pas prêts. Le quartier général envoie au commandement de la Kriegsmarine la note suivante : « A ce jour, le Führer n'a pas encore manifesté l'intention de procéder à un débarquement en Angleterre, parce qu'il se rend parfaitement compte des difficultés que présenterait une telle opération. C'est pourquoi le commandement suprême des forces armées n'a effectué, pour l'instant, aucun travail préparatoire relatif à ce débarquement. »
□ Les blindés de Guderian sont à Pontarlier, non loin de la frontière suisse.
La rapidité de la victoire allemande et la demande française d'armistice qui l'a suivie obligent Hitler à donner de nouvelles instructions à ses collaborateurs les plus directs, le général Keitel, commandant en chef des forces armées, et le général Jodl, chef du bureau Opérations du commandement suprême de la Wehrmacht. En effet, le jeu politique devient plus subtil et le rôle des armées plus délicat. Il s'agit avant tout de détacher complètement la France de l'Angleterre, parce qu'un éventuel transfert du gouvernement français en Afrique du Nord serait inévitablement un appoint psychologique et politique (et aussi militaire) pour la Grande-Bretagne et déclencherait la guerre en Méditerranée. Hitler tire six conclusions de la situation présente :
1° La France doit survivre en tant

L'APPEL DU 18 JUIN

Quand Charles de Gaulle quitte Bordeaux pour Londres le 17 juin, il n'est encore qu'un général de brigade à titre temporaire, à peu près inconnu, éphémère sous-secrétaire d'État à la Guerre (11 jours) d'un gouvernement qui vient de se disloquer. Le lendemain, il entre dans l'histoire et presque dans la légende. Alors que le maréchal Pétain vient de proclamer qu'« il faut cesser le combat » et de demander l'armistice, il appelle au contraire les Français à se grouper autour de lui pour continuer la lutte. « L'appel du 18 juin », c'est d'abord cet affrontement symbolique entre le vieux soldat qui se résigne à la défaite et l'homme nouveau qui relève le défi.

C'est, plus profondément, le signe de l'effondrement d'un régime et d'une classe politique. Depuis la percée des troupes allemandes sur la Seine, le 10 juin, le gouvernement Reynaud est déchiré entre partisans et adversaires de l'armistice. Et si les premiers, derrière Pétain, finissent par l'emporter, c'est que les seconds, assommés par la débâcle, se révèlent incapables de définir une autre politique ou de l'imposer aux chefs militaires. « Réduit breton », ou repli sur l'Afrique du Nord, ou union franco-britannique, aucune solution assurant le maintien de la France dans la guerre, fût-ce au prix d'une capitulation purement militaire en métropole, ne peut être adoptée. Dès le 19 juin, en déclarant parler « au nom de la France », de Gaulle prend acte de cette démission d'un régime que l'Assemblée nationale scellera, le

A TOUS LES FRANÇAIS

La France a perdu une bataille!
Mais la France n'a pas perdu la guerre!

Des gouvernants de rencontre ont pu capituler, cédant à la panique, oubliant l'honneur, livrant le pays à la servitude. Cependant, rien n'est perdu!

Rien n'est perdu, parce que cette guerre est une guerre mondiale. Dans l'univers libre, des forces immenses n'ont pas encore donné. Un jour, ces forces écraseront l'ennemi. Il faut que la France, ce jour-la, soit présente à la victoire. Alors, elle retrouvera sa liberté et sa grandeur. Tel est mon but, mon seul but!

Voila pourquoi je convie tous les Francais, où qu'ils se trouvent, à s'unir à moi dans l'action, dans le sacrifice et dans l'espérance.

Notre patrie est en peril de mort.
Luttons tous pour la sauver!

VIVE LA FRANCE !

TO ALL FRENCHMEN..
LONG LIVE FRANCE!

C. de Gaulle

GÉNÉRAL DE GAULLE

QUARTIER-GÉNÉRAL,
4, CARLTON GARDENS,
LONDON, S.W.1.

Affiche placardée en août sur les murs de Londres et reprenant en partie l'appel du 18 juin.

10 juillet, en chargeant Pétain d'en définir un autre.

Le général n'a pas encore cinquante ans. Issu, dans la France du Nord, d'une famille traditionaliste et pauvre, saint-cyrien, combattant courageux de la guerre de 1914, longtemps lié au maréchal Pétain, il a suivi une carrière militaire sans éclat particulier, mais avec une originalité : il pense et il écrit. Quatre livres, d'histoire, de philosophie militaire et de tactique, qui n'ont qu'un succès médiocre, mais où se dessinent « une certaine idée de la France », un éloge de l'empirisme nécessaire au chef, et surtout un plaidoyer en faveur de l'arme blindée, qui se heurte à l'incompréhension des responsables politiques et militaires. Seul Paul Reynaud appuie, en vain, les idées que le colonel de Gaulle essaie de faire prévaloir, et dont la Blitzkrieg menée par les Allemands en 1940 confirmera la justesse.

De cet échec, l'appel du 18 juin tire la leçon en accusant « les chefs qui, depuis de longues années, sont à la tête des armées françaises », de s'être laissés surprendre « par la force mécanique, terrestre et aérienne » de l'ennemi. Le discours du 19 en souligne les conséquences politiques en constatant « l'impossibilité de faire jouer nos institutions ». Ainsi s'esquisse toute la philosophie politique du général de Gaulle. Dans l'immédiat, le chef de la France libre, que le gouvernement de Vichy condamne comme « dissident », ne dispose pourtant que de faibles moyens. Les ralliements sont limités : quelques hauts fonctionnaires, de rares officiers supérieurs (Catroux, Larminat, Legentilhomme), des officiers subalternes qui n'ont pas encore révélé leurs qualités (Leclerc, Kœnig, etc.). A Londres même, d'autres « réfugiés » se méfient de son autoritarisme ou de son orientation politique. En France, les mouvements qui vont tenter de s'organiser ne le connaissent pas. Il irrite enfin Roosevelt, qui préfère essayer d'influer sur la politique de Vichy par l'intermédiaire de son ambassadeur, l'amiral Leahy. Seul Winston Churchill, qui a sans doute reconnu en lui un caractère semblable au sien, ne lui ménagera pas un appui traversé d'orages. En août, de Gaulle peut faire placarder la phrase célèbre : « La France a perdu une bataille. Elle n'a pas perdu la guerre. »

que puissance souveraine. C'est la seule façon, pour les Allemands, d'être certains que son empire colonial ne passera pas du côté des Anglais.

2° Pour permettre à la France de survivre, il faut lui laisser un territoire où elle exercera sa souveraineté. Il ne serait donc pas opportun d'occuper son territoire en totalité.

3° L'armée française devra être rassemblée dans la zone libre, où elle sera démobilisée. Un certain effectif lui sera laissé pour le maintien de l'ordre public.

4° La flotte française sera neutralisée. Il faudra éviter d'en demander la livraison à la Kriegsmarine, car, selon toute probabilité, elle se retirerait outre-mer ou en Angleterre.

5° Les questions territoriales seront réglées au moment des négociations pour le traité de paix.

6° Les demandes concernant l'empire colonial français pourront être formulées en un second temps. Les présenter dès maintenant conduirait probablement l'Angleterre à annexer les colonies françaises.

18 juin

Les Allemands s'emparent de Caen, de Cherbourg, de Rennes, de Briare, du Mans, de Nevers et de Colmar.

☐ A Munich, Hitler et Mussolini se rencontrent à nouveau pour définir une conduite commune à l'égard de la France.

☐ Paul Baudouin, ministre français des Affaires étrangères, et l'amiral Darlan, ministre de la Marine, assurent le chargé d'affaires américain et Sir Ronald Campbell, ambassadeur de Grande-Bretagne à Paris, que la flotte française sera évacuée ou se sabordera plutôt que de tomber aux mains de l'ennemi.

☐ 18 heures : à la radio de Londres, le général de Gaulle lance son premier appel à la nation française : La guerre n'est pas du tout terminée, dit-il avec conviction, parce que c'est une guerre mondiale dont la bataille de France n'est qu'un épisode. Il invite ensuite tous les Français qui vivent en Angleterre à prendre contact avec lui pour continuer la lutte. Cet appel ne soulève pas d'enthousiasme particulier (voir encadré p. 61).

☐ La Royal Air Force bombarde Hambourg et Brême.

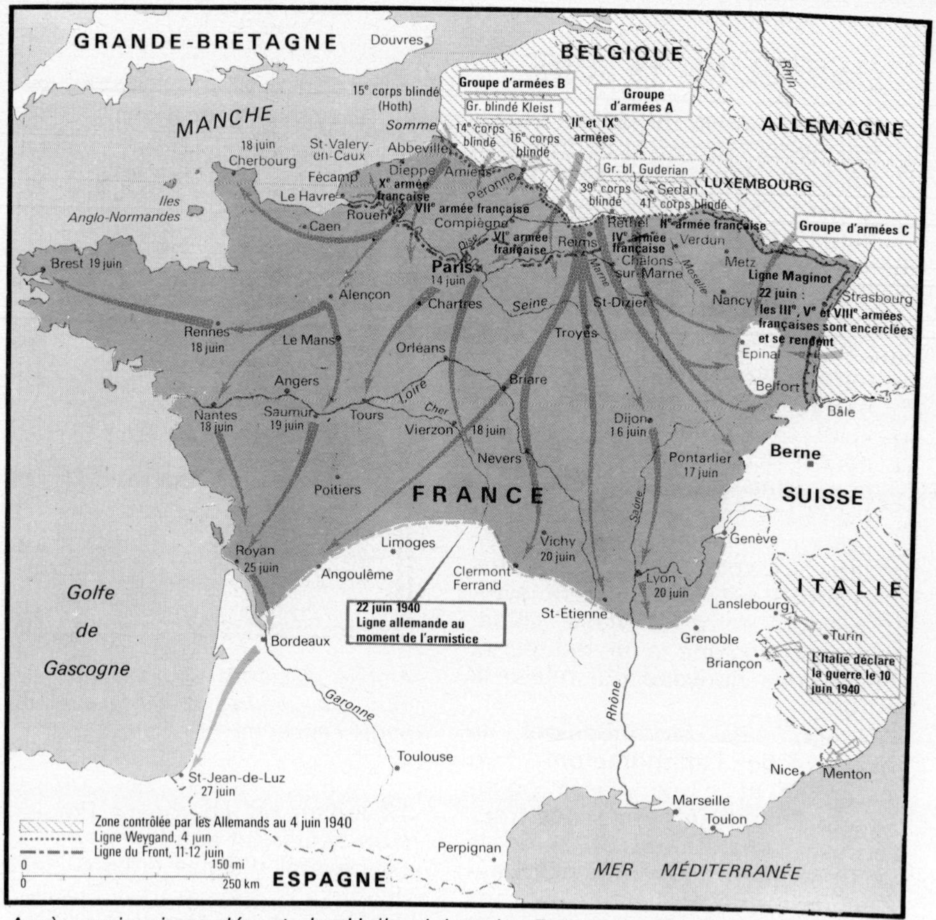

Après avoir mis en déroute les Hollandais et les Belges, et chassé les Anglais vers la mer, les Allemands mettront une vingtaine de jours pour anéantir l'armée française et arriver aux Pyrénées.

19 juin

Brest et Nantes tombent aux mains des Allemands. Après une vaillante défense des élèves-officiers de l'École de cavalerie, Saumur tombe aussi. Les bateaux français qui étaient au mouillage dans les ports de la Manche vont se mettre en sûreté en Angleterre ou en Afrique du Nord. Faisant preuve d'extraordinaires qualités de marin, le capitaine de vaisseau Ronarch réussit à faire sortir du bassin de carénage de Saint-Nazaire le cuirassé *Jean Bart,* en cours d'armement, et à lui faire rejoindre Casablanca sans encombre.

☐ Le gouvernement allemand se déclare prêt à faire connaître ses conditions pour l'arrêt des hostilités et demande qu'on lui envoie des plénipotentiaires. Il suggère au gouvernement français d'engager avec l'Italie des négociations analogues.

☐ A la radio de Londres, le général de Gaulle parle de nouveau aux Français. Cette fois, ses propos ont un caractère politique et marquent sa rupture définitive avec le gouvernement Pétain.

20 juin

Partant de Lyon, que les troupes allemandes ont occupé dans la matinée, quelques éléments blindés se dirigent vers les Alpes occidentales pour prêter main-forte aux Italiens, qui viennent d'y déclencher leur offensive. Malgré l'avis contraire du haut commandement et la difficulté de passer rapidement d'une stratégie défensive, décidée à la veille de la déclaration de guerre, à une stratégie offensive, le 17 juin, Mussolini avait déjà donné l'ordre d'attaquer sur la frontière française.

☐ Les Français suivent le conseil du gouvernement allemand et demandent également un armistice à l'Italie.

Paul Baudouin, ministre français des Affaires étrangères, envoie à José Felix de Lequerica, ambassadeur d'Espagne en France, les noms des plénipotentiaires français désignés pour signer l'armistice avec les Allemands. La délégation aura à sa tête le général Charles Huntziger et sera composée de l'ambassadeur de France Léon Noël, du ministre plénipotentiaire Rochard, de l'amiral Le Luc, du général Parisot et du général Bergeret. Elle n'a qu'une seule consigne : rompre immédiatement les négociations si les Allemands demandent qu'on leur livre la flotte. A 14 heures, les délégués français partent pour la clairière de Rethondes, en forêt de Compiègne.

☐ Les autorités allemandes imposent à la France d'importantes mesures financières. L'une d'elles étend au territoire français la mise en place de *Reichskreditkassen,* instituts d'émission créés en temps de guerre pour les troupes allemandes des régions occupées. Ces nouveaux organismes pourront émettre des billets de banque ayant cours légal dans le pays au même titre que le franc. Une autre mesure de caractère économique et financier, imposée presque en même temps que la première et appelée *Devisenschutzkommandos,* consiste à geler immédiatement tous les comptes bancaires étrangers et à bloquer l'épargne des citoyens français.

21 juin
15 h 30 : à Rethondes, en forêt de Compiègne, dans le wagon même où a été signée la reddition de l'Allemagne le 11 novembre 1918, Hitler reçoit les plénipotentiaires français. C'est le général Keitel, chef d'état-major général de la Wehrmacht, qui lit le document accusant la France d'être l'agresseur. Le texte des conditions d'armistice est ensuite remis aux Français. Il ne pourra pas être discuté, mais seulement faire l'objet d'explications et d'éclaircissements.
20 h 30 : le général Huntziger obtient l'autorisation de téléphoner au général Weygand, commandant en chef des forces armées françaises, pour lui rendre compte des dures conditions dictées par les Allemands : les trois quarts du territoire national seront occupés par l'envahisseur ; les prisonniers ne seront pas rendus ; les frais d'occupation sont à la discrétion du vainqueur et l'armée sera réduite à 100 000 hommes.

22 juin
18 h 30 : le général Huntziger, président de la délégation française, et le général Keitel, chef d'état-major général de la Wehrmacht, signent l'armistice.
Entre Épinal et Belfort, à faible distance de la frontière suisse, les IIIe, V^{e} et VIIIe armées françaises sont prises au piège et se rendent.
□ Des éléments de la Ire armée italienne occupent Menton.

23 juin
Parlant à la radio de Londres, le général de Gaulle propose la constitution d'un comité national français.
□ La délégation française chargée de conclure l'armistice avec l'Italie part pour Rome.

24 juin
19 h 15 : à la villa Olgiata, près de Rome, le général Huntziger pour la France et le général Badoglio pour l'Italie signent l'armistice.
Après s'être emparés d'Angoulême et de Saint-Étienne, les Allemands occupent maintenant le territoire au nord et à l'ouest de la ligne Genève-Dole-Tours-Mont-de-Marsan-frontière espagnole. La Manche et toute la côte atlantique sont entre leurs mains et constituent une défense éloignée pour leurs opérations dans l'Atlantique et leur imminente campagne contre l'Angleterre.

25 juin
1 h 35 : l'armistice entre en vigueur et tous les combats cessent sur le sol français. Pendant cette très courte campagne, la France a eu 92 000 tués, 250 000 blessés et 1 500 000 prisonniers ; de leur côté, les Anglais déplorent 3 500 tués et 14 000 blessés ; les Belges, 7 500 tués et 16 000 blessés ; et les Hollandais, 2 900 tués et 7 000 blessés. Les pertes allemandes se montent à 27 000 morts, 18 000 disparus et 111 000 blessés.
□ A la Chambre des communes, Churchill déplore l'écrasement de la France, critique le gouvernement Pétain et affirme que, pour sauver en même temps l'honneur de la France et du monde, l'Angleterre doit se sauver elle-même. Pétain réplique que la France n'a pas à recevoir de leçon d'un ministre étranger et que Churchill ne peut être juge de l'honneur français. Et il ajoute : « L'honneur est sauf ! Nous devons maintenant consacrer nos efforts à l'avenir. Un nouvel ordre s'annonce. »

26 juin
L'Union soviétique exige de la Roumanie qu'elle lui cède la Bessarabie et le nord de la Bucovine (elle vient d'occuper tout récemment l'Estonie, la Lettonie et la Lituanie). Hitler intervient auprès du gouvernement roumain pour qu'il donne satisfaction aux Soviétiques.
□ La Turquie se déclare non-belligérante.

27 juin
Le gouvernement de Londres prend des mesures pour empêcher les navires de guerre français de regagner leurs ports de la métropole.

28 juin
Le gouvernement de Londres reconnaît le général de Gaulle comme le chef de la « France libre ».
□ Après avoir obtenu satisfaction de la Roumanie, sur laquelle les Allemands ont exercé leur pression, les Soviétiques occupent la Bessarabie et le nord de la Bucovine.
□ Le maréchal italien Italo Balbo, gouverneur de Libye, trouve la mort dans le ciel de Tobrouk. L'avion dans lequel il rentrait d'une reconnaissance est abattu par erreur par la D. C. A. italienne.

29 juin
Le gouvernement français décide de quitter Bordeaux pour Vichy.

30 juin
Les Allemands occupent les îles anglaises de la Manche.
□ Du début du mois de juin à ce jour, une douzaine de cargos chargés de canons et d'autre matériel de guerre sont partis des États-Unis à destination de la Grande-Bretagne.

1er juillet
Le général Graziani est nommé commandant en chef des forces armées italiennes en Afrique du Nord et gouverneur de Libye.
□ En Afrique orientale, des avions italiens effectuent des raids de bombardement de nuit sur la gare d'Etteb. En mer Rouge, ils attaquent les bases aéronavales de Port-Soudan et d'Aden.
□ Une note de l'*Oberkommando* de la Wehrmacht à ses unités subordonnées parle pour la première fois de l'opération « Seelöwe », (« Otarie »), nom de code d'un éventuel débarquement en Angleterre.

2 juillet
Le gouvernement français du maréchal Pétain quitte Bordeaux pour s'installer à Vichy.

3 juillet
Les navires de guerre français qui sont au mouillage dans les ports de Plymouth, Portsmouth et Southampton sont saisis par les Anglais. Dans le port de Mers el-Kébir, près d'Oran, une escadre britannique commandée par le vice-amiral Somerville bombarde les bâtiments français qui y avaient trouvé refuge après la signature de l'armistice : c'est l'opération *« Catapult »*. Le croiseur *Dunkerque,* les cuirassés *Bordeaux* et *Provence,* ainsi qu'un contre-torpilleur, sont endommagés. Au cours de l'action, 1 300 marins français sont tués. Le *Strasbourg,* autre cuirassé de l'escadre, le porte-avions *Commandant Teste* et 5 autres contre-torpilleurs réussissent à échapper à l'encerclement des Britanniques.
□ En Afrique orientale italienne, les forces anglaises attaquent la garnison de Métemma. L'aviation italienne bombarde de nouveau avec succès la base aéronavale d'Aden.

4 juillet
Dans la soirée, les 7 navires français qui ont réussi à rompre l'encerclement des Britanniques à Mers el-Kébir arrivent dans le port de Toulon.
Après avoir accompli sa mission, la force H du vice-amiral Somerville regagne Gibraltar.

5 juillet
A la suite de l'attaque anglaise à Mers el-Kébir, la France de Vichy rompt ses relations diplomatiques avec l'Angleterre. L'opération *« Catapult »* provoque de violentes protestations, même de la part des Français qui vivent en Grande-Bretagne. Une action de représailles des avions torpilleurs français contre Gibraltar cause peu de dommages. Ce sera le seul acte d'hostilité de la marine française pour répondre à l'attaque de Mers el-Kébir. En effet, l'amiral Darlan, ministre de la Marine de Vichy, a décidé qu'on ne ferait feu sur les bateaux anglais que s'ils s'approchaient à moins de 20 milles des côtes françaises.

6 juillet
Hitler propose la paix à l'Angleterre et lui offre sa collaboration pour le partage du monde.

7 juillet
L'amiral français Godfroy et l'amiral anglais Cunningham s'entendent pour neutraliser les navires français ancrés dans le port d'Alexandrie sans recourir à la force. Le triste épisode de Mers el-Kébir ne se renouvellera pas.

8 juillet
Des vedettes lance-torpilles et des avions britanniques causent de graves dommages aux cuirassés français *Richelieu* et *Jean Bart,* respectivement basés à Dakar et Casablanca, et les mettent pour plusieurs mois hors d'état de combattre.
A Londres, le général de Gaulle déplore publiquement l'action britannique et affirme que tous les Français en sont douloureusement surpris.

9 juillet
Au large des côtes de Calabre, à hauteur de Punta Stilo, a lieu le premier affrontement naval important entre une escadre anglaise (1 porte-avions, 3 cuirassés, 5 croiseurs légers et 6 contre-torpilleurs), commandée par l'amiral Cunningham, et une escadre italienne (2 cuirassés, 6 croiseurs des contre-torpilleurs), commandée par l'amiral Campioni. Le combat s'achève quand le cuirassé *Giulio Cesare,* bateau amiral italien, est touché par le navire amiral anglais *Warspite.* L'amiral Campioni réussit néanmoins à se diriger sur Messine. L'appui des appareils anglais du porte-avions *Eagle* a été très efficace, tandis que l'aviation italienne est intervenue sans succès.

10 juillet
Par 569 voix contre 80, l'Assemblée nationale française accorde les pleins pouvoirs au maréchal Pétain.

11 juillet
Formation du premier « gouvernement de Vichy ». Pierre Laval devient vice-président du Conseil et successeur désigné du maréchal Pétain.
□ L'amiral allemand Erich Raeder cherche à dissuader Hitler d'attaquer la Grande-Bretagne par la mer et, par suite, de déclencher l'opération « Seelöwe » (« Otarie »). A son

PAUL KLEE

Le peintre suisse Paul Klee s'éteint le 29 juin à Locarno. Tourné tout d'abord vers la gravure et le dessin, il « découvre » les couleurs à l'occasion d'un voyage en Tunisie (1914), et se laisse séduire par les motifs décoratifs arabes. Musicien de talent, il applique à l'art pictural les techniques propres à la composition, et crée un nouveau langage des couleurs, des formes et de l'espace par une mutation fantastique et permanente de la tonalité et des nuances. Pendant les années 30, il produit une série d'œuvres basées sur la répétition de carrés et de rectangles. Artiste extrêmement fécond (700 tableaux, des milliers de dessins), Klee est sans nul doute une des principales figures de l'art moderne.

Peinture de 1933.

avis, il ne faut tenter l'invasion de l'Angleterre qu'en dernière extrémité.

12 juillet
Dans une étude sommaire destinée au Führer, le général Alfred Jodl donne son opinion sur l'opération « Otarie ». Entre autres commentaires, il dit que les difficultés sont réelles, mais surmontables si l'invasion prend « l'aspect de la traversée en force d'un cours d'eau sur un large front... ». Il ajoute que, dans cette opération, l'aviation devrait jouer un rôle analogue à celui de l'artillerie et, de toute façon, éliminer la Royal Air Force avant le débarquement des troupes allemandes sur les côtes anglaises.

13 juillet
Après avoir discuté longuement avec ses collaborateurs les plus proches de la date, des phases et des modalités de l'invasion de l'Angleterre, Hitler adresse à ses principaux généraux sa directive n° 15, dans laquelle il fixe les grandes lignes de la stratégie à adopter pour les trois armées. L'offensive aérienne générale commencera le 5 août et aura pour objectif essentiel d'éliminer la R. A. F. A cet effet sont prévus 2 669 appareils, répartis en trois flottes aériennes : la Ve flotte du général Stumpff, stationnée en Scandinavie, opérera dans le nord de la Grande-Bretagne ; la *Luftflotte* n° 2 du général Kesselring, dont le quartier général est à Bruxelles, prendra à sa charge la zone qui va jusqu'à la ligne Portsmouth-Oxford-Manchester ; et la IIIe flotte attaquera les régions de l'ouest et du sud-ouest.

L'Angleterre résiste seule. Sur sa côte sud, elle a installé de grandes antennes radar pour détecter les avions ennemis.

14 juillet
A Whitehall, à Londres, de Gaulle passe en revue les premiers détachements de la France libre.

15 juillet
Les Italiens bombardent la base navale britannique d'Aden.

16 juillet
Hitler envoie sa directive n° 16, où il est dit : « Puisque l'Angleterre, malgré sa situation désespérée, ne manifeste aucune compréhension, j'ai décidé de préparer contre elle une opération terrestre et, si nécessaire, de la mettre à exécution... » C'est l'annonce officielle de l'opération « Otarie », qui prévoit le débarquement de 20 divisions sur les côtes sud de l'Angleterre. L'action n'aura lieu qu'après que la Luftwaffe aura aénanti la R. A. F. et se sera assuré la maîtrise de l'air au-dessus de la Manche. Pour sa défense terrestre, la Grande-Bretagne ne dispose que de 25 divisions d'infanterie absolument démunies d'armement moderne, de moyens de transport et d'engins blindés, et réparties sur un très vaste front. Son seul espoir repose sur l'efficacité de ses forces aériennes. Cet espoir se justifiera les mois suivants au cours de la bataille d'Angleterre.
☐ En Palestine, une formation de l'armée de l'air italienne bombarde la base de Haïfa.

MERS EL-KÉBIR

En quittant les ports de la métropole avant que les Allemands ne s'en fussent emparés, la flotte française conservait intacte son énorme puissance d'attaque. Quel serait le sort de l'Angleterre, demeurée seule à poursuivre la lutte contre l'Allemagne, si ce potentiel de forces important devait tomber aux mains de l'ennemi ? Tel fut le cauchemar du Premier ministre anglais, Winston Churchill, pendant plusieurs jours, après la capitulation de la France.

De son côté, Hitler espérait précisément réaliser ce que Churchill redoutait. Il y avait pensé dès le 18 juin, à Munich, lors de sa rencontre avec Mussolini, avant même que sa victoire ne fût consacrée par un document signé. Les conditions d'armistice y avaient été examinées. D'une part, Mussolini avait insisté auprès de son allié pour qu'il demande aux Français de lui livrer leur flotte ; d'autre part, le Führer, comptant faire plier rapidement l'Angleterre et, si possible, persuader la France de collaborer avec l'Allemagne, avait dit qu'il se contenterait de voir cette flotte démobilisée ou tout au moins consignée dans un port neutre jusqu'à la fin de la guerre.

Le jour de la signature de l'armistice franco-allemand, les Anglais s'informèrent de l'endroit où se trouvaient les bâtiments de guerre français. Le *Richelieu* et le *Jean Bart,* les cuirassés les plus modernes et les plus puissants du monde selon le Premier Lord de la Mer, étaient au mouillage dans leurs bases respectives de Dakar et de Casablanca.

Les deux croiseurs de bataille *Dunkerque* et *Strasbourg,* les deux cuirassés *Provence* et *Bretagne,* le porte-avions *Commandant Teste* et 6 croiseurs légers de la classe du *Terrible* étaient concentrés dans le port algérien de Mers el-Kébir, aux environs d'Oran, sous le commandement de l'amiral Marcel Gensoul.

En outre, 7 croiseurs lourds se trouvaient à Alger ; 1 cuirassé et 4 croiseurs aux ordres de l'amiral Godfroy étaient à l'ancre dans le port d'Alexandrie, en Égypte, tandis que 2 autres cuirassés, 4 croiseurs légers, le sous-marin *Surcouf* et divers bâtiments de plus faible tonnage se trouvaient dans les ports anglais de Portsmouth, Plymouth et Southampton. Mais ce qui causait le plus d'inquiétude aux Anglais était la présence de l'escadre de l'amiral Gensoul dans les eaux de Mers el-Kébir.

Le 27 juin 1940, à la demande de Churchill en personne, le cabinet de guerre anglais décida d'agir par surprise pour neutraliser de n'importe quelle manière la puissance de choc de la flotte française. Si l'effet de surprise ne pouvait jouer, on pourrait alors recourir à la force. A cet effet, le cabinet britannique donna l'ordre de constituer la Force H, composée du croiseur de bataille *Hood,* des cuirassés *Resolution* et *Valiant,* du porte-avions *Ark Royal,* de 2 croiseurs et de 11 contre-torpilleurs. L'escadre se rassembla à Gibraltar, sous pavillon du vice-amiral James Somerville. L'opération prit le nom de code de « Catapult » et le début en fut fixé au 3 juillet.

Les unités françaises ancrées dans les ports anglais furent capturées sans coup férir à l'aube du 3 juillet. Surpris dans leur sommeil, les équipages n'eurent d'autre solution que de se rendre.

Le même jour se déroulait la tragédie de Mers el-Kébir. Dans la matinée, le capitaine de vaisseau Holland remettait à l'amiral français Gensoul l'ultimatum que Churchill et le Premier Lord de la Mer avaient rédigé ensemble dès le 30 juin. Ce document précisait que, devant l'impossibilité où se trouvait le gouvernement de S. M. britannique d'accepter que les « beaux bateaux français » ne soient un jour aux mains des Allemands et des Italiens, il leur offrait plusieurs chances de salut (d'ailleurs problématiques, soit pour des raisons militaires, soit pour des raisons politiques) :

1° Se joindre à la flotte anglaise et combattre à ses côtés jusqu'à la victoire finale.

2° Rejoindre un port anglais avec des équipages réduits.

3° Si les Français se sentaient liés par les conditions d'armistice qui leur interdisaient d'employer leurs navires contre l'Italie et l'Allemagne, ces derniers pourraient appareiller vers un port français des Antilles, par exemple de la Martinique, où ils seraient désarmés ; ils pourraient encore être confiés à la garde des États-Unis jusqu'à la fin des hostilités. Dans ce dernier cas, les équipages seraient rapatriés.

« Si vous refusez cette proposition loyale, concluait le texte de l'ultimatum, c'est avec un profond regret que je vous demande de couler vos navires dans les six heures. Si vous ne le faites pas, le gouvernement de Sa Majesté britannique m'ordonne d'user de toute la force nécessaire pour qu'ils ne tombent pas aux mains des Allemands ou des Italiens. » Suivait la signature : « Vice-amiral sir James Fowness Somerville. »

Entre-temps, l'amiral anglais avait reçu d'autres instructions. Si l'amiral Gensoul, commandant l'escadre de Mers el-Kébir, acceptait le point n° 2, mais demandait que l'Angleterre n'utilise pas les bateaux fran-

çais durant le conflit, Somerville pourrait lui répondre que les Anglais acceptaient, tant que l'ennemi respecterait les termes de l'armistice. Au contraire, si l'amiral Gensoul repoussait les demandes anglaises et proposait de désarmer ses bâtiments dans le port même où ils se trouvaient, Somerville pourrait accepter, mais à condition que les opérations de désarmement soient achevées dans les six heures et sous le contrôle du commandement britannique, et qu'en outre les navires ne puissent être remis en service avant au moins un an. A défaut d'accord, la flotte de Mers el-Kébir devrait être détruite, en particulier les croiseurs de bataille *Dunkerque* et *Strasbourg*.
Quand l'amiral Gensoul reçoit l'ultimatum des Anglais, l'escadre de Somerville tient déjà les bateaux français à portée de ses canons. En fin d'après-midi, l'amiral Gensoul fait au commandant anglais la proposition suivante : il s'engage à désarmer lui-même les bâtiments qu'il a sous ses ordres et l'assure qu'en cas de menace des Italiens ou des Allemands, il les fera appareiller pour la Martinique ou les États-Unis. Quant à la démobilisation des équipages, il affirme qu'elle est déjà commencée. Mais la contre-proposition française arrive trop tard. Somerville a reçu l'ordre d'achever sa mission avant la tombée de la nuit ; il commande donc à ses unités d'ouvrir le feu. Lorsque cessent les tirs d'artillerie, le croiseur de bataille *Dunkerque*, les cuirassés *Provence* et *Bretagne* et 1 contre-torpilleur sont gravement endommagés, tandis que 1 300 marins français ont été tués. Le *Strasbourg*, le porte-avions *Commandant Teste* et les autres contre-torpilleurs réussissent à forcer le barrage anglais et à se réfugier à Toulon. Quatre jours plus tard, le 7 juillet, l'amiral français Godfroy et l'amiral anglais Cunningham s'entendent sur le sort à réserver aux bâtiments français qui se trouvent à l'abri dans le port d'Alexandrie. Les Français s'engagent à ne pas se saborder, à ne pas tenter de quitter le port et à ne commettre aucun acte hostile contre les Anglais ; de leur côté, ces derniers promettent de ne pas essayer de capturer les navires français. Ces engagements devront être reconsidérés si, en d'autres lieux, les Allemands s'emparent d'unités françaises.
Le dernier acte de l'opération « Catapult » se déroule le 8 juillet, contre les cuirassés *Richelieu* et *Jean Bart*, respectivement ancrés à Dakar et Casablanca. Attaqués par des vedettes lance-torpilles et des avions torpilleurs, ils sont mis hors service pour plusieurs mois. La décision d'attaquer la flotte française, que Churchill avait exigée avec obstination, fut très impopulaire dans les états-majors de la marine britannique. Elle était pourtant inévitable. Il est certain que si le *Richelieu* ou le *Jean Bart*, pour ne parler que des bâtiments les plus prestigieux de la flotte française, avaient été capturés par surprise et s'étaient trouvés aux côtés de la marine de guerre italienne ou allemande, l'équilibre sur mer aurait penché de façon déterminante en faveur des Italiens et des Allemands, au moment même où l'Angleterre aurait eu besoin de toute sa flotte pour défendre ses côtes contre une tentative d'invasion. Churchill avait estimé juste et indispensable de courir le risque d'une violente réaction française, pouvant même aller jusqu'à une déclaration de guerre, qui ne s'est heureusement pas produite.
Plus tard, le Premier ministre britannique dira de cet épisode dramatique : « ... Ce fut pour moi une décision douloureuse, la plus pénible des décisions que j'aie dû prendre... »

Richelieu *(France 1940). Il appartenait à une classe de 3 unités : le* Richelieu, *le* Jean Bart *et le* Clemenceau. *Construit sur le modèle du* Dunkerque, *il possédait cependant des canons de 380 mm au lieu de 330 mm. A l'arrière, il était muni de 3 tourelles triples comprenant 9 canons de 552 mm. Son armement antiaérien se composait de 12 canons de 100 mm et de 16 mitrailleuses de 37 mm. Il fut coulé à Dakar par la flotte anglaise le 18 juillet 1940. En 1943, il subit une refonte aux États-Unis, puis fut envoyé en Extrême-Orient en 1944.*

19 juillet
Parlant à Berlin, Hitler lance un dernier appel à l'Angleterre. Il déclare entre autres choses : « Ma conscience m'oblige à lancer à l'Angleterre un nouvel appel à la raison... Je ne veux absolument pas, pour aucun motif, continuer cette lutte. Je déplore qu'elle fasse des victimes et je voudrais les épargner. Churchill trouvera peut-être dans ce que je dis la preuve que je doute de l'issue finale, mais je me serai libéré la conscience... ».
☐ Le président Roosevelt signe le *Two Ocean Navy Expansion Act,* qui prévoit un renforcement important de la flotte des États-Unis entre 1940 et 1945.
☐ Au voisinage de la Crète, des unités de la marine britannique coulent le croiseur italien *Bartolomeo Colleoni,* de 5000 t.

20 juillet
Churchill répond à l'offre de paix de Hitler par le canal de son ministre des Affaires étrangères Halifax : « L'Allemagne aura la paix quand elle aura évacué tous les territoires qu'elle occupe, restauré la liberté qu'elle a détruite et donné des garanties pour l'avenir. »

21 juillet
L'Union soviétique annexe l'Estonie, la Lettonie et la Lituanie, et leur attribue le statut de républiques autonomes.

22 juillet
Les Anglais forment le S.O.E. *(Special Operations Executive),* chargé de coordonner les actions de commando et la lutte clandestine dans les pays occupés par les Allemands.
☐ Dans une nouvelle directive préliminaire à l'opération « Otarie », Hitler écrit : « Il y a lieu de se préparer dans le détail, en pensant cependant que l'invasion n'est encore qu'un projet et qu'aucune décision définitive n'a été prise pour le moment. » Le Führer compte encore sur une solution pacifique.
☐ Les Nouvelles-Hébrides puis la Côte-d'Ivoire (le 26) se rallient au général de Gaulle.

25 juillet
L'aviation italienne bombarde la base navale d'Alexandrie, en Égypte, et celle de Haïfa, en Palestine.

26 juillet
Des avions italiens effectuent un bombardement de nuit sur Gibraltar.

29 juillet
Dans une étude sur l'invasion de la Grande-Bretagne, l'état-major de la marine allemande déclare que le débarquement sur les côtes anglaises ne peut avoir lieu avant la seconde quinzaine de septembre et que, même pour cette époque, il exprime de sérieuses réserves. Le chef du 3e bureau de la Kriegsmarine, Schniewind, affirme qu'« il décline toute responsabilité pour l'année en cours... Quoi qu'il en soit, l'avenir est encore très incertain ».

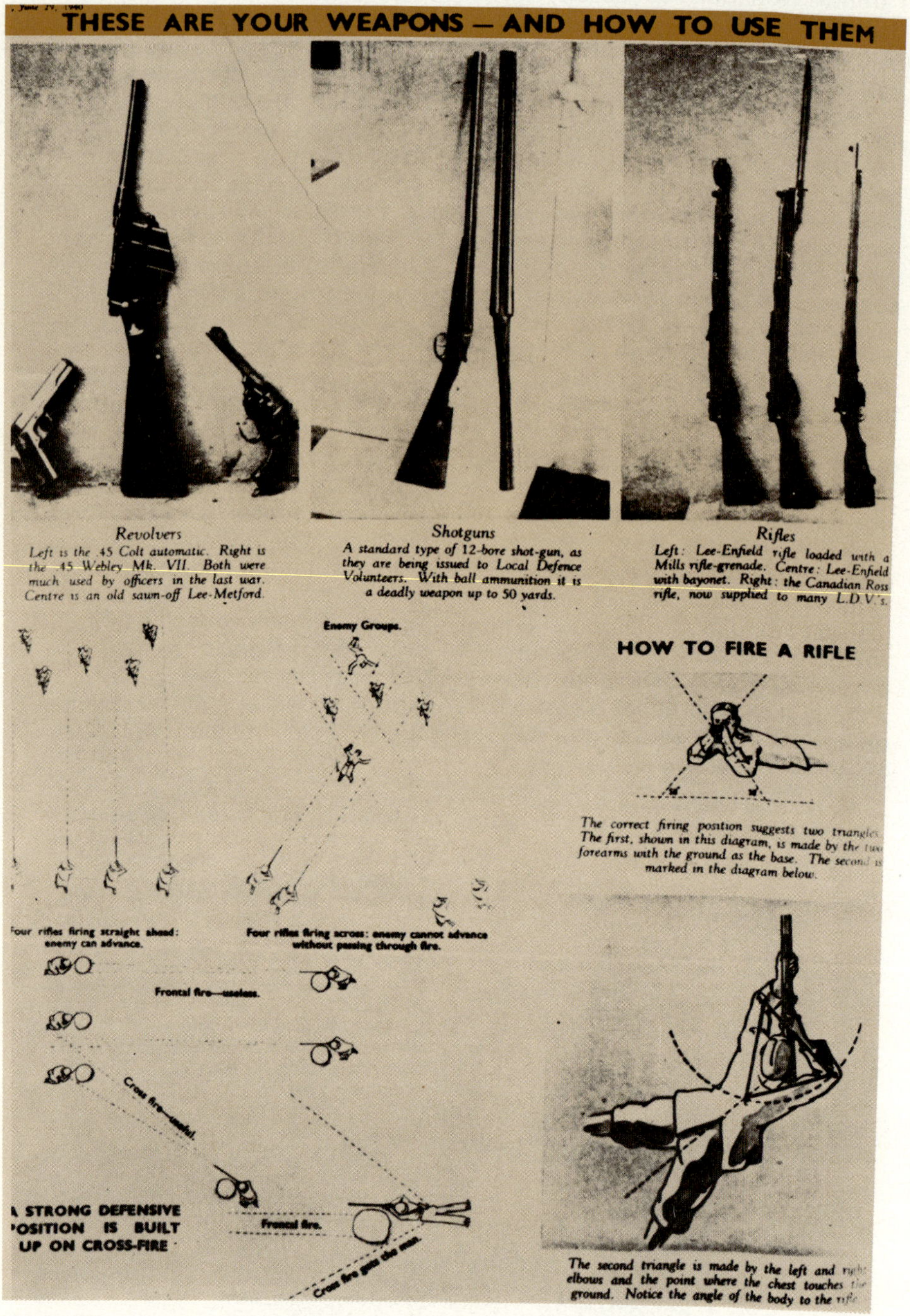

Les journaux anglais lancent une croisade pour la formation d'une « Armée de citoyens ». « Voici vos armes... et la manière de vous en servir », dit le titre de cette affiche.

31 juillet
Hitler convoque les plus hautes autorités de la marine pour faire le point. L'amiral Raeder, commandant en chef de la Kriegsmarine, expose à nouveau, de façon détaillée, les difficultés pour traverser la Manche avec les moyens dont il dispose. A son avis, il vaudrait mieux retarder l'opération « Otarie » du 13 septembre à une date comprise entre le 19 et le 26, afin de profiter de marées favorables et surtout de la limiter au franchissement du pas de Calais. Il rappelle enfin une suggestion qu'il a déjà faite à plusieurs reprises : renvoyer l'opération au printemps de l'année suivante.
☐ 15 autres cargos chargés d'armement quittent les États-Unis pour la Grande-Bretagne.

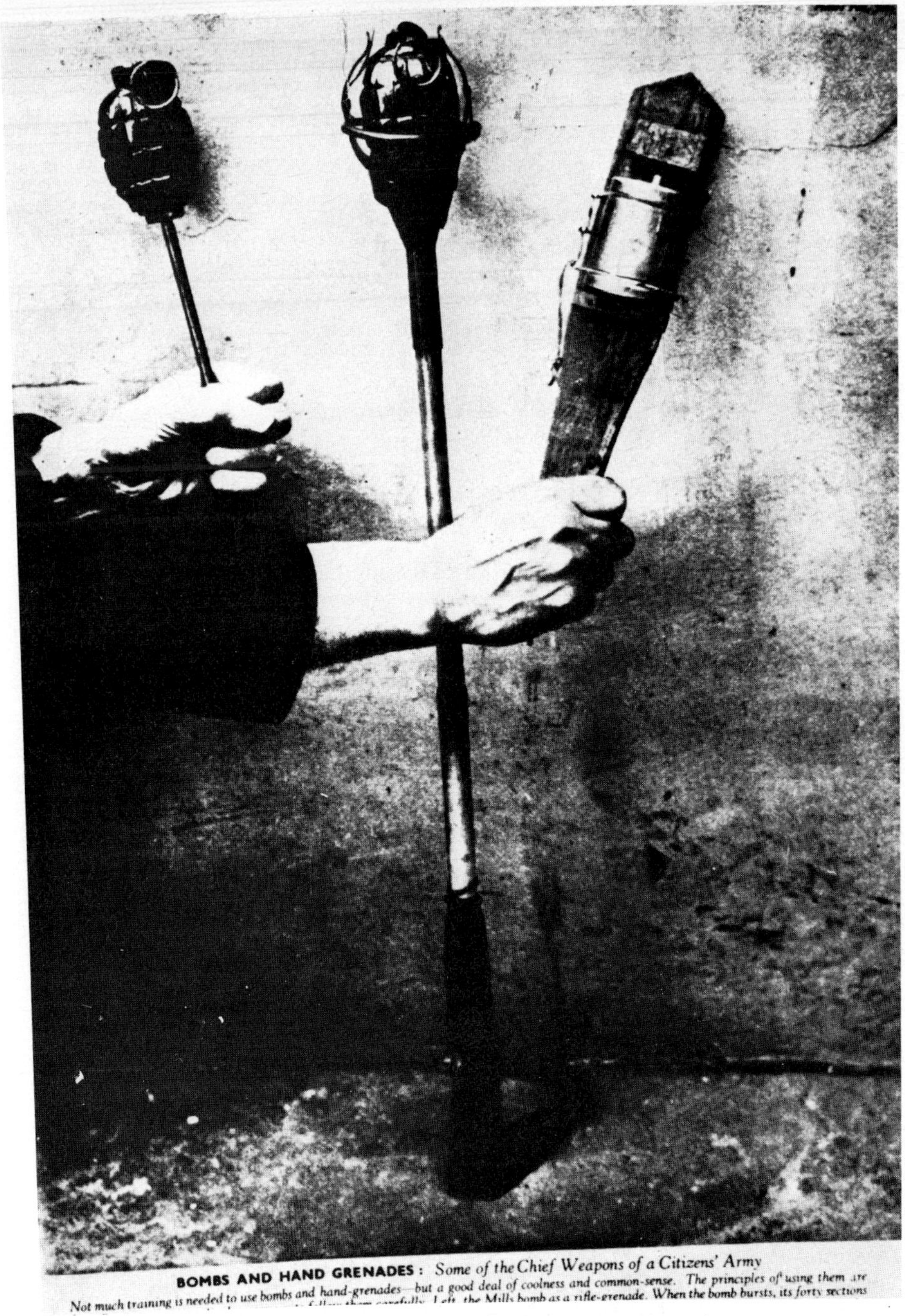

On y voit des pistolets, des fusils, des grenades et des lance-grenades ; on y explique les règles de tir. Cette campagne devait surtout servir à conserver le moral des populations.

1er août
Hitler adresse à l'aviation allemande sa directive très secrète n° 17, avec l'ordre formel d'« écraser l'aviation anglaise par tous les moyens ». Évidemment, selon cet ordre, le résultat de la bataille aérienne dans le ciel d'Angleterre conditionne l'invasion, phase suivante de l'opération « Otarie ». Le début de l'attaque est fixé au 5 août.

2 août
En France, à Clermont-Ferrand, le général de Gaulle est condamné à mort par contumace.

3 août
En Afrique orientale, début de l'offensive italienne contre la Somalie britannique.
☐ Otto Abetz est nommé ambassadeur d'Allemagne près le commandement militaire de Paris.

5 août
En raison des mauvaises conditions atmosphériques, les Allemands retardent le début de l'offensive aérienne contre l'Angleterre.

8 août
A Londres, Churchill et de Gaulle établissent un statut réglant les conditions d'emploi des volontaires de la France libre.
☐ Le gouvernement de Vichy crée la cour suprême de Riom pour juger les « responsables de la défaite ».

11 août
A la veille de l'attaque aérienne, l'Angleterre dispose de 704 chasseurs opérationnels, dont 620 Hurricane et Spitfire, et de 350 bombardiers. L'Allemagne met en ligne 2 669 appareils, dont la plupart sont des bombardiers : soit en vol horizontal (1 015 Do-17, Do-172, Do-215, Ju-88), soit en piqué (346 stukas monomoteurs Ju-87), auxquels s'ajoutent 375 chasseurs-bombardiers bimoteurs Me-110. La chasse comprend 933 monomoteurs Me-109.

12 août
Des formations de bombardiers allemands attaquent 6 importantes stations radar du sud de l'Angleterre.

13 août
C'est le « Jour de l'Aigle », l'*Adlertag,* nom de code de la première journée du bombardement auquel l'aviation allemande soumettra pendant des semaines les bases aériennes, les terrains d'atterrissage et les installations aéronautiques anglaises. Au cours de ces premières 24 heures, les Allemands engageront 1 485 appareils et en perdront 45, contre 13 chasseurs et 7 pilotes pour les Anglais. Mais dès la phase initiale de la bataille, l'ennemi mettra en évidence toutes ses imperfections. Par exemple, les stukas, qui ont une vitesse maximale de 300 km/h et n'atteignent qu'une altitude de 3 500 m, sont une proie facile pour les Spitfire plus maniables et surtout plus rapides, qui atteignent la vitesse de 600 km/h et montent au-dessus de 10 000 m. Il en est de même pour les chasseurs-bombardiers Me-110, qui manquent de souplesse, et pour les Dornier, les Heinkel et les Ju-88, qui ne transportent que 500 kg de bombes, et ont donc une capacité de destruction extrêmement réduite pour le risque qu'ils encourent d'être abattus par la chasse anglaise avant d'atteindre leur objectif.
Malgré cette infériorité qualitative, Goering et les généraux de l'état-major allemand se donnent 4 jours pour détruire la défense aérienne britannique au sud de la ligne Londres-Gloucester, et 4 semaines pour éliminer complètement la R. A. F.
☐ Ciano, ministre italien des Affaires étrangères, convoque à Rome le général Prasca, commandant les troupes italiennes en Albanie, et annonce à la presse que la campagne de Grèce va commencer.
☐ Les Anglais décident un envoi massif de blindés au Moyen-Orient.

14 août
Journée de mauvais temps. On n'enregistre que 500 sorties d'avions allemands sur l'Angleterre. Objectifs : les lignes ferroviaires voisines de la côte et les P. C. opérationnels de la R. A. F., au sud du pays.
☐ Les États-Unis envisagent un accord de principe avec la Grande-Bretagne pour lui céder 50 contre-torpilleurs en échange de l'utilisation par la marine américaine de certaines bases anglaises.

15 août
Profitant d'une journée sans nuages, l'aviation allemande lance une offensive de grand style sur l'Angleterre. Plus de 7 incursions d'importance balaient le ciel. Les trois *Luftflotten* sont engagées dans une série d'attaques coordonnées sur des objectifs situés parfois à une grande distance l'un de l'autre. Tous les vols allemands, commencés vers 11 h 30 et terminés vers 18 h 30, se heurtent à une violente résistance de l'aviation et de la D. C. A. britanniques. La chasse anglaise ne laisse aucun répit aux appareils ennemis. La Luftwaffe a mis en œuvre 520 bombardiers et 1 270 chasseurs. Elle a perdu 75 avions de chasse contre 34 pour les Anglais.

16 août
Nouvelles incursions aériennes sur l'Angleterre. La Luftwaffe attaque à diverses reprises de nombreux terrains d'aviation et cause d'importants dégâts à celui de Tangmere.

17 août
Les Allemands retirent les stukas de leurs forces aériennes d'assaut. Ils se sont décidément révélés trop vulnérables.
☐ Hitler proclame le blocus total des îles Britanniques.
☐ Ribbentrop, ministre allemand des Affaires étrangères, coupe court brutalement aux bruits de campagne contre la Grèce, que Ciano, ministre des Affaires étrangères de Mussolini, avait fait courir en Italie trois jours auparavant. Pour l'instant, Hitler ne veut pas de complications dans les Balkans.
☐ La Grèce commence à mobiliser et rappelle certaines catégories de réservistes résidant en Épire et en Macédoine occidentale.

18 août
La Luftwaffe déclenche à nouveau de très violentes attaques contre les terrains d'aviation anglais des trois comtés de Kent, de Surrey et de Sussex. Elle y laisse 71 appareils contre 27 pour la R. A. F. Jusqu'à présent, l'effet de ses raids a été plus psychologique que stratégique.

Page de gauche : chasseur allemand Messerschmitt Me-109. Ci-dessus : une formation de Spitfire en vol d'interception. Ce sont eux qui auront raison de la Luftwaffe et gagneront la bataille d'Angleterre.

L'ASSASSINAT DE TROTSKI

Au soir du 20 août, un individu se prétendant un de ses partisans pénètre dans le bureau de Trotski, et lui brise le crâne d'un coup de piolet d'alpiniste. Transporté à l'hôpital, le révolutionnaire russe s'y éteint le jour suivant. Son assassin, dont l'identité a été longtemps incertaine, est Ramón Mercader (*alias* Franck Jackson, alias Jacques Mornard). Sur le véritable commanditaire de l'assassinat, et même s'il n'y a pas de preuve définitive, il ne subsiste guère de doute, et Trotski lui-même avait d'ailleurs déjà ouvertement accusé Staline d'être l'organisateur d'un précédent attentat au mois de mai.

Léon Trotski a été un des grands révolutionnaires du siècle. Porte-parole des mencheviks pendant la Révolution de 1905, il adhère ensuite au bolchevisme et devient avec Lénine un des principaux organisateurs de la Révolution d'octobre. Commissaire aux Affaires étrangères, il signe avec l'Allemagne le traité de paix de Brest-Litovsk ; pendant la guerre civile, il assume les fonctions de ministre de la Guerre, et crée l'Armée rouge. Sa rapide carrière, et sa théorie originale du processus révolutionnaire lui suscitent de nombreux ennemis au sein du Parti. Quand s'engage la lutte pour la succession de Lénine, Trotski est rapidement mis en minorité. Exclu du Parti en 1927, et envoyé en Asie centrale, il est finalement contraint de prendre le chemin de l'exil et de se réfugier au Mexique, seul pays qui accepte de lui donner l'hospitalité. Il s'est battu jusqu'à sa mort pour la victoire de la Quatrième Internationale, qu'il avait fondée en 1937 pour regrouper ses partisans.

□ Du 8 août à ce jour, les Allemands ont déjà perdu 363 appareils, tandis que la chasse anglaise déplore la perte de 211 Spitfire et Hurricane et de 154 pilotes.

19 août

Après une avance rapide, les Italiens occupent Berbera, capitale de la Somalie britannique.

□ Mussolini écrit au général Graziani, gouverneur de Libye et commandant en chef des forces armées italiennes en Afrique du Nord : « ... L'invasion de l'Angleterre est décidée. Les préparatifs sont presque terminés. C'est une chose certaine. Ce sera peut-être dans une semaine ou dans un mois. Eh bien, le jour où la première section de soldats allemands mettra pied sur le territoire anglais, vous attaquerez en même temps. Encore une fois, je vous répète qu'il ne s'agit pas d'objectifs territoriaux, ni de marcher sur Alexandrie et encore moins sur Solloum. Je vous demande seulement d'attaquer les forces anglaises qui vous font face. Je prends la pleine responsabilité de cette décision... »

20 août
La Grèce mobilise certaines classes de spécialistes de la défense antiaérienne.

22 août
Mussolini ajourne tous les préparatifs de guerre contre la Grèce.

23 août
En Grèce, des filets sont installés pour barrer l'accès des ports, en particulier dans la mer Ionienne; des couloirs aériens plus étroits sont établis pour les avions civils.
□ A Vichy, création de la Légion française des combattants.

24 août
Incursion massive d'avions allemands sur North Weald Bassett et Hornchurch, deux centres névralgiques du commandement aérien britannique.

24-25 août
Au cours de la nuit, peut-être par erreur, des avions allemands larguent quelques bombes sur Londres. Par représailles, Churchill donne l'ordre à la R.A.F. de faire une incursion sur Berlin.

26 août
La R.A.F. bombarde Berlin. Goering avait assuré à Hitler que cela ne se produirait jamais.
□ Le Tchad se rallie à la France libre.

28 août
Arrivée à Londres des officiers de liaison de l'armée et de la marine anglaises détachés à Dakar avant l'écroulement de la France.

29 août
L'Afrique-Équatoriale française, le Cameroun, les territoires français de l'Inde et de l'Océanie se rallient à la France libre.

30 août
Nouvelle attaque aérienne allemande contre les P.C. opérationnels de la R.A.F. au sud de l'Angleterre. La base de Biggin Hill, dans le Kent, est touchée deux fois.

31 août
Des avions de reconnaissance anglais signalent la présence, dans les ports et les estuaires du continent, de nombreux moyens de débarquement allemands, de toute forme et de toute taille, indices d'une invasion imminente.
□ La R.A.F. perd 39 appareils, tandis que les Allemands causent des dommages importants à trois centres d'opérations du commandement aérien anglais : à Debden, au nord de Londres, à Biggin Hill, et à Hornchurch, dans la banlieue de Londres.
□ La Force M, l'escadre qui doit appuyer le débarquement du général de Gaulle et des 2700 hommes de la France libre à Dakar, en Afrique-Occidentale française, quitte la rade de Scapa Flow, la principale base navale britannique. Le but de l'opération est de recruter de nouveaux adhérents au mouvement et, surtout, de séparer de la France de Vichy les colonies françaises d'Afrique-Équatoriale et, si possible, celles d'Afrique du Nord. Au début du mois d'août, de Gaulle avait exposé son plan aux hommes politiques anglais. Churchill s'en était montré aussitôt un partisan enthousiaste, peut-être aussi parce que le général

LE ZÉRO ET L'INFINI

L'itinéraire d'Arthur Koestler témoigne du déchirement durant l'entre-deux-guerres de nombreux intellectuels de gauche. Né à Budapest en 1905, il étudie à Vienne. Journaliste en Palestine, il milite en faveur de l'Internationale communiste, mais il rompt avec celle-ci lors des grands procès de Moscou (1936-1938), qui lui révèlent la terreur stalinienne. Cette expérience douloureuse le marque profondément et alimente sa création littéraire. Il couvre la guerre d'Espagne où il est arrêté par les franquistes qui le condamnent à mort, et ne doit la vie sauve qu'à une intense campagne de presse internationale, et, dès 1938, Arthur Koestler relate ces événements dans *Le Testament espagnol*.
En 1940, il trouve refuge en Angleterre où il se consacre à la rédaction de livres qui dénoncent les totalitarismes. L'année suivante, il publie son plus célèbre roman, *Le Zéro et l'Infini (Darkness at Noon)*, qui obtient un plus grand succès en France qu'outre-Manche. A travers la marche au supplice d'un *apparatchik* accusé d'avoir trahi le Parti, Koestler débat des fins et des moyens en politique, quelques années avant Sartre dans *Les Mains sales*. Après la guerre, il s'intéresse surtout aux ressorts de la psychologie humaine et aux mutations du monde moderne.

Bombardier Dornier Do-17 se dirigeant vers la côte anglaise.

Somalie britannique : un soldat indigène et une « chemise noire » hissent le drapeau italien et le fanion fasciste sur un fortin qui vient de tomber.

avait réussi à le persuader qu'un débarquement par surprise à Dakar ne rencontrerait probablement qu'une faible résistance. La Force M comprend les cuirassés *Barham* et *Resolution*, le porte-avions *Ark Royal*, 5 croiseurs, au moins 16 contre-torpilleurs et 2 corvettes, auxquelles il faut ajouter 3 corvettes de la France libre.

1er-2 septembre
Nouvelles incursions de la Luftwaffe sur le centre d'opérations de Biggin Hill.

3 septembre
Les États-Unis et la Grande-Bretagne signent l'accord stipulant que l'Amérique fournira 50 contre-torpilleurs à la marine anglaise contre la location pour 99 ans de bases dans les Bahamas, à la Jamaïque, à Sainte-Lucie, à la Trinité et à Antigua.

4 septembre
Hitler déclare : « J'ai tenté d'épargner les Anglais. Ils ont pris mon sens de l'humanité pour de la faiblesse et répondent en assassinant des femmes et des enfants allemands (il fait allusion au bombardement de Berlin par la R.A.F., dans la nuit du 25 au 26 août, qui a causé une vingtaine de morts dans la population civile). Je raserai leurs villes. »

□ Pétain relève le général Weygand de sa charge de ministre de la Défense nationale et le nomme commandant suprême des troupes françaises en Afrique.
□ Pendant la nuit, des avions allemands lancent des fusées éclairantes dans le ciel de Londres.
□ Sentence arbitrale de Vienne. Cédant à la forte pression de l'Axe et à la suite des décisions d'arbitrage prises à Vienne le 30 août par Ribbentrop et Ciano, le gouvernement roumain doit abandonner à la Hongrie une grande partie du nord de la Transylvanie, habitée par une population en majorité hongroise. En dépit de la résistance du roi Carol II et de son Premier ministre Gigurtu, la Roumanie doit également céder aux Hongrois une large bande de territoire habitée cette fois par 3 millions de Roumains et comprenant les villes de Cluj et d'Oradea.

6 septembre
Les bombardements allemands sur les installations portuaires de la côte sud de l'Angleterre font déclencher l'alerte du second degré, qui signifie : « attaque probable dans les trois jours ».

7 septembre
17 heures : 300 bombardiers allemands, escortés par 600 avions de chasse, déversent 337 t de bombes sur Londres, en prenant pour objectifs prioritaires l'arsenal de Woolwich et les docks construits le long de la Tamise. De grands incendies se déclarent. A 20 h 07, les commandants en chef des trois forces armées diffusent un message réduit au seul nom de code « Cromwell », c'est-à-dire : « Invasion probable de la Grande-Bretagne dans les 24 heures ». Hitler est donc en train de tenir la promesse qu'il a faite dans son discours du 4 septembre : « Je raserai leurs villes. »
□ En Roumanie, profitant du mécontentement de la population à la suite des cessions territoriales à la Hongrie, le mouvement ultranationaliste et antisémite de la « Garde de Fer » suscite des désordres qui entraînent l'abdication du roi Carol II. Le prince héritier Michel lui succède. Le général Antonescu prend le pouvoir, se proclame « Conducator » et instaure une dictature militaire.

8 septembre
Pendant la nuit, 200 bombardiers de la IIIe *Luftflotte* prennent pour cibles les centrales électriques et les voies ferrées de Londres.

9 septembre
Nouveau raid de bombardiers allemands sur Londres. Les agresseurs perdent 28 appareils, les Anglais 19 avions de chasse.

10 septembre
Conseil de guerre à Berlin. Puisque la R.A.F. continue à résister et que la chasse britannique a une telle vitalité qu'un débarquement sans surprise sur les côtes anglaises ne peut être garanti, le début de l'opération « Otarie » est reporté au 14 (en réalité, l'invasion véritable n'aurait pu avoir lieu avant le 24 septembre, car la marine allemande avait besoin de 10 jours de préavis). La Luftwaffe dispose donc de quelques jours encore pour réduire la R.A.F. au silence.
□ Raids d'avions italiens sur le port de Jaffa, en Palestine, et sur la voie ferrée Alexandrie-Marsa-Matrouh. Des appareils partant d'Afrique orientale font une incursion sur la base de Port-Soudan. Le communiqué italien parle d'avions

détruits au sol et d'un autre abattu en vol.

☐ Raids d'avions anglais sur Massaoua, Asmara et Dessié (en Éthiopie) et sur la Cyrénaïque. Il s'agit d'actions de harcèlement.

11 septembre

Début de l'offensive italienne en Égypte.

☐ Les unités de la Force M britannique se trouvent à 300 milles environ de Dakar. On apprend en même temps qu'une escadre française formée de 3 croiseurs et 3 contre-torpilleurs est entrée dans l'Atlantique par le détroit de Gibraltar et se dirige vers le sud-ouest, c'est-à-dire vers Dakar, avec l'intention manifeste de s'opposer au débarquement des volontaires de la France libre.

12-13 septembre

En raison du manque de visibilité, les raids de la Luftwaffe sur Londres se font bien plus rares ; il en est de même des attaques de nuit.

14 septembre

Le début de l'opération « Otarie » est reporté au 17. L'éventuel jour J sera donc le 27 septembre, puisque la Kriegsmarine a besoin de dix jours pour préparer et coordonner son action. Ce sera la dernière journée du mois, où les marées seront favorables au débarquement.

15 septembre

Pendant toute la journée et toute la nuit, des vagues de bombardiers allemands arrivent sur Londres. Les destructions sont catastrophiques, mais les points sensibles ne sont pas touchés. D'autres formations de la Luftwaffe cherchent à atteindre les établissements aéronautiques de Southampton, mais se heurtent à une violente réaction de la D.C.A. Pendant la nuit, Bristol, Cardiff, Liverpool et Manchester sont également attaqués. Les Allemands, qui ont engagé dans la bataille de ce jour 230 bombardiers et 700 chasseurs, déplorent la perte de 60 appareils contre 23 seulement pour les Anglais. Alors que Goering pensait donner le coup de grâce à la chasse britannique, la journée s'achève par une victoire anglaise.

☐ En Égypte, des troupes italiennes occupent Solloum, près de la frontière de la Cyrénaïque.

☐ En France, expulsés en masse par les Allemands, de nombreux Lorrains commencent à se réfugier en zone non occupée.

La bataille d'Angleterre se poursuit avec acharnement. Deux Dornier Do-17 sur le grand Londres. Remarquer au sol la fumée des explosions et en haut les flocons blancs des tirs de D.C.A.

16 septembre

Les Italiens s'emparent de Sidi-Barrani, à l'est de Solloum.

☐ Aux États-Unis, le service militaire devient obligatoire.

17 septembre

L'opération « Otarie » est retardée jusqu'à nouvel ordre. L'offensive aérienne se poursuit mais se borne à des bombardements de nuit.

19 septembre

La Nouvelle-Calédonie se rallie au général de Gaulle.

20 septembre

Incursions d'avions anglais autour de Tobrouk et de Solloum.

22 septembre

Du 13 août, « Jour de l'Aigle », ou *Adlertag,* jusqu'à cette date, au moins 15000 t de bombes ont été larguées sur l'Angleterre.

23 septembre

La Force M se trouve à faible distance de Dakar, prête à débarquer les troupes de la France libre en

Afrique-Occidentale française. On espère que les forces de Vichy ne résisteront pas. A 7 heures, de Gaulle lance vainement un appel par radio aux autorités de la colonie française, en leur demandant de le laisser débarquer avec ses hommes. Le même appel pressant est répété à 8 heures, après que cinq émissaires du général, qui devaient remettre un message au gouverneur Boisson, ont été repoussés sans ménagement, risquant même d'être faits prisonniers. Malgré la menace de recourir à la force, un troisième appel reste sans réponse. Bien plus, à 10 h 50, les batteries côtières de Dakar et les navires ancrés dans le port ouvrent le feu sur l'escadre anglaise, qui répond. Pendant ce temps, toutes les tentatives de débarquement sont bloquées par un tir de barrage extrêmement efficace.

24 septembre
Les appareils du porte-avions anglais *Ark Royal* essaient de neutraliser les batteries côtières de Dakar et le redoutable cuirassé *Richelieu.* Le cuirassé anglais *Barham* est touché sans grand dommage par les Français.

25 septembre
Le second cuirassé anglais, le *Resolution,* est gravement touché à son tour. Les défenses de Dakar continuent de faire preuve d'efficacité et de précision. Les Anglais et le général de Gaulle lui-même s'aperçoivent qu'un débarquement entraînerait de trop lourdes pertes en hommes et en matériel. Dans la matinée, l'escadre reçoit l'ordre de rejoindre Freetown, capitale de la Sierra Leone, colonie britannique.
□ Des avions britanniques bombardent la ville et le port de Tobrouk.

26 septembre
Les Japonais, qui, le 15, avaient exigé de la France la cession de bases en Indochine, débarquent au Tonkin.

27 septembre
A Berlin, Ribbentrop, ministre des Affaires étrangères du Reich, Ciano, ministre des Affaires étrangères d'Italie, et Saburo Kurusu, ambassadeur du Japon, signent le Pacte tripartite. L'accord prévoit entre les trois pays une assistance militaire réciproque en cas d'attaque par une puissance encore en dehors du conflit, et reconnaît aux Italiens et aux Allemands le droit d'instaurer un « ordre nouveau » en Europe, comme aux Japonais celui de le faire en Asie.
□ En France, en zone occupée, une ordonnance allemande prescrit le recensement des juifs.

28 septembre
Raids d'avions anglais dans la région de Solloum, qui ne causent aucun dégât, selon des sources italiennes.

29 septembre
Sur la côte de Marmarique, bataille aérienne entre Italiens et Anglais. Les Italiens affirment que la chasse ennemie a perdu 3 Hurricane.

30 septembre
Depuis le 7 septembre, début de l'offensive aérienne sur Londres, la chasse anglaise a perdu 247 appareils, contre 433 pour la Luftwaffe.

2 octobre
Malgré l'insistance des comman-

TOM MIX

Le 12 octobre, en Arizona, Tom Mix se tue dans un accident de la route ; c'était le héros le plus populaire des westerns des années 20. Fils d'un officier du légendaire Septième de Cavalerie et d'une Peau-Rouge, Mix est un des rares acteurs à avoir vécu réellement le rôle qu'il interprétait. Né en 1880 en Pennsylvanie, il participe à la guerre de Cuba, à la révolution mexicaine et à la révolte chinoise des Boxers ; il est ensuite cow-boy puis shérif, combat dans les Texas Rangers, et devient champion de rodéo. En 1910, après un passage au cirque, il commence à travailler au cinéma : il tourne, avec des fonctions diverses, environ soixante-dix courts métrages, ce qui constitue un difficile mais fructueux apprentissage. Dans les années 20, engagé par la Fox, il devient une star du western, et contribue de façon déterminante à populariser le genre. Avec son inséparable Tony (le premier cheval-vedette de l'écran), Mix tourne une soixantaine de longs métrages dans lesquels il privilégie l'aspect spectaculaire, acrobatique et moralisant, et impose le personnage du héros invincible, vertueux, inexorable envers les méchants, mais qui cependant n'aime pas les armes à feu, préférant l'usage du lasso ou même de ses poings.
Avec l'avènement du parlant, son étoile se ternit inexorablement et il abandonne l'écran. Sur le lieu de l'accident, on érigera la statue d'un cheval sans cavalier.

dants de l'armée et de la marine pour lui faire abandonner le plan « Otarie » et éviter ainsi d'exposer inutilement aux attaques de la R.A.F. les unités déjà rassemblées dans les ports, Hitler n'a pas perdu l'espoir de débarquer en Angleterre.

3 octobre
La Force M, qui a participé à l'action contre Dakar, quitte Freetown. Elle escorte jusqu'à Douala, au Cameroun, les forces de la France libre. Les cuirassés *Barham* et *Resolution* n'en font plus partie et ont mis le cap sur la Méditerranée. Le *Resolution* s'arrêtera à Gibraltar pour y être réparé.
□ Le gouvernement de Vichy promulgue un statut des juifs s'appliquant à toute personne ayant plus de deux grands-parents juifs (définition plus large que celle de l'ordonnance allemande). Les juifs seront exclus de la fonction publique et de tout rôle dirigeant dans la presse, le cinéma, la radio, l'industrie. Les juifs étrangers sont internés et ceux d'Algérie perdent la citoyenneté française.

4 octobre
Au Brenner, rencontre Mussolini-Hitler. Le Führer recommande de n'entreprendre aucune action qui ne soit « d'une utilité absolue pour l'Axe ». Ciano et Ribbentrop assistent aux entretiens. Hitler offre de faire participer ses troupes à la lutte en Afrique du Nord. Le Duce décline son offre.

5 octobre
Toutes les attaques de la Luftwaffe sur Londres cessent pendant le jour ; en revanche, les bombardements de nuit continuent sans répit.

7 octobre
Répondant à une demande que le roi Carol lui a adressée au début de septembre et qu'Antonescu a renouvelée à son arrivée au pouvoir (la Roumanie s'appuie sur l'Allemagne parce que sa rivale, la Hongrie, trouve dans l'Italie sa protectrice traditionnelle), Hitler envoie aux Roumains des unités de l'armée et de l'aviation, avec mission de réorganiser les forces roumaines, mais aussi d'occuper les puits de pétrole de Ploesti, d'un intérêt vital pour le Reich.

8 octobre
En raison de la signature du Pacte tripartite, le 27 septembre, la Grande-Bretagne rejette la demande japonaise de fermer la « route de Birmanie », par laquelle le ravitaillement des Occidentaux est acheminé vers l'armée de Tchang Kaï-chek.

12 octobre
Hitler renonce momentanément à l'opération « Otarie » contre l'Angleterre et la renvoie au printemps 1941.
□ Mussolini apprend que Hitler a fait occuper les puits de pétrole roumains « pour les protéger ». Ce coup de main le fait bondir et il confie à Ciano, d'un air irrité : « Hitler m'a toujours mis devant le fait accompli, mais cette fois je vais lui rendre la pareille. Il saura par les journaux que j'ai occupé la Grèce, et l'équilibre sera rétabli. » « Êtes-vous d'accord avec Badoglio ? », demande Ciano. « Badoglio ne sait rien encore, réplique le Duce, mais je renonce à rester italien si quelqu'un redoute de se battre contre les Grecs. »

14 octobre
Le maréchal d'Italie Pietro Badoglio, chef d'état-major général italien, fait connaître à Mussolini que pour vaincre les Grecs il lui faut au moins 20 divisions et que la campagne durera trois mois.

15 octobre
A Rome, au palais de Venise, Mussolini réunit Ciano, ministre des Affaires étrangères, le maréchal Badoglio, chef d'état-major général, le général Soddu, sous-secrétaire d'État à la Guerre, le général Roatta, sous-chef d'état-major de l'armée de terre, le général Visconti Prasca, commandant les troupes italiennes en Albanie, et Jacomini di

Tout est fait pour réduire l'Angleterre. Près de Calais, une pièce allemande de gros calibre montée sur train blindé tire sur Douvres.

San Savino, lieutenant-général du royaume en Albanie. L'objet de la réunion est l'occupation de la Grèce (pour contrebalancer la pénétration allemande en Roumanie). On envisage une campagne de deux semaines, à commencer le 26 octobre (en fait, la date sera retardée de deux jours). Ciano est chargé de provoquer le *casus belli*. Il affirme qu'on peut compter sur l'appui de certaines personnalités grecques faciles à corrompre.

□ Le maréchal Goering adresse à ses subordonnés une directive dans laquelle il indique les objectifs prioritaires de la guerre aérienne contre l'Angleterre. Ce sont, dans l'ordre d'importance : Londres, les usines d'aéronautique, la zone industrielle Birmingham-Coventry et les bases d'avions de chasse.

16 octobre
Création du ghetto de Varsovie. Les juifs doivent s'installer dans un quartier « mis sous quarantaine », que les chrétiens reçoivent l'ordre de quitter.

17-20 octobre
8 *U-Boote* coulent 31 bateaux des convois SC 7 et HX 79 (152 000 t).

22 octobre
Le roi Boris III de Bulgarie refuse l'invitation de Mussolini de participer à la guerre contre la Grèce.

23 octobre
A Hendaye, Hitler rencontre le général Franco, chef de l'État espagnol, et lui demande d'entrer en guerre aux côtés des puissances de l'Axe. En échange, il lui promet d'aider l'Espagne à reconquérir le territoire anglais de Gibraltar.

24 octobre
Préparée par une première rencontre entre Hitler et Pierre Laval le 22 octobre, l'entrevue de Montoire (Loir-et-Cher) entre le maréchal Pétain et le chancelier allemand amorce la politique de collaboration.

26 octobre
Le représentant italien à Athènes est chargé de remettre l'ultimatum à la Grèce le 28 à 3 heures. Le document exige du gouvernement grec qu'il autorise les troupes italiennes à « occuper certains points stratégiques... pour garantir sa neutralité pendant la durée du présent conflit avec l'Angleterre... Si les troupes italiennes rencontraient des résistances, elles les réduiraient par les armes, et la Grèce en assumerait la responsabilité ».

27 octobre
Hitler apprend que Mussolini a décidé d'attaquer la Grèce.

28 octobre
A 3 heures, le ministre plénipotentiaire italien Grazzi remet au Premier ministre grec Metaxas l'ultimatum de l'Italie. Metaxas le prend pour ce qu'il est, une véritable déclaration de guerre. Néanmoins, en accord avec le roi, il le repousse et déclare que la Grèce résistera avec toutes ses forces. A l'aube, les troupes italiennes d'Albanie (105 000 hommes, comprenant un « groupement lagunaire », les divisions *Siena, Ferrara, Piemonte, Parma, Venezia, Arezzo*, la division blindée *Centauro* et la division alpine *Julia*) « franchissent la frontière grecque et pénètrent en territoire ennemi en divers endroits ». Les divisions *Ferrara, Centauro* et *Siena* progressent le long du littoral vers la cuvette de Ioannina, après avoir franchi le Kalamas. A leur gauche, la division *Julia* se dirige sur le col de Metsovon afin de couper les liaisons des Grecs entre l'Épire et la Macédoine. Plus au nord, les divisions *Parma* et *Piemonte* s'installent sur la défensive dans la cuvette de Korçë. Les mauvaises conditions météorologiques favorisent les défenseurs, en dépit de la supériorité des agresseurs.
A 11 heures, Mussolini et Hitler se rencontrent en gare de Florence. Le Führer a appris « par les journaux », comme le voulait Mussolini, l'action italienne en Grèce. Mais il sait très bien dissimuler son irritation. Il met même à la disposition de son allié les divisions de parachutistes qui pourraient lui être nécessaires

LE DICTATEUR

Charlie Chaplin.

« Les dictateurs sont des comiques. Ce que je veux, c'est faire rire les gens à leurs dépens. » Développant cette idée, Chaplin réalise, en plein climat de guerre, *The Great Dictator (Le Dictateur)*, la suite idéale, logique et cohérente des *Temps Modernes*, de 1936, satire féroce du totalitarisme de l'industrie.
Le film sort à New York le 15 octobre. Il obtient un énorme succès du public, succès qui ira croissant après l'entrée en guerre des États-Unis (pour laquelle le film milite avec ardeur). Il s'agit de l'histoire d'un coiffeur juif, de son amour pour la jeune Hannah et des persécutions qu'elle subit dans un pays tombé sous une féroce dictature. *Le Dictateur* est une satire impitoyable des dictatures d'Hitler et de Mussolini (dépeints sous les traits grotesques d'Adenoid Hynkel et de Napaloni). La scène la plus célèbre montre Hynkel dans son palais, improvisant un ballet inénarrable avec un gros globe terrestre.
Aux prises avec le son, Chaplin fait parler à Hynkel un curieux langage anglo-allemand, et affronte courageusement les six minutes du discours final dans lequel le coiffeur, qui a pris fortuitement la place du dictateur, lance un appel pacifiste vibrant. C'est un plaidoyer, empreint de tristesse, pour la démocratie, la liberté et l'alliance entre les peuples, mais aussi un appel ouvert à la révolte et à l'espérance.

pour occuper la Crète. Les deux dictateurs examinent ensuite la situation générale. Hitler affirme qu'il ne signera aucun traité de paix avec la France si elle ne consent pas à reconnaître les revendications de l'Italie, qu'il estime « très modestes ». Quant à l'Espagne, elle lui semble livrée à un grand désordre et il pense que ses demandes de matériel sont trop lourdes pour l'Axe.
Parlant de l'U. R. S. S., Hitler affirme : « Ma défiance envers Staline est égale à la sienne à mon égard. » Il existe cependant des accords qui « immobilisent » la Russie et, pour garantir cette immobilité, 180 divisions allemandes sont prêtes à entrer en action. Il compte faire fléchir la résistance de l'Angleterre par les bombardements aériens. Enfin, il remercie le Duce pour la part que les sous-marins italiens prennent dans la guerre. Mussolini se déclare en plein accord avec les idées du Führer, et la rencontre s'achève, comme il est d'usage, dans une « parfaite identité de vues ».

29 octobre
En Grèce, les opérations italiennes continuent.

30 octobre
Discours du maréchal Pétain : « J'entre aujourd'hui dans la voie de la collaboration. »

31 octobre
Le communiqué italien n° 146 annonce : « Poursuivant leur avance, nos unités ont atteint le Kalamas en différents points. Les conditions atmosphériques défavorables et les interruptions créées par l'ennemi en retraite ne ralentissent pas nos troupes. Notre aviation... a bombardé le port de Patras, où ont été coulés des transports chargés de troupes, la base de Lépante, des baraquements militaires au col de Metsovon, ainsi que d'importants travaux de défense et des carrefours routiers dans la vallée du Kalamas. »
En réalité, menée sans conviction, sans l'avantage de la surprise (même pour l'action aérienne), avec des chefs indécis et qui se jalousent, l'offensive italienne s'épuise déjà.

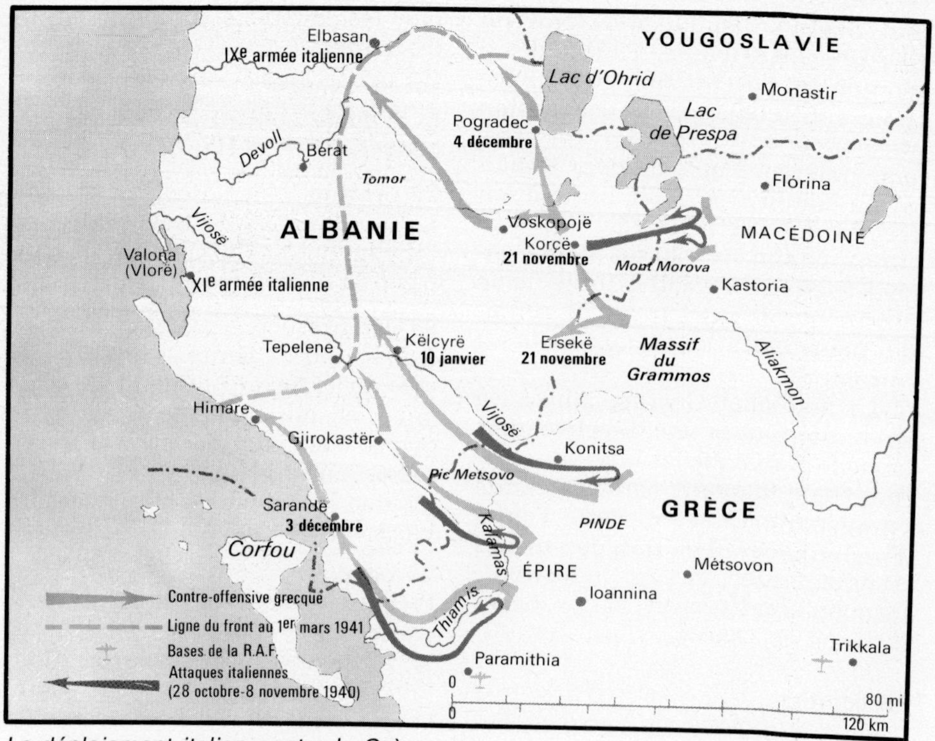

Le déploiement italien contre la Grèce.

La mauvaise mer contraint le commandement à renoncer à débarquer dans l'île de Corfou, comme il était prévu.

1er novembre
La bataille d'Angleterre continue. Depuis l'*Adlertag* (13 août), les Anglais ont perdu 827 appareils et en ont abattu 2 409 (1 505 selon les chiffres officiels allemands).

2 novembre
Front gréco-albanais. Extrait du communiqué italien n° 148 : « En Grèce, des actions sont en cours dans la vallée du Kalamas en direction de Ioannina, et sur les hauteurs du Pinde. »
En remontant la vallée du Vijosë, les Italiens ont occupé le village de Vouvoussa, point stratégique important près du col de Metsovon. Malgré le mauvais temps, l'aviation italienne a une activité normale. En attendant, les Grecs s'organisent, sous la direction énergique du général Papagos, leur chef d'état-major. La mobilisation générale doit lui fournir les troupes suffisantes pour tenir les Italiens en échec : 15 divisions et 4 brigades d'infanterie, 1 division de cavalerie. Rassuré par l'attitude de neutralité de la Bulgarie et de la Turquie, le commandement grec peut faire venir de Macédoine en Épire toutes les forces disponibles pour une contre-attaque.

3 novembre
Dans la nuit, des avions anglais ont tenté un raid sur Naples. Selon une source italienne, le feu de la D. C. A. les a obligés à larguer leurs bombes en rase campagne (« en faisant un mort et quelques blessés ») et à s'éloigner rapidement.

4 novembre
Front gréco-albanais. Les Grecs passent à la contre-offensive et s'en prennent surtout à la division alpine *Julia,* surprise près du col de Metsovon. Sept divisions ennemies l'attaquent de flanc et sur ses arrières, et se dirigent sur la cuvette de Korçë, où les divisions *Parma* et *Piemonte,* puis *Venezia* et *Arezzo,* accourues de la frontière yougoslave, se font bousculer. Les Grecs menacent d'encercler tout le dispositif italien en rejoignant la route Korçë-Perat. Ciano admet « ... qu'il y a eu une attaque sur Korçë, que l'ennemi a fait quelques progrès et qu'il est exact qu'au huitième jour des opérations l'initiative appartient aux autres ».

LASCAUX

Le 1er novembre, dans les environs de Montignac en Dordogne, en tentant de secourir un chien, tombé dans un trou ouvert par le déracinement d'un arbre, un jeune homme glisse dans le gouffre et découvre qu'il a abouti dans une galerie lumineuse et pleine de couleurs. La grotte de Lascaux vient de révéler sa richesse ; il s'agit d'une des plus belles du paléolithique supérieur, qui compte de nombreuses peintures d'animaux et des graffitis ; la stabilité des conditions atmosphériques dans cette galerie parfaitement close a permis leur parfaite conservation pendant des millénaires.

Camion embourbé.

5 novembre
Une seconde tentative de l'aviation anglaise pour bombarder Naples est déroutée par la défense antiaérienne italienne. On enregistre des incursions d'appareils anglais dans les Pouilles, où, en particulier, de petites localités des provinces de Lecce et de Brindisi ont été touchées.
□ Le cuirassé de poche allemand *Scheer* attaque un convoi anglais dans l'Atlantique et coule le navire marchand *Jervis Bay*.

6 novembre
Avec une majorité de plus de 4 500 000 voix sur son adversaire, le républicain Wendell Willkie, le démocrate Franklin Delano Roosevelt est élu pour la troisième fois président des États-Unis.

7 novembre
A Essen, des avions de la Royal Air Force bombardent les usines de munitions Krupp.

8 novembre
Front gréco-albanais. Devant la situation défavorable, le commandement italien donne l'ordre de retraite. En raison des difficultés de liaison, cet ordre n'atteint pas toutes les unités. La division *Julia,* ou ce qui en reste, réussit à grand-peine à repasser le pont de Perat. Le commandant de cette division n'a reçu aucune instruction à ce sujet, mais il s'y est décidé après avoir capté les informations de Radio-Londres annonçant que « la division alpine sera écrasée par trois divisions ».

9 novembre
Front gréco-albanais. Le général Soddu prend le commandement du groupe d'armées d'Albanie, qui regroupe les divisions combattant sur le front grec. Pratiquement, Visconti Prasca est relevé de son commandement.

11 novembre
22 h 40 : dans le port de Tarente, 12 avions torpilleurs anglais Swordfish du porte-avions *Illustrious,* qui navigue en mer Ionienne à 170 milles des côtes italiennes, touchent les cuirassés *Cavour* et *Littorio* (ce dernier, tout comme son « sister-ship » le *Vittorio Veneto,* est un bâtiment très récent). 23 h 30 : une seconde vague de 9 Swordfish, venant eux aussi de l'*Illustrious,* éventre le cuirassé *Duilio.* C'est un coup dur pour la marine italienne, qui perd la moitié de ses cuirassés.
□ Pendant la nuit, dans le canal d'Otrante, les croiseurs anglais *Orion, Sydney* et *Ajax* et les contre-torpilleurs *Nubian* et *Mohawk* coulent 4 cargos italiens.
□ A Paris, premier acte public de la résistance : les étudiants manifestent à l'Arc de triomphe.
□ Le Gabon se rallie au général de Gaulle.

12 novembre
Front gréco-albanais. Après avoir contenu la poussée italienne, le général Alexandre Papagos, qui dispose de plus de 100 bataillons contre une cinquantaine, se dispose à contre-attaquer sur le front qui s'étend du lac de Prespa à la mer Ionienne en passant par le massif du Grammos.
□ Le général Alfred Jodl, chef du bureau Opérations du commandement suprême de la Wehrmacht et conseiller militaire le plus écouté de Hitler, lui remet un rapport où il soutient qu'un débarquement allemand en Angleterre est impossible (du moins pour le moment).

14 novembre
Pendant la nuit, 449 bombardiers allemands pilonnent Coventry, capitale de l'industrie automo-

bile anglaise et font de la ville un brasier visible à 100 miles à la ronde. Les très beaux édifices moyen-âgeux du centre historique de la ville ainsi que la magnifique cathédrale Saint-Michel du XIVe siècle sont littéralement pulvérisés. Sans compter les blessés, on déplore 550 victimes, et 21 usines détruites. Mais la capacité de production de la ville n'est pas compromise. Désormais, le triste néologisme de « coventriser » signifiera « anéantir, raser jusqu'au sol ».

□ Sur le front gréco-albanais, les Grecs passent à l'offensive. Le communiqué italien se contente de signaler des « activités normales de patrouilles et des duels d'artillerie ».

□ Dans le détroit de Messine, le sous-marin italien *Capponi* touche un des bâtiments d'escorte du porte-avions *Illustrious.*

15 novembre

Front gréco-albanais. Le 3e corps d'armée des forces grecques ouvre une brèche dans la région du mont Morova, dans le secteur du front que tient la IXe armée italienne.

□ Incursions aériennes anglaises sur Sidi-Barrani, Solloum et Bardia.

□ A Menton apparaissent des affiches goguenardes : « Ici, territoire français. Grecs, n'avancez plus ! »

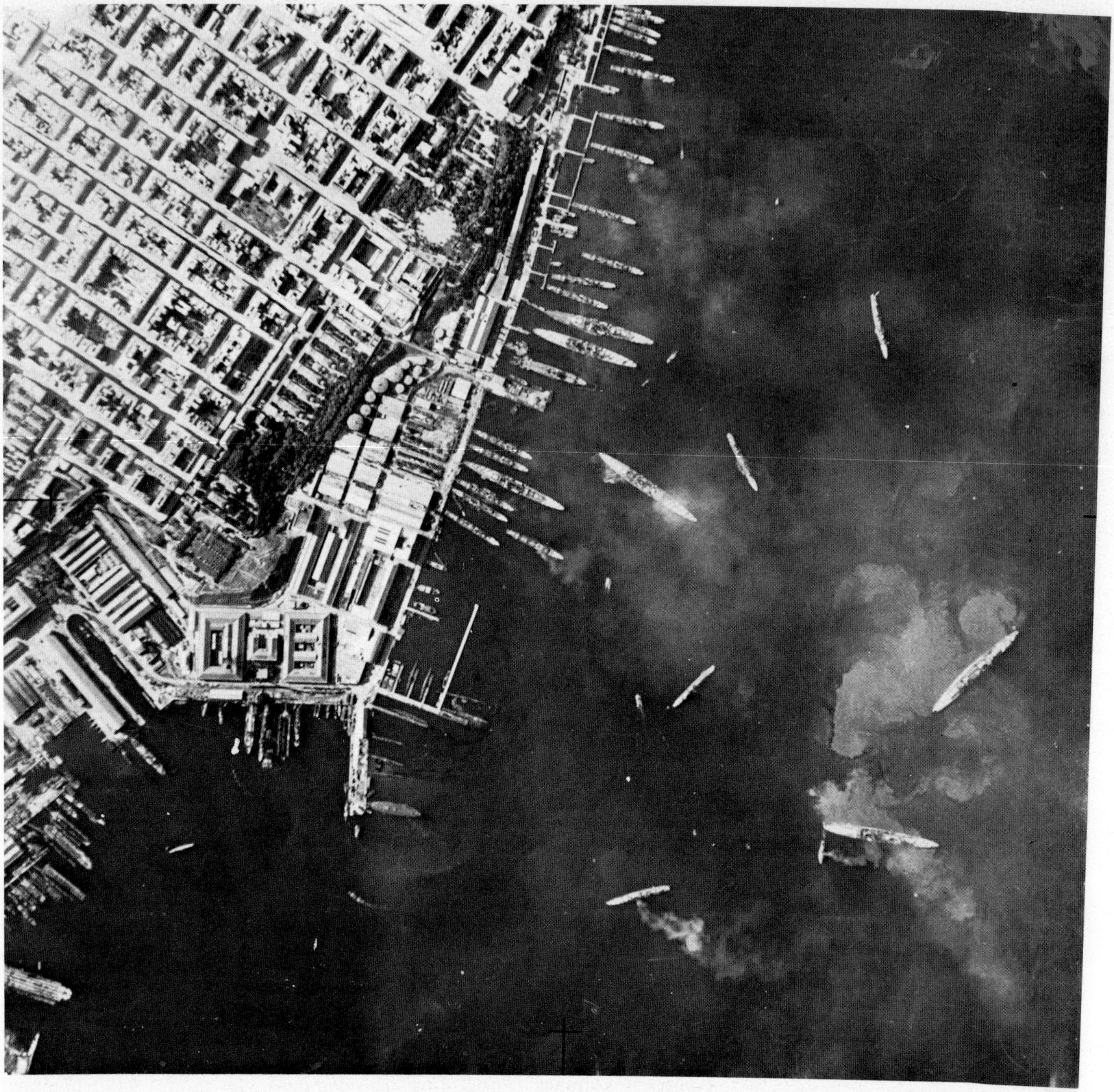

*12 novembre 1940. La base navale italienne de Tarente après le raid meurtrier des avions torpilleurs anglais. On remarque les trois cuirassés touchés. Tous les avions, sauf deux, ont regagné l'*Illustrious.

☐ Le ghetto de Varsovie est complètement isolé du reste de la ville. Il compte officiellement 378 979 personnes.

16 novembre
Afin de réduire les erreurs au minimum et d'économiser les munitions, les Anglais créent une unité particulière de Spitfire non armés, dotés d'appareils spéciaux pour photographier les zones où les attaques de bombardiers sont prévues.

17 novembre
Raids aériens anglais sur Benghazi.

A droite : le cuirassé Littorio *(43 835 t), touché à Tarente. Après l'avoir fait échouer pour éviter qu'il ne coule, les Italiens le remettront en service en quatre mois. A Tarente, la marine italienne a perdu 3 cuirassés en une nuit. Ci-dessous : sur le front albanais, des soldats de la division alpine* Julia, *pataugeant dans la boue, se replient sous la contre-attaque des troupes grecques.*

18 novembre
Recevant à Berchtesgaden le ministre italien des Affaires étrangères, Hitler ne lui cache pas son amertume pour l'échec des opérations en Grèce, ni sa préoccupation devant les dissensions qui existent au sein du commandement suprême italien. Il signale à Ciano, et le rappelle dans une lettre à Mussolini, qu'à partir des bases aériennes qu'ils ont en Grèce, à Athènes, Salonique, Larissa et Arta, les Anglais peuvent bombarder les puits de pétrole roumains de Ploesti. Il estime donc nécessaire d'intervenir, mais cela ne lui sera pas possible avant le 15 mars 1941. D'après lui, le Duce doit changer radicalement de politique envers la Yougoslavie et l'attirer dans l'orbite de l'Axe, au besoin en lui promettant le port de Salonique après la défaite de la Grèce. Mussolini ne doit pas oublier que les bases aériennes anglaises en Grèce constituent une menace pour l'Albanie et pour toute l'Italie méridionale. Hitler ajoute qu'il faut barrer la Méditerranée, chercher une entente avec la Turquie, convaincre la Roumanie d'accepter des garnisons allemandes plus importantes et la Hongrie de laisser transiter la Wehrmacht, battre les Anglais en Afrique du Nord, enfin amener l'Espagne à entrer dans le conflit par une attaque de Gibraltar. C'est une véritable leçon de politique et de stratégie, un vrai camouflet, même si, pour adoucir ses propos, le Führer dit à Ciano qu'il demeure lié au dictateur italien par une chaude et indéfectible amitié.

□ En Afrique du Nord, l'aviation italienne bombarde l'oasis de Sioua.

□ En France, voyage triomphal du maréchal Pétain à Lyon. « Pétain, c'est la France, et la France, c'est Pétain », déclare le cardinal Gerlier, primat des Gaules.

19 novembre
Sur l'ordre de Franco, le ministre

Ci-dessus : au milieu des ruines de Holland House, dans le quartier de Kensington, des visiteurs regardent des livres encore alignés sur les étagères. A droite, la cathédrale de Coventry après les bombardements.

Le colonel de Gaulle est un partisan des blindés et sait les employer.

espagnol des Affaires étrangères, Serrano Suñer, rappelle à Hitler et à Ribbentrop que l'Espagne a besoin de 400 000 t de céréales, et de deux mois de préavis pour pouvoir attaquer Gibraltar, même si l'Allemagne lui a promis son aide (opération « Félix »). En réalité, Franco a sagement décidé de se tenir en dehors du conflit.

20 novembre
La Hongrie adhère au Pacte tripartite.
☐ En France, formation, à Lyon, du groupe de résistance « France-Liberté ».

21 novembre
Front gréco-albanais. Le 3e corps d'armée grec occupe Korçë, en territoire albanais, au sud du lac d'Ohrid, et capture 2 000 hommes, 135 canons et 600 mitrailleuses.
Le 2e corps d'armée grec avance dans le secteur du Grammos et prend Ersekë, Leskovik et Perat.
☐ En Afrique du Nord, les raids britanniques continuent sur Solloum, Bardia et Benghazi.

23 novembre
Raid de nuit des avions anglais sur Turin et la Ligurie.
☐ La Roumanie adhère elle aussi au Pacte tripartite.

24 novembre
Incursions aériennes des Italiens sur la base navale d'Alexandrie, en Égypte, et sur la région au sud de Marsa-Matrouh.
☐ La Slovaquie de monseigneur Tiso adhère au Pacte tripartite.

25-30 novembre
Front gréco-albanais. Les troupes italiennes livrent de sévères combats.

30 novembre
France. L'Alsace-Lorraine est rattachée *de facto* au Reich allemand.

1er-2 décembre
Très durs engagements sur le front gréco-albanais.

3 décembre
Front gréco-albanais. Après avoir repassé le Kalamas, les Grecs avancent le long de la côte et prennent la localité de Sarandë.

4 décembre
Front gréco-albanais. Après une avance de plus de 40 km à partir de Korçë, le 3e corps d'armée grec s'empare de Pogradec, sur le lac d'Ohrid.

5 décembre
Front gréco-albanais. Le 2e corps d'armée grec prend Përmet, à 38 km à l'intérieur de la frontière albanaise, dans la vallée du Vijosë. Devant l'aggravation de la situation, le commandement italien fait affluer de nombreux renforts, dont la division alpine *Tridentina,* dans le port de Valona et à l'aéroport de Tirana, mais une grande partie des troupes se débande en montant en ligne. Le matériel est très insuffisant : les munitions font totalement défaut et le manque de vêtements de laine cause de nombreux cas de gelures, car le froid est très rigoureux. Toutefois, peut-être parce que les Grecs, étant peu motorisés et absolument démunis d'engins blindés, ne peuvent pas exploiter leur succès, les Italiens réussissent à établir une ligne de défenses entre Himarë, sur la côte, et le lac d'Ohrid. Les points clés de cette ligne sont les positions entre Këlcyrë et Tepelenë, dans la vallée du Vijosë. Këlcyrë est perdu et repris. Le désordre règne chez les Italiens. De durs combats se déroulent dans la vallée du Vijosë et à la cote 731 de Monastir.
☐ En France, le capitaine Henri Frenay, qui a commencé d'organiser un réseau de résistance, est affecté au 2e Bureau de l'état-major, à Vichy.

6 décembre
Front gréco-albanais. Attaques grecques dans la région de Gjirokastër, en Albanie méridionale, et pression ininterrompue sur l'aile gauche italienne dans les montagnes à l'ouest de Pogradec. Les Grecs sont gênés par le manque de véhicules, de moyens blindés et d'artillerie antichars. Les Britanniques ne sont pas en mesure de leur fournir une aide appréciable.

9 décembre
En Égypte, les Anglais enfoncent les lignes italiennes à Sidi-Barrani.

LE BÊTATRON

Dans les laboratoires de l'université d'Illinois, le physicien américain D.W. Kerst met au point une machine très spéciale, le bêtatron, qui permet d'obtenir pour la première fois une accélération d'électrons par l'intermédiaire d'un champ magnétique variable, produit par un électro-aimant. Le bêtatron se classe dans la catégorie des accélérateurs circulaires, c'est-à-dire que les particules suivent une trajectoire circulaire et sortent à une vitesse extrêmement élevée. Utilisé tout d'abord pour la recherche scientifique, le bêtatron, qui est capable de produire des rayons X très pénétrants, sera utilisé après la guerre en médecine et dans l'industrie.

LE RÉGIME DE VICHY

Parallèlement à la Légion, les Compagnons de France veulent ancrer dans la jeunesse les idées de la Révolution nationale.

La Chambre des députés et le Sénat français, réunis en Assemblée nationale, ont, le 10 juillet, par 468 voix contre 80 et 20 abstentions, donné « tous pouvoirs au gouvernement de la République, sous l'autorité et la signature du maréchal Pétain, à l'effet de promulguer, par un ou plusieurs actes, une nouvelle Constitution de l'État français ».

Tel est le fondement juridique du régime de Vichy. Cela permettra à ses partisans de proclamer sa légitimité. Cela n'empêchera pas de Gaulle et la Résistance, arguant des pressions exercées, de le tenir pour une simple « autorité de fait ». Dans l'immédiat, en tout cas, ce vote consacre la fin de la IIIe République, abandonnée par une classe politique en débandade.

Dès le 11 juillet, les trois premiers actes constitutionnels définissent le cadre institutionnel de ce qu'on va nommer la « Révolution nationale ». Philippe Pétain, qui s'est nommé lui-même « chef de l'État français », concentre entre ses mains les pouvoirs exécutif, législatif et, dans certains cas, judiciaire. Les assemblées sont ajournées « jusqu'à nouvel ordre ».

Le 12, le maréchal se désigne un successeur éventuel en la personne de Pierre Laval (ce sera plus tard l'amiral Darlan).

Dans le même temps, en réaction contre une idéologie démocratique rendue responsable d'un relâchement des mœurs, à quoi l'on attribue la défaite, le nouveau régime se propose de restaurer les « valeurs morales traditionnelles ». Il se définit comme un État autoritaire fondé sur les hiérarchies et les communautés « naturelles ». A la devise républicaine « Liberté, Égalité, Fraternité », il substitue celle de « Travail, Famille, Patrie ». Les syndicats, suspects d'inspirer une lutte des classes, jugée artificielle, sont remplacés par une organisation corporative des métiers, renouvelée de l'Ancien Régime. Contre les séductions de la ville et l'« esprit de jouissance », on prône le retour à la terre « qui, elle, ne ment pas ». Pour rendre « la France aux Français » et garder ses élites des contagions « cosmopolites », la franc-maçonnerie est dissoute. Et surtout, un rigoureux statut des juifs, dû à la seule initiative du gouvernement de Vichy, met en œuvre un véritable « antisémitisme d'État ». Enfin, une « Légion française des combattants », estimée porteuse de l'esprit de Verdun et des vertus de la race, est chargée de répandre dans la nation, à travers les « messages » du maréchal, l'idéologie de la Révolution nationale. Les Chantiers de la jeunesse, en remplaçant le service militaire, jouent le même rôle à l'égard des nouvelles générations.

Bref, le régime de Vichy, s'il s'est imposé à la faveur de la défaite, apparaît comme une création française autonome, procédant de courants intellectuels et politiques traditionnels, mais minoritaires, à qui les événements donnent l'occasion providentielle de mettre leurs idées en pratique. Mais le régime de Vichy, tenant la victoire de l'Allemagne pour inéluctable, concentre ses efforts sur le front intérieur, tout en offrant au Reich une « collaboration d'État », dans l'espoir que la France « rénovée » se voie reconnaître sa place dans l'« ordre nouveau » européen qui sortira de la guerre.

La prolongation et la radicalisation du conflit ne tarderont pas à dissiper le paternalisme un peu masochiste de l'été 1940, en faisant éclater les contradictions vichyssoises.

La première période du régime s'achève en février 1941, quand Flandin doit céder la place à Darlan, sous la pression allemande. La troisième s'ouvre en avril 1942, quand Pétain doit accorder à Laval le poste de chef du gouvernement. La dernière commence en novembre 1942. La « zone libre » est occupée, l'armée de l'armistice désarmée, la flotte sabordée, l'Empire passé aux Alliés. Pétain confère à Laval le pouvoir de signer seul lois et décrets. Le mythe du maréchal s'effondre, avec les dernières illusions de la Révolution nationale.

Les 7 divisions du général Graziani ne réussissent pas à s'opposer à la contre-attaque de la 4ᵉ division indienne et de la 7ᵉ division blindée du général Wavell. La surprise est totale pour les troupes italiennes. Depuis qu'elles se sont emparées de Sidi-Barrani, le 16 juin, malgré leur écrasante supériorité numérique, elles se sont retranchées dans leur fragile conquête au lieu de continuer leur progression. L'action des Anglais, aussi efficace qu'imprévue, les met en sérieuse difficulté.
En deux heures, les Britanniques encerclent le camp retranché de Nibeiwa, en tuant, entre autres, le général Maletti qui le commande et qu'ils surprennent en pyjama. En quatre jours de combat, Tummar, Maktila et même Sidi-Barrani tombent aux mains des Anglais, qui détruisent 4 divisions italiennes et font 38 000 prisonniers (dont 4 généraux), récupèrent 237 canons, 73 chars moyens et légers, et plus de 1 000 véhicules. Pour les Italiens, c'est un vrai désastre. Les pertes britanniques s'élèvent à 624 hommes.

9-10 décembre
Afrique du Nord. Les rescapés des unités de l'armée italienne se retirent vers l'ouest.

11 décembre
Afrique du Nord. Des unités navales britanniques bombardent sévèrement Solloum. Au fort Capuzzo et à Sidi Omar, les Italiens opposent une résistance tenace aux forces de Wavell.

12 décembre
Outre les prisonniers, les seuls Italiens qui restent en Égypte sont ceux qui barrent les accès immédiats de Solloum et un fort contingent près de Sidi Omar.
☐ Dans la soirée, Churchill envoie un télégramme de félicitations au général Wavell pour sa « splendide victoire » sur les Italiens malgré son infériorité numérique.

13 décembre
Hitler élabore sa directive « Marita », relative à l'intervention de 24 divisions allemandes dans les Balkans.
☐ En France, Pétain révoque et fait arrêter Pierre Laval, puis nomme Pierre-Étienne Flandin ministre des Affaires étrangères.

14 décembre
Afrique du Nord. L'aviation italienne pilonne la 4ᵉ division indienne.
☐ Au large des côtes égyptiennes, le sous-marin italien *Neghelli* coule un croiseur anglais du type Southampton. L'amirauté anglaise ne confirmera pas la nouvelle.

15 décembre
☐ Hitler fait solennellement ramener aux Invalides, à Paris, les cendres de l'Aiglon.

16 décembre
☐ L'ambassadeur Otto Abetz se rend à Vichy pour faire libérer Laval et le ramène à Paris. La ligne de démarcation est fermée.

17 décembre
Hitler signe sa directive n° 20 sur l'opération « Marita ».
Afrique du Nord. Les Italiens perdent Sidi Omar et Solloum. Leur situation générale devient très critique.

18 décembre
Hitler signe sa directive n° 21 sur l'opération « Barberousse », où il indique les grandes lignes de l'invasion de la Russie.
☐ Vichy nomme Fernand de Brinon « délégué général du gouvernement » pour les territoires occupés.

18-19 décembre
Des avions de la R.A.F. bombardent sérieusement Mayence et Mannheim.

FRANCIS SCOTT FITZGERALD

Francis Scott Fitzgerald, le plus grand chroniqueur de l'atmosphère magique des « fantastiques années 20 », meurt le 21 décembre d'une crise cardiaque. Né à Saint Paul (Minnesota), en 1896, Fitzgerald révèle dès son premier roman, *L'Envers du Paradis* (1920), son habileté à décrire la langue et le style de vie de la « génération perdue » de l'après-guerre.
C'est dans une vie désordonnée, brillante et désespérée, marquée par des rapports tumultueux avec sa femme Zelda Sayre, que Fitzgerald a trouvé l'inspiration pour donner deux chefs-d'œuvre de la littérature moderne : *Gatsby le Magnifique* (1925), véritable abrégé de « l'âge du jazz », écrit pendant un séjour européen, et *Tendre est la nuit* rédigé en 1932 quand l'auteur était déjà un homme ravagé par l'alcool, bouleversé par la maladie mentale de sa femme et écrasé de dettes.
Dans ses dernières années, Fitzgerald cherche à gagner de quoi vivre en écrivant des nouvelles et des scénarios pour le cinéma. *Le Dernier Nabab*, œuvre inachevée publiée en 1941 après la mort de l'écrivain, est un produit de cette malheureuse expérience hollywoodienne.

Afrique du Nord. Groupe de fantassins italiens et de « chemises noires » en route vers un camp de prisonniers. En tête, un lieutenant de « chemises noires » tient un petit chien, mascotte de son unité.

24 décembre
□ Rencontrant Hitler près de Beauvais, l'amiral Darlan lui affirme que le renvoi de Laval est une affaire purement intérieure.

26 décembre
Après avoir épargné Londres le jour de Noël, la Luftwaffe reprend ses bombardements sur la capitale.

29 décembre
Le général Ugo Cavallero, nouveau chef d'état-major de l'armée de terre italienne, relève le général Soddu du commandement des forces italiennes en Albanie. Il dispose de 16 divisions, contre 13 chez les Grecs. A cette date, les Grecs ont repoussé leurs agresseurs et occupent le tiers de l'Albanie.

□ Roosevelt, réélu président des États-Unis en novembre, déclare : « Nous devons être l'arsenal des démocraties. »

31 décembre
Front gréco-albanais. Depuis le début des opérations (28 octobre), la marine italienne a transporté en Albanie les effectifs de 8 divisions.

Un side-car de l'Afrikakorps en Afrique du Nord.

1941

1941

JANVIER	**22.** *Afrique du Nord.* La garnison italienne de Tobrouk se rend.
FÉVRIER	**12.** Arrivée de Rommel en Tripolitaine avec les premiers contingents de l'Afrikakorps.
MARS	**11.** *États-Unis.* Par un vote favorable du Sénat (60 voix contre 31), le Congrès approuve la loi prêt-bail. **28.** Bataille du cap Matapan.
AVRIL	**6.** L'Allemagne envahit la Yougoslavie et déclare la guerre à la Grèce. **27.** *Grèce.* Les panzers allemands entrent à Athènes.
MAI	**10.** *Grande-Bretagne.* Rudolf Hess, dauphin de Hitler, saute en parachute de son Messerschmitt 110 sur le village d'Eaglesham. **27.** *Atlantique.* La marine britannique coule le *Bismarck.*
JUIN	**22.** 3 h 15 : l'opération « Barberousse » contre l'Union soviétique est déclenchée.
JUILLET	**3.** Première déclaration de Staline à la radio soviétique. **15.** Les Russes lancent une contre-attaque devant Leningrad.
AOUT	**9.** A Terre-Neuve, Winston Churchill rencontre le président Roosevelt à Argentia, dans la baie de Placentia.
SEPTEMBRE	**23.** *Angleterre.* A Londres, de Gaulle constitue le Comité national français (C. N. F.). *Pologne.* Au camp de concentration d'Auschwitz, première expérience d'asphyxie par les gaz.
OCTOBRE	**2.** Début de l'offensive allemande contre Moscou (opération « Typhon »).
NOVEMBRE	**7.** La loi prêt-bail est étendue à l'U. R. S. S.
DÉCEMBRE	**7.** *Hawaii, Pearl Harbor.* 7 h 55, heure locale : sans déclaration de guerre, des avions japonais attaquent par surprise la grande base aéronavale américaine du Pacifique et y sèment la mort et la destruction. **8.** Les États-Unis et la Grande-Bretagne déclarent officiellement la guerre au Japon. **11.** Mussolini et Hitler déclarent la guerre aux États-Unis.

L'infanterie allemande sur le front russe.

1er janvier
Dans une proclamation au peuple allemand, Hitler déclare : « En 1941, l'armée de terre, la marine et l'aviation allemandes seront tellement renforcées et bénéficieront de perfectionnements tellement inouïs que les coups qu'elles porteront entraîneront la fin des fauteurs de guerre et ouvriront la voie à un nouveau style de vie, à un ordre nouveau dans les relations entre les peuples... »
□ A Vienne, Ribbentrop rencontre le ministre bulgare Filov, avec lequel il règle les modalités du passage des troupes allemandes à travers la Bulgarie.

3 janvier
Afrique du Nord. Après avoir reçu des renforts, en particulier la 6e division australienne pour remplacer la 4e division indienne envoyée au Soudan, les Britanniques reprennent l'offensive en Cyrénaïque et investissent la place forte italienne de Bardia, périmètre fortifié d'une trentaine de kilomètres, impossible à ravitailler par air ou par mer, sur la frontière égyptienne. Ils enfoncent presque aussitôt les défenses de Bardia, surtout grâce à leurs chars Matilda, contre lesquels les blindés italiens, de très petite taille et moins rapides, ne peuvent rien. Dans la place, où les troupes italiennes se sont retirées après leur défaite de Sidi-Barrani et la chute de Solloum, se trouvent 45 000 hommes aux ordres du général Bergonzoli, surnommé « barbe électrique » pour son dynamisme.
L'état-major de Londres demande au général Wavell, commandant suprême des forces britanniques au Moyen-Orient, de se préparer à envoyer en Grèce un important corps expéditionnaire à prélever sur les troupes dont il dispose en Égypte.
Les Italiens sont en pleine déroute, mais le général Wavell hésite à exploiter son succès en les talonnant de près, soit parce que ses lignes de ravitaillement qui partent d'Égypte sont allongées outre mesure, soit parce qu'il craint de manquer d'effectifs si Londres maintient son projet de prélever sur les forces d'Afrique du Nord le corps expéditionnaire destiné à la Grèce.

4 janvier
Front gréco-albanais. Quelque peu épuisés après leur offensive du mois de novembre, et ne disposant que d'une force équivalente à 13 divisions, contre les 16 divisions italiennes (dont certaines, il est vrai, sont peu combatives), les Grecs cherchent pourtant à obtenir un succès décisif avant que l'ennemi qui se renforce de jour en jour ne reprenne l'initiative. Ils attaquent en direction de Valona, de Berat et de Këlcyrë.
Afrique du Nord. L'infanterie australienne, appuyée par les tanks encore utilisables (6), liquide les dernières résistances italiennes de Bardia.

5 janvier
Afrique du Nord. En dépit de la courageuse défense des troupes du général Bergonzoli contre les Anglais, la place forte de Bardia tombe. Les Britanniques font près de 40 000 prisonniers et s'emparent de 462 pièces d'artillerie, 129 chars légers et plus de 700 véhicules automobiles. Ils ont perdu 456 hommes, morts ou blessés. Le général Bergonzoli réussit à quitter Bardia et à rejoindre Tobrouk avec quelques milliers d'hommes.

6 janvier
Dans un long mémorandum au conseil des chefs d'état-major, Churchill place en première urgence l'aide à la Grèce, au risque de sacrifier une progression ultérieure en Afrique du Nord. Le Premier ministre soutient qu'il faut appuyer les Grecs dans leur conquête de Valona, en Albanie, afin d'éviter que, se sentant abandonnés par leurs alliés anglais, ils n'aient tendance à se décourager jusqu'à signer une paix séparée avec l'Italie. Quelques jours plus tard, apprenant que les Allemands concentrent des troupes en vue d'une vaste opération dans les Balkans, Churchill précise à Wavell qu'après la conquête de Tobrouk toutes les actions en Libye devront être subordonnées aux besoins du front grec.

7 janvier
Afrique du Nord. Les premiers éléments britanniques sont au contact des défenseurs du secteur est de Tobrouk. La chute de Bardia a réduit de plus de moitié les effectifs dont dispose le général Graziani, commandant les forces italiennes en Afrique. Pour la défense de Tobrouk, il ne lui reste plus que

Près de Bardia, cimetière de camions italiens bombardés par la R.A.F.

HENRI BERGSON

Le 4 janvier, dans un Paris occupé par les nazis, meurt le philosophe français Henri Bergson. Bien qu'il se soit rapproché du catholicisme dans les dernières années de sa vie, le philosophe, d'origine juive, refuse de se convertir par solidarité aux victimes du nazisme.

Héritier du courant spiritualiste français, Bergson reprend dans ses ouvrages majeurs (*Essai sur les données immédiates de la conscience*, 1889 ; *Matière et Mémoire*, 1896) la polémique anti-positiviste en l'enrichissant d'un point de vue critique nouveau.

25 000 hommes environ, 220 canons et une soixantaine de chars moyens et légers. L'ouest de la place, plus précisément Derna, Benghazi et El-Mekhili, est défendu respectivement par la division *Sabratha*, la 17ᵉ division et un groupe d'escadrons blindés.

8 janvier

Front gréco-albanais. Les Grecs exercent une très forte pression sur Këlcyrë, qui sera évacué le lendemain par les Italiens. Toutefois, ils ne réussissent pas à percer en direction de Berat et arrêtent leur contre-offensive sur Valona. Pendant les combats de Këlcyrë, les divisions *Lupi di Toscana, Pinerolo* et *Pusteria* subissent de lourdes pertes. Dans ce secteur, les engagements dureront jusqu'à la fin du mois.

☐ Au cours d'un bombardement anglais sur Naples, le cuirassé italien *Giulio Cesare,* de 29 000 t, est gravement endommagé et devra être conduit à La Spezia pour de longues réparations. Le cuirassé très moderne *Vittorio Veneto* est également touché, mais sans grands dégâts.

☐ Aux États-Unis, le président Roosevelt donne l'ordre de compléter progressivement jusqu'à leur effectif de guerre les équipages de tous les bâtiments de la marine américaine.

10 janvier

Peu après le lever du jour, au large de l'île de Pantelleria, deux torpilleurs italiens attaquent une force navale britannique qui escorte un convoi se dirigeant vers Malte. Le torpilleur italien *Vega* est coulé. Le 10ᵉ *Fliegerkorps* allemand, basé en Sicile, envoie sur le lieu de la rencontre 40 appareils Ju-87 et Ju-88 qui causent des dégâts importants au porte-avions *Illustrious* ainsi qu'au croiseur *Southampton.* Devenu irrécupérable, ce dernier est coulé par les Anglais eux-mêmes. Le cuirassé *Warspite* réussit à échapper aux bombes. De petites unités d'escorte et quelques bateaux du convoi sont également touchés. C'est la première fois que les avions allemands se manifestent en Méditerranée.

☐ L'aviation italo-allemande effectue de violentes attaques sur Malte. Depuis peu, une partie du 10ᵉ *Fliegerkorps* est jumelée aux escadrilles italiennes qui opèrent en Méditerranée. Ses appareils viennent d'Europe septentrionale, où ils ont joué un grand rôle contre les marines alliées pendant la campagne de Norvège. Leur groupe est réparti sur les aéroports siciliens et comprend, au

Vu de l'Illustrious, un convoi pour Malte. Un transport vient d'être touché.

début de janvier 1941, 96 bombardiers et 25 chasseurs. La formation complète est une force respectable : 120 bombardiers, 150 bombardiers en piqué, 40 chasseurs et 20 appareils de reconnaissance.

11 janvier
A Moscou, la *Pravda* annonce « une autre victoire de la politique extérieure soviétique ». Il s'agit du récent accord germano-russe sur la délimitation des nouvelles frontières entre leurs deux pays, signé la veille par Molotov et l'ambassadeur du Reich von der Schulenburg.
Par ce même accord, l'Allemagne et l'Union soviétique se déclarent décidées à accroître leurs échanges commerciaux.

12 janvier
Des avions anglais basés à Malte attaquent l'aéroport de Catane, en Sicile.

13 janvier
Hitler invite en Allemagne le roi Boris de Bulgarie pour lui demander d'adhérer au Pacte tripartite, d'ouvrir la frontière de son pays aux troupes allemandes pour leur permettre d'attaquer la Grèce, enfin, de prendre une part active aux opérations militaires de l'Axe. Le roi essaie de temporiser, souligne l'impréparation de son pays, la menace soviétique, la crainte d'une intervention turque, mais la Bulgarie sera amenée à céder à la pression allemande.

14-15 janvier
A Athènes, le général Wavell et le maréchal de l'air Longmore rencontrent le général Metaxas, Premier ministre, et le général Papagos, commandant en chef de l'armée, pour examiner la situation et les moyens d'y faire face. Les Grecs ont 12 divisions et 3 brigades d'infanterie sur le front albanais, et 4 divisions sur la frontière bulgare, mais ils vont en déplacer une de Macédoine en Albanie, où les Italiens renforcent leur dispositif. Par ailleurs, on sait que les Allemands ont au moins 12 divisions en Roumanie, et qu'en Bulgarie des officiers de la Wehrmacht en civil dirigent des travaux destinés à accroître le rendement du réseau routier et des aéroports. Les Grecs demandent donc aux Anglais un minimum de 9 divisions et un appui aérien plus étoffé. Wavell répond qu'il ne peut fournir qu'un régiment d'artillerie, un régiment d'artillerie antichars et de D.C.A. et une soixantaine de chars. Dans deux ou trois mois, l'Angleterre enverra la valeur de 3 divisions et des avions en plus grand nombre.
On convient seulement que les Grecs feront appel aux Anglais si la Wehrmacht franchit le Danube. Mais aidés ou non, les Grecs sont résolus à se battre jusqu'à la dernière extrémité.

15 janvier
Méditerranée. Pendant la nuit, des appareils de reconnaissance allemands survolent le port de La Valette, à Malte, pour localiser le porte-avions *Illustrious,* qui s'y trouve en réparation à la suite de l'attaque du 10 janvier au large de Pantelleria.

LA FRANCE COUPÉE EN DEUX

L'une des dispositions les plus spectaculaires de la convention franco-allemande d'armistice fut la création d'une « ligne de démarcation » coupant en deux le territoire français. Courant à peu près horizontalement de Genève à Tours, puis descendant par Angoulême et Mont-de-Marsan jusqu'à la frontière espagnole, elle séparait une « zone d'occupation allemande » d'une zone dite « libre ».
Théoriquement, la souveraineté du régime de Vichy demeurait entière sur l'ensemble du territoire, et son administration y subsistait, y compris la police. Mais en zone Nord, le gouvernement français s'engageait à faire appliquer par ses services les décisions des autorités occupantes. En zone Sud, au contraire, où ne stationnaient pas de troupes allemandes, Vichy était même autorisé à conserver une petite « armée d'armistice » équipée d'armes légères.
En fait, ces dispositions semblent avoir été conçues, de part et d'autre, comme un arrangement provisoire, dans la perspective d'une rapide défaite de l'Angleterre. Pendant plusieurs mois, le gouvernement Pétain continua de préparer activement son retour à Paris.
Mais la poursuite de la guerre transforma cette coupure en moyen de pression. Le « passage de la ligne » n'est autorisé qu'à une infime minorité et la correspondance elle-même est limitée

La ligne de démarcation coupe la France en deux : ci-dessus les principaux points de passage entre les deux zones.

à des cartes postales types. Par ailleurs, contrairement aux conditions de l'armistice, le Reich annexe *de facto* les trois départements d'Alsace-Lorraine. Il délimite, d'Amiens à Dôle, deux zones, « interdite » et « réservée », où les réfugiés ne peuvent rentrer. Et il rattache directement à la Kommandantur de Bruxelles les départements du Nord et du Pas-de-Calais.
Enfin, tandis que la « ligne » compromet les échanges économiques entre le Nord et le Sud de la France, elle permet aux autorités allemandes de prendre la haute main sur les industries de la zone occupée.
En décembre 1940, Pétain renonce définitivement à rentrer à Paris, qui devient la capitale des ultras de la collaboration.

ROBERT BADEN-POWELL

Le 8 janvier, à Nyéri au Kenya, meurt Robert Baden-Powell, général de l'armée anglaise et fondateur du corps des boy-scouts. Né à Londres en 1857, Baden-Powell entre dans l'armée et sert en Inde, en Afghanistan et en Afrique du Sud ; il participe à la campagne contre les Zoulous et à la guerre des Boers.
De retour en Angleterre, il décide de mettre à profit la grande expérience qu'il a acquise à l'armée en formant les nouvelles recrues, notamment les jeunes éclaireurs engagés à Mafeking pendant la guerre des Boers. Il met au point un programme de formation civique et physique pour les jeunes gens de toutes origines et de toutes religions.
Il recrute ainsi une vingtaine de jeunes gens de différentes classes sociales et les rassemble dans un camp-école, dans la forêt de Brownsea Island. Son objectif est de développer chez ces garçons un sens du service communautaire, un esprit chevaleresque et une bonne forme physique.
Le mouvement scout se répand rapidement avec succès dans toutes les parties du monde ; en 1910, Baden-Powell, avec l'aide de la sœur Agnès, fonde le corps des girl guides (girl scouts en Amérique).

Un boy-scout en uniforme.

16 janvier
Méditerranée. Environ 80 stukas basés en Sicile attaquent le port de La Valette pour tenter de couler l'*Illustrious* et de mettre l'arsenal hors d'usage. Un seul projectile atteint le porte-avions britannique, mais les installations portuaires, des églises, et des édifices publics et privés subissent de gros dégâts. L'attaque allemande fait une centaine de victimes dans la population civile, dont des femmes et de nombreux enfants. C'est la première d'une longue série d'incursions allemandes, que les habitants de l'île appelleront « le Blitz de l'*Illustrious* ». La Luftwaffe a perdu 10 appareils.

17 janvier
Intense activité d'avions de reconnaissance allemands au-dessus de l'île de Malte.

18 janvier
Les Grecs acceptent l'aide à long terme, pourtant modeste, que leur promettent les Anglais. Mais ils refusent pour l'immédiat une aide dérisoire qui fournirait à Hitler un prétexte pour se hâter d'intervenir.
Méditerranée. Nouvelle attaque de la Luftwaffe sur Malte. Cette fois, elle prend pour objectifs les aéroports de Luka et Hal Far. 6 avions sont détruits au sol et un grand nombre d'autres sont endommagés.
□ Pétain rencontre Laval à La Ferté-Hauterive pour « dissiper les malentendus qui ont amené les événements du 13 décembre ».

19 janvier
Hitler et Mussolini se rencontrent à Berchtesgaden pour étudier la situation critique des troupes italiennes. Le Duce demande qu'aucun renfort allemand ne soit envoyé en Albanie, mais ne refuse pas une aide en Afrique du Nord.
Afrique orientale. Le général Platt, commandant les forces britanniques du Soudan, lance une offensive contre les Italiens en Érythrée. Il dispose de la 4ᵉ division indienne du général Beresford-Peirse, de la 5ᵉ division indienne du général Heath et des forces de défense du Soudan. Les troupes italiennes, aux ordres du général Frusci, rassemblées dans la région de Kassala et dans les points d'appui de la frontière, totalisent 17 000 hommes, dotés de chars légers et d'artillerie.
Méditerranée. Les stukas effectuent à nouveau un raid très violent sur Malte et atteignent encore, sans dégâts importants, le porte-avions *Illustrious.*

20 janvier
Pour appuyer l'armée italienne en Libye, Hitler a déjà pris personnellement la décision d'y envoyer la 15ᵉ division blindée du général Erwin Rommel, qui sera bientôt surnommé le Renard du désert.
□ Les chefs d'état-major britanniques estiment que la présence de la Luftwaffe en Sicile rend irréalisable pour le moment un projet d'occupation de l'île de Pantelleria par les commandos. D'ailleurs, à l'encontre de Churchill, qui était partisan de cette idée, l'amiral Cunningham s'y était opposé, parce qu'il ne se sentait pas en mesure de

supporter une charge supplémentaire à celle, déjà incroyablement difficile, de ravitailler l'escadre anglaise de la Méditerranée. Malte demeurera donc pour longtemps encore la seule forteresse britannique en Méditerranée centrale.

□ *Roumanie.* La milice du mouvement ultranationaliste et antisémite de la « garde de fer » s'insurge contre le gouvernement.

21 janvier

Afrique-Orientale italienne. Les Anglais s'emparent de Kassala, à l'ouest de la frontière entre le Soudan et l'Érythrée. Sous la pression ennemie, les Italiens se replient sur Agordat, puis sur la puissante place forte de Keren.

Afrique du Nord. L'infanterie australienne déclenche une attaque sur Tobrouk. La ville avait déjà été isolée par la 7e division blindée britannique.

□ Londres adresse une communication urgente et très importante à chacun des deux commandants des forces terrestres et des forces navales britanniques opérant dans le bassin de la Méditerranée. L'amiral Cunningham reçoit l'ordre de doter Malte des moyens aériens nécessaires à sa défense, et le général Wavell celui, autrement lourd de conséquences, de s'emparer au plus tôt de Benghazi. De son côté, le général O'Connor a décidé de faire progresser la 4e brigade australienne en direction d'El-Mekhili et de pousser la 7e brigade blindée sur Derna qui est, avec El-Mekhili, l'une des places de la Cyrénaïque dont la conquête offrirait le plus d'avantages.

□ *Roumanie.* Le général Antonescu, qui a pourtant été porté au pouvoir par les « chemises vertes », se sert de l'armée pour briser l'insurrection de la « garde de fer », dont plusieurs membres sont arrêtés.

22 janvier

Afrique du Nord. La garnison italienne de Tobrouk se rend, après avoir fait sauter les installations du port et coulé le croiseur *San Giorgio.* Les Anglais capturent environ 25 000 soldats italiens, plus de 200 pièces d'artillerie et une soixantaine de chars. Pour cette opération, ils n'ont employé que 16 chars de type *Matilda.* Le soir, la 7e brigade blindée britannique se trouve à 30 km environ de Derna, tandis que quelques patrouilles de la 4e brigade s'engagent sur les pistes qui partent de l'ouest, du sud et du sud-ouest d'El-Mekhili.

Afrique-Orientale italienne. Les Anglais franchissent en force la frontière de la Somalie italienne dans la région au-delà du Giuba et occupent Gelib. Les troupes italiennes se replient en bon ordre.

□ Au nom du roi Boris, le général Boydeff, chef d'état-major de l'armée bulgare, met au point avec le représentant du commandement allemand un plan de collaboration entre leurs deux pays.

□ Wavell reçoit l'ordre de se préparer à aider les Grecs avec tous les moyens dont il dispose.

23 janvier

Méditerranée. Le porte-avions anglais *Illustrious* peut quitter Malte pour se rendre à Alexandrie.

24 janvier

Afrique du Nord. Aux environs d'El-Mekhili, en Cyrénaïque, se déroule une des premières batailles de chars de la campagne d'Afrique. La 7e di-

A Bardia, déjà dépassé par les Britanniques, des soldats italiens se rendent. Les Italiens devront abandonner toute la Cyrénaïque et demander l'aide des Allemands.

vision blindée britannique détruit 8 chars moyens italiens et en capture 1, tandis qu'elle perd 1 char lourd et 6 chars légers.

26 janvier
Front gréco-albanais. Début d'une contre-offensive italienne demandée par Mussolini pour reconquérir la ville de Këlcyrë.

27 janvier
Le ministre italien des Affaires étrangères, Galeazzo Ciano, rejoint le front gréco-albanais pour y prendre le commandement d'un groupe de bombardement aérien. D'autres dignitaires du parti fasciste sont envoyés au front. Mussolini veut peut-être montrer que ceux qui gouvernent l'Italie sont aussi des combattants.
□ L'ambassadeur des États-Unis à Tokyo fait connaître à son gouvernement que l'état-major impérial japonais est en train de préparer une attaque contre les bases aéronavales américaines du Pacifique. En premier lieu, il mentionne explicitement Pearl Harbor. Mais les états-majors américains ne tiendront pas compte de ce renseignement.
Afrique-Orientale italienne. En Érythrée, la 4ᵉ division indienne atteint Agordat.

28 janvier
Afrique-Orientale italienne. Les Italiens opposent une vaillante résistance à la 5ᵉ division indienne qui vient d'atteindre Barentou, au sud d'Agordat, mais lorsqu'ils apprennent qu'Agordat est tombé, ils cessent les combats pour se replier dans les montagnes du Sud-Ouest.
□ En France, Henri Frenay quitte l'armée pour se consacrer à la Résistance.

29 janvier
Afrique du Nord. Afin d'échapper à l'encerclement par la 7ᵉ division anglaise, les Italiens abandonnent Derna et s'apprêtent à évacuer toute la Cyrénaïque pour établir une nouvelle ligne de défense à El-Agheila, à la frontière de la Tripolitaine.
□ Le Premier ministre grec, Metaxas, meurt après une courte maladie.
Alexandros Koritzis, gouverneur de la Banque hellénique et ancien ministre, lui succède.

30 janvier
Afrique du Nord. Les Britanniques occupent Derna, abandonnée la veille par les Italiens.
□ Le gouvernement allemand fait savoir que tout navire transportant des marchandises destinées à l'Angleterre sera coulé quelle que soit sa nationalité.

1er février
Afrique du Nord. Afin d'éviter que toutes les forces qui s'y trouvent ne soient prises au piège, les Italiens évacuent la zone de Benghazi.
□ Mussolini est contraint de demander l'aide allemande pour sa campagne d'Afrique.
□ Les États-Unis réorganisent leurs forces navales en trois flottes : une pour l'Atlantique, une pour le Pacifique et une pour l'Asie.
□ Au petit matin, le général O'Connor, commandant les troupes britanniques qui opèrent en Libye, envoie le général Dorman-Smith au quartier général de Wavell, au Caire, pour demander l'autorisation de couper la retraite aux troupes italiennes qui se replient sur la Tripolitaine.
□ Le gouvernement de Vichy livre

Janvier 1941. Éléments d'infanterie britanniques devant Tobrouk en flammes. Le 22, les Italiens se rendent après avoir fait sauter les installations du port et coulé le croiseur San Giorgio.

à la Gestapo les anciens ministres allemands Rudolf Breitscheid et Rudolf Hilferding.

2 février
Afrique du Nord. Dorman-Smith rentre du Caire avec la réponse de Wavell, qui autorise le général O'Connor à couper la route des Italiens en retraite.
☐ S'appuyant sur une étude sommaire du général Halder sur l'armée russe, le grand conseil de guerre allemand met au point les détails de l'opération « Barberousse » contre l'Union soviétique. Halder évalue à 145 divisions d'infanterie, 26 divisions de cavalerie et 40 brigades motorisées les forces soviétiques du front occidental, soit un total de 211 grandes unités en face des 190 que possèdent l'Allemagne et ses alliés. L'étude conclut à une quasi-équivalence des forces, mais les facteurs techniques et stratégiques jouent en faveur des Allemands.

3 février
Afrique du Nord. Le général Graziani donne à ses troupes l'ordre de retraite générale vers la Tripolitaine.
☐ Le commandement suprême allemand décide d'envoyer en Libye les premiers contingents de l'Afrikakorps.
Afrique-Orientale italienne. En Érythrée, début de la bataille de Keren.
☐ L'amiral Darlan, ministre de la Marine du gouvernement Pétain, et Pierre Laval, ancien président du Conseil du même gouvernement, rencontrent à Paris l'ambassadeur allemand Otto Abetz. Ce dernier propose aux représentants de Vichy les moyens de faire entrer la France dans l'« ordre nouveau » que Hitler a résolu d'instaurer en Europe. Il finit par les convaincre de collaborer de plus en plus étroitement avec les Allemands.
☐ *Chine.* Après avoir débarqué rapidement dans la région de Houeiyang, des unités japonaises occupent Tseng-tsing, à l'est de Canton.

4 février
Afrique du Nord. Les premiers renforts anglais, provenant de Tobrouk, commencent à affluer à El-Mekhili.

JAMES JOYCE

Le 13 janvier, à Zurich, meurt l'écrivain irlandais James Joyce qui, par son génie, a profondément contribué à renouveler la littérature moderne.
Joyce naît à Dublin le 2 février 1882. Il étudie les langues modernes à Dublin puis suit des études de médecine à Paris. De retour en Irlande, il fait la connaissance de Nora Barnacle qui va devenir la compagne de sa vie et son inspiratrice. Sa première œuvre est un recueil de vers : *Musique de chambre* (1907) ; elle est suivie de *Gens de Dublin* (1914), un livre de nouvelles brèves décrivant des personnages typiquement irlandais ; le roman autobiographique, *Dedalus, portrait de l'artiste jeune*, date de 1916. Entretemps, il quitte définitivement l'Irlande ; professeur à la Berlitz School, il réside à Trieste, Rome, Paris et Zurich. C'est en 1922 qu'il donne son chef-d'œuvre, *Ulysse*. Publié à Paris, le livre fait immédiatement grand bruit ; les critiques européens et américains d'avant-garde, frappés par les audaces linguistiques, la modernité de la technique ainsi que par la conception structurelle, y voient un chef-d'œuvre destiné à faire école.

Le commandement italien cherche à évacuer toutes ses troupes de Cyrénaïque, mais ne peut empêcher un grand nombre de prisonniers de tomber aux mains des Britanniques.

La 4e brigade blindée peut ainsi progresser vers l'ouest pour couper la retraite aux troupes italiennes qui ont évacué Benghazi.

5 février
Afrique du Nord. En Cyrénaïque, la 4e brigade blindée anglaise et le 11e régiment de hussards sur automitrailleuses réussissent à couper la colonne italienne qui se dirige de Benghazi sur Agedabia.
Au crépuscule, les hommes du général O'Connor ont pénétré profondément en Cyrénaïque méridionale et se dirigent vers l'ouest. La 4e brigade blindée approche de Beda Fomm, où les Italiens sont en train de se rassembler afin d'organiser en toute hâte ce qui pourrait être leur dernière position de résistance. Au sud-est de Beda Fomm, une colonne formée de 5000 hommes, artilleurs et civils italiens, se rend aux Anglais.
☐ Hitler écrit à Mussolini pour lui dire sa grave préoccupation et en même temps sa désapprobation pour la manière dont le commandement italien conduit les opéra-

Le 6 février 1941, les chars britanniques entrent dans Benghazi. Des unités blindées italiennes, encerclées sur la route de Benghazi à Beda Fomm, se battent durement et perdent 80 chars.

tions en Afrique du Nord. En outre, il offre à son allié l'aide d'une division blindée, à condition que les Italiens tiennent ferme et ne se replient pas jusqu'à Tripoli avant son arrivée.

6 février
Afrique du Nord. En Cyrénaïque, Benghazi est occupé par les troupes anglaises. Pour éviter d'être encerclés, les Italiens livrent d'âpres combats aux blindés britanniques le long de la route Benghazi-Beda Fomm. Au cours de leurs tentatives répétées pour rompre le cercle qui s'est rapidement formé autour d'eux, ils perdent plus de 80 chars.
□ A Berlin, Hitler reçoit le général Rommel, auquel il confie le commandement de l'Afrikakorps, c'est-à-dire des forces qui devront appuyer l'armée italienne en Libye. Bien que se trouvant dans la zone d'action du général Kesselring, commandant le secteur opérationnel sud (qui comprend l'Italie et le théâtre d'opérations de la Méditerranée), Rommel dépend directement du Führer.
□ Pour pouvoir apporter une aide à la Grande-Bretagne, le Congrès américain remet en discussion la loi prêt-bail *(Lend-Lease Act).*
□ A Tokyo, sous l'égide des Japonais, début de la conférence de paix entre la France de Vichy et la Thaïlande.

7 février
Afrique du Nord. En Cyrénaïque, la Xe armée italienne est encerclée à Beda Fomm. Même Agedabia, l'un des derniers points d'appui italiens au sud de Beda Fomm, tombe aux mains des Anglais. Ce qui reste des troupes italiennes, qui ont perdu à Beda Fomm 20 000 hommes, plus de 200 canons et 120 chars, prend position sur la route côtière d'Agedabia à El-Agheila, à la frontière entre la Cyrénaïque et la Tripolitaine. Toute la Cyrénaïque est aux mains des Britanniques.

8 février
Afrique du Nord. Le général Graziani, commandant en chef des forces armées italiennes en Afrique du Nord et gouverneur de Libye, écrit à Mussolini pour lui dire :

Prisonniers et camions italiens capturés par les troupes du colonel Leclerc et du

Armes et équipements militaires capturés par les Forces françaises libres du colonel Leclerc dans le fort d'El Taj à Koufra (mars 1941).

général de Larminat à Faya, après l'attaque de Koufra.

Le colonel Leclerc et le général de Larminat à Faya (Tchad), avant l'attaque de Koufra.

« Duce, les derniers événements ont fortement ébranlé mes nerfs et affaibli mes forces physiques, à tel point que je ne me sens plus en possession de mes moyens pour exercer mon commandement. Je vous demande donc de me rappeler. »

☐ Le nouveau président du Conseil grec, Koritzis, insiste encore auprès des Anglais pour qu'ils aident son pays en cas d'attaque allemande. Churchill le rassure et donne l'ordre de constituer un noyau de forces capable d'intervenir rapidement en Grèce.

☐ Des représentants des états-majors allemand et bulgare signent un accord militaire.

9 février

Des appareils du porte-avions anglais *Ark Royal* bombardent Pise et Livourne. Entre 8 h 15 et 8 h 45, les cuirassés anglais *Renown* et *Malaya,* ainsi que le croiseur *Sheffield,* déversent sur Gênes 1 500 projectiles de gros et moyen calibre. L'attaque cause peu de dégâts aux installations portuaires, mais fait beaucoup de victimes dans la population civile. La surprise est totale et met en évidence l'inefficacité des défenses italiennes. Une escadre italienne part à la recherche de l'ennemi, mais doit y renoncer au bout de trente-cinq heures. Les bateaux anglais se sont volatilisés, et l'aviation elle-même n'a pu les localiser.

☐ En Libye, les Anglais atteignent El-Agheila, à la frontière entre Cyrénaïque et Tripolitaine.

☐ P.-E. Flandin démissionne du gouvernement de Vichy.

☐ Pogrom anti-juif à Amsterdam, organisé par le fasciste Mussaert et les Allemands.

10 février

Les gouvernements allemand et espagnol signent un accord secret par lequel l'Espagne s'engage à repousser toute attaque des Occidentaux.

☐ Churchill télégraphie à Wavell, commandant en chef des forces britanniques au Moyen-Orient : « La destruction de la Grèce atténuerait l'éclat de notre victoire en Libye, et notre indifférence pour le sort de nos alliés pourrait pousser la Turquie à changer d'attitude. »

☐ En France, l'amiral Darlan remplace P.-E. Flandin et devient le successeur désigné du maréchal Pétain.

11 février
Le général Erwin Rommel, commandant l'Afrikakorps, vient se présenter à Rome.

11-13 février
A Bordighera, Mussolini reçoit le général Franco, chef de l'État espagnol. Le communiqué final parle d'« identité de vues » entre les deux gouvernements, mais cette rencontre au sommet n'aboutit à rien.

12 février
Le général Italo Gariboldi est désigné pour remplacer le maréchal Graziani au commandement des troupes italiennes en Afrique du Nord
Afrique-Orientale italienne. En Érythrée, les troupes alpines italiennes reprennent la Roche fourchue, dans la région de Keren, et obligent les 4e et 5e divisions indiennes à se replier vers l'est.
Afrique du Nord. Le général Rommel arrive en avion à Tripoli.
☐ Churchill télégraphie au général Wavell pour le féliciter d'avoir pris rapidement Benghazi, mais lui donne l'ordre d'arrêter sa progression et de se préparer à envoyer en Grèce toutes les forces qui ne lui sont pas absolument nécessaires. En Libye, les Anglais ne disposent plus que d'une escadrille de chasse. Wavell demande à O'Connor de regagner Le Caire, car seules quelques troupes occupent le terrain conquis sur les Italiens. Churchill craint que, s'ils ne sont aidés à temps, les Grecs ne soient obligés de s'entendre avec Hitler.
☐ Le ministre anglais des Affaires étrangères, Anthony Eden, et le chef d'état-major général impérial, sir John Dill, partent pour Le Caire. Ils se rendront ensuite à Athènes, Ankara et Belgrade en compagnie du général Wavell pour engager une série de conversations destinées à former contre l'Axe une coalition qui s'étendrait de la mer Égée au Danube. Le gouvernement de Belgrade refusera d'accueillir les représentants britanniques ; les Turcs les recevront, mais rejetteront leurs propositions.

JE SUIS PARTOUT

Suspendue à l'armistice, la parution du journal fasciste *Je suis partout* reprend le 7 février 1941, à l'initiative de sa jeune équipe de brillants journalistes. De retour de captivité en mars 1941, l'écrivain Robert Brasillach en redevient le rédacteur en chef. Dès ce premier numéro, *Je suis partout* prône une collaboration active, condamne avec virulence la démocratie, fait preuve d'un antisémitisme viscéral, appelle à la défense de l'Occident contre le bolchevisme, exalte la force virile, développe le culte du chef, prédit la victoire allemande et se prononce en faveur de l'établissement en France d'un régime autoritaire intégré à l'Europe nationale-socialiste. Avec plus de 100 000 exemplaires en 1941, *Je suis partout* est un des principaux journaux de l'Occupation. En août 1943, Brasillach quitte le quotidien car son « fascisme tolérant » rencontre l'hostilité des ultras qui radicalisent la ligne politique du journal en se rapprochant du P.P.F. et de la Milice.

Rencontre de Mussolini et de Franco à Bordighera (11-13 février), au cours de laquelle rien n'est conclu.

13 février
A Montpellier, le maréchal Pétain, chef du gouvernement de Vichy, rencontre le général Franco.
□ A Merano, l'amiral Arturo Riccardi, chef d'état-major de la marine italienne, l'amiral Erich Raeder, commandant en chef de la marine allemande, ainsi que des officiers de leurs états-majors se réunissent pour mettre au point une collaboration plus étroite entre les forces navales de leurs pays respectifs.

14 février
Hitler reçoit le président du Conseil yougoslave, Dragiša Tsvetkovitch, à Berchtesgaden et insiste pour que la Yougoslavie adhère au Pacte tripartite.
Front gréco-albanais. A la suite de combats acharnés, les Grecs s'emparent de la cote 1178 dans le secteur du Scindeli. Les communiqués italiens de cette période signalent parfois de dures rencontres, mais ajoutent que les attaques ennemies ont été repoussées avec de lourdes pertes. Le plus souvent, ils parlent d'activités normales de patrouilles et de duels d'artillerie, tandis qu'ils mettent en relief l'activité aérienne.
Afrique du Nord. Les premiers éléments de l'Afrikakorps, un bataillon de reconnaissance et un bataillon de défense antichars, débarquent à Tripoli, en Libye. Ce sont les avant-gardes du corps expéditionnaire allemand, qui comprend la 15e division blindée et la 5e division légère motorisée. Les premiers chars moyens et légers (notamment, les Panzerjäger I) arrivent également.

15 février
L'Angleterre rompt ses relations diplomatiques avec la Roumanie, désormais manifestement engagée dans l'orbite de l'Allemagne.
Afrique du Nord. Hormis les oasis de Koufra et de Giaraboub, la Cyrénaïque est aux mains des Britanniques. Au cours de la bataille qui vient de s'achever, les Italiens ont perdu 150 000 hommes (dont 130 000 prisonniers), 850 canons, 400 chars et des milliers de camions et de véhicules. De leur côté, en deux mois, les Anglais ont progressé de 800 km avec 2 divisions (environ 31 000 hommes) et ont perdu

En Éthiopie, des Sud-Africains regardent les canons pris aux Italiens

Les premiers éléments et les premiers chars de l'Afrikakorps débarquent à Tripoli.

500 morts, près de 1 400 blessés et 55 disparus.

17 février
Au sud de la Somalie italienne, les troupes du général Cunningham (11e et 12e divisions africaines et 1re division sud-africaine) atteignent la base de Chisimaio, évacuée par les Italiens.
☐ Sous la pression allemande, la Turquie et la Bulgarie signent un pacte d'amitié par lequel les Turcs s'engagent à ne pas considérer comme *casus belli* le transit des troupes allemandes sur le territoire bulgare.
☐ En France, déjà vice-président du Conseil, ministre des Affaires étrangères, de la Marine et de l'Information, Darlan prend en outre le portefeuille de l'Intérieur.

18 février
Par 260 voix contre 165, la Chambre des représentants américaine approuve la loi prêt-bail. Il manque encore l'approbation du Sénat.

19 février
Des consultations ont lieu au Caire entre A. Eden, sir John Dill, le général Wavell et l'amiral Cunningham sur le plan d'aide à la Grèce.

22 février
Arrivée à Athènes de la délégation anglaise chargée de mettre au point les modalités d'envoi en Grèce du corps expéditionnaire qui se prépare en Afrique. Elle comprend Anthony Eden, ministre des Affaires étrangères, sir John Dill, chef d'état-major général impérial, le général Wavell, commandant en chef les troupes anglaises au Moyen-Orient, et un représentant de l'amiral Cunningham.
☐ Premières grandes rafles de juifs à Amsterdam.

23 février
Le Premier ministre grec, Koritzis, accepte officiellement l'offre de la Grande-Bretagne pour aider son pays : 100 000 hommes, 240 pièces d'artillerie de campagne, 32 canons de moyen calibre, 192 canons de D.C.A. et 142 chars.
Afrique du Nord. En Cyrénaïque orientale, la garnison italienne de Giaraboub résiste héroïquement à l'attaque concentrique des Anglais.

24 février
Afrique-Orientale italienne. En Somalie du Sud, les Anglais réussissent à passer sur la rive gauche du bas Giuba. Les troupes italiennes se replient sur Mogadiscio.

25 février
Mer Égée. Un important commando britannique débarque dans l'île de Kastellorizon, dans le Dodécanèse, et l'occupe après avoir écrasé la garnison italienne.
☐ En Bulgarie, un coup d'État anglophile est éventé.
☐ Aux Pays-Bas, par solidarité avec les juifs, grève générale à Amsterdam, Haarlem, Utrecht, Weesp et Hilversum.

26 février
Afrique-Orientale italienne. En Somalie méridionale, les troupes anglaises du général Cunningham occupent Mogadiscio, chef-lieu de la région, que les Italiens ont évacué la veille. Des éléments britanniques prennent aux troupes italiennes la ville de Moyale, située au sud de l'Éthiopie, sur la frontière nord du Kenya.

27 février
Mer Égée. Avec l'appui de la marine, un détachement italien débarque dans l'île de Kastellorizon, que les Anglais viennent d'occuper.

28 février
Afrique-Orientale italienne. En Érythrée, des avions anglais bombardent la ville d'Asmara.

1er mars
A Vienne, au château du Belvédère, les représentants de la Bulgarie signent l'adhésion de leur pays au Pacte tripartite, en présence de Ribbentrop, de Ciano et du général Oshima, ambassadeur du Japon à Berlin. Pendant ce temps, des unités allemandes pénètrent en Bulgarie.
Afrique du Nord. En Tripolitaine, les troupes de la « France libre » du général Leclerc obligent les soldats italiens qui défendent l'oasis de Koufra à se rendre.

2 mars
Les troupes allemandes destinées à l'attaque de la Grèce commencent à traverser le Danube et à affluer en territoire bulgare. Elles comprennent des forces importantes : la XIIe armée, formée de 5 corps d'armée (les 4e, 11e, 14e, 18e et 30e corps); le groupe blindé de von Kleist, fort de 3 divisions (les 5e, 9e et 11e) plus la 2e division blindée rattachée au 11e corps d'armée ; et, enfin, le 8e corps aérien du général von Richthofen.
☐ Imitant l'Allemagne, la Roumanie adopte un certain nombre de mesures antisémites.
☐ La mission britannique conduite par Anthony Eden rentre d'Ankara à Athènes. Les conversations avec les Turcs pour former une coalition contre l'Axe n'ont pas eu la conclusion espérée.
Front gréco-albanais. Mussolini arrive en Albanie pour inspecter ses troupes.

3 mars
Après avoir pénétré en Bulgarie avec l'accord du gouvernement, maintenant allié de l'Allemagne, les troupes allemandes vont prendre position sur la frontière grecque.

4 mars
Le premier convoi britannique de troupes et de matériel destinés à la Grèce quitte le port d'Alexandrie. Il est formé de bateaux de commerce et de navires de guerre.
☐ Désigné le 28 février pour prendre le commandement des forces britanniques en Grèce, le général Maitland Wilson arrive à Athènes.
☐ A Berchtesgaden, Hitler reçoit en grand secret le prince Paul, régent de Yougoslavie. Il lui demande l'adhésion de son pays au Pacte tripartite et le libre passage des troupes allemandes sur son territoire. En échange, la Yougoslavie pourra, au moment opportun, annexer le port de Salonique et une partie de la Macédoine grecque, qu'elle revendique.

5 mars
L'Angleterre rompt ses relations diplomatiques avec la Bulgarie.

6 mars
En Hollande, le tribunal militaire allemand condamne à mort 18 membres de l'Organisation de lutte clandestine. Ce sont les premières victimes de la résistance hollandaise.

7 mars
Les premiers éléments du corps expéditionnaire britannique en Grèce débarquent au Pirée et à Volos. Jusque-là, les Anglais aidaient les Grecs par leur seule aviation. Le corps expéditionnaire comprend les 100 000 hommes qui ont fait l'objet d'un accord, plus 57 000 hommes de 4 autres divisions, dont 1 division blindée.
Atlantique. Le contre-torpilleur britannique *Wolverine* coule l'U-47 du commandant Günther Prien, qui avait forcé la rade de Scapa Flow. Tous les membres de l'équipage périssent avec le « formidable et indomptable Prien », comme l'appelait Churchill.

9 mars
Front gréco-albanais. En Albanie (la moitié du pays est aux mains des Grecs), l'offensive italienne entre Tomor et le Vijosë commence en présence de Mussolini. Elle remporte quelques succès au sud-est de Berat, dans le secteur de Mali Arza et du mont Trebeshinj. Toutefois, le 14, les Grecs réussiront à arrêter la poussée italienne.

10 mars
Le litige entre la Thaïlande et la France est réglé grâce à la médiation japonaise. La France cède à la Thaïlande la région de Louang Prabang, à droite du Mékong, et quelques provinces du Cambodge. Le Japon étend son contrôle sur la Thaïlande amie, et obtient le monopole de la production de riz en Indochine et l'accès au port de Saigon.

11 mars
Des manifestations et des désordres anti-allemands et anti-italiens éclatent en Yougoslavie.
États-Unis. Par un vote favorable du Sénat (60 voix contre 31), le Congrès approuve la loi prêt-bail, qui entre ainsi en vigueur. Cette loi permet au président des États-Unis de « vendre, transférer, échan-

L'U-415, un des nouveaux sous-marins océaniques allemands (dans le cadre, le commandant H. Werner).

SHERWOOD ANDERSON

Le 8 mars, à Cristobal, meurt d'une péritonite aiguë Sherwood Anderson, un des hommes qui ont le plus influencé la littérature américaine moderne.
Né en 1876 à Camden, dans l'Ohio, au sein d'une famille pauvre, Anderson incarne la figure romantique du héros vagabond. Dans ses œuvres principales (*Winesburg, Ohio*, 1919 et *Pauvre Blanc*, 1920), il adopte un style dépouillé mais intense, et un langage expressif ; il raconte des histoires de paysans et d'artisans en lutte contre l'ordre social. Il aborde les thèmes de la frustration et de la perversion sexuelles, qui sont alors des sujets tabous.

Ci-dessus : en Albanie, une section italienne de mitrailleurs attaque sous le feu des Grecs. Les Italiens poussent sur Këlcyrë, mais n'arrivent pas à enfoncer l'ennemi.

A gauche : mortier de 81 mm, en dotation dans l'infanterie italienne, en action dans le secteur de Këlcyrë.

Page de droite : la bataille d'Angleterre continue avec acharnement et les incendies dévastent Londres chaque nuit. A droite, l'énorme cratère creusé par une bombe allemande sur la petite place de la capitale où se font face deux institutions presque sacrées, le Stock Exchange et la Banque d'Angleterre.

ger, prêter ou utiliser diversement des matériels de guerre pour le bien des pays dont la défense est estimée vitale pour celle des États-Unis d'Amérique ». L'Amérique devient alors *de jure*, comme elle l'était déjà *de facto*, « l'arsenal des démocraties ». Le président a toute latitude pour désigner les nations bénéficiaires de l'aide, et en fixer la nature et le volume. Un sénateur résume la loi en ces termes : « Si j'ai bien compris, cette loi permet le transfert du cuirassé *Texas* à la République des Soviets. » Les deux premières nations à bénéficier de l'aide américaine seront la Grande-Bretagne, qui recevra 28 puissantes vedettes lance-torpilles, et la Grèce, qui obtiendra d'importantes livraisons de matériel d'artillerie.

13 mars
La XIIe armée allemande (6 divisions) se prépare à franchir la frontière roumano-bulgare.
Front gréco-albanais. De très durs combats se déroulent entre les Italiens et les Grecs. Les premiers ont engagé 32 régiments d'infanterie, et les seconds 34 régiments. Les Italiens poussent en direction de Këlcyrë. Ils ne parviennent pourtant pas à bousculer les Grecs, et les opérations continueront jusqu'à la fin du mois. Mais le but du commandement italien est moins de gagner du terrain que d'user l'ennemi. Au cours de ces actions, les divisions *Ferrara* et *Modena* se distinguent.

16 mars
Afrique orientale. Des unités anglaises venant du protectorat d'Aden débarquent à Berbera, en Somalie britannique, en chassent les Italiens qui l'occupaient et progressent vers l'ouest, en direction de la frontière éthiopienne.
□ Les raids aériens allemands sur la Grande-Bretagne, qui n'ont jamais cessé, augmentent d'intensité.

17 mars
Afrique orientale. Après avoir pénétré en Éthiopie par la Somalie italienne, les 11e et 12e divisions africaines ainsi que la 1re division sud-africaine du général Cunningham atteignent Djidjiga, que les Italiens viennent d'évacuer, à faible distance de la Somalie britannique. En Érythrée, dans le secteur de Keren, le général Lorenzini, commandant la 11e brigade coloniale italienne, est tué au cours d'une contre-attaque contre les Anglais.

18 mars
L'Espagne annexe le territoire libre de Tanger.

18-19 mars
Pendant la nuit, Londres subit une des plus dures attaques aériennes depuis le début du conflit.

19 mars
L'amiral Weichold, représentant de la marine allemande près le commandement suprême italien à Rome, écrit à l'amiral Riccardi, chef d'état-major de la marine italienne, pour lui dire que le moment est venu pour les forces navales italiennes d'attaquer en force en Méditerranée orientale. D'après ses renseignements, la base anglaise d'Alexandrie n'abrite plus qu'un seul navire de bataille en état de combattre efficacement, le *Valiant.*
□ Les Allemands adressent à la Yougoslavie une sorte d'ultimatum dans lequel ils ne lui donnent que 5 jours pour répondre aux offres de collaboration et d'adhésion au Pacte tripartite que Hitler avait faites le 4 mars au régent Paul.

20 mars
A Belgrade, au cours d'une réunion du Conseil de la Couronne, le prince régent Paul se déclare disposé à accepter les propositions de Hitler sur l'adhésion de son pays au Pacte tripartite et le libre transit des troupes allemandes à travers le territoire yougoslave.
Afrique du Nord. Après s'être défendue longtemps et avec acharnement, la garnison italienne de l'oasis de Giaraboub, en plein désert de Cyrénaïque, se rend aux Anglais avec son commandant, le lieutenant-colonel Castagna.
Afrique orientale. En Somalie britannique, des éléments anglais venant de Berbera atteignent Hargeisa, près de la frontière éthiopienne.

21 mars
Afrique du Nord. Le général italien Italo Gariboldi assume effectivement les fonctions de gouverneur de Libye et de commandant en chef des forces italiennes en Afrique du Nord, en remplacement du général Graziani, qui avait demandé à Mussolini, le 8 février, d'être relevé de sa charge.

22 mars
Afrique-Orientale italienne. En Éthiopie, à l'ouest de Djidjiga, le commandement italien cède à la pression de plus en plus forte des troupes britanniques et déclare Harar « ville ouverte ».

24 mars
Afrique du Nord. Par une action rapide, les troupes allemandes du général Rommel occupent El Agheila, à la frontière entre la Tripolitaine et la Cyrénaïque.
☐ La Grande-Bretagne adresse au gouvernement yougoslave une note diplomatique par laquelle elle l'engage vivement à ne pas adhérer au Pacte tripartite.

25 mars
A Vienne, en présence du ministre des Affaires étrangères, Cinkar Markovitch, le président du Conseil yougoslave, Dragiša Tsvetkovitch, signe l'adhésion de son pays au Pacte tripartite. A cette nouvelle, la population exprime son mécontentement par des manifestations.
☐ La Bulgarie adhère à son tour au Pacte tripartite.

25-26 mars
Au cours de la nuit, six petites embarcations d'assaut chargées d'explosifs, appartenant à une formation spéciale de la marine italienne appelée X MAS, partent de la base de Léros, en mer Égée, sous les ordres du lieutenant de vaisseau Faggioni, et se dirigent sur la Crète. Ce sont des hors-bord à fond plat, chargés d'un explosif puissant et munis d'un siège éjectable pour permettre au pilote d'être loin de l'objectif au moment où l'engin le fait sauter. Après avoir forcé les barrages ennemis de la baie de Suda, ils se dirigent vers les bateaux anglais qui y sont ancrés et mettent hors de combat le croiseur lourd *York,* de 8 250 t, ainsi que le bateau-citerne *Pericles,* de même tonnage. Les exécutants sont faits prisonniers.

VIRGINIA WOOLF

Le 28 mars, Virginia Woolf se suicide. Écrivain et essayiste anglaise, elle était la figure centrale du cercle littéraire de Bloomsbury.
Née à Londres en 1882, elle produit d'abord quelques œuvres de facture traditionnelle puis, sous l'influence de Joyce, elle écrit en quelques années ses principaux chefs-d'œuvre : *Mrs Dalloway* (1925) et *La Promenade au phare* (1927), orchestrés de façon musicale ; Virginia Woolf y met en évidence l'énorme richesse symbolique présente dans les êtres, les choses et les événements.

Troupes italiennes durant une pause, en Cyrénaïque.

26 mars
De Londres, le ministre pour l'Inde et la Birmanie, Leopold Stennett Amery, lance un appel aux Serbes pour qu'ils ne permettent à personne de les réduire « une fois encore au rang de race soumise ».
Yougoslavie. Le mécontentement contre l'adhésion du pays au Pacte tripartite fait tache d'huile et s'étend aux syndicats, aux paysans, à l'Église et à l'armée. Au moment où ils descendent du train qui les ramène de Vienne à Belgrade, le ministre des Affaires étrangères, Markovitch et le président du Conseil, Tsvetkovitch, sont arrêtés. Le régent Paul est consigné dans son palais.
Afrique orientale. Les Anglais occupent Harar.
Méditerranée. Des avions de reconnaissance du corps aérien allemand, basés en Sicile, informent le commandement de la marine italienne que les cuirassés *Barham* et *Warspite* et le porte-avions *Formidable* ont regagné la base d'Alexandrie.

27 mars
En Yougoslavie, un groupe d'officiers de l'armée de l'air, conduits par leur chef d'état-major, le général Simovitch, font un coup d'État et renversent le gouvernement. Le Conseil de régence est dissous, le prince Paul est exilé et le jeune prince Pierre, fils du roi Alexandre assassiné à Marseille en 1934, est appelé à monter sur le trône. Un gouvernement d'union nationale est constitué, sous la présidence du général Simovitch lui-même, dont la première décision est de signer avec Moscou un pacte de non-agression. Hitler lance alors sa directive n° 25 et ordonne de liquider la Yougoslavie : le pays, après son coup d'État militaire, « doit être considéré comme ennemi et écrasé au plus vite ». L'OKH prépare donc de nouveaux plans pour l'opération « Marita » et doit retarder l'invasion de la Russie de la mi-mai à fin juin.
☐ A Washington, les conversations d'état-major entre Britanniques et Américains se terminent. Elles ont défini la stratégie des deux pays en cas d'intervention directe des États-Unis dans le conflit.
Afrique-Orientale italienne. En Érythrée, après 12 jours de violents combats, les Italiens, sous la pres-

27 mars 1941. En Yougoslavie, un coup d'État renverse le gouvernement favorable à la collaboration avec l'Axe. Le prince Paul est exilé, et le prince Pierre, qui n'a pas encore 18 ans, monte sur le trône. Ci-dessus : le coup d'État est accueilli avec enthousiasme par la population.

sion d'un escadron de chars d'infanterie britannique, se replient de Keren sur Asmara. La bataille pour Keren a duré 8 semaines; elle a coûté 4000 morts et blessés aux Anglais, et environ 3000 aux Italiens.

28 mars

Le maréchal John Dill, chef de l'état-major général impérial anglais, se rend à Belgrade pour sonder les intentions du nouveau gouvernement du général Simovitch. Malgré la situation difficile, il semble que les Yougoslaves enverront aussitôt que possible un représentant aux Alliés pour reprendre les conversations sur le projet d'« alliance balkanique » de la mer Égée au Danube. *Afrique-Orientale italienne.* Les Italiens abandonnent Diredaoua, ville

LA BATAILLE DU CAP MATAPAN

27 mars
13 heures : Un appareil de reconnaissance anglais *Sunderland* aperçoit à l'est des côtes siciliennes la 3ᵉ division navale italienne, formée des croiseurs *Trieste, Trento* et *Bolzano*, qui se dirige vers le sud-est. Ce sont trois unités de l'escadre italienne qui fait route vers le sud de la Crète, en Méditerranée orientale, afin d'y intercepter les convois anglais partant d'Alexandrie pour ravitailler la Grèce. Outre ces trois croiseurs, l'escadre comprend : le cuirassé *Vittorio Veneto,* parti de Naples dans la nuit du 26 au 27 mars, et battant pavillon de l'amiral Angelo Iachino, commandant la flotte en mer ; la 1ʳᵉ division navale, formée des croiseurs *Zara, Pola* et *Fiume,* basés à Tarente ; les croiseurs *Duca degli Abruzzi* et *Garibaldi,* qui viennent de Brindisi, et 4 petites formations de contre-torpilleurs. Le fait que l'avion de reconnaissance anglais ait repéré les navires met en alerte la flotte anglaise d'Alexandrie, mais il enlève aussi aux Italiens leur effet de surprise. Se fiant peut-être à la supériorité numérique de leur escadre, ces derniers décident pourtant de poursuivre l'action. A 19 heures, l'amiral Andrew B. Cunningham, commandant en chef la flotte britannique en Méditerranée, quitte le port d'Alexandrie avec toutes ses unités disponibles, c'est-à-dire les cuirassés *Valiant, Barham* et *Warspite,* le porte-avions *Formidable* et 9 contre-torpilleurs. Les croiseurs *Orion, Ajax, Perth* et *Gloucester* et 4 contre-torpilleurs sont au Pirée, prêts à lever l'ancre. Le contre-amiral Henry D. Pridham-Wippell, à bord du croiseur *Orion,* commande les croiseurs et contre-torpilleurs *Ilex, Hasty, Hereward* et *Vendetta.* Pour ne pas attirer l'attention, et surtout pour induire en erreur le consul du Japon à Alexandrie, qu'il soupçonne de renseigner l'ennemi sur les mouvements des bâtiments britanniques, l'amiral Cunningham s'était présenté au terrain de golf dans le courant de l'après-midi, avec une valise à la main comme s'il avait l'intention de passer la nuit à terre. Le stratagème avait réussi, et vers 18 h 40, alors que la nuit commençait à tomber, Cunningham avait rejoint le navire-amiral *Warspite* pour lever l'ancre pour la Crète.

28 mars
Le matin du 28, la flotte italienne se trouve dans les eaux de Gavdos, petite île située au sud de la Crète. C'est alors que la 3ᵉ division navale rencontre les navires du contre-amiral Pridham-Wippell. Après un engagement d'artillerie d'une quarantaine de minutes, Pridham-Wippell se replie en attirant dans son sillage les navires italiens. En fait, il les entraîne vers le gros des forces anglaises. La retraite précipitée des Britanniques n'arrive pourtant pas à convaincre l'amiral Iachino, qui donne l'ordre à ses croiseurs d'arrêter la poursuite et de changer de cap. Mais les Anglais changent de cap eux aussi et de poursuivis se changent en poursuivants. Le *Vittorio Veneto* intervient en vain. Dans l'après-midi, il est soumis à un violent bombardement aérien ; peu après 15 heures, il est touché par une torpille lancée d'un chasseur-bombardier. Vers 16 h 30, protégé par les croiseurs et les contre-torpilleurs italiens, il peut reprendre sa route à la vitesse réduite de 15 nœuds. La bataille se déplace ainsi vers le cap Matapan, à l'extrémité sud du Péloponnèse. A la tombée de la nuit, nouvelle attaque aérienne anglaise. Pour protéger le *Vittorio Veneto,* les navires italiens émettent des rideaux de fumée et ouvrent un violent tir de barrage contre les avions-torpilleurs ennemis. Touché par une torpille, le croiseur *Pola* fait eau en quantité et reste immobile. L'amiral Iachino envoie alors à son secours les deux autres croiseurs de la 1ʳᵉ division navale, le *Zara* et le *Fiume,* et la 9ᵉ escadrille de destroyers *(Alfieri, Gioberti, Carducci, Oriani),* aux ordres de l'amiral Cattaneo. Ne s'attendant plus à rencontrer l'ennemi, les Italiens n'ont même pas pris les mesures de sécurité les plus élémentaires, comme la protection d'un écran avancé de contre-torpilleurs, ainsi qu'on doit normalement le faire quand on navigue de nuit en temps de guerre. De leur côté, les Anglais qui suivent de près l'escadre italienne ont déjà repéré sur les écrans de leurs radars la silhouette du *Pola.* A 22 h 30, alors que le croiseur italien endommagé n'est plus qu'à 3 500 m des cuirassés britanniques *Valiant, Barham* et *Warspite,* et que ces derniers pointent sur lui leurs pièces de 381, les Anglais s'aperçoivent que la flotte de l'amiral Cattaneo, envoyée à son secours, se rapproche. Après quelques minutes, les trois cuirassés déversent une avalanche de feu

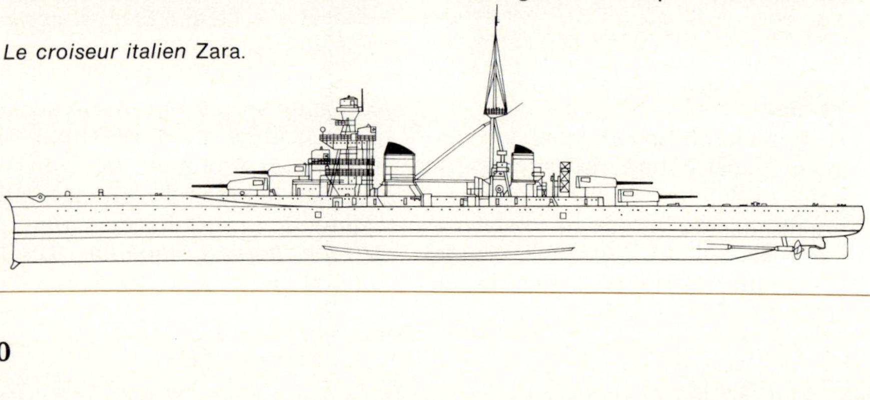

Le croiseur italien Zara.

Croiseurs et destroyers anglais se dirigeant vers la Crète pour se joindre à l'escadre de l'amiral Cunningham.

sur les croiseurs et les contre-torpilleurs italiens. Le *Zara* et le *Fiume* coulent sans pouvoir tirer un seul coup de canon. Une grande partie des équipages périt, y compris l'amiral Cattaneo. Le croiseur *Pola* et les contre-torpilleurs *Alfieri* et *Carducci* subissent le même sort. En revanche, la poursuite du *Vittorio Veneto* pendant la nuit ne donne aucun résultat ; le 29 au matin, il a réussi à se réfugier dans le port de Tarente. Les Anglais recueillent les naufragés, environ 900 hommes, mais ils doivent interrompre le sauvetage et s'éloigner précipitamment du lieu de la rencontre parce qu'ils viennent d'être survolés par des appareils de reconnaissance allemands. Sur les indications de ces derniers, le navire-hôpital *Gradisca* est envoyé sur place, mais n'y arrivera que le 31 mars. Il contribuera néanmoins à sauver encore 160 hommes. Les jours suivants, des bateaux grecs recueilleront encore 110 naufragés. Le nombre des victimes est d'environ 2 400. La bataille du cap Matapan est l'un des plus graves revers que les Italiens aient subi sur mer. Elle met en évidence la supériorité tactique et technique des Anglais, qui ont fait la preuve de l'importance de l'aviation navale et jouissent de l'inestimable avantage des installations radars.

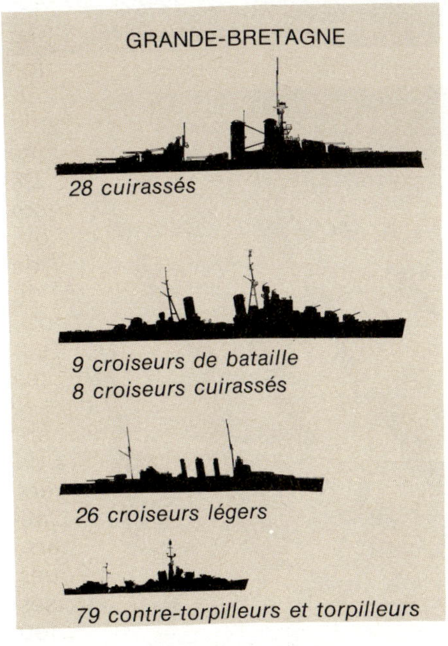

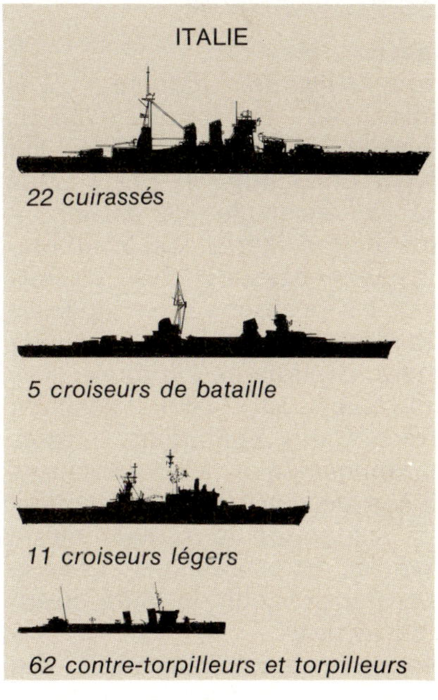

d'Éthiopie au nord-ouest de Harar, et se replient sur Addis-Abeba.

29 mars
Afrique-Orientale italienne. Les Anglais occupent Diredaoua.

30 mars
Hitler approuve le plan détaillé d'invasion de la Yougoslavie.
□ Tous les cargos allemands, italiens et danois qui se trouvent dans les ports des États-Unis, du Mexique, du Costa Rica et du Venezuela sont placés sous séquestre.
Méditerranée. En fin d'après-midi, la flotte britannique de l'amiral Cunningham rejoint le port d'Alexandrie, en Égypte, où doit être célébrée une cérémonie religieuse en l'honneur de la victoire du cap Matapan. Cette victoire est d'autant plus significative que les Anglais n'y ont perdu qu'un seul avion.
Yougoslavie. L'armée yougoslave va prendre position sur ses frontières.
France. Vichy crée un commissariat général aux questions juives, dirigé par Xavier Vallat.

31 mars
Afrique du Nord. En Cyrénaïque, les troupes italo-allemandes de Rommel attaquent Marsa el-Bréga, au nord-est d'El-Agheila. Les Anglais sont contraints de se retirer en laissant sur le terrain 50 automitrailleuses et 30 chars légers.

1er avril
Afrique-Orientale italienne. Les troupes des 4e et 5e divisions indiennes du général Platt, qui arrivent du Soudan et ont pénétré dans la région le 19 janvier — ayant enlevé après de nombreuses contre-attaques des Italiens Kerou, les positions montagneuses de Barentou et Agordat —, occupent Asmara, capitale de l'Érythrée.
États-Unis. Le commandement américain des opérations navales communique que les puissances de l'Axe déclenchent généralement leurs opérations le samedi ou le dimanche, et exhorte les Alliés à intensifier ces jours-là leurs mesures de sécurité.
Italie. Le ministre japonais des Affaires étrangères Matsuoka est en visite à Rome.
Yougoslavie. Le Sénat est dissous et la mobilisation générale est décrétée. Avec les 900 000 hommes qui sont déjà sur ses frontières, la Yougoslavie a maintenant 1 400 000 hommes sous les armes.

2 avril
Afrique du Nord. Rommel reprend Agedabia et Zouétina.
Yougoslavie. Sir John Dill est à Belgrade, où il s'entretient en « très grand secret » avec le général Simovitch, chef du gouvernement yougoslave. En dépit des assurances du représentant de la Grande-Breta-

Ci-dessous : troupes de l'Afrikakorps revêtant leurs uniformes vert pâle.
En bas : Italo-Allemands en marche vers Marada, en Cyrénaïque.
Page ci-contre : semi-chenillé allemand en reconnaissance, à l'ouest de Marada.

LA LOI PRÊT-BAIL

Les États-Unis se sont clairement rangés du côté des pays en lutte contre le nazisme en leur fournissant une aide économique substantielle sous diverses formes.

Quelques semaines après sa réélection, le président Roosevelt lance une campagne d'aide massive, espérant par là maintenir son pays en dehors de la guerre. En janvier, il présente au Congrès la loi prêt-bail *(lend-lease act)*, qui autorise le président à envoyer l'aide militaire et les marchandises qu'il juge nécessaires aux pays en lutte contre le nazisme, en leur permettant de ne les payer qu'après la fin de la guerre. Adoptée en mars, la loi prêt-bail donne une forte impulsion à l'industrie d'armement américaine, mais le bombardement de Pearl Harbor, neuf mois après l'adoption de la loi, contraint les États-Unis à entrer dans le conflit.

A la fin de la guerre, la contribution économique apportée par les États-Unis aux Alliés se montera à près de 50 milliards de dollars, dont trois cinquièmes pour la Grande-Bretagne, un cinquième pour l'Union soviétique, et le reste pour les autres pays (France, Chine, etc.).

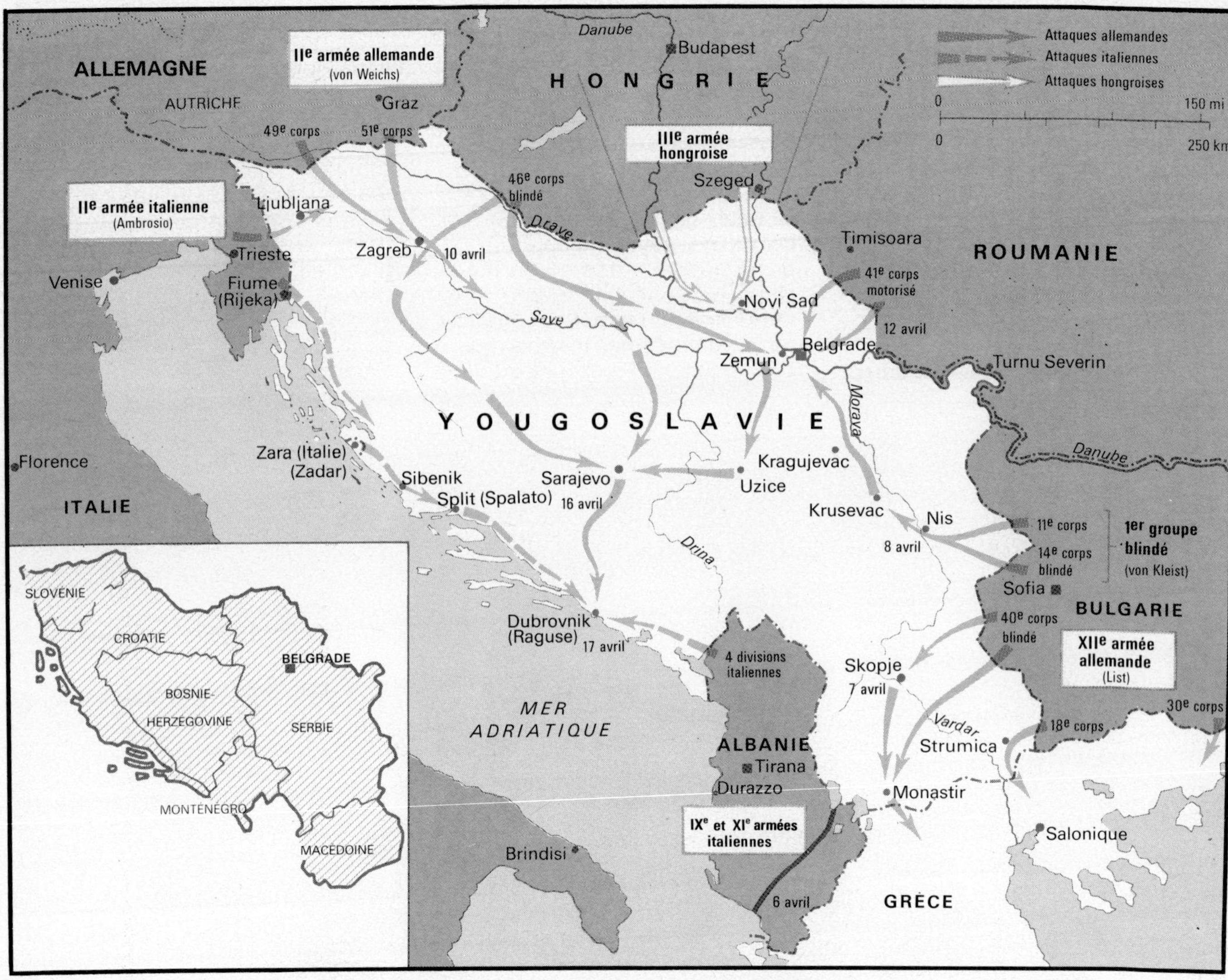

Le 6 avril, les forces de l'Axe envahissent la Yougoslavie par toutes ses frontières.

gne, Simovitch refuse de signer un accord formel avec les Anglais.
Afrique-Orientale italienne. Tandis que les Britanniques progressent d'Asmara vers Massaoua, 5 contre-torpilleurs italiens qui se trouvent dans ce port mettent le cap sur Port-Soudan. Ils sont repérés par des appareils de reconnaissance anglais, puis attaqués par des avions-torpilleurs, qui en coulent quatre.

3 avril
Le comte Pál Teleki, président du Conseil hongrois, se suicide. Il estimait contraire à l'honneur de son pays la décision prise par l'amiral Horthy de se joindre à l'Allemagne pour envahir la Yougoslavie, à laquelle la Hongrie est liée depuis moins d'un mois par un pacte de non-agression. Le ministre des Affaires étrangères, László Bárdossy, germanophile notoire, lui succède tout en conservant son portefeuille.
Afrique du Nord. Grâce à l'audace du général Rommel, qui ne dispose pourtant pas encore de son Afrikakorps au complet, et en raison de l'inexpérience relative des troupes anglaises, la reconquête de la Cyrénaïque par les forces de l'Axe commence sous de bons auspices.

4 avril
Afrique du Nord. Partant d'Agedabia, qu'il a repris le 2 avril, Rommel déclenche son offensive en Cyrénaïque dans trois directions : au nord, vers Benghazi ; au nord-est, vers Msous et El-Mekhili ; et à l'est, menaçant ainsi les arrières britanniques, vers Ben-Gama et Tengeder. Il dispose de la 5e division légère motorisée allemande, qu'il engage en partie en direction de Msous et El-Mekhili, et en partie sur Ben-Gama et Tengeder avec la division italienne *Ariete,* ainsi que des divisions italiennes *Trento* et *Brescia,* qu'il lance sur Benghazi. Pour défendre la Libye, les Anglais ont laissé le général Philip Neame, avec la 2e brigade, la 2e division blindée, la 9e division australienne et 1 brigade motorisée indienne. C'est donc bien peu. Aussi Neame a-t-il reçu l'ordre sage de se replier en cas d'attaque massive de l'ennemi, car il ne peut compter sur aucun renfort. Rommel rencontre peu de résistance, et ses troupes entrent à Benghazi ce 4 avril. Menacés d'en-

LES FORCES EN PRÉSENCE

A partir de l'Autriche et de la Hongrie, les Allemands engagent contre la Yougoslavie la IIe armée (von Weichs) avec 3 corps d'armée dont 1 blindé, et la 4e Luftflotte. A partir de la Roumanie, le 41e corps motorisé attaque en direction de Belgrade. En Hongrie, la IIIe armée hongroise est prête à intervenir. Une partie de la XIIe armée allemande (von List) avec 5 corps d'armée et 1 corps blindé, le Ier groupe blindé et une partie de la 8e Luftflotte, destinée aux opérations contre la Grèce, attaquent en venant de Bulgarie. Les Italiens engagent leur IIe armée (général Ambrosio), déployée à leur frontière des Alpes Juliennes, tandis qu'ils ont 4 autres divisions sur la frontière albanaise, prêtes à menacer le flanc ennemi et, de toute manière, en mesure d'immobiliser des forces nombreuses.

Les Allemands disposent au total de 21 divisions, dont 4 divisions motorisées et 6 divisions blindées, au nombre desquelles les divisions S. S. *Adolf Hitler, Germania* et le régiment motorisé *Grossdeutschland.* Les Hongrois participent aux opérations avec 6 brigades; les Italiens avec 8 divisions d'infanterie, 2 divisions motorisées, 1 division blindée et 3 divisions de cavalerie sur les Alpes Juliennes, et 4 divisions d'infanterie en Albanie.

Pour s'opposer à la cinquantaine de divisions de leurs adversaires, à leurs formations blindées et à leur écrasante supériorité aérienne, les Yougoslaves ne disposent que de 28 divisions, dont 3 blindées, et d'environ 600 avions, tous démodés. Leurs forces sont articulées en 3 groupes d'armées : le Ier est en position défensive en Croatie, de Fiume à Brod; le IIe protège la frontière avec la Bulgarie; et le IIIe est destiné à opérer contre l'Albanie, en cas d'attaque italienne.

cerclement, les Anglais se replient vers l'est.

5 avril

Afrique du Nord. Les troupes de l'Axe continuent leur avance rapide et inexorable, et s'emparent de Barce au nord et de Tengeder au sud.

Afrique-Orientale italienne. Les Italiens abandonnent Addis-Abeba. Le 3 et le 4 avril, le vice-roi Amédée d'Aoste a réparti les forces qui lui restent dans les différents centres de résistance des régions montagneuses du pays, depuis l'Amba Aladji au Sidamo et à l'Amhara.

□ L'U. R. S. S. propose à la Yougoslavie un pacte d'amitié (mais non d'assistance mutuelle) qui est immédiatement accepté. La signature a lieu à Moscou. Mais cette habile manœuvre n'arrête pas Hitler.

6 avril

L'Allemagne envahit la Yougoslavie et déclare la guerre à la Grèce. Les opérations en Yougoslavie commencent sans déclaration préalable.

5 h 15 : début de l'invasion de la Yougoslavie. Les journaux italiens et allemands déclarent que « les forces de l'Axe marchent contre la trahison des Serbes et la menace anglaise ». A l'aube, sous la direction personnelle de Goering, la Luftwaffe lance une puissante attaque (opération « Châtiment ») contre Belgrade, qui a pourtant été déclarée ville ouverte. Un second bombardement massif aura lieu le lendemain. C'est un massacre inutile, uniquement destiné à engendrer la terreur. Tous les terrains d'aviation sont également bombardés et leurs avions détruits au sol.

Partant d'Autriche et de Hongrie, la IIe armée allemande (von Weichs) se dirige sur Belgrade. Afin d'empêcher les Grecs et les Yougoslaves de faire leur jonction, le Ier groupe blindé de von Kleist arrivant de Bulgarie avance sur Niš, au nord, et sur Skopje et Monastir, au sud. Dès le premier jour de la lutte, les Allemands occupent la bordure yougoslave des Portes de Fer, l'étranglement rocheux du Danube qui longe la frontière roumaine entre Orsova et Turnu Severin. Ils menacent aussi Niš. La XIIe armée (von List) attaque simultanément en Yougoslavie, vers Strumica et en Grèce, sur la ligne Metaxas. La Luftwaffe détruit pratiquement le port du Pirée.

La ligne Metaxas est tenue par 2 brigades et 4 divisions d'infanterie. 2 autres divisions sont en réserve à une cinquantaine de kilomètres du front, au nord de Salonique, où le corps expéditionnaire britannique, fort de 57 000 hommes, a pris position.

L'Italie déclare la guerre à la Yougoslavie. Ses troupes occupent quelques villages frontaliers en Vénétie Julienne.

Afrique du Nord. En Cyrénaïque, des unités italo-allemandes occupent El-Mekhili et Msous. La 9e division australienne commence à se retirer de Derna. Non loin de là, les généraux anglais O'Connor et Neame sont faits prisonniers.

Afrique-Orientale italienne. La 12e division coloniale du général Wetherall occupe Addis-Abeba. Depuis le 10 janvier, jour où les troupes du général Cunningham ont pénétré en Somalie italienne, jusqu'à leur entrée à Addis-Abeba, les Anglais ont parcouru presque 2 700 km sans avoir à livrer de bataille sanglante. Leurs pertes se chiffrent à 500 hommes environ. De leur côté, les Italiens ont perdu une grande partie de leurs armes, des équipements, des réserves de vivres et une dizaine de milliers de prisonniers.

7 avril

Le 40e corps blindé allemand, qui a pénétré de Bulgarie en Yougoslavie, occupe Skopje et poursuit sa pro-

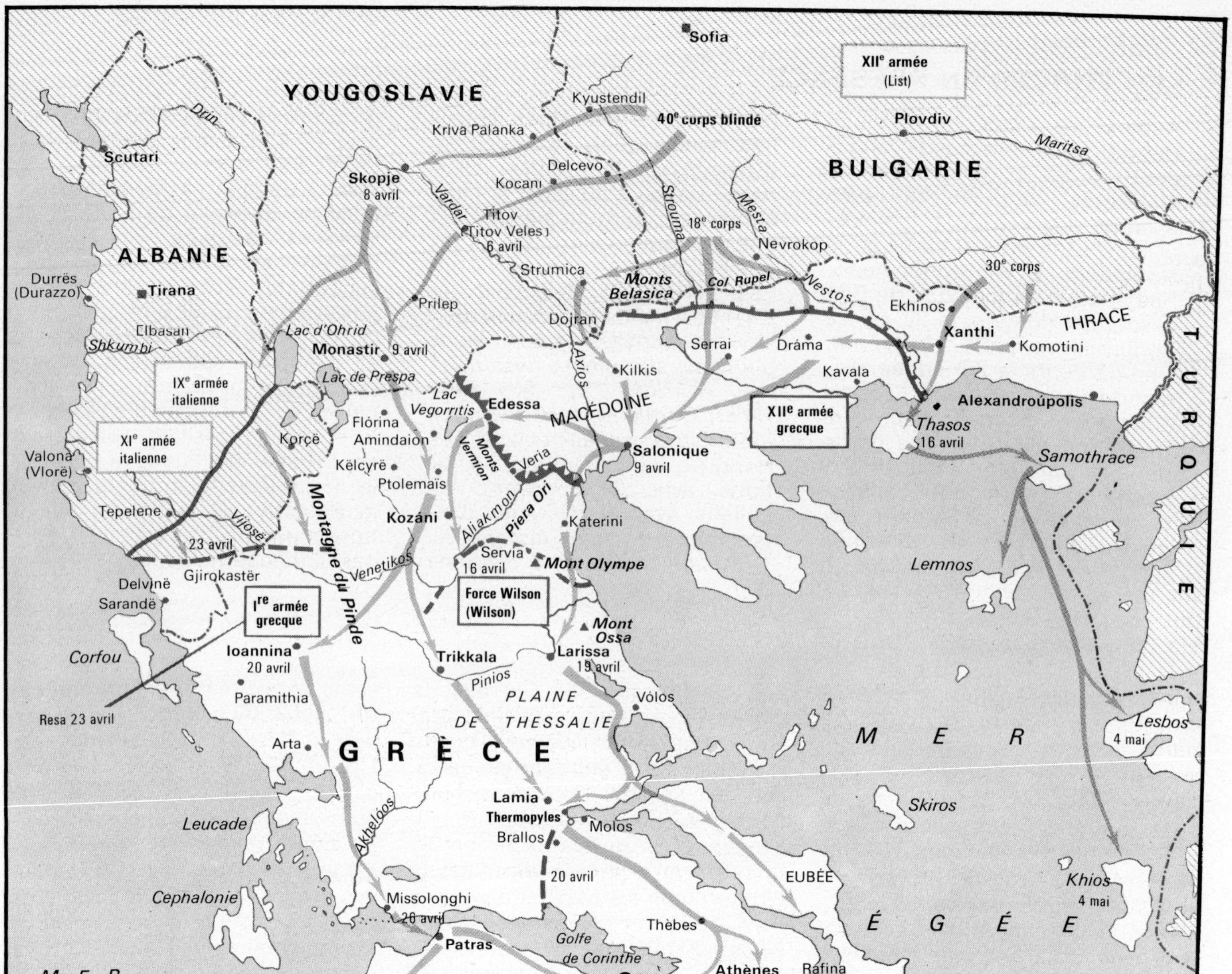

Les opérations en Grèce.

gression vers Monastir. Au nord, la IIe armée de von Weichs se dirige sur Zagreb. La IIe armée italienne (général Ambrosio) a passé la frontière des Alpes Juliennes.
Le chef du mouvement séparatiste croate, Ante Pavelitch, lance à ses compatriotes un appel à l'indépendance.
Partant de Bulgarie, la XIIe armée allemande (von List) entre en Grèce. Elle ne trouve que 4 divisions grecques. A une cinquantaine de kilomètres sur leurs arrières est installé le corps expéditionnaire anglais (4 divisions britanniques et 1 brigade de volontaires polonais). Un peu plus de 3 divisions helléniques occupent la ligne Metaxas, système fortifié s'étendant sur 160 km, des monts Belasica à l'embouchure du Nestos. Après de durs combats, les Allemands s'emparent du col de Rupel. Les stukas martellent sans relâche les valeureux défenseurs.
□ Dans la nuit du 6 au 7, des bombardiers anglais font un raid sur Sofia. Comme l'opération allemande « Châtiment » sur Belgrade, ce raid n'a d'autre résultat que d'avoir créé la terreur.
Afrique du Nord. Aux environs d'El-Mekhili, en Cyrénaïque, les troupes de l'Axe font refluer la 2e division blindée anglaise et la 3e brigade indienne. Derna est prise. Pendant ce temps, les Britanniques renforcent la garnison de Tobrouk.
France. Manifestation étudiante à Lyon, par solidarité avec la Yougoslavie.

Un sous-marin allemand refait surface après avoir été endommagé dans l'Atlantique par des mines de profondeur d'un destroyer américain. C'est le premier geste d'hostilité des États-Unis envers l'Allemagne de Hitler.

8 avril
Yougoslavie. Devant la supériorité des forces allemandes, l'armée yougoslave se désagrège rapidement. Au sud, les Allemands du Ier groupe blindé (von Kleist) occupent Niš et poursuivent en direction de Belgrade par la vallée de la Morava.
Afrique-Orientale italienne. Massaoua, dernier centre de résistance italien en Érythrée, doit déposer les armes. Des 13000 hommes qui défendaient la place, plus de 3000 ont été tués et 5000 blessés.

9 avril
Grèce. La 2e division blindée allemande, qui vient de Yougoslavie et s'empare de Salonique le soir même, encercle par l'ouest l'armée grecque du Vardar ou Axios (fleuve venant de Yougoslavie et se jetant dans la mer à l'ouest de Salonique). Avec l'autorisation du commandement suprême grec, le général Bakopoulos capitule. Les Allemands font 70000 prisonniers. 15 divisions allemandes continuent de progresser vers la mer Égée, en se heurtant au reste des troupes grecques et au corps expéditionnaire britannique.

10 avril
Grèce. A la seule pensée d'un second Dunkerque, le général Maitland Wilson, commandant le corps expéditionnaire britannique, donne l'ordre de retraite à ses troupes.
Yougoslavie. Les forces de l'Axe qui marchent vers le sud dépassent Zagreb. Après une résistance éphémère, la ville doit se rendre.
La Croatie proclame son indépendance.
Afrique du Nord. La place forte de Tobrouk, où se sont réfugiés les Britanniques talonnés par les Italiens et les Allemands, est complètement isolée. Les soldats de l'Axe, qui arrivent par vagues successives, en font littéralement le siège. Chaque mètre du périmètre défensif de la place est à portée de l'artillerie

ennemie, et les équipes qui travaillent dans le port sont également exposées au feu des assaillants.
Atlantique. Premier geste d'hostilité des États-Unis envers l'Allemagne : au large de l'Islande, au cours d'une opération de sauvetage de l'équipage d'un cargo hollandais qui vient d'être coulé, le contre-torpilleur américain *Niblack* largue des mines de profondeur contre l'*U-Boot* responsable du désastre.
Allemagne. L'Opéra de Berlin est détruit au cours d'un bombardement anglais.

11 avril
Yougoslavie. La IIe armée italienne pénètre en Yougoslavie par les Alpes Juliennes et avance dans deux directions : à l'intérieur, vers Ljubljana, qu'elle occupe; et le long de la côte, vers Split et Dubrovnik. 4 autres divisions italiennes arrivent d'Albanie. Pour ces opérations, les Italiens emploient 320 avions. La IIIe armée hongroise, articulée en 10 brigades, entre aussi en Yougoslavie et avance sur Novi Sad.
Afrique du Nord. Rommel déclenche contre Tobrouk une attaque aussi imprévue que violente. Les divisions italiennes *Trento* et *Brescia* (sur le littoral) et la 5e division blindée allemande participent à l'action. La garnison britannique est en alerte et l'effet de surprise que Rommel escomptait ne se réalise pas. Dans Tobrouk se trouvent enfermés la 9e division australienne, 1 brigade d'infanterie, 1 brigade de D. C. A. et 1 régiment blindé, sous les ordres du général James Morshead. Dans la soirée, l'assaut des Italo-Allemands est repoussé.

12 avril
Yougoslavie. Belgrade tombe sous la pression du 41e corps motorisé allemand qui vient de Roumanie. C'est au voisinage de la capitale que se fait la jonction des troupes allemandes venant de Hongrie et de celles qui arrivent de Roumanie.
Les Italiens progressent aussi et s'emparent de petites villes de la côte dalmate et de l'île d'Ugljane. Ante Pavelitch devient chef de l'État croate. Ce n'est qu'un fantoche.
Afrique du Nord. Les forces de l'Axe occupent Bardia et avancent vers la frontière égyptienne.

Fantassins de la IXe armée italienne en Épire.

Malte. Le 10e *Fliegerkorps* effectue un bombardement très destructeur sur l'île.
□ Des troupes américaines occupent le Groenland.
France. Henri Frenay se rend à Paris et crée le premier journal clandestin publié dans les deux zones : *les Petites Ailes de France.*

13 avril
Afrique du Nord. Rommel déclare que, quelle que soit l'évolution de la situation autour de Tobrouk, il a l'intention d'avancer au moins jusqu'à Marsa Matrouh. De Berlin, on lui suggère au contraire de consolider le front à Solloum, à la frontière entre la Libye et l'Égypte, et surtout d'éliminer de toute façon la résistance de la garnison anglaise de Tobrouk.
Front gréco-albanais. Puissante offensive italienne contre les Grecs. En Albanie, les Italiens reprennent Korçë, Përmet, Gjirokastër, Portë et Palermos.
Parallèlement, d'autres divisions italiennes appartenant à la IXe armée progressent aussi en Épire.

14 avril
A Moscou, le ministre japonais des Affaires étrangères, Matsuoka, et son homologue soviétique, Molotov, signent pour cinq ans un pacte de non-agression entre leurs deux pays.
Afrique du Nord. Rommel attaque Tobrouk par le sud, avec la 5e division légère allemande, qui réussit, en un premier temps, à pénétrer à l'intérieur des défenses ennemies. Dans l'après-midi, les tirs d'interdiction et les barrages d'artillerie des Britanniques, suivis d'une contre-attaque énergique de leur infanterie, obligent les assaillants à se replier. Tobrouk résiste, et il ne reste plus aux Italo-Allemands qu'à renforcer le siège.
Les forces de l'Axe tentent également d'empêcher l'arrivée du ravitaillement par mer.

16 avril
Yougoslavie. Les Allemands occupent Sarajevo. L'armée italienne s'empare de Bar et de Danilovgrad, tandis qu'un élément du régiment lagunaire *San Marco* prend l'île de Krk.

Afrique du Nord. A 2 h 20, au voisinage des côtes de Tunisie, près des hauts-fonds des îles Kerkenna, une formation de contre-torpilleurs anglais attaque un convoi italien de 5 navires, escortés par des destroyers. Elle coule tous les bâtiments du convoi et 3 destroyers, le *Tarigo*, le *Lampo* et le *Baleno*. De leur côté, les Britanniques perdent le contre-torpilleur *Mohawk*.

17 avril

L'armée yougoslave est maintenant détruite. En Bosnie, les derniers noyaux de résistance déposent les armes. Le ministre des Affaires étrangères, A. Cinkar-Markovitch, et le général Jankovitch pour la Yougoslavie, le général von Weichs pour l'Allemagne et le colonel Bonfatti pour l'Italie signent à Belgrade l'acte de reddition. Les forces de l'Axe ont capturé 334 000 prisonniers. Le gouvernement yougoslave et le roi Pierre II s'envolent pour la Grèce à bord d'avions anglais. Ce sera leur première étape avant leur exil à Londres. Les Italiens occupent Dubrovnik.

Front grec. La IXe armée italienne progresse en Épire (N.-O. de la Grèce).

Afrique-Orientale italienne. Dans leur marche vers le nord, les troupes britanniques du général Cunningham arrivent aux abords de Dessié, centre important au nord-est de la capitale Addis-Abeba. Sur l'Amba Aladji, les Italiens renforcent leurs défenses autour du vice-roi Amédée de Savoie.

18 avril

Le Premier ministre grec, Alexandros Koritzis, se donne la mort.

Grèce. Repoussant la résistance de la 2e division néo-zélandaise, le 18e corps d'armée de montagne allemand force le passage du fleuve Aliakmon, puis entoure le mont Olympe et occupe la ville de Larissa. Le 40e corps d'armée blindé achève l'encerclement en pressant l'ennemi sur Florina et Trikkala. Il en résulte l'ouverture d'une brèche entre l'aile gauche du corps britannique et l'aile droite du dispositif grec. Les Allemands s'y engagent aussitôt.

19 avril

Grèce. Tandis que les Italiens progressent en Épire, les Grecs se voient couper la retraite par les chars de la division blindée S. S. *Adolf Hitler* qui ont attaqué sur le Pinde et occupé le col de Metsovon ainsi que le centre de Grevenà. L'armée grecque est battue. Les arrière-gardes du corps expéditionnaire britannique prennent position aux Thermopyles pour protéger l'embarquement du gros de leurs forces.

Violant les ordres supérieurs, le général Tsolakoglou, commandant l'armée de Macédoine occidentale, entre en contact avec les Allemands pour négocier sa reddition.

A Athènes, le roi Georges II, le général Papagos et les généraux anglais Wavell et Maitland Wilson tiennent conseil. Les Grecs acceptent le retrait du corps expéditionnaire britannique de la Grèce continentale. La résistance se poursuivra dans les îles.

Angleterre. Un violent bombardement de la Luftwaffe dévaste Londres et fait 2 300 morts.

20 avril

Grèce. Martelés par les stukas, les Anglais se replient sur les points

Troupes blindées allemandes progressant dans le désert pour détruire la résistance de Tobrouk. Le général Wavell, commandant les forces britanniques, demande des renforts pour faire face à la situation en Libye.

d'embarquement de Nauplie, Kalamata et Monemvasia. Leurs arrière-gardes résistent héroïquement aux Thermopyles jusqu'au 24.
Afrique du Nord. Un fort contingent de commandos de la 8e armée britannique tente de débarquer à Bardia pour porter secours aux défenseurs de Tobrouk, mais est repoussé par les troupes italo-allemandes. De son côté, Rommel décide d'attaquer à nouveau Tobrouk dès qu'il disposera de la 15e division blindée allemande, qui doit arriver d'Italie.
Le général Wavell demande à Churchill des renforts en moyens blindés.

21 avril
Grèce. La division blindée S.S. *Adolf Hitler* occupe Ioannina sur les arrières du dispositif grec qui fait face aux Italiens.
A Larissa, les plénipotentiaires grecs signent la capitulation de leur pays au P.C. de la XIIe armée allemande (von List) : 16 divisions déposent leurs armes. Cette nouvelle soulève l'indignation de Mussolini, et Hitler devra faire répéter deux jours plus tard la même cérémonie dans une villa des environs de Salonique, en présence de représentants de l'Italie.
Afrique du Nord. Des forces navales anglaises venant de Malte et d'Alexandrie bombardent le port de Benghazi.

22 avril
Afrique-Orientale italienne. Les Britanniques s'emparent des défenses de Dessié.

23 avril
Grèce. Dans une villa des environs de Salonique, la signature de la capitulation grecque se répète en présence de représentants italiens.

24 avril
Grèce. Aux Thermopyles, les Allemands déclenchent une violente attaque contre les Anglais, qui sont renforcés par des éléments grecs refusant de se rendre. Leur victoire est complète. Des parachutistes allemands occupent les îles de Lemnos, Thasos et Samothrace, au nord-est de la mer Égée. La IXe armée italienne prend le pont de Perati et fait sa jonction avec les forces allemandes.
Irak. Les garnisons anglaises sont renforcées par l'envoi de nouvelles unités.

Troupes blindées et infanterie de la XIIe armée allemande du général von List entrant de Bulgarie en territoire grec.

25 avril
Grèce. Après s'être repliés des Thermopyles sur Thèbes, les Australiens et les Néo-Zélandais, talonnés par les Allemands, se voient contraints à une retraite « historique » en Grèce continentale, jusqu'aux petits ports de Rafina, Mégare et Porto Rafti, où ils doivent embarquer.
Des parachutistes allemands sautent à Corinthe, au-delà du golfe, et la division S.S. *Adolf Hitler* en franchit le goulet occidental avec des moyens de fortune. Les troupes allemandes se répandent dans tout le Péloponnèse.
Hitler lance sa directive no 28 concernant l'opération « Merkur » (invasion de la Crète).
Afrique du Nord. Les Allemands attaquent le col d'Halfaya, qui ouvre vers l'est la route d'Égypte, et réussissent à repousser les Anglais sur la ligne Boukbouk-Sofafi.
Afrique-Orientale italienne. La situation des Italiens devient difficile à l'Amba Aladji.

26 avril
Grèce. L'avance allemande se pour-

MÈRE COURAGE

Le 19 avril à Zurich a lieu la première de *Mère Courage*, du dramaturge allemand Bertolt Brecht. C'est une évocation de la guerre de Trente Ans, qui contient une amère réflexion sur le thème de la guerre. L'héroïne est une vivandière qui fait des affaires avec les diverses armées belligérantes ; la guerre, cependant, qui lui assure ainsi sa subsistance, emporte ses fils l'un après l'autre. La pièce rencontre un chaleureux accueil auprès du public.

Morane-Saulnier M.S,406 - 1938
(France)

Lioré et Olivier LeO 451 - 1939
(France)

Bloch 174 - 1940
(France)

Dewoitine D.520 - 1940
(France)

L'AVIATION DE 1938 A 1942

Hawker Hurricane Mk.I - 1938
(Grande-Bretagne)

Handley Page Halifax Mk.III - 1940
(Grande-Bretagne)

Avro Lancaster Mk.I - 1942
(Grande-Bretagne)

Supermarine Spitfire Mk.I - 1938
(Grande-Bretagne)

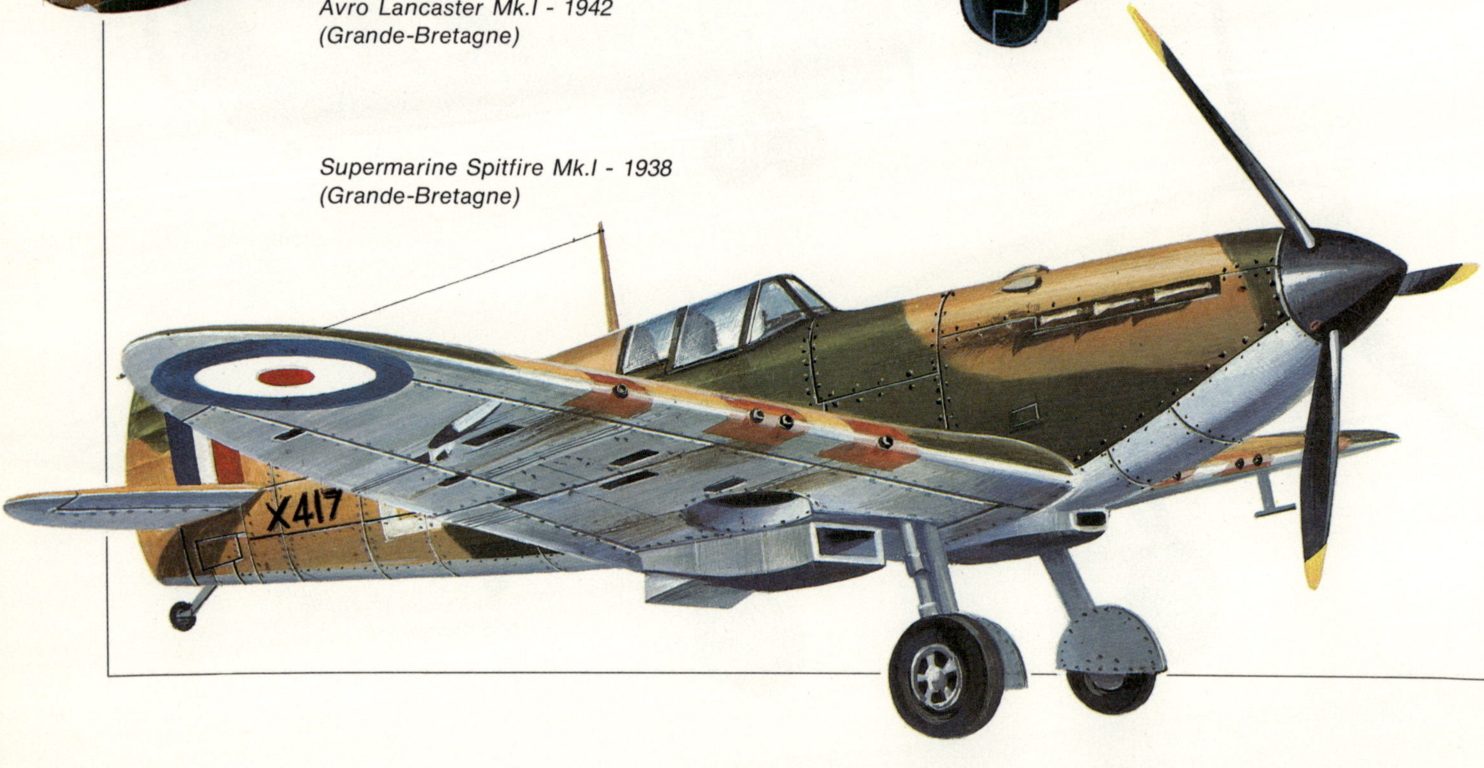

Dornier Do.217 E-1 - 1940
(Allemagne)

Junkers Ju.87 B.1 - 1938
(Allemagne)

Focke-Wulf Fw.190 A-1 - 1941
(Allemagne)

Messerschmitt Bf.109 E-1 - 1939
(Allemagne)

Fiat C.R.42 - 1939
(Italie)

Macchi M.C.200 - 1939
(Italie)

Siai Marchetti SM.79 - 1938
(Italie)

Macchi M.C.202 - 1941
(Italie)

Grumman F4F-4 Wildcat - 1941
(États-Unis)

Curtiss P-36C - 1939
(États-Unis)

Bell P-39D Airacobra - 1941
(États-Unis)

Curtiss P-40B Warhawk - 1941
(États-Unis)

Douglas C-47B Skytrain - 1941
(États-Unis)

Lockheed P-38F Lightning - 1942
(États-Unis)

Polikarpov I-16/10 - 1938
(U.R.S.S.)

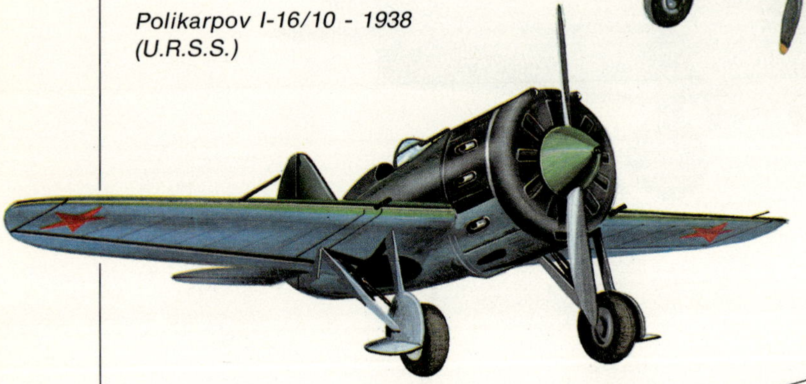

Mikoyan-Gourevitch MiG-3 - 1941
(U.R.S.S.)

Petliakov Pe-2 - 1941
(U.R.S.S.)

Iliouchine Il-2M3 - 1942
(U. R. S. S.)

Mitsubishi G4M1 - 1941
(Japon)

Nakajima B5N2 - 1940
(Japon)

Mitsubishi A6M2 Reisen - 1940
(Japon)

Aichi D3A1 - 1940
(Japon)

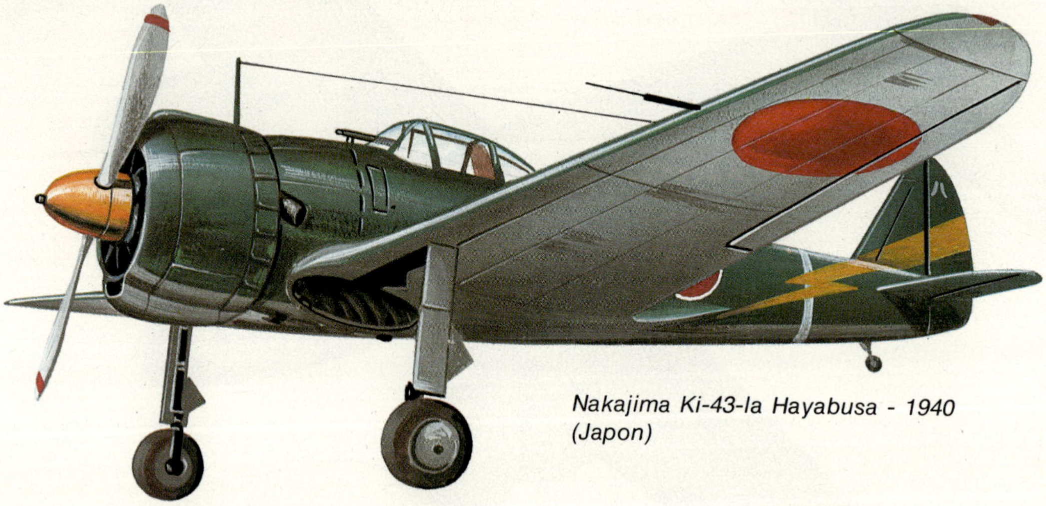

Nakajima Ki-43-Ia Hayabusa - 1940
(Japon)

Nakajima Ki-49-IIb Donryu - 1942
(Japon)

suit dans le Péloponnèse, ainsi que l'embarquement du corps expéditionnaire britannique.
Afrique du Nord. Envoyé par l'*Oberkommando* de la Wehrmacht, le général Paulus arrive à Tobrouk pour y examiner la situation sur place. Pendant la nuit, des avions anglais ont bombardé Benghazi et ont fait des victimes et des dégâts.

27 avril
Grèce. Les panzers allemands entrent à Athènes.
Afrique du Nord. Les forces britanniques tentent de briser l'encerclement de Tobrouk, mais sont repoussées.
Extrême-Orient. Les Anglais, les Hollandais et les Américains se réunissent à Singapour afin de mettre au point un plan de défense commune en cas d'attaque des Japonais dans le secteur.

28 avril
Grèce. Environ 43 000 Britanniques et Polonais du corps expéditionnaire embarquent dans les ports de Nauplie, Monemvasia et Kalamata. 6 croiseurs, 19 contre-torpilleurs et de nombreux bateaux de transport de faible tonnage participent à l'évacuation. Au cours de cette désastreuse campagne, le corps expéditionnaire a perdu 12 712 hommes, dont 9 000 ont été faits prisonniers, et tout son matériel lourd, mais l'évacuation elle-même (opération « Demon ») est un succès. Le général Freyberg, commandant le contingent néo-zélandais, arrive en Crète.
Pertes italiennes pendant les six premiers mois de la campagne de Grèce : 13 755 morts, plus de 50 000 blessés, 12 368 hommes atteints de gelures graves et 25 067 disparus.
Pertes allemandes en Yougoslavie et en Grèce : 1 684 morts, 3 752 blessés et 548 disparus.
Pertes grecques : 15 700 morts et disparus. Environ 300 000 hommes ont été faits prisonniers, mais, à l'exception des officiers, ils seront tous relâchés presque aussitôt.
Malte. L'aviation italo-allemande fait de nombreuses incursions sur les bases aéro-navales de l'île.

29 avril
Afrique du Nord. Des avions anglais bombardent Benghazi.
Afrique-Orientale italienne. Des éléments de la 5e division indienne atteignent les pentes nord de l'Amba Aladji. Simultanément, après avoir conquis Dessié, les troupes du général Cunningham continuent à s'approcher des positions italiennes par le sud.
Malte. Nouveau raid des appareils du corps aérien allemand sur le port de La Valette.

30 avril
Afrique du Nord. Rommel lance une nouvelle offensive de grand style contre Tobrouk. L'attaque commence, dans le secteur occidental des lignes de défense, par des bombardements massifs de l'aviation et de l'artillerie, et se poursuit avec les chars et l'infanterie. L'artillerie anglaise réagit violemment et par des tirs nourris. Toutefois, à la fin de la journée, les assaillants ont réussi à pénétrer dans les défenses anglaises du secteur occidental et à y réaliser une poche d'environ 3 km de profondeur.
Afrique-Orientale italienne. Partant d'Addis-Abeba, la 11e division africaine pointe vers le sud en direction de la base italienne de Chachamanna.
Crète. Le général Freyberg reçoit le commandement des troupes britan-

Bombardiers allemands survolant l'Acropole d'Athènes au moment de l'invasion de la Grèce.

niques et des milices grecques qui défendent l'île.

1er mai

Afrique du Nord. Les combats font rage dans le saillant qu'ont réalisé les troupes italo-allemandes dans la partie ouest des défenses de Tobrouk. Pour élargir la poche, Rommel envoie continuellement des troupes fraîches en première ligne, sans réaliser pourtant de progrès appréciables.

Afrique-Orientale italienne. La pression anglaise augmente sur les défenses de l'Amba Aladji.

Malte. Nouveau raid massif de l'aviation de l'Axe sur La Valette.

Grèce. Les Allemands n'ont pas réussi, comme ils l'espéraient, à anéantir le corps expéditionnaire anglais, mais occupent toutes les côtes de la mer Égée.

Allemagne. A Berlin, le Führer annonce au Reichstag l'issue triomphale de la campagne des Balkans.

2 mai

Afrique du Nord. A Tobrouk, situation inchangée. Les Anglais réussissent à bloquer les tentatives répétées de Rommel pour élargir la poche créée dans le secteur occidental du périmètre défensif.

Irak. Des troupes irakiennes occupent Ar Routbah et attaquent les garnisons anglaises de divers points du golfe Persique, dont Bassorah.

3 mai

Afrique-Orientale italienne. Début de la phase finale de la bataille de l'Amba Aladji. Les Italiens repoussent une double attaque anglaise.

Grèce. A Athènes, parade italo-allemande pour célébrer la victoire.

4 mai

Afrique du Nord. A Tobrouk, il faut se rendre à l'évidence : la tentative de percée des troupes de Rommel a échoué. Après ce deuxième insuccès, les commandements italien et allemand élaborent un nouveau plan pour renforcer leurs moyens en Afrique du Nord. L'ensemble des unités italo-allemandes devrait être porté au volume d'une armée, constituée de 3 corps d'armée (2 italiens et 1 allemand), avec 5 divisions blindées (3 italiennes et 2 allemandes), 7 divisions motorisées (italiennes) et 4 divisions non motorisées, italiennes elles aussi, dites « d'occupation ». Pour les seuls Italiens, ce projet nécessiterait de transporter en Afrique 100 000 hommes, 850 canons et 14 000 véhicules. De toute façon, il restera sur le papier, et les forces de l'Axe n'atteindront jamais, même de loin, le volume d'effectifs et de matériel envisagé.

Afrique-Orientale italienne. Avec l'appui de l'artillerie, la 29e brigade d'infanterie indienne s'empare des cimes les plus occidentales du col Aladji et s'y maintient.

5 mai

Afrique-Orientale italienne. Pour le 5e anniversaire de l'occupation italienne d'Addis-Abeba, l'empereur d'Éthiopie, Hailé Sélassié, rentre triomphalement dans sa capitale.

Crète. Le général Freyberg informe Churchill qu'il estime possible de repousser une tentative d'invasion de l'île par mer ou avec des parachutistes si on lui fournit une quantité suffisante de canons, de chars, de véhicules et d'avions de chasse. Après les pertes sévères qu'elle a subies en Grèce, la R. A. F. ne veut pas installer de bases permanentes en Crète ; elle fournira son appui à partir de ses terrains d'Afrique du Nord. De son côté, la Royal Navy défie la Luftwaffe, et transporte dans l'île 16 chars légers et 6 voitures blindées. L'importance de la Crète, située à 600 km d'Alexandrie et à un peu plus de 300 km de Tobrouk, n'échappe à personne. Les Britanniques craignent pour l'Afrique, et les Allemands redoutent qu'à partir de l'île les avions anglais ne menacent les puits de pétrole de Ploesti.

6 mai

Crète. Les services secrets britanniques informent Freyberg du plan détaillé de l'opération « Merkur », c'est-à-dire du plan allemand d'invasion de la Crète.

U. R. S. S. Le Praesidium du Soviet suprême nomme Staline, déjà secrétaire du Parti, président du conseil des commissaires du peuple, autrement dit chef du gouvernement.

Malte. Les attaques de l'aviation italo-allemande sur les objectifs de l'île continuent.

Afrique-Orientale italienne. La pression anglaise se fait plus forte dans le secteur de l'Amba Aladji.

7 mai

Afrique du Nord. Sur le front de Tobrouk, en Cyrénaïque, duels d'artillerie et bombardement aérien des positions anglaises.

8 mai

Afrique du Nord. Les Anglais déclenchent une violente offensive pour desserrer la pression ennemie sur Tobrouk.

Allemagne. L'aviation britannique effectue un violent bombardement sur Hambourg.

Angleterre. Pendant la nuit, bombardement massif de Londres par l'aviation allemande.

9 mai

Allemagne. L'aviation britannique bombarde lourdement la ville de Brême.

Afrique du Nord. Incursion d'avions britanniques sur Derna. Activité d'artillerie autour du camp retranché de Tobrouk, mais la situation reste inchangée.

Afrique-Orientale italienne. La pression anglaise se fait plus forte dans tous les secteurs de l'Amba Aladji.

10 mai

Grande-Bretagne. Rudolf Hess, dauphin de Hitler, saute en parachute de son Messerschmitt 110 sur le village d'Eaglesham, près du château de Dungavel House, dans le Lanarkshire, où réside le duc d'Hamilton. Il est fait prisonnier par un garde territorial et lui demande de voir le duc, à qui il révèle sa véritable identité. Il prétend être porteur d'un plan de paix. « L'Angleterre, dit-il, ne pourra jamais vaincre l'Allemagne. Il est donc nécessaire et souhaitable de trouver un accord entre les deux pays pour mettre un terme au conflit. » Churchill estime ne pas devoir donner suite à de telles propositions, d'autant plus que Hess parle à titre purement personnel et que Hitler l'a désavoué dès qu'il a connu sa « désertion ». Le chef nazi est alors emprisonné à

Buchanan Castle, puis à la Tour de Londres, et enfin assigné à résidence dans une villa d'Abergavenny, dans le sud du pays de Galles. Le 10 octobre 1945, il sera transféré à Nuremberg pour y être jugé par le tribunal des Alliés avec les autres criminels de guerre nazis.
Nouvelle et très violente attaque aérienne allemande sur Londres. Entre autres bâtiments, le palais du Parlement subit de gros dégâts.

11 mai
France. L'amiral François Darlan, vice-président du Conseil, ministre de l'Intérieur et ministre des Affaires étrangères du gouvernement de Vichy, rencontre Hitler à Berchtesgaden. En échange de concessions de pure forme de la part des Allemands, il leur offre quelques bases en Syrie pour leurs opérations éventuelles.

12 mai
Afrique du Nord. Un convoi de navires anglais, baptisé « Tiger », arrive à Alexandrie avec 238 chars et 43 avions *Hurricane.* Cet envoi de matériel a été décidé par Churchill lui-même. C'est sa réponse au message urgent que Wavell lui a adressé le 20 avril pour lui demander des renforts afin de redresser au mieux la situation à la frontière égypto-libyenne, compromise par l'arrivée de Rommel, qui a réduit à néant l'offensive anglaise en Cyrénaïque.

13 mai
Afrique du Nord. Les Italo-Allemands repoussent une nouvelle tentative des Anglais pour rompre l'encerclement de Tobrouk.

14 mai
Malte. Des avions italiens et allemands bombardent les bases aériennes et navales de l'île. Depuis le 16 janvier, jour de la première attaque sérieuse du porte-avions *Illustrious* par la Luftwaffe, les chasseurs anglais de la défense de Malte ont abattu 62 appareils allemands et 15 appareils italiens. De leur côté, les Britanniques ont perdu 32 Hurricane en combat et presque autant au sol.
France. A Paris, la police française arrête plus d'un millier de juifs étrangers, qui seront déportés en Allemagne.

15 mai
Afrique du Nord. Début de l'opération *« Brevity »,* nom de code de la contre-attaque du général Wavell, commandant en chef des forces britanniques au Moyen-Orient, pour reconquérir le col d'Halfaya, à la frontière égypto-libyenne, dont les Allemands se sont emparés le 25 avril. Wavell estime que cette contre-attaque est indispensable si l'on veut monter ensuite une opération destinée à alléger la pression que les forces italo-allemandes exercent sur Tobrouk. Il désigne le général de brigade Gott pour commander les unités qui participent à l'action : le 7e groupe de brigade blindée, le 22e groupe de brigade de la garde et le groupe côtier. Les Anglais se sont fixé trois objectifs : le col d'Halfaya, la ville de Solloum et le fort Capuzzo. Le col est repris rapidement et, après un sérieux engagement, le 22e groupe de brigade de la garde s'empare aussi du fort Capuzzo. Convaincu qu'il s'agit d'une attaque de grande envergure, Rommel déclenche à son tour une contre-attaque immédiate où il engage 3 régiments blindés et le 54e régiment d'infanterie.
Les plans anglais prévoyaient que leur 7e division blindée ferait l'effort principal en direction de Sidi Azeiz, sur l'aile gauche du front d'attaque, tandis que la 22e brigade de la garde s'installerait au fort Capuzzo et chercherait en même temps à pousser sur Solloum. Le lendemain, la contre-attaque allemande amplifie son action. Les blindés de Rommel foncent sur le fort Capuzzo et essaient de contourner par l'ouest les positions anglaises du col d'Halfaya. Les Britanniques ne peuvent tenir et se replient. Le fort Capuzzo retombe aux mains des Allemands, et la reprise d'Halfaya n'est pour eux qu'une question de jours puisqu'elle dépend du temps que mettra le 8e régiment blindé du colonel Cramer pour contourner le col. Pourtant, la manœuvre allemande n'a pas échappé au commandement anglais : Gott donne l'ordre de repli au 3e Coldstream Guards qui défend Halfaya.
Yougoslavie. Le royaume de Croatie est créé sous l'égide de l'Italie. Il comprend aussi les provinces serbes de Bosnie et d'Herzégovine.
Crète. Les Allemands préparent leur débarquement en Crète par un bombardement aérien. L'opération sera commandée par le général Student et effectuée par la 7e division de parachutistes et la 5e division de montagne, renforcées par 6 régiments d'infanterie. Le 8e corps

CITIZEN KANE

Orson Welles.

Orson Welles débute au cinéma comme acteur et metteur en scène avec *Citizen Kane* qui sort à New York le 1er mai.
Dans le film, un journaliste essaie de reconstituer la vie du richissime éditeur Kane en cherchant la signification du mot qu'il a prononcé avant de mourir : *« rosebud ».* Il interroge cinq personnes qui l'ont bien connu, mais il ne réussit à obtenir que des vérités partielles.
A la fin, seul le public connaîtra la signification du mot clé. *Citizen Kane* révolutionne les règles du langage cinématographique par l'usage du flash-back, le rapport étroit de la musique à la narration et l'utilisation hardie du grand angle.

L'EMPIRE FRANÇAIS

En 1940, l'Empire français représentait une force, donc un enjeu politique et militaire de première grandeur. 12 450 000 km^2, 70 millions d'habitants : les territoires contrôlés par la France à des titres divers (colonies, protectorats ou mandats) étaient répartis sur tous les continents, mais essentiellement en Afrique (91 %). C'est pourquoi les adversaires de l'armistice avaient envisagé de s'y replier. Le gouvernement Pétain lui-même, le 21 juin, avait autorisé 1 sénateur et 26 députés (dont Daladier, Mandel, Mendès France et Zay) à s'embarquer sur le *Massilia* à destination de Casablanca, quitte à les y faire arrêter et ramener en France.
L'armistice ayant été signé, l'Empire devenait le premier sujet de conflit entre la France libre et le régime de Vichy. Pétain, en effet, qui avait obtenu de garder la souveraineté sur l'Empire, arguait qu'il le sauvait ainsi du désastre, et évitait son utilisation par les forces de l'Axe. De Gaulle répliquait qu'en prétendant le neutraliser il l'empêchait de participer à l'effort de guerre allié, ce qui était contraire aux intérêts de la France.
Le chef de la France libre demandait donc aux responsables de l'Empire de se rallier à lui. Mais cet appel, dans l'immédiat, rencontra peu d'échos. Les chefs militaires d'Afrique du Nord et du Levant, notamment, après quelque hésitation, firent allégeance au maréchal Pétain. L'affaire de Mers-el-Kébir avait réveillé leur méfiance à l'égard de la Grande-Bretagne.
Seuls des territoires périphériques décidèrent de rester dans la guerre aux côtés du général de Gaulle : les Nouvelles-Hébrides, la Nouvelle-Calédonie, les établissements français d'Océanie et les comptoirs français de l'Inde, dès juillet 1940. Puis surtout, en août, ce fut l'Afrique-Équatoriale française, grâce à l'action conjuguée du colonel Leclerc et du gouverneur Félix Éboué. Mais, en septembre, devant Dakar, de Gaulle échoua à rallier l'Afrique-Occidentale française. Et l'Indochine, en octobre, devait accepter l'occupation japonaise.
La France libre n'en disposait pas moins d'une assise territoriale qui renforçait son autorité en lui évitant de dépendre trop exclusivement de son allié britannique. Le 27 octobre, à Brazzaville, le général de Gaulle créait le Conseil de défense de l'Empire. Il n'est pas douteux, par ailleurs, que les responsables « vichystes » de l'Empire, tout en étant très hostiles à la « dissidence » gaulliste, n'étaient pas acquis pour autant à une collaboration active avec l'Axe. Le général Weygand, nommé en Afrique du Nord, et le gouverneur général Boisson, en A.-O. F., s'efforçaient à leur manière de rester neutres entre les Allemands et les Alliés.
C'est dans ce contexte que l'intensification de la guerre entraîne, en mai-juin 1941, une double crise : politique entre Vichy et l'Allemagne, militaire entre la France libre et Vichy.
Depuis mars, l'Afrikakorps du maréchal Rommel, relayant les Italiens en difficulté, a déclenché une vigoureuse offensive contre l'Égypte. Le 3 mai, à l'instigation des Allemands, une rébellion a éclaté en Irak, menaçant de prendre à revers les positions britanniques. Dans le même temps, la Wehrmacht a occupé la Yougoslavie et la Grèce. Enfin, Hitler se prépare à attaquer l'Union soviétique.
Dans ces conditions, les bases françaises du Levant prennent une importance stratégique considérable : et Hitler obtient de Darlan l'autorisation d'utiliser les aérodromes syriens. En signant, le 27 mai, les protocoles de Paris, le chef du gouvernement de Vichy va même plus loin : il assure à l'Axe un soutien logistique en Afrique du Nord (notamment à Bizerte) et en A.-O. F. (à Dakar). Il va jusqu'à envisager « les moyens de justifier devant l'opinion publique de son pays l'éventualité d'un conflit armé avec l'Angleterre et les États-Unis ».
C'est rompre avec la politique officiellement définie par le maréchal Pétain, justifier les accusations du général de Gaulle et risquer, de toute façon, de perdre l'Empire. Rassemblé derrière Weygand et Boisson, le clan « nationaliste » de Vichy fait repousser les protocoles de Paris. Hitler réplique en exigeant le rappel de Weygand d'Afrique du Nord et sa mise en disponibilité. Il faudra près d'un an encore pour que le remplacement de Darlan par Laval scelle l'échec de la première période de la « collaboration d'État ». Mais l'affaire syrienne en a fait éclater les contradictions en en révélant les limites : dès lors que les intérêts supérieurs de la guerre entrent en jeu, Hitler ne peut qu'être tenté d'utiliser l'Empire français, au mépris des accords d'armistice. Et Pétain ne peut s'y opposer que dans la mesure où les Alliés empêchent l'Axe d'y prendre pied.
De fait, bien qu'une trentaine d'avions allemands aient pu transiter par la Syrie pour aider les insurgés irakiens, bien que 20 000 fusils, 200 mitrailleuses et 12 canons leur aient été fournis sur les stocks de l'armée de Vichy au Levant, la rébellion est bientôt écrasée par les forces britanniques. Puis l'armée anglaise, appuyée par les Forces françaises libres, entre en Syrie. C'est le premier affrontement direct entre soldats français « gaullistes » et « vichyssois ». Deux semaines plus tard, Britanniques et F. F. L. font leur entrée à Damas. Le général Catroux ne tardera pas à proclamer l'indépendance de la Syrie et du Liban. L'épisode accélère la rentrée en guerre de l'Empire français aux côtés des Alliés.

aérien du général von Richthofen (280 bombardiers en altitude, 150 bombardiers en piqué, 239 chasseurs et 50 avions de reconnaissance) fournira l'appui aérien. 500 trimoteurs Junkers JU-52 et 72 planeurs transporteront la première vague d'invasion. Les troupes alpines rejoindront l'île par mer et seront escortées par 2 destroyers et 12 torpilleurs italiens.

16 mai

Afrique du Nord. Le maréchal Franz Halder, chef d'état-major général allemand, ordonne à Rommel de laisser les Italiens poursuivre le siège de Tobrouk et de concentrer ses propres troupes aux environs de Solloum.

17 mai

Afrique-Orientale italienne. Les quelque 7000 Italiens du vice-roi Amédée d'Aoste, qui occupent l'Amba Aladji, se rendent aux Anglais.

Crète. Basés en Grèce continentale, les Allemands se préparent à envahir la Crète. La date de l'opération, fixée d'abord au 18 mai, est reportée au 20. L'offensive aérienne continue.

Irak. Des avions italiens rejoignent les bases irakiennes pour contribuer à la lutte contre les Anglais.

18 mai

Le duc de Spolète, Aymon de Savoie-Aoste, est élu roi de Croatie sous le nom de Tomislav II. Il accepte son investiture, mais ne se rendra jamais dans son royaume.

□ Le cuirassé allemand *Bismarck* sort du port de Gdynia, sur la mer Baltique, et son aventure commence (voir pages suivantes).

19 mai

Afrique-Orientale italienne. Le duc Amédée d'Aoste signe sa reddition. Les Anglais accordent les honneurs de la guerre aux Italiens qui ont défendu l'Amba Aladji et permettent aux officiers de conserver leur pistolet.

Angleterre. Le Premier ministre, Churchill, fait savoir à sir John Dill, chef d'état-major général impérial, qu'il serait opportun d'envisager le changement du commandant en chef en Afrique. Il entend remplacer le général Wavell par le général Claude Auchinleck, commandant en chef aux Indes. Cependant, il convient avec Dill que ce n'est pas le meilleur moment pour effectuer cette mutation, surtout parce que d'importantes opérations sont en cours ou sur le point de commencer.

Crète. Les 6 avions de chasse anglais restés en Crète (29 ont été détruits par la Luftwaffe depuis le début du mois) sont envoyés en Égypte. Le commandement estime inutile de les sacrifier, car l'adversaire est d'une supériorité écrasante.

20 mai

Crète. 5 h 30 : Violent bombardement allemand sur les aéroports de Malémé et de Candie.

7 h 15 : Nouvelle attaque aérienne. Le but est d'immobiliser les Britanniques; il sera pleinement atteint. Après ce deuxième bombardement arrive la première vague de parachutistes. Les défenseurs (environ 32000 Britanniques, en majorité Australiens et Néo-Zélandais, et 10000 Grecs mal équipés, disposant de 68 pièces de D.C.A. échelonnées sur les 260 km que mesure la Crète d'est en ouest) ont l'impression de voir des « petits ballons qui descendent du plafond d'un salon à la fin d'une fête ». En effet, les parachutes sont de toutes les couleurs : rose et violet pour les officiers, noir pour les sous-officiers et les soldats, jaune pour le matériel du service de santé, et blanc pour les armes et les munitions. Arrivés à terre, les hommes ont l'ordre de se rassembler par groupes constitués chacun d'un fusil mitrailleur avec 8 servants, de 2 tireurs d'élite dotés de fusils Mauser à viseur télescopique, et d'une mitrailleuse légère Solothurn avec 3 servants. Des éléments spéciaux sont munis d'armes antichars de petit calibre, de lance-flammes et de mortiers. 493 trimoteurs Ju-52 et environ 70 planeurs débarquent les para-

Au début de la guerre, l'Italie a environ 350000 hommes en Éthiopie. Dans les pays voisins, le Kenya et le Soudan, les Britanniques en ont un peu plus de 20000. Mais le rapport des forces sera vite inversé.

LA FIN DU « BISMARCK »

18 mai
A la tombée de la nuit, le cuirassé allemand *Bismarck* et le croiseur lourd *Prinz Eugen* quittent ensemble le port de Gdynia, sur la mer Baltique. Le groupe est commandé par l'amiral Günther Lütjens, le *Bismarck* par le capitaine de vaisseau Ernst Lindemann et le *Prinz Eugen* par le capitaine de vaisseau Brinckmann. C'est la première sortie du cuirassé, de ce géant des mers jaugeant 50 900 t à pleine charge, pouvant filer 20 nœuds, et armé de 8 canons de 380 et de 19 pièces de 152.
Mis en chantier en 1936, lancé en 1939 et complètement achevé au début de 1941, le *Bismarck* est le plus beau bâtiment que les chantiers navals allemands aient construit ces dernières années, une véritable « machine à cracher le feu », la terreur des flottes ennemies. C'est pourquoi l'Amirauté britannique fait étroitement surveiller ses mouvements par des avions de reconnaissance et s'en tient informée par ses agents secrets. A la nouvelle de la sortie du cuirassé du port de Gdynia, les autorités anglaises sont sur le qui-vive. Leur première mesure est d'intensifier les reconnaissances aériennes afin de garder sous leur contrôle la marche de leur redoutable ennemi.

20 mai
A l'aube, le *Bismarck* et le *Prinz Eugen* ont déjà remonté une grande partie du Skagerrak, le détroit qui sépare les côtes du Danemark des côtes de Norvège et fait communiquer la mer Baltique avec la mer du Nord.

21 mai
Dans la matinée, des appareils de reconnaissance anglais repèrent les deux navires allemands dans le port de Bergen, grand centre de la côte occidentale de Norvège. Ils communiquent aussitôt sa position au P.C. de la marine britannique à Scapa Flow, principale base de la *Home Fleet,* qui mobilise immédiatement des forces importantes sous les ordres de l'amiral John Tovey. Ce sont : le cuirassé *King George V,* le tout récent cuirassé *Prince of Wales,* les croiseurs lourds *Hood* (armé de pièces de 406 mm et battant pavillon du vice-amiral Holland) et *Repulse,* le porte-avions *Victorious,* les croiseurs *Norfolk* et *Suffolk,* qui sont déjà en patrouille dans le détroit de Danemark, et 6 chasseurs.

22 mai
0 h 52 : Escortés de 6 contre-torpilleurs, le *Hood* et le *Prince of Wales,* sous les ordres du vice-amiral Holland, quittent Scapa Flow à destination du détroit du Danemark pour

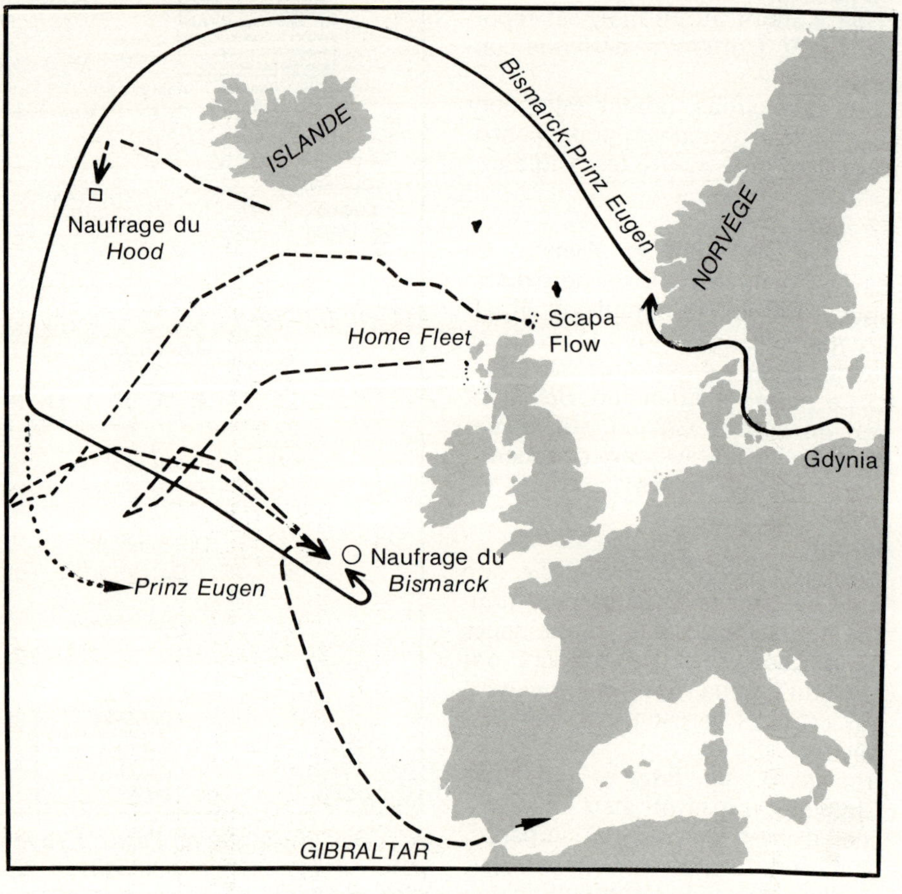

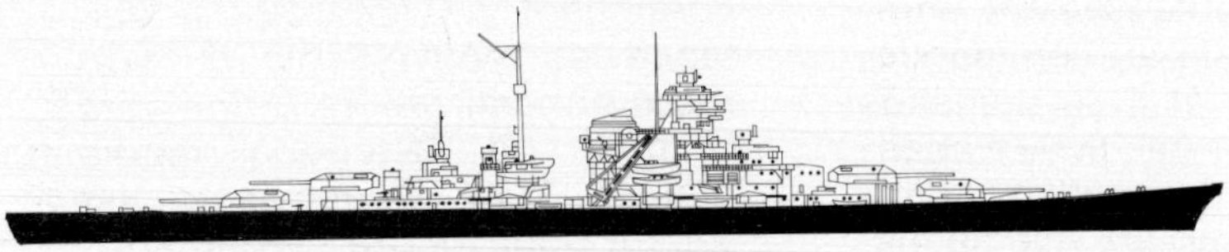

Bismarck

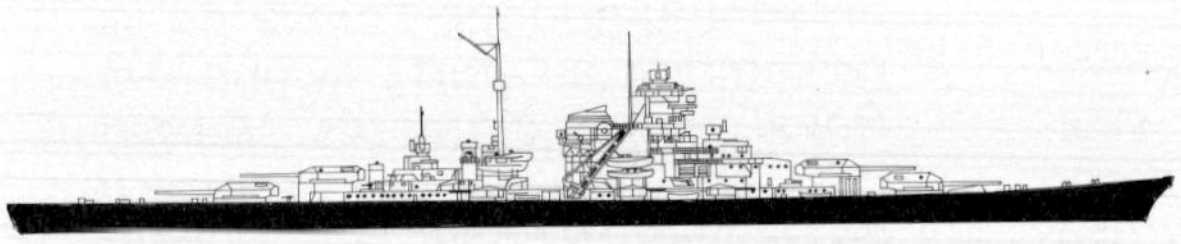

Prinz Eugen

appuyer les croiseurs *Norfolk* et *Suffolk*, qui opèrent déjà dans le secteur.
Un appareil de reconnaissance anglais certifie que les deux bateaux allemands signalés à Bergen s'en sont éloignés. A 20 heures, le renseignement parvient à l'amiral Tovey.
22 h 45 : Le porte-avions *Victorious* quitte Scapa Flow.

23 mai
Dans la matinée, le croiseur lourd *Repulse* rejoint l'escadre de l'amiral Tovey.
12 heures : Après avoir contourné le nord de l'Islande, le *Bismarck* et le *Prinz Eugen* entrent dans le détroit du Danemark. Les réseaux de mines installés par les Anglais au large des côtes d'Islande, dont le commandement de la Kriegsmarine connaît parfaitement l'existence, obligent les deux bâtiments à naviguer en pleine mer, précisément au milieu du détroit, où le ciel est limpide.
19 h 22 : Le croiseur *Suffolk* aperçoit les deux navires allemands et communique aussitôt le renseignement aux autres unités de la flotte anglaise.
20 h 22 : A son tour, le croiseur *Norfolk* reconnaît les deux bateaux ennemis à 6 milles de lui et signale immédiatement leur position au commandement.
20 h 30 : Le *Bismarck* s'approche du *Norfolk* et ouvre le feu, mais ce dernier réussit miraculeusement à échapper aux bordées du cuirassé allemand.
A ce moment, l'amiral Lütjens, qui commande le groupe, se rend compte que tout changement de cap ou de vitesse de sa

LA HOME FLEET

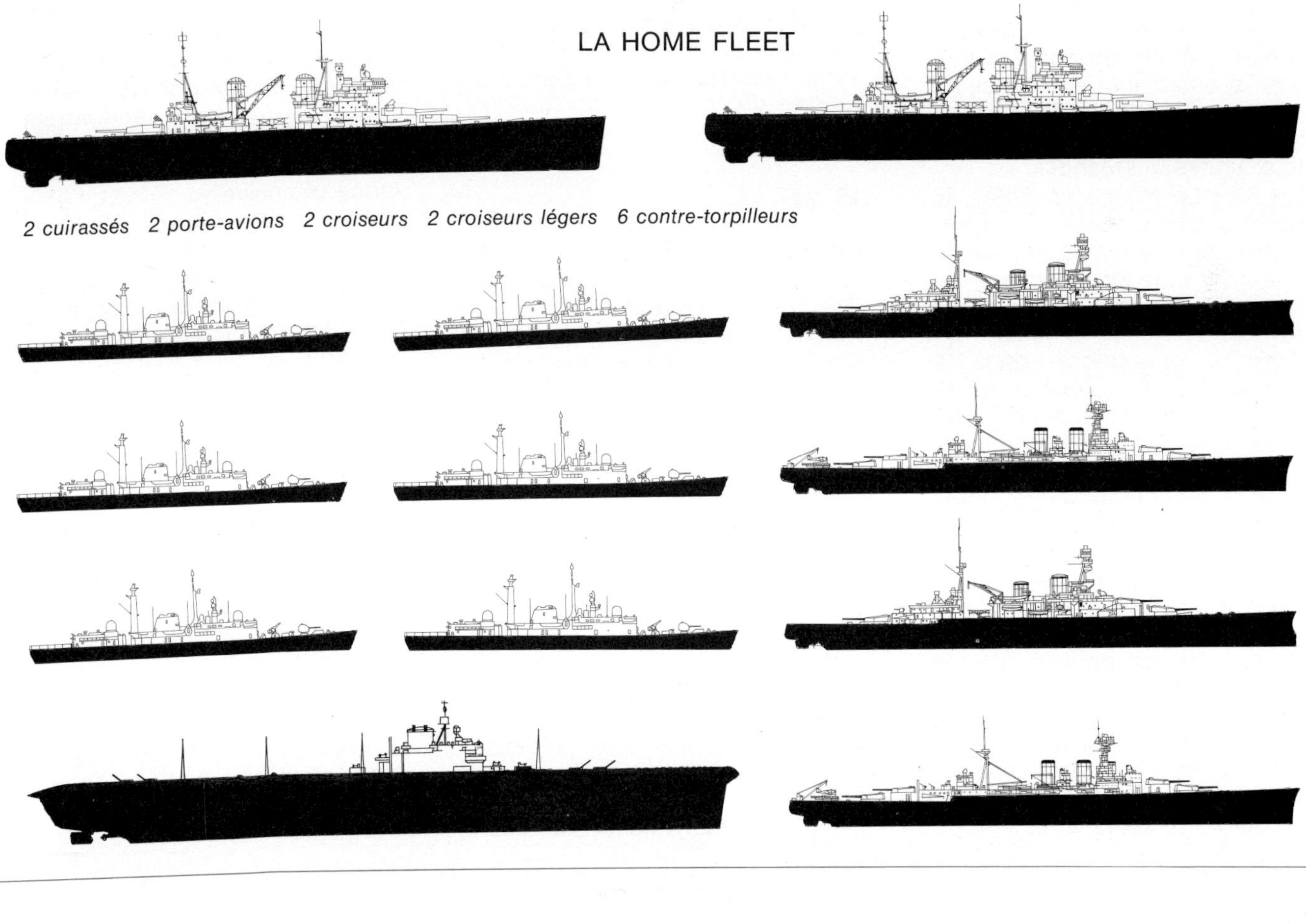

part est scrupuleusement enregistré et signalé au commandement anglais, et il se demande s'il ne vaudrait pas mieux abandonner l'idée de gagner l'Atlantique et rentrer en Allemagne. Cependant, il décide de continuer sa route.
24 heures : Grâce aux renseignements du *Suffolk,* le vice-amiral Holland calcule que son *Hood* ne se trouve qu'à 120 milles du *Bismarck.* C'est alors que le *Norfolk* et le *Suffolk* cessent brusquement de transmettre les informations qu'ils fournissaient en masse jusqu'à ce moment-là. En effet, les deux croiseurs anglais ont complètement perdu le contact avec les navires allemands.

24 mai
2 h 47 : Le *Suffolk* « repique » sur l'écran de son radar la silhouette des deux bateaux.
4 heures : Si l'on tient compte du cap qu'il suit actuellement, le cuirassé allemand devrait croiser le *Hood* vers 5 h 30, c'est-à-dire au lever du jour.
5 h 35 : Le *Hood* et le cuirassé *Prince of Wales* aperçoivent vers le nord-ouest, à une distance de 17 milles, la silhouette de deux navires. Il s'agit précisément des deux unités allemandes.
5 h 52 : Le *Prince of Wales,* le *Hood* et leur escorte de contre-torpilleurs ouvrent le feu sur le *Bismarck* et le *Prinz Eugen.*
6 heures : Un obus du *Bismarck* traverse le faible blindage du *Hood* et va exploser dans la cale arrière. Le croiseur saute en l'air et coule à pic en peu de temps. Des 1 419 membres de l'équipage (95 officiers et 1 324 officiers mariniers et hommes d'équipage), 3 seulement seront sauvés. Un peu plus tard, le *Prince of Wales* est touché à son tour; son commandant, le capitaine de vaisseau Leach, décide d'abandonner la lutte et de quitter les lieux. Le *Bismarck* ne cherche même pas à poursuivre le cuirassé anglais, qui peut ainsi rejoindre sans encombre le *Norfolk* et le *Suffolk.* En effet, les deux croiseurs britanniques continuent de contrôler à distance les mouvements du cuirassé ennemi qui se dirige vers le golfe de Gascogne, tandis que le *Prinz Eugen* s'en est séparé pour mettre cap au sud. Dans l'après-midi, l'Amirauté britannique donne l'ordre de se rassembler au porte-avions *Ark Royal,* aux cuirassés *Ramillies* et *Rodney,* au croiseur de bataille *Renown,* au croiseur *Sheffield* et à 6 contre-torpilleurs, qui font tous partie de la « Force H » basée à Gibraltar. C'est presque la moitié de la flotte anglaise qui pourchasse maintenant le *Bismarck.*
8 avions torpilleurs Swordfish décollent du *Victorious* et lancent leurs torpilles contre le cuirassé. L'une d'elles l'atteint en plein milieu, mais sans lui causer de dégâts appréciables.

25 mai
3 h 16 : Le *Suffolk* perd le contact avec le *Bismarck.* Le navire allemand semble s'être mystérieusement volatilisé.
8 h 10 : Les Swordfish décollent du *Victorious* pour tenter de retrouver le navire ennemi, mais sans résultat. Les recherches fébriles du *Norfolk* et du *Suffolk* sont également vaines.

26 mai
10 h 36 : Un hydravion Catalina repère le *Bismarck.* Le cuirassé allemand se trouve à plus de 700 milles à l'ouest de Brest et à 130 milles seulement du *King George V* de l'amiral Tovey.
14 h 30 : 15 avions torpilleurs Swordfish décollent du porte-avions *Ark Royal* et se dirigent vers le *Bismarck,* à peine distant de 20 milles. Ils cherchent à le frapper avant qu'il ne soit dans la zone de protection des bombardiers allemands basés en France. Les conditions météorologiques sont des plus mauvaises; un gros amas de nuages bas empêche presque toute visibilité. Une soudaine éclaircie permet aux pilotes anglais d'entrevoir un navire entre les nuages et de lâcher leurs torpilles. Mais, au lieu du *Bismarck,* c'est le croiseur anglais *Sheffield,* qui suivait de près le bateau allemand. Les pilotes n'en étaient pas avertis. Le *Sheffield* réussit néanmoins à éviter les torpilles.
19 heures : Les Swordfish de l'*Ark Royal* s'envolent de nouveau.
19 h 50 : Les avions torpilleurs anglais sont au-dessus du *Bismarck,* sur lequel ils déversent leurs munitions. Une torpille touche le navire allemand et cause de graves dégâts à son gouvernail. Il doit alors réduire considérablement sa vitesse. Au cours de la nuit, une formation de contre-torpilleurs britanniques maintient le contact.

27 mai
8 h 15 : Le croiseur *Norfolk* signale la position exacte du *Bismarck* aux cuirassés *King George V* (le bateau amiral) et *Rodney,* qui viennent d'arriver sur les lieux.
8 h 47 : Le *Rodney* ouvre le feu sur le *Bismarck,* suivi aussitôt après par le *King George V,* et un peu plus tard par les croiseurs *Norfolk* et *Dorsetshire.* Le cuirassé riposte par des salves très précises, mais la quantité de projectiles qui l'atteignent réduit progressivement sa puissance offensive.
10 heures : Le colosse allemand est réduit à l'état d'épave et demeure complètement muet.
10 h 15 : Le croiseur *Dorsetshire* reçoit l'ordre de s'approcher du *Bismarck* et de l'achever à la torpille.
10 h 40 : L'épave du *Bismarck* se retourne et coule. Des 2 300 hommes environ qui constituent son équipage, 110 seulement sont sauvés par le *Dorsetshire* et le contre-torpilleur *Maori.* Au nombre des victimes se trouvent l'amiral Lütjens et le commandant du navire, le capitaine de vaisseau Lindemann.

1er juin
Le croiseur lourd *Prinz Eugen* réussit habilement à se soustraire aux recherches anglaises et à gagner le port de Brest.

Diverses phases de la bataille entre le Bismarck *et l'escadre anglaise. En haut, à gauche : le* Bismarck *tire sur le* Hood *à la cadence impressionnante d'une salve toutes les 22 secondes ; à droite : le* Bismarck *sous le tir du* Hood, *qui manque son but. Au centre, à gauche : le* Bismarck *éclairé par les lueurs de ses pièces ; à droite : le* Hood *est touché. En bas, à gauche : le* Hood *saute en l'air ; à droite : le* Bismarck *tire sur le* Prince of Wales, *qui abandonne le combat.*

chutistes. La D. C. A. britannique ne pourra abattre que 7 Ju-52. Les envahisseurs sont largués au-dessus de Malémé et sur les régions de La Canée, Réthymnon et Candie. Ils constituent un objectif de choix pour la défense et lui payent un lourd tribut. Le groupe principal attaque sans succès la presqu'île d'Akrotiri, qui domine La Canée et la baie de Suda.

L'après-midi, une nouvelle vague se présente, mais les avions, au lieu de voler en formation compacte, arrivent par petits groupes. En raison du retard des parachutistes, les appareils qui doivent protéger les lancers sont contraints de regagner leur base avant l'heure prévue. Ce contretemps facilite la tâche des défenseurs. Le soir, les aéroports de Malémé, Réthymnon et Candie sont encore aux mains des Anglais, et les Allemands ont subi de lourdes pertes. Comme les Britanniques ne contre-attaquent pas pendant la nuit, leurs adversaires profitent de leur inaction pour concentrer leurs efforts sur le terrain de Malémé, dont ils s'emparent.

Les premiers convois de troupes alpines et de ravitaillement destinés à la Crète quittent Le Pirée et Salonique, escortés par des torpilleurs italiens. Le premier subit des pertes graves, le deuxième change de cap, les autres arrivent à Milos le soir du 21. Les Allemands perdent 297 hommes.

Malte. Des avions allemands bombardent l'île et atteignent des positions de batteries et des réflecteurs. Ils provoquent de grands incendies.

21 mai

Crète. Dans la nuit du 20 au 21, des unités de la Royal Navy sont repérées près des côtes ouest de la Crète. A l'aube, des avions du 8e corps aérien allemand les attaquent, coulent le destroyer *Juno* et causent des dégâts au croiseur *Ajax.*

Afrique du Nord. Duels d'artillerie sur le front de Tobrouk, tandis que des avions italiens et allemands bombardent les batteries et les installations logistiques de la place.

☐ Dans les mers d'Europe septentrionale, la marine anglaise commence sa chasse au cuirassé *Bismarck.*

LA ZÜNDAPP

Une des plus grandes firmes allemandes de motocyclettes, la Zündapp, spécialisée dans la production pour l'armée, commence à construire, pour les besoins de la guerre, une moto destinée à un grand succès, la KS 750.

Puissant véhicule à quatre vitesses, à moteur boxer à deux cylindres horizontaux, la Zündapp KS 750 a été conçue pour être équipée d'un side-car ; elle est rapidement devenue la moto la plus utilisée par l'armée allemande.

Soldats allemands pilotant la Zündapp KS 750. Pendant la guerre cette puissante moto fut produite à plus de dix-huit mille exemplaires

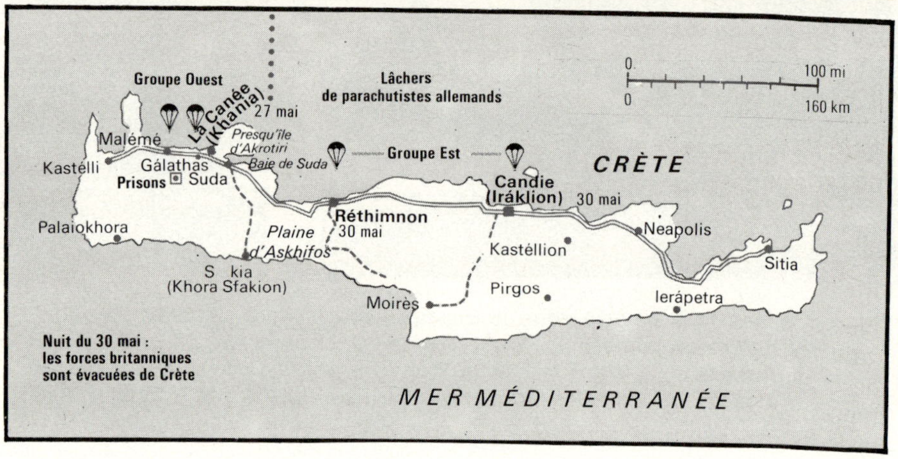

22 mai
Crète. Série d'engagements entre la Luftwaffe et la Royal Navy, qui perd les croiseurs *Fiji* et *Gloucester,* et 4 contre-torpilleurs sous les bombes des stukas. 4 autres bâtiments sont endommagés.
La marine britannique attaque des convois allemands transportant en Crète des troupes de montagne et du matériel. Estimant insuffisants les résultats obtenus jusqu'à présent par leurs alliés, les Italiens sortent de leur réserve prudente et leur offrent de participer plus directement à la conquête de la Crète.
Afrique du Nord. Raid aérien anglais sur Benghazi.
Afrique-Orientale italienne. Dans le secteur du Sidamo, la pression anglaise se fait plus forte contre les Italiens.

23 mai
Crète. Des avions anglais Hurricane, dotés de réservoirs supplémentaires, attaquent l'aéroport de Malémé. Certains atterrissent même à Candie, sous le feu des Allemands. C'est une prouesse inutile, car le même jour les premiers avions de chasse allemands atterrissent à Malémé. Après avoir reçu des renforts de troupes de montagne, le général Ringel, qui commande les opérations allemandes en Crète, décide de nettoyer toute la partie occidentale de l'île. L'ennemi a pris position sur une ligne de défense qui traverse la région de Galathas, de la côte aux collines. Ringel fractionne ses forces du secteur de Malémé en deux éléments : les parachutistes attaqueront le long de la route côtière du nord de l'île, tandis que l'infanterie de montagne progressera vers le sud, dans l'âpre zone de l'intérieur, pour prendre les Britanniques à revers. Le soir même, près de La Canée, le « groupe ouest » fait sa jonction avec le 3e régiment de parachutistes.

24 mai
Crète. L'amiral Cunningham informe Londres qu'il n'est plus en mesure de barrer la route aux convois allemands, sinon au risque de pertes extrêmement graves. La réponse de Londres est catégorique : la Royal Navy et la R. A. F. doivent empêcher à tout prix les Allemands d'être ravitaillés par mer.
Dans l'île, les combats font rage partout : les parachutistes contre les Britanniques, les troupes alpines contre les Grecs retranchés dans les montagnes. Les avions allemands attaquent durement. Le soir, la situation à Réthymnon et à Candie est toujours indécise. Pendant la journée, les forces allemandes du secteur de Candie ont été renforcées par un autre bataillon de parachutistes.
Le général Freyberg demande à Wavell l'intervention massive de la R. A. F. pour appuyer ses troupes au sol. Dans la soirée, les Anglais débarquent à Suda 2 bataillons de commandos aux ordres du colonel Laycock.

25 mai
Crète. Les Allemands passent résolument à l'offensive. Leurs objectifs sont : Alikianou, d'où ils progresseront pour couper la route principale de l'île, au sud de la baie de Suda ; Galathas, au sud-ouest de La Canée ; et le village des Prisons, près de Galathas. Le soir, la position de Galathas est conquise, malgré une contre-attaque des Britanniques à la baïonnette. Elle est perdue momentanément, puis reprise après un violent engagement. A l'intérieur, Alikianou est âprement défendu par le 8e régiment grec et résiste.
Méditerranée. Au cours de la nuit, 3 groupes d'hommes-grenouilles italiens de la X MAS, aux ordres du lieutenant de vaisseau Catalani, forcent le port de Gibraltar. En raison du mauvais accrochage des torpilles à course lente de leurs engins d'assaut, l'action échoue.
France. Le parti communiste (clandestin) appelle à la constitution d'un « front national pour l'indépendance de la France ».

26 mai
Crète. Le général Freyberg fait part à Wavell de son inquiétude sur la situation. Il estime que la seule chose à faire est d'évacuer l'île pour sauver au moins une partie des troupes britanniques.
Des bombardiers en piqué allemands causent de si graves dégâts au porte-avions anglais *Formidable* qu'il faudra le confier à des chantiers américains pour le réparer.
Pilonnés par l'artillerie et l'aviation, et soumis à la forte pression allemande, les Britanniques se replient sur Mourniès, à l'est, et les Grecs au sud, dans l'intérieur.

27 mai
Crète. Sur autorisation de Londres, le général Freyberg prépare l'évacuation en bon ordre des troupes britanniques. Elle durera plusieurs nuits, et se fera par les petits ports d'Ierapetra et de Sfakia (Khora Sfakion), avec les bâtiments de l'amiral Cunningham. Les commandos et l'infanterie de marine protégeront la retraite et l'embarquement des autres forces. Cependant, dans la région de Pyrgos, les Allemands surprennent les Australiens et les Néo-Zélandais qui les repoussent momentanément.
Freyberg doit pourtant retirer le maximum de forces pour établir une ligne de défense au nord des points d'embarquement. L'action des Alle-

Bâtiment anglais en flammes dans la baie de Suda.

mands en est facilitée et, dans la région de Stilos, ils réussissent à couper du reste des Britanniques un bataillon de commandos. Les défenseurs de Réthymnon et de Candie commencent à manquer de munitions.
Les Allemands attaquent aussi La Canée. La journée s'achève par l'occupation de la baie de Suda.
Afrique du Nord. Rommel reprend et fortifie le col d'Halfaya, à la frontière égyptienne.
Atlantique. La marine britannique coule le *Bismarck.*

28 mai
Crète. Le général Ringel ne se rend pas encore compte de la situation désespérée de ses adversaires. Au lieu de faire porter ses efforts vers le sud de l'île, où les Britanniques sont en train de se rassembler pour embarquer, il donne l'ordre à ses troupes de montagne de gagner le nord, vers Réthymnon et Candie.
A la faveur de la nuit, les Britanniques commencent à embarquer. Ils perdent le croiseur de D.C.A. *Calcutta* ainsi que les destroyers *Greyhound, Hereward* et *Imperial.*
A Sitia, à la pointe nord-est de l'île, les Italiens débarquent 2700 hommes partis la veille de Rhodes à bord de 13 petits bateaux escortés par 5 destroyers et 6 MAS (canots à moteur anti-sous-marins).
France. Darlan signe les « Protocoles de Paris », qui autorisent les Allemands à utiliser les aéroports syriens, le port de Bizerte et une base sous-marine à Dakar. En échange, le Reich assouplit la ligne de démarcation et libère les anciens combattants de 1914-1918, au nombre de 7500.

29 mai
Crète. Afin de tenir l'ennemi en haleine et de protéger les opérations d'embarquement qui se poursuivent pendant la nuit, les Britanniques se contentent de résister à Candie, à Réthymnon et dans la plaine d'Askhifos. A Sfakia, les croiseurs *Phoebe, Perth, Glengyle, Calcutta* et *Coventry,* et 3 contre-torpilleurs embarquent 6000 hommes. Sur la route du retour, un Ju-88 cause de graves dégâts au *Perth.*

Des soldats du Commonwealth emportent des bornes fascistes qui marquaient la frontière entre le Kenya et la Somalie.

30 mai
Crète. Réthymnon et Candie tombent aux mains des Allemands. 2 autres contre-torpilleurs britanniques sont touchés par des avions allemands pendant l'embarquement, qui se poursuit néanmoins. Le général Freyberg quitte la Crète à son tour. Il reste encore 9000 Britanniques, dont une grande partie sont dispersés dans l'île.
Afrique du Nord. Une note du commandement suprême italien déconseille d'attaquer Tobrouk en force. « Tant que les troupes ennemies n'auront pas reçu des renforts importants, nous pouvons regarder la situation avec sérénité... Ce n'est que dans le cas contraire, et si, de notre côté, nous n'étions pas renforcés, que cette situation pourrait devenir dangereuse jusqu'à nous obliger à lever le siège de Tobrouk. »

31 mai
Crète. Les derniers éléments britanniques encore encadrés se hâtent vers Sfakia, mais, faute de moyens de transport, ils ne pourront pas tous embarquer.

1er juin
Crète. La bataille de Crète peut être considérée comme achevée. Les derniers Britanniques doivent embarquer dans la nuit. Les isolés n'ont d'autre solution que de se rendre ou de rejoindre les Grecs dans les montagnes pour y mener des opérations de guérilla.

2 juin
Crète. Le bilan de la bataille de Crète est sévère. L'armée de terre britannique a perdu 16583 hommes (8200 Anglais, 3376 Australiens et 2996 Néo-Zélandais), et la Royal Navy 2011 hommes. Du côté allemand, les pertes sont moins lourdes (3714 morts et disparus et environ 2500 blessés), mais il s'agit de troupes d'élite et le haut commandement n'osera plus employer les parachutistes dans des opérations à si grande échelle.
□ Hitler et Mussolini se rencontrent au Brenner pour s'entretenir des problèmes militaires les plus urgents.
France. Un « Statut des juifs » est publié par le gouvernement de Vichy. Il étend la liste des professions interdites à la publicité, la banque, la finance, l'immobilier, et impose un *numerus clausus* pour les autres professions libérales.

3 juin
L'aviation de l'Axe continue de bombarder Tobrouk.

4 juin
France. Déclenchée le 26 mai, une grève s'est étendue à tout le Nord-Pas-de-Calais : 100000 mineurs ont cessé le travail.

Yougoslavie. La Croatie prend des mesures d'« aryanisation » : les parcs, les restaurants, les tramways sont interdits aux Serbes, aux Juifs, aux Tziganes et aux chiens. A Glina, au sud de Zagreb, 1 260 Serbes sont brûlés dans une église orthodoxe.

6 juin
Aux États-Unis, dépôt d'un projet de loi autorisant le gouvernement à réquisitionner les navires de commerce étrangers immobilisés dans les ports américains.

7 juin
Afrique du Nord. Tandis que l'aviation italienne bombarde encore Tobrouk, les avions anglais font des incursions sur Benghazi et Derna.

8 juin
En Syrie, des unités de la « France libre » se joignent aux troupes britanniques pour attaquer les forces françaises fidèles au gouvernement de Vichy. Les 45 000 hommes de Vichy, aux ordres du général Dentz, résistent avec fermeté.

10 juin
Afrique-Orientale italienne. Les Anglais attaquent en force le centre de résistance de la région du Sidamo, au sud-ouest d'Addis-Abeba.
Après la reddition du duc d'Aoste à l'Amba Aladji, c'est le général Gazzera qui est devenu commandant supérieur des forces italiennes en Afrique orientale.

12 juin
Malte. Violents combats aériens entre la chasse italienne et la chasse anglaise. Le communiqué italien annonce 8 Hurricane abattus contre 2 appareils italiens.
Afrique-Orientale italienne. Au sud de l'Érythrée, une force navale anglo-indienne occupe le port d'Assab.

Pièce d'artillerie britannique à Tobrouk. Les Anglais se préparent à débloquer la situation en Afrique du Nord, tandis que les forces de l'Axe commencent à accuser une certaine fatigue.

Pendant une contre-offensive anglaise en Cyrénaïque, des troupes blindées allemandes progressent vers un objectif masqué par un rideau de fumée.

Dans la région de Gondar, à l'ouest de l'Amba Aladji, les attaques anglaises continuent. La garnison de Debra Tabor est soumise à de violents bombardements.

14 juin
Afrique du Nord. Au cours de l'après-midi, des forces anglaises venant de Sidi Barrani avancent jusqu'à une quarantaine de kilomètres de la frontière libyenne. Le soir, alors que leur progression reprend après une halte pour le ravitaillement, Rommel met ses troupes en alerte.
Dans la nuit, la chasse italienne bombarde Alexandrie.

15 juin
Malte. Arrivée en renfort de 43 avions de chasse des porte-avions *Ark Royal* et *Victorious.* Avant la fin du mois, 64 autres appareils, dont certains sont destinés aux bases d'Égypte, arriveront encore.
Afrique du Nord. En Cyrénaïque commence l'opération « Battleaxe » du général Wavell, qui veut diminuer la pression italo-allemande sur Tobrouk et, si possible, libérer la place. En effet, si la situation tactique est inchangée, la situation logistique empire inexorablement.
C'est surtout sur cela que compte Rommel, et il le dit dans une lettre : « L'eau se fait très rare à Tobrouk; les Anglais n'en perçoivent qu'un demi-litre par jour. Avec l'aide de nos bombardiers, j'espère réduire encore leur ration. La chaleur est de plus en plus accablante et l'on ne parvient pas à apaiser sa soif... » Le plan anglais envisage une attaque frontale de la 7ᵉ brigade blindée sur le col d'Halfaya, à l'ouest du fort Capuzzo, et le contournement du fort Capuzzo et de Solloum par la 4ᵉ brigade blindée et la 4ᵉ division indienne. Avant le soir, les Anglais ont conquis le fort Capuzzo et la position fortifiée de la crête Hafid, appelée Cote 206. Au col d'Halfaya, les Britanniques sont repoussés par l'artillerie allemande, dont les pièces de 88 mm font un massacre de chars. Ayant reçu l'ordre formel de ne pas attaquer, Rommel confie à ses troupes d'infanterie la mission de briser l'attaque anglaise et déplace à l'ouest sa 5ᵉ division légère pour l'envoyer ensuite en direction du sud, sur Sidi Omar, à l'ouest de la Cote 206.

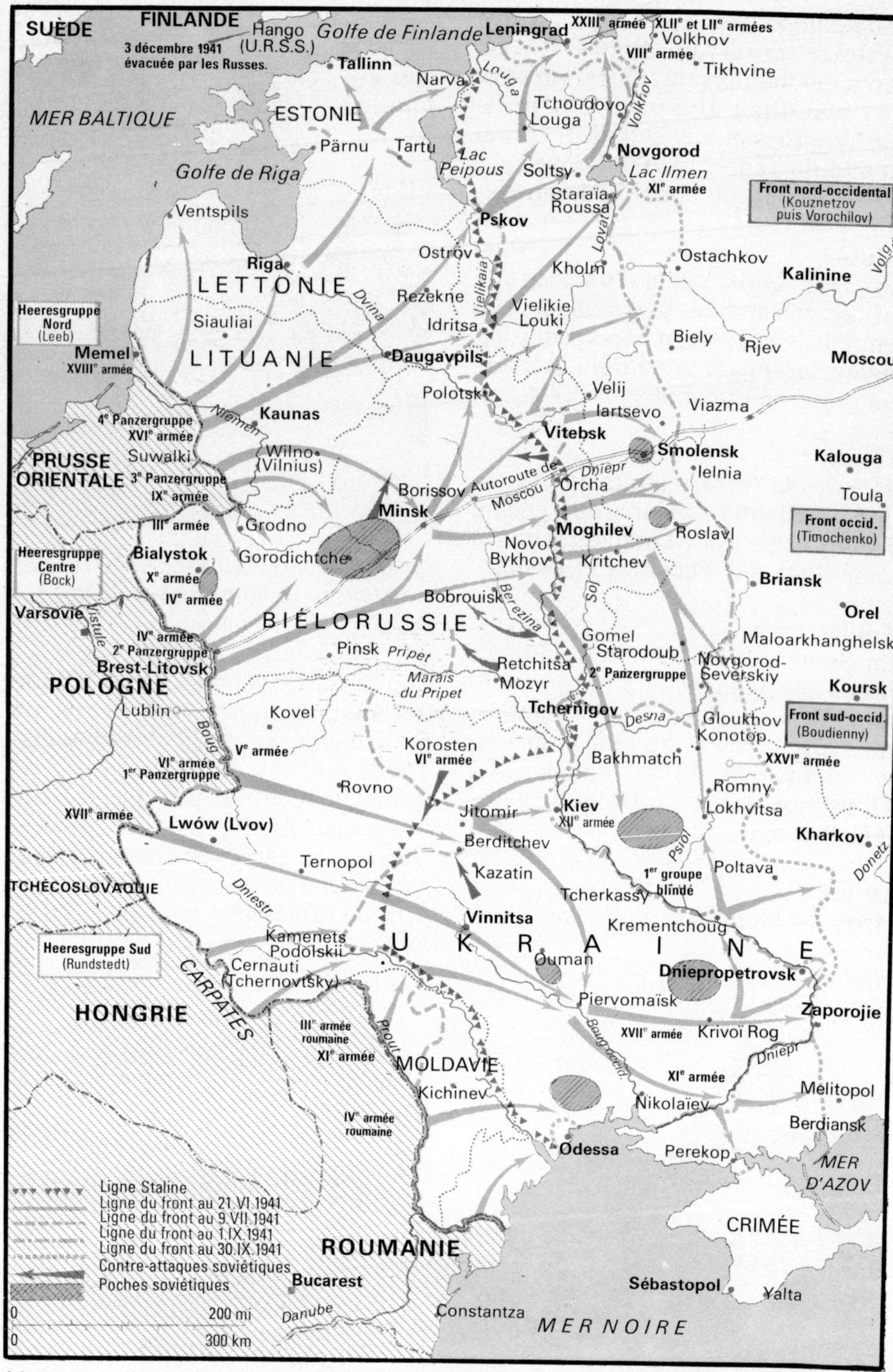

L'attaque allemande contre l'Union soviétique (opération « Barberousse »).

16 juin
Afrique du Nord. Au cours de sa progression vers le sud, la 5ᵉ division légère allemande est aux prises toute la journée avec la 7ᵉ brigade blindée britannique, qui perd la quasi-totalité de ses chars, soit au combat, soit parce qu'ils tombent en panne. Entre-temps, la 4ᵉ brigade blindée anglaise abandonne le fort Capuzzo pour faire sa jonction, au sud, avec la 7ᵉ brigade blindée et protéger ainsi le flanc gauche du dispositif britannique, que la 5ᵉ division légère allemande menace de contourner.
États-Unis. Le Département d'État demande au Reich de fermer tous ses consulats aux États-Unis.

17 juin
Afrique du Nord. Arrivée à la hauteur de Sidi Omar, la 5e division légère allemande infléchit sa marche vers le sud, en direction de Sidi Souleiman. Par ailleurs, dans la matinée, Rommel lance vers le sud-ouest, puis vers l'est, le 8e régiment blindé, qui s'était porté en arrière du fort Capuzzo. Il a décidé de rassembler ses blindés à l'ouest du col d'Halfaya, puis de déclencher une attaque dans cette direction contre les Anglais, qui s'y pressent. Sa manœuvre réussit, et les Britanniques doivent se replier pour éviter d'être pris dans un étau. L'après-midi, la situation à la frontière égypto-libyenne est exactement ce qu'elle était deux jours auparavant, au début de l'opération « Battleaxe ».
France. Les professeurs de la faculté de théologie de Lyon protestent contre la législation antisémite instaurée par le gouvernement de Vichy.

Les 88 allemands font un massacre de blindés britanniques.

18 juin
Afrique du Nord. L'aviation allemande bombarde les Anglais, qui se retirent du col d'Halfaya.
Ankara. L'ambassadeur d'Allemagne von Papen signe pour dix ans un traité d'amitié entre le Reich et la Turquie.

19 juin
Afrique-Orientale italienne. Les attaques des Britanniques contre les positions italiennes de Gondar et de Debra Tabor se font de plus en plus rudes.
☐ L'Italie et l'Allemagne demandent aux États-Unis de fermer les consulats de leurs pays respectifs.

21 juin
Afrique du Nord. Churchill décide de remplacer le général Wavell, commandant en chef des forces britanniques au Moyen-Orient, par le général Auchinleck, commandant en chef aux Indes.
Afrique-Orientale italienne. Des troupes anglaises entrent à Djimma, au sud-ouest d'Addis-Abeba, et reçoivent la reddition de la garnison italienne. D'un autre côté, le gros des troupes italiennes, qui est concentré dans le Sidamo aux ordres du général Gazzera, est contraint d'évacuer la région après avoir résisté 3 mois aux attaques du général Cunningham. Les Italiens se replient vers l'ouest. Mais la résistance continue en Éthiopie. Les derniers éléments, retranchés aux environs du lac Tana, au sud de Gondar, tiendront jusqu'au mois de novembre, avec le général Nasi.

22 juin
3 h 15 : L'opération « Barberousse » se déclenche contre l'Union soviétique. Dès le 21 juillet 1940, Hitler avait demandé à ses généraux de préparer une offensive contre la Russie. Le 18 décembre de la même année, il avait lancé sa directive n° 21 traitant du même sujet. Le plan d'invasion fut ensuite modifié deux fois. La version originelle prévoyait deux offensives principales, sur Moscou et sur Kiev, avec une action de couverture au nord, vers Leningrad. La deuxième version conservait Moscou comme objectif prioritaire, mais envisageait en outre une progression en Ukraine avec des forces stationnées en Roumanie, et un effort plus soutenu vers Leningrad. Le plan définitif prévoit une poussée immédiate sur Leningrad, avec une pression simultanée en direction de Smolensk et de Moscou.
L'attaque allemande prend les Soviétiques au dépourvu. La formidable armée du Reich s'est concentrée sans qu'ils se soient rendu compte du danger. Les succès des envahisseurs, qui pensent avoir achevé leur campagne avant l'hiver, sont foudroyants. Ils enfoncent les Russes presque partout.
☐ L'Italie et la Roumanie déclarent la guerre à l'U. R. S. S.
Le Führer a installé son quartier général (appelé *Wolfsschanze*, c'est-à-dire « repaire du loup ») en Prusse-Orientale, dans une forêt des environs de Rastenburg (aujourd'hui Ketrzyn).
Les troupes allemandes enfoncent les lignes soviétiques dans tous les secteurs, à l'exception du sud, où la résistance acharnée de l'adversaire ne leur permet de percer que par endroits. Par ailleurs, non seulement les Russes manquent de véhicules automobiles pour se déplacer

LE FRONT RUSSE

LES FORCES ALLEMANDES ET LEUR DÉPLOIEMENT

Le feld-maréchal von Brauchitsch a reçu mission de coordonner les opérations en Russie. Sur les 205 divisions de l'armée allemande, 133 sont destinées au plan « Barberousse » et 20 autres sont en réserve. Les divisions restantes sont ainsi réparties : 38 à l'ouest, 12 en Norvège et 2 en Afrique du Nord. Pour attaquer l'Union soviétique, von Brauchitsch dispose de 3 200 000 hommes, 3 580 chars, 600 000 véhicules, 600 000 chevaux et 7 481 pièces d'artillerie. Les forces terrestres sont appuyées par 3 *Luftflotten* totalisant 1 160 bombardiers et chasseurs-bombardiers, 720 avions de chasse et 120 avions de reconnaissance. Tous ces appareils sont modernes. Dans un second temps, 14 divisions roumaines, 2 divisions hongroises et 2 divisions slovaques se joindront aux forces allemandes.
Le front est divisé en trois secteurs, tenus chacun par un groupe d'armées *(Heeresgruppe).*
Le secteur nord, de Memel (aujourd'hui Klaïpeda) au saillant de Suwalki, en Prusse-Orientale, est tenu par le *Heeresgruppe* Nord du feld-maréchal von Leeb, avec 26 divisions dont 3 blindées et 2 motorisées. Il comprend la XVIe armée (général Busch), la XVIIIe armée (général von Küchler) et le 4e *Panzergruppe* (général Hoepner). L'appui aérien lui est fourni par la Ire *Luftflotte* (général Keller).
Le secteur central, du saillant de Suwalki à Lublin, est tenu par le *Heeresgruppe* Centre du feld-maréchal von Bock. Il compte 48 divisions dont 9 blindées, 6 motorisées et 1 division de cavalerie montée. Du nord au sud, sont engagés le 3e *Panzergruppe* (général Hoth) avec 840 chars, la IXe armée (général Strauss), la IVe armée (feld-maréchal von Kluge) et le 2e *Panzergruppe* (général Guderian) avec 930 chars. La IIe *Luftflotte* (feld-maréchal Kesselring) se trouve affectée à ce secteur.
Le secteur sud, qui s'étend de Lublin à la mer Noire, est confié au *Heeresgruppe* Sud, aux ordres du feld-maréchal von Rundstedt. Il comprend 59 divisions dont 5 blindées et 3 motorisées, ainsi réparties du nord au sud : entre Lublin et la frontière slovaque, la VIe armée (feld-maréchal von Reichenau), le 1er *Panzergruppe* (général von Kleist) avec 750 chars, et la XVIIe armée (général von Stülpnagel) ; en Roumanie, la XIe armée (général von Schobert). 2 divisions hongroises et 14 divisions roumaines forment 2 armées : la IIIe (général Dumitrescu) et la IVe (général Ciuperca). Le secteur a l'appui aérien de la IVe *Luftflotte* (général Löhr).

Dornier Do. 17 Z-2

Panzerkampfwagen IV

LES FORCES SOVIÉTIQUES ET LEUR DÉPLOIEMENT

Les Soviétiques ont l'équivalent de 158 divisions : 118 divisions d'infanterie et 40 divisions blindées et motorisées, groupées en « corps mécanisés », pour un total de 4 700 000 hommes, sans compter les réserves. Cependant, au jour de l'invasion allemande, 2 500 000 hommes seulement sont en position à proximité du front occidental. Leur aviation compte 1 350 bombardiers dont 500 à peine de modèle récent, 2 000 avions de chasse en grande partie démodés par comparaison avec ceux des Allemands, et environ 800 appareils de reconnaissance vétustes. De la Baltique à la mer Noire, les forces soviétiques sont réparties en 5 fronts, réduits à 3 par la suite, aux ordres des généraux Vorochilov, Timochenko et Boudienny. Au moment de l'attaque allemande, leur déploiement est le suivant :
Front du Nord (Lettonie à l'est de Riga et Leningrad), sous le com-

Mikoyan-Gourevitch Mig-1

T. 34/76

mandement du général Popov : 4 divisions ;
Front du Nord-Ouest (de Riga au sud de Kaunas), sous les ordres du général Kouznetzov, remplacé ensuite par le général Sobennikov : 24 divisions dont 4 blindées, formant ensemble la VIIIe armée (général Sobennikov) et la XIe armée (général Morosov) ;
Front de l'Ouest (de Kaunas à Brest-Litovsk) aux ordres du général Pavlov puis de Timochenko : 38 divisions dont 8 blindées, constituant la IIIe armée (général Kouznetzov), la Xe armée (général Goloubev) et la IVe armée (général Korobkov) ;
Front du Sud-Ouest (de Brest-Litovsk à la basse Ukraine), aux ordres du général Kirponos puis de Boudienny : 56 divisions dont 16 blindées, formant la Ve armée (général Potapov), la VIe armée (général Moutsichenko), la XXVIe armée (général Kostenko) et la XIIe armée (général Ponedelin) ;
Front du Sud (de la basse Ukraine à la mer Noire) sous le commandement du général Tyoulenev : 16 divisions dont 4 blindées, constituant la XVIIIe armée (général Smirnov) et la IXe armée (général Tcherevitchenko).
A l'arrière des différents fronts, 20 divisions ou des forces équivalentes sont tenues en réserve.
Comme on peut le constater, le gros des unités blindées des Soviétiques est concentré en Ukraine. Mais elles présentent les mêmes défauts que leur aviation. On n'a pas de chiffres précis sur le nombre de chars dont ils disposent le 22 juin 1941. Toutefois, on l'estime à quelques milliers de vieux modèles légers et moyens (BT-5, BT-7, T-26, etc.), tandis que les documents officiels font état de 867 T-34 et 508 KV-1, respectivement de 28 et 43,5 t, armés d'un excellent canon de 76,2 mm, de 2 ou 3 mitrailleuses de 7,62 et puissamment cuirassés. Par leur nombre et leurs performances (le T-34 pouvait atteindre la vitesse de 51 km/h), les chars soviétiques devaient théoriquement surclasser les chars lourds Pz KW-4 dont disposaient les Allemands (ils en avaient 439 au total). En pratique, cette supériorité était annulée par le manque de personnel spécialisé et de pièces de rechange, et surtout par la doctrine erronée des Russes qui utilisaient leurs blindés en appui de l'infanterie.

Base aérienne russe détruite par la Luftwaffe au cours de l'attaque surprise de l'Allemagne contre l'Union soviétique.

Une patrouille allemande, en position dans les ruines de Brest-Litovsk, tire à la mitrailleuse sur un nid de résistance soviétique. Après Brest-Litovsk, Lwów tombera, le 30 juin.

rapidement, mais ils ne sont même pas installés sur leur frontière, qui est toute récente et peu fortifiée. Ils sont, au contraire, échelonnés en profondeur, sur des distances de 100 à 500 km. Les Allemands bénéficient donc de l'effet de surprise. Et pourtant, l'attaque était prévisible. Dès le 19 mai, l'agent secret Richard Sorge, qui opérait au Japon, l'avait annoncée en indiquant même les forces qui y participeraient. Le 15 juin, il en avait précisé la date. Le 18 juin, un déserteur allemand s'était rendu pour échapper à la cour martiale; il avait confirmé les renseignements de Sorge. Mais Staline et Molotov, convaincus que l'Allemagne ne ferait rien tant qu'elle s'intéressait à l'invasion de l'Angleterre, n'en tinrent aucun compte.

Molotov attend plusieurs heures avant d'annoncer l'événement au peuple soviétique. « Ce matin à 4 heures, sans déclaration de guerre et sans qu'aucune revendication ait été présentée à l'Union soviétique, les troupes allemandes ont attaqué notre pays et tenté de forcer notre frontière en de nombreux points. Leur aviation a bombardé Jitomir, Kiev, Sébastopol, Kaunas et d'autres localités. Le nombre des morts et des blessés est supérieur à 200. D'autres actions aériennes et des bombardements d'artillerie ont été perpétrés à partir des territoires roumain et finlandais. Cette attaque insensée est un acte de perfidie qui n'a pas d'égal dans l'histoire des nations civilisées. Elle a été accomplie en dépit du pacte de non-agression qui existe entre l'Union soviétique et l'Allemagne..., et bien que le gouvernement allemand n'ait jamais eu à reprocher à l'Union soviétique de ne pas tenir ses engagements. C'est pourquoi l'entière responsabilité de cet acte de brigandage doit retomber sur le gouvernement nazi... Le gouvernement soviétique est profondément convaincu que toute la population de notre pays fera son devoir... Il fait appel à vous, hommes et femmes, citoyens de l'Union soviétique, pour que vous vous rassembliez encore plus étroitement autour de notre glorieux parti bolchevique, du gouvernement soviétique et de notre grand chef le camarade Staline. Notre cause est juste. L'ennemi sera battu. La victoire est à nous. » Staline ne parlera au peuple que le 3 juillet, onze jours plus tard.

Un comité suprême de défense (Stavka) est constitué d'urgence et 15 millions d'hommes sont appelés sous les drapeaux.

Afrique du Nord. Le général Wavell est informé par son gouvernement qu'il est relevé de sa charge de commandant en chef des forces britanniques au Moyen-Orient pour prendre le commandement suprême des troupes anglaises stationnées aux Indes. La guerre du Moyen-Orient perd ainsi l'un de ses principaux acteurs.

23 juin

Front soviétique. L'avance allemande est spectaculaire. Dans le secteur du *Heeresgruppe* Nord, le

56e corps blindé (général Manstein) du 4e *Panzergruppe* (Hoepner) a franchi le grand viaduc d'Ariogala, sur la Dubysa, à 80 km de sa base de départ. Dans le secteur central, après avoir passé le Boug dans la foulée en aval et en amont de Brest-Litovsk, les chars de Guderian (24e corps blindé du général Schweppenburg et 47e corps blindé du général Lemelsen) sont en position à Kobrine et Proujani, c'est-à-dire à 70 km environ de la frontière, tandis que ceux de Hoth (62e corps blindé du général Kuntzen et 39e corps blindé du général Schmidt), en une progression de 90 km, ont pris intacts les ponts sur le Niémen et se sont emparés de Meretch et d'Alytus. En revanche, en raison de la forte concentration d'unités soviétiques dans le secteur sud (56 divisions dont 16 blindées), le 1er *Panzergruppe* de von Kleist n'a progressé que modérément au sud du Pripet.

La Luftwaffe continue à infliger des coups très durs à l'ennemi : le 22 juin avant midi, au premier jour des opérations, elle a déjà détruit 1 200 avions au sol ou au combat.

L'état-major soviétique donne à ses unités en plein chaos des ordres qui révèlent une totale ignorance de la situation, par exemple ceux qu'il envoie au commandant du Front du Sud-Ouest, lui enjoignant de déclencher une offensive pour conquérir avant le 24 la ville de Lublin, à 50 km à l'intérieur des lignes allemandes.

Afrique du Nord. Les incursions aériennes des Italiens et des Allemands continuent sur Tobrouk, sans résultats appréciables.

Italie. Raid de l'aviation britannique sur Syracuse.

24 juin

La Slovaquie déclare la guerre à l'U. R. S. S.

□ En Espagne et au Danemark, ouverture de bureaux de recrutement de volontaires contre l'Union soviétique.

Front soviétique. Violente contre-attaque russe dans le secteur nord.

Afrique du Nord. Pendant la nuit, des escadrilles de bombardiers britanniques attaquent Benghazi et Tripoli.

25 juin

Front soviétique. Dans le secteur sud, les Allemands occupent Doubno, grand centre au nord-est de Lwów. Sur les flancs du *Heeresgruppe* Centre, les blindés de Guderian et de Hoth atteignent Baranovitchi, Lida et Borodetchno, à plus de 200 km à l'est de Bialystok, où se trouve le général soviétique Pavlov, commandant le Front de l'ouest. Les IIIe, Xe et IVe armées russes se voient menacées d'encerclement.

Sur le Front du Nord, les Russes attaquent les positions défensives des Finlandais, qui contre-attaquent alors dans la région de Mourmansk.

Afrique-Orientale italienne. L'aviation britannique attaque en force la garnison de Debra Tabor, au sud-ouest de l'Amba Aladji.

Lituanie. Les Allemands suscitent, contre la population juive, des pogroms qui feront, en quelques semaines, 70 000 morts. Il y en aura 30 000 en Lettonie.

Roumanie. Premier pogrom à Jassy.

26 juin

A son tour, la Finlande déclare la guerre à l'U. R. S. S.

Front soviétique. Dans le secteur nord, le 4e *Panzergruppe* du général Hoepner dévale sur la Lituanie et s'empare de Daugavpils, sur la Dvina ; il établit des têtes de pont au-delà du fleuve. Dans le secteur du *Heeresgruppe* Centre, les chars de Guderian et de Hoth établissent leur premier contact à Slonim, entre Baranovitchi et Bialystok.

Italie. A Vérone, Mussolini passe en revue la division Torino, destinée au front russe.

27 juin

La Hongrie déclare la guerre à l'Union soviétique.

Front soviétique. Après avoir progressé au-delà de Brest-Litovsk, le *Heeresgruppe* Centre de von Bock exécute une manœuvre en tenaille entre Bialystok et Novogroudok et enferme dans une vaste nasse d'importantes forces ennemies.

Tandis que les Anglais affaiblissent de plus en plus la résistance italienne, les Abyssins s'organisent en bandes armées.

ESPACE, TEMPS ET ARCHITECTURE

Le critique d'art suisse Sigfried Giedion publie *Espace, Temps et Architecture,* texte fondamental pour l'étude et la compréhension de l'architecture moderne.

Formé à l'école de Burckhardt et à celle de Riegl, Giedion devient un observateur pénétrant des nouvelles tendances de l'architecture, notamment grâce à ses fonctions de secrétaire général du C. I. A. M. (Congrès international d'architecture moderne), organisme fondé en 1928 par les plus grands architectes de l'école moderne (Gropius, Le Corbusier, etc.).

Enseignant à Zurich et à Harvard, Giedion se montre un spécialiste prolifique et rarement orthodoxe ; il s'attache surtout à clarifier les origines et les tendances de l'architecture du XXe siècle.

Front soviétique : dans le secteur central, ce soldat allemand vient d'être atteint par le feu de la Xᵉ armée russe.

Entre les Carpates et les marais du Pripet, le *Heeresgruppe* Sud de von Rundstedt et le 1er *Panzergruppe* de von Kleist avancent sur Kiev et Vinnitsa, au sud-ouest de Kiev. Les Soviétiques résistent avec opiniâtreté. A partir du 2 juillet, le groupe d'armées Antonescu, formé des IIIe et IVe armées roumaines et de la XIe armée allemande, participera à l'attaque sur l'aile droite, dans le secteur de la Moldava.

Le général Mannerheim, héros national finlandais, lance une proclamation à son peuple pour l'inviter à la« guerre sainte » contre les Soviétiques.

Malte. Furieux combats aériens entre la chasse anglaise et les formations de l'Axe. Les attaques des installations du port de La Valette sont de plus en plus fréquentes.

28 juin

L'Albanie déclare la guerre à l'U. R. S. S.

Front soviétique. Les troupes du *Heeresgruppe* Centre poursuivent leur avance et menacent Minsk.

☐ Les Japonais pénètrent en Cochinchine.

29 juin

Front soviétique. Dans le secteur central, le 3e *Panzergruppe* de Hoth et le 2e *Panzergruppe* de Guderian se rejoignent aux environs de Minsk, après avoir exécuté une nouvelle manœuvre en tenaille. Ils enferment les troupes soviétiques dans une immense nasse aux environs de Gorodichtche, petite ville de Biélorussie, au sud-ouest de Minsk, près de Baranovitchi.

En Finlande, les forces de Mannerheim attaquent les Russes en Carélie, tandis qu'à l'extrême nord, les Finlandais et les Allemands venant de Norvège sont aux prises avec les Soviétiques dans la région de Mourmansk. L'enjeu de la bataille est double : une mine de nickel de grande importance stratégique et Mourmansk, le seul port de la mer de Barents qui ne soit jamais pris par les glaces. L'objectif de l'offensive finlandaise en Carélie est la jonction avec le *Heeresgruppe* Nord.

30 juin

La France de Vichy rompt ses relations diplomatiques avec l'U. R. S. S.

Front soviétique. Dans le secteur central, les Allemands occupent Bobrouisk et établissent une tête de pont au-delà de la Berezina. En même temps, ils éliminent la grande poche de Bialystok et détruisent ce qui reste de la Xe armée russe.

Le *Heeresgruppe* Sud s'empare de Lwów et aborde la ligne Staline, système de fortifications que les Soviétiques ont totalement négligé après le report de leur frontière en Pologne. La menace sur Kiev se précise.

Engagés maintenant sur le Front de l'Est, les Allemands suspendent la bataille d'Angleterre, qui a causé, rien qu'à Londres, la destruction de 116 000 édifices.

1er juillet

Sur le plan diplomatique, Ribbentrop exhorte le ministre japonais des Affaires étrangères à pousser son gouvernement à déclarer la guerre à l'U. R. S. S., car les Soviétiques, en train de dégarnir le front d'Extrême-Orient pour ramener à l'ouest tous les renforts disponibles, n'ont jamais été aussi faibles. Selon lui, un grand bloc euro-asiatique dissuadera les États-Unis de toute intervention. Mais le Japon refusera (et Moscou en sera informé par Sorge); il a déjà opté pour une expansion en Asie du Sud-Est et pour le pétrole des Indes néerlandaises.

2 juillet
Le Japon fait rentrer tous ses bateaux de commerce qui se trouvent dans l'Atlantique et mobilise 1 million d'hommes.
Front soviétique. Dans le secteur du *Heeresgruppe* Nord, le 4e *Panzergruppe* (Hoepner) se concentre sur la rive droite de la Dvina et enfonce les fortifications soviétiques à Ostrov, sur la frontière lettone.
Dans le secteur du *Heeresgruppe* Sud, la XIe armée allemande et les IIIe et IVe armées roumaines arrivent en ligne. La pression sur les Russes augmente donc considérablement en Moldavie et sur Vinnitsa.

3 juillet
A 6 h 30 du matin, pour la première fois depuis le début de l'invasion, Staline prend la parole à la radio soviétique. Le préambule de son discours est insolite, mais certainement adapté aux circonstances : « Camarades, citoyens, frères et sœurs, combattants de notre armée et de notre marine, c'est à vous que je parle, mes amis ! » Il admet la perte de la Lituanie, d'une grande partie de la Lettonie, d'une partie de la Biélorussie et de l'Ukraine occidentale. « Une grave menace pèse sur notre patrie. » Mais, dit-il, les Allemands ne sont pas invincibles. Et il rappelle l'exemple de Napoléon. Il justifie ensuite le pacte de non-agression de 1939 avec l'Allemagne (que les « purs » du Parti lui ont reproché), dicté, selon lui, par la vocation pacifique de l'U. R. S. S. Il exhorte enfin les Russes à résister à outrance et à tout brûler devant l'envahisseur. « Quiconque, par peur ou par lâcheté, fera obstacle à notre défense, sera immédiatement jugé par des tribunaux militaires, quels que soient son grade et sa fonction. » Il annonce la création récente d'un comité national de défense de l'État (présidé par Staline et formé de Molotov, Vorochilov, Malenkov et Beria), incite à la guerre de partisans et ordonne la mobilisation de toutes les ressources. Il fait appel au patriotisme russe (le peuple doit participer à la guerre « pour le salut de la patrie ») plutôt qu'à l'idéal communiste.

Vue aérienne de Minsk, tombée aux mains des Allemands après de durs combats qui commencèrent le 29 juin.

Le front est réorganisé en trois secteurs : celui du Nord-Ouest et du Nord, avec la flotte de la Baltique, est confié à Vorochilov ; celui de l'Ouest est sous les ordres de Timochenko, et celui du Sud-Ouest, avec la flotte de la mer Noire, sous ceux de Boudienny. Aux trois commandants de secteurs sont respectivement adjoints trois conseillers militaires, Jdanov, Boulganine et Khrouchtchev. Dans les grandes villes, on constitue des bataillons ouvriers. Tous les hommes de 16 à 60 ans et toutes les femmes de 18 à 50 ans sont tenus de s'inscrire aux groupes de défense civile. La résistance doit être acharnée : il faut tenir à tout prix la ligne qui va de Smolensk à Moscou.
Du côté allemand, le général Halder, chef d'état-major général, note dans son *Journal de marche* que la mission des forces armées du Reich, qui consistait à écraser le gros des armées ennemies en deçà de la Dvina et du Dniepr, peut être considérée comme accomplie.
Afrique-Orientale italienne. Dans la région du Galla et du Sidamo, le général Gazzera est contraint de se rendre aux Anglais, qui lui accordent les honneurs de la guerre.

4 juillet
Afrique-Orientale italienne. La garnison italienne de Debra Tabor (environ 6 000 hommes aux ordres du colonel Angelini) est obligée de se rendre.

En haut : dans une rue de Jitomir, un canon de campagne allemand se prépare à ouvrir le feu, tandis que des soldats tirent sur un nid de résistance russe.
Ci-dessus : des chasseurs-bombardiers allemands se dirigeant sur Vitebsk survolent les ruines de Smolensk. A la fin du deuxième mois de guerre, les Allemands auront occupé plus de 800 000 km² de territoire.

5 juillet
Front soviétique. Dans le secteur sud, à proximité de l'ancienne frontière polonaise, à l'est de Lwów, la VIe armée allemande (von Reichenau) ouvre une brèche dans la ligne Staline, sur les positions des VIe et XXVIe armées soviétiques. Le 1er *Panzergruppe* de von Kleist s'engage dans la trouée vers Berditchev et Jitomir (au sud-est et à l'est de Kiev). Hitler lui donne l'ordre de s'arrêter.

6 juillet
Front soviétique. Dans le secteur sud, les Roumains occupent Cernauti (aujourd'hui Tchernovtsy), un peu au-delà des Carpates, et sont accueillis avec enthousiasme par une population d'origine roumaine. Aux environs de Vitebsk, non loin de Smolensk, la XVIe armée du *Heeresgruppe* Nord fait sa jonction avec la IXe armée du *Heeresgruppe* Centre. La plus au nord des armées allemandes, la XVIIIe, progresse jusqu'à une ligne partant du lac Peipous, passant par Tartou, et atteignant Pärnou, au nord du golfe de Riga.
Afrique du Nord. L'aviation italo-allemande bombarde Tobrouk et la zone de Sidi Barrani.
Italie. L'aviation anglaise fait une incursion sur Palerme.

7 juillet
Front soviétique. Les Allemands accentuent leur pression de la Baltique à la mer Noire, et liquident les poches où d'importantes forces ennemies sont encerclées.
□ En accord avec les autorités locales et le gouvernement britannique, les Américains débarquent en Islande la 1re brigade de marines du général John Marston. Roosevelt justifie l'opération par la nécessité de défendre l'Occident.
France. Création d'une « légion des volontaires français contre le bolchevisme » (L. V. F.), patronnée par Marcel Déat et Jacques Doriot.

8 juillet
L'Allemagne et l'Italie proclament la fin de l'État yougoslave. L'État indépendant de Croatie est érigé en royaume avec pour roi Tomislas II (Aymon, duc de Spolète, neveu de Victor Emmanuel III). La province autonome de Ljubljana, à peine constituée, est annexée au royaume d'Italie. La plus grande partie de la Dalmatie, avec les îles de l'Adriatique et les bouches de Kotor, est également annexée à l'Italie. Une grande partie de la Bosnie est occupée militairement et placée sous administration italienne. Le Monténégro devient protectorat italien; la monarchie doit y être restaurée, mais cette mesure ne sera jamais appliquée. La Croatie adhérera au Pacte tripartite le 12 juillet et au Pacte antikomintern le 25 novembre. Le Reich annexe la basse Carinthie et une partie de la Carniole. La Hongrie se voit attribuer le territoire compris entre la Save et le Mur, une partie de la Baranya entre Save et Danube qui avait été donnée à la Yougoslavie en 1918, et une partie de la Bačka, en Serbie.
Front soviétique. Dans le secteur nord, le 4e *Panzergruppe* (Hoepner) s'empare de Pskov, près de la pointe sud du lac du même nom, et progresse vers le nord-est en direction de Novgorod et de Leningrad.

9 juillet
Front soviétique. La résistance russe s'épuise dans toutes les poches qui n'ont pas encore été liquidées. Jusqu'à ce jour, l'Armée rouge a perdu 300 000 prisonniers et 2 500 chars. Dans le secteur de Bialystok, 40 divisions ont été anéanties.
Les 2e et 3e *Panzergruppen* (Guderian et Hoth), réunis pour constituer la IVe armée blindée, progressent au-delà du Dniepr et de la Dvina en direction de Smolensk, sur la route de Moscou.
Afrique du Nord. L'aviation et l'artillerie des forces de l'Axe continuent de bombarder Tobrouk.
Italie. Raid de nuit de l'aviation anglaise sur Naples.

10 juillet
Après la division Torino, le reste du corps expéditionnaire italien en Russie, c'est-à-dire les divisions Pasubio et Prince Amédée duc d'Aoste, ainsi que la légion de « chemises noires » Tagliamento, part pour le Front de l'Est.
Front soviétique. Dans le secteur sud, les Russes déclenchent une soudaine et violente contre-attaque aux environs de Korosten, à l'ouest de Kiev. Ils sont repoussés après un combat très sévère avec le 1er *Panzergruppe* de von Kleist.

11 juillet
Front soviétique. Après avoir repoussé la contre-attaque russe à Korosten, les troupes blindées allemandes avancent jusqu'à 16 km à peine de Kiev, mais la résistance acharnée des Soviétiques les oblige à marquer le pas.
Malte. Violente bataille dans le ciel de l'île. De source italienne, 4 avions anglais auraient été abattus et de nombreux autres détruits au sol. Les Britanniques ne confirmeront pas la nouvelle.

12 juillet
A la suite d'une proposition que Churchill a faite à Staline deux jours auparavant, la Grande-Bretagne et l'U. R. S. S. concluent un pacte d'assistance mutuelle. Les parties contractantes s'engagent à ne pas signer de paix séparée.
□ Pour la première fois, la Luftwaffe bombarde Moscou.

13 juillet
Front soviétique. Dans le secteur nord, les Allemands poursuivent leur avance de Pskov vers Louga, à 120 km environ de Leningrad.

14 juillet
Front soviétique. Dans le secteur nord, les Allemands atteignent le fleuve Louga et menacent directement Leningrad. La défense des Soviétiques est compromise par leur désorganisation et moins tenace que dans les autres secteurs. Les autorités responsables se rendent pleinement compte de la gravité de la situation. Vorochilov, commandant en chef des armées du Nord, et Jdanov, chef de l'organisation du parti pour Leningrad, adressent à « toutes les unités de la direction nord-ouest » un ordre du jour où l'on peut lire : « L'ennemi fait peser directement sa menace d'invasion sur Leningrad, berceau de la révolution prolétarienne. Alors que les troupes qui combattent entre la mer de Barents et les régions de Tal-

linn et de Hangö résistent valeureusement aux hordes nazies et finlandaises en défendant chaque pouce de notre terre soviétique bien-aimée, celles du Front du Centre-Ouest (c'est-à-dire celles du secteur de Leningrad) ne repoussent pas les attaques ennemies et abandonnent souvent leurs positions sans lutter, encourageant ainsi l'arrogance croissante des Allemands. Certains lâches, non seulement quittent le front sans en avoir reçu l'ordre, mais sèment la panique parmi les soldats fidèles et valeureux. Les officiers et les responsables politiques ne font rien pour endiguer le désordre. Leur conduite honteuse ne fait que l'accroître et provoquer la désorganisation du front ». L'ordre du jour poursuivait en avertissant tous ceux qui abandonneraient les lignes sans ordre supérieur qu'ils seraient jugés par un tribunal de campagne et fusillés « sans tenir compte de leur grade ni de leurs états de service ». Ainsi qu'on peut le constater, tout en affirmant leur volonté de tenir coûte que coûte, les Russes admettent que la situation est critique.

☐ En Syrie, Français et Anglais signent un armistice. La Syrie est proclamée indépendante. A la suite de cet échec, Darlan obtient des Allemands qu'ils renoncent à utiliser Bizerte et Dakar.

☐ En Yougoslavie, commencement des opérations de guérilla contre les armées allemande et italienne. La résistance a été déclenchée en Serbie par le général Draja Mihailovitch et au Monténégro par Josip Broz, dit Tito, chef du parti communiste.

15 juillet

Front soviétique. Devant Leningrad, les Russes lancent une contre-attaque dans la partie sud de la « ligne Louga », entre le lac Ilmen et Soltsy. Ils poursuivront leur effort jusqu'au 18, mais devront se limiter à retarder l'avance ennemie. Les divisions improvisées de l'*opolcenie,* la milice urbaine recrutée à Leningrad, sont pleines de bonne volonté mais sans expérience. Elles se ruent sur les chars allemands qui les massacrent. Des centaines de milliers d'hommes et de femmes sont alors mobilisés pour construire des fortifications. On établit plusieurs lignes de défense : l'une de l'embouchure de la Louga à Tchoudovo, Gatchina, Urick, Poulkovo et le long de la Neva ; une autre, « extérieure », passant par Peterhof, Gatchina, Poulkovo, Kolpino et Koltouchi, à l'est de la ville et au nord de la Neva. D'autres défenses sont préparées face aux Finlandais, aux abords immédiats de Leningrad et dans la banlieue nord. A la fin, les Russes auront creusé 540 km de fossés antichars, installé 640 km de réseaux de barbelés, réalisé 25400 km de tranchées à ciel ouvert et construit 5000 positions d'artillerie et de mitrailleuses en bois et en béton, ainsi que 300 km de barricades formées d'abattis.

☐ Les États-Unis installent une base aéronavale à Argentia, dans l'île de Terre-Neuve.

Colonne italienne progressant dans le désert en direction de Giaraboub.

16 juillet

Hitler convoque Goering, Keitel, Larrers, Bormann et le théoricien du nazisme Rosenberg à son quartier général pour leur exposer les objectifs de l'Allemagne dans les régions occupées à l'est. Une partie de ces territoires sera organisée en quatre commissariats du Reich et les provinces les plus riches, comme la Crimée, seront annexées directement au « Grand Reich ». Il désigne Rosenberg comme nouveau ministre des Territoires occupés de l'Est. Sa mission sera non seulement de les exploiter au bénéfice de l'économie allemande, mais de les « assainir » politiquement en éliminant les communistes et en déportant les juifs.

☐ Après avoir enfoncé les positions soviétiques au nord du lac Ladoga, les Finlandais occupent Sortavala, à l'extrême nord du lac.

Dans le secteur central, les troupes du *Heeresgruppe* Centre poursuivent leur progression et atteignent les faubourgs de Smolensk, dont les Soviétiques font l'un des points d'appui de leur « ultime ligne de défense ».

Le *Heeresgruppe* Sud, après avoir percé la ligne Staline, commence à détruire les importantes forces russes encerclées dans la poche d'Ouman et à ratisser le bassin du Dniepr.

Dans l'Armée rouge, les commissaires politiques font leur réapparition. Mal vus des chefs militaires en raison de leur rôle, ils seront supprimés l'année suivante.

Afrique du Nord. Tandis que les avions de l'Axe continuent leurs incursions dans la région de Tobrouk, les Anglais bombardent Benghazi et Tripoli.

17 juillet

Front soviétique. Les troupes d'inva-

sion maintiennent partout leur pression. Dans le secteur central, les Allemands établissent une tête de pont sur la rive gauche du Dniepr, près de Moghilev, à l'est de Minsk. Dans le secteur sud, les Roumains s'emparent de Chisinau (aujourd'hui Kichinev), capitale de la Bessarabie. Près de Vitebsk, le fils aîné de Staline, Iakov Djougatchvili, lieutenant d'artillerie d'une division blindée, est fait prisonnier par les Allemands.
Le général Messe prend le commandement du corps expéditionnaire italien en Russie.
Afrique du Nord. Nouveaux bombardements aériens des Italiens et des Allemands sur Tobrouk. Bombardement anglais sur Tripoli.
Malte. Au cours de la nuit, l'aviation de l'Axe bombarde les bases de l'île. Le matin, violente bataille aérienne entre chasseurs anglais et italiens.

ARTHUR JOHN EVANS

Le 11 juillet à Yolbury (Oxford) meurt sir Arthur John Evans, historien, archéologue et explorateur anglais. Il a découvert les ruines de l'antique civilisation minoenne dans l'île de Crète.
Né à Nash Mills (Hertfordshire) en 1851, Evans étudie l'histoire moderne à Oxford et à Göttingen. Entre 1873 et 1875, il accomplit de nombreux voyages en Russie et dans les Balkans, en poursuivant des recherches archéologiques et ethnographiques de grand intérêt.
En 1893, il va en Crète pour la première fois et commence ses recherches. Ses fouilles, poursuivies jusqu'en 1935, lui ont permis de mettre au jour le palais royal de Cnossos, magnifique témoignage d'une civilisation qui s'est épanouie entre 2500 et 1200 av. J.-C. ; Evans l'a appelée minoenne en l'honneur du mythique roi Minos. Grâce à la découverte de quelques tablettes d'argile, Evans est même parvenu à identifier divers types d'écritures linéaires préhelléniques. Son œuvre monumentale, *Le Palais de Minos à Cnossos*, est une véritable encyclopédie de la civilisation minoenne.

18 juillet
Au Japon, le prince Konoye forme un nouveau gouvernement : le vice-amiral Toyoda remplace Matsuoka au ministère des Affaires étrangères.

19 juillet
L'O.K.W. décide qu'après avoir anéanti les forces soviétiques du secteur de Smolensk, le 2e *Panzergruppe* de Guderian et la IIe armée abandonneront l'offensive contre Moscou et infléchiront leur marche vers le sud pour mettre en déroute la Ve armée soviétique (Potapov), encercler Kiev et faire leur jonction, par une manœuvre en tenaille, avec le 1er *Panzergruppe* de von Kleist. Guderian est opposé à l'idée de ne pas continuer sur Moscou ; il n'est pas écouté.
Afrique du Nord. Les Anglais bombardent Benghazi et Tripoli.
Malte. L'offensive aérienne italo-allemande continue.

20 juillet
Staline est nommé commissaire du peuple pour la défense.
☐ L'aviation anglaise bombarde Naples ; elle cause des victimes et des dégâts.

22 juillet
Malte. Un convoi de ravitaillement anglais force le blocus italien et arrive dans l'île à bon port.

23 juillet
Avec l'assentiment de Vichy, les Japonais commencent l'occupation de la totalité de l'Indochine. C'est officiellement pour aider les Français à la défendre.

24 juillet
Front soviétique. L'héroïque garnison de Brest-Litovsk, assiégée depuis le 22 juin et continuellement pilonnée par l'aviation et l'artillerie, est obligée de se rendre. Les Allemands ont employé pour la première fois leur gigantesque mortier *Karl,* dont le projectile de 615 mm pèse 2 t.
Malte. En deux jours, un deuxième convoi britannique réussit à gagner Malte.

25 juillet
Malte. Pendant la nuit, des éléments d'assaut italiens cherchent à forcer le port de La Valette avec des embarcations explosives et des torpilles humaines. Ils sont aperçus par les sentinelles avant d'avoir atteint leurs objectifs. Des 33 hommes qui ont pris part à l'action, 15 sont tués et 18 autres capturés.

26 juillet
Le gouvernement de Washington décide de geler tous les biens japonais et chinois aux États-Unis et met en alerte le secteur des îles Hawaii.
Le général MacArthur prend le commandement des forces américaines en Extrême-Orient et des forces philippines.
☐ Le Canada dénonce son traité de commerce avec le Japon.

27 juillet
Front soviétique. Les Allemands occupent Tallinn, capitale de l'Estonie, située sur le golfe de Finlande. Dans le secteur centre, les forces soviétiques sont complètement encerclées à Smolensk. Toutefois, les Russes réussissent à organiser une nouvelle ligne de défense à 40 km à l'est de la ville. Ils s'y révèlent supérieurs en artillerie, car les mortiers multiples Katioucha (orgues de Staline pour les Allemands) ont fait leur apparition dans la « chaudière » de Smolensk. Ils peuvent tirer 320 fusées en 25 secondes et inspirent une terreur panique aux soldats allemands, de même, d'ailleurs, qu'aux fantassins russes qui en ignoraient jusqu'alors l'existence.
Angleterre. Après une accalmie relative de quelques semaines, les avions allemands bombardent Londres avec violence.
Afrique du Nord. Le général Bastico remplace le général Gariboldi à la tête des troupes italiennes en Afrique du Nord.

Chars soviétiques mis hors de combat le long d'un cours d'eau près de Smolensk. En bas : après la bataille, rue d'un village des environs de Vitebsk encombrée de charrettes brisées et de cadavres de chevaux.

28 juillet
Par mesure de rétorsion à la récente décision de Washington, les Japonais gèlent les avoirs des sociétés et des particuliers américains.
Front soviétique. Dans le secteur centre, les Allemands commencent à liquider la poche de Smolensk.

29 juillet
Les Japonais achèvent l'occupation du sud de l'Indochine, avec le consentement forcé des autorités de Vichy.

30 juillet
Le conseiller du président Roosevelt, Harry Hopkins, est à Moscou pour régler l'envoi de matériel américain à l'U. R. S. S.
□ En Chine, à Tchoung-King, la canonnière américaine *Tutuila* est bombardée par des avions japonais. Le lendemain, le Japon présente ses excuses aux États-Unis.

31 juillet
Front soviétique. Dans le secteur nord, la XVIe armée allemande atteint le lac Ilmen. Après l'effondrement des positions soviétiques du lac Ilmen et du lac Peipous, la route de Leningrad est ouverte et la ville est également investie par le sud.
Italie. Des avions de chasse anglais attaquent diverses localités de Sicile.
Allemagne. Goering charge officiellement Heydrich d'« organiser la solution complète de la question juive en Europe ».
France. Le journal clandestin *les Petites Ailes* prend le nom de *Résistance* en zone nord et de *Vérités* en zone sud.

1er août
Front soviétique. Le *Heeresgruppe* Centre continue de combattre contre les Soviétiques de la poche de Smolensk. A l'ouest de Smolensk, les Russes résistent avec une ténacité particulière dans la région d'Orcha-Vitebsk. A Gomel, dans le même secteur, Timochenko déclenche une soudaine et puissante contre-offensive contre les têtes de pont que l'aile droite du *Heeresgruppe* Centre a établies sur la rive gauche du Dniepr.
États-Unis. Création du Conseil pour la défense économique.
Afrique du Nord. Les duels d'artillerie continuent dans le secteur de Tobrouk.

2 août
Le matériel américain commence à arriver en U. R. S. S.
Front soviétique. Au sud de Leningrad, les avant-gardes du *Heeresgruppe* Nord atteignent Staraïa Roussa, au sud du lac Ilmen.
Dans le secteur sud, les divisions italiennes Pasubio et Torino entrent en ligne.

3 août
Front soviétique. Dans le secteur sud, après avoir détruit plusieurs grandes unités russes à l'ouest de Piervomaïsk, à 160 km environ au nord d'Odessa, le 1er *Panzergruppe* de von Kleist fait sa jonction avec la XVIIe armée (Stülpnagel).

5 août
Front soviétique. La poche de Smolensk est liquidée. Au dire des Allemands, 700 000 Russes y ont été pris au piège et 310 000 capturés. Les Soviétiques admettent la perte de 9 divisions, 3 000 chars et engins chenillés et un millier d'avions. L'appui de la IVe *Luftflotte* du général Löhr s'est montré déterminant.

6 août
Front soviétique. Après avoir ratissé les rares zones où les Soviétiques résistaient encore en Estonie, les Allemands s'établissent très solidement sur le golfe de Finlande.

7 août
Staline prend le commandement de toutes les forces soviétiques.

8 août
L'amiral Nomura, ambassadeur du Japon à Washington, propose au président Roosevelt un entretien direct avec le Premier ministre japonais pour régler le différend qui existe entre leurs deux pays.

9 août
A Terre-Neuve, Winston Churchill rencontre le président Roosevelt à Argentia, dans la baie de Placentia. Churchill arrive sur le tout récent cuirassé *Prince of Wales,* accompagné du chef d'état-major impérial, sir John Dill, et du premier lord de l'Amirauté, sir Dudley Pound. Roosevelt et ses conseillers arrivent sur le cuirassé *Augusta.* Le lendemain, à bord du *Prince of Wales,* seront énoncés les principes de la Charte de l'Atlantique, définissant les buts poursuivis par les démocraties dans la guerre. Churchill insiste avec grande énergie pour que les États-Unis interviennent dans le conflit. Il n'obtient la garantie du président qu'en cas d'attaque japonaise contre la Malaisie, Singapour et les Indes néerlandaises. Les deux hommes d'État s'entendent sur une risposte commune aux exigences japonaises. Sans se faire d'illusion, ils envisagent la neutralisation de la Thaïlande et de l'Indochine française, et en même temps lancent un avertissement à Tokyo : « Tout acte d'expansion ultérieure de la part du Japon créerait une situation telle que le gouvernement de Washington se verrait contraint de prendre des contre-mesures, même si cela devait conduire à la guerre. » La conférence dure jusqu'au 12 août.

En haut : peloton de cavalerie allemande ; au centre : chasse aux francs-tireurs russes près de Vielikie Louki ; en bas : infanterie allemande sur le lac Ladoga.

10-11 août
Front soviétique. Dans le secteur sud, la bataille du Boug se déclenche. Des unités italiennes y prennent part aux côtés des blindés allemands. Mais, bien qu'ils reculent partout, les Russes sont loin d'être à bout de ressources. Ils viennent de mettre en ligne d'excellents chars, dont les gigantesques Klim Vorochilov de 55 t. Les généraux allemands demandent en vain à Hitler un nouveau char et des canons antichars plus puissants que leurs pièces de 37 et 50 mm, car la Wehrmacht n'a en dotation que de rares canons de 75 mm.

11 août
France. L'amiral Darlan ajoute à ses précédents portefeuilles celui de la Défense nationale.

12 août
Hitler lance sa directive nº 34 sur la conduite des opérations sur le Front de l'Est. Le *Heeresgruppe* Sud devra empêcher l'ennemi de réoccuper la rive gauche du Dniepr, et s'emparer de la Crimée, de la région industrielle de Kharkov et du bassin houiller du Donetz. Le *Heeresgruppe* Nord poursuivra son offensive pour isoler Leningrad et faire sa jonction avec les Finlandais. Bien que von Brauchitsch soit d'avis contraire, le *Heeresgruppe* Centre devra suspendre momentanément son offensive sur Moscou et appuyer avec une partie de ses forces les opérations des autres groupes.
France. Un message du maréchal Pétain annonce une série de mesures totalitaires, parmi lesquelles la suppression de tous les partis politiques, l'institution de tribunaux spéciaux, la réorganisation de l'économie en système corporatif et le doublement des forces de police.

14 août
Publication de la déclaration anglo-américaine connue sous le nom de Charte de l'Atlantique.

17 août
États-Unis. Le président Roosevelt et le secrétaire d'État indiquent à l'ambassadeur du Japon les conditions que les États-Unis estiment indispensables pour que reprennent les entretiens préliminaires à une « conférence pour le Pacifique ».
Front soviétique. Dans le secteur nord, les Allemands prennent Novgorod, au nord du lac Ilmen et au sud-est de Leningrad.
Dans le secteur sud, ils s'emparent de Dniepropetrovsk, sur le cours inférieur du Dniepr. Ils menacent maintenant Kharkov et Donetsk. La ville d'Odessa est encerclée.

20 août
L'aviation anglaise continue de bombarder la Sicile. Elle s'en prend cette fois à Augusta, mais sans grand dommage.

Les habitants d'un village ukrainien assistent à l'incendie de leurs maisons par l'armée soviétique en retraite qui a recours à la traditionnelle politique de la terre brûlée pour défendre la patrie.

21 août

Front soviétique. Hitler rappelle les instructions de sa directive n° 34 du 12 août et précise que les armées allemandes ne devront pas se limiter à occuper le bassin du Donetz mais aussi couper aux Soviétiques leurs lignes de ravitaillement en pétrole du Caucase.

Dans le secteur centre, début de la bataille pour Kiev, livrée par la VIe armée et le 1er *Panzergruppe.*

Dans le secteur nord, les Allemands progressent vers le golfe de Finlande, au sud-ouest de Leningrad, et vers le lac Ladoga, au sud-est. Les défenseurs de la ville résistent dans un couloir d'une vingtaine de kilomètres de largeur, qui pénètre de 200 km dans le dispositif ennemi. Pour leur éviter d'être encerclés, le commandement soviétique leur ordonne de se replier. Le même jour, les Allemands occupent Tchoudovo et coupent la principale voie ferrée reliant Leningrad à Moscou.

France. A Paris, sur le quai du métro Barbès, Pierre Georges, futur colonel Fabien, abat l'aspirant de la Kriegsmarine Moser.

22 août

Front soviétique. Selon les Allemands, les pertes soviétiques de ces deux premiers mois de guerre s'élèveraient à 1 250 000 prisonniers, 14 000 chars, 15 000 pièces d'artillerie et 11 250 avions. Ce dernier chiffre est certainement exagéré. Toujours selon les Allemands, les Russes auraient à déplorer 3,5 millions de morts. Ces derniers font état de pertes moins élevées.

23 août

Front soviétique. Le 2e *Panzergruppe* et la IIe armée se dirigent vers le sud par Gomel et Starodoub. Ce sont les renforts que le *Heeresgruppe* Centre, obéissant aux ordres du Führer, fournit à l'offensive du *Heeresgruppe* Sud.

25 août

Les ambassadeurs d'Angleterre et d'Union soviétique à Téhéran présentent au gouvernement iranien un ultimatum lui enjoignant d'accepter la « protection » des Alliés. Presque en même temps, les troupes russes et britanniques font irruption dans le pays. Au nord, les Soviétiques se dirigent directement sur la capitale ; les Anglais, venant du golfe Persique et d'Irak, occupent le centre pétrolier d'Abadan. Le chah Reza Pahlevi dénonce cette agression. Ce geste des Alliés a, entre autres conséquences, celle de renforcer la neutralité de la Turquie.

☐ Un commando formé d'Anglais, de Canadiens et de Norvégiens débarque au Spitzberg, archipel norvégien de l'océan Glacial Arctique, et détruit des dépôts et des mines exploitées par les Allemands.

25-29 août

Mussolini visite le quartier général

RABINDRANATH TAGORE

Le poète et penseur indien Rabindranath Tagore meurt à Calcutta le 7 août. Avec lui disparaît le plus grand diffuseur de la pensée indienne en Occident. Fils d'une noble famille bengalie, Tagore naît à Calcutta le 6 mai 1861. Après avoir étudié un certain temps en Angleterre, il retourne dans sa patrie et manifeste immédiatement une remarquable activité créatrice en composant des poèmes et des chants inspirés de la culture populaire et des paysages bengalis.

Dès ses jeunes années, Tagore, influencé par la figure de son père, Devendranath, chef de la secte religieuse Adi Brahma Samaj, cherche à concilier les principes de la religion monothéiste avec les doctrines panthéistes ; il défend un idéal de rapprochement, de collaboration et d'intégration réciproque entre l'Orient et l'Occident. Éducateur et philanthrope, Tagore fonde à Bolpur, au lieu même où son père avait établi un ermitage, un grand institut international d'étude, Viśva-Bhāratī. Y sont cultivées et enseignées les disciplines humanistes, scientifiques, pratiques et créatrices qui lui semblent utiles pour « élargir la conscience de l'unité de l'esprit des différentes races humaines ».

Prix Nobel de littérature en 1913, Tagore divise son temps entre son activité pédagogique et des voyages à travers le monde pour y répandre sa pensée et son œuvre. Son idéal politico-social, intimement lié à ses convictions religieuses, le conduit à militer pour un pacifisme total. Bien qu'il estime profondément Gandhi, il n'approuve pas ses conceptions politiques ni la révolte contre les Anglais. Cependant, il renonce en 1919 au titre de sir (conféré quatre ans auparavant par George V) pour protester contre la répression militaire menée par l'armée britannique.

Rabindranath Tagore, poète et penseur indien.

En haut : vue aérienne de Moscou pendant un bombardement de la Luftwaffe. Ci-dessus : les stukas bombardent un îlot fortifié à l'embouchure du Dniepr.

allemand. Pendant deux jours, il s'entretient avec Hitler et avec les responsables politiques et militaires du Reich. Il va ensuite inspecter le Front Sud en compagnie du Führer, puis, avec le maréchal von Rundstedt et le général Messe, il passe en revue les troupes italo-allemandes qui ont participé aux dernières opérations.

26 août

Front soviétique. Dans le secteur centre, dans la région de Vielikie Louki, au nord de Vitebsk, les Soviétiques lancent une contre-attaque. Les Allemands les repoussent en 24 heures.

27 août

Le gouvernement de Tokyo proteste auprès de Washington contre les violations répétées de ses eaux territoriales par des bateaux américains qui transportent du matériel vers le port soviétique de Vladivostok.

□ En Iran, formation d'un nouveau gouvernement qui demande l'armistice aux Alliés. L'acte reconnaissant aux troupes anglaises et russes le droit d'occuper les points stratégiques du pays à l'exception de Téhéran sera signé le lendemain. En occupant l'Iran, les Anglais ont voulu se prémunir contre une éventuelle manœuvre en tenaille des forces de l'Axe à travers l'Égypte et la Syrie.

France. En représailles du meurtre de l'aspirant Moser, les Allemands font exécuter cinq jeunes communistes. Trois autres résistants seront fusillés le 29, dont le lieutenant de vaisseau d'Estienne d'Orves.

A Versailles, lors d'une manifestation de la L. V. F., Paul Collette blesse Laval et Déat de plusieurs balles de revolver.

28 août

Front soviétique. Dans le secteur nord, les Allemands continuent de ratisser l'Estonie et accentuent leur pression sur Leningrad.

29 août

Front soviétique. Les Finlandais reprennent Viipuri (Vyborg), qu'ils avaient dû céder à l'U. R. S. S. Ils sont donc tout proches de Leningrad, mais, en dépit de l'insistance des Allemands, ne poursuivent pas leur progression, et, pour des raisons politiques, s'arrêtent à la frontière d'avant guerre. Seuls quelques détachements pénètrent en territoire soviétique et poussent jusqu'à la rivière Svir et au lac Onega pour couper les communications russes entre la mer Blanche et la mer Baltique.

□ En Yougoslavie, le général Milan Neditch accepte de diriger un gouvernement fantoche, constitué par les Allemands en Serbie.

30 août

Front soviétique. Dans le secteur nord, les Allemands occupent Mga et coupent la dernière liaison ferroviaire entre Leningrad et le reste du pays.

Dans le secteur centre, les Russes lancent en vain une autre contre-offensive au nord de Gomel. Les groupes blindés de Kleist et de Guderian jettent leur poids dans la bataille de Kiev, où les troupes de Boudienny se défendent valeureusement.

Les Anglais et les Russes contraignent les Iraniens à accepter la «protection» des Alliés. Ci-dessus, une colonne britannique franchit la passe de Khaïber au cours de sa progression en Iran.

1er septembre

Le gouvernement allemand ordonne que tous les juifs âgés de plus de 6 ans portent l'étoile de David sur la poitrine en signe d'infamie.

Front soviétique. Secteur nord. Les Allemands attaquent en force, atteignent la rive sud du lac Ladoga et s'établissent sur une grande portion de la rive gauche de la Neva, mais ne réussissent pas à franchir le fleuve. Ils prennent aussi Schlüsselburg (Petrokrepost depuis 1944), et Leningrad se trouve ainsi isolé du reste du pays, si l'on excepte la liaison qui lui reste par le lac Ladoga. La situation des Soviétiques est également désespérée au sud-ouest de la ville, où les Allemands ont maintenant pris position à quelques kilomètres, sur le golfe de Finlande. A 25 km au sud de Leningrad, le *Heeresgruppe* Nord lance une violente attaque dans les secteurs de Kolpino et de Poulkovo. Les Russes conservent une large tête de pont à Oranienbaum, en face de Kronstadt et à l'ouest du point du golfe de Finlande, où les Allemands se sont installés.

□ En U.R.S.S., les Allemands massacrent à Kamenetz-Podolskii des juifs expulsés par les Hongrois.

2 septembre

France. L'ancien dirigeant communiste Marcel Gitton, passé au Parti populaire français de Doriot, est abattu à Paris.

Premier numéro de *Libération,* organe clandestin du mouvement de résistance fondé en zone sud par Emmanuel d'Astier de La Vigerie.

4 septembre

Front soviétique. A 30 km de Leningrad, les Finlandais occupent la gare frontière de Beloostrov, mais en sont rejetés le jour suivant. D'ailleurs, ils ne tiennent pas à dépasser les frontières de la Carélie orientale, cédée aux Soviétiques en 1940. De son côté, l'artillerie allemande commence à bombarder Leningrad. Les troupes de von Leeb menacent la place, dont elles commencent le siège impitoyable. Le général Jodl se rend tout exprès auprès de Mannerheim pour le convaincre de poursuivre son offensive, mais le vieux général refuse.

Atlantique. Le contre-torpilleur américain *Greer* rend compte qu'il a été attaqué par un sous-marin allemand à 175 milles au sud-ouest des côtes d'Islande.

7 septembre

Front soviétique. Violents bombardements sur Leningrad. Des mines à retardement causent de nombreux morts.

La grande préoccupation des autorités est de nourrir 3 millions de personnes.

Méditerranée. Des avions allemands coulent le cargo américain *Steel Seafarer* dans le golfe de Suez.

8 septembre

Front soviétique. Les Finlandais coupent la voie ferrée Leningrad-Mourmansk à Lodeïnoïe-Polie et menacent Petrozavodsk sur le lac Onega.

9 septembre

Front soviétique. La division Azul — volontaires espagnols anticommunistes — entre en ligne à Leningrad.

Italie. Les avions anglais bombardent Reggio de Calabre et Messine.

10 septembre
Front soviétique. Les *Heeresgruppen* Centre et Sud réunis convergent sur Kiev et se heurtent à une résistance acharnée des Soviétiques. Le groupe blindé de von Kleist enfonce les Russes sur le Dniepr. Guderian atteint Konotop.

11 septembre
Front soviétique. Secteur nord. La situation de Leningrad est très critique. La ration de pain, fixée le 2 septembre à 600 g pour les ouvriers, 350 pour les employés et 300 pour les autres personnes, est encore réduite de 50 g. On fait du pain avec tout : seigle, son, lin, orge, soja. Les gens cachent leurs morts pour pouvoir utiliser leurs cartes d'alimentation. Il n'y a ni lumière ni chauffage. On commence à mourir de froid et d'inanition.
Vorochilov part en première ligne, avec l'espoir d'y trouver une mort héroïque. C'est Joukov qui sortira la ville du chaos. En trois jours, il réorganise la défense. Les Allemands sont persuadés que la faim fera capituler Leningrad. Mais Hitler ne tient pas tellement à la reddition de la ville, par crainte d'avoir à nourrir son énorme population. Les troupes allemandes ont reçu l'ordre de tirer sur les réfugiés qui approchent de leurs lignes et, au contraire, de laisser en paix ceux qui s'enfuient vers l'est, où ils iront augmenter le désordre. En attendant, Leningrad se fortifie rue par rue.
États-Unis. A la suite de l'attaque du destroyer *Greer,* le 4 septembre, le président Roosevelt donne l'ordre à tous les navires qui patrouillent dans la zone de sécurité de tirer les premiers.
En pratique, Roosevelt ordonne à la marine des États-Unis d'attaquer les bâtiments qui menacent la libre circulation des bateaux de commerce américains et de ceux qui sont escortés par des navires de guerre américains.

12 septembre
Front soviétique. Les *Panzergruppen* de von Kleist et de Guderian font leur jonction à Rommy, à 170 km à l'est de Kiev, et enferment dans une immense nasse les Ve et XXXVIIIe armées soviétiques de Boudienny et de Timochenko. La

Longue colonne de prisonniers russes en basse Ukraine.

Luftwaffe a beaucoup contribué à l'opération.

15 septembre
Front soviétique. Secteur nord. La ville de Leningrad a échappé dans l'immédiat à l'occupation allemande, mais le seul espoir qui lui reste est d'ouvrir une brèche dans le cercle d'acier qui l'étreint en utilisant la voie d'eau que constitue le lac Ladoga. Mais toutes les contre-attaques soviétiques demeurent vaines. La ligne tenue par les Allemands entre Mga et Siniavino est si forte qu'il faudra attendre 1944 pour la percer. Pour l'instant, la ville dispose encore d'un mois de vivres et de deux mois de sucre.

16 septembre
États-Unis. Le département de la Marine annonce que sa flotte protégera jusqu'à la limite du 26e méridien ouest les convois destinés aux pays bénéficiaires de la loi prêt-bail.
Iran. En violation des accords d'armistice, les Alliés occupent Téhéran. En signe de protestation, le chah abdique en faveur de son fils, Mohammed Reza Khan.
Yougoslavie. Keitel, chef d'état-major général de la Wehrmacht, décide que cent otages serbes seront exécutés pour chaque allemand tué et cinquante pour chaque blessé.

17 septembre
Front soviétique. La poche de Kiev s'est refermée sur les Russes. Les Allemands occupent le cours inférieur du Dniepr.

19 septembre
Front soviétique. Fin de la bataille de Kiev. Les Allemands occupent la ville. En avançant dans les ruines, que les Russes ont minées partout, ils subissent de lourdes pertes. Pertes soviétiques dans la poche de Kiev : 600 000 prisonniers, 2 500 canons et 1 000 chars (source allemande). Pertes allemandes depuis le 31 août, début de l'opération : 86 000 tués, 20 000 disparus, 292 000 blessés et 4 000 prisonniers.
Gibraltar. Un groupe d'assaut italien, débarqué du sous-marin *Sciré*, coule 30 000 t ennemies.

En haut : chariot de ravitaillement allemand traversant un village en flammes sous les bombes soviétiques.
Au centre : cadavres de soldats soviétiques dans le sud de l'Ukraine.
En bas : blindés allemands entrant à Poltava, au sud-ouest de Kharkov.

Yougoslavie. A Struganik, en Serbie, rencontre sans résultat entre Tito et Mihailovitch, pour tenter de coordonner leur action.

23 septembre
Angleterre. A Londres, de Gaulle constitue le Comité national français (C. N. F.), qui sera reconnu dès le 26 par l'U. R. S. S.
Pologne. Au camp de concentration d'Auschwitz, première expérience d'asphyxie par les gaz.

24 septembre
Méditerranée. Un gros convoi, escorté par une imposante formation navale aux ordres de l'amiral Somerville, quitte Gibraltar pour Malte. L'escorte comprend 3 cuirassés *(Nelson, Rodney, Prince of Wales),* 5 croiseurs, 18 contre-torpilleurs et le porte-avions *Ark Royal.* L'opération est baptisée « Halberd ».

Soldats allemands se protégeant des moustiques dans les marais du Pripet.

☐ Les gouvernements de 15 nations adhèrent à la Charte de l'Atlantique : Australie, Belgique, Canada, Tchécoslovaquie, France, Grande-Bretagne, Grèce, Luxembourg, Norvège, Nouvelle-Zélande, Pays-Bas, Pologne, Yougoslavie, Afrique du Sud et U. R. S. S.

26 septembre
États-Unis. Le commandement de la marine donne à ses unités l'ordre de protéger tous les bateaux se trouvant dans le périmètre « défensif » américain ainsi que de situer et de prendre sous leur feu tout navire allemand ou italien qui s'y trouverait.

27 septembre
Front soviétique. Dans le secteur sud, les Allemands occupent l'isthme de Perekop, au nord de la Crimée.
Méditerranée. Un avion S-84 du 36ᵉ groupe italien largue une torpille sur le cuirassé *Nelson*, un des bâtiments du convoi parti de Gibraltar le 24 septembre. Peu de dégâts.

Prisonniers soviétiques de la poche de Kiev rassemblés près d'Ouman. A la bataille de Kiev, les Russes ont laissé plus de 600 000 prisonniers.

HANS SPEMANN

Le 12 septembre meurt à Fribourg le zoologue Hans Spemann, prix Nobel de médecine et de physiologie en 1935.
Né à Stuttgart en 1869, Spemann étudie les sciences naturelles à Wurtzbourg ; il devient professeur de zoologie à l'université de Rostock et, en 1914, directeur du Kaiser-Wilhelm Institut für Biologie de Berlin.
Ses recherches sur le développement des vertébrés furent fondamentales pour l'évolution des disciplines d'embryologie expérimentale.

□ Troubles et répressions en Bohême, où Heydrich, le « raciste aryen à la grand-mère juive », vient d'être nommé *Reichsprotektor* à la place du moins rigide von Neurath.
□ Au chantier naval de Baltimore, les États-Unis lancent le *Patrick Henry*, le premier Liberty. Ce type de cargo de 10 000 t est conçu de façon très rationnelle. Jusqu'à la fin de la guerre, les Américains en construiront des milliers d'exemplaires.

28 septembre
Afrique-Orientale italienne. Épuisée par la faim, la garnison italienne de Wolkefit, dans l'Amhara, sur la route Adoua-Gondar, se rend aux Britanniques.
Malte. Le convoi britannique de l'opération « Halberd » arrive pratiquement sans encombre et débarque 50 000 t de matériel. Ainsi, Malte aura suffisamment de réserves pour résister jusqu'au mois de mai 1942.
U. R. S. S. Après l'occupation de Kiev, les Allemands massacrent 34 000 juifs.

29 septembre
A Moscou, début d'une conférence où doit être établi un plan d'aide d'urgence à l'U. R. S. S. Y participent : lord Beaverbrook pour la Grande-Bretagne, Averell Harriman pour les États-Unis et Molotov pour l'Union soviétique.
Front soviétique. Dans le secteur sud, les Allemands commencent à pénétrer dans le Donbass, l'important bassin du Don.

30 septembre
Front soviétique. Secteur nord.

Les King's African Rifles rendent les honneurs de la guerre à la garnison italienne de Wolkefit après sa capitulation. C'est un des derniers épisodes de la guerre en Afrique orientale, qui dure depuis un peu plus d'un an.

Après de durs combats, des unités finlandaises brisent les défenses russes à Petrozavodsk.
Secteur centre. Préparatifs de l'offensive contre Moscou.
Secteur sud. Avec le concours de troupes italiennes, la XIe armée allemande inflige une défaite aux Soviétiques à Petrikovska.
☐ Du mois de juin à la fin du mois de septembre, les Italiens et les Allemands ont perdu 270 000 t de leur flotte de commerce.
Méditerranée occidentale. Deux chasseurs anglais coulent le sous-marin italien *Adua*.

1er octobre
A Moscou, fin de la conférence anglo-américano-soviétique sur l'aide d'urgence à la Russie.

2 octobre
Front soviétique. Début de l'opération « Typhon » (attaque de Moscou). Après avoir enfoncé les défenses russes à Gloukhov, l'aile droite du *Heeresgruppe* Centre (IIe armée blindée et *Panzergruppe* de Guderian) fait irruption sur Orel puis infléchit rapidement sa marche vers le nord, en direction de Toula, à 200 km environ de Moscou. La IIe armée se dirige sur Briansk, où converge une partie des chars de Guderian. De leur côté, la IVe armée et le 4e *Panzergruppe* de Hoepner enfoncent l'aile droite du Front de l'Ouest (Koniev) à l'est de Roslav et avancent sur Viazma, où convergent également les blindés du 3e *Panzergruppe* de von Hoth. Dans le secteur sud, la bataille de la mer d'Azov continue.

3 octobre
Hitler annonce au peuple allemand qu'une grande offensive a été déclenchée la veille sur le front de l'Est. Il estime cette attaque décisive. Mais bien que le chef des services de presse du Reich, Otto Dietrich, déclare le 9 octobre que « la lutte à l'est en est à sa conclusion », ce gros effort de la Wehrmacht n'aura pas d'issue.
Secteur nord. Les Allemands s'emparent des défenses de Tsarskoie Selo (aujourd'hui Pouchkino), près de Leningrad.
Secteur centre. Le front soviétique de Briansk, défendu par les XLIIIe, IIIe, X^{e} et XIIIe armées de Timochenko, commence à se désagréger. Deux grandes poches vont se former au nord et au sud de Briansk, tandis que plus au sud une troisième se formera près de Viazma.
Secteur sud. La tête de pont de Dniepropetrovsk est renforcée.
☐ Au cours d'une interview, Gandhi appelle à la résistance passive tous les peuples soumis à l'Angleterre.

4 octobre
Front soviétique. Secteur centre. Exploitant le succès du 4e *Panzergruppe* de Hoepner, le 40e corps blindé se lance vers Viazma.

Front russe. Deux agents de liaison allemands se reposent.

LE FAUCON MALTAIS

A la fin des années trente, Humphrey Bogart a dépassé les quarante ans ; bien qu'il ait tourné une remarquable série de films à succès (*La Forêt pétrifiée*, 1936 ; *Rue sans issue*, 1937 ; *Roaring Twenties*, 1939), il semble désormais destiné à incarner les personnages négatifs, les gangsters impitoyables, et à servir de faire-valoir idéal aux Cagney et aux Raft. En 1941, deux films sortent en même temps, *High Sierra* de Raoul Walsh et *Le Faucon maltais*, appelé à devenir un des grands classiques du film noir. Ils marquent un tournant dans le destin de Bogart qui devient dès lors une star de tout premier plan et un véritable mythe.
Le Faucon maltais est la première œuvre de John Huston, qui vient à la mise en scène après avoir fait ses armes comme acteur de second plan et comme scénariste. La première, qui a lieu à New York le 3 octobre, fait date dans l'histoire du film noir. Tiré du livre de Dashiell Hammett, c'est un thriller de facture moderne au rythme soutenu. Bogart interprète le personnage de Sam Spade, un privé désenchanté, cynique et sans scrupules, mais profondément « vrai ».

Humphrey Bogart et Mary Astor dans une scène du film de Huston.

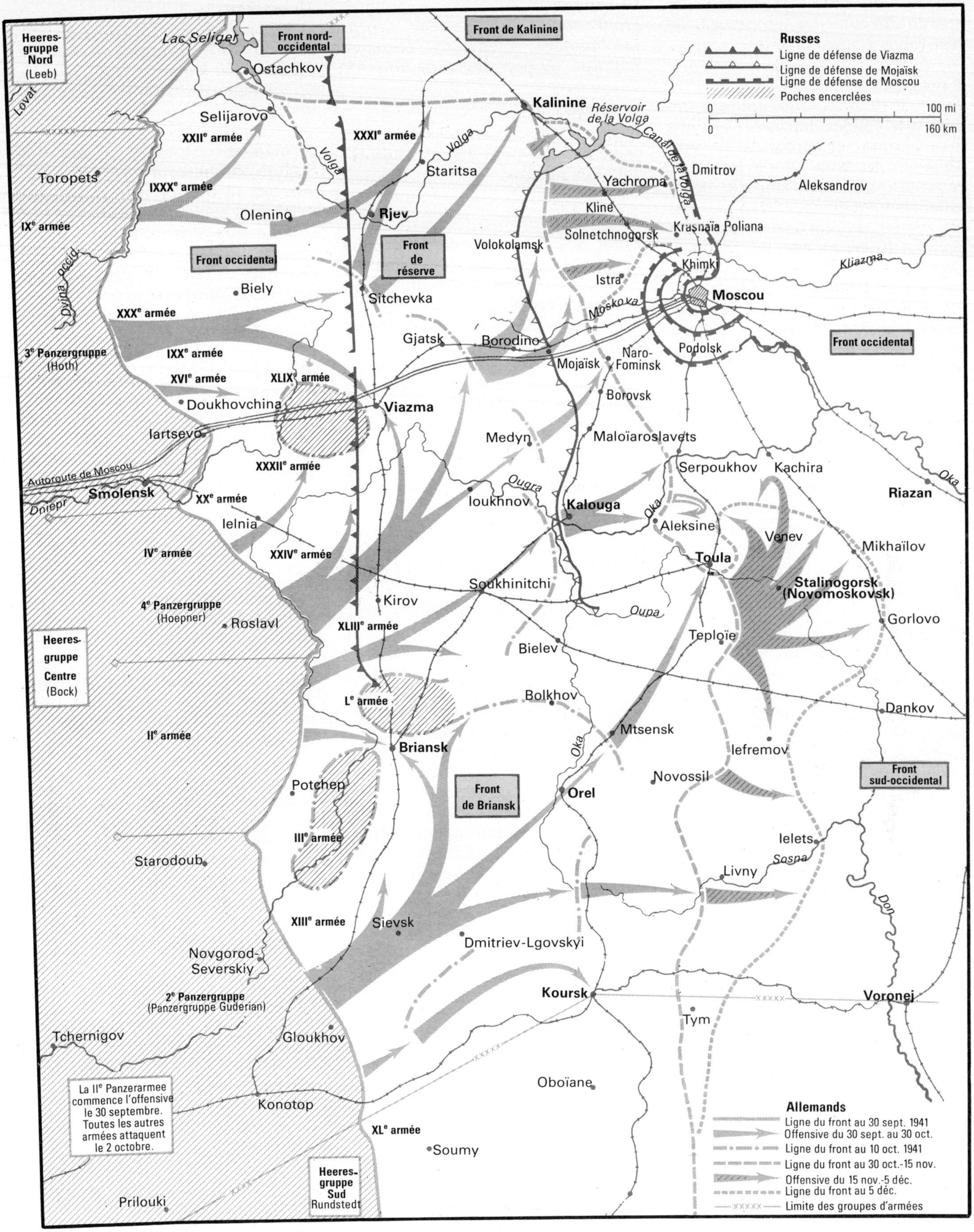
Heeres-gruppe Nord (Leeb)
Lac Seliger
Front nord-occidental
Front de Kalinine
Russes
Ligne de défense de Viazma
Ligne de défense de Mojaïsk
Ligne de défense de Moscou
Poches encerclées
0 100 mi
0 160 km
Ostachkov
Lovat
Selijarovo
XXIIe armée
XXXIe armée
Kalinine
Réservoir de la Volga
Canal de la Volga
Volga
Toropets
IXXXe armée
Staritsa
Dmitrov
Yachroma
Aleksandrov
IXe armée
Olenino
Rjev
Kline
Krasnaïa Poliana
Solnetchnogorsk
Front de réserve
Volokolamsk
Khimki
Kliazma
Front occidental
Dvina occid.
Biely
Istra
Moscou
Sitchevka
Moskova
XXXe armée
Gjatsk
Borodino
Podolsk
Front occidental
3e Panzergruppe (Hoth)
IXXe armée
Mojaïsk
Naro-Fominsk
XVIe armée
XLIXe armée
Borovsk
Doukhovchina
Viazma
Iartsevo
Medyn
Maloïaroslavets
XXXIIe armée
Autoroute de Moscou
Serpoukhov
Kachira
Oka
Smolensk
Dniepr
XXe armée
Ougra
Ioukhnov
Kalouga
Riazan
Ielnia
Aleksine
Venev
Mikhaïlov
IVe armée
XXIVe armée
Toula
Soukhinitchi
Stalinogorsk (Novomoskovsk)
4e Panzergruppe (Hoepner)
Kirov
Oupa
Gorlovo
Roslavl
XLIIIe armée
Teploïe
Heeres-gruppe Centre (Bock)
Bielev
Le armée
Bolkhov
Dankov
IIe armée
Mtsensk
Briansk
Iefremov
Front sud-occidental
Potchep
Front de Briansk
Novossil
Orel
IIIe armée
Ielets
Starodoub
Sosna
Livny
Don
XIIIe armée
Sievsk
Dmitriev-Lgovskyi
Novgorod-Severskiy
2e Panzergruppe (Panzergruppe Guderian)
Koursk
Voronej
Tym
Tchernigov
Gloukhov
La IIe Panzerarmee commence l'offensive le 30 septembre. Toutes les autres armées attaquent le 2 octobre.
Oboïane
Konotop
Allemands
Ligne du front au 30 sept. 1941
Offensive du 30 sept. au 30 oct.
Ligne du front au 10 oct. 1941
Ligne du front au 30 oct.-15 nov.
Offensive du 15 nov.-5 déc.
Ligne du front au 5 déc.
Limite des groupes d'armées
XLe armée
Soumy
Heeres-gruppe Sud Rundstedt
Prilouki

France. A Lyon, formation du comité directeur du mouvement de résistance France-Liberté.

6 octobre
Front soviétique. Les unités blindées allemandes dépassent la ligne Rjev-Viazma et progressent vers Mojaïsk. Au bout de six jours, ne réussissant pas à s'emparer de la ville, héroïquement défendue par les Soviétiques, ils la contourneront pour se diriger au sud, sur Kalouga.
Dans le secteur sud, après avoir traversé le Dniepr et la Samara, et encerclé les IXe et XVIIIe armées russes, faisant 100 000 prisonniers, le 1er *Panzergruppe* de von Kleist atteint Berdiansk.

8 octobre
Front soviétique. Dans le secteur sud, les Allemands arrivent à Marioupol, sur la mer d'Azov : 7 divisions russes sont encerclées.
Dans le secteur centre, la progression des grandes unités mécaniques allemandes est fortement ralentie par la pluie et la boue.

10 octobre
Au Luxembourg, un référendum organisé par le parti germanophile pour l'annexion du pays à l'Allemagne ne donne pas le résultat escompté.
Front soviétique. Le général Joukov prend le commandement d'un nouveau « front » occidental pour la défense de Moscou. Il a Boulganine comme conseiller politique.

12 octobre
Front soviétique. Dans le secteur centre, les Allemands s'emparent de Kalouga, important nœud ferroviaire de la ligne Moscou-Kiev, à 165 km au sud-ouest de Moscou. Ils sont en train de réduire les poches de Viazma et de Briansk, où le gros des forces de Timochenko sera anéanti, laissant environ 600 000 prisonniers.

13 octobre
Front soviétique. Le *Heeresgruppe* Centre accentue sa pression sur Moscou, mais les Russes tiennent très énergiquement la ligne de Mojaïsk.

14 octobre
Front soviétique. Secteur centre. Les blindés allemands occupent Kalinine, au nord-ouest de Moscou.

15 octobre
Pologne. Une ordonnance établit la peine de mort pour les juifs surpris hors des ghettos.

16 octobre
Front soviétique. Dans le secteur sud, après deux mois de siège, les Allemands et les Roumains s'emparent d'Odessa.
Dans le secteur nord, les forces allemandes occupent Vaïdal.
A Moscou, c'est la journée de la « grande peur ». Les habitants ont appris que les Allemands sont aux portes de la ville. Des bruits circulent sur les atrocités qu'ils commettent, et tous ceux qui peuvent le faire s'enfuient vers l'est. De nombreux commissariats du peuple et tout le corps diplomatique sont évacués sur Kouibychev, de l'autre côté de la Volga. C'est le désordre dans la capitale, où l'on enregistre des actes de vandalisme, réprimés avec la plus grande énergie.
□ Le prince Konoye, chef du gouvernement japonais, est contraint de donner sa démission parce qu'on le juge trop conciliant avec les Américains. Le général Tojo lui succède. C'est un partisan de la manière forte, qui jouit de la confiance des ultras et de la caste militaire.
□ Puissant raid d'avions anglais sur Naples. Le communiqué italien annonce que « des immeubles ont été touchés, 12 personnes ont été tuées et 37 autres blessées ; en quelques points de la ville, des grenades incendiaires ont causé des incendies... ».
□ En France, sans attendre l'ouverture du procès en préparation contre eux, Pétain condamne Blum, Daladier et Gamelin à la détention perpétuelle.

17 octobre
Front soviétique. Les poches de Viazma et de Briansk sont totalement réduites.
Atlantique. Au sud-ouest de l'Islande, un *U-Boot* torpille le destroyer américain *Kearny.*

18 octobre
Front soviétique. A l'ouest de Moscou, le *Panzergruppe* de Hoepner s'empare de Mojaïsk, l'un des pivots du système de défense de la capitale.

19 octobre
Staline annonce qu'il est toujours à Moscou, et que la ville sera défendue à tout prix. La nouvelle redonne courage aux Moscovites et à tout le pays.
Dans le secteur du *Heeresgruppe* Sud, la XIe armée allemande occupe Taganrog, sur la mer d'Azov, à faible distance de Rostov.

20 octobre
Front soviétique. L'implacable pression allemande s'accentue sur Moscou, où les Russes engagent toutes leurs forces disponibles. L'état de siège est proclamé : le pillage et le marché noir sont punis de la peine de mort, sans procès.
A cette date, les Soviétiques ont perdu 1 500 000 km^2 de leur territoire, avec 65 millions d'habitants. De source allemande, démentie en partie seulement, ils auraient perdu aussi, outre les morts dont on ne connaît pas le chiffre, 3 200 000 prisonniers, 19 000 chars, 28 000 pièces d'artillerie et 14 600 avions. Une partie du matériel a été détruite par les Russes eux-mêmes, une partie a été prise par l'ennemi. Malgré ces pertes, grâce aux troupes fraîches qui affluent d'au-delà des monts Oural, grâce aux chars que les usines de Moscou et les usines repliées dans les monts Oural construisent à un rythme fébrile, et grâce à sa tactique de la « terre brûlée », le commandement soviétique peut monter partout des contre-attaques. Les T-34 et les autres chars lourds des Russes, que leurs larges chenilles empêchent de s'embourber, infligeront des pertes sévères à l'adversaire.
A Moscou, 500 000 hommes et femmes sont mobilisés pour construire de toute urgence une formidable ceinture fortifiée de 8 000 km de tranchées, 100 km de fossés antichars, 300 km de réseau de barbelés, et des barricades de troncs d'arbres.
□ Dans les territoires qu'ils occu-

pent, à Riga, Vilna, Kovno et Dvinsk, les Allemands commencent des massacres massifs.
Yougoslavie. En représailles d'une action de partisans, toute la population mâle de Kragujevac (7 000 personnes) est exterminée.
France. A Nantes, le lieutenant-colonel Hotz, chef de la Kommandantur, est tué sur la place de la cathédrale.

21 octobre
Cinq vagues successives d'avions anglais lancent sur Naples des centaines de bombes incendiaires et explosives.

22 octobre
France. A Paris et à Châteaubriant, 27 otages, dont Guy Môquet, 17 ans, sont exécutés. 16 autres sont fusillés à Nantes.

23 octobre
Front soviétique. Le maréchal Timochenko prend le commandement du Front du Sud, où les forces de von Rundstedt progressent de façon spectaculaire. Par une habile manœuvre d'encerclement, les VIe et XVIIe armées allemandes investissent Kharkov.
Malte. Des avions italiens bombardent l'aéroport de Micabba et le port de La Valette.

24 octobre
Front soviétique. Secteur sud. Les Allemands prennent Kharkov. Le 1er *Panzergruppe* de von Kleist déferle dans le bassin du Donetz.

La guerre des convois dans l'Atlantique.

LA FEMME AUX DEUX VISAGES

Melvyn Douglas et Greta Garbo.

Par son succès obtenu dans *Ninotchka* (1939), Greta Garbo a gommé le cliché qui faisait d'elle une actrice exclusivement vouée aux rôles dramatiques ; en 1941, elle interprète une nouvelle comédie, *La Femme aux deux visages*, aux côtés cette fois de Melvyn Douglas. Le film, dirigé par George Cukor, est basé sur le thème du dédoublement de la personnalité. Il raconte l'histoire d'une monitrice de ski qui craint de perdre son mari, et qui décide de se transformer en sa propre sœur jumelle, vive et séduisante. *La Femme aux deux visages* est un film assez incohérent et faible, qui reçoit un accueil très sévère de la critique. Cet insuccès est une des raisons qui font prendre à Garbo la décision d'abandonner définitivement le cinéma, alors qu'elle n'a que trente-six ans.

Ci-dessous : marins d'un bateau corsaire allemand hissant le drapeau à croix gammée sur un navire anglais à peine capturé.
A droite : partisans yougoslaves dans un bois, après une action contre les forces de l'Axe.

Ci-dessus : une résistante russe, capturée par les S. S., est conduite sur le lieu de son exécution. En haut : mitrailleuse de D. C. A. à Moscou.

25 octobre
Front soviétique. La résistance acharnée des Soviétiques, dont les troupes sont renforcées, et la dégradation des conditions météorologiques épuisent la première offensive allemande contre Moscou.

27 octobre
Front soviétique. Secteur sud. Après dix jours d'âpres combats, la XIe armée allemande occupe toute la Crimée, à l'exception de Sébastopol. Toute la région industrielle du sud de l'U. R. S. S. est aux mains de l'ennemi.
Yougoslavie. A Brajici, seconde et dernière rencontre sans résultat entre Tito et Mihailovitch.

28 octobre
Front soviétique. Secteur Centre. Ultime tentative allemande contre Moscou avant l'hiver. Guderian lance ses chars au sud de la capitale, entre Toula et Serpoukhov. La boue et la résistance russe les paralysent.

29 octobre
Front soviétique. Les premières divisions retirées de Sibérie entrent en ligne contre les Allemands dans la région de Borodino.
Italie. Dans l'après-midi, incursion de l'aviation anglaise sur Reggio de Calabre et Catanzaro.

30 octobre
Front soviétique. Secteur sud : début du siège de Sébastopol. Il durera 8 mois.

31 octobre
Front soviétique. En une seule journée, la Luftwaffe fait 45 incursions sur Moscou. Le but n'est pas tant de causer des destructions que de miner le moral de la population.
A l'extrême nord de la Finlande, les troupes de montagne allemandes du général Dietl (qui dépend du général von Falkenhorst, commandant les forces d'occupation en Norvège) poussent en direction de Mourmansk, mais se heurtent à une sérieuse résistance soviétique. Deux autres divisions allemandes, appartenant au 34e corps d'armée, opèrent dans le centre de la Finlande, tandis que les troupes finlandaises, dont l'offensive arrive à bout de souffle, se trouvent entre la région de Salla et l'isthme de Carélie.
Atlantique. Premier bâtiment américain détruit par les Allemands, le destroyer *Reuben James* est coulé par un *U-Boot* à l'ouest de l'Islande.

Affiche encourageant les Moscovites à défendre leur ville.

1er novembre
États-Unis. Les garde-côtes sont placés sous l'autorité militaire.

3 novembre
Front soviétique. Secteur sud. Les Allemands s'emparent de Koursk, au nord de Kharkov.
Secteur Nord. Les Allemands tentent de conquérir toute la rive sud du lac Ladoga, y compris le nœud ferroviaire de Volkhov, qu'ils ne parviennent pas à occuper. Ils coupent cependant la voie ferrée Leningrad-Vologda et progressent sur Tikhivine, à 180 km environ de Leningrad.

4 novembre
France. Henri Frenay et François de Menthon (fondateur du groupe « Liberté ») fusionnent leurs deux mouvements en un seul : « Combat ».

5 novembre
Pour régler le différend entre leur pays et les États-Unis, les Japonais envoient Saburu Kurusu en mission spéciale à Washington. Mais ce n'est qu'une formalité illusoire.

6 novembre
U. R. S. S. A la station Maïakovski du métro de Moscou, les Russes célèbrent le 24e anniversaire de la révolution d'Octobre. Staline parle sur un ton rassurant, en minimisant, comme il est naturel, les pertes soviétiques et en exagérant celles de l'adversaire. Durant les 4 premiers mois de guerre, l'U. R. S. S. aurait eu 350 000 morts, 378 000 disparus et 1 020 000 blessés. Le lendemain, sur la place Rouge, il parle aux soldats, les encourageant à défendre la « sainte Russie » et leur affirmant que les Allemands ont eu 4,5 millions de morts et de blessés. Il ajoute que les réserves allemandes sont épuisées (ce qui est en partie vrai), tandis que celles des Russes commencent seulement à faire sentir leur poids. Ses appels enflammés au sentiment patriotique et à l'union sacrée des Russes ne plaisent pas aux « purs » du Parti, mais se révéleront très efficaces.
☐ A Rovno, en Volhynie, les Allemands massacrent 15 000 juifs.
Atlantique. Le croiseur *Omatra* et le contre-torpilleur *Somers,* de la marine des États-Unis, capturent le bateau corsaire allemand *Odenwald,* camouflé en cargo américain.

7 novembre
Front soviétique. Secteur centre. Dans la nuit, le gel fait son apparition. N'étant plus gênés par la boue, les Allemands se préparent à reprendre l'offensive sur Moscou, mais le « général hiver » les réduira bientôt à l'inaction.
☐ La loi prêt-bail est étendue à l'U. R. S. S., à laquelle, d'ailleurs, les États-Unis fournissent leur aide depuis le mois de septembre. Entre le 1er octobre 1941 et le 31 mai 1945, 2 660 bateaux américains transporteront en U. R. S. S. 15 239 791 t de vivres et de matériel, en particulier des camions, mais aussi des chars, des locomotives et jusqu'à des usines chimiques entières.
Italie. Violente incursion d'avions anglais sur Brindisi.
Allemagne. Pour répondre à la décision des États-Unis d'armer leurs cargos, le gouvernement allemand fait savoir que les *U-Boote* recevront l'ordre de torpiller tout navire armé.

8 novembre
A Munich, Hitler fait un discours euphorique. Encore plus que Staline, il exagère les pertes ennemies. Depuis le début des opérations, l'U. R. S. S. aurait perdu une dizaine de millions d'hommes, ainsi que 60 à 75 % de son potentiel industriel et de ses matières premières. « Quel que soit le temps que dure la guerre, le dernier bataillon sera allemand... Le destin de l'Europe est en train de se décider pour mille ans... »
Front soviétique. Secteur nord. Le 39e corps blindé allemand s'empare de Tikhvine, au sud-est du lac Ladoga. En se portant à l'est de Leningrad, les Allemands ont non seulement pour objectif de l'encercler, mais aussi de faire leur jonction avec les Finlandais. Ils n'y parviendront pas.
Méditerranée. A 200 milles à l'est de Malte, des navires britanniques

coulent un convoi italo-allemand se dirigeant vers la Libye.

10 novembre
Convaincu maintenant que l'opération « Barberousse » (qui prévoyait d'atteindre la Volga) ne se terminera pas dans l'année, Hitler fixe les nouveaux objectifs de ses armées en Russie. Au sud, von Rundstedt devra prendre Sébastopol et Rostov-sur-le-Don, franchir le fleuve et conquérir Maïkop et les pétroles du Kouban. Au centre, von Bock reprendra son offensive sur Moscou et devra s'en emparer par une manœuvre en tenaille. Au nord, von Leeb fera sa jonction avec les Finlandais pour isoler complètement Leningrad.
Méditerranée. 20 *U-Boote* entrent en Méditerranée. C'est Rommel en personne qui l'a demandé, après que de nombreux convois destinés à l'Afrique du Nord eurent été coulés.
Atlantique. Pour la première fois, des navires de guerre américains escortent un convoi de troupes britanniques. Il s'agit de 20 000 hommes partant de Halifax, au Canada, pour l'Extrême-Orient.

11 novembre
Front soviétique. Dans le secteur sud, vigoureuse contre-attaque des Soviétiques. Le 80e régiment italien de la division Pasubio réussit de justesse à échapper à l'encerclement d'une division soviétique.

12 novembre
Front soviétique. Le plan de la nouvelle offensive contre Moscou se précise. Le 2e *Panzergruppe* (Guderian), protégé sur son flanc par la IIe armée, avancera de Toula vers Kolomna ; la IVe armée attaquera frontalement pour retenir le plus grand nombre possible de forces soviétiques ; le 3e *Panzergruppe* (Hoth) et le 4e (Hoepner), couverts sur leur flanc gauche par la IXe armée, franchiront le canal de la Moskova à la Volga et contourneront Moscou par le nord, pour s'infléchir ensuite vers le sud-est afin

LA RÉSISTANCE EN FRANCE

Résister, en France, en 1940, cela signifie d'abord refuser l'armistice et poursuivre une guerre qui, loin d'être finie, ne fait que commencer. Ce qu'avait dit à Londres, le 18 juin, le général de Gaulle. Mais peu de Français l'ont entendu, et les premiers « résistants » de l'intérieur obéissent plutôt à des réactions spontanées dont les motivations sont diverses : surtout patriotiques chez les uns, qui acceptent mal la défaite militaire ; d'abord politiques chez les autres, qui refusent l'ordre nazi.
Les uns et les autres ne constituent, jusqu'en 1941, qu'une infime minorité, dont l'attitude à l'égard de Vichy et les premières activités reflètent d'ailleurs la différence des choix initiaux. Les premiers, un moment persuadés que Pétain joue double jeu, maintiennent des contacts avec son entourage, où certains éléments, d'ailleurs, préparent la « revanche ». Les seconds, à qui répugne l'idéologie vichyssoise, où ils dénoncent un fascisme rampant, veulent réhabiliter la république, trahie par les siens. Ceux-là, soucieux d'action militaire, s'orienteront d'abord vers le renseignement, parfois en liaison avec les services anglais. Ceux-ci chercheront aussi à regrouper des « familles spirituelles » dispersées par l'effondrement des partis traditionnels. La coupure de la France en deux accentue les difficultés : la présence des Allemands conduisant les résistants de zone Nord à privilégier l'action directe, tandis que ceux de zone Sud mettront davantage l'accent sur le travail de propagande.
Ainsi se constituent, au hasard des contacts, de petits groupes qui ne commenceront guère à s'organiser vraiment qu'au cours de l'année 1941, les premiers contacts directs avec de Gaulle, à Londres, n'ayant lieu qu'en mars 1942. Les premiers tracts, et quelques publications épisodiques sortent dès l'automne 1940, mais les premiers journaux « réguliers » ne verront le jour qu'un an plus tard.
On compte alors en zone Sud trois mouvements principaux. Le plus important numériquement, Combat, résulte de la fusion d'un premier Mouvement de libération nationale fondé par un ancien officier d'active, Henri Frenay, dans la perspective d'une future armée secrète, et du groupe Liberté, animé par des démocrates-chrétiens comme François de Menthon. Le second, Franc-Tireur, fondé à Lyon et d'orientation socialiste, est notamment dirigé par Jean-Pierre Lévy. Le troisième, Libération-Sud, dû à l'initiative d'Emmanuel d'Astier de La Vigerie, recrute aussi dans les milieux de gauche.
En zone Nord, l'Organisation civile et militaire, créée par Maxime Blocq-Mascart, est d'inspiration plus militaire que civile. Libération-Nord, fondé par Jean Texcier, regroupe d'abord des militants socialistes. Défense de la France, avec Philippe Viannay, touche davantage les milieux étudiants.
Reste le Parti communiste, le seul à disposer d'une organisation préexistante. Mais sa direction, paralysée par le Pacte germano-soviétique et les directives du Komintern, cherche surtout, dans un premier temps, à reconstituer l'appareil clandestin du parti, et s'attaque à Vichy sans s'en prendre aux Allemands. Divers responsables, cependant, comme Charles Tillon, orientent la lutte contre l'occupant. Les deux lignes se rejoindront en juin 1941, après l'agression allemande contre l'Union soviétique.

Char mis hors de combat dans la région de Solloum-Halfaya. Poursuivant son avance sans rencontrer d'obstacle la VIIIe armée britannique atteindra Sidi Rezegh.

de se joindre aux forces de Guderian arrivant de Toula. On enregistre 12 degrés au-dessous de zéro. Les cas de gelures se multiplient chez les Allemands.
France. Le gouvernement de Vichy fait interner Léon Blum et Édouard Daladier, anciens présidents du Conseil, et le général Gamelin, ancien généralissime des armées françaises, au fort du Portalet, dans les Pyrénées. Tous trois étaient arrêtés depuis l'été 1940.

13 novembre
Méditerranée. Au large de Gibraltar, l'*U-Boot 81,* commandé par le lieutenant de vaisseau Guggenberger, torpille et endommage gravement le porte-avions anglais *Ark Royal.* Un autre sous-marin allemand atteint également le cuirassé *Malaya.*

14 novembre
Front soviétique. Les Allemands se préparent à la seconde phase de la bataille de Moscou, mais ils disposent de moyens limités. Guderian est contraint de transformer un de ses corps blindés, dont la dotation initiale était de 350 chars, en une simple « brigade » d'à peine 50 chars en état de combattre.
☐ Les États-Unis donnent l'ordre à leurs marines d'évacuer Changhai, Pékin et Tientsin.
Méditerranée. 2 h 15 : Un épouvantable incendie se déclare dans la salle des machines de l'*Ark Royal* et met les pompes hors d'usage. Vers 6 heures, le porte-avions s'abîme dans les flots.
☐ Des raids d'avions anglais causent des victimes et des dégâts importants à Catane, à Brindisi et à Acireale.

15 novembre
Front soviétique. Secteur centre. Début de la nouvelle offensive pour la conquête de Moscou. Au sud d'Orel, une colonne blindée s'empare de Maloarkhanghelsk.
Dans le secteur nord, sur le Front de Leningrad, les Soviétiques doivent abandonner Volkhov.

16 novembre
Front soviétique. Dans le secteur sud, tandis que la XIe armée allemande investit Sébastopol, le 42e corps d'armée du général von Sponeck occupe Kertch, à l'extrémité orientale de la Crimée.

17 novembre
Mettant à exécution une décision prise depuis longtemps, les Allemands créent le *Reichskommissariat Ostland* pour l'administration et l'exploitation de l'Estonie, de la Lettonie, de la Lituanie et de la Biélorussie. Ils placent à sa tête Alfred Rosenberg, le théoricien du parti national-socialiste.

18 novembre
Afrique du Nord. Sous la conduite du général Cunningham, la VIIIe armée britannique déclenche l'opé-

Jeunes fascistes de la garnison de Bir el-Gobi tirant au canon antichar contre des blindés britanniques. Malgré la forte pression anglaise dans cette région, les forces de l'Axe continuent de résister.

ration « Crusader » contre les forces italo-allemandes qui encerclent Tobrouk. Le but immédiat de cette opération est de renforcer la tête de pont ; le but final est de reconquérir la Cyrénaïque et, en cas de succès, d'envahir la Tripolitaine.

19 novembre
Afrique du Nord. Poursuivant son avance sans rencontrer de gros obstacles, la VIIIe armée britannique arrive à Sidi Rezegh. Toutefois, à Bir el-Gobi, la division italienne Ariete oppose une forte résistance à l'aile gauche anglaise, tandis qu'à l'aile droite des éléments de la 21e *Panzerdivision* attaquent la 4e brigade blindée.

20 novembre
Front soviétique. Secteur sud. Après avoir tenté sans succès d'encercler Rostov-sur-le-Don, les Allemands l'attaquent par une sanglante action frontale et s'en emparent.
Dans le secteur nord, la situation militaire est inchangée à Leningrad, mais le froid et la faim font de plus en plus de victimes dans la population. Les rations alimentaires sont réduites pour la cinquième fois depuis le début du siège. Les ouvriers et le personnel spécialisé ne perçoivent plus que 225 g de pain et des vivres pour un total quotidien de 1 067 calories ; les enfants ont 644 calories, et les personnes à charge, c'est-à-dire les vieillards et ceux qui n'ont aucune activité productive, 466 calories seulement. Or la ration alimentaire normale, dans des climats à hiver froid comme à Leningrad, doit dépasser 3 000 calories. « Les gens n'avaient plus la force de creuser des fosses dans la terre gelée. Les morts étaient abandonnés près des cimetières, enveloppés dans des draps, et généralement enterrés dans des fosses communes creusées à la dynamite. Au printemps, on découvrit des milliers de cadavres demeurés tout l'hiver sous la neige. »
☐ L'envoyé extraordinaire japonais à Washington, présente avec l'ambassadeur Nomura les ultimes propositions de son gouvernement pour résoudre la crise entre son pays et les États-Unis.
Afrique du Nord. Pour faire front à la menace allemande, les Anglais déplacent leur 22e brigade blindée de Bir el-Gobi à Gabr Saleh.

21 novembre
Front soviétique. Secteur sud. Le 1er *Panzergruppe* achève l'occupation de Rostov, tandis que la XVIIe armée se répand dans la région industrielle et minière du bas Donetz.
Afrique du Nord. Alors que la 7e brigade blindée anglaise partie de Gabr Saleh approche de Tobrouk, elle est attaquée par les panzers de Rommel et perd 113 chars sur les 141 qu'elle avait au départ.
France. Le général Weygand, délégué de Vichy en Afrique du Nord, est mis à la retraite d'office à la

En haut : le bateau corsaire allemand Atlantis *camouflé en cargo japonais. Au centre : l'équipage de l'*Atlantis *après que le bateau eut été touché par les Anglais. Ci-dessus : le* Barham *explose.*

demande des autorités allemandes.
Afrique-Orientale italienne. La garnison italienne de Coulkouaber, aux environs de Gondar, se rend aux Britanniques avec son commandant, le colonel Augusto Ugolini. En raison de son courage, le colonel italien aura l'autorisation du commandant britannique de conserver son pistolet pendant sa captivité.

22 novembre.
Afrique du Nord. Aux environs de Sidi Rezegh le combat continue entre la 5e brigade sud-africaine et la 21e *Panzerdivision.* Les pertes sont lourdes des deux côtés.
Atlantique. Le croiseur auxiliaire allemand *Atlantis* (en réalité un bateau corsaire) et le navire de ravitaillement *Python* sont coulés. Les naufragés sont recueillis par 4 sous-marins italiens et 4 *U-Boote;* ils arriveront à Bordeaux le 27 décembre, après une véritable odyssée.

23 novembre
Front soviétique. Sur le Front de Moscou, les unités qui doivent forcer le canal de la Moskova à la Volga s'emparent de Kline, Solnetchnogorsk et Istra.
☐ Avec le consentement du gouvernement des Pays-Bas en exil, et pour protéger des mines de bauxite d'un grand intérêt stratégique, des forces américaines occupent la Guyane hollandaise.
Afrique du Nord. Les combats continuent entre Britanniques et Allemands dans toute la région comprise entre Bir el-Gobi et Sidi Rezegh.

24 novembre
Cinq ans après sa signature, le pacte antikomintern est renouvelé à Berlin. Les pays qui y ont adhéré sont l'Allemagne, l'Italie, le Japon, la Hongrie, le Mandchoukouo et l'Espagne, auxquels s'ajoutent maintenant la Bulgarie, la Croatie, le Danemark, la Finlande, la Roumanie, la Slovaquie et le gouvernement chinois de Nankin.
Afrique du Nord. Au large de Solloum, l'*U-Boot 331,* commandé par le lieutenant de vaisseau Tiesenhausen, coule à l'aide de 4 torpilles le cuirassé anglais *Barham.*
Pacifique. Des navires américains

repèrent au large de Formose un convoi militaire japonais se dirigeant vraisemblablement vers la Malaisie.

26 novembre
A Washington, les Américains font part à l'envoyé de Tokyo, Kurusu, de leurs conditions pour résoudre la crise entre les deux pays. Ils demandent au Japon d'évacuer les territoires qu'il occupe en Chine et en Indochine, dc nc plus reconnaître le gouvernement fantoche de Nankin et de se retirer de l'alliance avec l'Axe. Ces conditions sont manifestement inacceptables. D'ailleurs, dès la nuit précédente, la flotte japonaise a quitté ses bases en grand secret pour aller se concentrer aux points prévus par les plans d'opérations de l'état-major impérial.
Liban. Au nom de la France libre, le général Catroux proclame l'indépendance du Liban.

27 novembre
L'amiral Stark, chef des opérations navales au commandement suprême américain, envoie un « préavis d'état de guerre » aux commandants des flottes d'Asie et du Pacifique.
Front soviétique. Secteur sud : la XXXVIIe armée soviétique et une partie de la IIe armée préparent une contre-attaque en direction de Rostov et de la Crimée.
Afrique-Orientale italienne. Début d'une attaque britannique contre la garnison de Gondar la seule qui résiste encore en Afrique orientale.

28 novembre
Afrique du Nord. Les défenseurs de Tobrouk réussissent à faire leur jonction avec la VIIIe armée britannique.
Afrique-Orientale italienne. Le général Nasi, commandant la garnison de Gondar, demande aux Anglais dans quelles conditions il peut se rendre.
Italie. Sur Naples, raid de nuit de l'aviation anglaise. Les dégâts sont importants.

29 novembre
Front soviétique. Tandis qu'ils résistent mètre par mètre aux Allemands dans la région de Moscou, les Soviétiques lancent une violente contre-offensive dans le secteur sud, reprennent Rostov et Taganrog et menacent d'encercler les forces ennemies.
Von Rundstedt se voit contraint de replier ses troupes derrière le Mious.
Afrique-Orientale italienne. Les dernières troupes italiennes de Gondar déposent les armes. L'Afrique-Orientale italienne n'existe plus.

30 novembre
Front soviétique. Dans le secteur de Moscou, les *Panzergruppen* de Hoepner et de Reinhardt sont au-delà de Kline, à la hauteur de Dmitrov, sur le canal de la Moskova à la Volga, et celui de Guderian a coupé la voie ferrée de Toula à Serpoukhov.
Du 22 juin au 30 septembre, les Allemands estiment leurs propres pertes à 162000 morts, 33334 disparus et 572000 blessés.
Dans Leningrad assiégé, 11000 personnes sont mortes de faim au mois de novembre. Au mois de décembre, il en mourra 52000. Pour Noël, la ration de pain des ouvriers sera portée de 225 à 300 g par jour, celle des employés à 200 g. Mais la ville tient toujours. Comme ils manquent d'armement, les défenseurs fabriquent eux-mêmes de rustiques mais efficaces fusils mitrailleurs, ainsi que leurs munitions.
☐ Comme on pouvait s'y attendre, le Premier ministre japonais, Tojo, rejette les propositions américaines pour résoudre le différend entre le Japon et les États-Unis.

1er décembre
Afrique du Nord. Rommel réussit à réassiéger Tobrouk mais ses forces blindées sont très affaiblies. La première phase de l'opération « Crusader », destinée à dégager Tobrouk, se termine.
France. Le maréchal Pétain rencontre Goering à Saint-Florentin pour s'entretenir avec lui de l'avenir des relations franco-allemandes et de l'intégration de la France dans l'« ordre nouveau » instauré en Europe.
Front soviétique. Von Reichenau prend le commandement du *Heeresgruppe* Sud à la place de von Rundstedt. Ce dernier a donné sa démission parce que Hitler a rejeté sa proposition d'interrompre la progression vers le Caucase. Dans le

SOUPÇONS

Une année après *Rebecca*, Alfred Hitchcock réalise un nouveau film d'atmosphère anglaise, inspiré du roman de Francis Iles, *Before the Fact*. Une jeune héritière anglaise épouse un play-boy sans le sou et de moralité douteuse ; certaines circonstances la conduisent à penser que son mari veut l'assassiner. Le final ironique et railleur choisi par Hitchcock a malheureusement été écarté par les producteurs, et le happy end consolant semble un peu artificiel ; il ne remet cependant pas en cause la bonne qualité du film.
Soupçons marque le début de la collaboration entre le metteur en scène anglais et Cary Grant ; ce dernier, en 1941, est déjà une étoile de première grandeur au firmament d'Hollywood, après avoir interprété des films à succès comme *L'Impossible M. Bébé* et *Indiscrétions*.

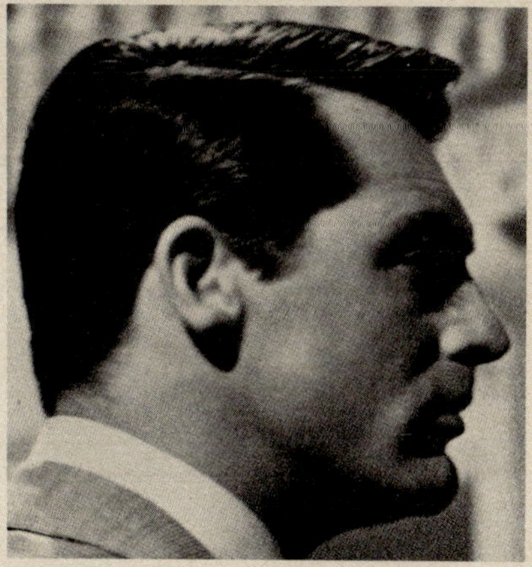
Cary Grant.

secteur centre, les Allemands ont atteint le point de départ d'une ligne d'autobus qui mène à la place Rouge, à 38 km de distance seulement.
□ Au large de l'Australie, le bateau corsaire allemand *Kormoran* coule le croiseur anglais *Sydney*.

2 décembre
Front soviétique. Guderian, l'âme de l'attaque de Moscou, installe son Q. G. à Iasnaïa Poliana, village à 7 km au sud de Toula, où se trouvent la maison et la tombe de Tolstoï (la propagande russe dira qu'elles ont été profanées).
□ Le gouvernement finlandais récupère les territoires qu'il a dû céder à l'Union soviétique l'année précédente.

4 décembre
Front soviétique. Secteur nord : bien qu'ils renoncent à toute action contre Leningrad, les Finlandais reprennent le port de Hanko (Hangö), à l'entrée du golfe de Finlande, que les Soviétiques ont occupé en 1940. Dans le secteur centre, la pression du *Heeresgruppe* Centre continue à s'exercer sur Moscou, en particulier au sud, dans la région de Toula. Dans la nuit du 4 au 5, il gèle intensément : le thermomètre descend à 35 degrés au-dessous de zéro. Les chars refusent de démarrer, les armes ne peuvent plus tirer, des milliers d'hommes sont victimes de gelures. Joukov remarque (d'autres attribuent cette observation à Mannerheim) que les Allemands ont des bottes trop ajustées, alors que les Russes ont appris depuis deux siècles à porter des chaussures trop grandes pendant l'hiver, afin de pouvoir les garnir de laine ou de paille pour se protéger du gel.
Afrique du Nord. Rommel déclenche en vain une ultime offensive contre Tobrouk.

5 décembre
Front soviétique. Tandis que l'offensive allemande contre la capitale soviétique s'enlise par manque de moyens et en raison des terribles conditions climatiques, les Russes, qui ont accumulé toutes les réserves possibles en hommes et en matériel, lancent une contre-offensive générale sur tous les fronts, en particulier sur celui de Moscou. Sur ce seul point, 88 divisions d'infanterie, 15 divisions de cavalerie montée et 1 500 chars se ruent contre 67 divisions allemandes. Leur objectif est d'enfoncer les ailes du *Heeresgruppe* Centre pour l'encercler et l'anéantir. Les Russes envoient leur cavalerie au massacre, mais ils s'imposent par leurs chars. Le général Heinz Guderian demande vainement à Hitler l'autorisation d'opérer une retraite défensive. Au nord-ouest de Moscou, dans la région de Krasnaïa Poliana-Dmitrov-Kalinine, 7 armées soviétiques exercent une pression énergique contre les éléments avancés de la IXe armée allemande et des 3e et 4e *Panzergruppen* qui y sont concentrés. Au sud de Moscou, dans la région de Toula-Kachira-Mikhaïlov, 3 armées sovié-

A gauche : pour se soustraire aux coups de la Luftwaffe, la population de Moscou se réfugie dans le métro. A droite : soldats russes dans les rues de Moscou. Page de droite : Leningrad souffre du froid et de la faim.

En Russie, l'hiver ralentit inévitablement les opérations. Bien que les forces blindées allemandes aient poussé des pointes jusque dans les faubourgs industriels de Moscou, elles ne prendront pas la ville. Elles se heurteront à un formidable système défensif, à des contre-attaques de plus en plus vigoureuses, aux chars T-34 de 34 t et à la guerre de partisans sur leurs arrières. En haut : escadron de cavalerie soviétique chargeant. A gauche : combats à Mojaïsk. Ci-dessous : fantassins allemands au nord de Leningrad.

tiques et 1 corps d'armée de cavalerie de la garde s'en prennent au 2e *Panzergruppe*. Les Allemands sont nettement surpris par la violence et le volume de l'attaque russe.

□ La Grande-Bretagne déclare la guerre à la Finlande, à la Hongrie et à la Roumanie.

□ A Moscou, Staline rencontre Eden. Il rencontre également le général Sikorski, chef du gouvernement polonais en exil à Londres, pour signer avec lui un pacte d'assistance mutuelle soviéto-polonais.

□ En réponse à une demande d'explications américaine, le Japon assure que les déplacements de ses troupes en Indochine ne sont qu'une mesure de précaution.

6 décembre

Front soviétique. Secteur nord. Les Soviétiques contre-attaquent dans la région de Tikhvine, à l'est de Leningrad.

Secteur centre. Au nord de Moscou, les Soviétiques pénètrent de 18 km dans le dispositif du 3e *Panzergruppe*. Au sud, le 2e *Panzergruppe* de Guderian résiste désespérément à des forces très supérieures.

7 décembre

Hawaii, Pearl Harbor. 7 h 55, heure locale. Sans déclaration de guerre, des avions japonais attaquent par surprise la grande base aéronavale américaine du Pacifique et y sèment la mort et la destruction. Ils coulent ou endommagent gravement 8 cuirassés, et envoient par le fond 3 croiseurs, 3 destroyers, 2 navires auxiliaires, 1 mouilleur de mines et 1 bateau-cible. 188 avions sont détruits ou endommagés au sol. Selon la déclaration faite au Congrès par le secrétaire d'État à la Marine, Knox, qui s'est rendu sur les lieux après la catastrophe, il y aurait 2729 morts et 656 blessés. Les chiffres officiels publiés en 1955 feront état de 2330 morts et 1347 blessés.

Le gros de la flotte américaine du Pacifique est éliminé de la lutte avant même qu'elle n'ait commencé, et il faudra longtemps à l'industrie des États-Unis pour combler les

(voir suite p. 182)

Attaque japonaise sur Pearl Harbor : un cuirassé américain en flammes.

LES PRÉMISSES DU CONFLIT AMÉRICANO-JAPONAIS

19 septembre 1931
Le Japon envahit la Mandchourie et en achève l'occupation avant le mois de janvier 1932.

27 mars 1933
Condamné comme agresseur par la Société des Nations (les États-Unis ont voté contre lui), le Japon s'en retire.

7 juillet 1937
Sous prétexte que leurs soldats y ont reçu des coups de feu, les Japonais occupent Pékin.

26 juillet 1937
Sans préavis, les Japonais ouvrent les hostilités contre la Chine. Le mois suivant, ils débarquent à Changhaï et de là marchent sur Nankin. Roosevelt décide de leur imposer une « quarantaine économique ».

14 décembre 1937
Nankin tombe aux mains des envahisseurs, qui occupent en peu de temps tout le nord de la Chine. Cependant, les troupes de Tchang Kaï-chek, ravitaillées en armes par les Occidentaux, continuent à se battre. Au mois de mars 1938, elles infligent une cuisante défaite aux Japonais. Ces derniers créent le « gouvernement central de la République chinoise » et décident d'isoler complètement Tchang Kaï-chek en bloquant son ravitaillement, c'est-à-dire la voie ferrée du Yunnan partant du Tonkin français, la voie ferrée anglaise de Canton et la route soviétique de Mongolie.

Octobre 1938
Les Japonais débarquent à Canton. Anglais et Français, partisans de la politique de l'*appeasement,* se contentent d'envoyer une note de protestation. Néanmoins, pour ravitailler le chef du Kouo-min-tang, les Anglais ouvrent une nouvelle route à travers la Birmanie, tandis que les Soviétiques augmentent le volume de leur aide, et que Washington accorde un crédit de 25 millions de dollars au gouvernement chinois légitime.

11 juin 1940
L'ambassadeur du Japon à Londres déclare qu'un changement de gouvernement dans son pays n'aurait aucune influence sur sa politique de neutralité en Europe.

13 juin 1940
Britanniques et Japonais arrivent à un compromis à propos de la concession anglaise de Tientsin. A la suite de l'écroulement de la France, les ultras japonais imposent quelques jours plus tard à leur gouvernement une attitude plus dure envers les Occidentaux. Tokyo leur présente une série de demandes, dont la principale est la fermeture de la « route de Birmanie ». Les Anglais tergiversent, puis, craignant en Extrême-Orient des actions japonaises auxquelles ils ne sont pas préparés, consentent à la fermer pour trois mois. La décision prend effet le 18 juillet, en accord avec les dominions intéressés le plus directement : l'Australie et la Nouvelle-Zélande. D'ailleurs, en raison de la mousson, la piste est impraticable jusqu'au mois d'octobre.

Fin juin 1940
Les Japonais demandent à Vichy de fermer la frontière entre l'Indochine et la Chine, et aux Hollandais des concessions économiques. Roosevelt décrète l'embargo sur les exportations de certaines marchandises au Japon. Le pétrole ne figure pas sur la liste.

22 juillet 1940
A Tokyo, le prince Konoye forme un nouveau gouvernement nettement plus intransigeant envers les Occidentaux, avec Matsuoka comme ministre des Affaires étrangères. En étroite collaboration avec l'état-major impérial, ce nouveau gouvernement demande à l'Indochine la concession de bases militaires et invite l'Angleterre à mettre fin à son attitude hostile. Il fait comprendre d'une manière voilée que ses demandes pourraient être appuyées par la force. Le Japon a des vues sur le Sud-Est asiatique et les Indes néerlandaises. Il a envisagé à plus ou moins brève échéance un conflit avec la Grande-Bretagne, mais se propose d'éviter, autant que possible, un heurt avec les États-Unis. Le 1er août, le nouveau gouvernement japonais déclare que le but de sa politique est « d'établir un ordre nouveau dans la grande Asie orientale ».

L'équipage d'un avion japonais prêt à attaquer Pearl Harbor.

30 août 1940
L'ambassadeur de Vichy à Tokyo signe avec les Japonais un accord stipulant que les Français entendent collaborer avec eux pour leur permettre d'atteindre leurs objectifs politiques et économiques en Asie, et les autorisent à utiliser le nord de l'Indochine pour leurs opérations militaires contre Tchang Kaï-chek.

23 septembre 1940
Après avoir adressé, le 15, un

ultimatum à Saigon, où les autorités françaises semblent vouloir revenir sur l'accord du 30 août, les Japonais débarquent au Tonkin. Les représentants de Vichy ne peuvent s'y opposer.

27 septembre 1940
Le Japon adhère au Pacte tripartite.

14 avril 1941
A Moscou, signature d'un pacte sino-soviétique de non-agression. Ce pacte, d'une durée de cinq ans, renforce la faction japonaise des « faucons », hostile à la politique conciliante de Konoye envers les États-Unis, qu'elle considère comme une attitude d'abandon.

12 juillet 1941
50 000 soldats japonais débarquent en Cochinchine. Toute l'Indochine est ainsi sous l'hégémonie de Tokyo.

26 juillet 1941
Washington réagit contre cette nouvelle manifestation d'expansionnisme en gelant tous les avoirs japonais aux États-Unis et en interdisant de fournir au Japon du carburant pour avions. La Grande-Bretagne et les Pays-Bas suivent l'exemple américain.

16 octobre 1941
Le trop conciliant prince Konoye est contraint de démissionner. Il est remplacé par un ultra, le général Hideki Tojo.
Les semaines suivantes se passent en semblants d'entretiens (dont il a déjà été fait mention) entre Tokyo et Washington, jusqu'à ce que, le 29 novembre, l'état-major impérial décide que l'attaque contre les États-Unis sera déclenchée le 7 décembre. L'inspirateur de l'attaque de Pearl Harbor est l'amiral Yamamoto, commandant en chef de la flotte impériale.

LE COMMANDEMENT AMÉRICAIN DANS LE PACIFIQUE FIN NOVEMBRE 1941

Secrétaire d'État à la Défense : Henry Stimson (sous-secrétaire d'État à la Défense : Robert P. Patterson). Secrétaire d'État à la Marine : Frank Knox (sous-secrétaire d'État à la Marine : James V. Forrestal). Les deux départements collaborent par le canal du Comité des chefs d'état-major.
Pacifique. Le département de la Défense a sous son autorité directe : le commandement du secteur d'Extrême-Orient, avec P. C. à Manille (Philippines), sous les ordres du général Douglas MacArthur, qui est, en outre, commandant en chef de toutes les forces américaines en Extrême-Orient ; le commandement du secteur des îles Hawaii, avec P. C. à Pearl Harbor, sous les ordres du général Walter C. Short.
Le département de la Marine a sous son autorité : l'état-major de la flotte d'Asie, avec P. C. à Manille, sous les ordres de l'amiral Thomas C. Hart, et l'état-major de la flotte du Pacifique, avec P. C. à Pearl Harbor, sous les ordres de l'amiral Kimmel.

LE COMMANDEMENT JAPONAIS FIN NOVEMBRE 1941

Premier ministre et ministre de la Guerre : général Hideki Tojo. Chef d'état-major de l'armée de terre : général Sugiyama, dont dépendent les commandements des zones, les commandements des régions et le commandement du groupe d'armées Sud, placé sous les ordres du général Hisaishi Terauchi.
Le grand quartier général impérial coordonne les actions de l'armée et de la marine.
Ministre de la Marine : amiral Shigetaro Shimada (chef d'état-major : amiral Osami Nagano). Il a sous son autorité l'état-major de la flotte combinée, sous les ordres de l'amiral Yamamoto, véritable chef des opérations.

Troupes japonaises en prière avant leur départ pour le front. Le Japon dispose de 51 divisions.

Repulse (Grande-Bretagne, 1916). Le Renown et le Repulse sont les deux seuls croiseurs de combat qui ont pris part aux deux guerres mondiales. De 1934 à 1936, ils furent modernisés et équipés de catapultes pour hydravions et d'un armement antiaérien. Le Repulse fut coulé le 10 décembre 1941 par des avions japonais dans l'océan Indien.

LES FORCES EN PRÉSENCE

Les forces navales. Au jour de son entrée en guerre, la marine militaire japonaise comprend : 10 cuirassés, 11 porte-avions, 18 croiseurs lourds, 23 croiseurs légers dont 3 sont démodés, 129 contre-torpilleurs, 67 sous-marins, 13 canonnières et des bateaux de faible tonnage.

De leur côté, les marines alliées ont les forces suivantes dans le secteur Asie-Pacifique : 10 cuirassés (9 américains et 1 anglais), le croiseur de bataille anglais *Repulse,* 3 porte-avions américains, 14 croiseurs lourds (13 américains et 1 britannique), 22 croiseurs légers (11 américains, 7 britanniques, 3 hollandais et 1 de la France libre), 100 contre-torpilleurs (80 américains, 13 britanniques et 7 hollandais), 69 sous-marins (56 américains et 13 hollandais) et des bâtiments de moindre importance.

Les forces des deux camps s'équilibrent à peu près, mais les Japonais ont un très net avantage pour le nombre de porte-avions, qui sont un facteur déterminant dans ce nouveau genre de guerre. En outre, une bonne moitié de la flotte des États-Unis est engagée dans l'Atlantique.

Les forces terrestres. Au début du conflit contre les États-Unis, la Grande-Bretagne et les Pays-Bas, le Japon a 51 divisions sous les armes, dont 27 sont employées en Chine et 13 sur la frontière de Mongolie. Sur le nouveau théâtre de guerre, il ne met en ligne qu'environ 400 000 hommes. Du côté adverse, entre Britanniques, Américains, Hollandais, Philippins et troupes indigènes des Indes néerlandaises, les Alliés disposent de 340 000 hommes environ.

Les forces aériennes. Au début, la supériorité du Japon est écrasante. Sur les 2 400 avions de combat que possède son armée de l'air, chasseurs ou bombardiers, il en engage 1 540, alors que dans les théâtres de l'océan Indien et du Pacifique, les Alliés n'en comptent ensemble que 650 environ.

Cette supériorité n'est pas seulement numérique, car les chasseurs Mitsubishi A6M2 (les fameux Zéro) n'auront aucun rival dans le camp ennemi durant une année entière. Et ce ne sera pas la seule surprise. Beaucoup de navires japonais se révéleront plus lourds et plus puissants que les Alliés le supposaient. Ainsi, les porte-avions de la classe du *Zuikaku,* auxquels les annuaires de la marine attribuaient entre 12 000 et 15 000 t, jaugeaient en réalité 30 000 t. Quant à l'armée de terre japonaise, elle est parfaitement instruite, bien armée, extrêmement disciplinée et animée d'un fort esprit combatif.

ZUIKAKU (Japon, 1941). Ce porte-avions faisait équipe avec le Shokaku. Le pont d'envol était séparé de la coque et soutenu par des pylônes à ses deux extrémités. Il possédait deux cheminées sur le côté droit, orientées vers l'intérieur et plus basses que le pont d'envol. L'îlot était de petites dimensions car il ne contenait que la passerelle. Il fut coulé le 25 octobre 1944.

LES FORCES NAVALES ALLIÉES DANS LE PACIFIQUE

3 porte-avions

10 cuirassés

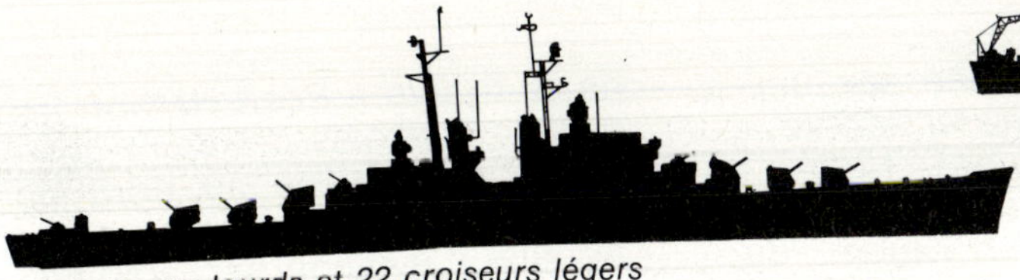

14 croiseurs lourds et 22 croiseurs légers

650 avions

100 contre-torpilleurs

69 sous-marins

LES FORCES NAVALES JAPONAISES

11 porte-avions

10 cuirassés

18 croiseurs lourds et 23 croiseurs légers

2 400 avions

129 contre-torpilleurs

67 sous-marins

L'ATTAQUE DE PEARL HARBOR

Le 26 novembre, la flotte japonaise quitte secrètement la baie de Hikotappu, à Itouroup, dans le sud des Kouriles. Elle se dirige vers les Hawaii en suivant une route nord peu fréquentée et battue par les tempêtes. Pour plus de précaution, elle n'émet aucun signal radio.
Le 2 décembre, le branle-bas de combat est donné aux unités : « Niitaka Yama Ni Nabore. » (Escaladez le mont Niitaka.) Les équipages l'accueillent avec enthousiasme. A l'aube du 7. décembre, après avoir été informés par des agents envoyés aux îles Hawaii que tout est normal dans la grande base américaine et qu'aucun porte-avions ne se trouve à Pearl Harbor, les navires japonais prennent position à 250 milles au nord de leurs objectifs, le port et les terrains d'aviation de l'archipel. Ils sont sous les ordres du vice-amiral Kiuki Nagumo et comprennent : les porte-avions *Akagi, Kaga, Shokaku, Zuikaku, Hiryu, Soryu* avec 392 avions, les cuirassés *Hijei* et *Kirishima*, les croiseurs lourds *Tone* et *Chikuma*, le croiseur léger *Abukuma*, les 9 contre-torpilleurs *Tanikaze, Urakaze, Isokaze, Hamakaze, Kasumi, Arare, Kagero, Shiranuhi* et *Akigumo*, 3 sous-marins de croisière et 28 sous-marins de reconnaissance (certains ont à bord des sous-marins de poche), 8 navires de ravitaillement et des pétroliers.
6 heures : Les 183 appareils de la première vague d'assaut commencent à décoller des porte-avions. Ce sont 49 bombardiers en altitude, 51 bombardiers en piqué et 40 avions torpilleurs, protégés par 40 chasseurs Zéro, qui figurent parmi les plus brillants de la Seconde Guerre mondiale.
Les Américains ont été mis en alerte depuis les premiers jours du mois, mais ne redoutent pas

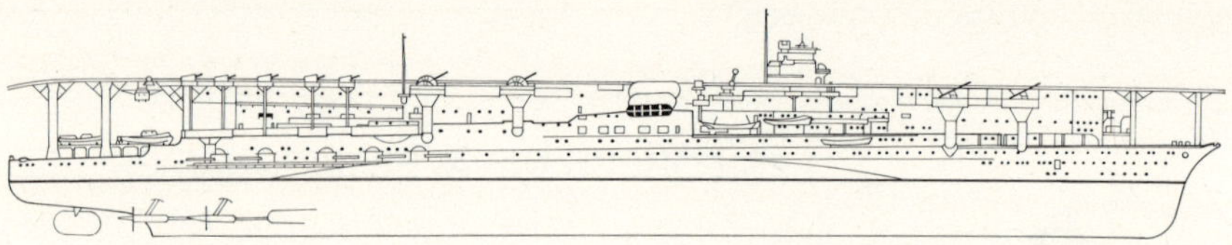

Kaga

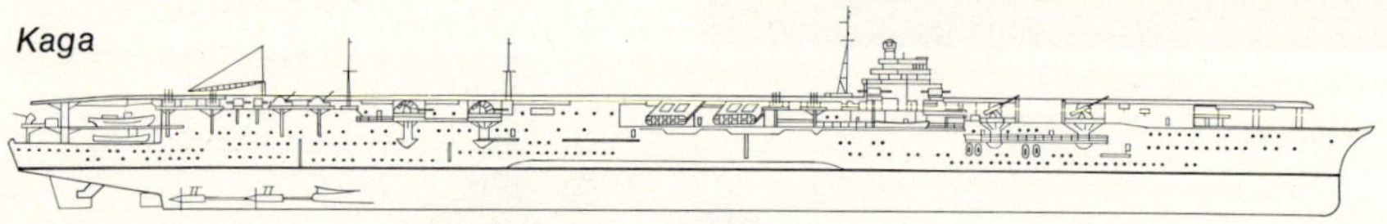

Shokaku

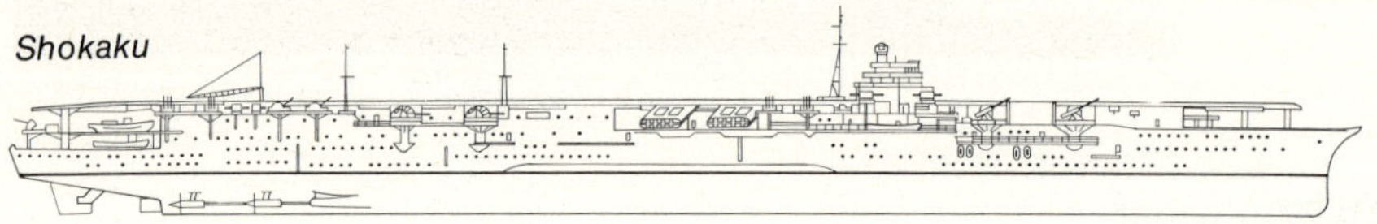

Zuikako

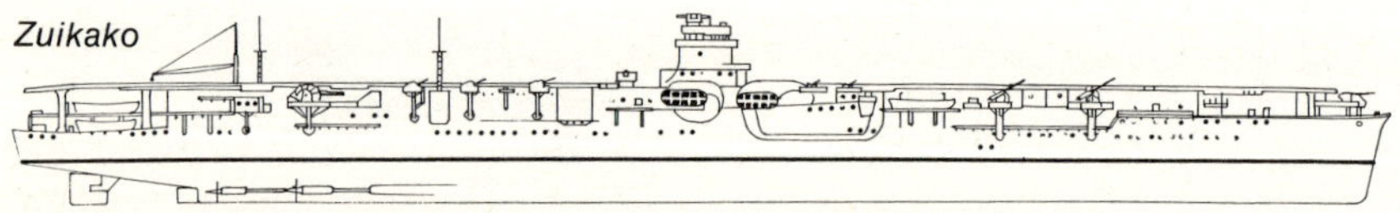

Hiryu

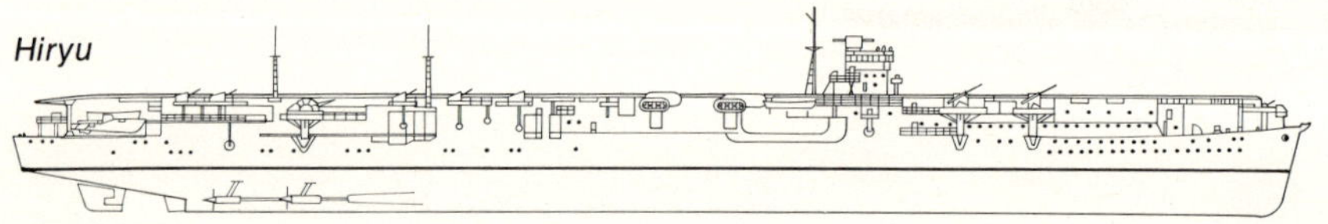

Soryu

AKAGI (Japon). Ce bâtiment fut construit en réutilisant la coque d'un croiseur de combat inachevé. Il fut équipé de trois ponts d'envol avec deux ponts partiels à l'avant et, dès l'origine, de deux cheminées. Modernisé dans les années 1935-38, il fut pourvu d'un seul pont d'envol complet, muni de deux catapultes et de trois élévateurs.

Aichi D3A1

Nakajima B5N2

tant une attaque venant de l'extérieur que des sabotages ou un éventuel soulèvement des 158 000 Japonais résidant aux îles Hawaii. L'attaque les prend donc totalement au dépourvu. Par bonheur, les 2 porte-avions basés à Pearl Harbor, ainsi que leur escorte de 3 croiseurs lourds et de 9 contre-torpilleurs, sont en mer : le *Lexington* dans les parages de Midway, et l'*Enterprise* vers l'île de Wake.

7 h 48 : Le capitaine de frégate Mitsuo Fuchida, qui commande la première vague d'assaut, lance par radio le signal : « To, To, To », qui, en japonais, signifie « Combat ». Un peu plus tard, il annonce : « Tora ! Tora ! Tora ! » (Tigre, Tigre, Tigre) pour dire à l'escadre que l'effet de

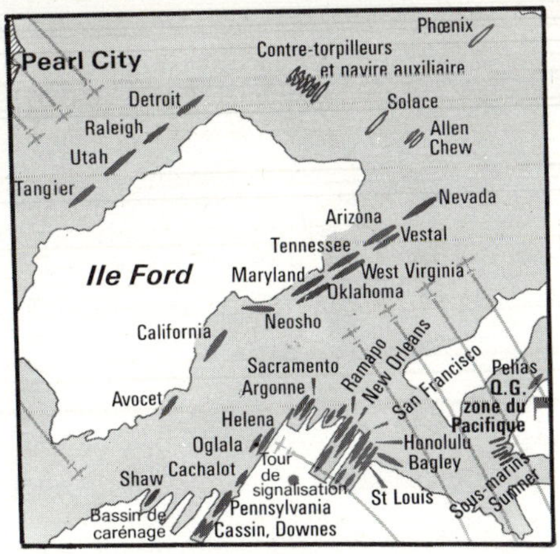

Conçu avec habileté et parfaitement organisé, le « coup » de Pearl Harbor est un triomphe pour les Japonais.

surprise va réussir. A Pearl Harbor, 96 bâtiments américains sont à l'ancre.

7 h 55 : Un bombardement en piqué sème le désordre dans toute la base d'hydravions. Aussitôt après, un premier bateau est touché : le contre-torpilleur *Monaghan.*

8 heures : Comme la foudre, les avions torpilleurs frappent le bateau-cible *Utah,* les croiseurs *Raleigh* et *Helena,* et le mouilleur de mines *Oglala,* qui sont gravement endommagés. Puis, c'est le tour des cuirassés *Arizona* et *Nevada, Oklahoma* et *West Virginia,* enfin du cuirassé *California.* L'amiral Kimmel lance alors par radio la nouvelle de l'attaque, soulignant avec une ironie involontaire : « Ce ne sont pas des exercices ! »

Le terrain d'aviation de Hickham est détruit, et tous les avions qui s'y trouvaient, alignés en bon ordre sur les côtés de la piste, forment un immense brasier. Deux minutes plus tard, à Wheeler Field, la base de l'aviation de l'armée de terre subit le même sort, puis la base aérienne d'Ewa, où 33 avions sur 49 sont la proie des flammes.

8 h 40 : Une deuxième vague de 134 bombardiers escortés de

Mitsubishi A6M2 Reisen

Akagi après transformations

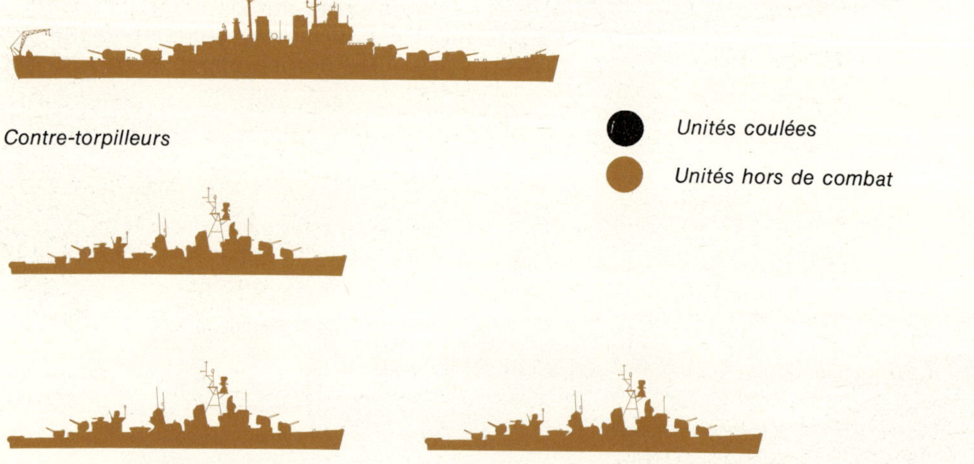

West Virginia

36 chasseurs Zéro, qui a décollé des porte-avions à 7 h 15, arrive sur les îles Hawaii.
8 h 54 : Les avions attaquent. Cette fois, la D.C.A. américaine s'y attend. Son feu bien coordonné inflige des pertes aux Japonais, mais ne réussit pourtant pas à les empêcher d'accomplir leur mission.
9 h 06 : Les avions prennent pour cible le bassin où se trouvent le navire amiral *Pennsylvania* et les contre-torpilleurs *Cassin* et *Downes*. Les trois bâtiments sont secoués par de gigantesques explosions. Dans le bassin de carénage, le contre-torpilleur *Shaw* est touché lui aussi. Des cuves de mazout et des dépôts de munitions explosent et brûlent partout.
9 h 45 : Les avions de la deuxième vague regagnent leurs navires. Les Japonais renoncent à chercher les deux porte-avions ennemis, et, vers 13 h 30, prennent le chemin du retour. Le capitaine de frégate Fuchida insiste en vain pour que ses appareils aillent explorer la mer vers le sud-ouest. L'amiral Naguno ne veut pas courir le risque de manquer son rendez-vous avec les pétroliers pour se ravitailler, et ces derniers se trouvent au nord. Il aurait pu

Vue aérienne des bateaux ancrés à Pearl Harbor au moment où explosent les bombes de la première vague d'avions japonais.

L'île Ford, dans la baie de Pearl Harbor, pendant l'attaque japonaise, le 7 décembre 1941. Au centre de la photo, les sept cuirassés du « Battleship Row ».

Avions endommagés par le bombardement japonais sur la base de Ford, à Pearl Harbor.

probablement anéantir toute la flotte américaine du Pacifique, mais il s'estime satisfait des résultats spectaculaires qu'il a déjà obtenus.
L'escadre japonaise rejoindra sa base sans être inquiétée et jettera l'ancre le 23 décembre dans la rade de Hashirajima.
14 h 26 : Les premières nouvelles de l'agression sont diffusées aux États-Unis. Les cuirassés *Arizona* et *Oklahoma*, le bateau-cible *Utah* et le mouilleur de mines *Oglala* ont été coulés. Les cuirassés *California*, *West Virginia* et *Nevada* sont hors de combat, et seul le manque de fond fit qu'ils ne sombrèrent pas ; il faudra très longtemps pour les réparer et les remettre à flot. Les cuirassés *Tennessee*, *Maryland* et *Pennsylvania*, les croiseurs *Helena*, *Raleigh* et *Honolulu*, les contre-torpilleurs *Cassin*, *Downes* et *Shaw*, ainsi que les bateaux auxiliaires *Vestal* et *Curtiss* ont subi des dégâts importants. 188 avions ont été détruits ou endommagés au sol. Les pertes japonaises sont, elles, relativement faibles : 29 avions abattus ou tombés en mer au cours de leur appontage sur les porte-avions, 5 sous-marins de poche coulés, 64 morts et disparus, et 1 prisonnier.

Pilotes japonais de retour de Pearl Harbor, écoutant avec satisfaction les nouvelles de la radio américaine de Honolulu.

A cause de la perfidie de l'attaque japonaise, l'Amérique appellera le 7 décembre le « jour de l'infamie ». En réalité, le gouvernement de Tokyo avait demandé à ses représentants aux États-Unis de remettre sa déclaration de guerre à une heure telle qu'elle permette au Japon de bénéficier de l'effet de surprise et en même temps de ne pas être formellement accusé de violer l'article premier de la convention de La Haye de 1907. Mais un retard dans la transcription du message avait empêché d'en remettre le texte au Département d'État avant que l'opération ne soit en cours.

Marins américains déposant des couronnes sur les tombes de leurs camarades.

(suite de la page 171)

vides et avoir de nouveau le dessus. Lorsque les diplomates japonais en poste à Washington se rendent au Département d'État pour notifier la rupture entre les deux pays, l'opération de Pearl Harbor est déjà en cours depuis une demi-heure.

A 11 h 50, des avions japonais bombardent l'île de Wake, à mi-distance entre les Hawaii et l'Asie orientale, et, sur 10 appareils américains qui y sont basés, en détruisent 8.

La IIe Flotte japonaise, aux ordres du vice-amiral Nobutake Kondo, escorte vers les côtes de Thaïlande et de Malaisie un convoi transportant la XXVe armée du général Tomoyuki Yamashita, destinée à occuper la péninsule malaise et à conquérir l'importante base britannique de Singapour.

La ville d'Agana, chef-lieu de l'île de Guam, la seule de l'archipel des Mariannes à être sous contrôle américain, alors que les autres sont sous administration japonaise, est violemment bombardée par l'aviation japonaise.

A 21 h 35, 2 contre-torpilleurs japonais bombardent, pour le neutraliser, le terrain d'aviation des Midway, où un bataillon de marines est en garnison.

Comme on le voit, les Japonais frappent partout. Leur offensive est le fruit d'une organisation parfaite et d'un colossal effort logistique.

8 décembre

Les États-Unis et la Grande-Bretagne déclarent officiellement la guerre au Japon.

Extrême-Orient. Malaisie. A 4 h 15, 17 avions japonais larguent leurs bombes sur Singapour. La ville est encore tout éclairée, comme en temps de paix. On déplore 61 morts et 133 blessés, la plupart dans la population chinoise. A 17 h 35, l'amiral Phillips quitte Singapour avec le *Prince of Wales,* le *Repulse* et leur escorte de contre-torpilleurs pour intercepter les troupes japonaises qui seraient sur le point de débarquer à Singora (Songkhla). En fait, les Japonais ont déjà commencé à débarquer à Kota Bharu, port de la côte orientale de Malaisie, près de la frontière thaïlandaise, et également en territoire thaïlandais, à Singora, au nord-ouest de Kota Bharu. L'aviation britannique ne peut aider l'escadre que par quelques missions de reconnaissance, à l'exclusion d'autre appui aérien.

Philippines. Les forces japonaises du général Nasaharu Homma commencent leurs opérations contre le grand archipel des Philippines, situé sur la future ligne d'approvisionnement en pétrole, qu'ils ont l'intention de se procurer aux Indes néerlandaises. Leur principale base aérienne est Formose. En raison de la grande distance qui sépare cette île des Philippines, des pilotes y sont spécialement entraînés à voler en économisant le carburant. Pour défendre l'archipel, les Américains n'ont sur place que 160 avions, dont 35 Boeing B-17, les « Forteresses volantes », parfaitement inutiles en cet endroit. A 12 h 55 commence le premier raid aérien des Japonais sur Luçon, la plus grande des Philippines. Pris au dépourvu, les Américains perdent 86 avions, contre 7 chasseurs Zero pour leurs adversaires. Le port de Davao, dans l'île de Mindanao, est également attaqué, et les destructions y sont importantes. Le lendemain, une grosse tempête arrêtera les opérations.

Sans rencontrer de résistance, les Japonais s'emparent aussi de l'île de Batan, entre Luçon et Formose.

L'Asiatic Fleet américaine du contre-amiral Glassford quitte Iloilo, dans les Philippines, pour le détroit de Macassar, dans les Indes néerlandaises.

Après avoir vainement tenté de se saborder, la canonnière américaine *Wake,* demeurée dans le port de Changhaï, se rend aux Japonais, qui capturent en outre les garnisons de Changhaï et de Tientsin, tandis que leur aviation bombarde Hong Kong, Guam et Wake.

Front soviétique. La contre-offensive russe progresse partout. Dans le secteur nord, la XVIe armée allemande doit abandonner Tikhvine, sur la voie ferrée Leningrad-Vologda, occupée le 8 novembre. Les Allemands réussissent à se soustraire à l'encerclement au prix de gros sacrifices, en laissant sur place une grande quantité de matériel et en se repliant au sud de Volkhov. Néanmoins, le 2e corps d'armée, fort de 100 000 hommes, restera isolé du reste de l'armée dans la région de Demiansk, au sud-est du lac Ilmen, et devra, ravitaillé par air, attendre le 28 avril 1942 pour reprendre contact.

Dans le secteur de Moscou, le *Heeresgruppe* Centre tient la ligne d'arrêt allemande qui va d'Orel à Rjev. Sur la gauche du dispositif, les Soviétiques ont réussi à ouvrir une brèche dangereuse que leurs adversaires ne peuvent colmater mais seulement contenir jusqu'au mois de février 1942. La Wehrmacht tient la ligne Viazma-Orel-Koursk-Kharkov au moyen d'une série de points d'appui reliés entre eux et disposés « en hérisson ».

Lettonie. A Riga, les massacres de juifs par les Allemands se soldent par 27 000 morts.

9 décembre

Thaïlande. Autres débarquements japonais à Kota Bharu, à Singora et à Pattani, en Thaïlande. La résistance des Thaïlandais, déjà acquis à la cause du Soleil-Levant, n'est que symbolique. A Bangkok, la capitale, les Japonais sont accueillis avec enthousiasme, et ils l'occupent en amis.

Pour protéger leur flanc gauche, tandis que leur aviation neutralise l'archipel des Gilbert, ils en occupent les îles Tarawa et Makin.

A 14 heures, un sous-marin japonais de l'escadre de l'amiral Kondo, qui comprend les cuirassés *Kongo* et *Haruna,* repère le *Prince of Wales* et le *Repulse.* Il en informe immédiatement sa base, mais fournit une position erronée. Au crépuscule, des avions torpilleurs décollent inutilement de Saigon, sans réussir à localiser l'ennemi.

10 décembre

Extrême-Orient. Des forces japonaises débarquent sur Guam et s'en emparent en quelques heures.

Philippines. A l'aube, les Japonais débarquent au nord de Luçon, près d'Aparri et de Gonzaga, et dans l'île de Camiguin.

Violente attaque aérienne des Japonais sur le port de Cavite. 1 contre-torpilleur, 2 sous-marins et 1 mouilleur de mines sont endommagés.

Du côté japonais, 2 mouilleurs de mines et 1 sous-marin sont coulés. *Malaisie.* Les avions japonais coulent le *Prince of Wales* et le *Repulse.*
Afrique du Nord. Les Britanniques libèrent la garnison de Tobrouk.
France. Le mouvement de résistance France-Liberté, animé notamment par Jean-Pierre Lévy, prend le nom de « Franc-Tireur » et publie le premier numéro de son journal. Parution, aussi, du premier numéro de *Combat.*

11 décembre
Mussolini et Hitler déclarent la guerre aux États-Unis.
Front soviétique. Les Russes annoncent la libération de 400 localités de la région de Moscou, y compris Solnetchnogorsk et Istra, ainsi que la destruction de 17 divisions allemandes, dont 7 blindées et 3 motorisées. Ils ont également repris Rogatchev et Stalinogorsk. C'est le meilleur moment de la contre-offensive des Soviétiques.
Extrême-Orient. Chine. Les Japonais capturent la garnison américaine de Pékin.
En Chine méridionale, début des opérations japonaises contre la colonie britannique de Hong Kong, qui comprend l'île elle-même et les « nouveaux territoires » sur le continent chinois. Sous la violence des bombardements de l'aviation et de l'artillerie, les 11 300 soldats écossais, canadiens et indiens de la garnison doivent se replier dans l'île, en laissant aux mains de l'ennemi de grandes quantités d'armes et de munitions.
Wake. Venant des îles Marshall, une escadre japonaise placée sous les ordres de l'amiral Kajioka se présente devant l'île de Wake pour l'occuper. Elle comprend le croiseur léger *Yubari,* 6 contre-torpilleurs, 2 patrouilleurs et 2 transports de troupes. Lorsqu'elle ne se trouve plus qu'à 4 500 m de la côte, l'artillerie américaine ouvre le feu et les avions décollent. Les 2 contre-torpilleurs japonais *Hayate* et *Kisaragi* sont coulés, et l'amiral Kajioka donne l'ordre de repli général. A partir de ce jour, la route de l'invasion sera préparée par de puissantes incursions aériennes.
Philippines. Au nord de Luçon, 3 000 soldats japonais débarquent encore à Aparri. D'autres troupes débarquent à Legaspi, au sud-est de Manille, sans rencontrer de résistance.

12 décembre
☐ Les bateaux français qui se trouvent dans les ports des États-Unis sont réquisitionnés par Washington.
Extrême-Orient. L'aviation japonaise martèle durement Hong Kong, les aéroports des Philippines, et en particulier la région de la baie de Subic, partie ouest de Manille.

13 décembre
Extrême-Orient. Hong Kong. Un

S'abritant derrière son cheval dans la forêt enneigée, un soldat des troupes cosaques, à plat ventre, fait courageusement feu sur l'ennemi.

LA FIN HÉROÏQUE DE L'AMIRAL PHILLIPS

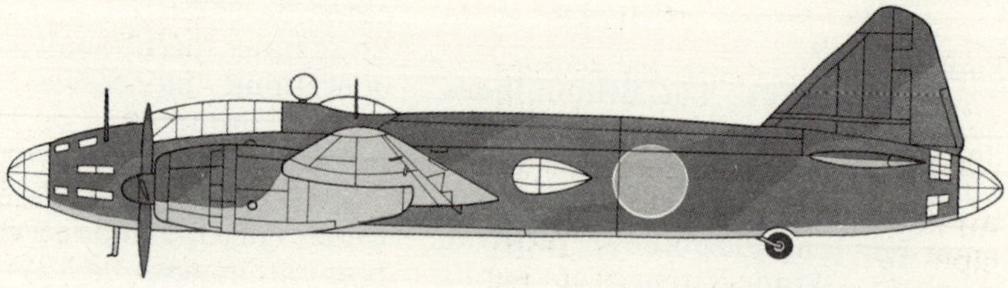

Mitsubishi G4M

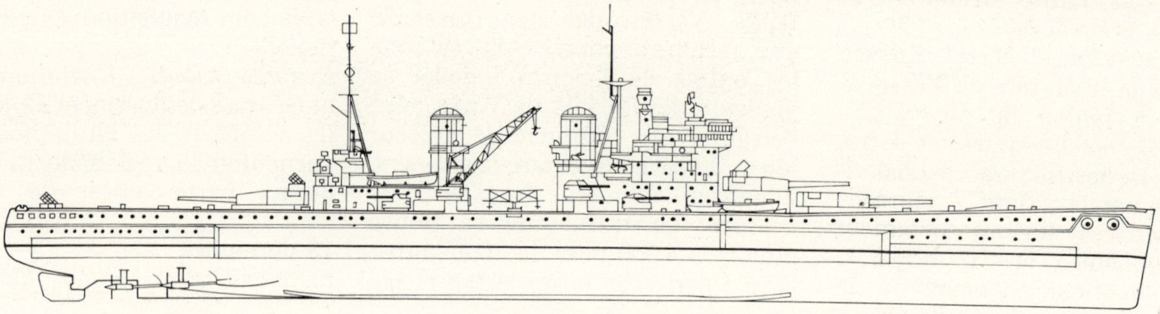

Prince of Wales

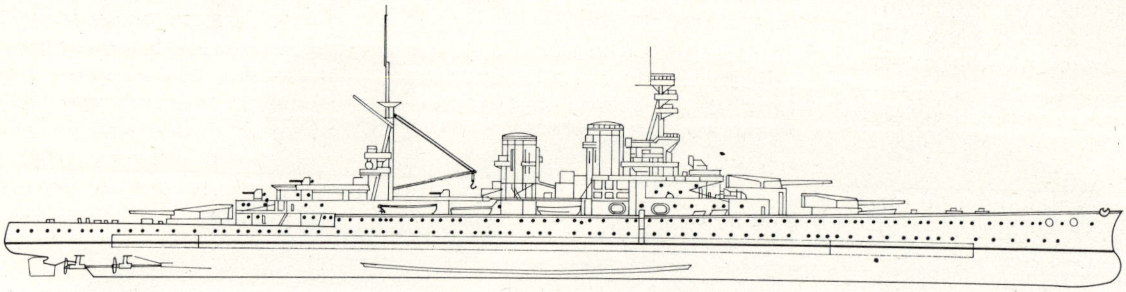

Repulse

Le 2 décembre 1941, deux grands bâtiments britanniques, escortés de 4 contre-torpilleurs, arrivent à Singapour, l'« arsenal de la démocratie » et le « Gibraltar de l'Extrême-Orient ». La « Force Z » aurait dû comprendre aussi un porte-avions pour la couverture aérienne, mais il s'était échoué sur un haut-fond, en Angleterre, et Churchill, étant donné « l'immense intérêt politique » qu'aurait la présence d'une forte escadre en Extrême-Orient, n'avait admis aucun retard. Cette escadre est commandée par l'amiral Phillips, marin confirmé, impétueux, adoré de ses hommes, qui l'ont surnommé Tom Pouce (Tom Thumb) en raison de sa petite taille. Phillips a sous ses ordres le cuirassé ultra-moderne *Prince of Wales,* de 35 000 t, dont l'armement principal est constitué de 10 pièces de 355 mm, le croiseur de bataille modernisé *Repulse,* jaugeant 32 000 t et armé de 6 pièces de 381 mm, ainsi que les 4 contre-torpilleurs *Electra, Express, Tenedos* et *Vampire.* Le port de Singapour, pourvu d'un bassin de carénage capable de recevoir les plus grands navires du monde, a enfin sa flotte. En revanche, l'aviation fait défaut : 362 appareils pour tout l'Extrême-Orient, dont 141 pour la Malaisie, en grande partie des chasseurs Buffalo, certainement pas en mesure d'affronter les brillants Zero japonais. Les terrains d'atterrissage sont au nombre de 22, mais 15 ne sont que des prairies impraticables à la saison des pluies. Les forces terrestres comprennent 88 000 hommes : Anglais, Australiens, Indiens et Malais.

L'île de Singapour est puissamment fortifiée du côté de la mer, d'où présume-t-on une attaque pourrait venir, mais tout à fait dégarnie du côté de la terre ferme, par où les Japonais arriveront. Ses 5 gros canons de

381, ses 6 pièces de 230 et ses 14 pièces de 152 ne tireront pas.

8 décembre
17 h 35 : L'escadre de Phillips appareille pour s'opposer aux Japonais en train de débarquer au nord de la péninsule malaise. Au lieu de tenir compte du principe de la *fleet in being* (flotte en puissance), cher à Churchill et d'un grand effet de dissuasion, l'amiral veut se battre. A l'est de Singapour croisent deux grands navires japonais, le *Kongo* et le *Haruna,* avec leur escorte de sous-marins, aux ordres de l'amiral Kondo, mais ils ignorent la présence des Anglais.

Japonais décollant d'un porte-avions pour aller couler le cuirassé Prince of Wales.

9 décembre
A 14 heures, un des sous-marins de l'amiral Kondo repère la « Force Z » et informe aussitôt le bateau amiral, en donnant toutefois une fausse position.
17 h 30 : Pensant avoir été repérés par les avions japonais, qui n'ont rien aperçu et se contentent d'escorter le *Kongo* et le *Haruna,* et estimant qu'il n'est plus possible de surprendre l'ennemi en train de débarquer, les Anglais font demi-tour et reviennent vers Singapour.
20 h 15 : Au crépuscule, une formation d'avions torpilleurs japonais décolle. Pendant 6 heures, elle cherche les Britanniques sans les trouver, à cause de l'erreur de position fournie par le sous-marin.

10 décembre
A l'aube, un autre sous-marin aperçoit la « Force Z » et communique sa position exacte.

De son côté, Phillips reçoit un message signalant que les Japonais seraient en train d'attaquer le port et l'aéroport de Kuantan, à l'est de la péninsule malaise. Il décide de les surprendre. A 8 heures du matin, il se présente devant Kuantan, mais ne trouve pas trace de Japonais. Un de ses contre-torpilleurs, l'*Express,* fait de vaines recherches dans le port, puis rejoint l'escadre, qui remet le cap sur Singapour, en observant le silence radio pour ne pas attirer l'attention des sous-marins ennemis. Selon l'amiral, il n'y a rien à craindre de l'aviation, puisque la base la plus proche est à plus de 400 milles.

D'ailleurs, en raison du silence radio, il n'est pas question de demander une couverture aérienne à Singapour. Pour leur part, les Japonais ont fait décoller plusieurs escadrilles de bombardiers et d'avions torpilleurs.

A 11 heures, sur les indications du sous-marin, ils localisent les bateaux anglais. A 11 h 20, ils les attaquent une première fois. Le *Repulse* est touché par les bombes, mais sans gros dégâts. Vers 11 h 30, les avions torpilleurs arrivent. Par une habile manœuvre, le *Repulse* réussit à éviter 19 torpilles, mais le *Prince of Wales* est touché deux fois, à l'arrière et à gauche. La première torpille détériore les hélices et le gouvernail, et le navire immobilisé devient une proie facile. Alors que le *Repulse* se rapproche, une nouvelle formation d'avions torpilleurs lui envoie 5 torpilles. Il coule en 6 minutes, à 12 h 33, entraînant 513 hommes dans son remous. En même temps, le *Prince of Wales* a été atteint par trois torpilles. Impossible à gouverner, envahi par l'incendie, il sombre à 13 h 20, avec 327 hommes, parmi lesquels l'indomptable amiral Phillips. 1 285 rescapés sont recueillis par les contre-torpilleurs.
Pour cette grande victoire, les Japonais n'ont perdu que 4 avions. Trois jours à peine après le début des hostilités, ils ont détruit la flotte américaine de Pearl Harbor et les deux plus grands navires britanniques. Ils sont maintenant les maîtres absolus de la mer, en Extrême-Orient et dans presque tout le Pacifique.

Mitsubishi G3M2

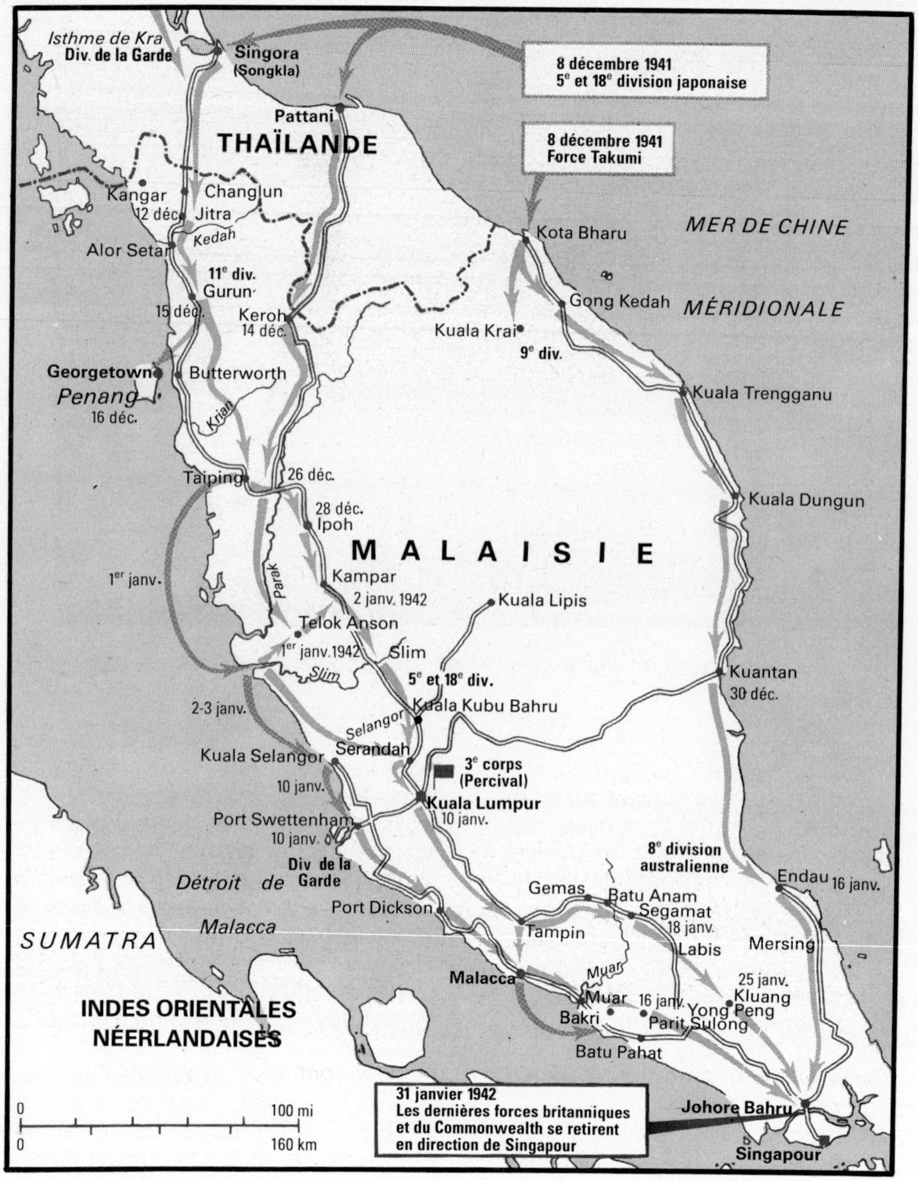

parlementaire japonais arrive dans l'île pour présenter une offre de reddition au gouverneur Young. Ce dernier la repousse, dans le vain espoir que la VIIe armée chinoise de Tchang Kaï-chek, distante d'une cinquantaine de kilomètres, viendra à son secours.
Bornéo. Un détachement de troupes indiennes détruit les puits de pétrole du Sarawak oriental et de l'ouest du Brunei, puis se replie sur Kuching, capitale du Sarawak, pour en défendre le terrain d'aviation.
Birmanie. Les Anglais évacuent Victoria Point, dans l'isthme de Kra, au sud du pays, près de la frontière thaïlandaise, et se replient au nord, dans la région du Tenasserim.
Hawaii. Une escadre américaine, aux ordres du contre-amiral Fletcher, quitte Pearl Harbor pour porter secours à l'île de Wake.

14 décembre
Extrême-Orient. Le Japon signe un traité d'alliance avec la Thaïlande. Le 25 janvier 1942, ce pays déclarera la guerre aux États-Unis et à la Grande-Bretagne.
Malaisie. Après avoir pénétré en Malaisie en venant de Thaïlande et occupé Jitra le 12, la XXVe armée japonaise du général Yamashita s'empare de Kroh. Dans les trois jours suivants, elle occupera aussi Gurun et Penang.
Philippines. Nouveau débarquement japonais à Legaspi, dans l'île de Luçon, avec l'appui des 2 croiseurs lourds *Myoko* et *Naki,* et de 2 destroyers.
□ A Paris, les Allemands fusillent 100 otages.

14-22 décembre
Premier échec des *U-Boote.* Adoptant la tactique de la « bande de loups », les Allemands attaquent pendant 9 jours le convoi HG 76, à l'ouest de Gibraltar. Ils coulent 1 contre-torpilleur, 1 bateau-citerne et 3 cargos, mais perdent 5 sous-marins.

15 décembre
Birmanie. Partie de Thaïlande, une brigade japonaise pénètre en Birmanie par l'isthme de Kra.
Malaisie. Début des opérations décisives contre Singapour, inexpugnable seulement du côté de la mer.
Front soviétique. Dans le secteur nord, les Soviétiques ont franchi le Volkhov et établissent au-delà du fleuve une tête de pont de 50 km de profondeur. Dans la région de Schlüsselburg (Petrokrepost), la situation des Allemands qui assiègent Leningrad devient de plus en plus précaire.
Dans le secteur centre, au nord de Moscou, les Russes libèrent Kline, puis, se portant vers Kalinine, au sud, dégagent la ville de Toula de toute menace.
France. L'ancien député communiste Gabriel Péri, arrêté le 18 mai, est fusillé au mont Valérien.

16 décembre
Extrême-Orient. Dans le sud de la mer de Chine, des avions de reconnaissance américains repèrent un convoi japonais de plus de 100 bateaux.
Bornéo. Les Japonais débarquent à Miri, dans l'État du Sarawak, et à Seria, dans le sultanat de Brunei. Le manque de pétrole les talonne de plus en plus.
Front soviétique. Les Russes reprennent Kalinine.
Afrique du Nord. Pendant la nuit, Rommel commence à faire évacuer le secteur de Tobrouk. Au cours des combats des semaines précédentes, les forces de l'Axe ont eu à déplorer environ 38 000 morts, contre environ 18 000 chez les Britanniques, et ont perdu 300 chars contre 278.

17 décembre
Méditerranée. Dans le golfe de la Grande Syrte, un convoi italien destiné à la Libye, escorté par toute la flotte italienne (les cuirassés *Littorio, Doria, Cesare* et *Duilio,* 5 croiseurs et 20 contre-torpilleurs aux ordres de l'amiral Iachino), rencontre par hasard un convoi anglais commandé par l'amiral Vian se dirigeant vers Malte, escorté par 6 croiseurs et 16 contre-torpilleurs. Commencé à 17 h 30 après un long « examen à distance », l'échange de coups de feu ne dure que quelques minutes et n'a pas de suite.

18 décembre
Extrême-Orient. Sous la protection d'un puissant barrage d'artillerie, des unités japonaises débarquent à Hong Kong et occupent la moitié de l'île en 24 heures. La garnison britannique est dans une situation désespérée.
Bornéo. A Miri, le contre-torpilleur japonais *Shinomone* coule sur une mine. Mais il faut bien autre chose pour arrêter les Japonais.

18-19 décembre
Méditerranée. L'escadre de l'amiral Vian tombe sur un barrage de mines devant Tripoli, et perd le croiseur *Neptune* et 1 contre-torpilleur. A Alexandrie, pleine réussite des torpilles italiennes à course lente contre les bateaux anglais.
Front soviétique. Hitler contraint von Brauchitsch à donner sa démission et prend personnellement le commandement de la Wehrmacht. Dans les hautes sphères, c'est une véritable révolution : le *Heeresgruppe* Centre est confié à von Kluge à la place de von Bock ; le 15 janvier, von Leeb laissera le *Heeresgruppe* Nord à von Küchler, et le 18 von Bock remplacera au *Heeresgruppe* Sud von Reichenau, décédé d'une attaque d'apoplexie.
Afrique du Nord. Les troupes italo-allemandes se replient en bon ordre sur Derna.

20 décembre
Philippines. Débarquement japonais à Davao, dans l'île de Mindanao. Les envahisseurs commencent aussitôt à transformer l'île en grande base fortifiée.

En Cyrénaïque, des soldats italiens se défendent contre les avions anglais avec une vieille mitrailleuse.

21 décembre
Philippines. Le convoi japonais repéré le 16 dans la mer de Chine méridionale par les avions de reconnaissance américains arrive dans le golfe de Lingayen, à Luçon, au nord de Manille. Il transporte 43 000 hommes aux ordres du général Nasaharu Homma.

22 décembre
Philippines. A 1 heure, les Japonais débarquent à Bauang, Aringay et Agoo, 60 km plus au nord que le point prévu par MacArthur, et où il a concentré toute son artillerie disponible. A 11 heures, ils ont déjà établi une solide tête de pont et effectué leur jonction avec les troupes débarquées le 10 à Aparri et Gonzaga.
Wake. 23 h 30 : Les Japonais débarquent. Cette fois, pour éviter un nouvel échec, ils ont envoyé des moyens imposants : 2 porte-avions et 2 croiseurs lourds, avec leur escorte de destroyers, aux ordres de l'amiral Kajioka. 2 destroyers transformés en transports de troupes rapides amènent à terre les premiers contingents. La lutte est inégale et brève.
États-Unis. Roosevelt et Churchill s'entretiennent de la situation et élaborent une stratégie commune à leurs deux pays.
Lituanie. Massacre de juifs à Vilna : 32 000 morts.

23 décembre
Extrême-Orient. Wake. L'amiral Kajioka débarque, accepte la reddition de la garnison américaine

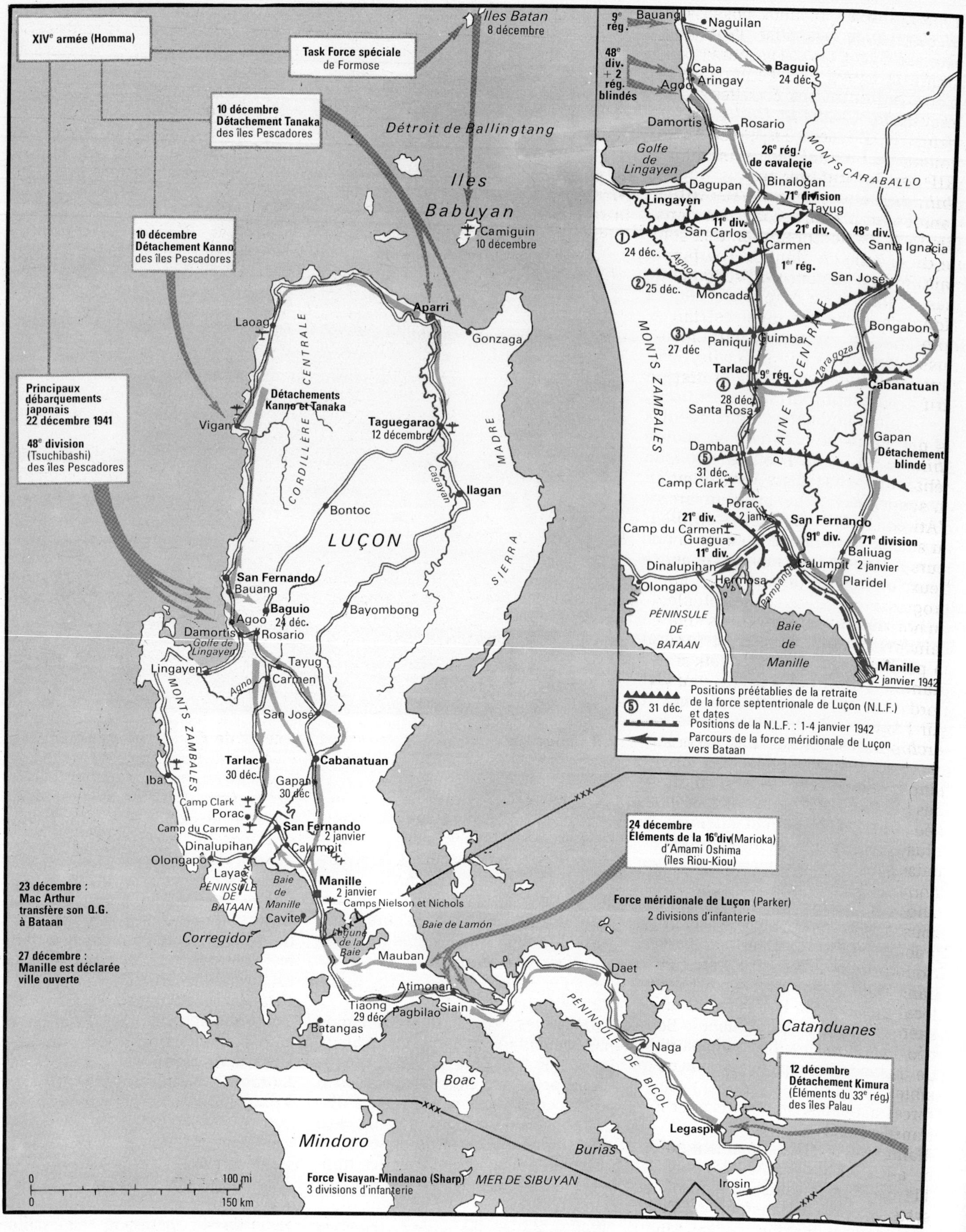

XIVe armée (Homma)
Task Force spéciale de Formose
Iles Batan 8 décembre
10 décembre Détachement Tanaka des îles Pescadores
Détroit de Ballingtang
Iles Babuyan
Camiguin 10 décembre
10 décembre Détachement Kanno des îles Pescadores
Aparri
Gonzaga
Laoag
CORDILLÈRE CENTRALE
Principaux débarquements japonais 22 décembre 1941
48e division (Tsuchibashi) des îles Pescadores
Détachements Kanno et Tanaka
Vigan
Taguegarao 12 décembre
SIERRA MADRE
Cagayan
Ilagan
Bontoc
LUÇON
San Fernando
Bauang
Baguio 24 déc.
Bayombong
Agoo
Damortis
Rosario
Golfe de Lingayen
Lingayen
Tayug
Carmen
Agno
MONTS ZAMBALES
San José
Tarlac 30 déc.
Cabanatuan
Gapan 30 déc
Iba
Camp Clark
Porac
Camp du Carmen
San Fernando 2 janvier
Calumpit
Dinalupihan
Olongapo
Layac
PÉNINSULE DE BATAAN
Baie de Manille
Manille 2 janvier
Camps Nielson et Nichols
Cavite
Corregidor
23 décembre : Mac Arthur transfère son Q.G. à Bataan
27 décembre : Manille est déclarée ville ouverte
24 décembre Éléments de la 16e div (Marioka) d'Amami Oshima (îles Riou-Kiou)
Force méridionale de Luçon (Parker) 2 divisions d'infanterie
Baie de Lamón
Lagune de la Baie
Mauban
Atimonan
Tiaong 29 déc.
Pagbilao
Siain
Batangas
Daet
PÉNINSULE DE BICOL
Naga
Catanduanes
Boac
12 décembre Détachement Kimura (Éléments du 33e rég) des îles Palau
Legaspi
Mindoro
Burias
Irosin
Force Visayan-Mindanao (Sharp) 3 divisions d'infanterie
MER DE SIBUYAN
0 100 mi
0 150 km
9e rég.
Bauang
Naguilan
48e div. + 2 rég. blindés
Caba
Aringay
Agoo
Baguio 24 déc.
Damortis
Rosario
Golfe de Lingayen
26e rég. de cavalerie
MONTS CARABALLO
Dagupan
Binalogan
Lingayen
71e division
Tayug
11e div.
San Carlos
21e div.
48e div.
1 24 déc.
Carmen
Santa Ignacia
Agno
1er rég.
2 25 déc.
Moncada
San José
MONTS ZAMBALES
PLAINE CENTRALE
3 27 déc
Paniqui
Guimba
Bongabon
Talaragoza
Tarlac
4 28 déc.
9e rég.
Cabanatuan
Santa Rosa
Gapan
Damban
5 31 déc.
Détachement blindé
Camp Clark
Porac 2 janv
21e div.
Camp du Carmen
San Fernando
Guagua
11e div.
91e div.
71e division
Baliuag 2 janvier
Dinalupihan
Calumpit
Olongapo
Hermosa
Pampanga
Plaridel
PÉNINSULE DE BATAAN
Baie de Manille
Manille 2 janvier 1942
Positions préétablies de la retraite de la force septentrionale de Luçon (N.L.F.) et dates
5 31 déc.
Positions de la N.L.F. : 1-4 janvier 1942
Parcours de la force méridionale de Luçon vers Bataan

et prend officiellement possession de l'île, qu'il rebaptise l'« île aux Oiseaux ». La flotte de secours (*Task Force* 14), partie de Pearl Harbor, se trouve encore à 425 milles et est déroutée sur Midway.
Afrique du Nord. En Cyrénaïque, violents combats pour contenir la VIIIe armée britannique.
Philippines. A Luçon, MacArthur transfère son quartier général dans l'île fortifiée de Corregidor, à la sortie de la baie de Manille. Les Japonais débarquent encore 10 000 hommes dans la baie de Lamon.
Hong Kong. Malgré une résistance opiniâtre, à laquelle participent aussi des volontaires civils, les Japonais coupent en deux le dispositif britannique.

24 décembre
Philippines. Les Japonais qui ont débarqué dans la baie de Lamon, au sud de l'île de Luçon, s'emparent d'Atimonan et Siain, puis se dirigent au sud pour faire leur jonction avec leurs forces de la région de Legaspi. Ceux qui ont débarqué au nord progressent rapidement. Refoulées du nord et du sud, les troupes américaines et philippines se replient vers la péninsule de Bataan, à l'ouest de Manille. Les unités qui viennent du nord cherchent à arrêter l'ennemi sur l'Agno.
Archipel des Soulou. Les Japonais occupent pratiquement sans résistance Jolo, chef-lieu de l'archipel des Soulou, à faible distance de Bornéo. Ils menacent ainsi de plus en plus directement les Indes néerlandaises.
Bornéo. Malgré les attaques des avions anglais et hollandais et des sous-marins hollandais, un convoi japonais réussit à débarquer des troupes dans la région de Kuching, dans l'État de Sarawak. La garnison locale, qui a eu le temps de détruire l'aéroport, demande à gagner le Bornéo hollandais, mais reçoit l'ordre de ralentir l'ennemi le plus possible. Les Hollandais retirent leurs forces aériennes de Bornéo pour les transférer à Sumatra.
Malaisie. Au milieu de la presqu'île et au nord de Kuala Lumpur, la 11e division indienne organise un système de défense en profondeur dans la région de la rivière Slim, qui protège la province de Selangor, et de la ville de Kampar.
Birmanie. Pour avoir la maîtrise du ciel, les Japonais déclenchent de violentes attaques aériennes contre Rangoon. Ils les poursuivront jusqu'à la fin de février 1942.

25 décembre
Afrique du Nord. La VIIIe armée britannique entre à Benghazi. Elle a laissé de gros détachements isolés à Bardia et à Solloum.
Atlantique. Des forces navales de la France libre, commandées par l'amiral Muselier, occupent les îles Saint-Pierre-et-Miquelon, entre Terre-Neuve et la Nouvelle-Écosse.
□ A Washington, au cours de la conférence anglo-américaine « Arcadie », le général Marshall, chef d'état-major de l'armée des États-Unis, propose que les forces alliées en Extrême-Orient soient placées sous un commandement unifié.
Philippines. Le contre-amiral Rockwell est chargé de diriger les opérations navales américaines aux Philippines. Les Japonais qui arrivent du nord franchissent l'Agno en un point où la ligne de défense n'a pas pu être consolidée. Les forces américaines qui défendent la partie sud de l'île se replient sur la péninsule de Bataan, suivies de près par l'ennemi, qui s'empare de Sampoloc et de Pagbilao.
Dans les Soulou, les Japonais achèvent la conquête de Jolo.
Bornéo. Après de durs combats au voisinage de l'aéroport de Kuching, dans le Sarawak, la garnison indienne se replie dans le Bornéo hollandais.
Chine. Hong Kong. 9 heures : Les Japonais enjoignent à nouveau aux Britanniques de se rendre, et leur offrent une trêve de 3 heures. N'ayant aucune réponse, ils reprennent le feu à midi. A 15 h 30, estimant le massacre inutile, le commandement anglais diffuse l'ordre de reddition. La capitulation est effective à 17 h 30. Dans son antique sagesse, et aussi influencée par la propagande japonaise sur la « sphère de prospérité commune en Asie », la population chinoise accueille triomphalement les vainqueurs en brandissant de petits drapeaux japonais.
En Chine continentale, les Japonais déclenchent une offensive contre Tchangtcha, dans la province du Yunnan.
Front soviétique. Dans le secteur sud, les Russes lancent une série de violentes attaques, en particulier sur le front du corps expéditionnaire italien et en Crimée orientale.

26 décembre
Philippines. Manille est déclarée ville ouverte, mais les bombardements japonais continuent.
L'amiral Rockwell déplace son P. C. à Corregidor. Les forces terrestres américaines et philippines abandonnent l'Agno pour se replier sur la ligne Santa Ignacia-Guimba-San José. Celles qui viennent du sud organisent une ligne de défense à l'ouest de Sariaya.
Malaisie. La 11e division indienne évacue la ville d'Ipoh ; de petits détachements mènent des actions retardatrices près de Chemor, au nord d'Ipoh.
Norvège. Des commandos britanniques font des incursions rapides contre les bases allemandes des îles situées le long de la côte.
Saint-Pierre-et-Miquelon. Par plébiscite, la population se rallie à la France libre. Ce résultat ne plaît pas à Washington, qui n'a pas encore reconnu la légitimité du général de Gaulle et entretient des relations diplomatiques avec Vichy.
Front soviétique. Les panzers allemands évacuent Kalouga, au sud-ouest de Moscou et à faible distance de la voie ferrée Moscou-Briansk.

27 décembre
Extrême-Orient. Le général Pownall relève le maréchal de l'air Brooke-Popham au commandement des forces britanniques en Extrême-Orient.
Philippines. Calme à Luçon, où les Japonais consolident leurs positions sur l'Agno. Les unités américaines et philippines s'installent sur la ligne Tarlac-Cabanatuan.
Malaisie. Les Japonais menacent Kampar et Kuantan.
Norvège. Nouveaux commandos britanniques sur les îles de la côte.

28 décembre
Philippines. A Luçon, les Japo-

PRESTON STURGES

Ancien scénariste passé à la mise en scène, et après avoir réalisé, en 1940, *Le Gros Lot (Christmas in July)*, Preston Sturges (1898-1959) s'affirme définitivement comme auteur de brillantes comédies, grâce à deux films qui ont été tournés en même temps par la Paramount, et qui sortent l'un et l'autre en 1941. Le premier, *Un cœur pris au piège (The Lady Eve)*, raconte la plaisante histoire d'une aventurière qui, avec sa manie des serpents, fait tourner la tête d'un milliardaire naïf ; il confirme le talent de Barbara Stanwick pour la comédie, et montre un Henry Fonda plein d'ironie.
Les Voyages de Sullivan (Sullivan's Travels) est sans nul doute le chef-d'œuvre de Sturges. Interprété par Joel McCrea et Veronica Lake, il revient de façon originale sur les années de la Grande Dépression, vues par les yeux d'un metteur en scène à succès qui vit quelque temps en vagabond et qui découvre, en traversant de dramatiques aventures, la misérable réalité de la vie des « oubliés ».

Veronica Lake, à l'aube de sa carrière, dans Les Voyages de Sullivan. *Elle tournera l'année suivante* Tueur à gages *de Frank Tuttle, avec Alan Ladd.*

Soldats allemands sur les quais de Tromsö, port de Norvège septentrionale ouvrant sur l'Atlantique. Les commandos anglais font des raids fréquents contre les bases allemandes en Norvège.

nais reprennent l'offensive en force. Après avoir franchi l'Agno, ils attaquent vers Cabanatuan. Au sud de l'île, les troupes philippines se replient sur Manille et sur Bataan.

29 décembre
A Moscou, rencontre Eden-Staline.
Philippines. A Luçon, la pression des Japonais se fait de plus en plus forte. Pour la première fois, leur aviation attaque l'île fortifiée de Corregidor, au sud de la péninsule de Bataan, où se trouve le quartier général américain.
Malaisie. La 12e brigade de la 11e division indienne doit abandonner Kampar, où la situation n'est plus tenable, et se replier sur Bidor.
Bornéo. La garnison indienne qui a quitté Kuching rejoint le Bornéo hollandais à Sanggau et passe sous le commandement hollandais.

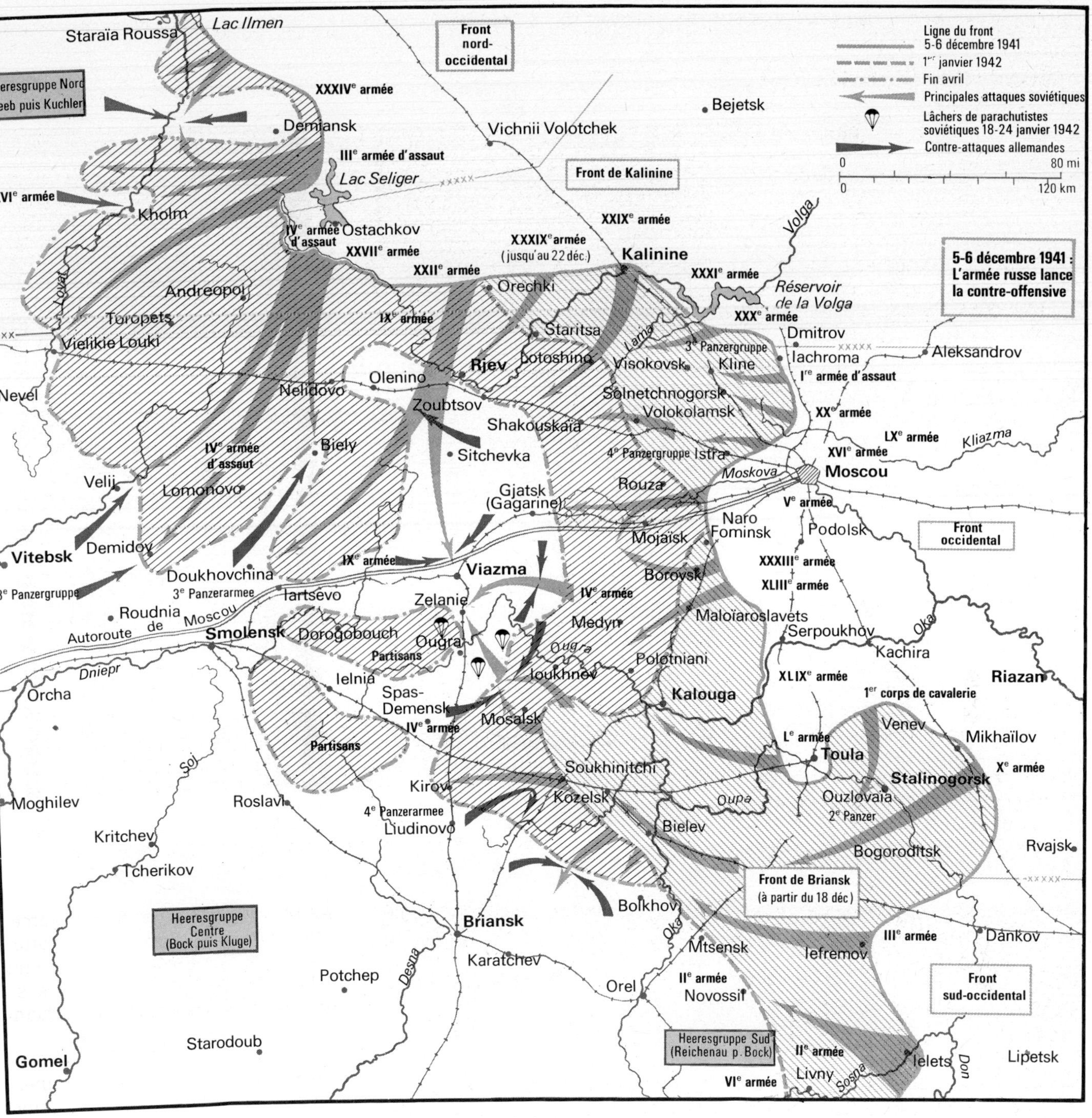

Birmanie. Sous la pression britannique, les Japonais abandonnent Bokpyin et rentrent en Thaïlande.

30 décembre
Philippines. Talonnées au nord par les Japonais, les troupes américaines et philippines abandonnent la ligne Tarlac-Cabanatuan et se retranchent sur la dernière ligne de défense avant Bataan.
Front soviétique. Tandis que le *Heeresgruppe* Sud poursuit le siège de Sébastopol, des troupes russes venant du Caucase mènent une opération amphibie à l'est de la Crimée, et s'emparent de Kertch et Féodossia. Sur le front du Centre, les Allemands reculent devant les Soviétiques qui entrent à Kalouga.
U. R. S. S. A Simféropol, 10 000 juifs sont exterminés par les Allemands.

31 décembre
A Washington, la conférence « Arcadie » décide de créer un commandement unique en Extrême-Orient : A. B. D. A. *(Australian, British, Dutch, American).* Le général britannique Wavell en sera le chef et aura sous ses ordres les forces australiennes, britanniques, hollandaises et américaines opérant dans le secteur.
Philippines. Les Américains et les Philippins ont complètement évacué Manille. Ils maintiennent quelques positions clés, comme le pont de Calumpit, pour contenir l'ennemi

Devant Moscou, l'infanterie soviétique, appuyée par des chars, contre-attaque les Allemands, désormais sur la défensive.

En Afrique du Nord, canon de 88 employé en antichar à Solloum.

pendant qu'ils se concentrent dans la péninsule de Bataan. A 17 h 45, les premiers Japonais entrent dans Manille en flammes. MacArthur a déjà perdu 30000 hommes et il ne lui en reste que 80000, dont 15000 Américains, le reste étant des Philippins désabusés et presque sans armes.

Malaisie. De part et d'autre de la péninsule, les troupes indiennes cherchent à contenir l'ennemi dans les zones de Kampar et de Kuantan. Mais les Britanniques ont dû abandonner une région qui produit 38 % du caoutchouc et 58 % de l'étain consommés dans le monde.

Front soviétique. Dans le secteur sud, les Allemands mettent en sommeil le siège de Sébastopol, afin de bloquer les menaçantes poussées russes de Kertch et de Féodossia. Au milieu de décembre, les troupes allemandes combattant en Russie sont réduites à 775000 hommes, un peu moins de 25 % de leur effectif initial. Dans le secteur centre, la contre-offensive russe devant Moscou s'achève par la réoccupation de Kozelsk.

Australie. Venant de Chine, le général Brett prend le commandement des forces américaines en Australie. L'amiral Chester W. Nimitz est désigné pour commander la flotte américaine d'Asie *(Asiatic Fleet).*

☐ A Chelmno, en Pologne, les Allemands créent le premier camp permanent d'extermination par les gaz.

1942

1942

JANVIER	**1.** A Washington, les représentants de 26 pays signent la Déclaration des Nations unies, qui réaffirme les principes définis par la Charte de l'Atlantique, publiée le 14 août 1941.
FÉVRIER	**15.** Capitulation de Singapour. **27/14.03.** Raid de Leclerc sur le Fezzan.
MARS	**7.** Les Britanniques évacuent Rangoon. **8.** Capitulation de Java.
AVRIL	**18.** Premier raid de l'aviation américaine sur le Japon.
MAI	**2/8.** Bataille de la mer de Corail. **27/11.06.** Bataille de Bir-Hakeim.
JUIN	**4/7.** Bataille de Midway. **15.** Bataille aéronavale de Pantelleria. **26.** Victoire de la VIe armée allemande à Kharkov.
JUILLET	**2.** Chute de Sébastopol. **4/10.** Première bataille d'El Alamein. **25.** Roosevelt et Churchill prennent la décision d'un grand débarquement en Afrique (opération Torch).
AOUT	**10.** Début de l'opération « Pedestal ».
SEPTEMBRE	**10.** Début de la conquête de Madagascar par les Britanniques.
OCTOBRE	**1/12.** Guadalcanal. Bataille aéronavale de Cap Esperance. **26.** Bataille aéronavale des îles Santa Cruz.
NOVEMBRE	**11.** Les troupes allemandes envahissent la zone Sud de la France. **12/13.** Bataille de Guadalcanal. **27.** Sabordage de la flotte française à Toulon.
DÉCEMBRE	**24.** Assassinat de l'amiral Darlan à Alger.

Soldat allemand dans un Panzer III se rendant à un fantassin anglais après El Alamein.

1er janvier

A Washington, les représentants de 26 pays signent la Déclaration des Nations unies, qui réaffirme les principes définis par la Charte de l'Atlantique, publiée le 14 août 1941. Après avoir réaffirmé les principes de la lutte des démocraties « pour garantir la vie, la liberté, l'indépendance et la liberté de religion, et pour préserver les droits de l'homme et la justice », la déclaration engage les pays signataires à user de toutes leurs forces contre les puissances du Pacte tripartite et leurs alliés, et à ne pas conclure avec eux de paix séparée. Le document est signé par les États-Unis, la Grande-Bretagne, l'U. R. S. S., la Chine, l'Afrique du Sud, l'Australie, la Belgique, le Canada, Costa Rica, Cuba, le Salvador, la Grèce, le Guatemala, Haïti, le Honduras, l'Inde, le Luxembourg, le Nicaragua, la Norvège, la Nouvelle-Zélande, Panama, les Pays-Bas, la Pologne, Saint-Domingue, la Tchécoslovaquie et la Yougoslavie. L'alliance est ouverte à toutes les nations qui « contribueront matériellement à la lutte contre l'hitlérisme ».

Front soviétique. En Crimée, les Allemands contre-attaquent avec énergie pour s'opposer à la pénétration soviétique dans la région de Féodossia et de Kertch.

Afrique du Nord. Les Italo-Allemands qui défendent Agedabia lancent une contre-attaque sur leur flanc droit afin d'atténuer la pression de la VIIIe armée britannique.

Indes néerlandaises. Les Japonais débarquent dans l'île de Labuan, au nord de Bornéo.

Philippines. A Luçon, les troupes américaines et philippines se replient vers la péninsule de Bataan tout en continuant à combattre.

Malaisie. La XXVe armée japonaise, commandée par le général Yamashita, poursuit sa marche vers le sud. A l'est, la division des gardes impériaux a dépassé Kuantan. A l'ouest, après une brillante opération amphibie destinée à prendre à revers la 11e division indienne qui résiste énergiquement à Kampar, les 5e et 18e divisions s'emparent de Telok Anson. A Singapour, les Japonais effectuent leur premier bombardement important de l'aéroport de Tengah.

Chine. En application de la loi prêt-bail, le gouvernement chinois demande une aide pour construire une route à travers le nord de la Birmanie, entre Ledo, en Inde, et Loungling, en Chine. On créerait ainsi une véritable « route de Birmanie » pour ravitailler les armées chinoises.

☐ Délégué général en France du général de Gaulle, Jean Moulin est parachuté en zone Sud, avec mission de coordonner l'action des divers mouvements de résistance.

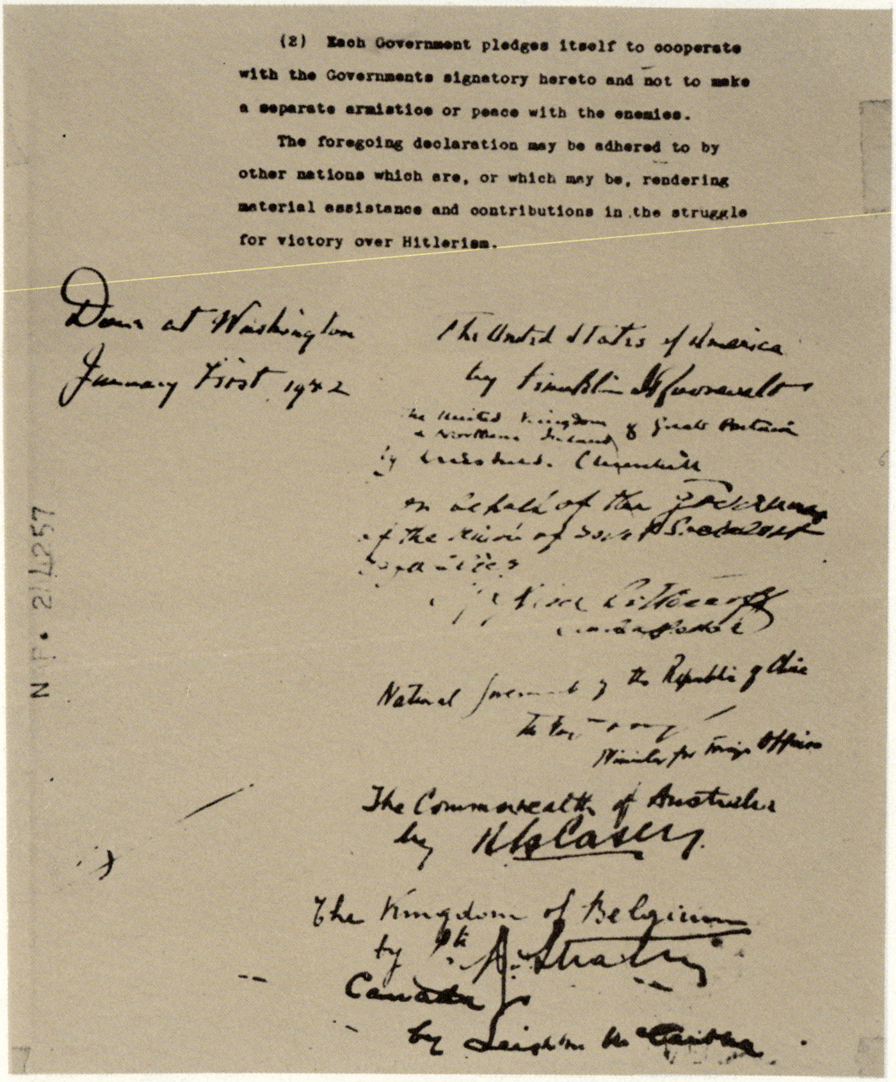

(2) Each Government pledges itself to cooperate with the Governments signatory hereto and not to make a separate armistice or peace with the enemies.

The foregoing declaration may be adhered to by other nations which are, or which may be, rendering material assistance and contributions in the struggle for victory over Hitlerism.

Done at Washington
January First 1942

The United States of America

The Commonwealth of Australia

The Kingdom of Belgium

Canada

26 nations signent le 1er janvier la Déclaration des Nations unies, issue de la Charte de l'Atlantique. On reconnaît ici, entre autres, les signatures de Roosevelt, Churchill et Litvinov.

2 janvier

Philippines. Procédant à une lente manœuvre en retraite, les Américains et les Philippins évacuent la ville de San Fernando, au nord de Manille, et organisent des nœuds de résistance dans la région de Guagua, entre San Fernando et la péninsule de Bataan, afin de retarder l'ennemi et de permettre au plus grand nombre possible de combattants de se concentrer à Bataan. Les Japonais occupent Balinag, consolident leur conquête de Manille et, au sud, s'emparent de la base de Cavite. Leurs bombardiers commencent leurs attaques systématiques contre l'île fortifiée de Corregidor.

Malaisie. Dans la soirée, pour éviter d'être encerclés par les Japonais qui ont débarqué sur leurs arrières et pris Telok Anson, les Indiens qui défendent Kampar commencent à se replier sur le Slim, au sud. Les

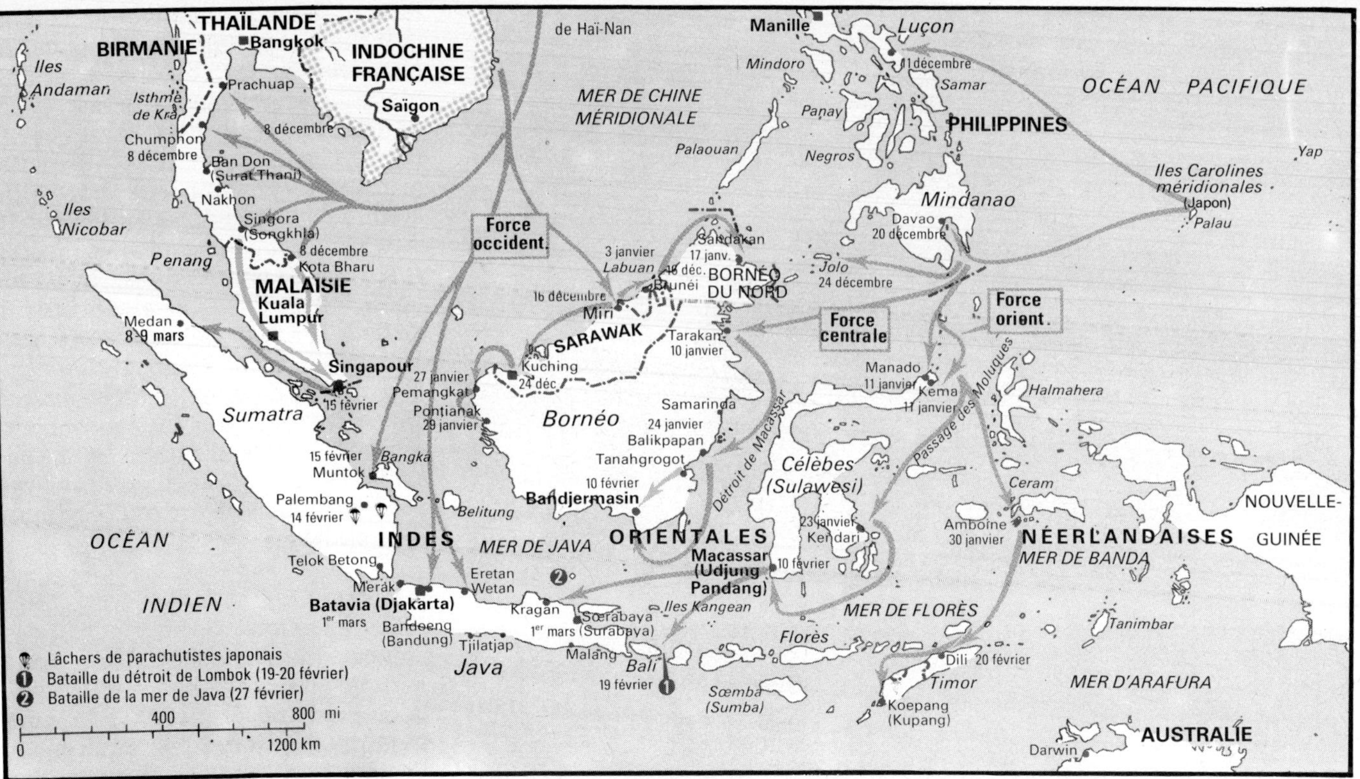

L'avance japonaise ébranle les remparts de l'Occident en Asie.

Japonais occupent alors Kampar et tentent de débarquer à Kuala Selangor, sur la côte occidentale, au nord-ouest de Kuala Lumpur, mais en sont empêchés par l'artillerie britannique.

Afrique du Nord. La garnison de Bardia, assiégée depuis la mi-décembre et demeurée sans vivres et sans munitions, se rend à la 2e division sud-africaine et à la 1re brigade blindée de la VIIIe armée britannique.

Malte. Nouvelles attaques de l'aviation de l'Axe contre les bases navales et aériennes de l'île.

Italie. L'aviation anglaise bombarde Naples et provoque de graves dégâts matériels.

3 janvier

Philippines. A Luçon, le général américain Wainwright prend le commandement des troupes américaines et philippines qui se sont retranchées dans la péninsule de Bataan et dans l'île de Corregidor. Dans la région de Guagua-Porac, les Philippins réussissent à contenir les attaques japonaises.

Malaisie. Sur la côte occidentale, les Britanniques continuent à se replier au-delà du Slim. Sur la côte orientale, les défenseurs de la région de Kuantan, risquant d'être isolés, commencent à se retirer vers le sud. Le commandement anglais aurait voulu conserver l'aéroport de Kuantan jusqu'au 10 janvier.

51 chasseurs Hurricane viennent renforcer la défense aérienne de Singapour, jusqu'ici manifestement insuffisante, mais ils ne sont accompagnés que de 24 pilotes, provenant d'Angleterre ou du front de Libye et ignorant totalement les conditions de combat contre les Japonais.

Bornéo. Les Japonais débarquent sans rencontrer d'opposition sur l'île de Labuan, dans la baie de Brunei, au nord de Bornéo, et envoient un détachement sur la terre ferme, à Mempakul.

Malte. Nouveaux raids aériens

Singapour ne reçoit que des fournitures limitées. Dans cette énorme caisse, une partie d'un avion de chasse Buffalo.

En haut : train chinois chargé de réfugiés et de soldats se repliant du Kiangsi. Ci-dessus : hydravions japonais dans une île du Pacifique.

italo-allemands contre des objectifs militaires.

4 janvier

Tchang Kaï-chek est nommé commandant des troupes alliées opérant en Chine. Ses unités arrêtent la progression japonaise dans la région de Tchangcha, dans le Hounan.
Philippines. A Luçon, les Japonais continuent d'attaquer dans la région de Guagua-Porac. Ils dépassent Guagua et avancent jusqu'à Lubao, coupant ainsi la retraite vers Bataan à la 11e division philippine. Le soir, les Philippins décrochent et tentent d'établir une nouvelle ligne de défense entre Lubao et Santa Cruz.
Malaisie. A l'ouest de la péninsule, l'aviation japonaise martèle les troupes indiennes qui s'installent sur la défensive le long du Slim. Mais, après leur débarquement à Kuala Selangor, les Japonais ont remonté le Selangor et menacent maintenant la petite ville de Rawang, un peu au nord de la capitale Kuala Lumpur, sur les arrières de la division indienne.
Nouvelle-Bretagne. L'aviation japonaise commence à bombarder Rabaul, base stratégique de l'archipel Bismarck, au nord-est de la Nouvelle-Guinée, où 1 400 Britanniques occupent les deux aéroports de Lakunai et de Vunakanu.
Dans cette situation difficile, le commandement suprême allié donne l'ordre au général Wavell, commandant en chef des forces A. B. D. A. (australiennes, britanniques, hollandaises et américaines), de tenir la « barrière malaise » (c'est-à-dire la ligne Malaisie-Sumatra-Java-nord de l'Australie) en empêchant les Japonais de la franchir, de renforcer la Birmanie et l'Australie, et de rétablir le contact avec les Philippines à travers les Indes néerlandaises.

5 janvier

Front soviétique. Secteur nord : des combats incertains se poursuivent le long du Volkhov, tandis qu'à Leningrad, où le froid et la faim font chaque jour des milliers de victimes, on s'apprête à évacuer en masse la population civile par le lac Ladoga, gelé. Secteur central : au sud de Kalouga, les forces soviétiques reprennent Bielov, à l'ouest de l'Oka. Dans le secteur sud, afin de rompre le siège des Allemands et des Roumains devant Sébastopol, l'Armée rouge débarque des renforts sur les côtes de Crimée, près d'Eupatoria et de Soudak. Mais les Russes se heurtent à une forte résistance allemande et progressent peu.
Philippines. A Luçon, les Américains et les Philippins se replient sur une nouvelle ligne de défense, à l'extrémité de la péninsule de Bataan, entre Dinalupihan et Hermosa. Mais, de ce côté aussi, ils devront se retirer en fin de journée, à cause de la forte pression japonaise sur la ligne dite « de Layac », où se trouve un pont vers lequel convergent toutes les routes conduisant à la péninsule de Bataan. Un peu après minuit, le pont saute. Les rations des défenseurs sont réduites de moitié. Comme chaque jour, l'aviation japonaise bombarde Corregidor et s'attaque par intervalles à d'autres objectifs dans la baie de Manille.
Malaisie. Sur la ligne du Slim, la 11e division indienne repousse une attaque japonaise le long de la voie

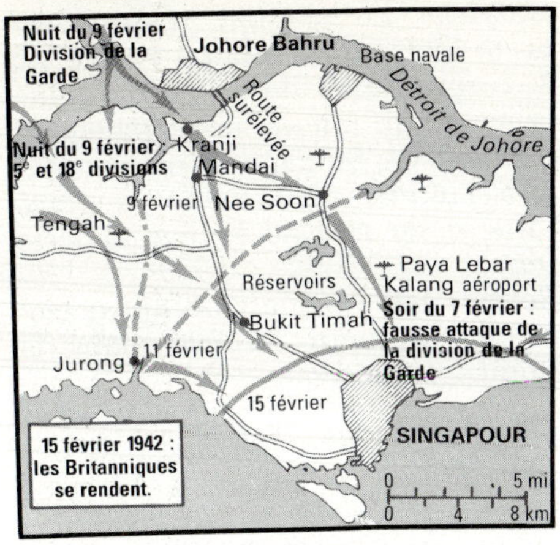

La conquête de Singapour.

MOUNT RUSHMORE NATIONAL MEMORIAL

On vient de terminer les travaux de la gigantesque sculpture réalisée sur le mont Rushmore, un sommet granitique des Black Hills dans le sud du Dakota (U. S. A.). Les dernières retouches ont été apportées par Lincoln Borglum, le fils du sculpteur Gutson Borglum qui, en 1927, avait commencé à sculpter sur la paroi nord-est de la montagne les bustes, d'une hauteur d'environ 20 mètres, de quatre présidents américains : George Washington, Thomas Jefferson, Abraham Lincoln et Theodore Roosevelt.
Conçu comme le « sanctuaire de la démocratie », le Mount Rushmore National Memorial est la plus grande sculpture réalisée jusqu'alors.

De gauche à droite, Washington, Jefferson, Roosevelt. et Lincoln

ferrée Penang-Singapour. Le commandant de la flotte britannique d'Extrême-Orient transfère son P. C. de Singapour à Batavia (aujourd'hui Djakarta), dans l'île de Java.
□ Le gouvernement australien déclare la guerre à la Bulgarie. Le gouvernement égyptien rompt ses relations diplomatiques avec la France, la Finlande et la Bulgarie.
Malte. Les Italiens et les Allemands intensifient leurs bombardements aériens.

6 janvier
Roosevelt demande au Congrès un crédit extraordinaire qui permette aux États-Unis de produire, avant 1943, 125 000 avions, 75 000 chars, 35 000 pièces d'artillerie et 8 millions de tonnes de bateaux.
Philippines. A Luçon, violentes actions d'artillerie dans la région de Layac, à la pointe de la péninsule de Bataan. Les Japonais entrent à Dinalupihan, que les troupes américaines et philippines ont évacué. Leur offensive aérienne contre Corregidor cesse pour un temps, mais ils maintiennent leurs actions de harcèlement.
Malaisie. A l'ouest, des unités indiennes s'installent en position défensive le long du Selangor. A l'est, les troupes qui ont évacué Kuantan continuent à se replier.
Chine. Le général Tchang Kaï-chek demande à Washington de désigner un officier général américain comme chef d'état-major des troupes américaines et britanniques en Chine.
Afrique du Nord. La 1re division blindée britannique, arrivée récemment d'Angleterre pour relever la 7e division blindée, prend position à Antelat. Le port de Derna est rouvert au trafic. Les troupes italo-allemandes achèvent de s'installer sur la ligne El Agheila-Marada.

7 janvier
Philippines. Les forces japonaises se préparent à déclencher une grande offensive contre la péninsule de Bataan. Américains et Philippins (au total 80 000 hommes) échelonnent leur défense en profondeur. Les Américains forment de nouveaux bataillons d'infanterie avec tous les hommes disponibles : personnel des services de l'armée de l'air, matelots, marines.
Malaisie. Appuyés par des chars, les Japonais attaquent à l'aube les positions de la 11e division indienne sur le Slim, les percent et avancent rapidement dans la direction de Kuala Lumpur, jusqu'à 3 km du village de Slim. Le 3e corps d'armée indien réussit à établir une nouvelle ligne de défense plus au sud, près de Kuala Kubu Bahru.
Le général Wavell arrive à Singapour.
Bornéo. A l'ouest, les Japonais qui

ont débarqué au Sarawak atteignent la frontière séparant cet État de la partie hollandaise de Bornéo.
Atlantique. Début de la première « partie de chasse » des *U-Boote* allemands le long de la côte est des États-Unis. Une moyenne de 54 sous-marins y veillent en permanence et, en moins d'un mois, couleront 142 373 t de bateaux alliés.
Afrique du Nord. Le 13e corps de la VIIIe armée britannique envoie des détachements avancés jusqu'à Agedabia, où ils découvrent que les forces de l'Axe ont abandonné cette position.
Un convoi de ravitaillement arrive sans avoir subi de pertes dans le port de Benghazi, partiellement remis en état.
Malte. Les raids aériens des forces de l'Axe continuent.

8 janvier
Philippines. Aucune opération d'envergure. Les adversaires se préparent à la bataille de la péninsule de Bataan.
Malaisie. Le général Wavell inspecte le front, et donne l'ordre au 3e corps indien de se replier dans la région du Johore, immédiatement au nord de Singapour, où il assurera l'ultime défense de la place forte et de son accès par la terre ferme.
Bornéo. Les Japonais occupent Jesselton, au nord de l'île, dans le Bornéo britannique.

9 janvier
Philippines. A Luçon, à 15 heures, les Japonais déclenchent leur attaque de la péninsule de Bataan. Appuyés par l'artillerie et l'aviation, deux régiments avancent à l'est et un autre à l'ouest. Aucune rencontre n'est décisive. Les destructions de ponts pratiquées par les Américains et les Philippins ralentissent bien plus l'ennemi que l'opposition qu'il rencontre. Néanmoins, une colonne japonaise, partie de Dinalupihan, arrive au voisinage d'Album.
Malaisie. Le 3e corps d'armée indien commence à se replier vers le sud. Les 11e et 9e divisions indiennes exécuteront une manœuvre retardatrice pour couvrir les zones de Seremban, Port Dickson, Tampin et Malacca.

10 janvier
Philippines. Le général MacArthur inspecte les défenses de la péninsule de Bataan. Les avions japonais lancent des tracts invitant les défenseurs à se rendre. A terre, les colonnes ennemies, ralenties bien plus par la végétation touffue de la jungle que par la résistance alliée, progressent tout de même. Elles atteignent le Calaguiman, en dessous du village de Samal et, à l'ouest, la localité d'Olongapo.
Malaisie. Les Britanniques abandonnent Port Swettenham et Kuala Lumpur, bientôt occupés par les Japonais, qui les talonnent. L'aviation ennemie, qui s'était limitée jusqu'alors à des actions de nuit contre les terrains d'atterrissage de Singapour, commence à les bombarder de jour.
Bornéo. Les Japonais débarquent à Tarakan. La IIIe flotte japonaise, chargée des opérations à Bornéo, est placée sous le commandement du vice-amiral Takahashi ; elle com-

Un U-Boot rentre à la base de Lorient après une mission sur les côtes des États-Unis. Page de droite : les derniers instants d'un cargo allié.

prend 2 croiseurs lourds, 8 contre-torpilleurs et 41 transports de troupes. La flotte de couverture, aux ordres du contre-amiral Takagi, comprend 2 croiseurs lourds et 7 contre-torpilleurs. Les forces terrestres sont commandées par le général Yamashita.

11 janvier

Philippines. A Luçon, les Japonais progressent légèrement le long de la côte est de la péninsule de Bataan et franchissent le Calaguiman. Grâce à leurs réserves, les Américains reprennent presque tout le terrain perdu. Au centre de la péninsule, des éléments avancés d'une colonne japonaise atteignent l'Orani après une journée entière de combats.

Malaisie. Le 3e corps d'armée indien continue son repli vers le sud. Alors que les actions terrestres marquent le pas, l'aviation japonaise redouble d'activité, en particulier dans la région du Muar, au sud de Malacca.

Bornéo. Les forces du général Yamashita continuent de débarquer et achèvent la conquête de l'île de Tarakan, riche en gisements de pétrole.

Célèbes. D'autres troupes japonaises occupent Manado et Kema, à l'extrême nord de l'île des Célèbes. Des parachutistes de la marine ont participé à l'opération. Les petites garnisons hollandaises sont vite contraintes de se rendre. Pour appuyer leur progression vers le sud, les Japonais transforment en bases aériennes l'île de Tarakan, à

Bornéo, et la ville de Manado, aux Célèbes.

Afrique du Nord. La 2e division sud-africaine du 30e corps de la VIIIe armée britannique attaque Solloum et s'en empare après 24 heures de combat. Les forces de l'Axe consolident El Agheila.

Malte. Nouveaux bombardements des avions de l'Axe.

Front soviétique. Dans le secteur central, les Soviétiques poursuivent leur contre-offensive et réussissent à couper la voie ferrée Rjev-Briansk.

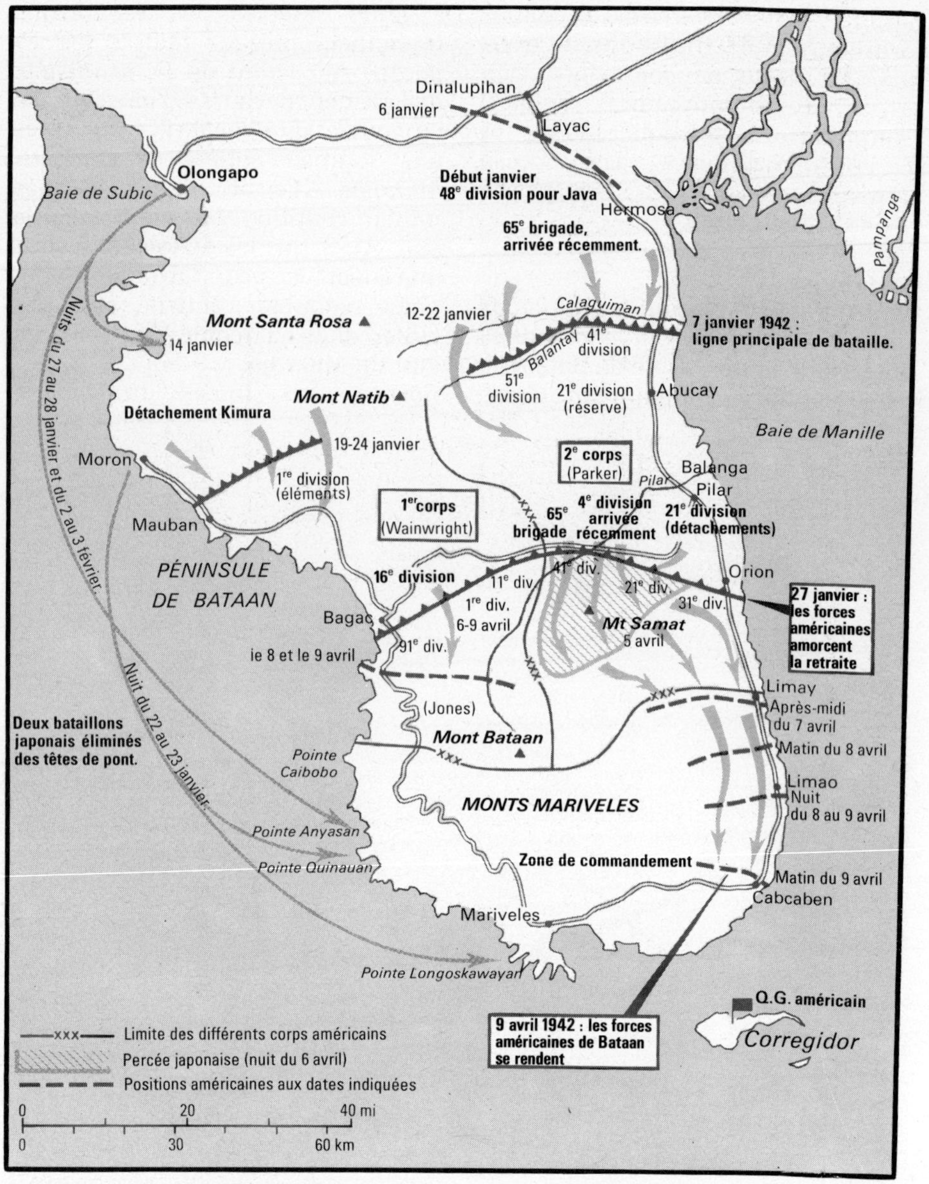

12 janvier

Philippines. A Luçon, les Japonais exercent une forte pression à l'est de la péninsule de Bataan, défendue par le 2e corps américano-philippin. La 51e division philippine perd du terrain, mais réussit à contre-attaquer après l'arrivée de renforts. Sur la côte est, les Japonais rétablissent au-delà du Calaguiman les têtes de pont que les contre-attaques américaines leur avaient fait perdre la veille.

□ En France, au sein de la Légion française des combattants, Joseph Darnand crée une troupe de choc : le Service d'ordre légionnaire (S. O. L.).

13 janvier

Philippines. A l'est de la péninsule de Bataan, après une sérieuse préparation d'artillerie, les Américains contre-attaquent les Japonais et réduisent le saillant qu'ils ont formé au sud du Calaguiman. Toutefois, les Japonais progressent au centre et obligent la 51e division philippine à reculer jusqu'au Balantay.

Malaisie. Le général Wavell inspecte à nouveau le front. Le repli du 3e corps d'armée indien dans le Johore est presque achevé. Un convoi de renforts (une partie de la 18e division britannique) et de ravitaillement (constitué surtout de canons de D. C. A.) arrive à Singapour.

Front soviétique. Dans le secteur central, l'Armée rouge reprend Kirov et approfondit ainsi la poche qu'elle a réalisée entre les IIe et IVe *Panzergruppen.*

14 janvier

A Washington, fin de la conférence « Arcadie » entre Américains et Britanniques. Elle s'est achevée sur les résolutions suivantes : création d'un conseil combiné des chefs d'état-major, qui coordonnera l'effort de guerre anglo-américain ; dans le cadre général des opérations, priorité absolue à la lutte contre l'Allemagne ; enfin, nécessité d'importance stratégique d'occuper l'Afrique du Nord française (opération « Gymnast »). Le général Wavell est nommé officiellement commandant suprême en Asie.

Philippines. A Luçon, la pression japonaise ne se relâche pas dans la péninsule de Bataan. A l'est, la 41e division doit se replier en deçà du Balantay. A l'ouest, les Japonais progressent en deux colonnes d'Olonpago vers Moron. Quelques éléments débarquent entre les deux localités. Les Américains envoient des renforts à Moron.

Malaisie. Les Britanniques s'installent sur la défensive dans la partie sud de la presqu'île de Malacca, avec l'intention d'arrêter les Japonais sur la ligne Muar-Segamat (le long de la voie ferrée) — Labis-Mersing (sur la côte orientale). Au nord de cette ligne, ils sont au contact de l'ennemi provenant de Kuantan. De nombreux soldats japonais qui descendent vers le sud à bicyclette tombent dans des embuscades britanniques.

Front soviétique. Secteur central : les troupes russes reprennent Medyn, sur la Medynka, au nord-ouest de Kalouga.

En Malaisie, les Britanniques sont enfermés dans l'île de Singapour. Une pièce de D. C. A., servie par des artilleurs indiens, va faire feu.

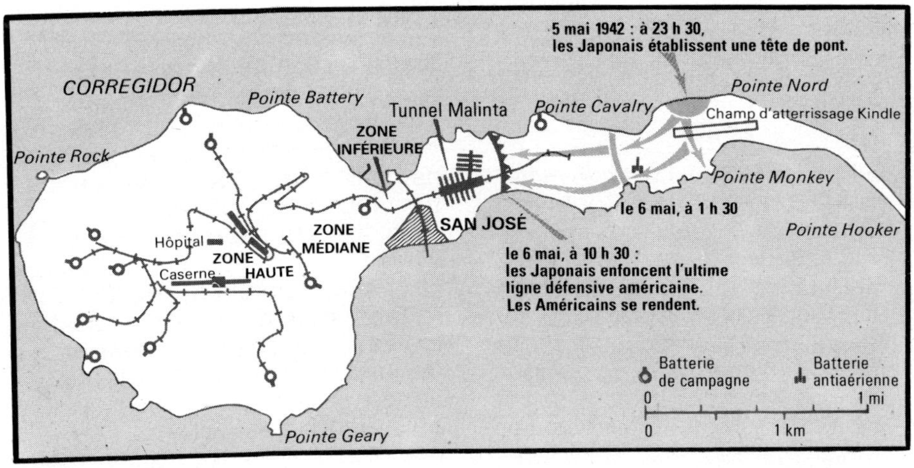

15 janvier

Philippines. Dans la péninsule de Bataan, les Japonais établissent une tête de pont au sud du Balantay. Les Alliés contre-attaquent en vain. Au centre, les troupes japonaises avancent lentement et s'arrêtent pour se réorganiser. A l'ouest, leurs deux colonnes qui convergent sur Moron approchent de leur objectif.

Malaisie. Au centre de la péninsule, des unités australiennes infligent de lourdes pertes aux avant-gardes japonaises, mais se replient ensuite dans la zone qui leur a été attribuée. A l'ouest, les Japonais atteignent la rive nord du Muar et débarquent de petits éléments entre le Muar et Batu Pahat, bouleversant ainsi les communications des Britanniques dans la partie occidentale du front.

Java. Le général Wavell installe à Batavia (aujourd'hui Djakarta) le commandement A. B. D. A. (australien, britannique, hollandais, américain).

Front soviétique. Secteur sud : violente attaque russe sur le front tenu par les Italiens.

Von Küchler remplace von Leeb au commandement du *Heeresgruppe* Nord. Cette relève entre dans le cadre des mutations que Hitler a décidées, furieux qu'il est de l'initiative de certains généraux de se replier sans le consulter, et parfois même en contrevenant à ses ordres.

16 janvier

Philippines. A Luçon, à l'est de la péninsule de Bataan, la 51e division philippine contre-attaque, mais les Japonais la repoussent et la mettent en fuite. La colonne japonaise qui progresse dans le centre force les positions ennemies dans la région du mont Natib et continue d'avancer vers le sud par la vallée de l'Abo-Abo. A l'est encore, la 41e division philippine réussit à stopper l'adversaire, tandis que le 31e régiment américain d'infanterie, déployé près d'Abucay, prépare une contre-attaque. A l'ouest, les Japonais franchissent le Batalan et attaquent Moron, mais les Américains les refoulent jusqu'au fleuve.

Malaisie. Les Japonais traversent le Muar et chassent la 45e brigade indienne du village du même nom, pendant qu'ils continuent à débarquer dans la région de Batu Pahat.

Birmanie. Les Japonais passent à l'attaque, encerclent les forces britanniques à Myitta et menacent Tavoy.

17 janvier

Philippines. Dans la péninsule de Bataan, à Luçon, les troupes du 2e corps (général Parker), chargées de la défense du secteur est, contre-attaquent dans la région d'Abucay et atteignent le Balantay en quelques points. Ces succès locaux demeurent sans suite.

Au centre, la colonne japonaise qui s'apprête à encercler l'ennemi à l'est et à l'ouest continue de progresser dans la vallée de l'Abo-Abo.

A l'ouest, les défenseurs de Moron sont contraints de se replier au sud et au sud-est de la ville.

Malaisie. Les Britanniques amènent des renforts dans la région de Muar-Yong Peng. Les Japonais maintiennent leur pression et concentrent leurs forces en vue d'une offensive contre la partie méridionale de la presqu'île de Malacca.

Bornéo. Des troupes japonaises débarquent à Sandakan, dans le Bornéo septentrional britannique. Les faibles forces alliées ne réussissent pas à contenir les multiples initiatives japonaises. Sir Archibald Wavell, qui commande l'A. B. D. A., a sous ses ordres l'amiral américain Hart pour les forces navales, le maréchal anglais Peirse pour les forces aériennes, et le général hol-

LA « SOLUTION FINALE »

L'antisémitisme, sous sa forme la plus délirante, était, depuis *Mein Kampf,* l'une des composantes essentielles de l'idéologie nationale-socialiste. De l'avènement de Hitler, en 1933, jusqu'au déclenchement de la guerre, en 1939, il se traduisit par une escalade régulière dans les mesures discriminatoires prises à l'encontre de la communauté juive d'Allemagne. Mais l'occupation par les nazis de la majeure partie de l'Europe allait lui donner une ampleur nouvelle et déboucher sur une entreprise d'extermination systématique sans précédent dans l'histoire : la « solution finale », dont les lignes directrices furent arrêtées le 20 janvier 1942 à la conférence de Wannsee.

La politique du IIIe Reich à l'égard des juifs était passée jusque-là par deux étapes. Dans un premier temps, des mesures administratives tendirent, non sans difficultés, à « définir » le juif et à restreindre ses droits. 1933 : les juifs sont exclus de la fonction publique et de certaines professions libérales. 1935 : les lois raciales de Nuremberg définissent comme « juif complet » celui dont trois grands-parents au moins appartiennent à la « communauté religieuse juive ». 500 000 « juifs complets » sont ainsi recensés, dont moins de 100 000, en quatre ans, choisiront d'émigrer.

1938 (année de l'Anschluss et de Munich) ouvre une deuxième période. Contraints de déclarer leurs biens, les juifs s'en voient bientôt spoliés. Leurs magasins sont boycottés, des synagogues sont incendiées, les vexations s'intensifient. Du 6 au 15 juillet se réunit à Évian une conférence internationale pour l'accueil aux persécutés. Mais elle n'aboutit à aucun résultat, ce qui incite Hitler à aggraver et à multiplier les mesures antijuives. Aux internements dans les camps s'ajoutent les premières expulsions massives. Le 9 novembre, c'est le pogrom de la Nuit de Cristal. Le 12, le maréchal Goering préside la première conférence d'étude sur la « solution définitive du problème juif ». Mais il ne s'agit encore, évidemment, que des ressortissants du Reich, et la doctrine n'est pas fixée. L'objectif reste de chasser les juifs après les avoir dépouillés. On envisage de les installer à Madagascar, idée que fortifiera un moment la défaite de la France. Mais dans le même temps les premiers ghettos sont créés en Pologne occupée.

Puis l'occupation de la Yougoslavie et de la Grèce, la rapide avance de la Wehrmacht en Russie, l'émergence d'une Europe à direction allemande ouvrent au racisme nazi des perspectives nouvelles. Le 31 juillet 1941, Goering élargit la mission confiée antérieurement à Heydrich : il ne s'agit plus seulement d'« épurer » le Reich, mais d'aboutir à une « solution définitive de la question juive pour l'ensemble de l'Europe ». Sans attendre, d'ailleurs, les groupes d'intervention SS en action sur le front de l'Est ont commencé d'exécuter systématiquement les juifs des territoires occupés : 230 000 en quelques mois pour les seuls pays baltes et la Ruthénie blanche. Mais ces opérations un peu désordonnées soulèvent parfois des problèmes et ne touchent pas le reste de l'Europe.

Le SS Reinhard Heydrich, chef de la police de sûreté et du S.D. (Service de sécurité).

D'où la conférence de Wannsee : pour Heydrich, il s'agit de passer des massacres « sauvages » à l'extermination scientifique, et rationnellement programmée. Le plan qu'il développe concerne 11 millions de juifs européens (dont 5 millions pour la seule Russie, 2 284 000 pour le « gouvernement général » de Pologne, 865 000 pour la France... et même 330 000 pour l'Angleterre). Il prévoit que les juifs seront « transférés sous bonne escorte à l'est et affectés au service du travail ». Une grande partie d'entre eux, précise Heydrich, « s'éliminera naturellement par son état de déficience physique ». Le « résidu » qui subsisterait serait « traité en conséquence ». Pour ce faire, continue Heydrich, « l'Europe sera balayée d'ouest en est ». Seuls seraient évacués les juifs de moins de 65 ans ; les autres seraient « transférés dans un ghetto de vieillards, probablement Theresienstadt ». La date des grandes évacuations dépendrait du développement de la situation militaire.

Le *SS-Obergruppenführer* Heydrich prévoit des difficultés dans certains pays « en raison de leur attitude et de leurs conceptions » : c'est le cas pour la Hongrie et la Roumanie. En revanche, il estime qu'en France, « tant dans la zone occupée que dans la zone non occupée, le recensement des juifs en vue de leur évacuation se passera probablement sans grandes difficultés ».

Le bilan de la « solution finale » pour les territoires concernés sera évalué à 6 000 000 de juifs sur un total de 9 500 000.

landais ter Poorten pour les forces terrestres.
Afrique du Nord. Après deux mois de résistance, les garnisons italo-allemandes de Solloum et d'Halfaya, bombardées par terre, par mer et par air, et restées sans eau depuis trois jours, se rendent aux Britanniques. Avec l'anéantissement des dernières défenses en Cyrénaïque, la première phase de la campagne britannique en Libye peut être considérée comme achevée. Les troupes de l'Axe prennent position sur la ligne d'El Agheila.
Front soviétique. Le maréchal von Reichenau meurt d'une attaque d'apoplexie. Il avait commandé la VIe armée, dont l'action a été décisive dans la conquête de Kiev et de Kharkov et, le 1er décembre 1941, avait relevé von Rundstedt à la tête du *Heeresgruppe* Sud. Le lendemain, le maréchal von Bock, ancien commandant du *Heeresgruppe* Centre, prend sa place.

18 janvier
Philippines. Situation inchangée à Bataan, où les défenseurs contre-attaquent en vain à l'est, tandis qu'à l'ouest les Japonais accentuent légèrement leur pression.
Malaisie. La 45e brigade indienne repousse les attaques japonaises dans la région de Muar-Yong Peng, mais de nouveaux débarquements ennemis au nord immédiat de Batu Pahat mettent en grave danger les positions britanniques du secteur. Le soir, pour leur éviter d'être encerclées, le commandement anglais donne l'ordre de repli.
A l'exception de 51 Hurricane qui ne sont pas encore prêts, les forces aériennes de défense de la Malaisie se montent au total à 75 appareils de bombardement et de reconnaissance et à 28 avions de chasse. Les bombardiers s'apprêtent à quitter Singapour pour Sumatra.
Front soviétique. Dans le secteur sud, les Russes enfoncent les lignes ennemies et pénètrent profondément dans la région d'Izioum, en Ukraine, à l'ouest du Donetz. Ils progressent aussi notablement dans la région de Koursk.

19 janvier
Philippines. A Luçon, les Japonais repoussent de nouvelles contre-attaques américaines. La colonne japonaise qui avance par la vallée de l'Abo-Abo atteint les environs de Guitol et se heurte à la 31e division philippine.
Malaisie. Les combats continuent dans la région de Muar-Yong Peng. Les Britanniques perdent Yong Peng et doivent retirer leurs troupes demeurées isolées à Muar.
Bornéo. Le Bornéo septentrional britannique se rend aux Japonais.
Birmanie. Les Japonais prennent Tavoy et son aéroport. Les Britanniques décident de replier sur Rangoon la garnison de Mergui, qui n'est pas encore investie. Une division chinoise est envoyée en Birmanie pour les soutenir.
Afrique du Nord. Le général Auchinleck donne ses directives à la VIIIe armée : l'objectif est Tripoli. Elle reçoit toutes les instructions concernant la manœuvre défensive qu'elle devrait mener si elle devait interrompre son offensive en Libye.
Front soviétique. Durs combats dans le secteur sud. En Crimée, les Allemands reprennent Féodossia.

20 janvier
Philippines. A Luçon, les Japonais contiennent les contre-attaques philippines sur la gauche du 2e corps américain. Sévèrement pris sous le feu à Guitol, ils se replient vers le nord. Sur le front du 1er corps américain, ils continuent à presser l'ennemi et à s'infiltrer dans ses rangs.
Malaisie. Les Britanniques contre-attaquent à l'ouest de Yong Peng, mais sans succès. Leurs forces isolées à Muar cherchent à décrocher. 27 bombardiers japonais sans escorte attaquent Singapour. Ils se heurtent aux Hurricane, qui leur font perdre 8 appareils.
Archipel Bismarck. Plus de 100 bombardiers décollent de porte-avions japonais et attaquent Rabaul, en Nouvelle-Bretagne. Nombreux dégâts dans le port. Une autre attaque de moindre importance a lieu sur Kavieng, en Nouvelle-Irlande.
Birmanie. Partis de Thaïlande, les Japonais pénètrent en force en Birmanie et attaquent la 17e division indienne à l'est du port de Moulmein, dans la région nord du Tenasserim.
Front soviétique. Les Soviétiques poursuivent leur contre-offensive du centre et reprennent Mojaïsk, à une centaine de kilomètres à l'ouest de Moscou.
☐ En Allemagne, autour de Heydrich, quinze hauts fonctionnaires nazis, dont le SS Adolf Eichmann, réunis à Wannsee, dans la banlieue de Berlin, mettent au point la « solution finale de la question juive pour l'ensemble de l'Europe ». Le plan, qui vise même les pays neutres comme la Suède et la Suisse, concerne onze millions de juifs (voir l'encadré page ci-contre).

21 janvier
Philippines. A Luçon, les Japonais concentrent des forces pour une grande offensive.
Malaisie. Les Britanniques de Muar et de Segamat continuent de se replier ; ceux de la région de Muar, encore isolés, doivent être ravitaillés par air. Dans la journée, nouveau bombardement japonais sur Singapour. Cette fois, les bombardiers sont escortés par des chasseurs Zero de la marine, qui surclassent aisément les Hurricane provenant de Libye, dont les filtres à sable diminuent la vitesse. En outre, les Japonais ont détruit les radars des Britanniques, de sorte que ces derniers n'ont plus le temps de donner l'alerte. Enfin, les lents Buffalo anglais mettent presque une demi-heure à monter à 7 500 m, qui est l'altitude de vol des bombardiers ennemis.
Archipel Bismarck. L'aviation japonaise bombarde à nouveau Rabaul, en Nouvelle-Bretagne, et Kavieng, en Nouvelle-Irlande. L'unique batterie côtière de Rabaul est détruite.
Nouvelle-Guinée. Les avions japonais arrivent aussi dans ce secteur : 40 appareils attaquent la région de Lae-Salamaua.
Chine. Le gouvernement chinois accepte la nomination du général américain Stilwell comme chef d'état-major du généralissime Tchang Kaï-chek pour les forces alliées en Chine.
Front soviétique. Dans le secteur sud (zone d'Izioum, bassin du Donetz), les Russes réussissent à enfoncer la XVIIe armée alle-

mande. Toutefois, par une vigoureuse contre-attaque, trois autres armées allemandes, dont la Ire armée blindée de von Kleist, rétabliront la situation en quelques jours.
Afrique du Nord. Les attaques continuelles de l'aviation ont neutralisé Malte et permis aux convois italiens d'amener en Afrique du Nord des vivres, des munitions et du carburant. A partir de la ligne El Agheila-Marada, Rommel lance une contre-offensive sur Agedabia.
Yougoslavie. A Novi-Sad, les Hongrois massacrent 4000 Serbes.
France. Le Front national, vaste rassemblement patriotique animé par le parti communiste, se donne une branche militaire, les Francs-Tireurs et Partisans (F.T.P.), dirigés par Charles Tillon.

22 janvier
Philippines. Dans la péninsule de Bataan, à Luçon, le général MacArthur donne l'ordre à toutes les forces américaines et philippines de se replier de la ligne Mauban-Abucay à la dernière ligne de résistance, derrière la route Pilar-Bagac. Le repli devra commencer dans trois jours. Pour le moment, les attaques japonaises sont contenues. Dans la nuit du 22 au 23, l'ennemi entreprend une série d'opérations amphibies et transporte des troupes de Moron vers le sud, dans la direction de Caibobo, au sud de Bagac. 2 péniches japonaises sont coulées par des vedettes lance-torpilles américaines.
Malaisie. Sur le front de Muar, les Japonais remportent une victoire totale. Malgré l'appui de l'aviation et de la marine, la 45e brigade indienne est anéantie. Des unités de la 11e division indienne, qui défend Batu Pahat, ont quelques escarmouches avec l'ennemi. A Mersing, à l'est de la péninsule, une tentative de percée japonaise est repoussée. De nouvelles troupes indiennes arrivent en renfort à Singapour. 100 bombardiers japonais attaquent la base et y font de nombreuses victimes et d'importantes destructions.
Afrique du Nord. Les forces de l'Axe avancent rapidement vers l'est et s'emparent d'Agedabia.
Raid de l'aviation anglaise sur Tripoli et d'autres localités des côtes de la Grande Syrte.
Front soviétique. La population civile de Leningrad commence à être évacuée en masse par des autobus qui traversent le lac Ladoga, gelé. Pendant le seul mois de décembre, il y a eu 52000 décès, chiffre annuel de la mortalité en temps normal. La ration alimentaire des combattants a été réduite de 3500 à 2600 calories, et à l'arrière, les troupes ne perçoivent que 1600 calories. A la fin du mois de janvier, le nombre des personnes mortes de froid et de faim dépassera 200000, mais la ville résiste.

Janvier 1942. Prisonniers et paysans soviétiques employés à dégager les routes dans le secteur central du front.

23 janvier
Philippines. La pression des Japonais s'accentue au centre de la péninsule de Bataan. A cause d'une erreur d'itinéraire, leurs détachements amphibies embarqués à Moron pour la pointe Caibobo débarquent trop au sud, une partie à la pointe Quinauan et une partie à la pointe Longoskawayan. Les troupes américaines et philippines envoyées sur place ne parviennent pas à les éliminer.
Malaisie. Les combats continuent dans la région de Batu Pahat. Les défenseurs de Muar et de Segamat réussissent à décrocher et à se replier au sud. Le 3e corps d'armée indien reste donc le principal moyen de défense du Johore et de la base de Singapour.
Archipel Bismarck. Un convoi japonais, escorté par la IVe flotte, débarque des troupes dans l'importante base aérienne de Rabaul, en Nouvelle-Bretagne, et à Kavieng, en Nouvelle-Irlande. La petite garnison de Rabaul est vite submergée ; quant à Kavieng, elle est sans défense.
Iles Salomon. Des éléments de la IVe flotte japonaise débarquent sans rencontrer d'opposition à Kieta, dans l'île de Bougainville.
Indes néerlandaises. Deux convois japonais débarquent des troupes à Balikpapan (Bornéo) et à Kendari

(Célèbes). Au large de Balikpapan, des avions hollandais attaquent les navires japonais sans résultat.
Birmanie. Dans l'intention d'éliminer l'aviation britannique, les Japonais intensifient leur activité aérienne dans la région de Rangoon.
Afrique du Nord. Bousculant les défenses du 13e corps de la VIIIe armée britannique, les forces de l'Axe s'emparent d'Antelat et Saunnu, au nord-est d'Agedabia.
Front soviétique. Au nord-ouest de Moscou, l'Armée rouge poursuit énergiquement sa contre-offensive et reprend Kholm, l'un des points d'appui de la défense allemande entre les *Heeresgruppen* Nord et Centre. Au sud-est, elle menace d'encerclement la ville de Rjev, autre point d'appui allemand.

24 janvier
Détroit de Macassar. La première grande bataille navale du théâtre d'opérations oriental a lieu au large de Balikpapan, entre Bornéo et les Célèbes. Les contre-torpilleurs américains *Parrot, Pope, John D. Ford* et *Paul Jones,* ainsi qu'un groupe de sous-marins, attaquent 16 transports japonais et leur escorte de 9 contre-torpilleurs et 1 croiseur léger. 4 transports et 1 bâtiment d'escorte sont coulés. 1 contre-torpilleur américain est endommagé. Cette action retarde de quelques jours l'invasion de Java par les Japonais, mais non l'occupation du port pétrolier de Balikpapan, dont ils s'emparent le jour même.
Philippines. Le 2e corps américain, affecté à la défense de la partie orientale de la péninsule de Bataan, se replie rapidement vers le sud. La situation n'est pas meilleure à l'ouest, où le 1er corps ne réussit que temporairement à faire reculer les troupes japonaises débarquées à la pointe Longoskawayan, au sud du dispositif américain.
Malaisie. Pendant que les combats font rage à Batu Pahat, les forces britanniques se disposent à abandonner l'île de Singapour. Les Japonais menacent la ville de Kluang. Environ 3000 Australiens, encore en cours d'instruction, arrivent en renfort à Singapour.
Nouvelle-Guinée. Les troupes alliées évacuent Lae et Salamaua, directement menacés par les Japonais.
Birmanie. Les Japonais approchent de la ville de Moulmein.
Afrique du Nord. L'offensive de Rommel marque une brève pause. Le 13e corps britannique se prépare à contre-attaquer. S'il ne peut contenir l'ennemi, il se repliera sur une ligne allant approximativement de Derna à El Mekhili.
Front soviétique. Dans le secteur sud, sur le front du Donetz, les Soviétiques brisent la résistance ennemie près d'Izioum et s'emparent de Barvenkovo, à une soixantaine de kilomètres à l'est de Lozovaïa, au sud de Kharkov. Dans le secteur central, sur le plateau du Valdaï, ils approfondissent leur poche entre Kholm et Rjev, et approchent de Vielikie Louki, où les positions allemandes sont toutefois très fortes.

25 janvier
La Thaïlande déclare la guerre aux États-Unis.
Philippines. A Luçon, les troupes américaines et philippines continuent de se replier vers le sud de la péninsule de Bataan. Elles ne réussissent pas à détruire les éléments ennemis débarqués à la pointe Quinauan et à la pointe Longoskawayan.
Malaisie. Les combats durent toute la journée à Batu Pahat, mais le sort de la bataille tourne déjà en faveur des Japonais. En revanche, à l'est de la péninsule, dans la région de Kluang, les attaques ennemies sont énergiquement contenues par les troupes alliées.
Birmanie. Le général Wavell visite Rangoon et donne l'ordre de défendre Moulmein à tout prix. A cet effet, des troupes indiennes de la 17e division prennent position sur la rive occidentale de la Salouen. Les Japonais n'entreprennent pas de nouvelle opération : ils marquent une pause pour se réorganiser.
Afrique du Nord. Les troupes de l'Axe s'emparent de Msous et se

Infanterie de marine japonaise débarquant à Kavieng, en Nouvelle-Irlande.

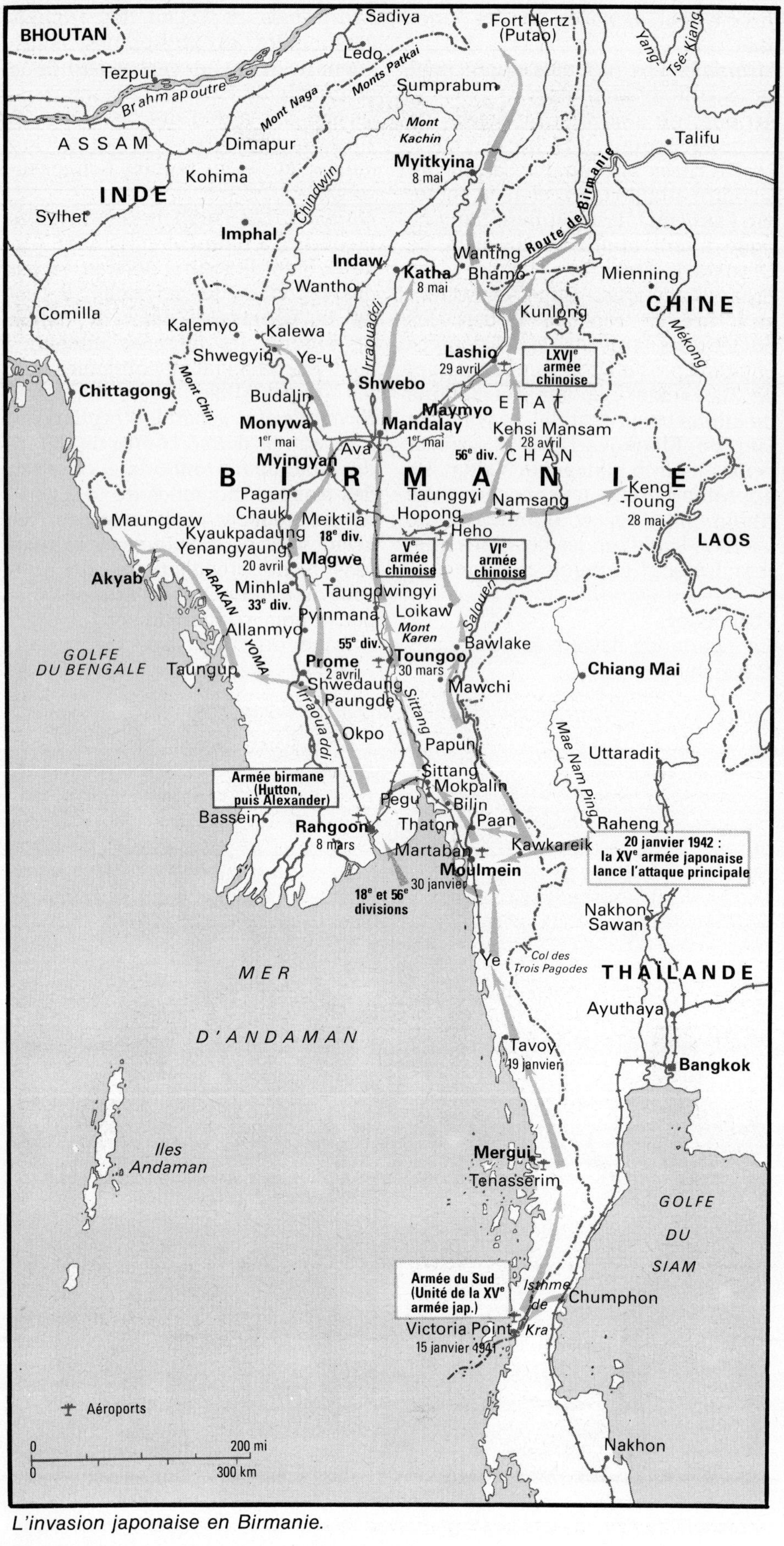

L'invasion japonaise en Birmanie.

dirigent vers Er-Regima, à l'est de Benghazi. La 1re division blindée anglaise se replie sur El Mekhili, en laissant des éléments retardateurs pour protéger la 4e division indienne qui marche en retraite après avoir laissé Benghazi et Barce. Toutefois, le général Ritchie ordonne de contre-attaquer dans la région de Msous.

26 janvier

Philippines. Américains et Philippins achèvent de se replier vers l'extrémité sud de la péninsule de Bataan, derrière la route Pilar-Bagac. Entre les grandes unités en retraite se forment des brèches fébrilement colmatées par les réserves. A l'extrême sud, les Japonais conservent leurs têtes de pont des pointes Quinauan et Longoskawayan. Craignant de nouveaux débarquements nippons, les Américains renforcent les défenses côtières.

Malaisie. Des détachements amphibies japonais débarquent au sud d'Endau, à l'est de la péninsule, et pénètrent rapidement à l'intérieur. Les forces britanniques du secteur de Batu Pahat, maintenant dépassées par l'avance ennemie, cherchent à regagner leurs lignes à travers la jungle.

Irlande du Nord. Les premiers contingents américains débarquent. Le Premier ministre de l'Eire, De Valera, proteste énergiquement.

Malte. Nouvelles incursions aériennes de l'Axe sur les aérodromes.

Sicile. Raid de l'aviation anglaise sur Catane.

27 janvier

Philippines. A Luçon, nouveau débarquement des Japonais à la pointe Anyasan, immédiatement au nord de la pointe Quinauan. Ils reçoivent l'ordre de consolider ces deux têtes de pont, puis de progresser vers la ville de Mariveles, à l'extrême sud de la péninsule de Bataan. L'offensive japonaise est générale, mais les Américains et les Philippins résistent sur la ligne qui va de Bagac, sur la côte occidentale, à Pilar et Orion, sur la côte orientale.

Malaisie. Le général Percival, commandant les troupes de Malaisie,

obtient du général Wavell, commandant en chef de l'A. B. D. A., l'autorisation de replier ses forces à Singapour au moment le plus opportun. Il décide que le mouvement se fera par la ville de Johore Baru et la digue qui la relie à Singapour, et qu'il devra être terminé avant la nuit du 30 au 31 janvier. Les défenseurs n'ont plus qu'une mission d'arrière-garde et une partie d'entre eux seront évacués par mer.
Afrique du Nord. Tandis que le 13e corps britannique s'apprête à contre-attaquer dans la région de Msous, les Italo-Allemands reprennent vigoureusement l'offensive sur deux axes : Benghazi et El Mekhili.
Indes néerlandaises. Dans la partie ouest de Bornéo, les Japonais, partis de Kuching, occupent Pamangkat au cours d'une opération amphibie.
Front soviétique. Dans le secteur sud, les Russes reprennent l'important nœud ferroviaire de Lozovaïa, à l'ouest d'Izioum.

Afrique du Nord : char britannique Crusader mis hors de combat dans la région de Msous, à l'est de Benghazi.

28 janvier

Philippines. Situation stationnaire dans la péninsule de Bataan. Américains et Philippins s'acharnent sans résultat tangible contre les têtes de pont de Quinauan et Anyasan.
Malaisie. Sur la terre ferme, la retraite des Britanniques se poursuit. Après avoir atteint Benut, les Japonais talonnent la 11e division indienne, qui reflue en désordre, en laissant un vide entre elle et la 22e brigade indienne, ainsi séparée du gros des forces.
Afrique du Nord. Ne pouvant avoir l'appui des chars qu'on lui avait assuré, la 4e division indienne, affectée à la défense de Benghazi, est autorisée à se replier. La 7e brigade, la dernière à quitter la place, trouve sa retraite barrée par l'ennemi, mais réussit à décrocher et à rejoindre la VIIIe armée britannique. La 90e division allemande et le 20e corps d'armée italien occupent Er-Regima, à l'est de Benghazi.
Malte. Nouveau raid des avions de l'Axe.
Nouvelle-Guinée. Les Japonais débarquent à l'île Rossel, dans l'archipel de la Louisiade, à l'est de la Nouvelle-Guinée. La menace sur l'Australie se précise de plus en plus nettement.

□ A Rio de Janeiro, fin de la conférence des ministres des Affaires étrangères des républiques américaines, commencée le 15. L'unité du continent en sort renforcée.

29 janvier

Pacifique. Le Comité des chefs d'état-major crée le secteur de l'A. N. Z. A. C. *(Australia and New Zealand Army Corps).*
Le commandement des opérations navales dans le Pacifique Sud est confié aux Américains.
Iles Fidji. Des troupes américaines viennent occuper les îles.
Philippines. Dans la péninsule de Bataan, les Américains et les Philippins contiennent la pression croissante des Japonais. Après une puissante préparation d'artillerie, ils parviennent à éliminer la tête de pont de Longoskawayan.
Malaisie. Les Britanniques continuent à se replier sur Singapour. Des éléments de la 18e division arrivent dans l'île avec quelques dizaines de chars légers, les seuls engins blindés envoyés en Malaisie.
Indes néerlandaises. Les Japonais débarquent sur l'île de Badoeng et à Mampawan, dans l'île des Célèbes. Sur la côte occidentale de Bornéo, les troupes nippones s'emparent de Pontianak, dans la partie hollandaise de l'île.

Birmanie : section d'infanterie japonaise dans la région pétrolifère de Yenangyaung. La marée japonaise semble irrésistible.

CAROLE LOMBARD

Le 30 janvier, un Dakota de la T.W.A. s'écrase sur les montagnes du Nevada. Parmi les victimes se trouve Carole Lombard, l'une des plus populaires stars hollywoodiennes.
Désireuse de participer à la propagande antinazie, l'actrice revenait d'un spectacle qu'elle avait donné devant les troupes à Indianapolis.
Née à Fort Wayne (Indiana) en 1908, Carole Lombard (Jane Alice Peters) commence très jeune son métier d'actrice et fait ses débuts au cinéma en 1923. Après avoir tourné de nombreux films muets, dans les années trente, elle affirme son talent dans des comédies brillantes et sophistiquées comme *Train de Luxe* de H. Hawks.
Actrice de grande classe, elle s'impose également dans des rôles dramatiques, mais c'est dans une nouvelle comédie, *To be or not to be* de Lubitsch, qu'elle réalise sa plus brillante interprétation. Elle ne pourra malheureusement jamais voir ce film.
Bouleversé par sa mort, Clark Gable, qui l'avait épousée en 1939, rompt son contrat avec la Metro Goldwyn Mayer et s'engage dans l'U.S. Air Force.

Iran. La Grande-Bretagne et l'U.R.S.S. signent avec l'Iran un traité d'alliance par lequel ce pays s'engage à rester neutre. Les troupes anglaises et soviétiques quitteront son territoire six mois après la fin des hostilités avec les puissances de l'Axe. Le « couloir persan » deviendra une des principales voies de ravitaillement de l'U.R.S.S. par ses alliés occidentaux.
Afrique du Nord. Les Italo-Allemands occupent Benghazi au petit jour et envoient des éléments avancés à la poursuite de la 4ᵉ division indienne qui se replie sur la ligne Derna-Mekhili.
Front soviétique. Dans le secteur central, au sud-ouest de Kalouga, les Soviétiques approfondissent la poche qui pénètre comme un coin entre les armées allemandes du *Heeresgruppe* Centre, et reprennent Soukhinitchi en infligeant à l'ennemi des pertes sévères en hommes et en matériel.

30 janvier
Philippines. A l'est de Bataan, les Japonais exercent leur pression sur les défenses américano-philippines et établissent une tête de pont au-delà du Pilar. Leurs adversaires tentent vainement d'arrêter leurs infiltrations et d'éliminer leur tête de pont de Quinauan.
Singapour. La 22ᵉ brigade indienne est isolée par l'avance ennemie ; certains de ses éléments passeront ensuite à Singapour. Afin de les soustraire aux attaques japonaises, il est décidé de transférer aux Indes néerlandaises toutes les forces aériennes, à l'exception d'une escadrille de chasse.
Indes néerlandaises. Les Japonais occupent Amboine, dans l'archipel malais, l'une des plus grandes bases navales du secteur. Sa garnison hollandaise et australienne est vite réduite au silence.
Birmanie. Début d'une puissante attaque des Japonais contre Moulmein, dont ils occupent le terrain d'aviation.

31 janvier
Philippines. Dans la péninsule de Bataan, les Japonais attaquent, mais sont repoussés par un intense feu d'artillerie. Leurs éléments infiltrés au-delà des principales défenses américaines sont coupés de tout ravitaillement. Dans la nuit, ils commencent à évacuer leur tête de pont de l'autre côté du Pilar. Le commandement japonais envoie des renforts dans la tête de pont de Quinauan.
Malaisie. A 8 h 15, les derniers éléments britanniques arrivent dans l'île de Singapour et font sauter la digue qui la relie à la terre ferme. L'île est divisée en trois secteurs : nord, sud et ouest, confiés respectivement aux généraux Heath, Keith Simmons et Bennett, qui ont sous leurs ordres des Indiens, des Anglais, des Australiens, des Canadiens et des Malais. Les Japonais occupent la ville de Johore Bharu, en face de Singapour, qu'ils commencent à bombarder. Les principaux objectifs de l'artillerie et de l'aviation seront désormais les dépôts et les terrains d'atterrissage, en particulier celui de Kalang.
Birmanie. La garnison de Moulmein se replie derrière la Salouen.

L'artillerie et l'aviation japonaises bombardent Martaban. Une brigade de la 19e division indienne arrive à Rangoon.
Afrique du Nord. Violent bombardement de la R. A. F. sur Misurata et Tripoli. Les troupes de l'Axe s'emparent de Cyrène.
□ La Grande-Bretagne reconnaît l'indépendance et la souveraineté de l'Éthiopie, récemment libérée de l'occupation italienne.
□ Pendant le mois de janvier, les avions italiens et allemands ont accompli une moyenne de 13 incursions quotidiennes sur Malte.

1er février
Norvège. Le collaborateur Vidkun Quisling devient Premier ministre.
Pacifique. Deux Task Forces (groupements tactiques autonomes) de la marine américaine, commandés respectivement par le vice-amiral Halsey et le contre-amiral Fletcher, et comprenant 2 porte-avions, 5 croiseurs et 10 contre-torpilleurs, attaquent par surprise avec l'artillerie et l'aviation les bases aéronavales japonaises de Kwajalein, Wotje, Roi, Taroa et Mili, dans l'archipel des Marshall, ainsi que celles des îles Makin, dans les Gilbert. Dans l'action, le porte-avions *Enterprise* est touché par un avion-suicide japonais et le croiseur lourd *Chester* est endommagé.
Philippines. Les vedettes lance-torpilles américaines repoussent une tentative de débarquement des Japonais au sud de la péninsule de Bataan. Une partie des troupes japonaises destinées à la tête de pont de Quinauan débarque également dans la région d'Anyasan. Sur le reste du front, actions de faible envergure.
Afrique du Nord. Le général Ritchie donne l'ordre au 13e corps britannique, qui risque d'être encerclé, de se replier sur la ligne Aïn el-Gazala-Bir Hakeim. La 4e division indienne, qui dépend opérationnellement du 13e corps, bat en retraite sur Derna. Après avoir pris Cyrène, Rommel se dirige sur Derna.
Front soviétique. Dans le secteur sud, les Russes amènent des renforts en Crimée, mais la résistance de plus en plus ferme des Allemands les empêche de libérer Sébastopol. Pendant tout le mois de février, leurs tentatives pour dégager Leningrad et leurs offensives sur les autres fronts seront également vaines.
Malte. Début d'un nouveau mois de très dures attaques aériennes.

2 février
Philippines. Dans la péninsule de Bataan, Américains et Philippins attaquent la tête de pont japonaise du Pilar. Pendant la nuit suivante, l'ennemi se retire sur l'autre rive du fleuve. Par contre, ils ne peuvent éliminer celle de la pointe Quinauan, tandis qu'ils remportent quelques succès dans la région d'Anyasan.
Afrique du Nord. Après avoir dépassé Barce et pris Cyrène, Rommel avance sur Derna. Le général Auchinleck donne l'ordre à la VIIIe armée britannique de tenir à tout prix la place de Tobrouk, qui pourra servir de base de ravitaillement pour de prochaines offensives.

3 février
Philippines. Les Américains et les Philippins réoccupent la tête de pont du Pilar, évacuée par les Japonais la nuit précédente.
Indes néerlandaises. Début des attaques aériennes japonaises contre Java. Partis de Kendari (Célèbes), les bombardiers frappent durement les bases de Sœrabaya, Madioen et Malang, endommageant les installations portuaires et détruisant au sol toute l'aviation hollandaise.
Nouvelle-Guinée. Début des bombardements japonais sur Port Moresby, défendu par une petite garnison australienne.
Birmanie. Tchang Kaï-chek envoie sa Ve armée et le reste de sa VIe armée renforcer les Britanniques.

4 février
Philippines. Les combats continuent dans la péninsule de Bataan. Les défenseurs réussissent à réduire la tête de pont de la pointe Quinauan.
Java. Une escadre américano-hollandaise aux ordres du contre-amiral hollandais Doorman, formée de 4 croiseurs et de 7 contre-torpilleurs, passe le détroit de Madura pour attaquer les forces de débarquement japonaises à Balikpapan (Bornéo). Elle est prise à partie par les bombardiers qui endommagent sérieusement le croiseur lourd *Houston* et le croiseur léger *Marblehead.*
Amboine. La petite garnison de l'île doit se rendre aux Japonais.
Afrique du Nord. Les Italo-Allemands reprennent Derna. Le 13e corps britannique prend position sur la ligne Aïn el Gazala-Bir Hakeim.

5 février
Philippines. A Bataan, les défenseurs réussissent à repousser jusque sur la plage les Japonais qui ont débarqué à la pointe Quinauan.
Singapour. Un convoi amène le reste de la 18e division britannique et des renforts de troupes indiennes. L'aviation japonaise coule l'*Empress of Asia,* le bateau le plus lent du convoi : nombreux morts. Violentes attaques aériennes contre les dépôts du port.
Afrique du Nord. Au sud-ouest de Derna, la garnison britannique d'El Mekhili doit se replier pour ne pas être encerclée. Sur la côte, les troupes de l'Axe s'emparent de Tmimi, à faible distance d'Aïn el-Gazala.

6 février
Philippines. A Luçon, des renforts japonais débarquent dans le golfe de Lingayen. L'artillerie ennemie commence à bombarder les îles fortifiées du golfe de Manille.
Indes néerlandaises. Sur la côte orientale de Bornéo, les Japonais s'emparent de Samarinda, au nord de Balikpapan.
□ A Rome, le grand mufti de Jérusalem rencontre Mussolini, qui se prétend le champion de la cause arabe.

7 février
Philippines. Dans le centre de la péninsule de Bataan, les Américains attaquent en force deux saillants japonais. Ils continuent de réduire la tête de pont de Quinauan et leur artillerie repousse des renforts ennemis qui tentent d'y débarquer.
Afrique du Nord. Après avoir pris Aïn el-Gazala, Rommel s'arrête sur la ligne de fortins et de champs de mines qui s'étend de Derna, sur la côte, à Bir Hakeim, à l'intérieur. La

progression italo-allemande s'arrête ici : les adversaires ont appris à ne pas trop étirer leurs axes de ravitaillement.
Atlantique. Fin de la première « partie de chasse » des *U-Boote* allemands, commencée le 7 janvier sur la côte est des États-Unis.

8 février
Philippines. Le général Homma, commandant les forces japonaises à Luçon, leur donne l'ordre de repli général sur de meilleures positions. Les Américains essaient d'encercler les deux poches ennemies et finissent d'éliminer la tête de pont de Quinauan.
Singapour. Après une violente préparation d'artillerie, des unités des 5e et 18e divisions japonaises débarquent à 20 h 15 sur la côte nord-ouest de Singapour. En dépit de la défense opiniâtre des Britanniques, ils y établissent une solide tête de pont et progressent vers le terrain d'aviation de Tengah, le plus important de l'île.
Nouvelle-Bretagne. Les Japonais occupent Gasmata.

9 février
Mort dans un accident d'avion du ministre allemand des Armements, Fritz Todt, créateur des grands travaux de fortification qui portent son nom.
□ A Londres, création d'un Conseil pour la guerre dans le Pacifique, formé de représentants anglais, australiens, néo-zélandais et hollandais.
Afrique du Nord. En Égypte, des avions italiens bombardent les installations du port et du terrain d'aviation d'Alexandrie.
Philippines. Les Américains et les Philippins éliminent l'un des saillants japonais de Bataan.
Singapour. Malgré les renforts que le général Percival a envoyés pour les arrêter, les Japonais atteignent l'aéroport de Tengah. 15000 hommes ont traversé sur des péniches et des embarcations de caoutchouc le bras de mer qui sépare la terre ferme de l'île de Singapour et en occupent toute la partie occidentale.

10 février
Philippines. Dans la péninsule de Bataan, les défenseurs s'acharnent contre le saillant japonais le plus important et exercent une forte pression dans la région d'Anyasan.
Singapour. Les Britanniques abandonnent la partie occidentale de l'île pour renforcer leur dispositif sur la ligne Kranji-Jurong. Ils contre-attaquent en vain.
Indes néerlandaises. Les Japonais poursuivent leur conquête de Bornéo et de Célèbes. Sur cette dernière, ils débarquent en force à Macassar.
Birmanie. Les troupes indiennes chargées de la défense de la ligne de la Salouen cèdent sous la poussée japonaise, abandonnent Martaban et se replient en combattant sur Thaton.

11 février
Philippines. Dans la péninsule de Bataan, les Américains sont en train de réduire le plus important saillant des Japonais, mais ces derniers échappent à l'encerclement et se replient vers le nord.
Singapour. Les Japonais continuent de progresser. Le général Yamashita fait lancer sur la ville des tracts l'invitant à se rendre. Les Anglais ne répondent pas.
Birmanie. Les Japonais progressent au-delà de la Salouen.
□ Le chef du gouvernement portugais, Antonio Salazar, et le général Franco se rencontrent à Séville pour réaffirmer la neutralité de leurs deux pays.

12 février
Philippines. Les combats continuent dans la péninsule de Bataan, mais les positions restent inchangées.
Singapour. Les Japonais attaquent de nouveau en force. Le soir, les Britanniques dégarnissent les défenses des côtes est et sud-est pour renforcer le périmètre de la ville elle-même. Le ravitaillement devient critique.
Manche. Partant de Brest avec une forte couverture aérienne, les cuirassés allemands *Scharnhorst* et *Gneisenau,* le croiseur lourd *Prinz Eugen,* 5 destroyers et 13 vedettes lance-torpilles forcent le passage de la Manche. Pris à partie par l'aviation anglaise, ils parviennent à mettre le cap sur la Norvège sans avoir subi de dommages. En essayant de les arrêter, les Anglais perdent, le même jour et les jours suivants, 15 bombardiers et 17 chasseurs, tandis que les Allemands perdent, de leur côté, un petit bâtiment d'escorte et 17 avions de chasse.

13 février
Philippines. Après avoir éliminé le principal saillant de la péninsule de Bataan, les Américains s'en prennent au plus petit. Au sud, ils anéantissent les Japonais installés dans la région de Silaiim, près d'Anyasan.
Singapour. Sous la constante pression japonaise, le périmètre défensif se rétrécit. Le soir, tous les bateaux quittent le port. Les Britanniques font sauter, sans qu'ils aient tiré un seul obus, les canons de 381 mm destinés à rendre la place forte inexpugnable.
Indes néerlandaises. Les Japonais s'emparent de Bandjermasin, point clé du sud-est de Bornéo.

14 février
Philippines. Dans la péninsule de Bataan, Américains et Philippins éliminent progressivement le saillant japonais. Mais des maladies mortelles, dues à la malnutrition et aux très mauvaises conditions d'hygiène, commencent à se manifester parmi eux.
Singapour. Les Japonais continuent leurs attaques, en particulier à l'est de l'île. Le ravitaillement en eau, en vivres et en munitions diminue rapidement.
Indes néerlandaises. Débarquement de parachutistes japonais à Palembang, dans l'île de Sumatra. La minuscule garnison hollandaise doit battre en retraite. Une *Task Force* alliée cherche à engager le combat avec des navires ennemis dans le détroit de Bangka, mais les avions de bombardement japonais la prennent à partie et l'obligent à rebrousser chemin.
□ Menés secrètement à Vichy, les entretiens infructueux entre Frenay et le ministre de l'Intérieur, Pucheu, montrent l'impossibilité d'un compromis entre la Résistance et l'entourage de Pétain.

LE PROCÈS DE RIOM

Le 19 février 1942 comparaissent à Riom, devant une Cour suprême de justice créée pour la circonstance, cinq hommes accusés d'être les principaux responsables de la défaite : Léon Blum et Édouard Daladier, anciens présidents du Conseil, le général Gamelin, ancien commandant en chef, l'ex-contrôleur général Jacomet, et Guy La Chambre, successeur de Pierre Cot au ministère de l'Air.

Ce procès, dont les vingt-quatre audiences occuperont sept semaines, avant qu'il ne soit « suspendu » sans conclusion, est un des faux pas les plus étranges du gouvernement de Vichy, mais aussi le plus révélateur de ses contradictions.

Dès l'été 1940, en vertu d'une loi du 30 juillet appliquée rétroactivement, avaient été arrêtées diverses personnalités de la IIIe République, dont Paul Reynaud et Georges Mandel, qui verront leurs affaires disjointes, et Léon Blum (le 15 septembre), bien qu'il n'eût occupé aucune fonction depuis avril 1938. Mais le réquisitoire qui lui est signifié le 8 octobre par le procureur général Cassagnau donne à son inculpation sa vraie dimension politique. Il lui est reproché d'avoir « affaibli » la France par la loi des 40 heures, les congés payés, la nationalisation des industries d'armement, etc. Les accusations portées contre les autres inculpés mêlent de même les considérations politiques à des griefs d'ordre plus technique, tout en épargnant la haute hiérarchie militaire, ralliée à Vichy.

Les accusés pouvant répondre aisément qu'ils n'ont fait que mener la politique voulue par la nation et approuvée par le Parlement, la procédure s'enlise. Les interrogatoires terminés depuis janvier, Léon Blum réclame en vain, en mai, de comparaître devant ses juges. L'intensification de la guerre, en même temps, avec l'attaque allemande contre l'U. R. S. S., modifie le climat. Le 12 août 1941, Pétain annonce à la radio qu'il prendra lui-même des sanctions contre les « coupables » (qui ne sont pas encore jugés), sur avis d'un Conseil de justice politique, qui n'existait pas jusqu'alors. Et le 16 octobre, il fait savoir qu'il a condamné Blum, Daladier et Gamelin à la détention perpétuelle dans une enceinte fortifiée.

Sur les cinq inculpés qui comparaissent, le 19 février, devant le président Caous, assisté de neuf juges (dont un amiral, un général et un professeur de droit), plus le procureur Cassagnau, trois sont donc déjà condamnés pour les actes mêmes qu'on se prépare à leur reprocher. Situation si insolite que le président croit bon de préciser qu'il ne tiendra pas compte de ce « jugement » anticipé.

Les débats qui s'engagent n'en manifestent pas moins, tout de suite, l'incohérence d'une accusation qui vise des actes de gouvernement légalement accomplis, tout en évitant de parler des doctrines militaires de l'état-major ou de la conduite même de la guerre.

Le général Gamelin, d'ailleurs, a refusé de présenter sa défense, et Léon Blum occupe la vedette, secondé par Édouard Daladier. L'un et l'autre ayant bien préparé leurs dossiers, le procès tourne à une défense et illustration de la politique sociale du Front populaire et à la mise en accusation des doctrines de chefs militaires dont Pétain était le plus prestigieux.

C'est pourtant d'un autre côté que viendra le coup d'arrêt. Car Hitler, lui, est sensible à un autre paradoxe, qui illustre toute l'ambiguïté de Vichy. Dans un grand discours à Berlin, le 15 mars, il s'indigne de ce procès où les accusations sont dirigées « non contre ceux qui sont cause de cette guerre démentielle, mais contre la négligence de ceux qui l'ont mal préparée ».

C'est le moment où Darlan se prépare à céder la place à Laval, ouvrant ainsi la deuxième période du régime de Vichy. Le 15 avril, Pétain décide de suspendre *sine die* les débats de la Cour de Riom, pour permettre « un examen complémentaire de l'affaire ».

15 février

Singapour. Après la destruction du système de distribution d'eau, les Anglais n'ont plus qu'à se rendre. A 19 h 50, le général Percival signe devant le général Yamashita l'acte de capitulation sans condition de la ville; il prend effet immédiatement. Les Japonais capturent environ 70 000 prisonniers anglais, indiens et australiens. La conquête de la riche péninsule malaise et de sa place forte, le « Gibraltar de l'Extrême-Orient », symbole de la puissance occidentale, leur a coûté 10 000 morts, blessés et disparus.

Indes néerlandaises. Suivant les parachutistes, une flotte d'invasion japonaise débarque d'importants renforts à Muntok, dans l'île Bangka, et à Palembang, dans l'île de Sumatra. Les avions anglais et hollandais n'ont pas pu l'en empêcher. Les Alliés doivent se retirer sans avoir achevé de détruire les puits de pétrole.

Un convoi allié part de Darwin, en Australie, avec des renforts pour Koepang, dans l'île de Timor. Le but de la mission est d'occuper l'aéroport de Penfoie, l'unique de l'île, d'où l'aviation pourra intervenir contre les Japonais installés à Java.

Birmanie. Talonnées par les Japonais, les troupes indiennes abandonnent Thaton et commencent à se replier derrière le Bilin.

16 février

Philippines. Situation stationnaire. Près de Cavite, les Japonais coupent l'aqueduc qui ravitaille l'île fortifiée de Carabao. Les Américains y remédieront en installant

une usine à dessaler l'eau de mer.
Indes néerlandaises. Les avions britanniques et le personnel de l'armée de l'air quittent Sumatra pour Java. L'aviation japonaise oblige le convoi allié destiné à Timor à faire demi-tour.

17 février
Pacifique. Les Américains débarquent un bataillon de civils militarisés, appelés *Seabees* (Abeilles de mer), à Bora-Bora, dans les îles de la Société, pour y installer un terrain d'aviation.
Philippines. Situation inchangée dans la péninsule de Bataan, où les Japonais continuent de se replier sur des positions plus favorables.
Afrique du Nord. Le général Auchinleck reçoit l'ordre d'envoyer deux divisions en Extrême-Orient. Seule la 70e division britannique partira. Des avions italiens et allemands bombardent Tobrouk et un terrain d'atterrissage des environs de Marsa-Matrouh.
Allemagne. Convoqué par le Führer à son quartier général de Rastenburg, en Prusse-Orientale, Rommel lui demande des renforts et cherche à le convaincre de l'importance de l'Afrique dans l'économie de la guerre. Mais Hitler ne pense qu'au front russe et n'entend pas disperser ses forces. Rommel n'obtient que la 15e brigade de parachutistes, que le général Ramcke lui enverra de Grèce.

19 février
Indes néerlandaises. Les Japonais envahissent l'île de Bali, à l'est de l'île de Java, qui est ainsi complètement isolée. A Java, Anglais et Hollandais détruisent les ponts et les installations militaires. Le soir et le jour suivant, dans le détroit de Lombok, une escadre alliée commandée par le contre-amiral hollandais Doorman prend à partie les navires d'escorte du convoi qui transporte l'infanterie japonaise. Un contre-torpilleur hollandais est coulé, 2 croiseurs hollandais et 1 destroyer américain sont endommagés. Du côté japonais, 1 contre-torpilleur est endommagé.
Birmanie. Les Japonais franchissent le Bilin près de la ville du

En haut : parachutistes japonais à Palembang ; en bas : un Japonais sur la tombe de ses camarades.

Péninsule de Bataan : un agent de liaison américain dort près de sa motocyclette, le fusil-mitrailleur sur les genoux. Aux Philippines, pendant une certaine période, les Japonais semblent avoir perdu leur élan habituel.

même nom et, par une manœuvre tournante, poussent sur le flanc de la 17e division indienne, qui doit se replier. Ils bombardent Mandalay.
□ Des appareils du porte-avions de l'amiral Nogumo (l'homme de l'attaque de Pearl Harbor) bombardent la ville de Darwin, dans le nord de l'Australie. Ils détruisent les installations du port et coulent 12 navires de guerre, dont le destroyer américain *Peary*.
□ En France, ouverture du procès de Riom (voir encadré page 213).

20 février
Le gouvernement des États-Unis accorde à la Russie un prêt de 1 milliard de dollars.
Philippines. A Luçon, l'artillerie japonaise se déchaîne contre les îles fortifiées de la baie de Manille, en particulier Corregidor. Le président philippin Quezon embarque sur un sous-marin américain.
Indes néerlandaises. Les Japonais envahissent l'île de Timor, occupée depuis un mois par une petite garnison alliée. Ils menacent directement l'Australie.
Pacifique. Une *Task Force* américaine, formée du porte-avions *Lexington,* de croiseurs et de contre-torpilleurs, fait route vers Rabaul, en Nouvelle-Bretagne, pour en chasser les Japonais. L'aviation ennemie l'attaque sévèrement et la force à renoncer à sa mission. Pour repousser la menace qui pèse sur eux, les Japonais ont sacrifié de nombreux appareils et doivent retarder la date de leurs opérations prévues en Nouvelle-Guinée.

21 février
Birmanie. Talonnée par l'ennemi, la 17e division indienne se replie sur Mokpalin.
Philippines. Les Japonais retirent leurs troupes de la région de Balanga pour consolider leur dispositif de défense.

22 février
Le général Harris prend le commandement du Bomber Command, l'ensemble des bombardiers stratégiques de la R. A. F.
□ Le président Roosevelt donne l'ordre au général MacArthur d'abandonner les Philippines pour porter son P. C. en Australie.
Birmanie. Dans la région de Mokpalin, près d'un pont qui constitue un passage obligé sur le Sittang, les Japonais déclenchent une violente attaque contre des éléments de la 17e division indienne.

23 février
Archipel Bismarck. 6 B-17 américains décollent d'une base australienne pour aller bombarder pour la première fois Rabaul, en Nouvelle-Bretagne.
Indes néerlandaises. Le communiqué japonais annonce que la conquête de l'île d'Amboine est achevée. Les P.C. alliés abandonnent Java pour se replier en Australie.
Birmanie. Violents combats autour de la tête de pont japonaise sur le Sittang. Bien que beaucoup des leurs soient encore sur l'autre rive du fleuve, les Indiens font sauter le seul pont de la région.
Afrique du Nord. Le général Auchinleck donne de nouvelles directives pour la conduite des opérations : en principe, si les Italiens et les Allemands passent de nouveau à l'offensive, les troupes britanniques ne devront pas contre-attaquer, mais se limiter à retarder le plus possible leur progression.

24 février
Front soviétique. A l'issue d'une dure bataille sur le front nord, les Soviétiques encerclent le 2e corps de la XVIe armée allemande au sud-est de Staraïa Roussa. Dans le secteur centre, les Allemands contiennent la pression russe sur Smolensk. Dans le secteur sud, ils opposent une ferme résistance à l'ennemi, qui cherche à déboucher dans la grande boucle du Dniepr.
Wake. L'artillerie et l'aviation d'une *Task Force* américaine, constituée du porte-avions *Enterprise,* de 2 croiseurs et de 7 contre-torpilleurs, et commandée par le vice-amiral Halsey, bombardent les installations japonaises de l'île.
Indes néerlandaises. L'évacuation de Java se poursuit.

25 février
Indes néerlandaises. Le commandement unifié A.B.D.A. est dissous. Le général Wavell quitte Java, que les Hollandais continuent à défendre.
Birmanie. Les Japonais s'infiltrent par un passage démuni de troupes entre Nyaunglebin et Pegu, et menacent la voie ferrée Rangoon-Mandalay.
Afrique du Nord. Des raids de nuit de l'aviation anglaise sur Benghazi et Tripoli ne causent que des dégâts limités.
Malte. L'aviation de l'Axe bombarde La Valette et les terrains d'atterrissage de Hal Far et Luka.

26 février
Philippines. Des unités amphibies japonaises quittent Olonpago, à Luçon, pour se rendre dans l'île de Mindoro.
Océan Indien. Le ravitailleur d'hydravions américain *Langley,* qui se dirigeait sur Java, est coulé par 32 avions japonais.
Birmanie. Violents combats dans la région de Waw, au nord-est de Pegu, tandis que les Japonais continuent de s'infiltrer à l'ouest du Sittang.
Afrique du Nord. La défense de la ligne Aïn el-Gazala-Bir Hakeim est confiée au 13e corps britannique. Le 30e corps prépare une position défensive le long de la frontière égyptienne et dans l'oasis de Giarabub. Pour la deuxième fois en deux jours, l'aviation britannique bombarde avec succès Tripoli et Benghazi.

27 février
Philippines. Les Japonais, partis de Luçon, débarquent sur la côte nord-est de Mindoro et occupent un terrain d'aviation. L'île est à peu près dégarnie et les envahisseurs ont beau jeu.
Mer de Java. Grande bataille navale qui s'achève par le triomphe des Japonais. Près de Soerabaya (Surabaya), une *Task Force* alliée, aux ordres de l'amiral hollandais Doorman, composée de 5 croiseurs et de 11 contre-torpilleurs, attaque les bâtiments d'escorte du convoi de troupes japonaises destinées à l'invasion de Java. Les 2 croiseurs hollandais *De Ruyter* et *Java,* ainsi que 2 contre-torpilleurs britanniques et 1 contre-torpilleur hollandais, sont coulés ; 1 croiseur américain et 1 croiseur anglais sont endommagés. L'escadre alliée est pratiquement hors de combat. Les Japonais enregistrent aussi des dégâts, mais qui ne modifient pas leur plan d'invasion.

28 février
Mer de Java. Seuls 4 contre-torpilleurs américains réussissent à s'échapper de la mer de Java. Les Japonais de la XVIe armée com-

Un avion de reconnaissance lance un message sur le pont du porte-avions américain Enterprise.

mencent à débarquer sur la côte est de l'île, non loin de Batavia (aujourd'hui Djakarta). Après leur grande victoire sur mer, l'opération se passe sans incident. La route des îles de la Sonde est maintenant grande ouverte. Les bateaux alliés rescapés de la mer de Java ont mis le cap sur le détroit de la Sonde.
Birmanie. Les troupes britanniques se replient sur Pegu. C'est le prélude à la retraite générale.

1er mars
Malte. Le mois qui commence n'amène rien de neuf dans la malheureuse île dont les bases sont encore bombardées par les avions de l'Axe.
Afrique du Nord. Tripoli est toujours l'objectif de choix de l'aviation anglaise, qui y fait une nouvelle incursion pendant la nuit.
Indes néerlandaises. Après avoir éliminé la flotte ennemie et détruit au sol presque tous les avions hollandais et britanniques, les Japonais occupent rapidement Java. Tous les bateaux alliés qui se trouvent dans ses ports quittent l'île pour se réfugier en Australie. Arrivés dans le détroit de la Sonde, où ils retrouvent les restes de l'escadre de l'amiral Doorman, ils sont coulés par des forces japonaises bien supérieures. Atteints par les obus et les torpilles, le croiseur américain *Houston,* le croiseur australien *Perth,* 2 contre-torpilleurs américains et 1 bateau-citerne sombrent. Les Hollandais et les Anglais perdent aussi 2 contre-torpilleurs. Les Japonais n'ont perdu que 4 bateaux de transport.
Autres débarquements japonais à Java.
Birmanie. Une division birmane reprend le centre de Nyaunglebin, sur la route Rangoon-Mandalay. La Ve armée chinoise se concentre dans la région de Toungoo, où est envoyée la 17e division indienne, qui vient d'être retirée de Waw. En attendant l'arrivée de renforts, le général Wavell fait intensifier les travaux de défense.
Front soviétique. Le front se stabilise dans tous les secteurs. Les Allemands sont incapables de libérer le 2e corps de leur XVIe armée, encerclé au sud-est de Staraïa Roussa, mais réussissent à retirer leurs troupes du saillant du sud-ouest de Kalouga et à contenir, dans le secteur sud, les attaques soviétiques qui se sont étendues à la région est de Kharkov. Le général Halder fait le compte des pertes allemandes sur le front russe : 1 500 636 hommes (31 % de l'effectif), dont 202 257 morts, 725 642 blessés, 112 617 atteints de gelures graves et 46 511 disparus. Les autres ont été faits prisonniers. Les chiffres publiés le 16 mars par l'O. K. H. seront très inférieurs.

Mer de Java. A gauche : le croiseur Java*; à droite : l'*Exeter *explose.*

2 mars
Birmanie. Les Japonais continuent à s'infiltrer entre la 1re division birmane et la 17e division indienne, contournent Pegu et convergent vers Rangoon, au sud-ouest.
Indes néerlandaises. Les Japonais poursuivent l'occupation de Java. Leurs communiqués annoncent la prise de la capitale Batavia (Dja-

STEFAN ZWEIG

Le 25 février au matin, l'écrivain autrichien Stefan Zweig et sa femme sont retrouvés morts dans leur propriété de Petropolis, près de Rio de Janeiro. Contraints à l'exil et en proie à un sombre désespoir devant la catastrophe dans lequel le monde est plongé, les deux époux se sont empoisonnés.
Né à Vienne en 1881 dans une famille juive aisée, Zweig, après des études de philosophie à Berlin et à Vienne, effectue de nombreux voyages qui lui permettent d'entrer en contact avec les expressions les plus dynamiques de la culture européenne et de nouer de fortes amitiés avec des artistes et des intellectuels (Gorki, Rilke, Toscanini, Rolland, Freud...).
L'expérience de la Première Guerre mondiale fait mûrir en lui un profond sentiment pacifiste, notion qui demeurera toujours présente dans son œuvre. Écrivain aux intérêts variés, Zweig passe des traductions aux recueils de poésies, du roman au théâtre, de la biographie aux essais.

Le 8 mars 1942, l'infanterie japonaise entre à Rangoon.

karta), que le gouvernement des Indes néerlandaises a quittée pour Bandoeng (Bandung).
Nouvelle-Guinée. Début des raids aériens massifs des Japonais en vue de la prochaine invasion.
Sicile. Double incursion des avions anglais sur Palerme. Le communiqué italien annonce que « des immeubles ont été touchés dans le centre de la ville et, dans le port, des cargos, dont l'un a sombré... ».

3 mars
Birmanie. Les combats continuent dans la région de Waw-Pyinbongyi, au nord-est de Pegu. Une nouvelle brigade britannique vient renforcer la défense de Rangoon.
Australie. L'aviation japonaise fait une incursion sur Broome, où sont concentrés beaucoup de réfugiés de Java. Elle détruit au sol de nombreux appareils alliés.
Philippines. Un contingent japonais débarque à Zamboanga, dans l'île de Mindanao.
Afrique du Nord. Les avions de l'Axe bombardent des installations ennemies de la région de Tobrouk, tandis que l'aviation anglaise fait une nouvelle incursion sur Benghazi.
Malte. Les avions allemands bombardent La Valette en plusieurs fois et, selon eux, auraient coulé un croiseur anglais.

4 mars
Philippines. En prévision de son départ, MacArthur réorganise les forces de défense des îles. Le général Sharp conserve le commandement de l'île de Mindanao, et le général Chynoweth prend celui des forces des Philippines centrales. Les troupes de Corregidor et des autres îles fortifiées de la baie de Manille seront sous les ordres du général Moore, tandis que celles de Luçon seront regroupées sous le commandement d'un général à désigner.
Indes néerlandaises. Les Hollandais sont engagés dans une bataille perdue d'avance pour défendre Java. Ils détruisent toutes les installations qui pourraient être utiles aux envahisseurs.
Chine. Le général Stilwell installe à Tchoung-King le commandement des forces américaines opérant en Chine, en Birmanie et en Inde.

5 mars
Indes néerlandaises. Les combats continuent à Java. Les Hollandais admettent l'évacuation de Batavia.
Nouvelle-Bretagne. Un convoi de troupes japonaises quitte Rabaul pour le golfe Huon, en Nouvelle-Guinée.
Birmanie. Le général Alexander arrive à Rangoon et prend le commandement des troupes de Birmanie. Il ordonne une contre-offensive immédiate pour verrouiller le passage entre la 1re division birmane et la 17e division indienne. Les Japonais attaquent Pegu par l'ouest et réussissent à pénétrer dans la ville.
Front soviétique. Dans le secteur centre, les Russes reprennent Ioukhnov, au nord-ouest de Kalouga.
Afrique du Nord. La R. A. F. attaque violemment les installations du port et du terrain d'aviation de Benghazi.

6 mars
Birmanie. La 63e brigade de la 17e division indienne tente vainement de dégager la route Rangoon-Pegu, bloquée par les Japonais, et de libérer la garnison de Pegu, demeurée isolée. Devant la gravité de la situation, le général Alexander donne l'ordre d'évacuer Rangoon.
Malte. On ne compte plus les attaques aériennes. La dernière cause des dégâts à des sous-marins ancrés dans le port de La Valette.

7 mars
Indes néerlandaises. Le destin de Java est scellé : les Japonais en ont virtuellement achevé la conquête. Tous les avions de chasse alliés ont été détruits. Les liaisons radio avec Bandoeng (Bandung) sont interrompues. Les autorités hollandaises se sont repliées en Australie. Les troupes du général ter Poorten se rendent à l'ennemi.
Nouvelle-Guinée. Dans la nuit du 7 au 8, le convoi japonais arrive au golfe Huon. Couvert par le feu de ses navires d'escorte, il débarque ses premiers contingents à Salamaua et à Lae, sans rencontrer de résistance.
Birmanie. Les Britanniques éva-

cuent Rangoon et se replient au nord du pays. Dorénavant, ils seront ravitaillés par air. La garnison de Pegu, restée isolée, reçoit l'ordre de décrocher et de s'infiltrer vers le nord.

8 mars
Birmanie. Les Japonais entrent dans Rangoon. L'infanterie indienne, appuyée par les chars et l'artillerie, dégage la route Rangoon-Prome, par laquelle les Britanniques se replient.
Afrique du Nord. Les réserves de Malte se raréfiant de plus en plus, le général Auchinleck demande à Ritchie de harceler au maximum l'aviation de l'Axe, de manière à pouvoir envoyer dans l'île un convoi de ravitaillement dans les meilleures conditions de sécurité.
Allemagne. Raid de l'aviation anglaise sur Essen, principale ville du nord de la Rhénanie. C'est le premier d'une longue série de bombardements de nuit, qui réduiront la ville à un monceau de ruines. Pour la circonstance, la R. A. F. adopte une technique absolument inédite : elle emploie des avions-guides qui lancent des fusées éclairantes. D'autres avions les suivent et larguent des bombes incendiaires pour indiquer les objectifs aux bombardiers.

9 mars
Indes néerlandaises. A Java, les derniers éléments hollandais se rendent aux Japonais. Toutes les Indes néerlandaises sont sous leur contrôle. L'un des pivots de la « barrière malaise » a été brisé, et l'Australie est plus que jamais en péril.
Philippines. MacArthur annonce que le général Homma, commandant en chef des forces japonaises aux Philippines, a été remplacé par le général Yamashita, l'habile et énergique conquérant de la Malaisie et de Singapour, qui, à l'instar de Rommel, s'est vu attribuer le surnom de « Renard de l'Extrême-Orient ». En réalité, Yamashita n'est que l'adjoint de Homma.
Nouvelle-Guinée. Des avions américains attaquent un convoi de troupes japonaises dans le golfe Huon. L'aviation japonaise poursuit ses raids contre les positions australiennes et britanniques de l'île.
Birmanie. Les Britanniques continuent à se replier vers le nord.

MacArthur et un aide de camp dans un abri souterrain de Corregidor.

10 mars
Nouvelle-Guinée. Nouveau débarquement japonais à Finschhafen. 104 appareils des porte-avions américains *Lexington* et *Yorktown* bombardent Lae et Salamaua, et causent des dégâts à la flotte et aux terrains d'aviation japonais. De leur côté, des avions japonais venant de Rabaul font des incursions « de neutralisation » sur Port Moresby, chef-lieu de la Nouvelle-Guinée.
Iles Salomon. Débarquement japonais dans l'île de Buka.
☐ Le gouvernement des États-Unis décide d'étendre à l'Iran les avantages de la loi prêt-bail.
☐ Pour la première fois, deux dirigeants de la Résistance française, Emmanuel d'Astier et Christian Pineau, se rendent à Londres.

11 mars
Philippines. Le général MacArthur et sa famille, le contre-amiral Rockwell et les membres de leur état-major quittent Luçon à bord de 4 vedettes lance-torpilles pour se rendre à Mindanao. Très ému et plein de détermination, le commandant du Pacifique Sud fait une promesse : « Je reviendrai. »
Birmanie. Les troupes alliées organisent la défense pour interdire aux Japonais la partie nord du pays. La 17e division indienne prend position près de Tharraouddi, dans la vallée de l'Irraouaddi ; la 1re division birmane dans la haute vallée du Sittang. Le général américain Stilwell est désigné pour commander les Ve et VIe armées chinoises ; il concentre la Ve à Mandalay et envoie la VIe occuper l'État chan. En outre, une autre division chinoise est déployée dans la région de Toungoo.

12 mars
Nouvelle-Calédonie. 17 500 Américains aux ordres du général Patch débarquent à Nouméa pour occuper les îles et y installer des bases.
Iles Andaman. La garnison britannique abandonne la base locale d'hydravions, devenue indéfendable après la chute de Rangoon.
Birmanie. Le Q. G. allié s'installe à Maymyo, près de Mandalay.
Malte. L'aviation ennemie bombarde les terrains de Micabba, Ta Venezia et Hal Far.
☐ Alors que le front russe absorbe de plus en plus la Luftwaffe, la R. A. F. acquiert progressivement la supériorité à l'ouest. A partir du

Des éléments du génie japonais attaquent une casemate à Bataan.

début du mois de mars, elle s'engage dans une offensive systématique contre les centres industriels et les bases de sous-marins en Allemagne, en France occupée et en Italie. Son action ira crescendo jusqu'en 1945.

13 mars
Nouvelle-Guinée. Après avoir consolidé leurs positions dans la région de Lae et Salamaua, les Japonais remplacent leur infanterie par du personnel de la marine.
Iles Salomon. La conquête de Buka et d'autres îles du nord de l'archipel s'achève. La IVe flotte japonaise, partie de Rabaul, en Nouvelle-Bretagne, protège le débarquement.
Inde. Les unités de l'armée de l'air américaine, d'abord destinées à Java, arrivent à Karachi.

14 mars
Afrique du Nord. Puissant bombardement anglais sur Benghazi.
Malte. Nouvelles incursions aériennes ennemies sur les terrains d'aviation de Ta Venezia et Hal Far.
Philippines. Le général MacArthur et sa suite arrivent à Mindanao.
États-Unis. Le Comité des chefs d'état-major réunis décide de garder une attitude défensive dans le Pacifique et de rassembler des forces américaines en Grande-Bretagne pour ouvrir en Europe un second front contre les puissances de l'Axe.

15 mars
Philippines. Dans la baie de Manille, les Japonais renforcent leur artillerie, qui pilonne chaque jour les îles fortifiées. Ils maintiendront ce feu intense jusqu'au 21 mars.
Birmanie. Des conflits d'attributions s'étant manifestés entre les deux chefs, le général américain Stilwell reçoit l'ordre de laisser le commandement des opérations en Birmanie au général britannique Wavell, commandant suprême des forces alliées pour l'Inde.

16 mars
Front soviétique. Bien que leur système de défense « en hérisson » ait assez bien contenu la pression constante des Russes, depuis le début de l'année les Allemands ont dû reculer sur tout le front. Les Soviétiques ont remporté leurs plus grands succès à la jonction des secteurs nord et centre, dans les régions de Kalinine, de Kalouga et au sud du lac Ilmen, où ils enferment d'importantes forces allemandes dans les poches de Demiansk et de Kholm, ainsi que dans le secteur sud, devant Izioum. Le front du secteur nord (*Heeresgruppe* Nord, avec les XVIIIe et XVIe armées) passe maintenant par Leningrad, Novgorod, Staraïa Roussa et Vielikie Louki. Dans le secteur du *Heeresgruppe* Centre (IIIe armée blindée, IXe armée, IVe armée blindée, IVe armée, IIe armée blindée), il est très sinueux : il descend de Vielikie Louki à Nevel, s'incurve à l'est vers Velij, près de Vitebsk, Demidov, Dorogobouch, puis remonte vers le nord en suivant le saillant de Viazma et Rjev, pour redescendre vers le sud-est sur Kirov, au nord de Briansk, et Orel. Le front du *Heeresgruppe* Sud (IIe et VIe armée, groupes d'armées de von Kleist et de von Manstein et XIe armée engagée en Crimée) s'étend d'Orel au Caucase en s'appuyant sur Koursk, Kharkov, Dniepropetrovsk, Stalino (Donetsk), Taganrog et le centre du Caucase. Selon les statistiques de l'O. K. H., du 1er janvier à la mi-mars, les Allemands auraient perdu en Russie environ 240 000 hommes, dont 52 000 tués et 15 000 disparus. Depuis le 22 juin 1941, les pertes de la Wehrmacht s'élèveraient à 1 million d'hommes (les chiffres du général Halder, cités à la date du 1er mars, font état de plus de 1 500 000). Celles des Soviétiques sont très discutées, mais vraisemblablement plus sévères.

17 mars
Sur ordre du président Roosevelt, MacArthur part en avion de Mindanao pour Darwin, en Australie, afin d'y prendre le commandement suprême des forces alliées dans le sud-ouest du Pacifique. Les limites territoriales de son autorité restent à définir. De toute façon, en accord avec les gouvernements alliés, les États-Unis assument la responsabilité de la défense stratégique de tout l'océan Pacifique.
Malte. L'aviation de l'Axe pilonne

GANDHI

Lorsque la guerre avait éclaté, le Congrès indien, tout en condamnant énergiquement le fascisme et le nazisme, s'était déclaré disposé à appuyer la Grande-Bretagne uniquement si les principes de la démocratie étaient véritablement appliqués en Inde.
Bien qu'à titre personnel totalement opposé à la guerre, Gandhi avait par discipline accepté de se faire porte-parole de cette décision auprès du vice-roi. Après l'invasion de la France, Churchill avait promis à l'Inde de lui accorder son indépendance une fois la guerre terminée. Mais cette promesse n'avait pas été jugée suffisante et une campagne de désobéissance civile avait débuté.
Après l'attaque de Pearl Harbor et l'invasion de la Birmanie par les Japonais, le gouvernement anglais essaie à nouveau de s'entendre avec le Congrès. Il fait libérer Nehru et les autres chefs de l'insurrection et, en mars 1942, il envoie sir Stafford Cripps en Inde, afin de tenter une conciliation. Mais le refus d'accorder immédiatement les pouvoirs militaires à un gouvernement indien déclenche une nouvelle vague de violence antibritannique au mois d'août. Les troupes anglaises ripostent avec une grande dureté et arrêtent Gandhi et les autres leaders nationalistes.
En prison pour la sixième fois, le célèbre partisan de la non-violence entame une nouvelle grève de la faim, fidèle à son slogan : « La liberté ou la mort ! »

l'île sans interruption. Au cours du mois, sur les 25 000 t de ravitaillement qui lui sont destinées, 5 000 seulement arriveront.
□ En Pologne, commencement de la déportation des habitants du ghetto de Lublin.

18 mars
Nouvelles-Hébrides. Des éléments américains d'infanterie et du génie arrivent à Efate pour y construire un terrain d'aviation.

19 mars
Birmanie. William Slim prend le commandement des troupes britanniques rattachées au 1er corps d'armée de Birmanie. Dans la vallée du Sittang, les Japonais progressent vers Toungoo et se heurtent à la 200e division chinoise.
Front soviétique. Le *Heeresgruppe* Nord déclenche une contre-offensive pour dégager le 2e corps de la XVIe armée, encerclé dans la région de Kholm-Staraïa Roussa.
Malte. Violents bombardements des aéroports de Ta Venezia et Hal Far. Des avions anglais sont détruits au sol et un autre abattu en combat.

20 mars
Philippines. Le général Wainwright prend le commandement de toutes les forces américaines aux Philippines.
Afrique du Nord. Pour détourner les avions de l'Axe d'un convoi de ravitaillement destiné à Malte, la R. A. F. attaque les terrains d'atterrissage des régions de Derna et de Benghazi.

21 mars
Philippines. Le général Wainwright installe son Q. G. à Corregidor. Il a pour chef d'état-major le général Beebe. Le général King prend le commandement des forces américaines et philippines de Luçon.
Birmanie. La 1re division birmane se porte sur le front de l'Irraouaddi, en laissant découvert un vaste secteur au sud de Toungoo. La défense de la ville et de la ligne Toungoo-Prome passe à la charge de la Ve armée chinoise et des Britanniques. Les attaques japonaises des terrains d'aviation réduisent encore le nombre d'appareils dont les Alliés disposent pour défendre la région.
Front soviétique. Au sud du lac Ilmen, 4 divisions allemandes, parties de Staraïa Roussa, attaquent dans le secteur de Demiansk. Elles sont vite arrêtées par le dégel et ne rétabliront le contact avec leur armée que le 21 avril.
Afrique du Nord. Malgré les attaques de diversion de la R. A. F. sur les aéroports libyens, le convoi anglais destiné à Malte y arrive décimé et subit encore des dégâts pendant le déchargement.
□ En France, l'Allemagne nomme le *Gauleiter* Sauckel « organisateur pour le recrutement de la main-d'œuvre ».

22 mars
Birmanie. De violentes attaques aériennes japonaises sur le terrain de Magwe obligent les avions anglais et américains à se déplacer à Loiwing, sur la frontière chinoise, et à Akyab. Ainsi, les troupes qui défendent la Birmanie n'ont plus d'appui aérien rapproché. Dans la région de Toungoo, les Chinois contiennent les Japonais.

23 mars
Iles Andaman. Les Japonais occupent les îles, que les garnisons britanniques et népalaises ont évacuées.

24 mars
Philippines. A Luçon, début d'une nouvelle série de bombardements de l'artillerie et de l'aviation japo-

LA BATAILLE DE LA GRANDE SYRTE

20-21 mars
A l'aube du 20 mars, un convoi anglais comportant 4 cargos, le *Breconshire,* le *Clan Campbell,* le *Talabot* et le *Pampas,* quitte le port d'Alexandrie. Il va à Malte, où la situation est devenue insoutenable en raison du manque total de réserves et du pilonnage continuel de l'aviation italo-allemande, qui menacent de réduire à néant la capacité de résistance des défenseurs de l'île. Ce convoi fait partie de l'opération « Sauvetage de Malte », dont l'objectif est de ravitailler la base à tout prix, condition indispensable pour que les Anglais puissent la conserver.
L'escorte est constituée des croiseurs *Dido, Euryalus* et *Cleopatra* (ce dernier battant pavillon du commandant, l'amiral Vian), du croiseur léger *Carlisle* et de 17 contre-torpilleurs. Par la suite, le contre-torpilleur *Legion* et le croiseur *Penelope* doivent partir de Malte pour se joindre à eux. Suivant les ordres du ministère britannique de la Guerre, ce sont toutes les unités de la marine militaire anglaise disponibles en Méditerranée. Mais les mouvements de ces navires n'ont pas échappé aux avions de reconnaissance italo-allemands, et le commandement suprême italien a vite deviné le but de l'opération. Aussi donne-t-il l'ordre à ses forces navales d'appareiller au plus tôt pour intercepter le convoi et l'empêcher d'arriver à bon port.

Littorio

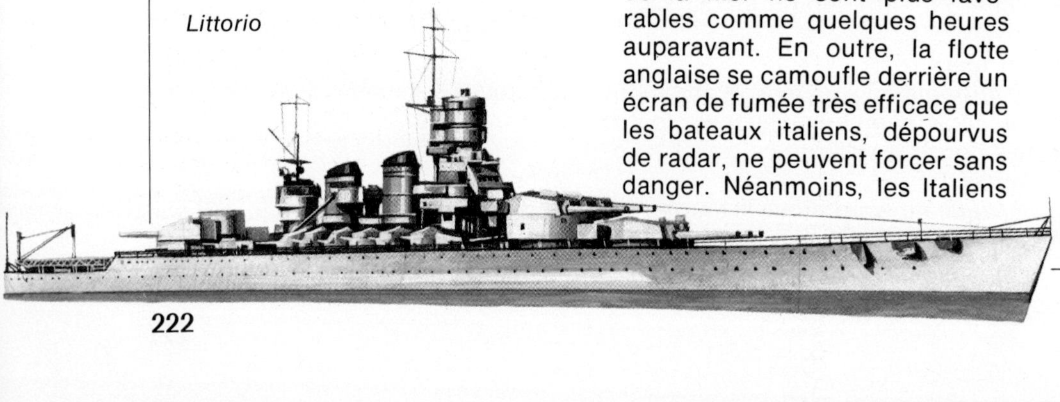

21-22 mars
Dans la nuit, l'amiral Iachino quitte Tarente à bord du cuirassé *Littorio,* escorté de 4 contre-torpilleurs.
A la même heure, l'amiral Parona sort de Messine avec les croiseurs *Gorizia, Trento* et *Bande Nere,* ainsi que 4 contre-torpilleurs. Les bateaux italiens mettent le cap sur la Grande Syrte, au large de la côte de Libye, où ils présument rencontrer l'escadre ennemie.

22 mars
Méditerranée. Des avions torpilleurs italiens S-79 attaquent la formation britannique qui fait route vers Malte, mais sans atteindre leurs objectifs.
12 h 40 : Le pilote d'un avion de reconnaissance du *Trento* signale qu'il a repéré l'escadre anglaise et qu'elle n'a aucune protection aérienne. Dans son rapport, l'amiral Iachino écrira : « Le 22 mars 1942, nos forces navales se sont trouvées pour la première fois en face d'une flotte ennemie dépourvue de couverture aérienne et — comme on le verra par la suite — sans aucune liaison avec l'armée de l'air. »
14 h 40 : Les croiseurs de l'amiral Parona, envoyés en reconnaissance par Iachino, aperçoivent les bateaux britanniques et ouvrent le feu. Bien protégé par des rideaux de fumée, le convoi n'est pas touché. Un peu après 15 heures, l'amiral italien fait cesser le feu.
16 h 31 : Le *Littorio* aperçoit un croiseur anglais, mais les conditions météorologiques et l'état de la mer ne sont plus favorables comme quelques heures auparavant. En outre, la flotte anglaise se camoufle derrière un écran de fumée très efficace que les bateaux italiens, dépourvus de radar, ne peuvent forcer sans danger. Néanmoins, les Italiens font feu par intervalles, lorsque les navires anglais apparaissent à travers la fumée. Ils arrivent ainsi à toucher le *Cleopatra,* le croiseur de l'amiral Vian.
18 h 35 : La flotte italienne rejoint la position qui lui a été fixée, afin d'empêcher définitivement le convoi ennemi d'atteindre Malte. De son côté, l'amiral Vian tente le tout pour le tout et lance ses contre-torpilleurs à pleine allure contre le *Littorio* pour essayer de le torpiller. Le cuirassé italien réussit à éviter les torpilles, mais craignant une seconde attaque, et aussi à cause de l'obscurité qui commençe à venir (il est déjà 19 heures), décroche en compagnie de toute l'escadre et met le cap sur le nord.
La bataille navale est achevée. Les dégâts sont insignifiants de part et d'autre : un coup de 120 a atteint le *Littorio,* un coup a touché le *Cleopatra,* un autre l'*Euryalus* et un autre le contre-torpilleur *Kingston ;* les 4 cargos du convoi sont indemnes. L'amiral Vian a donc rempli sa mission et pense qu'il peut laisser les bateaux gagner Malte tout seuls à la faveur de la nuit.

23 mars
Bien qu'ils aient poussé leurs moteurs au maximum, les 4 cargos n'arrivent pas à se mettre en sécurité avant le lever du jour. Les avions de l'Axe veillent et leur ont préparé une embuscade. Ils les attaquent à l'aube. Le *Talabot* et le *Pampas* sont touchés alors qu'ils étaient déjà entrés au port et sombrent avant d'avoir pu décharger leur cargaison. Après avoir dû se faire remorquer, le *Breconshire,* touché lui aussi, coule également dans le port. Enfin, le *Clan Campbell* est coulé par les avions à 50 milles de Malte. Des 26 000 t de mazout que transportait le convoi, 5 000 seulement pourront être récupérées. C'est bien peu pour l'île à bout de ressources, et l'amiral Cunningham le notera : « Les forces de l'Axe ont en grande partie atteint leur objectif : empêcher le ravitaillement de Malte. »

naises sur la péninsule de Bataan. Les avions ennemis basés dans l'île attaquent sans trêve Corregidor et commencent des raids de nuit.
Birmanie. Les Japonais attaquent par surprise au nord de Toungoo, mettent en fuite les troupes chinoises et birmanes et encerclent presque complètement la ville.

25 mars
Birmanie. Le 1er corps britannique se concentre dans la région de Prome-Allanmyo.
Iles de la Société. Un régiment américain d'infanterie vient occuper Bora-Bora.

26 mars
Birmanie. Les Japonais s'emparent de Toungoo. Une seconde division chinoise est envoyée au secours de la 200e division, qui se bat encore dans la ville et ses environs immédiats.
□ En France, rencontre secrète entre Pétain et Laval en forêt de Randan.

27 mars
Birmanie. La 200e division chinoise continue de défendre certains quartiers de Toungoo. Sur le front de l'Irraouaddi, les Japonais concentrent des forces au sud de Prome. En raison de la menace croissante de l'ennemi, les avions de la R. A. F. quittent la base d'Akyab pour l'Inde.

28 mars
Allemagne. Pendant la nuit, 234 bombardiers britanniques effectuent une violente attaque contre la ville de Lübeck, dans le Schleswig-Holstein. Pour l'aviation anglaise, c'est un éclatant succès; pour Hitler, c'est un bon prétexte pour rappeler de Sicile deux groupes d'avions de bombardement et ordonner des actions de représailles sur les centres historiques de Grande-Bretagne, comme Exeter, York, Canterbury, etc.
Le fait nouveau est que la R. A. F. a conquis la supériorité aérienne en Europe à partir du jour où la Luftwaffe s'est trouvée de plus en plus engagée sur le front russe.
Philippines. A Luçon, les Japonais s'apprêtent à déclencher leur offensive finale contre la péninsule de Bataan. Les incessants bombardements de leur artillerie et de leur aviation gênent considérablement le ravitaillement des défenseurs.
Birmanie. A la demande du général américain Stilwell, le général Alexander donne l'ordre au 1er corps birman d'attaquer sur le front de l'Irraouaddi. L'ennemi est vigoureusement pris à partie à Paungde, au sud-est de Prome.

29 mars
Birmanie. Afin d'atténuer la pression japonaise sur les Chinois du secteur de Toungoo, une force spéciale du 1er corps birman investit Paungde et s'en empare. Mais sa position devient vite précaire, car l'ennemi s'installe un peu au nord de Padigon et à Shwedaung, sur la rive orientale de l'Irraouaddi.
Afrique du Nord. Raid de l'aviation allemande sur Tobrouk.
Malte. Les avions de l'Axe continuent de bombarder les installations de l'île.

30 mars
Birmanie. Ne pouvant plus contenir la pression ennemie, la 200e division chinoise abandonne Toungoo. La force spéciale du 1er corps birman se replie de Paungde sur Prome. Le soir, les Japonais attaquent la 63e brigade indienne à Prome et la mettent en fuite. Le flanc droit de la 17e division indienne reste ainsi dangereusement découvert.
□ Les chefs d'état-major réunis divisent le théâtre d'opérations du Pacifique en deux zones : la zone de l'océan Pacifique, sous la responsabilité de l'amiral Nimitz, et la zone du Pacifique Sud-Ouest, sous celle du général MacArthur. Cette dernière comprend l'Australie, la Nouvelle-Guinée, les Philippines, les archipels des Bismarck et des Salomon, et une grande partie des Indes néerlandaises. On voit déjà se profiler un conflit d'attributions qui se manifestera par deux conceptions stratégiques opposées, les « grands bonds » préconisés par Nimitz et la conquête « île par île » poursuivie par MacArthur.
□ Création à Washington du Conseil pour la guerre dans le Pacifique, dont font partie des représentants des États-Unis, de la Grande-Bretagne, du Canada, de l'Australie, de la Nouvelle-Zélande, des Pays-Bas et de la Chine.
Océan Indien. Des troupes de débarquement japonaises s'emparent de l'île Christmas, au sud de Java.
Atlantique. Un détachement américain arrive dans la petite île de l'Ascension, entre l'Afrique et l'Amérique du Sud.

31 mars
Birmanie. Les 200e et 22e divisions chinoises se replient de la région de Toungoo vers Pyinmana. Avec l'occupation de Toungoo, les Japonais se sont ouvert la route de Mawchi, dont la petite garnison chinoise sera submergée dans quelques jours.
Océan Indien. Avertie d'une attaque imminente des Japonais, l'escadre alliée des Indes, commandée par l'amiral James Somerville et formée des porte-avions *Indomitable, Formidable* et *Hermes,* de 5 cuirassés démodés, de 8 croiseurs (dont 2 hollandais) et de 15 contre-torpilleurs, quitte Ceylan pour se réfugier dans une base secrète des îles Maldives. L'escadre japonaise qui la prend en chasse a appareillé le 24 mars de Kendari, dans l'île des Célèbes. Elle est commandée par l'amiral Kondo (qui a sous ses ordres l'amiral Nagumo, l'homme de Pearl Harbor) et formée des cuirassés *Kongo, Haruna, Hiei* et *Kirishima,* des porte-avions *Akagi, Soryu, Hiryu, Shokaku* et *Zuikaku,* des croiseurs *Tone, Chikuma* et *Abukuma,* et de 9 contre-torpilleurs. Elle est bien plus puissante que l'escadre des Indes et décidée à la détruire pour éliminer la menace qui pèse sur le flanc occidental du grand déploiement japonais.

1er avril
Birmanie. Le 1er corps birman reçoit l'ordre de se replier immédiatement de Prome vers la région d'Allanmyo, au nord de Prome, afin d'éviter d'être encerclé.
Nouvelle-Guinée. Entre le 1er et le 20 avril, des unités japonaises venant des Indes néerlandaises débarquent en de nombreux points de la Nouvelle-Guinée hollandaise, depuis Sorong, à l'extrémité nord-

ouest de l'île, jusqu'à Hollandia (aujourd'hui Djajapura). Elles ne rencontrent pratiquement aucune résistance.

Front soviétique. Situation stationnaire sur tout le front, à l'exception de tentatives renouvelées des Allemands pour sortir le 2e corps de leur XVIe armée de l'étau de Staraïa Roussa.

Malte. Le mois commence par la destruction de 2 sous-marins anglais par des avions torpilleurs ennemis. Durant ce mois d'avril, les Italiens et les Allemands largueront sur Malte plus de 6 700 t de bombes. Pour la défendre, les Anglais n'ont plus que quelques avions Hurricane et Spitfire, qui rendront toutefois difficile la mission des bombardiers de l'Axe et en abattront jusqu'à 37 en une trentaine de jours. Mais la situation de Malte n'est qu'un aspect particulier de la situation critique des Anglais en Méditerranée, où ils ne disposent plus que de 4 croiseurs et 15 contre-torpilleurs, contre 4 cuirassés, 9 croiseurs, 55 torpilleurs et une soixantaine de sous-marins chez leurs adversaires. L'écrasante supériorité de la marine ennemie fait raisonnablement craindre une invasion de l'île.

SAINT-NAZAIRE

26 mars
A 15 heures, un petit corps expéditionnaire britannique, comprenant 3 contre-torpilleurs, 1 canonnière, quelques canots à moteur et quelques vedettes lance-torpilles, ayant à bord des groupes de commandos, quitte la baie de Falmouth, en Angleterre, pour se diriger vers la côte française. Son objectif est la base de sous-marins allemands de Saint-Nazaire, sur l'estuaire de la Loire.

27 mars
Le corps expéditionnaire britannique approche de Saint-Nazaire.
23 h 30 : Pour appuyer l'action des commandos, l'aviation britannique bombarde les installations de la base allemande, mais sans résultat appréciable.

28 mars
0 h 30 : La formation anglaise pénètre dans l'estuaire de la Loire et, trompant la surveillance ennemie, réussit à s'approcher lentement du port.
1 h 34 : Le contre-torpilleur *Campbeltown*, chargé à l'avant de quelques tonnes d'explosifs, et destiné à sauter le lendemain, vient d'être lancé contre l'écluse du bassin de carénage de la

Sur un quai de Saint-Nazaire, les corps de deux soldats britanniques tués au cours du raid.

2 avril
Londres. Le Premier ministre, Churchill, reçoit une lettre de Roosevelt. Elle lui annonce l'arrivée dans la capitale britannique de Harry Lloyd Hopkins, conseiller personnel du président américain pour les questions de politique étrangère, et du général George Marshall, chef d'état-major de l'armée de terre des États-Unis. « Ils vous soumettront, écrit Roosevelt, un plan qui, je l'espère, sera accueilli avec enthousiasme par la Russie. » C'est, en effet, le projet d'ouvrir un second front en Europe, plus précisément en France, à l'endroit le plus « chaud » et le plus sensible pour les Allemands. Ce plan, élaboré par Dwight David Eisenhower, lieutenant-colonel américain de 52 ans, répond à la demande instante des Soviétiques, qui souhaitent la création d'un front à l'ouest pour alléger la pression allemande sur Moscou.

base navale. L'explosion cause des destructions assez sérieuses à l'écluse et tue de très nombreux Allemands qui étaient montés à bord du *Campbeltown* pour le visiter.
C'est le principal résultat de cette action de commandos, qui a pourtant coûté aux Anglais des pertes importantes en hommes (170 tués et disparus) et en matériel.

3 avril
Philippines. Les Japonais déclenchent leur grande offensive dans la péninsule de Bataan, contre des troupes épuisées, mal équipées et manquant de vivres. Après une préparation d'artillerie de 5 heures, l'infanterie part à l'assaut à 15 heures et, dans de nombreux secteurs, contraint les Américains et les Philippins à battre en retraite, souvent dans le désordre.
Birmanie. Suivant les ordres reçus et non sous la pression ennemie, le 1er corps birman se replie aussi de la région d'Allanmyo. Dans la vallée du Sittang, le général Stilwell déploie ses divisions chinoises pour défendre Pyinmana.
Malte. L'aviation de l'Axe ne cesse pas de bombarder les installations de l'île.

4 avril
Philippines. Après des mitraillages d'avions et un feu d'artillerie dont l'intensité porte atteinte au moral des défenseurs, les Japonais renouvellent leur attaque de la péninsule de Bataan. A la tombée de la nuit, ils se réorganisent pour une nouvelle action dont l'objectif principal est le mont Samat.
Océan Indien. Un avion de reconnaissance anglais repère l'escadre de l'amiral Kondo au large de Colombo (Ceylan) et réussit à donner l'alerte avant d'être abattu par les chasseurs Zero japonais.
Afrique du Nord. Incursions de la R. A. F. sur Benghazi et Derna.

5 avril
Philippines. Dans la péninsule de Bataan, après les habituelles préparations d'artillerie et les bombardements de l'aviation, les Japonais montent à l'assaut du mont Samat, occupé par la 21e division, qu'ils mettent en pièces, et s'emparent de la position. Une force d'invasion japonaise d'environ 5000 hommes part du golfe de Lingayen, à Luçon, pour occuper Cebu, île des Philippines centrales, au nord de Mindanao.
Océan Indien. A l'aube, 200 appareils japonais, bombardiers en altitude, bombardiers en piqué et chasseurs, décollent des porte-avions à 200 milles au sud de Ceylan. Ils aperçoivent 12 avions torpilleurs anglais se dirigeant contre leur escadre et les abattent, puis attaquent Colombo, où ils pensent que doit se trouver la flotte de l'amiral Somerville. Ils ne découvrent aucun bateau, mais détruisent les installations portuaires. Alors qu'ils se regroupent après l'action, un avion de reconnaissance du *Tone* signale 2 croiseurs britanniques au large, au sud de Ceylan. A leur tour, 80 bombardiers en piqué décollent pour aller les attaquer. Ils rejoignent les 2 croiseurs de 10000 t *Dorsetshire* et *Cornwall,* et les envoient par le fond. L'escadre japonaise suit de près la recherche de la flotte alliée, mais l'amiral Somerville décide de la disperser pour lui éviter d'être anéantie. L'Amirauté approuve sa décision.
Malte. Au cours d'un raid d'avions allemands sur le port de La Valette, 1 contre-torpilleur anglais est coulé et 2 autres gravement endommagés.

6 avril
Philippines. Les combats continuent dans la péninsule de Bataan. Les Américains et les Philippins lancent de vaines contre-attaques, mais sont refoulés par les Japonais, toujours remarquablement appuyés par leur artillerie et leur aviation. Quand la journée s'achève, ils se replient en quelques points de la région de San Vincente.
Birmanie. Les Japonais débarquent des renforts à Rangoon. Tchang Kaï-chek inspecte le front et demande de défendre à tout prix l'État Chan, en arrière de la frontière chinoise. Les 96e et 200e divisions chinoises sont en position dans la vallée du Sittang, pour défendre Pyinmana, à

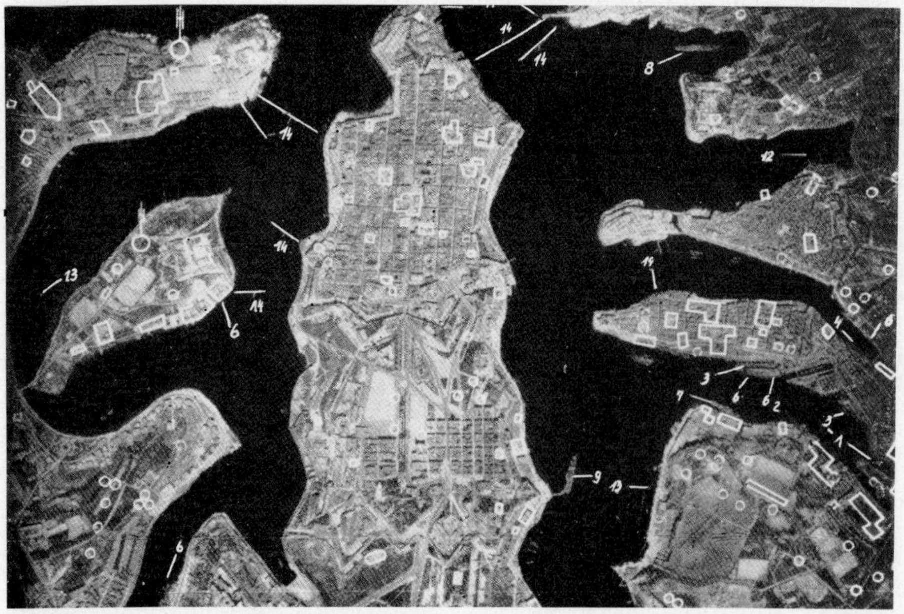

Photo du port de La Valette, à Malte, prise le 1er avril 1942. Les numéros indiquent les bateaux anglais coulés ou endommagés.

peu près à mi-distance entre Rangoon et Mandalay.

Iles de l'Amirauté. Un petit contingent japonais, venant de l'île Truk, débarque à Lorengau, à la pointe nord-est de l'île Manus. Les îles de l'Amirauté font partie de l'archipel Bismarck et sont situées au nord de la Nouvelle-Guinée. Ainsi, les Japonais accentuent de plus en plus leur menace contre l'Australie.

Afrique du Nord. Nouveau raid des avions anglais sur Benghazi et sur le terrain d'atterrissage de Derna. Les dégâts ne sont pas importants.

7 avril

Philippines. Dans la péninsule de Bataan, la progression des Japonais est de plus en plus angoissante. A l'est, leurs divisions ont dépassé le mont Samat et refoulé l'adversaire jusqu'à Limay. Une sorte de ligne de défense s'organise entre la pointe Caibobo, sur la côte occidentale, et Limay, sur la côte orientale. Dans le nord, les Américains et les Philippins résistent mieux; pourtant ils se retirent lentement de Bagac. Les pilotes et le personnel spécialisé évacuent l'île de Corregidor à bord du sous-marin *Seadragon.*

8 avril

Philippines. Dans la péninsule de Bataan, l'aile gauche du front américain s'effondre complètement. Américains et Philippins cherchent à improviser des lignes de défense, mais l'ennemi les enfonce au fur et à mesure, semant la déroute. Le général King décide de donner à ses troupes l'ordre de se rendre, après avoir détruit tout le matériel pendant la nuit du 8 au 9.

Des 78000 hommes qui formaient les 2 corps d'armée de Luçon, 2000 seulement réussissent à gagner l'île de Corregidor.

Malte. Des avions allemands coulent 1 contre-torpilleur anglais.

9 avril

Philippines. A Luçon, le général King envoie des officiers aux avant-postes ennemis pour engager les formalités de reddition. Ils se présentent à 3 h 30 avec un drapeau blanc. Les Japonais imposent une capitulation sans condition; elle prend effet à 12 h 30. C'est alors que commence le ratissage, suivi de la terrible marche des prisonniers vers San Fernando. Ils sont 76000, dont 12000 Américains. Des milliers d'entre eux mourront de privations et de dysenterie durant ce transfert devenu tristement célèbre sous le nom de « marche de la mort ». Les Japonais installent leurs positions d'artillerie à Cabcaben, sur la côte sud-est de la péninsule de Bataan, d'où ils bombardent Corregidor, attaquée également par leur aviation, qui s'était peu manifestée depuis la fin du mois de mars. Par la suite, Roosevelt approuvera la reddition de Bataan. La garnison de l'île de Cebu est avertie de l'approche des forces de débarquement japonaises.

Birmanie. Le 1er corps birman prend position sur un front d'une soixantaine de kilomètres entre Minhla et Taungdwingyi, dans le bassin de l'Irraouaddi, pour défendre les puits de pétrole de la région.

Océan Indien. Des avions de l'escadre de l'amiral Kondo attaquent en force la base de Trincomalee, sur la côte est de Ceylan, et détruisent les installations du port et de l'aéroport. Pendant ce temps, 1 porte-avions et 1 contre-torpilleur anglais sont signalés à 70 milles au sud de Batticaloa, toujours sur la côte est. Un peu plus tard, le porte-avions *Hermes,* dont tous les appareils sont partis attaquer sans succès la flotte japonaise, et le contre-torpilleur *Vampire* sont rejoints et coulés en 10 minutes. Un bateau de transport de 10000 t se trouvant un peu plus au nord que les unités britanniques est également coulé.

De son côté, une autre flotte japonaise (6 croiseurs lourds et le porte-avions léger *Ryujo*), sous les ordres du vice-amiral Kurita, pénètre dans le golfe du Bengale et y coule 135000 t de cargos, presque tous utilisés au transport des troupes et du ravitaillement destinés à la Birmanie. Les deux escadres ennemies franchissent ensuite le détroit de Malacca et rentrent indemnes à leurs bases.

Front soviétique. Dans le secteur sud, les Soviétiques lancent une violente attaque dans la région de Kertch, en Crimée, mais leur avance est dérisoire. Au centre, les Allemands restent sur la défensive et se contentent de repousser les coups de boutoir des Russes. Dans le secteur nord, en dépit de l'opposition soviétique, ils progressent lentement vers leurs forces encerclées dans la région de Kholm-Staraïa Roussa. Le dégel gêne tout à la fois les troupes allemandes et soviétiques qui ne peuvent progresser dans la boue.

10 avril
Philippines. Les Japonais débarquent près de Toledo, dans l'île de Cebu. Les 6500 Américains et Philippins qui l'occupent se replient vers l'arrière-pays pour en défendre les nœuds routiers.
Birmanie. Des patrouilles du 1er corps indien signalent que les Japonais sont en train d'avancer vers la ligne Minhla-Taungdwingyi.
Allemagne. Dans la nuit du 10 au 11, des appareils du Bomber Command de la R.A.F. larguent sur Essen la première bombe de 2 t que l'aviation utilise dans le conflit.
Malte. Au cours de plusieurs incursions, des avions de l'Axe bombardent les installations militaires de l'île et causent des dégâts à 1 destroyer ancré à La Valette.
□ A la suite des actions aéronavales des Japonais au sud de Ceylan et dans le golfe du Bengale, la Royal Navy abandonne l'océan Indien pour se réfugier dans le golfe Persique. Churchill demande alors aux Américains de lancer une opération de grande envergure dans le Pacifique afin de détourner les forces japonaises de l'océan Indien. Paradoxalement, ces dernières n'exploitent pas leur succès et concentrent leurs efforts sur la Nouvelle-Guinée et les Nouvelles-Hébrides pour achever d'isoler l'Australie.
□ Devant la gravité de la situation, et pour prévenir les offres alléchantes de la propagande japonaise, la Grande-Bretagne promet à l'Inde son indépendance à la fin de la guerre.

11 avril
Philippines. A Cebu, Américains et Philippins ne parviennent pas à contenir les Japonais, qui progressent sans difficulté de Toledo vers l'est.
Birmanie. Les Japonais déclenchent leur offensive au centre de la ligne de défense du 1er corps birman.
Front soviétique. En Crimée, les Russes tentent de débarquer de nouvelles forces à Eupatoria, mais se heurtent à une vive opposition des Allemands. Dans le secteur centre, aucune action importante. Au nord, le *Heeresgruppe* Nord continue de progresser lentement vers la poche de Kholm-Staraïa Roussa.

ROBERT MUSIL

Le 15 avril meurt à Genève l'écrivain autrichien Robert von Musil, l'un des plus grands innovateurs du roman moderne.
Né à Klagenfurt en 1880, Musil fréquente les institutions militaires puis fait des études d'ingénieur à l'École polytechnique de Brünn. Au début du siècle, il s'installe à Berlin afin d'étudier la philosophie et écrit son premier roman *Les Désarrois de l'élève Törless* où il met en scène l'atmosphère chargée d'ambiguïté et de violence qu'il a connue dans les collèges militaires. Il fait la guerre comme officier au Tyrol et, à son retour, travaille pendant quelque temps au ministère de la Guerre. Ensuite, il se consacre totalement à la littérature et publie entre 1921 et 1924 deux œuvres théâtrales *(Les Exaltés ; Vincent et l'Amie des Personnalités)* et un recueil de nouvelles, *Trois Femmes.*
Mais c'est surtout son chef-d'œuvre, *L'Homme sans qualités (Der Mann ohne Eigenschaften),* qui lui vaudra une gloire internationale. Ce roman inachevé publié en trois volumes (1930, 1933, 1943) analyse la crise sociale et spirituelle de la civilisation européenne, usant d'un style satirique et ironique d'une grande lucidité.

12 avril
Philippines. A Cebu, les défenseurs se replient dans les montagnes du nord pour y organiser la guérilla. De leurs positions de batteries de la pointe sud de la péninsule de Bataan et de celles de Cavite, les Japonais intensifient le bombardement de Corregidor.
Birmanie. La 38e division chinoise, employée jusqu'alors à la défense de Mandalay, est envoyée sur le front de l'Irraouaddi pour appuyer le 1er corps birman, qui tient la ligne Minhla-Taungdwingyi. Dans la nuit du 12 au 13, les Japonais s'emparent de Migyaungye, de sorte que le flanc ouest de l'armée birmane est maintenant découvert.

13 avril
Philippines. Les Japonais sont les maîtres absolus de Cebu et n'ont à faire face qu'à de sporadiques actions de guérilla.
Birmanie. Les Japonais enfoncent le centre de la ligne de défense du 1er corps birman et avancent vers le nord, sur les puits de pétrole. Les Chinois et les Britanniques renforcent les défenses de Magwe, Taunggyi et Lashio, ainsi que la frontière thaïlandaise. La LXVIe armée chinoise reçoit l'ordre de se concentrer au sud de Mandalay.
Malte. L'aviation de l'Axe bombarde avec succès les terrains de Micabba, Hal Far, Luka et Gudia, et endommage au sol de nombreux avions anglais.

14 avril
Le gouvernement et les chefs des états-majors britanniques acceptent le plan « Bolero », proposé par le général Marshall en vue de préparer un second front contre l'Allemagne.
Birmanie. Les défenseurs commencent à détruire les puits de pétrole de Yenangyaung. Les Japonais commencent à encercler la 55e division chinoise dans la région de Mawchi-Loikaw.

15 avril
Birmanie. Les Japonais continuent à pousser vers le nord et dépassent la 1re division birmane.
Londres. Hopkins et Marshall, les deux envoyés de Roosevelt, quittent l'Angleterre pour Washington. Le plan « Bolero » n'est pas encore au point.
□ En France, le procès de Riom est suspendu et renvoyé *sine die.*
□ En Allemagne, Adolf Eichmann commence à organiser les déportations massives des juifs d'Europe vers les camps d'extermination.

16 avril
Philippines. Le général Wainwright

Le porte-avions Hermes *sombre à l'est de Ceylan. Il faisait partie de l'escadre alliée des Indes, commandée par l'amiral Somerville, qui avait quitté Ceylan le 31 mars. Pris en chasse par une importante escadre japonaise, les navires britanniques s'étaient dispersés mais, le 9 avril, l'*Hermes *fut rejoint et coulé.*

Au mât des navires japonais flottent le drapeau national et le pavillon de combat. L'invincible flotte trouvera bientôt des adversaires à sa taille.

Ci-contre : à Luçon, prisonniers américains après la « marche de la mort » qui les a menés du sud de Bataan jusqu'à San Fernando.

remet le commandement des troupes des Philippines centrales au général Sharp. Après avoir occupé Cebu, les Japonais débarquent plus de 4000 hommes dans l'île de Panay, en particulier près du chef-lieu Iloilo, au sud, et à Capiz, au nord-est. Au lieu de s'opposer à eux, les 7000 hommes de la garnison se retirent dans les montagnes de l'intérieur avec l'intention d'y organiser des maquis.
Malte. Pour récompenser l'héroïsme dont elle fait preuve sous les bombardements, l'île de Malte reçoit la George Cross.

Retraite de Birmanie : 3 officiers américains se délassent par un bain de pieds. Ils marcheront pendant 2000 km avant d'arriver en Inde.

16-18 avril
Afrique du Nord. En Cyrénaïque, de violentes tempêtes de sable empêchent toute activité militaire, en particulier celle de l'aviation.

17 avril
En France, le gouvernement Darlan démissionne. L'amiral Leahy, ambassadeur des États-Unis à Vichy, est rappelé à Washington pour consultation.
Birmanie. Sur le front de l'Irraouaddi, les Japonais coupent la route au nord et au sud de Pin Chaung, près de Yenangyaung. La 38e division chinoise et une partie de la 17e division indienne accourent dans la région de Magwe pour atténuer la pression ennemie sur la 1re division birmane, demeurée isolée, mais n'y parviennent pas. Sur le front du Sittang, en raison des revers du 1er corps birman, les forces chinoises du général Stilwell doivent renoncer à défendre Pyinmana. Les Japonais accentuent leur pression contre la 55e division chinoise dans la région de Bawlake-Mawchi.

18 avril
Le haut commandement du Pacifique Sud est remanié. MacArthur, commandant suprême, aura désormais sous son autorité : le général Blamey, commandant en chef des troupes australiennes, qui dirigera toutes les opérations terrestres ; le général américain Brett, commandant les forces aériennes, et l'amiral Leahy, ancien chef des forces de l'ANZAC, qui commandera les marines alliées.
□ Pierre Laval est nommé chef du gouvernement de Vichy.
Japon. Premier raid de l'aviation américaine sur le Japon. 16 B-25 du XVIIe groupe de bombardement de la 8e force aérienne américaine, aux ordres du lieutenant-colonel Doolittle, décollent du porte-avions *Hornet* à 1 200 km environ de Tokyo. Le *Hornet* et son escorte, constituée des croiseurs *Vincennes* et *Nashville* et d'un certain nombre de contre-torpilleurs, sont partis le 14 d'un point de rassemblement au nord de l'île de Midway. Le porte-avions *Enterprise* les rejoint au voisinage du Japon pour leur fournir l'appui-chasse. Les B-25 arrivent sur leurs objectifs à 12 h 15. Ils larguent leurs bombes sur Tokyo, Yokohama, Kobe, Nagoya et Yokosuka, puis continuent leur vol vers la Chine. Mais la situation météorologique défavorable oblige les équipages à atterrir dans des conditions désastreuses ou à sauter en parachute en abandonnant leurs avions. Un appareil se pose à Vladivostok, et ses occupants sont internés par les Russes. Deux autres finissent en territoire occupé par les Japonais ; les aviateurs sont capturés et certains d'entre eux seront fusillés le 15 octobre 1942.
Les porte-avions et les autres bateaux américains repartent sans être inquiétés. Le raid n'a causé que des destructions insignifiantes ; en revanche, il a eu un effet psychologique considérable. Le cœur de l'Empire du Soleil-Levant n'est pas invulnérable, comme le croyaient les Japonais.
Birmanie. Recul des Sino-Britanniques dans la vallée du Sittang. Les Japonais anéantissent la 55e division chinoise au sud de Loikaw et s'ouvrent ainsi la route de Lashio. La 22e division chinoise se replie au nord de Pyinmana.

19 avril
Philippines. Les Japonais annoncent qu'ils se sont emparés de toute l'île de Cebu.
Birmanie. Les colonnes japonaises convergent vers le sud immédiat de Loikaw et menacent de plus en plus directement la « route de Birmanie », par où arrive le ravitaillement des Alliés pour la Chine.

20 avril
Philippines. Les Japonais poursuivent l'occupation de l'île de Panay et sont virtuellement les maîtres des Philippines centrales, car les garnisons de Negros, Samar, Leyte et Bohol ne sont pas en mesure de leur résister.
Birmanie. La 38e division chinoise se replie de Yenangyaung sur Gwe-

gyo, au nord, en protégeant les unités de la 1re division birmane qui échappent à l'étau japonais. Dans la vallée du Sittang, une partie de la 5e armée chinoise se replie vers le nord, tandis que l'ennemi demeure très actif dans la région de Loikaw-Loilem.
Méditerranée. 46 Spitfire décollent du porte-avions américain *Wasp* à destination de Malte. C'est un véritable ballon d'oxygène pour les défenseurs de l'île, qui reprennent espoir.

20-22 avril
Malte. L'aviation de l'Axe pilonne l'île sans arrêt et détruit ou endommage au sol presque tous les Spitfire envoyés en renfort. La situation est vraiment sans issue. S'ils le voulaient, les Italiens et les Allemands pourraient débarquer à tout moment. En effet, il existe un plan pour la conquête de l'île, le plan « Opération C. 3 ». L'amiral italien Vittorio Tur est déjà chargé de le mettre à exécution, et le général allemand Kurt Student est prêt à intervenir avec ses parachutistes (Student s'est distingué dans l'invasion de la Crète). Le commandement italien presse Hitler pour forcer sa décision, mais ce dernier refuse de déclencher l'opération.

21 avril
Birmanie. Les Japonais rejoignent la VIe armée chinoise à Hopong. Des unités de la 49e division chinoise sont alors rapidement envoyées vers l'ouest et les contiennent dans la région de Mong Pawn-Loilem, près de Taunggyi.
Sicile. Les incursions des avions anglais reprennent. Ils choisissent pour objectifs Catane et Comiso, où leurs bombes font des blessés et des destructions.

22 avril
Birmanie. Le général Stilwell déplace la 200e division chinoise de Meiktila vers Taunggyi, afin de s'opposer aux mouvements ennemis dans le secteur de Loikaw-Loilem. La 28e division chinoise devrait aussi arriver dans la région de Loilem, mais l'ordre n'a pas été exécuté. La 96e division chinoise continue sa mission d'arrière-garde dans la vallée du Sittang, tandis que la 17e division indienne, la 7e brigade blindée et la 22e division chinoise prennent position autour de Meiktila et de la localité toute proche de Thazi.
Sicile. Nouveau raid aérien des Anglais sur Raguse et Comiso. Le communiqué italien signale : « Aucune victime dans la population ; légers dégâts. »

23 avril
Birmanie. La 200e division chinoise retient les Japonais à l'ouest de Taunggyi. Dans le même temps, ceux-ci enlèvent Loilem ; la VIe armée chinoise bat en retraite vers la Chine.
Malte. Après l'hécatombe des avions anglais, les Italo-Allemands continuent de bombarder l'île.
Sicile. Deux incursions d'avions anglais sur Comiso et Raguse.

25 avril
Birmanie. Le général Alexander

18 avril 1942. Un bombardier B-25 décolle du porte-avions américain Hornet, *en*

donne l'ordre à ses troupes de commencer à se replier de la ligne Meiktila-Kyaukpadaung vers la rive nord de l'Irraouaddi. Dans le secteur de Meiktila, les Japonais encerclent la 22e division chinoise. La Ve armée chinoise les rejette de Taunggyi mais ne parvient pas à bloquer leur progression vers Lashio, position de grande importance stratégique.

Afrique du Nord. Les conditions météorologiques permettent de reprendre les attaques aériennes sur tout le front. Des formations italiennes et allemandes attaquent le port de Tobrouk, tandis que les Anglais font un raid de nuit sur Benghazi.

☐ En France, Louis Darquier, dit de Pellepoix, remplace Xavier Vallat comme commissaire général aux questions juives.

26 avril

Birmanie. Presque convaincu maintenant de la perte de la Birmanie, le général Alexander décide de concentrer ses forces pour défendre l'Inde.

Philippines. Un contingent japonais de plus de 4800 hommes quitte Cebu pour Mindanao, où il doit renforcer les troupes déjà débarquées et engagées contre quelques bataillons philippins.

☐ Hitler déclare que l'hiver russe a été très dur, avec des températures extrêmement rigoureuses atteignant

direction de Tokyo. Le raid effectué par le groupe du lieutenant-colonel Doolittle aura un gros effet psychologique.

– 53 °C, mais qu'avec l'arrivée du printemps de nouvelles grandes victoires s'annoncent pour les armées allemandes.
Malte. L'aviation allemande détruit des positions de D.C.A. anglaises en divers points de l'île.
Sicile. Catane est bombardée de nuit par une formation anglaise.

28 avril
Philippines. A Mindanao, les Japonais harcèlent fortement les défenseurs de l'île, pour les empêcher de se concentrer et de refouler la nouvelle force d'invasion dont l'arrivée est imminente.
Birmanie. La 28e division chinoise, qui se trouve à Mandalay, est envoyée d'urgence à Lashio, menacée d'une occupation imminente, car les Japonais sont à Kehsi Mansam.

29 avril
Hitler et Mussolini se rencontrent à Salzbourg pour faire le point de la situation qui, sans être catastrophique, n'est cependant pas rassurante. Hitler est préoccupé par le front russe ; il paraît réellement changé, pensif, soucieux. Il n'a pourtant pas perdu sa verbosité, comme le souligne le ministre italien des Affaires étrangères, Ciano, et elle se manifeste à l'occasion d'un monologue (chronométré) de 1 h 40.
Philippines. A Mindanao, les renforts japonais venant de Cebu débarquent sur la côte ouest, à Cotabato et Parang, dont ils s'emparent. 1 régiment et 2 bataillons philippins ne suffisent pas à empêcher les deux têtes de pont de faire leur jonction. Les Japonais qui ont débarqué précédemment à Davao progressent vers le nord-ouest, en direction de Bugo. Toutes ces troupes bénéficient d'un appui aérien très efficace.
A Luçon, l'aviation et l'artillerie ennemies bombardent Corregidor avec une plus grande intensité.
Nouvelle-Guinée. En vue de l'invasion du continent australien, les Japonais s'apprêtent à prendre Port Moresby, chef-lieu de la Nouvelle-Guinée. En code, l'invasion de la Nouvelle-Guinée s'appelle opération « Mo ».
Birmanie. Dans un seul élan, les Japonais dépassent Lashio, point terminal de la « route de Birmanie ». La Chine est donc définitivement isolée et ne pourra désormais être ravitaillée que par voie aérienne.
Après avoir atteint Loilem, la 200e division chinoise fait demi-tour et se dirige vers la frontière de Chine. Le général Alexander décide de commencer des travaux de défense sur la ligne Kalewa-Katha-Bhamo-Hsenwi, où les forces disponibles devront se replier à partir du 2 mai.
Moyen-Orient. Le général Auchinleck fixe aux IXe et Xe armées britanniques leur mission en cas d'attaque allemande à travers l'Anatolie. Les Alliés craignent, en effet, que les Allemands ne les prennent dans une grande tenaille, de la Russie à la Méditerranée.

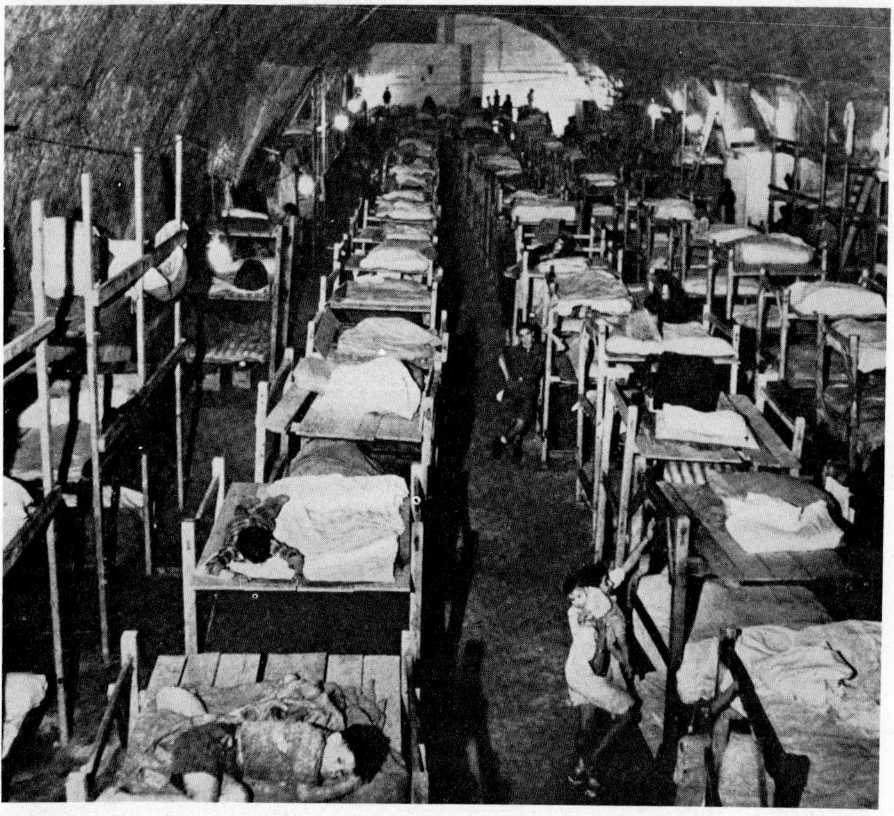
Le calvaire de Malte continue : une grande partie de la population vit dans des abris. L'ennemi pourrait débarquer à tout moment.

30 avril
Philippines. Les opérations continuent à Mindanao. Les troupes qui ont débarqué à Parang rembarquent pendant la nuit pour débarquer à nouveau au sud de Malabang et attaquer à l'aube le 61e régiment d'infanterie philippin, qui doit reculer de 7 km. Les Japonais débarqués à Cotabato progressent le long du Mindanao et atteignent Piket.
Birmanie. Les Japonais achèvent la conquête de la Birmanie centrale. Les forces britanniques se replient au-delà de l'Irraouaddi par le pont d'Ava, qu'ils font sauter après leur passage. Après avoir protégé la retraite britannique, la 22e division chinoise quitte Mandalay. Le soir même, les Japonais franchissent l'Irraouaddi. Les Alliés craignent déjà pour la ligne de défense qu'ils sont en train de préparer sur ordre d'Alexander et envisagent de replier la totalité de la Ve armée chinoise sur Imphal, dans l'État de Manipur, en Inde.

1er mai
Philippines. Les combats continuent à Mindanao, ainsi que les bombardements de l'artillerie et de l'aviation sur Corregidor.
Birmanie. Les Japonais s'emparent de Monywa et Mandalay.
France. A Lyon, une grande manifestation organisée par la Résis-

tance groupe des dizaines de milliers de personnes.

2 mai

Philippines. En certains points de l'île de Mindanao, les troupes philippines contiennent bien l'ennemi. Les Japonais, qui ont débarqué à Cotabato, progressent vers l'est, sur Kabacan, renforcé par toutes les unités disponibles. Au large de l'île, les Alliés repèrent un nouveau convoi, transportant sans doute d'autres forces d'invasion.

Iles Salomon. Au sud de l'archipel, en face de Guadalcanal, un convoi japonais s'apprête à débarquer des troupes dans l'île de Tulagi. La petite garnison, constituée d'aviateurs australiens, détruit aussitôt ses installations et embarque pour les Nouvelles-Hébrides. Mais les Américains connaissent le code de la marine japonaise et sont au courant du futur débarquement. Le contre-amiral Fletcher, commandant l'escadre qui patrouille dans la mer de Corail, met immédiatement le cap sur Tulagi avec les porte-avions *Yorktown* et *Lexington* et leurs navires d'appui.

Du côté japonais, le convoi est escorté par les porte-avions *Shokaku* et *Zuikaku,* sous les ordres de l'amiral Takagi, et des unités d'appui, dont au moins 1 autre porte-avions et 4 croiseurs lourds.

Birmanie. 3 brigades du 1er corps birman attaquent Monywa, à peine occupé par les Japonais, mais sont repoussées. Elles se replient tandis que le reste de l'armée birmane se retire vers Shwegyin.

Atlantique Nord. Un *U-Boot* coule le croiseur anglais *Edinburgh,* qui escorte un convoi revenant d'U. R. S. S.

Méditerranée. Des avions anglais font des incursions de nuit sur les îles de Rhodes et de Léros et, en Grèce continentale, sur la région d'Athènes et du Pirée.

3 mai

Iles Salomon. Comme on le prévoyait, un petit contingent japonais débarque à Tulagi. L'île est aussitôt transformée en base d'hydravions, destinés à appuyer les opérations de débarquement à Port Moresby, en Nouvelle-Guinée, point de départ pour l'Australie. Fletcher arrive dans la région avec le *Yorktown* et ses bâtiments d'escorte, mais les navires japonais sont déjà loin et il ne réussit à couler que des bateaux de transport.

Philippines. A 1 heure, des éléments amphibies japonais, venant de l'île de Panay, débarquent dans la baie de Macajalar, à Mindanao, et se mettent aussitôt en marche vers le sud. Les Philippins essaient en vain de leur résister. D'autres Japonais arrivent à Kabacan, mais n'y trouvent personne, les défenseurs ayant reçu l'ordre de se replier dans les collines de l'intérieur.

En vue de l'invasion de Corregidor, l'aviation et l'artillerie bombardent l'île sans arrêt.

4 mai

Philippines. A Mindanao, les Philippins continuent de se replier sur une nouvelle ligne de défense dans les régions de Dalirig et Puntian. Un troisième groupement défend la vallée du Cagayan. Du côté japonais, seule l'aviation est active.

Luçon. Le bombardement de Corregidor atteint son maximum d'intensité, et ce sont 16 000 projectiles qui arrosent l'île.

Nouvelle-Bretagne. Un convoi japonais quitte Rabaul pour Port Moresby, en Nouvelle-Guinée.

Birmanie. Les Britanniques évacuent Akyab, sur le golfe du Bengale. Les Japonais occupent Bhamo et battent la 29e division chinoise à Wanting. Tchang Kaï-chek donne

Batterie de D. C. A. britannique en action à Tobrouk.

A Corregidor, dernier bastion allié de Luçon, 11 000 Américains et 4 000 Philippins sont faits prisonniers par les Japonais.

l'ordre à la Ve armée chinoise de se concentrer dans la région de Myitkyina.
Iles Salomon. Le *Yorktown* rejoint l'escadre de la mer de Corail.
Malte. Des avions italiens et allemands bombardent les terrains de Micabba, Gudia et Hal Far, et les dépôts de Floriana.
Afrique du Nord. En Égypte, l'aviation de l'Axe bombarde à nouveau Alexandrie, en particulier les installation portuaires et ferroviaires.

5 mai
Mer de Corail. Le *Lexington,* le *Yorktown* et leurs unités d'escorte poursuivent l'escadre japonaise.
Philippines. Après une préparation meurtrière de l'aviation et de l'artillerie, les Japonais débarquent dans l'île de Corregidor, près de Punta Nord. A Mindanao, les Philippins organisent une nouvelle ligne de défense.
Japon. Le quartier général impérial donne l'ordre à la flotte combinée de se préparer pour l'invasion de l'île de Midway et des îles Aléoutiennes.
Birmanie. Le général Stilwell, qui se replie sur Myitkyina avec ses troupes chinoises, apprend à Indaw que la voie ferrée est coupée et que l'ennemi occupe Bhamo. Il décide donc de gagner non plus la Chine, mais l'Inde.

6 mai
Mer de Corail. La bataille continue entre les escadres américaine et japonaise.
Philippines. Après une journée entière de négociations, le général Wainwright signe devant les délégués du général Homma la capitulation sans condition de toutes les forces américaines et philippines. A Corregidor, les Japonais s'emparent du tunnel Malinta et débarquent de nouvelles forces. A Mindanao, ils reprennent l'offensive, occupent Tankula et approchent de Dalirig, maintenant à portée de leur artillerie.
Birmanie. La 200e division chinoise et une partie de la 55e, qui se trouvent encore à Taunggyi, reçoivent l'ordre de se replier sur Myitkyina. Elles réussiront à gagner la Chine.
Madagascar. Une escadre anglaise, commandée par le contre-amiral Syfret, et formée du cuirassé *Ramillies,* des porte-avions *Indomitable* et *Illustrious,* du croiseur léger *Hermione,* du croiseur hollandais *Van Heemskerk* et de 4 contre-torpilleurs, débarque un contingent de troupes britanniques dans la baie du Courrier, au nord-est de l'île, et occupe le port de Diégo-Suarez (Antsirane). La garnison locale, fidèle au gouvernement de Vichy, résiste pour la forme. Diégo-Suarez sera rapidement transformé en une grande base aéronavale, préoccupante pour le commandement japonais.

7 mai
Philippines. A la radio de Manille, le général Wainwright annonce la capitulation et invite les unités américaines et philippines qui résistent encore dans les différentes îles à déposer les armes.
A Corregidor, les Japonais ont capturé 15 000 prisonniers. A Mindanao, ils suspendent les combats, tout en continuant les actions aériennes et les bombardements d'artillerie.

8 mai
Mer de Corail. Fin de la bataille aéronavale. Elle s'achève en pratique par un succès américain, parce que les Japonais se voient contraints de remettre à plus tard leur débarquement en force à Port Moresby.
Philippines. Le général Wainwright envoie à ses subordonnés un message les invitant à se rendre. A Mindanao, les Japonais reprennent l'offensive, anéantissent un régiment d'infanterie et avancent sur Dalirig.
Birmanie. Les Japonais s'emparent de Myitkyina.
Front soviétique. Début d'une série d'attaques des Allemands pour sonder les forces ennemies en vue de leur grande offensive d'été dont l'objectif est le pétrole du Caucase. La XIe armée du *Heeresgruppe* Sud progresse en Crimée, dans la direction de Kertch.

9 mai
Philippines. A Mindanao, les Japonais prennent Dalirig et mettent ses défenseurs en déroute. La conquête de l'île est virtuellement achevée.
Nouvelle-Guinée. Le commande-

TO BE OR NOT TO BE

Carole Lombard.

A Varsovie, durant l'Occupation, un groupe d'acteurs polonais poursuivis par la censure nazie organise un noyau de résistance utilisant le célèbre « to be or not to be » du monologue d'Hamlet comme mot de passe. Ils réussissent à démasquer un espion et à le faire exécuter. Après de nombreux quiproquos, ils parviennent finalement à duper les nazis et à s'enfuir en Angleterre avec l'avion d'Hitler.
Ernst Lubitsch atteint avec ce film le sommet de sa carrière, profitant au maximum de la collaboration de deux autres exilés, Rudolph Maté comme directeur de la photographie et Vincent Gorda comme scénariste. *To Be or Not to Be (Jeux dangereux)* bénéficie également de l'interprétation de Carole Lombard.

ment suprême japonais remet à plus tard l'opération sur Port Moresby.
Malte. 60 Spitfire décollent du porte-avions américain *Wasp* et du porte-avions anglais *Eagle* pour aller renforcer l'île. Tirant la leçon de l'attaque du 20 avril, au cours de laquelle de nombreux avions avaient été endommagés ou détruits au sol immédiatement après l'atterrissage, le ravitaillement en carburant est assuré cette fois-ci au plus vite par le personnel au sol, et le décollage a lieu 35 minutes plus tard. L'opération redonne espoir aux Maltais « assiégés ».
Iles Tonga. Les Américains débarquent à Tongatabu.
Iles Galapagos. Avec le consentement de l'Équateur, dont elles dépendent, les îles sont occupées par des détachements américans.

10 mai
Philippines. Le général Sharp, commandant les forces philippines et américaines des îles centrales et de Mindanao, donne l'ordre à ses troupes de se rendre. De petits éléments continueront à résister dans les Philippines du Sud et à Luçon, mais déposeront les armes avant un mois.
Birmanie. Attaque japonaise dans le secteur de Shwegyin.
Méditerranée. De Sicile, où il a son P.C. de commandant du front sud (Méditerranée), le général Kesselring communique à Berlin que « Malte a été complètement neutralisée ».

11 mai
Chine. Les Japonais déclenchent une offensive locale dans la province du Tchökiang.
☐ En France, à Moulins, Pierre Laval rencontre le maréchal Goering.

11-17 mai
Malte. Au cours de violentes incursions aériennes, les Italiens et les Allemands pilonnent chaque jour les bases aéronavales, tandis que les avions de chasse se livrent de furieux duels. Des deux côtés, les pertes sont considérables.

12 mai
Birmanie. Les Japonais franchissent la Salouen et se dirigent sur Keng Toung.
Front soviétique. Alors que le *Heeresgruppe* Sud poursuit son offensive contre Kertch, les Russes déclenchent contre Kharkov une manœuvre en tenaille sur deux directions : au nord du saillant d'Izioum, et au sud-ouest, sur la rive gauche du cours du Donetz.

13 mai
Iles Fidji. Un contingent américain vient remplacer la garnison néo-zélandaise.
Front soviétique. Les Soviétiques contre-attaquent en Crimée et ont quelques succès dans la région de Kharkov.

14 mai
Birmanie. Les troupes britanniques qui se replient de Birmanie atteignent Tammu, en Assam.
☐ Une nouvelle division américaine, la 32e, arrive en Australie.

15 mai
Nouvelle-Guinée. Afin de renforcer les défenses locales, une demi-brigade australienne et des groupes de D. C. A. partent pour Port Moresby.
Inde. Le général Alexander déplace son quartier général de la Birmanie à la région d'Imphal, en Inde. Le général américain Stilwell arrive également en Inde.
Front soviétique. A la suite de durs combats, les Allemands reprennent la ville et le port de Kertch, en Crimée. L'offensive soviétique contre Kharkov se poursuit.
Afrique du Nord. La VIIIe armée britannique a presque achevé de préparer son offensive, mais Rommel semble bien vouloir la devancer.

18 mai
Birmanie. Tchang Kaï-chek donne l'ordre à la Ve armée chinoise, aujourd'hui réduite pratiquement aux 22e et 96e divisions, de prendre position entre Myitkyina et Fort Hertz (Putao). Les rescapés de la 22e division rejoindront la région de Ledo en juillet et août ; plus tard, les restes de la 96e quitteront Fort Hertz pour rentrer en Chine.
Londres. Le général d'escadre aérienne Harris, chef du *Bomber Command* de la R. A. F., présente un plan détaillé d'opérations aériennes contre l'Allemagne, fondé sur

LA BATAILLE DE LA MER DE CORAIL

1er mai
Ayant appris le projet de débarquement des Japonais à Tulagi, dans les îles Salomon, et le deuxième, bien plus important, en Nouvelle-Guinée, le commandement américain des opérations navales envoie le contre-amiral Fletcher les intercepter avec les porte-avions *Yorktown* et *Lexington* et leurs unités d'appui.

2-3 mai
Le *Yorktown* arrive devant Tulagi, mais l'escadre japonaise qui a escorté la force d'invasion s'est déjà éclipsée. Il coule un certain nombre de bateaux de transport ennemis, puis rejoint la flotte arrivant de la mer de Corail. L'ensemble est articulé en deux *Task Forces :* la 17e, sous les ordres du contre-amiral Fletcher, et la 44e, groupement d'appui, commandée par le contre-amiral anglais Grace. Ces *Task Forces* comprennent les porte-avions *Lexington* et *Yorktown* avec 143 appareils, les 7 croiseurs lourds *Minneapolis, New Orleans, Portland, Chester, Astoria, Australia* et *Chicago,* le croiseur léger *Hobart,* 13 contre-torpilleurs, 2 pétroliers et 1 ravitailleur d'hydravions. L'*Australia* et le *Hobart* sont australiens. La IVe flotte japonaise, commandée par le vice-amiral Shigeyoshi Inouye et destinée à l'opération « Mo » (débarquement à Port Moresby, en Nouvelle-Guinée), est constituée d'un groupement de choc sous les ordres de l'amiral Takagi, d'un groupement d'appui, d'un groupement de surveillance et d'un groupe de débarquement pour Tulagi et en partie pour Port Moresby. Elle comprend au total les 2 porte-avions *Shokaku* et *Zuikaku* avec 125 appareils, le porte-avions léger *Shoho,* les 8 croiseurs *Myoko, Haguro, Tenryu, Tatsuta, Aoba, Kako, Kinugasa* et *Furutaka,* 17 contre-torpilleurs, 1 transport d'hydravions, 7 sous-marins, 3 canonnières, 1 mouilleur de mines, 2 pétroliers, des bâtiments auxiliaires et de nombreux transports de troupes et de matériel. En outre, elle dispose de l'appui de la 25e flottille aérienne avec 161 avions de chasse, de bombardement et de reconnaissance.

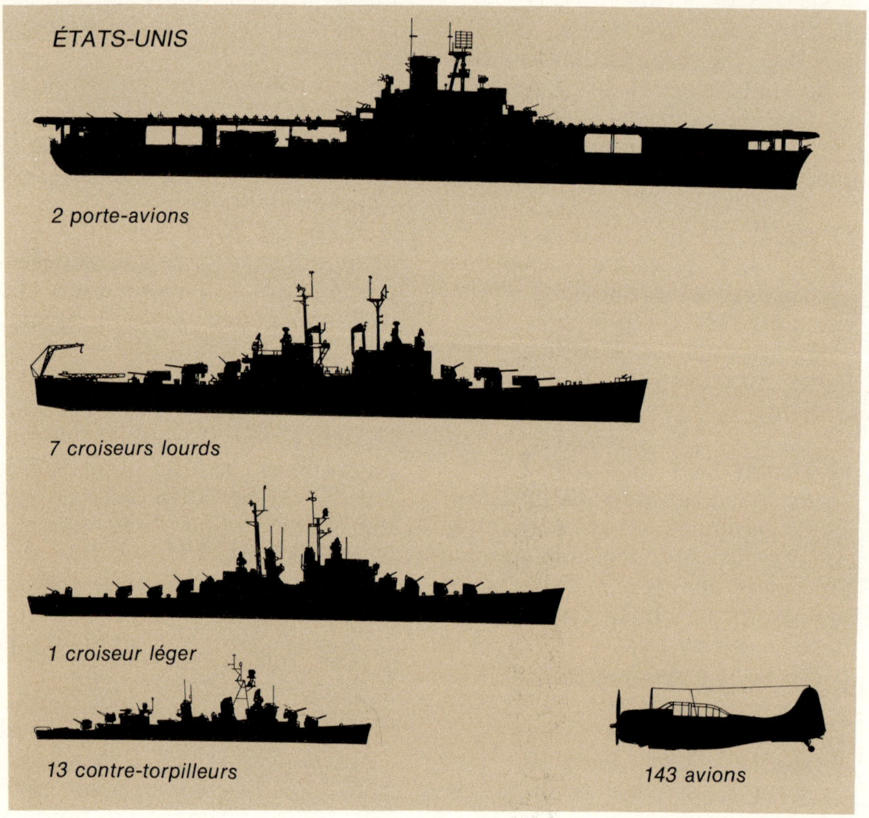

4 mai
6 h 30 : D'un point situé à 100 milles au sud-ouest de Guadalcanal, 46 avions décollent du *Yorktown* et vont couler près de Tulagi 1 contre-torpilleur, 1 dragueur de mines et 2 bateaux auxiliaires japonais. Les autres attaques ne donnent aucun résultat.
Pendant toute la journée et la nuit suivante, les flottes adverses se cherchent en vain. Avec le *Yorktown,* Fletcher rejoint alors à toute allure le groupe du *Lexington.* Pendant ce temps, le *Zuikaku,* le *Shokaku,* les croiseurs et les avions de chasse de l'escorte de l'amiral Tagaki doublent l'île de San Cristobal, à l'extrémité sud-est des Salomon, et se dirigent vers l'archipel de la Louisiade pour protéger le flanc gauche du convoi destiné à Port Moresby.

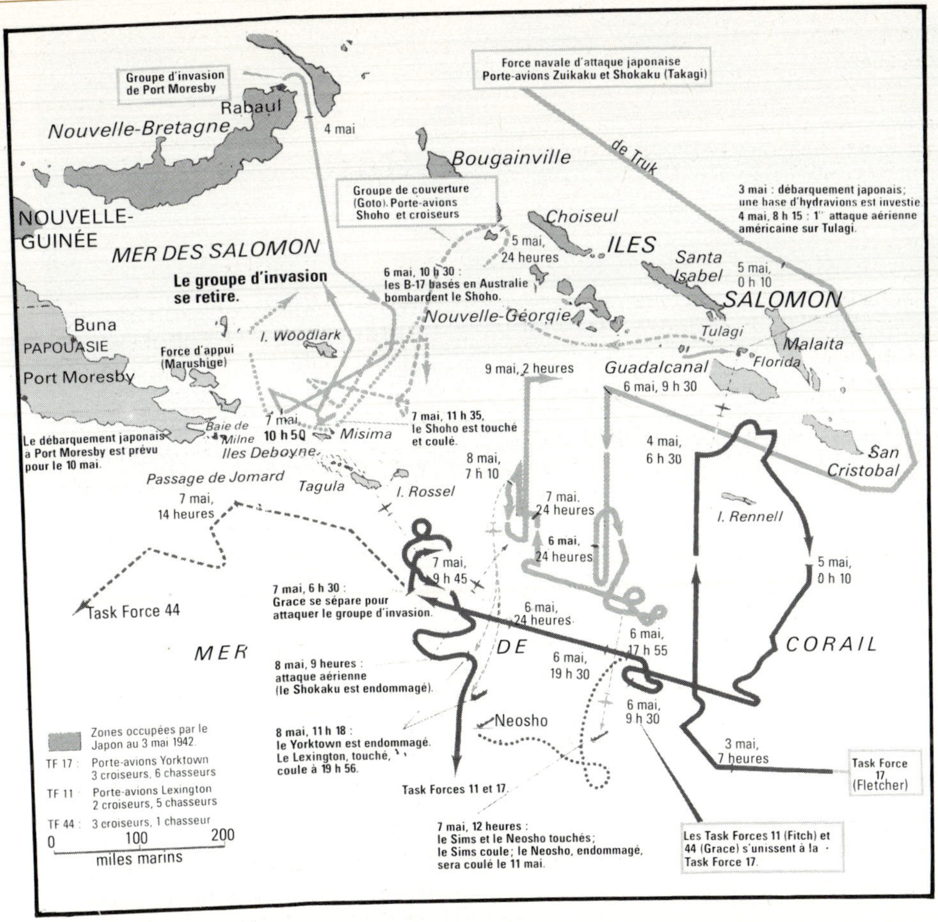

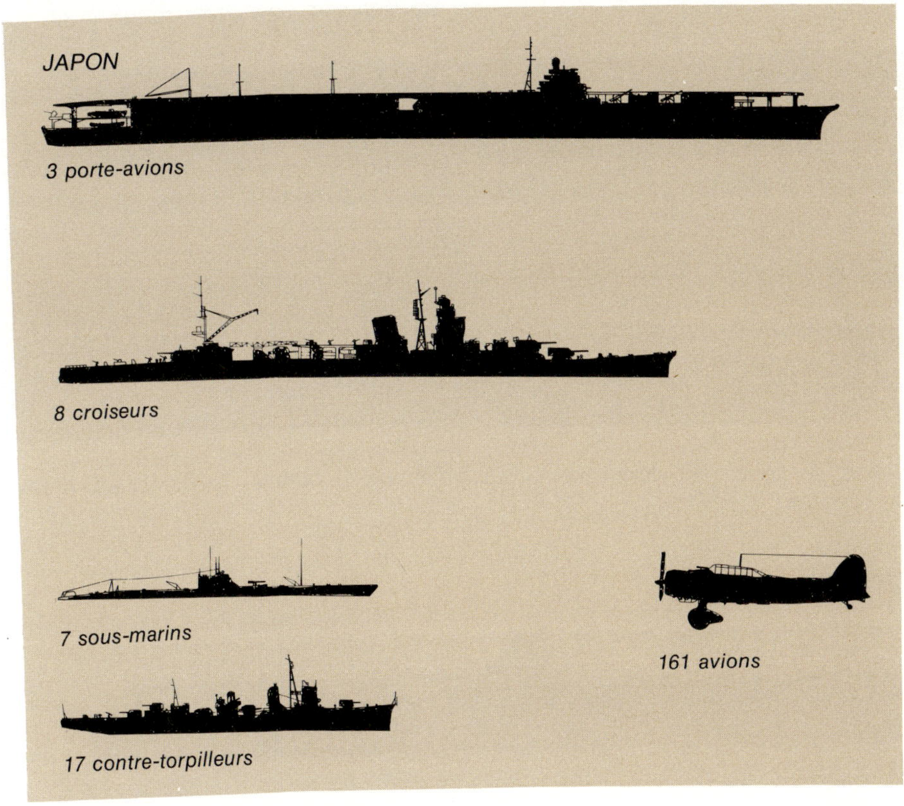

7 mai
Un avion de reconnaissance américain signale 2 porte-avions et 4 croiseurs lourds. De son côté, un appareil de reconnaissance japonais avait repéré la flotte américaine et, avant d'être abattu, avait eu le temps de donner l'alerte à Rabaul. Mais son message avait été transmis à l'amiral Takagi avec plusieurs heures de retard. Cependant, 93 appareils américains décollent des porte-avions et vont couler, vers 11 heures, le porte-avions japonais *Shoho*. Quant aux Japonais, ils réussissent par hasard à apercevoir et à couler 1 contre-torpilleur et 1 pétrolier américains. Dans l'après-midi, l'amiral Takagi fait sortir 27 avions de reconnaissance, mais 6 seulement vont rentrer de leur mission ; tous les autres ont été abattus ou se sont perdus à cause du mauvais temps.

8 mai
9 heures : Les avions du *Lexington* et du *Yorktown* partent en chasse. Ils aperçoivent les porte-avions ennemis et s'acharnent sur eux. Le *Shokaku* est gravement touché ; le *Zuikaku* et son escorte parviennent à s'éloigner sans encombre. De son côté, Takagi a fait décoller 70 appareils. Le *Yorktown* échappe de justesse à une attaque d'avions torpilleurs et n'a que de légers dégâts.

En revanche, le *Lexington* est gravement endommagé et donne tellement de la gîte qu'il ne peut plus recevoir des avions. Le navire est évacué et, avant la tombée de la nuit, coulé par un contre-torpilleur pour éviter qu'il ne tombe aux mains de l'ennemi. Les Américains ont perdu

Touché à 11 h 27 par les avions japonais, le Lexington *donne dangereusement de la bande. De nombreux hommes se jettent à la mer sans attendre l'ordre d'évacuer le navire.*

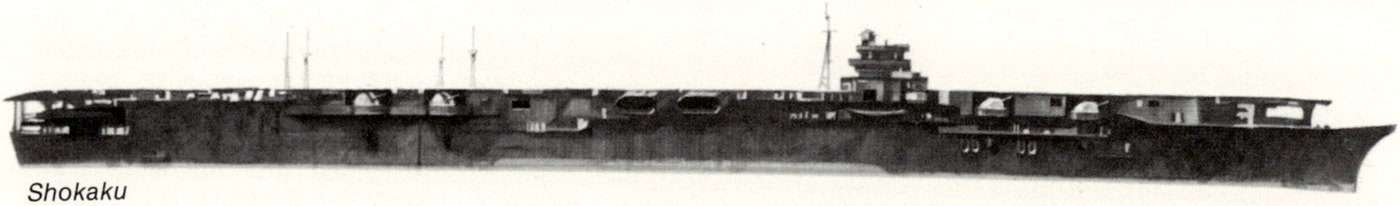

Shokaku

A gauche : des navires américains, dont certains sont en flammes, évoluent pour éviter les coups des avions japonais.

A droite : au soir du 8 mai, le Lexington, *le cher* Lady Lex, *sombre.*

66 avions, et les Japonais une soixantaine.

Ces derniers s'attribuent la victoire, car ils ont effectivement infligé à leurs adversaires des pertes supérieures aux leurs. Mais ils sont contraints de renvoyer à plus tard le débarquement de nouvelles forces à Port Moresby.

En outre, pour le première fois depuis le début du conflit, les Américains les ont affrontés d'égal à égal, et leur ont enlevé l'initiative pour un temps en passant d'une stratégie défensive à une stratégie à la fois défensive et offensive.

Même si elle n'est pas la plus importante, la bataille de la mer de Corail est la première de l'histoire qui ait vu s'opposer des forces aéronavales. Elle a été menée exclusivement par des avions, sans que les navires des flottes adverses aient jamais été en contact direct.

Lexington

l'hypothèse que 1 000 bombardiers puissent s'y rendre en une seule nuit.

20 mai

Londres. Molotov, vice-président du comité de défense nationale de l'U. R. S. S., arrive dans la capitale anglaise. Sa visite scelle l'alliance anglo-russe, par laquelle l'Union soviétique prend, entre autres engagements, ceux de devenir membre des Nations unies et de ne pas intervenir dans les affaires intérieures des autres États.

□ Le plan Harris d'opérations aériennes sur l'Allemagne reçoit l'approbation du commandement suprême et du gouvernement. Dans une lettre adressée aux commandements de l'aviation de défense des côtes, de l'aviation de chasse et des organes de coopération avec l'armée de terre, le général Harris demande à tous la plus étroite collaboration. Son projet : raser en une seule nuit l'un des principaux centres industriels de l'Allemagne, par exemple Cologne ou Hambourg.

Océan Pacifique. Grâce à leur connaissance du code japonais, les Américains savent que l'ennemi est sur le point d'envahir Midway et les îles Aléoutiennes, et ils expédient d'urgence des renforts dans les deux secteurs.

Birmanie. Les Japonais ont virtuellement achevé la conquête de la Birmanie. Les 18e, 33e, 55e et 56e divisions de la XVe armée, qui avaient reçu cette mission, commencent leurs opérations de ratissage et s'installent sur des positions défensives.

Inde. Les arrière-gardes du 1er corps birman se replient en Inde, où elles sont rattachées au 4e corps d'armée.

21 mai

Hitler décide que l'invasion de Malte, baptisée maintenant opération « Ercole », sera retardée jusqu'à la fin de la conquête de l'Égypte, à laquelle Italiens et Allemands se préparent.

22 mai

Nouvelle-Guinée. Des renforts sont envoyés dans la région de Wau, pour défendre la vallée du Bulolo. Les Alliés ont également engagé des volontaires locaux qui se joignent aux troupes, en particulier aux unités australiennes.

□ Le Mexique déclare la guerre à l'Allemagne, au Japon et à l'Italie.

23 mai

Front soviétique. Le *Heeresgruppe* Sud inflige des coups très sévères aux Soviétiques dans la région de Kharkov et isole une partie des forces russes du saillant d'Izioum, à l'ouest du Donetz.

24 mai

Malte. Les bombardements des avions italiens et allemands se poursuivent avec la même intensité et ont complètement neutralisé les installations aéronavales de l'île.

25 mai

Inde. Les rescapés de la 38e division chinoise arrivent de Birmanie.

26 mai

Londres. Diffusion de l'ordre d'opération des « 1 000 bombardiers ». Molotov signe un traité d'assistance de vingt ans entre l'U. R. S. S. et la Grande-Bretagne, puis il part pour Washington.

Afrique du Nord. Rommel reprend les opérations interrompues le 7 février, quand il avait pris position près d'Aïn el-Gazala, sur la ligne Derna-Bir Hakeim. A l'aile droite de son dispositif, il a placé 3 divisions allemandes (les 15e et 21e divisions blindées et la 90e division légère) et les 2 divisions italiennes Ariete et Trieste ; à l'aile gauche, c'est-à-dire dans le secteur d'Aïn el-Gazala, se trouve son ami intime, le général Crüwell, avec les 10e et 21e corps d'armée italiens (divisions Sabratha, Trento, Brescia et Pavia) et la 15e brigade allemande d'infanterie légère. Du côté adverse, convaincu que Rommel attaquera par le littoral afin de foncer directement sur Tobrouk, le général Ritchie, commandant la VIIIe armée anglaise, a déployé le gros de ses forces en face de Crüwell. Sur son aile droite, il a placé le 13e corps, avec la 1re division sud-africaine et la 50e division anglaise en première ligne, soutenues par la 2e division sud-africaine, la 5e division indienne, la 9e brigade indienne et la 1re brigade de chars ; au sud, et sur l'aile gauche du dispositif anglais, c'est-à-dire dans le secteur le plus intéressé aux mouvements de Rommel, il a mis en première ligne la 1re et la 7e division blindée, appuyées par la 201e brigade de gardes, le IIIe groupe de brigade motorisé indien et la 29e brigade de la 5e division indienne. Bir Hakeim est tenu par les 5 500 hommes de la brigade de F. F. L. du général français Kœnig, qui résisteront héroïquement jusqu'au 11 juin.

Dans l'après-midi du 26 mai, lorsque Crüwell attaque dans le secteur d'Aïn el-Gazala, le général Ritchie est très fier d'avoir prévu exactement les mouvements de l'adversaire et le point où il chercherait à percer les lignes anglaises. En réalité, la manœuvre de Crüwell n'est qu'une action de diversion, et c'est au sud que l'attaque décisive, celle des blindés de Rommel, se produira.

21 heures : Les divisions blindées de Rommel avancent vers le sud-est, dans le désert.

27 mai

Afrique du Nord. A 6 heures, les chars de Rommel et la division Ariete se trouvent au sud de Bir Hakeim. La seconde division italienne, la division Trieste, au lieu d'aller vers le sud-est, précisément sur Bir Hakeim, se dirige par erreur vers l'est-nord-est où la 150e brigade anglaise est en position. Le sud du front anglais se trouve complètement encerclé. L'intention de Rommel est alors de lancer vers Tobrouk la 90e division légère allemande pour abuser les arrières ennemis, tandis que la division Ariete prendra Bir Hakeim à sa charge et que, de leur côté, les 15e et 21e divisions blindées de l'Afrikakorps iront au nord encercler le gros de l'armée anglaise.

6 h 30 : Rommel lance la 21e division blindée allemande ainsi que la division italienne Ariete contre les positions de la 3e brigade indienne, installée au sud de Bir Hakeim ; elles surprennent leurs ennemis au petit déjeuner. Le « Renard du désert » ne fait pas mentir sa réputation : il étonnera toujours les Britanniques.

Sous le feu ennemi, les Italo-Allemands avancent à Aïn el-Gazala. Mais c'est au sud que Rommel déclenchera son attaque principale.

En même temps, la 90e division légère allemande avance vers Tobrouk et force la position de Retma, tenue par la 7e brigade motorisée anglaise, qui réussit toutefois à décrocher pour se réfugier à Bir el-Gobi.

Alors que la 1re brigade des F. F. L. repousse l'attaque de la division Ariete contre Bir Hakeim, la 2e brigade blindée anglaise attaque par la droite, et la 1re brigade de chars par la gauche, les 15e et 21e *Panzerdivisionen.* Pour Rommel, la situation devient extrêmement délicate. Il a perdu un tiers de ses chars, et le carburant commence à manquer. Il se trouve pratiquement bloqué et isolé dans la zone que contrôlent les Britanniques. En outre, la 90e division légère allemande, qui manœuvre au nord, n'est plus couverte par l'Afrikakorps et se trouve ainsi dangereusement exposée.

Pourtant, sur la gauche du dispositif allemand, c'est-à-dire dans le secteur d'Aïn el-Gazala, les troupes de l'Axe ont atteint les escarpements côtiers et contrôlent la via Balbia, l'unique ligne de retraite que puisse utiliser l'ennemi.

Sicile. Par vagues successives, les avions britanniques bombardent Messine, Catane et Syracuse.

Londres. Des formations orageuses et des nuages bas contraignent le général Harris à retarder son opération des « 1 000 bombardiers » contre l'Allemagne.

Océan Pacifique. L'escadre de porte-avions du vice-amiral Nagumo quitte le Japon pour Midway avec 20 autres unités. Elle est suivie à 600 milles par le gros de la flotte impériale, commandé par l'amiral Yamamoto. Les autres groupes sont sous les ordres des vice-amiraux Tanaka, Kurita et Kondo. Des transports japonais, escortés de croiseurs et de contre-torpilleurs, partent également de l'île de Saipan et de l'île de Guam pour Midway. Les forces navales américaines qui les attendront dans la zone de Midway ont à leur tête les contre-amiraux Spruance et Fletcher, et comprennent les 3 porte-avions *Yorktown, Enterprise* et *Hornet,* 26 croiseurs, contre-torpilleurs, pétroliers et bateaux de plus faible tonnage, ainsi que 19 sous-marins.

Tchécoslovaquie. A Prague, des patriotes tchèques parachutés par un avion britannique font sauter la voiture du *Reichsprotektor* Reinhard Heydrich. Le « protecteur » de la Bohême-Moravie mourra le 4 juin des suites de ses blessures. Les Allemands réagiront en exécutant de nombreux résistants qu'ils détiennent en prison et en massacrant toute la population mâle du village de Lidice, près de Prague.

France. Début des déportations en Allemagne des membres des mouvements de Résistance.

28 mai

Pacifique. Le gros de la flotte japonaise quitte ses bases avec l'amiral Yamamoto pour rejoindre l'avant-garde de l'amiral Nagumo. De son côté, l'escadre de l'amiral Spruance quitte Pearl Harbor pour Midway.

Des troupes américaines venant d'Efate débarquent dans l'île d'Espiritu Santo, aux Nouvelles-Hébrides, pour y construire un terrain d'aviation apte à l'atterrissage des bombardiers qui appuieront l'invasion des Salomon.

Birmanie. Les troupes japonaises occupent Keng Toung, un des rares centres du pays qu'elles n'aient pas encore atteints.

Chine. Pressés par les Japonais, les Chinois abandonnent Kinhwa, dans la province du Tchökiang.

Afrique du Nord. La VIIIe armée britannique empêche les Italo-Allemands d'atteindre la côte à l'arrière de leurs positions d'Aïn el-Gazala.

Front soviétique. La bataille de Kharkov s'achève par une brillante victoire des Allemands, qui éliminent ainsi le saillant russe à l'ouest du Donetz.

Londres. A cause du mauvais temps, nouveau renvoi de l'opération « 1 000 bombardiers ».

France. En zone Nord, le port de l'étoile jaune est imposé aux juifs.

Exécution d'un partisan en Yougoslavie.

29 mai
Afrique du Nord. Après s'être ouvert un passage au milieu des champs de mines qui défendent les lignes de la VIIIe armée britannique, les Italo-Allemands avancent malgré la violente réaction de l'adversaire. Le gros des panzers de Rommel, momentanément sur la défensive en attendant qu'une voie de ravitaillement soit ouverte, se replie vers le sud sous la poussée des blindés du 30e corps. L'Afrikakorps dispose de beaucoup moins de chars que les Britanniques, équipés de chars américains Grant.

30 mai
Océan Pacifique. L'escadre de l'amiral Fletcher quitte Pearl Harbor pour Midway, où se prépare un piège pour la flotte japonaise. Une escadre japonaise, formée de 2 porte-avions, 2 croiseurs, 3 contre-torpilleurs et 2 bateaux de transport, quitte le Japon pour les îles Aléoutiennes, avec mission d'y débarquer de petits contingents et surtout d'y attirer la flotte américaine par une attaque de diversion.
Afrique du Nord. Afin de consolider leurs têtes de pont au-delà des champs de mines anglais, les forces de l'Axe attaquent sans succès les positions britanniques. L'activité de la R. A. F. est très intense. Le général Ritchie décide de contre-attaquer dans la soirée du 31 mai, à la demande de ses commandants d'unités, il accepte de retarder l'opération de 24 heures. A peine arrivée en Libye, la 1re brigade blindée est répartie entre les secteurs pour combler les vides.
Le général allemand Crüwell, commandant l'infanterie italienne du secteur de Gazala, est fait prisonnier.
Rommel abandonne l'idée d'avancer

JOHN BARRYMORE

Le célèbre profil de John Barrymore ; à droite : Barrymore et Dolores Costello dans The Sea Beast *(1926).*

Ravagé par l'alcool, John Blythe Barrymore, l'une des plus célèbres stars des années vingt et trente, meurt à Hollywood le 29 mai.
Dernier enfant de la fameuse famille Barrymore, John naît à Philadelphie en 1882. En 1903, il fait ses débuts au cinéma dans *An American Citizen,* qui sera suivi par de nombreuses autres comédies qui le rendront très populaire.
Travaillant en alternance au théâtre et au cinéma, il sera considéré comme l'un des meilleurs acteurs shakespeariens.
Il connaît une gloire internationale grâce aux rôles qu'il incarne dans des films romantiques ou d'aventure. A l'avènement du parlant le public découvre sa splendide voix. Dans les années trente, il se spécialise dans des rôles de viveur sarcastique et joue aux côtés des plus grandes vedettes de l'époque (Garbo, Lombard, Hepburn) dans des films à grand succès : *Grand Hotel* de Goulding, *Train de luxe (Twentieth Century)* de Hawks, *Les Invités de huit heures (Dinner at eight)* de Cukor. Barrymore termine sa carrière en interprétant des rôles quasi biographiques dans des films de second ordre.

au nord et s'installe sur la défensive en déplaçant tous ses moyens blindés dans une zone au sud de Sidi Mouftah et à l'ouest de Bir el-Harmat. Il tourne ainsi le dos aux champs de mines anglais, mais s'attend d'un moment à l'autre à être attaqué par la VIIIe armée britannique. Chose incroyable, cette attaque n'aura pas lieu.

Londres. Premiers signes de l'amélioration des conditions atmosphériques en Allemagne. En attendant, le plan des « 1 000 bombardiers » devient une réalité. Les avions sont prêts à décoller à destination de Cologne.

22 h 30 : L'ordre de départ est donné. Les Stirlings du XVe groupe, basés à Wyton, dans le Huntingdonshire, sont les premiers à prendre l'air, suivis bientôt de tous les autres.

Un peu avant minuit, le bombardement de Cologne commence. Les habitants de la ville, dont des centaines demeurent bloqués dans les caves, vivent des heures terrifiantes. De furieux incendies dévastent le centre de l'agglomération, entourée d'une fumée dense et âcre. Plus de 2 000 t de bombes sont tombées. Les dégâts sont considérables : 13 000 habitations détruites et 6 000 gravement endommagées, plus de 45 000 personnes sans abri, 469 morts et plus de 4 500 blessés. Les Anglais perdent 39 bombardiers, la plupart abattus par la chasse de nuit allemande. Dans son journal, Hermann Goering, le dauphin de Hitler, commente ainsi le bombardement de Cologne : « Si l'on considère des cas isolés, les effets de la guerre aérienne sont certainement terribles ; mais il faut les accepter... »

31 mai

Afrique du Nord. Le général Ritchie, commandant la VIIIe armée anglaise, est persuadé que désormais la manœuvre de Rommel ne peut qu'échouer. « Je le tiens, écrit-il au général Auchinleck, commandant en chef des forces britanniques au Moyen-Orient. Je l'écraserai. » Mais Rommel conserve toute sa liberté d'action et se jette sur la 150e brigade de la 50e division anglaise, en position au sud-ouest de Sidi Mouftah, entre la piste de Capuzzo et celle d'El Abd. Dans l'après-midi, le 13e corps britannique déclenche une vaine contre-attaque, promptement refoulée.

1er juin

Afrique du Nord. Les chars de Rommel détruisent la 150e brigade anglaise et capturent 3 000 hommes et 123 canons. L'Afrikakorps réussit ainsi à ouvrir la voie à ses colonnes de ravitaillement. Ritchie écrira néanmoins : « Je regrette d'avoir perdu ma 150e brigade, mais notre situation s'améliore de jour en jour... »

Malte. Bombardement de Hal Far par l'aviation italo-allemande.

Australie. Un sous-marin de poche

Chars allemands, avec une partie des équipages assis sur les tourelles, devant des

japonais pénètre dans le port de Sydney et y coule un bateau de commerce australien.

1er-2 juin
Afrique du Nord. Une première tentative des forces de la VIIIe armée anglaise de pénétrer dans la ligne de défense allemande échoue devant la réaction des blindés de Rommel.

2 juin
Afrique du Nord. Rommel envoie à Bir Hakeim, défendu par la 1re brigade de F. F. L., la division Trieste et la 90e division légère allemande. Ces deux grandes unités relèvent la division italienne Ariete, engagée contre les Français depuis le 26 mai. La garnison tenue par les hommes du général Koenig est encerclée.

maisons en flammes dans la campagne autour de Kharkov, en Ukraine.

Océan Pacifique. Les *Task Forces* des amiraux Fletcher et Spruance se rejoignent à 350 milles environ au nord-est de Midway. Fletcher prend le commandement des opérations et déplace les 2 escadres à 200 milles au nord de l'île. Dans les îles Aléoutiennes, des avions de reconnaissance américains repèrent 2 porte-avions japonais à 400 milles de Kiska.
Front soviétique. En Crimée, avant l'assaut des Roumains et des Allemands contre la place forte de Sébastopol, la XIe armée du *Heeresgruppe* Sud commence une très violente préparation d'artillerie qui durera 5 jours.

3 juin
Océan Pacifique. Des avions américains basés à Midway attaquent sans résultat appréciable les bateaux de transport de l'amiral Yamamoto, à 600 milles environ de l'île.
Afrique du Nord. Une demi-brigade britannique embarque pour Madagascar, afin de relever les troupes qui s'y trouvent.
Malte. Les incursions d'avions ennemis se succèdent sans relâche sur les installations de l'île, et sur le terrain de Micabba en particulier.
Sardaigne. Raid d'avions anglais sur Cagliari et l'île de Sant'Antioco.

4 juin
Océan Pacifique. Début de la bataille de Midway. Elle durera jusqu'au 7 et verra la défaite des Japonais, qui y perdront 4 porte-avions.
Iles Aléoutiennes. Des appareils partis des porte-avions japonais bombardent Dutch Harbor, dans l'île d'Unalaska, endommagent un bateau américain et atteignent des réservoirs de carburant. Des avions de reconnaissance et des bombardiers américains cherchent la flotte japonaise toute la journée sans parvenir à la localiser.
Afrique du Nord. A la tombée de la nuit, la VIIIe armée passe à la contre-attaque afin de réduire la poche que les forces de l'Axe ont formée au centre de son dispositif. Dans la nuit du 4 au 5, la 15e division blindée allemande prend position à Bir el-Harmat et repousse les

attaques des soldats britanniques.
Tchécoslovaquie. Heydrich, *Reichsprotektor* de Bohême-Moravie, meurt des suites de ses blessures reçues lors de l'attentat du 27 mai. En représailles, les Allemands exécutent de nombreux patriotes emprisonnés et toute la population mâle de Lidice ; les femmes et les enfants sont internés dans un camp de concentration.

5 juin
Les États-Unis déclarent la guerre à la Bulgarie, à la Roumanie et à la Hongrie.
Afrique du Nord. La contre-attaque des Britanniques (en code, opération « Aberdeen ») échoue. Ils ne parviennent pas à éliminer la poche italo-allemande et perdent 2 brigades d'infanterie et 4 régiments d'artillerie. Ils n'ont pas coordonné correctement la manœuvre de leurs unités et se sont heurtés au tir de barrage meurtrier des blindés allemands. Dans l'après-midi, Rommel contre-attaque à son tour en lançant sa réserve de chars vers l'est. Au coucher du soleil, toutes les forces anglaises qui ont essayé de pénétrer dans la poche sont en fuite. La VIIIe armée a perdu 6000 morts, blessés et disparus.
De son côté, Rommel annonce la capture de 4000 prisonniers et de 150 chars ennemis.
Italie. Pendant la nuit, des avions anglais bombardent Naples et ses environs, causant des destructions et faisant de nombreuses victimes.

6 juin
Afrique du Nord. Rommel envoie sa 15e *Panzerdivision* à Bir Hakeim pour prêter main-forte à la division Trieste et à la 90e division légère allemande qui ne réussissent pas à avoir raison de la résistance des Français du général Kœnig. Les Italo-Allemands se concentrent dans la zone appelée Knightsbridge et menacent Tobrouk.
Malte. Les bombardiers de l'Axe pilonnent les installations militaires de l'île. Les violents combats aériens causent des pertes sévères des deux côtés.
Sicile. Les avions anglais font un nouveau raid de nuit sur Messine, où l'on enregistre de graves dégâts.

7 juin
Front soviétique. En Crimée, après une préparation d'artillerie de 5 jours, les Allemands et les Roumains du *Heeresgruppe* Sud lancent leur offensive finale contre Sébastopol. Ils veulent absolument neutraliser la place avant d'entreprendre la conquête du Caucase.
Afrique du Nord. La 1re brigade de F.F.L. continue de résister à Bir Hakeim.
Sardaigne. Un raid de nuit de l'aviation anglaise sur Cagliari cause de graves destructions et fait de nombreuses victimes.
Iles Aléoutiennes. Les Japonais débarquent 1800 hommes dans les îles occidentales d'Attu et de Kiska.
Chine. Poursuivant leur offensive dans le Tchökiang, les Japonais s'emparent de l'aéroport de Tchouhsien et attaquent la ville.

8 juin
Afrique du Nord. La lutte est toujours incertaine dans la région de Knightsbridge et de Bir Hakeim. Les Français défendent valeureusement cette dernière position, mais ils sont contraints de céder du terrain et leur situation logistique devient critique.
Pacifique Sud-Ouest. A la suite de la brillante victoire de Midway, MacArthur propose une offensive limitée

BIR HAKEIM

A Bir Hakeim, F. F. L. et soldats anglais combattent vaillamment.

L'héroïque défense de Bir Hakeim, du 27 mai au 11 juin 1942, par la 1re brigade des Forces françaises libres (F.F.L.), commandée par le général Kœnig, n'eut pas seulement une importance difficile à évaluer sur le sort de la grande offensive lancée par le maréchal Rommel en direction de l'Égypte. Saluée comme un grand exploit par l'opinion anglo-américaine, elle témoigna de la valeur des troupes « gaullistes » et marqua avec éclat la volonté et la capacité françaises de participer à la guerre contre l'Axe.
Les débuts avaient été difficiles. Malgré l'appel du général de Gaulle, le 18 juin, invitant les officiers et soldats français présents en Angleterre, ou qui viendraient à s'y trouver, à se rallier à lui, les volontaires, au

dans les îles Bismarck pour reprendre les positions perdues.
☐ Les premières exterminations massives de juifs commencent à Auschwitz.

9 juin
Les États-Unis et la Grande-Bretagne signent un accord pour la mise en commun de leurs ressources agricoles et industrielles.
Philippines. Bien que des groupes isolés n'aient pas encore déposé les armes, les Japonais ont maintenant achevé la conquête de l'archipel. Les Américains y ont perdu 140 000 hommes.
Afrique du Nord. les Britanniques tentent vainement de porter secours aux assiégés de Bir Hakeim, où de furieux combats continuent.
Italie. L'aviation anglaise bombarde Tarente : destructions importantes.

10 juin
Afrique du Nord. Des groupes d'assaut de l'Afrikakorps pénètrent dans les positions françaises de Bir Hakeim. Pendant la nuit, les Français encore en état de combattre traversent les lignes allemandes en abandonnant leurs blessés et réussissent à rejoindre les troupes alliées. Les Anglais ne tarissent pas d'éloges pour le général Kœnig, dont la résistance courageuse a contraint Rommel à retarder de plusieurs jours son attaque de Tobrouk.
Front soviétique. Le *Heeresgruppe* Sud fait de lents progrès contre les fortifications de Sébastopol. La place est défendue par 7 divisions de fusiliers, 1 division de cavalerie à pied, 2 brigades d'infanterie, 3 brigades de fusiliers-marins, des bataillons blindés et des unités autonomes, 10 régiments d'artillerie, 2 bataillons de lance-bombes, 1 régiment antichar et 45 groupes d'artillerie de marine, soit un total de 101 000 hommes, 600 canons et 2 000 mortiers.

(suite page 254)

cours des premières semaines, avaient été peu nombreux : 7 à 8 000 hommes et de rares officiers supérieurs. L'affaire de Mers el-Kébir n'avait pas facilité le recrutement. Mais le ralliement de l'Afrique-Équatoriale française permit de porter à 35 000 hommes environ les effectifs des F. F. L. Un an plus tard, ils atteignaient 70 000 et participaient, aux côtés des forces britanniques, aux campagnes d'Érythrée et de Libye.
Le 7 février 1942, après avoir refoulé les Britanniques depuis El Agheila, au fond de la Grande Syrte, le maréchal Rommel s'était arrêté au nord de la Cyrénaïque, sur une ligne Derna-Bir Hakeim, formée de points d'appui séparés par des champs de mines. Puis il avait entrepris de regrouper ses forces en vue de la grande offensive qui, pensait-il, le mènerait jusqu'au Caire et au canal de Suez. Le 27 mai, c'est chose faite, et il repart à l'assaut.
Le plan de Rommel consiste à déborder Bir Hakeim par le sud et à s'en emparer, pour prendre à revers les forces britanniques et foncer sur Tobrouk, qu'il projette d'atteindre le 30 mai.
Mais la défense de Bir Hakeim a été confiée aux 5 500 hommes de la 1re brigade F. F. L., que commande le général Kœnig. Celui-ci, alors âgé de 44 ans, est l'un des premiers officiers à avoir rallié le général de Gaulle. Ancien combattant de la Première Guerre mondiale, puis de la campagne du Rif, il a pris part, en 1940, à l'expédition de Norvège avant de combattre en France. Il appelle ses soldats à tenir à tout prix la position qui commande un croisement de pistes dans le désert.
Dès le 28 mai, il apparaît que la manœuvre de Rommel ne pourra pas obtenir les résultats escomptés. Les défenseurs de Bir Hakeim ont repoussé les assauts ennemis. Rommel, menacé sur son flanc, risque de manquer de carburant. Pendant 4 jours, la bataille fait rage et les Britanniques sont sur le point de couper de leurs arrières les forces italo-allemandes. Mais Rommel reprend l'initiative le 1er juin, rétablit ses lignes de communication et regroupe ses forces à l'est du couloir qu'il a réussi à maintenir ouvert. Il lui faut cependant, avant de pouvoir poursuivre, éliminer le saillant de Bir Hakeim, qui allonge et menace, au sud, ses voies de ravitaillement.
Le 2 juin, la 90e division allemande, qui avait dû se replier, après s'être avancée en direction de Tobrouk, est envoyée en renfort contre les positions françaises, avec l'appui d'une division italienne. Cela permet aux Britanniques de contre-attaquer le gros des forces allemandes, pour tenter de réduire le saillant qu'elles ont réussi à former. Ils n'y parviennent pas, mais Bir Hakeim résiste toujours à tous les assauts, malgré des pertes sensibles ; et Rommel, le 6 juin, doit faire appel à sa 15e division blindée, pour renforcer encore les rangs des assaillants.
Les 8 et 9 juin, la situation des défenseurs de Bir Hakeim s'aggrave et les Britanniques échouent à nouveau dans leurs tentatives de percer jusqu'au camp retranché.
Dans la nuit du 10 au 11 juin, devant l'impossibilité de poursuivre plus longtemps la résistance, le général Kœnig se résout à abandonner la place. Sa brigade a perdu le quart de ses effectifs, mais les survivants réussissent à traverser les lignes allemandes et à rejoindre les forces britanniques. 500 blessés seulement seront faits prisonniers par les troupes allemandes, lorsqu'elles s'empareront enfin, le 11 juin, du camp retranché.
En retardant de 15 jours l'offensive de Rommel, les combattants de Bir Hakeim avaient contribué puissamment à sauver l'Égypte et le canal de Suez.

LA BATAILLE DE MIDWAY TOURNANT DE LA GUERRE DU PACIFIQUE

27 mai
La 1re escadre japonaise, commandée par le vice-amiral Nagumo, et formée des 4 porte-avions *Akagi, Kaga, Soryu* et *Hiryu,* eux-mêmes escortés par le cuirassé *Kirishima,* les croiseurs *Mikuma, Chikuma, Tone* et *Haruna,* et d'autres bateaux plus légers, au total 21 bâtiments, quitte le port d'Hashirajima, dans l'île du même nom située entre Hondo (Honshu) et Sikok (Shikoku), en direction de Midway. Son objectif est de s'emparer de la base de bombardiers à partir de laquelle les Américains contrôlent une vaste zone du Pacifique.

Une autre force d'invasion aux ordres du vice-amiral Kurita, constituée de 12 transports de troupes, 2 navires de bataille, 4 croiseurs lourds et d'autres bateaux de moindre importance, appareille également de Saipan et de Guam ainsi que d'autres ports militaires du Japon avec 5 000 hommes. Deux autres formations d'appui ont à leur tête les vice-amiraux Tanaka et Kondo. A la distance de 600 milles et avec un décalage de 24 heures sur l'escadre de Nagumo, le gros de la flotte lève l'ancre sous le commandement de l'amiral Yamamoto. Il comprend le *Yamato,* le cuirassé le plus puissant du monde (72 800 t à pleine charge, 9 pièces de 460 mm, 12 canons de 155 mm, 12 pièces longues de calibre 127, vitesse de 27,5 nœuds), les deux navires de bataille *Nagato* et *Mutsu,* ainsi que 9 contre-torpilleurs et 1 croiseur léger, sans compter les navires auxiliaires.

28 mai
Grâce à leur connaissance du code de la marine japonaise, les Américains savent que l'ennemi a l'intention de s'emparer de Midway et surtout d'attirer dans un piège la flotte du Pacifique, plus faible que la sienne. L'ami-

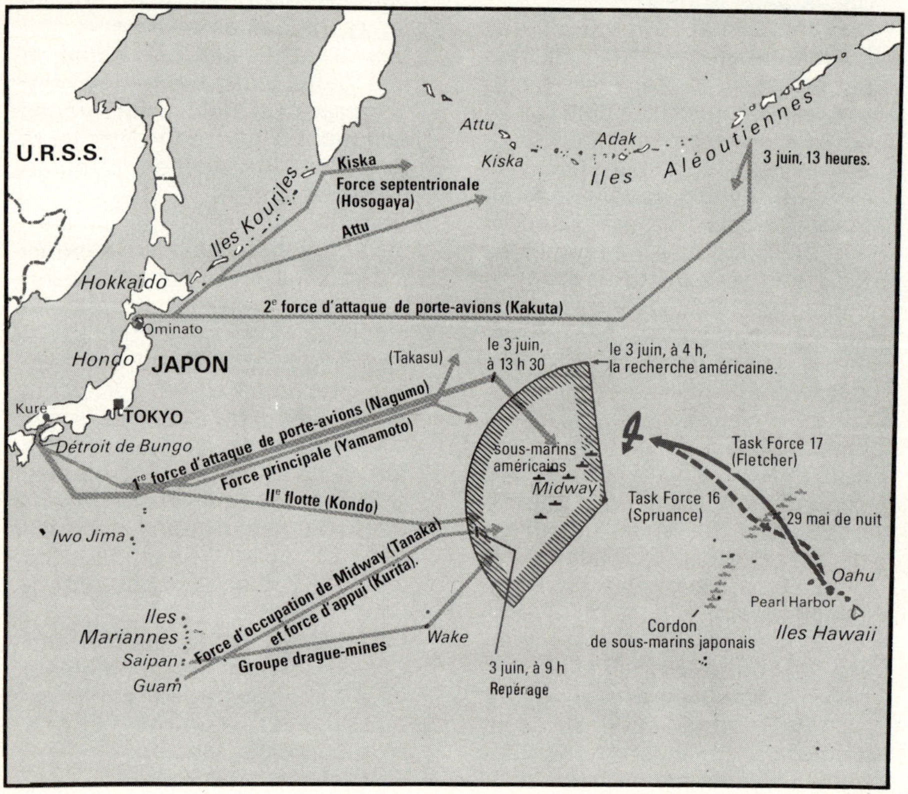

En haut : l'amiral Yamamoto, commandant la flotte japonaise et instigateur de Pearl Harbor; il aura moins de chance à Midway.

Ci-contre : les forces japonaises appareillent entre le 25 et le 28 mai.

CV 6 ENTERPRISE *(États-Unis, 1938). Premier porte-avions de ce nom, qui sera également donné en 1960 au premier porte-avions à propulsion nucléaire, le CVAN 65 de 1960. Il possédait un pont d'envol rectangulaire soutenu par des pylônes en proue comme en poupe et un grand îlot sur le côté droit, à l'avant et à l'arrière duquel se trouvaient les emplacements pour quatre mitrailleuses antiaériennes. Il était également muni de 8 canons antiaériens de 127 mm logés sur quatre petites passerelles en haut du pont d'envol. Il appartenait à une classe de trois unités comprenant le* Yorktown *et le* Hornet. *Il fut retiré du service en 1956.*

ral Nimitz dirige alors de Pearl Harbor sur Midway la *Task Force* 16, commandée par le contre-amiral Spruance et comprenant les porte-avions *Enterprise* et *Hornet*, les croiseurs lourds *Pensacola, Northampton, New Orleans, Minneapolis* et *Vincennes*, le croiseur léger *Atlanta*, 11 contre-torpilleurs, 2 pétroliers et 19 sous-marins.

30 mai

La *Task Force* 17, formée du porte-avions *Yorktown*, des croiseurs lourds *Portland* et *Astoria*, et de 6 contre-torpilleurs, quitte Pearl Harbor à son tour, sous le commandement du contre-amiral Fletcher.

31 mai

Les Japonais interceptent 180 messages radio, dont beaucoup

YAMATO *(Japon, 1941). La classe* Yamato *devait se constituer de quatre unités, mais seuls le* Yamato *et le* Musashi *furent terminés. Les deux autres furent transformés en porte-avions durant leur construction. Seule la construction du* Shinano *fut menée à son terme.*
Ce furent les plus grands cuirassés du monde, d'un déplacement de 72 900 tonnes : le double des 35 000 tonnes admises par le traité de Washington. Armés de canons de 460 mm, ils dépassaient là aussi les normes, fixées par le traité à 406 mm.

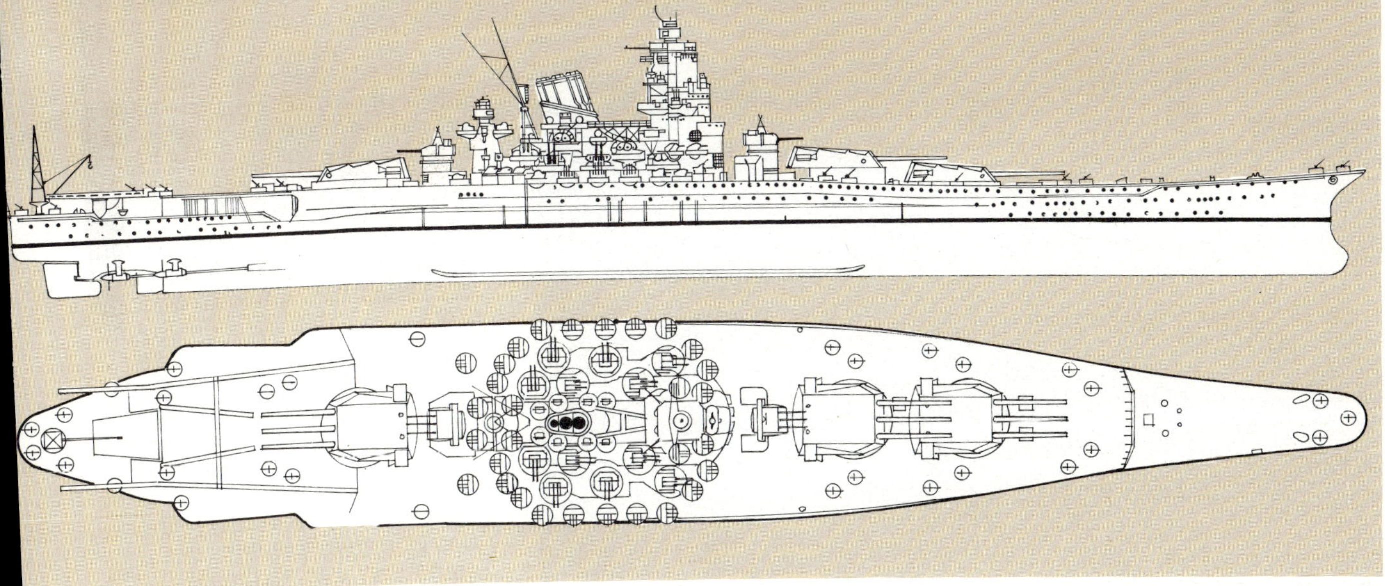

Nakajima japonais touché par la D.C.A. du Yorktown.

Avion torpilleur japonais partant à l'attaque du Yorktown.

portent la mention « Urgent », et soupçonnent les Américains d'être au courant de leur présence. Craignant d'avoir été repérée, l'escadre de Nagumo, qui précède le gros de la flotte, doit pourtant observer le silence radio.

2 juin

Nagumo doit effectuer un changement de cap imprévu et en rendre compte à Yamamoto. Il se décide à établir la liaison avec lui sur le réseau intérieur, dont la puissance est très faible. Le *Yamato* capte également son message, alors que l'escadre américaine de Spruance, qui se trouve pourtant à plus faible distance, ne l'a pas intercepté. Les *Task Forces* de Spruance et de Fletcher se rejoignent à 350 milles au nord-est de Midway. Le commandement des opérations passe alors à Fletcher qui déplace les deux escadres à 200 milles au nord de l'île.

4 juin

4 h 30, heure locale : Les appareils de reconnaissance et les avions de bombardement décollent des porte-avions *Akagi* et *Kaga* et des croiseurs *Tone, Chikuma* et *Haruna*. Une première vague de 108 chasseurs et bombardiers part vers Midway, mais l'effet de surprise est manqué. A 150 milles de l'objectif, un hydravion américain les aperçoit, fait rapidement demi-tour et les précède sur l'île, où il lance une fusée pour signaler à la chasse déjà en alerte leur attaque imminente. Les Japonais remportent cependant la victoire dans les airs, mais n'ont pas accompli leur mission, qui était de neutraliser l'aviation et les bases aériennes de Midway. A 7 heures, une deuxième vague reçoit l'ordre de se préparer à décoller. 5 minutes plus tard, l'alerte est donnée à bord des navires de Nagumo : un contre-torpilleur a repéré des avions ennemis, une escadrille de bombardiers. Les batteries de D. C. A. des contre-torpilleurs, des croiseurs et des cuirassés *Kiri-*

Avion en flammes sur le Hornet.

Aviateurs américains recueillis par un sous-marin.

shima et *Akagi*, principale cible des Américains, repoussent leur attaque.

A cette phase de l'opération, les avions japonais de la deuxième vague doivent remplacer les torpilles dont ils étaient armés contre les porte-avions américains par des bombes pour pilonner à nouveau la base de Midway, qui n'a pas été neutralisée.

Entre 7 h 02 et 9 heures, alors que les ponts des porte-avions de Nagumo sont encombrés d'appareils prêts à décoller, de torpilles et de bombes, 131 bombardiers en piqué et avions torpilleurs venant de l'*Hornet*, de l'*Enterprise* et du *Yorktown* arrivent sur eux. Les Japonais en abattent un grand nombre, tandis que leurs bateaux ne subissent aucun dommage.

A 9 h 30, de nouvelles escadrilles américaines se lancent à l'attaque de la flotte japonaise. En même temps, le sous-marin *Nautilus* lance ses torpilles contre les croiseurs japonais.

A 10 h 20, l'amiral Nagumo donne à ses avions l'ordre de décoller, mais à peine 4 minutes plus tard, les bombardiers américains se lancent contre ses porte-avions. Le *Soryu*, l'*Akagi*

Le Soryu *cherche à fuir ; en bas :* l'Akagi *évite les bombes.*

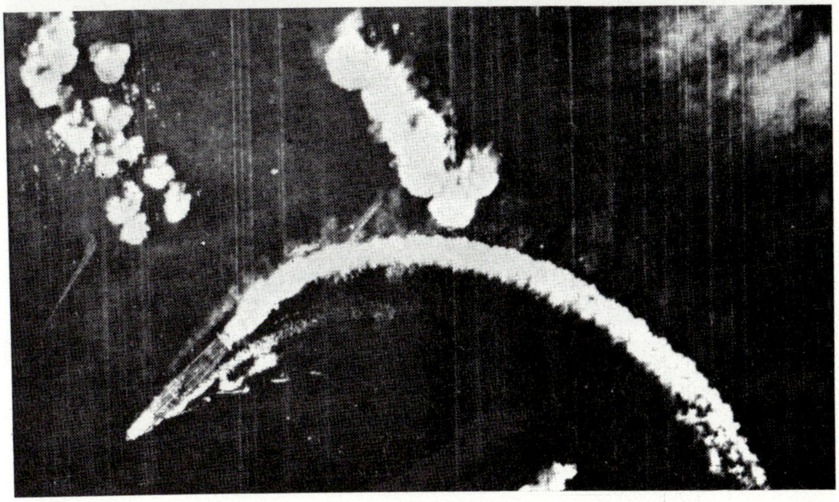

Le mur de feu du Yorktown, *déjà frappé à mort.*

Ci-dessous : le Mogami *et le* Mikuma *entrent en collision.*

A droite : le Yorktown *en train de sombrer.*

et le *Kaga* sont touchés. De graves incendies s'y déclarent, ainsi que des explosions sur les ponts encombrés de bombes et d'avions. Seul l'*Hiryu* réussit à éviter les coups.
14 h 45 : Le porte-avions américain *Yorktown* est touché par les appareils venant de l'*Hiryu.*

5 juin
15 h 30 : Yamamoto fait torpiller l'épave de l'*Akagi,* dont l'équipage a été recueilli à temps par le croiseur *Nagara.*
18 heures : Pris à nouveau sous le feu des appareils de l'*Enterprise,* le porte-avions *Hiryu* sombre.
19 heures : Le porte-avions *Soryu,* gravement endommagé la veille, coule en entraînant dans la mort son commandant et les 728 hommes de son équipage.
19 h 25 : Le porte-avions *Kaga,* également endommagé le jour précédent, coule à son tour.

6 juin
2 h 15 : Les croiseurs *Mogami* et *Mikuma* entrent en collision.
3 heures : L'amiral Yamamoto donne l'ordre de repli général. Au cours des heures suivantes, le *Mogami* et le *Mikuma* réus-

sissent à s'éloigner malgré les dégâts subis dans leur collision. Dans le courant de la nuit, des avions américains localisent le *Mikuma* et l'envoient par le fond. Un sous-marin japonais torpille et coule le contre-torpilleur américain *Hammam*.
Après avoir récupéré leurs avions, les Américains rompent le contact avec la flotte ennemie, qui s'éloigne.

7 juin
Le porte-avions américain *Yorktown*, touché le 4, est coulé par un sous-marin japonais alors qu'il se retire à vitesse réduite. Ainsi s'achève une des batailles navales les plus importantes de l'histoire. Les Japonais ont perdu 3 500 hommes, 4 porte-avions, 1 croiseur et 332 avions, mais ils ont perdu surtout un pourcentage élevé de pilotes spécialisés, parmi les mieux entraînés et les plus courageux. De leur côté, les Américains ont perdu 307 hommes, 1 porte-avions, 1 contre-torpilleur et 150 appareils. Mais ils peuvent s'enorgueillir de leur victoire : la bataille de Midway marque un tournant dans la guerre du Pacifique.

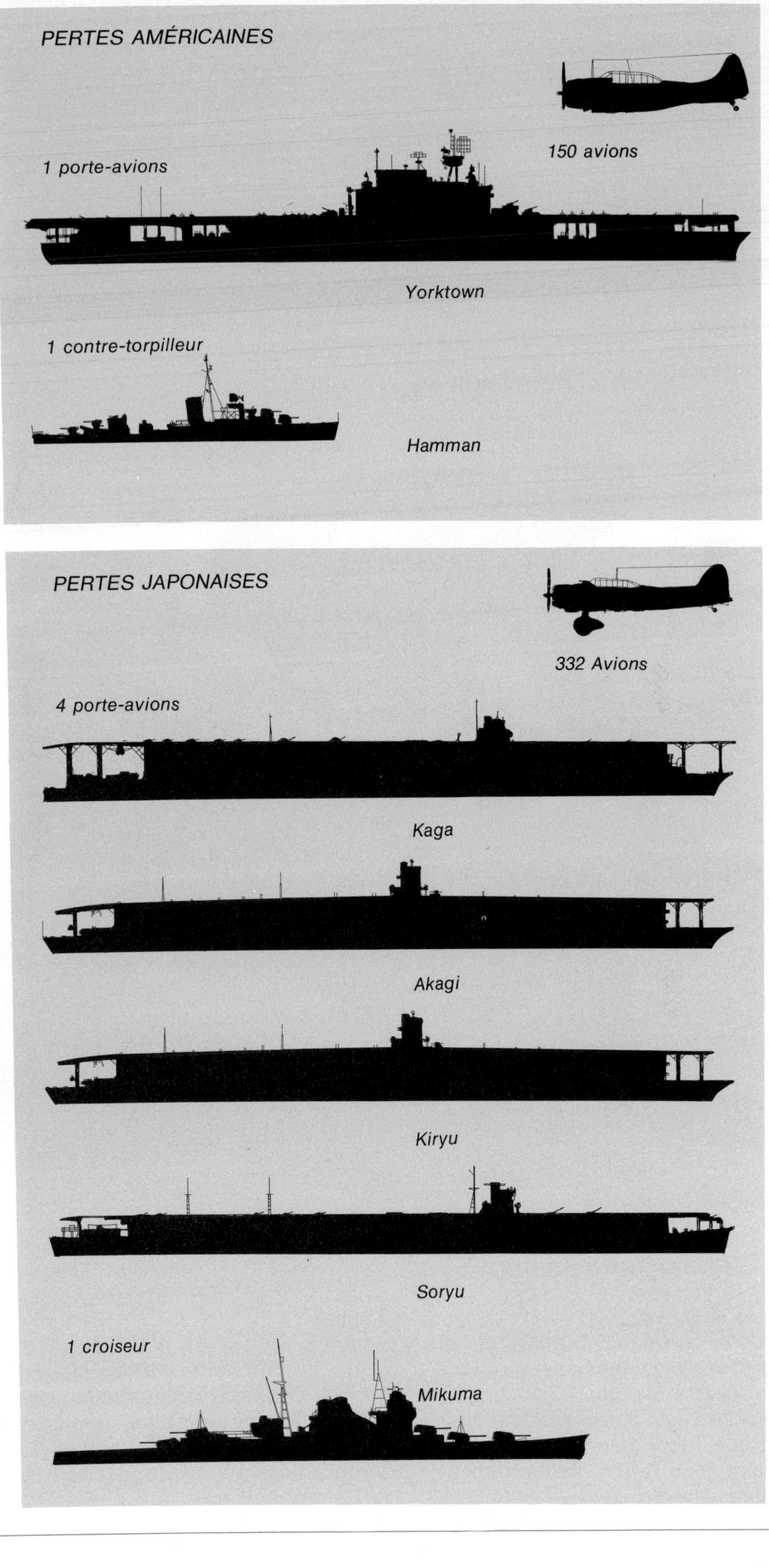

En Égypte, bersagliers italiens procédant au déminage du terrain avant l'attaque de Marsa Matrouh.

(suite de la page 247)
Du côté allemand, 7 divisions allemandes et 2 divisions roumaines aux ordres de von Manstein, qui dispose aussi d'une artillerie considérable, dont des mortiers et des obusiers de calibre exceptionnel.
Chine. Après 4 jours de combat, les Chinois abandonnent Tchouhsien.

11 juin
Londres et Washington annoncent la signature d'un nouvel accord d'assistance mutuelle avec l'U. R. S. S. Cette dernière remboursera en nature les prêts qui lui seront consentis en application de la loi prêt-bail.
Afrique du Nord. Les Italo-Allemands prennent Bir Hakeim, où ils capturent 500 Français, la plupart blessés.
Méditerranée. Début des opérations « Harpoon » et « Vigorous ».

12 juin
Roumanie. Des avions américains basés en Égypte bombardent les

puits de pétrole de Ploesti. Au retour, des B-24 doivent atterrir d'urgence en Turquie, où leurs équipages sont internés.
Front soviétique. Après avoir contenu l'offensive des Soviétiques à Kharkov, les Allemands passent à la contre-attaque et anéantissent 3 armées ennemies en quelques jours.

13 juin
Afrique du Nord. Les blindés italo-allemands infligent une cuisante défaite aux chars britanniques et les obligent à évacuer la zone d'El Adem et de Knightsbridge. La ligne de ravitaillement du 13ᵉ corps se trouve ainsi menacée. Les défenseurs de Knightsbridge se replient sur Acroma.

14 juin
Océan Pacifique. L'état-major impérial japonais décide d'envahir la Nouvelle-Calédonie, les Samoa et les îles Fidji.
Afrique du Nord. Le général Ritchie donne l'ordre de repli à la 1re division sud-africaine et à la 50ᵉ division britannique, les plus avancées du 13ᵉ corps, qui se trouvent dans une situation précaire après la perte de nombreux chars et l'abandon d'El Adem. Les deux divisions refluent vers la frontière égyptienne, l'une en suivant le littoral, l'autre par l'intérieur.
Les Italo-Allemands, qui ont creusé les rangs des blindés britanniques, attaquent en direction d'Acroma, mais progressent très peu. « Quoi qu'il en soit, dit le général Auchinleck, Tobrouk doit être tenu et il n'est pas question que l'ennemi s'en empare. » Le commandement du Caire ne connaît probablement pas la situation réelle de la VIIIᵉ armée britannique.
Auchinleck rend compte à Churchill de l'intention du général Ritchie, commandant la VIIIᵉ armée, de se replier sur l'« ancienne frontière », c'est-à-dire la frontière d'Égypte. Churchill s'inquiète. Que deviendra Tobrouk ? Il télégraphie à Auchinleck : « Je pense que vous n'avez pas la moindre intention d'évacuer Tobrouk. » La réponse le rassure : « Le général Ritchie se prépare à laisser à Tobrouk les forces qu'il estime suffisantes à sa défense, même pour le cas où la place devrait être momentanément isolée... avec des réserves suffisantes de munitions, de carburant, de vivres et d'eau. »
De leur côté, dans le secteur d'Aïn el-Gazala, les forces de l'Axe ont déjà dépassé Acroma et la via Balbia, et ont atteint la côte, à l'ouest du périmètre de Tobrouk.

15 juin
Afrique du Nord. Rommel annonce qu'il a gagné la bataille contre la VIIIᵉ armée anglaise ; il ne lui reste plus qu'à prendre Tobrouk.
Dans la région d'El Adem, la 29ᵉ brigade de la 5ᵉ division indienne repousse les attaques de l'infanterie italo-allemande, appuyées par les chars et l'aviation. Le général Klopper, commandant la 2ᵉ division sud-africaine, est placé à la tête de la place forte de Tobrouk, avec mission de la défendre à tout prix.
Méditerranée. Bataille aéronavale de Pantelleria. Les Italiens perdent le croiseur *Trento ;* les Anglais, 1 croiseur, 3 contre-torpilleurs et 6 cargos faisant partie de deux convois pour Malte.
☐ Pierre Laval rencontre à Paris Fritz Sauckel, chargé du recrutement de la main-d'œuvre dans les territoires occupés, qui menace d'avoir recours à la réquisition si le nombre de volontaires ne s'accroît pas. Laval invente la « relève » : pour chaque prisonnier de guerre français libéré par les Allemands, trois ouvriers qualifiés partiront pour le Reich.

16 juin
Afrique du Nord. Les Anglais renforcent la garnison de Tobrouk par 4 brigades d'infanterie, de l'artillerie et des chars. Le reste de la VIIIᵉ armée poursuit ses opérations contre les forces de l'Axe qui la talonnent. La garnison d'Acroma contient les attaques des blindés de Rommel. Une colonne italo-allemande avance sur Sidi Rezegh et simule une diversion vers El Adem, dont les occupants se replient pendant la nuit.
Londres. Rassuré par le message du général Auchinleck, Winston Churchill part pour Washington examiner avec Roosevelt la situation militaire.

17 juin
Afrique du Nord. Convergeant de l'intérieur vers la côte, les forces de l'Axe s'assurent le contrôle de la route de Bardia et isolent Tobrouk.
Front soviétique. En Crimée, les Allemands et les Roumains qui assiègent Sébastopol s'emparent du

fort Sibérie, point d'appui important de la ceinture de défense.

18 juin
Afrique du Nord. Devant Tobrouk, les Italo-Allemands occupent la zone de Cambout, où se trouvent les terrains d'atterrissage utilisés pour ravitailler la place. Rommel a ainsi achevé sa manœuvre d'encerclement.
Front soviétique. A Sébastopol, après 11 jours de combats sanglants, les Allemands s'emparent du fort Maxime Gorki.
☐ Le général Spaatz prend le commandement de la 8ᵉ force aérienne américaine, basée en Angleterre.
☐ A Moscou, le Soviet suprême ratifie l'alliance anglo-russe.

19 juin
Afrique du Nord. Les Britanniques se replient à l'est de Bardia, sur la frontière égypto-libyenne.

20 juin
Afrique du Nord. Après un violent bombardement aérien qui commence à 5 h 30, l'Afrikakorps et le 20ᵉ corps d'armée italien partent à l'attaque de Tobrouk. A 7 heures, les chars entrent en action et pénètrent d'environ 2 km à l'intérieur du périmètre défensif. De son côté, le 21ᵉ corps d'armée italien attaque par le sud-ouest. Les blindés et l'artillerie de la garnison sont mis hors de combat. Le général Klopper est autorisé à évacuer la place, mais il n'est plus en mesure de le faire parce que l'ennemi a réussi à le couper également du port. La 7ᵉ division blindée du 30ᵉ corps britannique tente d'ouvrir une brèche de sortie aux troupes encerclées, mais intervient trop tard. A 19 heures, les chars de la 21ᵉ *Panzerdivision* entrent dans Tobrouk.
Front soviétique. A Sébastopol, les Allemands et les Roumains s'emparent du fort Lénine et atteignent la partie nord du port.

21 juin
Afrique du Nord. 2 heures : Le général Klopper, commandant la place de Tobrouk, promet à son supérieur le général Ritchie de résister « jusqu'au dernier homme et jusqu'à la dernière cartouche ».
6 heures : Klopper demande à Ritchie l'autorisation de se rendre.
8 heures : Klopper envoie à Rommel une délégation avec un drapeau blanc pour connaître les conditions de sa capitulation. Lui-même, 5 autres généraux et 30 000 hommes de la 2ᵉ division sud-africaine, de la 29ᵉ brigade indienne et de 2 bataillons de gardes tombent aux mains des Allemands.
Le général Ritchie décide de se replier sur Marsa Matrouh, en Égypte, et donne l'ordre au 30ᵉ corps d'en organiser la défense pendant que le 13ᵉ corps ralentira l'ennemi.
Dans la soirée, Hitler en personne téléphone à Rommel qu'il va lui envoyer le bâton de maréchal. « Il vaudrait mieux m'envoyer une division », répond le Renard du désert.
Avec la conquête de Tobrouk, Rommel s'empare de 2 000 t d'essence, de 5 000 t de vivres, d'abondantes quantités de munitions, de presque 2 000 véhicules en état de marche, du port et d'une grosse installation pour distiller l'eau. Depuis le 26 mai, sa victoire lui a coûté 3 360 hommes, au nombre desquels 300 officiers, 70 % des officiers de l'Afrikakorps. Les Italiens ont perdu environ 3 000 hommes.
Mussolini saisit l'occasion pour écrire à Hitler et lui demander de mettre à exécution le projet d'invasion de Malte. « Je pense, et vous pensez certainement comme moi, qu'il faut consolider et accroître au plus vite les résultats acquis. Au cœur de notre action stratégique, il y a la question de Malte, pour laquelle nous avons pris en son temps les décisions que vous savez. Aujourd'hui, afin de conserver nos avantages en Libye et de pourvoir à nos besoins futurs, il est indispensable d'assurer en toute sécurité les transports qui nous sont nécessaires. L'occupation de Malte, non seulement résoudra le problème de la circulation en Méditerranée, mais rendra disponibles toutes nos forces aériennes. »
Mussolini propose à son allié un projet que le commandement ita-

Pilonnés par l'artillerie anglaise, les Italo-Allemands marchent sur Tobrouk.

lien étudie depuis longtemps et dont il prépare également l'exécution. C'est le plan de l'opération « C.3 », qui a pour promoteurs le général Cavallero, chef d'état-major italien, et le feld-maréchal allemand Kesselring. Les deux hommes se sont rendu compte de l'importance de Malte dans le déroulement du conflit en Méditerranée et des opérations de Rommel en Afrique du Nord.

Le plan a été étudié dans les moindres détails. Les soldats du corps de débarquement ont suivi une instruction méticuleuse sur la côte rocheuse de Calafuria, au sud de Livourne, qui ressemble à celle de Malte, puis ont été transférés en Sicile au mois d'avril, pour y attendre l'ordre de départ. Mais Rommel avait demandé la priorité et obtenu de Hitler l'autorisation d'attaquer Tobrouk. Les Italiens s'étaient contentés de son engagement formel de s'arrêter après la conquête de la place pour permettre l'invasion de Malte. Mais il n'entend pourtant pas s'en tenir là. « Je continue sur Suez, déclare-t-il, et j'espère que les Italiens me suivront. »

Pour trancher la question, il s'adresse directement à Hitler et lui fait miroiter une incroyable progression vers Suez et l'occupation, en fait impossible, des puits de pétrole du golfe Persique. Très sensible au charme de son général préféré, et surtout enthousiasmé par les projets grandioses du plan qu'il lui propose, Hitler finit par faire sienne l'opinion du commandant de l'Afrikakorps. Toutefois, il lui reste à persuader son allié italien, qui vient de lui demander expressément d'intervenir à Malte.

22 juin

Un an après l'invasion allemande, le Sovinformbureau publie un *Compte rendu sur la première année de guerre,* où il donne le bilan des pertes des deux parties.

Morts, blessés et prisonniers : Allemagne, 10 millions environ; U.R.S.S., 4,5 millions. Canons perdus : Allemagne, 30 500; U.R.S.S, 22 000. Chars : Allemagne, plus de 24 000; U.R.S.S., 15 000. Avions : Allemagne, plus de 20 000; U.R.S.S., 9 000.

Ces chiffres, quelque peu inexacts, ne sont pas repris dans l'histoire de la Seconde Guerre mondiale publiée par les Soviétiques après le conflit. Les chiffres officiels des pertes allemandes fournis par le Reich pour la même période sont tout aussi inexacts et manifestement invraisemblables : 271 612 morts et 63 730 disparus.

Par contre, ceux que fournit le général Halder dans son *Journal* semblent plus conformes à la réalité. Il donne des pertes allemandes (total des morts, blessés et prisonniers, à l'exclusion des malades) la progression suivante : au 15 février 1942, 946 000; au 10 mai, 1 183 000; au 20 mai, 1 215 000; au 10 juin, 1 268 000, et, au 30 juin, 1 362 000. Le 30 septembre, après la campagne précédant la bataille de Stalingrad, les pertes allemandes s'élèveront à environ 1 637 000 morts, blessés et prisonniers.

Les chiffres des Soviétiques minimisent leurs pertes humaines, tandis qu'ils exagèrent semble-t-il ceux concernant leurs pertes en matériel, sans doute afin de stimuler leurs industries de guerre mais aussi d'obtenir des Alliés occidentaux une aide plus importante.

Dans sa directive n° 41, Hitler a fixé les objectifs suivants pour la campagne d'été : éliminer les Soviétiques de Crimée; s'emparer de Voronej pour faire peser une menace soit sur le centre du front, soit sur Stalingrad; encercler et détruire les forces soviétiques qui défendent la boucle du Don en les attaquant au nord à Voronej et au sud à Taganrog; après avoir ouvert la route de Stalingrad, s'emparer de la ville et la détruire; se tourner ensuite vers le Caucase pour prendre possession des régions pétrolifères de Maïkop, Groznyi et Bakou; et arriver à la frontière turque pour essayer d'amener la Turquie à se ranger aux côtés de l'Axe. Enfin, tenter à nouveau de prendre Leningrad.

Le déroulement de la campagne, avec ce qu'elle comportera d'événements imprévisibles (les Soviéti-

Avec la conquête de Tobrouk, Rommel, le Renard du désert, remporte une autre victoire. Mais elle lui a coûté 70 % de ses officiers.

LA PRISE DE SÉBASTOPOL

7 juin

Après 5 jours de bombardements d'aviation et d'artillerie, 7 divisions allemandes et 2 divisions roumaines du *Heeresgruppe* Sud, sous les ordres de von Manstein, attaquent Sébastopol, le plus grand port militaire de la mer Noire, assiégé depuis des mois. La place est défendue par 100 000 soldats soviétiques. Elle est ceinturée par trois lignes de défenses. La première est constituée d'obstacles et de champs de mines. La deuxième, entre la vallée de Belbek et le golfe de Severnaïa, comporte des ouvrages fortifiés que les observateurs allemands ont baptisés Staline, Molotov, Volga, Guépéou, Sibérie et, les plus importants, Maxime Gorki I et II, armés de batteries de 305 et protégés par d'immenses murs de béton armé. La troisième est immédiatement adossée à la ville ; elle est constituée de tranchées, de positions d'artillerie et de nids de mitrailleuses. Plus de 600 canons et de 2 000 mortiers défendent l'ensemble. De leur côté, en plus des bombardiers en piqué et de l'artillerie classique, les Allemands disposent de quelques pièces exceptionnelles, par exemple le mortier Gamma, nouvelle version de la Grosse Bertha de 420 mm employée pendant la Première Guerre mondiale. Le Gamma a un tube de 6,75 m de longueur et un calibre de 427 mm ; il tire un projectile de 923 kg à 14 km ; il est servi par 235 hommes. En plus du Gamma, les Allemands possèdent le Karl, déjà employé contre Brest-Litovsk et spécialement conçu pour détruire les fortifications en béton armé. Il a un tube de 5 m, un calibre de 615 mm, et tire un projectile de 2 200 kg. Enfin, le Dora, appelé aussi Gros Gustave, est un canon ne tirant que 3 obus à l'heure. C'est un véritable monstre auquel aucune épaisseur de béton ne résiste. Il a un tube de 32,50 m, un calibre de 800 mm. Son projectile, long de 7,80 m

Sébastopol : une statue décapitée de Lénine et (en bas) le quartier du port.

Soldats allemands du génie devant les canons de gros calibre du fort Maxime Gorki.

avec la douille, pèse 4500 kg et peut être lancé à 45 km. Le Dora peut envoyer des obus perforants à charge creuse de 7000 kg jusqu'à 38 km. Il est servi par 4120 hommes. Les seuls servants nécessaires au pointage, au chargement et au tir, commandés par un général de brigade et un colonel, sont au nombre de 1500. Mais un seul coup de ce canon a détruit, dans le golfe de Severnaïa, un dépôt de munitions enfoui à 30 m sous terre.

A 7 h 30, l'infanterie germano-roumaine reçoit l'ordre d'attaquer. Elle se heurte à un très violent tir de barrage des Soviétiques.

13 juin
Après un véritable carnage, le fort Staline finit par tomber.

14-17 juin
Les furieuses attaques germano-roumaines se poursuivent contre la deuxième ligne de fortifications. Les défenseurs sont débusqués au lance-flammes, ou brûlés vifs. Le fort Sibérie est pris.

18 juin
Les Allemands s'emparent des forts Guépéou, Molotov, Tchéka, Volga et Oural, malgré une résistance acharnée.

Après une lutte surhumaine, où les adversaires rivalisent d'héroïsme, le redoutable fort Maxime Gorki I, un des plus gros ouvrages de la défense soviétique, tombe à son tour.

19 juin
Les forces allemandes achèvent la conquête du mont de l'Aigle.

20 juin
Les Allemands s'emparent du fort Lénine. On se bat avec acharnement pour chaque mètre de terrain. Les Roumains ne sont pas moins courageux que les Allemands. Les Russes, infatigables au combat, engagent tous les hommes disponibles, y compris des réservistes et de très jeunes gens.

27 juin
Après trois semaines de massacres, la place forte de Sébastopol est pratiquement enlevée. Mais on fixe la date approximative de sa chute à la fin du mois, car quelques îlots de résistance continueront la lutte jusqu'au 3 juillet avant d'être exterminés. De nombreux blessés et prisonniers russes restent aux mains des Allemands.

ques bloqueront les Allemands à Voronej alors qu'ils céderont rapidement à Rostov), conduira Hitler à des changements stratégiques de grande portée. Par exemple, il voudra en même temps s'emparer de Stalingrad et conquérir le Caucase, et ce sera, selon Joukov, une erreur énorme, pleine de conséquences funestes pour la Wehrmacht.
Afrique du Nord. La VIIIe armée britannique se replie en bon ordre sur Marsa Matrouh, sans être inquiétée par l'ennemi qui est en train de se réorganiser. Les avant-gardes italo-allemandes atteignent Bardia, près de la frontière égyptienne. Le général Auchinleck se rend au quartier général de la VIIIe armée pour s'entretenir avec le général Ritchie.
Front soviétique. Le *Heeresgruppe* Sud lance une offensive limitée dans la région d'Izioum, afin d'améliorer ses positions à l'est du Donetz avant la grande offensive qui suivra immédiatement la prise de Sébastopol, où l'on continue à se battre.
États-Unis. Un sous-marin japonais bombarde le dépôt militaire de Fort Stevens, dans l'Oregon, sur l'estuaire de la Columbia. Les dégâts sont insignifiants. Depuis la guerre de 1812, c'est la première fois qu'une installation militaire des États-Unis est attaquée, et ce sera la seule pendant tout le conflit.

Le front russe engloutit de plus en plus de soldats. Ici, de jeunes combattants sont acclamés à Berlin sur l'avenue Unter den Linden.

☐ Dans un discours radiodiffusé en faveur de la « relève », Pierre Laval déclare : « Je souhaite la victoire de l'Allemagne parce que sans elle le bolchevisme s'installerait partout. »

23 juin
Lettre d'Hitler à Mussolini sur le projet d'invasion de Malte : « Le destin, Duce, nous offre une occasion unique qui ne se représentera plus dans le cadre de cette guerre... La VIIIe armée anglaise est pour ainsi dire détruite, mais les installations du port de Tobrouk sont, elles, presque intactes. Si nous ne poursuivons pas tout de suite sans relâche les restes de la VIIIe armée, il risque de nous arriver ce qui arriva aux Anglais lorsqu'ils s'arrêtèrent en vue des portes de Tripoli pour envoyer des renforts en Grèce. Nous pouvons enfin, sous certaines conditions, arracher l'Égypte à l'Angleterre... Mon conseil est le suivant : ordonnez la poursuite des opérations jusqu'à l'anéantissement total des troupes britanniques... La chance au combat ne sourit qu'une fois aux condottieri : celui qui ne la saisit pas la perd pour toujours. » Cette lettre remplit d'orgueil Mussolini, qui décide dans le sens voulu par Rommel : il repousse l'opération « C 3 » et ordonne de mettre à la disposition du général allemand tous les hommes et tous les engins du corps de débarquement. Vers le soir, le grand quartier général italien communique au commandant italien en Afrique, le général Bastico : « Le Duce est absolument d'accord pour exploiter le succès jusqu'au bout. » Malte est sauve.
Afrique du Nord. Les forces italo-allemandes s'apprêtent à un nouveau bond en avant. Leurs avant-gardes se heurtent à la 7e division blindée du 13e corps britannique dans les environs de Solloum, en territoire égyptien. Étant donné l'urgence de la situation sur ce front, 24 bombardiers américains B-17, en route pour la Chine, sont détournés vers Khartoum.

24 juin
Afrique du Nord. Rommel attaque l'Égypte en lançant ses colonnes blindées vers l'est et le nord-est, et

LA COLLABORATION EN FRANCE

Employé pour la première fois par Pétain le 30 octobre 1940, après sa rencontre avec Hitler à Montoire, le terme de « collaboration » va connaître une fortune non exempte d'ambiguïté. Dès l'hiver, des discordances apparaissent entre Vichy et Paris. A Vichy, où l'on se persuade de la victoire allemande, on cherche d'abord à intégrer la version française de l'État autoritaire dans la future Europe que modèlera le Reich : ce qui n'implique pas l'adhésion idéologique au nazisme, même si on lui sait gré de servir de rempart contre le « judéo-bolchevisme ». On s'est refusé, par exemple, à l'instigation de Maurras et de Weygand, à organiser un parti unique de type fasciste.

A Paris, au contraire, les « ultras » prônent une collaboration idéologique, dans la perspective d'un fascisme français, et dénoncent le double jeu de l'entourage du maréchal.

Cette collaboration idéologique a son « patron » : l'ambassadeur allemand Otto Abetz, en contact dès avant la guerre avec certains éléments de la droite française. Elle a ses journaux, dont *Je suis partout,* avec Robert Brasillach et Lucien Rebatet, et *la Gerbe,* d'Alphonse de Châteaubriant. Elle a enfin ses hommes, que divisent d'âpres rivalités.

Au premier rang, Marcel Déat, normalien, ancien député socialiste, directeur de *l'Œuvre.* Intellectuel et théoricien, il fonde le Rassemblement national populaire (R. N. P.), où il tente de regrouper tous les groupuscules fascisants issus de l'ancienne extrême-droite, ou d'une gauche ralliée à Hitler par anticommunisme.

A côté de lui, presque son antithèse : Jacques Doriot, ouvrier, ancien député et dirigeant communiste, directeur de *l'Émancipation nationale.* Plus homme d'action que doctrinaire, il essaie de relancer son Parti populaire français (P. P. F.) d'avant guerre. Mais il veut jouer à la fois sur Pétain et les Allemands : ceux-ci, comme celui-là, se méfiant de lui, ne lui donnent pas les moyens de son ambition, et il finit par s'engager sur le front de l'Est.

Cependant, la « collaboration d'État » inaugurée par Vichy glisse rapidement de l'économique au politique, et même au militaire, avec l'ouverture aux Allemands des aérodromes syriens. Le retour de Laval au pouvoir concrétise cet engagement accru aux côtés de l'Allemagne : non seulement dans la guerre contre l'U. R. S. S. ou dans la lutte contre la Résistance, mais dans la politique de déportation des juifs, à laquelle collabore efficacement, sur ordre de Vichy, la police française.

Le débarquement en Afrique du Nord et l'occupation de la zone Sud achèveront de réduire les dissonances entre Vichy et Paris. Les attentistes de l'entourage de Pétain sont rentrés dans l'ombre ou passés au gaullisme. Les derniers journaux qui répugnaient à s'aligner se sont sabordés. La voie est libre à une collaboration poussée jusqu'aux extrêmes.

Celle-ci s'incarnera dans deux hommes et une troupe de choc. Le premier est Joseph Darnand, soldat valeureux et « fidèle du maréchal », le second Philippe Henriot, ancien député conservateur, tous deux venus au fascisme par haine de la démocratie et du communisme. La troupe de choc est la Milice française, créée et dirigée par celui-là, tandis que celui-ci s'en fait l'orateur et le propagandiste.

Inspirée par la *Waffen S.S.,* collaborant étroitement avec la Gestapo, la Milice, force de police supplétive, mènera alors, jusqu'à la fin de l'Occupation, une politique de répression terroriste à base d'enlèvements, de tortures et d'exécutions sommaires. Elle participera aux opérations allemandes contre les maquis. Elle assassinera les anciens ministres prisonniers Georges Mandel et Jean Zay, le directeur de journal radical Maurice Sarraut, et Victor Basch, ancien président de la Ligue des droits de l'homme, et sa femme, âgés de 80 ans.

Henriot sera abattu par la Résistance et Darnand fusillé à la Libération.

Entre Adolf Hitler et Philippe Pétain : la poignée de main de Montoire qui symbolisera la politique de « collaboration ».

met en déroute les arrière-gardes britanniques dans la zone de Sidi-Barrani. Dès son arrivée en Égypte, le 10e corps, qui vient de Syrie, prend la relève du 13e corps, dirigé, lui, sur El Alamein pour y organiser une nouvelle ligne de fortifications.
Front soviétique. Dans la zone d'Izioum, le *Heeresgruppe* Sud atteint les bords de l'Oskol, objectif fixé par les ordres. Poursuite de la bataille de Sébastopol, qui touche maintenant à sa fin.
□ Le major général D.D. Eisenhower prend le commandement des forces américaines en Grande-Bretagne.
□ Premiers accords entre le général de Gaulle et les mouvements clandestins de la Résistance intérieure française.

25 juin
Front soviétique. Ayant pratiquement éliminé la menace de Sébastopol sur leur flanc droit, les Allemands attaquent dans tout le secteur sud avec 35 divisions qui se dirigent vers Voronej depuis le secteur de Koursk.
Afrique du Nord. Malgré le pilonnage de la R. A. F., les forces italo-allemandes avancent en territoire égyptien vers Marsa Matrouh. Le général Auchinleck remplace Ritchie à la tête de la VIIIe armée; après un sérieux examen de la situation, il décide de poursuivre le retrait de ses divisions de Marsa Matrouh vers El Alamein (155 km à l'est de Marsa Matrouh).
Nouvelle-Guinée. Renforcée par un bataillon australien et un bataillon indigène, la 30e brigade australienne constitue la Maroubra Force, qui doit occuper la piste de Kokoda reliant Port Moresby, sur la côte sud, à Buna sur la côte nord, à travers les monts Owen Stanley. Une garnison alliée arrive dans la baie de Milne.

26 juin
Front soviétique. Grande victoire de la VIe armée allemande (Paulus) à Kharkov, sur le Donetz. Rostov-sur-le-Don, plus au sud, est sur le point d'être reprise par le *Heeresgruppe* Sud.
Afrique du Nord. Tard dans la soirée, les troupes de l'Axe attaquent dans le secteur sud de Marsa Matrouh : la 90e division légère allemande, la 15e et la 21e *Panzerdivision* ainsi que les divisions italiennes *Littorio, Ariete* et *Trieste,* participent à l'action.

27 juin
Afrique du Nord. Le 10e et le 13e corps de la VIIIe armée britannique battent en retraite vers El Alamein, les forces italo-allemandes s'étant infiltrées parmi eux et les ayant en partie encerclés dans la zone de Marsa Matrouh. A 19 heures, en effet, la 90e division légère allemande a atteint la côte à la hauteur de Ras Hawala, à 40 km à l'est de Marsa Matrouh.
Pacifique Sud-Ouest. le général MacArthur élabore un plan, baptisé « *Tulsa II* », pour reconquérir la Nouvelle-Bretagne, la Nouvelle-Irlande et les îles de l'Amirauté.
Front soviétique. Les Allemands établissent plusieurs têtes de pont de l'autre côté du Don. Secteur central : une trouée s'opère dans les lignes soviétiques. Secteur nord : les Allemands reprennent l'initiative, longtemps restée aux Soviétiques.

28 juin
Front soviétique. Les Allemands intensifient leur offensive dans tous les secteurs. Ils remportent au nord la victoire du Volkhov en éliminant le saillant soviétique.
Afrique du Nord. Les forces de l'Axe démantèlent la 29e brigade de la 5e division indienne, qui couvrait la retraite du 10e corps dans la zone de Fouka. Le 10e corps se replie sur El Alamein. Les avant-gardes de la 90e division légère allemande atteignent Fouka, à 70 km seulement à l'est de Marsa Matrouh.
Malte. Des avions de l'Axe bombardent les bases de Luka et Micabba.

29 juin
Chine. Au cours d'une entrevue avec le général Stilwell, Tchang Kaï-chek demande aux États-Unis d'assurer à la Chine l'envoi de 3 divisions et 500 avions, plus 5 000 t de ravitaillement par mois.
Afrique du Nord. Les troupes de l'Axe entrent dans Marsa Matrouh. Poursuivant sa marche vers l'est, la 90e division légère allemande atteint Sidi Abd el-Rahman, à une trentaine de kilomètres de El Alamein, où Auchinleck prépare la ligne de défense de la VIIIe armée. L'ampleur du front est d'environ 50 km et les seuls axes que peut emprunter l'ennemi se trouvent à ses extrémités nord et sud, à savoir le long de la côte et à travers la « piste Barrel », qui mène au Caire.
□ Mussolini s'envole pour la Cyrénaïque aux commandes de son avion personnel : on dit qu'il emmène avec lui un cheval blanc qu'il voudrait monter lors de son entrée au Caire, qui n'est plus, selon lui, qu'une question de jours, voire d'heures. (Il déclare : « Dans 15 jours, je vous installerai un haut commissaire italien. »)
Méditerranée. Le *Medway,* ravitailleur anglais de sous-marins, qui se dirige vers Haïfa avec un chargement de 90 torpilles, est coulé par le sous-marin allemand U-372. La flotte italienne et les forces aériennes italo-allemandes contrôlent tout le centre de la Méditerranée.

30 juin
Nouvelle-Guinée. Un détachement australien effectue un raid contre la base nippone de Salamaua. Quelques jours plus tard, même action contre la base nippone de Lae, elle aussi matériellement et stratégiquement importante.
Afrique du Nord. Les forces de l'Axe continuent leur pression, tandis que le 30e corps britannique prend position au nord, sur la ligne d'El Alamein, et le 13e corps au sud. Le commandement du 10e corps organise pendant ce temps la Force du Delta, chargée de défendre Alexandrie et le delta du Nil. Dans l'un de ses ordres du jour destinés aux troupes, Auchinleck, commandant en chef des forces anglaises au Moyen-Orient, déclare : « L'ennemi tente un dernier effort et nous croit une armée défaite... Il espère conquérir l'Égypte en bluffant. C'est à vous de lui prouver qu'il se trompe. »
Front soviétique. Les Allemands accentuent leur offensive dans le secteur sud. La IIe armée et le 4e *Panzergruppe* attaquent près de Voronej, tandis que la VIe armée

L'ÉTRANGER

Albert Camus, un jeune écrivain français né en Algérie, publie une œuvre qui va devenir un classique. Écrit entre 1939 et 1940, *L'Étranger* est un roman au style extrêmement dépouillé dans lequel Camus dépeint l'absurdité du destin de Meursault qui commet un crime sans aucune raison et se laisse condamner à mort sans rien tenter pour se défendre. Ce personnage incarne parfaitement le sentiment de l'absurde que Camus veut exprimer en décrivant un homme « sans conscience apparente ».

Le Heeresgruppe Sud reprend l'offensive, mais les chars sont gênés dans leur avance par le dégel.

pousse vers l'est, au sud-est de Bielgorod. En Crimée, les combats pour la conquête de Sébastopol touchent à leur fin. Seuls quelques détachements isolés résisteront encore quelques jours. Le *Heeresgruppe* Nord élimine la poche soviétique qui résistait encore à l'ouest du Volkhov.

1er juillet
Afrique du Nord. La 90e division légère allemande se déplace le long du périmètre défensif d'El Alamein, talonnant la 4e division blindée anglaise qui se dirige vers Alam el Onsol.
18 heures : Les 2 divisions blindées de l'Afrikakorps (la 15e et la 21e) envahissent la zone de Deir el-Shein, mais l'assaut est repoussé par la 18e brigade indienne, à laquelle s'est jointe la 1re division blindée anglaise.
Malte. Énième raid aérien italo-allemand sur les bases aéronavales de l'île.
Front soviétique. Le *Heeresgruppe* Centre continue d'avancer dans le bassin du Don.
☐ Le gouvernement de Vichy accepte la déportation des « Juifs apatrides » des deux zones. Laval propose que les familles de zone non occupée soient déportées avec leurs enfants âgés de moins de seize ans.

2 juillet
Londres. La motion de censure déposée par le député conservateur sir John Wardlaw Milne contre la politique de Churchill est mise en discussion à la Chambre des Communes. Les revers africains ont mis en sérieuse difficulté le Premier anglais, qui, à la nouvelle de la chute de Tobrouk, est rentré précipitamment de Washington. Même ses meilleurs amis (comme l'amiral Keyes et Hore-Belisha) l'attaquent maintenant durement, la direction de la guerre devant être confiée, selon eux, à une personne extérieure au gouvernement. L'Angleterre, soutient-on, « a besoin d'un généralissime ; elle ne peut plus se contenter d'un Premier ministre indépendant... » La situation est très délicate.
Dans sa réponse à la motion de censure, Churchill se montre agressif, réaliste et d'une grande habileté dialectique, déclarant notamment : « Nos forces étaient supérieures à celles de l'Axe. Nous avions 100 000 hommes, eux 90 000, dont 50 000 Allemands seulement. Notre artillerie était plus forte dans une proportion de 8 à 5 et nous avions en ligne les nouveaux obusiers automoteurs. Malgré cela, Tobrouk est tombé au bout d'une journée de combat. Nous nous sommes repliés jusqu'à Marsa Matrouh, mettant 190 km de désert entre notre VIIIe armée et l'ennemi. A peine cinq jours plus tard, Rommel arrivait devant notre nouvelle position et il nous fallait encore décrocher, pénétrer davantage en Égypte, reculer jusqu'à El Alamein. Je ne comprends pas ce qui a pu se passer... » La motion est repoussée par 476 voix contre 25 : Churchill peut continuer à diriger la guerre avec les moyens et les méthodes qu'il juge bons.
Afrique du Nord. Aidée du 13e corps, la VIIIe armée britannique reprend l'initiative en contre-attaquant par-derrière les positions avancées des Italo-Allemands. La R. A. F. appuie très efficacement les opérations à terre. N'arrivant pas à percer au centre, les Italo-Allemands étendent leurs positions vers le sud, à l'intérieur du désert.
Malte. Les avions de l'Axe bombardent durement les aéroports de Micabba et Ta Venezia.
Océan Indien. Des troupes britanniques et coloniales occupent l'île de Mayotte, au nord du canal de Mozambique, pour y installer une base aérienne.
Australie. La 7e brigade australienne reçoit l'ordre de partir pour la baie de Milne en Nouvelle-Guinée.
Pacifique Sud-Ouest. Annonce des directives pour l'occupation de la zone Nouvelle-Bretagne-Nouvelle-Irlande-Nouvelle-Guinée. A partir du 1er août, les forces armées alliées

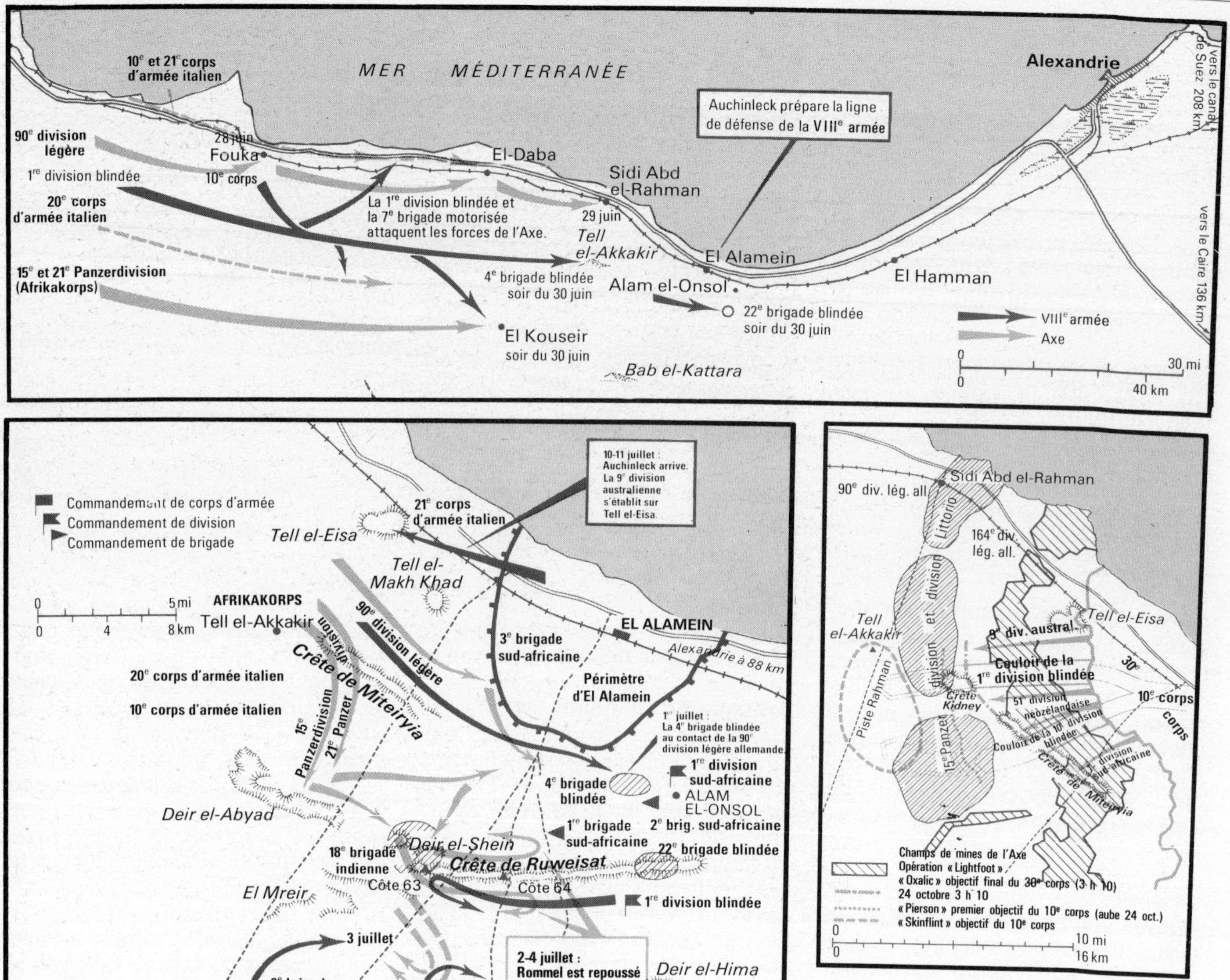

El Alamein, le bastion britannique qui vit la défaite de Rommel et de l'Axe. En haut : l'avance de Rommel jusqu'à la dernière ligne de fortifications anglaises, entre El Alamein et la dépression d'El Kattara. A gauche : la première bataille d'El Alamein, qui affaiblit les forces de l'Axe. A droite : le début de la seconde et décisive bataille d'El Alamein (octobre 1942).

devront occuper les îles Salomon, puis la côte nord-est de la Nouvelle-Guinée, et enfin Rabaul, en Nouvelle-Bretagne, ainsi que les positions voisines de Nouvelle-Guinée et Nouvelle-Irlande. L'opération sera reculée d'une semaine.

3 juillet

Les Américains continuent de préparer l'opération prévue dans le Pacifique.

Front soviétique. D'après une estimation émanant de la « Branche Armées étrangères est », bureau du service de renseignements allemand spécialisé dans la collecte de renseignements sur l'armée soviétique, en date du 1er mai 1942, les Russes avaient perdu, en comptant les blessés, les invalides et les prisonniers, 7 300 000 hommes. Étant

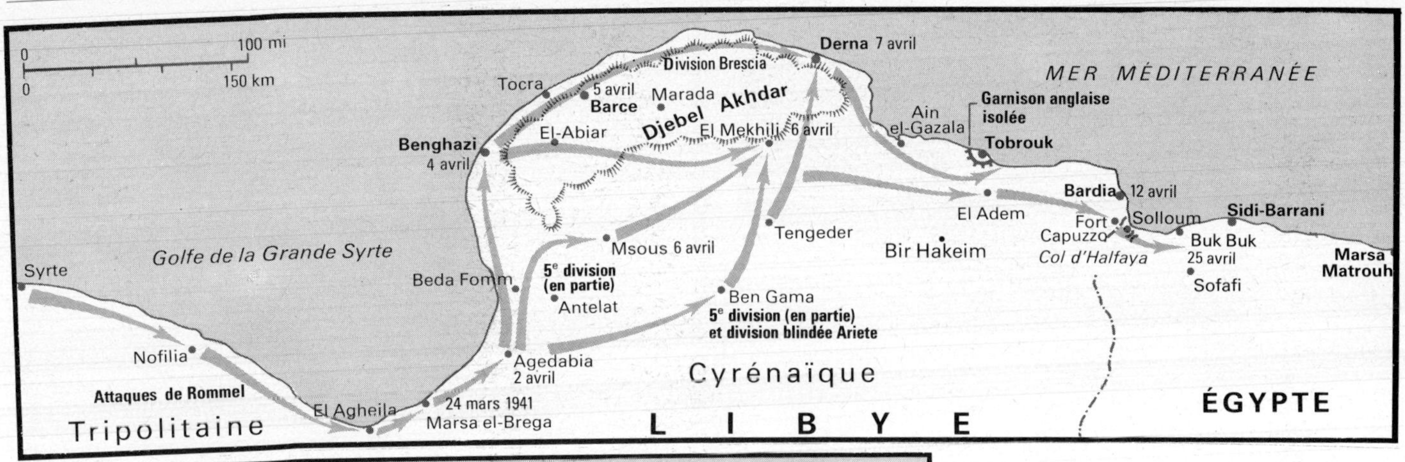

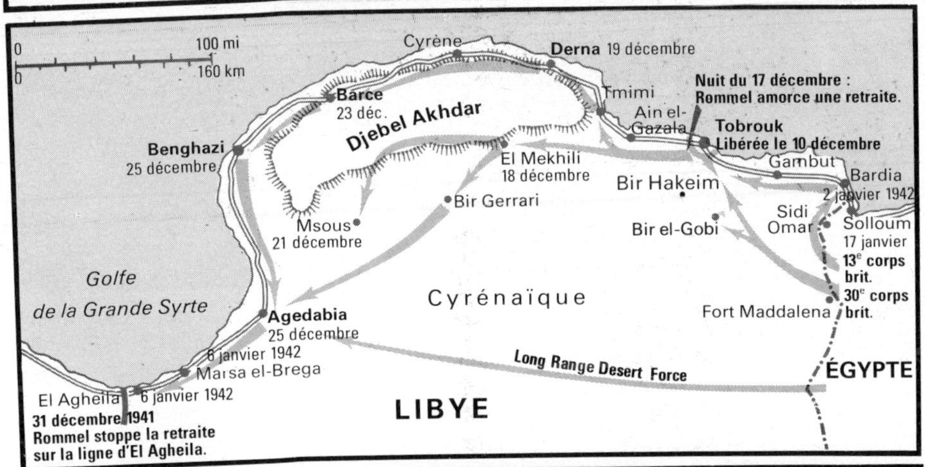

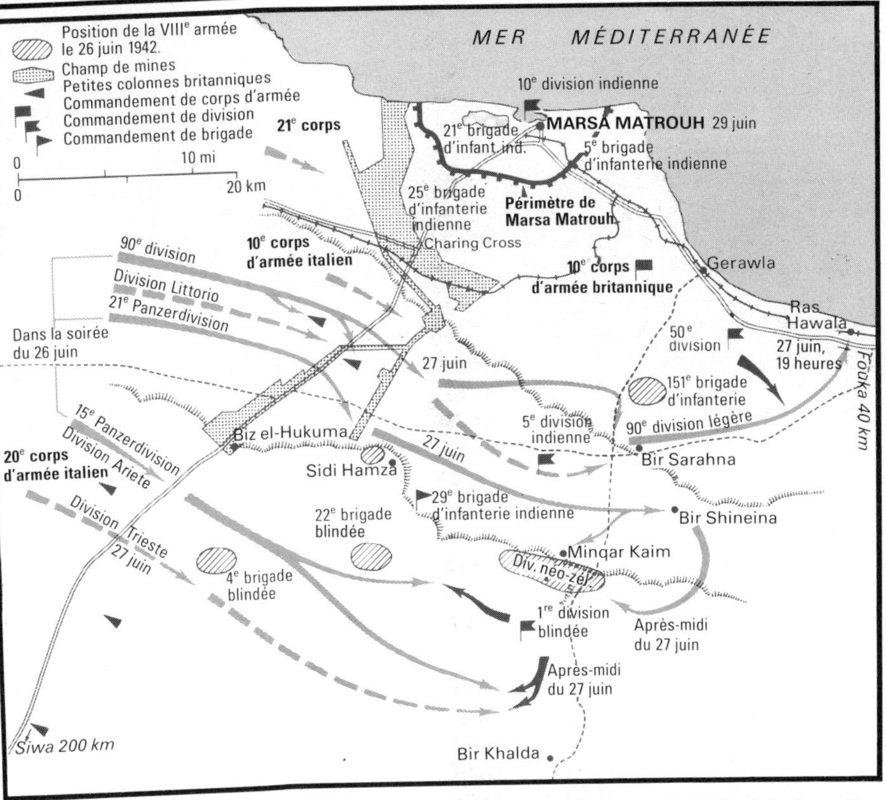

En haut : première offensive de Rommel qui le conduit, fin avril 1941, à la frontière égyptienne. Au centre : l'opération « Crusader », une victoire des Britanniques. En bas : la percée de l'Axe, fin juin 1942, à Marsa Matrouh.

donné que les forces mobilisables par l'U. R. S. S. s'élevaient, selon le rapport, à 17 millions d'hommes, les Soviétiques disposent donc encore d'un potentiel humain de 9 700 000 hommes, sur lesquels 7 800 000 sont déjà enrôlés (6 millions dans l'armée, 1 500 000 dans l'aviation, 300 000 dans la marine de guerre); 4 500 000 au total sont dans des troupes de première ligne. Les réserves encore mobilisables sont donc d'environ 2 millions d'hommes. Toujours à cette même date, les Soviétiques avaient perdu 60 % de leur production de coke, et leur production sidérurgique s'en est ressentie. L'U. R. S. S., cependant, reçoit d'importants secours alliés qui compensent la baisse de son potentiel interne. En juillet 1942, au moins 2 800 chars d'assaut ainsi que des milliers d'avions, de chars et de locomotives, sont arrivés par la route arctique de Mourmansk.

Afrique du Nord. La division italienne Ariete, qui a attaqué en direction de Alam Nayil, est bloquée par l'artillerie néo-zélandaise, qui lui inflige de lourdes pertes. A midi, l'Ariete n'a plus que 5 chars d'assaut et 2 canons : pour Rommel, c'est la catastrophe.

Malte. Poursuite des bombardements sur les emplacements militaires de l'île.

4 juillet

Afrique du Nord. La 9e division australienne est envoyée à El Alamein pour renforcer le 30e corps de la VIIIe armée britannique. Poursuite des attaques du 13e corps, sur le flanc sud des formations de l'Axe.

Le convoi allié PQ-17 dans l'Arctique. Ci-dessous : un Heinkel attaque le convoi.

□ Pour la première fois, 6 avions américains se joignent à un vol de la R. A. F. pour bombarder des aéroports en Hollande.
Malte. Les avions de l'Axe poursuivent sans relâche leur bombardement de l'île.

5 juillet
Front soviétique. Crimée : fin de la résistance organisée ; le 4e *Panzergruppe* atteint le Don dans la région de Voronej, où la résistance ennemie se durcit. Secteur central : les Allemands améliorent leurs positions dans la région de Smolensk.

6 juillet
Front soviétique. La VIe armée allemande et le 4e *Panzergruppe* se rapprochent de Voronej depuis l'ouest et le sud-ouest.
Afrique du Nord. Les combats se poursuivent autour d'El Alamein. Des avions de la R. A. F. attaquent Tobrouk et Benghazi.

7 juillet
Front soviétique. La VIe armée allemande et le 4e *Panzergruppe* se rejoignent au nord-est de Valouïki. Voronej est occupée, mais les Soviétiques contre-attaquent violemment, arrêtant l'ennemi à l'est de la ville. Les autres unités du *Heeresgruppe* Sud procèdent entre-temps à la liquidation des forces russes dans le bassin du Don.
Pacifique. Les porte-avions *Saratoga* et *Enterprise* quittent Pearl Harbor pour le Pacifique Sud.
Sicile. Des avions anglais effectuent un raid sur Messine et Reggio-de-Calabre.

8 juillet
Pacifique. L'amiral Nimitz annonce son plan définitif des opérations. Les forces navales américaines du Pacifique Sud devront occuper Santa-Cruz et les îles de Tulagi et Guadalcanal, dans l'archipel des Salomon.
Chine. Le général Chennault prend le commandement des forces aériennes américaines en Chine. L'audace de ses pilotes leur vaudra le surnom de « Tigres volants ».
Front soviétique. Les Russes annoncent l'évacuation d'Oskol, au sud-est de Koursk. Les Allemands, qui n'arrivent pas à percer le barrage de Voronej, retirent la VIe armée du secteur et l'envoient vers le sud, le long de la rive droite du Don, pour attaquer Stalingrad.
Malte. Nouvelles actions des bombardiers de l'Axe contre les bases de Luka et Micabba.

9 juillet
Pacifique Sud-Ouest. Des troupes australiennes s'embarquent pour la Nouvelle-Guinée.
Front soviétique. Le *Heeresgruppe* Sud est divisé en 2 groupes : au sud, le groupe d'armées A, comprenant la 1re division blindée et la XIe et la XVIIe armée ; au nord, le groupe d'armées B, avec la IIe armée allemande, la IIe hongroise, la 4e division blindée (ex-4e *Panzergruppe*) et la VIe armée. Le groupe d'armées A devra occuper Rostov-sur-le-Don, où sont concentrées, dit-on, les plus grosses forces ennemies, et partir vers le Caucase. Le groupe d'armées B doit avancer le long du Don jusqu'à Stalingrad, et le long de la Volga en direction d'Astrakhan.
Afrique du Nord. La résistance obstinée des Anglais met en échec les tentatives de Rommel pour percer les fortifications d'El Alamein.

10 juillet
Afrique du Nord. Après une série d'attaques localisées, la 9e division australienne du 30e corps britannique s'empare des hauteurs de Tell el-Eisa, à l'ouest d'El Alamein. L'Afrikakorps tente, mais en vain, de reprendre le terrain occupé par l'ennemi.
□ Renonçant pour le moment à son projet d'entrée triomphale au Caire, Mussolini quitte l'Afrique du Nord pour Rome.
Front soviétique. La 4e division blindée allemande rejoint la VIe armée qui descend le long du Don vers Stalingrad, tandis que la 1re division blindée et la XVIIe armée du groupe B font pression en direction de Rostov. Les Soviétiques annoncent la chute de Rossoch.

11 juillet
Front soviétique. L'O. K. W. annonce qu'entre le 28 juin et le 9 juillet les troupes du Reich ont percé les lignes ennemies au-delà de Kharkov et de Koursk. Poursuivant son avance vers Rostov, le groupe d'armées A dépasse Lisitchansk, sur le Donetz.
Afrique du Nord. Les combats continuent dans la zone d'El Alamein, mais sans modifier de façon notable les positions des formations en présence.
Malte. Des formations aériennes de l'Axe bombardent les installations de Hal Far, Ta Venezia et Micabba.

12 juillet
Nouvelle-Guinée. Un détachement australien, parti de Port Moresby, arrive à Kokoda.
Front soviétique. Les Russes constituent le « front de Stalingrad », sous le commandement du maréchal Timochenko.

13 juillet
Pacifique. Légère modification des plans d'action pour la réalisation de « Tulsa II ». A cet effet, premiers déplacements de troupes en Australie.

14 juillet
Pacifique. Le général Harmon devient commandant des forces armées américaines du Pacifique Sud. Dans le cadre de l'invasion des Salomon, les navires de la Task Force 44 quittent Brisbane pour la Nouvelle-Zélande, où ils sont affectés à la force amphibie des Salomon. La Task Force 42, composée de sous-marins, devra interdire le trafic japonais dans la zone de Rabaul. Le 7e régiment de marines, en garnison dans les Samoa, reçoit l'ordre de se tenir prêt à partir pour les îles Salomon avec un préavis de 4 jours.
Front soviétique. Les groupes d'armées B et A progressent rapidement, l'un vers Stalingrad, l'autre vers Rostov. La 4e division blindée passe du groupe d'armées B au groupe d'armées A, pour participer aux opérations au sud de Rostov.
Afrique du Nord. Les Britanniques attaquent le long de la crête de Ruweisat et au sud de celle-ci, progressant modérément mais infligeant à l'ennemi des pertes considérables. Le rêve de Rommel de conquérir Suez et Alexandrie en quelques jours s'en va en fumée.

Panzers et fantassins allemands sur le front soviétique sud, en juillet, près de Tchertkovo.

15 juillet
Pacifique Sud-Ouest. Préparation des plans de l'opération « Providence » : occupation par les Alliés de la zone de Buna, sur le côte nord de la Nouvelle-Guinée.
Chine. Ouverture du pont aérien Inde-Chine, mis en place par les courageux pilotes du général Chennault.
Afrique du Nord. Deux contre-attaques des chars italo-allemands permettent la reconquête d'une petite partie du terrain perdu dans le secteur de la crête de Ruweisat. Très brillante action de l'artillerie anglaise.
Front soviétique. Les communiqués soviétiques reconnaissent la perte de Bogoutchar et Millerovo. Tandis que le groupe d'armées A allemand avance rapidement vers Rostov, situé près de l'embouchure du Don, la 1re et la 4e division blindée atteignent Kamensk, sur le Donetz.

16 juillet
Afrique du Nord. Les Britanniques contre-attaquent à leur tour et élargissent le saillant ouvert à l'ouest d'El Alamein, en s'emparant d'une arête rocheuse à 5 km de la gare de chemin de fer. Le 13e corps britannique lance quelques attaques sur le flanc sud de la formation italo-allemande.
☐ Les États-Unis informent le gouvernement finlandais de la cessation de leurs relations diplomatiques avec la Finlande à partir du 1er août. Il s'agit là d'un geste justifié vis-à-vis de l'allié soviétique.

16-17 juillet
A Paris, grande rafle dite « du Vel'd'Hiv' ». 9 000 agents de la police parisienne, aidés de gendarmes et de gardes mobiles, arrêtent, sur ordre de Vichy, 12 884 juifs, dont 4 051 enfants, que l'on enferme à Drancy puis que l'on déporte à Auschwitz. Trente seulement reviendront.

17 juillet
Front soviétique. Résistance acharnée des Russes sur le Don, dans la région de Stalingrad, pour permettre à la ville de se fortifier.
Afrique du Nord. L'arrivée de l'Afrikakorps, venu au secours des divisions italiennes Trieste et Pavia dans le secteur de la crête de Miteiryia, permet de repousser une contre-attaque des troupes anglaises et d'éviter que les formations de l'Axe ne cèdent; mais les pertes des forces italo-allemandes sont lourdes. Rommel résume ainsi la situation : « Nous avons jeté ce jour-là dans la bataille les dernières réserves allemandes. Nos forces étaient désormais si ténues comparées à celles des Britanniques, sans cesse croissantes, que nous pensions qu'il serait déjà formidable

d'arriver à tenir la ligne que nous occupions. En raison des énormes pertes subies par les Italiens, les détachements garnissant notre front étaient disséminés... Nous n'avions pour ainsi dire plus de réserves... » Le problème du ravitaillement reste un point noir pour les Italo-Allemands : Rommel insiste pour obtenir des renforts, mais en vain, et lorsque, au cours d'une entrevue avec Cavallero et Kesselring, le feld-maréchal allemand propose avec réalisme que les troupes de l'Axe reculent d'El Alamein jusqu'à Solloum, on le fait taire sèchement; Cavallero déclare à cette occasion : « Le mot repli doit être rayé du vocabulaire de guerre dans ce secteur. » Les Anglais, quant à eux, n'ont aucun problème pour recevoir régulièrement des renforts et du ravitaillement, aussi peuvent-ils supporter en toute tranquillité le siège d'El Alamein.
Pacifique Sud-Ouest. Premiers déplacements de troupes pour l'occupation de Buna en Nouvelle-Guinée, prévue entre le 10 et le 12 août.

18 juillet
Front soviétique. Poursuivant sur un large front leur avance vers le sud, les Allemands occupent l'importante ville industrielle de Vorochilovgrad et atteignent le Don à la hauteur de Tsimliank, au sud-est.

19 juillet
Pacifique Sud-Ouest. Un contingent nippon d'environ 1 800 hommes embarque à Rabaul (Nouvelle-Bretagne) pour aller occuper Buna et Gona, en Nouvelle-Guinée.
Chine. Le général Stilwell demande à Tchang Kaï-chek sa collaboration pour reprendre la Birmanie, en échange d'un accroissement des aides américaines à la Chine.
Front soviétique. Les Soviétiques concentrent leur résistance sur le Don pour protéger Stalingrad. Les Allemands continuent d'avancer vers Rostov en se heurtant à une forte résistance soviétique.

20 juillet
Pacifique. Annonce des directives pour l'invasion alliée des îles Salomon, prévue dans l'opération « Tulsa II ».

LA RAFLE DU VEL'D'HIV

Dérisoirement nommée par les Allemands « Vent printanier », la grande rafle dite « du Vel'd'Hiv' », les 16 et 17 juillet 1942 à Paris, est l'un des épisodes les plus tragiques de la collaboration entre Vichy et les nazis pour la persécution des juifs.
Dès octobre 1940, et de sa propre initiative, le gouvernement Pétain avait mis en place une législation discriminatoire limitant drastiquement l'accès des juifs à de nombreuses professions, « aryanisant » leurs entreprises, révisant éventuellement leur naturalisation et permettant aux préfets d'interner dans des camps les étrangers ou les apatrides. Un Commissariat général aux questions juives sera créé le 23 mars 1941, sous la direction du député ultra-nationaliste Xavier Vallat, remplacé en avril 1942 par l'antisémite fanatique Louis Darquier, dit de Pellepoix.
Dans le même temps, les Allemands prescrivaient, en zone occupée, le recensement des juifs et utilisaient la législation de Vichy pour faire main basse sur leurs biens. En mai 1941, avec la collaboration de la police française, ils procédaient aux premiers internements massifs de juifs étrangers. 40 000 avaient déjà été internés par Vichy en zone « libre ».
A la suite de la conférence de Wannsee sur la « solution finale », les premières déportations vers Auschwitz commencèrent en mai 1942. Le 28 mai, fut imposé en zone nord le port de l'étoile jaune. Le 11 juin, Himmler fixait à 100 000 le nombre de juifs à déporter de France vers les camps de la mort. C'est dans le cadre de cette opération que 12 884 hommes, femmes et enfants sont arrêtés à Paris le 16 juillet à l'aube, enfermés au Vel'd'Hiv', puis à Drancy, et déportés à Auschwitz, d'où il n'en reviendra que 30. Laval, qui livre le maximum de juifs étrangers dans l'espoir de sauver quelques français, a chargé la police parisienne d'opérer les arrestations. Selon les sources allemandes, 76 convois de « déportés raciaux » quittèrent la France du 27 mars 1942 au 31 juillet 1944. Sur 75 721 déportés, dont 10 000 enfants, on comptait environ 47 000 étrangers et 23 000 français. 40 000 furent éliminés dès leur arrivée au camp. Sur les 28 754 restants, il y eut 2 190 survivants, dont 740 femmes.

Au Vel'd'Hiv', le 17 juillet 1942, dans l'antichambre de la mort : sur 12 884 « déportés raciaux », 30 survivront.

Deux chars soviétiques T-34 mis hors de combat devant Rostov.

Combat dans une gare de Rostov.

21 juillet

Pacifique. La force d'expédition des Salomon (Task Force 61) reçoit l'ordre de se rassembler le 26 juillet au sud-est des îles Fidji.

Des avions alliés repèrent et attaquent un convoi nippon en route pour la Nouvelle-Guinée. Il s'agit du contingent parti de Rabaul le 19 et qui, dans la nuit du 21 au 22, débarque à Gona et Buna, devançant l'opération « Providence » prévue par les Alliés. Les forces navales japonaises, en garnison à Lae, effectuent des actions de diversion en attaquant Mubo et Komiatum. Avec cette opération, l'expansion territoriale de l'empire du Soleil Levant atteint son apogée.

Afrique du Nord. Les Anglais attaquent le secteur central des lignes de l'Axe, en envoyant des sapeurs faire des trouées dans les champs de mines ennemis, pour permettre aux chars d'assaut de passer.

Rommel envoie au grand quartier général de la Wehrmacht un rapport détaillé sur la situation de l'armée allemande en Afrique. Dans ce document, le feld-maréchal déclare, entre autres, que les unités allemandes enregistrent de très lourdes pertes, que le front peut tenir, mais que la situation demeurera critique pour ses troupes tant qu'il n'aura pas à sa disposition la 164e division au complet : ses formations, en effet, ont perdu 60 % de leurs effectifs. Quant aux Italiens, ajoute le rapport, impossible de compter sur eux, ils se sont montrés si peu sûrs qu'il faut les incorporer séparément dans les détachements allemands.

22 juillet

Pacifique. La force d'invasion des Salomon, comprenant la 1re division de marines, quitte Wellington, en Nouvelle-Zélande, pour le point de rassemblement près des îles Fidji. Un bataillon en provenance de Pearl Harbor doit l'y rejoindre.

Nouvelle-Guinée. Les avions alliés attaquent les transports ennemis au nord de l'île. A peine débarqués à Buna et Gona, les Nippons s'enfoncent jusqu'à Giruwa et pénètrent dans l'intérieur jusqu'à la région de Soputa, afin d'explorer la piste de montagne qui mène à Port Moresby. MacArthur ordonne au général Morris, commandant allié en Nouvelle-Guinée, d'organiser au plus vite la défense de Kokoda.

Afrique du Nord. La 23e division blindée anglaise, arrivée depuis peu sur le front, emprunte les trouées ouvertes dans les champs de mines des forces de l'Axe, mais ses progrès sont minimes et ses pertes en engins blindés très lourdes. Les Italo-Allemands contre-attaquent très violemment, écrasant la 6e brigade néo-zélandaise et un bataillon de la 161e brigade indienne.

Lourdes pertes également du côté italo-allemand. Rommel décide d'abandonner pour le moment son plan de départ, à savoir rompre la ligne de fortifications britannique et contourner El Alamein pour atteindre le Nil. Il vaut mieux, en effet, reconstituer les unités et les réorganiser avant d'entreprendre de nouvelles actions ou d'élaborer de nouveaux plans.

Front soviétique. Le groupe d'armées A lance l'offensive finale contre Rostov-sur-le-Don.

☐ Les Anglais refusent la proposition américaine de tenter un débarquement en Europe en 1942.

☐ Premières déportations du ghetto de Varsovie en direction des camps de la mort.

23 juillet

Front soviétique. Les Allemands sont désormais aux portes de Rostov. Résistance soviétique toujours acharnée à l'ouest de Stalingrad.

Nouvelle-Guinée. Les Japonais suivent la piste qui traverse les montagnes et se heurtent près d'Awala à des détachements australiens qui les obligent à se replier sur Wairopi.

23-27 juillet

Afrique du Nord. Durs combats entre les troupes de l'Axe et les troupes anglaises sur le front d'El Alamein, mais aucun changement dans les positions. Le général Auchinleck, comme Rommel d'ailleurs, se consacre principalement à la « reconstruction » de ses forces.

Malte. Les bombardiers de l'Axe continuent à pilonner l'île.

24 juillet
Front soviétique. Le groupe d'armées A occupe Rostov et Novotcherkassk. D'importantes forces soviétiques sont écrasées ou complètement encerclées.
Nouvelle-Guinée. Les Australiens doivent se replier sur Kokoda après avoir fait sauter le pont de Wairopi sur le Kumusi.

25 juillet
Suite aux nombreuses demandes de Staline d'ouvrir un second front, Roosevelt et Churchill renoncent à envahir l'Europe et décident d'un grand débarquement en Afrique. Il s'agit de l'opération « Torch », nouvelle dénomination de l'opération « Gymnast ».
Nouvelle-Guinée. Les Japonais continuent d'avancer vers l'intérieur du pays.
Front soviétique. Les Allemands consolident l'occupation de Rostov et de Novotcherkassk. Au sud, la menace se précise sur Stalingrad. Les Russes maintiennent cependant plusieurs têtes de pont à l'ouest du Don.

26 juillet
Pacifique. La force d'expédition alliée prévue pour les Salomon se rassemble au sud-est des îles Fidji.
Afrique du Nord. Dans la soirée, le 30e corps de la VIIIe armée britannique déclenche une attaque sur le flanc gauche des forces italo-allemandes.

27 juillet
Front soviétique. Les Allemands occupent Bataïsk tout en poursuivant le ratissage des dernières forces soviétiques dans la grande boucle du Don. La VIe armée de Paulus déclenche une puissante offensive pour éliminer la tête de pont de Kalatch, dans la boucle du Don, à l'ouest de Stalingrad.
Afrique du Nord. Poursuite de combats non décisifs dans le secteur d'El Alamein.
Nouvelle-Guinée. Les Australiens doivent évacuer l'importante base stratégique de Kokoda, qui sera occupée par les Japonais.

Le 24 juillet 1942, le Heeresgruppe *A occupe Rostov-sur-le-Don.*

28 juillet
Nouvelle-Guinée. Les Australiens réoccupent Kokoda, mais leur position est précaire, car des renforts japonais arrivent depuis la tête de pont de Buna. Le quartier général impérial nippon ordonne une offensive générale pour s'emparer de la Nouvelle-Guinée orientale : des opérations amphibies sont prévues dans la baie de Milne, ainsi qu'une attaque de Port Moresby.
Chine. Fin de l'offensive nippone dans la province du Tchökiang, déclenchée — apparemment — en représailles du raid aérien de Doolittle sur Tokyo et d'autres villes japonaises.
Front soviétique. Les communiqués russes annoncent la perte de Rostov-sur-le-Don et de Novotcherkassk. La population elle aussi se rend compte que les Allemands sont sur le point d'envahir le Kouban et le Caucase. L'ennemi a attaqué Rostov non par l'ouest, comme en 1941, mais par le nord et le nord-est, c'est-à-dire dans le secteur le moins protégé. Les Russes ont été pris de panique, les détachements se sont débandés, des officiers de tous grades et des hommes de troupe ont été fusillés pour désertion. L'annonce de la chute de Rostov provoque une véritable terreur en Union soviétique. Trois jours plus tard, Staline proclamera : « Plus un seul pas en arrière ! » On reculera encore, mais on sait qu'il n'y a plus beaucoup de place pour le faire : si les

Allemands ne sont pas arrêtés à Stalingrad et sur les pentes du Caucase, la guerre sera perdue. Après la chute de Rostov, une discipline de fer s'instaure dans l'Armée rouge : les déserteurs sont fusillés sur-le-champ. On redonne de l'autorité à la caste des officiers, en leur subordonnant les commissaires politiques, en reconnaissant leur professionnalisme, en rétablissant entre autres les galons d'or sur les uniformes, en créant pour eux des décorations d'inspiration franchement patriotique et non plus liées au parti : l'ordre de Koutouzov, de Souvorov, d'Alexandre Nevski, les « grands ancêtres ». Dans quelques mois, le rôle des commissaires politiques, déjà partiellement minimisé, sera encore réduit.

29 juillet

Front soviétique. Les Allemands prennent la ville de Proletarskaïa et établissent une tête de pont dans le Caucase, de l'autre côté du Manytch.

Nouvelle-Guinée. Les Japonais réoccupent Kokoda et consolident leurs positions. L'aviation alliée empêche 2 transports nippons de débarquer des renforts sur la côte nord de l'île.

30 juillet

Indes néerlandaises. Les Japonais occupent les îles de Aru, Kei et Tanimbar.

Afrique du Nord. Auchinleck décide de rester sur la défensive jusqu'à l'arrivée de renforts. Depuis le 26 mai, date du début de l'offensive, les Italo-Allemands ont fait 60 000 prisonniers anglais, sud-africains, indiens, français, australiens et néo-zélandais, et détruit plus de 2 000 chars d'assaut et véhicules automobiles.

Front soviétique. Dans le secteur sud, le groupe d'armées A allemand consolide sa tête de pont de l'autre côté du Manytch ; le groupe d'armées B tente de réduire la tête de pont soviétique de Kalatch, à l'ouest de Stalingrad. Dans le secteur central, les Soviétiques lancent une offensive dans la région de Rjev.

LA NAISSANCE DU BE-BOP

Une poignée de jeunes jazzmen donne naissance, à Harlem, au be-bop (nom formé sur une onomatopée) par lequel va s'imposer le jazz moderne.

Lassés par les thèmes rebattus de l'ère swing, les boppers introduisent de nouvelles lignes mélodiques audacieuses et élargissent les choix harmoniques.

C'est surtout Charlie Parker, « The Bird » (L'Oiseau), qui, grâce à son immense talent, fait figure de chef d'école. Musicien inspiré et « maudit », il sera un véritable mythe pour les nouvelles générations de l'après-guerre.

Touché par les avions alliés, un transport japonais brûle devant les côtes de Nouvelle-Guinée, dans la région de Buna-Gona.

31 juillet

Pacifique. Protégée par les avions et les navires de la Task Force 63 (dirigée par l'amiral McCain), la force amphibie de l'archipel des Salomon quitte les îles Fidji pour les Salomon. Les Liberators de la Task Force commencent une série de raids sur Guadalcanal et Tulagi, pour préparer l'invasion.

1er août

Afrique du Nord. Patrouilles de surveillance et échanges d'artillerie tandis que les deux camps se préparent pour de nouvelles opérations de grande envergure.

Londres. Churchill décide de se rendre au Caire. Un télégramme du général Auchinleck l'a rendu nerveux et inquiet, et il désire examiner personnellement la situation. Le télégramme dit : « En raison de notre manque de réserves et par suite de la consolidation des positions ennemies, il nous faut admettre, bien qu'à contrecœur, qu'il n'est pas possible dans la situation actuelle de renouveler nos tentatives de percée du front ennemi. Il est peu probable qu'il soit possible de reprendre l'offensive avant la mi-septembre. »

Atlantique. Août marque le début d'une nouvelle phase de la bataille de l'Atlantique qui se terminera en mai 1943.

C'est le moment où l'activité des groupes de *U-Boote* (dits « bandes de loups ») contre les convois alliés dans l'Atlantique Nord atteint son comble, tandis qu'au centre et au sud de l'Atlantique on enregistre des actions isolées. 108 *U-Boote* opèrent généralement en même temps. Le butin des sous-marins allemands est considérable : 3 857 705 t de navires coulés pour 123 *U-Boote* perdus.

Mais l'éclat de ces succès s'éteindra peu à peu : en effet, dès les premiers mois de 1943, les Alliés disposent d'avions à large rayon d'action spécialisés dans la chasse aux sous-marins, de radars perfectionnés, d'Asdic-Sonar, d'escorteurs plus nombreux, et de groupes d'avions de chasse anti-sous-marins dotés, qui plus est, de nouvelles bombes de fond et agissant principalement dans le golfe de Gascogne : le tribut payé par les navires allemands devient alors très lourd par rapport aux résultats obtenus. *Front soviétique.* Dans le secteur sud, le groupe d'armées A (qui a rejoint la 1re division blindée) avance en éventail au sud de Rostov, coupant la voie ferrée Novorossiisk-Stalingrad et occupant la ville de Salsk ; les avant-gardes atteignent les rives du Kouban. Dans le secteur du groupe d'armées B, de violents combats se poursuivent dans la boucle du Don, en face de Stalingrad. Les Allemands tentent d'isoler les défenseurs. Dans le secteur central, les Soviétiques renouvellent leurs attaques dans la zone de Rjev, à l'ouest de Moscou. *Chine.* Tchang Kaï-chek accepte les propositions de collaboration du général Stilwell au sujet de la Birmanie et modifie ses trois demandes présentées le 29 juin.

2 août
Malte. Poursuite des attaques des bombardiers de l'Axe contre les ports, les aéroports et les diverses installations militaires de l'île.

3 août
Front soviétique. Le groupe d'armées A allemand progresse rapidement dans le Kouban, occupant la ville de Vorochilovsk (aujourd'hui Stavropol). Après avoir franchi le Don et établi une tête de pont à Tsimlianskaïa, il atteint Kotelnikovo. A partir de là, et ce jusqu'au 18 août, il progressera plus lentement vers Stalingrad. Les Russes parviennent cependant à tenir la région au nord de la grande boucle du Don ainsi que plusieurs têtes de pont en deçà du fleuve, comme Kletskaïa, bloquant ainsi la route au groupe d'armées B. Dans le secteur central, les Soviétiques poursuivent leurs attaques dans la zone de Rjev.

4 août
Churchill arrive au Caire.

5 août
Front soviétique. Le groupe d'armées A allemand s'empare d'une tête de pont de l'autre côté du Kouban, dans la région d'Armavir-Nevinnomyssk, tout près des

En haut : un U-Boot ravitaille en carburant un autre U-Boot, au large des côtes américaines. Ci-dessus : la colonne d'eau soulevée par une bombe de fond.

Malte : position de D.C.A. avec un canon Bofors de 40 mm.

versants nord du Caucase et des champs de pétrole de Maïkop. Il occupe également la ville de Kropotkine. L'Armée rouge continue sa courageuse mais apparemment inutile résistance dans la grande boucle du Don, en face de Stalingrad.
Afrique du Nord. Churchill visite le front. Vers le soir, il communique à Clement Attlee, ministre des Dominions : « Quels que soient les responsables de la grave situation actuelle, les troupes ne sont nullement à incriminer, et les armes et l'équipement n'ont joué qu'un rôle minime... » Le Premier anglais, qui a maintenant perdu toute confiance dans le général Auchinleck, estime qu'il faut opérer un changement immédiat et radical au sein du haut commandement au Moyen-Orient.

6 août
Front soviétique. Les Russes reconnaissent la perte de Kotelnikovo. Le groupe d'armées A allemand occupe Tikhoretsk, dans le Kouban (au sud de Rostov et au nord de Krasnodar), et dépasse Armavir, sur le Kouban. Pendant ce temps, dans la boucle du Don, près de Stalingrad, la résistance soviétique au groupe d'armées B s'affaiblit.
Pacifique. La force d'invasion alliée, en route pour les Salomon, approche de son objectif sans avoir été repérée par les Japonais.
Nouvelle-Guinée. Situation stationnaire. Regroupement de toutes les forces australiennes et américaines de la Nouvelle-Guinée australienne (Papouasie et nord-est de la Nouvelle-Guinée) dans la New Guinea Force.

7 août
Pacifique. Après un massif bombardement aéronaval des zones choisies pour les débarquements, la 1re division de marines, dirigée par le général Vandegrift, envahit les îles de Florida, Tulagi, Gavutu, Tanambogo et Guadalcanal, dans l'archipel des Salomon. C'est la première offensive terrestre effectuée par les Américains. Protégés par les artilleries navales et les avions décollés des porte-avions que commande le vice-amiral F. J. Fletcher, les marines débarquent à 7 h 40 sur l'île de Florida et à 8 heures sur la côte sud de Tulagi. Ils se heurtent sur cette île à la résistance acharnée des Japonais, qui les arrêtent à environ 1 km de la pointe sud-est. A 9 h 10, un régiment de marines débarque sans rencontrer de résistance sur la côte nord de Guadalcanal, à environ 6 km de Punta Lunga, et établit une tête de pont entre l'embouchure du Tenaru et celle du Tenavutu. Il avance donc vers le sud-ouest en direction du mont Austen. Le soir, les envahisseurs ont pénétré jusqu'à environ 1 600 m à l'intérieur. A midi, un bataillon de parachutistes envahit les petites îles jumelles (reliées par une digue) de Gavutu et Tanambogo, à l'est de Tulagi, et les occupe presque entièrement malgré le feu ennemi.
Les Japonais s'opposent aussi aux débarquements par des attaques aériennes, endommageant un contre-torpilleur américain, le *Mugford.*
Iles Aléoutiennes. Une Task Force de croiseurs et de contre-torpilleurs américains, commandée par le contre-amiral W. W. Smith, bombarde l'île de Kiska occupée par les Japonais, endommageant des installations.
Nouvelle-Guinée. Accrochages de patrouilles. En raison des débarquements américains dans les Salomon, les Japonais rappellent un convoi qui a quitté Rabaul pour Buna.
Afrique du Nord. L'avion qui transporte depuis le front jusqu'au Caire le général W. H. E. Gott, déjà commandant du 13e corps britannique et désigné par Churchill pour prendre la tête de la VIIIe armée, est intercepté et abattu par deux Messerschmitt allemands : Gott et l'équipage sont tués. C'est le général Bernard Law Montgomery qui le remplace.

8 août
Churchill et Roosevelt décident de confier au général Eisenhower le commandement de l'opération « Torch » (débarquement en Afrique du Nord).

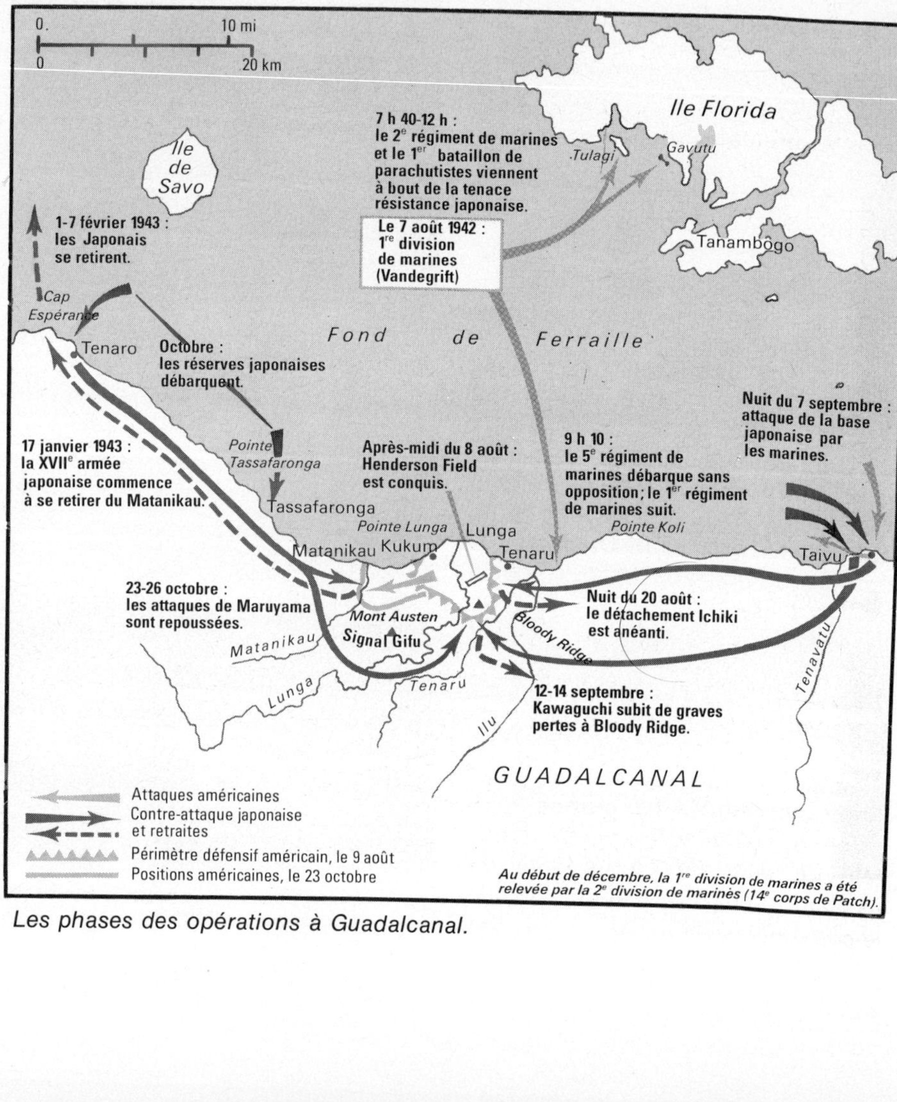

Les phases des opérations à Guadalcanal.

Inde. Le Congrès réclame aux Britanniques l'indépendance du pays.
Afrique du Nord. Churchill nomme le général H.R. Alexander, 51 ans, à la tête des troupes du Moyen-Orient. Auchinleck prendra la tête du secteur Irak-Iran.
Front soviétique. Le groupe d'armées B allemand occupe Sourovikino, à l'ouest de Stalingrad. Le groupe d'armées A se rapproche de plus en plus de Maïkop et de Krasnodar.
Pacifique. Dans les Salomon, les avions japonais attaquent les navires américains transportant la force de débarquement : ils coulent le transport *George F. Elliott* et endommagent le transport *Barnett* ainsi que le contre-torpilleur *Jarvis,* qui coulera le jour suivant en tentant de rejoindre Nouméa.
A Guadalcanal (îles Salomon), les Américains s'emparent du village de Kukum et d'un camp d'aviation en cours de construction. Le camp est aussitôt rebaptisé Henderson Field. La conquête de Tulagi, Gavutu et Tanambogo s'achève.
Bataille de l'île de Savo. Dans la nuit du 8 au 9, une escadre japonaise partie de Rabaul, en Nouvelle-Bretagne, à l'annonce du débarquement américain dans les Salomon, et comprenant 5 croiseurs lourds *(Chokai, Aoba, Kako, Kinugasa* et *Furutaka),* 2 croiseurs légers *(Tenryu* et *Yubari)* et le contre-torpilleur *Yunagi,* le tout commandé par le vice-amiral Gunichi Mikawa, surprend au large de l'île de Savo la flotte alliée qui protège les transports destinés à l'invasion des Salomon. Cette dernière est commandée par le contre-amiral australien Crutchley et se compose de 6 croiseurs lourds *(Chicago, Vincennes, Astoria, Quincy* et les australiens *Australia* et *Canberra),* 2 croiseurs légers *(San Juan* et l'australien *Hobart)* et 8 contre-torpilleurs. Durant le dur combat de nuit, les croiseurs lourds *Astoria, Quincy, Vincennes* et *Canberra* sont coulés, et le croiseur lourd *Chicago* ainsi que 2 contre-torpilleurs subissent de graves dommages. Les Japonais s'éloignent, eux presque sans dégâts, leurs croiseurs *Kinugasa, Chokai* et *Aoba* à peine endommagés. Ils ont eu 58 morts et 53 blessés, les Alliés 1 023 morts et 709 blessés.

9 août
Pacifique. Après leur grave défaite nocturne, les Américains retirent en toute hâte des Salomon le groupe amphibie et la protection aérienne ; ils emportent avec eux plus de la moitié du ravitaillement prévu pour 60 jours et destiné à la force de débarquement, et évacuent environ 2 000 hommes. Les 17 000 marines désormais à terre restent abandonnés à eux-mêmes dans les différentes îles. Les 11 000 marines qui ont débarqué à Guadalcanal consolident la tête de pont et poursuivent la construction de la piste de l'aéroport. Les autres occupent les petites îles de Mbangai, Kokomtambu et Makambo.
Nouvelle-Guinée. Le comman-

Le lance-torpilles américain PT-109 en action à Guadalcanal. C'est le futur président J. Kennedy qui, en 1943, en prendra le commandement.

dement des forces alliées est confié au général australien Sydney F. Rowell.
Front soviétique. Le groupe d'armées A conquiert les centres pétroliers de Maïkop et Krasnodar, dans le Caucase. Sur les pentes de la chaîne montagneuse, la résistance soviétique se fait plus vigoureuse, favorisée par le terrain.

10 août
Afrique du Nord. Churchill fait connaître au général Alexander son objectif : la destruction des forces germano-italiennes en Égypte et en Libye.
Méditerranée. Début de l'opération « Pedestal », dont le but est de faire arriver à Malte un important convoi de ravitaillement.
Pacifique. Devant Kavieng (Nouvelle-Irlande), un sous-marin américain coule le croiseur lourd nippon *Kaho,* rescapé de la bataille de Savo.

11 août
Nouvelle-Guinée. Les Américains installent un important centre de ravitaillement et de communications à Port Moresby. Les Australiens et les indigènes doivent abandonner l'aéroport de Kokoda, devenu indéfendable.
Front soviétique. La menace allemande sur Stalingrad s'aggrave avec l'élimination, par le groupe d'armées B, de la tête de pont soviétique près de Kalatch, dans la boucle du Don.
☐ Divergences de vue entre Hitler et Halder. Celui-ci continue à soutenir le caractère prioritaire que doit avoir la conquête de Moscou, tandis que Hitler vise les puits de pétrole du Caucase. Ce qui est une erreur, tant il est vrai que l'Allemagne pourra combattre encore deux ans et demi sans les puits du Caucase.
☐ A Compiègne, Laval accueille solennellement le premier convoi de prisonniers libérés au titre de la « relève ».

12 août
Entre le 12 et le 15 août, Staline, Churchill, Averell Harriman (représentant Roosevelt) et des envoyés du général de Gaulle se rencontrent à Moscou pour discuter de l'ouver-

Marine lançant une bombe à main contre les Japonais à Guadalcanal. Après la défaite

de l'île de Savo, les 17000 marines débarqués sur l'île restent abandonnés à eux-mêmes.

L'OPÉRATION « PEDESTAL »

Malte est toujours au centre des préoccupations de Churchill, qui considère la sécurité de l'île comme un élément fondamental de la stratégie anglaise en Méditerranée. Après le grave échec, en juin, des opérations « Harpoon » et « Vigorous » en vue de ravitailler l'île, le gouvernement anglais décide, aux premiers jours du mois d'août, d'envoyer à Malte un important convoi de ravitaillement. L'opération, appelée en code « Pedestal », prévoit un exceptionnel déploiement de forces : pour escorter 13 cargos et 3 pétroliers, les Anglais rassemblent une escadre de 4 porte-avions *(Eagle, Furious, Indomitable, Victorious)*, les 2 cuirassés *Nelson* et *Rodney*, 7 croiseurs, 34 contre-torpilleurs, 8 sous-marins et une vingtaine de petites unités. Les 90 unités qui composent l'imposante force navale britannique appareillent de Gibraltar le 10 août en direction du détroit de Sicile.

Évidemment, les mouvements de cette colossale escadre n'échappent pas aux Italo-Allemands, qui décident, à cause du manque de carburant, d'attaquer le convoi avec les sous-marins, les MAS, les vedettes lance-torpilles et avec les forces aériennes. Les attaques des forces de l'Axe commencent le 11 août : à 13 heures, le porte-avions *Eagle* est coulé par le sous-marin allemand U-73, tandis que le lendemain, c'est au tour d'un autre porte-avions anglais d'être gravement endommagé par les bombes lancées par les avions de l'Axe : le pont n'étant plus utilisable, les avions de l'*Eagle* qui sont en vol doivent atterrir sur le *Victorious*, qui, pour leur faire de la place, se voit contraint de jeter ses avions de chasse à la mer. Au cours de ce raid, le contre-torpilleur *Foresight* coule également à pic. Le soir, les cuirassés, les porte-avions et 3 croiseurs anglais abandonnent le convoi pour rentrer à Gibraltar.

Désormais, on pense du côté anglais que les jeux sont faits, mais il n'en est rien : à 20 heures, le sous-marin italien *Axum*, ayant repéré l'ennemi au large du cap Blanc, lance « en éventail » 4 torpilles qui atteignent les croiseurs *Nigeria*, navire amiral du commandant en chef Burrough, et *Cairo*, ainsi que le pétrolier *Ohio ;* le *Cairo* coule, le pétrolier et le *Nigeria* subissent des dommages. Peu après, une attaque des avions torpilleurs de l'Axe coule 2 autres cargos du convoi tandis qu'ensuite les sous-marins *Alagi* et *Bronzo* coulent 2 autres cargos et endommagent le croiseur *Kenya*. Peu après minuit entrent également en action les vedettes lance-torpilles germano-italiennes (au-delà du cap Bon), qui coulent le croiseur *Manchester* et 3 cargos.

A l'aube du 13 août, la situation britannique est critique : les forces de l'amiral Burrough sont réduites à 2 croiseurs et une dizaine de contre-torpilleurs, tandis que les navires du convoi, de 16 qu'ils étaient, ne sont plus que 7. A ce moment devraient intervenir les croiseurs italiens, qui ont cependant mis comme condition à leur présence une efficace couverture aérienne en mesure de maintenir à distance les chasseurs et les bombardiers qui ne manqueraient pas de décoller de Malte. Mais les Allemands qui doivent assurer la protection aérienne ne veulent rien savoir (peut-être par manque de confiance dans les possibilités des unités de la marine italienne), et les croiseurs italiens reçoivent l'ordre de rentrer (sur le chemin du retour, le sous-marin anglais *Safari* touche les croiseurs *Bolzano* et *Attendolo*, leur causant de graves dommages). En tout état de cause, ce qui reste alors du convoi anglais peut gagner Malte sans être dérangé : il ne reste que 5 cargos, qui débarquent dans l'île 30 000 t de matériel.

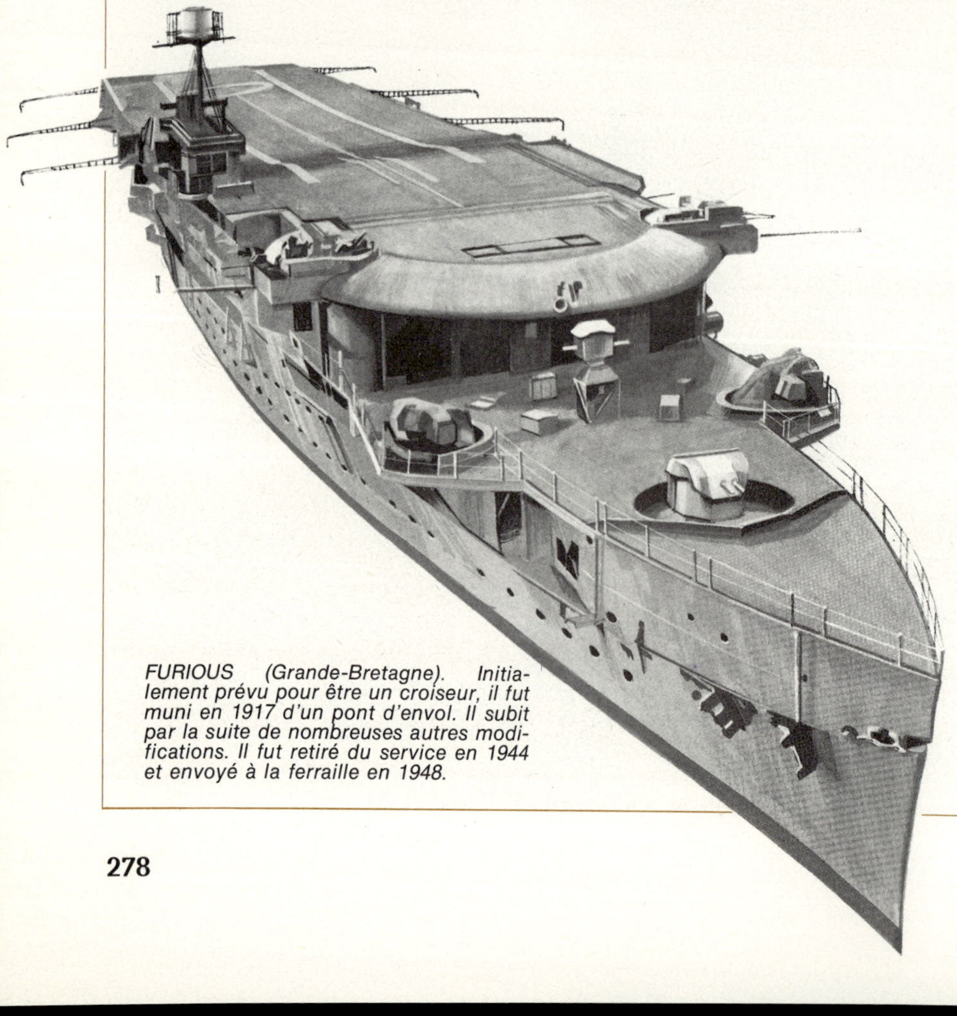

FURIOUS (Grande-Bretagne). Initialement prévu pour être un croiseur, il fut muni en 1917 d'un pont d'envol. Il subit par la suite de nombreuses autres modifications. Il fut retiré du service en 1944 et envoyé à la ferraille en 1948.

ture d'un second front en Europe.
Front soviétique. Les attaques russes dans la zone de Rjev atteignent une très forte intensité mais n'apportent pas de résultats décisifs. Dans le secteur méridional, les avant-gardes du groupe d'armées A allemand atteignent Slaviansk dans le Kouban, à peu de distance de la côte orientale de la mer d'Azov.
Afrique du Nord. Le général Bernard L. Montgomery, nouveau commandant de la VIIIe armée britannique, arrive en Égypte.
Pacifique. 1400 marines qui auraient dû être débarqués à Guadalcanal arrivent dans l'île d'Espiritu Santo, qui devra servir de base de ravitaillement pour les troupes des îles Salomon. Le premier avion chargé de ravitaillement atterrit à Guadalcanal sur le Henderson Field, à peine terminé.

Moscou : Staline observe en souriant un Churchill pensif. Au cours des entretiens à quatre, on parle du second front.

Aux environs de Minsk, Himmler met paternellement la main sur l'épaule d'un orphelin russe sans logis.

13 août
Front soviétique. Les Allemands prennent Elista, dans le district de Kalmytskaïa au sud de Stalingrad et au sud-est de Kotelnikovo.
Nouvelle-Guinée. Un convoi japonais débarque 3000 soldats du génie à Basabaua, près de Gona. Les Nippons attaquent en force les Australiens et les indigènes dans la zone de Deniki, les faisant reculer de 8 km. S'étant assurés par ce succès le contrôle de la piste Buna-Kokoda, les Japonais consolident leurs positions.
Nouvelle-Bretagne. Le quartier général impérial japonais confie au

La VIe armée allemande est engagée devant Stalingrad. Violents affrontements entre blindés. Au fond, un T-34 soviétique. Au premier plan, un Pz-III allemand détruit : un mort se trouve entre les galets des chenilles.

LES CANADIENS DANS LA GUERRE

Le débarquement à Dieppe, le 19 août, d'un commando amphibie composé en majeure partie de Canadiens, qui subiront de lourdes pertes, attire l'attention sur l'importance de l'effort de guerre accompli par le Canada au cours du conflit.
Dès sa déclaration de guerre à l'Allemagne, en septembre 1939, le gouvernement d'Ottawa s'attacha à mobiliser les énergies nationales par diverses mesures de restriction et des impôts supplémentaires. Dans le même temps, en accord avec les autres pays du Commonwealth, étaient créés de nouveaux départements ministériels ou organismes gouvernementaux chargés des munitions, des approvisionnements, des industries de guerre, des forces aériennes et navales ainsi que des pêcheries. Le 27 avril 1942, à une large majorité, un plébiscite facilitait au gouvernement l'emploi de la main-d'œuvre. Et quelques semaines plus tard, tous les hommes au-dessous de trente-cinq ans étaient astreints au service militaire obligatoire. Ces dispositions devaient être ensuite élargies par étapes successives, jusqu'à la fin de la guerre. Elles permettraient

Les Canadiens débarquent à Dieppe : opération sans espoir, mais qui prépare, techniquement, le grand débarquement de juin 1944.

commandant de la XVIIe armée, basée à Rabaul, la mission de chasser les Américains de Guadalcanal et de toutes les îles qu'ils occupent dans les Salomon. Le général Maruyama prend les dispositions nécessaires.

14 août
Front soviétique. Une grande partie de la VIe armée allemande de Paulus, soutenue par la division blindée du général Hoth, achève la conquête de toute la région comprise dans la boucle du Don (à l'exception de petites têtes de pont soviétiques au nord) et marche sur Stalingrad depuis le sud, l'ouest et le nord-ouest.

15 août
Pacifique. Arrivée à Guadalcanal des premiers contre-torpilleurs affectés au transport rapide du ravitaillement et de détachements du personnel au sol de l'armée de l'air pour assurer le fonctionnement du Henderson Field. Réduction des rations des marines, par mesure de précaution.
Front soviétique. Les Allemands occupent Georghievsk près de Piatigorsk, au pied du Caucase.
Moyen-Orient. Le général Alexander remplace effectivement Auchinleck à la tête du Moyen-Orient.
Afrique du Nord. A peine arrivé d'Angleterre, Montgomery commence à renforcer et à réorganiser la VIIIe armée britannique. Le 10e corps est mis en réserve. La 44e division et la 10e division blindée qui s'entraînaient dans la zone du Delta doivent aller occuper l'arête d'Alam Halfa (derrière la ligne d'El Alamein), position que le nouveau commandant juge vitale pour la défense d'Alexandrie. Une brigade de la 44e division est rattachée à la 2e division néo-zélandaise d'El Alamein.

16 août
Afrique du Nord. Des bombardiers américains attaquent pour la première fois les positions de l'Axe à El Alamein.

17 août
Pacifique. Iles Gilbert. Un déta-

aux soldats canadiens des trois armes d'être présents sur tous les fronts.
C'est au Québec, en septembre 1943, que la conférence « Quadrant » coordonnera l'offensive aérienne alliée sur l'Allemagne avec des actions sur les bases méditerranéennes, en vue de l'opération « Overlord ». Et, le jour du débarquement, figurera dans le groupe d'assaut la Ire armée canadienne, commandée par le lieutenant-général Crerar, dont les unités entreront à Bayeux.
Les armes canadiennes ne sont pas moins présentes. En six ans, de 1939 à 1945, la capacité industrielle du pays doublera, le transformant en l'un des principaux arsenaux des puissances alliées.
Trait d'union entre la Grande-Bretagne et les États-Unis, le Canada conclura par ailleurs avec son grand voisin du sud d'importants accords concernant la défense commune de l'hémisphère nord, les voies de transport militaires et les problèmes de production. Certains d'entre eux, cependant, tel le projet d'approfondissement du Saint-Laurent, seront abandonnés à la fin de la guerre.

chement de marines débarqué de 2 sous-marins, dans l'île de Makin, harcèle la garnison japonaise pendant 2 jours et détruit une station de radio.
Guadalcanal. La Task Force 62 (amiral Turner) est chargée d'assurer la liaison avec les troupes débarquées. Le Henderson Field commence à fonctionner parfaitement. Dans la nuit du 17 au 18, les Japonais débarquent des renforts près de la pointe Taivu et dans la zone de Kokumbona : 900 hommes en tout transportés par 4 contre-torpilleurs.
Front soviétique. Les Allemands établissent une tête de pont dans le Caucase, de l'autre côté du Kouban, et occupent les stations thermales de Piatigorsk, Iessentuki et Kislodovsk sur les flancs du Caucase. Des détachements de la 1re et de la 4e division allemande de montagne s'apprêtent à escalader l'Elbrouz (plus de 5 600 m, le plus haut sommet de la chaîne du Caucase), mais l'entreprise est plus sportive que militaire. En effet, étant donné la nature du terrain, les Soviétiques l'emporteront toujours sur les attaquants.

18 août
Nouvelle-Guinée. 3 transports japonais protégés par des escorteurs débarquent un important contingent de troupes à Basabaua, sans être repérés par les avions alliés.

19 août
Front soviétique. Alors que les divisions allemandes avancent en éventail dans la boucle du Don, une contre-attaque russe ouvre un couloir entre l'armée italienne et la VIe armée allemande.
Secteur nord : renouvelant leurs attaques du 19 à la fin septembre, les Soviétiques du Front de Leningrad et du Volkhov tentent d'ouvrir une brèche entre Tosno (sud de Leningrad) et le lac Ladoga, pour libérer Leningrad, mais la XVIIIe armée allemande les en empêche.
Afrique du Nord. Alexander recommande à Montgomery de tenir à tout prix les positions d'El Alamein pendant que se prépare la contre-offensive.
Pacifique. A Guadalcanal, le 5e régiment de marines reprend aux Japonais les villages de Matanikau et Kokumbona. Mais le périmètre de la zone que les Américains occupent autour de Lunga et du Henderson Field est encore très restreint. Entre-temps, 4 transports nippons escortés par des contre-torpilleurs et transportant 1 500 hommes quittent Rabaul, en Nouvelle-Bretagne, pour Guadalcanal.
Nouvelle-Guinée. Des détachements de la 7e division australienne arrivent à Port Moresby et repartent aussitôt vers Isurava pour secourir la Maroubra Force, en difficulté.
France. Un contingent de troupes alliées essaie de débarquer à Dieppe : il est composé de 5 000 Canadiens, 1 100 Anglais, une cinquantaine de rangers américains et une poignée d'hommes de la France libre.
3 heures : Les unités transportant les troupes de débarquement arrivent sans être vues à environ 8 milles des côtes de Dieppe.
3 h 30 : Les L. S. I. (Landing Ship Infantry), c'est-à-dire les navires de transport et de débarquement de l'infanterie, mettent à l'eau les chalands de débarquement. Les ennuis commencent presque aussitôt : la flottille des chalands de débarquement transportant le régiment royal du Canada dévie du cap fixé et n'arrive donc pas à se trouver à l'endroit précis de la plage au moment voulu. A 3 h 47, la canonnière qui ouvre la voie au commando no 3 est prise dans un groupe de bateaux de pêche allemands armés. Un feu d'enfer se déchaîne, l'unité anglaise a le dessous : les 20 chalands de débarquement qui transportent le commando no 3 se dispersent pour se mettre à l'abri.
Les Canadiens, quant à eux, parviennent à rejoindre les points fixés, mais un feu précis et meurtrier les cloue aussitôt sur l'étroite plage de galets. A peine débarqués des chalands spéciaux de la marine anglaise, 27 chars légers sont détruits et les assaillants massacrés.
9 heures : Devant l'échec total de l'action, ordre est donné de réembarquer aussitôt les troupes ; 3 000 hommes environ, c'est-à-dire plus de la moitié des participants, restent à terre, tués ou prisonniers ; tous les véhicules, l'équipement et bon nombre d'armes sont abandonnés sur la plage. (Hitler dira à ce propos : « C'est la première fois que les Anglais ont l'amabilité de traverser la mer pour offrir à l'ennemi un échantillonnage complet de leurs nouvelles armes. »)
16 heures : Aucune trace dans Dieppe du combat survenu le matin même devant la plage, la vie continue normalement, les magasins sont ouverts...

20 août
Front soviétique. L'avance allemande au sud-est de Stalingrad est ralentie par les fleuves Aksaï et Myjkova.

La dernière charge de cavalerie de l'histoire : le 23 août 1942, à Izbutsenskyi, dans la boucle du Don, 600 hommes de la Savoia Cavalleria chargent victorieusement 2000 Russes armés de mortiers et de mitrailleuses.

Pacifique. Arrivée à Guadalcanal d'une trentaine d'avions américains pour le Henderson Field. Des unités de la 1re division de marines sont attaquées dans la soirée par des détachements nippons qui avancent depuis l'est sur le fleuve Ilu.
Nouvelle-Guinée. Un contingent japonais de 1500 hommes, en provenance de Buna et de Nouvelle-Irlande, s'apprête à débarquer dans la baie de Milne, à l'extrémité est de l'île.

21 août
Front soviétique. Des éléments du groupe d'armées A allemand occupent Krymsk, près de la côte nord de la mer Noire, non loin de Novorossiisk. Résistance soviétique toujours acharnée dans le secteur de Stalingrad.
Pacifique. Guadalcanal. Les Japonais attaquent avant l'aube pour s'emparer de la rive occidentale de l'Ilu, mais ils sont repoussés et contre-attaqués par-derrière et perdent environ 800 hommes.
Nouvelle-Guinée. Le convoi nippon signalé le 20 débarque des renforts à Salamaua, grossissant le contingent qui devra s'emparer de Port Moresby. La 18e brigade australienne rejoint dans la baie de Milne la 7e brigade également australienne, en garnison dans la baie depuis juillet.

22 août
Le Brésil déclare la guerre à l'Italie et à l'Allemagne.
Pacifique. Guadalcanal. Un bataillon de marines en provenance de Tulagi vient renforcer la garnison de Lunga. D'autres marines arrivent à Tulagi, venant des Nouvelles-Hébrides.
Nouvelle-Guinée. Les forces nippones, 11000 hommes au total commandés par le général Tomitaro Horii, se préparent à l'offensive. Les forces australiennes, américaines, anglaises et indigènes sont en nombre égal.

23 août
Front soviétique. Le groupe d'armées B allemand fait une percée au nord de Stalingrad en direction de la Volga, occupant un saillant large de 8 km entre Rynok et Erzovka. 600 bombardiers de la Luftwaffe attaquent la grande ville industrielle ; bilan : 40000 morts. Mais les Soviétiques ne perdent pas la tête, et le saillant est « stabilisé ». Pour éviter l'encerclement, le gros des troupes soviétiques se replie sur la ville. A Izbutsenskyi, dans la boucle du Don, la Savoia Cavalleria, commandée par le colonel Bettoni, attaque avec 600 chasseurs à cheval 2000 Russes armés de mortiers et de mitrailleuses, pour permettre aux Italiens et aux Allemands

de combler la brèche ouverte par les Soviétiques entre la VIe armée allemande et l'armée italienne. Avec la dernière charge de cavalerie de l'histoire, les Italiens mettent l'ennemi en déroute. Sabres et bombes à main contre mortiers et mitrailleuses : le prix de cette victoire, stratégiquement peu importante, est très élevé. Le drapeau à croix gammée flotte sur la cime de l'Elbrouz, atteinte par les détachements alpins allemands.

24 août
Pacifique. Salomon orientales. 3 Task Forces américaines, réunies sous le commandement du vice-amiral F. J. Fletcher et comprenant 3 porte-avions (*Saratoga, Enterprise, Wasp* : 254 avions au total), le cuirassé *North Carolina,* 5 croiseurs lourds *(Minneapolis, New Orleans, Portland, San Francisco, Salt Lake City),* 2 croiseurs légers *(Atlanta, San Juan)* et 18 contre-torpilleurs, interceptent, à l'est de Guadalcanal, un groupe d'escadres nippones commandé par le vice-amiral Nobutake Kondo, mais répondant en fait aux ordres du commandant en chef de la flotte combinée, l'amiral Yamamoto, qui se trouve à bord du cuirassé *Yamato,* ancré à Truk. Les forces japonaises comprennent 3 porte-avions (*Shokaku, Zuikaku* et *Ryujo* : 168 avions au total, complétés par 100 autres avions basés à terre), 3 cuirassés *(Mutsu, Hiei, Kirishima),* 13 croiseurs lourds *(Ataqa, Maya, Takao, Myoko, Aguro, Suzuya, Kumano, Chikuma, Tone, Chokai, Aoba, Kinugasa, Furutaka),* 3 croiseurs légers, 1 navire de transport d'hydravions, 31 contre-torpilleurs et 12 sous-marins. L'une des escadres escorte 4 navires transportant des troupes et des renforts pour Guadalcanal. Une grande bataille aéronavale a lieu, au cours de laquelle les Japonais perdent 90 avions et les Américains 20. Avant de se retirer, les Nippons perdent également le porte-avions *Ryujo,* touché par des bombes et des torpilles, le croiseur léger *Jintsu,* 1 contre-torpilleur et 1 transport de troupes; le nombre des victimes est considérable. Côté américain, le porte-avions *Enterprise* est endommagé par des bombardiers en piqué.
Guadalcanal. Intensification des bombardements aériens nippons sur le Henderson Field, auquel sont affectés 11 bombardiers en piqué détachés du porte-avions *Enterprise.*
Nouvelle-Guinée. Horii ordonne de déclencher l'offensive générale. 2 forces amphibies, en provenance de Buna et de Nouvelle-Irlande, lèvent l'ancre pour la baie de Milne. Celle venant de Buna (7 gros bateaux) est repérée par les Australiens.

25 août
Pacifique. Bataille des Salomon orientales. Des bombardiers de l'armée et de la marine américaines attaquent les transports nippons avec leurs renforts pour Guadalcanal, les obligeant à faire demi-tour. 1 transport et 1 contre-torpilleur sont coulés, 1 croiseur est endommagé.
Iles Gilbert. Les Japonais occupent Nauru.
Nouvelle-Guinée. Les Japonais occupent l'île Goodenough, dans les îles d'Entrecasteaux, près de la côte sud-est de la Nouvelle-Guinée. Les 7 bateaux faisant route pour la baie de Milne, et qui ont perdu leur cap sont détruits par les avions américains. Dans la nuit du 25 au 26, les Nippons arrivent quand même à débarquer à l'est de Rabi, près de la baie de Milne, mais les Australiens les harcèlent tandis qu'ils avancent vers l'ouest.
Front soviétique. Le groupe d'armées A allemand repousse à Mozdok une contre-attaque soviétique et se dirige vers Groznyi et Bakou, dans le Caucase.

26 août
Pacifique. Guadalcanal. Les marines s'apprêtent à lancer une offensive de pointe pour éliminer la pression nippone sur le flanc ouest de la tête de pont.
Nouvelle-Guinée. Des avions alliés attaquent les Japonais dans la baie de Milne, à l'extrémité est de l'île, détruisant des dépôts de vivres et de munitions et endommageant quelques transports. Le soir, un convoi nippon arrivant de Nouvelle-Irlande débarque un nouveau contingent de troupes dans la baie. Dans la zone de Isurava, les détachements australiens sont obligés de se replier sous la forte pression des Japonais, qui marchent sur Port Moresby à travers les montagnes. Les Nippons occupent l'île Océan.

27 août
Pacifique. Guadalcanal. Un bataillon de marines débarque à l'ouest de Kokumbona, tandis qu'un autre

Guadalcanal : marines américains chargeant un obus de 75 mm.

détachement se déplace depuis Kukum vers l'intérieur pour couper la retraite à l'ennemi. La manœuvre échoue à 1 km de Kokumbona grâce à l'énergique résistance japonaise. Une escadrille d'avions de chasse vient renforcer les unités aériennes américaines.
Nouvelle-Guinée. Progrès nippons, aussi bien le long de la côte qu'à l'intérieur, le long de la piste reliant Port Moresby à la côte nord. Une brigade australienne est envoyée en renfort à l'intérieur.
Front soviétique. Le groupe d'armées B allemand continue sa pression sur Stalingrad. Le groupe d'armées A se rapproche de Groznyi, occupant au passage Prochladnyi et prenant position sur le Terek.
France. L'Allemagne autorise Vichy à mettre sur pied une unité blindée en Afrique occidentale, pour repousser une attaque éventuelle des Alliés.

28 août
Pacifique. Guadalcanal. Les marines se retranchent sur leurs positions de départ. Des bombardiers en piqué coulent 1 contre-torpilleur nippon, en endommagent 2 et empêchent l'ennemi de débarquer des renforts sur l'île.
Nouvelle-Guinée. Les Australiens repoussent de violentes attaques japonaises dans la baie de Milne. Poursuite des combats à l'intérieur.
Front soviétique. Le groupe d'armées A allemand attaque Novorossiisk.

29 août
Nouvelle-Guinée. De nouveaux renforts japonais, 750 hommes environ, débarquent dans la baie de Milne. Poursuite des combats le long de la piste des monts Owen Stanley.

30 août
Afrique du Nord. 23 heures : Rommel déclenche une attaque sur tout le front d'El Alamein ; c'est le début de la bataille d'Alam Halfa, du nom de la crête au sud-est d'El Alamein près de laquelle se déroule la bataille principale. Le plan du feld-maréchal prévoit des actions de diversion menées contre le 30e corps ennemi depuis la gauche de sa formation, par la 164e division allemande et les divisions italiennes Trento et Bologna : l'attaque principale contre le 13e corps britannique dans le secteur sud des lignes allemandes a été confiée à la 90e division légère, au corps d'armée motorisé italien (avec les divisions Ariete et Littorio), aux 2 divisions blindées de l'Afrikakorps (la 15e et la 21e), à la division Folgore et au groupe Recce. Rommel veut contourner par le sud les positions britanniques, se déplacer vers l'est de la crête d'Alam Halfa et encercler ainsi la VIIIe armée britannique. Cette offensive lui est apparue nécessaire à partir du moment où il s'est rendu compte que le temps ne ferait que favoriser la reconstruction et la réorganisation des troupes du général Alexander. Rommel déclare à cette occasion : « En décidant d'attaquer aujourd'hui, je prends la décision la plus grave de toute ma vie. Soit

De l'usine au champ de bataille : dans une unité de production de Stalingrad, des

tankistes soviétiques prennent possession de chars destinés au front.

nous arrivons à atteindre le canal de Suez, soit... »

Pacifique. Guadalcanal. 12 bombardiers en piqué et 18 avions de chasse viennent grossir l'aviation américaine du Henderson Field. Des bombardiers en piqué nippons attaquent et coulent le transport rapide américain *Colhoun,* au large de l'île.

Nouvelle-Guinée. Attaque des Japonais dans la soirée pour s'emparer d'une piste d'atterrissage dans la baie de Milne. Ils sont repoussés à l'aube après un combat sanglant. A l'intérieur, ils continuent d'avancer vers Port Moresby.

France. Monseigneur Saliège, archevêque de Toulouse, fait lire dans toutes les églises une lettre protestant contre la déportation des juifs.

31 août

Afrique du Nord. Rommel n'arrive pas à percer les fortifications anglaises d'Alam Halfa : il en est empêché par les attaques de la R. A. F., par la présence sur son flanc droit de la 7e division blindée anglaise (qui l'empêche de contourner complètement la crête d'Alam Halfa), par le manque de carburant ainsi que par la présence de champs de mines qui ralentissent forcément sa marche.

Pacifique. Iles Salomon. Le porte-avions américain *Saratoga* est endommagé par les torpilles d'un sous-marin nippon près des îles Santa Cruz, à 260 milles au sud-est de Guadalcanal. Il restera jusqu'en novembre en réparation à Pearl Harbor.

Nouvelle-Guinée. Les Australiens prennent l'initiative dans la baie de Milne. Devant l'aggravation de la situation, le général Horii reçoit du commandement nippon l'ordre de se mettre sur la défensive, même à l'intérieur, sur les monts Owen Stanley.

Front soviétique. Malgré le durcissement de la résistance soviétique sur le Terek, le groupe d'armées A allemand renforce la tête de pont qu'il occupe de l'autre côté du fleuve, dans la zone de Mozdok.

1er septembre

Démission du ministre japonais des Affaires étrangères, Shinegori Togo. Il est remplacé par le Premier ministre, Hideki Tojo.

Afrique du Nord. La 15e division blindée allemande essaie une nouvelle fois d'occuper Alam Halfa, mais elle est repoussée sur le versant sud par la 22e division blindée anglaise. Les Britanniques s'apprêtent à contre-attaquer pour colmater la brèche ouverte par l'ennemi sur le flanc sud des lignes du 13e corps. Les pertes de ce dernier sont comblées par des détachements du 30e corps. Le 10e corps est alors rappelé de l'arrière vers la zone des combats.

Front soviétique. La VIe armée allemande continue de faire pression sur Stalingrad, dont elle a atteint les faubourgs, menaçant d'isoler la 62e armée soviétique. Le groupe d'armées A occupe le port d'Anapa, sur la mer Noire.

Pacifique. Guadalcanal. Un bataillon de Seabees (Construction Battalions), civils enrôlés dans le génie, arrive sur l'île.

En haut : renforts japonais se préparant à partir pour Guadalcanal.

Nouvelle-Guinée. Les Australiens font de légers progrès dans la baie de Milne, mais perdent du terrain sur les monts Owen Stanley. Des détachements japonais, partis de Salamaua, attaquent les Australiens installés dans la vallée du Bulolo et s'emparent de Mubo.

2 septembre
Front soviétique. Le groupe d'armées A allemand se fraie un chemin vers Novorossiisk et Groznyi. D'autres troupes allemandes et roumaines venues de Crimée traversent le détroit de Kertch : Novorossiisk est ainsi menacée à la fois au nord et à l'ouest.
Afrique du Nord. Les forces de l'Axe se replient sur leur ligne de départ (El Taqa-Bab el Qattara), se préparant à une contre-offensive britannique, qui, en fait, n'a pas lieu.
Nouvelle-Guinée. Les Australiens progressent dans la partie nord de la baie de Milne, à l'extrémité est de l'île, mais n'arrivent pas à contenir à l'intérieur la pression des Japonais, en direction de Port Moresby. Dans la nuit du 2 au 3, 1 000 autres Japonais venant de Rabaul débarquent à Basabua.

3 septembre
Front soviétique. Les Allemands percent sur la Volga, au sud de Stalingrad, et pénètrent dans les faubourgs ouest de la ville. Ils continuent d'avancer vers Novorossiisk et Groznyi. La résistance soviétique est partout très dure.
Afrique du Nord. Dans la nuit du 3 au 4, la 2e division néo-zélandaise du 13e corps lance une attaque pour colmater la brèche ouverte dans les champs de mines par les Italo-Allemands, mais elle est violemment repoussée. Durant la journée, l'offensive aérienne des Britanniques se concentre sur les camions chargés de ravitailler les forces de l'Axe, qui n'ont plus de vivres ni de munitions, et surtout plus de carburant. Ce manque de carburant empêche Rommel de lancer une nouvelle offensive.

4 septembre
Afrique du Nord. Le 13e corps britannique renouvelle ses assauts, encore repoussés par les Italo-Allemands.
France. Vichy décide que tous les hommes de 18 à 50 ans et les femmes célibataires de 21 à 35 ans doivent obligatoirement travailler et justifier de ce travail à toute réquisition.
Nouvelle-Guinée. Tout en continuant d'avancer vers l'est de la baie de Milne, les Australiens occupent Goroni.
Pacifique. Dans la nuit du 4 au 5, 2 transports rapides américains qui amenaient des renforts et du ravitaillement à Guadalcanal sont coulés par les Nippons dans la mer des Salomon.

5 septembre
Le grand quartier général allié décide que les principaux points de débarquement de l'opération « Torch » seront Alger, Oran et Casablanca.
Afrique du Nord. Le 13e corps britannique poursuit ses attaques contre les positions des forces italo-allemandes à El Alamein.
Nouvelle-Guinée. Les Japonais évacuent environ 1 300 hommes de la baie de Milne. Il ne reste que 600 hommes pour s'opposer aux Australiens.

6 septembre
Front soviétique. Les Allemands occupent Novorossiisk. Violents combats autour de Stalingrad.
Afrique du Nord. Le 13e corps britannique progresse lentement vers le sud au prix de lourds sacrifices en hommes et en matériel.
Nouvelle-Guinée. Les Australiens viennent à bout des derniers foyers de résistance japonais dans la baie de Milne, tandis que sur les monts Owen Stanley il leur faut encore reculer vers Port Moresby.
□ Le cuirassé américain *South Dakota* heurte une barrière de corail au large des îles Tonga et subit de graves dommages.

7 septembre
Front soviétique. Les Soviétiques contiennent la pression allemande dans Stalingrad et à l'est de Novorossiisk.
Afrique du Nord. Montgomery suspend les attaques du 13e corps dans la zone El Alamein-Alam Halfa, laissant aux Italo-Allemands une bande d'environ 8 km sur le flanc sud de la VIIIe armée. L'offensive se prépare avec ardeur.
Nouvelle-Guinée. Fin de la résistance des Japonais dans la baie de Milne, mais leur avance se poursuit en direction de Port Moresby sans que les Australiens puissent l'arrêter.

8 septembre
Pacifique. Guadalcanal. Des détachements américains, partis en canots de Punta Lunga, débarquent à Tasimboko, près de Punta Taivu, où s'est concentrée une grande partie des renforts nippons arrivés depuis peu sur l'île. Le bref combat, auquel participent les avions basés au Henderson Field, se termine par le réembarquement des Américains.
Nouvelle-Guinée. Le général Horii attaque la 21e brigade australienne sur les monts Owen Stanley, près du contrefort Efogi, encerclant 2 de ses bataillons.

LES FEMMES ET LA GUERRE

Le conflit se prolonge, ce qui ne fait qu'aggraver les conditions de vie des populations civiles. Les bombardements, la restriction des libertés individuelles, l'installation d'une économie de guerre, etc., créent une situation dramatique où l'essentiel est déjà de parvenir à survivre.
Dans ce contexte, les femmes doivent faire face à de nouvelles responsabilités. Subvenir aux besoins de la famille leur pose beaucoup de problèmes. Les denrées alimentaires de première nécessité, rationnées dès le début du conflit, se raréfient ou même disparaissent pour laisser la place à une large variété d'ersatz.
Il devient également difficile de se procurer du tissu et par conséquent de s'habiller. La mode n'est évidemment pas la première préoccupation des femmes, cependant certaines d'entre elles, mêlant leur imagination et leur savoir-faire, prennent le temps de transformer de vieux uniformes et obtiennent ainsi des vêtements de coupe militaire. Les vestes sont étroites et les jupes descendent tout juste au-dessous du genou. Les semelles des chaussures sont fabriquées dans des matériaux bon marché tel que le liège.
Déjà intégrées au monde du travail dans de nombreux pays bien avant la guerre, les femmes sont désormais employées massivement dans les secteurs de la production. Dans certains pays le pourcentage de la main-d'œuvre féminine a doublé. On trouve aussi des femmes dans les services sanitaires, l'information et les transports publics. En outre, dans presque toutes les armées, ce sont les femmes qui réalisent les travaux délicats prenant même parfois part aux opérations.
Les représentantes du monde du spectacle se mettent pratiquement toutes au service de la propagande et montent des spectacles pour les troupes.

Un curieux petit chapeau de 1940. Ci-dessous : faisant preuve d'imagination et d'habileté, les femmes se confectionnent des vêtements.

Un détachement de la division italienne San Marco dans les ruines de Tobrouk, après avoir repoussé une tentative de débarquement de commandos anglais qui avait été précédée d'un bombardement aérien.

9 septembre

États-Unis. Un petit avion japonais lancé d'un sous-marin lâche des bombes incendiaires près de Brookings, dans l'Oregon, provoquant l'incendie d'une forêt. Ce sera la seule attaque aérienne de toute la guerre sur le territoire métropolitain des États-Unis.

Nouvelle-Guinée. La 25e brigade de la 7e division australienne est envoyée d'urgence sur le front des monts Owen Stanley. Une brigade de la 6e division est transférée à Port Moresby.

Madagascar. Nouveau débarquement britannique sur l'île et occupation de Majunga, sur la côte ouest. Objectif : maîtriser le centre du canal de Mozambique.

Allemagne. Violent raid aérien sur Düsseldorf par les bombardiers de la R. A. F. qui utilisent des bombes de 2 t surnommées *« block-busters »* (brise-îlots).

10 septembre

Nouvelle Guinée. Des avions alliés coulent le contre-torpilleur nippon *Yaoi* près de l'île Normanby, dans l'archipel des D'Entrecasteaux, tout près de la Nouvelle-Guinée.

11 septembre

Pacifique. Guadalcanal. Depuis le 29 août, 6000 Japonais sont arrivés dans l'île à bord de transports rapides escortés par des unités de guerre. Les opérations de débarquement, toujours effectuées de nuit, sont baptisées par les Américains « Tokyo Night Express ».

Iles Aléoutiennes. Après l'ouverture d'une piste de décollage à Adak, les Américains entreprennent une série de raids sur l'île de Kiska, distante de 400 km et occupée par les Japonais.

Madagascar. Les Britanniques avancent le long de la côte en direction de Tananarive.

Nouvelle-Guinée. Les Australiens reculent encore dans le secteur des monts Owen Stanley. Pour chasser l'ennemi de l'île, MacArthur expose un plan d'opérations qui prévoit d'apporter aux Australiens le renfort d'un régiment américain.

12 septembre

Front soviétique. Alors que la VIe armée allemande fait désormais pression depuis le sud et le nord sur la banlieue de Stalingrad, le commandement soviétique confie au général Tchouikov la tête de la LXIIe armée, nerf de la défense de la ville. Le parti est représenté par le très actif Nikita Khrouchtchev.

Océan Glacial Arctique. U-Boote et Luftwaffe commencent une série d'attaques, qui dureront 10 jours, contre 2 précieux convois alliés, le PQ 19 et le QP 14, qui transportent du ravitaillement destiné à l'Union soviétique. 17 navires, soit 94791 t, sont coulés. Les Allemands, quant à eux, perdent 4 sous-marins et 41 avions.

Océan Pacifique. Guadalcanal. Après de violents combats qui se prolongeront la nuit suivante, les Japonais arrivent à s'infiltrer près de Lunga, dans le périmètre de défense américain. Les privations, les pluies, les maladies tropicales et le feu permanent de l'artillerie japonaise épuisent les défenseurs.

13 septembre

Front soviétique. La VIe armée allemande est maintenant dans le cœur de Stalingrad. D'ici le 18 novembre, les Allemands arriveront à s'emparer de presque toute la ville, ne laissant aux Soviétiques que trois petites têtes de pont en deçà de la Volga. Mais le gros de l'artillerie soviétique est installé de l'autre côté du fleuve, relativement hors de portée de l'aviation allemande.

Océan Pacifique. Guadalcanal. Les Japonais lancent des attaques aériennes et terrestres contre le périmètre défensif de Lunga, pour tenter de reprendre le Henderson Field, qui a vu ses forces grossir avec l'arrivée de 18 autres avions, principalement des bombardiers en piqué. Des unités navales nippones soutiennent l'action de leur feu. Les Américains essaient de contre-attaquer le long d'une série de collines appelées Bloody Ridge, mais ils n'avancent que de 250 m. Il leur faut ensuite se mettre sur la défensive, et ce n'est que grâce à l'énorme appui de l'artillerie qu'ils pourront résister aux assauts nippons durant toute la nuit. Les Japonais attaquent aussi le long du fleuve Ilu, mais n'arrivent pas à percer.

Afrique du Nord. Dans la nuit du 13 au 14, après un important bombardement aérien, les Britanniques (appuyés par 6 croiseurs et contre-torpilleurs) tentent, depuis le désert et la mer, une incursion sur Tobrouk pour détruire les dépôts et les installations portuaires de l'Axe. Une colonne motorisée partie de l'oasis de Koufra, à plus de 800 km, tente une action analogue contre Benghazi. Les deux tentatives échouent, les pertes sont considérables. Les forces de débarquement sont contraintes de reprendre la mer.

*Clark Gable et Vivien Leigh dans une merveilleuse scène d'*Autant en emporte le vent.

Découverte par hasard en novembre 1940, la grotte de Lascaux est un témoignage étonnant de la vie et de la civilisation de l'homme préhistorique.
En haut et à gauche : détail de deux peintures.

En haut : Mickey Mouse « l'apprenti sorcier », dans une scène de Fantasia.
En bas : Pinocchio et la Fée Bleue dans une scène du film de Walt Disney.

Les troupes allemandes défilent sous l'Arc de Triomphe à Paris en 1940.

Dunkerque en 1940. Après l'évacuation des troupes anglaises et françaises, un agent de la propagande allemande récupère le matériel de guerre abandonné sur la plage.

Dès que la guerre éclate, l'industrie aéronautique connaît un grand essor dans tous les pays. Pendant la durée du conflit, l'avion devient un instrument de combat toujours plus puissant et perfectionné.

Chef incontesté de la production cinématographique allemande, l'U. F. A. devient durant la guerre l'un des piliers de la propagande nazie. Ci-dessus : une scène du film Der Grosse König *(1941) sur la vie de Frédéric le Grand.*

En haut : en France après l'armistice, on reprend les travaux des champs malgré la présence de matériel de guerre. En bas : sur le front russe en 1941, des soldats allemands écoutent le bulletin de guerre. A droite : des chasseurs alpins de Bavière en Norvège en 1941.

En haut : une publicité pour les montres suisses Universal. En bas : une affiche touristique allemande vante la Riviera italienne et le lac de Garde.

En haut : le maillot de bain deux pièces fait son apparition sur les plages. En bas : des soldats allemands en permission visitent Berlin en 1941 ; ici la porte de Brandebourg.

Le porte-avions américain Wasp *enveloppé dans la fumée d'incendie, après son torpillage, dans les eaux de Guadalcanal, par un sous-marin japonais.*

14 septembre
Front soviétique. Malgré la défense désespérée des Soviétiques, les fantassins de Paulus pénètrent dans le centre de Stalingrad et gagnent la rive de la Volga. C'est alors que commence vraiment la partie épique de la bataille de Stalingrad.
Afrique du Nord. Pour empêcher les Italo-Allemands de poursuivre la colonne qui a tenté le coup de main contre Benghazi, les Britanniques effectuent plusieurs raids sur Barce et Gialo.
Océan pacifique. Guadalcanal. A l'aube, les Japonais suspendent leurs assauts sur Bloody Ridge et se retirent en laissant 600 morts sur le terrain. Les marines ont perdu 150 hommes. Accrochages le long du fleuve Ilu. Dans l'après-midi, les Japonais attaquent un bataillon américain posté sur les collines qui surplombent la route côtière dans le secteur ouest de la tête de pont américaine, mais ils sont repoussés. Un bataillon du 2e régiment de marines arrive en renfort sur l'île.

Nouvelle-Guinée. Les Japonais font reculer les Australiens sur la crête Imita, dernière aspérité des monts Owen Stanley, à seulement 51 km de Port Moresby. Mais, contre-attaqués par les Alliés, ils ne pourront aller plus loin.

15 septembre
Océan Pacifique. Une Task Force américaine, commandée par le contre-amiral Noyes, qui escorte un convoi transportant des renforts à Guadalcanal depuis l'île Espiritu Santo, dans les Nouvelles-Hébrides, est attaquée par 2 sous-marins nippons, qui coulent le porte-avions *Wasp* et endommagent le cuirassé *North Carolina* et 1 contre-torpilleur.
Guadalcanal. Le 5e régiment de marines étend le périmètre de défense de Lunga, au sud du Henderson Field, au-delà du Bloody Ridge. Les Japonais font feu par intermittence sur les positions enne-

Dans une rue de Stalingrad, un détachement de soldats allemands qui vient d'écraser un foyer de résistance soviétique.

mies, qui servent également de cible aux projectiles d'un cuirassé nippon.
Nouvelle-Guinée. Venant d'Australie, les premiers détachements d'infanterie américains arrivent à Port Moresby.
Front soviétique. Très violentes attaques allemandes dans le centre de Stalingrad. Les Soviétiques, retranchés dans les usines, résistent.

16 septembre
Front soviétique. Combats très sanglants dans Stalingrad.
Nouvelle-Guinée. L'avance japonaise à travers les montagnes est arrêtée à Ioribaiwa. Solidement installés plus au sud, sur la crête Imita, les Australiens se préparent à la contre-offensive.
Madagascar. Le gouverneur général français de l'île demande de préparer les négociations d'armistice.
Chine. Le général Chennault propose que ses avions soient affectés en priorité à la défense du pont aérien entre l'Inde et la Chine.
Iles Aléoutiennes. Les Japonais ont évacué sur Kiska leur garnison de l'île d'Attu.

17 septembre
Nouvelle-Guinée. Tandis qu'Australiens et Américains commencent à préparer la contre-offensive, les Japonais sont en situation difficile à Ioribaiwa. Bien qu'en vue de Port Moresby, ils ne sont pas en mesure d'attaquer les positions australiennes, par manque de ravitaillement et de renforts.
Madagascar. Les plénipotentiaires français refusent les conditions posées par les Britanniques pour l'arrêt des hostilités.
France. H. Frenay, pour Combat, et E. d'Astier de la Vigerie, pour Libération, s'embarquent clandestinement à destination de Londres.

18 septembre
Océan Pacifique. Guadalcanal. Les Américains reçoivent des renforts (plus de 4000 hommes du 7e régiment de marines), des véhicules, des armes et des munitions, des vivres et de l'essence. Les rations redeviennent normales. Heurts sans conséquences avec les Japonais, le long du périmètre de défense.
Nouvelle-Guinée. Le quartier général impérial nippon ordonne au corps expéditionnaire de tenir les positions et de renforcer la tête de pont Buna-Gona. Le général Horii commence à envoyer des hommes vers ce secteur. De nouveaux renforts américains embarquent à Brisbane pour la Nouvelle-Guinée.
Madagascar. La 29e brigade d'infanterie de l'Afrique-Orientale britannique débarque à Tamatave, sur la côte est, sans rencontrer d'opposition, et s'enfonce à l'intérieur vers Tananarive, où se dirige aussi, depuis la côte ouest, la 22e brigade.

19 septembre
Océan Pacifique. Guadalcanal. Le général Vandegrift divise la tête de pont américaine en dix secteurs en partie autonomes et dresse une ligne de fortifications continue.
Sicile. Reprise des bombardements anglais sur l'île, qui vont se poursuivre pendant les jours suivants.

20 septembre
Front soviétique. Violents combats dans Stalingrad, immeuble par immeuble. Le groupe d'armées A allemand occupe la ville de Terek, sur la rive sud du fleuve du même nom, au centre du Caucase.
□ Staline reparle à Anthony Eden et Wendell Wilkie de la nécessité

pressante d'ouvrir un second front.
☐ Annonce des plans d'action de l'opération « Torch » : la date du débarquement en Afrique du Nord est fixée au 8 novembre.

21 septembre
Pologne. La superficie du ghetto de Varsovie est réduite de moitié. Les trois quarts de ses habitants ont déjà été déportés.

21-22 septembre
Les États-Unis prennent la responsabilité du contrôle des aides envoyées à l'U. R. S. S. à travers l'Iran.

23 septembre
Front soviétique. Poursuite des combats dans Stalingrad, tandis que le groupe d'armées A allemand envoie un groupe d'assaut à la conquête du port de Touapse, sur la mer Noire, au nord-ouest de Sotchi.
Guadalcanal. Les Américains commencent une opération limitée visant à repousser l'ennemi suffisamment loin du Henderson Field.
Nouvelle-Guinée. Le 128e régiment de la 32e division américaine est aéroporté à Port Moresby. Le général Blamey prend la tête des forces alliées dans l'île.
Madagascar. La 22e brigade est-africaine entre à Tananarive, déclarée ville ouverte.

24 septembre
Pacifique. Guadalcanal. Les marines attaquent les Japonais sur le mont Austen et dans la zone de Matanikau-Kokumbona.
☐ Le général Franz Halder, qui estimait nécessaire, à l'approche de l'hiver russe, d'interrompre l'offensive, se trouve en complet désaccord avec Hitler sur la manière de conduire la guerre en Russie, et est démis de sa charge de chef d'état major de la Wehrmacht. Il est remplacé par le général Kurt Zeitzler, qui n'a pas pour autant les mains libres sur le Front de l'Est.

25 septembre
Nouvelle-Guinée. Les Australiens ouvrent la contre-offensive dans les montagnes, le long de la piste Port Moresby-Kokoda, en attaquant en force Ioribaiwa.

Caucase : un Panzergrenadier et un Pz-III du groupe d'armées A à l'attaque, dans la zone de Terek et de Malgobek.

Madagascar. Les Britanniques contrôlent maintenant toute la partie centrale de l'île.

26 septembre
Front soviétique. Tentative de rupture du blocus de Leningrad, toujours encerclé par les armées allemandes (*Heeresgruppe* Nord). L'opération échoue et les forces soviétiques, qui avaient pu établir une tête de pont sur la rive nord de la Neva, devront être retirées le 8 octobre.
Océan Pacifique. Guadalcanal. Combats près du village de Matanikau. L'action des marines est appuyée par l'artillerie et l'aviation.
Madagascar. Le général Platt, commandant les forces britanniques, transfère son poste de commandement de Majunga à Tananarive, au centre du pays.

27 septembre
Pacifique. Guadalcanal. Les Américains essaient vainement d'élargir le périmètre de leur propre tête de pont.
Nouvelle-Guinée. Écrasés par les Australiens, les Japonais se retirent rapidement le long de la piste qui longe les monts Owen Stanley.
Iles Gilbert. Les Japonais occupent l'île Kuria. Le 24, ils ont occupé Maiana, le 25 Beru.

29 septembre
Pacifique. Guadalcanal. Les Américains sont maintenant plus de 19000 dans l'île, et 3260 autres hommes ont pris position dans l'île de Tulagi.
Les Seabees transforment le Henderson Field en un véritable aéroport malgré les bombes nippones qui ravagent la piste.
Madagascar. Avançant vers le sud depuis Tananarive, des troupes britanniques occupent Fianarantsoa, tandis que d'autres détachements, partis de Diego-Suarez, débarquent à Tuléar, sur la côte sud-ouest. Ils occupent le port, l'aéroport et la base des hydravions qui permettent d'explorer le canal de Mozambique.

30 septembre
Iles Aléoutiennes. C'est la première d'une série d'actions aériennes japonaises intenses sur l'île de Adak.

1er octobre
Front soviétique. Affaiblissement de la poussée allemande. Combats très durs dans Stalingrad, où la VIe armée paie très cher chaque mètre de terrain qu'elle occupe. Les efforts soviétiques pour porter secours à la ville, sans cesse labourée par le feu des artilleries et les raids aériens, restent vains. Le

groupe d'armées A allemand, chargé d'occuper le Caucase et ses riches gisements de pétrole, marque un ralentissement devant le durcissement de la résistance soviétique. Les Allemands n'arrivent pas à conquérir Groznyi. On se bat très durement sur la mer Noire, entre Novorossiisk et Touapse.
L'ampleur des pertes en hommes et en matériel, le manque de ravitaillement et surtout de carburant, ainsi que la nature du terrain commencent à handicaper sérieusement les armées du Reich.

2 octobre
Pacifique. Un détachement américain parti d'Espiritu Santo occupe l'île de Funafuti, dans l'archipel des Ellice, près des îles Gilbert.

3 octobre
Front soviétique. Caucase : le groupe d'armées A allemand progresse un peu en direction de Groznyi. Dans Stalingrad, les combats continuent avec la même violence.

4 octobre
Nouvelle-Guinée. Les Australiens font toujours pression sur les Japonais le long de la piste Port Moresby-Kokoda. Des patrouilles américaines effectuent une reconnaissance sur une autre piste, près de Jaure.

5 octobre
Pacifique. Des avions américains quittent leurs porte-avions pour aller bombarder des installations nippones dans l'île de Bougainville.

6 octobre
Signature à Washington d'un second protocole concernant les aides américaines à l'U.R.S.S. A compter de ce jour et jusqu'au 1er juillet 1943, 4 400 000 t de ravitaillement devront être acheminées jusqu'en Union soviétique, dont un quart à travers l'Iran et trois quarts par mer.
Afrique du Nord. Montgomery donne ses premières directives concernant l'offensive que s'apprête à déclencher à El Alamein la VIIIe armée.
Front soviétique. Caucase : le groupe d'armées A occupe la ville et l'important centre pétrolier de Malgobek, près de Terek, à l'ouest de Groznyi.

7 octobre
Pacifique. Guadalcanal. Toujours dans le but de mettre le Henderson Field hors de portée de l'artillerie nipponne, la 1re division de marines, appuyée par l'artillerie et l'aviation, attaque à l'ouest du périmètre de défense et atteint l'embouchure du Matanikau. Deux colonnes avançant en direction du sud-ouest prennent position sur la cote 65, qui domine le fleuve. Les Japonais résistent peu.
Nouvelle-Guinée. Déplacements de troupes alliées en vue de la contre-offensive qui devrait anéantir définitivement l'ennemi.

8 octobre
Pacifique. Guadalcanal. En raison des pluies torrentielles, les marines doivent renoncer à attaquer l'ennemi au-delà du fleuve Matanikau. Quelques détachements arrivent cependant à réduire la tête de pont que les Japonais tiennent encore à l'est du fleuve ; les heurts sont très sanglants. La reconnaissance ayant permis de signaler l'imminence d'une contre-attaque nippone en force, le commandement américain ordonne aux marines de lancer une offensive de faible envergure contre les détachements nippons de la pointe Cruz, puis de réintégrer le périmètre de Lunga.
Nouvelle-Guinée. Monts Owen Stanley : les Japonais cessent de se replier sur Kokoda et s'apprêtent à bloquer les Australiens sur un col, au nord de Myola.

9 octobre
Pacifique. Guadalcanal. Retour des marines après leur action sur le Matanikau. Les Japonais ont perdu 700 hommes, morts ou blessés, au cours des combats ; les Américains, 190.
France. 100 bombardiers américains attaquent de jour des installations industrielles à Lille (Américains et Anglais se partagent les rôles ; les Américains assurent les raids de jour, les Anglais ceux de nuit). Une centaine d'avions allemands, qui ont décollé pour les intercepter, sont détruits ou endommagés.
□ Rétablissement dans l'armée soviétique d'un commandement unique pour toutes les unités. Tous les pouvoirs de commandement sont confiés aux chefs militaires. Les commissaires politiques voient leur charge réduite de façon draconienne et, malgré leur nouvelle appellation de « vice-commandants dans le domaine politique » auprès des unités de l'armée, le pouvoir de décision sur le plan militaire est du ressort exclusif des officiers-commandants.

10 octobre
Pacifique. Guadalcanal. Pour faire face à la contre-offensive nippone, les marines organisent des points de défense sur la rive est du Matanikau.

11 octobre
Madagascar. Le général Platt cède le commandement du secteur au général Smallwood.

Soldats soviétiques à Stalingrad : se défendre coûte que coûte.

Soldats de l'Armée rouge répondant au feu allemand, au milieu des ruines de l'usine de chars d'assaut « Octobre Rouge » durant la bataille de Stalingrad.

11-12 octobre
Pacifique. Guadalcanal. Bataille aéronavale de Cap Espérance. Une escadre américaine commandée par le contre-amiral Norman Scott (et comprenant les croiseurs lourds *San Francisco* et *Salt Lake City,* les croiseurs légers *Boise* et *Helena,* et 5 contre-torpilleurs), qui patrouille dans les eaux des Salomon pour empêcher l'arrivée de renforts et de ravitaillement nippons à Guadalcanal par le fameux « Tokyo Night Express », intercepte, à l'est de l'île de Savo, une escadre nippone escortant des transports avec des renforts, de l'artillerie lourde et des chars d'assaut pour Guadalcanal, en vue de l'offensive finale contre les Américains. L'escadre japonaise, commandée par le contre-amiral Aritomo Goto, se compose de 3 croiseurs lourds *(Aoba, Kinugasa, Furutaka),* 2 transports d'hydravions et 8 contre-torpilleurs. Au cours de la bataille, qui débute dans la nuit du 11 au 12 et se poursuit toute la journée du lendemain, et à laquelle prennent part des avions nippons basés à Rabaul et des avions américains partis de Guadalcanal, le croiseur lourd *Furutaka* et 3 contre-torpilleurs nippons sont coulés, ainsi que 1 contre-torpilleur américain. 2 croiseurs américains *(Salt Lake City* et *Boise)* et 2 contre-torpilleurs sont endommagés. Le contre-amiral Goto meurt au cours de la bataille que l'on peut considérer comme la revanche de la marine américaine sur la défaite de Savo. Les transports japonais arrivent malgré tout à débarquer 800 hommes et du matériel lourd à Guadalcanal. Les Nippons ont perdu beaucoup d'hommes à Cap Espérance, bon nombre de naufragés refusant d'être recueillis à bord des navires américains et préférant être dévorés par les requins qui infestent ces eaux. De grosses formations aériennes nippones ravagent le Henderson Field de Guadalcanal, détruisant la piste, des avions et des dépôts de précieux carburant.

13 octobre
Pacifique. Guadalcanal. 1 régiment d'infanterie vient renforcer la 1re division de marines. Le Henderson Field est pilonné par des groupes de bombardiers et les nouveaux canons japonais à longue portée qui viennent d'arriver sur l'île.

14 octobre
Pacifique. Guadalcanal. Peu après 1 heure, les cuirassés japonais *Kongo* et *Haruna,* de la 3e division de ligne commandée par le vice-amiral Takeo Kurita et comprenant également le croiseur *Isuku* et 9 contre-torpilleurs, bombardent les positions américaines près de la pointe Lunga et le Henderson Field. Le « Tokyo Night Express » alimente régulièrement le contingent japonais en hommes et en matériel. 4 000 hommes environ débarquent à Tassafaronga (à l'ouest de Lunga). Sur les 90 avions américains basés au Henderson Field, 48 ont été détruits.
Nouvelle-Guinée. 1 régiment américain et 1 bataillon australien arrivent en renfort à Wanigela, par avion. Sur le col Templeton, les Japonais résistent à la pression australienne.

15 octobre
Pacifique. Guadalcanal. Persuadés qu'aucun avion américain ne peut plus décoller du Henderson Field, 6 transports nippons débarquent en plein jour leur cargaison à Tassafaronga. Mais quelques bombardiers en piqué arrivent à décoller d'une piste grossièrement remise en état, et coulent ou obligent à s'échouer 3 transports ennemis.
Les escorteurs d'hydravions *MacFarland* ainsi que des avions de transport basés sur l'île d'Espiritu Santo ravitaillent les Américains en

Mrs MINNIVER

Greer Garson, l'héroïne de Mrs Minniver.

Une modeste famille anglaise tente bravement de survivre aux rigueurs des premières années de la guerre. *Mrs Minniver,* tourné par William Wyler avant Pearl Harbor, condamne ouvertement le nazisme. Le film deviendra l'un des chevaux de bataille de la propagande hollywoodienne durant la guerre. Tout particulièrement apprécié par le président Roosevelt pour son influence positive sur l'opinion publique, il connaît un extraordinaire succès auprès du public et obtient cinq oscars.

Un contingent de marines américains marchant dans la jungle de Guadalcanal.

Une mitrailleuse légère américaine prête à couvrir une patrouille traversant un fleuve à gué, dans la jungle de Nouvelle-Guinée.

carburant pour l'aviation. Le commandement de la XVIIe armée nippone transmet les directives tactiques pour la grande offensive contre le périmètre américain de Lunga. Le début de l'opération est prévu pour le 18 octobre. Le contre-torpilleur américain *Meredith* est coulé par un avion-torpilleur, au large de l'île de San Cristobal, dans les Salomon. Dans la nuit du 15 au 16, les croiseurs nippons *Maya* et *Myoko* envoient sans répit 1 500 obus sur le périmètre défensif américain, et en particulier sur le terrain d'aviation de Henderson Field.

16 octobre
Pacifique. Partis du porte-avions *Hornet,* qui croise dans les eaux au sud de Guadalcanal, des avions effectuent un raid sur la baie de Rekata, dans l'île de Santa Isabel, détruisant des dépôts nippons d'armes et de munitions tout près de Tassafaronga. Les Japonais rassemblent leurs forces en prévision de l'offensive; le feu des artilleries contre le périmètre défensif américain devient de plus en plus intense et précis.
Iles Aléoutiennes. Des avions américains coulent 1 contre-torpilleur nippon.

17 octobre
Nouvelle-Guinée. Durs combats entre Australiens et Japonais sur la piste Port Moresby-Kokoda, près de l'Eora Creek.
Grande-Bretagne. Les convois destinés à l'opération « Torch » (débarquement en Afrique du Nord), commencent à se rassembler dans le Firth of Clyde.

18 octobre
Pacifique. Le vice-amiral W. F. Halsey remplace le vice-amiral R. L. Ghormley à la tête du secteur du Pacifique Sud.
Nouvelle-Guinée. De violents combats se poursuivent dans la zone de l'Eora Creek, le long de la piste pour Kokoda.

19 octobre
Le département de la Guerre américain s'engage à armer et équiper 30 autres divisions chinoises.
Madagascar. Les Britanniques poursuivent l'occupation de la partie sud de l'île. Grâce à une manœuvre en tenaille, ils s'emparent du centre d'Andriamanalina.
Pacifique. Guadalcanal. L'attaque japonaise prévue pour le 18 a été renvoyée au 22, le dispositif militaire n'étant pas encore en place.

20 octobre
Pacifique. A la demande du général Vandegrift, le vice-amiral Halsey envoie un autre régiment d'infanterie à Guadalcanal, le 147e.
Afrique du Nord. La R. A. F. intensifie ses attaques contre les positions, les lignes de ravitaillement et surtout les aéroports de l'Axe, de manière à s'assurer la suprématie dans le ciel lors de l'imminente offensive que Montgomery prévoit pour le 24.

21 octobre
Pacifique. Guadalcanal. Des détachements nippons appuyés par l'artillerie et par 9 chars d'assaut tentent, sans y parvenir, de forcer la ligne américaine sur le Matanikau.

22 octobre
Pacifique. Guadalcanal. N'ayant pas encore réussi à faire parvenir tous leurs détachements sur les positions prévues, les Japonais renvoient de 24 heures le début de l'offensive contre le périmètre américain de Lunga.
Nouvelle-Guinée. Afin de s'assurer le contrôle de la partie nord de la baie de Milne, les Australiens envoient un bataillon de la 18e brigade, à bord de 2 contre-torpilleurs, pour s'emparer de l'île Goodenough, occupée par 300 Japonais environ.
Algérie. Accompagné de quelques collaborateurs, le général américain M. W. Clark, adjoint d'Eisenhower, arrive de nuit en Algérie à bord d'un sous-marin, pour prendre contact avec le général Charles Mast, représentant des officiers français favorables aux Alliés. Mast assure à Clark et au consul général américain Robert Murphy que les détachements français, sous les ordres du général Giraud, sont prêts à appuyer l'action des Alliés. Entretemps, le premier convoi destiné à l'opération « Torch » quitte l'Angleterre.
Afrique du Nord. Les troupes de la VIIIe armée britannique se déplacent de nuit en grand secret, afin de prendre position pour l'imminente offensive.

23 octobre
Pacifique. Guadalcanal. A 18 heures précises, l'artillerie japonaise

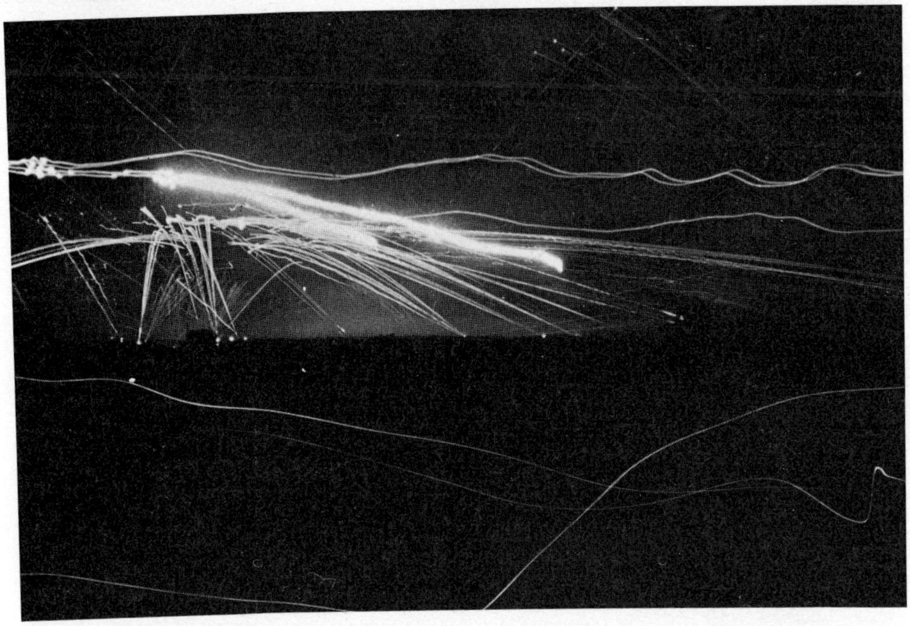

En haut : le général Montgomery émergeant de la tourelle de son char d'assaut. Ci-dessus : El Alamein bombardé de nuit par l'artillerie anglaise.

commence à bombarder lourdement les positions américaines sur le Matanikau. Tout de suite après, des fantassins et des chars d'assaut lancent une attaque, mais ils ne parviennent pas à traverser le fleuve et subissent de lourdes pertes : 600 hommes et au moins 8 chars d'assaut. Le gros des troupes devait simultanément déclencher une offensive sur le flanc sud du périmètre américain, mais, pour des raisons logistiques, on y renonça.

Afrique du Nord. 21 h 30 : C'est par un feu très violent de l'artillerie anglaise (plus de 1 000 canons) contre les positions italo-allemandes que débute la seconde bataille d'El Alamein. L'attaque surprend complètement les forces de l'Axe. Rommel, du reste, est en Allemagne depuis quelques semaines, et c'est le général Georg Stumme qui le remplace momentanément. Les forces de l'Axe ont ordre de ne pas répondre au feu de l'artillerie anglaise pour économiser les munitions. Il n'empêche que la situation est très délicate pour les Anglais : quelques jours plus tôt, Churchill a télégraphié au général Alexander, commandant en chef des forces armées anglaises au Moyen-Orient : « Tous nos espoirs reposent actuellement sur la bataille que vous-même et Montgomery vous apprêtez à déclencher. Il se peut qu'elle soit la clé du futur... » A la veille de l'attaque, Montgomery adresse à son tour une sorte d'appel à ses troupes : « Lorsque j'ai pris la tête de la VIIIe armée, j'ai déclaré que notre mission serait d'anéantir Rommel, et que nous le ferions dès que nous serions prêts. Maintenant, nous sommes prêts. La bataille qui va avoir lieu est une bataille décisive, et c'est en tant que telle qu'elle entrera dans l'histoire... Nous avons des armes et du matériel de première qualité, des chars d'assaut puissants... et la meilleure aviation du monde nous protège... » En ce qui concerne les forces en présence, les Anglais sont nettement supérieurs : ils ont 195 000 hommes (l'Axe, 105 000 environ), 1 029 chars d'assaut dont beaucoup de Sherman américains (les Italo-Allemands en ont environ 490), plus de 1 000 canons contre 480 environ chez l'adversaire, 530 avions contre les 350 de l'aviation italo-allemande, 1 400 pièces d'artillerie antichar alors que l'Axe n'en a que 744. Du général Montgomery dépendent le 30e, le 10e et le 13e corps, respectivement postés au nord, au centre et au sud de la ligne d'attaque.

Dans l'autre camp ont pris position : au nord, la 164e division et la 15e division blindée allemandes, plus la division italienne Littorio : au centre, les divisions italiennes Trento, Bologna et Brescia ; au sud, la 21e division blindée allemande et 2 autres divisions italiennes, l'Ariete et la Folgore. Les Italiens ont pour rôle de défendre les positions alors que les éventuels assauts sont confiés aux engins blindés allemands, qui souffrent cependant d'être un peu trop disséminés le long du front, perdant ainsi leur impact.

Les Anglais prévoient leur attaque principale dans le secteur nord, attaque confiée à l'infanterie du

30e corps anglais et aux divisions blindées du 10e corps ; le 13e corps doit se contenter pour l'instant d'actions de diversion.
22 heures : Les 3 corps anglais lancent leur attaque ; cette offensive surprend les forces de l'Axe, qui réagissent cependant rapidement.
Italie. Raid aérien anglais sur Turin, Gênes et surtout Savone.
France. Laval dresse le bilan de son action contre la Résistance : 400 « terroristes notoires » et 5 460 communistes ont été arrêtés, et 40 t d'armes saisies.

24 octobre
États-Unis. Un convoi gigantesque, commandé par le général Patton et le contre-amiral Hewitt, part pour la Méditerranée : il transporte les troupes pour l'opération « Torch ».
Afrique du Nord. A l'aube, le 30e corps britannique atteint son objectif (la ligne « Oxalic »), juste derrière la 15e division blindée allemande et la division Littorio, mais les engins blindés du 10e corps n'ont pas encore réussi à franchir les champs de mines et à atteindre le premier objectif (« Pierson ») prévu dans le plan d'attaque.
Dans le secteur sud du front, le 13e corps se heurte à la 21e division blindée allemande.
Après-midi : Le général Stumme, qui remplace Rommel, est victime d'une crise cardiaque au moment où un obus ennemi touche sa voiture. L'officier, qui s'est effondré sur le marchepied, tombe de la voiture sans que le chauffeur s'en aperçoive, et on croit d'abord qu'il s'est perdu : son corps sera retrouvé quelques heures plus tard.
Lorsque la nuit tombe, la 1re division blindée anglaise a réussi à faire sortir ses unités des champs de mines, mais la 10e y est encore coincée.
Pacifique. Guadalcanal. Dans la nuit du 24 au 25, un régiment japonais lance une puissante attaque sur le flanc sud du périmètre américain. Les Américains font venir des renforts depuis les autres secteurs, arrivant ainsi à contenir la pression des Japonais, qui se replient à l'aube sur leurs positions de départ.
Nouvelle-Guinée. Les Japonais évacuent l'île de Goodenough. La garnison embarque sur 2 contre-torpilleurs qui font route vers Rabaul, en Nouvelle-Bretagne.
Italie. Au cours d'un nouveau raid des avions anglais sur l'Italie du Nord, Milan, Monza et Novare sont particulièrement touchées.
Angleterre. 2 convois mixtes anglo-américains, qui prendront part à l'opération « Torch », partent pour la Méditerranée.

Un artilleur anglais secourt son compagnon blessé durant la bataille décisive d'El Alamein, fin octobre 1942.

25 octobre
Afrique du Nord. Dans les premières heures de la matinée, la situation est de plus en plus délicate dans le couloir où s'est enfilée la 10e division blindée, mais, à 3 h 30, Montgomery confirme que la tentative de percée doit continuer coûte que coûte.
12 heures : Le commandant anglais commence à modifier son plan d'attaque en déplaçant vers le nord le pivot de l'offensive ; l'attaque est confiée à la 9e division australienne, que couvre la 1re division blindée. Des heurts particulièrement violents sont signalés autour de la crête Kidney. Lourdes pertes dans la 15e division blindée allemande, qui, des 119 chars qu'elle possédait le matin, est réduite à 39. Rommel revient précipitamment en Afrique.
Les pétroliers *Proserpina* et *Luisiano,* remplis d'essence destinée aux engins de Rommel, sont coulés dans le port de Tobrouk.
Bermudes. Une escadre de porte-avions américains part pour l'Afrique du Nord afin de participer à l'opération « Torch ».
Pacifique. Guadalcanal. Après une action intense de l'aviation et de l'artillerie japonaises durant la journée, l'activité reprend sur le front terrestre dans la nuit du 25 au 26, quand 2 régiments nippons attaquent les positions américaines sur le flanc sud du périmètre de Lunga et que d'autres détachements investissent la ligne du Matanikau. Pertes considérables des deux côtés. L'action terrestre cesse le matin suivant.

26 octobre
Afrique du Nord. Les combats se poursuivent sur tout le front : les heurts sont particulièrement violents à proximité de la brèche que les Anglais ont ouverte dans les formations ennemies, autour de la crête Kidney. Début de l'attaque de la 9e division australienne sur le front nord : la manœuvre oblige les Allemands à déplacer considérablement leurs réserves vers le nord. L'action anglaise est malgré tout très ralentie, comparée aux jours précédents : Montgomery convoque ses généraux et les exhorte à reprendre l'offensive avec la même détermination que dans les premières heures. A Londres, on attend des nouvelles décisives qui n'arrivent pas : Churchill est furieux, il menace carrément de faire « sauter » Montgomery : « Serait-il donc impossible de trouver un général capable de gagner une bataille ? » aurait-il dit alors.
Rommel rejoint son quartier général et, prenant aussitôt conscience de la gravité de la situation, prépare

Chars anglais Churchill regagnant leurs lignes après un combat, durant la bataille d'El Alamein en octobre 1942.

Un document poignant de la guerre en Afrique : un parachutiste de la division italienne Folgore se jette avec sa mine

des contre-mesures : la première concerne la 21e division blindée allemande, qui passe du secteur sud au secteur nord.
Front soviétique. Dans Stalingrad, les combats sont toujours très durs. Dans le Caucase, le groupe d'armées A occupe Naltchik.
Grande-Bretagne. Un autre convoi destiné à l'opération « Torch » part en direction de l'Afrique du Nord.
Pacifique. Guadalcanal. Les troupes japonaises, commandées par le général Kawaguchi, renouvellent leurs attaques mais sont encore une fois repoussées. Le tir précis des batteries américaines fait taire une grande partie de leurs canons. Jusqu'à présent, les Japonais ont perdu à Guadalcanal plus de 4 000 hommes, alors que les pertes américaines sont très inférieures. Dans les derniers jours, l'aviation japonaise a perdu plus de 100 avions, contre une quinzaine seulement chez les Américains. Des unités navales nippones ont pris part elles aussi à la bataille ; du côté américain, des avions partis du terrain de Henderson Field ont

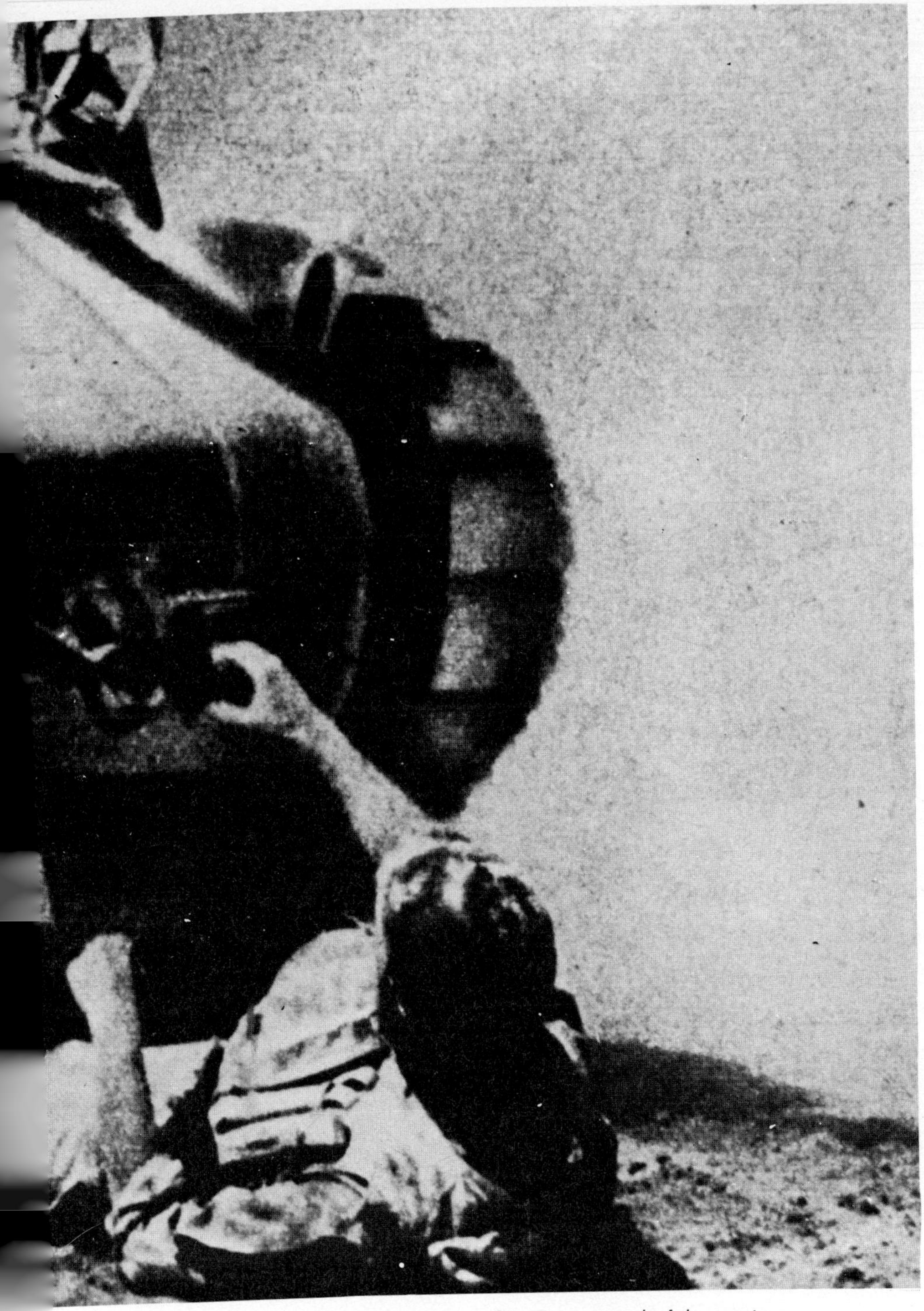

entre les chenilles d'un char britannique Sherman pour le faire sauter.

endommagé le croiseur léger nippon *Yura*.

27 octobre
Afrique du Nord. Rommel lance une série de contre-attaques contre les lignes britanniques (en particulier contre la 1re division blindée), avec pour unique résultat de voir diminuer le nombre de ses engins blindés : à la fin de la journée, en effet, 61 chars d'assaut de la 15e division blindée allemande et 56 de la division blindée italienne Littorio seront détruits ou capturés par l'ennemi. Heurts très violents à Tell el-Akkakir.
La 7e division blindée anglaise est détachée du 13e corps et envoyée dans le secteur nord du front.

28 octobre
Afrique du Nord. Des formations de la R. A. F. bombardent longuement les divisions blindées de l'Axe qui tentent de se réorganiser en vue d'une nouvelle contre-attaque. Vers le soir, Rommel peut compter sur 148 chars d'assaut allemands et 187 italiens, une vraie misère si l'on pense aux 800 engins blindés dont disposent encore les Anglais. Le Renard du désert use de tous ses talents de tacticien et de stratège, mais il sait que la bataille est perdue. Les attaques continuent sur le front nord, menées par la 9e division australienne, qui se trouve vers le soir à proximité de la route côtière, après avoir pénétré en triangle dans les formations ennemies. Rommel accourt dans le secteur avec la 90e division légère et la 21e division blindée allemandes ; la division italienne Trieste, jusqu'alors en réserve, vient occuper le secteur abandonné par la 21e division. Les Italo-Allemands essaient de se mettre en place pour réattaquer les positions britanniques, mais le pilonnage incessant des avions de la R. A. F. les en empêche. Dans la nuit du 28 au 29, les Anglais attaquent en direction de la mer pour éliminer le saillant que les forces de l'Axe conservent sur la côte, et aussi pour couper la route et le chemin de fer du littoral. Ils atteignent presque la route, mais leur avance est stoppée par les défenseurs de la redoute Thompson.

29 octobre
Afrique du Nord. Nouvelles contre-attaques italo-allemandes dans le secteur nord du 30e corps britannique. Sachant que le gros des forces allemandes est concentré au nord, près de la côte, Montgomery décide de tenter la percée non en direction de l'ouest, c'est-à-dire le long de la côte, mais en direction du sud, dans le secteur tenu par l'infanterie italienne à bout de forces.
Pacifique. Guadalcanal. Étant donné les lourdes pertes subies dans les récents combats, les Japonais amorcent un repli général sur Pointe Koli et Kokumbona. Entre-temps, renforcés par 2 bataillons de marines venus de Tulagi, les Américains jettent des passerelles sur le

BATAILLE AÉRONAVALE DES ILES SANTA CRUZ

Parmi les unités américaines engagées dans la bataille aéronavale des îles Santa Cruz : ci-dessus, le porte-avions Enterprise *(à gauche) et, page ci-contre, le porte-avions* Hornet *attaqué par des bombardiers japonais.*

26 octobre
A l'est des Salomon, 4 Task Forces américaines, sous les ordres du commandant en chef des forces aéronavales du Pacifique Sud, le vice-amiral W. F. Halsey, mais opérationnellement dirigées par les contre-amiraux Kinkaid, Murray et Lee (la 4e Task Force qui participe à la bataille est la Task Force aérienne n° 63, basée à Guadalcanal), s'engagent dans un combat aéronaval avec des forces japonaises supérieures en nombre. Les forces américaines se composent de 2 porte-avions (*Hornet* et *Enterprise*), 2 cuirassés (*South Dakota* et *Washington*), 4 croiseurs lourds (*Portland, Northampton, Pensacola, San Francisco*), 5 croiseurs légers *(San Juan, San Diego, Juneau, Helena, Atlanta*), 19 contre-torpilleurs, 161 avions à bord des porte-avions et 251 autres basés à Guadalcanal, Espiritu Santo, et en Nouvelle-Calédonie.
Les forces nippones, dépendant de l'amiral Yamamoto embarqué sur le cuirassé *Yamato*, ancré à Truk, mais opérationnellement sous les ordres du vice-amiral Nobutake Kondo, comprennent 4 porte-avions *(Shokaku, Zuikaku, Zuiho, Junyo)*, 4 cuirassés *(Hiei, Kirishima, Kongo, Haruna)*, 9 croiseurs lourds *(Kumano, Tone, Chikuma, Suzuya, Atago, Takao, Myoko, Maya, Chokai)*, 4 croiseurs légers *(Nagara, Isuzu, Katori, Yura)*, 31 contre-torpilleurs, 12 sous-marins, 412 avions dont 212 à bord des porte-avions.
Durant le combat, où seuls les avions se heurtent car les unités navales n'arriveront jamais à portée de tir, les Américains perdent le porte-avions *Hornet,* touché par des bombardiers en piqué le 26 et achevé par des avions-torpilleurs le 27. Le porte-avions *Enterprise,* le cuirassé *South Dakota,* le croiseur léger *San Juan* et 3 contre-torpilleurs, ainsi que le croiseur lourd *Portland,* sont gravement endommagés. Les Japonais perdent environ 100 avions ; les Américains, 74.
La marine japonaise remporte donc une grande victoire, mais, en sacrifiant leurs navires, les Américains ont réussi à paralyser momentanément les mouvements nippons et l'envoi de renforts à Guadalcanal.

Une escouade de fantassins anglais en train d'attaquer, dans le secteur d'El Alamein en octobre 1942.

Afrique : un artificier de l'Axe désamorce une mine anglaise.

Matanikau et préparent une offensive prévue le 1er novembre.
Nouvelle-Guinée. Les Japonais reculent en se défendant sur les monts Owen Stanley.
Iles Aléoutiennes. Les Japonais réoccupent l'île d'Attu.
U.R.S.S. A Pinsk, les Allemands exterminent 16 000 juifs.

30 octobre
Afrique du Nord. La 9e division australienne renouvelle ses attaques dans le secteur côtier; dans la nuit du 30 au 31, elle arrive jusqu'à la mer, puis oblique rapidement vers l'ouest, enfermant dans une poche d'énormes forces ennemies. Ces dernières seront libérées par une attaque des chars d'assaut et se replieront alors à l'ouest, vers la Cyrénaïque.
Pacifique. Guadalcanal. Des croiseurs et des contre-torpilleurs américains bombardent les positions japonaises à Pointe Cruz. Les marines se concentrent sur les préparatifs de l'offensive et construisent des ponts de fortune sur le fleuve Matanikau.

31 octobre
Afrique du Nord. Alexander télégraphie à Churchill : « L'ennemi se bat avec la force du désespoir, mais, nous l'assaillons, sans répit, lui infligeant sans pitié des coups très durs. Nous pensons qu'il cédera bientôt... »

1er novembre
Front soviétique. A Stalingrad, les combats se poursuivent, toujours très sanglants, entre les LXIIe et LXIVe armées soviétiques, d'une part, et la VIe armée et la 4e division blindée allemandes, d'autre part. Le rêve des Allemands d'occuper entièrement la ville commence à s'effondrer devant l'inébranlable résistance russe. Dans le Caucase, l'Armée rouge a réussi à bloquer toutes les tentatives du groupe d'armées A pour s'emparer de Groznyi. Les Allemands arrivent cependant à occuper Alagir, au centre du Caucase, important carrefour routier au sud-est de Naltchik.
Pacifique. Guadalcanal. La 1re division de marines lance, comme prévu, son attaque en direction de l'ouest, vers le Poha, fortement appuyée par des avions et par l'artillerie terrestre et navale. Ayant franchi le Matanikau grâce aux passerelles jetées les jours précédents, le 5e régiment de marines arrive tout près de Pointe Cruz, point d'appui japonais. A l'est du périmètre défensif, d'autres détachements marchent vers le Metapona, pour empêcher les débarquements japonais, prévus à Pointe Koli.
Yougoslavie. Tito annonce la formation d'une armée de libération nationale.

2 novembre
Afrique du Nord. A 1 heure, le 30e corps de la VIIIe armée britannique se lance à l'attaque, déclenchant l'opération « Supercharge », qui a pour but d'enfoncer les lignes ennemies. Protégée par un important barrage d'artillerie, la 2e division néo-zélandaise trace un nouveau couloir dans les champs de mines ennemis, ouvrant la route à la 9e division blindée, qui établit une tête de pont de l'autre côté d'une piste partant de Sidi Abd el-Rahman en direction du sud. A l'aube, les batteries antichars italo-allemandes font des ravages, détruisant 75 % des chars de la division anglaise, mais sans arriver toutefois à repousser celle-ci de l'autre côté des champs de mines. Le 10e corps envoie ses chars en renfort, tandis que la 1re division blindée anglaise est engagée dans de furieux combats près de Tell el-Akkakir, à l'ouest de la crête Kidney. Vers le soir, Rommel n'a plus en première ligne que 32 chars.
Pacifique. Guadalcanal. Le 5e régiment de marines encercle les forces japonaises à Pointe Cruz. Les Américains reçoivent des vivres, des munitions et 2 batteries de 155 mm, grâce auxquelles ils pourront s'opposer efficacement à l'artillerie

japonaise. A l'est du périmètre défensif, un bataillon du 7e régiment de marines dépasse l'embouchure du Metapona et prend position près du village de Tetere. Dans la nuit du 2 au 3, la XVIIe armée japonaise débarque du ravitaillement et 1 500 hommes à l'est de Pointe Koli, où est prévue la construction d'un aéroport.
Nouvelle-Guinée. Après la longue campagne sur les monts Owen Stanley, la 25e brigade australienne regagne Kokoda et l'aéroport voisin, qui permettra de ravitailler les troupes du secteur. Les Alliés prennent position partout. MacArthur propose la date du 15 novembre pour déclencher l'attaque contre la tête de pont japonaise de la zone Buna-Gona.

3 novembre
Afrique du Nord. Les défenses antichars de l'Axe contiennent toujours la pression des blindés alliés. Dans la nuit du 3 au 4, la 51e division et 1 brigade de la 4e division indienne atteignent la piste Rahman, au sud de Tell el-Akkakir, et enfoncent le dispositif antichar allemand. Durant cette même nuit, d'autre part, Rommel donne l'ordre de repliement. Quelques divisions italiennes dont la Folgore, composée de parachutistes, se sacrifient pour permettre au gros des troupes de décrocher. La R. A. F. est très active. A 10 h 30, Rommel avait reçu un télégramme d'Hitler qui lui imposait pratiquement de rester sur ses positions. On pouvait y lire, entre autres : « ... Étant donné la situation dans laquelle vous vous trouvez, il ne faut penser qu'à une seule chose, résister, ne pas reculer d'un pas et engager dans la bataille tous les hommes et toutes les armes encore utilisables... Malgré sa supériorité, l'ennemi doit être lui aussi à bout de forces. Ce ne serait pas la première fois dans l'histoire que la volonté de vaincre l'emporterait sur des bataillons ennemis plus forts. Vous ne pouvez indiquer à vos troupes que deux voies, la victoire ou la mort. »
Yougoslavie. Tito s'empare de Bihac, capitale de la Bosnie, et y crée un Conseil antifascite de libération nationale. Mais il renonce, à la demande de Staline, à former un gouvernement provisoire.
Pacifique. Guadalcanal. Le 5e régiment de marines élimine la poche japonaise à Pointe Cruz. A l'est du périmètre défensif, les Américains doivent par contre reculer. Des renforts leur sont envoyés lorsque arrive au Q.G. l'annonce de débarquements japonais imminents à Pointe Koli.
Chine. Tchang Kaï-chek promet 15 divisions chinoises qui passeront aux ordres du général Stilwell lors de la reconquête de la Birmanie, en vue de laquelle les Britanniques amassent de nombreuses forces en Inde.

Stalingrad : un messager allemand blessé, qui vient de rejoindre les lignes, est secouru par ses compagnons.

4 novembre
Afrique du Nord. Résistance inutile et désespérée des troupes italiennes : la division blindée Ariete, la Littorio et la division motorisée Trieste sont écrasées. Devant ce désastre, Rommel ordonne à nouveau de se replier, en dépit des ordres d'Hitler. Dans la journée cependant, et grâce à l'intervention de Kesselring, commandant du secteur opérationnel sud, Hitler donne à Rommel l'autorisation de se replier.
Le général Alexander envoie au Premier ministre Churchill un télégramme profondément optimiste dans lequel il se dit persuadé d'avoir

gagné la bataille d'El Alamein.
Front soviétique. Les combats se poursuivent à Stalingrad ; les Russes déclenchent des attaques dans tous les autres secteurs du front pour mieux localiser les points faibles de la ligne allemande.
Pacifique. Guadalcanal. A l'ouest du périmètre défensif, les Américains prennent position à environ 2 km de Pointe Cruz ; à l'est, il leur faut repousser de violentes attaques japonaises. Des croiseurs, des contre-torpilleurs et des avions américains attaquent les positions nippones près de Pointe Koli. Les Américains reçoivent eux aussi des renforts : des détachements du 8e régiment de marines débarquent dans la baie d'Aola.
Nouvelle-Guinée. La 16e brigade australienne attaque les positions japonaises près d'Oivi, mais elle est refoulée.
Madagascar. Le gouverneur général français renouvelle sa demande d'armistice aux Britanniques et accepte les conditions qu'il avait refusées le 17 septembre.

5 novembre
Afrique du Nord. Le retrait des forces italiennes et de l'Afrikakorps se poursuit. Les Allemands sauvent 70 000 hommes sur les 90 000 du corps expéditionnaire. 20 000 Italiens et 10 000 Allemands restent aux mains des Alliés. La division Folgore est désormais à bout de résistance. Le 30e corps britannique occupe Fouka, à mi-chemin entre El Alamein et Marsa Matrouh.
Algérie. A l'issue d'une tournée d'inspection, l'amiral Darlan, commandant en chef de l'armée de Vichy, se rend à Alger au chevet de son fils malade.
Pacifique. Guadalcanal. Un régiment d'infanterie américain pénètre sur plus de 3 km à l'intérieur, au sud de Pointe Koli, pour tenter d'encercler les forces japonaises concentrées dans la zone.
Madagascar. A 14 heures, les hostilités entre les Britanniques et les forces françaises du gouvernement de Vichy prennent officiellement fin.
Afrique nord-occidentale. Les convois partis d'Angleterre et des États-Unis et destinés à l'opération « Torch » se rapprochent de leurs objectifs. Le général Eisenhower s'envole pour Gibraltar, où il constitue le commandement allié. C'est l'amiral anglais sir A. B. Cunningham qui dirigera les opérations des forces navales ; le général américain J. H. Doolittle et le maréchal de l'air anglais sir W. L. Welsh, commanderont respectivement les forces aériennes américaines et britanniques ; le général K. A. N. Ander-

Stalingrad, novembre 1942. Sous le feu nourri de l'ennemi, des unités soviétiques se lancent à l'assaut des positions tenues par les Allemands. Pour la Wehrmacht, c'est la première grande catastrophe qui se prépare.

YANKEE DOODLE DANDY

George M. Cohan, l'une des plus grandes stars de Broadway, s'éteint à New York le 5 novembre. Né en 1878, Cohan grandit dans une famille d'auteurs de vaudeville et, en 1901, il produit sa première comédie musicale, *The Governor's Son*. En quelques années il s'impose comme l'un des meilleurs auteurs-interprètes sur les scènes de Broadway et aussi comme compositeur de chansons à succès. Son *Over There* devient l'hymne des troupes américaines durant la Première Guerre mondiale. Dans les années trente, Cohan aborde, avec autant de succès, des rôles plus difficiles.

Son heureuse carrière est célébrée dans le film *Yankee Doodle Dandy (La Glorieuse Parade)*, dirigé par Michael Curtiz. Le célèbre comédien James Cagney abandonne les rôles qu'il a l'habitude de jouer le temps du film et se produit dans un numéro de claquettes.

James Cagney (au centre), dans une scène du film.

son dirigera les opérations des forces terrestres britanniques.

6 novembre

Afrique du Nord. C'est sous une forte pluie que le 10ᵉ corps britannique talonne les Italo-Allemands en déroute dans la zone proche de Marsa Matrouh. A 14 h 35, la division Folgore, partie de Tarquinia (sa base italienne) avec 5 000 hommes, ne compte plus que 32 officiers et 262 soldats. Tel est le prix du sacrifice.

Italie. Pendant la nuit, des bombardiers de la R. A. F. attaquent Gênes, dévastant les quartiers centre-est de la ville et faisant beaucoup de victimes et de blessés.

Front soviétique. A Stalingrad, les combats diminuent d'intensité. Dans le Caucase, l'Armée rouge repousse énergiquement l'ennemi, qui tente de s'emparer de la ville d'Ordjonikidze, au sud-ouest de Groznyi.

Pacifique. Guadalcanal. Le 164ᵉ régiment d'infanterie américain atteint Pointe Koli sans se heurter à l'ennemi. Le débarquement de renforts américains dans la baie d'Aola continue.

7 novembre

Afrique du Nord. De fortes pluies ralentissent la poursuite des Britanniques dans la zone de Marsa Matrouh. Rommel en profite pour soustraire le plus grand nombre de divisions possible à la menace d'encerclement.

Italie. Dans la nuit, un nouveau raid aérien très violent de la R. A. F. sur Gênes fait un grand nombre de victimes et des dégâts énormes. Les bombardiers britanniques touchent aussi la banlieue de Milan, Savone et Cagliari.

Afrique nord-occidentale. Le général Giraud, qui s'est enfui par le sud de la France à bord d'un sous-marin, rencontre à Gibraltar le général Eisenhower. Giraud croit qu'on l'a fait venir pour prendre le commandement des forces alliées qui vont bientôt débarquer en Afrique, mais Eisenhower le détrompe. Le Français s'en va, déçu, mais le lendemain il accepte d'assumer l'administration civile des territoires français d'Afrique du Nord qui seront libérés.

Pacifique. Guadalcanal. Des avions basés à Henderson Field attaquent et endommagent devant l'île 2 contre-torpilleurs japonais. Les Américains avancent à l'est du périmètre défensif jusqu'à 1 mille du Metapona, sans être inquiétés par l'ennemi.

Chine. Dans le cadre de l'offensive qu'ils comptent lancer au printemps 1943, les Chinois demandent au général américain Wheeler d'examiner le problème du ravitaillement (vivres et matériel).

8 novembre

Afrique nord-occidentale. Dans la nuit du 7 au 8, le corps expéditionnaire allié parti d'Angleterre et des États-Unis arrive devant Alger, Oran et Casablanca : l'opération « Torch », décidée le 25 juillet, entre dans sa phase d'exécution.

L'OPÉRATION « TORCH » ET L'IMBROGLIO D'ALGER

Connu sous le nom de code d'opération « Torch », le débarquement allié en Afrique du Nord française présenta deux aspects bien différents : militaire et politique.
Sur le premier plan, la décision n'avait pas été facile à prendre. Quand Roosevelt et Churchill en avaient parlé pour la première fois à Washington, en juin 1942, la situation sur les différents fronts n'était pas précisément brillante. En Afrique, Rommel marchait sur Suez. En Russie, les Allemands menaçaient la Géorgie et la Caspienne. Les sous-marins infligeaient des pertes catastrophiques à la flotte anglaise. Staline insistait pour l'ouverture d'un second front en Europe : mais ni le président américain, ni le Premier britannique ne pouvaient sérieusement envisager de lui donner satisfaction. Churchill, pour sa part, songeait plutôt à une action de diversion visant à conquérir une base en Méditerranée : de là, on pourrait ensuite ouvrir dans les Balkans le second front désiré par Staline. Un débarquement en Afrique du Nord, par ailleurs, aurait l'intérêt de prendre entre deux feux l'Afrikakorps de Rommel, tout en menaçant directement l'Italie.
Malgré l'opposition de nombre de ses collaborateurs, Roosevelt finit par se rallier aux vues de Churchill : une victoire sur le front occidental, même partielle et limitée, rendrait confiance à l'opinion américaine, ébranlée par les défaites dans le Pacifique. L'accord définitif fut conclu le 25 juillet. Staline l'approuva avec enthousiasme. Les états-majors anglais et américain élaborèrent en détail les modalités de l'opération, qui fut d'abord baptisée « Gymnast », avant de devenir « Torch ». L'organisation militaire de l'entreprise ne laissa rien au hasard : les troupes américaines furent même entraînées à la guerre du désert.

Une image de l'opération « Torch » : le général Patton (deux étoiles sur le casque) sur la vedette qui le conduit à terre.

Sur le plan politique, en revanche, l'affaire était plus compliquée. De Gaulle incarnait la volonté française de combattre aux côtés des Alliés. Mais les Américains n'avaient pas encore reconnu officiellement la France combattante. Et l'armée française d'Afrique du Nord (120 000 hommes) était bien tenue en main par Vichy, où les États-Unis avaient toujours leur ambassade. Or, le premier souci des Alliés était de faciliter au maximum les opérations de débarquement. Roosevelt chargea donc son représentant personnel, Robert Murphy, de chercher une personnalité susceptible de rallier les autorités françaises d'Afrique du Nord. Après bien des hésitations, le choix se porta sur le général Giraud, évadé le 17 avril précédent de la forteresse allemande de Königstein, réfugié en zone Sud et aussi éloigné de De Gaulle que de la Résistance intérieure. En même temps, Murphy prenait contact avec des activistes algérois acquis à la cause alliée : ceux-ci devaient prendre la ville en main jusqu'à l'arrivée des troupes américaines.
Le 16 septembre, Roosevelt adopte définitivement la « solution Giraud », décidant par ailleurs de tenir de Gaulle et les Français libres en dehors de l'opération : les troupes de débarquement seront exclusivement américaines, pour éviter les réactions hostiles que pourraient susciter des forces gaullistes ou même britanniques.
Le 23 octobre, amené clandestinement à Cherchell par le sous-marin *Seraph*, le général américain Mark Clark rencontre les « conjurés » d'Alger. Le 2 novembre, un accord de prin-

cipe est conclu avec Giraud. Le 7, Eisenhower retrouve à Gibraltar le général français, que le réseau Alliance a fait venir de France.
Trois événements imprévus surviennent alors. D'abord, Giraud, déçu de n'avoir pas reçu le commandement suprême de l'opération, n'arrive à Alger que le 9, au lieu du 8. Ensuite, les Américains étant en retard sur l'horaire indiqué, les activistes algérois ont perdu le contrôle de la ville quand ils arrivent. Enfin, le hasard fait que l'amiral Darlan, commandant en chef des forces de Vichy, soit surpris à Alger par le débarquement. Il s'ensuit, pendant quelques jours, une situation d'une confusion extrême. Les autorités d'Afrique du Nord, en effet, ne s'étant pas ralliées à Giraud, les Américains se retournent vers Darlan. Celui-ci, conformément aux ordres de Pétain, a d'abord ordonné la résistance. Puis, devant l'impossibilité de la poursuivre, il a décidé, le 9, une « suspension d'armes », valable pour la seule zone d'Alger. Désavoué alors par le Maréchal, qui le remplace par Noguès, résident général au Maroc (où les combats se poursuivent), il se proclame prisonnier de guerre. Mais les Américains menaçant de mettre en place la « solution Giraud », il accepte, le lendemain, d'étendre le cessez-le-feu à l'ensemble de l'Algérie et du Maroc. Son objectif, comme celui de Noguès, est de maintenir l'Afrique du Nord « autour du Maréchal et non au nom de la dissidence ». L'occupation de la « zone libre » par la Wehrmacht, le 11 novembre, lui permet de se réclamer de Pétain, qu'il assure « empêché ». Le 13, il conclut avec Eisenhower un accord le nommant haut-commissaire de France, l'administration existante étant maintenue en place. Le 15, il proclame que tous ceux qui ont prêté serment de fidélité au Maréchal « seront fidèles au Maréchal » en exécutant ses ordres. L'Afrique du Nord devient une sorte de Vichy d'outre-mer sous protectorat américain. Les quelques officiers qui avaient tenté de favoriser le débarquement sont même frappés de sanctions. Les détenus politiques demeurent en prison. La législation antisémite reste en vigueur.

Au monument aux morts d'Alger : le général Eisenhower, l'amiral Darlan, l'amiral Cunningham, le général Giraud.

Cette situation paradoxale ne va pas sans soulever d'innombrables problèmes et de vives oppositions. De Gaulle, pour commencer, qui peut se prévaloir de l'entier accord de la Résistance intérieure, dénonce avec force ces ex-dignitaires vichystes, qui incarnent « le déshonneur et la trahison ». Il peut compter, à Alger, sur un groupe gaulliste petit, mais actif, animé par René Capitant. Bien des « conjurés du 7 novembre », d'autre part, — souvent d'obédience monarchiste —, se sentent frustrés de leur victoire par ces ralliés de la dernière heure, — même si Giraud, pour sa part, accepte d'être nommé commandant des forces militaires. Dans l'opinion publique américaine, enfin, bien des voix s'élèvent pour s'étonner d'un pragmatisme qui semble un peu trop ignorer la morale. Déjà désorienté par l'imbroglio politique que ses décisions ont entraîné à Alger, Roosevelt assure, le 17 novembre, que la solution Darlan n'est qu'un « expédient provisoire ». L'expédient provisoire prendra fin le 24 décembre lorsqu'un des « conjurés du 7 novembre », un jeune monarchiste de vingt ans, Fernand Bonnier de la Chapelle, abattra l'amiral Darlan à coups de revolver sur les marches du Palais d'Été. Les circonstances exactes de l'attentat n'ont jamais été complètement éclaircies. Roosevelt le qualifia de « meurtre au premier degré ». Deux jours plus tard, le meurtrier, jugé à huis clos, était exécuté. Le général Giraud, comme le général Noguès, avait refusé sa grâce.

Il y a là 500 navires de guerre et 350 transports divisés en 3 groupes : la Task Force navale de l'Ouest (contre-amiral américain Hewitt), qui débarque ses troupes (commandées par le général américain Patton) au Maroc, à Casablanca ; la Task Force navale du Centre (commodore Troubridge, de la Royal Navy), qui débarque ses troupes (commandées par le général américain Fredendall) en Algérie, à Oran ; la Task Force navale de l'Est (contre-amiral Burrough, de la Royal Navy), qui débarque ses troupes (commandées par le général américain Ryder) à Alger.

La direction générale des forces navales est confiée à l'amiral anglais Cunningham, et c'est Eisenhower qui assure le haut commandement de l'opération.

C'est à 1 heure du matin qu'a lieu le débarquement près d'Alger ; il y a là 2 régiments américains, 2 brigades britanniques, 2 bataillons de commandos britanniques, plus 1 régiment américain qui, à 5 h 30, pénètre dans le port d'Alger. A 19 heures, la ville capitule.

Le groupe du Centre débarque à 1 h 30, près d'Oran, 1 division, 1 division blindée, 1 bataillon de rangers, et 1 bataillon de parachutistes. Tout le contingent est américain. Les unités anglaises *Walney* et *Hartland* sont coulées alors qu'elles tentent de prendre le port sans faire de dégâts.

Le groupe de l'Ouest débarque à 5 heures, près de Casablanca, des troupes américaines comprenant 1 division et 2 régiments d'infanterie, 3 divisions blindées et des unités spéciales.

□ A la suite de l'opération « Torch », le gouvernement de Vichy rompt ses relations diplomatiques avec Washington.

France. 6 h 30 : Prenant conscience de ce qui est en train de se passer sur les côtes africaines, le commandement des *U-Boote* à Paris ordonne à 15 sous-marins de se rassembler au large des côtes du Maroc pour intercepter les navires alliés de l'opération « Torch », mais lorsque les unités arrivent à l'endroit prévu, le convoi est déjà passé.

7 heures : On remet au maréchal Pétain une lettre personnelle du président Roosevelt, lui annonçant la nouvelle du débarquement allié en Afrique du Nord.

Pétain répond immédiatement : « J'ai toujours dit qu'en cas d'attaque nous défendrions notre empire... Nous sommes attaqués, nous nous défendrons. Voilà l'ordre que je donne. » De fait, en exécution de ses ordres, les troupes françaises commencent par s'opposer au débarquement, notamment au Maroc, où les combats font 1 500 morts. Mais, le 10, après le cessez-le-feu à Alger, il adressera à Darlan un télégramme secret lui faisant confiance pour négocier avec les Alliés la neutralité de l'Afrique du Nord. Pétain, de toute façon, n'a nullement l'intention de s'allier aux Anglo-Américains, comme y incline Weygand, appelé à Vichy pour consultation, et que les Allemands arrêteront le 12.

Dans le cadre de l'opération « Torch », des marines américains du contingent du général Ryder (Task Force navale de l'Est) débarquent sur le littoral algérien à quelques kilomètres d'Alger.

8-9 novembre
France. Convoqué à Munich par Hitler, Pierre Laval accepte d'ouvrir aux avions allemands les aéroports français de Tunisie, puis doit consentir à laisser débarquer les forces de l'Axe.

9 novembre
Front soviétique. La « Branche armées étrangères est » du service de renseignements allemand signale des concentrations de troupes soviétiques dans la zone de Stalingrad et en face de la IIIe armée roumaine. Les services allemands ne sont cependant pas en mesure de déterminer si de telles concentrations sont le prélude à une grande offensive générale ou bien seulement à une action localisée.
Afrique du Nord. Le temps s'améliorant, la VIIIe armée britannique reprend sa poursuite des Italo-Allemands. La résistance de ces derniers est brisée à Sidi Barrani par la 2e division néo-zélandaise.
Tunisie. Des troupes allemandes aéroportées atterrissent à l'aéroport d'El Aouïna, près de Tunis, sans rencontrer d'opposition de la part des Français.
Algérie. Le général Anderson prend la tête de la Ire armée britannique et se dépêche d'envoyer des colonnes motorisées vers Tunis et Bizerte pour empêcher que les troupes de l'Axe n'occupent ces deux objectifs. Des sous-marins, des avions opérant en piqué et des avions-torpilleurs italo-allemands, lancés à l'attaque des convois alliés, coulent un transport américain devant Alger et endommagent le cuirassé *Massachusetts,* 2 croiseurs, 2 contre-torpilleurs et d'autres navires. Les forces françaises de Vichy résistent encore à Oran, tandis que les Américains occupent l'aéroport de La Senia.
Maroc. Les troupes du général Patton attaquent Port-Lyautey (aujourd'hui Kenitra) et l'aéroport, se heurtant à une résistance française inattendue. La 3e division américaine retarde sa marche sur Casablanca pour attendre l'équipement lourd et l'artillerie qui doivent encore être débarqués.
Pacifique. Guadalcanal. Le 7e régiment de marines arrive à encer-

Le cargo japonais Kyusyu maru, *coulé près de Guadalcanal.*

Au cours d'un ratissage, une patrouille anglaise recueille les armes abandonnées par l'ennemi : au premier plan, un mort de l'Afrikakorps.

Le cuirassé Jean-Bart *dans le port de Casablanca, après les combats pour empêcher les Alliés d'occuper la ville.*

En haut : soldats américains blessés en marche vers l'arrière, dans la jungle de Nouvelle-Guinée. Ci-dessus : campement américain à Guadalcanal, dans les îles Salomon.

cler presque entièrement des détachements ennemis près du torrent Gavaga, et il bloque les tentatives des Japonais pour rompre l'encerclement. Les Américains préparent une nouvelle attaque contre Kolumbona.
Nouvelle-Guinée. 1 régiment et 1 bataillon d'infanterie américains sont aéroportés de Port Moresby à Natunga.

10 novembre
Afrique du Nord. Les Britanniques de la VIIIe armée occupent le col d'Halfaya.
Algérie. L'amiral Darlan lit à la radio une proclamation dans laquelle il ordonne aux forces françaises en Algérie et au Maroc de cesser toute résistance contre les Alliés. Infanterie et blindés américains convergent sur Oran : à 12 h 30 la ville capitule.
Maroc. Fin de la résistance française dans la zone de Port-Lyautey. L'aéroport est aussitôt rouvert au trafic, et des escadrilles d'avions de chasse américains, partis du porte-avions *Chenango,* y atterrissent. Des colonnes blindées marchent sur Casablanca, tandis que 1 bataillon de la 2e division blindée se dirige vers Marrakech. Des forces navales américaines se heurtent à des unités françaises à Casablanca.
Pacifique. Guadalcanal. Alors que le 7e régiment de marines continue d'éliminer les Japonais encerclés près du torrent Gavaga, le 2e régiment de marines et 1 bataillon du 164e régiment d'infanterie renouvellent leurs assauts à l'ouest de Pointe Cruz pour tenter d'occuper Kolumbona.
Nouvelle-Guinée. La 16e brigade australienne oblige les Japonais à se replier depuis Oivi jusqu'à l'embouchure du Kumusi.

11 novembre
France. Les troupes allemandes envahissent la zone Sud. Elles atteignent le camp retranché de Toulon. Des troupes italiennes passent la frontière française et débarquent en Corse.
Devant l'invasion allemande de la zone Sud, le maréchal Pétain prononce à la radio un discours de protestation ; il déclare notamment avoir reçu dans la nuit une lettre du

Führer qui lui annonce que, pour des raisons d'ordre militaire, il est obligé de prendre des mesures qui auront comme effet la suppression des accords et des fondements mêmes de l'armistice. Pétain s'élève formellement contre ces décisions, incompatibles avec les conventions de l'armistice.
Afrique du Nord. Le 10e corps de la VIIe armée, toujours à la poursuite des Italo-Allemands en déroute, pénètre en Libye et occupe Bardia sans coup férir. Les 1re et 7e divisions blindées harcèlent les arrière-gardes de l'Axe en Libye. La 2e division néo-zélandaise s'arrête, elle, à la frontière égypto-libyenne, afin de se réorganiser.
Afrique nord-occidentale française. Les autorités françaises signent l'armistice avec les Alliés. Toute résistance des troupes de Vichy cesse à 7 heures précises. Une demi-heure plus tard, la 3e division américaine, qui aurait dû prendre Casablanca d'assaut, y entre dans l'enthousiasme général. Les diverses installations militaires sont occupées par les troupes alliées. En Algérie, des détachements de la 36e brigade de la Ire armée britannique débarquent à Bougie (175 km à l'est d'Alger) sans rencontrer de résistance. La 11e brigade de la 78e division quitte Bougie pour Bône (aujourd'hui Annaba), autre port de la côte algérienne.
Pacifique. Guadalcanal. Les Américains interrompent leur offensive en direction de Kolumbona et commencent à se replier en deçà du Matanikau, car tout laisse supposer que les Japonais sont sur le point de lancer une offensive de grand style contre le périmètre de Lunga. A l'est du périmètre, les troupes américaines écrasent toujours les Nippons restés dans la poche, maintenant complètement fermée, qui s'étend de chaque côté du torrent Gavaga.
□ Un convoi en provenance des Nouvelles-Hébrides commence à décharger des vivres et des munitions, mais, 3 de ses transports ayant été endommagés par des avions nippons, il interrompt les opérations et repart en direction d'une escadre navale qui arrive de Nouvelle-Calédonie.

12 novembre
Algérie. Des détachements de la Ire armée britannique occupent Bône, à 240 km à l'est d'Alger ; des contingents de commandos débarquent près du port et l'occupent. L'aviation italo-allemande intervient plusieurs fois durant la journée, touchant des objectifs militaires et civils. 2 compagnies de parachutistes américains sont lâchées au-dessus de l'aéroport de Duzerville, à 10 km au sud-est de Bône, et l'occupent. Les parachutistes américains sont rattachés à la Ire armée britannique dont ils dépendent opérationnellement.
Tunisie. Des unités allemandes de l'armée du général von Arnim débarquent à Tunis et à Bizerte.
Maroc. Des sous-marins de l'Axe coulent 2 transports américains au large des côtes marocaines.
Pacifique. Guadalcanal. La poche est « nettoyée » par les Américains. Un convoi en provenance des Nouvelles-Hébrides et de Nouvelle-Calédonie débarque plus de 6 000 hommes et d'énormes quantités de ravitaillement devant Pointe Lunga, mais il doit interrompre l'opération et s'éloigner, escorté par des contre-torpilleurs, car les avions de reconnaissance signalent une importante escadre japonaise, dont 2 cuirassés, se dirigeant vers l'île.
Bataille de Guadalcanal. Dans la nuit du 12 au 13, l'escadre navale nipponne est signalée par les écrans radar, entre l'île de Savo et le Cap Espérance. Une violente bataille se déclenche entre Savo et Guadalcanal, dans l'Iron Bottom Sound, c'est-à-dire le détroit du Fond de Ferraille, ainsi surnommé en raison de tous les navires qui y ont coulé. Les forces américaines comprennent le porte-avions *Enterprise,* les cuirassés *Washington* et *South Dakota,* les croiseurs *San Francisco, Pensacola, Portland, Helena, Juneau, Atlanta, Northampton, San Diego,* 22 contre-torpilleurs, 7 transports, 79 avions à bord de l'*Enterprise* et 194 basés à Guadalcanal et aux Nouvelles-Hébrides. Les forces japonaises comprennent les porte-avions *Junyo* et *Hiyo* (avec 95 avions), les cuirassés *Hiei, Kirishima, Kongo* et *Haruna,* les croiseurs *Atago, Takao, Sendai, Nagara, Tone, Chokai, Kinugasa, Suzuya, Maya, Tenryu,* 30 contre-torpilleurs, 14 sous-marins, 11 transports. La flotte est appuyée par 215 avions basés en Nouvelle-Bretagne. Le bilan de la bataille, qui a duré jusqu'au 15 et à laquelle ont participé les forces navales et aériennes, est le suivant : les Américains perdent les croiseurs légers *Atlanta* et *Juneau* et 7 contre-torpilleurs ; les croiseurs *San Francisco, Portland, Helena,* le cuirassé *South Dakota* et 4 contre-torpilleurs sont endommagés. Les Japonais enregistrent la perte des cuirassés *Hiei* et *Hirishima,* du croiseur lourd *Kinugasa,* de 2 contre-torpilleurs et de 7 des 11 transports destinés à débarquer

Les explosions et les flammes des canons des unités américaines durant la bataille navale nocturne au large de Guadalcanal (novembre 1942).

En haut : épaves de chars d'assaut sur le champ de bataille d'El Alamein (décembre 1942), témoignant de la violence des combats. Ci-dessus : soldats allemands se reposant durant la longue retraite d'El Alamein.

des renforts à Guadalcanal (environ 10 000 hommes). 4 000 hommes seulement et quelques tonnes de matériel pourront par la suite être débarqués à Tassafaronga.
Nouvelle-Guinée. La 25e brigade australienne occupe Gorari, pendant que les Japonais se replient de l'autre côté du Kumusi en crue.

13 novembre
Afrique du Nord. Le 10e corps de la VIIIe armée occupe Tobrouk.
Tunisie. Des détachements italiens pénètrent en Tunisie par la Libye. Les Italo-Allemands occupent la ligne Mareth, série de fortifications pompeusement appelées la « ligne Maginot africaine », et construites par les Français pour protéger la frontière orientale de leur colonie. En l'espace de quelques jours, la Tunisie sera occupée par les forces de l'Axe.
Italie. Plusieurs raids de la R. A. F. sur Gênes.
Algérie. Eisenhower se rend en avion à Alger, où il rencontre l'amiral Darlan. Un convoi allié débarque à Bône 1 brigade de parachutistes, 1 régiment d'infanterie et le quartier général de la Ire armée britannique. La 36e brigade avance jusqu'à Djidjelli, 60 km à l'est de Bougie.
Pacifique. Iles Salomon. Le cuirassé nippon *Hiei,* touché la nuit précédente, est attaqué plusieurs fois par les Américains près de l'île de Savo par des avions-torpilleurs et subit des bombardements en piqué. Désormais condamné, il est coulé par les Japonais eux-mêmes.
Nouvelle-Guinée. Les Australiens anéantissent les arrière-gardes nippones près du fleuve Kumusi.

14 novembre
France. Les Italo-Allemands encerclent la base de Toulon, où est concentrée la flotte française. Malgré les démentis officiels, un coup de main se prépare.
Pacifique. Guadalcanal. Afin de neutraliser le Henderson Field, en prévision du débarquement de leurs renforts, les Japonais soumettent celui-ci à un violent bombardement naval.
Les avions de l'*Enterprise* et ceux basés à terre infligent de lourdes pertes à l'ennemi. C'est la suite de la bataille de Guadalcanal, commencée le 12 et décrite à cette date.
Nouvelle-Guinée. Les Alliés s'apprêtent à attaquer la tête de pont japonaise dans la zone Buna-Gona. A Natunga, des troupes américaines consolident leurs positions. Dans la zone Embogu-Embi-Baie d'Oro, Australiens et Américains s'organisent. A Wairopi, sur la piste de Kokoda, la 25e brigade australienne construit un pont de fortune.

15 novembre
Afrique du Nord. Le 10e corps britannique occupe les aéroports de Martouba.
Algérie. La Ire armée britannique franchit la frontière tunisienne et occupe Tabarka, sur la côte, à environ 120 km de Tunis. Un bataillon de parachutistes américains occupe Youks-les-Bains, près de Tébessa, en Algérie, 150 km environ au sud de Bône.
Le général Giraud est nommé commandant en chef des forces françaises en Afrique du Nord.
Pacifique. Guadalcanal. Les 4 transports nippons qui ont survécu, sur les 11 qui devaient débarquer des renforts et du matériel à Guadalcanal, sont repérés à Tassafaronga (à l'ouest du périmètre américain) et attaqués par les avions et les artilleries terrestres et navales américaines. 2 000 hommes seulement arrivent à débarquer,

OSSESSIONE

Une sombre passion naît entre un jeune vagabond et la femme d'un aubergiste. Ensemble, ils décident de tuer le vieux mari gênant. Le crime semble parfait, mais le destin va en décider autrement...
Ossessione (Obsession), réalisé d'après le roman de James Cain *Le facteur sonne toujours deux fois,* est le premier long métrage de Visconti. Il fait prendre un tournant décisif au cinéma italien alors un peu endormi. Ce puissant mélodrame tourné dans les brumes de la plaine du Pô marque en effet le point de départ de l'un des plus importants courants cinématographiques, le néo-réalisme.
Dans ce film, Visconti mêle des éléments du réalisme français (celui de cinéastes comme Renoir, Duvivier, Carné...) à la lourde atmosphère des films noirs américains. Le pessimisme, la misère sociale et morale et le crime mis en scène vont bouleverser l'image que l'on avait de l'Italie fasciste.

Massimo Girotti (à gauche) et Clara Calamai, les amants d'Ossessione ; ce film de Luchino Visconti marque la naissance du néoréalisme italien.

2000 autres sont tués sur la plage ou alors qu'ils tentent de gagner le bord. Les 4 transports sont coulés. Ce sera la dernière tentative japonaise de grande envergure pour amener des renforts dans l'île.

16 novembre
Tunisie. Tout le pays est désormais occupé par les forces de l'Axe. La Ire armée britannique progresse légèrement sur la côte. Un autre bataillon de parachutistes américains est lâché à Souk el-Arba, à 50 km au sud de Tabarka. Premiers combats entre détachements français et allemands à Oued Zarga, Mateur, et sur la route Béja-Djebel Abiod.
Pacifique. Nouvelle-Bretagne. A Rabaul, le commandement de la VIIIe armée japonaise est confié au général Hitoshi Imamura, qui dirige déjà la XVIIe armée, installée dans les Salomon, et la XVIIIe dont les forces sont disséminées en Nouvelle-Guinée.
Nouvelle-Guinée. Australiens et Américains débutent les opérations contre la tête de pont japonaise de Buna-Gona. Des détachements d'infanterie américains débarquent au sud de Buna. La 32e division américaine avance vers Buna, la 7e australienne vers Gona et Sanananda. Les Japonais, que les Alliés croyaient désorganisés et découragés, déploient en fait une résistance vigoureuse, favorisée par la nature accidentée du terrain et par une série de fortifications. A l'ouest du Girua, les troupes nippones sont commandées par le colonel Yokoyama (le général Horii a disparu au cours du repliement sur la piste de Kokoda), et à l'est par le capitaine Yasuda. L'aviation japonaise s'oppose au débarquement des Américains au sud de Buna.

17 novembre
Algérie. Darlan accepte de ranger les forces françaises aux côtés des Alliés. Il est destitué par Pétain.
Tunisie. Les Anglais se heurtent aux Allemands à l'ouest de Djebel Abiod, à 110 km environ à l'ouest de Tunis. Plus au sud, les parachutistes américains occupent l'aéroport de Gafsa.
Nouvelle-Guinée. Australiens et Américains se rapprochent de plus en plus de Buna-Gona. Les Japonais reçoivent des renforts amenés par des contre-torpilleurs qui accostent de nuit à Basabua.

18 novembre
Front soviétique. Les Soviétiques sont sur le point de lancer une grande offensive, préparée depuis septembre par les généraux Joukov et Vassilievski, contre les forces allemandes à Stalingrad, à savoir la VIe armée et une partie de la 4e division blindée. Le groupe d'armées B (von Weichs), une partie de la 4e division blindée et la IVe armée roumaine se trouvent au sud-ouest de la ville. La VIIIe armée italienne et la IIIe roumaine se trouvent, elles, plus au nord, dans la grande boucle du Don. Côté soviétique, au nord du Don et jusqu'à la tête de pont de Kletskaïa, de l'autre côté du fleuve, le Front sud-ouest, commandé par Vatoutine, comprend la Ire armée, la Ve armée de chars d'assaut et la XXIe armée. De Kletskaïa à Stalingrad s'étend le Front du Don, commandé par Rokossovski et composé des LXVe, XXIVe et LXVIe armées. Depuis Stalingrad jusque vers le sud s'étend le Front de Stalingrad, dirigé par Eremenko et comprenant ce qui reste de la LXIIe armée du général Tchouikov, et les LXIVe, LVIIe, LIe et XXVIIIe armées.
France. Pierre Laval est nommé à nouveau « dauphin » du maréchal Pétain, avec le pouvoir de signer seul lois et décrets. Les ministres Auphan, Gibrat et Barnaud démissionnent.
Tunisie. Une brigade de la 78e division britannique repousse un assaut allemand à Djebel Abiod, mais une autre brigade reste isolée à l'est de cette position. Les Allemands attaquent également le 19e corps d'armée français à Medjez el-Bab, à 55 km au sud-ouest de Tunis.
Pacifique. Guadalcanal. Les Américains avancent au sud-ouest de Pointe Cruz pour tenter une nouvelle offensive.
Nouvelle-Guinée. La 16e brigade australienne occupe Popondetta et avance vers Soputa sans rencontrer l'ennemi. A Popondetta commence aussitôt la construction d'une piste d'atterrissage.

19 novembre
Front soviétique. A 8 h 50, après un tir meurtrier de roquettes et d'artillerie, débute la grande contre-offensive soviétique dans le secteur de Stalingrad, qui conduira les Allemands au désastre. 6 corps d'armée du Front du Don se lancent à l'assaut depuis la tête de pont de Kletskaïa, à 120 km au nord-ouest de Stalingrad. Les armées du Front du Sud-Ouest attaquent, elles, depuis Serafimovitch sur le Don, à 150 km environ au nord-ouest de Stalingrad. C'est le début d'une grande manœuvre en tenaille (l'autre bras sera formé, au sud, par le Front de Stalingrad). Allemands et Roumains résistent partout assez bien, sauf dans la zone de Kletskaïa, où l'on enregistre aussitôt une forte pénétration soviétique. Le commandant du *Heeresgruppe* B, von Weichs, dont dépendent la VIe armée, la IVe *Panzerarmee* et la IVe armée roumaine, ordonne de contre-attaquer immédiatement, mais il n'arrive qu'à contenir momentanément la poussée de l'ennemi.
Tunisie. Le 19e corps d'armée français refuse l'ultimatum posé par les Allemands pour l'évacuation de Medjez el-Bab. Arrivée de détachements d'infanterie anglais et d'artillerie américains qui obligent les Allemands à se replier.
Pacifique. Guadalcanal. Dans la nuit du 19 au 20, les Japonais déclenchent une attaque contre les positions américaines situées à l'ouest du Matanikau.

20 novembre
Front soviétique. Alors que les combats font rage dans Stalingrad et au nord de la ville, une nouvelle grande attaque soviétique commence depuis Beketovka et Plodovitoïe, au sud de la ville. 3 armées y participent, la LXIVe, la LVIIe et la LIe, ainsi que différentes unités blindées et mécanisées. Les Soviétiques sont divisés en deux groupes, le « Don », qui attaque par le nord, et le « Volga », qui attaque par le sud-est.
Afrique du Nord. En Libye, la VIIIe armée occupe Benghazi. Rommel poursuit sa retraite vers l'ouest. En Tunisie, la pression continue des Allemands oblige les Français

du 19e corps d'armée à reculer de 15 km dans la zone de Medjez el-Bab.
Pacifique. Guadalcanal. Attaques japonaises dans le secteur de Pointe Cruz : les Américains se replient puis regagnent le terrain perdu, grâce à l'action de l'aviation et de l'artillerie.
Nouvelle-Guinée. Les Australiens arrivent à entrer à Gona, mais à la tombée de la nuit ils sont refoulés par une contre-attaque nippone. Les Japonais sont toutefois expulsés de Soputa, et ils reculent jusqu'à Cap Killerton.

21 novembre
Front soviétique. Face aux assauts de la Ve armée de chars soviétiques au nord-ouest de Kletskaïa, la IIIe armée roumaine donne des signes très nets de fléchissement. Partout les combats continuent. Au sud, les Soviétiques avancent vers le Don; grâce à une manœuvre d'enveloppement, la LXIVe armée menace d'isoler les Allemands dans Stalingrad. Les blindés, qui ont lancé l'offensive depuis Serafimovitch, avancent vers Goloubaïa et Kalatch. Hitler refuse la proposition de Paulus de se replier sur le Don. Il faudra résister à outrance.
Afrique du Nord. En Libye, des avions anglais et américains effectuent un raid violent sur le port de Tripoli. En Tunisie, aucune opération importante; les Alliés se mettent en ligne, les Italo-Allemands aussi.
Algérie. Proclamant que « le maréchal n'est plus libre », Darlan, nommé haut commissaire de l'État français, forme un « conseil impérial » avec les dirigeants de Vichy présents en Afrique du Nord.
France. Joseph Darnand appelle à la création d'une phalange africaine pour reconquérir l'Afrique du Nord aux côtés des Allemands.
Pacifique. Guadalcanal. Les Américains arrivent à chasser les Japonais de Pointe Cruz.
Nouvelle-Guinée. La 16e brigade australienne, renforcée par le 126e régiment d'infanterie américain, réalise de très légers et très coûteux progrès en direction de Sanananda. Des détachements de la 32e division américaine se dirigent depuis Dobodura vers Buna, mais ils sont bloqués par les Japonais dans la zone du « Triangle ».

22 novembre
Front soviétique. Les deux mâchoires de la tenaille soviétique se resserrent à Kalatch, enfermant dans un étau la VIe armée allemande et une partie de la IVe armée de blindés, sans compter les contingents mineurs : en tout, 250 000 hommes d'élite, 100 chars d'assaut, 1 800 canons et plus de 10 000 véhicules automobiles.
Afrique du Nord. Les Italo-Allemands repoussent momentanément les violents assauts de groupes de combat anglais, dans la zone d'Agedabia, en Libye. En Tunisie, la 36e brigade de la 78e division britannique repousse une attaque allemande à Djebel Abiod.
Pacifique. Guadalcanal. Vaines attaques américaines à l'ouest du périmètre de Lunga.
Nouvelle-Guinée. Alors que la 25e brigade australienne pousse vers Gona, le 126e régiment d'infanterie américain attaque dans le sec-

LES VISITEURS DU SOIR

Le plus célèbre duo créatif du cinéma français des années trente, Marcel Carné et Jacques Prévert, obtient en décembre 1942 un des plus importants succès publics de l'Occupation avec la fable médiévale *Les Visiteurs du soir.* Au XVe siècle, le diable envoie sur terre un couple de ménestrels (remarquablement interprétés par Jules Berry et Arletty) chargé de corrompre les invités d'un château, mais l'amour fou triomphe de toutes les diableries. Le succès du film s'explique certes par la qualité des acteurs, la beauté des décors, l'élégance plastique, l'esthétisme de la mise en scène, la recherche musicale et la poésie des dialogues, mais aussi par l'évasion qu'il procure à des spectateurs désireux de fuir les réalités oppressantes de l'heure.

Une patrouille soviétique en action dans les ruines de Stalingrad.

teur de Sananānda. Des détachements américains venus de Soputa passent sur la rive est du Girua à bord de radeaux.

23 novembre

Front soviétique. Encerclés par des détachements de la Ve armée de chars et de la XXIe armée soviétique au sud de Serafimovitch, 5 divisions roumaines de la IIIe armée capitulent. Les Allemands pris au piège dans Stalingrad sont attaqués par-derrière par les LXVe et LXIVe armées soviétiques. Le commandant du groupe d'armées B, von Weichs, pousse Paulus, commandant de la VIe armée, à briser l'encerclement avant que les Soviétiques ne puissent amasser d'autres forces autour de la ville assiégée.

Mais Hitler a pris maintenant le commandement de l'armée, et lorsque Goering lui assure que la Luftwaffe sera en mesure de ravitailler Stalingrad en vivres, en munitions et en matériel pour une valeur de 700 tonnes par jour, il ordonne à Paulus de résister sans bouger, en attendant que le groupe d'armées B puisse reprendre l'offensive pour le libérer. Il lui faut organiser la « résistance de Stalingrad ».

Entre-temps, von Manstein est rappelé du Front de Leningrad pour prendre la tête du groupe d'armées du Don, qui comprend la IVe *Panzerarmee* (à l'exception de la partie restée avec la VIe armée), cette même VIe armée et les restes des IVe et IIIe armées roumaines, avec pour mission de libérer Stalingrad et de rétablir le front d'origine. Von Manstein organise ses forces en 2 groupes d'opération : le groupe Hoth, posté au sud du Don, et le groupe Hollidt, au nord. Le plan, en partie dicté par Hitler, prévoit d'attaquer le Front de Stalingrad du général Eremenko, puis de se replier à l'improviste pour attaquer, en accord avec l'armée de Paulus, qui aura enfoncé l'anneau soviétique autour de Stalingrad, le Front du Don de Rokossovski. Les Soviétiques, quant à eux, se trouvent confrontés à un problème d'une grande importance stratégique : ou bien concentrer les forces de leurs fronts du sud pour écraser la poche de Stalingrad, ou bien isoler cette dernière et utiliser toutes leurs forces pour couper la voie de la retraite aux forces allemandes du Caucase. Les Soviétiques choisissent la première solution — à savoir la liquidation immédiate de Stalingrad —, convaincus qu'il suffit de quelques jours pour anéantir la VIe armée de Paulus : l'anneau intérieur a été renforcé et il est en grande partie doublé d'un « anneau extérieur », long de 450 km, qui a pour fonction d'empêcher une éventuelle tentative de libération des assiégés. Ce choix stratégique, qui permettra aux Allemands de retirer leurs forces du Caucase, a pour origine une énorme erreur d'évaluation des forces allemandes de Stalingrad. Les Soviétiques, qui ont là environ 480 000 hommes, pensent au départ que les Allemands sont 90 000. Ils ne font donc entrer en jeu qu'une quantité limitée d'hommes et d'engins. D'après Rokossovski, ce n'est que le 26 janvier qu'ils arrivent à établir que les forces ennemies s'élèvent à 330 000 hommes (ils sont en réalité 284 000, comme le prouvent les documents allemands).

Afrique du Nord. En Libye, après avoir été dépassés sur leur flanc sud par la 7e division blindée du 10e corps britannique, les forces italo-allemandes reculent d'Agedabia jusqu'à El Agheila, où Rommel espère bloquer l'avance ennemie.

Algérie. Le Q.G. allié est transféré de Gibraltar à Alger.

Tunisie. Les commandements britannique et français fixent les limites de leurs compétences respectives : des Britanniques dépendront toutes les troupes au nord de la ligne Le Kef-Zaghouan, des Français celles au sud de cette ligne.

Sénégal. Dakar est occupée par les Alliés sans effusion de sang.

Pacifique. Guadalcanal. Après une intense préparation d'artillerie, le 164e régiment d'infanterie américain part à l'assaut dans la zone de Pointe Cruz, mais la résistance est trop dure, et il subit de lourdes pertes. L'offensive est stoppée dans l'attente de renforts.

Nouvelle-Guinée. Après s'être regroupée, la 25e brigade australienne attaque les positions ennemies de Gona, mais elle se heurte à une résistance farouche et efficace. Un bataillon américain poursuit sa marche vers Sananānda. Une batterie d'artillerie de campagne, destinée au secteur de Soputa, est transportée par voie aérienne à l'aéroport de Popendetta, qui maintenant fonctionne. Les attaques contre les fortifications japonaises dans le « Triangle » se révèlent inutiles.

24 novembre

Front soviétique. Secteur de Stalingrad : les Soviétiques exploitent les percées opérées dans les lignes ennemies. Secteur central : quelques offensives localisées à proximité de Vielikie Louki et Rjev.

Afrique du Nord. Rommel est à El Agheila, en Libye. Il n'a plus que 35 chars d'assaut et les quelques survivants de 2 divisions. Montgomery, qui se trouve à Agedabia, à moins de 100 km, met hélas beaucoup de temps (plus de 3 semaines) pour réorganiser la VIIIe armée et reprendre l'offensive. Le 13 décembre, lorsqu'il se décide à attaquer, Rommel a déjà décroché. Le quartier général de la VIIIe armée en convient : « L'ennemi nous a échappé par une habile retraite. »

En Tunisie, la Ire armée britannique reçoit l'ordre de marcher sur Tunis, avec comme objectifs principaux Tebourba et Mateur. Quelques divisions blindées américaines pénètrent elles aussi dans le pays.

Extrême-Orient. J. W. Stilwell est informé par le département de la Guerre américain que les États-Unis ne pourront fournir plus d'hommes et de matériel que la part qu'ils fournissent déjà pour alimenter le projet d'offensive visant à reconquérir la Birmanie.

Nouvelle-Guinée. Les Japonais repoussent les attaques de la 25e brigade australienne contre Gona. Des détachements de la 32e division américaine continuent de faire pression sur Sananānda. Dans l'après-midi, après une courte préparation à l'aide d'avions et de mortiers, une attaque coordonnée est lancée contre le « Triangle », mais les Japonais la repoussent aisément. Dans les autres zones de l'île, la situation est calme.

Pacifique. Iles Salomon. Les Japonais débarquent quelques détachements à Munda, en Nouvelle-Géorgie, à l'ouest de Guadalcanal, dans le but de construire des aéroports. Malgré la forte surveillance navale américaine, les Nippons arrivent quand même à faire parvenir par bateau du ravitaillement à Guadalcanal. Pendant la nuit, des contre-torpilleurs rapides mettent à l'eau des bidons flottants, reliés les uns aux autres par des cordes, que les fantassins vont ensuite chercher à la nage ou en canot. Le trafic du « Tokyo Night Express » est une véritable insulte pour les commandements américains.

25 novembre

Afrique du Nord. En Tunisie, la 36e brigade de la Ire armée britannique avance au nord de Djebel Abiod vers Mateur. Au centre, d'autres troupes britanniques pénètrent dans les positions ennemies entre Mateur et Tebourba, et un contingent de la 1re division blindée américaine effectue un raid contre l'aéroport de Djedeida, à 8 km de Tebourba, détruisant au sol 30 avions allemands. La 78e division reprend Medjez el-Bab.

Nouvelle-Guinée. Situation stationnaire dans tous les secteurs du front. Accrochages de patrouilles et échanges d'artillerie.

Guadalcanal. 1 contre-torpilleur américain surprend et bombarde un groupe de 40 bateaux à moteur japonais à Tassafaronga. On signale des mouvements ennemis en Nouvelle-Géorgie et à Santa Isabel.

26 novembre

Tunisie. Combats de chars au sud de Mateur.

Nouvelle-Guinée. A Gona, Australiens et Japonais se font face sans prendre d'initiatives. La 32e division américaine reprend, sans résultat, ses attaques frontales et latérales pour s'emparer de Sananananda ; les progrès sont très limités, de l'ordre de quelques centaines de mètres. Les Alliés arrivent à 700 m de la piste de Killerton et s'emparent d'un dépôt de vivres férocement défendu par les Japonais. Après une longue préparation d'aviation et d'artillerie, une violente attaque est lancée sur le flanc ouest du « Triangle », là où les défenses japonaises sont les plus vulnérables. L'ennemi se met à l'abri dans ses casemates pendant les bombardements, et n'en sort que pour repousser aisément l'attaque. Le 127e régiment d'infanterie américain arrive à Port Moresby.

27 novembre

France. Les Allemands désarment « l'armée d'armistice » du gouvernement de Vichy. A l'aube, les S. S. envahissent l'arsenal de Toulon. Plu-

Protégée par des rideaux de fumée, la cavalerie cosaque contre-attaque au nord de Stalingrad.

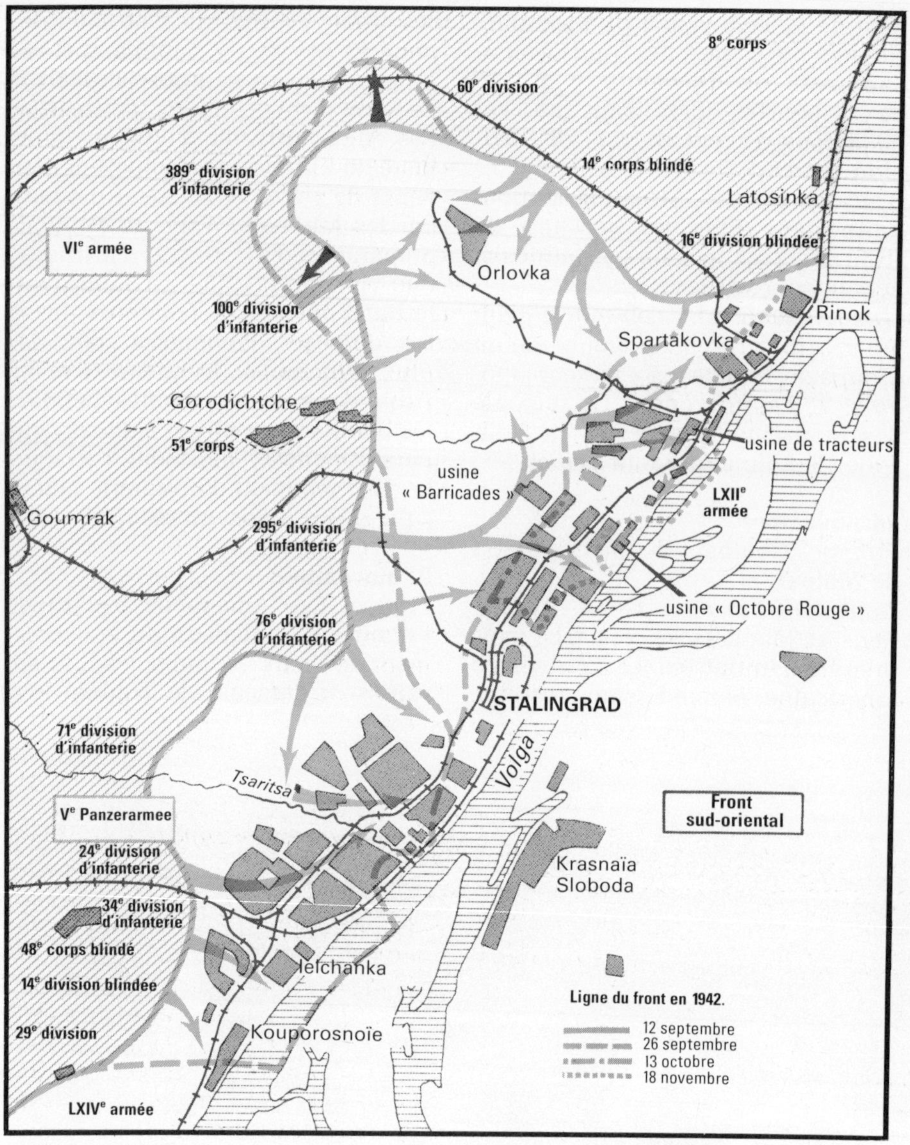

L'attaque allemande sur Stalingrad et la Volga, été-automne 1942.

tôt que de tomber aux mains des Allemands, la flotte française se saborde par ordre de son commandant, l'amiral Jean de Laborde. 75 bâtiments sont détruits : 3 bâtiments de ligne, 7 croiseurs, 30 contre-torpilleurs ou torpilleurs, 16 sous-marins, 1 transport d'aviation et 18 avisos ou petits bâtiments. Seuls 4 sous-marins ont pu s'échapper.

☐ Première réunion, près de Lyon, du Comité de coordination des mouvements de résistance de zone Sud.

Empire français. L'A.-O. F. se rallie aux Alliés.

Tunisie. La 78e division britannique occupe Tebourba, à 36 km de Tunis, mais elle est chassée par les Allemands appuyés par des chars d'assaut et des stukas. Le gros de la 1re division blindée américaine quitte le secteur d'Oran pour venir rejoindre la Ire armée britannique.

28 novembre

Front soviétique. La tragédie de Stalingrad continue. D'abord à l'insu d'Hitler, puis contre sa volonté, von Manstein étudie l'opération « Tempête d'hiver », destinée à rompre l'encerclement des Soviétiques et à libérer la VIe armée.

Tunisie. La 11e brigade de la 78e division britannique et des détachements de la 1re division blindée américaine atteignent la périphérie de Djedeida, à 24 km de Tunis. C'est là le point le plus proche de Tunis atteint par les Alliés avant la dernière phase de la campagne. Au sud, les Allemands évacuent Pont-du-Fahs, à 56 km au sud-est de Tunis. Le transfert de groupes de blindés allemands, de Saint-Cyprien vers Tebourba au nord, risque de provoquer l'encerclement de 2 régiments anglais au sud de Djedeida.

Empire français. Les forces britanniques occupent la Réunion.

Somalie française. Un tiers de la garnison de Djibouti, jusqu'alors fidèle au gouvernement de Vichy, passe à la Somalie britannique et se range aux côtés des Alliés.

Pacifique. L'amiral Halsey remplace le contre-amiral Kinkaid par le contre-amiral Wright, à la tête de la Task Force 67 (5 croiseurs et 4 contre-torpilleurs), qui a pour mission de surveiller l'Ironbottom Sound entre Savo et Guadalcanal, afin d'empêcher la livraison de ravitaillement aux Japonais. Ceux-ci, qui ont perdu la supériorité aérienne et navale dans le secteur, comptent établir de solides positions sur les îles de Nouvelle-Géorgie et de Santa Isabel, qui pourront servir de tremplin de lancement pour Guadalcanal.

29 novembre

Front soviétique. Les Soviétiques continuent à regagner du terrain dans le secteur de Stalingrad, et von Manstein commence à pressentir le danger qui menace ses armées. La lutte reprend également dans le Caucase, dans la zone de Terek, où les Soviétiques déclenchent une série d'attaques.

Tunisie. La 11e brigade de la 78e division britannique est bloquée à Djedeida par la forte résistance allemande. 2 bataillons de la 1re brigade anglaise de parachutistes sont lâchés à Depienne, à 15 km au nord-est de Pont-du-Fahs, avec pour mission d'occuper l'aéroport d'Oudna, mais ils sont repoussés.

Pacifique. Guadalcanal. 3 bataillons incomplets d'infanterie et de marines et 1 nouveau contingent de Seabees sont débarqués dans la zone de Pointe Koli, où les Américains projettent de construire un nouvel aéroport. Les commandements américains étudient l'éven-

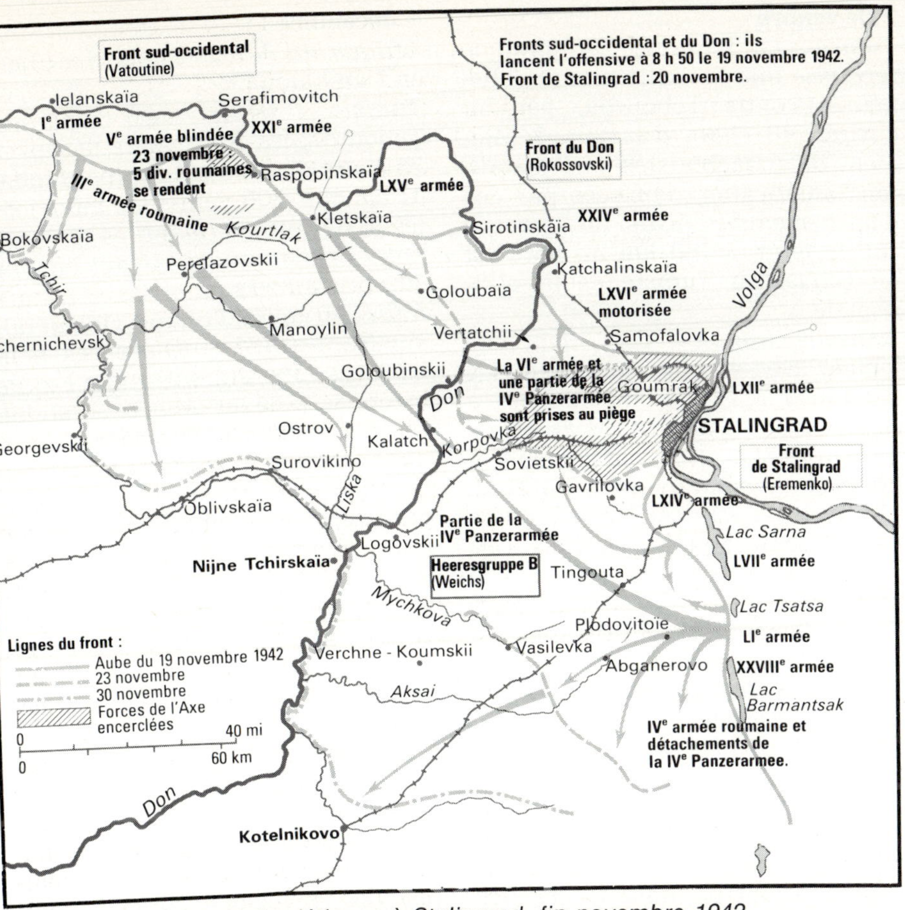

La contre-attaque des Soviétiques à Stalingrad, fin novembre 1942.

LE SILENCE DE LA MER

Jean Bruller, né à Paris en 1902, se sent très jeune attiré par les arts. Durant l'entre-deux-guerres, il entreprend une carrière de graveur satirique et publie plusieurs albums de dessins. Après la défaite de 1940, il entre aussitôt en résistance. En février 1941, il participe avec un groupe d'intellectuels communistes (dont Jacques Decour) au lancement d'une revue clandestine, *La Pensée libre*, qui disparaît après quelques numéros.

Bruller, qui prend alors le pseudonyme de Vercors, rédige son premier roman, *Le Silence de la mer*. Le livre est achevé d'imprimer le 20 février 1942. L'imprimeur, installé en face de la Pitié transformée en hôpital militaire allemand, travaille seul et tire page par page. Ainsi sont nées les Éditions de Minuit, nom proposé par Vercors.

Bien que la première édition n'atteigne que 250 exemplaires, *Le Silence de la mer* connaît un immense retentissement littéraire, politique et moral. Ce roman incite tous les Français à résister d'une manière ou d'une autre à l'occupant. Il raconte l'histoire d'un officier allemand logé par un vieil homme et sa nièce qui refusent de lui parler, bien qu'il se montre courtois et francophile. La compréhension finit cependant par s'instaurer entre eux. Ayant obtenu d'être muté sur le front, l'officier s'en va mais soulagé, car la jeune fille lui adresse cette fois un faible au revoir.

tualité de retirer les marines de Guadalcanal et de confier la responsabilité des opérations à l'armée, qui depuis plus d'un mois a reçu sans arrêt de nouveaux détachements. Au général Vandegrift, qui a dirigé jusqu'alors les opérations, devrait succéder le général Patch.

Nouvelle-Guinée. Des bombardiers alliés interceptent et attaquent 4 contre-torpilleurs japonais dans le détroit de Vitiaz, les obligeant à faire demi-tour. Les 4 unités transportaient des renforts de Rabaul à Gona. Des troupes nippones, qui se sont retirées vers des positions au nord de Gona, le long de la rive ouest du fleuve Kumusi, atteignent Giruwa à bord d'un bateau.

30 novembre

Tunisie. Jusqu'à ce jour, les Italo-Allemands ont pu faire parvenir en Tunisie environ 15 500 combattants, qui contiennent sans trop d'effort les pointes offensives de la Ire armée britannique, ainsi que celles des divisions américaines et françaises. La 11e brigade de la 78e division anglaise résiste aux attaques allemandes près de Djedeida.

Pacifique. Bataille navale de Tassafaronga (Guadalcanal). La Task Force 67 du contre-amiral Wright intercepte et attaque 1 escadrille de 8 contre-torpilleurs japonais commandés par le contre-amiral Tanaka et transportant des troupes et du matériel à Guadalcanal. Durant le combat de nuit, 1 contre-torpilleur nippon est coulé et 1 autre endommagé. L'escadrille doit se retirer sans effectuer le débarquement, mais elle inflige de lourdes pertes aux unités américaines.

Empire français. La Côte française des Somalis et la Réunion se rallient à la France libre.

Nouvelle-Guinée. Après une période de repos et de réorganisation faisant suite à la campagne sur les monts Owen Stanley, la 21e brigade australienne remplace la 25e sur le front de Gona. Contournant les positions ennemies, des détachements du 126e régiment de la 32e division américaine bloquent la piste Soputa-Sanananda, mais les attaques frontales sur Sanananda ne donnent aucun résultat.

Le « Triangle » nippon est toujours imprenable.

1er décembre
Tunisie. Prévenant l'offensive alliée prévue pour le lendemain, les Allemands du général von Arnim attaquent en force en direction de Tebourba, tout près de Djedeida, avec des fantassins et des chars d'assaut soutenus par l'aviation. Les Britanniques doivent se replier après avoir perdu beaucoup de chars. La 1re division blindée américaine est rattachée à la 78e britannique pour contenir les Allemands dans la zone de Tebourba. L'aviation italo-allemande bombarde les installations portuaires de Bône et d'Alger.
Pacifique. Guadalcanal. Le 8e régiment de la 2e division de marines est retiré des positions avancées à l'ouest du Matanikau. Celles-ci sont confiées à l'infanterie.
Nouvelle-Guinée. La 21e brigade australienne prend Gona d'assaut. Les Japonais se retirent à la mission de Gona pour continuer la résistance. Aucun signe de fléchissement ailleurs. Bien au contraire, les Nippons font fortement pression sur le bloc créé par des détachements de la 32e division américaine, sur la piste Soputa-Sananananda.
Chine. La direction du pont aérien Inde-Chine passe de Stilwell à l'Air Transport Command, basé en Inde.
Birmanie. Après s'être reposés et avoir renouvelé leur équipement, les Japonais garnissent la ligne Tengchoung-Myitkyina-Kamaing-Kalewa-Akyab.
☐ Le général Spaatz cède le commandement de la 8e force aérienne américaine, basée en Angleterre, au général I. C. Eaker, et prend la tête des forces aériennes alliées en Afrique du Nord-Ouest.

1er-2 décembre
Méditerranée. Courte bataille navale, au large des côtes tunisiennes, entre une formation italienne composée de 3 contre-torpilleurs et 2 torpilleurs, et un groupe anglais formé de 2 croiseurs et 4 contre-torpilleurs : les Italiens perdent 1 contre-torpilleur mais arrivent quand même à toucher 1 croiseur ennemi.

2 décembre
Tunisie. La Ire armée britannique repousse une nouvelle attaque allemande contre Tebourba, perdant environ 40 chars d'assaut. 1 régiment de parachutistes et 2 bataillons américains, renforcés par des détachements français, attaquent le col de Faïd, à 100 km au nord-est de Gafsa, en Tunisie centre-occidentale.
Nouvelle-Guinée. Les Japonais tentent avec 4 contre-torpilleurs de débarquer à l'aube 800 hommes à Basabua, mais des avions alliés les en empêchent. Ils parviennent à effectuer l'opération près de l'embouchure du Kumusi, une vingtaine de kilomètres au nord de Gona. Des détachements nippons attaquent le bloc qui se trouve sur la piste Soputa-Sanananda, et arrivent à en réduire le périmètre sans toutefois parvenir à l'enfoncer. Les assauts contre Buna échouent tout près de l'objectif. Le général Harding, qui commande la 32e division américaine, est remplacé par le général Waldron. Jusqu'à présent, 15 000 Australiens et 15 000 Américains, qui ont pourtant la maîtrise du ciel et donc, en partie, aussi celle de la mer, n'ont pas réussi à avoir raison de 12 000 Japonais.

3 décembre
Tunisie. Les Allemands de von Arnim, après de nouvelles attaques, arrivent à occuper Tebourba dans la nuit du 3 au 4. La 78e division britannique, qui a subi de lourdes pertes, se retire au nord de Medjez el-Bab. Au sud, Français et Américains s'emparent du col de Faïd.
Nouvelle-Guinée. Les assauts répétés des Japonais menacent le bloc constitué par le 126e régiment d'infanterie américain sur la piste Soputa-Sanananda. MacArthur a donné l'ordre aux troupes alliées de préparer une grande offensive qui devrait débuter le 5 décembre.
Pacifique. Nouvelle-Géorgie. Des bombardiers américains, basés au Henderson Field de Guadalcanal, commencent une série de raids quasi journaliers sur Pointe Munda, pour empêcher les Japonais d'y construire un aéroport.

4 décembre
Afrique du Nord. Duels d'artillerie en Cyrénaïque.
Tunisie. Dans la zone de Tebourba, les Allemands détruisent 25 chars d'assaut, 7 engins blindés, 41 canons, 300 véhicules automobiles et d'énormes quantités de munitions britanniques, faisant en plus 400 prisonniers.
Italie. Au cours d'un très violent raid sur Naples, effectué par des bombardiers Liberators partis d'Égypte, le croiseur léger *Muzio Attendolo* est coulé : 2 autres croiseurs (l'*Eugenio di Savoia* et le *Raimondo Montecuccoli*) sont gravement endommagés, mais le bombardement a surtout été tragique pour la population : 159 morts et 358 blessés, d'après des sources italiennes.
Nouvelle-Guinée. Des éléments avancés américains atteignent Dobodura.

5 décembre
Tunisie. Raids aériens des deux côtés. 14 avions anglais et 10 italo-allemands sont abattus. Eisenhower fixe au 9 le début de l'offensive générale, mais la Ire armée britannique est en difficulté en raison du manque d'aéroports avancés et des trop longues distances de ravitaillement.
Nouvelle-Guinée. La 21e brigade australienne se bat toujours dans la zone de Gona. Un bataillon australien renforcé tente d'empêcher les opérations de débarquement ennemies près du mouillage de Basabua, tandis qu'un autre bataillon avance vers l'ouest pour arrêter les Japonais débarqués à l'embouchure du Kumusi. Sur la piste Soputa-Sanananda, le bloc allié est encerclé par les Japonais, qui empêchent son ravitaillement. Des groupes de combattants surnommés Forces urbaines et Warren se lancent à l'assaut du village de Buna : ils arrivent à 50 mètres des maisons et les isolent. Le général Clovis remplace Waldron, blessé, à la tête de la 32e division américaine.

6 décembre
Tunisie. Des troupes allemandes pénètrent à l'intérieur des positions de la 1re division blindée américaine dans les hauteurs d'El Guessa.

Le bilan de la bataille de Tebourba, où sont aussi intervenus des détachements de bersagliers italiens, s'alourdit encore pour les Britanniques, qui ont perdu non pas 25, mais 72 chars d'assaut et ont eu non pas 400, mais 1100 hommes faits prisonniers (correction apportée par le communiqué italien).
Nouvelle-Guinée. La garnison du carrefour routier encerclé par les Japonais est presque à bout de vivres et de munitions. A Buna, on attend l'arrivée de chars d'assaut pour réattaquer les assaillants.

7 décembre
Afrique du Nord. En Tunisie, combats localisés. L'aviation de l'Axe bombarde le port de Philippeville, la R. A. F. bombarde Tripoli, en Libye.
Pacifique. Guadalcanal. 2 contre-torpilleurs nippons amenant des renforts à la garnison de l'île sont attaqués et endommagés par des avions américains partis du Henderson Field.
Nouvelle-Guinée. Sur le front de Sananda, la 30e brigade australienne remplace la 16e qui se bat depuis longtemps et souffre de la malaria. Les détachements australiens qui voulaient libérer les Américains encerclés au carrefour routier entre Soputa et Sanananda, échouent. Les autres troupes américaines de première ligne sont remplacées par des unités australiennes. Nouvelle attaque contre le village de Buna, au sud duquel les Japonais sont délogés de leur ligne retranchée.

7-8 décembre
Méditerranée. Dans la nuit, 3 « cochons » de la marine italienne (torpilles montées par deux hommes à califourchon) tentent de pénétrer dans le port de Gibraltar, mais les sentinelles veillent et les barrages de défense sont efficaces, la manœuvre échoue. Sur les 6 hommes composant les équipages de l'action, 3 sont tués au cours de l'action, 2 sont faits prisonniers, mais le dernier, le sous-lieutenant de marine Vittorio Cella, arrive à regagner l'*Olterra*.

8 décembre
Tunisie. Eisenhower permet au général Anderson de modifier les lignes de la Ire armée britannique en vue de l'offensive. Les combats sont freinés par la pluie.
Italie. Turin est encore bombardée par les avions de la R. A. F. : des dizaines de victimes, plus de 100 blessés, et des dégâts très graves, surtout dans le centre de la ville.
Nouvelle-Guinée. Des avions alliés interceptent une formation de 6 contre-torpilleurs japonais amenant des renforts et du ravitaillement à la tête de pont de Buna, et l'obligent à faire demi-tour. Après de violents combats, des détachements australiens finissent par atteindre le bloc entre Soputa et Sanananda. Les Japonais qui, fuyant Gona, tentent de rejoindre Giruwa sont décimés par les Australiens. La Force urbaine poursuit ses attaques contre le village de Buna, utilisant des lance-flammes inefficaces.
Guadalcanal. Des vedettes lance-torpilles américaines attaquent des contre-torpilleurs japonais qui tentent de s'approcher de l'île, et les empêchent de débarquer hommes et matériel.

9 décembre
Tunisie. Les Italo-Allemands repoussent un assaut des engins blindés britanniques dans la zone de Tebourba.
Algérie. Des avions-torpilleurs italiens touchent 2 paquebots en rade d'Alger.

LA PILE ATOMIQUE

Le 2 décembre, un groupe de savants dirigés par Enrico Fermi réalise la première réaction en chaîne contrôlée.
Ce résultat est obtenu au moyen d'une pile atomique (ou réacteur nucléaire) constituée de couches alternées d'uranium et de graphite que Fermi avait installée sur le terrain de football de l'université de Chicago.
En bombardant avec un neutron un noyau d'uranium, on obtient sa scission en deux noyaux qui libèrent une puissante charge d'énergie nucléaire. Cette fission de l'atome s'accompagne de l'émission de neutrons libres qui peuvent provoquer d'autres réactions semblables.
Lors de la construction du réacteur, d'importantes mesures de sécurité avaient été prises pour prévenir tout risque d'accident. Ces précautions permettaient de stopper le fonctionnement de la pile au cas où l'on atteindrait une phase critique.
Le travail de Fermi qui fait partie du D. S. M. Project marque une étape fondamentale vers la mise au point de la bombe atomique.

Le physicien italien Enrico Fermi, qui s'était exilé aux États-Unis dès 1939.

Soldats soviétiques regagnant leurs positions dans l'enchevêtrement des ruines de Stalingrad. L'offensive allemande contre Stalingrad a commencé en juillet.

Pacifique. Guadalcanal. Le général Patch, de l'armée de terre, prend la tête des forces américaines de l'île, remplaçant le général Vandegrift, commandant la 1re division de marines. Celle-ci sera peu à peu retirée au cours du mois.
Nouvelle-Guinée. Après des bombardements aériens et terrestres, la 21ᵉ brigade australienne écrase la résistance désespérée des derniers détachements nippons dans la zone de Gona. La bataille prend fin à 16 h 30 ; les Japonais laissent des centaines de morts sur le terrain. Un bataillon de la 32ᵉ division américaine est aéroporté dans le secteur de Buna, en prévision de l'attaque finale contre le village de Buna.

10 décembre
Tunisie. Des colonnes de chars d'assaut et de fantassins allemands marchent sur Medjez el-Bab depuis l'est et le nord-est, mais elles sont repoussées à 3 km de là par les 4 bataillons français et par la 1re brigade anglaise des gardes qui occupent la position. La 11e brigade de la 78e division britannique et les détachements de la 1re division blindée américaine qui se sont joints à celle-ci se retirent à Béja pour se réorganiser. Au cours de la retraite, les détachements américains abandonnent une grande partie de leur équipement.
Italie. A nouveau, violents bombardements anglais sur Turin.
Nouvelle-Guinée. Les Japonais restés dans la zone au nord-ouest de Gona et soumis au pilonnage continu de l'aviation alliée reçoivent l'ordre de préparer un périmètre défensif dans la zone de Napapo et d'attendre des renforts. Les maigres ravitaillements qui leur parviennent arrivent par voie aérienne.

11 décembre
Front soviétique. L'Armée rouge conserve partout l'initiative, progressant dans le secteur de Stalingrad et dans la grande boucle du Don, de même que dans le Caucase. La IVe Panzer de von Manstein est en mauvaise posture à l'est de Stalingrad. Dans le Caucase, le groupe d'armées A établit une ligne de résistance à proximité du Terek.
Libye. Montgomery donne ses directives pour la reprise de l'offensive. Les Britanniques attaqueront El Agheila le 14. En prévision de l'attaque, la R. A. F. intensifie ses raids sur les centres logistiques italo-allemands.
Tunisie. Britanniques et Français repoussent une nouvelle attaque à

Deux soldats américains, le fusil pointé sur l'entrée d'un abri où se cachent des Japonais : cette photo a été prise en décembre 1942 dans les environs de Buna, en Nouvelle-Guinée.

Medjez el-Bab. Les détachements de la 6e division blindée anglaise commencent à arriver en première ligne. Allemands et Italiens investissent les zones abandonnées par la Ire armée britannique pour se réorganiser.
Nouvelle-Guinée. Situation stationnaire. Dans la nuit du 11 au 12, les navires amenant du ravitaillement aux Alliés commencent à arriver dans la baie d'Oro. Avec le premier convoi arrivent les 4 premiers chars d'assaut.

11-12 décembre
Algérie. Dans la nuit, 4 « cochons » de la marine italienne forcent le port d'Alger, coulant 4 paquebots d'un convoi allié.

12 décembre
Front soviétique. L'opération « Tempête d'hiver », voulue par le commandant du groupe d'armées du Don, von Manstein, contre l'avis d'Hitler, débute dans la zone de Kotelnikovo. L'ensemble des blindés du général Hoth, comprenant les 17e, 6e et 23e divisions blindées appuyées par la IVe armée roumaine et une partie de la IIIe, enfoncent les lignes de la LIe armée soviétique au sud du Don, tandis que le reste des forces de von Manstein, constitué par le groupe d'opération Hollidt, attaque au nord du fleuve. Le premier et le deuxième jour, les Allemands font de rapides progrès, puis la résistance soviétique se durcit avec l'arrivée de renforts.
Libye. A Agedabia, Montgomery lance la 2e division néo-zélandaise vers Marsa el-Brega, à quelques kilomètres des lignes de défense allemandes d'El Agheila.
Tunisie. Combats entre blindés allemands et britanniques à l'est et au sud-est de Medjez el-Bab.
Pacifique. Guadalcanal. A la faveur des ténèbres, un détachement japonais effectue un raid contre le Henderson Field, endommageant l'une des pistes réservées aux avions de chasse.
Nouvelle-Guinée. Pour surprendre l'ennemi, les chars d'assaut légers débarqués dans la baie d'Oro sont emmenés en grand secret à Hariko. Quelques corvettes, avec à leur bord des détachements australiens, commencent des opérations de débarquement devant la plantation Soena, mais les arrêtent presque aussitôt pour se réfugier à Porlock Harbor, à la nouvelle de l'approche d'une formation japonaise.

Stalingrad, décembre 1942. Sous la neige, des unités de la IVe armée allemande, protégées par des chars d'assaut, tentent de briser l'encerclement de la ville, au cours de l'opération « Tempête d'hiver » préparée par von Manstein.

13 décembre
Libye. La 2e division néo-zélandaise occupe Marsa el-Brega, un peu à l'est d'El Agheila. Rommel commence à évacuer la position, laissant des troupes d'arrière-garde et de nombreux champs de mines. La R.A.F. attaque sans répit les Italo-Allemands en retraite.
Tunisie. Le 5e corps de la Ire armée britannique reçoit l'ordre de se préparer pour une nouvelle offensive contre Tunis.
Nouvelle-Guinée. Des avions alliés attaquent sans succès une escadrille de 5 contre-torpilleurs ennemis amenant du matériel et 800 hommes (dont le général Kensaku Oda, successeur d'Horii à la tête du « Détachement des mers du Sud ») pour renforcer la garnison japonaise décimée. Le nœud routier entre Soputa et Sanananda est de nouveau isolé par les Japonais. Les Australiens soumettent le village de Buna à un puissant bombardement d'artillerie ; pendant la nuit, les derniers défenseurs japonais, qui ne sont plus qu'une centaine, évacuent le village et rejoignent à la nage le village de Giruwa.

14 décembre
Libye. La 7e division blindée britannique fait pression sur les Italo-Allemands, retranchés derrière les champs de mines à El Agheila. Au sud-ouest, dans le désert, la 2e division néo-zélandaise entreprend une

action de diversion pour contourner El Agheila.
Nouvelle-Guinée. Le convoi nippon signalé un peu plus haut accoste dans la matinée à l'embouchure du Mambare, où il effectue ses opérations de débarquement. Il ne sera repéré que dans l'après-midi par la reconnaissance alliée. Chasseurs et bombardiers de chasse attaquent alors les bateaux qui débarquent encore hommes, vivres et munitions, causant d'énormes dommages. 2 compagnies du 127e régiment d'infanterie américain pénètrent prudemment dans le village de Buna, d'où les Japonais se sont enfuis la nuit précédente. En une seule journée, 178 t de matériel arrivent d'Australie par voie aérienne.
Empire français. Les Anglais remettent Madagascar à la France combattante.

15 décembre
Libye. Après son action de diversion dans le désert, la 2e division néo-zélandaise se dirige rapidement vers la côte dans la zone de Merdouma, afin de prendre au piège les défenseurs d'El Agheila, qui doivent faire face, côté est, à la 7e division britannique.
Tunisie. La Ire armée britannique se met en place tout doucement. La 9e division aérienne américaine entreprend une série de raids sur les ports tunisiens où l'on débarque troupes et matériel italiens, attaquant et endommageant les installations de Sfax.
Nouvelle-Guinée. Un cargo hollandais débarque des chars d'assaut et du matériel dans la baie d'Oro. Les nouveaux chars sont conduits à Hariko, où se forme un régiment de tankistes australiens.

16 décembre
Libye. En raison de la menace de la 2e division néo-zélandaise, les forces de l'Axe évacuent El Agheila par petits groupes et se dirigent vers Bouerat, où est installée une nouvelle ligne de défense. Dans les combats d'arrière-garde, elles perdent 20 chars d'assaut et 500 hommes.
Front soviétique. Alors que les forces du général von Manstein, commandant depuis le 21 novembre le groupe d'armées du Don, se rapprochent, mais de plus en plus lentement, de Stalingrad, les Soviétiques lancent une violente offensive vers le milieu du Don, anéantissant la VIIIe armée italienne et une partie de la IIIe armée roumaine. Manstein est contraint de retirer une partie des divisions blindées déjà engagées dans l'opération

Littoral de Nouvelle-Guinée, non loin de Gona : cadavres de Japonais tombés sous le feu des Américains au cours des féroces combats de décembre 1942.

« Tempête d'hiver » pour colmater la brèche et rétablir la ligne du front.
Pacifique. Guadalcanal. Le général Patch ordonne au 132e régiment d'infanterie, comme manœuvre préventive avant la grande offensive prévue pour janvier, d'occuper le mont Austen, qui domine toute l'île.
Nouvelle-Guinée. A la suite de violents combats, un bataillon américain s'empare de Coconut Grove et établit une tête de pont de l'autre côté d'Entrance Creek, sur lequel est construit un pont. Il sera peut-être enfin possible d'attaquer le « Triangle » avec succès.
Birmanie. Dans la région côtière de l'Arakan, sur le golfe du Bengale, la 14e division indienne avance en territoire birman avec, pour objectif, l'occupation de l'île d'Akyab, à l'extrémité de la péninsule de Mayu. Des détachements avancés occupent sans aucun problème la ville de Maung-daw, où les troupes nippones ne sont pas installées.

17 décembre
Front soviétique. Mis devant le fait accompli, Hitler confirme les décisions de von Manstein pour libérer de Stalingrad la VIe armée de Paulus. Mais les progrès des blindés de von Hoth en direction du Michkova, où les Soviétiques ont préparé une ligne fortifiée, se font de plus en plus lents. Pendant ce temps, la VIe armée de Paulus et une partie de la IVe armée de blindés, encerclées dans Stalingrad, doivent soutenir l'assaut d'au moins sept armées soviétiques : XXIVe, LXVIe, LXIIe, LXIVe, LVIIe, XXIe et LXVe. La VIIIe armée italienne et les restes de la IIIe armée roumaine s'effritent, malgré le comportement courageux de nombre de leurs détachements.
Libye. Les Britanniques entrent à El Agheila et poursuivent les Italo-Allemands vers Syrte. Rommel dispose alors quelques détachements pour ralentir l'avance ennemie et pour protéger la nouvelle ligne qui se met en place à Bouerat.
Pacifique. Guadalcanal. Le 132e régiment d'infanterie américain commence à occuper le mont Austen sans rencontrer de résistance de la part des Japonais.
Nouvelle-Guinée. Attaques sanglantes et inutiles contre le « Triangle ». Une attaque de grande envergure se prépare pour le lendemain contre la mission de Buna. Les chars d'assaut sont amenés sur la ligne de départ ; le vacarme de leurs chenilles est couvert par le tir violent des mortiers.
Birmanie. La 14e division indienne poursuit son avance sur Akyab et occupe pacifiquement Buthidaung.

Front tunisien, décembre 1942. Un instructeur américain montre à des officiers et à des soldats français le maniement d'armes américaines.

18 décembre
Libye. Durs combats entre les arrière-gardes italo-allemandes et la 2e division néo-zélandaise à Nofilia, à mi-chemin entre El Agheila et Syrte. Après cet épisode, Montgomery ordonne de suspendre la poursuite de l'ennemi pour ne pas s'exposer à d'éventuelles surprises de la part du Renard du désert, étant donné l'énorme étirement de ses lignes de ravitaillement.
Pacifique. Guadalcanal. Le 132e régiment d'infanterie américain rencontre les premières résistances alors qu'il avance sur le versant nord-ouest du mont Austen.
Dans la mer de Bismarck, le croiseur japonais *Tenryu* est coulé par un sous-marin américain.
Nouvelle-Guinée. Sur le front de Sananandа, les Australiens infligent de lourdes pertes à la garnison japonaise de Napapo et, appuyés par le feu des artilleries américaines, commencent une attaque concertée contre Sananandа. La résistance des Japonais, qui assiègent le carrefour routier sur la piste de Soputa, fléchit un peu. Des éléments du 127e régiment d'infanterie américain tentent d'occuper la petite île de Musita, entre le village et la mission de Buna, mais ils doivent se replier devant la résistance acharnée de l'ennemi. Un bataillon australien assisté de chars d'assaut attaque les positions japonaises du cap Endaiadere, parvenant, grâce à leurs canons, à détruire les casemates nipponnes et à chasser l'ennemi de ses positions. Il le poursuit vers l'ouest, jusqu'à la pointe Strip, où il est arrêté par une autre ligne de bunkers. Au cours de cette brillante action, les Australiens perdent 3 chars d'assaut.

19 décembre
Front soviétique. Les Soviétiques continuent à gagner du terrain dans le secteur sud. Des groupes d'assaut venant du cours moyen du Don occupent Kantemirovka, coupant la

ligne de chemin de fer Voronej-Rostov au nord de Millerovo. La retraite de la VIIIe armée italienne, nullement équipée pour faire face aux rigueurs de l'hiver russe, se transforme en débâcle. Légers progrès allemands en direction de Stalingrad.
Pacifique. Guadalcanal. Malgré l'appui de l'artillerie et de l'aviation, les Américains n'arrivent pas à vaincre la résistance japonaise sur le mont Austen.
Nouvelle-Guinée. Les attaques australiennes reprennent dans le secteur de Sanananda. Quelques positions ennemies sont occupées, tandis que les détachements flanquant l'action sur le côté gauche se rapprochent du carrefour routier. Arrivés à 300 m environ, ils se heurtent

Au Johore (Malaisie), voltigeur australien guettant derrière un arbre.

aux détachements ennemis qu'ils repoussent et établissent dans la zone un nouveau périmètre retranché, appelé Kano. D'autres troupes attaquent le « Triangle », mais elles subissent de lourdes pertes.

20 décembre
Pacifique. Guadalcanal. Les Japonais gênent l'avance des Américains sur le flanc nord-ouest du mont Austen, tandis que les sapeurs américains commencent à construire une route entre le périmètre de Lunga et les versants du mont.
Nouvelle-Guinée. Heurts sans résultat dans tous les secteurs, à l'exception de la région à l'est de Simemi, où les Américains arrivent à faire reculer les Japonais jusqu'à une petite langue de terre à l'embouchure du torrent du même nom.

21 décembre
Libye. Les pointes avancées de la VIIIe armée britannique atteignent Syrte, où elles sont bloquées par les arrière-gardes italo-allemandes.
Nouvelle-Guinée. Le général Oda, commandant les troupes japonaises, se rend de Napapo à Giruwa. Reprise des combats dans tous les secteurs autour de Sanananda et du carrefour routier. Importantes pertes nippones dans la zone du « Triangle » à la suite d'un stratagème de l'ennemi. Après avoir nettoyé la zone à l'est du Simemi, les Américains traversent le torrent et se postent sur une position favorable à 1 km à peine de l'embouchure.
☐ Le quartier général américain ordonne l'occupation de l'île d'Amchitka, dans les Aléoutiennes, d'où il sera plus facile de bombarder l'île de Kiska, occupée par les Japonais.

22 décembre
Front soviétique. Pressentant la possibilité que son groupe d'armées B soit coupé du reste de l'armée allemande dans le cas où les Soviétiques écraseraient von Manstein sur le Front du Don, von Kleist commence à retirer du Caucase ses pointes les plus avancées. Forts de 6 armées et bien réorganisés, les Soviétiques attaquent avec énergie au sud-est de Naltchik. Sur le Front du Don, ils gagnent du terrain et pourraient d'un moment à l'autre prendre au piège devant Stalingrad non seulement la VIe armée de Paulus, mais tout le groupe d'armées du Don de von Manstein. Dans le secteur central, ils lancent une violente attaque en direction de Vielikie Louki.
Tunisie. Dans la nuit du 22 au 23, le 5e corps de la Ire armée britannique reprend son offensive en direction de Tunis. Le 2e régiment des Coldstream Guards attaque et occupe en partie le djebel El Ahmera, à 10 km au nord-est de Medjez el-Bab.
Nouvelle-Guinée. Le général Oda en personne prend la tête des opérations japonaises sur le front de Sananada. Les détachements nippons bloquent l'avance des Australiens le long de la piste Soputa-Sananada. Des détachements du 127e régiment d'infanterie américain renforcent la tête de pont de l'autre côté de l'Entrance Creek, tandis que d'autres éléments de cette même unité commencent le ratissage de la petite île de Musita après la réfection du pont qui la reliait à la côte.

FRANZ BOAS

Franz Boas, l'un des pères de l'anthropologie américaine, meurt le 21 décembre. Né en Allemagne en 1858, il commence à s'intéresser aux cultures primitives en observant les Esquimaux de la Terre de Baffin durant une expédition scientifique en 1883-1884.
Chercheur infatigable, il recueille d'innombrables informations d'une grande importance sur les langages, les religions et les cultures des tribus indiennes de l'Amérique du Nord. Il défendra toujours la nécessité de l'utilisation de la méthode empirique dans toute étude des civilisations.
Nommé en 1899 professeur d'anthropologie à l'université de Columbia (fonction qu'il occupera jusqu'à sa mort), Boas est aussi chargé entre 1901 et 1905 de la direction des départements d'anthropologie et d'ethnologie du musée américain d'Histoire naturelle (American Museum of Natural History).

23 décembre
Front soviétique. Le groupe blindé de von Hoth est maintenant à moins de 50 km des assiégés de Stalingrad. Paulus devrait en profiter pour tenter une sortie de la « forteresse », mais, bien que le Führer ait enfin approuvé la tentative, il hésite, car il n'a pas le carburant nécessaire pour effectuer ce trajet pourtant si court. Quant à von Manstein, dont les forces sont en position critique et qui craint de ne pouvoir assurer le succès de l'opération, il lui conseille de renoncer à la sortie. Vers

Les Anglo-Américains débarquent à Safi, au Maroc français, le 10 décembre 1942, tandis que des bombardiers du type Dauntless pilonnent la côte.

Décembre 1942. Soldats américains avançant dans la jungle de Guadalcanal.

WHITE CHRISTMAS

Bing Crosby et Fred Astaire sont les principaux protagonistes de *Holiday In (L'amour chante et danse)*, une honnête comédie musicale dirigée pour la Paramount par le réalisateur Mark Sandrich.
Bing Crosby, le célèbre « crooner », chante dans ce film une chanson qui va devenir l'un des plus grands succès de tous les temps : *White Christmas (Noël blanc)*.
Écrite par le compositeur d'origine russe Irving Berlin, elle va obtenir l'oscar de la chanson et sera en l'espace de quelques années le plus populaire refrain de Noël.

Bing Crosby, chanteur et acteur très populaire.

le soir, tourmenté par les scrupules, Paulus déclare ne pas vouloir abandonner Stalingrad sans un ordre précis de Hitler. La coûteuse avance de von Hoth jusqu'au Michkova aura donc été un sacrifice inutile. Par ailleurs, le ravitaillement aérien promis par Goering avec tant de légèreté se fait de plus en plus rare. A Stalingrad, les défenseurs doivent commencer à abattre les chevaux pour survivre.
Tunisie. Début de pluies torrentielles qui dureront 3 jours, paralysant les opérations. Un régiment de la 1re division américaine, qui a donné le change aux Coldstream Guards sur le djebel El Ahmera, doit se replier en raison d'une contre-attaque allemande.

24 décembre
Algérie. L'amiral Darlan, ancien bras droit du maréchal Pétain et nommé le 13 novembre gouverneur en Afrique par les Anglo-Américains, après être passé de leur côté à l'occasion du débarquement allié en Algérie, est assassiné à Alger par un jeune étudiant monarchiste, Fernand Bonnier de la Chapelle.
Tunisie. Des détachements britanniques réoccupent les positions perdues la veille, par les Américains sur le djebel El Ahmera. Eisenhower et le général Anderson, qui commande la Ire armée britannique, décident de suspendre l'offensive contre Tunis jusqu'à la fin de la saison des pluies.
Pacifique. Guadalcanal. Les Américains chargés d'occuper le mont Austen sont arrêtés par 500 Japonais qui tiennent un point d'appui, appelé Gifu, entre les collines 31 et 27.
Nouvelle-Guinée. Nouveaux heurts sans résultat entre le village et la mission de Buna. Quelques chars alliés sont mis hors de combat par l'artillerie japonaise.

25 décembre
Libye. Syrte, déjà traversée par les blindés britanniques, est occupée par les Anglais. En plus de la ligne de défense de Bouerat, les Italo-Allemands préparent une ligne plus à l'ouest, entre Homs et Tarhouna.
Tunisie. Pour la deuxième fois, les Allemands réoccupent le djebel El Ahmera, relief important car il domine les routes qui partent de Medjez el-Bab. La 1re brigade des gardes britanniques est transférée dans la zone.
Pacifique. Guadalcanal. Le point d'appui japonais de Gifu, sur le mont Austen, résiste aux attaques américaines soutenues par l'artillerie et l'aviation.
Nouvelle-Guinée. Des sous-marins japonais ravitaillent la tête de pont de Buna. Australiens et Américains répètent leurs attaques contre le « Triangle » et arrivent en plusieurs endroits à repousser les Japonais sur les plages.

26 décembre
Pacifique. Guadalcanal. Le point d'appui Gifu, aux mains des Japonais, résiste à de nouvelles attaques américaines, couvertes par l'aviation et l'artillerie.
Nouvelle-Guinée. Des avions japonais basés à Rabaul effectuent un raid sur Dobodura, mais ils sont vite mis en fuite par l'aviation alliée. Dans la nuit du 26 au 27, des renforts et des chars d'assaut américains et australiens sont débarqués dans la baie d'Oro. Les Alliés réalisent des progrès très limités dans leur tentative de couper en deux les formations disposées par les Japonais dans la zone de Buna.
Côte française des Somalis. Des détachements français récemment passés dans le camp allié pénètrent dans la colonie française et occupent, sans effusion de sang, deux ponts de chemin de fer sur la ligne Djibouti-Addis Abeba.

27 décembre
Pacifique. Guadalcanal. Situation bloquée sur le mont Austen, tandis que de nouveaux détachements américains tentent de converger sur les flancs du point d'appui Gifu.
Nouvelle-Guinée. Les Japonais en garnison en Napapo reçoivent l'ordre d'évacuer la zone par mer et de se rendre à Giruwa. 52 avions nippons effectuent un raid contre les positions alliées dans la zone de Buna ; 14 sont abattus par les avions de chasse alliés. D'autres chars d'assaut débarquent de nuit dans la baie d'Oro. Un groupe régimentaire de la 41e division américaine, en provenance d'Australie, arrive à Port Moresby.
Birmanie. La 14e division indienne poursuit sans problème son avance vers Akyab, dépassant le fleuve Mayu et la chaîne de collines du même nom. Le long de la côte, la 47e brigade indienne arrive à Indin et envoie des patrouilles jusqu'à la pointe Foul, à l'extrémité de la péninsule de Mayu. L'avance est suspendue pour des raisons de logistique.

Char anglais mis hors de combat par les troupes italo-allemandes au cours des combats en Afrique du Nord.

Libye et Tunisie. Activité ralentie près de l'Uadi Tamet, en Libye, et dans la zone de Medjez el-Bab, en Tunisie.
Algérie. Le général Giraud est nommé haut-commissaire civil et militaire en Afrique du Nord. Après un simulacre de procès, Bonnier de la Chapelle est condamné à mort et fusillé.

28 décembre
Libye. Les avant-gardes de la VIIIe armée britannique atteignent, sans rencontrer de résistance, l'oued el-Kebir, non loin de Bouerat.
Tunisie. Les Italo-Allemands repoussent des attaques de la Ire armée britannique.
Côte française des Somalis. Les autorités de la colonie adhèrent à la France combattante.
Pacifique. Guadalcanal. Des patrouilles américaines essaient de trouver les points faibles du point d'appui Gifu. Les effectifs des attaquants étant réduits à 1 500 hommes, le commandement décide de leur adjoindre un autre bataillon.
Nouvelle-Guinée. La garnison japonaise de Buna reçoit l'ordre de se retirer à Giruwa sous la protection de détachements qui attaqueront de flanc les positions américaines.
Le soir, des patrouilles de volontaires pénètrent dans le « Triangle » autrefois imprenable et trouvent les bunkers japonais déserts.
Chine. Tchang Kaï-chek envoie un message au président Roosevelt, lui assurant qu'au printemps 1943 l'armée chinoise sera prête à lancer une grande offensive depuis le Yunnan, mais demandant comme condition préliminaire que les forces navales alliées du golfe du Bengale soient sensiblement augmentées.

29 décembre
Front soviétique. Les Soviétiques réoccupent Kotelnikovo, au sud-ouest de Stalingrad, d'où est partie l'attaque allemande qui devait libérer la VIe armée et une partie de la IVe armée de blindés, assiégées dans Stalingrad.
Libye. Des éléments avancés de la VIIIe armée britannique arrivent devant Bouerat, déjà évacué par les troupes de l'Axe. L'aviation italienne attaque sans relâche les colonnes françaises en provenance du Tchad qui marchent sur Tripoli à travers le désert.
Tunisie. Combats localisés.
Pacifique. Nouvelle-Géorgie. Malgré les continuelles attaques aériennes des alliés, les Japonais terminent l'aéroport de Munda.
Guadalcanal. Poursuite de l'attaque américaine sur le mont Austen.
Nouvelle-Guinée. Le général Yamagata, qui a pour mission d'organiser la retraite de Buna à Giruwa, arrive à Giruwa. Les Américains atteignent la mer au sud-est de la mission de Buna, coupant la retraite par voie de terre aux Japonais encore dans la zone. Appuyée par les chars d'assaut, la Force Warren attaque vers la côte, entre Simemi et la pointe Giropa, mais elle n'avance guère car l'ennemi résiste.

Une patrouille de Soviétiques, préposée au ravitaillement des défenseurs de Stalingrad, traverse le cours gelé de la Volga (décembre 1942).

Russie : détachement italien au repos durant la tragique retraite du Don.

30 décembre
Tunisie. Un groupe de combat régimentaire de la 1re division américaine atteint les positions de Medjez el-Bab.
Pacifique. Nouvelle-Guinée. Australiens et Américains maintiennent leur pression sur la mission de Buna et s'apprêtent à l'encercler en lançant des attaques depuis le village de Buna et la petite île de Musita.

31 décembre
Pacifique. Guadalcanal. Les Américains préparent une nouvelle attaque en force du point d'appui Gifu, sur le mont Austen.
Nouvelle-Guinée. Poursuite des combats et de la manœuvre visant à encercler les Japonais de la mission de Buna.

1943

JANVIER	**14.** *Afrique du Nord.* Ouverture de la conférence de Casablanca. **31.** Hitler nomme Paulus feld-maréchal, mais le jour même ce dernier est contraint de se rendre.
FÉVRIER	**4/22.** *Tunisie.* Tentative de Rommel pour tourner la Ire armée alliée.
MARS	**3/5.** Bataille aéronavale de la mer de Bismarck. **12.** Ouverture à Washington, où elle durera jusqu'au 15 au soir, de la conférence militaire du Pacifique.
AVRIL	**19.** Soulèvement du ghetto de Varsovie. **23.** *Angleterre.* On décide de créer un commandement commun anglo-américain pour mettre au point un plan d'invasion de l'Europe.
MAI	**12.** *Tunisie.* Le général allemand von Arnim commandant les troupes allemandes en Afrique, se rend. Giraud est à Tunis. **25.** *États-Unis.* Fin de la Conférence Trident, commencée le 12 mai à Wáshington.
JUIN	**30.** *Pacifique.* Début, conformément aux plans, de l'opération « Cartwheel ».
JUILLET	**10.** *Sicile.* Aux premières lueurs de l'aube, le débarquement allié sur l'île (opération « Husky ») débute. **5/19.** *Front soviétique.* Début de l'offensive allemande contre le saillant de Koursk (opération Citadelle) et contre-offensive soviétique.
AOUT	**17.** *Sicile.* Les troupes du général Patton entrent à Messine : la conquête de l'île a été menée à bien en 39 jours seulement.
SEPTEMBRE	**9.** *Italie.* Débarquement des troupes alliées près de Salerne et de Torente. **10.** *Italie.* Les Allemands occupent Rome.
OCTOBRE	**13.** *Madrid.* L'ambassadeur d'Italie à Madrid remet la déclaration de guerre du gouvernement Badoglio à l'ambassadeur d'Allemagne : en conséquence, l'Italie est admise par les Alliés avec le statut plutôt hybride de « cobelligérant ».
NOVEMBRE	**20.** *Pacifique.* L'opération « Galvanic » commence. **28.** Roosevelt et Churchill rencontrent Staline à Téhéran. La Conférence Eureka (tel est son nom de code) commence.
DÉCEMBRE	**7.** Le commandement suprême en Méditerranée est unifié. Eisenhower, déjà désigné par le président Roosevelt à la direction d'« Overlord », sera responsable de toutes les opérations dans le théâtre de la Méditerranée.

Batterie antiaérienne à bord d'un bâtiment américain.

1er janvier

Front soviétique. 6 armées soviétiques continuent de faire pression sur les armées allemandes enfermées dans Stalingrad. Le périmètre défensif allemand ne fait plus que 40 km de large sur 65 de long. Pour se soustraire à la menace d'encerclement, le groupe blindé de von Hoth s'est replié à 200 km au sud-ouest de Stalingrad. De nouvelles forces rappelées de France le rejoignent.

Sur le front de Kalinine, dans le secteur nord, les Soviétiques réoccupent Vielikie Louki après de rudes combats.

Sicile. Tandis que les raids italo-allemands se poursuivent sur Malte, des bombardiers alliés attaquent Palerme dans la nuit.

Pacifique. Guadalcanal. Après la destruction quasi totale du convoi qui transportait dans l'île le gros de la 28e division commandée par le général Sano, le quartier général impérial décide d'évacuer Guadalcanal. (Sur les 11 paquebots, 6 en effet ont été coulés, 1 gravement endommagé, et les 4 autres ont dû être échoués sur les bas-fonds pour éviter qu'ils ne coulent.) Cette décision, si difficile à prendre, signifie la perte des Salomon et donc des tremplins pour l'Australie et la Nouvelle-Zélande, mais il n'est plus possible de supporter de si lourds sacrifices : depuis le 7 août 1942, jour du débarquement des marines, les Japonais ont perdu 65 unités de la marine de guerre et plus de 800 avions, sans compter les pertes en hommes. L'empereur Hiro-Hito approuve la décision. L'évacuation, qui devra se faire graduellement, sera confiée aux contre-torpilleurs du « Tokyo Night Express » que dirige le brillant contre-amiral Tanaka. Entre-temps, les marines du général Vandegrift ont été presque entièrement remplacés par des forces fraîches : la 2e division de marines, la division Americal et le 25e régiment d'infanterie, qui sont groupés dans le 14e corps, dont le général Patch prendra la tête. En vue de l'offensive finale, les actions américaines se concentrent sur le point d'appui Gifu, toujours opiniâtrement défendu par 500 Japonais.

Nouvelle-Guinée. Après une importante préparation d'artillerie, la force urbaine attaque la mission de Buna, sans toutefois réaliser de sérieux progrès. Dans la soirée, les Américains aperçoivent des soldats japonais quittant la mission à la nage. A Pointe Giropa, un détachement nippon est encerclé, tandis qu'un bataillon australien, couvert par des chars d'assaut, remonte vers l'est à partir de Pointe Giropa, ratissant la bande entre la côte et le torrent Simemi.

2 janvier

Front soviétique. Si le front russe de Stalingrad enfonçait les lignes allemandes, il se trouverait dans la position idéale pour marcher sur Rostov, isolant totalement du reste de la Wehrmacht le groupe d'armées A, en action dans le Caucase. Devant cette menace et devant l'offensive que les armées du front soviétique transcaucasien (XLIVe, LVIIIe, IXe, XXXVIIe) déclenchent contre ce même groupe d'armées A sur la ligne du Terek, von Kleist ordonne à sa Ire *Panzerarmee* de se replier lentement vers le nord, afin d'être en mesure d'attaquer sur le flanc gauche les armées soviétiques, dans le cas où celles-ci marcheraient sur Rostov, et d'empêcher ainsi que tout le groupe d'armées A du Caucase ne se retrouve isolé.

Pacifique. Guadalcanal. Soutenu comme toujours par l'artillerie, le 132e régiment d'infanterie américain renouvelle ses attaques contre le point d'appui Gifu, et arrive à s'emparer de la colline 27, d'où il résiste ensuite aux violentes contre-attaques japonaises. Les Américains occupent aussi des positions au nord et à l'est du point d'appui, mais leurs lignes sont discontinues. Le général Patch prend la tête du 14e corps, formé le 1er janvier.

Nouvelle-Guinée. Grâce à une attaque concertée, Australiens et Américains parviennent enfin à s'emparer de la mission de Buna. Dans l'après-midi, la résistance japonaise organisée prend fin. Le colonel japonais qui commandait la garnison, ainsi que plusieurs officiers, se font harakiri pour ne pas subir la honte de la défaite. Les Alliés reprennent leur marche vers Pointe Giropa, à l'est de laquelle ont eu lieu les ratissages. Les Japonais envoient des détachements depuis Giruwa pour venir en aide à leurs compagnons d'armes qui s'étaient enfuis de Buna. Depuis le début des combats, les Japonais ont eu au moins 14000 morts sur cette tête de pont ; les pertes australiennes et américaines s'élèvent à plus de 2800 hommes. L'artillerie utilisée à Buna est peu à peu transférée sur le front de Sanananda, où les opérations stagnent. Il ne faut pas oublier qu'au cours de cette période, Alliés et Japonais avaient concentré à Guadalcanal le gros de leurs efforts et la majeure partie de leurs forces aéronavales du Pacifique Sud.

3 janvier

Front soviétique. Alors que 4 fronts soviétiques (ceux de Briansk, de Voronej, du Sud-Ouest et du Sud) s'apprêtent à déclencher une puissante offensive, l'agonie des forces de Paulus continue dans Stalingrad. Dans le Caucase, von Kleist arrive à contenir la pression des Russes en reculant sur des lignes de défense successives. Dans ce secteur, les Soviétiques réoccupent Mozdok et Malgobek. Von Kleist résiste entre le Terek et le Kuma. Le groupe d'armées du Don de von Manstein se bat courageusement pour garder la voie libre à la retraite de la Ire armée de blindés et aux autres unités du groupe d'armées A.

Pacifique. Guadalcanal. On se bat encore sur le mont Austen, devant le point d'appui Gifu ; les attaquants arrivent à établir des contacts entre leurs unités.

Nouvelle-Guinée. Ratissages dans la zone de Buna et à l'est de Pointe Giropa.

4 janvier

Front soviétique. Les forces allemandes de Stalingrad sont de plus en plus écrasées. Le groupe d'armées du Don continue son combat d'arrière-garde, sous la menace d'une percée ennemie en direction de Rostov.

Pacifique. Guadalcanal. Bien que l'ordre d'évacuer peu à peu Guadalcanal et de transférer les forces restantes en Nouvelle-Géorgie ait déjà été communiqué au commandement de la XVIIe armée japonaise, la

tenue des troupes du Soleil Levant est toujours parfaite, malgré le manque grandissant de vivres et de munitions. Le point d'appui Gifu bloque toujours l'avance américaine sur le mont Austen ; jusqu'à présent, les Japonais ont perdu là 500 hommes, les Américains 383.
Nouvelle-Géorgie. Dans la nuit du 4 au 5, une escadre de croiseurs et de contre-torpilleurs américains, commandée par le contre-amiral Ainsworth, soumet l'aéroport de Munda et d'autres installations militaires à un bombardement massif.
Nouvelle-Guinée. Grâce à un coup de main, les Japonais s'emparent d'un avant-poste allié dans les environs de Tarakena, mettant ainsi à l'abri une partie des survivants de la garnison de Buna. Les commandants alliés élaborent un plan pour éliminer les forces ennemies à l'ouest du Girua.

5 janvier
Front soviétique. Les Soviétiques reprennent Naltchik, dans le Caucase, à l'est du cours supérieur du Terek. Kleist déplace rapidement ses troupes vers l'ouest, laissant de grosses formations d'arrière-garde pour ralentir l'avance ennemie. Une colonne blindée du Front russe de Stalingrad, qui avance le long du Don, réoccupe Tsimliansk.
Pacifique. Guadalcanal. Le général Patch ordonne que le 132e régiment d'infanterie du front du mont Austen soit remplacé par des détachements de la 25e division. Pendant ce temps, à Guadalcanal, les Américains reçoivent toujours de nouveaux renforts et se préparent à lancer une grande offensive.
Nouvelle-Guinée. Des éléments avancés de la 18e brigade australienne, soutenus par 4 chars d'assaut, atteignent Soputa. En vue d'une offensive de grande envergure contre Sananada, le 127e régiment d'infanterie américain remonte la côte vers le nord-ouest en direction de Tarakena.

6 janvier
Pacifique sud-ouest. Des avions de reconnaissance alliés repèrent un convoi japonais amenant des renforts et du ravitaillement de Nouvelle-Bretagne à Lae, en Nouvelle-Guinée. Le convoi est successivement attaqué par des avions de chasse et des bombardiers américains en piqué.
Birmanie. Dans la région de l'Arakan, la 14e division indienne reprend l'offensive souhaitée par Alexander, plus pour des raisons psychologiques que stratégiques. Sa marche est cependant bloquée par les Japonais, solidement retranchés à Donbaik et Rathedaung. Pendant plusieurs semaines les combats se poursuivent dans ces deux secteurs, mais sans résultat.

7 janvier
Front soviétique. Depuis plusieurs jours maintenant, les combats à la baïonnette font rage dans Stalingrad. On se bat pour chaque mètre

Dans le secteur centre, bombardement nocturne de lance-roquettes russes (les fameux Katioucha, appelés aussi « orgues de Staline »).

carré de ruines ; le périmètre défensif allemand se réduit chaque jour un peu plus, mais il possède encore 2 pistes d'atterrissage où arrivent de très maigres approvisionnements. Le groupe blindé de von Hoth défend le couloir de Rostov en reculant sous les attaques convergentes des LIe, IIe et XXVIIIe armées soviétiques. Des avant-gardes soviétiques arrivent à 40 km de Rostov. Il s'en faut de peu qu'elles ne surprennent le quartier général du maréchal von Manstein.
Pacifique. Guadalcanal. Un régiment d'infanterie américain quitte le périmètre de Lunga et se joint aux attaquants du mont Austen. Un détachement spécial embarque à Kukum pour la baie de Beaufort : il doit bloquer la piste qui part de Kokumbona vers l'intérieur du pays et par laquelle les Japonais se replieront sûrement lors de l'imminente offensive américaine. Les Américains des trois armes en place à Guadalcanal représentent 50 000 hommes (dont 24 000 se battent à terre), et ils ont en face d'eux 11 000 Japonais.
Nouvelle-Guinée. Tandis qu'Australiens et Américains se concentrent dans le secteur de Sanananda, le convoi japonais attaqué la veille par les avions américains gagne Lae, où il débarque hommes et matériel.

8 janvier
Front soviétique. Le commandant du Front russe du Don, Rokossovski, envoie un ultimatum à Paulus, lui intimant de se rendre. Le général allemand sait que tout est perdu, mais il n'ose désobéir aux ordres du Führer, lequel n'imagine même pas l'éventualité d'une reddition. Entre-temps, les Soviétiques reprennent Zimovniki, sur la ligne de chemin de fer Stalingrad-Novorossiisk, et menacent d'isoler dans le Caucase le groupe d'armées A de von Kleist.
Chine. Le généralissime Tchang Kaï-chek envoie un message au président Roosevelt, dans lequel il refuse sa proposition d'une grande offensive pour le printemps prochain.
Madagascar. Le général britannique, Platt, cède le gouvernement de l'île, à l'exception de la zone de Diégo-Suarez (qui sert de base aéronavale aux Anglais), au général Legentilhomme, haut-commissaire pour les territoires français dans l'océan Indien et fidèle à la France libre.
Pacifique. Guadalcanal. Le 35e régiment d'infanterie américain se rend en grand secret dans le secteur du mont Austen, en vue de l'offensive.
Nouvelle-Guinée. Des détachements du 127e régiment d'infanterie américain occupent le village de Tarakena, tandis que le 163e régiment d'infanterie amorce l'offensive visant à déloger l'ennemi de la route de Sanananda. Entre-temps, malgré les raids aériens alliés, les Japonais débarquent à Lae 4 000 hommes et du matériel.
France. Le dirigeant communiste Fernand Grenier se rend à Londres pour y rencontrer le général de Gaulle.
Pologne. Dans le ghetto de Varsovie, il ne reste plus que 40 000 juifs.

9 janvier
Pacifique. Guadalcanal. Les Américains prennent position sur le Matanikau et dans le secteur du point d'appui Gifu, en vue de la grande offensive prévue pour le lendemain.
Nouvelle-Guinée. Les Alliés tentent d'occuper une tête de pont de l'autre côté du torrent Konombi, dans le secteur de Tarakena, mais ils sont repoussés par le feu ennemi. Le convoi qui a débarqué à Lae la veille est attaqué au retour par l'aviation alliée : 2 transports sont coulés et 80 avions environ abattus.

10 janvier
Front soviétique. Paulus ayant ignoré l'ultimatum du 8 janvier, Rokossovski lance une nouvelle grande offensive contre le périmètre de la VIe armée allemande et des autres formations ennemies encerclées dans Stalingrad. Les attaques soviétiques sont précédées et appuyées par de très violents bombardements d'artillerie et de mortiers. Bien que se sachant condamné, Paulus résiste, soit par sens du devoir, soit pour des raisons de stratégie : retenir le plus grand nombre de divisions soviétiques pour alléger la pression exercée sur le groupe d'armées du Don et sur le groupe d'armées A de von Kleist, qui risque d'être pris au piège dans le Caucase.
Pacifique. Guadalcanal. Début de la grande offensive américaine pour chasser les Japonais de l'île. Les objectifs immédiats sont les positions surnommées Sea Horse, Galloping Horse, et surtout le point d'appui Gifu. Intense préparation d'artillerie. Les attaquants font des progrès infimes face à la très dure résistance japonaise.
Nouvelle-Guinée. Des détachements du 127e régiment d'infanterie américain arrivent à établir une tête de pont près de Tarakena. D'autres détachements, du 163e régiment d'infanterie américain, avancent dans la zone de Kano et Musket, où les Japonais ont évacué quelques positions.

11 janvier
Front soviétique. Dans le secteur nord, les armées soviétiques des Fronts de Leningrad et du Volkhov (XLIIe, LVe, groupe d'assaut de la Néva, VIIIe, 2e d'assaut, LIVe et LXVIIe) arrivent à percer les lignes allemandes et à ouvrir un petit couloir au sud du lac Ladoga, par lequel un peu de ravitaillement peut parvenir jusqu'à la ville assiégée. Tout à fait à l'opposé du front immense, dans le Caucase, le groupe d'armées A de von Kleist se replie depuis la ligne des fleuves Kuma et Terek, et les Soviétiques réoccupent Piatigorsk, Georghievsk et Mineralnye Vody.
Pacifique. Guadalcanal. Les Américains arrivent à prendre la position Sea Horse, mais pas celle de Galloping Horse. Le point d'appui Gifu est virtuellement encerclé, mais l'intensité et la précision du feu des défenseurs maintiennent à distance les infanteries américaines. Un groupe du 147e régiment d'infanterie américain se dirige vers Vurai, au sud-ouest de Kokumbona, pour couper la retraite à l'ennemi.

12 janvier
Front soviétique. Les fronts soviétiques de Leningrad et du Volkhov consolident le couloir ouvert au sud du lac Ladoga. L'étroite bande, qui pendant un an ne pourra être élargie, sera la cible des artilleries alle-

mandes : on la surnommera le « couloir de la mort ».
Pacifique. Guadalcanal. Progrès américains limités en direction de la position Galloping Horse. Dans tous les autres secteurs, et en particulier dans celui du point d'appui Gifu, les Japonais bloquent les tentatives américaines.
Iles Aléoutiennes. Un petit contingent américain, commandé par le général Lloyd E. Jones, occupe l'île d'Amchitka sans rencontrer la moindre opposition. Au cours de l'opération, un contre-torpilleur coule après avoir heurté des rochers.
Nouvelle-Guinée. 2 bataillons de la 18e brigade australienne, soutenus par des chars d'assaut, attaquent les positions ennemies au nord-ouest de Gona. L'artillerie antichar japonaise détruit les chars australiens, mais l'infanterie continue l'attaque au prix de lourdes pertes. Dans la nuit du 12 au 13, le commandant japonais ordonne le repli.
Afrique du Nord. Partie du Tchad le 19 décembre, la colonne Leclerc soumet le Fezzan avant de gagner Tripoli.

13 janvier
Front soviétique. Les XXIVe, LXVe et XXIe armées soviétiques du Front du Don, que commande Rokossovski, avancent depuis l'ouest jusqu'à la Rossochka. La LXIVe armée avance depuis le sud, la LXVIe depuis le nord, tandis que l'artillerie de la LXIIe pilonne les positions allemandes depuis l'est de la Volga. Un bon cinquième du périmètre défensif de la VIe armée allemande (et d'une partie de la IVe armée de blindés) est désormais contrôlé par les Soviétiques.
Pacifique. Guadalcanal. L'offensive américaine s'amplifie avec la progression sur la côte de la 2e division de marines, depuis la pointe Cruz en direction de l'ouest où, plus à l'intérieur, la 25e division essaie en vain d'enfoncer les lignes ennemies sur un front de 4500 m. Le point d'appui Gifu résiste toujours brillamment aux attaques américaines. Il semble que les Japonais, malgré leur décision d'évacuer l'île, veuillent retarder le plus possible leur départ pour infliger à l'ennemi des pertes plus importantes.

A Anfa (Casablanca), Giraud et de Gaulle, Roosevelt et Churchill.

Nouvelle-Guinée. Le général Eichelberg prend la tête des forces avancées australiennes et américaines dans l'île.

14 janvier
Afrique du Nord. Ouverture de la conférence de Casablanca, à laquelle participent le président américain Roosevelt et le Premier ministre anglais Churchill, assistés de leurs chefs d'état-major respectifs (le troisième « grand », Staline, ne peut y participer, car les opérations militaires le retiennent à Moscou). Il s'agit de faire le point de la situation dans l'un des moments les plus délicats du conflit, à savoir le moment où l'on commence à enregistrer chez les Allemands les premiers signes de fléchissement, et surtout d'élaborer la stratégie future des forces alliées. Staline, dans un message, affirme qu'il n'existe qu'un seul problème vraiment important : l'ouverture d'un second front en Europe pour obliger ainsi les Allemands à diviser leurs forces. Les Alliés pensent, comme Staline, qu'il est urgent d'ouvrir un second front à l'ouest, mais ne sont pas d'accord sur le lieu. Roosevelt et son état-major sont partisans d'un débarquement en France dans quelques mois, alors que Churchill est pour une attaque surprise de l'Italie, « Ventre mou de l'Europe », ce qui permettrait ensuite de rejoindre les armées russes dans les Balkans, afin d'attaquer par le sud l'empire hitlérien.
En même temps que Churchill promet aux Américains d'être prêt à appuyer leur plan de débarquement en France (prévu maintenant pour 1944), Roosevelt autorise la préparation d'un débarquement en Italie, et plus précisément en Sicile.
Lors des rencontres de Casablanca, il est également convenu d'intensifier et de « rationaliser » les bombardements intensifs de jour et de nuit sur le territoire allemand, afin de détruire les centres de production industrielle et couper les voies de communication. C'est à sir Arthur Harris, commandant en chef du Bomber Command anglais, qu'est confiée la réalisation de cette directive. Il est également convenu d'exiger de l'Allemagne, de l'Italie et du Japon, lorsque le conflit prendra fin, une reddition inconditionnelle.
Front soviétique. Les combats se poursuivent au sud du lac Ladoga, où les Allemands tentent de déloger les Soviétiques du couloir grâce auquel ils ont pu en partie rompre le siège de Leningrad.
Dans la grande poche de Stalingrad, les armées soviétiques s'emparent de l'aéroport de Pitomnik, le plus important du périmètre défensif allemand. Plus à l'est, l'Armée rouge enfonce les lignes de la IIe armée hongroise sur le Don. La posi-

tion des armées de von Manstein et de von Kleist s'aggrave.
Pacifique. Guadalcanal. Les attaques américaines se poursuivent, mais sans résultat, contre les lignes japonaises, aussi bien le long de la côte, à l'ouest du périmètre de Lunga, que sur le mont Austen, où le point d'appui Gifu demeure imprenable. Les Japonais débarquent 600 hommes près du cap Espérance, à l'ouest de Lunga, pour protéger la retraite quand le moment sera venu. Des avions américains partis du camp Henderson Field attaquent une formation de contre-torpilleurs japonais au large de l'île ; 2 sont endommagés.
Nouvelle-Guinée. Combats dans le secteur de Sananada et sur la piste Killerton. Les Japonais commencent tout doucement à se replier vers Lae.
France. Les autorités italiennes d'occupation s'opposent aux déportations de juifs.

15 janvier
Front soviétique. Poursuite des combats au sud du lac Ladoga et pour l'élimination de la poche de Stalingrad. Le Front russe de Voronej, passé à l'offensive, est proche de Rossoch, sur la ligne de chemin de fer Voronej-Rostov, dans le secteur défendu par la VIIIe armée italienne en complète désagrégation. Les Alpins italiens, encerclés, devront se battre pour s'échapper et arriver à rejoindre les forces allemandes sur le Donetz.
Pacifique. Guadalcanal. A l'aide de haut-parleurs, les Américains demandent en vain aux Japonais de se rendre. La résistance est toujours très dure ; dans le secteur côtier, les chars d'assaut sont mis en ligne inutilement. Le point d'appui Gifu, attaqué une nouvelle fois par des détachements du 35e régiment d'infanterie, ne donne aucun signe de fléchissement.
Nouvelle-Guinée. Les Alliés préparent une offensive de grande envergure pour déloger les Japonais de la zone de Sananada.

16 janvier
Front soviétique. Dans le secteur de Stalingrad, les armées de Rokossovski poursuivent leurs assauts sanglants afin d'éliminer la poche et d'anéantir l'ennemi. Plus de la moitié du périmètre défensif allemand est maintenant occupée par les Soviétiques, qui avancent depuis l'ouest. Certains ne sont qu'à 10 km du centre de la ville.
Pacifique. Guadalcanal. 3 régiments américains lancent un assaut coordonné vers l'ouest pour étendre les positions jusqu'au Poha, tandis que 1 division mixte d'infanterie et de marines avance le long de la côte et que la 25e division attaque à l'intérieur, au sud-ouest, afin d'encercler le flanc ennemi. Une importante position dominant le Matanikau est occupée. D'autres détachements amorcent une manœuvre pour encercler le point d'appui Gifu.
Nouvelle-Guinée. Précédés par l'aviation et l'artillerie, Australiens et Américains déclenchent l'offensive dans le secteur de Sananada. La 18e brigade australienne s'ouvre un chemin jusqu'à la côte et procède à la liquidation de l'ennemi sur une grande bande côtière allant du cap Killerton jusqu'à proximité du village de Sananada. Les Américains du 163e régiment d'infanterie coupent la route Soputa-Sananada, pénétrant sur 1 km derrière les positions japonaises, et finissent par rejoindre la 18e brigade australienne.
☐ L'Irak déclare la guerre à l'Allemagne, à l'Italie et au Japon. Il avait rompu ses relations diplomatiques avec l'Allemagne le 19 septembre 1939.
Allemagne. Dans la nuit du 16 au 17, Berlin subit un violent raid aérien de la R. A. F., le premier depuis le 7 novembre 1941. Les Anglais utilisent un nouveau type de bombes, qui indiquent les cibles (target indicators).

17 janvier
Front soviétique. Les combats se poursuivent au sud du lac Ladoga, à Stalingrad, sur le Front du Don (où, après avoir occupé Millerovo, l'Armée rouge accentue sa menace sur le groupe d'armées du Don et sur Rostov) et dans le Caucase.
Tout le Front du Sud est en mouvement : 13 armées soviétiques de Novossil au Caucase, sans compter les 7 autres occupées à la liquidation de Stalingrad. Le secteur le plus menacé du front allemand est celui du Don, tenu par la IIe armée hongroise (contre laquelle se lancent la XIe armée soviétique et la IIe armée de blindés), la VIIIe armée italienne et la IIIe armée roumaine, pressée par le 3e groupe d'assaut et la Ve armée de blindés.
Pacifique. Guadalcanal. Après 4 jours d'attaques, les Américains ont réussi à avancer le long de la côte, à 1,5 km au-delà de la pointe Cruz. Les haut-parleurs invitent encore les Japonais à se rendre. L'artillerie américaine soumet le point d'appui Gifu à un puissant bombardement.
Nouvelle-Guinée. Les Australiens occupent le village de Sananada, mais les Japonais se postent sur de nouvelles positions à l'ouest et au sud du village. Les Américains progressent lentement vers Giruwa, en s'opposant durement aux Japonais, que la nature du terrain favorise.

18 janvier
Front soviétique. Secteur nord : après 7 jours de durs combats, les Soviétiques des Fronts de Leningrad et du Volkhov s'emparent du « couloir de la mort » au sud du lac Ladoga (la bande de terrain fait environ 15 km de large). Leningrad, isolée depuis l'automne 1941, sera en mesure de recevoir davantage de ravitaillement, si toutefois l'artillerie allemande le permet.
Caucase : le groupe d'armées A de von Kleist essaie de ne pas se laisser isoler au sud de la mer d'Azov, en contenant la forte pression soviétique, et tente parallèlement d'évacuer le maximum de divisions à travers le couloir de Rostov, encore libre. La ligne de défense s'étend le long du Kouban et du Manytch et, au nord, le long du bas Donetz. Les Soviétiques réoccupent Tcherkessk, sur le Kouban, et Divnoïe, le long du Manytch.
Pacifique. Guadalcanal. A l'ouest de la pointe Cruz, les Américains établissent une ligne continue de 1 500 m qui va de la côte à la colline 53. Le point d'appui Gifu est complètement encerclé.
Nouvelle-Guinée. Bien que se sachant perdus, les Japonais se battent jusqu'au dernier, faisant obsta-

cle aux Australiens aussi bien à Sananandà qu'à Giruwa. Les Américains attaquent une position ennemie puissamment fortifiée, à cheval sur la route Soputa-Sananda. D'autres détachements avancent à l'ouest le long de la côte, occupant une bande de 300 m de large.
Birmanie. La 47e brigade indienne attaque sans succès les positions japonaises de Donbaik; la 123e reste en position près de Rathedaung, mais elle est menacée à l'est par l'ennemi, qui effectue une petite offensive dans la vallée du Kaladan.
Malte. Des avions de l'Axe attaquent la base de La Valette.

19 janvier
Front soviétique. Les armées russes réoccupent Kamensk Chaktinskii sur le Donetz septentrional, au nord de Rostov, et Valouiki, carrefour ferroviaire à l'est de Kharkov. Avec son groupe d'armées du Don, von Manstein réalise de véritables miracles contre des forces soviétiques sept fois supérieures en nombre. A l'est de Kharkov, von Weichs en fait autant avec le groupe d'armées B. A l'ouest de Pavlovsk, près du Don, les Soviétiques enferment la IIe armée hongroise dans deux poches; la IIe armée allemande subit le même sort plus au nord, près de Kastornoïe.
Pacifique. Guadalcanal. Les Américains concentrent d'autres forces dans le secteur de la pointe Cruz, pour tenter de briser la résistance japonaise.
Nouvelle-Guinée. Le général Yamagata quitte le front de Sanananda par bateau, après avoir ordonné à ses troupes de se replier vers l'ouest le jour suivant, en se faufilant à travers les lignes alliées. Le général Oda et un colonel se font tuer pendant les opérations de décrochement. Malgré tout, les Australiens n'arrivent toujours pas à vaincre la très dure résistance japonaise, le long de la côte, à l'ouest de Sananda et à la périphérie de Giruwa. Les Japonais qui tenaient la ligne fortifiée le long de la route Soputa-Sanananda sont encerclés dans trois poches bien distinctes, mais ils ne se rendent pas pour autant aux Américains du 163e régiment d'infanterie.
Birmanie. Les Indiens attaquent toujours à Donbaik, mais sans résultat.

20 janvier
Front soviétique. Les troupes du Front du Sud du général Eremenko (appelé jusqu'à présent Front de Stalingrad) occupent Proletarskaïa, le long de la ligne de chemin de fer Stalingrad-Novorossiisk, à l'est du Manytch, et font pression en direction de Rostov depuis l'est et le sud-est. Les forces de von Kleist sont engagées dans un combat d'arrière-garde dans le Caucase.
Pacifique. Guadalcanal. Actions localisées à l'ouest et au sud du périmètre de Lunga. Le point d'appui Gifu commence à donner des signes de fléchissement : les assauts et les bombardements aériens et terrestres presque quotidiens ont littéralement décimé la garnison japonaise.
Nouvelle-Guinée. Les Australiens ratissent la zone côtière à l'ouest de Sanananda et la partie nord de la route Soputa-Sanananda, que les Japonais empruntent pour s'enfuir. Les Américains commencent à liquider les trois poches ennemies à cheval sur la route Soputa-Sananda. 1 régiment américain avançant vers l'ouest arrive en vue de Giruwa.
□ Le Chili rompt ses relations diplomatiques avec les pays du Pacte tripartite.

21 janvier
Front soviétique. Caucase : les Soviétiques réoccupent Vorochilovsk, à l'est d'Armavir.
Pacifique. Guadalcanal. Alors que les Japonais résistent dans tous les secteurs, les Américains préparent une nouvelle offensive.
Nouvelle-Guinée. Américains et Australiens se rejoignent à l'est

Janvier 1943. Un char d'assaut allemand avançant dans la fumée d'un village russe incendié, au cours d'une contre-attaque désespérée dans la région qui s'étend au nord de Stalingrad.

de Sananand. Une colonne américaine venant de l'est pénètre sans difficulté dans le village de Giruwa et rejoint les détachements australiens à l'ouest du village.
Sicile. Poursuite des raids aériens alliés sur l'île : Porto Empedocle, Gela et Castelvetrano sont touchés.

22 janvier
Front soviétique. Le communiqué allemand reconnaît pour la première fois que les Soviétiques qui ont attaqué par l'ouest ont considérablement réduit le périmètre défensif de la VIe armée à Stalingrad. Le Front russe de Voronej, commandé par le général Golikhov et fort de 3 armées (la Ire armée de blindés et 2 groupes d'assaut), lance l'offensive contre Voronej, l'un des points forts de la ligne allemande. A l'extrême sud, les Soviétiques réoccupent Salsk, sur la ligne de chemin de fer Stalingrad-Novorossiisk.
Pacifique. Guadalcanal. A 6 h 30, les détachements du 14e corps américain se lancent à l'assaut, avec pour objectif le Poha. L'attaque est soutenue par l'artillerie, l'aviation, et par le feu de croiseurs et de contre-torpilleurs. 1 division mixte d'infanterie et de marines avance sur les hauteurs au sud-est de Kokumbona, pour attaquer les positions japonaises. Bien qu'à cours de vivres et de munitions, les Japonais se défendent dans la jungle avec beaucoup d'habileté et de courage. Ils bloquent les marines le long de la côte et en profitent pour quitter en ordre quelques positions à l'intérieur. A 17 heures, le 27e régiment d'infanterie américain s'est rendu maître des collines au sud et à l'est de Kokumbona. Sur le mont Austen, les Américains arrivent à ouvrir un passage de 200 m dans le point d'appui Gifu et, la nuit suivante, ils repoussent une ultime contre-attaque ennemie complètement désespérée.
Nouvelle-Guinée. Les Alliés remportent leur première victoire terrestre sur les Japonais en mettant fin à la longue bataille pour la Papouasie, la partie sud-est de l'île. La 18e brigade australienne a raison des dernières poches de résistance sur la côte, à l'ouest de Sananda, tandis que le 163e régiment d'infanterie américain libère définitivement la route Soputa-Sananda en liquidant les derniers défenseurs japonais. On estime que les Japonais avaient engagé dans cette campagne de 12000 à 16000 hommes et qu'ils ont eu 7000 morts ; les prisonniers sont à peine 350, et il s'agit principalement de Chinois ou de Coréens. Les Australiens et les Américains, qui comptaient au début de la campagne un peu moins de 30000 hommes, en ont perdu environ 8500, parmi lesquels plus de 3000 sont morts.

Un détachement soviétique d'engins blindés, précédé d'une patrouille de motocyclistes, avance dans le secteur nord de Voronej en vue d'une offensive contre les lignes allemandes.

23 janvier
Front soviétique. Après de très durs combats, les Soviétiques entrent dans Voronej. Les Allemands continuent de résister à l'intérieur de la ville. La tragédie de la VIe armée se poursuit dans Stalingrad : la ration journalière par soldat n'est plus depuis bien longtemps que de 50 g de pain et 1 litre de bouillon de légumes. Après presque un mois de ce régime (commencé le 26 décembre), les défenseurs sont complètement diminués. Le ravitaillement largué par la Luftwaffe est de plus en plus réduit et inutile : un jour elle envoie 5 t de bonbons, une autre fois 200000 tracts de propagande.
Dans le Caucase, alors que von Kleist se replie rapidement, les Soviétiques réoccupent Armavir, centre ferroviaire sur la ligne Rostov-Bakou.
Afrique du Nord. Poursuivant sa marche vers l'ouest, la VIIIe armée anglaise entre dans Tripoli à 5 heures du matin.
Pacifique. Guadalcanal. Les Américains réalisent enfin des progrès sensibles ; ils dépassent Kokumbona et enferment dans une poche les Japonais restés à l'est du Poha. Kokumbona est prise après de durs

combats. Le point d'appui Gifu est définitivement occupé par un bataillon du 35e régiment d'infanterie.
Nouvelle-Guinée. Maintenant que les garnisons japonaises ont été éliminées de la côte dans l'aire Buna-Gona et Sananada, et de toute la région, MacArthur prépare la seconde phase de l'offensive pour chasser l'ennemi du secteur de Lae et de l'île tout entière.
□ La conférence de Casablanca se termine. Au cours de celle-ci, les Alliés ont pris les décisions suivantes : principe de la « reddition inconditionnelle » de l'Allemagne, de l'Italie et du Japon ; achèvement de la campagne tunisienne et débarquement en Sicile en juillet ou, si possible, en juin (opération « Husky ») ; grande offensive aérienne contre les installations allemandes en Europe ; reprise de l'avance dans le Pacifique pour reconquérir les Philippines ; offensive en Birmanie et en Chine.
□ Un sous-marin américain coule le contre-torpilleur japonais *Hakaze* au large de la Nouvelle-Irlande.

24 janvier
Front soviétique. On se bat toujours violemment à Stalingrad et à Voronej.
Pacifique. Guadalcanal. La 25e division américaine avance à l'ouest de Kokumbona en direction du fleuve Poha. Les Japonais disputent chaque mètre de terrain tandis qu'ils préparent le rembarquement. Une escadre de porte-avions, croiseurs et contre-torpilleurs américains soumet la zone de Vila-Stanmore, dans l'île de Kolombangara, à un massif bombardement aéronaval.
France. A Marseille, les Allemands procèdent à la destruction du quartier du Vieux-Port.
Afrique du Nord. Le général de Gaulle rencontre, à Anfa, le général Giraud, en présence de Churchill et de Roosevelt.

25 janvier
Front soviétique. L'Armée rouge achève l'occupation de Voronej.
Italie. Le général Messe est désigné

Des cornemuses du 51e régiment d'Highlanders ouvrent le défilé de la victoire à Tripoli ; derrière eux, une très haute colonne au sommet de laquelle se trouve la louve de Rome, symbole du fascisme.

pour succéder à Rommel à la tête des forces armées italo-allemandes en Afrique.
Pacifique. Guadalcanal. Les Américains atteignent le Poha, tandis que les Japonais se replient en se limitant à des actions d'arrière-garde.
Nouvelle-Guinée. Le général américain Fuller prend le contrôle opérationnel de toutes les troupes alliées dans la zone de Gona et la baie d'Oro.
La 7e division australienne et la 32e américaine sont peu à peu retirées et transférées à Port Moresby.

26 janvier

Front soviétique. A Stalingrad, les Soviétiques réduisent de plus en plus le périmètre défensif allemand, séparant en deux tronçons les forces ennemies.
Deux jours plus tôt, Paulus a demandé à Hitler l'autorisation de se rendre, mais le Führer a répondu sèchement : « Je vous interdis de capituler. La VIe armée tiendra les positions jusqu'au dernier homme et jusqu'à la dernière cartouche. » Conscient de la folie d'une telle décision, mais fidèle à son serment d'obéissance, Paulus se résigne au calvaire de ses soldats et au sien propre.
L'odyssée de l'armée italienne se poursuit elle aussi. Afin de se frayer un chemin vers le Donetz, le corps alpin s'engage dans des combats sanglants contre les Soviétiques dans la zone de Nikolaïevka.
Pacifique. Guadalcanal. Craignant une attaque surprise des Japonais contre le périmètre de Lunga, les Américains retirent une division du front du Poha pour renforcer les défenses de leur base. Mais les Japonais, en fait, ne sont plus en mesure de lancer des assauts.
France. Création, en zone Sud, des Mouvements unis de résistance (M.U.R.), qui regroupent Combat, Libération-Sud et Franc-Tireur.
Afrique du Nord. La colonne Leclerc rejoint, à Tripoli, la VIIIe armée britannique après avoir soumis le Fezzan.

Un dramatique témoignage de la retraite désastreuse de l'armée italienne en Russie : la division Tridentina se traîne vers Nikolaïevka.

27 janvier

La 8e force aérienne américaine, basée en Angleterre, effectue son premier raid contre l'Allemagne, bombardant des magasins et des installations industrielles du port de Wilhelmshaven.
Front soviétique. D'inutiles combats ont toujours lieu dans Stalingrad. A Nikolaïevka, le corps alpin italien encerclé arrive à se libérer. La division Tridentina subit les pertes les plus graves. Les survivants de la VIIIe armée italienne, un peu plus de 100 000 hommes sur 230 000, devront poursuivre leur terrible marche jusqu'en dehors de la Russie, car l'état-major allemand refuse — en raison de l'extrême gravité de la situation — de fournir des trains aux Italiens, que Mussolini a décidé de faire rentrer en Italie. Grâce aux habiles manœuvres de von Kleist, une partie du groupe d'armées A a pu être ramenée en Ukraine ; mais les Russes font désormais pression en direction de Rostov, et von Kleist doit faire reculer dans le Kouban le reste de ses troupes, se préparant à défendre une tête de pont dans la zone de Novorossiisk.
Afrique du Nord. La VIIIe armée britannique est à la frontière entre la Libye et la Tunisie.
Pacifique. Guadalcanal. La division mixte infanterie-marines progresse de 2 km atteignant le Nueha.

28 janvier

Allemagne. Décret de mobilisation pour tous les Allemands de 16 à 65 ans.
Front soviétique. Sur le Front de Voronej, la XXXVIIIe armée soviétique occupe Kastornoïe, à l'ouest de Voronej.
Pacifique. Guadalcanal. Les Américains continuent d'avancer vers le cap Espérance, à peine gênés par les Japonais.
Nouvelle-Guinée. Les Japonais font une dernière tentative pour rejoindre Port Moresby à travers les montagnes de l'intérieur, en attaquant la garnison australienne de Wau. Grâce au courage des défenseurs, le commandement allié a le temps de faire venir par avion les renforts nécessaires.

29 janvier
Front soviétique. La XXXVIIe armée soviétique occupe Kropotkine, dans le Kouban, carrefour ferroviaire sur la ligne Rostov-Bakou.

29-30 janvier
Bataille aéronavale de l'Ile Rennell (Salomon). Une escadre de croiseurs et de contre-torpilleurs américains, escortant un convoi faisant route vers Guadalcanal, est attaquée par l'aviation japonaise. Le 30, alors que les unités américaines sont à nouveau attaquées par les avions nippons, de grosses formations aériennes américaines, qui ont décollé de Guadalcanal et des porte-avions, contre-attaquent. Les Américains perdent le croiseur lourd *Chicago,* coulé par un avion torpilleur. Un CT est endommagé.

30 janvier
Front soviétique. Dans le Kouban, les Soviétiques réoccupent Tikhoretsk, au nord-ouest de Kropotkine et au sud-est de Rostov, coupant ainsi la principale voie de retraite aux troupes du groupe d'armées A de von Kleist. Des troupes du Front russe transcaucasien, avançant dans la même zone et venant du sud, réoccupent le centre pétrolier de Maïkop. Le groupe d'armées du Don de von Manstein est contraint de se replier vers le nord et ne peut plus secourir le groupe d'armées A.
Italie. Messine, Catane et Augusta sont bombardées par des avions alliés : dégâts considérables.
France. Création, en zone Sud, de la Milice française, police supplétive paramilitaire destinée à lutter contre la Résistance. Darnand en est le chef, sous l'autorité suprême de Laval.
Allemagne. La R. A. F. effectue son premier raid de jour sur Berlin.
Pacifique. Guadalcanal. Poursuivant son avance vers le cap Espérance, le 147e régiment d'infanterie américain atteint l'embouchure du Bonegi, mais la violence du feu japonais l'empêche d'aller plus loin.
Nouvelle-Guinée. Renforcés par des détachements de la 18e brigade australienne, les défenseurs de Wau obligent les Japonais à battre en retraite.

31 janvier
Allemagne. L'amiral Karl Doenitz est nommé commandant en chef de la flotte allemande.
Sicile. De violents raids aériens alliés touchent particulièrement Catane, Trapani et Augusta.
Front soviétique. Alors que les Soviétiques ont désormais réduit la défense de Stalingrad à deux poches pleines d'affamés et de désespérés, Hitler nomme Paulus feld-maréchal, mais le jour même ce dernier est contraint de se rendre. Ayant appris la nouvelle, le Führer le maudit pour s'être déshonoré en préférant la reddition au suicide. Il jure que jamais plus il ne créera de feld-maréchaux et se laisse aller à sa fureur.
2 jours plus tard, dans le quartier d'Aleksandrovka, le dernier noyau de résistance de Stalingrad, formé par des hommes du 11e corps d'armée, commandé par le général Strecker, dépose lui aussi les armes. Sur les 284000 hommes enfermés dans la poche, 160000 environ sont morts et plus de 34000 ont été évacués par avion. La Luftwaffe a perdu 500 avions de transport. Les survivants, à peine plus de 90000, prendront, à pied, le chemin de la Sibérie ; beaucoup mourront d'inanition ou de froid durant la terrible marche.
Le 7 novembre, Staline annoncera que 146300 morts ont été ramassés et brûlés.
Mais Stalingrad représente surtout le premier et terrible échec de la Wehrmacht jusqu'alors invincible. C'est un désastre qui marque un tournant militaire et psychologique dans le conflit.
Pacifique. Guadalcanal. Appuyé par les artilleries terrestres et navales, le 147e régiment d'infanterie américain tente une nouvelle fois de franchir le Bonegi, mais il est bloqué par le feu ennemi. Un bataillon cependant remonte le long du fleuve et arrive à le franchir en amont, à environ 2,5 km de la pointe Tassafaronga. Les Américains sont sur le point de remporter la bataille de

FRANK SINATRA

Le jour de l'An, les vedettes du traditionnel concert offert par Paramount sont la chanteuse Peggy Lee, et le sextuor du clarinettiste Benny Goodman, le roi du swing.
A la surprise générale, c'est un tout jeune chanteur, Frank Sinatra, qui remporte le plus grand succès. Il s'est déjà fait remarquer dans l'orchestre de Harry James et de Tommy Dorsey, cependant il est encore peu connu en tant que soliste. Sur le plan théorique, ses connaissances sont minces, mais il est doué d'une « oreille » musicale innée et d'un sens du rythme remarquable. Sinatra frappe surtout par l'originalité de son interprétation, fruit de la superposition du « bel canto » à l'italienne et des murmures rythmés du « crooner ». Il est servi en outre par les arrangements sonores des meilleurs musiciens de jazz. Avec ce concert du Nouvel An, débute pour Sinatra ce qui peut être considéré comme sa première année d'or. La naissance de la nouvelle étoile est marquée par huit semaines au Paramount, des émissions de radio, des disques à succès, une tournée spectaculaire et un contrat avec la R.K.O. pour son premier film, *Higher and Higher.* Le phénomène *Swoonatra* (1) est né : les yeux bleus, la voix chaude, sensuelle et romantique de Sinatra poussent au délire de toutes jeunes fans qui se pressent dans les théâtres.
« Depuis Rudolph Valentino, écrit le journaliste du *Time,* les femmes américaines n'avaient pas manifesté de façon aussi impudique leur passion pour un artiste. »

(1) Jeu de mots formé sur *swoon* (pâmoison) et Sinatra.

Sur les ruines d'un immeuble, dans le centre complètement détruit de Stalingrad, un soldat soviétique brandit le drapeau rouge en signe de victoire.

Guadalcanal, mais ils ne parviennent pas à bouleverser les plans de décrochement et de rembarquement prévus par les Japonais.
Nouvelle-Guinée. L'artillerie australienne fait battre en retraite les Japonais.

1er février
Front soviétique. Poursuivant l'offensive lancée le 12 janvier par les Fronts de Briansk, de Voronej, du Sud-Ouest et du Sud, contre le groupe d'armées B de von Weichs et le groupe d'armées du Don de von Manstein, la IIIe armée de blindés soviétiques occupe Svatovo, au sud-est de Kharkov, coupant la ligne de chemin de fer qui relie cette ville au bassin du Donetz.
Pacifique. Guadalcanal. Une nouvelle tentative américaine pour traverser l'embouchure du Bonegi est mise en échec par les Japonais. 1 bataillon du 132e régiment d'infanterie débarque à Verahue, dans la zone du cap Espérance, juste derrière les Japonais. Dans la nuit du 1er au 2, les Japonais commencent à rembarquer ce qui reste de leur XVIIe armée au cap Espérance. 20 contre-torpilleurs sont chargés de l'opération. Dans la journée, ils ont été repérés et attaqués par des avions partis du Henderson Field et par des vedettes lance-torpilles. Un avion de chasse japonais explose sur une mine ; un avion de chasse américain est descendu à son tour par des bombardiers en piqué.
Birmanie. La 55e brigade indienne, qui a remplacé la 47e, attaque sans succès les positions japonaises à Donbaik. Les canons antichars des Japonais détruisent quelques engins qui appuyaient l'action.
Nouvelle-Guinée. De petits détachements américains avancent le long de la côte nord en direction de l'embouchure du Kumusi.

2 février
Front soviétique. La reddition du 11e corps d'armée du général Strecker marque la fin de la résistance allemande à Stalingrad. Kharkov, Rostov et Koursk sont les prochains objectifs que l'Armée rouge se fixe d'atteindre avant le dégel qui bloquera les opérations.
Méditerranée. Le sous-marin anglais *Turbulent* coule, au large de Palerme, le bateau-citerne allemand *Utilitas,* qui transportait 5 000 t de combustible, toute la réserve de l'escadre navale italienne en Sicile.
Pacifique. Guadalcanal. Les Américains arrivent à traverser l'embouchure du Bonegi et rejoignent le bataillon qui avait passé le fleuve en amont quelques jours plus tôt.

3 février
Front soviétique. Au cours de leur marche sur Rostov, les troupes soviétiques prennent Kouchtchievskaïa. Plus au nord, elles s'emparent de Koupiansk, sur l'Oskol, au sud-est de Kharkov.
Sicile. Des bombardiers américains attaquent Palerme, faisant de nombreuses victimes et de sérieux ravages.
Pacifique. Guadalcanal. Le 147e régiment d'infanterie américain établit une ligne continue de la pointe Tassafaronga jusque vers le sud de l'île. Des patrouilles du 132e régiment d'infanterie arrivent jusqu'à la baie de Kamimbo, près du cap Espérance.
Nouvelle-Guinée. Très fortement appuyées par l'artillerie, les troupes australiennes repoussent les Japonais dans le secteur de Wau, en direction de Mubo.
Birmanie. Dans la zone de l'Arakan, la 122e brigade indienne attaque Rathedaung, mais elle est aisément repoussée par les Japonais.

4 février
Front soviétique. Les colonnes blindées soviétiques progressent régulièrement vers Rostov, Kharkov et Koursk. Des troupes d'assaut ont débarqué sur la côte de la mer Noire dans le secteur de Novorossiisk, où elles sont violemment confrontées aux détachements du groupe d'armées A de von Kleist, désormais complètement isolé à l'intérieur d'une ligne fortifiée (la « ligne bleu ciel »), dans la zone qui s'étend entre Novorossiisk et Krasnodar, entre la mer Noire et la mer d'Azov.
Italie. Nombreuses victimes et dégâts considérables à la suite d'un raid aérien sur Turin et La Spezia.
Pacifique. Guadalcanal. Le 147e régiment d'infanterie américain avance dans la zone de Tassafaronga en direction de l'Umasani, ralenti par les arrière-gardes japonaises. Le fameux « Tokyo Night Express », composé de 22 contre-torpilleurs, est repéré et bombardé par des avions partis du Henderson Field : 4 contre-torpilleurs sont endommagés. Mais pendant la nuit les unités navales évacuent de Guadalcanal une part importante du contingent japonais.
Nouvelle-Guinée. Sans cesse harcelés par l'aviation alliée, les Japonais continuent de se replier dans la zone de Wau. Les Australiens déciment leurs files avant qu'ils n'atteignent Mubo.
□ A New Delhi se termine une conférence des chefs militaires alliés à laquelle ont pris part le maréchal Wavell et le général américain Stilwell, le maréchal de l'air Dill et les généraux Arnold et Somerwell. Beaucoup de décisions ont été prises, avec, comme objectif final, la reconquête de la Birmanie, qui devrait permettre ensuite d'attaquer les forces japonaises en Chine. Le plan sera soumis au généralissime Tchang Kaï-chek.

5 février
Front soviétique. Grâce à une manœuvre convergente, des détachements de la XIIIe armée soviétique et de la IIIe armée de blindés atteignent Staryi-Oskol, sur l'Oskol, au sud-est de Voronej et au nord-ouest de Kharkov. Izioum, au sud-est de Kharkov, tombe elle aussi aux mains des Soviétiques.

6 février
Front soviétique. Dans le Kouban, les Soviétiques s'emparent d'Iéïsk, sur la mer d'Azov, coupant le dernier lien entre les troupes de von Kleist, bloquées dans le Kouban, et le reste de l'armée allemande. Ces troupes sont maintenant concentrées dans le triangle Iéïsk-Novorossiisk-Krasnodar. Une colonne avancée soviétique n'est plus maintenant qu'à 8 km de Rostov. Sur le front du groupe d'armées B de von Weichs, la ville de Kharkov tient bon, mais elle est désormais encerclée par les Soviétiques : au nord, l'Armée rouge se rapproche de Biel-

L'un des nombreux et intenses bombardements alliés sur l'Allemagne.

gorod; au sud, elle occupe Lissitchansk, sur le Donetz.
Pacifique. Guadalcanal. Le 161ᵉ régiment de la 25ᵉ division américaine devance le 147ᵉ dans la poursuite de l'ennemi et atteint l'Umasani. Des îles Fidji arrivent de nouveaux renforts pour les Américains, tandis que les Japonais attendent un convoi du « Tokyo Night Express » pour terminer le rembarquement.
Nouvelle-Guinée. Des avions japonais effectuent un raid contre l'aéroport de Wau (raid un peu tardif dans la mesure où les renforts australiens transportés par voie aérienne sont déjà arrivés depuis un moment). La D. C. A. et les avions de chasse alliés détruisent 24 des avions attaquants.

7 février
Front soviétique. Malgré la défense prodigieuse de von Manstein et de von Weichs, la poussée soviétique continue. Les Russes occupent Azov, sur la mer d'Azov, et se rapprochent de Rostov. En Ukraine, ils occupent Kramatorsk, au nord du Donetz. Ils coupent également la route principale reliant Koursk à Orel.
Italie. Des avions alliés bombardent Cagliari et Naples.
Pacifique. Guadalcanal. Le 161ᵉ régiment d'infanterie américain traverse l'Umasani et marche sur la pointe Bunina. D'autres détachements américains, partis de Titi, atteignent Marovovo. Les avions du Henderson Field attaquent et endommagent 2 des 18 contre-torpilleurs japonais formant le nouveau « Tokyo Night Express », à bord duquel le restant du contingent japonais embarque de nuit, après six mois de dure lutte.
Chine. Dans un message au président Roosevelt, le généralissime Tchang Kaï-chek accepte d'engager ses forces dans la campagne pour la reconquête de la Birmanie, mais en échange d'une forte augmentation de l'aide américaine.

8 février
Front soviétique. Les blindés soviétiques qui ont enfermé depuis longtemps dans une poche une grande partie de la IIᵉ armée allemande se déplacent vers l'ouest et occupent Koursk, l'un des points d'appui de la ligne ennemie, qu'ils dépassent.
Pacifique. Guadalcanal. Bien que désormais abandonnées sur l'île, les arrière-gardes japonaises ralentissent encore, mais faiblement, l'avance américaine vers Tenaro et le cap Espérance.
Birmanie. La 77ᵉ brigade indienne (surnommée « des Chindit »), commandée par le général Wingate, et venant de Imphal, en Inde, pénètre en Birmanie, dans la région de l'Arakan. La brigade est divisée en 2 groupes, celui du sud, qui devrait franchir le premier le Chindwin pour détourner l'attention des Japonais du second groupe, celui du nord, également commandé par Wingate. Le but de cette unité spéciale est de mener des actions de guérilla derrière les lignes ennemies, en effectuant des coups de main et en endommageant le plus possible le réseau de communications. Le premier objectif des Chindit est la ligne de chemin de fer Mandalay-Myitkyina, vitale pour l'ennemi. On peut parler d'une action de patrouille de longue durée et de grand style, car une fois qu'ils auront passé l'Irraouaddi, les Chindit se heurteront aux forces japonaises et devront rentrer en Inde.

9 février
□ Avec tout l'optimisme dont il est seul capable, Churchill prévoit dans une lettre à Staline, la fin de la campagne en Afrique pour avril, la conquête de la péninsule italienne avant juillet et le débarquement en France d'ici le mois d'août.
Front soviétique. Les colonnes blindées soviétiques occupent Bielgorod, au nord de Kharkov, sur la ligne de chemin de fer qui relie Koursk à Kharkov.
Pacifique. Guadalcanal. A 16 h 25, lorsque les 161ᵉ et 132ᵉ régiments d'infanterie américains, venant de l'est et du sud-ouest, se rejoignent dans le village de Tenaro, la résistance japonaise organisée prend fin sur l'île. La plus grande partie des survivants de la campagne, environ

Ravitaillement aérien de Stalingrad.

11 000 hommes de la XVIIe armée japonaise et un millier de marins et de fusiliers marins (sur les 20 000 que comprenait le contingent) a pu être évacuée à Buin et à Rabaul. Les Japonais ont eu plus de 9 000 morts, les Américains 2 000 sur une force combattante de 23 000 hommes et sur les 60 000 environ qui se sont succédé tout au long de la campagne. Les pertes aériennes et navales s'équilibrent. Les Américains possèdent maintenant un énorme porte-avions incoulable pour protéger l'Australie, reconquérir les Salomon et faire un nouveau bond en avant dans le Pacifique Nord. Le général Patch peut enfin envoyer le message suivant à l'amiral Halsey : « Le « Tokyo Night Express » n'a plus son terminus à Guadalcanal. »

10 février

Front soviétique. Les forces soviétiques rejoignent la ligne de chemin de fer Rostov-Novotcherkassk, au nord de Rostov. Encore plus au nord, 2 colonnes blindées convergeant sur Kharkov occupent Tchougouïev et Voltchansk.

Nouvelle-Guinée. Alors que les Américains regroupent des forces pour chasser complètement les Japonais de l'île, de petits détachements américains atteignent l'embouchure du Kumusi et y installent une position fortifiée.

11 février

Front soviétique. Les Allemands doivent évacuer Lozovaïa, carrefour ferroviaire au sud de Kharkov.

France. Le gouvernement de Vichy déclare d'utilité publique la Légion des volontaires français contre le bolchevisme (L. V. F.). Fernand de Brinon, secrétaire d'État, en sera nommé président le 17.

12 février

Front soviétique. Krasnodar, l'un des trois sommets du triangle tenu par les restes du groupe d'armées A dans le Kouban, est occupé par les Soviétiques du Front transcaucasien, qui font pression en direction de Novorossiisk. Sur le Front du Don, les Soviétiques coupent la ligne de chemin de fer qui part de Rostov en direction de Krasnoarmeïsk, réduisant ainsi le cou-

Un détachement de marines ratissant la jungle de Guadalcanal.

LE CORBEAU

Une série de lettres anonymes, vulgaires et cruelles, signées « Le Corbeau » bouleversent la vie d'une tranquille petite ville de la province française. L'une des victimes les plus visées, le docteur Germain, réussira finalement à démasquer le coupable.

Dirigé par Henri Clouzot, *Le Corbeau* est l'un des premiers films noirs français. Portrait pessimiste et sceptique de la province française, il suscite dès sa sortie de vives réactions de la part de la presse clandestine (liée à la Résistance) qui accuse le cinéaste de collaboration. *Le Corbeau* est d'ailleurs entièrement produit par la Continentale, une succursale de l'U.F.A., créée spécialement pour contrôler la production française.

Après la guerre, une autre interprétation du film fera de Clouzot le dénonciateur de ceux qui envoyaient des lettres anonymes à la Gestapo.

Quoi qu'il en soit, *Le Corbeau* est un bon film à l'atmosphère prenante, servi par d'excellents acteurs (Pierre Fresnay, Pierre Larquey, Ginette Leclerc).

loir encore libre pour la retraite allemande. Ils occupent également Chakhty, à l'ouest du Donetz, sur la ligne de chemin de fer Rostov-Voronej.
Afrique du Nord. La VIIIe armée britannique envahit la Tunisie.
Pacifique Sud-Ouest. Le quartier général allié donne ses directives pour « la conquête et l'occupation de l'aire Nouvelle-Bretagne - Nouvelle - Guinée - Nouvelle - Irlande », opération qui a pour nom de code « Elkton ».

13 février
Front soviétique. Les divisions de von Kleist repoussent les attaques soviétiques à l'est de Novorossiisk, dernier point d'appui allemand dans le Kouban. Les Allemands sont désormais coincés dans une petite tête de pont entre Novorossiisk et la mer d'Azov. Plus au nord, avec l'occupation de Novotcherkassk et de Likhaïa, l'Armée rouge a maintenant en main toute la ligne de chemin de fer Rostov-Voronej.

14 février
Front soviétique. Les armées soviétiques occupent Rostov, position vitale pour les Allemands, à travers laquelle la Wehrmacht a pu évacuer du Caucase une partie du groupe d'armées A. Vorochilovgrad tombe à son tour aux mains des Soviétiques. Les Allemands réorganisent leurs forces : avec les restes du groupe d'armées du Don et du groupe d'armées B, ils forment, ou plutôt reforment, le groupe d'armées Sud (*Heeresgruppe* Sud), sous les ordres de von Manstein. La partie de la IIe armée qui ne s'est pas fait enfermer dans la poche au nord-ouest de Voronej passe au groupe d'armées Centre.
Tunisie. 4 heures : Les forces italo-allemandes du général von Arnim déclenchent une violente attaque contre les troupes alliées de la Ire armée qui font pression depuis l'ouest sur la Tunisie. Le plan d'attaque est de Rommel, et il prévoit de percer les formations alliées en direction de Kasserine et Tébessa pour marcher ensuite, en cas de succès, sur Bône et Constantine. L'armée alliée est commandée par le général

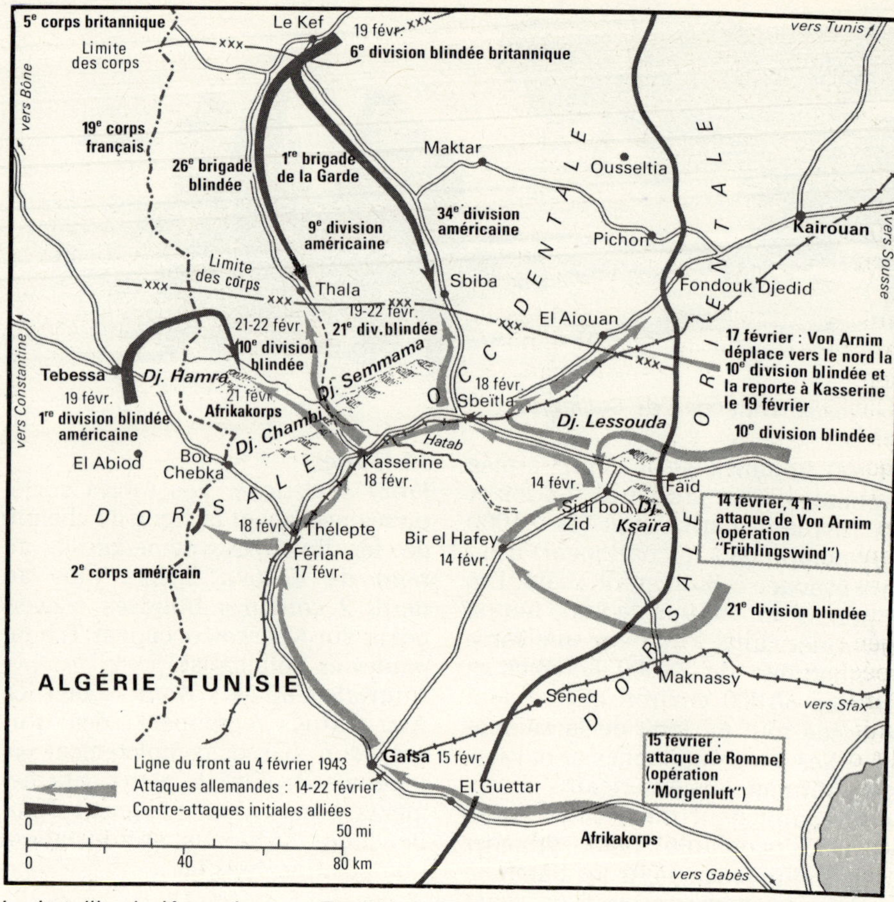

La bataille de Kasserine, en Tunisie, fut un succès éphémère de Rommel après l'abandon de la Libye.

Anderson, qui dispose du 5e corps britannique (au nord), du 19e corps français (au centre) et du 2e corps américain (au sud). Les forces de l'Axe se composent d'une partie de la Ve armée de von Arnim et d'une partie de l'Afrikakorps de Rommel. L'action de von Arnim est victorieuse, et les Italo-Allemands occupent Sidi bou Zid et isolent les Américains qui tiennent le djebel Lessouda et le djebel Ksaïra, respectivement au nord et au sud de Sidi bou Zid.
Italie. Plus de 100 quadrimoteurs de la R. A. F. assaillent Milan, c'est le premier d'une longue série de raids.

15 février
Tunisie. L'Afrikakorps de Rommel attaque dans le secteur sud de la formation et occupe Gafsa. Entre-temps, une contre-attaque américaine est repoussée dans le secteur de Sidi bou Zid; durant la nuit, cependant, les Américains arrivent à quitter le djebel Lessouda.
Italie. Les Alliés effectuent un violent raid aérien sur Palerme et sur Naples.

16 février
Front soviétique. Tandis que les forces allemandes et alliées se replient vers Poltava, les Soviétiques entrent dans les faubourgs de Kharkov, autre point d'appui important de la ligne d'hiver de la Wehrmacht.
Tunisie. Les Italo-Allemands marchent sur Fériana et Sbeïtla, situées l'une au sud-ouest, l'autre au nord-est de Kasserine.
La VIIIe armée du général Montgomery arrive à Médenine, à quelques kilomètres au sud de Mareth, où Rommel a pris position sur la fameuse « ligne de Mareth ». Construite par les Français de 1934 à 1939, entre le Dahar et la mer, pour se protéger d'une éventuelle attaque italienne depuis la Tripolitaine, la ligne de fortifications de Mareth, emphatiquement surnommée la « ligne Maginot du désert », se compose en réalité de quelques

dizaines de fortins dans la zone côtière et de quelques places fortes dans la zone montagneuse.
Pologne. Himmler décide la démolition progressive et la liquidation des derniers habitants du ghetto de Varsovie. Ceux-ci ne sont plus que 40 000.
Pacifique. Guadalcanal. Une partie de la 43e division d'assaut américaine est transférée à Guadalcanal dans le cadre du rassemblement des forces pour l'opération « Cleanslate », à savoir l'invasion des îles Russell, dans les Salomon.
Pacifique sud-occidental. Sur l'initiative du commandement de l'aire du Pacifique sud-occidental est constituée la VIe armée américaine, dirigée par le lieutenant général Krueger. Elle comprend le 1er corps (général Eichelberg), la 2e brigade spéciale du génie et le 503e régiment d'infanterie de parachutistes. A ces unités de l'armée vient s'ajouter la 1re division de marines.
Iles Aléoutiennes. Des avions japonais attaquent l'île d'Amchitka, où les Américains ont construit une piste pour leurs avions de chasse.

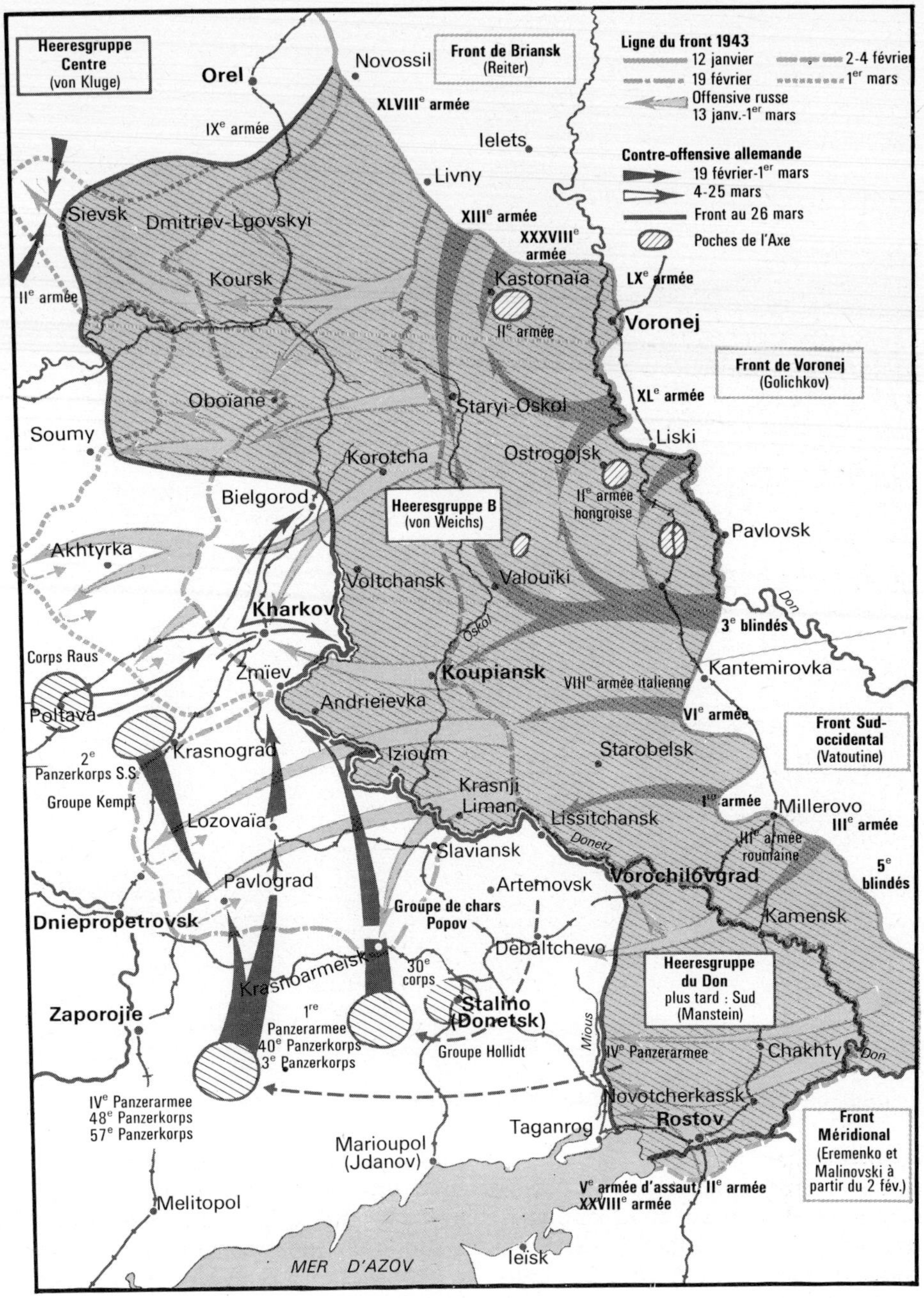

17 février

France. Le gouvernement de Vichy institue le Service du travail obligatoire (S. T. O.), qui prévoit le départ pour l'Allemagne de tous les jeunes gens des classes 40 à 42.
Front soviétique. Poursuivant leur avance, les Soviétiques reprennent Slaviansk, au nord de Kramatorsk. L'O. K. W. pressent l'écroulement de tout le front méridional et prend ses dispositions pour que soit lancée une énergique contre-offensive.
Tunisie. L'Afrikakorps de Rommel atteint Fériana et marche sur Kasserine.
Sardaigne. Violente attaque aérienne alliée sur Cagliari et les alentours.
Birmanie. La 55e brigade indienne du front de l'Arakan attaque sans résultat les positions japonaises à Donbaik.

18 février

Tunisie. Von Arnim entre dans Sbeïtla et marche sur Kasserine.
Pacifique. Guadalcanal. En vue de l'invasion des îles Russell, au nord-ouest de Guadalcanal, d'autres forces américaines affluent vers l'île. Un groupe d'officiers américains, envoyé en reconnaissance dans les îles Russell, annonce qu'elles ont déjà été évacuées par les troupes japonaises.
Iles Aléoutiennes. 2 croiseurs et 4 contre-torpilleurs, commandés par le contre-amiral McMorris, bombardent les installations japonaises dans l'île d'Attu.
Birmanie. La 77e brigade indienne (les Chindit) traverse le Chindwin sans rencontrer de résistance et coupe la ligne de chemin de fer Mandalay-Myitkyina.

19 février

Front soviétique. Les armées russes avancent au sud et au sud-ouest de Kharkov. La route nationale et la ligne de chemin de fer Kharkov-Koursk ont été entièrement libérées des Allemands.
Tunisie. Rommel lance la 21e *Panzerdivision* en direction du nord, vers Le Kef, où se trouve la 6e division blindée britannique : l'objectif final demeure Tébessa.
Pacifique. Un contre-torpilleur japonais est coulé par un sous-marin américain près de Manus, dans les îles de l'Amirauté.

L'équipage d'un T-34 touché par les Allemands.

20 février
Front soviétique. Les Russes occupent Pavlograd et Krasnograd, au sud et au sud-ouest de Kharkov.
Italie. Les bombardiers attaquent Naples par vagues, faisant 119 morts et 332 blessés (d'après les chiffres officiels).
Tunisie. Les forces de l'Axe sont restructurées : le général Messe prend la tête de la Ire armée italienne. L'armée italo-allemande de blindés, dirigée par Rommel, cesse d'exister, mais elle reste quelques semaines encore en Afrique.
Pacifique. Iles Salomon. Un premier groupe d'assaut de la 43e division américaine quitte Guadalcanal pour les îles Russell.

21 février
Front soviétique. Le groupe d'armées Sud de von Manstein lance une contre-offensive contre le flanc gauche du Front du Sud-Ouest soviétique (général Vatoutine) et contre le Front de Voronej (général Golikhov). Le 30e corps d'armée allemand avance depuis la région de Stalino (Donetsk) en direction de Krasnoarmeïsk ; la Ire armée de blindés, avec le 40e et le 3e corps de blindés, marche sur Andreïevka et Izioum ; la IVe armée de blindés, avec le 48e et le 57e corps de blindés, attaque en direction de Pavlograd et de Lozovaïa. Le 2e corps de blindés des S.S. ainsi que le groupe opérationnel Kempf convergent depuis le nord vers Pavlograd, alors que le corps de blindés Raus avance depuis Poltava vers Kharkov et Bielgorod, à l'est et au nord-est.
Tunisie. La 10e division blindée allemande se dirige vers Thala, à une soixantaine de kilomètres au nord-ouest de Tébessa. Au même moment, à l'est de Tébessa, la 1re division blindée américaine repousse une attaque de diversion de l'Afrikakorps.
Pacifique. Iles Salomon. La 43e division américaine occupe sans rencontrer de résistance les îles Banika et Pavuvu dans l'archipel des Russell, car les Japonais en sont partis. D'ici la fin du mois, 9 000 Américains passeront de Guadalcanal aux Salomon.

22 février
Front soviétique. Tandis que la contre-attaque allemande se poursuit au sud, les Soviétiques lancent une nouvelle offensive dans la zone d'Orel-Briansk et accentuent leur pression dans la partie centrale du front pour réoccuper Rjev.
Tunisie. Rommel renonce à attaquer Sbiba (21e division blindée) et Thala (10e division blindée) lorsqu'il voit arriver les renforts de la 6e division blindée britannique, envoyés par le commandant des armées alliées, le général Alexander.

23 février
Front soviétique. Les forces soviétiques réoccupent Soumy, en Ukraine, au nord-ouest de Kharkov et au sud-ouest de Koursk.
Plus au sud, la contre-offensive allemande se poursuit alors que dans le Caucase des détachements du groupe d'armées A de von Kleist tiennent une petite tête de pont près de Novorossiisk, qui bloque la pression du groupe d'armées soviétique de la mer Noire et du groupe d'armées Nord du Front transcaucasien.
Sicile. Des quadrimoteurs américains dévastent Messine.

24 février
Front soviétique. Violents heurts entre blindés dans le secteur du groupe d'armées Sud allemand et dans la zone d'Orel, défendue par le groupe d'armées Centre (von Kluge).

25 février
Le commandement du Pacifique Sud-Ouest et celui du Pacifique Sud ébauchent les plans de l'opération

« Reno » pour la progression vers les Philippines.
Tunisie. La bataille de Kasserine se termine par l'occupation de la ville par les Alliés. L'attaque de l'Axe a fait 10 000 morts chez les Alliés (plus de la moitié américains) et 2 000 chez les forces de l'Axe.
Angleterre. La R. A. F. commence une offensive aérienne ininterrompue sur l'Europe. Très vite, les Alliés se partageront les tâches : les Anglais bombarderont le jour, les Américains la nuit.

26 février
Sardaigne. Cagliari est dévastée par un raid aérien allié : 73 morts et 286 blessés.
Birmanie. La brigade indienne des Chindit, sous les ordres du général Wingate, poursuit ses actions de guérilla. Des unités de la marine indienne coulent un bateau chargé de soldats japonais et en endommagent un autre au nord de l'embouchure du Ramree.

27 février
Nouvelle-Guinée. Pour remplacer et renforcer les troupes alliées envoyées contre les Japonais afin de les chasser de l'île, le 162e régiment de la 41e division américaine débarque dans la baie de Milne.
Front soviétique. Les contre-attaques des Allemands du groupe d'armées Sud (von Manstein) donnent des résultats positifs avec la reconquête de Lozovaïa. Les Allemands menacent aussi Kramatorsk. Le but de la contre-offensive de von Manstein est de renforcer, si possible avant le dégel, les lignes de la Wehrmacht sur le Donetz.
Sicile. Un violent raid aérien allié sur Syracuse fait de nombreuses victimes et des dégâts immenses.

28 février
Front soviétique. Alors que les combats font rage dans la zone d'Orel-Briansk et que, plus au sud, les blindés allemands reprennent Kramatorsk, le début du dégel bloque les opérations des Soviétiques contre la tête de pont de von Kleist dans le Kouban et sur la ligne du Mious au nord de Taganrog, sur la mer Noire. Sur le front nord-ouest soviétique, les armées de Timo-

A Stalingrad, la VIe armée allemande a cessé toute résistance, et des milliers de soldats commencent leur longue marche vers la captivité.

Avançant à plat ventre dans la neige, un détachement allemand mène une action de contre-attaque dans la zone du lac Ilmen, près de Novgorod.

LE PETIT PRINCE

Antoine de Saint-Exupéry publie en 1943 *Le Petit Prince* alors qu'il se trouve depuis trois ans aux États-Unis et avant de revenir en Europe servir dans l'aviation d'observation. Ce récit est non seulement une tendre fable sur l'amour et l'amitié mais aussi une réflexion sur le devenir du monde et de l'homme après la guerre. Dans le désert, un aviateur égaré rencontre un enfant désemparé qui s'est enfui de sa planète pour ne plus subir les caprices d'une rose qu'il aime. Il fait la connaissance dans le désert d'un fennec qui lui fait comprendre le secret de l'amour. Le Petit Prince quitte l'aviateur et part rejoindre sa rose.

chenko se battent durement dans le secteur de Demiansk.

1er mars
Front soviétique. Demiansk, Lytchkovo et Zaloutchie, à l'ouest du plateau du Valdai et au sud-est de Staraïa Roussa, sont reprises par les troupes de Timochenko.
Birmanie. La construction de la « Route de la Birmanie », la nouvelle artère à travers laquelle les renforts alliés devront affluer en Chine, est prolongée depuis Ledo en Inde jusqu'au-delà de la frontière birmane.
Les Japonais regroupent leurs forces pour prendre au piège la brigade indienne des Chindit et l'anéantir, et pour réprimer la guérilla au nord de la Birmanie. Celle-ci est dirigée par les Britanniques, qui occupent encore un avant-poste près de Fort Hertz (aujourd'hui Putao).
Pendant ce temps, divisée en plusieurs colonnes, la brigade Chindit poursuit sa marche vers l'est en direction de l'Irraouaddi, se heurtant ici et là à de petites garnisons japonaises.
Pacifique. Un B-24 américain repère un convoi japonais bien protégé par des avions, qui fait route vers le golfe de Huon, en Nouvelle-Guinée, depuis Rabaul, en Nouvelle-Bretagne.

2 mars
Front soviétique. Le *Heeresgruppe* Centre (von Kluge) est contraint d'évacuer Rjev sous la pression des Soviétiques.
Allemagne. Violent raid aérien de la R. A. F. sur Berlin.

3 mars
Front soviétique. Tandis que les Soviétiques occupent Lgov et Dmitriev Lgovskyi, le long de la ligne de chemin de fer Kharkov-Briansk, la Ire armée de blindés du *Heeresgruppe* Sud de von Manstein arrive à atteindre le Donetz et à réoccuper Slaviansk et Lissitchansk.
Birmanie. Les Chindit de la 77e brigade indienne du général Wingate coupent la ligne de chemin de fer Mandalay-Myitkyina à un autre endroit. La colonne de Wingate traverse le fleuve Mu et, après avoir évité le village de Tongmauw, s'attaque aux monts Mingin, à l'est desquels passe la ligne de chemin de fer et coule l'Irraouaddi.

4 mars
Front soviétique. Une colonne blindée du front soviétique de Briansk occupe Sievsk, au sud de Briansk et à l'ouest de Koursk.

5 mars
Front soviétique. Dans le secteur centre-nord du front, les Soviétiques attaquent en direction de Staraïa Roussa. Malgré une forte résistance soviétique, les blindés allemands du *Heeresgruppe* Sud de von Manstein progressent en direction de Kharkov et Bielgorod.
☐ Lors d'un discours prononcé à Kiev, Erich Koch, commissaire allemand en Ukraine, déclare : « Nous appartenons à la race supérieure et nous devons gouverner avec fermeté et justice... J'exploiterai ce pays jusqu'à l'extrême limite. Je ne suis pas venu ici pour répandre la félicité... Il faut que la population travaille, travaille, encore et encore... Nous sommes venus ici pour établir les bases de la victoire. Nous sommes une race supérieure et nous devons nous rappeler que le plus infime des travailleurs allemands a sur le plan racial et biologique mille fois plus de valeur que n'importe quel membre de cette population-ci. »

6 mars
Tunisie. 9 heures : Sur le front oriental, l'Afrikakorps de Rommel attaque la VIIIe armée à l'est de la ligne Mareth. Prenant conscience, après la bataille de Kasserine, de l'inutilité des tentatives pour alléger la pression à l'ouest, Rommel fait un rapide demi-tour pour se préparer à affronter l'inévitable offensive

BATAILLE AÉRONAVALE DE LA MER DE BISMARCK

3-5 mars
8 transports japonais escortés par 8 contre-torpilleurs sous les ordres du contre-amiral Kimura, qui amènent à Lae et Salamaua, en Nouvelle-Guinée, la 51e division ainsi que des pièces de rechange pour avions et de l'essence, sont interceptés par des avions américains. Le commandant japonais compte sur la couverture aérienne que doit lui fournir l'aviation, basée en Nouvelle-Guinée, mais le commandement de MacArthur ordonne aussitôt d'attaquer en force les aéroports japonais de Nouvelle-Guinée, paralysant l'action des forces aériennes ennemies.
Le matin du 3, 137 avions américains (Forteresses volantes et Liberators principalement), épaulés par des avions de chasse américains et australiens, attaquent le convoi ennemi et touchent avec précision aussi bien les transports que les unités d'escorte. Le jour suivant, les attaques se renouvellent avec le même succès tandis que, dans la nuit du 4 au 5, des vedettes lance-torpilles américaines, sorties d'une base secrète sur la côte nord de Nouvelle-Guinée, interceptent ce qui reste de l'escadre japonaise, qui n'était plus qu'à environ 60 milles de Salamaua. Le lendemain, malgré les efforts des avions de chasse japonais, le pilonnage reprend. Le bilan est catastrophique pour les Japonais : tous les transports ainsi que 4 contre-torpilleurs ont coulé à pic, les 4 autres contre-torpilleurs avec le reste des fantassins ont été gravement endommagés. 3 500 hommes au moins ont perdu la vie. Le précieux matériel de ravitaillement attendu à Lae et Salamaua a été détruit. Les Japonais ont également perdu 10 avions de chasse. C'est une victoire tactique importante pour MacArthur, qui a privé l'ennemi des renforts et du ravitaillement indispensables pour faire face à la prochaine offensive alliée. Le haut commandement japonais décide que les garnisons de Lae et Salamaua ne seront plus désormais ravitaillées que par sous-marins.

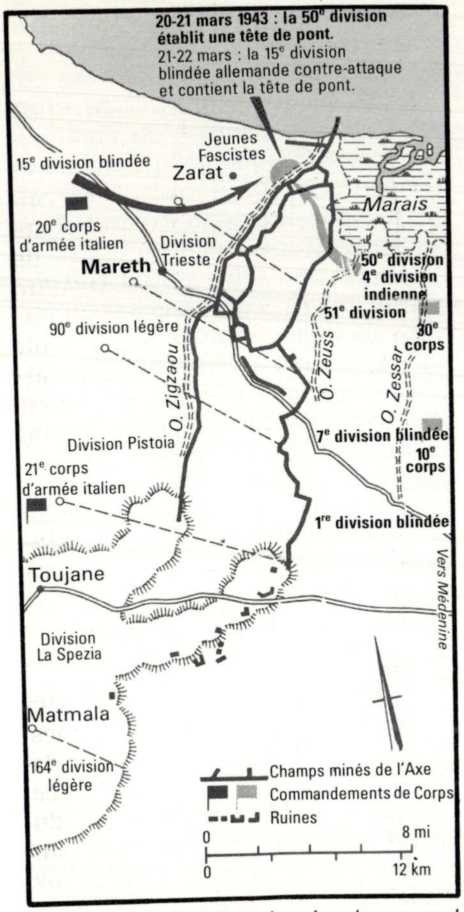

La bataille de Mareth, dernier grand affrontement en Tunisie.

de la VIIIe armée britannique qui s'apprête à attaquer la ligne Mareth. Les avant-gardes des troupes alliées sont postées autour de la localité de Médenine, tandis que le gros est à l'abri derrière des champs de mines et des défenses antichars.

12 heures : Devant le feu de l'artillerie antichar anglaise, les forces de l'Axe se replient.

Front soviétique. Sur la ligne de chemin de fer Moscou-Smolensk, Gjatsk (aujourd'hui Gagarine) est reprise par les Soviétiques.

Pacifique. L'aviation japonaise bombarde les îles Russell, occupées le 21 février par les Américains.

3 croiseurs et 7 contre-torpilleurs, commandés par le contre-amiral Merrill, bombardent Vila et Munda, importantes bases japonaises des Salomon. Confrontés à des forces ennemies inférieures, ils coulent 2 contre-torpilleurs.

8 mars

Front soviétique. Les Soviétiques réoccupent Sitchevka, au nord de Viazma, dans le secteur central, et font pression sur les forces de von Kluge en direction de Smolensk.

Chine. Des forces japonaises traversent le Yang-Tsé-Kiang entre Yitchang et Yoyang. Il ne s'agit pas d'une nouvelle campagne militaire mais de l'une des nombreuses « offensives pour le riz » qui auront lieu au cours de l'année, véritables pillages d'une récolte aussi capitale pour les occupants que pour l'armée de Tchang Kaï-chek.

9 mars

Front soviétique. Les Soviétiques résistent à la pression des armées de blindés de von Manstein qui marchent vers Kharkov et Bielgorod, tandis que dans le secteur central leur avance se poursuit en direction de Smolensk.

Nouvelle-Guinée. L'aviation japonaise attaque en force Wau, donnant ainsi le signal d'une série de raids sur les positions stratégiques alliées les plus importantes, dont la baie d'Oro et la baie de Milne, Port Moresby, Dobodura et Porlock Harbor.

Iles Salomon. Les Américains entreprennent de leur côté une série de raids aériens contre les installations ennemies de Munda, en Nouvelle-Géorgie.

□ Rappelé dans sa patrie après la bataille de Médenine, le feld-maréchal Rommel fait étape à Rome, où il rencontre Mussolini, à qui il ne cache pas la gravité de la situation. Mais Mussolini répond solennellement : « La Tunisie doit être gardée à tout prix... Je suis de l'avis du Führer : il faut garder la Tunisie. » Le commandement des forces allemandes en Tunisie est confié au général von Arnim, tandis que le commandement suprême des troupes de l'Axe est assuré par le général italien Messe.

10 mars

Front soviétique. Les Soviétiques reprennent Biely, dans le secteur central, au nord-ouest de Viazma et au sud-ouest de Rjev.

Tunisie. La colonne Leclerc remporte la victoire de Ksar-Rhilane.

11 mars

Front soviétique. Après une très dure contre-offensive, les blindés de von Manstein réoccupent Kharkov, dont la libération représente, parmi les récents succès soviétiques, l'un des plus importants. Des détachements soviétiques disputent à l'ennemi une partie de la ville.

Sicile. Importants bombardements alliés sur Palerme.

12 mars

Ouverture à Washington, où elle durera jusqu'au 15 au soir, de la conférence militaire du Pacifique, qui doit décider des actions à entreprendre contre le Japon en 1943. Le général Sutherland, chef d'état-major de MacArthur, présente une

L'ÊTRE ET LE NÉANT

Né à Paris en 1905, Jean-Paul Sartre entre en 1924 à l'École normale supérieure et devient en 1929 agrégé de philosophie. En 1933, il part pour Berlin étudier Husserl et Heidegger. A son retour, il écrit des essais qui introduisent en France la phénoménologie allemande. Mobilisé, il est fait prisonnier. Libéré en 1941, il reprend l'enseignement et entre dans la Résistance, au sein du Front national, mouvement d'inspiration communiste. En 1943, en même temps qu'il fait représenter sa pièce de théâtre *Les Mouches*, Sartre publie *L'Être et le Néant* qui se présente comme le traité central de l'existentialisme athée. Cet « essai d'ontologie phénoménologique » affirme que « l'existence précède l'essence ». Ce traité soulève de nombreux problèmes, notamment celui de la liberté de l'individu confronté à autrui et au monde. Toutes ces idées auront après guerre une grande influence sur la jeunesse.

Images de la guerre des partisans. En haut : partisans yougoslaves à qui l'on bande les yeux avant de les fusiller. Au milieu : femmes polonaises sur le point d'être fusillées. Ci-dessus : repli de partisans en Serbie.

version à peine remaniée du plan « Elkton » pour la conquête de la Nouvelle-Bretagne et surtout de Rabaul. Le plan prévoit un effort coordonné des forces du Pacifique Sud-Ouest (lesquelles dépendent de MacArthur), qui devraient envahir la Nouvelle-Bretagne à partir de la Nouvelle-Guinée, et des forces du Pacifique Sud (vice-amiral Halsey), qui devraient s'occuper des opérations dans les Salomon.
La marine est très préoccupée par le manque de navires, qui empêche d'envoyer de nouvelles forces en Extrême-Orient. A cette occasion également se font jour des oppositions entre la conception stratégique de MacArthur et celle de l'amiral Nimitz, commandant en chef de la flotte du Pacifique.
Tunisie. Le corps néo-zélandais (composé de la 2e division et de la 8e brigade de blindés) commence à exécuter le plan d'encerclement prévu par Montgomery sur la gauche de son dispositif : après avoir traversé les monts de Matmata, les troupes néo-zélandaises devraient poursuivre vers le nord en direction du col de Tebaga et surprendre les Italo-Allemands par-derrière, dans la plaine d'El Hamma, après avoir franchi la ligne Mareth. Pendant ce temps, des raids aériens alliés font de gros ravages à Sousse et à Tunis.
Italie. 100 000 ouvriers se mettent en grève à Turin, imités presque aussitôt par les travailleurs de la Lombardie et de Gênes, bloquant la production de guerre. Ce sont les premières manifestations sérieuses contre le régime. Les réactions plutôt faibles des autorités irritent profondément Hitler, qui explose devant son état-major : « Il est tout à fait inconcevable que l'on puisse interrompre le travail... et que personne n'ait essayé d'empêcher cela... la moindre faiblesse de ce genre peut entraîner le pays à sa perte !... »
Front soviétique. Violents combats dans les rues de Kharkov, en partie occupée par les troupes de von Manstein. Pour ne pas risquer d'être surpris par l'avance soviétique sur le front sud, les Allemands du secteur central abandonnent position après position. C'est aujourd'hui le tour de Viazma, que les Soviétiques reprennent sans coup férir.

L'ÉPOPÉE DE LA COLONNE LECLERC

Donner à la France libre une assise territoriale et assurer sa participation à la guerre contre l'Axe : ces deux tâches s'imposaient en priorité au général de Gaulle s'il voulait être en mesure de faire entendre sa voix. Parmi les quelques hommes qui lui permettront d'y réussir, l'un devait devenir presque légendaire, à l'issue d'une extraordinaire épopée qui allait le conduire, en moins de trente mois, des rives du lac Tchad jusqu'au « nid d'aigle » de Hitler, au-dessus de Berchtesgaden : Philippe Marie de Hauteclocque — le général Leclerc.

Être fait prisonnier deux fois et s'évader deux fois, après avoir repris le combat dans l'intervalle, au cours d'une campagne de quarante jours, n'est pas le fait de n'importe qui. C'est par cet exploit que le jeune colonel Leclerc avait inauguré « sa » guerre, au cours de la brève bataille de France de l'été 1940. Agé de 38 ans, ancien de Saint-Cyr, combattant du Maroc, sorti premier de l'École de guerre, il venait d'être nommé à l'état-major de la 4e division d'infanterie, lorsque l'attaque allemande le surprit dans les Ardennes. Capturé au combat, dans la forêt de la Warndt, il s'évade et revient au 2e groupe cuirassé, qui défend la Champagne. Fait à nouveau prisonnier à la veille de l'armistice, il s'évade une seconde fois et, le 25 juillet, gagne Londres pour rallier la France libre.

Quelques jours plus tard, Félix Éboué, gouverneur du Tchad, fait savoir qu'il rompt avec Vichy. Le 6 août, de Gaulle dépêche Leclerc sur place, accompagné de Pleven et de Boislambert. Avec l'aide d'Éboué, les trois hommes obtiennent le ralliement du Cameroun, puis du Gabon. Éboué, nommé gouverneur général de l'A.-É. F., sera l'un des inspirateurs de la conférence de Brazzaville. Quant à Leclerc, devenu son commandant militaire, il va faire de cette A.-É. F. la base de départ pour l'aventure militaire de la France libre.

Été 1940, à Douala. Le colonel Leclerc vient d'obtenir le ralliement du Cameroun à la France libre du général de Gaulle.

Dès le 1er mars 1941, un coup de main audacieux lui permet de s'emparer de l'oasis de Koufra, en Libye, en contraignant la garnison italienne à capituler. Puis, du 27 février au 14 mars 1942, il lance un raid sur le Fezzan, afin de tâter le dispositif ennemi. Nommé général de brigade, il assure alors ses arrières en organisant la défense du Tibesti. Et, le 12 décembre 1942, il entame audacieusement sa « longue marche ».

Audacieusement, parce qu'il ne dispose que de 3 000 hommes et d'un matériel élémentaire. Mais l'enjeu est politique, autant que militaire. Les Alliés viennent de débarquer en Afrique du Nord française, où l'« armée d'armistice » reste aux mains des hommes de Vichy. Sur la côte libyenne, Rommel, refoulé par Montgomery, est en pleine retraite. La bataille de Tunisie va s'engager. La France libre se doit d'être présente.

En quelques jours, la « colonne Leclerc », partie du Tchad, conquiert le Fezzan. Le 6 janvier, elle prend Oum el Araneb ; le 26, Ghadamès. Le 2 février 1943, elle est à Tripoli, où elle fait sa jonction avec la VIIIe armée britannique, qui continue la poursuite de l'Afrikakorps. Le pari militaire a été gagné.

Reste à gagner le pari politique. L'armée française d'Afrique du Nord vient de rentrer en guerre aux côtés des Alliés. Mais ses cadres, longtemps fidèles à Vichy, ont à surmonter quelque réticence à l'égard des « dissidents » ; et Giraud, en conflit avec de Gaulle, est son commandant en chef. Alternant la persuasion et la fermeté, Leclerc impose l'amalgame entre les Forces françaises libres et les éléments nouvellement ralliés de l'ex-armée d'armistice. Ensemble, ils participeront à la libération de la Tunisie.

Pour Leclerc, une page est tournée : celle de l'aventureuse « colonne » du désert. Une autre s'ouvre : celle de l'armée moderne. Nommé chef de la 2e division blindée, de 18 000 hommes, il débarque en Normandie le 31 juillet 1944. Le 9 août, il est au Mans, le 11 à Alençon. Le 25, il reçoit à Paris la capitulation de von Choltitz. Le 23 novembre, il prend le col de Saverne et libère Strasbourg. Le 5 mai 1945, il entre à Berchtesgaden. Devenu commandant en chef en Indochine, c'est lui enfin qui recevra, pour la France, la reddition du Japon.

Dans la tête de pont allemande du Kouban, un cuisinier préparant le bois pour cuire la soupe.

Birmanie. Préoccupé par les mouvements de troupes japonais en Birmanie du Nord, le général Stilwell, conseiller et chef d'état-major de Tchang Kaï-chek, envoie des renforts chinois à Ledo, en Assam. Dans le secteur de l'Arakan, les Japonais tentent d'isoler les unités indiennes par des manœuvres d'encerclement.

13 mars
En Pologne, les Allemands procèdent à la liquidation du ghetto de Cracovie.

14 mars
Front soviétique. Les troupes blindées et l'infanterie allemandes écrasent les derniers points de résistance soviétiques à Kharkov.
Nouvelle-Guinée. Australiens et Américains reprennent l'initiative en obligeant les Japonais à se replier lentement au nord de Guadagasel.
Algérie. Le général Giraud déclare solennellement qu'il renonce à la « Révolution nationale ».

15 mars
Birmanie. Après avoir coupé en plusieurs endroits la ligne de chemin de fer stratégique de Birmanie, la majeure partie des colonnes de la brigade indienne des Chindit traversent l'Irraouaddi et poursuivent leurs actions de guérilla. Mais leur situation logistique est précaire, car elles dépendent en grande partie de ravitaillement parachuté en des points qui changent chaque fois. Les Japonais s'apprêtent à liquider cette épine dans leur flanc.
Nouvelle-Guinée. Un bataillon du 162e régiment d'infanterie de la 41e division américaine occupe sans problèmes quelques positions à l'embouchure du Mambare.

16 mars
Staline, qui a cru aux prévisions de Churchill le 9 février, se plaint dans une lettre à Roosevelt de la « trahison » de ses Alliés occidentaux (il entend par-là le retard des opérations en Afrique et de la préparation du débarquement en Sicile) : « Le manque de clarté de votre réponse quant à l'ouverture d'un second front en France a provoqué ici une inquiétude que je ne saurais vous cacher. » La dureté du ton est justifiée.
□ Le commandant en chef des forces navales américaines, l'amiral King, change la dénomination des flottes. Elles seront désormais désignées par des numéros, impairs pour celles du Pacifique, pairs pour celles de l'Alantique.

17 mars
Birmanie. La 55e brigade indienne, qui a remplacé la 123e à l'est du Mayu, est attaquée et encerclée par les Japonais à Rathedaung. Grâce à l'arrivée de renforts, elle arrive peu à peu à se libérer et à se replier sur Buthidaung, mais laisse exposé le flanc est des troupes qui se trouvent à l'ouest du Mayu, dans l'Arakan.

18 mars
Tunisie. Les Alliés libèrent Gafsa.
□ La Guyane française rejoint la France libre.
Inde. Un groupe de bombardiers B-24 vient renforcer la 14e force aérienne américaine.
Birmanie. La 6e brigade de la 2e division anglaise et la 71e brigade indienne font une dernière tentative pour chasser les Japonais de Donbaik. Mais en raison des infiltrations ennemies, il leur faut se replier vers le nord.

19 mars
Front soviétique. Non content d'avoir repris Kharkov, le corps Raus du *Heeresgruppe* Sud reprend aussi Bielgorod aux Soviétiques. Grâce au succès partiel de sa contre-offensive, le groupe d'armées se retrouve à peu près sur les positions de l'hiver 1941. Les Soviétiques ont ouvert un large saillant dans le

Sous le feu nourri de l'ennemi, des fantassins italiens attaquent les positions de la VIIIe armée anglaise près de la ligne Mareth (Tunisie).

front allemand à l'ouest de Koursk et au nord de Bielgorod. L'élimination de ce saillant (opération « Citadelle ») donnera lieu quelques mois plus tard à l'une des plus grandes batailles de tous les temps.
Tunisie. Le corps néo-zélandais marche résolument vers le col de Tebaga.

20 mars
Tunisie. Dans la soirée, les Néo-Zélandais arrivent à bloquer le col de Tebaga. Les divisions du 30e corps anglais déclenchent dans la nuit une attaque frontale contre la ligne Mareth, faisant pression sur les positions tenues par les divisions de la Ire armée italienne.

21 mars
Front soviétique. De même qu'à Kharkov, les Allemands doivent procéder dans Bielgorod à la liquidation des poches de résistance ennemies. Tout en contenant la poussée ennemie contre Koursk, ils parviennent à entrer de nouveau en contact avec le *Heeresgruppe* Centre (von Kluge) dans la zone d'Orel. De leur côté, les Soviétiques occupent Dourovo, à 90 km au nord-est de Smolensk.
Le dégel, qui empêche les véhicules d'avancer, bloque momentanément toutes les opérations. Les pertes allemandes au cours de la campagne d'hiver ont été terribles : on parle de plus de 1 million de morts. Les Soviétiques affirment avoir détruit ou capturé 9 000 chars d'assaut, 20 000 pièces d'artillerie et 5 000 avions, sans compter des milliers de camions. Les pertes soviétiques, d'ailleurs, ont été tout aussi lourdes. Mais, alors que le potentiel de guerre de l'U. R. S. S. s'accroît, celui de l'Allemagne décline.
Tunisie. Dans les premières heures de la matinée, la 50e division anglaise arrive à établir une tête de pont de l'autre côté de la ligne de défense allemande.

22 mars
Tunisie. La 164e division légère allemande abandonne la ligne Mareth pour bloquer les Néo-Zélandais au col de Tebaga. La 21e division blindée allemande descend depuis le nord pour lui prêter main-forte.
La 50e division anglaise est chassée de la tête de pont, et Montgomery doit modifier ses plans. Il décide d'enfoncer les lignes ennemies par le sud.
Sicile. Violent raid des quadrimoteurs américains sur Palerme.

22-23 mars
Tunisie. Une contre-offensive permet aux détachements italiens de

reprendre, sur un front de 2 km, toutes les positions de la ligne Mareth dont s'étaient emparés les Alliés.

23 mars
Tunisie. Le 10e corps britannique, comprenant la 1re division blindée, se dirige vers l'ouest à travers les monts de Matmata.
Sicile. Bombardements américains sur différentes localités dont Messine.
Grèce. Monseigneur Damaskinos, archevêque d'Athènes, proteste officiellement contre la déportation des juifs.

24 mars
États-Unis. Les chefs d'état-major réunis approuvent le plan pour la conquête d'Attu, dans les Aléoutiennes.

24-25 mars
Tunisie. La 4e division indienne franchit la ligne Mareth et poursuit sa route vers Béni Zelten.

25 mars
Tunisie. La 1re division blindée se rassemble à quelques kilomètres du col de Tebaga.
Pacifique. Des avions américains effectuent un violent raid sur l'île de Nauru, occupée par les Japonais.

26 mars
Birmanie. Le général Wavell ordonne au général Wingate de dissoudre la brigade indienne des Chindit et de rentrer en Inde. Harcelés par les Japonais, les guérilleros prennent le chemin du retour par petits groupes. La plupart retourneront en Inde, à l'exception d'un détachement qui se mettra à l'abri en Chine au début d'avril. L'action des Chindit aura été très importante : ils sont parvenus, en effet, à perturber le système de communications japonais en coupant la ligne de chemin de fer Mandalay-Myitkyina en 25 endroits différents.
Bataille des îles du Commandeur. Une petite escadre navale américaine composée de 2 croiseurs, le *Salt Lake City* et le *Richmond,* et de 4 contre-torpilleurs, et commandée par le contre-amiral MacMorris, intercepte, alors qu'elle patrouillait au sud des îles soviétiques du Commandeur (Komandorski), une escadre japonaise commandée par le vice-amiral Hosogaya et composée de 1 croiseur lourd *(Nachi),* de 2 croiseurs légers et de 8 contre-torpilleurs servant d'escorte à un convoi transportant des renforts pour les garnisons japonaises des îles de Kiska et d'Attu, dans les Aléoutiennes. L'escadre américaine affronte courageusement l'ennemi et, à 8 h 40, un projectile du *Richmond* atteint le *Nachi,* provoquant un incendie. Vers 9 heures, le *Nachi* est touché plusieurs fois et gravement endommagé. Malgré cela, le vaisseau amiral japonais se prépare pour le combat et, vers 9 h 30, il concentre son feu sur le *Salt Lake City,* qui se déplace sans arrêt pour échapper aux projectiles mais perd de la vitesse en raison d'une avarie de moteur. A 10 h 10, il est touché en plein milieu et un gros incendie éclate à bord. Une autre explosion ouvre une brèche dans la coque. Alors que les croiseurs japonais se lancent sur le navire américain pour l'achever, les contre-torpilleurs américains se jettent hardiment contre la formation nippone pour lui barrer le passage. A court de mazout et craignant que des renforts américains ne surviennent entre-temps, par exemple les avions basés à Amchitka, le vice-amiral Hosogaya arrête le combat et se replie. Les transports japonais ont déjà fait demi-tour depuis le début de la bataille et les garnisons des Aléoutiennes ne seront plus désormais approvisionnées que par l'intermédiaire de sous-marins. La dernière grande bataille navale du Pacifique se termine à égalité en ce qui concerne les pertes subies *(Salt Lake*

Front tunisien. Allemands se mettant à l'abri lors d'un raid aérien allié.

City et *Nachi* gravement endommagés), mais c'est en réalité une victoire stratégique pour les Américains, car leurs forces des Aléoutiennes ne seront plus attaquées par des bateaux de surface. Le vice-amiral Hosogaya est destitué de son poste en raison de son attitude incertaine et pusillanime au cours de la bataille.

26-27 mars
Tunisie. La 1re division blindée anglaise et le corps néo-zélandais occupent le col de Tebaga, obligeant les forces de l'Axe à reculer jusqu'à El Hamma, où elles improvisent une nouvelle ligne de défense : sur cette ligne se postent la 90e division, la 15e division blindée et le 125e régiment La Spezia, appartenant tous au 21e corps d'armée italien.

Le croiseur Salt Lake City *au cours de la bataille des îles du Commandeur.*

LE PROJET MANHATTAN

Vers la mi-mars, une centaine de savants et d'ingénieurs se rassemblent dans des laboratoires construits à Los Alamos (U. S. A.), une localité perdue du Nouveau-Mexique située à 2000 mètres d'altitude. Ils s'apprêtent à réaliser, dans une ambiance d'excitation et de clandestinité, la première bombe atomique de l'histoire.
Le directeur scientifique du projet, J. Robert Oppenheimer, était jusqu'alors à la tête de l'École de physique de Berkeley. Il devra coordonner les travaux de savants d'origines diverses, tout en respectant les mesures de sécurité sévères imposées par le commandement militaire. Des personnalités telles que Enrico Fermi, Leo Szilard, Niels Bohr, Edward Teller et Ernest Lawrence demeureront désormais à Los Alamos.
C'est en 1939 que le physicien danois Niels Bohr, à peine arrivé aux États-Unis, a répandu la nouvelle que les physiciens allemands Hann et Stressmann ont réussi l'année précédente la fission de l'uranium, déclenchant ainsi la réaction en chaîne et la libération d'une masse énorme d'énergie. La communauté scientifique américaine craint alors que l'Allemagne ne soit capable en quelques années de réaliser une bombe atomique d'une puissance dévastatrice. Après bien des pressions et de vaines démarches, une lettre est envoyée à Roosevelt par quelques savants hongrois (Albert Einstein l'a signée). Le président est enfin convaincu de la nécessité de lancer un plan gouvernemental pour la recherche nucléaire et la réalisation d'une bombe atomique.
Ce comité consultatif pour l'uranium, présidé par L. J. Briggs, directeur du National Bureau of Standards, compte notamment parmi ses membres E. Fermi, L. Szilard et E. Wigner.
Pendant deux ans, les sommes allouées sont insuffisantes et les résultats décevants. En décembre 1941, le gouvernement décide de donner une nouvelle impulsion au projet. Il confie à Vannegar Bush, le directeur de l'Office of Scientific Research and Development, le soin d'utiliser toutes les ressources possibles à la recherche nucléaire. En mars 1942, Bush envoie au président Roosevelt un compte rendu des recherches. Il l'engage à lancer en toute hâte un projet de production en grande quantité des matières fissiles nécessaires à la réalisation de la bombe atomique, dont la puissance explosive est théoriquement certifiée. La proposition est acceptée et, le 13 août, le Manhattan Engineer District est fondé. Ce nouvel organisme est chargé de diriger et de coordonner le projet de recherche. A partir de cette date est déclenchée toute une série de recherches, mieux connue sous le nom de Manhattan Project.
Les physiciens savaient déjà que les dérivés de l'uranium (l'isotope U235 et le plutonium) pouvaient subir une fission rapide qui provoquait la réaction en chaîne. Restaient cependant trois problèmes fondamentaux à régler : la question était de trouver comment contrôler la réaction en chaîne, comment produire suffisamment de matières fissiles, et comment construire pratiquement un engin atomique.
Le premier point est résolu par Enrico Fermi à Chicago, en décembre 1942. La résolution des deux autres est confiée au général du Génie Leslie Groves, chef du Manhattan Project, qui se montre à la fois énergique et efficace. Il réussit à se faire allouer d'énormes fonds, attire dans le projet l'université et les grandes industries, ainsi que des milliers d'ingénieurs et de savants, et choisit avec soin les lieux secrets où sera effectuée la production des matières fissiles.

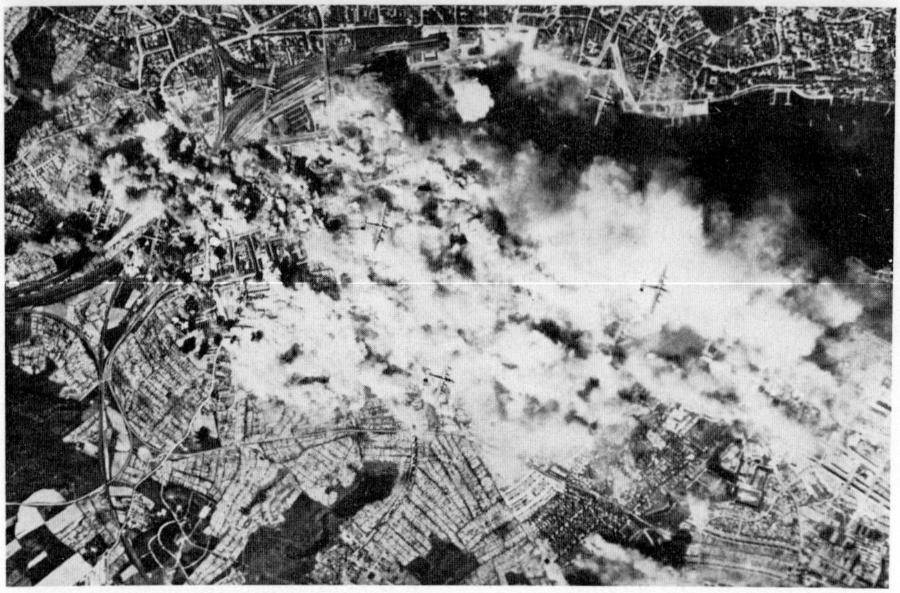

En haut : D.C.A. allemande en action sur la Manche. Ci-dessus : B-24 américains dans un raid de jour sur la base de Kiel.

27 mars
L'amiral Harwood, protagoniste de la bataille du Rio de La Plata (12-13 décembre 1939) et commandant en chef du secteur est de la Méditerranée, doit démissionner pour cause de maladie.

28 mars
États-Unis. Les chefs d'état-major réunis approuvent les nouvelles directives concernant le général MacArthur et l'amiral Halsey, et se prononcent en faveur de MacArthur dans le conflit de compétence qui oppose les deux hommes : c'est le général qui, tout en commandant les forces du Pacifique Sud-Ouest, donnera aux forces du Pacifique Sud, dépendant de Halsey, les directives d'action pour les opérations dans les Salomon.
Tunisie. Les troupes de la Ire armée italienne se replient sur la ligne de l'Akarit (au nord-ouest de Gabès, sur la route de Sfax) où s'est rassemblée une grande partie des troupes italo-allemandes : le repli se fait lentement et en ordre, accompagné de quelques heurts occasionnels avec l'ennemi. L'opération, dirigée par le général Messe, prend fin dans les premiers jours d'avril. Les pertes ont été très lourdes des deux côtés.
Nouvelle-Guinée. Un bataillon du 162e régiment d'infanterie américain est chargé d'occuper le port de Morobe et l'embouchure du Waria. La manœuvre fait partie de mesures préparatoires en vue d'un nouveau cycle d'opérations contre les Japonais, qui maintenant contrôlent surtout la zone de Lae et Salamaua.

31 mars
Nouvelle-Guinée. La force MacKechnie, composée en majeure partie du 1er bataillon du 162e régiment d'infanterie américain et portant le nom du commandant du régiment, est transportée par bateau jusqu'à l'embouchure du Waria, afin d'occuper cette position ainsi qu'un camp d'aviation voisin.
Sardaigne. Des bombardiers alliés attaquent Cagliari et les alentours, faisant 60 morts, autant de blessés, et causant des dégâts énormes.

1er avril
Iles Salomon. L'aviation japonaise effectue plusieurs raids sur les îles Russell. Jusqu'à la fin du mois de mars, son action s'était surtout concentrée sur les bases alliées en Nouvelle-Guinée.
Iles Aléoutiennes. Les commandements américains du Pacifique envoient leurs directives pour l'invasion de l'île d'Attu. L'opération aura lieu le 7 mai et sera dirigée par l'amiral Kinkaid, commandant de la Task Force 16 du Pacifique Nord. Il aura sous ses ordres le contre-amiral Rockwell, qui commandera les forces amphibies de débarquement, et le général Brown à la tête de la 7e division américaine. Un rôle tout à fait inattendu pour les fantassins de cette division, qui pendant des mois se sont entraînés à la guerre dans le désert.
Iran. L'aviation américaine prend en charge une grosse usine située à Abadan, et jusqu'alors confiée à une entreprise privée, qui monte les avions que les Américains fournissent à l'Union soviétique.
Chine. Les Américains ouvrent des centres d'entraînement pour officiers chinois de l'infanterie et de l'artillerie.

2 avril
Tunisie. Le port de Sfax est bombardé par des avions anglo-américains. Les jours suivants, d'autres villes de la côte subissent le même sort, comme Sousse, Bizerte et même Tunis, dont le port devient inutilisable.

3 avril
Tunisie. Tout en continuant d'opposer une forte résistance, les forces italo-allemandes commencent à reculer vers le nord sur la ligne dite d'Enfidaville.
Nouvelle-Guinée. Des détachements de la force MacKechnie débarquent près du port de Morobe et commencent des travaux de fortifications.

4 avril
Italie. Violents raids aériens alliés sur Naples, Palerme, Syracuse et Carloforte (Sardaigne) : rien que pour Naples, les chiffres officiels annoncent 221 morts et 387 blessés.

5 avril
Birmanie. Les Japonais étendent leur contrôle de la péninsule de Mayu jusqu'à Indin, sur la côte de l'Arakan, tout près de la frontière indienne, mettant en déroute le commandement de la 6e brigade indienne. Entre-temps, la 26e division indienne a remplacé la 14e sur le front birman.
Sicile. Nouveaux raids anglo-américains sur Palerme, Trapani, Marsala et Porto Empedocle.
France. Le gouvernement de Vichy livre aux autorités allemandes Léon Blum, Édouard Daladier, Georges Mandel, Paul Reynaud et le général Gamelin.

5-6 avril
Tunisie. La VIIIe armée du général Montgomery déclenche dans la nuit une violente attaque contre la ligne de l'Akarit. A minuit, la 4e division indienne atteint la cote 275, contournant ainsi l'Akarit par le sud. Mais la ligne n'est pas enfoncée, et les troupes de l'Axe peuvent encore reculer vers le nord, c'est-à-dire vers la nouvelle ligne de défense d'Enfidaville, une série de hauteurs qui s'étendent jusqu'au djebel Mansour et représentent la dernière protection de Tunis. Les pertes de l'Axe sont énormes : la division italienne Centauro a été dissoute et les troupes qui restent ne représentent même pas 50 % des effectifs de départ.

6 avril
Pacifique Sud. Après le désastre de la bataille de la mer de Bismarck (3-5 mars), Yamamoto juge qu'il est nécessaire de mener une action de grande envergure pour freiner la pression américaine dans tout le secteur. Étant donné les lourdes pertes en navires de guerre et en transports, il n'est plus possible d'envisager d'opération navale ni d'opération terrestre. Il ne reste que la solution d'une grande attaque aérienne « pour relâcher un peu les serres de l'aigle américain », lequel menace aussi bien les bases de Nouvelle-Guinée que celles des Salomon. Il est clair que les Américains ont comme objectif de s'emparer des Salomon du Nord et de la grande base de Rabaul, en Nouvelle-Bretagne. Rabaul servirait aux Américains de base de départ vers les Philippines et leur permettrait d'isoler Truk, point charnière des

Méharistes sur le front tunisien en avril 1943.

SERGE RACHMANINOV

Le 29 mars meurt en Californie Sergheï Rachmaninov, le grand compositeur et concertiste russe.
Rachmaninov naît à Oneg, dans la province de Novgorod, le 1er avril 1873. Après des études peu profitables au conservatoire de Saint-Pétersbourg, il s'installe à Moscou en 1895 afin d'étudier le piano et la composition auprès de Zverev. En l'espace de quelques années, il devient un extraordinaire virtuose et débute avec succès dans l'art de la composition.
Il commence alors à exercer, avec succès, sa triple activité de pianiste, de compositeur et de chef d'orchestre, s'assurant une renommée internationale.
Profondément attaché au romantisme tardif de Tchaïkovski, Rachmaninov est un compositeur traditionaliste, tout à fait à l'écart des courants innovateurs de son époque. Attaquée par la critique d'avant-garde, sa musique est cependant très appréciée du grand public.
Émigré aux États-Unis en 1918, Rachmaninov poursuit son travail jusqu'à sa mort.

OKLAHOMA !

Le 31 mars, au St James Theater de New York, a lieu la première représentation d'*Oklahoma !*, une histoire d'amour se déroulant dans le Middle West américain à la fin du siècle dernier.

Les auteurs, Richard Rodgers et Oscar Hammerstein, ont réalisé un travail tout à fait original qui bouleverse les règles traditionnelles de la comédie musicale et où ils respectent parfaitement l'ambiance folklorique qu'ils mettent en scène.

Cette première représentation d'*Oklahoma !* est attendue avec beaucoup de scepticisme, étant donné les caractéristiques sur lesquelles repose le spectacle et qui semblent le mener tout droit à l'échec.

Adaptée d'une pièce de Lynn Riggs, *Green Grow the Lilacs (Les lilas poussent verts),* qui avait déjà été un échec complet, la comédie musicale ne possède aucune vedette dans sa distribution. En outre, elle est basée sur un arrangement chorégraphique peut-être trop intellectuel pour plaire au grand public, et ne laisse pas beaucoup de place à l'humour. A tout cela il faut ajouter que le compositeur Rodgers a dû travailler, pour la première fois depuis un quart de siècle, sans son habituel collaborateur Larry Hart, que le librettiste Hammerstein a derrière lui une longue liste de fours et que le metteur en scène Rouben Mamoulian en est tout juste à son deuxième engagement théâtral.

Et pourtant *Oklahoma !* obtient un formidable succès auprès de la critique et du public. A l'affiche à Broadway pendant plus de cinq ans, avec plus de 2 248 représentations et plus de 7 millions de dollars de recette, elle battra tous les records précédents.

Une scéne de musical.

Ci-dessus : derniers contrôles effectués sur des bombardiers japonais avant leur décollage pour une opération contre les forces alliées basées dans les îles Salomon. Page ci-contre : un Papou de Nouvelle-Guinée accompagne vers l'arrière un soldat australien qui vient d'être blessé.

forces impériales japonaises dans le Pacifique, le Pearl Harbor nippon. Comme il est très facile de se rendre compte à de nombreux signes que la grande offensive américaine ne va pas tarder, Yamamoto décide d'agir tout de suite; il concentre toutes les forces aériennes disponibles à Rabaul, en Nouvelle-Bretagne, à Kavieng, en Nouvelle-Irlande, et à Buin, au sud de Bougainville. Les groupes d'avions embarqués à bord des porte-avions sont rappelés eux aussi à terre pour participer à l'opération « A ». 350 avions sont ainsi rassemblés, prêts à agir.

7 avril

Mussolini rencontre Hitler à Salzbourg (le sommet se prolongera jusqu'au 11); tous deux discutent de la situation militaire après les cuisantes défaites des armées de l'Axe sur tous les fronts. Mussolini voudrait que Hitler négocie une paix séparée avec l'U. R. S. S. de façon à renforcer le front sud de l'Europe. Mais le Führer ne veut rien entendre; dans un flot de paroles inspirées, il évoque pour le Duce ses visions de mirifiques victoires futures, y compris en Afrique. (« Duce, lui dit-il, je vous promets que l'Afrique sera défendue. Verdun a bien résisté aux assauts des meilleurs régiments allemands, je ne vois pas pourquoi nous ne résisterions pas nous aussi en Afrique. Avec votre aide, Duce, mes troupes feront de Tunis le Verdun de la Méditerranée... ») Mussolini se laisse convaincre.

Tunisie. La VIIIe armée anglaise rejoint la Ire armée américaine non loin de Graïba, dans le golfe de Gabès.

Les troupes de l'Axe se replient toujours vers Enfidaville.

Pacifique. Iles Salomon. 188 avions japonais (71 bombardiers et 117 avions de chasse) effectuent un raid très violent contre les camps d'aviation et la flotte alliée dans la zone de Guadalcanal, et en particulier sur Tulagi. Il s'ensuit un combat aérien terrible au cours duquel les Américains perdent 7 avions de chasse et les Japonais un nombre indéterminé, mais largement supérieur. Les attaquants parviennent cependant à porter un coup très efficace en coulant le contre-torpilleur américain *Aaron Ward* et le pétrolier *Kanawha,* ainsi qu'une corvette néo-zélandaise, la *Moa.*

Front soviétique. Avec le dégel, tout le front s'est stabilisé, mais Hitler fait hâter les préparatifs en vue d'une grande offensive qui devrait débuter dès que les conditions de terrain le permettront, afin d'écraser à la base le grand saillant soviétique de Koursk et d'anéantir les forces immenses que l'ennemi y a concentrées.

De leur côté, s'attendant à cette manœuvre des Allemands, les Soviétiques fortifient le saillant avec au moins huit lignes de défense concentriques et des centaines de milliers de mines, se préparant méthodiquement à ce qui sera sans doute la plus grande bataille de toute la guerre.

□ La Bolivie déclare la guerre à l'Italie, à l'Allemagne et au Japon. Elle avait rompu ses relations diplomatiques avec eux le 26 janvier 1942.

8 avril

Tunisie. Nouveau repli des Italo-Allemands vers la ligne d'Enfidaville : des détachements italiens abandonnés à eux-mêmes et isolés sur la droite de la formation se rendent après avoir essayé en vain de se dégager en combattant.

9 avril

Tunisie. La pression insoutenable et permanente des Anglais oblige les troupes de l'Axe à un nouveau « bond en arrière » vers Enfidaville.

11 avril
A Salzbourg, fin de la rencontre entre Hitler et Mussolini ; Goering note dans son journal : « Le Führer m'a dit que le Duce a retrouvé en quatre jours le meilleur de sa forme... Le Duce comprend parfaitement qu'il n'y a pour lui d'autre alternative que vaincre ou mourir avec nous. »
Nouvelle-Guinée. Conformément aux directives de Yamamoto, l'aviation japonaise poursuit son offensive en attaquant cette fois des concentrations navales alliées dans la partie sud-est de la Nouvelle-Guinée, dans les baies d'Oro et de Harvey. 2 cargos alliés sont coulés dans la baie d'Oro.

12 avril
Tunisie. Dans l'après-midi, les troupes italo-allemandes ont pris position sur la ligne d'Enfidaville, tandis que la VIIIe armée anglaise continue d'attaquer.
Les Alliés arrivent à Sousse : seule Enfidaville sépare désormais la VIIIe armée de Tunis.
Nouvelle-Guinée. L'offensive aérienne japonaise se poursuit ; l'objectif du jour est Port Moresby, dont les installations portuaires subissent de très graves dommages.

13 avril
Italie. Les raids aériens alliés sur la péninsule et les plus grandes îles n'arrêtent pas : ce sont les villes de Ligurie qui sont le plus touchées.
☐ Radio-Berlin annonce la découverte dans la forêt de Katyn, près de Smolensk, de huit fosses communes contenant les restes de 4150 officiers polonais faits prisonniers par les Soviétiques et assassinés par eux.

14 avril
Tunisie. La pression alliée s'accentue sur la ligne d'Enfidaville, et en particulier sur les points d'appui de Takrouna et du djebel Garci, signe évident que l'offensive finale approche.
Nouvelle-Guinée. Un nouveau raid contre la flotte alliée dans la baie de Milne marque la fin de l'offensive aérienne déclenchée par Yamamoto. Les résultats de cette offensive sont minimes. Pour les quelques bateaux capturés et les 25 avions américains détruits, les Japonais ont perdu 50 avions et principalement ceux des porte-avions qui demandent des pilotes très qualifiés, lesquels se font maintenant rares et précieux. Quant au but poursuivi, qui était de ralentir les projets américains, Yamamoto aurait plutôt obtenu l'effet contraire : les Américains accélèrent la préparation de l'offensive.

15 avril
Pacifique. Iles Russell. Dans l'île de Banika, les Américains achèvent de construire le premier des deux aéroports prévus.
Iles Aléoutiennes. Des détachements d'infanterie de la 7e division américaine commencent les opérations d'embarquement pour la conquête de l'île d'Attu. Ils seront transférés à Adak et Dutch Harbor, où ils embarqueront ensuite à bord d'un contre-torpilleur et de deux sous-marins pour la phase concrète de l'opération.
Italie. Des bombardements aériens anglo-américains sur Naples, Palerme, Catane et Messine font une centaine de morts.
U. R. S. S. Radio-Moscou rejette sur les Allemands la responsabilité du massacre de Katyn.

16 avril
Chine. La XIe armée japonaise se rassemble, se préparant pour une offensive dans la province occidentale du Houpei. L'objectif est d'étendre le contrôle nippon au cours supérieur du Yang-Tsé-Kiang.
Sicile. Palerme et Catane sont dévastées par une violente attaque de quadrimoteurs américains.

17 avril
Sicile. Un nouveau raid des bombardiers américains sur Palerme, Catane et Syracuse fait de nombreuses victimes et de très graves dégâts.
Londres. A la suite de la découverte du charnier de Katyn, le gouvernement polonais en exil, qui demandait en vain à Moscou, depuis des mois, des nouvelles de 14500 officiers internés en U. R. S. S., sollicite une enquête de la Croix-Rouge internationale. L'U. R. S. S. refuse de s'y associer.
☐ Au cours d'une entrevue avec l'amiral Horthy, régent de Hongrie, Hitler exige l'internement de tous les juifs hongrois.

18 avril
Bougainville. Des avions américains abattent l'avion de Yamamoto. L'amiral japonais est tué.

Front tunisien, mars 1943. Un détachement de rangers américains en marche vers des positions plus avancées franchit le sommet d'une colline.

LA PRODUCTION DE GUERRE

Dès le début du conflit, les pays belligérants sont amenés à accomplir un effort économique énorme. Tous les secteurs de l'industrie sont orientés vers la production de guerre ; ils doivent impérativement et par tous les moyens augmenter la qualité et la quantité des armements.
En Allemagne, malgré les bombardements toujours plus fréquents et désastreux, la production d'armements a pratiquement triplé. L'engagement de travailleurs étrangers, souvent par le biais du travail obligatoire, permet de palier le manque de main-d'œuvre.
L'Union soviétique, bien qu'envahie, parvient à maintenir ses capacités de production en transportant ses industries dans les régions orientales.
Dans le camp des Alliés ce sont bien entendu les États-Unis qui réalisent l'effort le plus important. L'industrie américaine de construction navale atteint un taux de production impressionnant ; des bâtiments de guerre et des navires marchands sortent de ses usines à un rythme soutenu. L'introduction de nouvelles technologies permet de réaliser des navires de grand tonnage.
L'aide apportée par les industries sidérurgique et aéronautique est également considérable. Ce sont justement les progrès réalisés en aéronautique qui permettent aux Alliés d'assurer le contrôle du ciel et de déverser des tonnes de bombes sur les villes allemandes.

19 avril
Pologne. Soulèvement du ghetto de Varsovie.

20 avril
Tunisie. Durant la nuit, la VIIIe armée britannique, partant du sud, lance une offensive pour tenter de percer les lignes ennemies : il s'ensuit trois jours de très durs combats, mais les soldats du général italien Giovanni Messe arrivent à contenir l'attaque des Britanniques malgré la chute du point d'appui de Takrouna.
Iles Aléoutiennes. Le contre-amiral Kinkaid, commandant la Task Force 16, diffuse les directives pour le débarquement sur Attu.

21 avril
Tunisie. Les Allemands déclenchent une contre-attaque dans le secteur compris entre les localités de Medjez el-Bab et Goubellat, au centre de la formation alliée, mais ils sont repoussés et perdent beaucoup d'hommes.
Pacifique. L'amiral Koga remplace Yamamoto à la tête de la flotte combinée japonaise.

22 avril
Tunisie. Le général Montgomery interrompt l'attaque de sa VIIIe armée contre la ligne d'Enfidaville. Parallèlement, la Ire armée anglaise (commandée par le général Anderson) lance une série d'attaques sur les hauteurs au sud-ouest de Tunis :

(voir suite page 371)

L'ennemi numéro un, la boue.

LA FIN DE L'AMIRAL YAMAMOTO

17 avril

Iles Aléoutiennes. Dutch Harbor : à 6 h 36, une station d'écoute américaine capte un message radio, une suite de chiffres, émis depuis le vaisseau amiral de Yamamoto, le cuirassé *Yamato* ancré à Truk. Ayant reconnu, même en code, l'indicatif du *Yamato,* les opérateurs se rendent compte de l'importance du message intercepté et, avant même de commencer à le décrypter, le retransmettent à Washington en priorité absolue. Là, les services spéciaux de renseignements, qui connaissent le code, le déchiffrent en quelques heures et font part de son contenu au secrétaire d'État à la Marine, Frank Knox : le message révèle que l'amiral Yamamoto est sur le point de procéder à une inspection des bases avancées japonaises des îles Salomon centrales, indiquant les horaires de déplacements, qui s'effectueront par avion, le plan de vol et même le nombre d'avions de chasse qui escorteront l'avion du commandant en chef des forces navales japonaises.

11 heures : Ayant pris connaissance de cette information d'une importance extrême, Knox convoque le général Arnold, chef d'état-major de l'aviation américaine, Charles Lindbergh, le premier aviateur à avoir traversé l'Atlantique, et l'ingénieur en chef réceptionnaire de la société Lockheed, dont le P-38 *Lightning* est le seul avion de chasse à large rayon d'action dont quelques exemplaires se trouvent à Guadalcanal.

Entre les avantages et les inconvénients d'une éventuelle action pour abattre l'avion de l'amiral Yamamoto — d'un côté, le danger de révéler aux Japonais qu'ils connaissent leur code secret ; de l'autre, la possibilité d'éliminer de la scène l'un des plus brillants stratèges ennemis, un personnage au charme légendaire, capable de galvaniser ses hommes jusqu'au fanatisme, le symbole vivant de la valeur et de la puissance japonaises — Knox a déjà choisi : intercepter et abattre l'avion de l'amiral.

Les techniciens confirment que l'entreprise est tout à fait réalisable, à condition que les P-38 chargés de la mission soient munis de réservoirs supplémentaires largables pour augmenter leur autonomie.

15 h 35 : 2 messages urgents signés Frank Knox partent de Washington, l'un destiné au général Kenney, commandant la 13e Air Force basée en Australie, avec ordre d'envoyer sur le champ à Guadalcanal les réservoirs supplémentaires à fixer sous les ailes des P-38, l'autre à Henderson Field, à Guadalcanal, avec ordre pour l'escadrille de chasse 339 d'abattre Yamamoto, et tous les détails nécessaires pour mener à bien l'entreprise. Les aviateurs pourront choisir entre l'interception en vol de l'avion de Yamamoto, avant qu'il n'arrive à l'île de Bougainville, ou bien l'attaque du petit bateau sur lequel il doit embarquer pour procéder à son inspection navale.

17 h 10 : Après avoir reçu le message et l'avoir étudié attentivement, les responsables de Henderson Field convoquent les officiers choisis pour la mission. Ils sont une vingtaine. On discute longuement du plan, et l'on décide que l'attaque sera lancée lorsque Yamamoto sera en vol, à 9 h 35 le lendemain, un peu avant son atterrissage à Ballale. Après le déchiffrage du message du *Yamato,* l'amiral William Halsey avait envoyé un mes-

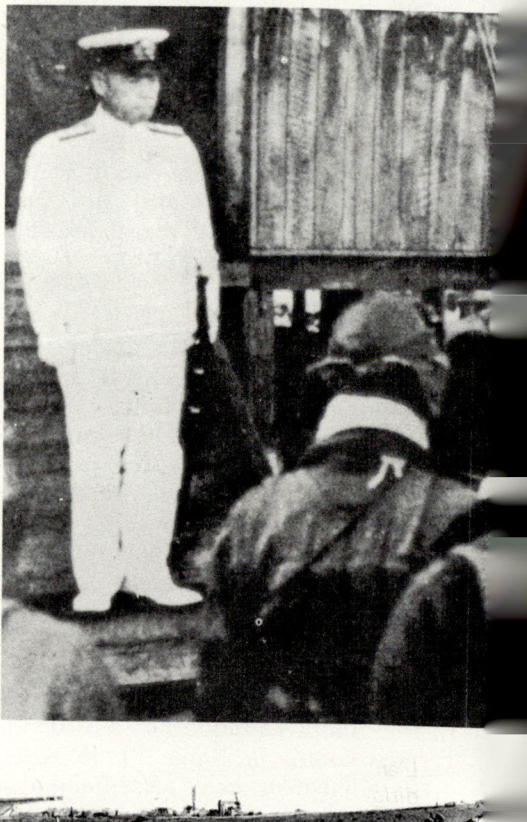

Yamato (Japon 1941)

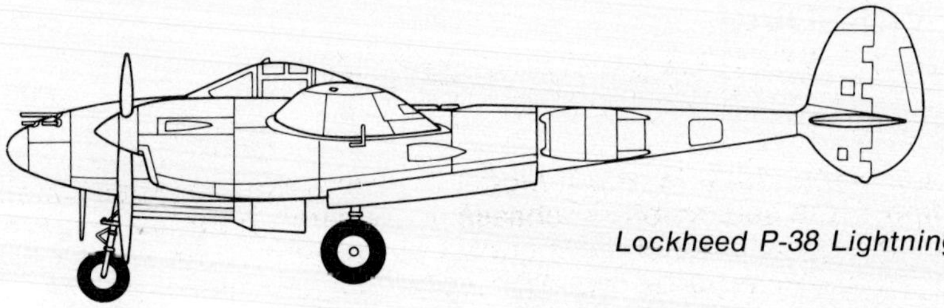

Lockheed P-38 Lightning

sage à Mitscher, commandant des forces aériennes américaines dans les Salomon, l'invitant à « saisir le paon par la queue » puisque « le paon » était le nom de code du commandant en chef de la flotte japonaise. L'opération « Paon » débutera le 18, à 7 h 20. L'escadrille chargée de l'opération, dirigée par le commandant Mitchell, sera composée de 6 avions qui attaqueront l'avion de Yamamoto, et de 12 appareils de couverture qui attaqueront les chasseurs de l'escorte.

21 heures : 4 quadrimoteurs B-24 *Liberator,* transportant les réservoirs supplémentaires à monter sur les 18 P-38 *Lightning,* arrivent à Henderson Field. Toute la nuit se passe à équiper les avions.

L'amiral Yamamoto Isoroku, qui avait dirigé l'attaque sur Pearl Harbor, quelques jours seulement avant d'être abattu par des chasseurs américains.

18 avril

Pacifique. 6 heures : 2 bombardiers bimoteurs Mitsubishi type 1 décollent de Rabaul, en Nouvelle-Bretagne. L'un transporte Yamamoto, l'autre son chef d'état-major, le vice-amiral Matome Ugaki. L'escorte se compose de 6 avions de chasse Zero. Arrivée à 1500 m d'altitude, la formation oblique vers Bougainville ; au nord de l'île, elle descend à 600 m pour survoler la jungle.

6 h 20 : Les P-38 qui doivent intercepter Yamamoto décollent de Guadalcanal.

9 h 34 : Avec une précision chronométrique, les Américains repèrent la formation ennemie volant au-dessus de la baie de l'Impératrice Augusta, au sud-ouest de Bougainville. Ils larguent leurs réservoirs supplémentaires et se lancent à l'attaque. 4 minutes plus tôt, l'opérateur radio du Mitsubishi à bord duquel voyage le chef d'état-major de Yamamoto a prévenu l'officier que l'atterrissage à Ballale aurait lieu, comme prévu, à 9 h 45. Américains et Japonais survolent maintenant la jungle.

9 h 35 : Les 12 avions de chasse de couverture attirent en altitude les Zero de l'escorte de Yamamoto. Un duel violent s'engage. Pendant ce temps, 2 des P-38 destinés à la mission principale, et qui volaient jusqu'à présent à très basse altitude, rasant la cime des arbres, grimpent brusquement en altitude, attaquant et abattant les 2 bombardiers Mitsubishi. Celui de Yamamoto s'écrase en flammes dans la jungle et l'amiral meurt sur le coup, celui de son chef d'état-major tombe dans l'eau après avoir tenté un amerrissage de fortune. Le vice-amiral Ugaki sera sauvé par une vedette nippone arrivée sur-le-champ.

Le combat est terminé : Mitchell ordonne à ses hommes de rentrer aussitôt à la base. Les Américains n'ont perdu qu'un P-38, mais 6 ont été endommagés ; les Japonais, eux, ont perdu les 2 bombardiers Mitsubishi et les 6 Zero qui les escortaient. Mais ils ont surtout perdu le plus prestigieux et le plus populaire de leurs chefs militaires.

19 avril

Des soldats japonais récupèrent les corps de l'amiral Yamamoto et des officiers de sa suite. Ils seront transportés en grand secret à Truk, à bord du *Yamato.* Pour ne pas dévoiler leur connaissance du code ennemi, les Américains exultent en cachette et ne font aucun communiqué. Les Japonais eux aussi se taisent, mais pas pour les mêmes raisons. Le 21 avril, l'amiral Mineichi Koga prend le commandement en chef des forces aériennes et navales, et, 2 jours plus tard, il hisse sa marque sur le *Musashi,* un nouveau cuirassé géant à peine arrivé à Truk. C'est le *Musashi* qui rapporte dans sa patrie les cendres de Yamamoto. Il arrive à Tokyo le 21 mai. C'est seulement à cette date qu'un communiqué officiel annonce la mort du grand amiral.

5 juin

Au cours d'une cérémonie solennelle, à laquelle assistent plus d'un million d'habitants de Tokyo, une partie des cendres du héros national est enterrée dans le parc Hibiya. Deux jours plus tard, au cours d'une cérémonie analogue, le reste des cendres est enterré à Nagaoka, où vit une sœur du disparu.

LA RÉVOLTE DU GHETTO DE VARSOVIE

La fin du ghetto. Dans ses ruines, les S.S. installeront un camp de déportation pour 2000 détenus.

Sur 30 millions d'habitants, la Pologne comptait en 1939 environ 3 millions de juifs, principalement concentrés dans les villes. Sur 1200000 habitants, Varsovie n'en comptait pas moins de 400000. La plupart étaient fixés dans le pays depuis des siècles, y ayant trouvé refuge contre les persécutions qui les frappaient ailleurs en Europe. La « solution finale » allait transformer ce refuge en piège.

Dans un premier temps, la politique hitlérienne consista à enfermer les juifs, soumis à d'innombrables mesures discriminatoires et réduits à des rations alimentaires de famine, dans des quartiers réservés, les ghettos. Celui de Varsovie, créé en octobre 1940 et fermé le 15 novembre, fut enserré dans un mur haut de 2,50 m et long d'environ 2 km. Grossie par l'arrivée de déportés de province, sa population s'élevait en mai 1941 à 430000 personnes. En septembre, les rations alimentaires furent encore diminuées, les lignes de tramways furent supprimées et tout courrier interdit. Alors commença la seconde phase. Le 22 juillet 1942, les Allemands annoncèrent qu'en dehors des ouvriers travaillant pour l'industrie allemande, tous les habitants du ghetto, sans distinction d'âge ni de sexe, seraient « déportés à l'Est ». Le 21 septembre, la superficie du ghetto est déjà réduite de plus de la moitié ; les trois quarts des habitants ont été déportés. A la fin de l'année, ils ne sont plus que 40000.

Dès le printemps 1942, cependant, des organisations clandestines ont commencé à se former en vue de résister par les armes. Le 20 octobre est créé le Comité de coordination des mouvements de résistance. En décembre naît l'Organisation juive de combat. Prenant contact avec la Résistance polonaise, elle réussit à faire entrer dans le ghetto quelques fusils mitrailleurs, une centaine de revolvers, un millier de grenades, des explosifs et des cocktails Molotov.

Le 18 janvier 1943, une colonne allemande chargée des ultimes déportations est accueillie à la grenade et doit se retirer avec une trentaine de tués. Les combattants juifs aménagent des cachettes, des abris, des passages souterrains en vue de l'assaut final.

Le 19 avril à l'aube, 900 *Waffen S.S.* entrés dans le ghetto en formation de combat, avec l'appui des tanks et de l'artillerie, se heurtent à une résistance acharnée. Ils doivent faire appel à des renforts de blindés, de mortiers, d'unités de lance-flammes et même d'aviation. Les combats font rage de maison en maison, se poursuivent dans les égouts. Le 16 mai seulement, les Allemands viendront à bout des derniers défenseurs. Le 24 mai, le général S.S. Jürgen Stroop écrit dans son rapport : « Sur un total de 56065 juifs capturés, près de 7000 ont été tués dans leur ancien quartier et 6929 par transfert à Treblinka : soit un total de 13929, auxquels s'ajoutent 5000 à 6000 qui ont dû périr dans les incendies... A l'exception de huit immeubles, tout le ghetto a été rasé. »

(suite de la page 367)

le 5e corps britannique se dirige vers Longstop Hill et Peter's Corner (qui dominent la vallée de la Medjerda) avec l'intention de marcher sur Tunis en passant à travers la localité de Massicault; le 2e corps américain du général Bradley attaque en direction de Mateur (visant surtout la « cote 609 », qui domine le fameux « Piège à rats », une vallée à travers laquelle on arrive facilement à la plaine), alors qu'au sud le 9e corps britannique avance vers la plaine de Goubellat.
Pacifique. Des avions japonais bombardent le camp d'aviation des Funafuti, dans les îles Ellice.

23 avril
Tunisie. Les Anglais atteignent Longstop Hill, mais se heurtent violemment aux forces de l'Axe.
Nouvelle-Guinée. La 3e division australienne prend position dans la zone de Mubo.
Angleterre. On décide de créer un commandement commun anglo-américain pour mettre au point un plan d'invasion de l'Europe. Ce commandement est confié au lieutenant-général anglais Morgan, chef d'état-major du commandant en chef allié, et il est surnommé COSSAC (des initiales de sa charge : *Chief of Staff Supreme Allied Commander*).

24 avril
États-Unis. Le gros de la 7e division américaine, qui est chargé d'occuper Attu, embarque à San Francisco pour Cold Harbor, en Alaska.

25 avril
U. R. S. S. Déclarant inamicale l'attitude du gouvernement polonais de Londres, qui avait demandé une enquête de la Croix-Rouge internationale à la suite de la découverte du charnier de Katyn, Moscou rompt avec lui ses relations diplomatiques.

26 avril
Tunisie. Longstop Hill est prise par les troupes du 5e corps britannique, qui atteignent le djebel Bou Aoukaz.
Italie. Les Alliés bombardent Grosseto (faisant 74 morts et des dégâts très graves), l'île de Saint Antioche (Sardaigne) et les villes d'Augusta (Sicile), Bari et Trani.
Iles Aléoutiennes. Une escadre de 3 croiseurs et 6 contre-torpilleurs américains, commandée par le contre-amiral McMorris, bombarde les installations japonaises dans l'île d'Attu, prenant surtout comme cible Chicagof Harbor et la baie de Holtz.
Pacifique Sud. Le quartier général de MacArthur dresse un nouveau plan « Elkton » pour coordonner l'activité des forces de MacArthur et de celles de l'amiral Halsey, en vue de la conquête de Rabaul. L'opération est surnommée « Cartwheel ».

28-29 avril
Tunisie. Alors que les troupes de l'Axe arrivent à reprendre le djebel Bou Aoukaz grâce à une contre-attaque désespérée, les forces du 2e corps américain se battent avec acharnement pour atteindre la cote 609.

30 avril
Hitler, à Berchtesgaden, reçoit Pierre Laval.
Tunisie. Pour venir en aide à la Ire armée britannique, le général Alexander envoie la 4e division indienne, les 6e et 7e divisions blindées anglaises, détachées de la VIIIe armée. Le général von Arnim, qui a succédé à Rommel, a concentré pendant ce temps ses forces autour de Tunis, prenant position sur les hauteurs qui dominent la ville : c'est sur cette redoute que les Alliés déclenchent une nouvelle attaque. Pendant ce temps, au nord, vers la côte, la 9e division américaine enfonce le front, menaçant ainsi les positions allemandes du « Piège à rats ».
C'est au compte-gouttes que les forces de l'Axe ont reçu au mois d'avril des renforts et du ravitaillement : au moins 200 avions de transport italo-allemands ont été abattus par les avions de chasse américains entre la Sicile et la Tunisie. Que les forces de l'Axe en Afrique arrivent encore, dans ces conditions, à résister aux prépondérantes forces alliées tient véritablement du miracle.
☐ La flotte américaine de l'Atlantique confie aux marines anglaise et canadienne la responsabilité de la protection des convois entre Halifax (Canada) et la Grande-Bretagne.
Iles Aléoutiennes. Le convoi transportant le gros de la 7e division américaine, destinée à la conquête d'Attu, arrive à Cold Harbor, en Alaska.

1er mai
Tunisie. Les Américains occupent la cote 609, mais la défense acharnée des Allemands les empêche d'aller plus loin. La 1re division blindée américaine, en particulier, est bloquée par les arrière-gardes ennemies dans le « Piège à rats » : le gros de l'armée allemande se replie vers Mateur, où est organisée une nouvelle ligne de défense.

3 mai
Tunisie. La 1re division blindée américaine a raison de la résistance allemande et arrive à percer les lignes ennemies en direction de Mateur. Conjointement, les secteurs central et méridional du front bougent en vue de l'attaque finale.
États-Unis. Le général Marshall, chef d'état-major général de l'armée américaine, transmet au général Stilwell, chef d'état-major de Tchang Kaï-chek, la décision du président Roosevelt de prendre part à l'effort de guerre chinois avec d'importantes forces aériennes. Le président demande également que soit reconsidéré le plan « Anakim » (reconquête de la Birmanie).

4 mai
Tunisie. Les Allemands se défendent toujours avec acharnement sur la ligne de défense de Mateur.
Italie. Après 4 jours de calme, les bombardements alliés reprennent sur la péninsule : c'est aujourd'hui le tour de Tarente et Reggio de Calabre, qui ne sont pas fortement touchées.
Iles Aléoutiennes. Le convoi destiné à l'invasion de l'île d'Attu quitte Cold Harbor avec un jour de retard en raison du mauvais temps. De forts vents contraires obligeront à repousser de 3 autres jours le jour X, qui est donc prévu pour le 11 mai.
Birmanie. Grâce à leur technique d'infiltration par petits groupes, les Japonais ont réussi à prendre position sur la ligne de la route Buthidaung-Maungdaw. Les attaques des

forces britanniques pour tenter de les déloger sont aisément repoussées.

5 mai
Tunisie. Vers le soir, la 1re division d'infanterie anglaise occupe le djebel Bou Aoukaz ; juste derrière elle arrive le 9e corps du général Horrocks, qui a remplacé depuis peu le général Crocker, blessé. Au sud, le 19e corps français du général Juin attaque en direction de Pont-du-Fahs, dernière ligne de défense avant Tunis.

6 mai
Tunisie. Protégées par un formidable feu d'artillerie, les 6e et 7e divisions blindées du 9e corps anglais arrivent à pénétrer dans la plaine derrière le djebel Bou Aoukaz, perturbant les communications et les liaisons des forces de l'Axe. Les 2 divisions blindées parviennent, bien que difficilement, à atteindre Massicault.
Au sud, les troupes françaises continuent d'avancer en direction de Pont-du-Fahs, tandis qu'au nord la 9e division américaine marche sur Bizerte et la 1re division de blindés sur Ferryville (Menzel-Bourguiba) et Protville après avoir dépassé Mateur.
Pacifique Sud-Ouest. Le quartier général allié diffuse ses dernières instructions concernant la préparation de « Cartwheel », le plan pour la conquête de Rabaul, en Nouvelle-Bretagne.

7 mai
Tunisie. Les Américains entrent à Bizerte, les Anglais occupent Tunis, les Français atteignent Pont-du-Fahs. Les troupes de l'Axe continuent malgré tout à résister.
Birmanie. Les Japonais passent à l'attaque dans la zone de Buthidaung, obligeant la 26e division indienne à se replier vers le nord-ouest.
Pacifique Sud. Salomon. Des mouilleurs de mines américains installent un barrage miné à travers le détroit de Blackett, dans le golfe de Kula.

8 mai
Tunisie. Les Alliés avancent toujours vers la mer, tandis que les troupes de l'Axe se replient dans la péninsule du cap Bon. Pendant ce temps, un convoi italo-allemand composé de 3 cargos arrive à gagner les eaux de Tunis, où il est cependant attaqué par des unités anglaises : les navires de l'Axe coulent à pic sans avoir rien pu décharger. Dans la matinée, le commandement du groupe d'armées italo-allemandes en Afrique du Nord signale qu'aucune de ses unités ne peut bouger, par manque de carburant.
Pacifique Sud. En raison des mines déposées la veille, plus les attaques aériennes, 3 contre-torpilleurs japonais coulent à pic dans le golfe de Kula, entre la petite île de Kolombangara et la Nouvelle-Géorgie.

9 mai
Pierre Pucheu, ancien ministre de l'Intérieur du gouvernement de Vichy, parti de France en février, via l'Espagne, arrive à Casablanca. Il

7 mai 1943. Au milieu des décombres d'une rue de Bizerte, une patrouille de soldats anglais effectue une opération de ratissage.

sera arrêté 2 jours plus tard.
Méditerranée. Les préparatifs pour la conquête de l'île de Pantelleria (opération « Corkscrew ») débutent par un violent bombardement allié.
Tunisie. Les Alliés avancent vers la péninsule du cap Bon. Les Anglais arrivent à proximité de Hammam Lif, où ils se heurtent durement aux Allemands.
Extrême-Orient. Inde. Le général américain Wheeler est chargé de coordonner et de hâter les travaux pour la construction d'un grand aéroport dans l'Assam, qui doit desservir le front birman et accroître les capacités de ravitaillement à destination de la Chine.

10 mai
Tunisie. Après avoir occupé Hammam Lif, la 6e division blindée anglaise se jette sur Hammamet et Korba, sur la côte est de la péninsule du cap Bon, avec l'intention de rejoindre les détachements de la VIIIe armée de Montgomery qui avancent vers Enfidaville.
Iles Aléoutiennes. La garnison japonaise de l'île d'Attu, mise en alerte la semaine précédente par le service de renseignements nippon contre le danger d'une invasion américaine, abandonne l'état d'alerte, convaincue que les Américains ont renoncé à l'opération en raison des très mauvaises conditions maritimes.

11 mai
Tunisie. Fin de la résistance des troupes de l'Axe : les Alliés ont occupé l'ensemble du pays. Le cessez-le-feu est proclamé en Afrique.
Sicile. Violent raid allié sur Catane, Marsala et Trapani.
Iles Aléoutiennes. La 7e division américaine débarque en divers points de l'île d'Attu, occupée par les Japonais depuis l'époque de la bataille de Midway. Le brouillard épais réduit fortement l'appui des artilleries de la *Task Force* 16 du contre-amiral Kinkaid ainsi que l'appui aérien, mais il renforce l'effet de surprise. Les détachements débarquent dans l'après-midi à Punta Alexaï, dans la baie du Massacre, à l'ouest de la baie de Holtz, dans la partie nord de l'île. D'autres débarquements auront lieu dans la nuit du 11 au 12. Les envahisseurs avancent vers le col Jarmin, mais vers 19 heures ils sont bloqués par le feu nourri des défenseurs postés sur les hauteurs qui dominent le col. La boue paralyse les camions et les tracteurs. Le général Brown, qui commande la division, prépare un assaut du col pour le lendemain.
Inde. En raison des pluies de mousson, les travaux de construction de la nouvelle « Route de la Birmanie », qui devait relier Ledo, dans l'Assam, à la Chine, doivent être interrompus. Le tronçon de route achevé s'arrête à 75 km à l'est de Ledo, en territoire birman.

12 mai
États-Unis. La Conférence Trident, qui regroupe le président Roosevelt, le Premier ministre anglais Churchill et les chefs des états-majors combinés, se réunit à Washington. L'objectif de cette conférence est l'élaboration de la stratégie anglo-américaine à la lumière des derniers événements en Afrique, sur le front soviétique et dans les îles Aléoutiennes.
Tunisie. Le général allemand Jürgen von Arnim, commandant les troupes allemandes en Afrique, se rend. Giraud est à Tunis.
Iles Aléoutiennes. Appuyée par les avions et l'artillerie navale, la 7e division converge en deux colonnes, vers le col Jarmin. Une attaque frontale menée depuis la baie du Massacre ne donne aucun résultat.
Pacifique. Iles Salomon. Une escadre de croiseurs et de contre-torpilleurs américains, sous les ordres du contre-amiral Ainsworth, bombarde dans la nuit du 12 au 13 les positions japonaises de Munda et Vila, tandis qu'un groupe de mouilleurs de mines retourne miner le golfe de Kula, étroit bras de mer entre Kolombangara et la Nouvelle-Géorgie.
Birmanie. La première campagne de l'Arakan se termine sans qu'aucun des deux adversaires en présence n'ait progressé : la 26e division indienne évacue Maungdaw et se replie vers le nord en position de défense. Cette campagne aura été un sacrifice inutile d'hommes et de matériel. L'une des principales raisons de cet échec est la non-intervention en Birmanie des unités chinoises du Yunnan.

13 mai
États-Unis. La Conférence Trident approuve la dernière élaboration du plan de principe pour l'invasion de la Sicile (opération « Husky »), y compris la date (10 juillet) et la zone de débarquement.
Tunisie. Le général Messe, qui vient d'être nommé le jour même maréchal d'Italie, est contraint lui aussi de se rendre : entre les Italiens et les Allemands, 250 000 hommes environ ont déposé les armes. Dans un message, le général Alexander informe Churchill que la campagne de Tunisie est terminée : toute résistance a cessé, les plages d'Afrique du Nord se trouvent sous le contrôle des Alliés.
Iles Aléoutiennes. Malgré des assauts répétés, les Américains ne dépassent pas les positions occupées juste après le débarquement. S'étant remis de leur surprise, les Japonais opposent une résistance énergique et bien coordonnée. Dans la partie nord de l'île, ils lancent même des contre-attaques, essayant, sans y parvenir, de déloger les envahisseurs d'une petite crête surnommée Colline X. L'appui naval et aérien est limité par le mauvais temps.

14 mai
Iles Aléoutiennes. Les positions des envahisseurs et des défenseurs restent en gros identiques. Les efforts pour s'emparer du col Jarmin ne donnent rien. Les conditions atmosphériques gênent l'activité aérienne, mais l'artillerie des unités navales américaines bombarde violemment les positions japonaises.

15 mai
États-Unis. Les chefs d'état-major décident de donner la priorité absolue à la construction d'aéroports en Inde, dans l'Assam ; la quantité de matériel de guerre à fournir à la Chine devra être augmentée de 7 000 t par mois d'ici le 1er juillet.
Iles Aléoutiennes. Nouvelle attaque américaine dans la baie du Massacre (au sud), mais pas de progrès réalisés malgré l'important appui de l'artillerie. Le brouillard oblige à

LE CONSEIL NATIONAL DE LA RÉSISTANCE

Les mouvements de résistance, par la force des choses, s'étaient constitués dans le plus grand désordre. Leur propre développement, l'aggravation de la guerre et les nécessités de l'action allaient rapidement les confronter à deux problèmes : les relations entre eux et leurs rapports avec la France libre du général de Gaulle. Aucun d'eux n'était simple.

Touchant le premier, la logique du combat poussait évidemment à un effort de coordination. Mais le souci de chaque mouvement de préserver sa personnalité, tout comme les exigences de la sécurité, jouait en sens inverse. Concernant le second, l'action des « gaullistes » de Londres suscitait assurément la sympathie. Mais le général était mal connu et son entourage provoquait des réserves. Surtout, la Résistance intérieure n'entendait pas se subordonner à une direction extérieure insuffisamment informée de la situation en France, dont les objectifs politiques restaient incertains et avec qui les liaisons étaient aléatoires. L'année 1942 sera donc occupée tout entière par les efforts de clarification indispensables.

Le 1er janvier, arrive en France l'ex-préfet Jean Moulin, délégué du Comité national de Londres, chargé par de Gaulle de coordonner l'action des mouvements de zone Sud. Pierre Brossolette se voit confier peu après une mission identique en zone Nord. Dans le même temps, les premiers représentants de la Résistance gagnent Londres pour prendre contact directement avec le général de Gaulle. A partir de juin, les différents mouvements reconnaissent, avec plus ou moins de nuances, l'autorité de Londres. En septembre, ils acceptent la création d'une armée secrète unifiée. En octobre, est formé le Comité de coordination des organisations de zone Sud, qui aura son pendant en zone Nord. Le 26 janvier

Jean Moulin, chargé dès 1942 de rassembler les mouvements de résistance en zone Sud.

1943, les trois grands mouvements (Combat, Libération, Franc-Tireur) de l'ancienne « zone non occupée » fusionnent dans les Mouvements unis de résistance (M. U. R.).

Le tournant pris par la guerre, avec le débarquement en Afrique du Nord et la bataille de Stalingrad, la perspective d'une libération prochaine de la France vont accélérer le processus et imposer à tous les compromis inévitables. Les mouvements ont besoin de Londres pour leur approvisionnement en argent et en armes, à l'heure où s'intensifie la lutte et où se forment les maquis. De Gaulle, vis-à-vis des Alliés, aussi bien que dans son conflit avec Giraud, a besoin d'être reconnu par la Résistance intérieure, pour pouvoir parler en son nom.

Mais ce souci de représentativité du chef de la France libre va soulever de nouveaux problèmes. Jean Moulin, en effet, revient en France en mars 1943, chargé de constituer sous sa présidence, au nom du général de Gaulle, un conseil de la résistance unique pour l'ensemble du territoire, qui comprendra non seulement les représentants des mouvements, mais ceux des « formations politiques résistantes et des syndicats ouvriers résistants ». Cette proposition de ressusciter les anciens partis, qui s'étaient volatilisés en 1940 et qui — le parti communiste excepté — ne jouaient, en tant que tels, aucun rôle dans la Résistance, soulève l'hostilité unanime des chefs des mouvements.

Jean Moulin doit user de tous ses moyens de pression pour arriver à ses fins. Mais le 27 mai 1943, c'est chose faite. Le Conseil national de la Résistance (C. N. R.) tient à Paris sa séance inaugurale avec la participation de 8 représentants des mouvements (3 pour les M. U. R., 1 pour l'Organisation civile et militaire, 1 pour Libération-Nord, 1 pour Ceux de la Libération, 1 pour Ceux de la Résistance, 1 pour le Front national), 6 délégués des « tendances » politiques (P. C. F., S. F. I. O., parti radical-socialiste, Alliance démocratique, Fédération républicaine, Démocratie chrétienne) et 2 mandataires des syndicats (C. G. T., C. F. T. C.). Il adopte et publie une charte affirmant que « le gouvernement de la France doit être au plus tôt constitué », et « confié au général de Gaulle », seul capable de rétablir la démocratie. Ainsi est atteint l'objectif recherché : rassemblant pour la première fois les mouvements des deux zones, les flanquant d'une représentation politique plus familière aux observateurs étrangers, le C. N. R. offre l'image d'une France unie derrière de Gaulle, qui va aussitôt créer le Comité français de libération nationale (C. F. L. N.) et ne tardera pas à éliminer Giraud. Cependant, la disparition tragique de Jean Moulin, arrêté le 21 juin suivant, aura pour résultat d'ôter la présidence du C. N. R. au « délégué général » du C. F. L. N., pour la confier, en la personne de Georges Bidault, à la Résistance intérieure.

Le barrage sur la Möhne, éventré dans la nuit du 16 au 17 mai par les bombes « à roulement » des Lancaster anglais, dans le cadre de l'opération « Chastise ».

renvoyer à 11 heures l'attaque de la baie de Holtz (au nord). Les Américains découvrent alors que les Japonais ont abandonné les positions qu'ils occupaient le soir précédent pour se replier sur d'autres plus avantageuses. Alors qu'ils avancent, ils subissent de sérieuses pertes en raison du feu ennemi, mais surtout d'un raid de leur propre aviation.
Chine. Pour repousser l'« offensive du riz » que les Japonais ont entreprise dans la zone centrale du pays, Tchang Kaï-chek ordonne au général Cheng de retourner avec son armée défendre Yitchang, sur le Yang-Tsé-Kiang.
Moscou. Staline décide la dissolution de l'Internationale communiste (Komintern).

16 mai
Écrasement de la révolte du ghetto de Varsovie.
Allemagne. Dans la nuit du 16 au 17, une escadrille de Lancaster de la R. A. F. spécialement équipés attaque, avec des bombes pesant chacune 4,5 t, les barrages de la Möhne, de l'Eder et de la Sorpe, dans la Ruhr. Les deux premières alimentent en eau potable 4 millions de personnes et produisent 75 % de l'énergie électrique utilisée par les industries du bassin. Les deux constructions cèdent, faisant beaucoup de morts et provoquant de vastes inondations, mais elles sont réparées en un temps record, si bien que sont déçus les espoirs anglais de paralyser la production de guerre du plus important secteur industriel de l'ennemi. Quant au barrage sur la Sorpe, il n'est même pas endommagé.
Iles Aléoutiennes. Nouveaux assauts américains dans la zone de la baie de Holtz. Les Japonais, qui sont nettement inférieurs en nombre (2 380 contre 11 000 Américains) et qui craignent d'être pris à revers si les Américains arrivent à pénétrer dans la baie du Massacre, se replient dans la nuit du 16 au 17 sur Chicagof Harbor pour tenter une dernière résistance.

17 mai
Iles Aléoutiennes. Les détachements de la baie de Holtz progressent toujours, occupant les positions évacuées par l'ennemi durant la nuit. Ceux de la baie du Massacre s'aperçoivent eux aussi que les Japonais sont partis, et ils occupent le col Jarmin si disputé.

18 mai
Méditerranée. Les attaques alliées s'accentuent sur Pantelleria, qui est maintenant presque isolée.
Iles Aléoutiennes. Les forces en provenance du nord (baie de Holtz) rejoignent celles en provenance du sud (baie du Massacre). De nouveaux détachements et du ravitaillement sont aussitôt débarqués dans le secteur nord. Une nouvelle phase opérationnelle se prépare, contre Chicagof Harbor.

19 mai
Iles Aléoutiennes. Les Américains attaquent avant l'aube pour occuper un col qui permet d'accéder à la vallée de Sarana. Les combats se poursuivent jusqu'au soir, mais les Japonais finissent par être battus.

20 mai
Iles Aléoutiennes. Les Japonais, qui ont pris position pendant la nuit sur les sommets qui dominent le col (appelé par la suite col Clevesy), bloquent les Américains dans le passage. Les soldats, dont l'entraînement s'est effectué dans le désert, doivent se transformer en alpinistes pour pouvoir contourner l'ennemi. A la suite de durs combats, les atta-

quants finissent par avancer dans la vallée de Sarana. Quelques progrès également dans la partie nord de l'île.
Birmanie. On annonce officiellement la fin des activités de la brigade indienne des Chindit, commandée par le général Wingate, au-delà des lignes japonaises. La brigade a perdu environ un tiers de ses effectifs.

21 mai
Iles Aléoutiennes. Sur le front sud de l'île d'Attu, les Américains arrivent à éliminer le seul point d'appui japonais encore en place sur l'un des pics qui dominent le col Clevesy et se dirigent maintenant vers une crête proche d'un autre col qui mène de la vallée de Sarana à Chicagof Harbor. Les troupes débarquées dans la baie de Holtz progressent plus lentement dans ce terrain montagneux.

22 mai
Iles Aléoutiennes. Les troupes du front sud de l'île d'Attu arrivent à pénétrer dans la vallée qui mène à Chicagof Harbor. Celles du front nord restent sur leurs positions. La contribution apportée, lorsque les conditions atmosphériques le permettaient, par les unités de la *Task Force* 51, qui, couverte par la *Task Force* 16 du contre-amiral Kinkaid, a veillé aux opérations de débarquement, fut très importante. La *Task Force* 51, commandée par le contre-amiral Rockwell, est composée des vieux cuirassés *Pennsylvania* et *Idaho,* de 1 porte-avions d'escorte, de 6 croiseurs et de 19 contre-torpilleurs.
Inde. Les commandements chargés de la construction de nouveaux aéroports dans l'Assam sont fortement sollicités pour que le programme s'accélère.
Italie. Des bombardements alliés pilonnent la Sicile et la Sardaigne : les dégâts causés par le raid sur Messine et Reggio de Calabre sont particulièrement graves.

23 mai
Iles Aléoutiennes. Des détachements du front sud attaquent l'importante crête Fish Hook, mais ils sont bloqués par l'intense feu ennemi. Les montagnes de l'île d'Attu semblent constituer un obstacle insurmontable pour les forces américaines pourtant nombreuses et bien armées.
Après les inutiles tentatives de la journée, il est décidé que la crête Fish Hook fera l'objet d'une attaque coordonnée des détachements des deux fronts, nord et sud.

24 mai
Iles Aléoutiennes. Attu. Les Japonais, qui se défendent avec une détermination fanatique, repoussent les nouvelles attaques contre la crête Fish Hook. Les chefs d'état-major réunis approuvent le plan d'invasion de l'île de Kiska.

25 mai
États-Unis. Fin de la Conférence Trident, commencée le 12 mai à Washington. Il y a été décidé l'invasion de l'Europe nord-occidentale (opération « Overlord »), qui doit commencer au début de mai 1944. L'invasion sera précédée d'une gigantesque offensive aérienne.
Après l'invasion de la Sicile (opération « Husky »), des actions plus opportunes auront lieu en Italie afin d'éliminer le pays du théâtre de guerre. Depuis les bases de la Médi-

Un détachement partisan faisant une halte au cours de la retraite sur le mont Soutjeska, en Croatie (mai 1943).

terranée, on procédera au bombardement aérien systématique du bassin pétrolifère roumain de Ploesti, vital pour l'Allemagne.
Tunisie. Sousse est choisie comme siège du quartier général pour l'invasion de Pantelleria. La tactique adoptée sera le bombardement à outrance.
Iles Aléoutiennes. Attu. Les troupes américaines en provenance du sud arrivent à prendre pied sur la crête Fish Hook après des combats à l'arme blanche dans un système très compliqué de galeries creusées par les Japonais. Les détachements du front nord arrivent eux aussi à réaliser quelques progrès de l'autre côté de la crête.

26 mai
A Paris, Pierre Laval rencontre Fritz Sauckel, qui réclame de nouveaux contingents d'ouvriers.
Iles Aléoutiennes. Les Américains améliorent leurs positions, aussi bien sur le versant sud que sur le versant nord de la crête Fish Hook.

27 mai
Réunion constitutive du Conseil national de la Résistance (C. N. R.), présidée par Jean Moulin, représentant en France du général de Gaulle.
États-Unis. Le comité chargé des plans de guerre doit établir les besoins en hommes et en matériel et proposer les dates possibles pour l'invasion des îles Marshall, dans le Pacifique.
Iles Aléoutiennes. Attu. Les forces de la 7e division américaine arrivent à occuper la crête Fish Hook. Près de la pointe Alexaï, on entreprend la construction d'une piste pour avions de chasse.

28 mai
Iles Aléoutiennes. Les Japonais d'Attu, désormais comprimés dans la zone de Chicagof Harbor, se réfugient dans les montagnes avoisinantes. Les Américains lâchent des tracts les invitant à se rendre.

29 mai
Iles Aléoutiennes. Après être descendus des montagnes de Chicagof Harbor dans un silence absolu, les Japonais lancent avant l'aube une très violente contre-attaque, réussissant à pénétrer à l'intérieur du dispositif américain. Des combats sauvages auront lieu toute la journée et au cours de la nuit suivante.

30 mai
Iles Aléoutiennes. Avec cette dernière tentative désespérée prend fin la résistance organisée des Japonais sur l'île d'Attu. Les Américains ont payé cher la conquête : rien qu'au cours des combats du 29, ils ont eu 550 morts et 1 140 blessés ; quelques hommes sont devenus fous de terreur devant les hurlements de fureur des assaillants. Quant aux Japonais, à part 28 blessés tombés aux mains des Américains, toute la garnison s'est sacrifiée : 2 352 morts dont 500 se sont suicidés avec des grenades.
Le même jour, un détachement américain occupe l'île Shemya sans rencontrer d'opposition.
Algérie. Le général de Gaulle arrive à Alger pour prendre contact avec le tant « haï » Giraud, commandant en chef des forces françaises en Afrique du Nord.

31 mai
Iles Aléoutiennes. Les Américains fouillent l'île d'Attu pour rechercher les Japonais survivants. Ils ne trouvent que des cadavres.

1er juin
États-Unis. De nouvelles forces se regroupent et s'entraînent en Californie avant d'aller rejoindre celles des Aléoutiennes pour s'emparer ensemble de l'île de Kiska, occupée elle aussi par les Japonais.
Méditerranée. La massive offensive aérienne alliée se poursuit sur l'île de Pantelleria.
Allemagne. Raid aérien de la R. A. F. sur les établissements Zeppelin à Friedrichshafen, sur le lac de Constance, où sont construits les radars allemands.

2 juin
France. Création de la Franc-Garde de la milice, fer de lance opération-

LES NOUVEAUX INSTRUMENTS DE PROPAGANDE

Conscients que l'attitude et le soutien actif des populations joueraient un rôle déterminant dans l'issue du conflit, tous les gouvernements des pays belligérants mettent en œuvre de puissants moyens de propagande. Il s'agit pour eux d'instaurer, dans un climat de ferveur patriotique, une idéologie telle que nul n'hésite à prendre les armes pour la défendre. Pour atteindre cet objectif, ils adjoignent des moyens modernes aux vieilles techniques de propagande ayant déjà fait leurs preuves. Ils obtiennent d'excellents résultats en utilisant à une grande échelle la radio et le cinéma, deux moyens de communication de masse qui se sont considérablement développés durant les vingt dernières années.
La radio est déjà connue pour sa capacité à influencer des millions d'auditeurs ; ainsi tous les gouvernements s'en servent afin de mener à bien une fondamentale campagne d'adhésion de leurs concitoyens. Ils diffusent sur les ondes des messages conçus pour encourager l'enthousiasme collectif ou combattre un éventuel défaitisme. Les stations de radio doivent également permettre la préparation de programmes spéciaux destinés à la diffusion à l'étranger afin de soutenir le moral des populations alliées, de favoriser les liaisons entre les différents groupes de résistants ou de faire naître des doutes et des incertitudes dans le camp adverse.
Parallèlement à la radio, le cinéma joue lui aussi un rôle majeur durant la guerre. Presque toutes les industries cinématographiques mettent leurs hommes et leurs moyens au service des efforts de leurs pays. Un peu partout, les gouvernements créent des comités chargés de développer et d'unifier la production cinématographique ainsi que d'en contrôler le contenu idéologique.

LESLIE HOWARD

Le 1er juin, un avion reliant Lisbonne à Londres est attaqué et abattu par une escadrille de chasse allemande, convaincue que Churchill est à bord. L'appareil en flammes disparaît dans le golfe de Gascogne. Parmi les passagers se trouve l'acteur anglais Leslie Howard, de retour d'un voyage de propagande.
Né à Londres, en 1893, dans une famille d'origine hongroise, Howard débute au théâtre pendant les années 20, et obtient aussitôt un honnête succès dans sa patrie, mais surtout à Broadway. Avec l'avènement du parlant, il se lance dans le cinéma. Après avoir accepté des seconds rôles, il connaît en 1934 un succès international en jouant au côté de Bette Davis dans *L'Emprise* de John Cromwell. A partir de cette date, il se spécialise dans les rôles romantiques, en jouant à fond de son aspect raffiné de gentleman anglais et de sa diction impeccable. En 1939, il interprète le personnage sensible et tourmenté de Ashley Wilkes, dans *Autant en emporte le vent.* Pendant la guerre, il retourne en Angleterre pour diriger et interpréter deux films de propagande et pour collaborer avec le British Council.

Leslie Howard (à droite) dans Pygmalion.

nel des troupes de Joseph Darnand.

3 juin
Algérie. Formation d'un Comité français de libération nationale (C. F. L. N.). Présidé conjointement par le général de Gaulle et le général Giraud, il se définit comme un « pouvoir central français », prenant en charge l'effort de guerre et les intérêts de la France, « jusqu'à la constitution d'un gouvernement provisoire conforme aux lois de la République ».
Pacifique. Iles Salomon. L'amiral Halsey diffuse les instructions de principe en vue de l'invasion des îles de Nouvelle-Géorgie, dans les Salomon centrales.
L'objectif principal sera l'aéroport de Munda, tremplin de lancement pour un bond postérieur en direction des Salomon septentrionales. Les forces de débarquement seront commandées par le contre-amiral Turner, celles d'occupation par le général Hester, qui dirigera la 43e division de l'armée renforcée par 2 bataillons de Raiders du corps des marines.
Chine. Les Japonais terminent leur « offensive du riz » dans la zone de Yitchang, dans la partie ouest de la province de Houpei, et commencent à se replier. Ils ont pris tout le riz ainsi que de nombreuses embarcations sur le cours supérieur du Yang-Tsé-Kiang.

6 juin
Méditerranée. Intensification de l'attaque alliée contre les batteries côtières de l'île de Pantelleria.

7 juin
Pacifique. Iles Salomon. L'aviation japonaise lance une série de violentes attaques sur Guadalcanal, base de rassemblement des troupes américaines qui se préparent pour l'offensive. Les chasseurs alliés interceptent et abattent 23 avions ennemis, et en perdent 9.

8 juin
Iles Aléoutiennes. Le quartier général japonais ordonne d'évacuer l'île de Kiska, quotidiennement soumise au feu des contre-torpilleurs américains qui l'assiègent, empêchant l'arrivée de ravitaillement, à l'exception de celui amené par sous-marin.
Méditerranée. Des bateaux anglais, dont 3 torpilleurs, bombardent les ports et les batteries côtières de l'île de Pantelleria.

9 juin
France. Arrestation du général Delestraint, chef de l'armée secrète.

10 juin
Front soviétique. Hitler a hâte de voir se réaliser l'opération « Citadelle », à savoir la pénétration dans le saillant de Koursk et l'écrasement des forces soviétiques qui l'occupent. L'attaque sera lancée depuis le nord par la IXe armée et depuis le sud par la IVe *Panzerarmee;* les 2 armées disposeront de tous les engins blindés qu'il sera possible de leur fournir, quitte même à les enlever d'autres secteurs du front.
Méditerranée. L'offensive alliée contre les îles de Pantelleria et Lampedusa se fait en plus dure.

11 juin
Méditerranée. Après 10 jours d'attaques aéronavales, durant lesquelles 45 avions alliés ont été abattus, la défense de Pantelleria prend fin et sa garnison signe la reddition : la 1re division anglaise débarque sur l'île. Depuis le 8 mai, plus de 5 000 t de bombes ont été lancées sur l'île : la chute de Pantelleria permet aux forces aériennes alliées de la Méditerranée de concentrer leurs efforts en vue de l'opération « Husky ».
Dans la nuit, Lampedusa est soumise à un intense feu aérien et naval de la part des unités alliées.
Allemagne. La 8e force aérienne américaine attaque en plein jour Wilhelmshaven, endommageant les chantiers où sont construits les *U-Boote.* Il en ressort que, sans une escorte de bons chasseurs, l'action des intercepteurs empêche de bombarder avec précision.

12 juin
Méditerranée. Lampedusa accepte

Sur la côte atlantique française, un bunker pour sous-marins océaniques, construit par l'organisation Todt.

la reddition inconditionnelle aux forces alliées.
Sicile. L'action des bombardiers alliés se poursuit sans répit sur Catane et Palerme, faisant des dizaines de morts et de lourds dégâts.
Pacifique. Iles Salomon. Des avions de chasse alliés attaquent de grosses formations de bombardiers et des chasseurs japonais qui se dirigent vers Guadalcanal : ils détruisent 31 avions et en perdent 6.

13 juin
Méditerranée. La garnison de l'île de Linosa se rend elle aussi sans condition aux Alliés.
Allemagne. 60 bombardiers B-17 de la 8ᵉ force aérienne américaine attaquent les chantiers de sous-marins de Kiel : 22 avions américains sont abattus.
Nouvelle-Guinée. En vue de l'imminente reprise de l'offensive, Américains et Australiens se réorganisent même d'un point de vue tactique, formant de nouvelles « forces » composées de 2 bataillons d'infanterie et de groupes d'artillerie, mieux adaptées que les unités classiques au type de guerre à mener dans l'île.

14 juin
Méditerranée. Avec la prise de l'île de Lampione par les unités de la marine anglaise, les Alliés contrôlent tout le détroit de Sicile.
Chine. Le commandement de la 14ᵉ force aérienne américaine s'établit à Koueilin, en Chine du Sud, dans la province du Kouangsi.

16 juin
Pacifique. Iles Salomon. Le commandement américain fixe les objectifs préliminaires qui devront être occupés dans les Salomon centrales, en vue de l'attaque de l'objectif principal qui est l'aéroport de Munda, en Nouvelle-Géorgie. L'opération débutera le 30 juin. Environ 120 avions japonais attaquent Guadalcanal et la flotte dans les eaux de l'île, endommageant 2 unités militaires et 1 transport, que l'on doit faire s'échouer pour éviter qu'ils ne coulent. Mais ils payent très cher ce succès relatif, car au cours du duel avec les avions de chasse américains, qui se sont envolés en force de Henderson Field, ils ont perdu près de 100 avions.

17 juin
Chine. Le général Stilwell expose au généralissime Tchang Kaï-chek les conclusions de la Conférence Trident, avec une attention particulière pour la stratégie proposée en Extrême-Orient.

18 juin
Sicile. En vue de l'opération « Husky » (invasion de la Sicile), les Anglo-Américains intensifient leurs attaques aériennes sur Messine.
Pacifique. Iles Salomon. Le commandant de la 43ᵉ division américaine donne des instructions détaillées relatives à tous les déplacements concernant l'invasion de la Nouvelle-Géorgie.
□ Churchill annonce que le général Auchinleck remplacera le général Wavell, nommé vice-roi en Inde, à la tête des forces britanniques en Inde.

Les Anglais bombardent le port de La Spezia où le cuirassé Littorio, *en partie visible sur la droite, est au mouillage.*

Chine. Le général Chennault, qui commande la 14e force aérienne américaine opérant en Chine et en Inde, fait part au président Roosevelt des activités et des problèmes des « tigres volants ».

20 juin
Nouvelle-Guinée. Le quartier général de la VIe armée américaine (général Krueger) s'établit dans la baie de Milne. Les Japonais attaquent vigoureusement les positions de la 17e brigade de la 3e division australienne dans la zone de collines entre Mubo et Lababia, mais ils sont repoussés.
Inde. Le général Auchinleck prend le commandement en chef des forces britanniques d'Extrême-Orient.
Allemagne. Des Lancaster de la R. A. F. attaquent les établissements Zeppelin de Friedrichshafen, où sont fabriqués les radars allemands, et, au lieu de rentrer en Angleterre, ils poursuivent vers l'Afrique du Nord, inaugurant la technique de la « navette ».
Dans la nuit du 23 au 24, durant leur vol de retour vers l'Angleterre, ils bombardent la base navale de La Spezia.

21 juin
France. Jean Moulin, délégué en France du général de Gaulle et premier président du C. N. R., est arrêté par la Gestapo à Caluire, près de Lyon, avec six autres responsables de la Résistance. Il mourra, torturé, le 8 juillet.
Allemagne. En 2 raids sur Wuppertal, la R. A. F. fait d'énormes dégâts et 5000 morts. La production est bloquée pendant 52 jours : le fameux raid allemand sur Coventry avait fait 380 morts et arrêté la production pendant un mois. Les Anglais eux-mêmes protestent lorsque paraissent dans les journaux les photos de la ville sinistrée.
Pacifique. Iles Salomon. Un bataillon de Raiders américains parti de Guadalcanal occupe la pointe Segi, à l'extrémité sud de l'île de Nouvelle-Géorgie que les Japonais ont négligé jusqu'à présent de garnir de troupes.

22 juin
Pacifique. Iles Salomon. Des détachements d'infanterie de la 43e division américaine vont renforcer le bataillon de Raiders des marines débarqué juste à la pointe Segi.
Iles Trobriand. Un groupe régimentaire américain commence à débarquer sur l'île Woodlark sans rencontrer d'opposition.
Allemagne. Au cours de leur premier grand raid de jour, des bombardiers de la 8e force aérienne américaine attaquent victorieusement une usine de caoutchouc synthétique à Hüls, dans la Ruhr, la mettant momentanément hors d'usage.

23 juin
Pacifique. Iles Trobriand. Dans la nuit du 23 au 24, des détachements américains débarquent dans l'île de Kiriwina, la plus grande de toutes, 150 km au sud-est de la Nouvelle-Guinée.
Nouvelle-Guinée. Dans la zone entre Mubo et Lababia, les Japonais relâchent légèrement leur pression sur la 17e brigade australienne.

25 juin
Sicile. Les bombardements alliés continuent en préparation de l'invasion de l'île.
300 t de bombes sont larguées sur Messine : elles causent, outre de grands dommages, une centaine de morts et autant de blessés.

26 juin
Nouvelle-Guinée. Rassemblée à Morobe, où un dépôt de ravitaillement a été constitué, la force MacKechnie s'embarque sur des navires légers pour la pointe Mageri, à environ 25 km au nord-ouest de Morobe, pour se préparer à une attaque amphibie dans la baie de Nassau.

27 juin
Pacifique. Iles Salomon. Depuis Segi, en Nouvelle-Géorgie, les marines du 4ᵉ bataillon de Raiders font mouvement par mer à proximité des plantations de Lambeti.

28 juin
Pacifique. Iles Salomon. En Nouvelle-Géorgie, les marines, débarqués près de Lambeti sans rencontrer de résistance, commencent leur marche à travers la jungle en direction du port de Viru.

29 juin
Pacifique. Iles Salomon. Dans la nuit du 29 au 30, tandis que les unités de débarquement américaines naviguent vers les îles du centre de l'archipel, 4 croiseurs et 4 contre-torpilleurs commandés par le contre-amiral Merrill, bombardent la zone de Vila-Stanmore, dans l'île de Kolombangara, et celle de Buin-Shortland à Bougainville. Devant le port de Shortland, les eaux sont ensuite minées pour interdire l'éventuelle arrivée de renforts japonais.

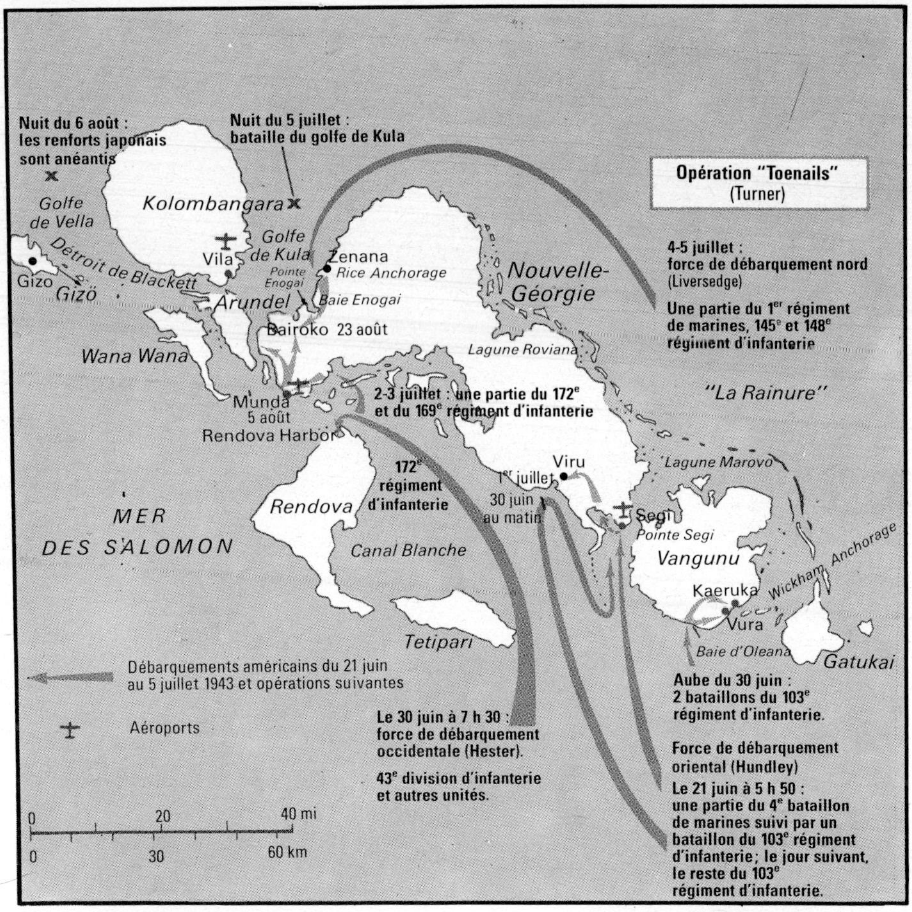

L'invasion de la Nouvelle-Géorgie.

30 juin
Pacifique. Début, conformément aux plans, de l'opération « Cartwheel », c'est-à-dire d'une série d'attaques et d'opérations amphibies menées par les forces du Pacifique Sud et par celles du Pacifique Sud-Ouest avec pour objectif la conquête de Rabaul, bastion avancé de l'Empire japonais. Les forces américaines terrestres et navales mènent une action combinée sous la direction du général MacArthur.
Iles Salomon. Dans plusieurs îles des Salomon centrales, la force amphibie du Pacifique Sud, c'est-à-dire celle de la IIIᵉ flotte américaine, organisée en Task Force, sous le commandement du contre-amiral Turner et avec l'appui aérien d'unités basées à terre et commandées par le vice-amiral Fitch, débarque la force d'occupation de la Nouvelle-Géorgie, constituée par la 43ᵉ division américaine et par des contingents de marines et commandée par le général Hester.
Le débarquement principal a lieu dans l'île de Rendova. Les troupes débarquées devront occuper l'île, puis passer en Nouvelle-Géorgie pour s'emparer de l'aéroport de Munda. Le débarquement à Rendova se déroule sans difficultés : les unités de la 43ᵉ division avancent de 1 km à l'intérieur sans rencontrer de résistance de la part des rares patrouilles japonaises.
En Nouvelle-Géorgie, des unités du 3ᵉ régiment d'infanterie, faute d'avoir reçu le signal convenu avec les Raiders qui auraient déjà dû occuper le port de Viru, débarquent à la pointe Segi. Les Raiders occuperont Viru dans la soirée. D'autres débarquements ont lieu dans de petites îles : Sasavele, Baraulu, Vangunu. Là, les Japonais, bien que ne s'opposant pas au débarquement, selon leur tactique habituelle, offrent une vive résistance à la pénétration des marines depuis la baie d'Oleana, point du débarquement, vers Wickham Anchorage.
L'aviation japonaise est très active : elle coule le navire de débarquement *McCawley* et endommage d'autres unités.
Iles Trobriand. Le gros des forces d'occupation de la VIᵉ armée américaine débarque dans les îles de Woodlark et de Kiriwana avec un contingent de Seabees (c'est-à-dire « Abeilles de la mer ») qui devront construire deux aéroports. Le nom officiel de ces bataillons de travailleurs civils est Construction Battalions, dont les initiales C.B. (en y ajoutant le *s* du pluriel) se prononcent en anglais comme le mot *Seabees.*
Nouvelle-Guinée. La force MacKechnie, sous les ordres du colonel américain du même nom et qui comprend des unités américaines et australiennes, débarque sans encombre

En haut : marines débarquant des munitions dans l'île de Rendova. Ci-dessus : unités américaines quittant Guadalcanal pour un autre secteur opérationnel du Pacifique.

dans la baie de Nassau et s'avance aussitôt au nord vers le Bitoi et au sud vers le Tabali, se heurtant à une vive résistance japonaise.
Le saillant ennemi de Mubo est soumis à la pression constante de la 17e brigade australienne.

1er juillet
Pacifique. Iles Salomon. A Rendova, les unités débarquées consolident la tête de pont. De même au port de Viru, dans l'île de la Nouvelle-Géorgie.
Nouvelle-Guinée. Les troupes alliées renforcent leurs positions le long du bras sud du Bitoi, dans la baie de Nassau.

2 juillet
Méditerranée. Les ports de l'Italie centrale et méridionale, de la Sicile et de la Sardaigne continuent d'être l'objectif des raids aériens alliés. Du 12 juin à ce jour, les bombardiers anglo-américains ont largué sur le territoire italien plus de 2 000 t de bombes ; les effets en sont désastreux tant sur les localités atteintes que sur le moral des troupes vivant dans la hantise du débarquement allié.
Pacifique. Iles Salomon. La 43e division américaine regroupe ses forces en vue de leur transport vers la Nouvelle-Géorgie pour s'emparer de l'aéroport de Munda. Des bombardiers japonais attaquent violemment Rendova, qui pendant la nuit est également bombardée par un croiseur et des contre-torpilleurs ennemis.
Nouvelle-Guinée. La Force MacKechnie tient fermement sa tête de pont face à de faibles actions offensives japonaises et établit des liaisons avec la 3e division australienne.
Iles Trobriand. Les « Abeilles de la mer » commencent la construction d'un aéroport.

3 juillet
Front soviétique. L'offensive devant réduire le saillant soviétique de Koursk (opération « Citadelle ») est retardée par un bombardement aérien russe qui disloque le dispositif d'attaque allemand.
Pacifique. Iles Salomon. Les premières unités du contingent chargé

de s'emparer du camp d'aviation de Munda, en Nouvelle-Géorgie, débarquent sur la plage de Zenana, à une dizaine de kilomètres à l'est de Munda, sans opposition de la part des Japonais. La tête de pont est rapidement consolidée au cours des jours suivants. Dans l'île de Vangunu, le Wickham Anchorage est occupé par les Américains.

4 juillet
Pacifique. Iles Salomon. Les Raiders qui occupent le port de Viru sont remplacés par une unité d'infanterie de la 43e division. Les unités débarquées à Zenana avancent en direction de l'ouest vers le Barike, ligne de départ prévue pour l'attaque sur Munda. Pendant ce temps, les navires transportant les contingents qui doivent débarquer à Rice Anchorage avancent dans la nuit, escortés par l'escadre du contre-amiral Ainsworth dont les unités bombardent Vila et Bairoko.

5 juillet
Front soviétique. Les Allemands passent à l'offensive contre le saillant de Koursk. Au nord, à partir de la zone d'Orel, l'attaque est menée par la IXe armée tandis qu'au sud avancent, à partir du secteur de Bielgorod, la IVe armée blindée et le groupe opérationnel Kempf. Les forces opérant au nord du saillant sont commandées par le général Model, celles qui opèrent au sud par le général Hoth. De part et d'autre du saillant, les Allemands ont rassemblé plus de 2000 chars (les Soviétiques parlent de 3000), dont de nombreux Panther et Tiger et les nouveaux canons automoteurs Ferdinand. Plus de 2000 avions appuieront les opérations terrestres, menées par plus de 1 million d'hommes.
Les Soviétiques, de leur côté, engagent autant de forces. Sous les ordres de Joukov et de Vassilievski, ils ont concentré dans le saillant très fortifié les forces du Front central (Rokossovski) et du Front de Voronej (Vatoutine), au total 9 armées, dont 2 blindées et 2 groupes d'assaut. Ils ont 20000 canons et mortiers, 920 Katioucha lance-roquettes, 10 trains blindés, 2 divisions aériennes. La densité de mines dans les secteurs les plus importants est de 1500 mines antichars et de 1700 mines antipersonnel au kilomètre carré.
Au nord comme au sud, les Allemands parviennent à réaliser une petite percée dans le dispositif soviétique, mais à un prix énorme : au nord, la conquête de 10 km de terrain sur un front de 20 km leur coûte 25000 morts, la perte de 200 chars et d'autant d'avions. Au sud, une progression d'environ 40 km sur front de 50 km se paie au prix de 10000 morts et de 350 chars détruits. Depuis le tout premier jour, les sources soviétiques affirment que les défenseurs ont détruit 586 chars et 203 avions ennemis. C'est sans nul doute une exagération qui donne cependant la mesure de cet affrontement gigantesque dans lequel seront engagés environ 6000 chars, 4000 avions et plus de 2 millions d'hommes. La plus grande bataille de chars de l'histoire, mais aussi une très importante bataille aérienne qui verra la Luftwaffe perdre sa traditionnelle supériorité dans le ciel soviétique.

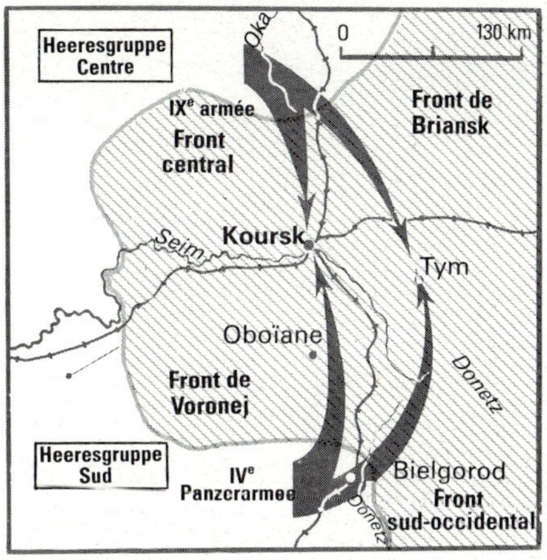

Plan de l'opération « Citadelle » contre le saillant de Koursk.

Pacifique. Iles Salomon. Le gros des troupes américaines est concentré à Rendova, où se trouve une garnison de 6000 Japonais. 4 bataillons débarquent à Rice Anchorage, en Nouvelle-Géorgie, non loin de Bairoko, et des éléments avancés atteignent la Giza Giza. Les troupes débarquées à Zenana font mouvement vers Munda, mais la piste qui y conduit est barrée par des unités japonaises.
Trois groupes de contre-torpilleurs japonais (en tout 10 unités) débarquent à Kolombangara des renforts (850 hommes) provenant des îles Shortland. Une fois les opérations terminées, le « Tokyo Express » (qui n'a jamais cessé de fonctionner, même si sa tête de ligne n'est plus Guadalcanal) repart immédiatement, mais il est tout de suite intercepté, dans le golfe de Kula, par 3 croiseurs et 4 contre-torpil-

KARL LANDSTEINER

Le 26 juin meurt à New York le savant autrichien Karl Landsteiner. Prix Nobel de médecine et de physiologie en 1930, il a découvert l'existence des groupes sanguins chez l'homme.
Né à Vienne le 14 juin 1868, Landsteiner fait ses études dans différentes universités européennes et, en 1891, il devient docteur en médecine de l'université de Vienne. Dès le début du siècle, il entreprend des travaux sur l'hématologie qui vont lui permettre de réaliser une découverte fondamentale ; celle-ci, divulguée en 1909, nous apprend que chez l'homme le sang se classe en trois groupes distincts A, B et C (devenu par la suite O). Deux de ses collaborateurs, De Castello et Sturli, découvriront plus tard le groupe AB.
Landsteiner est également le premier à soutenir l'origine virale de la poliomyélite, à la suite d'une expérience effectuée en 1908 sur le singe Rhésus. En 1919 il se rend en Hollande et, trois ans plus tard, il accepte l'invitation de l'Institut Rockefeller pour la recherche médicale (Rockefeller Institute for Medical Research) et s'installe à New York.

leurs américains commandés par le contre-amiral Ainsworth. Le combat s'engage : outre l'artillerie, on y emploiera de nombreuses torpilles. Le bilan de l'affrontement est plus lourd pour les Américains que pour les Japonais : les premiers perdent le croiseur léger *Helena* et le contre-torpilleur *Strong,* coulé par un sous-marin ; les seconds les contre-torpilleurs *Niizuki* et *Nagatsuki,* ce dernier après s'être échoué est achevé à l'aube par des avions américains.

6 juillet

Front soviétique. La bataille du saillant de Koursk se poursuit. La IXe armée de Model (du *Heeresgruppe* Centre de von Kluge) progresse légèrement, tandis que la IVe armée blindée de Hoth et le groupe opérationnel Kempf (du *Heeresgruppe* Sud de von Manstein) repoussent les Soviétiques d'une vingtaine de kilomètres vers le nord. Le communiqué russe parle de 433 chars et 111 avions ennemis détruits. En réalité, les pertes allemandes (auxquelles d'ailleurs les pertes soviétiques ne sont pas inférieures) sont moins lourdes, mais certainement très importantes.

Pacifique. Iles Salomon. L'aviation américaine entreprend une série de bombardements lourds contre les aéroports de l'île de Bougainville, futur objectif des forces d'invasion. Ces raids augmenteront progressivement d'intensité ; aux quadrimoteurs se joindront souvent les bombardiers moyens pour frapper, avec une fréquence de plus en plus grande, le trafic maritime ennemi du secteur. En Nouvelle-Géorgie, 2 régiments de la 43e division ont pris pied et se concentrent près du Barike. Quelques bataillons cherchent sans y réussir à forcer le verrou japonais sur la piste qui mène de Zenana à Munda.

Iles Aléoutiennes. Une escadre de croiseurs et de contre-torpilleurs américains (contre-amiral Griffen) bombarde l'île de Kiska.

Chine. Des bombardiers de la 14e force aérienne américaine attaquent les navires qui se trouvent dans les ports de Chine occidentale tenus par les Japonais.

7 juillet

États-Unis. Le général Giraud arrive à Washington pour s'entretenir avec le président Roosevelt et avec les hautes autorités militaires au sujet du rôle des forces de la France libre dans la suite du conflit.

Front soviétique. Tandis que sur le flanc sud du saillant de Koursk les Allemands progressent encore, sur le flanc nord leur poussée est arrêtée par les armées soviétiques, qui lancent des contre-attaques locales tout en se préparant à une contre-offensive générale. Les sources soviétiques parlent de 520 chars ennemis détruits et de 111 avions abattus.

Pacifique. Iles Salomon. Dans l'île de la Nouvelle-Géorgie, les combats continuent sur la piste Zenana-

Vue aérienne d'une concentration de chars allemands dans la plaine de Koursk, sur le front soviétique, en vue de l'opération « Citadelle », contre le saillant de Koursk.

Munda, au nord du Barike. De nouvelles unités américaines atteignent, plus au sud, la piste Bairoko-Munda. D'autres forces appareillent de Guadalcanal pour l'île de Rendova.
Nouvelle-Guinée. Des avions alliés larguent plus de 100 t de bombes sur les positions japonaises du secteur de Mubo. La force MacKechnie, qui s'est déplacée de la côte vers Napier, se dispose à attaquer la crête Nitoi. Les Australiens conquièrent Observation Hill, hauteur d'une grande importance stratégique à environ 1,5 km de Mubo.

8 juillet
Front soviétique. La bataille de Koursk se poursuit avec la même intensité ; les pertes attribuées aux Allemands sont ce jour-là de 304 chars et 161 avions. On peut prévoir l'issue de l'affrontement, car, depuis le début, les attaquants ont été numériquement très inférieurs aux défenseurs, et ces derniers, grâce à leur réseau d'informateurs, connaissent en détail les plans de la Wehrmacht.
Pacifique. Iles Salomon. En Nouvelle-Géorgie, la 43e division américaine parvient enfin à bout des forces japonaises qui bloquaient la piste Zenana-Munda et prend position tout au long du Barike. Dans l'île de Kolombangara, des avions américains bombardent Vila.

9 juillet
Sicile. Tandis que les attaques des bombardiers alliés sur l'île s'intensifient, les troupes de débarquement alliées, la VIIe armée américaine, commandée par le général George S. Patton, et la VIIIe armée anglaise du général Bernard Law Montgomery appareillent des ports de Tunisie pour la Sicile, à bord de 3000 embarcations environ (les deux armées font partie du XVe groupe d'armées, commandé par le général Alexander). La défense de la Sicile est confiée à la VIe armée italienne (230000 hommes) du général Alfredo Guzzoni; dans ses rangs combattent des contingents allemands de renfort très entraînés (environ 40000 soldats). Dans la nuit, des troupes aéroportées sont larguées sur les zones sud-est de l'île, où est prévu le débarquement anglo-américain, mais le vent très violent, qui atteint la force 7, la faible visibilité et le peu d'expérience des largages nocturnes rendent pratiquement inutile cette première tentative d'attaque aéroportée. Les 3400 parachutistes du colonel américain James M. Gavin, commandant la 82e division aéroportée, sont dispersés sur une très vaste zone, rendant l'intervention peu efficace. Pendant ce temps, le transport des forces de débarquement se poursuit dans des conditions difficiles : le vent très fort et la mer agitée mettent à dure épreuve les fantassins alliés.
Front soviétique. Les Soviétiques

Une arme antichar soviétique prend à partie un canon d'assaut allemand au cours de la bataille intense qui se déroule dans le secteur Orlov-Koursk.

lancent une contre-attaque dans la zone de Oboïane, au sud de Koursk et dans le secteur sud du saillant, arrêtant là aussi l'avance des Allemands. Les combats sont très durs. La presse soviétique parle de « massacre des Allemands » et compare la bataille en cours à la bataille historique de Koulikovo, qui vit la victoire du prince Dmitri Donskoï sur les Tartares, en 1380.

Pacifique. Iles Salomon. Appuyés par les artilleries terrestre et navale, ainsi que par l'aviation, 2 régiments de la 43e division américaine déclenchent l'attaque sur Munda à partir du Barike. Le régiment qui attaque à l'intérieur parvient à avancer de 1 km, tandis que celui qui attaque le long de la côte ne réalise pas de progrès notables. Un autre bataillon, qui marche de Triri sur Munda, est bloqué par les Japonais à la pointe Enogai. Des contre-torpilleurs américains bombardent Munda.

De nouvelles unités américaines affluent de Guadalcanal à Rendova, tandis que les Japonais débarquent à Kolombangara 1 200 hommes venant des îles Shortland.

10 juillet

Sicile. Aux premières lueurs de l'aube, le débarquement allié sur l'île (opération « Husky ») débute : 160 000 hommes avec 600 chars de combat prennent pied sur la côte sud-est de la Sicile, les Américains de la VIIe armée dans le golfe de Gela, les Anglais de la VIIIe armée de Montgomery dans le golfe de Syracuse. Les opérations de débarquement se font sans trop de difficultés grâce aux tirs de couverture des navires, précis et intenses, et parce que les défenseurs ne s'attendent pas à un débarquement dans de telles conditions météorologiques (en effet 200 bateaux sont mis hors de combat par le ressac) : pendant les opérations, des avions de chasse anglo-américains ayant décollé de Malte et de Pantelleria survolent les points du débarquement pour repousser d'éventuelles contre-attaques de l'Axe.

Tandis que la VIIIe armée anglaise ne rencontre pratiquement pas de résistance et que ses unités entrent la nuit même dans Syracuse, les Américains de la 1re division et les rangers, après avoir conquis Gela, doivent faire front aux vigoureuses contre-attaques de la division allemande Hermann Goering et de la division italienne Livorno.

Au sud, où opère la 45e division américaine, Vittoria et Santa Croce

Juillet 1943. Un détachement de marines américains qui vient de débarquer dans une île de l'archipel des Salomon s'apprête à progresser vers l'intérieur.

10 juillet 1943, débarquement allié en Sicile. A côté des chars et des armes et de tout le matériel logistique, des dizaines de bourriquots achetés en Tunisie sont débarqués dans l'île. Ils se révéleront un moyen de transport irremplaçable dans les endroits inaccessibles de la péninsule, pendant la campagne d'Italie.

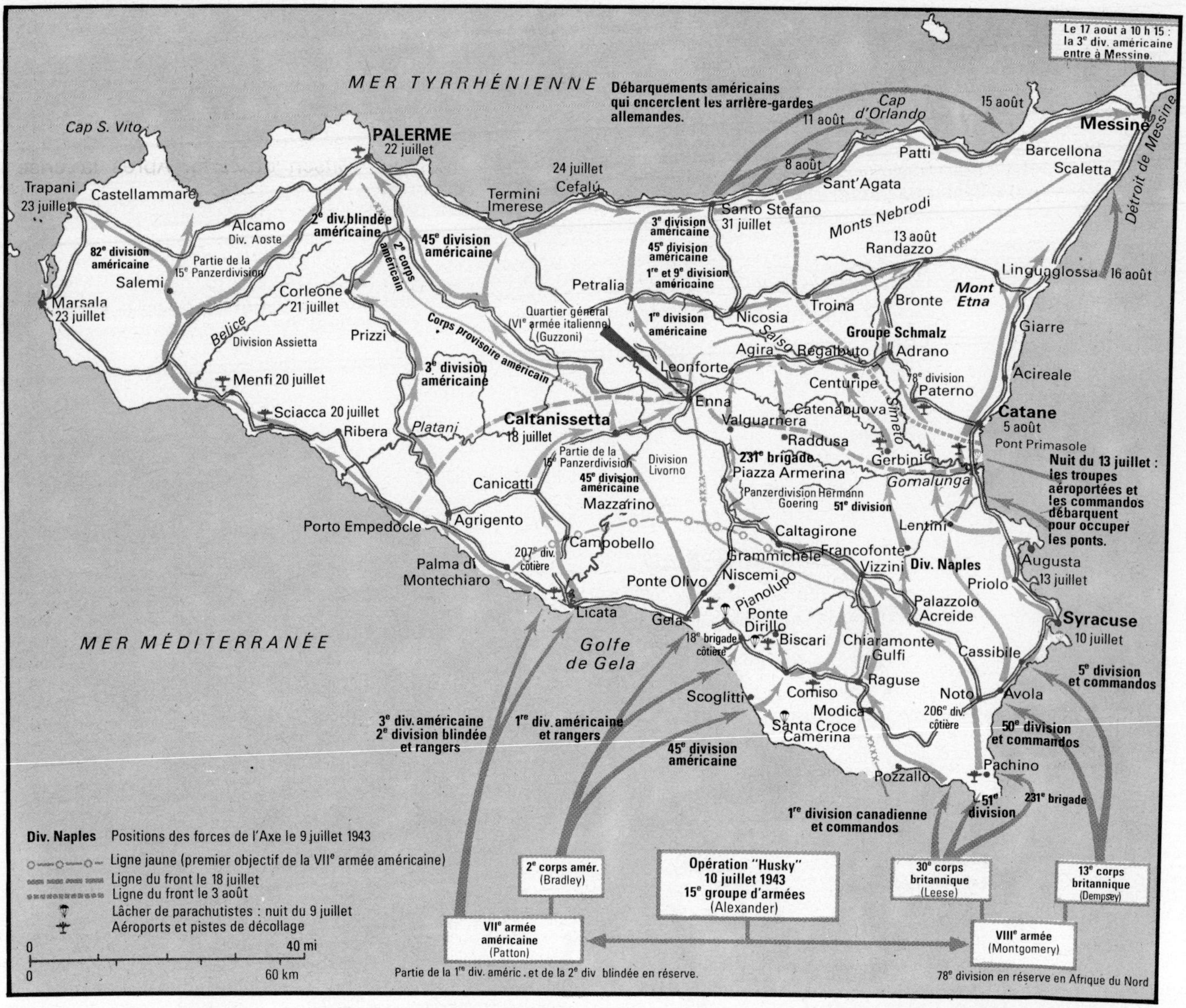

Camerina sont occupées. Au nord, après la prise de Licata (y compris le port et l'aéroport), la 3e division américaine, la 2e division blindée et des groupes de rangers américains consolident leurs positions, contrôlant les mouvements d'unités de la 15e division blindée allemande qui se trouvent entre Canicatti et Caltanissetta, les avions de reconnaissance américains ayant signalé leur marche vers l'est.

Pacifique. Iles Salomon. En Nouvelle-Géorgie, la progression des Américains au-delà du Barike est très ralentie, tant par la résistance japonaise que par l'épaisseur de la jungle, qui rend impossible, entre autres, l'appui rapproché de l'aviation. Le bataillon bloqué à la pointe Enogai réussit à éliminer la résistance japonaise, mais il manque de vivres et d'eau potable, qu'il faut lui parachuter.

Front soviétique. Deux armées et un groupe d'assaut du Front des steppes, commandé par le général Koniev, sont prélevés sur la réserve et lancés contre la IVe armée blindée allemande (Hoth) dans le secteur sud du saillant de Koursk.

Nouvelle-Guinée. Des forces américaines venant de la baie de Nassau effectuent leur jonction avec des unités australiennes sur le Buigap, coupant les communications japonaises entre Mubo et Salamaua.

11 juillet

Front soviétique. La IVe armée blindée allemande (Hoth) et le groupe opérationnel Kempf, dans le secteur méridional du saillant de Koursk, engagent toutes les forces disponibles dans une attaque contre les positions ennemies de Prokhorovka et parviennent à gagner quelques kilomètres de terrain. Mais les éléments avancés du nord et du sud ne réussissent pas à opérer leur jonction.

Les généraux von Manstein et von Kluge insistent auprès du Führer pour qu'il abandonne la trop coûteuse opération « Citadelle », vouée désormais à un échec certain, mais ils ne reçoivent que des refus obstinés.

Sicile. La contre-attaque des troupes de l'Axe s'intensifie en direction de

Gela : l'action est appuyée par les forces aériennes italo-allemandes, qui bombardent les plages de Gela et les navires de guerre alliés au large. Les unités de la division Livorno, venant du nord, et les blindés de la division Hermann Goering venant de l'est convergent sur Gela ; mais, alors que l'attaque de l'unité est presque aussitôt repoussée par le feu des compagnies de rangers et par l'artillerie navale, les chars allemands, à l'est de Gela, atteignent la route littorale à 1 800 m à peine de la mer. Là, cependant, ils sont bloqués par la réaction de l'artillerie de campagne américaine et par le tir des canons de 125 mm des croiseurs alliés au large.
Sur le front de la VIIIe armée, le 30e corps britannique sous les ordres du général Leese, après avoir atteint Palazzolo, marche en direction de Caltagirone, tandis que dans le secteur du 13e corps commandé par le général Dempsey, la 5e division, après avoir conquis Syracuse, continue d'avancer presque sans désemparer par la route littorale en direction d'Augusta. Vers le soir cependant, à Priolo (à mi-chemin entre Augusta et Syracuse), les patrouilles de tête se heurtent aux blindés allemands du groupe Schmalz, venus de Catane, et doivent se replier.
Pacifique. Iles Salomon. L'attaque s'essouffle en Nouvelle-Géorgie ; la situation logistique des Américains devient critique. A la pointe Segi, une piste est prête pour les avions de chasse. L'amiral Halsey désigne le général Vandegrift, nommé depuis peu commandant du corps amphibie des marines, pour diriger les forces terrestres qui devront s'emparer de Bougainville, dernier bastion japonais entre la Nouvelle-Géorgie et la Nouvelle-Bretagne, où se trouve la base de Rabaul, vitale pour l'ennemi.

L'U.F.A.

En Allemagne la production de *Münchhausen*, le film de J. von Baky, célèbre triomphalement le vingt-cinquième anniversaire de la fondation de l'U.F.A. (Universum Film Aktiengesellschaft), le plus grand organisme de production, de contrôle et de propagande de l'industrie cinématographique nazie. L'U.F.A. est créée en 1917, sous l'impulsion du gouvernement allemand qui la met clairement au service de sa propagande et de son action éducative. Il s'agit pour lui de réunir en pleine guerre les nombreuses maisons de production allemandes, petites et souvent dépendantes de l'étranger, en un seul établissement.
Demeurée active même après la défaite militaire de l'Allemagne, l'U.F.A. lie son nom à la grande saison du cinéma de Weimar ; à cette époque elle produit et distribue même hors de ses frontières les films de réalisateurs tels que Pabst, Murnau, Lubitsch et Lang. Après la crise de 1923 et une sévère restructuration financière, l'U.F.A. se renforce au début des années trente en exploitant au mieux l'invention du film parlant.
L'avènement du nazisme, entraînant une politique de centralisation et le contrôle du cinéma par l'État, permet à l'U.F.A. d'élargir son monopole et de devenir l'un des piliers de la propagande du régime.
Dès que la guerre éclate, l'U.F.A., progressant au même rythme que l'armée allemande, étend son monopole à tous les pays occupés. C'est une période de grand essor de la production ; en effet, entre 1940 et 1944, l'Universum Film Aktiengesellschaft et les établissements qui en dépendent vont réaliser plus de deux cents films.

12 juillet
Front soviétique. Les Soviétiques déclenchent une grande contre-offensive à partir du secteur nord du saillant de Koursk et des secteurs de Kirov et de Novossil. Y participent le Front central (Rokossovski), le Front de Briansk (Popov) et le Front occidental (Sokolovsky) avec 8 armées. Au cours de la bataille pour Prokhorovka qui a eu lieu la veille dans le secteur sud du saillant, les Allemands ont perdu 400 chars. Hitler consent enfin à renoncer à l'opération, sans abandonner toutefois les positions acquises.
Sicile. 14 heures : Les chars rescapés de la division blindée allemande Hermann Goering cessent l'attaque et se replient vers le nord, abandonnant un tiers des panzers : les forces du dispositif central de la VIIe armée américaine, que visaient surtout les attaques des Italo-Allemands, sont sauvées. La VIIe armée américaine a atteint ses objectifs les plus immédiats en prenant position sur la « ligne jaune » qui, partant de Palma de Montechiaro (sur la côte), arrive à Campobello, Mazzarino, Caltagirone, Grammichele. Sur le flanc droit du dispositif américain, la IIIe armée occupe Canicatti, sur la droite ; la 45e division avance au-delà de Comiso et occupe Chiaramonte Gulfi. Tous les terrains d'aviation du territoire sont aux mains des Alliés. Les Américains ont fait 28 000 prisonniers et ont perdu 1 millier d'hommes, morts ou blessés.
Dans le secteur anglais du front, la 5e division (13e corps) repousse l'attaque du groupe Schmalz et de la division italienne Napoli, et, grâce à l'appui des bombardiers en piqué et de l'artillerie navale, avance vers Augusta. De son côté, la 50e division anglaise continue d'avancer vers Lentini.
Pacifique. Iles Salomon. Les Américains engagés dans la conquête de Munda, en Nouvelle-Géorgie, progressent légèrement à l'intérieur des défenses ennemies, bien articulées. Ils se trouvent aux prises avec de graves problèmes logistiques.
Bataille navale de Kolombangara. Dans la nuit du 12 au 13, le « Tokyo Express », qui transporte 1 200 hommes à Kolombangara, est intercepté dans le golfe de Kula (entre Kolombangara et la Nouvelle-Géorgie) par une formation navale américaine composée de 3 croiseurs légers et 10 contre-torpilleurs. Le débarquement a lieu alors que l'escorte japonaise de 4 contre-torpilleurs chargés

de troupes a déjà engagé le combat. Cette escorte comprend 1 croiseur léger et 5 contre-torpilleurs. Le duel d'artillerie est très violent et l'envoi de torpilles très fourni, surtout du côté japonais. La formation américaine perd le contre-torpilleur *Gwin,* tandis que les croiseurs *Saint-Louis, Honolulu* et *Leander* (ce dernier néo-zélandais) sont endommagés par des torpilles. 2 autres contre-torpilleurs américains sont gravement endommagés au cours d'une collision. Les Japonais perdent le croiseur *Jintsu,* qui coule avec, à son bord, le vice-amiral Isaki, le commandant et 482 officiers et marins.
Nouvelle-Guinée. Les forces alliées avancent sur Mubo en réduisant quelques points de résistance japonais.
Chine. Tchang Kaï-chek se conforme aux recommandations de la Conférence Trident, qui autorise une offensive limitée dont le nom de code est « Saucy », pour rétablir les communications terrestres avec la Birmanie.

13 juillet
Sicile. Tandis que les Anglais de la 5e division entrent à Augusta, la 51e division du 30e corps est attaquée près de Vizzini par la division blindée Hermann Goering et par les éléments restants de la division Napoli repliés sur Catane : l'unité anglaise doit stopper son avance.

Pacifique. Iles Salomon. En Nouvelle-Géorgie, les Américains parviennent à s'emparer d'une colline qui domine la piste de Zenana-Munda, constituant ainsi un saillant dans les positions japonaises qui se défendent, comme toujours, avec une obstination fanatique. Le 172e régiment d'infanterie atteint la côte à Laiana. Un précieux ravitaillement et de nouveaux renforts arrivent. 30 000 hommes environ, soldats de l'armée de terre ou marines, sont alors répartis entre la Nouvelle-Géorgie, Rendova et les petites îles.
Les Antilles françaises se rallient au Comité français de libération nationale.

Nouvelle-Guinée. Aucune présence ennemie ne subsiste dans le secteur de Mubo. La 3e division australienne achève le ratissage de la crête de Lababia.

13-14 juillet
Sicile. Dans la nuit, le 13e corps anglais du général Dempsey entreprend une offensive contre les positions du groupe Schmalz, visant à pénétrer dans la plaine de Catane. Dans le même temps, les troupes aéroportées anglo-américaines sont parachutées au sud de Catane pour s'assurer le passage de deux ponts très importants : le pont des Malati (sur le Lentini), à 5 km environ au nord de la localité du même nom, et le pont Primasole (sur le Simeto), qui représente le meilleur accès à la plaine de Catane. Le pont des Malati est enlevé par un commando débarqué sur la côte par des unités britanniques. L'opération pour le pont Primasole est un échec presque total, car les pilotes des avions de transport alliés, gênés par le feu de la D.C.A. ennemie, larguent les parachutistes un peu au hasard : sur 1 900 hommes largués, 200 seulement atteignent le pont avec 3 canons anti-chars ; ils réussissent cependant à s'en emparer.

14 juillet
Front soviétique. Le Front de Voronej (Vatoutine) passe lui aussi à la

Très suggestive et dramatique image de la bataille de Koursk (front russe) : un soldat allemand regarde un Panzer IV qui se détache sur la clarté des incendies.

contre-offensive au sud du saillant de Koursk contre la IVe armée blindée et le groupe opérationnel Kempf.
Sicile. La 1re division américaine entre à Mazzarino et à Niscemi, tandis que, près de Vizzini, la 51e division anglaise (du 30e corps), appuyée par la 45e division américaine, vient à bout de la résistance acharnée des troupes de l'Axe. Alors que la division américaine fait mouvement vers la gauche, la petite ville est occupée par une brigade de la 51e division. A son tour, la 1re division canadienne fait route vers le nord-ouest en direction d'Enna.
Près de Lentini, dans le secteur du 13e corps anglais, l'attaque de la 5e et de la 51e division est contenue par les forces de l'Axe. Au pont Primasole, les parachutistes anglais résistent toute la journée. A la nuit tombante, ayant épuisé leurs munitions, ils se replient sur une hauteur au sud de la rivière où les rejoindront les hommes de la brigade Durham, de la 50e division.
Italie. Les bombardements alliés s'intensifient sur les voies de communication qui relient le nord et le sud de la péninsule et sur les centres les plus importants du midi : Naples est la cible préférée.
Pacifique. Iles Salomon. De très durs combats se poursuivent dans la jungle de la Nouvelle-Géorgie. De nouveaux renforts et des chars sont débarqués à Laiana.
Iles Trobriand. Les Américains achèvent la construction de l'aéroport commencé par les *Seabees* tout de suite après le débarquement.

15 juillet
Front soviétique. Le commandement suprême soviétique annonce que depuis le début de la contre-offensive sur Orel l'Armée rouge a progressé de 20 à 25 km.
Sicile. Le général Patton, commandant la VIIe armée américaine, met sur pied un corps provisoire auquel il confie le secteur ouest de l'île ; en font partie, aux ordres du général Geoffrey Keyes, la 3e division, renforcée par le 3e bataillon de rangers, et la 82e, renforcée par un régiment de la 9e division et par des troupes aéroportées.
La 1re division canadienne s'empare de Caltagirone et de Grammichele. Dans le secteur anglais, la bataille se poursuit autour de Lentini et au pont Primasole : craignant une attaque du flanc est, le colonel Schmalz se replie au nord de la Gomalunga, puis du Simeto.
Pacifique. Iles Salomon. Les Japonais déclenchent un puissant raid aérien contre les concentrations de troupes et la flotte américaine des îles centrales. Sur 75 avions qui participent au raid, 45 sont abattus par la chasse américaine. Après cette défaite, l'aviation japonaise devra se limiter à des actions nocturnes.
Constatant que la situation n'évolue pas selon les prévisions, le commandement américain remplace le général Hester par le général Griswold à la tête de la force d'occupation de la Nouvelle-Géorgie. Le contre-amiral Turner, qui commande la force amphibie du Pacifique Sud et la *Task Force* 31, est lui aussi relevé de son commandement.

15-16 juillet
Sicile. Dans la nuit, 2 compagnies de la brigade Durham (50e division) passent à gué le Simeto à l'ouest du pont Primasole.

16 juillet
Front soviétique. Dans le secteur du saillant de Koursk, les Allemands se replient, tout en cherchant à contenir la forte poussée soviétique. Hitler justifie l'abandon de l'opération « Citadelle » par la situation en Italie qui pourrait nécessiter l'envoi d'importantes forces allemandes. Dans le Kouban, les Soviétiques préparent une offensive destinée à réduire la tête de pont ennemie entre la mer Rouge et la mer d'Azov.
Sicile. La 3e division américaine attaque en direction d'Agrigente, tandis que la 2e division blindée américaine est dirigée contre Palerme par le général Patton.
Dans la nuit, la 1re division canadienne (30e corps britannique) s'empare de Caltagirone et pénètre à Piazza Armerina, après un dur engagement avec un bataillon de la 15e division blindée allemande.
Au sud de Catane, c'est-à-dire dans la zone d'action des divisions anglaises, les hommes de la brigade Durham, fortement appuyés par l'artillerie et les blindés, essaient d'enlever le pont Primasole pour établir une tête de pont sur l'autre rive : l'opération échoue à cause de la prompte réaction du bataillon de parachutistes allemands qui défend le pont, mais dans la nuit des unités de la brigade anglaise parviennent à franchir le cours d'eau. A l'aube, un certain nombre de chars et de canons antichars peuvent eux aussi passer le pont. Les Allemands se retirent.
Italie. Le Premier ministre anglais, Winston Churchill, et le président américain Roosevelt lancent un appel commun aux Italiens pour qu'ils décident « s'ils veulent mourir pour Mussolini et Hitler, ou vivre pour l'Italie et la civilisation ».
Pacifique. Iles Salomon. En Nouvelle-Géorgie, le 172e régiment d'infanterie américain élargit lentement la tête de pont de Laiana ; le 169e s'empare d'une colline mais demeure soumis à une forte pression japonaise.
Iles Trobriand. Mise en service de l'aéroport construit dans l'île de Woodlark.
Japon. Un sous-marin américain bombarde l'île de Matsuwa, dans les Kouriles. Ce groupe d'îles est désormais dans le rayon d'action des bombardiers américains basés dans les Aléoutiennes.

17 juillet
Front soviétique. Tandis que les Fronts de l'ouest, de Briansk et du centre poursuivent la contre-offensive au nord du saillant de Koursk, d'autres armées soviétiques attaquent au sud d'Izioum et au nord-ouest de Vorochilovgrad. Moscou annonce que les troupes soviétiques ont complètement reconquis les positions qu'elles tenaient avant le 5 juillet, au sud d'Orel.
Sicile. La 3e division américaine entre à Agrigente. Suivant les instructions données par le général Alexander, le 2e corps du général Patton se dirige vers la côte nord de l'île.
A l'est, les troupes du 13e corps anglais renforcent la tête de pont du Simeto, dans la zone côtière. Pendant la nuit, deux brigades de

Fantassins soviétiques à l'attaque des positions allemandes sur le Donetz : au premier plan, deux soldats franchissent un fossé, armés de leur fusil-mitrailleur.

la 50e division anglaise passent à l'attaque en direction du nord, vers Catane ; pour défendre la ville, la division blindée Hermann Goering et le groupe Schmalz bloquent la route littorale, et opposent une très farouche résistance aux attaquants.
Pacifique. Iles Salomon. Dans la nuit du 17 au 18, la garnison japonaise de la Nouvelle-Géorgie lance l'unique contre-offensive combinée de toute la campagne, pénétrant en quelques points à l'intérieur du dispositif américain.
Nouvelle-Guinée. La 3e division australienne et 2 bataillons de la 41e division américaine avancent vers Salamaua. Il s'agit d'une action de diversion, car les vrais objectifs alliés sont la vallée du Markham et la péninsule Huon, grâce auxquelles il sera possible de contrôler les détroits de Vitiaz et de Dampier.

18 juillet
Sicile. La 45e division américaine occupe Caltanissetta et poursuit vers le nord pour couper la nationale 121, qui relie Palerme à Enna. Après 2 jours de combats acharnés contre la 15e division blindée allemande, des forces du 30e corps britannique (1re division canadienne) conquièrent Valguarnera, à quelques kilomètres au nord d'Enna, traversent le chef-lieu et se dirigent vers Leonforte (là, ils ont l'ordre de se diriger à l'est vers Agira et Regalbuto pour atteindre Adrano, clef de la défense allemande sur l'Etna, situé au nord-ouest de Catane).
Dans le secteur oriental, la marche vers le nord des 5e et 51e divisions anglaises est stoppée devant Catane, où les Allemands ont organisé une puissante ligne de défense. Montgomery cherche alors à tourner l'obstacle par l'ouest : les Allemands feraient l'impossible pour « tenir » le secteur de Catane, qui constitue le pivot autour duquel tourne l'ensemble des troupes de l'Axe en retraite vers la Sicile du Nord-Est. Les unités appelées à tourner les défenses allemandes autour de Catane sont la 1re division canadienne, la 51e division anglaise et la 231e brigade.
Front soviétique. Les engagements sont toujours très durs au nord et au sud du saillant de Koursk.
Pacifique. Iles Salomon. En Nouvelle-Géorgie, les Américains se préparent à une nouvelle attaque contre Munda et repoussent les unités japonaises qui se sont infiltrées dans leurs lignes.
Un contre-torpilleur japonais est coulé par des avions américains près de l'île de Bougainville, où il acheminait des renforts et des ravitaillements. L'aviation américaine attaque des installations ennemies à Buin, dans cette même île.

19 juillet
Sicile. L'avance des troupes alliées vers le nord se poursuit : la 231e brigade arrive près d'Agira, tandis que la 2e brigade canadienne (1re division) lance une attaque en direction

Rome, 19 juillet 1943. Le pape Pie XII au milieu des rescapés du bombardement aérien américain du quartier de San Lorenzo ; le raid en deux temps a fait environ 2000 victimes et causé d'importants dégâts (notamment à la basilique San Lorenzo).

de Leonforte. Près de Catane, le 13ᵉ corps anglais ne réussit pas à avancer à cause de la ferme résistance opposée par les troupes allemandes. La progression des troupes de la VIIᵉ armée américaine vers Trapani et Palerme est plus facile : dans ce secteur, la résistance ennemie est très faible.

Italie. Hitler et Mussolini se rencontrent à Feltre. L'entrevue dure 6 heures (de 11 heures à 17 heures), au cours desquelles le Führer cherche à remonter le moral du Duce, très bas à la suite des revers militaires essuyés en Afrique et en Sicile et du changement intervenu dans la situation politique intérieure. A ce propos, le dictateur allemand est au courant des propositions faites par quelques officiers de haut rang et par des personnalités politiques pour la recherche d'une paix séparée avec les Alliés. Hitler étourdit Mussolini de son intarissable faconde, parle des armes secrètes qu'on prépare en Allemagne et qui assureront la victoire de l'Axe, et propose l'envoi de troupes allemandes en Italie. Il exige d'autre part de son « collègue », en donnant à l'ultimatum la forme d'une suggestion, qu'il emploie la manière forte et purge des opposants le parti et le pays.

Premier raid aérien sur Rome : plus de 500 bombardiers américains déversent quelque 1 000 t de bombes sur les aéroports du Littorio et de Ciampino et sur le nœud ferroviaire qui traverse le quartier de San Lorenzo. L'attaque, qui a lieu en deux temps (une le matin, une l'après-midi), fait de nombreuses victimes (2000, dit-on) et d'importants dégâts (entre autres, la basilique San Lorenzo est gravement touchée). Le centre de la ville n'est pas touché, mais l'émotion dans la capitale et dans le pays est énorme.

Front soviétique. Tous les fronts soviétiques passent à l'offensive après l'échec presque total de l'opération allemande sur le saillant de Koursk. Du nord au sud attaquent : le Front de Kalinine (Eremenko), le Front occidental (Sokolovsky), le Front de Briansk (Popov), le Front central ou de Biélorussie (Rokossovski), le Front de Voronej ou 1ᵉʳ Front ukrainien (Vatoutine), le Front de la steppe ou 2ᵉ Front ukrainien (Koniev), le Front sud-ouest ou 3ᵉ Front ukrainien (Malinovski), le Front méridional ou 4ᵉ Front ukrainien (Tolboukhine), et enfin le Front du Caucase du Nord (Petrov).

Iles Aléoutiennes. Le contre-amiral Kinkaid approuve le plan d'invasion de l'île de Kiska. L'île est fréquemment bombardée par mer et par air ; au cours du dernier mois, les avions de la 2ᵉ force aérienne y ont déversé plus de 1 200 t de bombes.

20 juillet

Sicile. Dans le secteur sud de l'île, la 82ᵉ division américaine s'empare de Sciacca et de Menfi et marche sur Trapani et Palerme. Le 2ᵉ corps

américain occupe Enna. A l'est, la 2e brigade (1re division) avance jusqu'à quelques kilomètres de Leonforte, tandis que la 5e division attaque l'aéroport de Gerbini, au nord-ouest de Catane.
Le général Montgomery rappelle d'Afrique la 78e division de réserve : ayant définitivement abandonné l'idée d'une attaque frontale contre Catane, il projette d'effectuer une manœuvre tournante pour enfoncer par l'ouest les positions de l'Etna en lançant à l'attaque le 30e corps et la 78e division.
Méditerranée. Vu les succès remportés par leurs forces en Sicile, les stratèges alliés annulent le plan « Brimstone » de l'invasion de la Sardaigne et portent toute leur attention sur Naples en raison de l'importance de son port et de la proximité de Rome.
Front soviétique. Dans le secteur nord du saillant de Koursk, les Allemands ne peuvent que battre en retraite, suivant les ordres de l'habile général von Manstein, qui préfère sauver ce qui peut l'être plutôt que d'obéir aux directives de Hitler.
Pacifique. Iles Salomon. En Nouvelle-Géorgie, le 145e d'infanterie américain remplace le 179e, très éprouvé, à l'est de Munda. Le 148e d'infanterie enfonce les lignes ennemies et occupe les positions déjà tenues par le 145e. Entre Laiana et la piste de Munda, on achève une route à travers la jungle qui permettra aux troupes au combat d'être mieux ravitaillées.
Nouvelle-Guinée. Des unités américaines entreprennent une vaste série d'opérations en vue de la conquête des hauteurs qui dominent la baie de Tambu et la petite crique de Dot Inlet.

21 juillet
Sicile. Les Américains entrent à Castelvetrano et à Corleone. Dans le secteur anglais, pendant la nuit, la 1re division canadienne entre à Leonforte.
Allemagne. Rommel quitte son Q. G. de Bavière pour aller inspecter les défenses de l'Axe en Grèce et en mer Egée : c'est dans ce secteur en effet que les Allemands craignent un nouveau débarquement allié.
Yougoslavie. Les Allemands mettent à prix la tête des deux chefs de la Résistance, Tito et le général Mihailovitch : 100 000 marks-or.
Pacifique. Iles Salomon. Un groupe de reconnaissance américain débarque dans la nuit du 21 au 22 près de Barakoma, dans l'île de Vella Lavella, au nord-ouest de Kolombangara, pour préparer l'invasion. En contrôlant l'île, les Américains neutraliseraient la base japonaise de Vila située à Kolombangara même et se rapprocheraient ensuite de Bougainville, où les Japonais ont 8 camps d'aviation et l'importante base de Buin.
Opérations locales en Nouvelle-Géorgie. 2 contre-torpilleurs japonais transportant des renforts sont coulés par des avions américains au sud de Choiseul.

Un berger sicilien montre les positions allemandes à un soldat américain.

22 juillet
France. Le gouvernement de Vichy autorise les Français à s'engager dans l'armée allemande.
Sicile. Les Américains entrent à Palerme : il s'agit maintenant d'achever la conquête de la partie la plus occidentale de l'île pour pouvoir ensuite diriger les divisions en direction de l'est, vers Messine.
Italie. Le général Vittorio Ambrosio, chef d'état-major général, se conformant aux décisions prises lors de la rencontre de Feltre le 19 juillet, demande l'envoi en Italie du Nord de deux divisions allemandes et le transfert de Calabre en Sicile de la 29e division motorisée allemande.
Iles Salomon. Nouvelle-Géorgie. Le nouveau commandant de la force d'occupation, le général Griswold, prépare pour le 25 une offensive de grande envergure contre la base aérienne de Munda. Les 37e et 43e divisions y participeront. Des unités de la 25e division arrivent dans l'île : elles sont rattachées à la 37e. Les forces terrestres américaines pour la Nouvelle-Géorgie, Rendova et les petites îles s'élèvent à 32 000 hommes de l'armée de terre et 1 700 marines.
Front soviétique. Les Soviétiques s'emparent de Mtsensk et de Bolkhov, au nord d'Orel, et lancent dans le secteur nord une offensive limitée au sud du lac Ladoga.
Iles Aléoutiennes. 2 cuirassés, 5 croiseurs et 9 contre-torpilleurs américains soumettent à un nouveau bombardement les installations japonaises de l'île de Kiska, dont le quartier général impérial a déjà depuis un certain temps décidé l'évacuation.
Dans le secteur de Bougainville, le petit porte-hydravions japonais *Nisshin,* escorté de 3 contre-torpilleurs, tente de rejoindre la Nouvelle-Géorgie, mais il est intercepté par des

avions américains et coulé près de Bougainville.

23 juillet

Sicile. Le corps américain provisoire occupe les ports de Trapani et de Marsala, tandis que les unités de la 45ᵉ division américaine atteignent la côte nord de l'île, à l'est de Termini Imerese. Toute la Sicile occidentale est sous contrôle allié, et le général Patton peut maintenant tourner ses regards vers l'est en vue du but final, Messine.

Front soviétique. Les Soviétiques finissent de chasser les troupes allemandes du secteur nord du saillant de Koursk, cependant qu'ils avancent dans la zone d'Orel.

24 juillet

Front soviétique. Staline, dans un message aux généraux Rokossovski, Vatoutine et Popov, exalte « l'écrasement final de l'offensive d'été allemande », en rappelant que dans les secteurs d'Orel-Koursk et de Bielgorod, au sud du saillant, les Allemands avaient concentré 37 divisions, dont 17 blindées, 2 motorisées et 18 divisions d'infanterie. Ils ont eu 70000 morts et ont perdu 2900 chars, 195 automoteurs Ferdinand, 844 pièces d'artillerie, 5000 véhicules et 1392 avions.

Les chiffres relatifs aux chars et aux avions détruits sont probablement exagérés; mais il est certain qu'après la guerre les généraux allemands reconnaîtront avoir sacrifié le meilleur de leurs blindés et perdu la supériorité aérienne en Russie par la faute de la malheureuse opération « Citadelle ».

Sicile. Le corps américain provisoire ratisse la partie occidentale de l'île en y faisant « un nombre record de prisonniers », comme le soulignent les sources officielles américaines.

La 45ᵉ division américaine s'empare de Cefalú et la 1ʳᵉ attaque Nicosie.

Norvège. 167 bombardiers de la 8ᵉ force aérienne américaine larguent 400 t de bombes sur des objectifs industriels de Heroya, tandis que 41 B-17 bombardent les installations navales de Trondheim.

Allemagne. Commencement des bombardements en chaîne sur Hambourg par les avions de la R. A. F.

Italie. A 17 heures, le Grand Conseil fasciste se réunit à Rome pour discuter l'ordre du jour de Grandi.

Pacifique. Iles Salomon. En Nouvelle-Géorgie, les Japonais s'opposent durement à la progression du 161ᵉ d'infanterie vers les positions qui lui ont été assignées dans le dispositif de l'attaque sur Munda.

25 juillet

Italie. Aux premières heures de la matinée, le Grand Conseil refuse la confiance à Mussolini, qui est emprisonné : le maréchal Pietro Badoglio est chargé de former un nouveau gouvernement.

Sicile. L'avance des troupes du général Patton vers Messine se poursuit avec de plus en plus de difficultés. Dans le secteur anglais, la 1ʳᵉ division canadienne, appuyée par la 231ᵉ brigade, attaque Agira, à l'est de Leonforte, où elle rencontre une vive résistance.

Allemagne. La nouvelle de la chute de Mussolini parvient dans l'après-midi au quartier général de Hitler à Rastenburg (aujourd'hui Ketrzyn, en Pologne); le Führer examine aussitôt la situation avec ses généraux et prend une première décision fracassante : envoyer les 8 divisions allemandes stationnées en Allemagne du Sud et en France occuper tous les cols des Alpes italiennes. Tous les cols entre l'Italie et la France, l'Italie et la Suisse, l'Italie et l'Autriche sont aux mains des Allemands avant que Badoglio ait eu le temps de prendre la moindre contre-mesure.

A propos de la 3ᵉ division *Panzergrenadiere* stationnée à Rome, Hitler dit à ses généraux qu'il enverra dès le lendemain quelqu'un à Rome pour enjoindre le commandant de la 3ᵉ division d'arrêter tous les membres du gouvernement : le roi, le prince héritier, puis le général Badoglio et tous ses amis.

Pacifique. Iles Salomon. Le général Twining remplace le contre-amiral Mitscher au commandement des forces aériennes des Salomon, dont les effectifs ont été portés à 539 avions et qui, depuis le 30 juin, ont abattu 316 avions japonais (en perdant eux-mêmes 71).

Nouvelle-Géorgie. Les 43ᵉ et 37ᵉ divisions déclenchent l'offensive contre Munda. Malgré l'appui massif des avions et de l'artillerie navale, ils ne réussissent qu'en quelques points à venir à bout de la résistance acharnée des Japonais. Quelques unités encerclent une position dominante appelée Bartley Ridge, tandis que sur le flanc droit quelques éléments atteignent la côte près de Terere. Mais, dans l'ensemble, les résultats sont décevants.

26 juillet

Hitler voudrait retirer les divisions blindées S.S. du front soviétique et les envoyer en Italie pour rétablir le régime fasciste, mais Kluge déclare ne pouvoir retirer un seul homme du front. Hitler réussira quand même à envoyer peu de temps après en Italie la division blindée S.S. Leibstandarte, qui sera toutefois renvoyée en octobre sur le front de l'est.

Pacifique. Iles Salomon. En Nouvelle-Géorgie, les 2 divisions américaines renouvellent leurs attaques avec une intense préparation d'artillerie et avec l'appui de chars et de lance-flammes.

Démonstration de masse lors d'une manifestation antifasciste à Milan.

LE 25 JUILLET 1943

Le débarquement allié du 10 juillet en Sicile et la rapidité avec laquelle les Anglo-Américains avancent dans l'île sèment la consternation dans le pays. Ces événements, qui préoccupent le gouvernement, accroissent la mauvaise humeur au sein du parti fasciste et dans les hautes sphères militaires. C'est dans sa résidence de Villa Torlonia que Mussolini reçoit la nouvelle; les militaires l'assurent que les défenses « tiennent », mais dans l'après-midi le Duce apprend en rentrant au Palazzo Venezia que la base d'Augusta est déjà aux mains des troupes anglaises. Il y a vraiment de quoi être inquiet, car du 11 au 14 la situation s'est encore aggravée dans l'île pour les forces de l'Axe. Le 16, un groupe de dignitaires fascistes demande audience à Mussolini pour obtenir du Duce la réunion du Grand Conseil fasciste, organe suprême du régime, pour débattre du sort de la nation (la dernière séance date du 7 décembre 1939).

Celle-ci est fixée au 24 juillet. L'ordre du jour, établi auparavant par Dino Grandi, membre influent du Grand Conseil fasciste, préconise la restitution au roi des pouvoirs civils et militaires et une politique de rapprochement avec la Grande-Bretagne. Il s'agit là d'une véritable rébellion contre Mussolini.

Grandi fait parvenir au roi une copie de son document avec une lettre dans laquelle il demande à Victor-Emmanuel, « en cette heure grave et décisive pour le destin de la nation et de la monarchie », de ne pas abandonner la patrie.

La réunion a lieu le 24 juillet, à 17 heures précises. Y prennent part De Bono et De Vecchi, le secrétaire du parti Scorza, le président du Sénat Suardo, Grandi, et d'autres dignitaires du régime.

Dans un long préambule d'autodéfense, Mussolini rappelle comment on en est arrivé à la convocation du Grand Conseil; il fait le point de la situation militaire sur les différents fronts, déclare que ce n'est pas lui qui a voulu assumer le commandement suprême des forces armées, mais que cette charge lui a été confiée par le roi le 16 juin 1940; il relate ensuite à grands traits les événements les plus importants du conflit, du débarquement anglo-américain en Afrique du Nord à l'abandon de la Tunisie par les forces de l'Axe, de la chute de Pantelleria au débarquement allié en Sicile; il conclut par une péroraison sur le thème de la popularité ou de l'impopularité des guerres : « Quand les guerres tournent mal, elles sont le fait de l'homme qui les a déclarées; mais elles sont l'affaire de tous... quand elles sont victorieuses. »

La discussion commence : l'intervention la plus attendue est évidemment celle de Grandi, qui expose son ordre du jour en termes clairs, sans sous-entendus, comme l'a précisément demandé Mussolini en commençant son exposé. De ses paroles se dégage une vérité déconcertante : le fascisme se rebelle contre son chef.

De son côté, Galeazzo Ciano, ancien ministre des Affaires étrangères et gendre du Duce, accuse l'Allemagne de ne pas avoir tenu ses engagements : de toute façon, la situation est si grave que même les sacrifices les plus lourds ne pourraient ranimer la plus petite chance de victoire.

Vers minuit, Scorza propose un renvoi de la séance au lendemain. Grandi s'y oppose vivement; le Duce cède, mais suspend la séance pour une demi-heure. Tandis que Mussolini s'entretient avec Scorza et d'autres fidèles, Grandi recueille les signatures de ceux qui entendent soutenir son ordre du jour. A la reprise de la séance, Grandi met l'ordre du jour signé sur le bureau de Mussolini. D'autres interventions se succèdent, qui définissent la position de chacun des membres du Grand Conseil : piqué au vif, Mussolini réplique et réussit pour quelques instants à faire pencher la balance de son côté (lorsqu'il s'écrie, par exemple, que si ce document a pour but de renverser le régime, il vaut mieux le dire clairement). Mais Grandi pare le coup en déclarant que la personne du Duce est hors discussion (« Le Duce n'est pas concerné »). Au milieu des accusations, des ressentiments personnels, des répliques acerbes et des remarques des uns ou des autres, il est environ 3 heures du matin quand Mussolini déclare ouvert le vote des ordres du jour présentés : celui de Grandi, et celui de Scorza, qui assure au Duce un appui inconditionnel. Le document Grandi est approuvé : 19 voix pour, 8 voix contre, et 1 abstention. « L'ordre du jour de Grandi est approuvé », dit Mussolini, puis il ajoute : « Messieurs, par cet ordre du jour, vous avez ouvert la crise du régime. »

Le lendemain, 25 juillet, Mussolini est convoqué à 17 heures par le roi, bien décidé à s'en débarrasser une fois pour toutes. Le Grand Conseil, en ne votant pas la confiance, lui a notablement facilité la tâche. Mussolini lui fait remarquer que, d'après la loi, le vote n'a qu'une simple valeur consultative; Victor-Emmanuel réplique sèchement : « Non, mon cher Duce, le vote du Grand Conseil est terrible dans sa substance, ne vous faites pas d'illusions. » Mussolini semble résigné. Il demande : « Que va-t-on faire de moi ? Et de ma famille ? » Le roi le rassure et, à 17 h 20, le raccompagne à la porte.

Une demi-heure plus tard le maréchal d'Italie Pietro Badoglio reçoit du souverain la charge de former le nouveau gouvernement : l'une de ses premières dispositions est d'interdire toute indiscrétion sur la nuit du Grand Conseil.

Un régiment de la 43e division s'empare du village d'Ilangana et atteint la côte à Kia, mais la 37e division ne réussit pas à venir à bout des défenseurs de Bartley Ridge.
Iles Aléoutiennes. Des avions américains larguent en un seul raid 104 t de bombes sur les positions japonaises de Kiska. A 18 h 40, 3 croiseurs légers et 8 contre-torpilleurs japonais, qui à la faveur des brumes arctiques viennent d'accoster dans l'île, rembarquent en une heure la quasi-totalité des 6100 hommes de la garnison et repartent sans être découverts par l'ennemi. Quelques sous-marins participent aussi à l'opération.

27 juillet
Sicile. Des unités de la 45e division américaine, qui avance sur la route littorale en direction de Messine, arrivent à Tusa, à l'ouest de Santo Stefano; elles traversent la rivière, mais sont repoussées.
Méditerranée. Le quartier général des forces alliées en Méditerranée demande au commandement général de préparer les plans pour la conquête de Naples et des aéroports voisins, à partir desquels les futures opérations seront appuyées. Le jour du débarquement est fixé au 7 septembre, à titre purement indicatif.
Allemagne. Au cours d'une réunion en vue d'établir un plan d'action en Italie, Hitler et son état-major fixent les modalités d'intervention dans la péninsule : 1° Libération de Mussolini (opération « Chêne »); 2° Occupation de Rome et rétablissement du Duce à la tête du pays (opération « Student »); 3° Occupation militaire de toute l'Italie; 4° Capture ou destruction de la flotte italienne. Mussolini devra être en somme, de gré ou de force, un nouveau Quisling.
Italie. Vers le soir, Mussolini est transféré de Rome à l'île de Ponza.
Sicile. Le général Alexander, commandant le 15e corps d'armée, transporte d'Afrique en Sicile son quartier général. Des unités de la 45e division américaine retraversent le Tusa et parviennent à établir une petite tête de pont vers Santo Stefano.
Nicosia est prise par la 1re division américaine après 3 jours de durs combats.
Dans le secteur anglais, Agira est enlevée par la 1re division canadienne, après de durs combats. Pendant ce temps, la 231e brigade reprend sa marche vers l'ouest par la N121, mais elle est arrêtée à quelques kilomètres à l'ouest de Regalbuto.
Pacifique. Iles Salomon. Les Américains abandonnent les attaques contre le Bartley Ridge et concentrent leurs efforts contre la colline dite Horseshoe Hill, réduisant au silence quelques nids de mitrailleuses.
Inde. Dans le cadre de la 14e force aérienne américaine est constituée une escadre sino-américaine avec des pilotes chinois entraînés par les Américains.
Iles Aléoutiennes. Dans la nuit du 27 au 28, les derniers Japonais quittent l'île de Kiska. Ce départ non plus n'est pas découvert par les Américains, qui poursuivent leurs préparatifs d'occupation.

28 juillet
Pacifique. Iles Salomon. En Nouvelle-Géorgie, le général Griswold demande des renforts pour poursuivre l'attaque contre Munda. Les Américains avancent très lentement et les Japonais leur font payer cher chaque mètre de terrain conquis. Le groupe de reconnaissance envoyé à Vella Lavella rentre de Barakoma porteur d'éléments favorables quant aux possibilités d'invasion.

29 juillet
Sicile. La 78e division anglaise, qui vient d'arriver en renfort du 30e corps britannique, attaque la ligne Catenanuova-Adrano, au nord-ouest de Catane.
Pacifique. Iles Salomon. En Nou-

Le maréchal d'Italie Pietro Badoglio, nouveau chef du gouvernement italien après la chute de Mussolini.

Des munitions d'artillerie sont débarquées dans l'île d'Arundel dans l'archipel des Salomon.

velle-Géorgie, les durs combats dans la jungle se poursuivent.
Front soviétique. Le *Heeresgruppe* A de von Kleist déclenche quelques contre-attaques pour améliorer ses positions le long du Mious au nord de Taganrog, sur la mer Noire.

30 juillet
Sicile. Sur la N 120, la 1re division américaine marche vers Troina, tandis que sur la route littorale, la 45e division américaine est durement attaquée par les arrière-gardes allemandes postées à Santo Stefano.
Dans le secteur anglais, aux premières heures de la matinée, la 78e division prend d'assaut Catenanuova.
Pacifique. Iles Salomon. En Nouvelle-Géorgie, les Américains prennent le Bartley Ridge et repoussent de violentes contre-attaques japonaises.
Front soviétique. Après les premières attaques, les divisions du *Heeresgruppe* A de von Kleist perdent l'initiative, qui passe aux troupes de Tolboukhine et de Malinovski.

31 juillet
Sicile. La 45e division américaine occupe Santo Stefano. Tandis que la 231e brigade anglaise ne parvient pas à s'emparer de Regalbuto, la 78e division attaque Centuripe, tenue par d'importantes forces allemandes.
Algérie. Le général de Gaulle présidera désormais seul les séances du C. F. L. N.
Le général Giraud, tout en gardant le titre de président, est nommé commandant en chef.
Pacifique. Iles Salomon. Deux bataillons américains ratissent le Bartley Ridge. Les Japonais repoussent de nouvelles attaques contre la colline de Horseshoe.

1er août
La Birmanie proclame son indépendance vis-à-vis de la Grande-Bretagne et se donne un gouvernement nationaliste dirigé par U Ba Maw et appuyé par les occupants japonais. Depuis peu, sous l'égide japonaise, un parti d'union nationale a été créé en Indonésie et un Conseil central constitué, qui concourt à la créa-

Une patrouille d'avant-garde de la 1re division américaine en marche vers Troina, par une forte garnison italo-allemande : au premier plan, un soldat porte le poste de

petite localité de la province d'Enna située sur les pentes les plus méridionales des monts Nebrodi et tenue radio de campagne sur son dos.

Un bombardier américain B-24 Liberator au cours d'un raid sur les raffineries de Ploesti, en Roumanie.

tion de la « sphère de prospérité asiatique commune » souhaitée par Tokyo.
Quant à la Thaïlande, elle est depuis 1942 alliée au Japon sous le gouvernement du régent, le maréchal Pibul Songgram. A cette époque, l'empire du Soleil-Levant exerce sa domination sur environ 500 millions de personnes, dispose de 95 % de la production mondiale de caoutchouc, de 70 % de la production de riz et d'étain, et de la quasi-totalité de la production de quinine. Les Alliés ont toutefois trouvé divers succédanés de la quinine et augmenté (comme d'ailleurs les Allemands) la production de caoutchouc synthétique (Buna).
Roumanie. 177 bombardiers américains B-24 Liberator commandés par le général Lewis H. Brereton, commandant la 9ᵉ force aérienne américaine, larguent 311 t de bombes sur les raffineries de Ploesti, capitale du pétrole roumain (opération « Tidalwave »). L'attaque, qui met hors d'usage 40 % des installations de raffinage, coûte très cher aux Américains, qui perdent 54 bombardiers et 532 aviateurs.
Sicile. La 1ʳᵉ division américaine exerce sa poussée sur Troina, faiblement défendue par les forces de l'Axe : une bataille très dure s'engage, la plus sanglante de toute la campagne. Dans le secteur anglais, la 231ᵉ brigade, appuyée par la 1ʳᵉ division canadienne, parvient à pénétrer à Regalbuto : mais la résistance des forces de l'Axe continue autour de Centuripe, facilitée par la position du pays, situé au sommet d'une haute montagne et auquel on ne peut accéder que par une seule route.
Pacifique. Iles Salomon. En Nouvelle-Géorgie, les Américains avancent sans rencontrer de résistance jusqu'aux abords de Munda. Le fait est que le quartier général impérial, s'étant rendu compte que la Nouvelle-Géorgie n'est plus défendable, a décidé de concentrer tous les moyens et les hommes disponibles sur l'île de Kolombangara, au nord-est de la Nouvelle-Géorgie. Quoi qu'il en soit, les unités de la Nouvelle-Géorgie ont pour mission de défendre coûte que coûte l'aéroport.

2 août

Sicile. La 1ʳᵉ division américaine poursuit ses attaques sur Troina, opiniâtrement défendue par les troupes de l'Axe. Sur la route littorale, la progression de la 3ᵉ division américaine est considérable-

ment ralentie par les champs de mines, les destructions de ponts et par d'autres obstacles. Dans le secteur anglais, après la prise de Regalbuto, les colonnes alliées poursuivent vers l'est, où la 78e division s'emploie à investir Centuripe.
Italie. Un message des Alliés au peuple italien, transmis par Alger, annonce l'imminence de l'invasion par les Anglo-Américains.
Front soviétique. L'offensive soviétique se poursuit sur tout le front. Les plus fortes pénétrations ont lieu au nord du saillant de Koursk, en direction d'Orel.
Pacifique. Iles Salomon. En Nouvelle-Géorgie, la bataille pour l'aéroport de Munda se poursuit. La 37e division d'infanterie américaine a achevé son débarquement.
Iles Aléoutiennes. Deux importantes formations navales américaines (2 cuirassés, 5 croiseurs et 9 contre-torpilleurs) bombardent l'île de Kiska, pilonnée aussi chaque jour par l'aviation. Entre le 2 et le 15 août, date du débarquement, l'île subira 10 autres bombardements de la part de la marine. Les Japonais ont depuis longtemps évacué leur garnison.

3 août
Sicile. Au nord, l'assaut de la 1re division américaine contre Troina se poursuit. Dans le secteur anglais, Centuripe est pris par la 78e division, qui contraint l'ennemi à se replier vers le nord sur l'autre rive du Salso. Pendant la nuit, la 5e division anglaise, qui opère dans le secteur côtier au sud de Catane, effectue une série d'attaques contre la ville.
Pendant ce temps, ce qui reste des forces italiennes commence à évacuer l'île, laissant aux Allemands le soin de couvrir leur retraite.
Front soviétique. Les Soviétiques intensifient leur offensive. Ils lancent leurs armées des Fronts de Voronej et de la steppe en direction de Kharkov, tandis que les autres Fronts (de l'ouest, de Briansk et du centre) convergent sur Orel.
Pacifique. Iles Salomon. Progression régulière des Américains vers l'aéroport de Munda, en Nouvelle-Géorgie. Des unités sont envoyées du secteur de Bairoko pour couper à l'ennemi la route de la retraite vers le nord de l'île.

5 août 1943. Une patrouille anglaise de la VIIIe armée avance parmi les ruines, dans une rue de Catane.

Un engin antichar allemand en action dans la région d'Orel : derniers sursauts de la résistance de la Wehrmacht dans ce secteur.

4 août
Sicile. Malgré leurs efforts, les Américains ne réussissent pas à s'emparer de Troina. La 9e division, dont les unités sont réunies à Nicosia, est affectée au 2e corps américain.
Dans le secteur anglais, tandis que la 5e division poursuit ses attaques en direction de Catane, la 50e division est mise en état d'alerte en vue d'un départ inopiné pour Catane.
Pacifique. Iles Salomon. En Nouvelle-Géorgie, les Américains nettoyent le secteur de Munda, mais n'ont pas encore réussi à se rendre maîtres de l'aéroport.
Iles Aléoutiennes. L'action aérienne de préparation à l'invasion atteint son maximum avec au moins 152 t de bombes larguées dans la journée sur l'île de Kiska.

5 août
Front soviétique. L'Armée rouge reprend Orel, puis Bielgorod, position clef au flanc nord du saillant allemand de Kharkov. Au cours de la bataille d'Orel, la IIe *Panzerarmee* est virtuellement anéantie, et ce qui en reste est incorporé à la IXe armée du *Heeresgruppe* Centre (von Kluge). Les Soviétiques, non contents d'occuper leur saillant de Koursk, ont entrepris de réduire le saillant allemand d'Orel, plus au nord. A la base du saillant, cependant, l'O. K. W. a fait aménager une ligne fortifiée, la ligne Hagen, qui prend appui autour de Briansk et couvre ainsi la quasi-totalité de la ligne qui va de Sievsk, au sud, à Kirov, au nord.

Sicile. Les troupes anglaises occupent Catane. Dans le secteur américain, les combats continuent autour de Troina, mais au cours de la nuit, les troupes de l'Axe se replient. Sur la côte, la progression de la 3e division américaine est bloquée par les défenses allemandes postées sur la ligne de crêtes de San Fratello, entre Sant' Agata et la mer.
Pacifique. Iles Salomon. En Nouvelle-Géorgie, après 12 jours d'âpres combats dans la jungle, les Américains se rendent enfin maîtres de leur objectif principal, l'aéroport de Munda.

6 août
Les représentants de l'Italie et de l'Allemagne se rencontrent à Tarvisio, à la frontière austro-italienne, pour clarifier définitivement les rapports entre les deux pays. A la réunion, demandée par les Allemands, participent les ministres des Affaires étrangères Guariglia et Ribbentrop, et les chefs d'état-major, les généraux Ambrosio et Keitel. Du côté italien, on cherche à rassurer l'allié au sujet des bruits selon lesquels le nouveau gouvernement aurait engagé des négociations secrètes avec les Alliés.
Pacifique. Bataille du golfe de Vella. 4 contre-torpilleurs japonais appareillent le matin de Rabaul (Nouvelle-Bretagne) avec 820 hommes et 50 t de ravitaillement à débarquer à Kolombangara (trois nuits plus tôt, une mission semblable du « Tokyo Express » a pleinement réussi) : ils sont interceptés un peu avant minuit entre les îles de Vella Lavella et de Kolombangara par 6 contre-torpilleurs américains commandés par le commodore F. Moosbrugger. Le combat se termine peu après minuit par une brillante victoire des Américains, qui torpillent 3 des navires japonais sans subir le moindre dommage. 300 Japonais environ réussissent, avec le seul navire rescapé, à gagner Vella Lavella, d'où ils seront transportés à Kolombangara ; 1 500 autres soldats et marins trouvent la mort.
12 400 Japonais occupent Kolombangara et d'autres y sont transportés chaque nuit par centaines depuis la Nouvelle-Géorgie à travers le golfe de Kula.
Sicile. Aux premières lueurs de l'aube, le 16e régiment de la 1re division américaine entre à Troina.
Au cours de la nuit, les Anglais de la 78e division prennent Adrano.
Front soviétique. A Moscou, 120 canons tirent 12 salves en l'honneur des libérateurs d'Orel et de Bielgorod.
Le communiqué du jour annonce la libération de Kromy et de 70 autres localités, ainsi que le développement favorable de la grande offensive en direction de Kharkov.

7 août
Sicile. Les attaques de la 3e division contre la ligne de crête de San Fratello s'avérant inutiles, les Américains tournent l'obstacle en montant un débarquement amphibie à quelques kilomètres à l'est de Sant' Agata. L'opération, qui réussit, est exécutée dans la nuit et permet aux Américains de reprendre leur marche, trop longtemps interrompue, vers Messine.

8 août
Sicile. Tandis qu'au nord les Américains entrent à Sant' Agata, dans le secteur anglais la 78e division s'empare de Bronte.
Italie. Semaine infernale pour les grandes villes du nord de la péninsule. Milan est bombardé 4 fois par les avions de la R. A. F. (916) qui larguent sur la ville 4 000 t de bombes : 17 000 immeubles sont détruits, 15 000 plus ou moins gravement endommagés; sur Turin, les bombardiers britanniques effectuent 3 raids qui causent de très graves dégâts et font de nombreuses victimes ; Gênes, enfin, est bombardée par 73 avions : là encore, le nombre des victimes est élevé.
Sardaigne. Mussolini est interné dans l'île de la Maddalena, près de la côte nord-est de la Sardaigne.

9 août
Sicile. Sur tout le front, le repli des

Affrontement entre les forces blindées soviétiques et allemandes au cours de la bataille d'Orel, d'où la IIe Panzerarmee sortira pratiquement détruite.

forces de l'Axe se poursuit en direction de Messine. L'effort principal dans cette phase de la campagne est fourni par le 13ᵉ corps anglais, dont les divisions sont engagées au sud et à l'est de l'Etna, en terrain particulièrement difficile.
Pacifique. Iles Salomon. En Nouvelle-Géorgie, les Américains poursuivent le nettoyage de la jungle, où des Japonais restent embusqués. Le 35ᵉ régiment d'infanterie américain reçoit l'ordre de se tenir prêt à embarquer pour l'île de Vella Lavella.

10 août
Pacifique. Iles Salomon. Les Alliés occupant la Nouvelle-Géorgie mettent en place plusieurs bataillons pour intercepter les Japonais qui, afin de fuir la zone de Munda, chercheraient à gagner la côte nord et, de là, l'île de Kolombangara.
Sicile. Dans la nuit du 10 au 11, les Américains viennent à bout des défenses du cap d'Orlando par un nouveau débarquement amphibie : les Allemands reculent jusqu'à Patti.
Front soviétique. Le Front de Voronej, le Front des steppes et le Front sud-ouest soviétiques, respectivement aux ordres de Vatoutine, Koniev et Malinovski, exercent maintenant leur pression sur Kharkov, débordé au nord-ouest grâce à la prise d'Akhtyrka. Les Soviétiques atteignent par ailleurs la voie ferrée Kharkov-Poltava. Von Manstein s'oppose habilement aux manœuvres soviétiques, mais l'habileté ne suffit pas pour repousser des troupes nombreuses, bien armées et sûres, depuis Stalingrad et Koursk, que la victoire est possible.
Pacifique. Iles Salomon. L'amiral Halsey donne ses instructions en vue des prochaines opérations dans les Salomon centrales. La *Task Force* 31, sous les ordres du contre-amiral Wilkinson, qui a remplacé le 15 juillet le contre-amiral Turner, débarquera des unités de la 25ᵉ division à Vella Lavella avec pour mission d'occuper les bases aéronavales japonaises. L'importante garnison de Kolombangara sera ainsi neutralisée et réduite. C'est la première application de la tactique dite « du saut de grenouille » (ou « du saut de puce »), à laquelle les Américains auront souvent recours.
En Nouvelle-Géorgie, l'artillerie à longue portée est déployée le long de la côte nord-ouest pour pouvoir prendre à partie les positions japonaises de Kolombangara.

12 août
Front soviétique. A quelques kilomètres au sud-est de Kharkov, Tchougouïev est pris par les Soviétiques.
Sicile. Dans le secteur américain, les divisions du 2ᵉ corps poursuivent leur progression vers l'est : la 9ᵉ division atteint Floresta, au nord de Randazzo.
Italie. Le général Giuseppe Castellano se rend par le train à Madrid, où il rencontrera l'ambassadeur de Grande-Bretagne en Espagne, le 15 août : il devra lui exposer la situation militaire italienne, lui demander les intentions des Alliés (si intentions il y a), et surtout dire que l'Italie ne peut pas se dégager sans leur aide de son allié allemand.
Pacifique. Iles Salomon. Des troupes d'invasion parties de Rendova débarquent en avant-garde dans la nuit du 12 au 13 près de Barakoma, dans l'île de Vella Lavella. Ils ne rencontrent que peu de Japonais. Une compagnie débarque dans l'île de Baanga pour y établir une tête de pont, mais elle est rejetée à la mer avec de lourdes pertes par la petite garnison japonaise.
Iles Aléoutiennes. 5 croiseurs et 5 contre-torpilleurs américains exécutent le dernier bombardement avant l'invasion de Kiska, y déversant 60 t de bombes.

Bersagliers à moto près du djebel Garci.

13 août
Italie. Dans la nuit du 12 au 13, 504 bombardiers anglais larguent sur Milan 1 252 t de bombes explosives et incendiaires : c'est le bombardement le plus important subi

JOUR DE COLÈRE

Le drame de la jeune Anne, épouse d'un vieux pasteur, se déroule en 1623, dans un climat d'obscurantisme religieux où règne la chasse aux sorcières. Troublée par tout ce qui touche à la magie et devenue la maîtresse du fils de son mari, Anne est accusée de sorcellerie et dénoncée par sa belle-mère. La jeune femme proclame son innocence, mais après la mort de son mari et son amant l'ayant abandonnée, elle se déclare coupable de tous les crimes dont on l'accuse et se laisse condamner au bûcher.
Parabole sur l'intolérance et la superstition, *Jour de colère (Dies irae)*, tourné alors que les nazis occupent le Danemark, marque le retour de Carl Th. Dreyer, le grand cinéaste nordique. Tiré d'*Anne Pedersdotter* de Joannes Vilhelm Jensen, *Jour de colère* repose sur une fine étude psychologique, où les personnages possèdent tous des personnalités ambiguës et contradictoires. Dreyer y développe ses thèmes préférés — l'opposition entre le bien et le mal, entre le rationnel et l'irrationnel et la quête d'un bonheur impossible — avec une forte rigueur d'expression.

LA FRANCE BOMBARDÉE

La France bombardée. En haut : Nantes, rue du Calvaire. En bas : le palais de justice de Rouen.

Fixant leur stratégie, en janvier 1943, pour l'ouverture d'un second front, Churchill et Roosevelt avaient notamment décidé de préparer le débarquement par une offensive aérienne massive sur les installations utilisées par l'Allemagne dans les territoires occupés : ports, nœuds ferroviaires, usines, etc.
La France se trouvait donc concernée au premier chef. Et si les dommages qu'elle allait subir devaient se révéler sans commune mesure avec ceux enregistrés dans d'autres pays, ils ne seraient pas pour autant négligeables. Les statistiques officieuses, seules disponibles, évaluent à 67 078 morts et 75 660 blessés le nombre total des victimes dues aux bombardements aériens, la presque totalité se situant dans les six premiers mois de 1944.
De fait, la rapidité de la défaite française, en 1940, avait limité les pertes de la population civile. Les bombardements allemands sur les villes du Nord, puis sur la région parisienne et Bordeaux, n'avaient pas fait plus de 1 000 victimes.
En 1941, pour sa part, l'aviation anglaise n'effectuera guère qu'un raid meurtrier sur Brest, le 14 avril : 76 morts.
La situation s'aggrave un peu en 1942, où un bombardement particulièrement dur, le 3 mars, fait 623 morts et 1 500 blessés à Boulogne-Billancourt et un autre, le 5 septembre, 140 morts à Rouen-Sotteville, tandis que Le Creusot enregistre 60 morts le 17 octobre.
Mais le tableau ne se modifie vraiment qu'à partir du printemps 1943, quand commencent les attaques systématiques contre les ports et les installations ferroviaires. On compte 262 morts à Rennes le 8 mars et 210 le 29 mai; 403 morts à Boulogne-Billancourt le 4 avril;

par une ville italienne. Le château Sforza, le palais royal et une bonne partie des édifices du centre de la ville sont touchés. Pour amener le gouvernement Badoglio à capituler, la 12e force aérienne américaine effectue une deuxième attaque d'importance sur Rome avec 106 B-17, 102 B-26 et 66 B-25. 500 t de bombes sont larguées sur la Ville Éternelle dans la journée et y causent de graves dégâts; malgré la vive réaction de la D. C. A., 2 B-26 seulement sont abattus.
Rome est déclarée « ville ouverte ».
Sicile. Les Allemands abandonnent Randazzo, qui est occupé par le 39e régiment de la 9e division américaine. Au nord, sur la route littorale, les unités de la 3e division américaine poursuivent leur progression vers l'est en direction de Patti.
Front soviétique. Les Fronts soviétiques de Kalinine (Eremenko) et de l'Ouest (Sokolovsky), qui pressent en direction de Smolensk, contraignant au recul le *Heeresgruppe* Centre (von Kluge), reprennent Spas-Demensk, à l'est de Smolensk.

A la veille du débarquement. En haut : le port de Bordeaux. En bas : Saint-Étienne (mai 44).

280 au Creusot le 20 juin; 450 à Toulon le 24 novembre. Nantes est sévèrement frappée : 712 morts le 16 septembre et 500 le 23. Il y aura plus de 5 000 morts dans l'année, dont la moitié pour le seul mois de septembre.
Toutes les autres victimes tomberont en 1944, et notamment en mai, lors des pilonnages intensifs qui précéderont le débarquement. Exceptionnellement meurtriers seront les raids des 26 et 27 mai : 600 morts à Lyon, 316 à Nice, 870 à Saint-Étienne, 300 à Chambéry, 385 à Amiens, 1 976 à Marseille, 380 à Avignon, 260 à Nîmes. Rouen, une fois de plus, sera tragiquement touché : 850 morts le 18 avril et 1 000 le 31 mai. Bombardée à maintes reprises, la région parisienne connaîtra ses nuits les plus mauvaises les 21 avril (641 morts) et 27 mai (240 morts).
Il faut noter que la méthode américaine de bombardement (appareils volant en formation, à haute altitude, et déroulant un « tapis de bombes ») accroît sensiblement les pertes civiles, sans toujours atteindre les objectifs militaires visés. Aussi provoque-t-elle les vives protestations de la Résistance intérieure, qui déplore que les moyens suffisants ne lui aient pas été donnés de procéder plus sûrement, et à moindres frais, aux destructions souhaitées.

Indes néerlandaises. Des B-24 du 380e escadron de bombardiers lourds américain, venant d'Australie, effectuent un raid sur le centre pétrolier de Balikpapan, à Bornéo.
Pacifique. Iles Salomon. Les premiers avions américains atterrissent sur l'aéroport de Munda, en Nouvelle-Géorgie, remis en état par les troupes d'occupation.

14 août
Canada. A Québec s'ouvre la Conférence Quadrant, à laquelle participent Roosevelt, Churchill, le Premier ministre canadien, Mackenzie King, ainsi que leurs chefs d'état-major.
Autriche. Premier raid américain sur le pays.
Méditerranée. Le commandement suprême allié lance le plan naval pour l'opération « Avalanche » (invasion de la péninsule italienne par la Ve armée américaine avec débarquement principal à Salerne).
Nouvelle-Guinée. Des troupes américaines s'emparent d'une crête baptisée crête Roosevelt, mais les Japonais restent maîtres des hauteurs qui dominent le Dot Inlet.

Fantassins américains ratissant un quartier de Messine.

15 août

Sicile. Les Alliés se rapprochent de Messine : sur la côte septentrionale, les Américains atteignent Barcellona ; à l'est, les Anglais marchent sur Linguaglossa.

Italie. A Bologne a lieu une réunion italo-allemande pour discuter des stratégies respectives dans la péninsule : les délégations sont conduites par le maréchal Rommel et le général Mario Roatta, chef d'état-major de l'armée de terre italienne : la discussion se déroule dans un climat extrêmement tendu ; en effet, les Allemands nourrissent des soupçons concernant les troupes italiennes, qui font mouvement du sud au nord ; on s'accuse réciproquement de ne pas se conduire en alliés.

La réunion se termine : aucune décision n'est prise. La rencontre est ajournée. Le général Giuseppe Castellano, proche collaborateur du général Ambrosio, chef d'état-major général, entame avec les Alliés de laborieuses négociations en vue de l'armistice. La première étape est Madrid, où Castellano rencontre l'ambassadeur de Grande-Bretagne en Espagne, sir Samuel Hoare.

Pacifique. Iles Salomon. La 3e force amphibie commence à l'aube le débarquement de 6 000 hommes de la 25e division à Biloa près de Barakoma, sur la côte sud-est de Vella Lavella. Le débarquement s'effectue sans difficultés grâce à l'appui efficace de l'aviation et au faible volume des forces japonaises dans cette zone. En Nouvelle-Géorgie, des unités du 25e régiment d'infanterie américain occupent Zieta.

Nouvelle-Guinée. L'aviation japonaise effectue le premier raid sur le nouvel aéroport allié de Tsili Tsili.

Birmanie. Les travaux de construction de la nouvelle « route de Birmanie », à l'est de Ledo, avancent très lentement. Depuis la fin mars, le tracé n'en a progressé que de 5 km.

Iles Aléoutiennes. 29 000 soldats américains et 5 300 canadiens, partis d'Adak le 13 sur une centaine de transports spéciaux LST (Landing Ship, Tanks, navires de 1 500 t spécialisés dans le transport de chars), LCI (Landing Craft, Infantry, moyen de débarquement pour l'infanterie), LCT (Landing Craft, Tanks, moyen de débarquement

en mesure de transporter 3 chars moyens), escortés par d'importantes forces navales, débarquent à l'aube sur les plages ouest de l'île de Kiska. Alors seulement, on s'aperçoit que les Japonais ont levé le camp, après avoir détruit tout ce qui ne l'avait pas encore été (avant ou au moment de leur départ) par les bombardements américains.
Front soviétique. Dans le secteur Orel-Briansk, les Soviétiques reprennent Karatchev. Plus au sud, très durs combats autour de Kharkov.

16 août
Sicile. Les Allemands se replient vers Messine le plus rapidement possible : les Alliés sont maintenant tout près de la ville.
Méditerranée. Le commandement suprême allié transmet les ultimes directives pour le débarquement en Italie : du 1er au 4 septembre, le 13e corps anglais avec 2 divisions (la 1re canadienne et la 5e anglaise) se portera sur la côte calabraise; cette opération (« Baytown ») sera suivie le 9 septembre (ou, au pire, 48 heures plus tard) par le débarquement de la Ve armée américaine à Salerne, sur le golfe de Naples (opération « Avalanche »). Le général Giuseppe Castellano arrive à Lisbonne pour conférer avec l'ambassadeur de Grande-Bretagne au Portugal, Ronald Campbell.
Pacifique. Iles Salomon. 2 régiments américains sont engagés dans la conquête de l'île de Baanga, d'où l'artillerie japonaise s'est mise à bombarder l'aéroport de Munda.

17 août
Sicile. A 17 h 15, les troupes du général Patton entrent à Messine : la conquête de l'île a été menée à bien en 39 jours seulement. Les Allemands ont cependant réussi à transporter sur le continent une bonne partie de leurs hommes (60 000 environ sur 90 000) avec leur équipement, malgré la suprématie aérienne et navale des Alliés.
Le général Castellano est reçu par l'ambassadeur de Grande-Bretagne à Lisbonne, Ronald Campbell : d'autres contacts seront pris avec des interlocuteurs militaires.
Allemagne. 315 bombardiers américains effectuent un raid diurne sur les usines aéronautiques de Schweinfurt et de Ratisbonne : 60 avions sont abattus, mais les installations industrielles des deux villes sont gravement endommagées.
Pacifique. Iles Salomon. Les Américains débarquent de nombreuses forces à Vella Lavella, rencontrant une vive opposition de la part de

Un parachutiste allemand, embusqué parmi les ruines de Kharkov, ouvre le feu au pistolet-mitrailleur PM-38.

Conférence Quadrant, à Québec. De gauche à droite, au premier plan : William Lyon Mackenzie King, Premier ministre du Canada, Franklin Delano Roosevelt, président des États-Unis, et Winston Churchill, Premier ministre britannique.

Char B-1 bis - 1935

Renault R.35 - 1936

Renault D.2 - 1936

A.R.L.44

Somua S.35 - 1936

Char d'assaut Mk VIII Cromwell VII - 1942

Char d'infanterie Mk III Valentine XI - 1943

Char d'assaut Challenger - 1943

Char d'infanterie Mk IV Churchill VII - 1944

Lee Enfield Mark I

Pistolet-mitrailleur Sten Mark II

Revolver Enfield Mark I

Pistolet F.N. Browning

Char d'assaut Centurion Mk I - 1945

Mauser mod. 1898

Fusil d'assaut Sturmgewehr MP 43

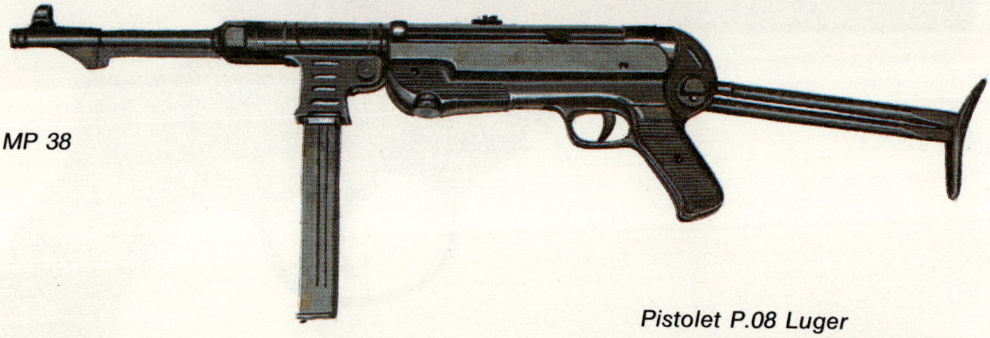

Pistolet-mitrailleur MP 38

Pistolet P.08 Luger

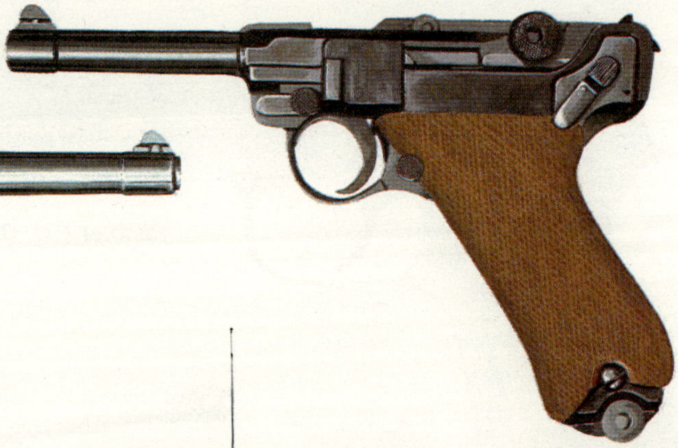

Pistolet P.38 Walther

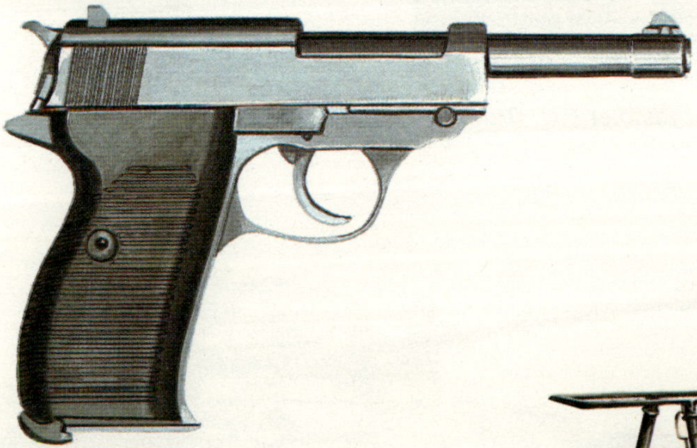

Sdkfz 250/3. Autochenille blindée équipée d'un poste de commandement. L'engin personnel de Rommel avait été baptisé « Greif » (« Griffon »).

Panzerkampfwagen IV Ausf.G - 1943

Sdkfz 234/4. Chasseur de char.

Automoteur d'artillerie 2 cm Flak 38.
(Canon antiaérien.)

Panzerkampfwagen VI Tiger II Ausf.B - 1944

L'ARMEMENT ITALIEN

Fusil Mannlichen-Carcano modèle 91/41

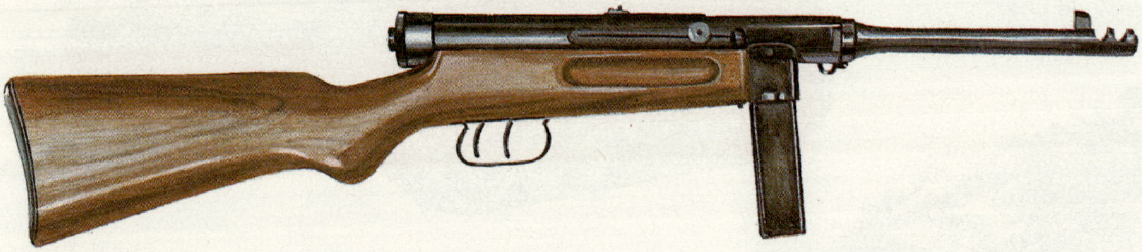

Mousqueton automatique Beretta MAB 38/42

Fusil mitrailleur Breda modèle 30

Pistolet Beretta cal. 9 modèle 1934

Char M.11/39

En haut : obusier léger, aéroportable et parachutable de 75 mm, États-Unis. Au milieu, à gauche : canon sans recul de 75 mm, Allemagne. Au milieu, à droite : mortier de 81 mm modèle 97, Japon. En bas : lance-fusées de 15 cm, le Nebelwerfer, Allemagne.

De haut en bas : obusier de 25 livres (la plate-forme placée sous les roues servait à faire pivoter la pièce) Grande-Bretagne ; canon antiaérien de 88 mm, Allemagne ; obusier de 203 mm (les roues avaient été remplacées par un train chenillé afin que le remorquage de l'arme se fasse aisément dans les régions enneigées) U.R.S.S. ; canon de 80 cm sur voie ferrée, Dora (le transport de ce canon se faisait en plusieurs chargements, la pièce était ensuite montée et mise en batterie, grâce à l'utilisation de voies spéciales de taille nettement supérieure à la normale) Allemagne.

l'aviation japonaise. Faibles progrès dans l'île de Baanga, malgré l'appui de bombardiers en piqué et de l'artillerie affectée aux régiments d'infanterie américains.
Nouvelle-Guinée. L'aviation alliée entreprend une série de raids lourds contre les aéroports ennemis pour préparer une offensive terrestre contre Lae.

18 août
Roosevelt et Churchill, à Québec pour la Conférence Quadrant, permettent au général Eisenhower d'envoyer deux de ses représentants à Lisbonne pour traiter de l'armistice avec les émissaires italiens.
Allemagne. Dans la nuit du 17 au 18, environ 570 quadrimoteurs anglais ravagent les usines de V1 et de V2 de Peenemünde, sur les côtes de la Baltique, aujourd'hui en R.D.A.
Algérie. Le C.F.L.N. crée un Comité d'épuration pour châtier les collaborateurs.
Méditerranée. Le plan aérien d'appui à l'opération « Avalanche » (débarquement des Alliés à Salerne) est lancé.
Sicile. Toute résistance allemande cesse dans l'île.
Pacifique. Iles Salomon. Les Américains débarquent de nouvelles forces dans l'île de Baanga. Un convoi de 20 barges à moteur japonaises avec 400 hommes, escorté de 4 contre-torpilleurs et se dirigeant vers Vella Lavella, est intercepté d'abord par des avions, puis par 4 contre-torpilleurs américains. Les Japonais perdent plusieurs barges, mais réussissent cependant à débarquer les renforts à Vella Lavella, dans la baie de Kokolope, et à échapper à la poursuite des Américains.

19 août
Portugal. Dans la capitale portugaise arrivent le général Walter Bedell Smith, chef d'état-major d'Eisenhower, et le général Kenneth Strong, chef du service de renseignements du commandement allié en Méditerranée ; ils sont les interlocuteurs officiels désignés par Roosevelt et Churchill pour traiter avec le général Castellano, l'envoyé semi-officiel du gouvernement Badoglio, qui devra rendre compte à Rome des réactions des Alliés devant l'intention des Italiens de demander l'armistice.
Allemagne. Dans un rapport à Hitler, l'ambassadeur d'Allemagne à Rome, Hanz Georg von Mackensen, examine la situation italienne, qu'il ne juge pas préoccupante : pour lui, le désir de paix est largement répandu dans le peuple italien, mais le gouvernement actuel veut continuer de combattre parce qu'il est conscient du fait qu'il est impossible d'obtenir la paix sans transformer l'Italie tout entière en un champ de bataille.
Italie. Des bombardements lourds alliés sur Avellino, Salerne et Foggia causent de graves dégâts.
Pacifique. Iles Salomon. Les troupes américaines s'emparent des gros calibres qui, depuis l'île de Baanga, tenaient sous leur feu l'aéroport de Munda.
Nouvelle-Guinée. Sous la pression des Australiens et des Américains, les Japonais abandonnent le mont Tambu et la crête Komiatum, derniers obstacles naturels importants avant Salamaua, et se replient sur de nouvelles positions défensives.

20 août
Portugal. Fin des pourparlers entre le général Castellano et les généraux Walter Bedell Smith et Strong : les Alliés exigent la reddition sans conditions de l'Italie. Le représen-

Effets catastrophiques du bombardement allié sur les usines de V1 et de V2 à Peenemünde, sur les côtes de la Baltique (17-18 août 1943).

tant de Rome obtient dix jours de délai pour communiquer les décisions de son gouvernement.
Italie. Nouvelle attaque aérienne massive sur les provinces de Naples, Avellino et Salerne.
Pacifique. Iles Salomon. En Nouvelle-Géorgie, la réduction des derniers nids de résistance ennemis dans le secteur de Bairoko se poursuit. Les Japonais évacuent le sud de l'île de Baanga.

21 août
Italie. Des quadrimoteurs alliés bombardent Naples et de nombreux centres de la province, causant des dégâts et de nombreuses victimes.

22 août
Front soviétique. Les Allemands, craignant d'être encerclés, évacuent Kharkov après d'âpres combats. La bataille s'étend au sud d'Izioum et le long du Mious, où les Allemands contiennent à grand-peine les violentes attaques soviétiques. Près du Mious, les Russes atteignent la voie ferrée Taganrog-Stalino (Donetsk).
Italie. Salerne, attaquée par l'aviation anglo-américaine, subit de graves dégâts.

23 août
Pacifique. Iles Salomon. 3 contre-torpilleurs japonais se dirigent dans la baie de Rekata vers l'île de Santa Isabel pour réembarquer la garnison locale (vu la pression américaine et le grand gaspillage de forces, le quartier général impérial a décidé d'évacuer les Salomon centrales et de concentrer hommes et moyens dans les îles du nord, surtout à Bougainville). Ils sont repérés et attaqués par des avions américains, et sont contraints de faire demi-tour.

24 août
Canada. A Québec, la Conférence Quadrant se termine. Roosevelt et Churchill, avec leurs chefs d'état-major, ont pris ou confirmé les décisions suivantes : dans les opérations contre l'Allemagne, priorité sera donnée à « Point-blank », offensive aérienne anglo-américaine destinée à détruire le potentiel industriel allemand et prélude à « Overlord », invasion de l'Europe du Nord-Ouest, qui reste fixée au 1er mai 1944. Les plans d'invasion de la péninsule italienne, pour laquelle les forces déjà engagées devront suffire, sont approuvés. La grande offensive contre le Japon se déroulera selon deux axes, celui du Pacifique central et celui du Pacifique sud-occidental. Dans le Pacifique central, priorité est donnée aux opérations destinées à la conquête des îles Gilbert et Marshall. Dans le Pacifique sud-occidental, Rabaul devra être neutralisé sans toutefois être pris, ainsi que la Nouvelle-Guinée en direction de l'ouest jusqu'à la base aérienne de Wewak. On devra par contre s'emparer de Manus et de la base de Kavieng, en Nouvelle-Irlande, qui serviront de tremplin pour d'ultérieurs bonds en avant. Le commandement suprême du Sud-Est asiatique sera assumé par l'amiral lord Louis Mountbatten, avec pour second le général américain Stilwell. Celui-ci, cependant, en ce qui concerne le front chinois, dépendra comme par le passé de Tchang Kaï-chek. La reconquête de la Birmanie du Nord débutera en février 1944.
Allemagne. Himmler, chef des S. S., est nommé ministre de l'Intérieur du Troisième Reich.
Nouvelle-Guinée. La 3e division australienne est remplacée par la 5e dans la phase finale des opérations contre Salamaua. Salamaua n'est toutefois pas l'objectif véritable, qui est Lae, vers lequel marche à l'intérieur de l'île le gros des forces australiennes. Les Américains poursuivent les opérations par la prise de Dot Inlet.

25 août
Pacifique. Iles Salomon. Les Améri-

Un partisan pendu à Belgrade.

Les rédacteurs du journal de la résistance croate Vjesnik *au travail dans un bois des monts Petrova.*

cains réduisent le dernier noyau de la résistance japonaise en Nouvelle-Géorgie, à Bairoko. Les Japonais qui ont réussi à se replier ont été transférés à Kolombangara ou à Arundel, île que les Américains se préparent à occuper partiellement.

26 août
Les États-Unis, avec d'autres nations alliées, reconnaissent le Comité français de libération nationale, c'est-à-dire de Gaulle.
Italie. Les attaques aériennes se poursuivent sur les principales localités de l'Italie du Sud : certains centres des provinces de Naples et de Tarente sont particulièrement touchés.

27 août
France. 187 B-17 Forteresses volantes de la 8e force aérienne américaine effectuent leur première mission sur l'Europe en bombardant Watten, dans le Pas-de-Calais.
Italie. Mussolini est transféré de l'île de la Maddalena, près des côtes nord-ouest de la Sardaigne, au Gran Sasso, dans les Abruzzes.
Pacifique. Iles Salomon. Un régiment d'infanterie américain débarque dans la péninsule de Nauro, au sud-est de l'île d'Arundel, et l'occupe entièrement sans rencontrer de résistance.

28 août
Italie. D'importantes formations alliées bombardent Tarente, Cosenza, Terni et plusieurs localités de la province de Naples.
Pacifique. Marines et *Seabees* débarquent à Nanoméa et Nukufetau, dans les îles Ellice. La construction d'un aéroport est entreprise.

29 août
Pacifique. Iles Salomon. L'occupation américaine s'étend dans les îles d'Arundel et de Vella Lavella. Pendant ce temps, les contre-torpilleurs du « Tokyo Express », défiant les forces aériennes et navales américaines, évacuent environ 3400 hommes de la garnison japonaise de Santa Isabel pour les transporter à Bougainville ou en Nouvelle-Bretagne.
L'aéroport japonais de Vila, dans l'île de Kolombangara, est attaqué sans répit par les avions américains.

30 août
Italie. Bien que les délais fixés à Lisbonne au cours du colloque des généraux au sujet de la reddition sans condition de l'Italie soient sur le point d'expirer, le gouvernement italien n'a pas encore pris de décision. Par l'intermédiaire de l'ambassadeur de Grande-Bretagne au Vatican, D'Arcy Osborne, le général Castellano est convoqué en Sicile par les Alliés.
Allemagne. Le général Keitel envoie ses instructions pour l'occupation de l'Italie, le moment venu. « La tâche la plus importante, dit-il, est le désarmement le plus rapide possible de l'armée italienne... La pacification de l'Italie du Nord sera obtenue en se servant des organisations fascistes. »
Front soviétique. Le Front occidental (Sokolovsky), qui marche sur Smolensk, reprend Ielnia. Le Front central (Rokossovski) vient à bout de Gloukhov, à l'ouest de Koursk. Au sud, sur le front du Mious, les armées de Tolboukhine reprennent Taganrog sur la mer d'Azov.
La progression des Soviétiques, après la contre-offensive de Koursk, a été spectaculaire, surtout au sud du front. Les Allemands se voient dans l'éventualité d'évacuer une grande partie de l'Ukraine.

31 août
Italie. Le général Castellano arrive en avion à Termini Imerese, et, de là, il est emmené à Cassibile, aux environs de Syracuse. Les discussions commencent : les Italiens tergiversent, demandent des garanties contre les réactions allemandes au moment de la signature de l'armistice. Les Alliés confirment le point fondamental de leurs exigences : l'armistice devra être proclamé en même temps qu'aura lieu le débarquement principal des Alliés sur la péninsule.
Dans la soirée, le général italien rentre à Rome et rend compte de ce qui lui a été communiqué :
« Si le gouvernement italien persiste à ne pas vouloir proclamer la cessation des hostilités le jour même du débarquement en force, s'opposant ainsi à ce que le général Eisenhower a décidé avec l'approbation de Londres et de Washington, il n'aura plus à l'avenir aucun pouvoir pour traiter avec les militaires, donc pour conclure l'armistice. Si cela arrivait, il faudrait réunir une conférence entre les diplomates des nations alliées, qui, moins bien disposés à notre égard que les militaires, nous imposeraient des conditions bien plus lourdes. »

1er septembre
Pacifique. Des unités américaines débarquent dans l'île Baker (à l'est des Gilbert, un peu au nord de l'équateur), qui sera transformée en base pour les futures opérations du Pacifique central. En une semaine, les unités y construisent une piste pour les avions. Les bases américaines à partir desquelles les bombardiers peuvent frapper les Gilbert sont alors au nombre de 5 : Funafuti, Nanomea et Nukufetau, dans les îles Ellice, en plus de Canton et de l'île Baker elle-même.
Les avions d'un porte-avions américain effectuent un bombardement sur l'île Marcus, causant de graves dommages aux installations militaires japonaises.
Iles Salomon. Des éléments avancés de la flotte débarquée à Vella Lavella pénètrent jusqu'à la zone d'Orete Cove, à 25 km environ de la tête de pont de Barakoma.
Nouvelle-Guinée. L'offensive ennemie de préparation à l'attaque contre Lae s'intensifie. L'action des avions alliés se concentre contre les dépôts, les aéroports et les transports japonais de la Nouvelle-Guinée et de la Nouvelle-Bretagne.
Italie. Très lourds bombardements aériens sur Pise, Naples, Cosenza et Catanzaro.
□ Le gouvernement italien envoie au commandement allié un télégramme dans lequel il annonce implicitement l'acceptation de l'armistice : « La réponse est affirmative, je répète affirmative. En conséquence, personne convenue arrivera matinée jeudi 2 septembre heure et lieu prévus. Prière confirmer. »

2 septembre
Front soviétique. Les Soviétiques pressent en direction du Dniepr, avançant sur un vaste front qui va

Des marines américains du 1er corps amphibie progressent dans la boue dans une forêt de Bougainville.

du secteur de Smolensk, au nord, à la mer d'Azov, au sud. Ils atteignent la voie ferrée Briansk-Konotop, reprennent Soumy (entre Konotop et Kharkov), menacent directement Stalino (Donetsk).
Italie. Poursuite en Calabre des attaques aériennes américaines en préparation de l'invasion alliée : tous les aéroports du sud, sauf celui de Foggia, sont neutralisés. □ Le général Castellano part pour Termini Imerese, d'où il poursuit vers Cassibile.

3 septembre
Algérie. Un décret du C. F. L. N. accuse de trahison tous les ministres de Vichy et annonce qu'ils passeront en jugement.
Sicile. 17 heures : A Cassibile, sous la vaste tente du mess de l'état-major, en présence du général Eisenhower, le général Giuseppe Castellano signe les trois exemplaires de l'« armistice court », « par délégation du maréchal Badoglio ». Le général américain Walter Bedell Smith signe pour les Alliés. L'armistice deviendra effectif le 8 septembre.
Italie. Appuyée par l'aviation et par la marine, la VIIIe armée anglaise du général Montgomery débarque sur les côtes de Calabre entre Reggio de Calabre et Villa San Giovanni : c'est le commencement de la longue et coûteuse remontée des troupes alliées.
L'attaque est en réalité une diversion visant à attirer les troupes allemandes vers le sud, loin du secteur de Salerne : mais Kesselring, commandant des forces allemandes en Italie du Sud, n'est pas dupe. La résistance en effet est nulle : le seul régiment chargé de défendre les côtes calabraises se retire vers le nord par les montagnes.
Pacifique. Iles Salomon. Les Américains étendent leur contrôle dans l'île d'Arundel et consolident leur tête de pont à Vella Lavella.
Nouvelle-Guinée. Le commandement allié décide que pour protéger les futurs déplacements vers le cap Gloucester (à l'extrémité ouest de la Nouvelle-Bretagne), il est nécessaire de s'assurer de la ligne Dumpu-Saidor, au nord de Lae. Tandis que se poursuit la préparation aérienne au débarquement de Lae, les forces affectées à l'attaque attendent sur leurs bateaux devant Buna.

4 septembre
Nouvelle-Guinée. L'action de diver-

sion menée contre Salamaua par la 5e division australienne et le 162e régiment d'infanterie américain touche à sa fin, et la grande offensive contre Lae, principale base japonaise en Nouvelle-Guinée, commence.
Après un bref bombardement naval, deux brigades australiennes et plusieurs unités spéciales américaines débarquent en deux points distincts, situés respectivement à 23 et 29 km à l'est de Lae.
Les Japonais n'opposent au débarquement qu'une résistance aérienne, endommageant plusieurs chalands de débarquement, mais elle est rapidement repoussée par l'aviation alliée très supérieure en nombre.
Après le débarquement, une brigade australienne se dirige à l'ouest vers Lae, tandis qu'à l'est plusieurs unités marchent sur Hopoi, pour enlever cette position et protéger le flanc est des troupes de débarquement.
Front soviétique. En s'emparant de Merefa, nœud ferroviaire au sud de Kharkov, les troupes de Koniev et de Malinovski ferment la dernière issue qui restait aux Allemands du secteur de Kharkov.
Hitler, se rendant pour une fois à l'évidence, autorise l'évacuation de ce qui reste des forces qui tiennent la tête de pont du Kouban, la « ligne bleue », puissamment fortifiée et minée.
Les Allemands se retirent en combattant du bassin minier du Don.

5 septembre
Italie. Les forces de l'opération « Avalanche » appareillent d'Afrique du Nord vers l'Italie. Un important raid aérien sur Naples cause de graves dégâts.
Pacifique. Iles Salomon. Combats dans l'île d'Arundel, où les Américains rencontrent une résistance inattendue de la part des Japonais.
Nouvelle-Guinée. Le 503e régiment de parachutistes américain et un détachement australien, transportés par des avions de la 5e force aérienne américaine depuis Port Moresby, sont largués à Nazdab, près du Markham, au nord-ouest de Lae, après le nettoyage de la zone de largage par les chasseurs-bombardiers. Quelques heures plus tard, des unités australiennes venant de Tsili-Tsili se joignent aux parachutistes. On entreprend aussitôt la construction d'un terrain d'aviation pour recevoir les forces de la 7e division qui y seront aéroportées. Le terrain de Nazdab deviendra bientôt une des principales bases aériennes alliées du secteur.
Dans la nuit du 5 au 6, deux autres brigades australiennes débarquent sur la côte à l'est de Lae.

6 septembre
Front soviétique. Le Front central soviétique (Rokossovski), poursuivant sa poussée vers l'ouest, prend d'assaut Konotop, important centre ferroviaire sur les lignes Koursk-Kiev et Moscou-Odessa.
Les Allemands se retirent du bassin du Don en pratiquant la tactique de la terre brûlée devant les Soviétiques et en détruisant les mines de charbon.
Pacifique. Iles Salomon. Les Américains avancent dans les presqu'îles de Bomboe et de Stima, rencontrant une vive résistance de la garnison japonaise. Dans l'île de Vella Lavella, un contingent néo-zélandais est engagé dans les opérations de nettoyage.
Nouvelle-Guinée. Les 26e et 24e brigades australiennes, au cours de leur progression vers Lae, rencontrent pour la première fois une vive résistance des Japonais sur le Bunga.
Chine. Le général Stilwell propose au général en chef Tchang Kaï-chek que les forces nationalistes collaborent avec les forces communistes pour prévenir l'offensive japonaise qu'on peut attendre comme réplique aux raids de la 14e force aérienne américaine sur les ports de la Chine méridionale.

7 septembre
Front italien. Les troupes anglaises de la VIIIe armée de Montgomery progressent en Calabre sur la route

A Cassibile, près de Syracuse, le général Castellano signe l'armistice entre l'Italie et les Alliés.

Vue aérienne d'un important contingent de parachutistes américains se posant dans le secteur de Lae (Nouvelle-Guinée), protégés par un épais rideau de fumée visible sur la droite.

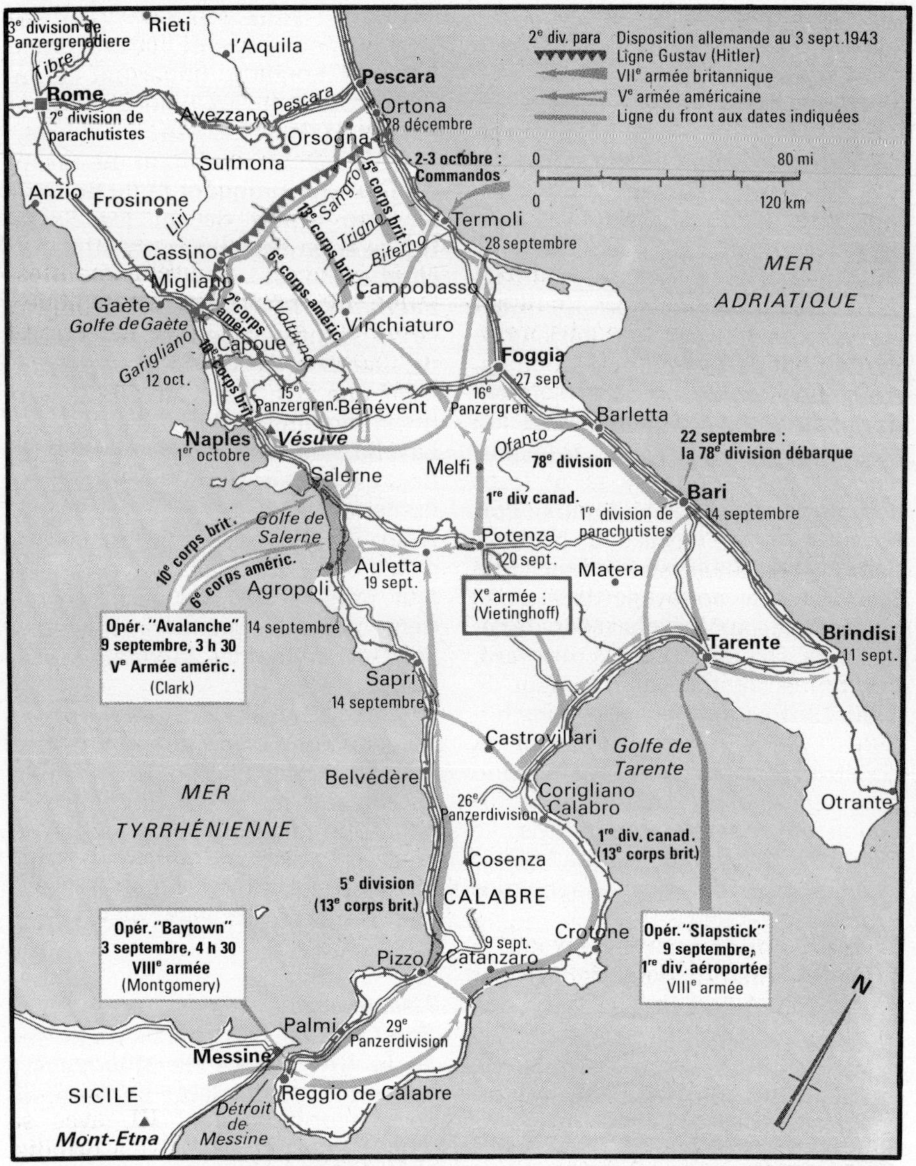

Les débarquements alliés en Calabre, à Salerne, à Tarente et à Bari.

Accrochée sous un bombardier Lancaster, une des bombes « à roulement » utilisées lors du raid contre les barrages de la Ruhr.

Nicastro-Catanzaro et au nord en direction de Pizzo.

Front soviétique. Les Allemands évacuent Stalino (Donetsk). Ce qui a pu être sauvé du groupe d'armées A, qui s'est retiré du Caucase grâce à l'habileté manœuvrière de von Kleist, est adjoint au *Heeresgruppe* Sud de von Manstein.

Pacifique central. Le terrain d'aviation de Nanomea (îles Ellice), qui vient d'être terminé par les Américains, est bombardé par les avions japonais.

8 septembre

Front italien. A 18 h 30, tandis que se déroule l'opération « Avalanche » et que les convois alliés arrivent en vue de Salerne (depuis une semaine, la côte de Campanie est soumise à d'intenses attaques de préparation à l'invasion), le général Eisenhower annonce depuis Alger la nouvelle de la signature de l'armistice entre les Alliés et les Italiens. Voici le texte de cette brève annonce : « Ici, le général Eisenhower. Le gouvernement italien s'est rendu sans condition à nos forces armées. Les hostilités entre les forces armées des Nations unies et celles de l'Italie cessent en cet instant. Tous les Italiens qui nous aideront à chasser l'agresseur allemand du sol italien auront l'assistance et l'appui des nations alliées. »

A 19 h 45, une annonce analogue est faite à la radio italienne par le général Pietro Badoglio, chef du gouvernement. Le message qu'il adresse au peuple italien se conclut ainsi : « ... Elles (les forces armées italiennes) réagiront cependant aux attaques éventuelles de toute autre provenance. »

Venant du sud de la péninsule, les forces allemandes continuent d'affluer dans le secteur de Salerne.

Front soviétique. Dans un ordre du jour adressé à Tolboukhine et à Malinovski, commandants des Fronts soviétiques du Sud et du Sud-Ouest, Staline exalte la libération de tout le bassin minier et industriel du Don (Donbass), réalisée en seulement 6 jours de furieux combats.

Dans la journée, les Soviétiques occupent Stalino (Donetsk), évacué par les Allemands.

Pacifique central. Dans l'île Baker, une piste pour les chasseurs est terminée.
Iles Salomon. Le 172e régiment d'infanterie américain est renforcé par un bataillon du 169e pour accélérer l'élimination des Japonais de l'île d'Arundel. De leur côté, les Japonais transfèrent un bataillon de Kolombangara à Arundel, en vue d'une éventuelle contre-attaque des Alliés contre la Nouvelle-Géorgie.
Nouvelle-Guinée. Les unités de la 9e division australienne, qui marche vers Lae, rencontrent l'obstacle du Busu en crue et aux mains des Japonais. Le commandement japonais ordonne aux forces demeurées à Salamaua de se replier sur Lae.
Pendant ce temps, la 5e division australienne, qui marche sur Salamaua, atteint les rives du Francisco près de l'aéroport japonais de Salamaua. 4 contre-torpilleurs américains bombardent Lae.

9 septembre
Front italien. A 3 h 30, le général Mark Clark lance l'opération « Avalanche », qui prévoit le débarquement des troupes alliées sur la côte italienne près de Salerne.
La 1re division aéroportée s'empare de Tarente sans rencontrer de résistance (opération « Slapstick »).
La famille royale et plusieurs représentants du gouvernement italien, accompagnés par les chefs d'état-major des trois armées, quittent Rome pour Pescara (d'où ils s'embarqueront pour Brindisi).
A Rome, les partis antifascistes constituent le Comité de Libération nationale.
Corse. Sous la direction du Front national, les résistants corses se soulèvent. Ils neutralisent les forces italiennes, qui passent en grande partie de leur côté (divisions Cremona et Friuli), et constituent une tête de pont autour d'Ajaccio.
Front soviétique. Progressant à l'ouest du centre ferroviaire de Konotop, les Russes reprennent Bakhmatch, sur la voie ferrée qui mène à Kiev.
Plus au nord, ils atteignent le Desna, au sud de Briansk.
Pacifique. Iles Salomon. L'amiral Halsey propose l'occupation des îles Treasury et d'une partie de Choiseul, qui pourraient servir de bases pour neutraliser les bases japonaises des îles Shortland et du sud de Bougainville. MacArthur repousse la proposition : nouvelle manifestation du « dualisme stratégique » chronique entre l'armée de terre et la marine américaines.
Dans l'île d'Arundel, les Américains suspendent les opérations d'infanterie et pilonnent de leurs canons les positions ennemies.
Nouvelle-Guinée. La 9e division australienne parvient à franchir le Busu et à constituer une tête de pont sur l'autre rive.
Les Américains enlèvent plusieurs positions dans la crique du Dot Inlet.
☐ Les Allemands assument le contrôle direct de la Croatie, de la Grèce, des côtes et des îles yougoslaves.
☐ L'Iran déclare la guerre aux puissances du Pacte tripartite. Ce pays avait rompu les relations diplomatiques avec l'Allemagne et l'Italie, le 16 septembre 1941.

10 septembre
Italie. Les Allemands occupent Rome après de brefs engagements avec les troupes italiennes. Le roi Victor-Emmanuel III, avec sa famille et sa suite, arrive à Brindisi à bord de la corvette *Baionetta.*
En Calabre, le 13e corps de l'armée de Montgomery atteint la ligne Catanzaro-Nicastro, tandis que les troupes allemandes accélèrent leur retraite en direction de Salerne afin d'y renforcer les défenses.
Malte. La flotte italienne se rend dans les formes à l'amiral Andrew B. Cunningham, commandant en chef de la flotte britannique en Méditerranée.
Front soviétique. En débarquant à l'ouest de la ville, des unités des armées de Tolboukhine et de Malinovski contournent et reprennent Marioupol, à l'ouest de Taganrog, sur la mer d'Azov.
De la tête de pont de Novorossiisk, la XVIIe armée allemande commence à se replier en Crimée,

THE OUTLAW

Doc Holliday et Billy le Kid, les légendaires aventuriers du Far-West américain, sont devenus amis et se disputent la même femme, la ravissante métisse Rio. Pendant ce temps, Pat Garrett est à leur poursuite. Doc est tué lors d'un combat en duel ; Kid et Rio peuvent donc partir ensemble.
The Outlaw (Le Banni), produit et réalisé par Howard Hughes est un western original et ambitieux. Sous ses apparences d'érotisme, il cache un thème inhabituel pour une œuvre de ce genre, celui de l'homosexualité. En fait, le film repose sur la jalousie entre les trois hommes pour qui la jeune femme n'a en définitive pas plus d'importance à leurs yeux que leurs chevaux. Les généreux gros plans sur la florissante poitrine de Jane Russell, — la dernière trouvaille de Hughes — vont déchaîner les foudres de la censure. Le film est aussitôt interdit, il ne sera remis en circulation qu'en 1950, dans sa version revue et corrigée.

LA DÉSAGRÉGATION D'UNE ARMÉE

Le drame de l'armée italienne éclate le 8 septembre 1943, quand la radio italienne diffuse le message du maréchal Badoglio par lequel le chef du gouvernement fait savoir que l'Italie a « demandé un armistice au général Eisenhower, commandant en chef des forces alliées », et que la demande a été agréée.
En quelques heures, le drame se transforme en tragédie pour des centaines de milliers de soldats abandonnés à eux-mêmes à l'heure sans doute la plus tragique depuis le début de la guerre, au moment où les alliés allemands deviennent tout d'un coup les ennemis à combattre.
Mais quelle est la situation de l'armée italienne à la veille de l'armistice ?
Les forces présentes dans la péninsule et en Sardaigne s'élèvent au total à environ 1 090 000 hommes (10 divisions en Italie du Nord, 7 au centre, 4 au sud, et 4 autres en Sardaigne) contre environ 400 000 soldats des unités allemandes. Mais, alors que ces dernières sont parfaitement efficientes et fortement pourvues de blindés, l'armée italienne est un très faible outil de guerre (on en est convaincu même à l'état-major, qui, en fait, considère les troupes italiennes commes battues au départ), dont les divisions sont pour une bonne moitié inefficaces, pauvres en blindés et mal armées. A ces forces, considérables en nombre, il faut ajouter les unités italiennes réparties dans différents secteurs hors des frontières métropolitaines : 230 000 hommes en France (et en Corse), 300 000 environ entre Slovénie, Dalmatie, Croatie, Monténégro et Bouches de Kotor, plus de 100 000 en Albanie, et environ 260 000 soldats en Grèce et dans les îles de la mer Égée : au total 900 000 hommes, une force formidable en théorie, mais en théorie seulement. En réalité, il s'agit d'une armée non adaptée aux exigences du moment et sur laquelle on ne peut absolument pas compter. Si l'on ajoute, en ce fatidique 8 septembre, l'absence absolue de directives de la part des responsables de la machine de guerre italienne (en particulier de Badoglio, chef du gouvernement, qui est pourtant un militaire, du général Ambrosio, chef d'état-major général, et de Mario Roatta, chef d'état-major de l'armée de terre) et l'impardonnable légèreté avec laquelle on aborde le moment bien prévisible où il faudra rendre des comptes aux Allemands, on peut comprendre l'écroulement total de l'armée italienne au lendemain de l'annonce de la signature de l'armistice.
Dans la dissolution générale (au moment de l'épreuve, beaucoup de chefs sont loin de leurs unités ou, s'ils sont présents, ils n'ont pas reçu de directives), on peut cependant constater quelques tentatives aussi courageuses qu'inutiles de s'opposer à l'agression allemande : dans le Trentin-Haut-Adige et en France, les troupes alpines réagissent à l'attaque, mais ce sont de brefs épisodes ; les nids de résistance sont réduits avec une impitoyable férocité. En Grèce, sur le fond tragique du désarmement des unités italiennes par les Allemands resplendit le courage de la division Acqui, qui, à Céphalonie, choisit de lutter, donc de mourir : 9 646 morts, une vengeance inutile mais féroce, une cruauté qui est une fin en elle-même et ne trouve pas de justifications.
Le 7 novembre 1943, dans son rapport à Hitler sur la situation stratégique, le général Jodl, chef d'état-major de la Wehrmacht, résume en chiffres ce qui s'est passé en Italie depuis le 8 septembre : il parle de 51 divisions « à coup sûr désarmées », de 29 divisions « probablement désarmées » et de 3 divisions « non désarmées ». On compte plus de 500 000 prisonniers, dont 35 000 officiers ; le butin en armes et en matériel est énorme. On ne parle pas des morts, dont on ne saura jamais le nombre, même approximatif.
On peut faire mention à part de l'aviation et de la marine italiennes. Sur 1 000 avions théoriquement disponibles (bombardiers, avions de chasse et de reconnaissance), pas plus de la moitié n'est utilisable pour plusieurs raisons : depuis le 8 septembre, 246 avions réussissent à décoller pour rejoindre des territoires non directement contrôlés par les Allemands. 203 arrivent à destination. Les 43 autres sont abattus ou contraints d'atterrir en territoire neutre. Ceux qui restent sont aux mains des Allemands.
Des trois armées, c'est certainement la marine qui reste la plus efficace ; elle aligne 5 cuirassés, 8 croiseurs, 7 croiseurs auxiliaires, 23 sous-marins, 70 MAS environ, et 37 contre-torpilleurs et torpilleurs. Le 8 septembre, cette importante force navale est répartie entre La Spezia et Gênes, Tarente, l'Albanie, la France (Bordeaux, la Corse), Dantzig et des ports japonais.
A l'annonce de l'armistice, à Gênes et à La Spezia, il fut décidé de diriger l'escadre vers les côtes nord-est de la Sardaigne puis vers les côtes africaines, mais elle fut rejointe par des bombardiers allemands qui coulèrent le navire amiral. L'amiral Bergami, son état-major et 1 552 marins trouvèrent la mort. Les autres navires se dirigèrent vers Malte, où ont déjà trouvé refuge les unités de la flotte basées à Tarente, et où arrivera le lendemain 11 septembre, le cuirassé *Giulio Cesare*. Pour la flotte italienne, la guerre se poursuit aux côtés des Alliés.
Depuis le 10 juillet 1940, l'Italie a perdu (en Méditerranée) environ 3 millions de tonneaux de navires marchands (c'est-à-dire plus de 80 % de toute la flotte marchande) et presque 300 000 t de navires de guerre avec 28 937 marins.

en traversant le canal de Kertch. Dans ce secteur opère le Front du Caucase septentrional, commandé par le général Petrov, appuyé par les forces navales de la mer Noire, sous les ordres du vice-amiral Vladimirski.
Pacifique. Iles Salomon. Les troupes américaines affectées à la conquête de l'île d'Arundel, qui s'avère bien plus difficile que prévu, sont renforcées par deux autres bataillons d'infanterie.
Nouvelle-Guinée. La 7e division australienne, qui s'est organisée, remplace le 503e régiment de parachutistes américain à Nadzab et marche en direction de l'est, vers Lae. La grande base japonaise se trouve ainsi menacée de l'ouest comme de l'est.

Rome, 8 septembre 1943. Pièce d'artillerie de campagne italienne en position devant la station Ostiense pour faire face à la réaction des Allemands.

11 septembre
Front italien. La 1re division aéroportée anglaise conquiert Brindisi sans rencontrer de résistance.
Sardaigne. La garnison allemande de l'île s'embarque pour la Corse.
Dans l'île d'Arundel, le 27e d'infanterie de la 25e division américaine débarque à la pointe occidentale de la presqu'île de Bomboe et marche vers la base, où est déployé le 172e d'infanterie. Pour la première fois dans le Pacifique, les Américains emploient contre les positions japonaises les nouveaux mortiers de 105 mm.
Nouvelle-Guinée. La 5e division australienne franchit le Francisco près de l'aéroport de Salamaua. Les Japonais se replient vers Lae.
Iles Aléoutiennes. Le général Davenport Johnson assume le commandement de la 11e force aérienne américaine, qui, partant des bases Aléoutiennes, a déclenché une offensive contre les îles Kouriles, subissant des pertes sérieuses du fait de la chasse et de la D.C.A. japonaises.

12 septembre
Italie. Mussolini, prisonnier sur le Gran Sasso, est libéré par un commando allemand aux ordres du capitaine Otto Skorzeny.
Tous les représentants du gouvernement italien ont maintenant quitté Rome.
Nouvelle-Guinée. Les 9e et 7e divisions australiennes marchent sur Lae, l'une venant de l'est, l'autre de l'ouest. La 5e occupe Salamaua, tandis que les Japonais poursuivent leur retraite vers Lae.

13 septembre
Corse. Envoyés par le général Giraud, des bataillons de choc de l'armée française d'Afrique débarquent en Corse, où les Allemands ont contre-attaqué, notamment à Bastia.
Céphalonie. La division italienne Acqui, commandée par le général Antonio Gandin, refuse de remettre ses armes et décide de résister à l'attaque des troupes allemandes.
□ Mussolini arrive à Munich, où il retrouve sa femme.
Front italien. Le général allemand Heinrich von Vietinghoff, commandant la Xe armée allemande, déclenche une contre-attaque contre la tête de pont alliée et menace de couper en deux les forces alliées.
Le commandement de la Ve armée américaine décide de préparer le plan d'une éventuelle évacuation d'urgence.
Dans la nuit, de nouvelles troupes arrivent pour renforcer la tête de pont, qui se stabilise : les attaques allemandes sont repoussées de plus en plus vigoureusement.
Pacifique. Iles Salomon. Un bataillon américain quitte l'île d'Arundel pour l'îlot voisin de Sagekarasa, tandis que d'autres unités occupent d'autres petites îles au nord-est de la presqu'île de Bomboe.
Mer Égée. Des troupes britanniques occupent l'île de Kos, où une base de la R.A.F. est aussitôt installée.

14 septembre
Allemagne. Mussolini arrive à Rastenburg, la *Wolfsschanze,* la « Tanière du loup » de Hitler. Témoignage du fils du Duce, Vittorio Mussolini : « Tous les deux, profondément émus, se serrèrent longuement la main. »
Front italien. Des unités de la 1re division aéroportée anglaise s'emparent de Bari.
La 5e division anglaise (13e corps britannique), poursuivant sa marche vers le nord le long de la côte tyrrhénienne, arrive au sud de Sapri.
Pacifique. Iles Salomon. A Vella Lavella, après une intense préparation d'artillerie, les Américains progressent dans la baie de Kokolope et occupent Horaniu, évacué par l'ennemi.
Dans l'îlot de Sagekarasa, près d'Arundel, les Japonais contre-attaquent vigoureusement le bataillon américain débarqué la veille.

LA LIBÉRATION DE MUSSOLINI

Le soir du 25 juillet, dès qu'il apprend la nouvelle de l'arrestation de Mussolini, la première pensée de Hitler est de préparer un plan pour sa libération : vingt-quatre heures plus tard, le soir du 26, arrive au quartier général de Hitler (la « Tanière du loup », à Rastenburg, aujourd'hui Ketrzyn) le capitaine des « troupes spéciales » Otto Skorzeny, homme vigoureux qui porte une profonde cicatrice sur la joue gauche, et « spécialiste » en actions de commando. Hitler le charge de libérer « l'ami Mussolini » le plus vite possible, avant que le nouveau gouvernement italien n'ait le temps de le remettre aux Alliés. Skorzeny agira, c'est toujours Hitler qui l'ordonne, aux ordres directs du général d'aviation Kurt Student ; il est aussitôt nommé son aide de camp.

Le 27 juillet, en début d'après-midi, Skorzeny et Student atterrissent à l'aéroport de Rome pour gagner Frascati, où se trouve le quartier général du maréchal Kesselring, commandant du groupe d'armées allemandes en Italie. Il s'agit avant tout de découvrir où les Italiens cachent Mussolini : ce n'est pas difficile, puisque le Duce est encore à Rome.

Le soir même, grâce à l'aide des S. S. Kappler et Dollmann, Skorzeny découvre que Mussolini est gardé prisonnier dans une caserne de carabiniers : il s'agit cependant d'une découverte inutile, puisque ce même soir, Badoglio, qui se méfie, décide le transfert du prisonnier en un lieu plus sûr.

Le Duce est conduit en grand secret dans l'île de Ponza (mer Tyrrhénienne), où Skorzeny le repère. Son plan d'évasion est prêt lorsque le Duce est transféré dans l'île de La Maddalena, au nord-est de la Sardaigne. Skorzeny retrouve Mussolini et Hitler approuve l'opération prévue pour le 28 août, mais le 27 le Duce est de nouveau transféré, cette fois à Campo Imperatore, importante station de ski du Gran Sasso, dans les Abruzzes. Au bout de quelques semaines d'investigations, Skorzeny apprend que des mesures particulières de sécurité ont été mises en place autour de Campo Imperatore dont l'hôtel n'est accessible que par le funiculaire qui part d'Assergi ; un endroit donc facile à défendre et difficile à atteindre, présentant les conditions nécessaires pour garder une personnalité de l'importance de Mussolini. C'est une hypothèse, mais il faut en avoir la certitude. La certitude que les suppositions de Skorzeny sont fondées est fournie par le médecin-lieutenant allemand Leo Krutoff : celui-ci est chargé de se rendre à Campo Imperatore pour y préparer l'admission, pour une période de convalescence, de soldats allemands atteints de malaria (c'est du moins la version donnée à l'officier médecin). Mais il ne peut mener à terme sa mission, car, lorsqu'il arrive au village d'Assergi pour prendre le funiculaire, il en est brusquement empêché par des carabiniers : la zone du Gran Sasso a été déclarée « zone militaire » ; impossible d'y monter. C'est ce que voulait savoir Skorzeny, qui prépare un plan audacieux prévoyant l'atterrissage sur le terre-plein, derrière l'hôtel, de plusieurs planeurs et d'une centaine de parachutistes : entreprise des plus risquées, étant donné la nature accidentée du terrain et l'exiguïté de la « piste » pour le décollage après la libération.

En dépit des avis contraires des « techniciens », qui estiment l'opération sinon impossible, du moins trop risquée, Skorzeny obtient l'autorisation de la tenter. Et le 12 septembre, vers 13 heures, 12 avions allemands décollent de l'aéroport de Pratica di Mare, hameau de la commune de Pomezia, dans la province de Rome. L'atterrissage à Campo Imperatore est très difficile, mais somme toute satisfaisant. Un seul avion est détruit et plusieurs autres gravement endommagés. Immédiatement, Skorzeny et les parachutistes courent vers l'hôtel au milieu de la surprise générale. Les carabiniers de garde à l'hôtel sont encore plus désorientés par la présence du général des carabiniers Soleti, que Skorzeny a amené avec lui pour brouiller les idées des gardiens de Mussolini. En moins de temps qu'il n'en faut pour le dire, l'hôtel est aux mains des Allemands, sans aucune réaction de la part des Italiens. Skorzeny exhorte même le colonel commandant la garnison à ne pas réagir pour éviter une inutile effusion de sang. Le conseil de l'officier allemand est suivi presque trop scrupuleusement. Mussolini prend place avec Skorzeny à bord d'une Cigogne, petit avion arrivé pour la circonstance à Campo Imperatore, vu l'impossibilité de quitter autrement le plateau sans risquer d'être découvert. C'est le capitaine Gerlach, pilote personnel du général Student et as de l'aviation allemande, qui pilote la Cigogne. Pour pouvoir repartir avec Skorzeny et Mussolini (d'après Gerlach, Skorzeny est à coup sûr de trop pour les possibilités de l'appareil), on a recours à une manœuvre des plus hardies : tandis que les parachutistes allemands retiennent l'avion par la queue, le pilote met les gaz et pousse le moteur au régime maximum, et à un signal donné, l'avion, libéré, bondit en avant vers le ravin. Il disparaît un moment dans l'abîme, mais bientôt on le voit qui monte au loin vers le ciel. A Pratica di Mare, où il atterrit, Mussolini est embarqué sur un Heinkel III qui l'emmène à Vienne, puis à Munich, où il retrouve sa femme. Le 14, à Rastenburg, le Duce rencontrera le Führer.

Les Américains y envoient des renforts, tandis que les Japonais envoient de Kolombangara un régiment à Arundel.
Une brigade néo-zélandaise, affectée à l'invasion des îles Treasury (l'amiral Halsey a réussi à faire accepter son point de vue par le général MacArthur), arrive à Guadalcanal.
Nouvelle-Guinée. Les Australiens construisent un pont sur le Busu et font passer la 26e brigade sur l'autre rive. Poursuivant sa marche sur Lae, la 25e brigade australienne occupe la plantation de Heath.
Mer Égée. Des forces anglaises occupent Léros.

Débarquement allié à Salerne. Des soldats anglais ont amené sur le rivage un des ballons qui serviront de barrage lors des raids aériens allemands.

15 septembre
Front soviétique. Les Soviétiques, dans le secteur central, se lancent à l'offensive en direction de Smolensk. En direction de Kiev, le Front central s'empare de Nezin.
Front italien. La 5e division anglaise atteint Sapri, tentant d'opérer la jonction avec le 60e corps américain débarqué au sud de Salerne.
Le général Alexander ordonne à la Ve armée américaine de poursuivre sa progression au-delà du Volturno.
Nouvelle-Guinée. La progression des Australiens sur Lae se poursuit. Le général MacArthur ordonne une opération, spécialement appuyée par l'aviation, visant à la conquête de Kaiapit et de Dumpu.

16 septembre
Front soviétique. Les troupes du général Petrov s'emparent des ruines de Novorossiisk. Une grande partie de la XVIIe armée allemande a pu passer en Crimée par le détroit de Kertch. Ainsi se termine l'aventure allemande dans le Caucase.
Au sud-ouest de Briansk, les Soviétiques prennent Novgorod Severski ; à l'est de Kiev, Romnyi, et, au sud de Kharkov, Lozovaia. Les Allemands annoncent l'évacuation de Briansk.
Front italien. Des patrouilles de la Ve armée américaine et de la VIIIe armée britannique opèrent la jonction près de Vallo della Lucania.
Le général allemand Kesselring, commandant du groupe d'armées Sud, amorce une retraite vers le nord en direction de la ligne Gustav, le long du Garigliano et du Sangro.
Mer Égée. Des forces anglaises occupent Samos.
Pacifique. Iles Salomon. D'autres renforts, parmi lesquels un bataillon d'infanterie et plusieurs chars légers de marines, sont débarqués dans l'île d'Arundel.
Nouvelle-Guinée. Attaqués par ciel et par mer et privés de ravitaillement par le blocus des Alliés, les Japonais de Lae (7 500 hommes, plus ce qui reste de la garnison de Salamaua, décimée par les combats) abandonnent discrètement la position et se replient vers le nord-ouest. Après un mois de marche, ils atteindront Sio, sur la côte nord de l'île, face à la Nouvelle-Bretagne. Les Australiens des 7e et 9e divisions convergent vers la base abandonnée et l'occupent.

17 septembre
Algérie. Le C.F.L.N. crée une Assemblée consultative de 87 membres : 40 délégués de la Résistance intérieure, 12 de la Résistance extérieure, plus d'anciens députés, sénateurs et conseillers généraux.
Front soviétique. Les Soviétiques entrent à Briansk, évacué par les Allemands. L'O.K.W. est désormais résigné à la perte de vastes territoires et considère comme essentiel que la Wehrmacht réussisse à tenir la ligne du Dniepr.
Front italien. Le 13e corps anglais marche vers la ligne Potenza-Auletta.
En Sicile, les attaques d'unités du 6e corps américain contre Altavilla se poursuivent avec intensité.
Pacifique. Iles Salomon. On continue de se battre dans l'île d'Arundel et dans l'île voisine de Sagekarasa ; l'activité de l'artillerie est intense.
A Port Moresby, au cours d'une conférence des commandements alliés, le général MacArthur soutient la nécessité de s'assurer au plus vite d'une tête de pont dans l'île de Bougainville pour y installer une grande base grâce à laquelle on pourrait assumer le contrôle de toute la zone du Pacifique Sud-Ouest et prendre son élan vers le Pacifique central.
Nouvelle-Guinée. La 9e division australienne, suivant les décisions du quartier général de la zone du Pacifique Sud-Ouest, sera utilisée pour un débarquement en force à Finschhafen prévu pour le 22. Finschhafen, à l'extrémité de la

presqu'île qui ferme la partie nord du golfe Huon, servira de base avancée pour l'aviation et pour les unités légères de la marine.

18 septembre
Front soviétique. Le centre ferroviaire de Pavlograd, au sud de Lozovaiia, est repris par les Soviétiques.
Front italien. Les Américains entrent à Altavilla, tandis que la 45e division américaine (6e corps) prend Persano.
Pacifique. Iles Salomon. Le commandement des opérations dans l'île de Vella Lavella est assumé par le général néo-zélandais H. E. Barrowclough, en remplacement de l'Américain McClure. La 14e brigade néo-zélandaise manœuvre pour encercler l'ennemi en retraite, mais les Japonais réussiront finalement à se dégager et à abandonner l'île. A Arundel, les Américains déploient de nouvelles forces sur la base de la péninsule de Stima.
Pacifique central. Des avions venant de porte-avions américains bombardent Tarawa, Makin et Abemama, dans les îles Gilbert.

19 septembre
Front soviétique. Le Front de Kalinine (Eremenko) et le Front occidental (Sokolovsky), poursuivant leurs attaques contre le *Heeresgruppe* Centre (von Kluge), libèrent Iartsevo et Dukovschina, menaçant maintenant Smolensk, à l'ouest de Moscou. Dans le secteur méridional, les Allemands se replient sur le Dniepr, laissant aux Soviétiques Prilouki, Piriatin, Loubny, Khorol, Krasnograd.
Front italien. Les troupes du 13e corps britannique atteignent la ligne Auletta-Potenza.
Les Allemands incendient Boves, dans la province de Cuneo, et tuent 32 civils par représailles. Avec cet épisode commence la lutte partisane en Italie.
Nouvelle-Guinée. Après de durs combats, des unités australiennes s'emparent de Kaiapit et repoussent de nouvelles contre-attaques japonaises.

20 septembre
Front soviétique. Les troupes soviétiques du Front de Kalinine prennent Velij, au nord-ouest de Smolensk.
Front italien. Le 6e corps américain (V^{e} armée) est placé sous le commandement du général John P. Lucas.
Pacifique. Iles Salomon. Les unités engagées dans l'îlot de Sagekarasa, près d'Arundel, constatent que les Japonais ont abandonné de nuit leurs positions, laissant libre le terrain.

21 septembre
Front soviétique. Les forces de Rokossovski libèrent Tchernigov, entre Gomel et Kiev, détruit par la Luftwaffe en 1941.
Front italien. Le général Alexander trace le plan des opérations futures, qui prévoit quatre phases : 1° Consolidation des positions sur la ligne Salerne-Bari ; 2° Conquête de Naples et de Foggia ; 3° Conquête de Rome ; 4° Éventuelle attaque contre Florence et Arezzo.
Les Allemands finissent d'évacuer la Sardaigne et s'installent en Corse.
Pacifique. Iles Salomon. Dans l'île d'Arundel, les Américains découvrent que, là aussi, les Japonais, après avoir perdu 600 hommes pour défendre l'île, s'en sont allés, abandonnant Sagekarasa et les îlots voisins. Les troupes du Mikado évacuent les Salomon centrales, se concentrant dans les îles septentrionales.
Nouvelle-Guinée. A Lae, une brigade australienne appareille pour aller occuper Finschhafen ; une autre va de Lae vers la baie de Langemak et deux autres sont aéroportées de Nadzab à Kaiapit pour poursuivre la garnison japonaise de Lae qui se replie le long de la vallée du Markham.

22 septembre
Front soviétique. Les Allemands annoncent l'évacuation de Poltava, à l'ouest de Kharkov, désormais indéfendable face à la progression du Front des steppes (Koniev). Avant d'évacuer la ville, ils ont procédé à son entière destruction.
Céphalonie. Les troupes italiennes de la division Acqui déposent les armes : les Allemands, par représailles, massacrent 5 000 soldats et officiers italiens ; en ajoutant les 1 200 soldats (plus 446 officiers) morts au combat et les 3 000 engloutis avec les cargos qui les transportaient vers les camps en Allemagne, on peut porter à 9 646 le nombre des victimes de la résistance aux Allemands dans l'île Ionienne. Une véritable hécatombe : la division

La population de Poltava (à l'ouest de départ — des unités de l'Armée rouge,

Kharkov) se rassemble en liesse pour saluer l'entrée dans la ville — qui a été entièrement détruite par les Allemands avant leur le 23 septembre 1943. Les troupes de Koniev quitteront rapidement Poltava dans leur progression vers l'ouest.

Acqui s'est littéralement dissoute.
Front italien. Le 10e corps britannique (Ve armée américaine) reçoit l'ordre de marcher sur Naples, tandis que le 6e corps américain se dirige vers la ligne Avellino-Teora et se prépare à poursuivre en direction de Bénévent. Dans le secteur de la VIIIe armée arrive d'Afrique la 8e division indienne. Les éléments de la 78e division et de la 4e brigade blindée débarquent près de Bari : ils devront poursuivre vers Foggia.
Pacifique. L'amiral Halsey demande au contre-amiral Wilkinson (qui commandera les forces de débarquement) de préparer des plans détaillés pour l'invasion des Salomon septentrionales. On décidera par la suite d'occuper les îles Treasury et la baie de l'Impératrice Augusta, dans l'île de Bougainville.
Pacifique Sud-Ouest. Le commandement de ce secteur, qui dépend de MacArthur, donne ses directives pour l'opération « Dexterity », c'est-à-dire le débarquement au cap Gloucester, à l'extrémité occidentale de la Nouvelle-Bretagne. A l'autre extré-

En gare de Sarajevo (Yougoslavie), un train de soldats italiens capturés par les Allemands après l'armistice et dirigés sur les camps en Allemagne.

Soldats soviétiques à l'attaque dans le secteur de Smolensk (en haut) et de Briansk.

mité de l'île se trouve la très importante base japonaise de Rabaul. A l'opération participent des parachutistes et des troupes aéroportées. La date en est fixée au 20 novembre. Elle sera par la suite reportée au 26 décembre.

Nouvelle-Guinée. Une force amphibie de contre-torpilleurs et de bateaux de débarquement, commandée par le contre-amiral américain Barbey, met à terre, aux premières heures de la matinée, après une brève préparation de l'artillerie navale, la 20ᵉ brigade de la 9ᵉ division australienne à l'embouchure du Song, à 10 km au nord de Finschhafen. Les Japonais ont bien tenté une attaque aérienne du convoi en mer, mais ils ont été repoussés par les avions alliés qui protègent maintenant le débarquement, puis la marche vers Finschhafen.

23 septembre

Italie. Réduit au rôle de pantin entre les mains de Hitler, Mussolini proclame à Salo la « République sociale italienne » en formant un nouveau gouvernement fasciste dont l'autorité s'étend sur le territoire de la péninsule occupé par les Allemands. L'Italie doit toutefois laisser à l'administration directe de l'Allemagne la ville de Trieste, l'Istrie et le Trentin-Haut-Adige.

La Vᵉ armée américaine commence une progression générale vers le nord : le 10ᵉ corps anglais attaque vers Nocera-Pagani et sur la route Salerne-San Severino, mais sa progression est considérablement ralentie par la vive réaction allemande.

Les troupes de la VIIIᵉ armée du général Montgomery chassent les Allemands d'Altamura et occupent la ville.

Front soviétique. Les troupes de Koniev (Front de la steppe) entrent à Poltava, évacué par les Allemands, et continuent de progresser vers l'ouest, poussant en direction de Krementchoug.

Nouvelle-Guinée. La 20ᵉ brigade australienne, débarquée la veille près de Finschhafen, marche sur cette localité, s'empare d'un aéroport et atteint les rives du Buni, où les Japonais ont établi une solide ligne de défense.

France, septembre 1943. Capturés lors d'une opération de ratissage, ces deux prisonniers au bord d'une fosse vont être sommairement exécutés par deux S. S., d'un coup de pistolet derrière la nuque.

24 septembre

Front soviétique. De durs combats ont lieu à proximité de Smolensk et de Roslavl, dont l'O. K. W. annonce l'évacuation.

Pacifique. Iles Salomon. Les premiers avions alliés se posent sur l'aéroport de Vella Lavella.

Nouvelle-Guinée. Des avions japonais attaquent avec un certain succès des navires alliés transportant du ravitaillement pour la tête de pont de Finschhafen. La 20e brigade australienne enfonce les lignes japonaises sur le Bumi et au nord de Finschhafen.

25 septembre

Front soviétique. Les troupes du Front occidental soviétique (Sokolovsky) occupent Smolensk et Roslavl. La IVe armée allemande, repliée au sud de Smolensk, résiste à la forte poussée soviétique en direction de l'Orcha. Dans le secteur méridional, les Soviétiques ont atteint le Dniepr (considéré par les Allemands comme ligne à tenir à tout prix) de Krementchoug à Dniepropetrovsk.

Nouvelle-Guinée. La 20e brigade australienne progresse lentement vers Finschhafen.

Colonnes de fantassins américains progressant vers l'intérieur de la Nouvelle-Guinée.

26 septembre
Front italien. Le 10e corps britannique poursuit ses attaques avec pour objectif la plaine de Naples. Des patrouilles du 13e corps britannique (VIIIe armée du général Montgomery) s'emparent de Canosa.
Nouvelle-Guinée. Les Japonais déclenchent de violentes contre-attaques contre les Australiens dans le secteur de Finschhafen, mais ne parviennent pas à les repousser.

27 septembre
Front soviétique. Dans le Kouban, les Soviétiques occupent la rive nord du fleuve du même nom et s'emparent de Temriouk (sur la mer d'Azov), dans la presqu'île de Taman, réduisant au minimum la tête de pont de la XVIIe armée allemande.
Italie. La population de Naples se soulève contre les Allemands, qui ont fait de la ville leur « réserve de chasse », saccageant les magasins, réquisitionnant les transports publics, raflant des milliers d'habitants pour le travail obligatoire. Le feu est mis aux poudres quand, dans l'après-midi, le énième saccage par les Allemands d'un grand magasin de la rue de Rome provoque la réaction de quelques hommes qui, barricadés dans le magasin, tirent sur les Allemands. Ces derniers, en se retirant, ripostent par des tirs au juger et tuent un jeune passant. Les combats se propagent aussitôt dans toute la ville. Dans les rues, des centaines de tireurs isolés prennent les Allemands sous le feu de leurs armes, des fenêtres et des toits.
A Brindisi, les généraux alliés Walter Bedell Smith, McMillan et Murphy s'entretiennent avec les délégués italiens Badoglio, Ambrosio et Acquarone pour mettre au point la rencontre que le chef du gouvernement italien, Badoglio, aura à Malte avec le général Eisenhower pour la signature de l'« armistice long ».
Les troupes de la VIIIe armée anglaise de Montgomery entrent à Foggia, où elles occupent l'aéroport, objectif principal des forces alliées.
Allemagne. La 8e force aérienne américaine bombarde Emden.

28 septembre
Italie. A Naples se constitue, au Vomero, le Front unique révolutionnaire, organisme officiel qui prend en main l'insurrection : le siège en est le lycée Sannazzaro, le commandement en est confié à Antonio Tarsia, un ouvrier de 70 ans. Les combats continuent dans les rues sous une pluie battante. Le colonel Scholl, commandant la place de Naples, engage contre les insurgés les panzers Tigre dans l'espoir de pouvoir mater la révolte. Au prix de lourdes pertes, 8 panzers sont immobilisés et incendiés par les insurgés, barrant ainsi le passage à ceux qui les suivent. On élève des barricades, la lutte est acharnée.
Front italien. Dans le secteur de la

V[e] armée américaine, le 10e corps britannique et le 6e corps américain sont en mesure de reprendre leurs attaques en direction de Naples et d'Avellino. La 23e brigade blindée marche en direction de Castellamare di Stabia, tandis que les rangers s'emparent de Sala Consilina.
Pacifique. Iles Salomon. Dans la nuit du 28 au 29, les Japonais commencent d'évacuer l'île de Kolombangara, dont les bases ont été rendues inutilisables par la stratégie du « saut de grenouille » adoptée par les Américains.

29 septembre
Front soviétique. Les troupes de Koniev (Front des steppes) franchissent le Dniepr à Krementchoug et s'emparent de cette ville. La « ligne du Dniepr », vitale, est donc elle aussi sur le point de céder; Rokossovski et Vatoutine marchent sur Kiev.
Italie. A Naples se poursuivent de furieux combats entre insurgés napolitains et troupes allemandes : les engagements les plus violents ont lieu dans le quartier de la place Carita, dans les hôtels Universo et Bologna et sur le terrain de sport du Vomero, où sont concentrés les nids de résistance allemands. L'hôtel Parco, quartier général du colonel Scholl, commandant la place, est aussi attaqué à plusieurs reprises. Les Allemands répondent avec les Tigre, qui ont réussi à pénétrer dans le centre de la ville. Au cours de la nuit, le colonel Scholl rencontrera le « capitaine » des insurgés, Stimolo, pour négocier une trêve qui prendra effet le 30 septembre à 7 heures.
Front italien. Le général Eisenhower et le maréchal Badoglio signent l'« armistice long ».
Le général Alexander donne ses instructions pour les opérations futures. Deux phases sont prévues : la première concerne la prise de Naples et le déplacement du front sur la ligne Sessa-Aurunca-Venafro-Isernia-Castelpignano-le Biferno-Termoli; la seconde prévoit une avancée sur la ligne Civitavecchia-Terni-Visso-San Benedetto del Tronto.
Dans la zone d'action du 6e corps américain, des unités de la 3e di-

Dans le secteur de Termoli (Campobasso), une patrouille de la Croix-Rouge évacue sur l'arrière un blessé d'une unité canadienne.

Civils en armes dans une des rues de Naples au cours de l'insurrection de la ville contre l'occupant allemand.

vision convergent sur Avellino et déclenchent dans la nuit l'assaut contre la ville.
Chine. Le général Stilwell fait connaître le « programme pour la Chine », dans lequel il recommande la reconstitution, avec l'aide américaine, de 60 divisions de l'armée nationaliste.

30 septembre
Front soviétique. Le gouvernement soviétique annonce officiellement que l'Armée rouge marche en Ukraine sur Kiev, et en Biélorussie sur Vitebsk, Gomel et Moghilev. Le mois de septembre a vu la libération d'immenses territoires ; le mois suivant, ce sera le franchissement en force du Dniepr, accompagné d'une résistance allemande durcie.
Front italien. Malgré la trêve signée au cours de la nuit par le colonel Scholl et le « capitaine » Stimolo, de durs combats se poursuivent à Naples. Vers le 11, on apprend que les Alliés ont atteint les premières maisons au sud de la ville.
Le 5e corps d'armée anglais (V^{e} armée américaine) a débordé le Vésuve. Avellino est prise par les troupes du 60e corps américain (V^{e} armée américaine).

1er octobre
Front soviétique. Pendant la première semaine d'octobre, les armées du Front central, du Front des steppes et du Front sud-occidental soviétiques exercent une forte pression sur les *Heeresgruppen* Centre et Sud dans la boucle du Dniepr, parvenant à forcer le passage et à établir de petites têtes de pont à proximité de Kiev, Krementchoug et Dniepropetrovsk.
Front italien. Dans la matinée, les King's Dragoon Guards du 10e corps britannique entrent à Naples sans rencontrer de résistance. Le 13e corps britannique (VIIIe armée) occupe les aéroports de Foggia et se dirige vers la ligne Vinchiaturo-Termoli : la 78e division en suivant la côte et la 1re division canadienne par l'intérieur, à travers les montagnes.
Autriche. Des bombardiers alliés larguent 187 t de bombes sur Vienne.
Pacifique. Iles Salomon. L'amiral Halsey fait connaître au général MacArthur sa décision de débarquer dans la baie de l'Impératrice-Augusta, à Bougainville ; il reçoit l'assurance que l'appui aérien maximum lui sera fourni par les forces du Pacifique du Sud-Ouest.
Nouvelle-Guinée. Les Australiens renouvellent leurs attaques sur Finschhafen, infligeant de lourdes pertes aux Japonais.

2 octobre
Front italien. Dans le secteur du 6e corps américain, la 3e division se dirige vers le Volturno (sur la gauche du dispositif), tandis que les 34e et 45e divisions font mouvement sur Bénévent, important centre routier, en suivant deux axes différents. Au cours de la nuit, des commandos alliés débarquent près de Termoli et s'emparent du port et de la ville : aussitôt, la 78e division anglaise se joint à eux et, se portant vers le nord en longeant la côte, établit une tête de pont sur l'autre rive du Biferno.
Pacifique central. La 27e division américaine, qui devait se tenir prête pour l'invasion de l'île de Nauru, reçoit l'ordre de préparer les plans pour la conquête d'un nouvel objectif (proposé par le vice-amiral Spruance à l'amiral Nimitz), à savoir l'atoll de Makin, dans les îles Gilbert.
Iles Salomon. Dans la nuit du 2 au 3, les Japonais terminent l'évacuation de leur garnison de Kolombangara (environ 9 400 hommes), grâce à leur « Tokyo Express », et malgré l'intervention de la marine et de l'aviation américaines.
Nouvelle-Guinée. La 20e brigade australienne s'empare, après de durs combats, du village et du port de Finschhafen, opérant sa jonction avec la 22e brigade, entre-temps arrivée de Lae. Les Japonais conservent encore, cependant, deux centres de résistance qui dominent le port.

3 octobre
Algérie. Par ordonnance, le général de Gaulle devient seul président du C. F. L. N. Un décret établit la distinction entre le commandement des

QUATRE QUATUORS

L'édition complète des *Quatre Quatuors*, le chef-d'œuvre du poète anglais Thomas Stearns Eliot, vient d'être publiée. Elle regroupe quatre poèmes *(Burnt Norton, East Coker, The Dry Salvages* et *Little Gidding)* qu'Eliot écrivit et qui entre 1935 et 1942 ont déjà été publiés séparément. S'inspirant des structures musicales de certains Quatuors de Beethoven, ce sont de petits chefs-d'œuvre, empreints de mysticisme, dans lesquels le poète s'interroge sur les apparentes contradictions entre le temps et l'éternité, l'immobilité et le mouvement, et sur l'antagonisme entre la sphère politique et la sphère religieuse.
Il relie, en outre, ses quatre poèmes aux saisons et aux éléments, les associant au printemps et à l'air, à l'été et à la terre, à l'automne et à l'eau, à l'hiver et au feu.

T. S. Eliot (à droite), avec L. Torrey.

Cet aperçu d'un des môles du port de Naples donne une idée des dégâts considérables causés par les bombardements alliés sur la ville, dans les jours qui ont précédé l'occupation.

forces armées et le pouvoir politique.

Front italien. Dans le secteur du 6e corps, la 34e division et le 133e régiment d'infanterie prennent Bénévent et établissent une tête de pont sur l'autre rive du Calore.

Dans le secteur de Termoli, les Allemands envoient en renfort la 16e *Panzerdivision,* qui opérait sur le Volturno, pour tenter de repousser les Anglais au-delà du Biferno : une très violente bataille s'engage. Dans la nuit, une brigade de la 78e division débarque dans le secteur de la tête de pont anglaise. Pendant ce temps, la 1re division canadienne, gênée par le terrain, se trouve à 20 km de Vinchiaturo.

Sur le Volturno, la 16e *Panzerdivision* est relevée par la 3e division de *Panzergrenadiere.*

Méditerranée. Les Allemands débarquent dans l'île de Kos.

4 octobre

Front italien. Eisenhower et Alexander prévoient l'entrée des troupes alliées à Rome avant la fin du mois. Alors qu'il avait décidé de transférer d'Alger à Naples le commandement suprême, Eisenhower décide d'attendre pour pouvoir « s'établir directement à Rome ».

Corse. Les forces françaises, appuyées par des unités italiennes, enlèvent Bastia. Toute l'île est désormais sous le contrôle des Alliés.

Méditerranée. Les forces allemandes débarquées à Kos chassent la garnison britannique. La perte de cette île, seule base alliée dans la mer Égée, fait peser une lourde menace sur Léros et Samos.

5 octobre

Front italien. Sur la côte adriatique, où opère le 13e corps de la VIIIe armée britannique, la bataille se poursuit pour la tête de pont du Biferno, près de Termoli.

Pacifique. Une Task Force américaine composée de 6 porte-avions, 7 croiseurs, 24 contre-torpilleurs et navires auxiliaires, aux ordres du contre-amiral A. E. Montgomery, bombarde par mer et par air l'île de Wake (celle que, le 23 décembre 1941, l'amiral Kajioka, en en prenant officiellement possession au nom de l'empereur, a rebaptisée « île des Oiseaux »). L'attaque, très meurtrière, se renouvelle le lendemain.

□ Le commandement du Pacifique (Nimitz) donne ses directives en vue d'une offensive imminente dans le Pacifique central. Le vice-ami-

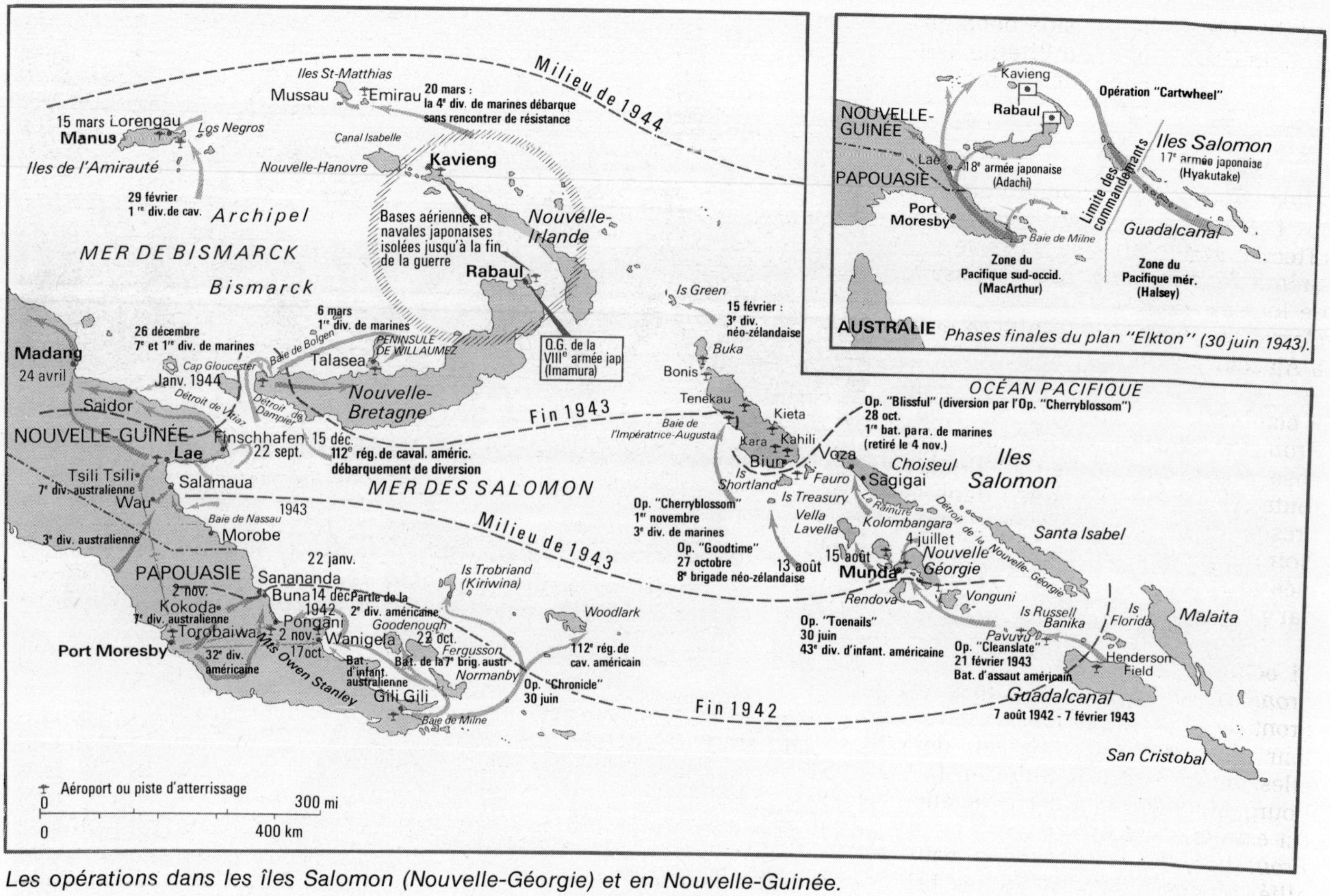

Les opérations dans les îles Salomon (Nouvelle-Géorgie) et en Nouvelle-Guinée.

ral Spruance aura pour mission de diriger l'invasion des îles Makin, Tarawa et Apamama, dans les Gilbert, d'appuyer par tous les moyens la force de débarquement et de neutraliser les bases japonaises des îles Marshall et de Nauru pendant l'opération fixée au 19, puis au 20 novembre.

6 octobre

Front italien. La Ve armée américaine atteint la rive méridionale du Volturno, menant ainsi à bien une nouvelle phase de la progression le long de la péninsule italienne. Des troupes de la 10e division britannique, rattachées à la Ve armée américaine, s'emparent de Capoue.

Pacifique. Iles Salomon. On peut considérer comme un fait accompli la conquête des Salomon centrales par les Américains quand des unités de la 25e division débarquent sans rencontrer de résistance à Kolombangara, alors évacuée par les Japonais. Sans compter Vella Lavella, dont l'occupation n'est pas encore achevée, la campagne a coûté aux Américains 1 100 morts et environ 4 000 blessés, aux Japonais au moins 2 483 morts (selon les Américains). Les Alliés disposent maintenant de 4 aéroports (Munda, Barakoma, Segi, Ondonga) d'où leurs avions peuvent intervenir contre le prochain objectif : Bougainville.

Bataille de Vella Lavella. Dans la nuit du 6 au 7, 3 contre-torpilleurs américains sous les ordres du commandant Walker interceptent un « Tokyo Express » : 9 contre-torpilleurs japonais, aux ordres du contre-amiral Matsuji Ijuin, évacuant 6 000 hommes de Vella Lavella. Un violent combat s'engage, principalement à la torpille : les Japonais perdent 1 contre-torpilleur, mais parviennent à mener à bien leur mission ; les Américains perdent eux aussi 1 contre-torpilleur ; les 2 autres sont endommagés, l'un par une collision, l'autre par une torpille.

Nouvelle-Guinée. Des éléments de la 7e division australienne prennent, avec une facilité inespérée, la position de Dumpu, où sera installé un terrain pour les avions de chasse.

Nouvelle-Bretagne. Des éléments de reconnaissance américains, débarqués secrètement près du cap Gloucester, explorent la zone choisie pour le prochain débarquement.

7 octobre

Front soviétique. Dans le secteur central, les Soviétiques occupent Nevel, centre ferroviaire au nord de Vitebsk. Sur tout le front, la résistance allemande se durcit et l'avance russe devient beaucoup moins spectaculaire.

Front italien. La Ve armée américaine commence les préparatifs en vue de l'attaque contre la ligne du Volturno. La date de l'opération est fixée pour la nuit du 9 au 10 (puis repoussée à la nuit du 12 au 13). Pendant ce temps, les troupes renforcent leurs positions sur la rive méridionale du fleuve.

Dans le secteur oriental, où opère le 13e corps britannique, une autre brigade de la 78e division débarque dans la tête de pont du Biferno, tandis que les Allemands se replient au-delà du Trigno.

8 octobre
Allemagne. 357 bombardiers de la 8e force aérienne américaine effectuent une attaque massive sur Brême et sur Vegesack, subissant de lourdes pertes.
Corse. Le général de Gaulle se rend à Ajaccio.

9 octobre
Front soviétique. Le Front du Caucase septentrional (Petrov) liquide toute résistance allemande dans la presqu'île de Taman, entre la mer Noire et la mer d'Azov. La XVIIe armée allemande a rejoint la Crimée par petits groupes.

11 octobre
Front soviétique. Les troupes du Front de Briansk (Popov) resserrent leur étau autour de Gomel, dont elles réussissent à prendre un faubourg. Mais la résistance allemande est extrêmement tenace.
Front italien. A l'est du dispositif allié, où opère la VIIIe armée britannique de Montgomery, le flanc droit du dispositif est confié au 5e corps (78e division et 8e division indienne), tandis que le 13e corps occupe le secteur central.

12 octobre
Pacifique. Nouvelle-Bretagne. La 5e force aérienne américaine, qui dispose maintenant des aéroports des Salomon centrales, comme de ceux de Munda et de Barakoma, est en mesure de lancer une grande offensive stratégique destinée à isoler et à neutraliser tout l'archipel des Bismarck, en particulier la très importante base japonaise de Rabaul. 349 avions bombardent systématiquement la rade, les aéroports et les diverses installations militaires japonaises, provoquant des dégâts importants, coulant 4 transports et 1 patrouilleur, et endommageant 3 contre-torpilleurs, 3 sous-marins, 1 pétrolier et 1 navire auxiliaire. Les commandements japonais sont pris complètement au dépourvu.
France. Arrêtés en février 1942, 47 membres du mouvement Combat comparaissent devant un tribunal allemand. Il y aura 23 condamnations à mort.
Front italien. Dans la nuit du 12 au 13, les troupes de la Ve armée américaine lancent leurs attaques contre les Allemands sur le Volturno sur un front d'environ 60 km.

Soldats alliés sur la plage d'une île des Salomon après leur débarquement.

13 octobre
Madrid. L'ambassadeur d'Italie à Madrid remet la déclaration de guerre du gouvernement Badoglio à l'ambassadeur d'Allemagne : en conséquence, l'Italie est admise par les Alliés avec le statut plutôt hybride de « cobelligérant ».
Front italien. Des unités de la Ve armée américaine parviennent à établir une tête de pont sur la rive nord du Volturno, mais les mouvements des troupes sont rendus extrêmement difficiles par le terrain que les pluies incessantes ont transformé en marécage. D'autre part, les trois unités allemandes à qui incombe la défense de la ligne du Volturno (14e corps blindé du général Hans Hube), à savoir la 15e division blindée, la division blindée Hermann Goering et la 3e division (déployées respectivement à l'ouest, au centre et à l'est du dispositif), opposent une vive résistance aux unités alliées du général Clark. Dans le secteur du 10e corps britannique, sur la gauche du front anglo-américain, tandis que la 46e division tente une percée en direction de Cancello, la 7e division blindée au centre et la 56e sur la droite effectuent des manœuvres de diversion en direction de Grazzanise et de Capoue. Les efforts sont couronnés de succès pour la 46e division, qui parvient à établir une tête de pont dans le secteur côtier, et pour la 7e division blindée qui s'empare de plusieurs positions vers Grazzanise : par contre, la 56e est bloquée et ne parvient pas à s'avancer plus loin que Capoue.
Sur la droite de l'objectif d'attaque, les 3e et 34e divisions américaines du 6e corps américain réussissent à traverser le Volturno. La première s'empare des monts Majulo et Caruso et de la plaine de Caiazzo, et la seconde établit une tête de pont de la plaine de Caiazzo au confluent du Calore et du Volturno. Sur le flanc droit, la 45e division américaine déborde le mont Acero à la suite du repli des unités de la 26e division blindée allemande.

14 octobre
Front soviétique. Les troupes de Malinovski (Front sud-ouest soviétique) s'emparent, après de durs combats, de Zaporojie, important

En haut : des indigènes de Nouvelle-Guinée collaborent avec les Américains. En bas : au sud de Naples, une église transformée en infirmerie par les Alliés.

centre industriel ukrainien au sud de Dniepropetrovsk. Plus au sud, les troupes du Front méridional de Tolboukhine se battent dans les faubourgs de Melitopol. Le but des Soviétiques est d'isoler dans la péninsule de Crimée la XVIIe armée allemande, qui vient d'évacuer la presqu'île de Taman.

Allemagne. Environ 300 bombardiers de la 8e force aérienne américaine attaquent les usines de roulements à billes de Schweinfurt. Les dégâts ne sont pas très importants, alors que parmi les avions attaquants 60 sont abattus et 138 plus ou moins sérieusement endommagés.

Front italien. Le général Clark, commandant la Ve armée américaine, déplace vers l'est la limite des zones d'action de ses deux corps d'armée, le 10e britannique et le 6e américain, modifiant ainsi le plan d'attaque. La raison de cette opération est que la 56e division britannique ne parvient pas à percer en direction de Capoue. La manœuvre de Clark permet à la 56e division d'utiliser un des ponts construits sur le Volturno par la 3e division américaine et de franchir le fleuve à la hauteur du mont Triflisco. Pendant ce temps, la 3e division américaine, qui dans la matinée s'est assuré une tête de pont de près de 7 km de profondeur, dirige ses attaques contre Dragoni, en même temps que la 34e division. Le 5e corps américain progresse de part et d'autre du Volturno, vers le secteur Venafro-Isernia, s'assurant le contrôle de la haute vallée du fleuve. Dans le secteur du 13e corps britannique (VIIIe armée de Montgomery), Campobasso est occupé par la 1re division canadienne.

15 octobre

Front italien. Après avoir franchi le Volturno, la 56e division anglaise (10e corps britannique) opère sa jonction avec les autres unités de la Ve armée qui tentent de progresser sur la ligne de faîte qui les sépare du Rapido et du Garigliano. Au nord du Volturno, le 14e *Panzerkorps* allemand du général Hans Hube a préparé trois lignes de défense fortifiées : la ligne Barbara, très sommairement organisée, qui va du

mont Massico aux hauteurs de Matese en passant par Teano et Presenzano ; la ligne Reinhard (Bernhard), beaucoup plus longue et solide que la première, formée d'une bande assez profonde d'obstacles fortifiés et reliant l'embouchure du Garigliano à Castel di Sangro, s'appuyant sur les monts La Difensa, Maggiore et Camino dans le secteur entre Presenzano et Sant'Ambrogio, et sur le mont Sammucro, à l'ouest de Venafro ; enfin, plus au nord, la ligne Gustav, le plus solide des trois dispositifs de défense, qui suit le cours du Garigliano et du Rapido en s'appuyant aux positions naturellement fortifiées du Mont-Cassin jusqu'à la côte adriatique au sud de San Vito, en passant par Roccaraso et Casoli : derrière les lignes, la Xe armée du général Vietinghoff avec le 14e corps blindé du général Hube au sud et le 71e corps blindé du général Trangott Herr au nord.
Après avoir franchi le Volturno, la 3e division américaine (6e corps) s'empare de Cisterna.
Dans le secteur nord, la 1re division canadienne s'empare de Vinchiaturo.
Pacifique. Le commandement du 1er corps des marines donne ses directives pour l'invasion des Salomon septentrionales. La force d'attaque, qui sera la *Task Force* 31, aux ordres du contre-amiral Wilkinson, débarquera, le 27 octobre, les marines dans les îles Treasury, dont les bases devront être prises ou neutralisées en vue du débarquement principal à Bougainville, qui aura lieu le 1er novembre.

16 octobre
Nouvelle-Guinée. Grâce à un document ennemi saisi, la 9e division australienne a pu prendre les mesures nécessaires pour repousser une série de violentes contre-attaques lancées par les Japonais depuis leur point d'appui de Sattelberg, qui domine Finschhafen.
Chine. L'amiral Mountbatten, commandant suprême allié pour le Sud-Est asiatique, arrive à Tchoung-king pour conférer avec le généralissime Tchang Kaï-chek.
France. Attentat manqué contre Fernand de Brinon. Les départs pour le S.T.O. sont suspendus.

Des Forteresses volantes de la 8e force aérienne américaine larguent leurs bombes sur la ville de Brême (15 octobre 1943).

Sur le bas Dniepr, une patrouille russe progresse en rampant vers les défenses allemandes.

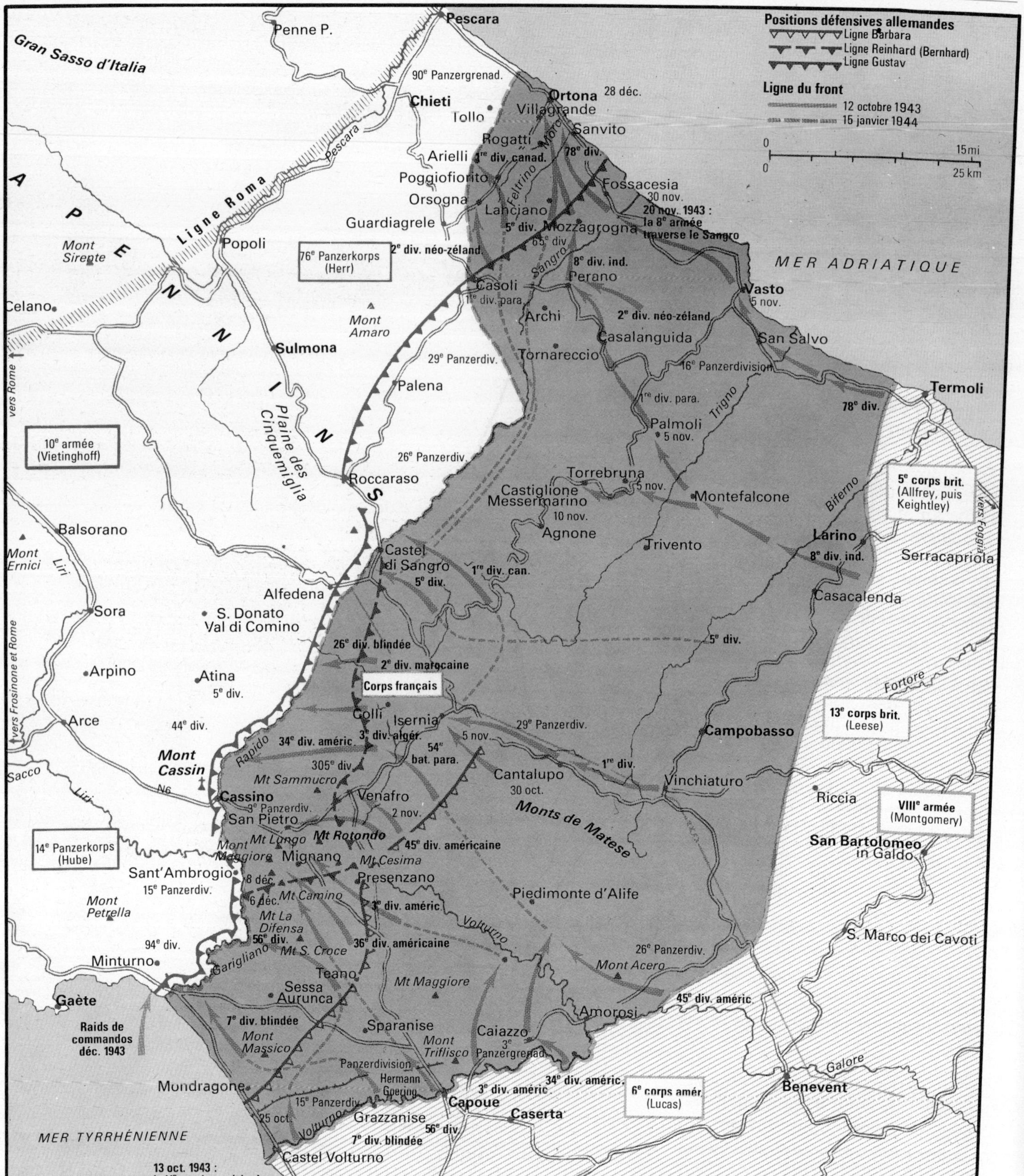

Les forces en présence, les lignes allemandes et les opérations en Italie à la fin de 1943.

Front italien : une partie du secteur du Sangro. Au fond, on aperçoit la fumée des bombardements alliés contre les positions défensives allemandes.

Angleterre. Le général américain Brereton assume le commandement de la 9e force aérienne américaine, nouvellement constituée.

17 octobre
Front soviétique. Dans le secteur méridional, l'Armée rouge enfonce les lignes allemandes à Krementchoug et pousse en direction de Krivoï Rog, plus au sud. L'objectif est toujours d'isoler la Crimée. Dans le secteur de Gomel, les troupes du Front central soviétique, commandées par Rokossovski, parviennent à traverser le Dniepr et à s'emparer de Loïev.
Front italien. Des unités de la 3e division américaine, après quelques combats, s'emparent de Liberi et de Villa, abandonnées par les troupes allemandes. Des éléments de la 34e division américaine occupent Alvignano.

18 octobre
Front italien. La progression des 3e et 34e divisions américaines (6e corps américain) se poursuit en direction de Dragoni : après avoir occupé Roccaromana, les deux unités se préparent à déclencher l'attaque décisive pour s'emparer de Dragoni et des ponts sur le Volturno au-delà de l'agglomération.
Pacifique. Iles Salomon. D'importantes forces aériennes américaines effectuent un raid violent sur la base japonaise de Buin, à Bougainville, ainsi qu'un nouveau raid sur Rabaul, en Nouvelle-Bretagne, avec des résultats considérables. Le général Hyakutake, commandant la XVIIe armée japonaise, met en place ses forces, environ 333 000 hommes, en vue de la défense de Bougainville : 25 000 sont concentrés dans la partie sud de l'île, près des aéroports de Buin et de Kahili, 5 000 sur la côte nord, 3 000 environ sur la côte est (où les embouchures des cours d'eau se prêtent à d'éventuels débarquements). De petites garnisons occupent la côte occidentale, d'un accès plus difficile.

19 octobre
Les ministres des Affaires étrangères soviétique (Molotov), américain (Cordell Hull) et britannique (Eden) se réunissent à Moscou. Des représentants chinois seront admis occasionnellement aux réunions, quand on y examinera des problèmes intéressant spécialement la Chine.

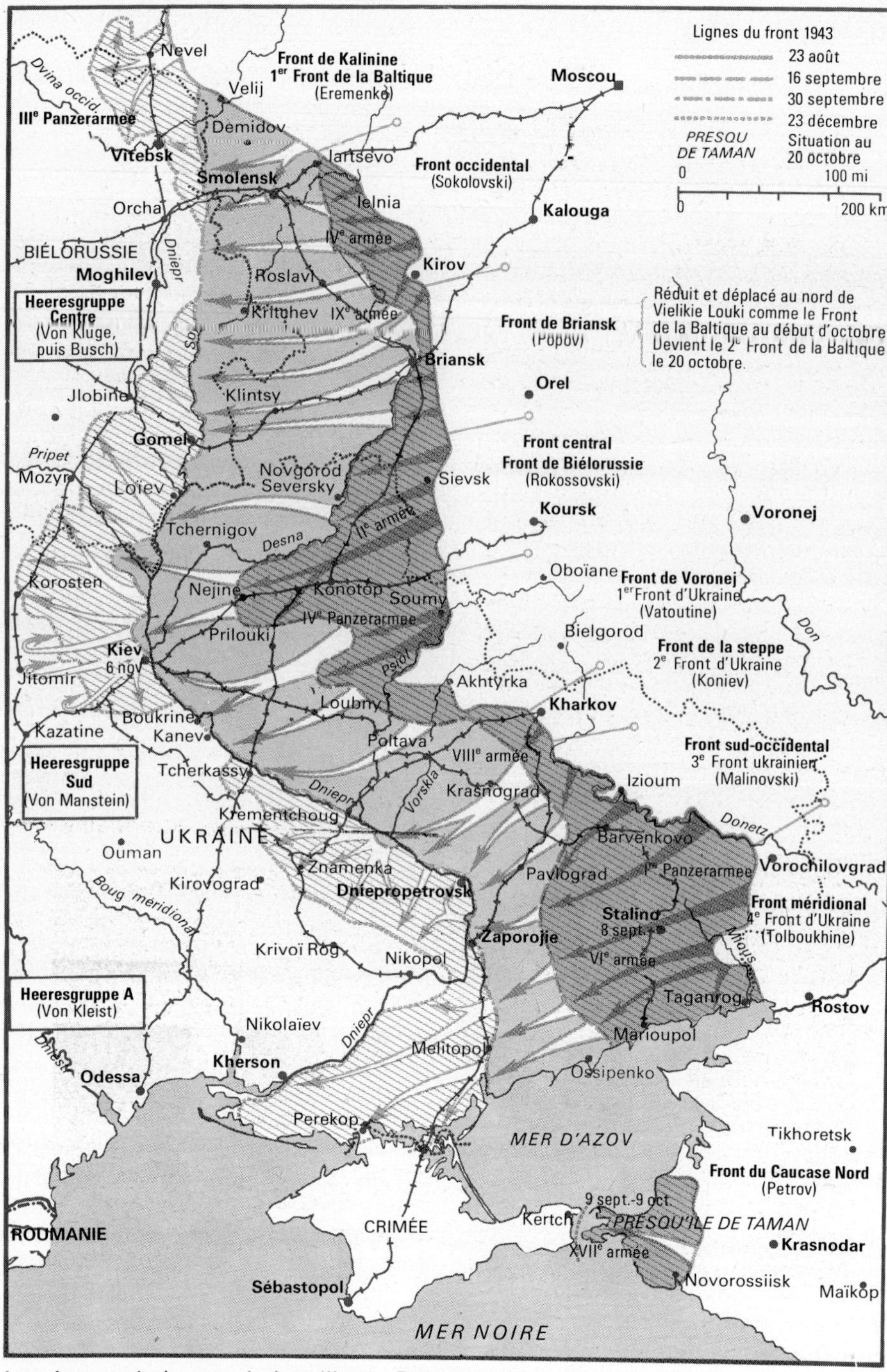

Les étapes de la grande bataille du Dniepr.

☐ A Washington est signé le 3e Protocole de Londres, qui proroge au 30 juin 1944 l'aide américaine à l'U.R.S.S. Les États-Unis fourniront à l'Union soviétique 2 700 000 t de ravitaillement par les ports russes du Pacifique et 2 400 000 t par le golfe Persique.
Front italien. A l'aube, des unités de la 34e division américaine (6e corps américain) déclenchent l'attaque contre Dragoni, mais s'aperçoivent que les Allemands se sont repliés pendant la nuit.
Nouvelle-Guinée. De nouvelles et violentes attaques japonaises dans la zone de Finschhafen sont contenues par la 9e division australienne avec l'appui de l'artillerie.

20 octobre
Nouvelle-Guinée. La 26e brigade australienne arrive par la mer pour renforcer la 9e division, durement accrochée par l'ennemi à Finschhafen.
Japon. Le quartier général impérial décide d'envoyer de puissants renforts aériens à Rabaul pour freiner la progression américaine, tandis que la seconde ligne de défense japonaise dans le Pacifique central est renforcée. L'amiral Koga, successeur de Yamamoto, décide l'envoi de forces navales dans le secteur des Salomon et de la Nouvelle-Bretagne.
Du côté américain, l'amiral Halsey s'est rallié à la thèse du général MacArthur sur l'impossibilité de « sauter » Bougainville comme on l'a fait pour Kolombangara, et, en effet, les Américains se préparent à envahir la grande île, d'où il sera beaucoup plus facile de s'emparer de la Nouvelle-Bretagne ou de la neutraliser.
Front italien. Dans le secteur du 6e corps (Ve armée américaine), Alife et Piedimonte d'Alife sont pris respectivement par la 34e et la 45e division américaine. Tandis que la 3e division américaine poursuit sa marche vers le nord sur Mignano, à l'ouest du Volturno, la 34e se dirige vers Capriati al Volturno, à l'est du fleuve.

22 octobre
Allemagne. Kassel, important centre de production de chars et de locomotives, est rasé à 65 % par les bombardiers alliés. La production industrielle est paralysée pour 3 mois. Au cours de ce même raid, les centres de Ludwigshafen et Mannheim subissent aussi d'importants dommages.
Front italien. Dans la nuit, un bataillon de la 78e division (VIIIe armée britannique) franchit le Tigno : c'est la première action de la VIIIe armée depuis la réorganisation du secteur décidée par son chef, le général Montgomery.
Des unités de la 34e division américaine déclenchent l'attaque sur Sant'Angelo d'Alife, mais elles sont repoussées.
Pacifique. Les Américains décident de débarquer un bataillon de parachutistes à Voza, dans l'île de Choiseul, au sud-est de Bougainville, pendant la nuit du 27 octobre. Objectif minimum : opérer une

manœuvre de diversion; objectif maximum : établir une base contre Bougainville.

23 octobre
Front soviétique. La dure bataille pour Melitopol se termine à l'avantage des forces soviétiques du général Tolboukhine. Les Soviétiques ne parviendront cependant pas au cours du mois à atteindre leur objectif : l'isolement de la Crimée.
□ Churchill envoie à l'amiral Mountbatten des directives précises concernant les limites et les buts de son mandat de commandant suprême allié pour l'Asie du Sud-Est.

24 octobre
Front italien. Des unités de la 34e division américaine entrent à Sant'Angelo. Il s'agit là d'une des rares actions couronnées de succès dans cette phase de la bataille. Les Allemands continuent en effet de freiner et de harceler l'avance alliée par des actions intelligemment conduites.

25 octobre
Front soviétique. Malinovski, attaquant par surprise, réussit à franchir le cours inférieur du Dniepr à Dniepropetrovsk et s'empare de la ville. Ses troupes occupent également Dnieprodzerjinsk.
Pacifique. Le vice-amiral Spruance fait connaître le premier plan de l'opération « Galvanic » : l'invasion des îles Gilbert.
Nouvelle-Guinée. N'ayant pas d'autres forces à jeter dans la bataille, les Japonais se replient vers leur centre de résistance de Sattelberg, au nord de Finschhafen.

26 octobre
Pacifique. Le groupe d'assaut des îles Treasury, qui fait partie de la *Task Force* 31 du contre-amiral Wilkinson, appareille pour son objectif.

27 octobre
Pacifique. Une brigade de la 3e division néo-zélandaise débarque dans les îles Stirling et Mono, dans le groupe des îles Treasury. La première île est totalement dégarnie, la seconde est défendue par quelques Japonais qui prennent la fuite. L'opération est appuyée par des avions basés en Nouvelle-Géorgie.
Dans la nuit du 27 au 28, le 2e bataillon parachutiste des marines débarque dans l'île de Choiseul; les jours suivants, il déploie une intense activité pour faire croire à la présence de forces beaucoup plus nombreuses. Les Japonais ne s'y laissent prendre que pendant quelques jours. En fait, Radio Tokyo annonce le lendemain le débarquement de 20 000 Américains à Choiseul.
Mais bientôt la guerre d'usure remplace la stratégie de la surprise.
Front soviétique. Le *Heeresgruppe* A (opérationnellement rattaché au *Heeresgruppe* Sud) contre-attaque dans le secteur de Melitopol pour stabiliser les positions de Nikopol et de Krivoï Rog, et permettre aux Allemands (et aux Rou-

MAX REINHARDT

Max Reinhardt (de son vrai nom Max Goldmann), l'un des plus riches inventeurs de l'expression théâtrale contemporaine, meurt à New York le 21 octobre. Né à Baden, une petite ville près de Vienne, le 9 septembre 1873, Reinhardt étudie l'art dramatique sous la direction d'Otto Brahm. Il fait ses débuts d'acteur et surtout de metteur en scène dans des petites troupes d'avant-garde. Ensuite, il prend la direction du Deutsches Theater de Berlin et devient, en peu de temps, l'un des phares du théâtre européen. Ses œuvres, influencées par l'expressionnisme, sont des chefs-d'œuvre d'imagination, riches en invention de décors somptueux. Passant des classiques aux auteurs contemporains, Reinhardt sort des limites de l'avant-scène et transporte ses œuvres dans les cirques, les cathédrales, sur les marches des églises et dans les amphithéâtres.
En 1919 il crée, avec Hugo von Hofmannsthal et Richard Strauss, le festival de Salzbourg. Malgré des expériences personnelles peu convaincantes, la contribution de Reinhardt au cinéma allemand est aussi très importante. Les acteurs et les metteurs en scène les plus célèbres se forment tous à son école. Le cinéma expressionniste, caractérisé par de violents contrastes entre l'ombre et la lumière, s'inspire de ses mises en scène.
Installé aux États-Unis en 1933, Reinhardt réalise à Hollywood un film qui n'aura pas beaucoup de succès, *Le Songe d'une nuit d'été,* d'après l'œuvre de Shakespeare; ensuite, il ouvre une école d'art dramatique et de mise en scène. En 1940, il obtient la nationalité américaine.

Une scène du Songe d'une nuit d'été, *le film que Max Reinhardt tourna à Hollywood en 1935, peu après son arrivée aux États-Unis.*

En Italie, passant en revue le bataillon Barbarigo en partance pour le front, l'amiral Sparzani s'entretient avec un tout jeune soldat.

mains) de la XVIIe armée d'évacuer la Crimée. L'évacuation commencera le 1er novembre.

29 octobre

Front soviétique. Le *Heeresgruppe* Centre (au commandement duquel le feld-maréchal Busch a remplacé von Kluge) combat farouchement pour contenir l'ennemi sur les rives de l'Orcha (IVe armée) et devant Vitebsk (IIIe *Panzerarmee*).

30 octobre

Fin de la conférence de Moscou entre les ministres des Affaires étrangères d'Union soviétique, de Grande-Bretagne et des États-Unis. Le principe de la « reddition sans conditions » de l'Allemagne est confirmé, ainsi que la volonté de fonder une organisation internationale pour la sauvegarde de la paix. On décide également d'instituer à Londres une Commission consultative européenne pour l'étude des problèmes qui naîtront sur le continent à la cessation des hostilités et pour l'élaboration de recommandations communes.

Front italien. La 34e division américaine (6e corps) poursuit sa difficile progression vers le nord.

31 octobre

Front italien. Dans le secteur de la 7e division blindée et de la 46e division d'infanterie (10e corps britannique), les attaques se poursuivent contre les monts Massico et Santa Croce, tandis que la 56e division, sur le flanc droit du 10e corps, s'empare de Teano.

A l'est, dans la zone d'action de la VIIIe armée britannique, la 5e division (13e corps) s'empare de Cantalupo.

Pacifique. La Task Force 31, qui a embarqué dans les Salomon centrales les 20 000 hommes du corps amphibie des marines (formé de la 37e division d'infanterie et de la 3e division de marines), sous le commandement du général Alexander Vandegrift, appareille pour Bougainville. Les Américains sont conscients de leur infériorité numérique, mais ils comptent sur l'appui de leur puissante marine et de leur aviation qui, au cours des dernières semaines, a mis hors d'usage tous

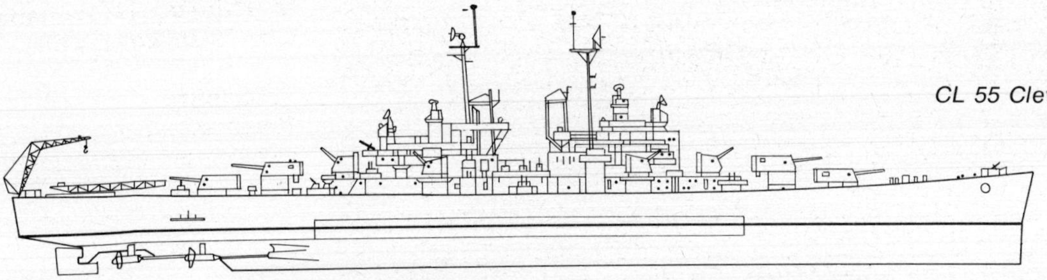

CL 55 Cleveland - 1941

LA BATAILLE DE LA BAIE DE L'IMPÉRATRICE-AUGUSTA

La VIIIe flotte japonaise, aux ordres du contre-amiral Sentaro Omori et composée des croiseurs lourds *Myoko* et *Haguro,* des croiseurs légers *Sendai* et *Agano,* de 11 contre-torpilleurs et de 5 transports, part de Rabaul le 1er novembre à 17 h 20, avec pour mission d'intervenir contre la tête de pont de Torokina et de tenter un contre-débarquement. A 21 h 45, la formation japonaise est repérée et bombardée, sans résultats, par un quadrimoteur américain. Le commandement de Rabaul en est aussitôt informé et, le contre-débarquement s'avérant impossible, donne l'ordre aux transports de changer de route ; par contre, il maintient pour les autres unités la mission de s'opposer aux navires de guerre et de commerce de l'ennemi.

2 novembre

1 h 39 : Un hydravion japonais signale la présence, à 50 milles, de 1 croiseur et de 3 contre-torpilleurs ennemis. Omori poursuit sa route en changeant la disposition de ses unités.

La Task Force 39, commandée par le contre-amiral Stanton Merrill et composée des croiseurs légers *Montpelier, Cleveland, Columbia* et *Denver,* et de 8 contre-torpilleurs, apprenant que l'escadre ennemie s'approche, se dirige vers le nord, bien décidée à lui interdire l'accès de la baie de l'Impératrice-Augusta.

A 2 h 30, les radars des unités américaines repèrent les navires ennemis. A 2 h 45, arrivés à distance de feu, les contre-torpilleurs lancent leurs premières torpilles contre l'escadre ennemie. Dans la formation japonaise, qui évolue en vue de l'attaque, il s'est produit une collision qui a mis hors d'usage les pièces d'artillerie et les tubes lance-torpilles d'un contre-torpilleur et endommagé le croiseur *Sendai.* A 2 h 52, les Américains ouvrent le feu et touchent à la première salve le croiseur *Sendai,* déjà endommagé. D'autres salves suivent immédiatement, allumant sur le croiseur un immense incendie.

Un duel d'artillerie s'engage entre les croiseurs américains et les croiseurs lourds japonais. Les contre-torpilleurs et les croiseurs légers, plus rapprochés, s'affrontent principalement à la torpille.

A 3 heures, dans la confusion de la bataille, une nouvelle collision se produit, cette fois-ci entre le croiseur lourd *Myoko* (navire-amiral d'Omori) et le contre-torpilleur *Hatsukaze.* Les croiseurs américains ajustent leur tir sur les navires ennemis presque immobilisés.

A 3 h 20, les avions japonais interviennent dans la bataille : ils survolent l'escadre américaine et lancent de puissantes fusées éclairantes qui permettent aux croiseurs japonais d'améliorer leur tir, atteignant de trois projectiles le croiseur *Denver.*

A 3 h 34, l'escadre japonaise reçoit l'ordre de décrocher et de rentrer à Rabaul.

Les Américains se lancent à leur poursuite, mais y renoncent bientôt, prévoyant une attaque aérienne japonaise aux premières lueurs de l'aube. En effet, mais à 8 heures seulement, une centaine d'avions ennemis attaquent les navires américains, qui en abattent 25 sans subir eux-mêmes de dommages importants.

Au cours de l'engagement de la nuit, les Japonais ont perdu le croiseur *Sendai* et le contre-torpilleur *Hatsukaze,* et presque toutes leurs unités rentrent à leur base gravement endommagées. Les Américains ont eu 2 croiseurs, le *Denver* et le *Montpelier,* et 2 contre-torpilleurs endommagés. Ils n'ont perdu aucune unité.

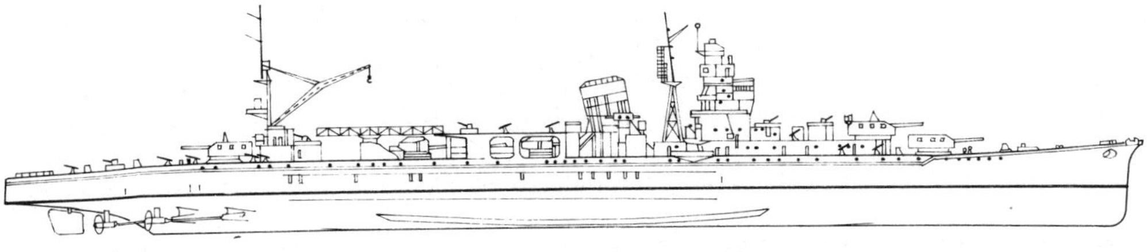

Agano - 1941

75 bombardiers B-25 et 80 chasseurs P-38 Lightning américains attaquent en force, le 2 novembre 1943, la base aéronavale japonaise de Rabaul, en Nouvelle-Bretagne, rencontrant une très vive riposte des avions et de la D.C.A. Ici, un avion américain survole un navire marchand qui a été touché.

les aéroports japonais du sud de Bougainville.

1er novembre

Pacifique. Iles Salomon. Après une vigoureuse préparation aéronavale, le groupe nord de la *Task Force* 31, aux ordres du contre-amiral Wilkinson, commence à 7 h 30 le débarquement de la 3e division de marines dans la zone du cap Torokina (baie de l'Impératrice-Augusta), sur la côte centre sud de Bougainville. En dépit de la vive résistance de la petite garnison japonaise (207 hommes), les Américains établissent en quelques heures une solide tête de pont. La *Task Force* 39 et les appareils des porte-avions de la *Task Force* 38 bombardent les aéroports de l'île de Buka, au nord-ouest de Bougainville, et de Shortland. Bien que beaucoup de leurs aéroports soient inutilisables, les Japonais parviennent à concentrer un nombre important d'avions contre la force de débarquement, endommageant un contre-torpilleur et quelques transports américains. Ils perdent cependant une centaine d'appareils sur 104 chasseurs et 16 bombardiers.
Vandegrift a judicieusement choisi le point du débarquement, prévoyant que Hyakutake concentrerait ses troupes à proximité des aéroports. En outre, vu la nature du terrain, il faudra du temps aux Japonais pour faire venir des renforts au cap Torokina.
Un petit contingent de Raiders débarque dans l'îlot de Puruata, à moins de 1 km de la tête de pont du cap Torokina, et se heurte à la farouche résistance d'un peloton japonais. Dans la soirée du 1er, la *Task Force* a débarqué 14 000 hommes et 6 000 t de matériel. Le contre-amiral Wilkinson renvoie les navires transporteurs et laisse 4 mouilleurs de mines pour qu'ils établissent des barrages au large de la tête de pont.
Front soviétique. En Crimée, les Soviétiques parviennent à isoler les forces allemandes en s'emparant d'Armiansk, à la base de la péninsule. Ils débarquent en outre plusieurs contingents à l'est de Kertch.
Front italien. Le maréchal Kesselring, commandant en chef des forces allemandes en Italie du Sud,

donne ses « directives pour la conduite de la campagne » ; il précise que la Xe armée du général Vietinghoff ne doit pas se préoccuper du danger des débarquements alliés sur les côtes tyrrhéniennes et adriatiques, mais qu'elle doit concentrer tout son effort dans la défense de la ligne Reinhard (Bernhard) pour gagner du temps et renforcer la ligne Gustav. Sur le flanc gauche de la Ve armée américaine, l'attaque du 5e corps britannique se poursuit sur la ligne comprise entre les monts Massico et Santa Croce. Tandis que la 56e division (10e corps britannique) entre à Roccamonfina, des unités de la 34e division (6e corps américain) atteignent Capriati al Volturno.

2 novembre
Front italien. Dans la zone d'action du 10e corps britannique (Ve armée

LA 8e SYMPHONIE DE CHOSTAKOVITCH

Un très long adagio, profond et intense, aux accents presque beethovéniens, ouvre la *8e Symphonie* de Chostakovitch. C'est certainement son œuvre la plus complète et la plus aboutie. Composée durant la contre-offensive de l'armée soviétique, elle est entièrement empreinte d'un sentiment d'attente et de méditation.
Né en 1906 à Saint-Pétersbourg, Dimitri Chostakovitch fut un compositeur précoce : à 11 ans il écrivit un *Hymne à la liberté* et sa *1re Symphonie* fut créée lorsqu'il avait 20 ans.
En 1936, il exprima ainsi sa philosophie : « Je ne conçois pas, en ce qui me concerne, d'évolution musicale hors de notre "évolution socialiste". Et l'objectif que j'assigne à mon œuvre est de contribuer de toutes les manières à l'édification de notre grand et merveilleux pays. »
Typique représentant du réalisme russe, quoique souvent accusé par la critique orthodoxe d'abstraction et de formalisme, Chostakovitch avait reçu en 1942 le prix Staline pour sa *7e Symphonie*, composée durant le terrible siège de Leningrad, dont il partageait les rigueurs avec ses concitoyens. En 1946 Chostakovitch composera sa *Symphonie de la victoire...*

Déferlant de la tête de pont du Dniepr, le Front central soviétique et le Front de Voronej menacent Kiev. Ci-dessus : près de la ville, des fantassins soviétiques contraignent plusieurs soldats de la Wehrmacht à se rendre.

Dans une rue de Torino di Sangro, au sud d'Ortona et de Pescara, un Sherman de la VIIIe armée britannique doit régler son pas sur celui des mulets d'un convoi grec qui le précède. Mais en Italie, à cause de la configuration géographique et de la boue de la saison, les mulets aussi sont utiles.

américaine), des patrouilles de la 7e division blindée et la 46e division d'infanterie atteignent le Garigliano.

Au cours de la nuit, la 78e division et la 8e division indienne du 5e corps britannique (VIIIe armée) lancent des attaques répétées sur l'autre rive du Trigno, où sont les positions de la 16e *Panzerdivision* allemande. L'opération de la 78e division est appuyée par une intervention massive de l'artillerie anglaise ainsi que par un puissant bombardement naval de la part des unités qui croisent le long de la côte adriatique.

Autriche. 112 bombardiers lourds alliés déclenchent une attaque massive sur les aéroports de Vienne.

Pacifique. Iles Salomon. Les Américains étendent lentement leur tête de pont à Bougainville et réduisent les nids de résistance japonais dans l'îlot de Puruata.

Nouvelle-Bretagne. 75 bombardiers B-25, escortés de 80 chasseurs P-38 Lightning, attaquent les installations japonaises de Rabaul avec un certain succès, mais ils rencontrent une vive réaction des avions et de la D.C.A. ennemis. Ils coulent 2 navires marchands et 1 chasseur de sous-marins, et détruisent au sol 18 avions japonais ; ils perdent 8 bombardiers et 9 chasseurs.

Birmanie. Sur le Tarung, les Japonais repoussent les attaques d'un régiment de la 38e division chinoise.

3 novembre.

Allemagne. Un raid diurne de 500 avions dévaste le port de Wilhemshaven.

Front italien. Sur les hauteurs de San Salvo, le 5ᵉ corps britannique se heurte à la violente réaction de la 16ᵉ division blindée allemande.
Pacifique. Iles Salomon. A Bougainville, la tête de pont américaine s'étend jusqu'au cap Torokina. Une patrouille débarque sur l'îlot côtier du même nom, mais le trouve désert.
Algérie. Première réunion, à Alger, de l'Assemblée consultative provisoire.

4 novembre
Front soviétique. Les Soviétiques poussent sur Kherson, à l'embouchure du Dniepr, contraignant les Allemands à céder encore du terrain. Kiev est menacé d'encerclement par les armées du Front central et du Front de Voronej, qui déferlent depuis la tête de pont du Dniepr.
Front italien. Dans le secteur de la Vᵉ armée américaine, le 10ᵉ corps britannique, qui contrôle déjà les monts Massico et Santa Croce, prépare l'attaque du mont Camino par la 56ᵉ division. Les unités de la 34ᵉ division progressent elles aussi ; certaines d'entre elles entrent à Santa Maria Oliveto et à Roccavirondola, tandis que des éléments de la 45ᵉ division s'emparent de Venafro. Le 13ᵉ corps britannique du général Leese (VIIIᵉ armée britannique) entre à Isernia, important nœud routier, sans rencontrer de résistance, tandis que sur la droite du dispositif de Montgomery le 5ᵉ corps s'empare de San Salvo, après un recul général dans ce secteur du 76ᵉ corps blindé allemand.
Pacifique. Iles Salomon. Les Américains retirent leurs parachutistes de l'île de Choiseul. Avec l'arrivée à Rabaul, venant de Truk, d'une importante escadre navale japonaise, composée de 7 croiseurs lourds et 173 avions, se profile une menace pour la tête de pont de Torokina à Bougainville.
La Task Force 38 reçoit l'ordre d'attaquer Rabaul avec ses porte-avions et des avions basés à terre.
Birmanie. Actions locales. Le régiment de la 38ᵉ division chinoise qui avait attaqué les lignes japonaises du Tarung, se rendant compte de l'inutilité de ses efforts, se retire

Au lendemain de la libération de Kiev, Khrouchtchev s'entretient avec des soldats et des civils.

vers le nord. Mais un bataillon est encerclé par les Japonais.

5 novembre

Front italien. La Vᵉ armée américaine déclenche dans son secteur une série d'actions visant à enfoncer la ligne Reinhard (Bernhard), dernier rempart avant la ligne Gustav, ultime ligne de défense allemande. Les attaques se poursuivent pendant dix jours, au cours desquels les Alliés doivent compter non seulement avec la résistance acharnée des unités du 14ᵉ corps blindé du général Hube, mais aussi avec l'inclémence du temps. La 56ᵉ division (10ᵉ corps britannique), appuyée par des unités du 6ᵉ corps américain, engage la bataille pour la conquête du mont Camino : sur la droite, la 3ᵉ division (6ᵉ corps américain) déclenche une série d'attaques afin de contourner la position de Mignano.
Dans le secteur de la VIIIᵉ armée britannique, la 78ᵉ division s'empare de Vasto, sur la côte adriatique, malgré la résistance acharnée opposée par les panzers du général Herr; de son côté, la 8ᵉ division indienne entre à Palmoli.
Pacifique. Iles Salomon. A Bougainville, les Américains repoussent une contre-attaque japonaise sur la piste de la Mission. Ils marchent ensuite vers le carrefour de cette piste et de celle de Numa-Numa. Les deux pistes sont les principales voies de communication dans la zone du cap Torokina.
Nouvelle-Bretagne. Exposant à des risques sérieux les porte-avions *Saratoga* et *Princeton* et leurs escorteurs, l'amiral Halsey les fait s'approcher le plus possible de la Nouvelle-Bretagne pour pouvoir déclencher une grande attaque contre la puissante escadre navale de l'amiral Takeo Kurita, arrivé depuis peu à Rabaul.
A 11 h 15, plus de cent avions américains — avions torpilleurs, bombardiers en piqué et chasseurs — surgissent au-dessus de la base japonaise, et malgré l'action de 70 chasseurs Zero (auxquels d'ailleurs les nouveaux chasseurs américains Grumman F6F Wildcat s'avèrent supérieurs), frappent par surprise l'escadre de Kurita, causant de graves dommages aux croiseurs *Atago, Maya, Takao, Mogami, Chikuma, Agano* et *Noshiro,* et à 2 contre-torpilleurs. Le seul croiseur lourd demeuré indemne est le *Suzuya,* qui guide vers Truk les navires endommagés, à l'exception du croiseur lourd *Maya* et du croiseur léger *Agano,* dont les avaries sont trop sérieuses. Pour les Japonais, c'est un désastre : l'escadre tout entière a été anéantie avant même de combattre. Avec elle disparaît la menace qu'elle représentait pour la tête de pont américaine de Bougainville.

8 novembre 1943. Dans les villages escarpés de la haute vallée du Sangro, de petites formations allemandes contraignent les Alliés (ici, des fantassins canadiens) à se battre maison par maison.

6 novembre

Front soviétique. Pour éviter d'être encerclés, les Allemands évacuent Kiev.
Front italien. La 56ᵉ division (10ᵉ corps britannique) et les unités de la 3ᵉ division américaine (6ᵉ corps) poursuivent leurs attaques contre le mont Camino et le mont la Difensa. Plus à l'est, les batteries de la 45ᵉ et de la 34ᵉ di-

L'infanterie soviétique en action à la périphérie de Kiev.

Un navire de débarquement de chars (LST) chargé d'hommes et de véhicules américains, dans l'attente des opérations de débarquement dans l'île de Bougainville.

vision américaine pilonnent, mais sans succès, les positions allemandes des monts Rotondo et Lungo.

7 novembre

Front soviétique. Exploitant le repli des Allemands de Kiev, les Soviétiques les poursuivent jusqu'à Fastov, centre ferroviaire au sud-ouest de Kiev, où ils sont bloqués par l'énergique défense ennemie.

Front italien. Les attaques de la Ve armée américaine contre la ligne Reinhard (Bernhard) se poursuivent sans résultats très appréciables.

Pacifique. Iles Salomon. Une centaine de bombardiers et de chasseurs japonais, ayant repéré les porte-avions américains à 235 milles au sud-est de Rabaul, les attaquent sans résultat (Radio-Tokyo annonce cependant la destruction de 2 porte-avions, 3 croiseurs et 1 contre-torpilleur). Un convoi de 4 contre-torpilleurs japonais — l'habituel « Tokyo Express » — débarque alors 500 hommes au nord de la tête de pont américaine de Bougainville, près du marais de Koromokina, tandis que d'autres unités débarquent 700 hommes et 25 t de matériel dans l'île de Buka, au nord de Bougainville. De très durs combats se déroulent pendant toute la journée à la limite nord de la tête de pont : les Japonais perdent 377 hommes, les marines seulement 17.

8 novembre

Front italien. Dans le secteur du 10e corps britannique (Ve armée américaine), la 56e division repousse une série de violentes contre-attaques des blindés allemands du général Hube aux environs de Calabritto.

Des unités du 6e corps américain atteignent le sommet du mont Rotondo, et plus au nord, la 45e division poursuit les opérations visant à la conquête des hauteurs au nord de Venafro et de Pozzilli.

A l'est, dans la zone d'action de la VIIIe armée de Montgomery, la 78e division atteint le cours supérieur du Sangro, au-delà duquel le général Herr, commandant le 76e corps blindé allemand, a fait replier ses régiments. Le temps continue d'être très mauvais, et l'état du terrain impose un nouvel arrêt des opérations.

Le général Alexander, commandant le XVe groupe d'armées, qui opère en Italie, prépare les plans de débarquements amphibies sur la côte tyrrhénienne au-delà de la ligne Gustav.

Algérie. Le général Giraud abandonne officiellement la coprésidence du C. F. L. N.

9 novembre

Algérie. De Gaulle remanie le C. F. L. N. et y fait entrer des représentants de la Résistance intérieure : Frenay et d'Astier de La Vigerie. Les communistes n'y figurent pas.

Pacifique. Iles Salomon. A Bougainville, deux régiments américains marchent vers l'intérieur, élargissant les pistes pour permettre le passage des mortiers, mais ils se heurtent brusquement au barrage du 23e régiment d'infanterie japonais. Pendant 3 jours se livre alors une lutte sanglante, qui prend fin avec l'extermination des Japonais et

La vie en France, sous l'occupation. En haut : les queues s'allongent pour obtenir les précieux tickets d'alimentation ; à gauche : la bicyclette est devenue le moyen de transport privilégié ; à droite : à Paris, des poteaux indicateurs en allemand, pour renseigner les troupes d'occupation.

La boue, tenace, gluante, gêne considérablement les opérations des Alliés en Italie. Sur la photo : les servants d'un obusier de la 82e division aéroportée américaine prennent leur repas.

des pertes sérieuses pour les Américains.

10 novembre

Front italien. Des unités de la 45e division américaine atteignent les hauteurs entre Pozzilli et Filignano sans rencontrer de résistance. Sur le mont Corno, les unités de la 45e division sont remplacées par le 1er bataillon de *Rangers.*

Dans le même temps, d'importants mouvements de troupe ont lieu dans le dispositif allemand : le général Joachim Lemelsen, qui a depuis peu remplacé le général Vietinghoff au commandement de la Xe armée, redoutant l'imminence d'une percée alliée de la ligne Bernhard sur la route de Cassino, décide de déplacer vers ce secteur la 26e *Panzerdivision* et la 29e de *Panzergrenadiere,* qui vont ainsi renforcer les unités du 14e corps blindé du général Hube. La 16e *Panzerdivision,* très éprouvée, ayant été envoyée à l'arrière, le 76e corps blindé allemand a maintenant en première ligne la 65e division d'infanterie (dans le cours inférieur du Sangro) et la 1re division de parachutistes (dans le secteur central du dispositif allemand).

Pacifique. Le groupe principal de la

L'U. N. R. R. A.

Le 9 novembre, les représentants des 44 nations signent à Washington, au cours d'une cérémonie présidée par Roosevelt, l'acte constitutif de l'U. N. R. R. A. (United Nations Relief and Rehabilitation Administration). Son but est de fournir une aide et une assistance économique aux populations des pays touchés par la guerre. Les 32 États membres n'ayant pas été occupés sont amenés à contribuer au financement des opérations. Chacun d'entre eux versera une somme représentant un pour cent de leur revenu national, calculée sur la base de l'année fiscale 1942/43. Herbert H. Lehman, ex-gouverneur de l'État de New York, vient d'être nommé directeur général de l'U. N. R. R. A.

Demeurée opérationnelle jusqu'en 1947, l'U. N. R. R. A. réalisera une vaste opération d'assistance aux victimes de la guerre ; ce sera la plus importante de toute l'histoire.

La quantité des marchandises allouées s'élèvera à environ 26 millions de tonnes d'une valeur de presque 4 milliards de dollars. Les États-Unis seront ceux qui fourniront les fonds les plus importants (2 700 000 000 dollars), devant la Grande-Bretagne, le Canada et l'Australie.

Plus de 40 pour cent des ressources de l'U. N. R. R. A. seront utilisées pour l'achat de denrées alimentaires ; le reste servira à procurer aux pays bénéficiaires divers produits, tels que des carburants, des médicaments ou des vêtements, venant s'ajouter aux équipements et aux matières premières nécessaires à la relance des industries et des agricultures.

L'U. N. R. R. A. jouera également un grand rôle dans l'aide apportée aux exilés, aux réfugiés politiques et aux apatrides. Entre 1946 et 1947, l'organisation viendra au secours de plus de 800 000 réfugiés.

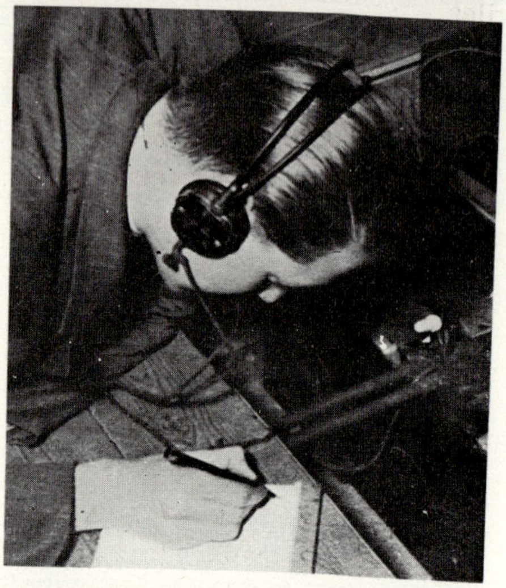

La Résistance en France.
En haut : partisans dans les Pyrénées.
A gauche : deux partisans du Jura.
Ci-dessus : un opérateur radio du maquis notant des messages.

force d'invasion des îles Gilbert (opération « Galvanic ») quitte Pearl Harbor.
Iles Salomon. Les combats se poursuivent à Bougainville.

11 novembre
Pacifique. Iles Salomon. A Bougainville, la résistance japonaise s'épuise dans la ligne retranchée qui bloquait la piste de la Mission. 550 Japonais environ trouvent la mort. Les Américains progressent dans toutes les directions pour élargir leur périmètre et trouver une position permettant la construction d'un aéroport.
Nouvelle-Bretagne. Deux Task Forces de porte-avions comprenant le *Saratoga* et le *Princeton,* aux ordres du contre-amiral Sherman, et l'*Essex,* le *Bunker Hill* et l'*Independence,* aux ordres du contre-amiral Montgomery, lancent 185 avions sur Rabaul. 68 chasseurs Zero sont détruits, le contre-torpilleur *Suzunami* est coulé, le croiseur *Agano* et le contre-torpilleur *Naganami,* déjà gravement endommagés, sont réduits à l'état d'épaves fumantes. Les Japonais lancent 120 avions à la poursuite des porte-avions. Ils parviennent à repérer et à attaquer l'escadre du contre-amiral Montgomery, mais ne provoquent pas de dégâts importants et perdent

41 avions, contre 11 pour les Américains.
Front soviétique. Les Soviétiques renforcent leurs positions à l'ouest de Kiev, s'assurant une petite tête de pont sur le Teterev, mais ils subissent une forte pression dans le secteur de Fastov, où les Allemands ont repris l'initiative. Le Front central soviétique, à l'ouest de Gomel, progresse vers le nord.
Front italien. Des unités de la 8e division indienne (5e corps britannique) occupent Casalguida et poursuivent leur progression en direction du Sangro.

12 novembre
Front soviétique. L'Armée rouge poursuit sa progression à l'ouest de Kiev, s'emparant de l'important nœud ferroviaire de Jitomir.
Front italien. La 56e division (10e corps britannique), après d'inutiles attaques, doit abandonner les positions du mont Camino.
Peu de progrès également dans le secteur du 6e corps américain, où des unités de la 45e division ne parviennent pas à atteindre la localité d'Acquafondata.
C'est donc tout le dispositif allié qui est en difficulté face aux défenses de la ligne Reinhard (Bernhard).
Pacifique. Iles Salomon. Dans le groupe des Treasury, la 8e brigade de la 3e division néo-zélandaise liquide toute résistance ennemie dans l'île de Mono. 205 Japonais sont tués, contre 52 Néo-Zélandais et Américains.
Nouvelle-Bretagne. Les Japonais retirent de Rabaul les renforts aériens prélevés sur les porte-avions. La base japonaise ne constituera plus désormais un danger sérieux pour les Alliés.

Deux soldats allemands à l'attaque des postes anglo-italiens de Léros, reprise le 16 novembre. C'est un des rares succès allemands.

13 novembre
Front italien. Le général Clark, commandant la Ve armée américaine, fait remarquer à Alexander que poursuivre l'offensive alliée dans de telles conditions serait sacrifier inutilement ses divisions, en particulier la 56e britannique et la 3e américaine.
Le statut de « nation cobelligérante » est reconnu officiellement à l'Italie par les Alliés.
Pacifique. Le groupe méridional destiné à l'invasion des îles Gilbert appareille des Nouvelles-Hébrides. Des Forteresses volantes parties de Funafuti bombardent l'atoll de Tarawa, rencontrant une faible résistance de la part de la chasse, mais un tir de barrage fourni de la D. C. A.
Iles Salomon. A Bougainville, les Américains attaquent les positions japonaises au croisement de la piste de Numa-Numa et de celle qui court d'est en ouest. Au large de Bougainville, le croiseur *Denver* est endommagé par une torpille larguée d'un avion japonais.

14 novembre
Front soviétique. Les Allemands déclenchent une contre-offensive pour reprendre Jitomir.
Front italien. Pendant la nuit, les Anglais de la 56e division commencent à abandonner les posi-

tions avancées du mont Camino. Dans le secteur oriental, des unités de la 8e division indienne (5e corps britannique), appuyées par les chars de la 2e division néo-zélandaise, s'emparent de Perano, contraignant les Allemands à se replier vers l'ouest en direction d'Archi et de Tornareccio.

Pacifique. Iles Salomon. A Bougainville, les Américains renouvellent avec l'appui de 5 chars leurs attaques contre le carrefour occupé par les Japonais et réussissent cette fois à s'en emparer. Ainsi donc, le périmètre de défense est agrandi et la sécurité assurée pour la construction de l'aéroport.

15 novembre

Front soviétique. Dans le secteur central, sur le front de Briansk, les forces soviétiques coupent la voie ferrée Gomel-Pinsk.

Front italien. Alexander arrête l'offensive des troupes alliées, considérant que ses hommes ont été suffisamment éprouvés pendant les deux dernières semaines, surtout dans le secteur occidental. Il ordonne pendant ce temps la réorganisation de ses forces en vue d'une nouvelle tentative d'enfoncement des lignes allemandes.

Dans le secteur adriatique, de nombreuses patrouilles de la 78e division britannique (VIIIe armée anglaise) ont réussi à traverser le Sangro et à construire de petites têtes de pont sur la rive nord : elles servent de points de repère pour des groupes de reconnaissance et des éléments du génie à la recherche des passages les plus favorables au franchissement du cours d'eau par les chars et les véhicules, et à la construction rapide de ponts Bailey.

Birmanie. Sur le front de la Birmanie du Nord, la 38e division chinoise envoie des renforts au 112e régiment fortement accroché par les Japonais. Dans le secteur de la XIVe armée, ces derniers occupent Fort White après en avoir chassé la garnison britannique.

16 novembre

Front soviétique. Dans la zone de Kiev, les avant-gardes soviétiques atteignent Korosten, mais d'autres unités sont menacées d'encerclement à Jitomir, où se développe la contre-offensive allemande. Dans le secteur central, les Soviétiques se rapprochent de Gomel.

Grèce. Les Allemands finissent d'occuper Léros.

Front italien. Les têtes de pont constituées par des unités de la 78e division anglaise sur la rive nord du Sangro sont consolidées.

Pacifique. Depuis le 13, des bombardiers lourds attaquent quotidiennement les îles Gilbert et Marshall, larguant 173 t de bombes sur les installations japonaises.

Nouvelle-Guinée. La 9e division australienne, avec les avions, l'artillerie lourde et les chars, déclenche les opérations destinées à éliminer le centre de résistance ennemi de Sattelberg, au nord de Finschhafen, qui, par la nature du terrain, se prête particulièrement bien à la défense.

17 novembre

Pacifique. Les avions américains continuent de pilonner les îles Gilbert et Marshall.

18 novembre

Front soviétique. Au sud-est de Kiev, les Soviétiques enfoncent les défenses allemandes sur le Dniepr près de Tcherkassy et reprennent Ovroutch. Dans le secteur de Jitomir, par contre, ils sont contraints de reculer sous la pression allemande. Dans le secteur central, les Allemands sont menacés d'encerclement à Gomel par la rapide expansion du saillant de Rietchitsa, à l'ouest de la ville.

19 novembre

Front soviétique. Les Soviétiques évacuent Jitomir pour éviter l'encerclement.

Allemagne. Dans la nuit du 18 au 19, 444 avions de la R. A. F. bombardent Berlin, causant d'importants dégâts.

Front italien. Dans le secteur du 5e corps britannique (VIIIe armée),

Dans l'eau jusqu'à la ceinture, des unités de débarquement américaines avancent vers la plage de Makin au milieu d'une mer de flammes.

Un soldat japonais, capturé sur l'atoll de Tarawa, dans les Gilbert.

qui opère dans le cours inférieur du Sangro (8ᵉ division indienne), les Allemands continuent de reculer sur la rive nord du fleuve.

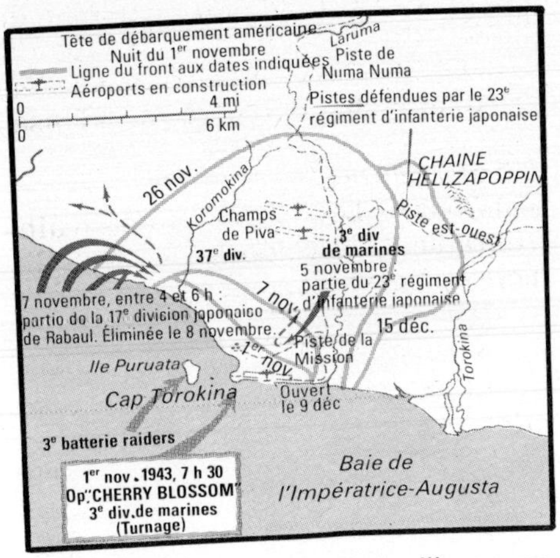

Les opérations à Bougainville en novembre 1943.

Pacifique. Des avions venant de porte-avions pilonnent les îles Gilbert, Marshall et Nauru en préparation de l'invasion imminente.

20 novembre

Pacifique. L'opération « Galvanic » commence : plus de 100 navires de guerre, transports et engins de débarquement de toute sorte s'approchent pendant la nuit de l'atoll de Tarawa et de celui de Makin, dans l'archipel des Gilbert. Depuis longtemps, les Japonais ont puissamment fortifié les deux groupes d'îlots, en particulier Tarawa, où le contre-amiral Keichi Shibasaki dispose de 5000 hommes, plus 400 affectés à l'aéroport et un certain nombre d'ouvriers coréens transformés en fusiliers auxiliaires. Des canons de tout calibre, de 37 à 203 mm, des chars légers enterrés, des fortins habilement camouflés, des barrages anti-débarquement, de grands refuges recouverts d'une

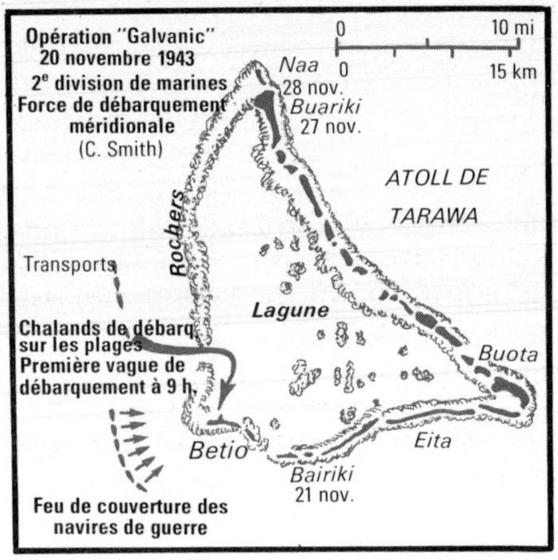

Le débarquement américain sur l'atoll de Tarawa, dans les Gilbert.

Bougainville dans les îles Salomon. Les emplacements d'une batterie américaine ont été touchés par les bombes des avions japonais, mais cette pièce est intacte. Les servants (du 3ᵉ d'artillerie américain) en vérifient l'état.

épaisseur de plusieurs mètres de terre et de sable font de l'atoll un objectif particulièrement difficile dont la conquête coûtera cher aux Américains.

A 5 h 07, les engins de débarquement de la Task Force 53 qui transportent le 2e régiment de marines plus un bataillon du 8e et les unités auxiliaires arrivent à faible distance de l'île de Betio, pointe sud-ouest de l'atoll, et la plus occupée, quand ils sont pris sous le feu des Japonais. Quelques minutes plus tard, les gros calibres des cuirassés *Maryland* et *Mississippi* et des autres unités américaines inondent l'île d'une pluie de projectiles qui font exploser les dépôts de munitions et de carburant. Les navires cessent le feu à 5 h 42 pour laisser, selon les plans, la place aux avions, mais les avions n'arrivent pas; les défenseurs en profitent pour rouvrir le feu contre les engins de débarquement avec les pièces de 203 et de 140. Il faut repousser l'heure du débarquement de 8 h 30 à 9 heures, car ce n'est qu'à 6 h 30 qu'arrivent les bombardiers, qui effectuent sur l'île des raids brefs mais meurtriers.

A 8 h 25, enfin, la première vague d'engins de débarquement et d'engins amphibies se met en mouvement. Ils ont à parcourir 5 500 m pour atteindre le rivage en traversant les barrages ennemis, et tout d'abord la barrière de corail de l'atoll. Mais les récifs ne sont recouverts que de très peu d'eau, si bien que beaucoup d'engins de débarquement ne parviennent pas à les franchir. Par contre, les moyens amphibies les passent et c'est à ce moment-là que les Japonais ouvrent le feu de tous leurs canons. Les pertes sont lourdes parmi les attaquants : les rares qui parviennent à s'approcher des barrages anti-débarquement sont décimés par le feu des armes automatiques. Une deuxième vague réussit à s'approcher jusqu'à la barrière de corail avec les engins de débarquement, et de là jusqu'à la plage avec les moyens amphibies individuels. Il s'ensuit de sanglants corps-à-corps. Les marines arrivent jusqu'à la plage, mais ne peuvent aller plus loin. A bord des engins de débar-

Bateaux japonais coulés par l'aviation américaine près de l'île de Guadalcanal, dans l'archipel des Salomon.

Quartier de Cagliari à moitié détruit par les bombardements alliés.

En Birmanie du Nord, des indigènes ramassent des parachutes qui ont déjà servi pour en équiper des tranchées utilisées contre les Japonais.

quement, les chars Sherman qui doivent appuyer le débarquement peuvent arriver jusqu'à la barrière de corail, puis jusqu'à la plage en traversant le lagon aux points où l'eau est la plus basse. Le soir, les rares troupes débarquées qui ont échappé au feu ennemi se préparent à soutenir une contre-attaque nocturne, suivant la technique employée si souvent par les Japonais à Guadalcanal. Mais cette contre-attaque n'a pas lieu, aussi les marines ont-ils au moins le temps de se creuser des abris individuels dans l'attente de renforts. Sur l'atoll de Makin, les choses se passent plus facilement pour les fantassins du 165e régiment et pour les chars chargés de les appuyer. Le débarquement commence à 8 h 30, suivant les plans, et, en quelques heures, les assaillants établissent de solides têtes de pont dans l'île principale de l'atoll, Butaritari, après avoir occupé l'îlot de Kotabu sans rencontrer de résistance.
Iles Salomon. A Bougainville, la 3e division de marines étend ses positions près du Piva, après avoir triomphé de la ferme résistance de l'ennemi. La 37e division étend le périmètre de défense de la tête de pont sans entrer en contact avec l'ennemi.
Front italien. Dans le secteur oriental du front (celui de la VIIIe armée du général Montgomery), la 36e brigade de la 78e division britannique franchit le Sangro. Le passage se fait sous une pluie torrentielle qui transforme le terrain en marécage et ralentit les opérations. Les unités situées de l'autre côté du Sangro sont isolées.

21 novembre
Pacifique. A l'aube, c'est de nouveau l'enfer, quand de nouvelles vagues de marines s'approchent de la plage de Betio. Pendant la nuit, le vice-amiral Spruance, qui commande l'opération, a écouté les rapports des différents commandants d'unités, dont plusieurs ont suggéré le réembarquement ; mais il a préféré persister, étant donné la grande importance stratégique de l'objectif. L'aviation des porte-avions américains appuie efficacement les troupes à terre, qui ont ainsi la possibilité de mettre en place l'artillerie de campagne et de pilonner pendant toute la journée les emplacements japonais, réalisant quelques progrès. Dans la journée, de petites unités débarquent dans les autres îlots de l'atoll de Tarawa.
Dans l'atoll de Makin, avec là aussi l'appui de l'aviation et des artilleries terrestre et navale, le 165e régiment d'infanterie donne l'assaut à l'île de Butaritari, enlevant diverses positions japonaises. De petites unités débarquent sur l'îlot de Kuma, l'explorent et repartent.

22 novembre
Ouverture au Caire de la Conférence Sextant, à laquelle participent le président Roosevelt, le Premier ministre Churchill et le généralissime Tchang Kaï-chek.
Pacifique. Iles Gilbert. Dans l'île de Betio (atoll de Tarawa) se déroule une nouvelle journée de combats furieux. Avions, artilleries navale et terrestre pilonnent les fortins japonais, qui tombent l'un après l'autre, mais seulement lorsque tous leurs occupants sont morts, souvent en se faisant éclater une grenade contre la poitrine pour ne pas être pris (le mot « capitulation » n'existe pas dans l'armée du Soleil Levant ; en outre, la propagande japonaise a souvent parlé de tortures que les Yankees infligeraient aux prisonniers).
L'aviation détruit l'unique fortin existant dans l'îlot de Bairiki. De nouvelles troupes arrivent dans la soirée pour renforcer les attaquants, et l'on enregistre une légère diminution du feu des Japonais. En réalité, les munitions des défenseurs s'épuisent, et le contre-amiral Shibasaki est isolé et privé de communications avec le reste de la garnison, dans un puissant fortin en ciment armé. Au cours de la nuit, une contre-attaque désespérée des Japonais est repoussée.
Sur l'atoll de Makin, la progression américaine se poursuit, là encore avec un appui d'artillerie impressionnant. Les dernières résistances japonaises semblent vaincues, d'autant que la prise de l'île principale, Butaritari, est annoncée avant le soir.
Pendant la nuit cependant, les derniers éléments japonais, qui s'étaient repliés à l'extrémité est de l'île, se lancent à la contre-attaque, mais ils sont virtuellement anéantis.
Nouvelle-Guinée. La 9e division australienne est toujours engagée dans les opérations menées pour enlever le centre de résistance japonais de Sattelberg.
Front italien. 5 bataillons de la 78e division britannique (5e corps) se sont assuré durablement le contrôle d'une vaste tête de pont sur la rive nord du Sangro. La crue du fleuve emporte les ponts Bailey, isolant la tête de pont, mais les Allemands ne profitent pas de la circonstance.

23 novembre
Pacifique. Iles Gilbert. Les munitions étant épuisées et les défenseurs exterminés, les atolls de Tarawa et de Makin tombent enfin aux mains des Américains. Pendant la bataille, les avions japonais basés à Nauru se sont lancés courageusement contre la flotte américaine, subissant de lourdes pertes et sans résultats appréciables, si ce n'est les dommages causés par une torpille au porte-avions *Independence.*
Pour la prise de Makin, les Américains ont eu seulement 64 morts et 154 blessés, contre environ 450 morts et 105 prisonniers chez les Japonais. A Tarawa, les Américains ont eu des pertes beaucoup plus grandes : environ 3 500 morts et blessés ; les Japonais, près de 5 000 morts ; 17 hommes ont été capturés blessés ; 129 Coréens se sont rendus.
Bougainville. La 3e division de marines se heurte encore à la tenace résistance japonaise dans le secteur du Piva. Le 1er bataillon parachutiste des marines arrive dans l'île.
Birmanie. Les Japonais s'emparent des positions du 112e régiment chinois, faisant prisonnier son état-major.

24 novembre
Pacifique. Un sous-marin japonais torpille et coule devant l'atoll de Makin le porte-avions escorteur américain *Liscome Bay.* Environ 700 morts, qui s'ajoutent aux vic-

times de la prise de Tarawa et de Makin.
Iles Salomon. Dans le secteur du Piva, les marines parviennent à repousser les Japonais. Les travaux pour la construction de la piste d'atterrissage sont presque terminés ; un avion réussit même à y effectuer un atterrissage forcé.
Front soviétique. Les Allemands annoncent des progrès de leurs troupes dans le secteur de Korosten.
Front italien. Le commandant de la Ve armée américaine trace le plan final de l'attaque, dont la phase initiale est prévue autour du 2 décembre. La première phase comportera la conquête du secteur mont Camino-mont la Difensa-mont Maggiore, précédée le 1er décembre par celle de Calabritto. Les seconde et troisième phases prévoient le franchissement du mont Sammucro et l'attaque vers la vallée du Liri.

25 novembre
Front soviétique. Dans le secteur central, les armées soviétiques parviennent à briser les lignes allemandes sur un vaste front dans la zone de Propoïsk, au nord de Gomel, atteignant la route de Gomel à Moghilev et menaçant d'encerclement d'importantes forces ennemies.
Pacifique. Nouvelle-Bretagne. Dans la nuit du 25 au 26, à proximité du cap Saint George (Nouvelle-Bretagne), 5 contre-torpilleurs japonais qui font route vers l'île de Buka, avec des renforts et du matériel, sont interceptés par 4 contre-torpilleurs alliés. Au cours de l'engagement, les Japonais perdent 3 contre-torpilleurs ; les Alliés ne subissent aucun dommage. C'est le dernier des engagements navals caractéristiques de la bataille des Salomon.
Nouvelle-Guinée. Après une longue série d'attaques, la 9e division australienne vient à bout du centre de résistance japonais de Sattelberg, au nord de Finschhafen.
Birmanie. Des avions britanniques et américains déclenchent une série d'attaques coordonnées contre des installations japonaises dans le secteur de Rangoon.
Formose. La 14e force aérienne américaine effectue un raid sur l'aéroport de Shinchiku, détruisant 42 avions japonais au sol ou en combat.
Front italien. Le commandement suprême allié approuve le plan de l'opération « Shingle » (Galet), qui prévoit un débarquement à Anzio.
L'état-major du corps expéditionnaire français qui devra se joindre à la Ve armée américaine arrive d'Afrique.

26 novembre
La première partie de la Conférence Sextant se termine au Caire sans que des décisions définitives aient été prises au sujet de « Overlord » (invasion du nord de la France). Au printemps de 1944 devront être rétablies, avec la collaboration de Tchang Kaï-chek, les communications entre l'Inde et la Chine grâce à la libération de la Birmanie du Nord.
Roosevelt et Churchill partent pour Téhéran, où ils s'entretiendront avec Staline.
Pacifique. Des unités américaines occupent l'atoll d'Apamama, dans les Gilbert, et en commencent la fortification.
Front soviétique. Les Allemands doivent évacuer Gomel, position clé dans le secteur central de leur dispositif.
Allemagne. 663 bombardiers du 8e commandement aérien américain attaquent Brême : les résultats du raid sont assez modestes à cause des conditions atmosphériques défavorables.

27 novembre
Front italien. La 4e brigade blindée anglaise (5e corps) parvient à faire passer une centaine de chars sur la rive nord du Sangro.

28 novembre
Roosevelt et Churchill rencontrent Staline à Téhéran. La Conférence Eureka (tel est son nom de code) commence.
Front soviétique. Le *Heeresgruppe* Sud (von Manstein) encercle d'importantes forces ennemies dans le secteur de Korosten (au nord-ouest de Kiev), leur infligeant de lourdes pertes.
Front italien. A 21 h 30, dans le secteur oriental du front, l'offensive du 5e corps britannique contre la ligne du Sangro est déclenchée. Au cours de la nuit, la 8e division indienne arrive à Mozzagrogna, au nord du fleuve, où elle rencontre la vive résistance de la 65e division d'infanterie allemande. La 2e division néo-zélandaise commence aussi à passer le Sangro.

29 novembre
Front italien. Le 6e corps américain lance des opérations limitées sur son flanc droit.
Dans le secteur oriental, la 4e brigade blindée anglaise (5e corps), grâce à un efficace appui aérien, se

Un peu théâtralement, Staline (à côté de lui, Molotov ; en face, Churchill) baise l'épée d'honneur que George VI lui a envoyée à la conférence de Téhéran, à laquelle assistait également Roosevelt.

lance à l'attaque des hauteurs au nord du Sangro.
Yougoslavie. Tito réunit à Jajce (Bosnie) la 2e session de l'A. V. N. O. J., qui crée, le 4 décembre, un gouvernement provisoire, proclame la déchéance du gouvernement exilé de Londres et interdit au roi Pierre de rentrer en Yougoslavie.
Nouvelle-Guinée. Les Australiens harcèlent l'ennemi le long de la côte de la péninsule Huon, s'emparant de Bonga, importante base de ravitaillement pour les Japonais, et de Gusika.

30 novembre
La conférence de Téhéran (Eureka) se termine. Pour satisfaire aux pressantes demandes de Staline, priorité absolue est donnée à « Overlord » (invasion du nord de la France) et à « Anvil » (débarquement au sud de la France). Staline promet l'intervention soviétique contre le Japon après la victoire sur l'Allemagne. De Téhéran, Roosevelt et Churchill repartent pour Le Caire, où leurs conseillers reprendront les travaux de la Conférence Sextant.
Front soviétique. Les Russes annoncent le retrait de leurs forces de Korosten.
Front italien. En vue de l'opération « Raincoat » (Imperméable), attaque des positions ennemies du mont Camino, des unités de la Ve armée américaine lancent une série d'attaques de diversion vers San Pietro et le cours inférieur du Garigliano pour tromper les Allemands.
Dans le secteur oriental, tandis que la 4e brigade blindée anglaise et la 34e division se dirigent vers la côte et s'emparent de Fossacesia, sur la gauche du dispositif, la 2e division néo-zélandaise a réussi à traverser le Sangro.
Pacifique. Le général Krueger ordonne la constitution d'une force spéciale pour l'invasion de la péninsule d'Arawe (côte sud de la Nouvelle-Bretagne), dont la date est fixée au 15 décembre, avant le débarquement principal dans la zone du cap Gloucester.

1er décembre
Front italien. Dans le secteur de la Ve armée américaine, on enregistre une intense activité aérienne en vue de l'attaque contre la ligne Reinhard (Bernhard). A la tombée du jour, la 139e brigade (46e division) déclenche une attaque de diversion vers Calabritto, dont l'approche est rendue difficile par des barrages et des champs de mines. Dans le sec-

Au cours d'une des périodiques « offensives du riz », la XIe armée japonaise s'empare de la ville de Tchang-te. En plus de la razzia du riz, son but est d'empêcher les concentrations chinoises. Ici, un groupe de réfugiés.

Des fantassins d'un groupe motorisé italien, première formation de l'armée royale, apportent leur renfort aux Alliés, sur le mont Lungo.

teur du 6e corps américain, la résistance opposée par les unités allemandes est également très vive.

2 décembre
France. Maurice Sarraut, directeur de *la Dépêche de Toulouse,* est assassiné par la Milice.
Front soviétique. Poursuivant leur progression dans le cours inférieur du Dniepr, les Soviétiques franchissent l'Ingoulets et parviennent à 10 km de Znamenka, au sud-ouest de Krementchoug.
Front italien. Dans la nuit du 2 au 3, 30 bombardiers allemands attaquent Bari, obtenant des résultats particulièrement spectaculaires : plusieurs navires chargés de munitions explosent, allumant d'importants incendies. Les dommages causés au port en réduisent les possibilités opérationnelles pendant environ trois semaines. En préparation de l'opération « Raincoat », c'est-à-dire l'attaque du mont Camino, l'aviation et l'artillerie alliées pilonnent les positions allemandes.
Tandis qu'échoue l'attaque contre Calabritto, la 56e division anglaise (10e corps), à la tombée de la nuit, déclenche par le sud son attaque du mont Camino. Venant du nord-est, le 2e corps se joint à l'attaque contre le mont Camino.
Dans le secteur du 6e corps américain, les 45e et 34e divisions avancent avec beaucoup de difficultés vers la Bandita et le mont Pantano. A l'est, des troupes néo-zélandaises du 5e corps (VIIIe armée britannique) s'emparent de la petite bourgade de Castelfrentano.

3 décembre
Front soviétique. Au nord-ouest de Gomel, les Soviétiques améliorent leurs positions et prennent la ville de Dovsk.
Pacifique Sud-Ouest. Les dates de l'invasion de la presqu'île d'Arawe et du cap Gloucester sont définitivement fixées respectivement au 15 et au 26 décembre.
Front italien. La 56e division (10e corps) progresse sur le mont Camino jusqu'à la cote 819 ; des unités de la 36e division américaine s'emparent du mont Maggiore.
Dans le secteur du 5e corps britannique (VIIIe armée), la 8e division indienne et la 78e division anglaise atteignent les rives du Moro, dépassant San Vito Chietino et Lanciano. La 78e division laisse ses positions à la 1re division canadienne, qui est ainsi transférée du 13e au 5e corps britannique.
□ Pour les forces aériennes alliées, priorité absolue est donnée à l'opération « Crossbow », contre les bases d'armes secrètes en Allemagne.

4 décembre
Pacifique. Iles Salomon. Le 1er régiment parachutiste des marines arrive à Bougainville : il est aussitôt envoyé en ligne pour étendre le périmètre de défense.
Iles Marshall. Une *Task Force* américaine aux ordres du contre-amiral Pownall et comprenant 6 porte-avions effectue une puissante attaque aérienne contre les atolls de Kwajalein et de Wotje. Le porte-avions *Lexington* est endommagé par une torpille aérienne japonaise ; le croiseur léger *Mobile* subit de graves dommages du fait d'une explosion accidentelle.
Japon. Au sud-est de l'île de Hondo (Honshu), un sous-marin américain torpille et coule le porte-avions escorteur japonais *Chuyo.*
Chine. La XIe armée japonaise, au cours d'une de ses périodiques « offensives du riz », s'empare de la ville de Tchang-te, dans la zone du lac Toung-Ting. L'objectif de cette offensive, cependant, n'est pas seulement le pillage des dépôts de riz, mais également d'empêcher la concentration de troupes chinoises. Peu après la prise de Tchang-te, les Japonais se retirent.

5 décembre
Front italien. Dans le secteur occidental, les unités de la Vᵉ armée américaine maintiennent leurs positions au prix de lourds sacrifices. Dans le secteur de la VIIIᵉ armée britannique, le 5ᵉ corps pousse sur Ortona dont le port peut être utilisé pour faire venir le ravitaillement. La 8ᵉ division indienne franchit le Moro.
La 9ᵉ force aérienne américaine déclenche l'opération « Crossbow » (Arbalète) contre les bases d'armes secrètes de l'Allemagne.
Pacifique. Iles Salomon. Des contre-torpilleurs américains bombardent les installations ennemies de l'île de Choiseul.
Inde. Une importante formation de bombardiers japonais attaque les entrepôts portuaires de Calcutta.

6 décembre
Front soviétique. Les Russes progressent lentement dans la zone de Znamenka, coupant la ligne de chemin de fer reliant cette ville à Smela, au sud-ouest de Krementchoug.
Front italien. La 56ᵉ division anglaise (10ᵉ corps) occupe le sommet du mont Camino. De furieux combats s'engagent pour la possession du mont la Difensa.

CASABLANCA

Casablanca, principale ville du protectorat français au Maroc, est le dernier lieu de transit pour les réfugiés européens en quête d'un visa pour l'Amérique. Rick, cynique tenancier d'un night-club fréquenté par des aventuriers, des espions, des nazis et des réfugiés, retrouve l'un de ses anciens amours, Ilsa. La jeune femme est devenue, depuis, l'épouse d'un leader de la résistance hongroise, recherché par les nazis. Tandis que le pianiste Sam chante *As Time Goes By,* les deux protagonistes retombent follement amoureux l'un de l'autre. Mais Rick, ayant réussi à obtenir deux visas, sacrifie son bonheur personnel, et organise le départ clandestin d'Ilsa et de son mari. Ensuite, accompagné de l'ambigu capitaine français Renault, il part s'engager dans la Résistance.
Casablanca est un remarquable exemple de film de propagande plein de bons sentiments, illustrant l'attachement à la démocratie. Il bénéficie de l'une des meilleures distributions de tous les temps. Bogart interprète à merveille son rôle de « dur au cœur tendre », capable d'élans romantiques et purs. Ingrid Bergman est d'une émouvante beauté. Les autres rôles, confiés presque tous à des acteurs européens, sont joués à la perfection. Remportant trois oscars, *Casablanca* sera après la guerre l'un des rares classiques du cinéma capable d'obtenir également un grand succès commercial.

Ingrid Bergman et Humphrey Bogart dans le film de Michael Curtiz, Casablanca.

Dans le secteur oriental du front, la 1re division canadienne (5e corps) franchit le Moro.

7 décembre
Fin de la conférence du Caire (Sextant), dans la seconde partie de laquelle les chefs militaires des Alliés occidentaux fixent les nouvelles directives stratégiques, à la lumière des rencontres politiques de Téhéran entre Staline, Churchill et Roosevelt.
Les opérations prévues pour la reconquête de la Birmanie à travers le golfe du Bengale sont annulées pour concentrer la disponibilité des moyens amphibies au profit de l'opération « Anvil » (débarquement au sud de la France). Pour la Birmanie septentrionale, dont la libération est indispensable pour rétablir le contact par voie terrestre entre l'Inde et la Chine, toute décision est remise à cause de l'attitude de Tchang Kaï-chek, qui exige des aides plus substantielles avant de s'engager.
En ce qui concerne l'offensive contre le Japon, on établit provisoirement le tableau de marche suivant : janvier 1944, conquête des îles Marshall et de la Nouvelle-Bretagne; avril, invasion de Manus et des îles de l'Amirauté; juin, conquête de Hollandia, en Nouvelle-Guinée; octobre, invasion des îles Mariannes (Djadjapura).
Le commandement suprême en Méditerranée est unifié. Eisenhower, déjà désigné par le président Roosevelt à la direction d'« Overlord », sera responsable de toutes les opérations dans le théâtre de la Méditerranée, à l'exception des bombardements stratégiques.
Front italien. La Ve armée américaine commence la seconde phase des opérations pour l'enfoncement de la ligne Reinhard : les unités alliées se dirigent vers les positions de San Pietro au nord, en direction du mont Sammucro. Après de très violents combats, les Allemands commencent à se retirer du mont la Difensa, dont la défense est devenue problématique après la prise du mont Camino par les Anglais.
Dans le secteur du 5e corps britannique (VIIIe armée), des unités de la 2e division néo-zélandaise attaquent la localité d'Orsogna, mais elles sont repoussées : plus au nord, la 5e division enlève Poggiofiorito.

8 décembre
Front italien. Le 2e corps continue de se battre pour enlever les positions autour de San Pietro. Le 1er groupe motorisé italien, intégré dans les formations alliées, attaque le mont Lungo, mais il est repoussé avec de très lourdes pertes.
Sur le mont Sammucro, des unités de la 36e division américaine (6e corps) doivent faire face à une violente contre-attaque allemande.
La 34e division américaine est remplacée par la 2e division d'infanterie marocaine.
Nouvelle-Guinée. Les Australiens occupent Wareo et poursuivent leur progression vers Sio, au nord-ouest de Finschhafen, où se sont repliés les Japonais de la garnison de Lae.
Inde. Des avions japonais bombardent l'aéroport de Tinsukia, en Assam, en prévision d'une prochaine offensive en Birmanie.

9 décembre
Front soviétique. L'Armée rouge reprend Znamenka.
Front italien. Avec la prise de Rocca d'Evandro par la 36e division américaine se termine l'opération visant à l'occupation du secteur du mont Camino. La contre-offensive allemande sur le mont Sammucro est définitivement repoussée.
Pacifique. Iles Salomon. L'aéroport du cap Torokina entre en fonction. La 3e division de marines commence une série d'attaques, qui dureront presque jusqu'à la fin du mois, pour s'emparer des collines qui dominent la tête de pont.
Chine. Tchang Kaï-chek, répondant à un message de Roosevelt, insiste pour obtenir une aide financière plus importante et une présence accrue de l'aviation alliée en Chine.

10 décembre
Front soviétique. Après un temps d'arrêt, le 2e Front ukrainien (ex-Front des Steppes) de Koniev reprend l'offensive en attaquant Tcherkassy, dans le cours inférieur du Dniepr, et Kirovograd.
Front italien. Autour de San Pietro et du mont Sammucro, l'activité militaire s'est notablement réduite. Les Américains consolident leurs positions.
Dans le secteur adriatique (VIIIe armée britannique), le 5e corps continue sa progression vers le nord le long de la côte avec la 1re division canadienne et la 8e division anglaise. Appuyée par un feu aérien et naval intense, la 1re division canadienne pousse sur Ortona.
Pacifique. Iles Salomon. Des chasseurs américains arrivent pour occuper l'aéroport de Torokina, à Bougainville. La nouvelle base aérienne n'est qu'à 220 milles de Rabaul.

11 décembre
Extrême-Orient. L'amiral lord L. Mountbatten décide d'intégrer la 10e force aérienne américaine et le « Commandement du Bengale » de la R. A. F. en un seul commandement aérien oriental. Toutes les forces alliées du secteur sont placées sous les ordres du maréchal de l'aviation anglaise sir Richard Peirse.

12 décembre
Front italien. La 36e division (2e corps) se prépare à l'attaque finale des positions allemandes du mont Lungo et occupe San Giacomo, entre le mont Lungo et le mont Maggiore. Mais les unités du 4e corps se préparent aussi à l'attaque générale, prévue pour le 15 décembre.

13 décembre
Allemagne. 710 bombardiers de la 8e force aérienne américaine attaquent Kiel.
Pacifique Sud-Ouest. La *Task Force* affectée à l'invasion de la péninsule d'Arawe quitte l'île de Goodenough pour Buna, en Nouvelle-Guinée, d'où elle repartira pour l'objectif.

14 décembre
Front soviétique. Les Soviétiques entament la première phase de leur offensive d'hiver (mais pratiquement, il n'y a pas de solution de continuité entre les opérations d'automne et celles d'hiver). Du saillant de Nevel, dans le secteur central, le Front de Kalinine ou 1er Front baltique (Eremenko) pousse sur Vitebsk. Le 2e Front ukrainien (Koniev) s'em-

Le 26 décembre 1943, à 7 h 46, après une violente préparation aérienne et navale, les avant-gardes de la 1re division de marines débarquent dans la baie de Borgen, près du cap Gloucester (Nouvelle-Bretagne).

pare de la ville de Tcherkassy. Poursuivant la contre-offensive qui leur a permis de reprendre Korosten, les Allemands occupent Radomysl, à l'ouest de Jitomir.
Front italien. Les unités de la Ve armée américaine terminent leurs préparatifs pour l'offensive du 15. Pendant la nuit commencent les premiers mouvements de troupes.

15 décembre
Front italien. La Ve armée américaine engage toutes ses grandes unités dans l'attaque de la ligne Reinhard. La bataille pour San Pietro, dans laquelle est engagé le 2e corps, est particulièrement violente. Dans le secteur de la 45e division (6e corps américain) commence l'attaque contre Lagone à droite, et à gauche celle des hauteurs qui dominent le cours de la Rava. Sur le flanc nord du 6e corps, des unités de la 2e division marocaine s'emparent du mont Castelnuovo et du col San Michele. Les Allemands se défendent énergiquement.
Pacifique. Nouvelle-Bretagne. Selon les plans, la *Task Force 76*, sous les ordres du contre-amiral Daniel E. Barbey, met à terre le 112e régiment de cavalerie américain, renforcé, sur la côte occidentale de la péninsule d'Arawe, en Nouvelle-Bretagne.
Le débarquement, précédé d'un bombardement aéro-naval, a lieu à 7 heures, et les faibles défenses japonaises sont franchies sans difficultés.
Un débarquement par surprise est tenté sans succès sur la côte orientale de la péninsule, à Umtingalu, ainsi que dans l'îlot de Pilelo. Ce dernier est toutefois pris au cours de la journée.
Les chasseurs et les bombardiers japonais tentent de s'opposer à l'opération en attaquant les groupes et les navires américains. Ils n'obtiennent cependant pas de résultats importants.

16 décembre
Front italien. La 36e division (2e corps) s'empare du mont Lungo, tandis que se poursuivent les attaques sur San Pietro, dont les positions sont difficiles à défendre après la chute du mont Lungo. Pour couvrir leur retraite, les Allemands déclenchent de très fortes contre-attaques pendant la nuit du 16 au 17. Dans le secteur du 6e corps, des patrouilles de la 45e division entrent à Lagone, abandonné par les Allemands.

17 décembre
Front italien. Les Allemands se retirent de San Pietro, poursuivis par les unités américaines du 2e corps, qui, dans la matinée, pénètrent dans l'agglomération détruite.
Sur la droite du dispositif occidental allié (6e corps américain), les Allemands se sont repliés légèrement vers le centre.
Après le coucher du soleil, des unités de la 45e division s'emparent du mont La Posta sans rencontrer de résistance. Les Allemands abandonnent également le mont Pantano.
Pacifique Sud-Ouest. Le général MacArthur ordonne au général Krueger de préparer les plans et les forces pour la conquête de Saidor, en Nouvelle-Guinée, qui servira de base aérienne et navale avancée soit contre les forces japonaises de Nouvelle-Guinée, soit contre la Nouvelle-Bretagne.
Chine. Le généralissime Tchang Kaï-chek envoie un message au président Roosevelt, renouvelant sa demande d'importantes aides financières et d'un plus grand nombre d'avions.

18 décembre
Front italien. Le 6e corps progresse au centre du dispositif, tandis que la retraite allemande se poursuit.
Pacifique. Nouvelle-Bretagne. Les avions américains intensifient leurs opérations contre les objectifs de la Nouvelle-Bretagne en vue du débarquement au cap Gloucester.
Chine. Tchang Kaï-chek confie au général Stilwell le commandement de toutes les troupes chinoises qui se trouvent en Inde et dans la vallée de l'Hukawng, en Birmanie septentrionale.
Des avions japonais bombardent Kouenming, dans le Yunnan. Cette action fait partie de la campagne de bombardements stratégiques destinés à détruire les centres vitaux des Alliés en prévision d'une offensive contre l'Inde.

20 décembre
Méditerranée. Sous la dénomination de force aérienne alliée en Méditerranée est institué le commandement unifié aérien pour le secteur de la Méditerranée. Il réunit les unités de la R. A. F., y compris celles qui sont basées au Moyen-Orient, toutes les forces aériennes américaines basées en Afrique du Nord et dans les régions occupées de l'Italie, et les unités aériennes françaises et italiennes qui opèrent dans le secteur. Le commandant en chef est le maréchal de l'armée de l'air britannique sir Arthur W. Tedder, avec le général américain Carl Spaatz comme délégué opérationnel.
Front italien. Les plans pour une opération amphibie de la Ve armée sur la côte tyrrhénienne sont annulés à cause de la trop lente progression vers les lignes allemandes et de l'insuffisance des forces de débarquement.
Des unités du 2e corps continuent leurs attaques pour libérer le versant ouest du mont Sammucro.
Dans le secteur du 5e corps britannique, sur la côte adriatique, la 1re division canadienne atteint les faubourgs d'Ortona, où s'engagent de violents combats.
Pacifique. Intense activité aéronavale en vue du prochain débarquement au cap Gloucester, en Nouvelle-Bretagne. Les Américains consolident sans difficultés particulières la tête de pont de la péninsule d'Arawe, qui se révélera être un objectif inutile, tant comme base navale que comme base aérienne.
Des unités aériennes américaines quittent la Nouvelle-Calédonie pour l'île Stirling et les îles Russel afin d'appuyer le prochain débarquement.
Chine. Répondant au message de Tchang Kaï-chek du 17, le président Roosevelt assure que les États-Unis attachent une grande attention à la possibilité d'accorder un prêt à la Chine, tout en invitant l'allié à prendre sa part dans la lutte pour la reconquête de la Birmanie. Les États-Unis feront tout ce qui leur est possible pour rouvrir la « route de Birmanie », qui offrirait par ailleurs une plus grande sécurité aux avions américains qui volent actuellement en territoire ennemi entre l'Inde et

Un marine transporte jusqu'au poste de premiers secours un camarade blessé lors des combats du cap Gloucester.

Des fantassins ratissent une rue d'Ortona. La petite ville italienne est le théâtre de très durs combats qui opposent du 20 au 28 décembre Canadiens et Britanniques aux soldats allemands ; elle est détruite autant que Cassino.

la Chine. Tchang Kaï-chek réplique que les Chinois ne passeront à l'attaque que si les Britanniques et les Américains parviennent à reprendre les îles Andaman, Rangoon ou Moulmein. Si Mandalay ou Lashio sont repris, les Chinois participeront à la campagne de Birmanie sans plus exiger des alliés occidentaux une grande opération amphibie à travers le golfe du Bengale.

21 décembre
Inde. Le général Stilwell arrive à Ledo, dans l'Assam, pour diriger personnellement les préparatifs de la prochaine campagne en Birmanie du Nord.
Front soviétique. Le Heeresgruppe Centre exerce une vigoureuse pression sur le saillant soviétique à l'ouest de Jlobine (au nord-ouest de Gomel), au-delà du Dniepr. Les Allemands font tous leurs efforts pour tenir au moins en partie la ligne vitale du Dniepr.
Japon. Des bombardiers américains venant d'Attu, dans les Aléoutiennes, bombardent les objectifs militaires des îles Kouriles.

22 décembre
Algérie. Le général de Lattre de Tassigny arrive à Alger. Arrêté en novembre 1942 pour avoir tenté de s'opposer à l'occupation de la zone Sud, il s'était évadé en septembre de la prison de Riom.
Le Comité français de libération nationale (C. F. L. N.) transmet à la Syrie et au Liban les pouvoirs exercés par la France.
Front italien. La bataille pour Ortona se poursuit, les Allemands résistent maison par maison, et les unités de la 1re division canadienne sont soumises à une espèce de guérilla à laquelle elles ne sont pas habituées.
Chine. Nouveau bombardement japonais sur Kouenming, dans le Yunnan, dans le cadre des opérations préliminaires à l'offensive contre l'Inde.

23 décembre
Front italien. La 5e division (13e corps) occupe Arielli, au nord d'Orsogna ; la bataille pour Ortona se poursuit.

24 décembre
Front soviétique. Partant de la large tête de pont du Dniepr, dans la zone de Kiev, le 1er Front ukrainien (Vatoutine) se lance avec 6 armées et 3 groupes d'assaut contre le *Heeresgruppe* Sud (von Manstein) suivant l'axe Kiev-Jitomir. La IVe armée blindée allemande, déployée sur un front trop vaste, fait son possible pour contenir la violente poussée ennemie. Dans le secteur de Vitebsk, les Soviétiques s'emparent de Gorodok, provoquant la chute de toute une série de centres de résistance qui pivotaient autour de cette position.
☐ Roosevelt et Churchill annoncent la nomination du général Eisenhower comme commandant suprême des forces d'invasion alliées en Europe.
De son côté, Churchill annonce la nomination du général Montgomery au commandement du XXIe groupe d'armées en remplacement du général sir Bernard Paget.
Au commandement de la VIIIe armée, Montgomery est remplacé par le général Oliver Leese, ancien commandant du 13e corps britannique opérant en Italie.
Pacifique. Nouvelle-Bretagne. Des formations de bombardiers américains effectuent 280 missions contre des aéroports et autres installations militaires japonaises en Nouvelle-Bretagne.
Birmanie. Dans la vallée du Hukawng, des unités de la 38e division chinoise parviennent à libérer un bataillon du 112e régiment qui avait été encerclé par les Japonais dans la zone de Yupbang Ga. Mais l'ennemi conserve ses positions à l'ouest du fleuve.

25 décembre
Front soviétique. Les Soviétiques coupent la route Vitebsk-Polotsk.
Pacifique. Une Task Force de porte-avions sous les ordres du contre-amiral Sherman envoie 86 bombar-

Décembre 1943. Une unité de marines s'empare d'une hauteur dans l'île de Tarawa (archipel des Gilbert) après de longs et durs combats contre les troupes japonaises de la garnison.

Le Scharnhorst *pris dans les glaces du cap Nord en 1943.*

diers contre les installations portuaires de Kavieng, la base japonaise la plus importante de la Nouvelle-Irlande. Le bombardement s'avère peu efficace. En Nouvelle-Bretagne, les Japonais attaquent la tête de pont de la péninsule d'Arawe, contraignant les Américains à se replier à la limite du périmètre de défense. Pendant ce temps, la flotte d'invasion du cap Gloucester quitte la Nouvelle-Guinée.
Inde. Des bombardiers japonais effectuent un raid sur Chittagong.

26 décembre
Pacifique. Nouvelle-Bretagne. A 6 heures, 2 croiseurs et 8 contre-torpilleurs américains ouvrent le feu contre les positions japonaises du cap Gloucester, achevant l'œuvre de destruction entreprise depuis plusieurs semaines par des bombardiers B-24 Liberator qui ont largué dans le secteur au moins 2000 t de bombes.
A 7 h 46, les premiers éléments de la 1re division de marines, renforcée, débarquent dans la baie de Borgen, au nord-est du cap : ils rencontrent une très faible résistance japonaise. Ceci est dû en partie à la surprise, en partie à la terrible nature du terrain marécageux, défini plus tard par les Américains comme « enfer vert » et « cloaque de boue ». La division est commandée par le général Rupertus. 2 régiments débarquent dans la baie de Borgen, d'autres unités à Tauali, au sud-ouest de l'aéroport japonais du cap Gloucester, et 1 brigade du génie dans l'île Long. La nuit suivante, les Japonais déclenchent plusieurs contre-attaques, qui sont repoussées. Seule l'aviation japonaise tente de s'opposer au débarquement avec quelques résultats, coulant 1 contre-torpilleur américain et en endommageant 3 autres, plus 1 engin de débarquement.
Front italien. Les hauteurs du Sammucro sont définitivement conquises par les troupes alliées.
☐ Le croiseur de bataille allemand *Scharnhorst,* de 38900 t, est coulé par la flotte anglaise au large du cap Nord alors qu'il donne la chasse à un convoi qui se dirige vers la Russie : sur les 1800 hommes de l'équipage, 36 seulement sont indemnes.

27 décembre
Pacifique. Nouvelle-Bretagne. La 1re division de marines étend la tête de pont, plus gênée par les pluies torrentielles que par l'ennemi. Le général japonais Iwao Matsuda, commandant le secteur de la Nouvelle-Bretagne occidentale, dispose d'environ 10000 hommes, en partie déployés le long du littoral pour la défense de l'aéroport, en partie concentrés à l'intérieur, près de Nakarop.
De nouveaux renforts américains arrivent dans la péninsule d'Arawe, où les contre-attaques japonaises sont devenues plus menaçantes.
Front soviétique. Dans le secteur de Vitebsk, les troupes du Front occidental (Sokolovsky) atteignent la voie ferrée Vitebsk-Polotsk.
Le 1er Front ukrainien (Vatoutine) poursuit sa progression, reprenant à l'ennemi les positions perdues dans le secteur de Korosten les jours précédents.

28 décembre
Front soviétique. Le 1er Front ukrainien s'empare de Korostichev, importante position à l'est de Jitomir.
Front italien. Des unités du 5e corps britannique s'emparent définitivement d'Ortona.
Pacifique. Nouvelle-Bretagne. Le général Krueger met à la disposition du général Rupertus la réserve constituée par le 5e régiment de marines renforcé d'unités de l'armée de terre. Les Américains attaquent les défenses de l'aéroport du cap Gloucester.
De nouvelles attaques japonaises sont repoussées par les troupes qui

Troupes et ravitaillement américains et néo-zélandais débarquent en Nouvelle-Bretagne.

occupent la tête de pont de la péninsule d'Arawe.
Birmanie. La 38e division chinoise s'empare de plusieurs centres de résistance japonais dans la vallée du Tarung.

29 décembre
Front soviétique. Les Soviétiques écrasent la résistance allemande à Korosten et se rendent maîtres d'une grande partie de la voie ferrée qui relie cette ville à Jitomir, arrivant jusqu'à Tchernakhov.
Pacifique. Nouvelle-Bretagne. Avec une facilité inattendue, les marines s'emparent de l'aéroport japonais du cap Gloucester.
De nouvelles attaques japonaises contre la tête de pont d'Arawe n'ont pas plus de succès que les précédentes.
Nouvelle-Guinée. L'opération visant à l'occupation de Saidor est provisoirement prévue pour le 2 janvier 1944.

30 décembre
France. Vichy nomme Darnand secrétaire d'État au Maintien de l'ordre et Philippe Henriot secrétaire d'État à l'Information et à la Propagande.
Front soviétique. Les Russes s'emparent de Kazatin, au sud-ouest de Kiev et au sud de Jitomir.
Nouvelle-Guinée. L'opération contre Saidor est définitivement fixée au 2 janvier.

31 décembre
Front soviétique. L'Armée rouge reprend Jitomir, que les Allemands ont été contraints d'évacuer.
Dans le secteur central, Vitebsk est presque encerclé par les Soviétiques, qui ne parviennent cependant pas à s'en emparer à cause de l'énergique défense opposée par la Wehrmacht.
Front italien. Sur le front ouest, celui de la Ve armée américaine, le 6e régiment d'infanterie américain remplace le 15e sur le mont Lungo. D'autres unités tentent sans succès de déloger les Allemands de leurs positions à l'est d'Acquafondata.
Sur le front de la VIIIe armée britannique, combats dans les zones d'Ortona et d'Orsogna, dans le secteur côtier adriatique.
Le bilan des raids aériens alliés sur la péninsule italienne et sur les îles au cours des trois derniers mois fait état de 6500 morts, environ 11000 blessés, 3500 édifices détruits et 10000 endommagés.
Nouvelle-Guinée. Les troupes alliées affectées à l'occupation de Saidor s'embarquent dans l'île Goodenough, au nord-est de la Nouvelle-Guinée.
Birmanie. Poursuite des combats entre unités de la 38e division chinoise et forces japonaises dans la vallée de l'Hukawng au nord de Yupbang Ga, en Birmanie septentrionale.

Une année de lutte « globale » s'achève — de l'Afrique à l'Italie, de la Russie au Pacifique, de l'Atlantique à l'océan Indien —, année qui a vu l'aiguille de la balance se déplacer nettement, irrévocablement en faveur des Alliés. La terrible fin de Stalingrad et la gigantesque bataille de Koursk ont marqué le tournant en Europe, comme le fantastique engagement aéronaval de Midway a marqué en 1942 le tournant dans le Pacifique. L'Italie, après la capitulation, puis la déclaration de guerre à l'Allemagne nazie, est devenue un champ de bataille qui absorbe un nombre toujours plus grand de divisions allemandes, dont l'O.K.W. aurait le plus grand besoin sur le front de l'est. D'autres forces allemandes devront être engagées contre les mouvements de résistance de plus en plus actifs dans toute l'Europe occupée : en Russie, les partisans ont livré bataille, détruisant des milliers de trains militaires et bouleversant le système de communications de l'ennemi. En Yougoslavie, en France, en Norvège, aux Pays-Bas, en Belgique, en Grèce et à présent aussi en Italie, les mouvements de libération deviennent de plus en plus actifs et absorbent pour les combattre de nombreuses divisions du Reich.
Sur un front de 2100 km, entre novembre 1942 et la fin de l'année 1943, les Soviétiques ont repris à l'ennemi une bonne partie des territoires perdus depuis le début de l'invasion, progressant d'au moins 1300 km et détruisant surtout des milliers de chars, d'avions et de pièces d'artillerie ennemis. Le potentiel de guerre allemand, malgré le travail obligatoire de millions de personnes déportées des pays occupés, ne peut plus combler les pertes matérielles. Les pertes humaines non plus ne peuvent être comblées ; les brillantes divisions de la meilleure armée du monde ont vu fondre leurs effectifs. Les renforts sont constitués par des hommes d'un certain âge, démoralisés, ou par des très jeunes dont le fanatisme ne peut suffire à pallier le manque d'expérience. Hitler compte sur les « armes secrètes » qui tardent à se matérialiser, restant pour la plupart à l'état d'illusions.

U-Boote *dans une base de sous-marins d'Allemagne du Nord.*

1944

1944

JANVIER	**27.** La liaison entre Leningrad et la capitale est rétablie, après la longue interruption due au blocus.
FÉVRIER	**15.** *Front italien.* 142 Forteresses volantes B-17 et 82 B-25 déversent 400 tonnes de bombes sur le mont Cassin. **31.** *Pacifique. Iles Marshall.* L'invasion des Marshall a commencé.
MARS	**15/16.** *Hongrie.* Le régent de Hongrie, Horthy, est arrêté ; les Allemands décident l'occupation de son pays. **27.** En vertu d'un accord avec le gouvernement roumain, les troupes allemandes entrent en Roumanie.
AVRIL	**12.** *Italie.* Abdication du roi Victor-Emmanuel III en faveur de son fils Humbert. **17.** *Chine.* Les Japonais lancent leur dernière grande offensive contre la Chine nationaliste.
MAI	**9.** *Front soviétique.* Chute de la forteresse de Sébastopol.
JUIN	**3.** *France.* Le Comité français de libération nationale se proclame Gouvernement provisoire de la République française (G. P. R. F.). **5.** *Front italien.* Entrée triomphale à Rome des troupes alliées. **6.** *France.* A la pointe du jour, les Alliés débarquent sur les côtes de Normandie : la gigantesque opération « Overlord » est déclenchée. **20.** *Bataille de la mer des Philippines.*
JUILLET	**19.** *Allemagne.* Échec à Rastenburg, en Prusse-Orientale, de l'attentat contre Hitler.
AOUT	**15.** *France méridionale.* Début de l'opération « Anvil-Dragoon ». **25.** Libération de Paris.
SEPTEMBRE	**4.** *Front soviétique.* Les Finlandais déposent les armes sur l'ensemble du front. **14.** Inauguration à Québec de la conférence « Octagon ». **17.** Début de l'opération « Market Gardens ».
OCTOBRE	**2.** Reddition des insurgés de Varsovie. **9/18.** Staline, Churchill et Eden se rencontrent à Moscou. **23/26.** *Bataille aéronavale du golfe de Leyte.*
NOVEMBRE	**7.** *États-Unis.* Franklin Roosevelt est réélu président des États-Unis pour un quatrième mandat.
DÉCEMBRE	**16.** *Europe occidentale.* La contre-offensive allemande débute dans les Ardennes.

Deux G. I. viennent au secours d'un officier américain blessé pendant le débarquement en Normandie.

L'année 1943 a déjà décidé du cours de la guerre. L'initiative est passée aux Alliés, en Europe comme dans le Pacifique. Les affaires vont mal pour les deux membres survivants du Pacte tripartite : au front, les généraux s'en rendent compte (feu l'amiral Yamamoto l'avait même prévu : « Pendant 6 mois nous serons invincibles, après... »), mais non les franges extrémistes des quartiers généraux ou du parti national-socialiste. Ni Hitler, qui croit dans les « armes secrètes » à venir et dans les miracles annoncés par les astrologues, dont il aime à s'entourer. Mais la réalité est bien différente des illusions du fanatisme. Les Russes, une fois surmontée la crise de la première année, sont de plus en plus forts ; les usines, au-delà de l'Oural, produisent à un rythme fébrile.

Quant à l'Amérique, elle fait sentir massivement le poids de son inépuisable potentiel industriel. En 1943, elle a produit 85 000 avions (contre 47 000 en 1942) ; depuis le début de 1942, ses usines et ses chantiers ont sorti 148 000 chars, 1 200 000 véhicules, 42 000 bouches à feu de tout calibre, 27 millions de tonnes de navires marchands et militaires qui ont largement comblé les vides ouverts dans les flottes alliées par les *U-Boote* et les forces aéronavales ennemies. Les États-Unis sont l'arsenal du monde libre. Jusqu'à présent, ils ont fourni à l'U. R. S. S. une aide s'élevant à 3,5 milliards de dollars, à la Grande-Bretagne, 6 milliards de dollars, à la Chine, à l'Inde, à l'Australie et à la Nouvelle-Zélande, 1,5 milliard de dollars, tandis que 2 autres milliards de dollars sont allés à l'Afrique, au Moyen-Orient, à la Méditerranée.

L'U. R. S. S. a reçu 7 000 avions, 3 500 chars, 195 000 véhicules (des camions surtout, très appréciés des troupes soviétiques), 5 millions et demi de paires de bottes particulièrement étudiées pour les rudes hivers russes, ainsi que des installations chimiques complètes, des locomotives, etc.

Qui pourrait espérer l'emporter sur un semblable géant ? Sans compter les ressources humaines et matérielles de l'Union soviétique, elles aussi importantes, et le potentiel réuni de la Grande-Bretagne et du Commonwealth (Canada, Inde, Australie et Nouvelle-Zélande, Afrique du Sud), sans oublier les colonies africaines.

1er janvier

Dans son habituel message de Nouvel An au peuple allemand, Hitler se lance contre l'illégitime alliance « ploutocratico-bolchevique » qui combat contre l'Allemagne : où règne l'impérialisme britannique, dit-il, règnent aussi la misère et la faim ; des millions de citoyens américains sont victimes du chômage, tandis que le bolchevisme, malgré les fins qu'il professe, n'a pas été capable de soustraire à l'indigence des millions d'individus. L'Allemagne est décidée à continuer la lutte : aussi longtemps qu'elle dure, elle n'est en rien comparable au sort qui attendrait le peuple allemand en cas de défaite.

□ Le gouvernement soviétique a repoussé la proposition du gouvernement yougoslave en exil de stipuler un traité d'amitié et de collaboration qui garantirait implicitement la souveraineté et l'indépendance de la Yougoslavie après la fin de la guerre. Il faut mettre l'attitude de Moscou en rapport avec l'appui qu'elle donne au maréchal Tito contre le général Mihaïlovitch.

Londres, d'ailleurs, après avoir longtemps soutenu Mihaïlovitch, a depuis peu modifié son attitude en donnant son appui politique et matériel aux partisans procommunistes, qui sont la principale force militaire et politique du pays.

Méditerranée. Le général Patton laisse le commandement de la VIIe armée américaine au général Clark, qui conserve encore le commandement de la Ve armée et se voit chargé de la préparation du plan « Anvil », qui prévoit le débarquement des Alliés sur les côtes méridionales de France.

Pacifique. Nouvelle-Bretagne. Le commandement des forces débarquées au cap Gloucester décide de lancer le lendemain une puissante attaque en direction de la baie de Borgen.

Nouvelle-Irlande. Des avions venant du *Task Group* de porte-avions du contre-amiral F. C. Sherman attaquent avec succès un convoi japonais, escorté de croiseurs et de contre-torpilleurs, au large de la base ennemie de Kavieng.

Nouvelle-Guinée. La flotte qui transporte les troupes de la 32e division de la VIe armée américaine affectées à l'occupation de Saidor, au nord de la péninsule Huon, quitte la baie d'Oro et se joint à l'escorte, composée de contre-torpilleurs et de croiseurs aux ordres du contre-amiral américain D. E. Barbey.

Extrême-Orient. Le général Stilwell crée le commandement opérationnel de la « Force Zèbre », une divi-

Rampant sur la neige, un détachement allemand progresse lentement vers les lignes ennemies dans le secteur de Berditchev, sur le front russe central, en janvier 1944.

sion chinoise armée et entraînée par les Américains.

2 janvier

Front soviétique. Les Fronts méridionaux soviétiques poursuivent leurs attaques, repoussant les Allemands au nord-ouest de Kiev.

Front italien. Le général Alexander, commandant le XVe groupe d'armées en Italie, décide que l'opération « Shingle » (c'est-à-dire l'attaque amphibie sur les côtes de la mer Tyrrhénienne près d'Anzio) doit avoir lieu entre le 20 et le 31 janvier. Quelques jours avant le début de l'opération, la Ve armée devra déclencher une attaque décisive vers Cassino et Frosinone pour accrocher le plus grand nombre possible d'Allemands.

Pacifique. Nouvelle-Bretagne. Dans le secteur du cap Gloucester, le 7e régiment de marines déclenche selon les plans l'attaque en direction de la baie de Borgen, mais il n'atteint pas son objectif à cause d'un centre de résistance japonais qui, bien que presque encerclé, se bat farouchement.

Nouvelle-Guinée. Protégées par le feu des croiseurs et des contre-torpilleurs du contre-amiral Barbey, et par d'épais rideaux de fumée (les avions ne peuvent appuyer les opérations à cause des conditions atmosphériques défavorables), des unités de la 32e division de la VIe armée américaine débarquent à Saidor, occupent le port et le terrain d'aviation. Les avions américains attaquent en même temps d'autres positions japonaises, pour empêcher l'envoi de renforts. Venant de Finschhafen, des troupes australiennes progressent le long de la côte nord de la péninsule Huon et occupent le village de Sialum.

3 janvier

La France reconnaît l'indépendance de la Syrie et du Liban.

Front soviétique. L'Armée rouge reprend Olevsk, au nord-ouest de Kiev, et un peu plus loin atteint la frontière orientale de la Pologne antérieure à 1939. Au sud d'Olevsk, la ville de Novograd-Volynskii tombe aux mains des Soviétiques, ainsi que toute la ligne de chemin de fer qui la relie à Korosten.

Front italien. Le corps expéditionnaire français du général Juin prend position sur le flanc nord de la Ve armée, tandis que le 6e corps américain du général Lucas est retiré de la première ligne pour diriger l'opération « Shingle » contre Anzio.

Pacifique. Le commandement de la force expéditionnaire américaine (Task Force 51), sous les ordres du vice-amiral R. K. Turner, diffuse le plan opérationnel pour l'invasion des îles Marshall, précisant les unités à employer et fixant, pour les forces aériennes, un calendrier des bombardements préliminaires à effectuer.

Nouvelle-Bretagne. Un bataillon du génie américain commence les travaux de remise en état de l'aéroport du cap Gloucester. Les Américains poursuivent leurs attaques pour rejoindre les unités débarquées dans la baie de Borgen : les Japonais résistent et contre-attaquent, empêchant les ennemis de jeter un pont sur un torrent pour y faire passer les chars.

Birmanie. A l'extrême nord du pays, la 38e division chinoise reprend les combats avec les Japonais près de Taihpa Ga (vallée de l'Hukawng).

4 janvier

Front soviétique. La reconquête de l'Ukraine se poursuit. Les Russes occupent le centre de résistance allemand de Bielaïa Tserkov, au sud de Kiev, et continuent de progresser en direction d'Ouman.

Europe. Des avions américains se joignent à ceux de la R.A.F. pour larguer des armes et du ravitaillement aux formations de partisans français, belges, hollandais, italiens. L'opération prend le nom de « Carpetbagger ».

Pacifique. Nouvelle-Bretagne. Après une très forte préparation d'artillerie, les unités américaines parviennent à faire traverser par les chars le torrent du Suicide sur un barrage improvisé. Elles détruisent de nombreuses positions japonaises et, progressant vers le sud à partir de la tête de pont du cap Gloucester, attaquent la ligne du torrent Aogiri, opiniâtrement défendue.

Nouvelle-Irlande. Des avions américains des porte-avions du contre-amiral Sherman attaquent à nouveau la flotte japonaise dans le port de Kavieng.

Nouvelle-Guinée. Activité de patrouille des unités américaines débarquées à Saidor. Les forces australiennes qui progressent depuis Finschhafen atteignent le cap du Roi-Guillaume à 25 km de Sio, où les rescapés japonais de Lae avaient trouvé refuge.

Front italien. Au cours de la nuit, en prévision de l'attaque du mont Cedro, des unités de la 46e division (10e corps britannique) établissent une tête de pont sur la rive nord du Peccia.

Dans le secteur d'Ouman, sur le front ukrainien, en janvier 1944, des grenadiers allemands couverts par un char d'assaut.

5 janvier
Front soviétique. Les armées soviétiques reprennent Berditchev, nœud ferroviaire et routier au sud de Jitomir et au sud-ouest de Kiev.
Front italien. Les attaques du 10e corps britannique, de l'autre côté du Peccia, contre les monts Cedro et Porchia, sont contenues par les forces allemandes de la Xe armée de Vietinghoff.
Angleterre. Le commandement de la force aérienne stratégique américaine est placé en Grande-Bretagne : son chef est le général Spaatz, qui est chargé de coordonner les opérations des 8e et 15e forces aériennes américaines.
Pacifique. Nouvelle-Guinée. Des unités américaines en reconnaissance à l'ouest de la tête de pont de Saidor rencontrent les premières résistances japonaises. Les Australiens, qui avancent le long de la côte nord de la péninsule Huon, atteignent Kelanoa, réduisant à 100 km la distance qui les sépare des Américains.
Birmanie. La 38e division chinoise tente, sans y réussir, de s'emparer du dernier centre de résistance japonais qui la sépare du Tarung.
□ Le gouvernement japonais décide une forte augmentation des impôts pour financer l'effort de guerre.

6 janvier
Pacifique. Le plan opérationnel pour l'occupation des îles Marshall est complété par la désignation des forces affectées à l'invasion de l'important atoll de Kwajalein.
Le général Harmon assume le commandement de la 13e force aérienne américaine.
Nouvelle-Bretagne. Légers progrès vers le sud des unités américaines de la tête de pont du cap Gloucester. On signale l'arrivée de nouvelles forces japonaises près du périmètre de défense de la tête de pont d'Arawe.
Nouvelle-Guinée. Des unités américaines du génie arrivent à Saidor.
Extrême-Orient. Tous les engins de débarquement encore disponibles dans le secteur devant être transférés en Méditerranée, l'amiral Mountbatten, commandant en chef du Sud-Est asiatique, annule officiellement le projet d'un débarquement en Birmanie centrale à travers le golfe du Bengale. Il envisage d'abandonner toute offensive en Birmanie jusqu'à la défaite de l'Allemagne ; informé de ce projet, le général Stilwell, chef d'état-major pour le théâtre d'opérations chinois, décide d'envoyer une mission à Washington pour s'opposer aux décisions de Mountbatten.

7 janvier
Front soviétique. Au sud du Dniepr, les Fronts du Sud soviétiques enfon-

Les bombes au napalm des bombardiers américains provoquent une pluie de feu sur la base aéronavale japonaise de Rabaul.

cent les positions du général von Manstein sur un front de 100 km dans la zone de Kirovograd, au sud-est de Tcherkassy. La ville est pratiquement encerclée.
Front italien. Des unités du 2e corps américain et du 10e corps britannique s'emparent du mont Porchia et du mont La Chiaia.
Extrême-Orient. L'amiral Mountbatten abandonne le projet d'une offensive en Birmanie, dans le secteur côtier de l'Arakan.
Japon. Le quartier général impérial autorise l'armée du sud à passer à l'action pour s'emparer de positions stratégiques dans la zone d'Imphal, en Inde, en vue d'une grande offensive.

8 janvier
Front soviétique. L'important nœud routier et ferroviaire de Kirovograd, au sud de la grande boucle du Dniepr, est repris par l'Armée rouge. Plus au nord, le *Heeresgruppe* Centre déclenche une contre-offensive dans la zone de Jlobine, au nord-ouest de Gomel, sur le Dniepr.
Front italien. La 139e brigade de la 46e division (10e corps britannique) s'empare du mont Cedro sans rencontrer de résistance. Dans le secteur tyrrhénien (celui du 2e corps américain), une *Task Force* encercle la cote 1109 et s'en empare.
République sociale italienne. A Vérone commence le procès contre les 19 membres du Grand Conseil fasciste considérés comme responsables de la chute de Mussolini le 25 juillet 1943. 6 seulement sont détenus, parmi lesquels Galeazzo Ciano, gendre de Mussolini.
Pacifique. Iles Salomon. Une *Task Force* américaine de croiseurs et de contre-torpilleurs, aux ordres du contre-amiral Ainsworth, bombarde les installations côtières japonaises à Faisi, Poporan et dans les Shortland.
États-Unis. La division « Opérations » du département de la Guerre demande que les Alliés gardent l'initiative en Birmanie et en Chine, et que, sur ce théâtre d'opérations, les effectifs de l'aviation américaine soient augmentés.
Le renforcement du secteur extrême-oriental favorisera, en mobilisant d'importantes forces japonaises,

EDVARD MUNCH

Munch, peintre et graveur, l'un des représentants les plus marquants de l'expressionnisme, meurt le 23 janvier à Ekely, aux environs d'Oslo.
Munch est né à Loiten, le 12 décembre 1863. Quasiment autodidacte, il aborde la peinture sous l'influence du naturalisme, en réalisant une série de tableaux d'inspiration à la fois poétique et intimiste.
Avec la maturation artistique, son œuvre prend ses caractères dominants et distinctifs : la violence de l'expression, la recherche approfondie sur le plan émotionnel, et le symbolisme marqué qui deviendront les traits fondamentaux de l'expressionnisme. Ses tableaux des années 90 forment un ensemble, *La Frise de la vie,* dans lequel il voit « un poème de la vie, de l'amour et de la mort ».
La liberté de ses œuvres choque le public et suscite parfois des réactions contradictoires : en 1892, à Berlin, une de ses expositions est interrompue le lendemain même de son ouverture. Cette interdiction provoque la protestation d'une centaine d'artistes allemands et entraîne leur rupture avec le Kunstleverein.
Atteint d'une grave maladie nerveuse, Munch termine sa vie dans la solitude, refusant courageusement de collaborer avec le gouvernement Quisling, pendant l'occupation de la Norvège par les Allemands.

Le Cri *(1895), une des œuvres les plus célèbres et les plus caractéristiques du Norvégien Edvard Munch.*

l'offensive américaine dans le Pacifique.

9 janvier

Pacifique. Iles Salomon. Un second aéroport est achevé dans la zone de Piva. Il servira à renforcer l'offensive aérienne contre les objectifs de la Nouvelle-Bretagne.

Front italien. La 10e et la 34e division (2e corps américain) mènent les attaques définitives pour s'emparer de Cervara et du mont Trocchio. Les dernières unités de la 45e division américaine font place à la 3e division algérienne (corps expéditionnaire français).

Nouvelle-Bretagne. Les Américains parviennent à s'assurer quelques positions sur la crête d'Aogiri, rudement défendue par les Japonais.

Birmanie. Deux régiments de la 38e division chinoise convergent sur le petit centre de Taihpa Ga, dans la vallée de l'Hukawng, tandis que d'autres unités de la même division cherchent à éliminer quelques infiltrations japonaises. Sur le front de l'Arakan, le 15e corps de la XIe armée britannique s'empare de Maungdaw.

10 janvier

France. Darnand reçoit autorité sur l'ensemble des forces de police.

La Milice assassine Victor Basch, ancien président de la Ligue des droits de l'homme, et sa femme.

Front soviétique. Au nord de Kirovograd, les Soviétiques réduisent une poche dans laquelle plusieurs divisions ennemies se sont fait prendre au piège. Cependant que l'Armée rouge reprend l'offensive au centre, dans la zone de Mozyr, à l'ouest du Dniepr et au sud-ouest de Gomel.

Front italien. A proximité de Cervara et du mont La Chiaia, on enregistre une forte contre-attaque allemande.

République sociale italienne. Le procès de Vérone se termine par la condamnation à mort de 18 des 19 accusés : parmi eux, Galeazzo Ciano. Seul Tullio Cianetti a la vie sauve pour avoir rétracté son adhésion au document Grandi ; il est condamné à 30 ans de réclusion.

Pacifique. Nouvelle-Bretagne. Légers progrès des Américains sur la crête d'Aogiri, dans le secteur du cap Gloucester, où de violentes contre-attaques japonaises, déclenchées vers 1 heure, ont été repoussées. La présence de nouvelles troupes japonaises ayant été signalée autour du périmètre de défense d'Arawe, on envoie des renforts à cette deuxième tête de pont.

Nouvelle-Guinée. Des concentrations japonaises laissent prévoir une prochaine attaque contre la tête de pont de Saidor, à laquelle on décide d'envoyer des renforts (un groupe de combat régimentaire renforcé).

L'exécution des dignitaires fascistes De Bono, Gottardi, Pareschi, Ciano et Marinelli, le 11 janvier 1944, à Vérone.

11 janvier

Front soviétique. L'offensive de l'Armée rouge continue dans le secteur central du front, dans la zone de Mozyr. Hitler s'oppose à toute rectification de frontière et à tout repli stratégique, sacrifiant ainsi des hommes et du matériel dans la vaine espérance de pouvoir reprendre la ligne du Dniepr.

République sociale italienne. Les condamnations à mort prononcées par le tribunal spécial de Vérone contre 5 des 6 dignitaires fascistes détenus sont exécutées.

Pacifique. Des avions de la marine américaine basés dans les îles Gilbert et Ellice attaquent la flotte et les installations japonaises dans l'atoll de Kwajalein, situé dans les îles Marshall. Le travail de démolition des défenses et des lignes de communication ennemies en vue de l'invasion s'organise.

Nouvelle-Bretagne. Dans la jungle, les combats se poursuivent autour de la tête de pont du cap Gloucester.

Nouvelle-Guinée. Le terrain d'aviation remis en état par les Américains entre en fonction.

12 janvier

États-Unis. La division « Opérations » du département de la Guerre repousse le projet de l'opération « Culverin » (débarquement à Sumatra) et soutient le point de vue du général Stilwell selon lequel, dans le secteur Inde-Birmanie, il faut donner la priorité aux opérations qui permettraient de rouvrir les communications par voie terrestre entre l'Inde et la Chine. Donc, offensive en Birmanie et renforcement des forces aériennes américaines dans le secteur extrême-oriental (c'est-à-dire pour collaborer aux opérations dans le Pacifique).

Pacifique. Iles Salomon. Les dernières unités de la 3e division de marines quittent Bougainville, remplacées par la division Américal.

Front soviétique. Ayant dépassé la ville de Sarny, au-delà de la frontière polonaise orientale d'avant guerre, les Soviétiques la prennent à revers et y pénètrent après être venus à bout de la résistance acharnée des Allemands.

Le *Heeresgruppe* Sud contre-attaque les forces soviétiques dans la zone de Vinnitsa, au sud-ouest de Kiev.
Front italien. Début de l'offensive aérienne alliée pour préparer le débarquement à Anzio. Le 6e corps du général Lucas reçoit l'ordre d'effectuer le débarquement dans le secteur Anzio-Nettuno le 22 janvier à 2 heures. Des unités de la 34e division dépassent Cervara et s'emparent des hauteurs qui dominent la petite ville. Dans le secteur du corps expéditionnaire français, la 3e division algérienne sur la gauche du dispositif et la 2e division marocaine sur la droite commencent leurs attaques vers Sant'Elia Fiume-rapido.
Allemagne. Début de l'opération « Pointblank », qui prévoit une offensive stratégique aérienne alliée contre les industries aéronautiques allemandes. Environ 650 bombardiers de la 8e force aérienne américaine attaquent les usines de Halberstadt, Brunswick et Ochersleben. Le bombardement obtient les effets escomptés, mais le prix payé par l'aviation américaine à la chasse allemande est très élevé : 60 avions sont abattus au cours du raid.

13 janvier
Pacifique. On met au point les plans pour la prochaine campagne dans le Pacifique (en code, « Granite ») : aux environs du 24 mars, les avions d'une Task Force encore à préciser devront attaquer la grande base japonaise de l'île Truk (le Pearl Harbor de l'ennemi) pour appuyer l'invasion des îles de l'Amirauté et de la Nouvelle-Irlande. L'invasion des atolls d'Eniwetok et d'Ujelang, dans les îles Marshall (opération « Catchpole »), est fixée provisoirement au 1er mai, la conquête de Mortlock et de Truk, dans les Carolines, au 1er août ; le débarquement dans les îles Mariannes (opération « Forager ») au 1er novembre. Si le déroulement des opérations permet de « sauter » l'île Truk, on pourrait le 1er août réaliser l'invasion des îles Palau.
Front italien. Le 2e corps américain se trouve au pied du mont Trocchio, dernier rempart qui interdit la route du Rapido.
Nouvelle-Bretagne. Poursuite des combats autour de la tête de pont du cap Gloucester. Les unités au combat bénéficient d'un appui accru de l'aviation et de l'artillerie américaines ; elles ne parviennent cependant pas à s'emparer de l'objectif du jour, la colline 660. Une unité de spécialistes du génie arrive à l'intérieur de la tête de pont pour remettre en fonction l'aéroport enlevé aux Japonais.
Birmanie. Dans la vallée de l'Hukawng, la 38e division chinoise parvient à nettoyer un centre de résistance japonais dans la zone de Yupbang Ga, étendant son contrôle à tout le cours du Tarung.
Certaines unités traversent le Tarung et poussent vers le nord jusqu'à Tabawng.

14 janvier
Front soviétique. Dans le secteur central, les Soviétiques enfoncent les lignes allemandes sur un large front et s'emparent de Mozyr et de Kalinkovitchi, au sud-ouest de Gomel, formant ainsi une enclave dans le dispositif ennemi. Dans le secteur nord aussi, l'Armée rouge reprend l'offensive. Y prennent part le Front de Leningrad (Govorov) et le Front du Volkhov (Meretzkov), avec la XLIIe armée et la IIe armée d'assaut qui se dirigent vers Oranienbaum, et la LIXe armée qui attaque en direction de Novgorod. Le *Heeresgruppe* Nord de Küchler contient à grand-peine la puissante poussée soviétique.
États-Unis. Dans une lettre à Tchang Kaï-chek, le président Roosevelt lui demande d'engager les forces du Yunnan contre les Japonais qui occupent la Birmanie, en même temps qu'aurait lieu une offensive anglaise à partir de l'Inde. Il laisse entendre au généralissime que, dans le cas contraire, les États-Unis pourraient reconsidérer leur politique d'aide à la Chine.
République sociale italienne. Proclamation de la socialisation des entreprises. Avec ce « retour aux sources » de Mussolini, le régime tente de s'assurer l'appui des masses ouvrières du nord, sans pour autant y parvenir.

15 janvier
Front soviétique. Dans la nuit du 14 au 15, des unités de la LIXe armée soviétique du Front du Volkhov traversent par surprise le lac Ilmen, gelé, et se dirigent sur le flanc sud du centre de résistance allemand de Novgorod. Le secteur est défendu

Janvier 1944. Un détachement de troupes marocaines pénètre dans le secteur de Cassino, l'un des points les plus chauds du front italien.

par la XVIIIe armée allemande. Plus au nord, les armées du Front de Leningrad poussent fortement en direction de Krasnoïe Selo.

Front italien. Avec l'appui du corps expéditionnaire français, qui couvre son flanc droit, le 2e corps américain du général Geoffrey Keyes déclenche une attaque en direction du Rapido, s'emparant du mont Trocchio, dernière hauteur avant le cours d'eau : c'est le moment pour les unités américaines de tenter d'enfoncer la ligne Gustav et d'atteindre la vallée du Liri.

Pacifique. Nouvelle-Guinée. Des unités de la 9e division australienne qui remonte la côte septentrionale de la péninsule Huon occupent Sio, d'où se sont alors retirés les Japonais chassés de Lae.

Birmanie. Opérations locales en haute Birmanie entre des contingents japonais et des petites unités de la 38e division chinoise.

16 janvier

Front soviétique. Tandis que le point chaud de l'offensive soviétique se situe au nord, en dessous de Leningrad, dans le secteur central, l'Armée rouge agrandit le saillant de Sarmy, au-delà de la frontière polonaise d'avant guerre.

Front italien. Dans le rapport du jour sur la situation en Italie, le service de renseignements allié signale que les Allemands donnent des signes de « fléchissement, dus aux pertes, à la fatigue et probablement à la démoralisation causée par la tournure que prend la guerre. Il n'y a aucune raison de craindre, poursuit le document, que l'ennemi réussisse à maintenir solidement la ligne de défense de Cassino devant une attaque bien coordonnée. Étant donné que les opérations contre Cassino précéderont l'opération « Shingle » contre Anzio, il est très probable, conclut le rapport, que la menace pour Rome que constitue le débarquement à Anzio amène l'ennemi à se retirer des positions qu'il occupe sur la ligne Gustav... » Jamais prévisions n'ont été démenties avec plus d'éclat par les faits : les Alliés se heurteront en vain à la ligne Gustav pendant presque 4 mois, payant un prix énorme en vies humaines et en pertes matérielles.

Pacifique. Nouvelle-Bretagne. Dans la zone du cap Gloucester, les Japonais déclenchent leur dernière, sanglante, mais inutile contre-attaque contre les positions américaines du secteur de la colline 660. Quittant le périmètre de la tête de pont d'Arawe, des unités américaines, appuyées par des chars, vont à l'assaut des positions ennemies, progressant de 1,5 km.

Extrême-Orient. Tchang Kaï-chek, répondant au récent message de Roosevelt, menace de suspendre le

Les « Diables verts », unité d'élite allemande de la 1re division de parachutistes, pendant la contre-attaque dans les ruines de Cassino, les derniers jours de janvier 1944.

ravitaillement des forces américaines en Chine et de les priver de logement, à partir du 1er mars 1944, si les États-Unis n'accordent pas à la Chine un crédit de 1 milliard de dollars. Ce chantage déchaîne de violentes critiques à Washington. L'amiral Mountbatten propose que l'armée chinoise en Inde soit placée sous commandement britannique, mais le général Stilwell décline la proposition, préférant garder lui-même le contrôle opérationnel de cette grande unité.
Birmanie. Des unités de la 38e division chinoise franchissent le Sanip, mais elles sont bloquées par un centre de résistance ennemi près du confluent du Tanai et du Tarung. Le 112e régiment chinois s'empare de Gum Ga et avance jusqu'à Warang, où il s'arrête.

Salerne, janvier 1944. Sur des unités navales alliées, on charge des engins de débarquement du 7e corps d'armée américain, qui sont destinés au débarquement à Anzio-Nettuno (opération « Shingle »).

17 janvier
Front italien. Le 6e corps américain termine sa courte mais intense période d'entraînement en vue du débarquement amphibie à Anzio-Nettuno (opération « Shingle »).
Vers le soir, l'artillerie du 10e corps britannique ouvre le feu contre les postes ennemis sur la rive nord du Garigliano, tandis que la flotte alliée, au large de Gaète, bombarde les voies de communication entre les divisions allemandes qui combattent en première ligne et les arrières.
Tandis que, sur le flanc droit du front d'attaque, la 46e division britannique, appuyée par une partie de l'artillerie du 2e corps américain, cherche à s'assurer le contrôle du secteur de Sant'Ambrogio, où confluent le Liri, le Rapido et le Garigliano, 2 brigades de la 56e division britannique attaquent au centre du front ; enfin, sur la droite, la 5e division anglaise attaque vers Minturno et Tufo, exécutant avec des engins de débarquement une manœuvre tournante par la mer, au-delà de l'embouchure du Garigliano.
A 9 heures, début de l'opération « Panther », véritables assauts des 5e, 46e, et 56e divisions britanniques de l'autre côté du Garigliano. Si les tentatives de la 46e division près de Sant'Ambrogio connaissent l'échec, celles des deux autres sont couronnées de succès.
Pacifique. Nouvelle-Bretagne. Les Américains procèdent au nettoyage du terrain pris à l'ennemi autour de la tête de pont d'Arawe.
Birmanie. Le 113e régiment de la 38e division chinoise, contournant un point d'appui japonais sur le Brangbram, marche sur Taihpa Ga.

18 janvier
Front italien. A l'aube, toutes les unités de la 5e et de la 56e division (10e corps britannique du général McCreery) ont établi des têtes de pont sur la rive gauche du Garigliano et 2 brigades ont déjà progressé de 1,5 km environ au-delà du cours d'eau, occupant les premières pentes montagneuses d'où elles ont refoulé plusieurs compagnies de la 94e division d'infanterie allemande.
Le général von Vietinghoff, commandant la Xe armée allemande, préoccupé, diffère l'envoi en France de la division blindée Hermann Goering et transfère la 90e de *Panzergrenadiere* du secteur adriatique vers les monts Aurunci pour contenir l'attaque du 10e corps britannique.
Il renforce, enfin, le secteur en faisant venir de Rome la 29e division blindée. Pendant ce temps, plus au nord, le 2e corps américain s'emploie au déminage des sentiers qui mènent au Rapido.

19 janvier
Front soviétique. La IIe armée d'assaut soviétique occupe Ropcha et la XLIIe Krasnoïe Selo. Les éléments avancés des deux armées opèrent leur jonction à Roussko-Vysockoïe, localité au sud-ouest de Krasnoïe Selo et de Leningrad, rejetant les Allemands du golfe de Finlande.
Front italien. Les 5e et 56e divisions anglaises élargissent ultérieurement les têtes de pont au-delà du Garigliano : la première s'empare de Minturno, tandis que la 56e s'approche de Castelforte.
Pacifique. Nouvelle-Bretagne. Dans la zone du cap Gloucester, les troupes américaines cherchent à maintenir le contact avec les Japonais en retraite et en même temps à étendre la zone occupée dans la partie occidentale de l'île jusqu'à la ligne qui va de la baie de Borgen aux rives de l'Itni.

20 janvier
France. Vichy crée des cours martiales expéditives pour juger les « terroristes ».
Front soviétique. Dans le secteur nord, la LIXe armée soviétique libère

Après un bombardement meurtrier des Anglais sur Anzio.

Novgorod. La XVIIIe armée allemande est obligée de reculer pour éviter l'encerclement. Le 2e Front de la Baltique (Popov) entre également en action : il accroche durement la XVIe armée allemande pour l'empêcher d'envoyer des renforts vers Novgorod et Leningrad.

Front italien. Les têtes de pont jetées par les 5e et 56e divisions britanniques sur la rive nord du Garigliano se multiplient rapidement. Dans le secteur du 2e corps américain, la 36e division occupe sans trop de difficultés la rive sud du Rapido ; mais quand elle tente de traverser le cours d'eau à la hauteur de Sant'Angelo in Theodice, elle rencontre une violente réaction de l'artillerie allemande, qui lui oppose un tir de barrage des plus fournis. Pendant ce temps, la 34e division (2e corps américain) mène des actions de diversion vers Cassino.

Europe occidentale. Le général Carl Spaatz assume le commandement de toutes les forces aériennes américaines en Europe.

21 janvier

Front soviétique. Des troupes de la VIIIe armée soviétique (Front du Volkhov) occupent Mga, au sud-est de Leningrad. Au sud du lac Ilmen, le 2e Front de la Baltique libère Novosokolniki. En Ukraine, les troupes du 1er Front ukrainien (Vatoutine) et du 2e Front ukrainien (Koniev) enferment dans une poche, dans la zone de Korsoun-Chevtchenkovskyi, à l'ouest de Tcherkassy et au sud-est de Kiev, la Ire *Panzerarmee,* qui cherche à s'ouvrir une route, ravitaillée par un pont aérien improvisé.

Front italien. Les unités qui transportent le 6e corps américain affecté au débarquement sur les plages d'Anzio-Nettuno quittent le port de Naples.

L'attaque de la 36e division contre les positions allemandes sur le Rapido se heurte à une farouche résistance : au sud de Sant'Angelo in Theodice, le 143e régiment parvient à traverser le cours d'eau, mais il est immédiatement rejeté sur la rive sud. Au nord de Sant'Angelo, plusieurs unités du 141e régiment d'infanterie établissent une tête de pont qui demeure cependant isolée.

Dans l'après-midi, une nouvelle attaque du 143e régiment, préparée par un tir fourni de l'artillerie, permet à 5 compagnies d'établir une autre tête de pont qui est cependant réduite à néant pendant la nuit par la réaction allemande.

Londres. Le général Eisenhower discute pour la première fois avec les chefs militaires de l'opération « Overlord », c'est-à-dire du débarquement des troupes alliées en France.

Birmanie. Le général Stilwell décide de déclencher une attaque vers Walawbum avec l'appui des blindés. Le 113e régiment de la 38e division chinoise prend position à Ningru Ga, à un peu plus de 1 km de Taihpa Ga.
Japon. Pour la troisième nuit consécutive, des avions américains basés à Attu, dans les Aléoutiennes, bombardent les objectifs de la zone de Paramouchir-Choumchou, dans les îles Kouriles.

JEAN GIRAUDOUX

L'écrivain et dramaturge français Jean Giraudoux meurt à Paris le 31 janvier.
Né à Bellac, dans le Limousin, le 29 octobre 1882, Giraudoux fait ses études à l'École normale supérieure de Paris. Après avoir publié un recueil de nouvelles, *Provinciales* (1909), il entre au Quai d'Orsay. Jusqu'à la fin de sa vie, il ne cessera d'y assumer des charges officielles. Cependant, la diplomatie ne constitue pas un obstacle à ses activités littéraires. Giraudoux ne tarde pas à s'imposer, avec une série de romans qui allient originalité, imagination et subtilité psychologique (*Simon le Pathétique, Suzanne et le Pacifique*, etc.).
Par la suite, Giraudoux devient aussi auteur dramatique à succès en adaptant pour Louis Jouvet sa pièce *Siegfried*, puis en produisant une suite intéressante de créations qui remplissent les théâtres français. Avec un grand raffinement, Giraudoux utilise les principaux thèmes de la mythologie classique, en les enrichissant d'un symbolisme très personnel et ironique. L'une de ses œuvres, représentée après sa mort, *La Folle de Chaillot*, remportera aussi un grand succès.

22 janvier
Front italien. Les attaques du 2e corps américain et du 10e corps britannique se poursuivent sans résultat pour franchir respectivement le Rapido et le Garigliano.
A la première heure commence le débarquement allié dans la zone d'Anzio-Nettuno, sur la côte tyrrhénienne. Le plan, baptisé opération « Shingle », est exécuté par le 6e corps américain commandé par le général Lucas, comprenant la 1re division britannique du général Penney, la 45e division d'infanterie américaine du général W. Eagles, la 1re division blindée américaine, la 3e division d'infanterie américaine et de nombreuses unités de rangers américains et de commandos britanniques. Le dispositif naval mis en œuvre est impressionnant : 4 croiseurs, 24 contre-torpilleurs et 6 transports (pour ne citer que les grandes unités), sans compter le matériel de débarquement et amphibie. Les Allemands n'alignent dans le secteur que 2 bataillons de la 29e division de *Panzergrenadiere.* Vu la faiblesse des effectifs allemands, la surprise du débarquement a été totale, et très vite les ports d'Anzio et de Nettuno tombent intacts aux mains des Alliés. D'ici le 24, plus de 36 000 hommes auront débarqué devant Anzio et Nettuno : au nord d'Anzio, des éléments de la 1re division britannique appuyés par les commandos ; entre Anzio et Nettuno, 2 bataillons de parachutistes américains ; au sud de Nettuno, enfin, la 3e division américaine (en réserve, la 1re division blindée et la 45e d'infanterie américaine, ainsi que la « réserve mobile » de la 1re division britannique).
Les avions alliés font pleuvoir sur Rome 2 millions de tracts annonçant l'arrivée imminente des troupes de libération.
Front soviétique. Selon les Allemands, l'offensive soviétique lancée par le 1er Front de la Baltique (Eremenko) contre Vitebsk, au nord-ouest de Smolensk, aurait été repoussée. C'est exact, mais le très important centre de résistance allemand est presque entièrement contourné.
Pacifique. Le gros de la force d'invasion des îles Marshall appareille en direction de ses objectifs.
Iles de l'Amirauté. Les bombardiers américains entament les préparatifs d'invasion, en attaquant la flotte japonaise dans la zone. Des missions de reconnaissance photographique sont effectuées sur Lorengau et Momote.
Nouvelle-Bretagne. Des escadrilles de chasse Zero de la 2e escadre de porte-avions japonaise viennent renforcer les défenses de Rabaul, qui comptent ainsi 92 avions de chasse.

23 janvier
Front italien. Le général Lucas a débarqué à Anzio 50 000 hommes, qui établissent une tête de pont. Malgré l'effet de surprise et sa supériorité numérique et matérielle, le commandant américain s'emploie à renforcer la tête de pont (avant l'arrivée des blindés et de l'artillerie lourde) au lieu d'attaquer immédiatement les routes et voies ferrées de l'intérieur non défendues, par où passe le ravitaillement des défenseurs de la ligne Gustav. Les Allemands exploitant cette hésitation s'organisent. Sur la ligne Gustav, pendant que le corps expéditionnaire français, commandé par le général Juin, reprend le mont Santa Croce au nord de la ligne de défense allemande, la 34e division américaine (2e corps américain) s'apprête à lancer une attaque en direction du Rapido au nord de Cassino, de façon à encercler par là la petite ville et atteindre la route no 6 (via Casilina).
Front soviétique. Moscou annonce que les mauvaises conditions météorologiques et le terrain ont imposé un temps d'arrêt aux forces soviétiques dans le secteur de Vitebsk.
Nouvelle-Guinée. Les troupes australiennes de la 18e brigade (7e division) chassent les Japonais de la crête Shaggy, à environ 10 km au nord de Dumpu, dans la vallée du Ramu. La conquête a été facilitée par les attaques aériennes préliminaires menées par la 3e Task Force américaine. Cette victoire et l'occupation de Saidor assurent aux Alliés le contrôle de toute la péninsule Huon. Les garnisons japonaises, harcelées par les attaques aériennes

répétées, refluent au nord-ouest en direction de la ville de Madang. *Iles Philippines.* Les Américains apprennent par Radio-Tokyo qu'à Mindanao et dans les autres îles de l'archipel, des groupes de guérilleros reconnaissant pour chef le colonel américain Fertig tiennent en échec les garnisons japonaises. Les autorités d'occupation, en vertu du principe « l'Asie aux Asiatiques » et poursuivant la politique de la « sphère de coprospérité » sous l'hégémonie japonaise, forment un gouvernement fantoche présidé par E. Aguinaldo et José Paciano Laurel ; à celui-ci s'opposent les mouvements de résistance, allant des guérilleros américano-philippins aux partisans communistes Hukbalahaps (en abrégé, Huks, encore actifs aujourd'hui après 30 ans).

24 janvier

Front soviétique. Dans la zone de Korsoun et de Chevtchenkovskyi, à l'ouest de Tcherkassy et du Dniepr, les 1er et 2e Fronts d'Ukraine envahissent avec des forces imposantes (7 armées, dont 3 blindées) la poche dans laquelle les 42e et 11e corps d'armée allemands sont encerclés, avec 9 divisions d'infanterie, la division blindée S.S. Viking et la brigade motorisée Wallonia, la VIIIe armée et la 1re *Panzerarmee.* Au sud, de nombreuses divisions blindées allemandes tentent d'établir un corridor à travers les lignes

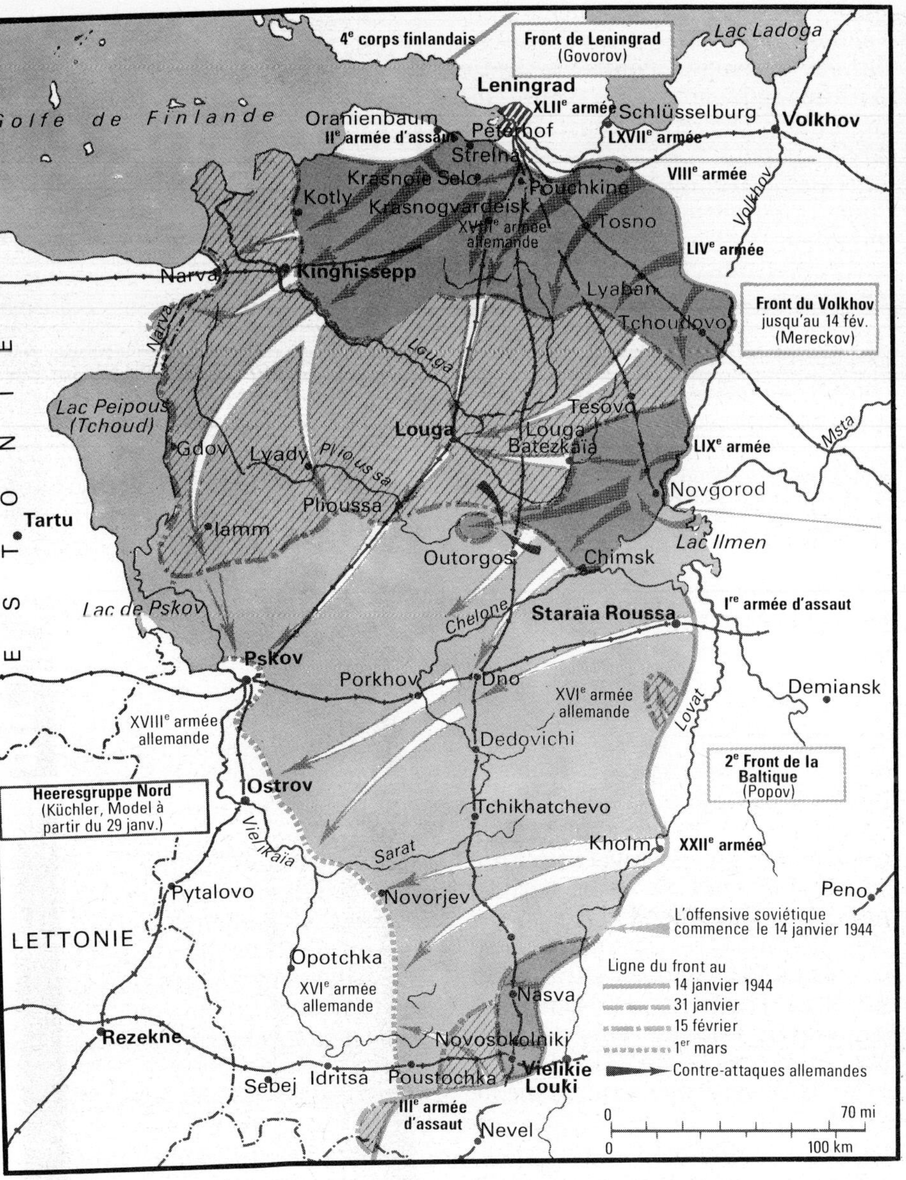

Ci-dessus : pièce de 25 livres utilisée par les Australiens en Nouvelle-Guinée. Page ci-contre : images du calvaire de Leningrad. Ci-dessous : embrassades après la libération de la ville.

soviétiques jusqu'aux unités encerclées. Un peu plus au sud, d'autres troupes du 2e Front d'Ukraine (Koniev) mènent l'offensive dans le secteur de Kirovograd.

Front italien. Dans le secteur d'Anzio, le 6e corps américain étend la tête de pont sur le flanc gauche en poussant en direction de la Moletta avec la 1re division britannique du général Penney, et sur le flanc droit en atteignant le canal Mussolini avec la 3e division américaine.

Sur la ligne Gustav, dans le secteur sud, les Allemands contre-attaquent, refoulant les divisions du 10e corps britannique et reprenant Castelforte et le mont Rotondo, au prix de lourdes pertes. Plus au nord, la 34e division américaine déclenche l'offensive sur le Rapido pour établir une tête de pont sur l'autre rive, au nord de Cassino.

25 janvier

Front soviétique. Au sud de Leningrad, les troupes soviétiques libèrent le nœud ferroviaire de Krasnogvardeïsk.

Les 1er et 2e Fronts d'Ukraine poursuivent l'offensive à l'ouest de Tcherkassy et Kirovograd, tenues par le *Heeresgruppe* Sud (von Manstein), tandis que, plus au sud, les 3e et 4e Fronts d'Ukraine, commandés respectivement par Malinovski et Tolboukhine, font pression sur le *Heeresgruppe* A, de von Kleist.

Front italien. Sur la ligne Gustav

les régiments de la 34e division (2e corps américain) essaient toujours vainement d'établir une tête de pont au-delà du Rapido.
Plus au nord, sur le flanc droit de la division américaine, le corps expéditionnaire français se porte à l'ouest, atteignant le col du Belvédère.

26 janvier
Front soviétique. Les combats continuent du golfe de Finlande au lac Ilmen dans le secteur nord, ainsi que dans la zone de Korsoun-Chevtchenkovskyi à l'ouest de Tcherkassy, en Ukraine.
Front italien. Sur la ligne Gustav, après la conquête du Belvédère, la 3e division algérienne accentue sa progression vers l'ouest et s'empare du mont Abate.
Dans la nuit du 26 au 27, nouvelle attaque de la 3e division américaine en direction du Rapido ; cette fois, quelques détachements réussissent à créer une petite tête de pont, légèrement au nord de Cassino.
Pacifique. Iles Marshall. Des bombardiers américains B-25, pour la première fois escortés par la chasse, effectuent un raid sur Maloelap, détruisant de nombreux avions japonais.
Nouvelle-Bretagne. Plus de 200 chasseurs et bombardiers américains attaquent la base japonaise de Rabaul, anéantissant les installations militaires et détruisant une grande partie des chasseurs Zero venus depuis peu renforcer les défenses de l'île. L'aviation américaine parle de 863 appareils ennemis abattus ou détruits au sol depuis le début de l'offensive. Elle peut dès lors entamer la deuxième phase de son plan de bataille : la destruction de Rabaul, encore presque entièrement intacte. Sur le plan aérien, la base japonaise a cessé de constituer une menace pour les forces de MacArthur dans les îles Salomon et en Nouvelle-Guinée.
Chine. Le président Roosevelt informe Tchang Kaï-chek que, dès mars et pendant tout le temps où le prêt américain à la Chine restera en discussion, les États-Unis limiteront leur aide mensuelle à 25 millions de dollars.
Le général Chennault, chef de la force aérienne en Chine, suggère au président Roosevelt un vaste plan d'action aérienne : contrôle du ciel chinois, offensive contre le trafic maritime ennemi, puis contre les principaux objectifs industriels au Japon, et pour finir contre les installations militaires ennemies en Chine, à Formose et Haï-Nan.
Birmanie. De Taro, des éléments de la 22e division chinoise tentent de pénétrer dans la vallée du Hukawng.

27 janvier
France. La Milice de Darnand étend son autorité à la zone Nord.
Front soviétique. Le Front de Leningrad, le Front du Volkhov et le 2e Front de la Baltique poursuivent leur offensive contre le *Heeresgruppe* Nord, libérant Tosno et la ligne ferroviaire Tosno-Liouban, en direction de Moscou. La liaison entre Leningrad et la capitale est rétablie, après la longue interruption due au blocus.
Front italien. Sur la ligne Gustav, dans le secteur sud, les divisions du 10e corps britannique reprennent l'offensive en vue de renforcer la tête de pont sur la rive droite du Garigliano : sous un tir de barrage nourri des Allemands, la 46e division se dirige vers le mont Juga, tandis que la 5e se porte sur le mont Natale (à l'ouest de la localité de Santa Maria Infante). Plus au nord, les régiments de la 34e division (2e corps américain) s'emparent de la cote 771 et du col Maiola, au nord de Cassino, leur avance étant considérablement freinée par l'efficace résistance allemande. Après la prise de Caira, le 168e régiment de la 34e division se porte vers le mont Cairo.
Les contre-attaques allemandes contraignent la 3e division algérienne (corps expéditionnaire français) à se retirer du mont Abate.

28 janvier
Front soviétique. Violents combats dans la zone de Korsoun-Chevtchenkovskyi entre les 1er et 2e Fronts d'Ukraine et le groupement allemand comprenant la Ire *Panzerarmee.* Encerclés, les Allemands réussissent à encercler à leur tour 2 corps blindés soviétiques, le 20e et le 29e, qui parviendront néanmoins à se dégager.

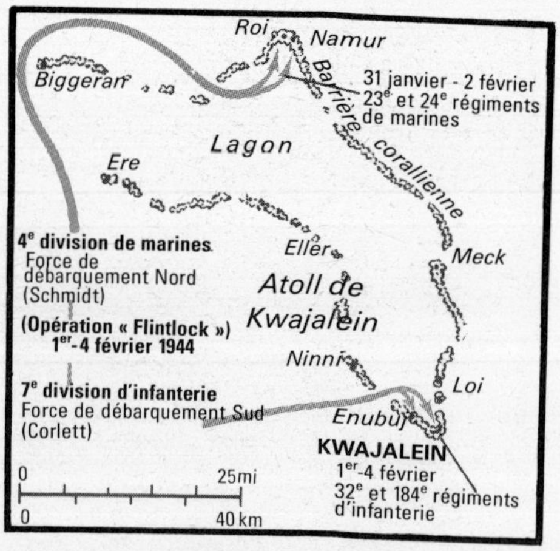

Dans le secteur nord, les Soviétiques enlèvent Liouban et poursuivent leur avance sur Tchoudovo.

29 janvier
Front soviétique. Dans le secteur nord, la LIXe armée rouge et la IIe armée de la garde dégagent Tchoudovo et ratissent toute la zone située entre Tosno et Tchoudovo, au sud-ouest de Leningrad, assurant la sécurité de la voie ferrée reliant Leningrad-Moscou.
Model remplace Küchler à la tête du *Heeresgruppe* Nord, dont la XVIIIe armée recule toujours vers la Louga.
Au sud de Tcherkassy, la VIIIe armée allemande évacue la ville de Smela, dans la zone de Korsoun-Chevtchenkovskyi, où la bataille fait rage.
Front italien. Dans le secteur du mont Cassin, le 168e régiment de la 34e division américaine, fortement épaulé par les blindés et l'artillerie, progresse rapidement en direction des cotes 56 et 213.
A Anzio, le général Lucas décide de passer à l'attaque à partir de la tête de pont : il dispose d'environ 70 000 hommes, 500 canons, quelque 250 blindés et 500 véhicules de type divers. Mais au lieu des rares unités de la 29e division allemande de *Panzergrenadiere* dispersées dans la zone lors du débarquement du 22 janvier, les Alliés se trouvent face à une armée improvisée, mais pas moins efficace pour autant, la XIVe armée (un total de 8 divisions), commandée par le général Eberhard von Mackensen. La 3e division américaine et la 1re britannique attaquent respectivement en direction de Cisterna et Campo-

Des fantassins américains appuyés par un blindé avancent sur l'atoll de Kwajalein, dans l'archipel des Marshall : au fond s'élève un épais nuage de fumée, après un bombardement de l'aviation américaine.

leone, mais sont bloquées avant d'atteindre les deux villes. Pourtant, le front a légèrement progressé.

Allemagne. Raid effectué par 800 bombardiers de la 8e force aérienne américaine sur le centre industriel de Francfort-sur-le-Main.

Pacifique. Iles Marshall. Tandis que le groupe d'invasion approche, la Task Force 58 de porte-avions rapides (contre-amiral Mitscher) amorce la phase finale de « neutralisation » des objectifs par un bombardement des terrains d'aviation et autres installations ennemies sur l'atoll de Kwajalein, la piste d'atterrissage de Taroa sur l'atoll de Maloelap et l'aérodrome de l'atoll de Wotje. Des bombardements navals viennent ensuite. Les avions basés sur les îles Ellice et Gilbert prennent part aussi à l'offensive, attaquant les îles de Roi et Namur, Kwajalein, Jaluit et Mille.

30 janvier

Front soviétique. Dans le secteur nord, les 42e et 2e forces d'assaut russes occupent un large tronçon de la rive orientale du cours inférieur de la Louga.

On continue à se battre ferme dans la zone de Korsoun-Chevtchenkovskyi, chaque armée étant tour à tour encerclée et encerclant l'autre dans un jeu stratégique complexe.

Front italien. Sur la ligne Gustav, des unités de la 5e division s'emparent du mont Natale, tandis que, plus au nord, le 168e régiment de la 34e division repousse une violente contre-attaque des troupes allemandes sur la rive occidentale du Rapido.

Afrique. A Brazzaville, capitale de l'Afrique-Équatoriale française, de Gaulle réunit une conférence des gouverneurs des colonies et de représentants de l'Assemblée consultative.

Dans un discours-programme, le général définit une nouvelle politique tendant à conduire les peuples d'outre-mer sur « la route des temps nouveaux ». Il annonce des réformes de structure permettant à ces peuples de « s'intégrer progressivement dans la communauté française », avec leur personnalité propre.

Pacifique. Iles Marshall. La Task Force 58 poursuit sa grande offensive aéronavale pour atteindre son objectif dans les Marshall. L'aviation américaine effectue 400 missions de bombardement tandis que les 7 cuirassés de la Task Force pilonnent, 4 heures durant, les objectifs proches : les îles de Kwajalein et de Roi et Namur. Attaque également de l'atoll d'Eniwetok, où 19 avions japonais sont détruits au sol.

31 janvier

Pacifique. Iles Marshall. L'invasion des Marshall a commencé. Pour cette opération, l'amiral Nimitz a rassemblé la force la plus spectaculaire jamais mise en action dans le Pacifique : 40 000 marines et hommes de troupe face à environ 8 000 Japonais, commandés par le contre-amiral Monzo Akiyama. L'archipel, formé de quelque 36 atolls, ne compte pas moins de 2 000 îles et îlots s'étendant sur plus de 100 km, et ne peut être « sauté » lors d'une attaque dirigée du Pacifique Sud sur le Japon. Les Japonais, qui le savent parfaitement, ont renforcé leurs défenses, notamment celles des atolls les plus importants, sur lesquels ils ont construit de nombreux aérodromes. Néanmoins, depuis quelque temps, les 750 avions de la Task Force 58 ainsi que des centaines d'autres envolés des îles Gilbert et Ellice pilonnent les installations et le trafic ennemis. Le commandement général de l'opération est confié au vice-amiral R. A. Spruance, dont dépendent le corps de débarquement (général H. M. Smith), la force d'assaut sud (contre-amiral Turner), la force d'assaut nord (contre-amiral Conolly), le groupe d'attaque de Majuro et la réserve (contre-amiral Hill).

Dans la nuit du 30 au 31, le groupe d'attaque de Majuro débarque sur l'atoll des éléments du 106e régiment d'infanterie de la 27e division. Avant le soir, l'atoll est solidement occupé. Au cours de la nuit, de nombreux contre-torpilleurs américains bombardent Roi et Namur, la première île n'étant qu'un vaste aérodrome. A l'aube, des détachements de marines et de l'armée débarquent sur quelques îlots non défendus, à proximité de Roi, Namur et Kwajalein, l'île la plus méridionale de l'atoll du même nom ; de là, l'artillerie mise en place pilonne les grandes îles, sur lesquelles les B-24 Liberator, les avions de la force aéronavale et les cuirassés *Tennessee, Colorado* et *Maryland* déversent un véritable déluge de feu. Jamais encore un débarquement n'avait été précédé d'une telle préparation aérienne et d'artillerie lourde : Roi et Namur disparaissent sous un nuage de fumée et de poussière, et la garnison compte de nombreux tués.

A 12 h 15, les premiers chars amphibies arrivent sur les plages de Roi et Namur, et les marines des 23e et 24e régiments montent à l'assaut. L'avance sur Roi est assez rapide, celle sur Namur est freinée par la résistance de quelques fortins japonais réchappés de la destruction. Les Japonais font exploser un important dépôt de torpilles et deux dépôts de munitions, causant de nombreuses victimes chez les assaillants. Dans la nuit, ils lancent de furieuses contre-attaques, repoussées avec le soutien des blindés.

Front italien. Dans le secteur sud de la ligne Gustav, la 138e brigade de la 46e division (10e corps américain) atteint le mont Purgatorio. Au nord de Cassino, le 168e régiment de la 34e division investit le village de Caira, repoussant les violentes contre-attaques ennemies. Plus au nord, les Français reprennent le mont Abate.

1er février

France. Création officielle des Forces françaises de l'Intérieur (F. F. I.), qui regroupent les Francs-Tireurs et Partisans (F. T. P.), l'Armée secrète de zone Sud et l'Organisation de Résistance de l'armée. Le général Kœnig, de Londres, en prend la direction. Son chef d'état-major, en France, sera le colonel Malleret-Joinville.

Front soviétique. Dans le secteur nord, la IIe armée d'assaut enfonce le passage de la Louga. La ville de Kingisepp est libérée dans la journée, tandis que, plus au sud, la XVIIIe armée allemande contre-attaque dans le secteur de la ville de Louga.

Front italien. Sur le front de Cassino le 135e régiment de la 34e division américaine (2e corps américain), appuyé par l'artillerie du 168e régiment (34e division américaine), lance une attaque contre Castelleone et le mont Maiola à partir des cotes 56 et 213 : les deux objectifs sont atteints.

Pacifique. Iles Marshall. Après un intense pilonnage analogue à celui qui avait pulvérisé Roi et Namur, les Américains débarquent 11 000 hommes de la 7e division d'infanterie à la pointe ouest de Kwajalein, à proximité de l'aérodrome local. Le débarquement, commencé à 9 h 30, s'effectue en un temps record. La garnison japonaise oppose une âpre résistance, en dépit des pertes sévères infligées par les bombardements, mais dans la soirée les Américains occupent environ un tiers de l'île (y compris la partie ouest de l'aérodrome).

A Roi, les Américains n'effectuent qu'une simple opération de nettoyage, les Japonais ayant abandonné toute résistance, tandis qu'à Namur ceux-ci résistent avec obstination.

Birmanie. Des éléments de la 38e division chinoise attaquent un foyer de résistance japonais dans la zone de Taihpa Ga, tandis que des unités du génie entament la construction d'une route militaire dans la vallée du Hukawng pour faciliter l'offensive prévue contre la Birmanie du Centre-Nord. De leur côté, les Japonais ont peu à peu concentré des forces pour attaquer l'Inde.

2 février

France. De Londres, Maurice Schumann lance une « Alerte aux maquis de Haute-Savoie » les avertissant d'opérations de police imminentes. De premières escarmouches ont lieu les 5 et 7 février, avec les miliciens et les gardes mobiles.

Front soviétique. Tandis que les opérations se poursuivent dans le secteur nord, où les deux divisions russes et le régiment de partisans encerclés réussissent une percée, et qu'à l'ouest de Tcherkassy, les combats continuent dans la zone de Korsoun-Chevtchenkovskyi, dans le secteur sud le 3e Front d'Ukraine (Malinovski) et le 4e (Tolboukhine) lancent une offensive sur un front de 10 km, contre la VIe armée allemande du *Heeresgruppe* A (von Kleist).

PIET MONDRIAN

Piet Mondrian, le peintre néerlandais contemporain le plus célèbre, meurt à New York le 1er février.
Mondrian est né à Amersfoot en 1872. Sa formation est assurée par l'Académie d'Amsterdam, où il subit l'influence de l'école romantique hollandaise. Lors d'un passage à Paris, en 1910, il rencontre Picasso et Braque, et reste par la suite fasciné par le cubisme. Peu à peu, il met en évidence le rôle structurel de la couleur et de la ligne.
Il est à un tournant décisif de son évolution lorsque, de retour en Hollande, il pousse plus loin sa recherche et se met à décomposer ses tableaux en éléments rectangulaires.
Avec Van Doesburg, il fonde la revue de théorie *Dë Stijl*, destinée à devenir l'organe théorique du néo-plasticisme, mouvement qui voit le jour en 1920. Grâce à ses liens avec le Bauhaus, le nouveau mouvement devient extrêmement influent. Mondrian est alors le peintre de référence pour les avant-gardes artistiques du moment.
A la fin de sa vie, Mondrian cherche à atteindre une absolue pureté géométrique, en utilisant très peu les couleurs primaires et essentiellement le blanc et le noir.

Piet Mondrian, Nature morte au pot de gingembre.

Front italien. Ordre est donné au général Lucas, commandant le 6e corps américain opérant dans le secteur d'Anzio, de consolider les têtes de pont et de s'apprêter à les défendre.
Sur la ligne Gustav, les attaques répétées des 2e et 10e corps alliés sont repoussées par les forces allemandes du 14e corps blindé.
Pacifique. Iles Marshall. La conquête de Roi et Namur est terminée dans l'après-midi. Les Américains déplorent 737 morts et blessés, les Japonais 3742 tués (beaucoup par suicide), 99 prisonniers (la plupart blessés ou traumatisés par le bombardement). Par contre, 165 ouvriers coréens incorporés aux Japonais et baptisés « Termites » par les Américains se sont spontanément rendus. Les combats continuent à Kwajalein, tandis que de petits détachements amorcent l'occupation de tous les îlots de l'atoll.
Chine. Tchang Kaï-chek communique sa réponse au dernier message de Roosevelt : il confirme sa demande d'un prêt important ainsi que son accord pour l'envoi en Birmanie des armées chinoises du Yunnan, si toutefois les Alliés lancent une grande opération amphibie dans le secteur.
Nouvelle-Guinée. Le quartier général de la VIe armée américaine est transféré d'Australie dans la zone du cap Cretin, en Nouvelle-Guinée.

3 février

Front soviétique. Dans la zone de Korsoun-Chevtchenkovskyi, d'où la Ire armée blindée allemande tente de se sortir, les troupes des 1er et 2e Fronts d'Ukraine opèrent leur jonction au sud de la ville en cernant deux corps d'armée de la VIIIe armée allemande. Tout est mis en œuvre pour dégager les deux grandes unités prises dans l'étau ennemi : afflux de renforts et limitation au minimum de toute autre initiative dans le secteur.
Au sud de Leningrad, le *Heeresgruppe* Nord est toujours sévèrement contenu par les troupes des Fronts de Leningrad et du Volkhov, et celles du 2e Front balte.
Front italien. Le général Alexander, commandant le XVe groupe d'armées, décide la création de la 2e division néo-zélandaise et de la 4e division indienne, incorporées au corps d'armée néo-zélandais, qui seront placées sous les ordres du général Freyberg. Le nouveau corps d'armée est rattaché à la Ve armée américaine du général Clark.
Pacifique. Iles Marshall. Les opérations de Kwajalein et des autres îles de l'atoll touchant à leur fin et nécessitant des forces inférieures aux prévisions, l'amiral Nimitz décide de brusquer l'invasion de l'atoll d'Eniwetok. En attendant, l'avance américaine se poursuit à Kwajalein : les contre-attaques nocturnes des Japonais échouent, des installations de phares puissants devant les positions américaines leur retirant le bénéfice de la surprise. Après la préparation habituelle, des éléments de la 7e division débarquent sur l'île de Burton, où ils se heurtent à une résistance acharnée, alors que deux autres îlots sont occupés sans encombre.

3-4 février

Front italien. Contre-attaquant dangereusement de nuit dans le secteur d'Anzio, des unités de la XIVe armée allemande du général Mackensen lancent des « coups de sonde » contre le saillant créé par la 1re division américaine près de Campoleone.

4 février

Front soviétique. Dans le secteur nord, la IIe armée d'assaut soviétique occupe Gdov, déjà libérée par les forces partisanes. Dans le secteur sud, les combats continuent à l'ouest de Tcherkassy, où les Allemands tentent de dégager les deux corps d'armée de la VIIIe armée encerclés par les armées russes.
Front italien. Dans le secteur du mont Cassin, le 135e régiment de la 34e division américaine (2e corps) enlève la cote 593, la plus élevée, baptisée par les Américains « la cime à tête de serpent », et la cote 445. Le monastère du Mont-Cassin n'est plus qu'à 900 m. Plus au nord, le 168e régiment s'empare du col Sant'Angelo, mais une violente contre-attaque allemande contraint l'unité américaine à abandonner la position.
Pacifique. Iles Marshall. En fin d'après-midi, c'en est fini de la résistance japonaise dans l'île de Kwajalein, dont la conquête a coûté aux Américains 177 morts et 1 millier de blessés, contre environ 4800 morts et disparus, 41 prisonniers et 125 Coréens dans les rangs ennemis. Néanmoins, les opérations continuent dans l'île Burton et dans les petites îles au sud de l'atoll, alors que celles de la partie nord sont maintenant entièrement occupées et explorées.
Birmanie. Les Japonais se retirent secrètement de la zone de Taihpa Ga, passant en même temps à l'offensive sur le front de l'Arakan, sur la côte de la Birmanie septentrionale : tandis qu'ils attaquent de front la 7e division indienne, ils avancent sur son flanc gauche pour la contourner.

5 février

Front soviétique. Les troupes du 1er Front d'Ukraine occupent Rovno et Loutsk (à l'ouest de Kiev), évacuées par les Allemands.
Front italien. La bataille de Cassino continue avec les attaques diurnes et nocturnes lancées par le 2e corps, sans résultats tangibles, même si quelques unités réussissent parfois, pour peu de temps, à prendre position sur le rebord de la vallée, que surplombe le monastère.
Pacifique. Iles Marshall. L'occupation et le nettoyage des petites îles au sud de l'atoll de Kwajalein se poursuivent ; la plupart sont désertes, mais on rencontre encore sur certaines des poignées de Japonais qui, comme toujours, combattent jusqu'au bout.
□ L'Argentine rompt les relations diplomatiques avec la France de Vichy, la Bulgarie, la Hongrie et la Roumanie.

6 février

Front soviétique. Le 3e Front d'Ukraine (Malinovski) enfonce profondément les lignes allemandes dans la zone au nord-est de Krivoï Rog et de Nikopol, occupant Apostolovo, centre ferroviaire entre les deux villes, et, atteignant le Dniepr près de Nikopol, il encercle d'importantes forces de la VIe armée. Dans le secteur nord, les Allemands sont repoussés au-delà du Narva, au nord et au sud de la ville du même nom. Toute la côte du golfe de Finlande est solidement tenue par les Soviétiques.
Front italien. Sur le front de Cassino, le 135e régiment américain (34e division) tente une nouvelle fois de s'emparer de la cote 593, en direction du nord-ouest.

Un calibre allemand de 280 mm, monté sur un affût-truck, dirige son tir sur les lignes alliées depuis les arrières du secteur d'Anzio.

LES MAQUIS EN FRANCE

L'objectif fondamental des mouvements de résistance étant de poursuivre la lutte contre l'Allemagne, ils se considéraient dès le départ comme une « armée de l'ombre » appelée à conduire ou à appuyer des actions militaires. Mais, dans un premier temps, leurs effectifs étaient réduits, les combats avaient cessé en France et il n'y avait pas de troupes allemandes en zone Sud. Leur activité fut donc essentiellement politique, tout en incluant d'autres aspects appelés à se développer : renseignement, sabotage, organisation de filières d'évasion, etc. Chaque mouvement se dota très vite d'une branche armée, destinée tant à assurer sa sécurité qu'à riposter à la répression. Mais il ne pouvait être question d'opérations d'envergure.

Une seconde étape commença en août 1941, quand le parti communiste, en zone Nord, prit l'initiative d'attentats individuels contre des membres des forces d'occupation. Initiative discutée, du fait des exécutions massives d'otages qu'elle entraîna, mais qui amorça un irrésistible processus de guérilla. En février-mars 1942, le Front national, d'inspiration communiste, se donnait une branche armée bien organisée, active et efficace : les Francs-Tireurs et Partisans (F. T. P.). La situation était différente en zone Sud, où la Wehrmacht n'entrera qu'en novembre 1942. Mais les pressions allemandes pour l'envoi de main-d'œuvre dans le Reich, le discours de Laval sur la victoire de l'Allemagne, conduisirent les mouvements à développer leur appareil militaire. En novembre 1942, à la demande de Londres, le général Delestraint était nommé chef de l'Armée secrète.

L'hiver 1942-43 marque le début de la troisième étape : celle du passage des simples « groupes francs », artisans d'une guérilla urbaine, à la formation de « maquis » proprement dits. L'événement décisif est ici la création du Service du travail obligatoire (S. T. O.). En décidant, en février 1943, que tous les jeunes gens appartenant aux classes 40, 41, et 42 seraient envoyés en Allemagne, Laval va brusquement donner à la Résistance un renfort massif et inattendu, qui modifiera toutes les perspectives de la lutte clandestine. En quelques mois, en effet, des milliers de « réfractaires » au S. T. O. se cachent en ville, se replient à la campagne, se regroupent dans des zones montagneuses. Pour les organiser, pour les prendre en charge, la Résistance doit improviser hâtivement des structures nouvelles : un « service national maquis » est créé en avril 1943 en zone Sud. Mais cet afflux de combattants potentiels lui fournit, au moment précis où l'on commence à préparer le débarquement, la masse qui lui manquait encore pour jouer pleinement le rôle auquel elle aspire. Deux « lignes », dès lors, vont s'opposer, entre lesquelles de Gaulle devra constamment tenter d'arbitrer. Pour les « militaires », proches de l'état-major allié, les maquis ne sont qu'une force d'appoint, appelés, le jour J, à mener quelques actions limitées, sur ordre du haut commandement. Pour les « politiques » de la Résistance intérieure, ils sont les ferments d'une mobilisation populaire qui doit harceler l'ennemi jusqu'au moment de l'insurrection nationale, qui coïncidera avec le débarquement. De Gaulle, soucieux de conforter sa légitimité par l'adhésion de la Résistance, n'est pas insensible aux arguments de ces derniers, mais partage avec les premiers une certaine méfiance à l'égard d'initiatives qui lui échappent. Il en résultera des incohérences ou des malentendus, dont les conséquences seront parfois tragiques, comme dans l'affaire du Vercors, en juillet 1944. Intégrés aux « Forces françaises de l'intérieur » (F. F. I.), sous la direction, à partir d'avril 1944 — théorique, car extérieure — du général Kœnig, les maquis resteront jusqu'au bout largement autonomes, sous les ordres de leurs chefs locaux. Ils n'en joueront pas moins, dans le harcèlement des arrières allemands, un rôle capital. Manifestant, en même temps, la participation de la France à sa propre libération, ils ne contribueront pas peu à asseoir l'autorité du G. P. R. F.

Sur le plateau du Vercors, un parachutage d'armes au maquis.

Pacifique. Iles Marshall. L'occupation des petites îles de l'atoll de Kwajalein se poursuit.
Birmanie. Les Japonais menacent d'encerclement la 7e division indienne.
De Ledo (Assam), les avant-gardes de la « force spéciale » du général anglais Orde Wingate (le brillant commandant des Chindits) comprenant deux brigades indiennes, la 77e et la 111e, et trois brigades autonomes de la 70e division britannique (14e, 16e et 23e) appuyées par un groupe d'aviation américain, marchent sur la Birmanie du Nord. Les colonnes de Wingate ont pour mission de déloger les troupes japonaises de la région de Myitkyina, en vue de faciliter l'arrivée du Yunnan des armées chinoises du général Stilwell, et d'infliger des pertes maximum aux Japonais en Birmanie du Nord.

7 février
Front soviétique. Les troupes du 3e Front d'Ukraine atteignent la périphérie de Nikopol, centre important de production de manganèse.
Front italien. Dans le secteur d'Anzio, les Allemands contre-attaquent une énième fois les positions de la 1re division anglaise (6e corps américain) du côté de Carroceto et Aprilia.
Dans la nuit du 7 au 8, le 10e corps britannique lance une attaque limitée vers le mont Faito, dans le secteur sud de la ligne Gustav, pour tenter de prendre position sur les montagnes derrière Castelforte et de s'ouvrir la route de la vallée du Liri. L'attaque se solde par un échec.
Pacifique. Iles Marshall. Fin des opérations de nettoyage des petites îles de l'atoll de Kwajalein. Les Américains se préparent à occuper Eniwetok, l'atoll le plus méridional des Marshall, du côté des Carolines.
Chine. Nouveau message du président Roosevelt à Tchang Kaï-chek concernant le prêt américain à la Chine. Le généralissime avance en monnaie chinoise les sommes nécessaires au maintien et à la solde du personnel militaire américain en Chine pour les trois prochains mois, allouant également 500 millions de dollars chinois à la construction des aérodromes de Tchengtou, à l'ouest de Tchoung-King, destinés à abriter les Superforteresses volantes B-29. La 14e force aérienne américaine, sous les ordres du général Chennault, opère à partir des aérodromes de Lioutchéou, Koueilin, Lingling, Hengyang et Tchen Kiang, au sud-est de la Chine, causant de sérieux dégâts au trafic maritime et aux installations japonaises en Chine et à Formose.

8 février
Front soviétique. Le 3e Front d'Ukraine pénètre à Nikopol et liquide dans le secteur une tête de pont allemande au-delà du Dniepr.
Front italien. Dans le secteur d'Anzio, la contre-attaque allemande se développe contre les saillants de Carroceto et Aprilia, où la 1re division britannique a pris position.
Sur la ligne Gustav, dans le secteur sud, des éléments du 10e corps britannique établissent la tête de pont la plus approfondie au nord du Garigliano avec la 46e division britannique, qui occupe un vaste espace au nord-est de Castelforte.
Le 2e corps américain déclenche une nouvelle et violente offensive pour atteindre la route no 6 (via Casilina).
Afrique. Fin de la conférence de Brazzaville, inaugurée le 30 janvier, en vue de définir les nouvelles dispositions à l'égard des territoires français d'outre-mer.
Extrême-Orient. Prévenant l'offensive alliée, le maréchal Terauchi, commandant en chef des armées japonaises en Birmanie, se prépare à lancer une attaque en force contre la province d'Assam, en Inde.

9 février
Front soviétique. Le 3e Front d'Ukraine (Malinovski) et le 2e (Koniev) procèdent à la liquidation de la VIIIe armée allemande dans la zone de Kirovograd.
Front italien. A Anzio, le 76e corps blindé et le 1er corps de parachutistes allemands enlèvent les saillants de Carroceto et d'Aprilia, délogeant les hommes de la 1re division britannique du général Penney.
Dans le secteur de Cassino, la tentative du 2e corps américain pour atteindre la via Casilina échoue.

10 février
Pacifique Sud-Ouest. La VIe armée américaine, grossie des forces australiennes, conclut l'opération « Dexterity » (conquête de la partie occidentale de la Nouvelle-Bretagne et de la péninsule Huon, en Nouvelle-Guinée).
Les troupes américaines débarquées à Saidor et la 5e division australienne, qui remonte la côte nord de la péninsule Huon, font leur jonction à quelques kilomètres à l'est de Saidor.
Birmanie. Occupant le col de Ngakyedauk, les Japonais isolent à Sinzweya la 7e division indienne du 15e corps britannique. La 26e division indienne (XIVe armée), chargée de rétablir les communications, libère Taung Bazaar. Mais la 7e division indienne reste isolée et doit être ravitaillée par avion.
Dans le secteur montagneux de la Birmanie orientale, à la frontière chinoise, les forces japonaises se bornent à contrôler la zone de la Salouen, par où les armées chinoises du Yunnan pourraient passer.

11 février
Front soviétique. Le 1er Front d'Ukraine (Vatoutine), accentuant sa pression sur le *Heeresgruppe* Sud (von Manstein), s'empare de Chepetovka, à proximité de la frontière soviéto-polonaise d'avant guerre.
Front italien. Échec de la nouvelle tentative du 2e corps américain pour atteindre la via Casilina.
Au nord de Cassino, le 168e régiment de la 34e division américaine tente vainement d'occuper le monastère du Mont-Cassin.

12 février
Front soviétique. Dans le secteur nord, après s'être emparées de l'important nœud ferroviaire de Batezkyi, les troupes du Front du Volkhov (Meretzkov) parviennent aux abords de Louga.
Front italien. Le corps néo-zélandais du général Freyberg relève le 2e corps américain sur le front de Cassino : le secteur de la 34e division américaine, au nord de Cassino, passe à la 4e division indienne du général Tuker, tandis qu'au sud

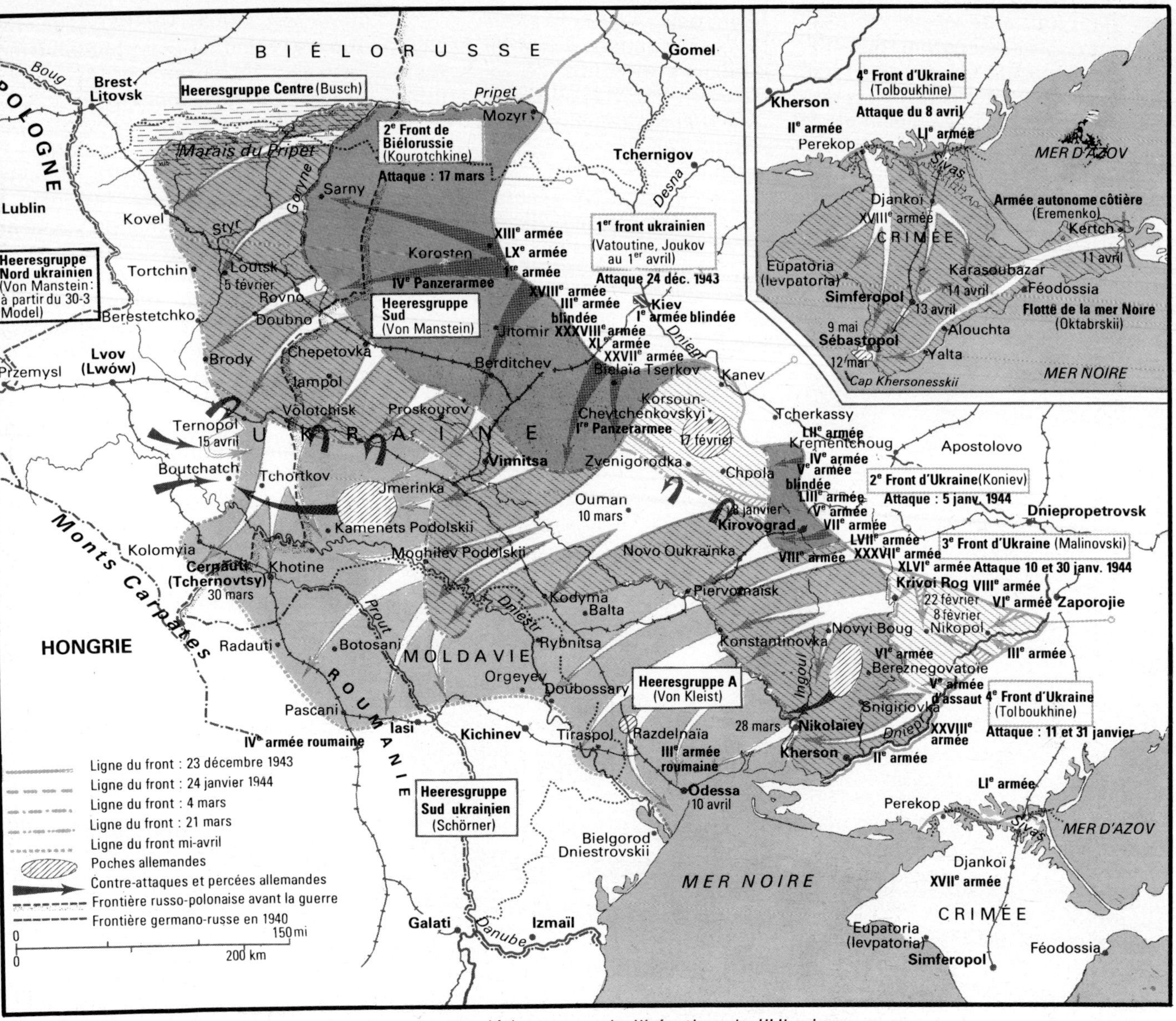

Les différentes phases de la grande campagne soviétique pour la libération de l'Ukraine.

de Cassino la 2e division néo-zélandaise remplace la 36e division américaine. Le général Freyberg annonce la décision qui a été prise de neutraliser le monastère par un bombardement avant de déclencher toute autre attaque contre le mont Cassin.

Pacifique. Iles Marshall. Les marines débarquent sur l'atoll d'Arno, amorçant l'occupation des petits atolls de l'archipel. La puissante Task Force 58 appareille à Majuro en direction de l'atoll de Truk, principale base japonaise du Pacifique, au centre des Carolines. Le vice-amiral Spruance espère surprendre à Truk le centre nerveux de la flotte japonaise ; il ignore que, depuis quelques jours, le quartier général impérial a donné l'ordre au vice-amiral Hitoshi Kobayashi, gouverneur de Truk, d'effectuer le repli de la flotte vers les Palau. Toutefois, la « neutralisation » de Truk constituerait également un grand succès stratégique.

Birmanie. En Arakan, avance convergente des 26e et 5e divisions indiennes, parties respectivement du nord et du sud, pour dégager la 7e division indienne prise dans l'étau japonais. La résistance inattendue de l'ennemi surprend Terauchi, qui projetait pour ces jours-ci un assaut probablement décisif contre l'Inde, donné par le gros de ses troupes.

13 février

Front soviétique. Les Soviétiques ont pris Louga et marchent sur Pskov. Au nord, les troupes du Front de Leningrad (Govorov) atteignent la Narva et la rive orientale du lac Peipous. Durcissement de la résistance du *Heeresgruppe* Nord (Model), qui interdit l'accès de la Lettonie et de l'Estonie aux Russes.

Front italien. Tandis que les Alliés suspendent leurs attaques en direction de Cassino, la 4e division indienne (corps néo-zélandais) relève sur ses positions le 168e régiment américain (34e division).

Pacifique Sud-Ouest. Le général MacArthur fixe au début d'avril l'invasion de l'île de Manus, des autres

îles de l'Amirauté et de la base japonaise de Kavieng en Nouvelle-Irlande. Objectif : placer l'archipel des Bismarck sous contrôle américain et neutraliser, en l'isolant, la base de Rabaul.
France. Premier parachutage d'armes aux maquisards de Haute-Savoie rassemblés sur le plateau des Glières.

15 février
Front soviétique. Dans le secteur nord, des éléments de la 2e force d'assaut, des XLIIe et LXVIIe armées soviétiques, franchissent la Narva, s'emparant de quelques villages estoniens.
Front italien. Une première vague de 142 Forteresses volantes B 17, suivie d'une seconde de 82 B-25, déversent sur le Mont-Cassin environ 400 t de bombes : le monastère, haut lieu de culture occidentale et chrétienne, est totalement détruit. Parmi les tués, des moines, dont l'évêque Gregorio Diamare. La décision de bombarder l'abbaye bénédictine avait été formulée le 12 février, à la demande du général Freyberg, commandant le corps néo-zélandais ; selon lui, l'antique abbaye aurait été transformée par les Allemands en une forteresse d'où l'ennemi contrôlerait tous les mouvements des forces alliées, les vouant à l'échec. La conviction de Freyberg s'appuie sur le témoignage du général britannique Henry Maitland Wilson, qui, survolant l'abbaye à basse altitude, aurait vu des soldats allemands dans les préaux. La vérité est tout autre, mais elle ne sera malheureusement connue qu'à la fin du conflit : il n'y a pas d'Allemands au monastère. Le maréchal Kesselring a formellement assuré au Vatican que celui-ci ne serait pas occupé et qu'aucun de ses soldats n'y mettrait les pieds. A cette fin, une « zone franche » a été établie tout autour de l'édifice dans un rayon de 300 m, interdisant l'accès à tout militaire. Pour parer à toute éventualité, les documents précieux et anciens conservés dans le monastère ont été transportés par les Allemands eux-mêmes à la Cité du Vatican.
La suggestion de Freyberg a suscité de vives polémiques dans le camp allié, beaucoup désapprouvant totalement ce bombardement. Ainsi, le commandant d'aviation Ryder conteste le témoignage de Wilson, tandis que le général Keyes, commandant le 2e corps américain, affecté précisément au secteur du mont Cassin, affirme qu'aucun de ses soldats n'a vu tirer un seul coup de fusil du monastère.
A ce point de la polémique, le général Clark, commandant la Ve armée américaine, dont dépend le général Freyberg, et à qui incombe la décision finale, s'en décharge sur son supérieur direct, le général Alexander, commandant le XVe groupe d'armées. Celui-ci, estimant que le témoignage du général Wilson était fondé, a donné l'ordre du bombardement.

Des soldats de l'Armée rouge au milieu des ruines d'une maison pendant la campagne d'hiver en Ukraine.

Il ne reste du monastère que des ruines fumantes, et pourtant les Alliés n'en retirent aucun profit ; en effet, le 3e régiment de parachutistes du colonel Heillmann (unité d'élite de la 1re division de parachutistes du général Heidrich) occupe alors la position et y dispose son artillerie, transformant les ruines du Mont-Cassin en véritable forteresse. C'est maintenant que les Allemands peuvent, sans être vus, contrôler les moindres mouvements de l'ennemi. De toute façon, les Alliés n'ont prévu aucune coordination entre le bombardement aérien du Mont-Cassin et les opérations terrestres suivantes : ainsi, le général Tuker, commandant la 4e division indienne, ignore l'heure précise du raid, et l'intervention de ses troupes, exécutée à contre-temps, se réduira à peu de chose (des bombes alliées sont même tombées sur ses positions) et, qui plus est, sera dirigée non pas vers le mont Cassin, mais en direction du mont Calvario, situé à environ 1 km.
Pacifique. La 3e force amphibie américaine, escortée de croiseurs et de contre-torpilleurs, et appuyée par l'aviation basée aux îles Salomon, débarque des contingents néo-zélandais (la 3e division, sous les ordres du général Barrowclough) aux îles Vertes, au large de la Nouvelle-Irlande. Les Japonais réagissent avec leur seule aviation, qui se révèle inefficace face à la grande supériorité des Alliés.
Iles Marshall. Le groupe d'invasion d'Eniwetok appareille de Kwajalein.
Iles Gilbert. Des avions de la force aéronavale américaine décollant de l'île d'Abemama bombardent la base de Wake.
Argentine. Un « groupe de six officiers » (dont Perón) occupe le ministère des Affaires étrangères pour contrer la déclaration de guerre aux pays du Pacte tripartite.

15-16 février
Allemagne. Dans la nuit, plus de 800 bombardiers anglais effectuent un puissant raid sur Berlin, causant de sérieux dégâts aux usines de la ville.

16 février
Front soviétique. Reprise dans le secteur nord de l'offensive soviétique, freinée depuis peu par la résistance allemande et les mauvaises conditions de terrain.
En Ukraine, à l'ouest de Tcherkassy, 7 divisions allemandes encerclées dans la poche de Korsoun-Chevtchenkovskyi réussissent à se dégager. Le succès de l'opération est dû à l'action coordonnée des éléments de la Ire *Panzerarmee :* 30 000 hommes sur les 50 000 encerclés sont ainsi sauvés.
Front italien. Dans le secteur d'Anzio, nouvelle attaque en force de la XIVe armée du général Mackensen contre la tête de pont anglo-américaine. Les troupes alliées doivent se replier à peu de chose près sur la ligne du 29 janvier. Mais les pertes, trop lourdes pour une armée déjà saignée à blanc, amènent Kesselring à stopper l'offensive.
Pacifique. Iles Marshall. Des avions américains du groupe de porte-avions du contre-amiral Ginder bombardent l'atoll d'Eniwetok, détruisant quelques batteries ainsi que 14 appareils ennemis, et mettant hors d'usage l'aérodrome de l'îlot d'Engebi.
Birmanie. Poursuite des combats en Arakan et aux confins de la frontière chinoise.

17 février
Front soviétique. Le commandement soviétique annonce la liquidation de la poche de Korsoun-Chevtchenkovskyi. Selon le communiqué russe, les Allemands auraient perdu 100 000 hommes, alors que dans ses Mémoires le maréchal Koniev, commandant du 2e Front d'Ukraine, parle de 55 000 tués et blessés, plus 18 000 prisonniers. Un butin considérable d'armes et de munitions est tombé aux mains des Soviétiques. Le lendemain, à Moscou, 12 salves tirées de 224 canons saluent la grande victoire.
Front italien. Les moines survivants du Mont-Cassin sont évacués par les autorités militaires allemandes et transportés à Rome.
Dans la nuit, des unités de la 4e division indienne montent à l'assaut de la cote 593, au nord du mont Cassin.
Pacifique. Iles Carolines. La Task Force 58 du vice-amiral Spruance, comptant, bien qu'incomplète (il manque le groupe d'invasion d'Eniwetok), 9 porte-avions et 6 cuirassés, attaque la base navale japonaise de Truk. Bombardiers et avions torpilleurs américains causent de sérieux dégâts : 265 avions japonais sont détruits au sol ou au combat (dont 200 étaient destinés à renforcer la base de Rabaul), tandis que le croiseur léger *Naka,* 3 croiseurs auxiliaires, 2 contre-torpilleurs et une trentaine d'autres navires, dont 5 pétroliers, sont coulés, et les aérodromes et installations

LA STREPTOMICYNE

Après quelques années de recherches incessantes sur les antibiotiques issus de microorganismes du sol, une équipe de chercheurs américains, dirigée par Selman A. Waksmann, identifie et isole la streptomicyne, dans les laboratoires de la station expérimentale de New Jersey. La streptomicyne est un antibiotique extrait des cultures de *Streptomyces griseus.* Elle arrive immédiatement derrière la pénicilline, pour ce qui est de son importance et de son application pratique, et agit contre les bactéries à gram positif, à gram négatif, et acidorésistantes. Elle se révèle particulièrement efficace dans la lutte contre la tuberculose.

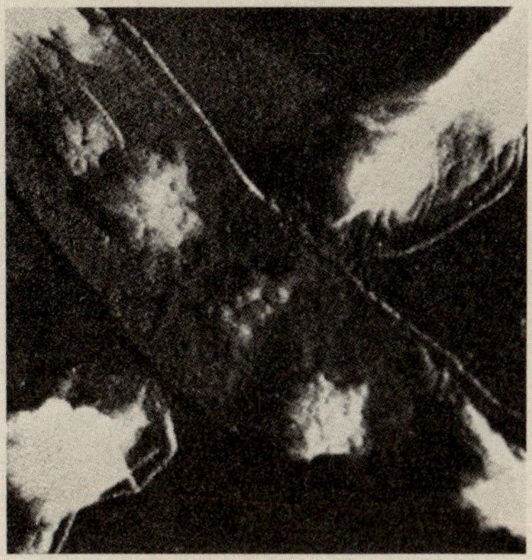

L'action de la streptomicine sur Bacterium Coli.

Spectacle de désolation de Cassino et du monastère du Mont-Cassin (en haut, au fond) après le terrible autant qu'inutile fondée par saint Benoît en 529 et plusieurs fois restaurée, haut lieu de culture occidentale et chrétienne, il ne reste

bombardement aérien des Alliés en février 1944. De l'ancienne et célèbre abbaye, plus que des pans de mur, image éloquente de la catastrophe.

portuaires anéantis. Les Américains n'ont perdu que 25 avions, et, dans la nuit du 17 au 18, le porte-avions *Intrepid* est endommagé par un avion torpilleur ennemi. Au cours de la contre-attaque nocturne, les Japonais perdent encore 31 appareils. Intercepté par les cuirassés *Iowa* et *New Jersey,* le croiseur léger *Katori* et 1 contre-torpilleur réchappés de la première attaque contre Truk sont coulés.
Iles Marshall. Après une puissante préparation d'aviation et d'artillerie navale, le groupe d'invasion d'Eniwetok, sous les ordres du contre-amiral Hill et comprenant les cuirassés *Pennsylvania, Colorado* et *Tennessee,* débarque sur des îlots d'Eniwetok des troupes de l'armée de terre et des marines. La tactique a déjà été éprouvée à Kwajalein : occupation d'objectifs mineurs et moins défendus, débarquement sur ceux-ci de l'artillerie lourde destinée à pilonner l'objectif principal et à appuyer les opérations. L'atoll est défendu par 2 600 Japonais, sous les ordres du général Yoshima Nishida, concentrés surtout sur Eniwetok et la petite île voisine d'Engebi. Une fois l'artillerie mise en place sur les îlots de Rujoru et Aitsu, les Américains déclenchent le bombardement aérien, naval et terrestre d'Engebi. Dans la nuit, des équipes de démolition des obstacles sous-marins approchent des plages choisies pour le débarquement.
Iles Vertes. Les Néo-Zélandais poursuivent le nettoyage des îles, tandis qu'une base américaine pour vedettes lance-torpilles devient opérationnelle.

18 février
Front soviétique. Dans le secteur nord, les forces soviétiques reprennent Staraïa Roussa, importante position au sud du lac Ilmen et de Novgorod. Dans le secteur sud, les 3e et 4e Fronts d'Ukraine (Malinovski et Tolboukhine) ont presque achevé l'écrasement de la VIIIe armée allemande.
Pacifique. Iles Carolines. La Task Force 58 du vice-amiral Spruance, achève la destruction de la base japonaise de Truk. Au cours des opérations, commencées la veille, environ 200 000 t de navires enne-

Tirailleurs du corps expéditionnaire français en Italie traversant un village abandonné aux environs du mont Cassin.

mis ont été détruits. Exceptionnellement, Radio-Tokyo reconnaît la gravité du coup porté au Japon.
Iles Marshall. A l'aube, les canons des unités navales américaines et ceux mis en place sur les îlots proches d'Engebi soumettent à un pilonnage intensif cette dernière île, où à 8 h 42 débarquent deux bataillons du 22e régiment de marines. Les Japonais n'opposent de résistance organisée qu'à la pointe méridionale de l'île, que les marines occupent toutefois en fin d'après-midi.
Les contre-attaques qu'ils lanceront la nuit, selon leur habitude, sont repoussées.
Dans la journée, d'autres détachements américains amorcent l'occupation et le nettoyage des petites îles.
Iles Bismarck. Des contre-torpilleurs alliés bombardent les bases japonaises de Rabaul, en Nouvelle-Bretagne, et de Kavieng, en Nouvelle-Irlande.
Nouvelle-Guinée. Combats locaux entre Américains et Japonais infiltrés dans la zone de Saidor.
Birmanie. Dans le secteur où opère la 22e division chinoise, les unités japonaises, menacées d'encerclement, battent en retraite sur quelques kilomètres.

18-19 février
Front italien. Dans la nuit, les bombardements massifs, aériens et terrestres, déclenchés par les Alliés, contiennent les assauts allemands contre la tête de pont d'Anzio.

19 février
Front italien. Dans le secteur d'Anzio, les Anglais de la 1re division parviennent à enrayer l'avance allemande : la situation se stabilise ensuite sur le front, les Allemands renonçant à leurs attaques et les Alliés considérant déjà comme un succès le maintien de la tête de pont conquise. L'offensive allemande a été suspendue après le communiqué à 14 h 30 du général Westphal, chef d'état-major du maréchal Kesselring, reconnaissant que la dure résistance de l'ennemi, sa supériorité aérienne et le bombardement naval intensif auquel il s'est livré ne permettent pas de rejeter les Alliés à la mer.
Pacifique. Iles Marshall. A l'aube, les combats reprennent sur l'île d'Engebi, où les Japonais opposent une résistance acharnée, se déplaçant d'une position à l'autre à travers un système de galeries édifiées avec des bidons d'essence. A 9 h 55 débarque un autre bataillon de marines, qui, après avoir systématiquement détruit ce camp retranché inattendu de l'ennemi, met fin dans le courant de la matinée à toute résistance.
A 9 h 15, après une intense préparation d'artillerie, 2 bataillons du 106e régiment d'infanterie américain investissent l'île d'Eniwetok, au sud de l'atoll du même nom. La résistance japonaise est mieux organisée qu'à Engebi, et, à 13 h 30, le commandement juge bon de débarquer également un bataillon de marines. De violentes contre-attaques japonaises retardent l'avance des envahisseurs.

20 février
Front soviétique. Dans le secteur nord, la XXIIe armée du 2e Front balte (Popov) enfonce les défenses allemandes aux alentours de Kholm.
Front italien. Déplacements de troupes dans les formations allemandes : la 1re division de parachutistes du général Heidrich relève la 90e de *Panzergrenadiere* dans le secteur du mont Cassin, tandis que la 71e division d'infanterie, retirée du front, est mise en ligne dans le secteur des monts Aurunci, au nord de la 94e division.
Norvège. Des saboteurs alliés endommagent le ferry-boat assurant le transport aux laboratoires allemands de l'eau lourde, indispensable à la fabrication de la bombe atomique.
Allemagne. La force aérienne stratégique américaine déclenche une série de dures attaques contre les fabriques d'avions allemands (opération « Argument »).
Pacifique. Iles Marshall. Lents progrès américains dans la partie nord de l'île d'Eniwetok, tandis que se prépare le débarquement sur Parry, une des trois grandes îles de l'atoll, et sur Japtan.
Un groupe de porte-avions, commandé par le contre-amiral J. W. Reeves, bombarde les positions japonaises dans l'atoll de Jaluit.
Iles Vertes. Les contingents néo-zélandais débarqués sur ces îles face à la Nouvelle-Irlande liquident les dernières défenses de la garnison japonaise.

21 février
Front soviétique. Dans le secteur

nord, les Soviétiques reprennent Kholm, au sud de Leningrad, tandis que, dans le secteur sud, ils atteignent la périphérie de Krivoï Rog, farouchement défendue par les Allemands (comme déjà Nikopol) en raison des gisements de fer et de manganèse du district.
Front italien. Le général Freyberg, commandant le corps néo-zélandais opérant dans le secteur du mont Cassin, préconise un nouveau plan d'attaque contre Cassino.
Pacifique. Iles Marshall. Fin de la résistance japonaise sur l'île d'Eniwetok.
Des groupes d'artillerie débarquent sur l'île de Japtan, leur tir dirigé contre l'île de Parry. Le bombardement préliminaire à l'invasion de Parry commence.
Nouvelle-Guinée. Le 5e régiment de marines avance le long de la côte septentrionale de l'île de Natamo en direction de la plantation Iboki. Une opération amphibie effectuée par un bataillon du régiment conduit à l'occupation de Karai-ai, près du cap Raoult, où se trouve un dépôt japonais.

Cette photo d'un soldat japonais brûlant dans un fossé, atteint par le jet d'un lance-flammes, témoigne de la cruauté des combats américano-japonais dans les Marshall.

22 février
Front soviétique. En Ukraine, les Allemands perdent Krivoï Rog. Sous la pression ennemie, l'aile sud du front allemand, où opère le groupe d'armées A de von Kleist, doit refluer sur la rive méridionale du Boug. Des forces allemandes conservent toutefois quelques positions au-delà du Boug, près d'Ouman.
Pacifique. Iles Marshall. Après un bombardement aérien, naval et terrestre qui a duré trois jours, les 9e et 22e régiments de marines entament l'occupation de l'île de Parry, sur laquelle sont tombées 100 t de bombes par avion, 245 t de projectiles d'artillerie terrestre et 944 t de projectiles navals. Les Japonais opposent toutefois une très dure résistance.
Pacifique Sud-Ouest. Des contre-torpilleurs de la VIIe flotte américaine bombardent Rabaul, en Nouvelle-Bretagne, et Kavieng, en Nouvelle-Irlande. Faible réaction japonaise.
□ Parlant des rapports russo-polonais, Churchill déclare que l'U. R. S. S. souhaite une Pologne forte et indépendante et que si, à la fin de la guerre, la frontière orientale de la Pologne devait être réajustée, ce pays recevrait des compensations territoriales, tant au nord qu'à l'ouest, au détriment de l'Allemagne. Quatre jours plus tard, le gouvernement polonais en exil à Londres proteste contre les déclarations du Premier ministre britannique, affirmant que la Pologne ne saurait accepter comme future frontière la « ligne Curzon » qui la priverait de presque la moitié de son territoire national et d'environ 11 millions de citoyens.

23 février
Front soviétique. Dans le secteur nord, au sud-ouest du lac Ilmen, les troupes soviétiques pénètrent dans les faubourgs de Dno.
Front italien. Secteur d'Anzio : le général Lucas est remplacé à la tête du 6e corps américain par le général Lucius Truscott, commandant jusqu'alors la 3e division américaine.
Pacifique. Iles Marshall. Dans la matinée, les Japonais abandonnent toute résistance dans l'île de Parry. La conquête des Marshall peut être considérée comme terminée. Les opérations réalisées contre l'atoll d'Eniwetok ont fait 300 morts et 766 blessés chez les Américains ; les 2 600 hommes de la garnison japonaise ont été exterminés, à l'exception de 66 fantassins faits prisonniers.
Iles Mariannes. Des avions de la Task Force de porte-avions rapides du contre-amiral Mitscher bombardent Saipan, Tinian, Rota et Guam. Cette première grosse intervention de l'aviation de Mitscher contre les Mariannes sera suivie de bien d'autres. De nombreux appareils ennemis sont abattus au sol ou au combat.
Nouvelle-Bretagne. Des chasseurs

américains parviennent à l'aérodrome du cap Gloucester.
Birmanie. 2 régiments de la 22e division chinoise occupent Yawngbang, déjà abandonnée par les Japonais. Dans le secteur où se trouve la XIVe armée britannique, après des efforts désespérés pour venir à bout de la résistance de la 7e division indienne à Sinzweya, les Japonais amorcent leur repli.

24 février
Front soviétique. Des troupes du Front de Leningrad et du 2e Front balte occupent Dno, dans le secteur nord. Dans le secteur central, le 1er Front de Biélorussie réduit la tête de pont allemande sur la rive gauche du Dniepr, au sud de Vitebsk, et libère Rogatchev, au nord de Jlobine.
Pacifique Sud-Ouest. MacArthur ordonne une reconnaissance en force des îles de l'Amirauté.
Nouvelle-Guinée. Des avant-gardes américaines parties de Saidor atteignent Biliau, au cap Iris.
Birmanie. Dans la zone nord-est, la 5307e « unité provisoire » américaine *(Marauders)*, partant de Ningbyen, entreprend une expédition dans la vallée de l'Hukawng. Objectif ultime de cette petite campagne : la conquête de l'aérodrome de Myitkyina, avec la collaboration des forces chinoises. Dans le secteur d'Arakan, des éléments de la 7e division indienne, franchissant le col de Ngakyedauk, établissent le contact avec la 5e division indienne.
France. Le Mouvement de libération nationale (M.L.N.), qui rassemble les organisations de résistance non communistes, est désormais sous le commandement du COMAC.
□ De Moscou, Thorez demande à de Gaulle l'autorisation de se rendre à Alger. Le général refuse.

25 février
□ Churchill assure Roosevelt que la campagne de la Birmanie septentrionale ne sera pas sacrifiée à des opérations amphibies soit contre la Birmanie centrale, soit contre les Indes néerlandaises.
Birmanie. Au nord-est du pays, les troupes américaines échangent les premiers coups de feu avec les patrouilles japonaises. En Arakan, la 81e division d'Afrique occidentale occupe Kyauktaw, dans la vallée du Kaladan.
Pacifique. Nouvelle-Bretagne. Un bataillon du 5e régiment de marines débarque à la plantation Iboki. Des contre-torpilleurs américains bombardent les bases japonaises de Rabaul et de Kavieng, déjà presque entièrement bloquées et neutralisées par la longue offensive aérienne et navale.
Allemagne. L'offensive contre les installations aéronautiques allemandes prend fin avec le raid sur Ratisbonne des 8e et 5e forces aériennes américaines. La 8e force aérienne frappe également les installations d'Augsbourg (« visitées » la nuit par les bombardiers de la R. A. F.), Stuttgart et Fürth.

26 février
Front soviétique. Dans le secteur nord, le Front de Leningrad et le 2e Front balte occupent Porkhov, à l'est de Pskov. La voie ferrée de Dno (à l'ouest de Staraïa Roussa) à Novosokolniki (à l'ouest de Vielikie Louki) est complètement libérée de la présence allemande.
Front italien. Le général Heidrich prend le commandement du secteur de Cassino, dont la défense est confiée à la 1re division de parachutistes, tandis que le 3e régiment de parachutistes, sous les ordres du colonel Heillmann, reçoit la mission de tenir la ville et le mont Cassin.
Pacifique Sud-Ouest. Les Américains s'apprêtent à réaliser l'opération « Brewer » (invasion des îles de l'Amirauté). Un *Task Group* de contre-torpilleurs, sous les ordres du contre-amiral Fechteler, débarquera dans la zone de l'aérodrome de Momote la force d'invasion, dont la 1re division de cavalerie américaine, commandée par le général Innis P. Swift, constitue le fer de lance. Les bombardements précédant l'invasion, menés par la 5e force aérienne américaine, doivent être réduits en raison du mauvais temps.

27 février
Front soviétique. Le *Heeresgruppe* Sud (von Manstein), qui prendra à partir de mars le nom de *Heeresgruppe* Nord d'Ukraine, lance contre les positions soviétiques à l'ouest de Styr (dans la Pologne d'avant guerre) de violentes contre-attaques, repoussées à grand-peine.
Pacifique. Iles de l'Amirauté. L'aviation américaine bombarde Momote et Lorengau, dans les îles de l'Amirauté, ainsi que Wewak en Nouvelle-Guinée. La force d'invasion des îles de l'Amirauté s'embarque dans la baie d'Oro, en Nouvelle-Guinée.

28 février
Front italien. La dernière attaque en force des Allemands se développe contre la tête de pont alliée d'Anzio. Mais la boue et le mauvais temps, qui jouent en faveur des Allemands devant Cassino, deviennent ici leur pire ennemi : les véhicules automobiles s'embourbent et la faible visibilité rend inefficaces les tirs d'artillerie.
Pacifique. Iles de l'Amirauté. Les premiers éléments des troupes d'invasion américaines appareillent pour Los Negros. Les bombardements préliminaires à l'invasion se poursuivent sur divers objectifs situés dans les îles de l'Amirauté et en Nouvelle-Guinée.

29 février
Front italien. Dans le secteur d'Anzio, poursuite de l'offensive de la XIVe armée du général Mackensen contre les divisions du 6e corps d'armée américain.
Pacifique. Iles de l'Amirauté. Après les bombardements préliminaires, aériens et navals, les premières troupes de l'opération « Brewer » commencent à débarquer sur la côte orientale de l'île de Los Negros. L'aérodrome de Momote, défendu par une petite garnison japonaise, est pris à 9 h 50 ; mais, les forces débarquées étant insuffisantes, le périmètre de la tête de pont est réduit pendant la nuit. MacArthur, venu personnellement inspecter les troupes, donne l'ordre de tenir à tout prix la tête de pont contre les habituelles contre-attaques nocturnes des Japonais ; celles-ci ont en effet lieu mais sont bien contenues, vu le manque de coordination tactique des contre-attaquants, pourtant supérieurs en nombre aux Américains. Les forces américaines

déclenchent des attaques aériennes et navales contre la base de Lorengau, située sur Manus, la plus grande île de l'archipel. Des contre-torpilleurs américains bombardent également la base de Rabaul, en Nouvelle-Bretagne.
Birmanie. Dans le secteur d'Arakan, les troupes anglo-indiennes réussissent à déloger complètement les Japonais du col de Ngakyedauk.

1er mars
Front italien. L'offensive allemande est contenue sur la tête de pont d'Anzio : une tentative de percée sur le flanc droit de la formation alliée dans le secteur de Ponte Rotto a été déjouée par la 3e division américaine.
□ Grève politique à Turin : plus de 100 000 ouvriers se croisent les bras, paralysant le peu de production de guerre que les usines réussissent encore à fournir aux occupants allemands et à la petite armée de la République sociale italienne de Salo.
Pacifique. Iles de l'Amirauté. Les troupes américaines débarquées sur l'île de Los Negros éliminent les Japonais infiltrés dans le périmètre défensif au cours des attaques nocturnes, et s'emploient à le consolider en attendant les renforts. Pendant toute la soirée et la nuit, les Japonais réitèrent leurs attaques, sans toutefois forcer les lignes ennemies.
Le général Krueger, commandant la VIe armée américaine, ordonne au général Swift, commandant la 1re division de cavalerie, de procéder à l'occupation de tout l'archipel, sur lequel est prévue l'installation de bases aériennes et navales.

2 mars
Pacifique. Iles de l'Amirauté. Des détachements du 5e régiment de cavalerie viennent renforcer les troupes débarquées sur l'île de Los Negros. Après un bombardement aérien préliminaire, les Américains occupent sans problème l'aérodrome de Momote, déjà investi le premier jour, mais qui avait été évacué faute de forces suffisantes.
Birmanie. Dans la zone nord-est, les éléments de l'« unité provisoire » américaine se regroupent au sud-

Un détachement d'infanterie alliée chemine lentement derrière une pièce antiaérienne au milieu des décombres d'une rue d'Anzio, après le débarquement allié ; l'opération « Shingle » a commencé le 22 janvier.

ouest de la Tanai. Les forces britanniques, parties de Ledo, en Assam, traversent la Chindwin, près de Singkaling Hkamti, sur des canots parachutés.
En Arakan, la 81e division de l'Ouest africain enlève Apaukwa, mais en est chassée par les violentes contre-attaques japonaises.

3 mars
Front italien. Dans le secteur d'Anzio, la 3e division américaine contient une nouvelle attaque allemande dans la localité de Ponte Rotto : dans l'après-midi, une contre-attaque de l'unité américaine permet la reconquête de certaines positions. Pendant quelques semaines, le silence tombe sur ce front.
Pacifique Sud-Ouest. Le quartier général allié élabore un premier projet pour l'invasion de Hollandia (aujourd'hui Djadjapura), en Nouvelle-Guinée. La base japonaise se trouvant hors du rayon d'action des avions dispersés sur les bases terrestres, il faudra recourir à l'intervention des porte-avions. Quant aux Japonais, leurs bases aériennes les plus proches de Hollandia sont à environ 190 km de la ville, dans la zone de Sarmi et de l'île de Wadke.
Iles de l'Amirauté. A Los Negros, dans la nuit du 3 au 4, les Japonais lancent une très violente attaque contre la tête de pont américaine. Ils sont repoussés avec des pertes extrêmement sévères, au point qu'ils ne seront plus en mesure de réaliser des opérations d'une telle envergure.
Birmanie. Dans la zone nord-est, la 5 307e « unité provisoire » américaine occupe Lagang Ga, où une clairière a été aménagée pour le largage du ravitaillement par avion. Les Japonais se retirent en direction de Walawbum, où ils pensent trouver les Américains. Un groupe blindé sino-américain, appuyé par des éléments de la 22e division chinoise, occupe Ngam Ga, près de Maingkwan, d'où ils repoussent ensuite les attaques japonaises nocturnes.

4 mars
France. Deuxième parachutage d'armes au maquis des Glières.
Front soviétique. En Ukraine, les Soviétiques déclenchent une nouvelle grande offensive, repoussant au-delà du Boug les forces allemandes — qui tiennent toutefois encore la zone d'Ouman (entre Kiev et Odessa) — et enveloppant quelques divisions ennemies dans la zone de Tarnopol. Hormis de cour-

tes pauses, l'offensive générale des Soviétiques va se poursuivre pendant plus de 3 mois.
Allemagne. Environ 600 Forteresses volantes et bombardiers Liberator de la 8e force aérienne américaine effectuent un premier raid sur Berlin : la violente réaction de la chasse et de la D.C.A. allemandes coûte aux assaillants près de 80 avions.
Pacifique. Iles Vertes. Une piste d'atterrissage est complètement aménagée pour la chasse alliée. Une piste pour bombardiers est en cours d'achèvement.
Extrême-Orient. Le général américain Stilwell, chef d'état-major de Tchang Kaï-chek, rencontre l'amiral Mountbatten, commandant en chef des forces alliées du Sud-Est asiatique. La rencontre met en évidence les divergences de vues sur la conduite des opérations dans le secteur en Extrême-Orient.
Birmanie. Dans la zone nord-est, la 5 307e « unité provisoire » américaine occupe un tronçon de la route Walawbum-Kamaing et commence le bombardement terrestre de Walawbum. Les Japonais tentent sans succès d'attaquer les Américains sur leur flanc et lancent une violente offensive contre les troupes basées à Lagang Ga.
L'attaque est contenue. Le groupe blindé sino-américain de Ngam Ga marche sur Tsamat Ga, près de Maingkwan. Les Japonais évacuent Tsamat Ga.

5 mars
Front soviétique. Poursuite de l'offensive des Fronts d'Ukraine, dont l'objectif est la destruction des forces allemandes dans la grande boucle méridionale du Dniepr.
Pacifique Sud-Ouest. Le général MacArthur, espérant isoler les forces japonaises en Nouvelle-Guinée, accélère les préparatifs d'invasion de Hollandia, en Nouvelle-Guinée, et de Kavieng, en Nouvelle-Irlande.
Nouvelle-Guinée. Le 126e régiment d'infanterie américaine de la 32e division, avec des unités d'appui, débarque sans encombre à la plantation Yalau, à environ 50 km à l'ouest de Saidor. Parties de l'intérieur, les forces australiennes convergent sur la côte nord à l'ouest de Saidor. Pour éviter d'être isolés, les Japonais refluent vers Madang.
Iles de l'Amirauté. Los Negros. Le 7e régiment de cavalerie américaine entame la conquête du nord de l'île. Cette nouvelle opération est dirigée sur place par le général Swift.
Birmanie. Dans la zone nord-est, le 66e régiment de la 22e division chinoise encercle et prend Maingkwan. L'amiral Mountbatten réclame aux Chinois et aux Américains des renforts pour le front d'Arakan, où l'on s'attend à une grande offensive imminente des Japonais.
Dans la Birmanie centrale, les brigades anglo-indiennes des Chindits du général Wingate entreprennent de lâcher des parachutistes sur les principales voies de communication japonaises. Les premiers largages, dont le code est « Broadway », ont lieu sur une piste d'atterrissage, à environ 80 km au nord-ouest d'Indaw.
En Arakan, le 15e corps britannique amorce une offensive du côté de la route Maungdaw-Buthidaung et de l'embouchure du Naaf.

6 mars
Pacifique. Nouvelle-Bretagne. Des éléments de la 1re division de marines débarquent sur la côte ouest de la péninsule Willaumez, près de Volupai. Objectif : la base japonaise de Talasea. Le terrain marécageux et la résistance ennemie gênent leur avance, mais ils réussissent à pénétrer sur 2 km à l'intérieur.
Bougainville. D'importants détachements japonais sont repérés près d'une colline dominant la tête de pont du cap Torokina, dans la baie de l'Impératrice-Augusta. Prévoyant une contre-attaque, les Américains tentent d'étendre et de renforcer leur périmètre, mais ne parviennent pas à déloger les Japonais de positions qui menacent la tête de pont.
Iles de l'Amirauté. Los Negros. Un autre régiment américain débarqué sur l'île se joint aux troupes qui harcèlent l'ennemi en fuite. La tête de pont est élargie, englobant les villages de Salami et Porlaka.
Birmanie. Tchang Kaï-chek demande au général Stilwell de suspendre provisoirement l'offensive dans la zone nord-est du pays, compte tenu de l'attaque japonaise en Arakan. Toutefois, de violents combats s'engagent dans la journée entre Sino-Américains et Japonais, ces derniers lançant de violentes contre-attaques chèrement payées. Les Japonais se retirent de Walawbum.
☐ Le ministre argentin des Affaires étrangères dément la rupture des relations diplomatiques entre l'Argentine et les pays du Pacte tripartite.

7 mars
Pacifique. Iles de l'Amirauté. Les avant-gardes américaines enlèvent, sur l'île de Los Negros, Papitalai et la partie est de Seeadler Harbor. Des avions B-25 réussissent des atterrissages en catastrophe sur le terrain de Momote.
Birmanie. Les alentours de Walawbum recélant encore d'importantes forces japonaises, les Sino-Américains massent leurs troupes pour l'occupation de la ville.

8 mars
Allemagne. 600 bombardiers américains effectuent un nouveau raid aérien sur Berlin, touchant notamment la fabrique de roulements à billes Erkner.
Pacifique Sud-Ouest. La 41e division américaine entreprend son transfert d'Australie à la zone du cap Cretin, en Nouvelle-Guinée, où elle doit se regrouper pour l'invasion de la base de Hollandia.
Iles de l'Amirauté. La conquête de Los Negros (commencée le 29 février) est virtuellement terminée. Les premiers navires américains approchent de Seeadler Harbor sans que l'artillerie japonaise puisse empêcher leur avance.
Bougainville. A la grande surprise des Américains, les Japonais déclenchent un violent tir d'artillerie contre la tête de pont et les pistes d'atterrissage de Piva, abattant 1 quadrimoteur et 3 chasseurs, et endommageant 19 autres appareils. Les bombardiers américains sont immédiatement évacués en Nouvelle-Géorgie. L'artillerie terrestre américaine, appuyée par le feu de contre-torpilleurs et bombardiers, tente de repérer, puis de réduire au silence l'artillerie ennemie. Dans la nuit du 9, 2 compa-

gnies japonaises attaquent les positions américaines dans le secteur défendu par la 37e division.
Nouvelle-Bretagne. Le 5e régiment de marines accentue son avance sur Talasea, ne rencontrant qu'une faible résistance.
Birmanie. Dans la zone nord-est, une attaque sino-américaine, mal coordonnée, contre des détachements japonais encerclés dans la zone de Walawbum échoue. Le groupe blindé sino-américain entre à Walawbum, mais, ne recevant pas l'appui prévu de l'infanterie, il doit se retirer.
A la frontière indienne, les Japonais déclenchent une attaque en force dirigée au nord sur Tiddim et Tammu. Avec une semaine d'avance sur les prévisions britanniques, l'offensive contre Imphal et l'Inde est déclenchée par trois des quatre divisions de la XVe armée japonaise du général Mutaguchi.

9 mars
Front soviétique. Les troupes du 1er Front d'Ukraine (Vatoutine) atteignent Ternopol, où de furieux combats sont engagés maison par maison contre les forces du *Heeresgruppe* Sud (von Manstein).
Pacifique. Bougainville. Renouvelant leurs attaques le long du périmètre de la tête de pont du cap Torokina, les Japonais réussissent à enfoncer un coin dans les lignes de la 37e division américaine. Les contre-attaques visant à éliminer le saillant ennemi échouent. Les Japonais déplacent le tir de leurs artilleries des pistes d'atterrissage de Piva à l'aérodrome de Torokina.
Iles de l'Amirauté. A Los Negros, une brigade américaine débarque à la plantation Salami. Un contingent de chasseurs américains réussit à tenir l'aérodrome de Momote.
Birmanie. Le groupe blindé sino-américain, renforcé d'éléments des 22e et 38e divisions chinoises, occupe Walawbum, d'où les Japonais se sont retirés en bon ordre. L'occupation de Walawbum assure aux Chinois le contrôle de la vallée du Hukawng.

10 mars
Front soviétique. Après de durs combats, le 2e Front d'Ukraine enlève Ouman, au sud-ouest de Tcherkassy, ancienne base importante de la Luftwaffe.
Pacifique. Bougainville. Le long du périmètre de la tête de pont du cap Torokina, les Japonais reprennent une importante position, la colline 260, et repoussent les nombreuses contre-attaques américaines. Dans un autre secteur, les Américains réduisent, sans toutefois l'éliminer, le saillant créé par les Japonais sur leurs lignes.
Iles de l'Amirauté. Los Negros. Tandis que de nouveaux avions se posent sur l'aérodrome de Momote, d'autres appareils déclenchent contre Manus, la principale île de l'archipel, des bombardements préliminaires.
Birmanie. En Birmanie centrale, les Japonais bombardent la piste de Chowringhee, construite par les Chindits du général Wingate et précieuse pour le ravitaillement des colonnes opérant à l'arrière des lignes ennemies.
États-Unis. Réunion des chefs d'état-major en vue de fixer le calendrier des opérations dans le Pacifique : 15 avril, invasion de Hollandia, en Nouvelle-Guinée ; 15 juin, invasion des Mariannes ; 15 septembre, invasion des Palau ; 15 novem-

L'offensive alliée en Extrême-Orient s'accentue. En Birmanie, bombardiers américains en action sur les lignes de communication japonaises : au fond, d'épaisses colonnes de fumée s'élèvent des objectifs touchés.

bre, débarquement à Mindanao, dans les Philippines ; 15 février 1945, invasion de Formose.

11 mars

Front soviétique. Les troupes russes occupent Berislav.

Front italien. Dans le secteur d'Anzio, le 6e corps américain se prépare à lancer une nouvelle offensive près de la route d'Albano.

Bougainville. Aux alentours de la tête de pont du cap Torokina, les Japonais progressent légèrement en direction des terrains d'aviation de Piva.

Iles de l'Amirauté. Des patrouilles américaines débarquées sur Manus avec pour mission la reconnaissance de points de débarquement tombent dans une embuscade tendue par les Japonais sur un îlot, au nord, et réussissent à grand-peine à réembarquer, après avoir subi des pertes sévères.

Birmanie. La 7e division indienne enlève Buthidaung, en Arakan. De gros contingents anglo-indiens de Chindits arrivent par avion en Birmanie centrale.

12 mars

États-Unis. Les chefs d'état-major réunis adressent une directive au général MacArthur et à l'amiral Nimitz définissant les modalités de leur collaboration ainsi que l'objectif fixé pour février 1945 : Luçon et Formose. Le projet d'invasion de Kavieng, en Nouvelle-Irlande, est annulé, mais l'on prévoit celle d'Emira, dans les îles Saint-Matthias, et l'on confirme celle de Hollandia, en Nouvelle-Guinée ; Kavieng et Rabaul devront être neutralisées et isolées avec des forces réduites au minimum.

Pacifique. Bougainville. Incapables d'exploiter le léger avantage acquis la veille vers les pistes de Piva, les Japonais doivent même céder un peu de terrain devant les violentes contre-attaques américaines.

Iles de l'Amirauté. Après une violente préparation d'aviation, un escadron de la 7e cavalerie américaine débarque sur l'île de Hauwei, au nord de Manus, parvenant à établir une petite tête de pont ; forte résistance japonaise.

Birmanie. Au nord-est, les Sino-Américains opèrent une manœuvre d'encerclement de la 18e division japonaise en coupant la route de Kamaing au sud du col de Jambu Bum. Dans le secteur de l'Arakan, la 15e division indienne approche de Razabil.

Italie. Le pape Pie XII lance un pressant appel aux belligérants pour que Rome soit déclarée « ville ouverte ».

13 mars

Front soviétique. Le 3e Front d'Ukraine, franchissant rapidement le Dniepr inférieur, libère Kherson et marche sur Nikolaïev.

Pacifique. Bougainville. Attaquant avec l'appui des blindés, les Américains reprennent presque toutes les positions occupées par les Japonais depuis le début de l'offensive, sauf celles qui menacent toujours la tête de pont.

Iles de l'Amirauté. L'escadron de la 7e cavalerie américaine débarqué sur Hauwei, avec l'appui des blindés, achève la conquête de l'île, sur laquelle seront ensuite installées de nombreuses pièces d'artillerie destinées au bombardement de Manus.

Birmanie. Les Japonais attaquent le terrain d'aviation « Broadway » servant au ravitaillement des Chindits. L'amiral Mountbatten ordonne qu'un certain nombre d'avions du pont aérien Inde-Chine soit détaché au transport de la 5e division indienne dans le secteur central du front d'Arakan, qui faiblit sous la pression japonaise.

14 mars

Pacifique Sud-Ouest. L'amiral Nimitz propose à MacArthur ses porte-avions pour des attaques aériennes contre Hollandia et les centres de résistance japonais proches en Nouvelle-Guinée, ainsi que pour couvrir par un toit aérien les opérations de débarquement et, pour un temps limité, les opérations terrestres. Le contre-amiral Wilkinson est chargé de diriger les opérations de conquête d'Emira, dans les îles Saint-Matthias.

Bougainville. Les Américains renforcent les positions reconquises autour du périmètre de la tête de pont du cap Torokina.

Birmanie. Menacée d'encerclement, la 17e division indienne est autorisée à se retirer, mais trouve la route d'Imphal déjà barrée par les Japonais.

Italie. Le gouvernement italien du Sud établit des relations diplomatiques avec l'Union soviétique.

15 mars

Front soviétique. Le 1er Front d'Ukraine (Vatoutine) et le 2e (Koniev) enfoncent sur un large front la ligne allemande du Boug dans la zone située à l'ouest d'Ouman. A cette date, le front allemand est extrêmement étendu, depuis la mer de Barents, en passant par la Finlande, jusqu'à la Carélie ; de la rive sud du golfe de Finlande, le long du Narva et du lac Peipous, au sud jusqu'à l'ouest de Vitebsk et Moghilev ; il descend ensuite jusqu'aux marais du Pripet, pénètre en Pologne et suit au sud-est la ligne du Boug (sauf pour ce qui est du saillant récemment créé par les Soviétiques à l'ouest d'Ouman), jusqu'à la mer Noire à l'ouest de Kherson. La XVIIe armée allemande est depuis longtemps isolée en Crimée. La Wehrmacht a été repoussée *grosso modo* sur la ligne qu'elle occupait au début de juillet 1941, quelques jours seulement après l'invasion.

Front italien. Dans le secteur d'Anzio, les Alliés ont débarqué au total environ 90 000 soldats américains et 35 000 britanniques.

Le front de Cassino se remet en mouvement ; après un puissant bombardement aérien (environ 1 250 t d'explosifs sont lâchés sur les lignes allemandes) précédé d'un violent tir d'artillerie, la 2e division néo-zélandaise du général Freyberg monte à l'assaut. Après une courte avance, couronnée par la prise de la cote 193, les assaillants sont bloqués par la brillante résistance des parachutistes allemands de la 1re division. Dans la soirée, la 4e division indienne enlève la cote 165.

Entre-temps, les Alliés préparent l'opération « Strangle », visant à « étrangler » les mouvements des arrières ennemis de façon à empêcher le ravitaillement du front. Avec le retour du beau temps, l'aviation anglo-américaine bombarde et mitraille du matin au soir routes, ponts, voies ferrées et gares, ainsi

que tous les moyens de transport à l'arrière de l'ennemi; sans compter les raids habituels sur les usines et villes du Centre-Nord. Les Allemands pourront se déplacer la nuit seulement, si bien que très peu de renforts et de ravitaillement parviendront en première ligne.
Pacifique. Bougainville. Recrudescence des attaques japonaises contre les lignes américaines à proximité des pistes d'atterrissage de Piva. Les Japonais progressent légèrement, mais ils sont repoussés par une contre-attaque américaine appuyée par les blindés. La tête de pont du cap Torokina, dans la baie de l'Impératrice-Augusta, n'est pas menacée, mais devient certainement moins sûre qu'une semaine après le débarquement.
Iles de l'Amirauté. Après la classique préparation d'aviation et d'artillerie navale et terrestre, le 8e régiment de cavalerie américaine de la 1re division débarque sur la côte nord de Manus, à proximité de la mission Lugos. Après la prise de la localité, les Américains marchent sur l'aérodrome de Lorengau en deux lignes, le long de la côte et à l'intérieur. Sur l'île de Los Negros, des éléments de la 5e division de cavalerie avancent plein ouest dans la partie sud de l'île.
Birmanie. Tandis que, dans le secteur nord-est, les Sino-Américains arrivent à 5 km de la crête de Jambu Bum, dans le secteur nord-ouest, les 15e et 31e divisions japonaises traversent en force la Chindwin en divers points au nord de Tammu. Les Anglo-Indiens sont en fâcheuse posture.

Un groupe de partisans opérant à l'arrière des lignes allemandes en Lituanie assiste à une messe en plein air près des baraquements.

15-16 mars
Allemagne. Dans la nuit, des bombardiers de la R. A. F. effectuent un raid sur Stuttgart.
Hongrie. Convoqué par Hitler à Rastenburg, le régent de Hongrie, Horthy, est arrêté; les Allemands décident l'occupation de son pays.

16 mars
France. Vichy nomme Marcel Déat ministre du Travail et de la Solidarité nationale.
Front soviétique. Dans le secteur central, les deux Fronts de Biélorussie lancent de furieuses attaques, enfonçant les lignes du *Heeresgruppe* Centre (Busch), au nord des marais du Pripet.
Front italien. Tandis que la division néo-zélandaise du général Freyberg multiplie, sans grand succès, ses tentatives pour s'emparer de Cassino et du mont Cassin, une violente contre-attaque des parachutistes allemands contraint les assaillants à reculer sur les positions du 14 mars.
Devant ce nouvel échec, Churchill se plaint à Alexander, lui demandant dans un message s'il ne jugerait pas bon de suspendre l'offensive contre la vallée, face au monastère du Mont-Cassin, et d'envisager un mouvement tournant. (« Dans ce secteur, commente amèrement Churchill, 5 à 6 divisions ont été usées. ») Dans sa réponse, Alexander attribue exclusivement l'échec des Alliés à l'héroïsme des soldats allemands : « La ténacité des parachutistes allemands est vraiment extraordinaire... Je doute qu'il existe dans le monde d'autres armées capables de résister à la tornade de feu à laquelle elles ont été soumises... »
Pacifique. Iles de l'Amirauté. A Manus, la 8e division de cavalerie américaine, épaulée par les blindés, continue à avancer sur deux lignes vers l'aérodrome de Lorengau. La résistance japonaise se durcissant, les Américains se livrent dans la nuit du 16 au 17 à de féroces bombardements des positions ennemies. Des troupes américaines débarquent à Punta Chaporowan, sur l'île de Los Negros, sans rencontrer de résistance, tandis qu'ailleurs l'avance continue.
Nouvelle-Bretagne. Pénétrant à Kilu, sur la côte orientale de la péninsule Willaumez, les marines se heurtent une dernière fois aux défenseurs japonais.
Nouvelle-Guinée. Des escadrilles de la 5e force aérienne américaine, contrôlant le blocus de la base japonaise de Wewak, attaquent un convoi de ravitaillement s'y acheminant. Pour le protéger, les Japonais retirent toute leur chasse de Wewak, pour la transférer à Hollandia.

17 mars
Front soviétique. Des troupes du 1er Front d'Ukraine avancent au sud-ouest de Rovno, en Pologne, s'emparant du nœud routier et ferroviaire de Doubno.
Front italien. Des unités du corps néo-zélandais pénètrent à l'est de Cassino et occupent la gare, mais leur avance est bloquée par l'âpre résistance des parachutistes allemands.
□ Le gouvernement finlandais, qui

a reçu de Moscou des propositions de paix séparée, les repousse formellement, n'ayant pas reçu de Londres les garanties sollicitées.
Pacifique. Bougainville. Nouvelles attaques japonaises contre le périmètre défensif de la tête de pont du cap Torokina, dans la zone défendue par le 129e régiment d'infanterie américain. Les Japonais réussissent des petites trouées, mais ils sont ensuite repoussés.
Iles de l'Amirauté. Les 7e et 8e divisions de cavalerie américaines occupent sur Manus l'aérodrome de Lorengau, objectif principal du corps de débarquement. L'aérodrome étant jugé trop petit pour l'aviation américaine, un autre sera construit ultérieurement.
Sur Los Negros, les Américains livrent des combats contre les Japonais, enlevant quelques positions.
Birmanie. L'amiral Mountbatten intervient également auprès de Churchill et de Roosevelt pour qu'ils exigent de Tchang Kaï-chek l'envoi de renforts chinois en Birmanie.

18 mars
Front soviétique. Les Soviétiques, lancés vers la Bessarabie, atteignent la frontière roumaine à Iampol, sur la rive est du Dniestr. Après de violents combats, le 1er Front d'Ukraine enlève Zmerinka, au sud-ouest de Vinnitsa.
Front italien. Échec de la première contre-attaque allemande pour reprendre la gare de Cassino.
Pacifique Sud-Ouest. Les directives pour l'occupation de Hollandia sont publiées. La force amphibie américaine, sous les ordres du commodore L. F. Reifsnider, chargée de l'invasion de l'île d'Emira, appareille de Guadalcanal à destination de son objectif.
Iles de l'Amirauté. Sur Manus, les Américains occupent avec une facilité inattendue le village de Lorengau. Sur Los Negros, des détachements américains partis du périmètre de la tête de pont de la mission de Papitalai se heurtent à une très dure résistance des forces japonaises.
Nouvelle-Guinée. Le convoi japonais attaqué la veille par l'aviation américaine réussit à gagner Wewak, échappant à un bombardement naval effectué contre cette base par une flottille de contre-torpilleurs américains.
Iles Marshall. Une escadre américaine, sous les ordres du contre-amiral W. A. Lee, et comprenant 1 porte-avions, 2 cuirassés et 1 escadrille de contre-torpilleurs, bombarde du ciel et de la mer les installations japonaises sur l'îlot de Mili.
Birmanie. Le général Stilwell enjoint à la 5307e « unité provisoire » américaine de bloquer les accès méridionaux de la vallée du Tanai, dans le secteur nord-est.

19 mars
Front soviétique. Dans le secteur central, d'importantes forces allemandes sont encerclées par les Russes au nord des marais du Pripet. Les troupes du 2e Front d'Ukraine (Koniev) atteignent le Dniestr sur un large front et en commencent la traversée. Au nord-ouest des troupes de Koniev, la poche de résistance allemande de Moghilev-Podolskii est prise d'assaut par les divisions russes convergeant du nord-est et du sud-est. Dans la région de Doubno, les Allemands doivent évacuer Kremenets.
Front italien. Dans le secteur du mont Cassin, échec d'une contre-attaque allemande pour reprendre la cote 193, mais l'étau allié se relâche. Les combats sont d'une rare violence. Mais un fait chevaleresque, digne des guerres d'antan, est à signaler : une trêve de 2 heures a été décidée et respectée par les deux camps pour évacuer les morts et les blessés. Les Alliés mettent leurs brancards à la disposition des Allemands et distribuent cigarettes et chocolat aux blessés et aux secouristes.
Début de l'opération « Strangle ».
☐ Grâce à une action surprise (« Fall Margarete I »), les Allemands occupent la Hongrie, qui leur assure la sécurité de leur flanc et les ressources du pays, notamment les quelques gisements pétrolifères. Mais, entre-temps, la Roumanie est menacée.
Allemagne. Dans la nuit du 19, des appareils de la R.A.F. lâchent sur Francfort quelque 3000 t de bombes : c'est, de toute la guerre, le plus important raid sur une ville.
Pacifique. Iles de l'Amirauté. La 8e division de cavalerie américaine entame le nettoyage de la partie orientale de l'île de Manus.
Nouvelle-Guinée. Des destroyers américains reprennent le bombardement de la base japonaise de Wewak. Après une escale sur l'île, le convoi de ravitaillement japonais, qui a repris la mer pour Hollandia, est surpris et anéanti par les bombardiers et les torpilles aériennes de la 5e force aérienne américaine.
Birmanie. Dans le secteur nord-oriental, un détachement parti de la garnison anglo-chinoise de Fort Hertz (Putao) occupe le village de Sumprabum. La 5307e unité américaine reçoit l'ordre de barrer la route de Kamaing près d'Inkangahtawng. Dans le secteur central, la 5e division indienne avance, par air et par chemin de fer, dans la zone où la pression japonaise s'accentue.

20 mars
Alger. Pierre Pucheu, ancien ministre de l'Intérieur de Vichy, condamné à mort par un tribunal militaire, est fusillé.
France. La Milice lance une double attaque contre les Glières et doit se replier, en laissant 12 morts.
Front soviétique. Les Russes reprennent Vinnitsa, en Ukraine. Franchissant le Dniestr au nord de Kichinev, ils poussent en direction du Prout, qu'ils atteindront le 26 au nord de Jassy.
Les Allemands investissent toute la Hongrie.
Pacifique. Iles Saint-Matthias. Le 4e régiment de marines, commandé par le général Noble, débarque sur Emira, qui n'abrite pas de garnisons japonaises, et l'occupe pour la convertir en une base pour l'aviation et les navires légers.
Nouvelle-Irlande. Une Task Force sous les ordres du contre-amiral Griffin et comprenant 4 cuirassés, 2 porte-avions d'escorte et des contre-torpilleurs, coopère à l'invasion d'Emira en soumettant la base nippone de Kavieng à un très violent bombardement.

21 mars
Front italien. Le général Alexander,

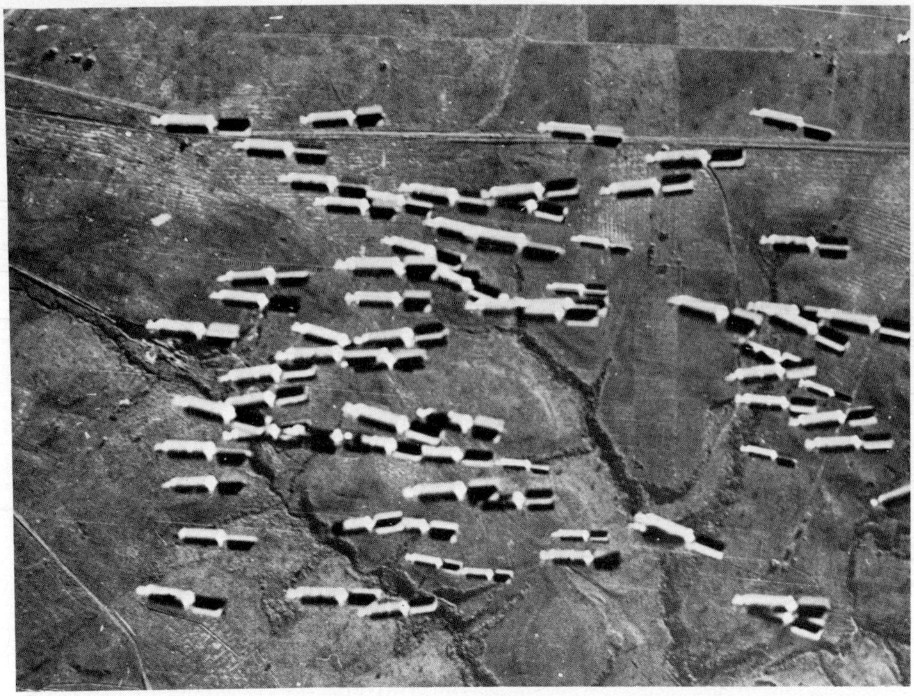

Des grappes de bombes lâchées par les bombardiers alliés pleuvent sur les lignes allemandes face aux positions de la tête de pont d'Anzio.

commandant du XVe groupe d'armées, propose aux commandants des unités engagées sur la ligne Gustav d'envisager la suspension immédiate des opérations. Mais le général Freyberg s'y oppose catégoriquement.
Pacifique. Iles de l'Amirauté. Sur l'île de Los Negros, les 5e et 17e régiments de cavalerie américains tentent d'opérer leur jonction à partir de leurs têtes de pont respectives.
Nouvelle-Guinée. Les avant-gardes de la 32e division américaine et de la 7e australienne établissent leur premier contact à environ 13 km de la plantation Yalau.

22 mars
Front soviétique. Pervomaïsk, au nord d'Odessa, est tombée aux mains du 3e Front d'Ukraine (Malinovski). Malgré l'habileté des commandants, les *Heeresgruppen* Sud (von Manstein) et A (Kleist) ont éprouvé de très lourdes pertes et dû céder du terrain.
Front italien. Les nouvelles et violentes attaques du corps d'armée néo-zélandais en direction du mont Cassin se soldent par un échec total et extrêmement coûteux.
Birmanie. L'offensive japonaise contre l'Inde semble sur le point d'aboutir, à en juger par les signes de fléchissement du 4e corps britannique déployé à l'ouest de la Chindwin pour défendre Imphal.
De nouveaux détachements aéroportés rejoignent les Chindits, chargés des actions de diversion et de sabotage à l'encontre des Japonais en Birmanie centrale.

23 mars
France. Les Allemands informent Vichy qu'ils prennent en main les opérations contre le maquis des Glières. Les chefs de la Wehrmacht, de la Luftwaffe et de la Gestapo s'installent à Annecy. Darnand obtient que la Milice participe à l'assaut.
Front soviétique. Le 1er Front d'Ukraine enfonce les positions allemandes à l'est de Ternopol, au sud-est de Lvov.
Front italien. Alexander décide de suspendre les attaques frontales contre la ligne Gustav. En attendant la belle saison, le front de Cassino connaît une accalmie. Entre-temps, sur le plan opérationnel, a démarré l'opération « Strangle ».
Pacifique Sud-Ouest. Le commandement allié confie la marche des opérations terrestres contre Hollandia, en Nouvelle-Guinée, au 1er corps américain, commandé par le général Eichelberger.
Bougainville. L'assaut général des Japonais contre la tête de pont du cap Torokina, contré par le violent tir de barrage de l'artillerie américaine, donne de piètres résultats.
Iles Saint-Matthias. Des contre-torpilleurs américains bombardent l'îlot d'Elouae, situé au sud-ouest de l'île de Mussau, où une patrouille américaine en provenance d'Emira a repéré une petite base japonaise pour hydravions.

24 mars
Front italien. Aux Fosses Ardéatines, près de Rome, les Allemands exécutent 335 civils italiens, dont de nombreux juifs, en représailles d'un attentat commis par des partisans au cours duquel 32 soldats allemands ont trouvé la mort.
Pacifique Sud-Ouest. Bougainville. Les Japonais qui tentent d'enfoncer plus avant la tête de pont américaine au cap Torokina sont repoussés avec des pertes sévères par une contre-attaque américaine. Ce sera la dernière initiative japonaise de grand style dans les Salomon, même si l'on enregistre des escarmouches sporadiques jusqu'à la fin mai. L'élargissement du périmètre de la tête de pont sera limité.
Los Negros. Après une brève préparation d'artillerie, un escadron du 5e régiment de cavalerie américain, aux côtés d'un autre du 12e, se dirige à l'ouest, enlevant d'assaut quelques collines tenues par les Japonais. Il s'agit là aussi de la dernière bataille d'envergure, même si les opérations de ratissage doivent durer longtemps. Par ailleurs, le quartier général impérial a maintenant réalisé que, sur le périmètre défensif de l'Empire dans le Pacifique Sud, seules des actions d'arrière-garde sont possibles et que la menace alliée plane désormais sur le Pacifique Centre, où les forces disponibles devront se concentrer.
Birmanie. Les Anglais commencent à masser des forces (le 33e corps, précédé de la 2e division britannique) dans la zone de Kohima, au nord d'Imphal, en Inde, en vue de parer aux conséquences d'un éventuel ébrèchement du 4e corps, à qui incombe la défense d'Imphal.

Groupe de civils arrêtés à Rome après l'attentat de la via Rasella, qui provoquera le massacre des Fosses Ardéatines (24 mars 1944).

Le général britannique Orde C. Wingate, chef légendaire des forces spéciales (3e division indienne) des Chindits opérant derrière les lignes ennemies, est tué dans un accident d'avion en Birmanie centrale. Le brigadier général W. D. A. Lentaigne lui succède.

25 mars
Front soviétique. Le 1er Front d'Ukraine a pris Proskourov (aujourd'hui Chmielnik), sur le Boug méridional. L'Armée rouge a désormais un pied en Galicie.
Pacifique. Iles de l'Amirauté. Sur l'île de Manus, les détachements de la cavalerie américaine, par une attaque massive utilisant aviation, artillerie, blindés et lance-flammes, mettent fin à la résistance des Japonais, dont il ne reste plus que des groupes épars, qui seront vite repérés et éliminés.
Nouvelle-Guinée. Le commandement de l'aviation japonaise en Nouvelle-Guinée est transféré de Wewak à Hollandia.

26 mars
France. 12000 soldats allemands, appuyés par la Milice, lancent l'attaque générale contre le plateau des Glières. Le soutien massif de l'aviation leur permet d'écraser les 465 maquisards. La plupart des survivants seront torturés et massacrés.
Front soviétique. D'importantes forces allemandes sont encerclées par le 2e Front d'Ukraine (Koniev) dans les zones de Ternopol et Kamenets-Podolskii, à la frontière septentrionale de Roumanie. Les troupes soviétiques atteignent le Prout sur une largeur de 90 km.
Front italien. Léger remaniement du dispositif allié sur la ligne Gustav : la VIIIe armée anglaise, notamment, contrôle les secteurs affectés jusqu'ici aux corps expéditionnaires français et néo-zélandais ; ce dernier est dissous, tandis que le 5e corps britannique est appelé à défendre le secteur compris entre Palena et la côte adriatique.

27 mars
Front soviétique. Le 2e Front d'Ukraine enlève Kamenets-Podolskii. En Ukraine du Sud, les Russes s'apprêtent à prendre Nikolaïev.
□ En vertu d'un accord avec le gouvernement roumain, les troupes allemandes entrent en Roumanie.
Pacifique Sud-Ouest. A Bougainville, les Japonais amorcent leur repli de la baie de l'Impératrice-Augusta.
Birmanie. Accrochages dans le secteur nord-oriental où, devant Imphal, 2 brigades de la 5e division indienne sont dépêchées d'Arakan en renfort du 4e corps britannique.

28 mars
Front soviétique. A l'est d'Odessa, les Allemands évacuent Nikolaïev, que le 2e Front d'Ukraine occupe.
Front italien. Dans le secteur d'Anzio, la 34e division américaine relève la 3e devant Cisterna.
Pacifique Sud-Ouest. Iles de l'Amirauté. Sur Los Negros, les Américains occupent le village de Loniu. Intense activité de patrouille à Los Negros et à Manus, sans que l'on puisse parler de réaction japonaise.
Birmanie. Dans le secteur nord-oriental, les Sino-Américains bloquent la route de Kamaing en deçà de Shaduzup, repoussant 5 contre-attaques japonaises.

29 mars
Front soviétique. Les Russes atteignent en Roumanie le versant nord-oriental des Carpates à Kolomia, sur le Prout.
Front italien. Dans le secteur du Garigliano, le 10e corps britannique du général McCreery est relevé par le corps expéditionnaire français du général Juin et par le 2e corps américain qui prend position à l'extrême gauche du dispositif allié, sur la côte tyrrhénienne.
Birmanie-Inde. A la demande du général Stilwell, Tchang Kaï-chek promet une division de renfort aux troupes sino-américaines combattant dans la zone nord-orientale de Birmanie.
En Inde, dans la zone défendue par le 4e corps britannique, les Japonais barrent la route d'Imphal-Kohima près de Kohima, dont la garnison est renforcée.

30 mars
Front soviétique. Les divisions du 1er Front d'Ukraine s'emparent en Bessarabie de la ville roumaine de Cernauti (aujourd'hui Tchernovtsy, en U. R. S. S.).
□ Ulcéré par les revers de ses armées et la perte de nombreux territoires, le Führer limoge le feld-maréchal von Manstein, commandant du *Heeresgruppe* Sud (rebaptisé *Heeresgruppe* Nord Ukraine), et nommé le feld-maréchal Model à sa place, de même que le feld-maréchal von Kleist, commandant du *Heeresgruppe* A (rebaptisé *Heeresgruppe* Sud Ukraine), est remplacé par le général Schörner. Le général Lindemann succède au général

Ligne du front italien à Cassino avant l'offensive alliée.

Model à la tête du *Heeresgruppe* Nord.

Pacifique. Iles de l'Amirauté. Tandis que les Américains poursuivent le nettoyage de Manus et de Los Negros, les opérations contre les îles voisines commencent. Après une préparation d'aviation, un escadron de la 7e division de cavalerie débarque sur Pityilu, à 5 km au nord de la mission Lugos, et anéantit la petite garnison japonaise.

Iles Carolines. 11 porte-avions, avec escorte correspondante, de la Task Force 58, sous les ordres de l'amiral Spruance, promu depuis peu chef de la Ve flotte américaine, attaquent pendant 3 jours consécutifs aérodromes, navires, installations militaires et portuaires des îles Palau, Yap, Ulithi et Woleai dans l'archipel des Carolines. Pour la première fois, des avions envolés des porte-avions posent des mines en pleine opération : 104 milliers de tonnes de navires japonais sont coulés. Le but recherché est d'anéantir l'ennemi et de couvrir l'invasion imminente de Hollandia, en Nouvelle-Guinée.

Nouvelle-Guinée. Des bombardiers de la 5e force aérienne américaine, escortés par des chasseurs à grande autonomie, effectuent la première mission diurne sur Hollandia.

Birmanie. Dans la zone nord-orien-

Pacifique. Un détachement de marines américains en action sur l'île de Beleu (archipel des Palau) a rapidement pris position pont nouvellement établie en vue de lancer une nouvelle et massive offensive contre les forces japonaises.

dans les crevasses et tous les autres abris naturels du terrain pour défendre la tête de

tale, les troupes sino-américaines sont harcelées par les Japonais, résolus à stopper l'afflux de forces chinoises passant la Salouen en direction du front de Birmanie. La situation est particulièrement critique pour les Alliés dans le secteur de l'Arakan et devant Imphal où les 15e, 31e et 33e divisions japonaises, sous les ordres du général Mutaguchi, menacent Imphal et Chittagong.
☐ L'évacuation de New Delhi a commencé : certains craignent que la ligne anglo-indienne ne cède, livrant aux Japonais toute la partie orientale du pays. Sous Mutaguchi milite un contingent de nationalistes indiens partisans des Japonais et de leur credo « l'Asie aux Asiatiques ».

31 mars
Front soviétique. Le 4e Front d'Ukraine (Tolboukhine), qui fait pression sur Odessa, investit une partie de la ville d'Otchakov, au sud-ouest de Nikolaïev.
Allemagne. Dans la nuit du 31 au 1er, 800 bombardiers du Bomber Command britannique attaquent Nuremberg ; si les dégâts sont peu importants, les attaquants, par contre, perdent 95 bombardiers, 71 autres étant endommagés.
Pacifique Sud-Ouest. Iles de l'Amirauté. L'escadron de la 7e cavalerie américaine débarqué à Pityilu achève le nettoyage de l'île.
Nouvelle-Guinée. Nouveau et efficace bombardement de la 5e force aérienne américaine sur Hollandia.
Birmanie-Inde. Les Japonais ont isolé des unités américaines dans le secteur nord-oriental de Birmanie. En Inde, les hommes du général Mutaguchi, bloquant la route d'Ukhrul à Imphal, encerclent la garnison d'Imphal, qui ne pourra tenir que grâce à l'efficacité du ravitaillement par air. Les défenseurs comptent 3 divisions indiennes du 4e corps britannique. En Arakan, dans la péninsule de Mayu, la 36e division britannique s'empare de quelques galeries sur la route allant de Maungdaw à Buthidaung, sans toutefois réussir à libérer complètement l'artère.
☐ Au cours d'un vol de transfert des Palau à Davao, sur l'île de Mindanao (Philippines), l'avion qui

transporte l'amiral Mineichi Koga, commandant en chef des forces aéronavales en remplacement de Yamamoto, s'écrase au sol sur la côte de Mindanao. L'amiral est tué. L'annonce de sa mort et la nomination de son successeur sont reportées aux premiers jours de mai en raison de divergences au sein du gouvernement et de l'état-major impérial.

1er avril

France. A Ascq, près de Lille, en représailles d'un attentat, les Allemands arrêtent puis massacrent 86 personnes.

Pacifique. Iles Carolines. Mission accomplie avec succès pour la Task Force 58. Outre les 104 000 t de navires marchands, les Américains ont coulé 2 contre-torpilleurs et 4 navires d'escorte, et détruit 150 avions au sol ou au combat, alors que de leur côté ils n'ont perdu que 20 appareils.

Iles de l'Amirauté. Le 12e régiment de cavalerie américain procède à l'occupation des autres petites îles de l'archipel, non défendues par les Japonais.

Birmanie. Le général Stilwell réclame à Tchang Kaï-chek l'envoi de 2 divisions chinoises aéroportées, la 50e et la 14e, en Birmanie, où la situation des troupes sino-américaines reste précaire dans le secteur nord-oriental, de même que celle des Anglo-Indiens en Arakan et dans la plaine d'Imphal.

2 avril

Front soviétique. Franchissant le Prout à l'est de Cernauti (Tchernovtsy), les Soviétiques occupent la petite ville de Gerca. Molotov a invité la Roumanie à sortir de la guerre, mais l'occupation allemande enlève aux gouvernants roumains toute envie de conclure une paix séparée.

Birmanie. Les Japonais assiègent à Nhpum Ga un bataillon de la 5307e unité américaine, que les autres éléments de l'unité tentent sans succès de dégager.

3 avril

Pacifique. Iles de l'Amirauté. Les Américains poursuivent l'occupation des petites îles et le ratissage des derniers noyaux de résistance japonais.

Nouvelle-Guinée. La 5e force aérienne américaine soumet Hollandia au plus violent bombardement depuis le début de l'offensive. Environ 300 avions japonais auront été détruits au sol ou au combat depuis le 30 mars, et l'aviation ennemie ne pourra plus offrir aucune résistance sérieuse dans le secteur.

Birmanie-Inde. Au cours d'une entrevue avec Mountbatten, le général Stilwell est invité à poursuivre l'offensive contre les Japonais dans le secteur nord-oriental malgré la gravité de la situation des forces alliées en Arakan, surtout dans la zone d'Imphal-Kohima. La prise de Myitkyna serait en effet capitale pour rouvrir, dans un avenir plus ou moins proche, la route reliant l'Inde à la Chine. 2 brigades de Chindits seront dépêchées pour épauler les Sino-Américains dans cette opération.

Dans la zone de Nhpum Ga, la 5307e unité américaine, appuyée par l'aviation et l'artillerie, tente toujours vainement de libérer le bataillon encerclé par les Japonais.

4 avril

Algérie. Les communistes entrent au C. F. L. N. De Gaulle nomme Fernand Grenier commissaire à l'Air et François Billoux commissaire d'État.

Front soviétique. Contre-attaquant résolument dans le secteur central à l'est de Kowel, des unités du *Heeresgruppe* Centre (Busch), dont la 4e *Panzerarmee,* réussissent à délivrer les forces allemandes prises depuis le 19 mars dans l'étau du 2e Front de Biélorussie dans le secteur des marais du Pripet. Plus au sud, le *Heeresgruppe* Nord Ukraine (Model) contre-attaque dans la zone au sud-ouest de Ternopol.

En Crimée, la XVIIe armée (comprenant 5 divisions allemandes et 7 roumaines), isolée depuis longtemps, s'apprête à subir le choc des forces imposantes du 4e Front d'Ukraine (Tolboukhine) : environ 470 000 hommes, 600 canons et mortiers, plus 772 pièces de D.C.A., 559 chars blindés et canons automoteurs, appuyés par 1 250 avions.

Birmanie-Inde. Dans la zone tenue par le 4e corps britannique, les Japonais attaquent en force Kohima, vers où convergent les faibles renforts britanniques disponibles. Dans le secteur nord-oriental, les Japonais s'en prennent au bataillon encerclé à Nhpum Ga. Le 114e régiment assume la tâche de bloquer la route menant à la vallée de Kamaing.

5 avril

Roumanie. Par une série d'attaques systématiques, la 15e force aérienne américaine déverse 588 t de bombes sur le centre pétrolier de Ploesti. A partir du 12 mai, la 8e force aérienne américaine participera à l'offensive, qui sera étendue à toutes les raffineries allemandes. La raréfaction du carburant met en péril tant la mobilité de la Wehrmacht que sa production de guerre. Les Allemands construisent des raffineries souterraines, intensifient la production d'essence synthétique et restreignent les commandes de guerre aux petites entreprises afin de diminuer les risques. Mais dès le milieu de 1944, la production de guerre ne sera plus en mesure de répondre aux besoins et de contre-balancer les pertes.

Hongrie. Les Allemands commencent la déportation des juifs. Jusqu'en août 1944, 430 000 seront exterminés à Auschwitz.

□ L'Assemblée consultative et le Comité français de libération nationale, réunis en session extraordinaire, nomment le général de Gaulle commandant en chef des forces armées françaises. Nommé le 8 inspecteur général des armées, le général Giraud se retirera le 15 à Mazagran.

□ De source américaine, depuis octobre 1941 les États-Unis auraient fourni à l'Union soviétique 9,5 millions de tonnes de matériel de guerre, soit 8 800 avions, 5 500 blindés et camions, 160 000 types de véhicules et 19 000 wagons de chemin de fer.

6 avril

Birmanie-Inde. Dans le secteur nord-oriental de Birmanie, légers progrès de la 5307e unité américaine dans la zone de Nhpum Ga. Sur le front indien la 7e division indienne est envoyée par avion de

l'Arakan jusqu'à la zone de Kohima-Dimapur pour renforcer le 4ᵉ corps britannique.
Nouvelle-Guinée. Après l'attaque en force de la 5ᵉ force aérienne américaine, les défenses aériennes de la base japonaise de Hollandia ne comptent plus que 25 appareils.

Guetteur soviétique sur un arbre lors de l'offensive de l'Armée rouge en Crimée (avril 1944) contre la XVIIᵉ armée allemande.

7 avril
Birmanie-Inde. Les Japonais resserrent l'étau autour de Kohima, s'emparant de l'aqueduc de la ville. La 17ᵉ division indienne est mise en ligne au nord d'Imphal.

8 avril
Front soviétique. A 9 heures, Tolboukhine, à la tête de la IIᵉ armée de la garde et de LIᵉ armée, passe à l'attaque de la Crimée, défendue par la XVIIᵉ armée allemande (général Jaenicke), relevant du *Heeresgruppe* Sud Ukraine (Schörner). Avec des forces très supérieures en nombre (les Germano-Roumains ne comptent que 170 000 hommes environ), Tolboukhine débouche de l'isthme de Perekop. La XVIIᵉ armée est très vite scindée en deux.
Les Russes atteignent l'ancienne frontière tchécoslovaque. Bientôt, à cause du dégel, le front se stabilise : tandis que l'offensive soviétique est stoppée en Bessarabie septentrionale et sur la Moldava, un front sera constitué entre Stanislav (Ivano-Frankovsk) et Kovel.

9 avril
Pacifique. Iles de l'Amirauté. Les Américains débarquent sur l'île de Pak sans rencontrer de résistance. Sur Manus, les dernières poches japonaises sont nettoyées.
Birmanie-Inde. En Birmanie nord-orientale, la 5 307ᵉ unité américaine occupe Nhpum Ga, évacuée par les Japonais.
En Inde, les Japonais finissent d'encercler le 4ᵉ corps britannique dans la zone d'Imphal. L'unité cernée ne peut être ravitaillée par air, ce qui pose de sérieux problèmes à l'approche des pluies de mousson.

10 avril
Front soviétique. Le 3ᵉ Front d'Ukraine libère l'important port d'Odessa, sur la mer Noire. De durs combats se déroulent toujours en Crimée, où les troupes germano-roumaines parviennent encore à contenir tant bien que mal le poids de l'offensive de Tolboukhine.
Nouvelle-Guinée. Embarquement des troupes et du matériel affectés à l'opération contre Hollandia.

11 avril
Front soviétique. En Crimée, traversant le détroit de Kertch à la pointe orientale de la péninsule, les troupes amphibies de l'armée côtière autonome russe s'emparent de la ville de Kertch.

12 avril
Front soviétique. Devant la situation intenable ne pouvant conduire qu'à l'anéantissement de l'armée, le général Jaenicke, commandant la XVIIᵉ armée germano-roumaine, soutenu par le général Schörner, commandant le *Heeresgruppe* Sud Ukraine, demande à Hitler l'autorisation d'évacuer toute la Crimée. Mais le Führer refuse et réitère l'ordre de résister à tout prix, alléguant que les armées allemandes reprendront vite l'initiative. L'occupation de la Crimée constitue, par ailleurs, une arme politique pour faire pression sur la Turquie et l'empêcher de passer dans le camp allié.
Italie. Abdication du roi Victor-Emmanuel III en faveur de son fils Humbert, nommé lieutenant-général du royaume, mais qui recevra l'investiture seulement après la libération de Rome, selon l'engagement pris par le souverain.
Pacifique Sud-Ouest. Iles de l'Amirauté. Les Américains en finissent avec l'occupation de l'île de Pak et le nettoyage de Manus.
Birmanie-Inde. Tandis que, dans le secteur de Kohima-Imphal, les Britanniques font venir par air du front de l'Arakan et de l'intérieur de l'Inde des troupes fraîches en renfort des 33ᵉ et 4ᵉ corps, les Chindits reçoivent l'appui d'une brigade nouvelle en Birmanie centrale.

13 avril
France. La force aérienne tactique américaine déclenche une série d'attaques contre l'artillerie allemande en Normandie.

14 avril
Chine. Cédant aux pressions américaines, Tchang Kaï-chek ordonne enfin une offensive chinoise en Birmanie au-delà de la Salouen. L'amiral Mountbatten, commandant en chef des forces alliées du Sud-Est asiatique, enjoint aux troupes sino-américaines opérant en Birmanie septentrionale de se borner à combattre le plus grand nombre possible d'unités japonaises. Objectif unique : la prise de Myitkyina. L'essentiel, dans ce secteur, est de

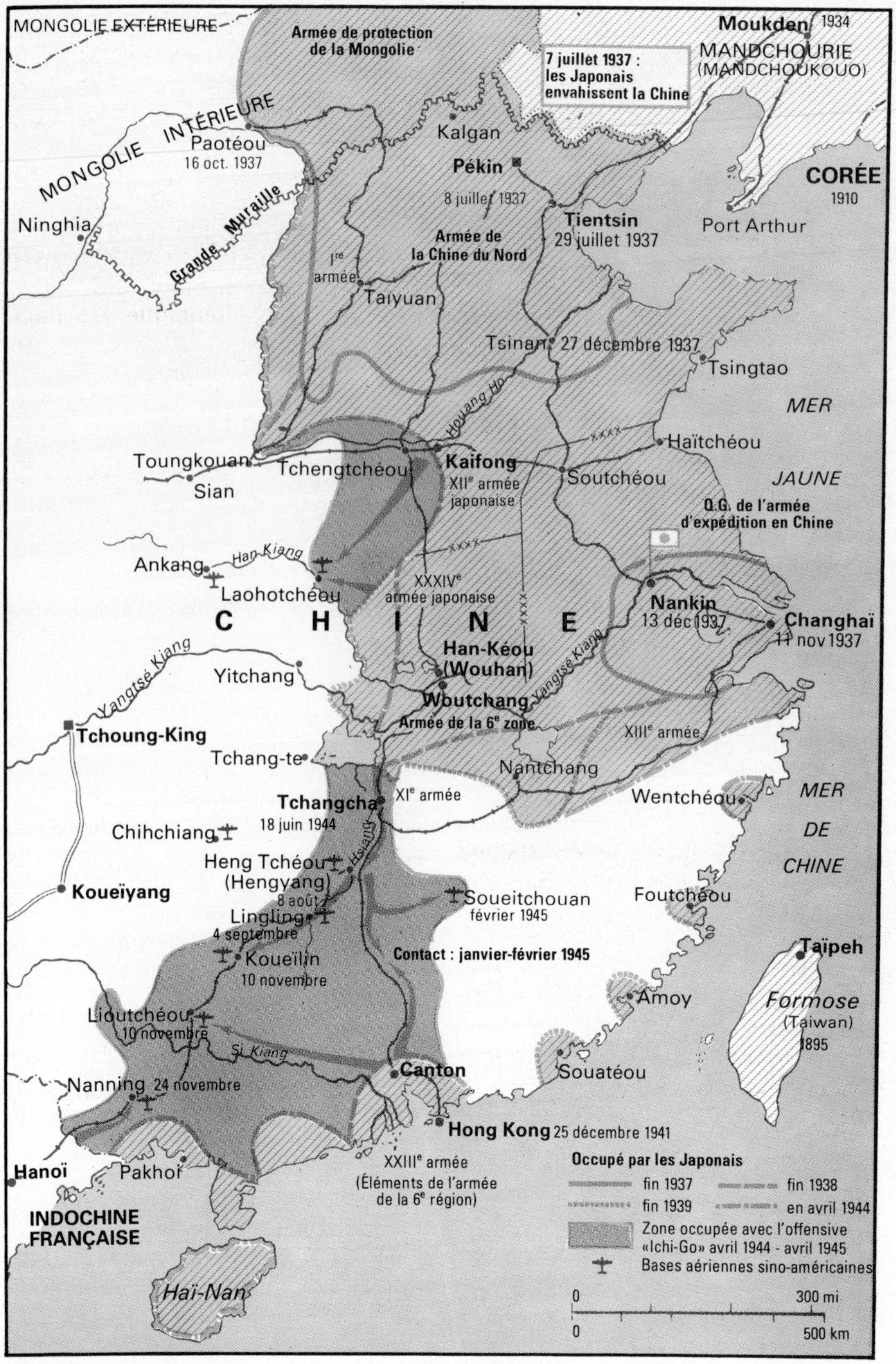

Les opérations en Chine après l'invasion japonaise.

rouvrir les liaisons terrestres entre l'Inde et la Chine.

15 avril
Front soviétique. Après un siège de 2 mois, les Soviétiques ont pris Ternopol, auparavant en territoire polonais, au sud-est de Lwow.
Front italien. Le 10e corps britannique relève le 2e corps polonais, dans le secteur nord de la ligne Gustav.
Birmanie. Le transfert par air de la 50e division chinoise à Maingkawn, en Birmanie, est presque terminé; la 14e division suivra bientôt. Le généralissime conseille au général Stilwell une progression prudente de ses troupes dans la vallée de Mogaung.
☐ Le général Chennault met en garde Tchang Kaï-chek contre le péril, imminent selon lui, d'une vaste offensive aérienne des forces japonaises contre la Chine.
☐ Mountbatten a transféré son quartier général de New Delhi à Kandy, dans l'île de Ceylan. Cette précaution donne la mesure du danger qui menace l'Inde.

16 avril
Front soviétique. Après une retraite précipitée lui coûtant les deux tiers de son matériel, des armes et des munitions, la XVIIe armée germano-roumaine se réfugie sur le périmètre de Sébastopol, dont la conquête a coûté tant de sang. Tolboukhine lance contre la ville les forces considérables dont il dispose (IIe armée de la garde, LIe armée, armée côtière). Deux ans après le siège de Sébastopol par les Allemands, ce sont maintenant eux qui sont assiégés. Des éléments de l'armée côtière enlèvent la ville de Yalta.

17 avril
Pacifique Sud-Ouest. Iles de l'Amirauté. Le nettoyage des îles peut être considéré comme terminé.
Chine. Les Japonais lancent leur dernière grande offensive contre la Chine nationaliste, s'enfonçant dans la province du Honan au-delà du fleuve Jaune.
Birmanie-Inde. Dans le secteur nord-oriental, les troupes chinoises progressent le long de la vallée de Mogaung, où les Japonais ont évacué la petite ville de Wazarup. Stilwell ne dispose pas de forces suffisantes pour déclencher une attaque décisive contre la 18e division japonaise, qui tient très efficacement le secteur. Pour les Alliés, et si toutefois la situation en Inde ne se précipite pas, la possession de Myitkyina et Mogaung serait importante, car les deux villes se trouvent sur le tracé de la « route de Birmanie », reliant l'Inde à la Chine; la première, en outre, pourrait servir d'escale pour un pont aérien entre les deux pays, sans compter qu'elle constitue la tête de ligne de la voie ferrée desservant le sud du pays.

18 avril
Front soviétique. En Crimée, les troupes de Tolboukhine occupent Balaklava, aux abords de Sébastopol.

LA ROUTE SEMÉE D'ÉTOILES

Un jeune prêtre apporte une bouffée d'air frais dans une paroisse pauvre de New York. Malgré les obstacles qui parsèment sa route, il parvient même à séduire son prédécesseur bourru.

Déjà protagoniste de la série très appréciée des *En route pour...*, aux côtés de Bob Hope et de Dorothy Lamour, Bing Crosby atteint un succès populaire extraordinaire, grâce à ce film tourné par Leo McCarey pour la Paramount.

Comédie sentimentale et sucrée, *La Route semée d'étoiles (Going My Way)* se voit attribuer néanmoins un nombre impressionnant d'oscars, et lance le personnage du père O'Malley, qui réapparaîtra dans deux autres films, dont *Les Cloches de Sainte-Marie.*

Bing Crosby, le «père O'Malley».

Des engins de débarquement approchent des plages de Nouvelle-Guinée, sous le feu des Japonais.

Pacifique. Iles Carolines. La 13ᵉ force aérienne américaine lance contre la base japonaise de Woleai les B-24 Liberator de son 5ᵉ groupe de bombardiers.

C'est le premier d'une série de raids aériens destinés à prévenir toute interférence éventuelle de l'aviation japonaise contre les troupes qui débarqueront dans la zone de Hollandia, en Nouvelle-Guinée, sur la côte nord de l'île.

19 avril

Océan Indien. Une escadre alliée, commandée par l'amiral Somerville, forte principalement d'unités britanniques, mais comprenant le porte-avions *Saratoga* et 3 contre-torpilleurs américains ainsi que le cuirassé français *Richelieu,* des forces navales françaises libres, bombarde les positions japonaises de Sabang, au nord de Sumatra. Signal d'alarme pour le quartier général impérial, qui pensait avoir éliminé toute présence navale alliée de l'océan Indien.

20 avril

Front italien. Les premiers éléments de la 1ʳᵉ division motorisée française débarquent à Naples.

☐ Sous les pressions répétées des Alliés, la Turquie suspend l'envoi de chrome à l'Allemagne. Un pacte d'alliance anglo-turc existe, qu'Ankara se décide à observer.

Birmanie-Inde. Dans le secteur nord-oriental, la 38ᵉ division chinoise progresse au sud dans la vallée de Mogaung en direction de Kamaing, enlevant la cote 1725, jusqu'ici âprement tenue par les arrière-gardes japonaises de la 18ᵉ division, chargées de couvrir le repli du gros des troupes sur la ligne Wala-Malakawng.

En Inde, dans le secteur du 33ᵉ corps, les détachements anglo-indiens encerclés à Kohima par les Japonais de la 31ᵉ division sont rejoints par la 2ᵉ division britannique, partie de Dimapur. Mais les Japonais continuent d'occuper le village et de bloquer la route d'Imphal.

21 avril

Italie. A Salerne, le maréchal Badoglio forme le premier gouvernement d'unité nationale, avec la participation de tous les partis du Comité de libération nationale.

Nouvelle-Guinée. Une Task Force américaine, sous les ordres du vice-amiral Mitscher, comprenant porte-avions, cuirassés, croiseurs et contre-torpilleurs, soumet à des bombardements navals et aériens les aérodromes et installations défensives japonais dans les zones de Hollandia, de l'île de Wadke, Sawar et Sarmi, détruisant au sol de nombreux appareils ennemis : les Japonais n'ont, pour ainsi dire, pas réagi.

Birmanie. Restructuration des forces sino-américaines en vue de l'offensive contre Myitkyina.

22 avril

Pacifique Sud-Ouest. Nouvelle-Bretagne. Dernier accrochage entre éléments de la 1ʳᵉ division de marines et Japonais.

Nouvelle-Guinée. La 7e force amphibie américaine du contre-amiral Barbey, transportant 84 000 hommes et appuyée par l'aviation et l'artillerie navale de la *Task Force* 58, sous les ordres du vice-amiral Mitscher, débarque les troupes désignées pour l'invasion de Hollandia. La garnison japonaise de la zone compte 11 000 hommes de la XVIIIe armée, commandée par le général Hatazo Adachi. Le débarquement commence à 7 heures ; 1 régiment prend pied à Aitape, à l'est de Hollandia, 2 divisions débarquant respectivement dans la baie de Humboldt et dans celle de Tanahmerah, au sud et au nord de Hollandia. Étourdis par le bombardement et selon une tactique déjà éprouvée face à la supériorité adverse, les Japonais se replient sur les hauteurs avoisinantes, laissant quelques troupes faire diversion. Les Américains foncent à l'intérieur, atteignent Pim et Jangkena (cette dernière à 13 km environ de la côte), ne rencontrant de véritable résistance qu'à proximité des aérodromes de Sentani et Cyclops.

23 avril
Nouvelle-Guinée. Les Américains débarqués dans la zone de Hollandia s'enfoncent à l'intérieur le long de la ligne Pim-lac de Sentani. Les plages de Tanahmerah sont si encombrées qu'un convoi dont l'arrivée est prévue pour le lendemain est dévié sur la baie de Humboldt. Un régiment atteint le village de Sabron, au-delà duquel, près d'un cours d'eau, il se heurte à la première résistance organisée. Le commandement américain ordonne son repli sur Sabron.
Les troupes débarquées dans la zone d'Aitape occupent l'aérodrome de Tadji et se dirigent vers Hollandia pour opérer la jonction avec le groupe principal de débarquement.
Birmanie. Des détachements de la 38e division chinoise remplacent les détachements américains dans la zone de Manpin, au nord du pays. L'attaque finale de cette localité est confiée à la 22e division chinoise.

24 avril
Nouvelle-Guinée. Les troupes australiennes progressant à l'ouest de la péninsule Huon occupent Madang, évacuée par les Japonais. Dans la zone de Hollandia, secteur de la baie de Humboldt, le 186e régiment d'infanterie américain atteint les rives du lac de Sentani. Les troupes débarquées dans la zone d'Aitape occupent les villages d'Aitape et de Punta Rohn.
Front soviétique. Poursuite des opérations dans la péninsule de Crimée.
□ La Finlande rejette les dernières propositions de paix formulées par les Russes, qui réclament : la rupture avec l'Allemagne et l'expulsion des soldats allemands ; le retour de la Finlande aux frontières de 1940 ; la démobilisation de l'armée finlandaise ; 600 millions de dollars à titre de dommages de guerre, à payer en contre-valeur de marks dans un délai de 5 ans ; la restitution de la base de Petsamo (Petchenga).

25 avril
Nouvelle-Guinée. Débarquement de renforts et de ravitaillement dans la baie de Humboldt. Le 186e régiment d'infanterie américain progresse dans ce secteur jusqu'à Nefaar, au-delà du lac de Sentani. Dans la zone d'Aitape, des patrouilles américaines se portent à l'est vers Wewak et à l'ouest vers Hollandia.

26 avril
France. Regroupés sur le plateau du Vercors, des maquisards repoussent des troupes allemandes, secondées par les miliciens.
□ Pour la première fois, Pétain se rend à Paris, où il est acclamé.
Nouvelle-Guinée. Des éléments de la 5e division australienne occupent Alexishafen. Dans la zone de Hollandia, le 21e régiment d'infanterie américain, parti de la baie de Tanahmerah, occupe l'aérodrome de Cyclops et fait sa jonction avec les troupes débarquées dans la baie de Humboldt.

27 avril
Front italien. Le 2e corps polonais prend le commandement du secteur du mont Cassin en remplacement du 13e corps britannique.
Nouvelle-Guinée. Dans la zone de Hollandia, les Américains renforcent leur tête de pont. MacArthur fixe les prochains objectifs de la force d'invasion : offensive contre Sarmi et l'île de Wadke le 15 mai ; invasion de l'île de Biak vers la mi-juin.
Birmanie-Inde. En haute Birmanie, mise au point des dernières dispositions en vue de l'offensive contre Myitkyina et pour faire venir de Chine, en passant la Salouen, 2 divisions chinoises de la force Y (force du Yunnan), entraînée par les Américains.
En Inde, le 4e corps britannique résiste désespérément aux forces japonaises, dans l'attente des pluies de mousson, qui paralyseront les opérations. Les 17e et 20e divisions indiennes, concentrées au nord d'Imphal, débouchent en force au sud de la ville pour bloquer l'avance ennemie.

28 avril
États-Unis. Mort de Frank Knox, secrétaire d'État à la Marine, un des principaux artisans du développement de la flotte américaine après la catastrophe de Pearl Harbor.
Nouvelle-Guinée. Premiers accrochages dans la zone d'Aitape entre les troupes américaines et la petite garnison japonaise. Des moyens amphibies transportent des détachements américains à Nyaparake, près de la Nigia, pour bloquer l'arrivée à Aitape de renforts japonais partis de Wewak.
Chine. L'offensive japonaise dans la région du Honan prend forme. La 14e force aérienne américaine bombarde les ponts sur le fleuve Jaune. Chinois et Américains renforcent les défenses des aérodromes de Tchengtou, bases des bombardiers géants B-29 Superforteresses axant leurs efforts sur tous les objectifs de la Chine orientale et méridionale occupés par les Japonais.
Birmanie. Les Sino-Américains déclenchent l'offensive pour la conquête de Myitkyina. La 38e division chinoise, par des attaques frontales et des mouvements tournants, contraint les Japonais à reculer peu à peu sur Wala.

29 avril
Nouvelle-Guinée. En un temps record, les troupes du génie améri-

cain remettent en état les aérodromes de Hollandia et d'Aitape.
Iles Carolines. Une partie de la Task Force 58, sous les ordres du vice-amiral Mitscher et comprenant 12 porte-avions, lance sur Truk une série d'attaques aériennes, pendant 2 jours. La grande base japonaise est mise hors de combat : navires, dépôts d'essence et de munitions, aérodromes et autres installations militaires sont détruits ; sur les 104 avions basés sur l'atoll, 93 sont abattus ou détruits au sol. Nimitz prévient ainsi tout risque éventuel pour les opérations en cours en Nouvelle-Guinée.

30 avril
Front soviétique. Tandis que la pression de Tolboukhine s'accentue sur Sébastopol, on enregistre dans le secteur nord des attaques locales soviétiques dans la zone d'Ostrov, près de la frontière de Lettonie.
Pacifique. Iles Carolines. Tandis que l'offensive sur Truk se développe, une escadre de croiseurs et de contre-torpilleurs américains, commandée par le contre-amiral Oldendorf, canonne les positions ennemies sur l'île de Satawan.
Birmanie-Inde. L'avance des troupes sino-américaines sur Myitkyina continue.
Sur le front indien, la 30e division indienne contient les Japonais face au village de Palel, au sud d'Imphal, tandis que les 5e et 23e divisions indiennes se portent au nord, vers Ukhrul.

1er mai
Pacifique. Iles Carolines. Un détachement de cuirassés et porte-avions de la Task Force 58, commandé par le vice-amiral Lee, lance une attaque aérienne et navale contre les objectifs militaires sur l'atoll fortifié de Ponape, dans les Carolines orientales.
Nouvelle-Guinée. Sur la tête de pont d'Aitape, les Américains occupent le village de Kamti.

2 mai
L'Espagne modifie sa ligne politique, retirant du front russe les volontaires de la division Azul et réduisant à 40 t par mois les exportations de wolfram nécessaire pour les projectiles à charge creuse.

3 mai
Birmanie. Dans le secteur nord, la 22e division chinoise progresse sur la route de Kamaing-Inkangahtawng. Son 64e régiment barre la route de Kamaing près du torrent Hwelon.
☐ Avec un retard sensible, dû aux divergences au sein du gouvernement et de l'état-major impérial, l'amiral Toyoda est nommé commandant en chef des forces aéronavales japonaises en remplacement de l'amiral Koga, tué le 31 mars dans un accident d'avion sur l'île de Mindanao. Sa nomination est rendue publique en même temps que l'annonce de la mort de Koga. La perte de ce chef prestigieux, surve-

La célèbre « route de Birmanie », construite pour faciliter l'accès aux lignes de combats.

nant après la disparition de Yamamoto, porte un nouveau coup au moral des armées japonaises, d'autant plus que Toyoda ne possède aucune expérience de commandement en mer.

4 mai
Nouvelle-Guinée. Accrochages dans la zone d'Aitape. Depuis le 22 avril, date du débarquement, les combats autour d'Aitape ont fait chez les Japonais 525 morts et 25 prisonniers, et chez les Américains une vingtaine de morts et 40 blessés.

5 mai
Front soviétique. Tolboukhine déclenche, avec la LIe armée, la IIe armée de la garde et l'armée côtière, l'assaut final contre la forteresse de Sébastopol. La supériorité soviétique sur la XVIIe armée germano-roumaine est écrasante. Les lance-fusées Katioucha, surnommés par les Allemands « la mort noire », exercent leur habituel effet dévastateur.
Pacifique. Iles de l'Amirauté. Le 8e régiment de cavalerie américain amorce la phase finale du ratissage de Manus.
Birmanie. Tandis que le front indien de Kohima-Imphal se stabilise peu à peu, en haute Birmanie les troupes sino-américaines se heurtent aux Japonais dans la jungle de la zone de Myitkyina.

6 mai
Nouvelle-Guinée. Le contre-amiral Barbey a proposé de reporter du 15 au 21 le début des opérations destinées à l'invasion de Sarmi et de l'île de Wadke, au nord-ouest de la Nouvelle-Guinée. MacArthur soumet un nouveau plan : l'opération sur l'île de Wadke, à partir de laquelle l'aviation sera en mesure de couvrir le futur débarquement sur l'île de Biak, aura lieu à la date prévue, mais l'invasion de Sarmi pourrait être provisoirement ajournée.
Birmanie. Vaines attaques des troupes sino-américaines contre le village de Ritpong.

7 mai
France. Pétain s'installe jusqu'à la fin du mois au château de Voisins-le-Bretonneux, près de Rambouillet.
Nouvelle-Guinée. Dans la nuit du 7 au 8, une tentative des Japonais pour s'évader de Ritpong est contrée par les Sino-Américains, qui bloquent toutes les sorties.
Pacifique Sud-Ouest. Nouvelle-Bretagne. Des détachements de la 40e division américaine occupent l'aérodrome du cap Hoskins, sans rencontrer de résistance.

8 mai
Le général Eisenhower fixe au 5 juin le « Jour J » (date du débarquement en Normandie, qui sera ultérieurement repoussée d'un jour).
Front soviétique. Les défenses de Sébastopol cèdent sous les coups répétés des Russes. Transgressant les ordres de Hitler, le général Schörner, commandant le *Heeresgruppe* Sud Ukraine, prend sur lui d'ordonner à la marine et à l'aviation de sauver tout ce qui peut l'être. Le transfert des combattants germano-roumains a d'ailleurs déjà secrètement commencé depuis quelques jours. Des engins amphibies allemands et roumains effectueront le transport en Roumanie de 130 000 hommes.
Pacifique-Nouvelle-Guinée. Les Américains renforcent le périmètre de la tête de pont d'Aitape.
Birmanie. L'aviation sino-américaine bombarde le village de Ritpong, appuyant l'assaut d'un régiment de la 30e division chinoise. L'assaut est repoussé. Des éléments de la 38e division chinoise marchent sur Kamaing, tandis que d'autres s'apprêtent à attaquer Warong.

9 mai
Front soviétique. Les troupes de Tolboukhine libèrent la forteresse de Sébastopol. Néanmoins, pendant 3 jours, les arrière-gardes allemandes poursuivront la résistance pour protéger les sites d'embarquement et permettre l'évacuation de ce qui reste de l'armée. La Crimée tout entière passe aux mains des Soviétiques.
Le calme revient sur le front. Le *Heeresgruppe* Nord (Lindemann) tient encore Narva et la rive occidentale du lac Peipous couvrant les Pays baltes. Le *Heeresgruppe* Centre occupe toujours Vitebsk par un profond saillant de part et d'autre de la Dvina et résiste encore à l'est du Dniepr dans les zones d'Orcha et de Moghilev. Les Allemands sont toujours à 100 km de Smolensk, comme s'ils avaient gardé l'espoir d'attaquer Moscou. Par contre, le front sud s'est écroulé. Après avoir libéré l'Ukraine, pénétré en Roumanie et en Pologne, les Russes se trouvent maintenant à 50 km de Brest-Litovsk. Ils ont gagné la frontière tchécoslovaque, atteint le pied des Carpates, franchi le Dniestr et le Prout et envahi la Bucovine et la Bessarabie. Et dans le dos des combattants allemands opèrent les partisans (pas moins de 250 000), ravitaillés chaque nuit par 200 avions environ. Hitler n'en continue pas moins à soutenir la production de guerre compromise par les massifs bombardements alliés, et appelle aux armes la classe 1926, soit les jeunes de 18 ans.
France-Belgique. La 8e force aérienne américaine effectue un raid massif sur les aérodromes français, touchant notamment ceux de Laon, Thionville, Saint-Dizier, Juvincourt, Orléans, Bourges, Avord, et celui de Florennes, en Belgique.
Nouvelle-Guinée. L'invasion de l'île de Wadke est fixée au 17, celle de Sarmi au 27 mai.
Birmanie. Les Japonais réussissent en partie à briser l'encerclement de Ritpong ; les troupes chinoises restent pour le ratissage du village. Le 114e régiment de la 38e division chinoise, occupant Hlagyi et Wala, s'apprête à faire sa jonction avec le 112e régiment au nord de Manpin.

10 mai
Front italien. A Caserta, les commandants des forces alliées mettent au point les derniers détails de l'offensive sur Cassino, fixée pour le lendemain. L'opération prévoit *grosso modo* la percée de l'aile droite de la Xe armée allemande pour atteindre la via Casilina. La gauche du dispositif allié sera occupée par la Ve armée américaine avec le 2e corps américain au sud et le corps expéditionnaire français plus au nord, de façon à couvrir le secteur de la côte tyrrhénienne au confluent du Liri et du Rapido (la 36e division américaine est gardée

en réserve). A droite du dispositif allié (VIIIe armée britannique) sont déployés (du sud au nord) le 13e corps britannique (et plus en arrière le 1er corps canadien), le 2e corps polonais, le 10e corps anglais et enfin, sur la côte adriatique, le 5e corps britannique. Au total, sur le front de Cassino, 16 divisions alliées sont rassemblées contre 7 divisions allemandes. De son côté, Kesselring a jalonné la péninsule italienne d'une série de lignes défensives : en arrière de la ligne Gustav, la ligne Hitler (rebaptisée ensuite « verrou Senger »), la ligne César (protégeant Rome) et la ligne gothique, ultime défense destinée à barrer l'avance alliée au niveau de Florence.
États-Unis. James V. Forrestal succède à Frank Knox au poste de secrétaire d'État à la Marine.
Nouvelle-Guinée. Après un bombardement de l'aviation australienne, les détachements américains de Nyaparake marchent sur le village de Marubian, qu'ils occupent sans coup férir.
Birmanie. Sur le front de la Salouen, la force Y (force du Yunnan, qui comprend les 116e et 190e divisions chinoises renforcées d'éléments américains) commence la traversée de la rivière jusqu'à Mengta Ferry. Sur le front indien, l'articulation du 4e corps britannique est modifiée; la 23e division indienne reçoit mission de protéger la route de Palel-Tammu; la 20e division indienne avance sur 2 colonnes en direction d'Ukhrul.

11 mai
Front italien. A 9 h 05, le général von Vietinghoff, commandant la Xe armée allemande, informe le feld-maréchal Kesselring, son supérieur direct, du calme qui règne sur le front, et qu'il n'y a rien d'alarmant à signaler : ses commandants de corps d'armée ne constatent aucun signe avant-coureur de quoi que ce soit. Dans la soirée, Vietinghoff rejoint le commandement suprême de Hitler à Rastenburg, où il doit recevoir une décoration.
Dans la matinée, Winston Churchill télégraphie au général Alexander, commandant du XVe groupe d'armées : « Toutes nos pensées et nos espérances vous accompagnent dans ce qui, je l'espère et je le crois, sera une bataille décisive... avec pour objectif la destruction totale des forces armées ennemies au sud de Rome. »
23 heures : 2 000 canons ouvrent simultanément le feu sur une ligne s'étendant des hauteurs à l'est de Cassino jusqu'à la mer, pilonnant sans relâche les défenses allemandes du secteur. A 23 h 45, l'infanterie part à l'attaque.

12 mai
Front italien. Le corps expéditionnaire français du général Juin déclenche une attaque en force contre les positions de la 71e division d'infanterie allemande au sud de la localité de Sant'Ambrogio, sur le haut Garigliano : à 3 heures, le 4e régiment de tirailleurs marocains (2e division marocaine) enlève le mont Faito.
Entre-temps, les Polonais du général Anders font leur entrée dans les ruines du monastère, dont ils sont délogés par la prompte réaction des parachutistes allemands, qui fait des ravages chez les assaillants. Les pertes devenant trop lourdes, le général Anders (2e corps polonais) doit ordonner le repli de sa 5e division sur les positions de départ : le col Sant'Angelo, au nord du mont

L'inaccessible refuge de Tito chef de la résistance yougoslave, au-dessus des grottes de Drvar.

Cassin, reste solidement aux mains des parachutistes allemands.
Nouvelle-Guinée. La lutte continue autour des têtes de pont américaines de Hollandia et d'Aitape. Les contre-attaques répétées des Japonais, menées par des hommes dénués de ressources et affaiblis pour la plupart par des maladies tropicales, sont infructueuses.
Birmanie. Un des détachements sino-américains est arrêté près de Tingkrukawng par des forces ennemies supérieures. Le 113e régiment de la 38e division chinoise marche

Italie, mai 1944. De gauche à droite, au premier plan : les généraux de Gaulle, de Monsabert, Juin et de Lattre de Tassigny; à l'arrière-plan : M. Diethelm, futur ministre de la Guerre.

sur West Wala et Maran. Sur le front de la Salouen, le 198e régiment chinois attaque les forces japonaises qui tiennent le col de Mamien, tandis que la 36e division chinoise monte à l'assaut des positions japonaises sur le côté est du col de Tatangtzu ; mais une contre-attaque japonaise la contraint à battre en retraite jusqu'à la Salouen.

13 mai

Front italien. La 4e division (13e corps britannique) réussit à élargir sa tête de pont sur la rive septentrionale du Rapido.

Dans le secteur du corps expéditionnaire français, la 2e division marocaine du général Juin enlève les monts Girofano et Maio en faisant sauter le verrou méridional de la ligne de Cassino, s'ouvrant ainsi la route de Rome.

Dans la soirée, la 1re division marocaine atteint le Liri (au nord) : au niveau de l'agglomération de Sant'Apollinare, l'aile nord de la 71e division d'infanterie allemande s'est effondrée, tandis que dans le secteur sud les Français gagnent du terrain.

La 4e division marocaine et la 3e division algérienne font une percée dans la ligne Gustav, enlevant Castelforte et Damiano, puis le mont Ceschito.

Dans le secteur sud, la 88e division américaine (2e corps américain) s'empare de Santa Maria Infante.

Dans la nuit du 13 au 14, les assauts répétés des troupes polonaises du général Anders contre le mont Cassin sont aisément repoussés par le 2e bataillon du 3e régiment de la 1re division de parachutistes allemands.

Birmanie. Après avoir attaqué l'ennemi de front et par le flanc sans réussir à s'emparer de Tingkrukawng, les troupes sino-américaines continuent leur avance, cernant les positions japonaises.

Sur le front de la Salouen, les Japonais ont presque décimé un bataillon chinois, mais l'envoi de renforts rétablit la situation et les Japonais se retirent. De nouveaux régiments chinois, traversant la Salouen, reprennent les positions abandonnées sur le col de Tatangtzu.

14 mai

Front italien. La 78e division (13e corps britannique), traversant le Rapido à proximité de Sant'Angelo, établit puis renforce une tête de pont au-delà du cours d'eau.

12 000 Marocains et éléments de la 4e division de montagne du général Guillaume (corps français) attaquent en direction du mont Petrella, dans la chaîne de l'Aurunci.

Nouvelle-Guinée. Les Américains évacuent par mer leurs troupes que les Japonais ont réussi à isoler sur certaines positions.

Nouvelle-Bretagne. Les Japonais, qui pendant si longtemps ont empêché l'élargissement de la tête de pont américaine, se replient sur Rabaul. 5 000 hommes de leur 65e brigade ont été tués, 500 autres faits prisonniers (chiffre énorme selon les critères et le code d'honneur japonais).

15 mai

Front italien. La 78e division anglaise (13e corps britannique) atteint la route Cassino-Pignataro, tandis que, plus au sud, la 1re division motorisée française fait son entrée à San Giorgio a Liri.

France. L'Assemblée consultative demande au Comité français de libération nationale de former le gouvernement de la République.

Birmanie. Les troupes sino-américaines atteignent le cours supérieur du Namkwi, à 25 km de Myitkyina.

16 mai

Front italien. Dans le secteur sud de la ligne Gustav, les 88e et 85e divisions américaines (2e corps américain) poursuivent les unités de la 94e division allemande battant en retraite vers le nord-ouest : les régiments de la 85e division progressent le long du littoral, sur la route no 7, en direction de Formia, tandis que les détachements de la 88e division se dirigent vers Itri.

A droite du secteur d'opération du 2e corps américain, les détachements franco-marocains du général Guillaume s'emparent rapidement du Petrella et du Revole, dans les monts Aurunci. Au sud de Cassino, le corps canadien du général Burns, prélevé sur la réserve, attaque en direction de Pontecorvo, sur la ligne Senger. Légèrement plus au nord, la 78e division anglaise (13e corps britannique) se porte vers Piumarola. Le 2e corps polonais, réorganisé et renforcé, reprend son offensive en direction du mont Cassin.

Nouvelle-Guinée. La *Task Force* Tornado destinée à l'invasion de l'île de Wadke appareille de la zone de Hollandia, le renforcement de la tête de pont se poursuivant. Le nouveau bond en avant a coûté aux Alliés 1 060 morts et 4 000 blessés, contre 9 000 tués et 650 prisonniers chez les Japonais.

Birmanie. Les Sino-Américains opérant en haute Birmanie traversent la Namkwi, après avoir dirigé provisoirement sur un camp tous les habitants du village pour garantir au maximum le secret de l'opération.

Sur le front de la Salouen, un régiment de la 190e division chinoise, franchissant une crête de montagne, atteint la vallée du Shweli près de Laokai. Le restant de la division continue à s'échiner contre les points d'appui japonais au col de Mamien. Plus au sud, dans un secteur que les Japonais ont dégarni pour renforcer les défenses de la vallée du Shweli, des détachements des 76e et 88e divisions chinoises approchent de Pingka, après la prise de 13 localités au nord-est de cet objectif.

Des guérilleros birmans s'emparent momentanément de Washang, centre situé à une cinquantaine de kilomètres à l'est de Myitkyina.

Pacifique Sud-Ouest. Bougainville. Engagements d'arrière-garde entre les Japonais en déroute et les avant-gardes américaines. Les débris de la XVIIIe armée japonaise du général Yakutake se traînent à travers la jungle dans l'espoir de trouver refuge sur l'île de Buka, au nord de Bougainville.

17 mai

Front italien. La 85e division américaine (2e corps américain) atteint Formia, tandis que sur sa droite des unités de la 88e approchent de Maranola et d'autres se portent au mont Grande.

Dans le secteur français, les Algériens du corps expéditionnaire français enlèvent Esperia, évacuée par les Allemands, mais se heurtent ensuite à une féroce résistance sur la route menant d'Esperia à Sant-Olivo. Quelques unités françaises poussent en direction du mont Oro, légèrement au nord d'Esperia, qui surplombe la ligne Senger. L'avance de la 1re division motorisée française le long de la rive méridionale du Liri est stoppée par les mines et par le feu de l'ennemi retranché sur le mont Oro. Après la prise du mont Faggeta par la 4e division motorisée marocaine, le corps expéditionnaire français contrôle la route carrossable Itri-Pico, par où passe le ravitaillement du 14e corps blindé allemand. Kesselring, craignant la rupture des communications avec l'arrière, donne un ordre de repli général.

Dans le secteur de Cassino, les divisions du 2e corps polonais s'emparent du col Sant'Angelo, au nord du mont Cassin.

Nouvelle-Guinée. La Task Force Tornado entame la phase préliminaire des opérations contre l'île de Wadke, débarquant un régiment d'infanterie près d'Arare, face à la côte de la Nouvelle-Guinée hollandaise. Le débarquement a été précédé d'un massif bombardement naval. Selon une tactique déjà maintes fois éprouvée, l'artillerie débarquée et mise en place commence un pilonnage systématique de l'objectif principal. D'autres détachements occupent l'îlot d'Insumanai, non défendu par les Japonais.

Birmanie. Par une attaque surprise, les Sino-Américains s'emparent de l'aérodrome de Myitkyina. Un bataillon de *Marauders* occupe le village de Pamati, lieu de passage de l'Irraouaddi. Des détachements chinois aéroportés arrivent de Ledo, en Inde, pour collaborer à l'attaque de Myitkyina.

Indes néerlandaises. Des avions partis des porte-avions de la flotte orientale britannique bombardent la base japonaise de Soerabaya, sur l'île de Java. Dans la nuit du 17 au 18, des B-24 Liberator, partis des bases américaines du Pacifique Sud-Ouest, attaquent à leur tour, anéantissant les dépôts.

JEAN-PAUL SARTRE

« La guerre », écrit Jean-Paul Sartre, l'un des représentants les plus marquants de l'existentialisme, « laisse l'homme nu et sans illusions, réduit à ses propres forces et avec la conviction, claire dorénavant, de ne pouvoir compter que sur lui-même. »

Pendant les années de guerre, avec son essai philosophique *L'Être et le Néant* (1943) et avec ses pièces *Les Mouches* (1943) et *Huis clos* (1944), Sartre trace les traits fondamentaux de sa pensée.

La guerre balaie tous les mythes, toutes les règles transcendantes, mais l'angoisse qui en découlera ne doit pas dégénérer en désespoir : l'homme devra devenir le maître de son propre destin, c'est ainsi qu'il parviendra à la liberté.

17-18 mai

Front italien. La nuit, les parachutistes allemands amorcent leur repli du mont Cassin, leur position étant devenue intenable après les nombreuses percées effectuées par les forces alliées sur la ligne Gustav, au sud de Cassino.

18 mai

Front italien. Dans le secteur du mont Cassin, le 12e régiment polonais Podolski prend d'assaut les ruines du monastère bénédictin, sur lesquelles, à 10 h 30, flotte le drapeau polonais.

Au sud-ouest du mont Cassin, le 1er corps canadien du général Burns se trouve face au « verrou Senger » (ancienne ligne Hitler), succession de positions fortifiées sur la ligne Piedimonte-Aquino-Pontecorvo. La progression des Français en direction de Pico se heurte à une forte résistance.

Pacifique. Iles de l'Amirauté. Le commandement de la VIe armée annonce officiellement la fin de la campagne pour la conquête des îles. Selon le bilan communiqué par les autorités américaines, elle aurait fait chez les Japonais 3 820 morts et 75 prisonniers, contre 326 morts, 1 189 blessés et 4 disparus chez les Américains.

Nouvelle-Guinée. Après une intense préparation d'aviation et d'artillerie, des détachements du 163e régiment d'infanterie américain débarqués sur l'île d'Insoemoar, où se trouve l'aérodrome de Wadke, en investissent la plus grande partie avant le soir, repoussant dans la nuit les contre-attaques japonaises.

Birmanie. Dans la zone de Myitkyina, les Sino-Américains défendent l'aérodrome contre les attaques japonaises, tandis que des éléments des 30e et 50e divisions montent à l'assaut de la ville, occupant la gare.

19 mai

Front italien. A l'extrême sud du front, sur la côte tyrrhénienne, les unités de la 85e division américaine (2e corps) atteignent Gaète, désertée par les Allemands : les forces du 2e corps américain ne sont plus qu'à 70 km du périmètre de la tête de pont alliée d'Anzio.

Plus au nord, toujours sur le front de la ligne Gustav, la 88e division (l'autre unité du 2e corps américain) atteint le mont Grande. Le corps expéditionnaire du général Juin s'approche de Pico après avoir dépassé Campodimele.

Nouvelle-Guinée. La résistance japonaise faiblit sur Insoemoar : les derniers défenseurs se retirent à l'extrémité nord-est de l'île, tandis que les envahisseurs s'emploient

déjà à remettre l'aérodrome en état.
Birmanie. La garnison japonaise de Myitkyina est partiellement encerclée par les Sino-Américains, qui investissent quelques positions au sud et au nord de la ville. La 38e division chinoise, qui a reçu l'accord de Tchang Kaï-chek, marche sur Kamaing et Mogaung, importants nœuds routiers.

20 mai
Front italien. Des unités de la 88e division américaine (2e corps), dépassant Fondi, se dirigent vers le mont Passignano.
Tandis que les Français atteignent Pico, le 2e corps polonais part à l'attaque de Piedimonte San Germano. Le général von Senger und Etterlin, commandant le 14e corps blindé allemand, remplace par les troupes fraîches de la 26e *Panzerdivision* la 71e division d'infanterie, entièrement décimée par les attaques du corps français.
Nouvelle-Guinée. La Task Force Tornado achève l'occupation de l'île de Wadke, des îlots voisins et du tronçon de côte de la Nouvelle-Guinée qui lui fait face. Les 800 hommes de la garnison japonaise ont été exterminés ; les pertes américaines s'élèvent à 53 morts et 139 blessés. Sur la terre ferme, une tentative japonaise contre la tête de pont est repoussée.
Pacifique. Une Task Force de porte-avions de la Ve flotte américaine, sous les ordres du contre-amiral Montgomery, attaque pendant deux jours consécutifs les objectifs militaires de l'île Marcus (Minami Tori-Shuma), à l'est des Mariannes.

21 mai
Front italien. Embarqué à Gaète sur des transports amphibies, le 1er bataillon d'infanterie américain (85e division du 2e corps) débarque à Sperlonga sans rencontrer de résistance. La 88e division américaine enlève le mont Calvo et Cima del Monte, tandis que les positions françaises supportent le poids de l'offensive allemande.
Le général Clark, commandant la Ve armée américaine, fixe à Truscott, commandant le 6e corps américain établi sur la tête de pont d'Anzio, la date du 23 mai, à 6 h 30, pour déclencher l'offensive contre les positions allemandes. Simultanément, la VIIIe armée britannique devra attaquer en force par le nord pour percer la ligne Senger et pénétrer dans la vallée du Liri.
France-Allemagne. Début de l'opération « Chattanooga Choo-Choo », qui prévoit des attaques systématiques de l'aviation alliée contre les trains en Allemagne et en France.
Nouvelle-Guinée. L'aérodrome de Wadke est maintenant utilisable. Un groupe de combat régimentaire prélevé sur la réserve est débarqué sur la terre ferme près d'Arare.
Birmanie. Les Japonais contre-attaquent : un bataillon de *Maraudeurs* repousse les assauts ennemis sur la route de Mogaung, mais est barré à son tour par les Japonais alors qu'il tente d'avancer.

22 mai
Front italien. Dans le secteur d'Anzio et de la VIIIe armée anglaise, les actions préliminaires à l'attaque générale du 23 mai ont commencé. Entre-temps, la ligne Senger dans le secteur d'opération du corps français s'étant écroulée, Kesselring met au point un plan de retraite systématique de la vallée du Liri, par Valmontone et Palestrina, pour la Xe armée du général Vietinghoff.
Nouvelle-Guinée. Vu la facilité de la prise de Wadke et du littoral opposé, le général Krueger, commandant la VIe armée américaine, ordonne à la *Task Force* d'étendre les objectifs par une avance côtière sur Sarmi, base japonaise dont la conquête avait été différée, située à 26 km à l'ouest de Tor, sur la rivière du même nom, localité déjà prise par les Américains. Dans le secteur d'Aitape, les troupes débarquées, en élargissant la tête de pont, se heurtent à une résistance inattendue.
Inde. Au fur et à mesure que l'offensive japonaise contre Imphal-Kohima faiblit, les Anglo-Indiens se renforcent de jour en jour.

23 mai
Front italien. Début de l'offensive générale dans le secteur d'Anzio en direction de la ligne Senger. A la pointe du jour, plus de 500 canons alliés ouvrent le feu dans le périmètre d'Anzio contre les détachements de la XIVe armée de Mackensen, tandis que 60 bombardiers légers effectuent des raids sur Cisterna pour déblayer le terrain avant l'attaque des divisions américaines du 6e corps. Au terme du bombardement, les 45e, 3e et 1re divisions blindées américaines se portent du nord au sud du périmètre. Malgré la violence et la simultanéité de l'offensive alliée, la ligne allemande tient bon. Atteignant la voie ferrée Cisterna-Rome, les Américains capturent environ 1 500 hommes, au prix toutefois de pertes extrêmement

Deux éclaireurs d'une colonne blindée chinoise avancent au nord de la Birmanie, en direction de Ledo, pour rejoindre les forces américaines.

sévères (la 3e division américaine compte à elle seule 950 morts, blessés et disparus). Entre-temps, les détachements de la 85e division américaine (2e corps) avançant sur la côte tyrrhénienne atteignent la banlieue de Terracina.
Dans le secteur de la VIIIe armée britannique du général Leese, le 1er corps canadien pousse jusqu'à l'axe Aquino-Pontecorvo, brisant la ligne Senger. La 5e division blindée canadienne s'engouffre par la brèche.
Nouvelle-Guinée. Des détachements américains partis de l'estuaire du Tor et marchant sur Sarmi sont arrêtés non loin de leur point de départ par les défenseurs japonais, qui les accrochent durement. Dans le secteur de la tête de pont d'Aitape, quelques détachements américains sont refoulés jusqu'à Tadji, où se trouve l'aérodrome.

24 mai
Front italien. On se bat toujours autour de la tête de pont d'Anzio et sur la ligne Senger. Dans le secteur d'Anzio, les Allemands conservent Cisterna, mais la 1re division blindée américaine réussit à gagner la route no 7 au nord de Latina : les Alliés se retrouvent coincés entre les Xe et XIVe armées allemandes. Hitler autorise Kesselring à replier ses armées (groupe C) sur la ligne César, qui s'étend de la côte tyrrhénienne, à peu près à mi-chemin entre Anzio et le lido d'Ostia, jusqu'à l'Adriatique à hauteur de Pescara, Albano et Valmontone en passant au nord d'Avezzano, de Popoli et de Chieti. Pour freiner au maximum la marche des Alliés, au demeurant assez prudente, les Allemands livrent d'efficaces combats d'arrière-garde. Les troupes de Vietinghoff s'en sortent grâce surtout à ces actions menées notamment par les hommes de la division blindée Hermann Goering. Sur la côte tyrrhénienne, la 85e division américaine (2e corps) occupe Terracina, désertée par les Allemands.
Dans le secteur nord du front (VIIIe armée britannique), des unités du 1er corps canadien investissent dans la matinée Pontecorvo, acculant les Allemands sur des positions fortifiées au nord d'Aquino. Entre-temps la 5e division blindée canadienne, atteignant la Melfa, établit dans la nuit une tête de pont sur la rive septentrionale du cours d'eau.
Pacifique. Des avions partis d'une escadre de porte-avions aux ordres du contre-amiral Montgomery bombardent les installations japonaises de l'île de Wake. La veille, une escadrille de contre-torpilleurs américains avait pilonné les fortifications ennemies sur l'atoll de Wotje. Désormais les Américains sont maîtres du Pacifique. Il ne se passe pas de jour, pour ainsi dire, sans que leurs forces aériennes et navales ne frappent un point quelconque de la « sphère de coprospérité ». L'amiral Toyoda, peu expert au combat mais bon organisateur, met au point un plan de restructuration des forces aéronavales japonaises, très proche de l'articulation des Task Force, et cherche une parade contre la prochaine manœuvre ennemie, certainement la conquête des Mariannes. Le succès de la nouvelle opération américaine leur ouvrirait en effet la porte des Philippines et même celle des îles métropolitaines du Japon. Pour parer à ce danger, il échafaude un plan, l'opération « Ago », dont l'objectif est le suivant : attirer la flotte américaine dans les eaux des Mariannes-Palau-Carolines occidentales et, là, la détruire grâce à l'action conjuguée de toute la flotte et de l'aviation, basée à terre ou sur les porte-avions. Et si par hasard l'ennemi parvenait à débarquer sur les Mariannes, il se heurterait à d'imposantes forces japonaises. Le groupe principal des *Task Forces,* qui comprend la quasi-totalité de la flotte impériale, est placé sous les ordres du vice-amiral Jisaburo Ozawa. 9 porte-avions, avec une puissante escorte de cuirassés, croiseurs et contre-torpilleurs, sont concentrés dans la rade de Tawi-Tawi, dans les îles Soulou, les plus méridionales des Philippines. La 1re flotte aérienne complétant le dispositif répartit ses 540 avions sur les nombreuses îles, de Chichishima, au nord, à Biak face à la Nouvelle-Guinée au sud. 172 appareils sont basés sur les Mariannes.
Nouvelle-Guinée. Avec l'appui des blindés et des lance-flammes, le 158e groupe de combat américain s'ouvre peu à peu la route de la tête de pont d'Arare à l'ouest, vers Sarmi, parvenant sur les rives du Tirfoam. Dans la tête de pont d'Aitape, les Américains du secteur de Nyaparake se replient sur une autre ligne.
Birmanie-Chine. Par une violente contre-attaque, la 18e division japonaise déloge les Sino-Américains de Charpate, rouvrant ainsi la route du nord vers Myitkyina.
Sur le front de la Salouen, les Chinois lancent sans succès un assaut

Des soldats allemands se rendent après l'attaque décisive alliée du 23 mai 1944 dans le secteur d'Anzio.

A l'approche du débarquement allié en France, des vedettes lance-torpilles allemandes patrouillent sur les côtes atlantiques.

frontal contre une crête fermant au sud-est la vallée de Pingka.

25 mai

Front italien. Le 2e corps américain, qui remonte vers le nord le long de la côte tyrrhénienne, fait sa jonction avec le 6e corps américain qui, entre-temps, a rompu le cercle dans lequel les forces alliées sont enfermées sur la tête de pont d'Anzio. (Le 6e corps est mis en ligne dans le secteur côtier à la place du 2e, qui reste sur le flanc gauche des Français). La 3e division enlève Cisterna et Cori, tandis que la 1re division blindée américaine progresse en direction de Velletri. Avec un front élargi et consolidé, deux possibilités s'offrent au général Clark, commandant la Ve armée américaine : marcher directement sur Rome et prendre la ville avec le prestige qu'il en retirerait et un impact de propagande considérable, ou bien foncer au plus vite vers l'est avec toutes ses forces pour prendre au piège (chose faisable) la Xe armée allemande de Vietinghoff. Sur le plan militaire et stratégique, la seconde hypothèse signifierait probablement la fin de la guerre en Italie ; mais Rome attire Clark irrésistiblement.

Dans le secteur de la VIIIe armée, l'avance alliée est rapide, facilitée par la retraite précipitée des Allemands : tandis que la 78e division britannique dépasse Aquino, des unités du 10e corps anglais s'emparent du mont Cairo et les divisions du 2e corps polonais du général Anders entrent à Piedimonte San Germano. Le 13e corps britannique atteint la Melfa.

Nouvelle-Guinée. Après de durs combats, les Américains franchissent le Tirfoam. Entre-temps, le gros de la Task Force Hurricane, forte de 12 000 hommes, appareille de la baie de Humboldt à destination de Biak.

Birmanie. Dans le secteur nord, la 3e division indienne amorce son repli, abandonnant çà et là des barrages routiers et ferroviaires. Ce qui suscite les remontrances du général Stilwell, désireux que la fermeture des accès sud à la zone de Myitkyina soit maintenue. La 38e division chinoise parvient à couper la route de Kamaing à Seton, provoquant une furieuse réaction japonaise. Sur le front de la Salouen, les Chinois délogent les Japonais du col de Tatangtzu.

26 mai

Front italien. L'avance alliée continue sur tout le front malgré la résistance croissante des Allemands. Tandis que sur le flanc gauche les 45e et 34e divisions (6e corps américain) poussent jusque sur la ligne gare de Campoleone-Lanuvio, la 1re division blindée tente vainement d'atteindre Velletri sur un terrain impraticable. Dans le secteur où opère le 2e corps américain, la 85e division renforce ses positions à l'ouest de Priverno. A la nuit, des unités de la 88e division (2e corps américain) progressent dans le secteur de Roccasecca pour franchir la vallée d'Amaseno, à quelque 30 km de Frosinone.

Birmanie. Dans le secteur nord, la 18e division japonaise reprend le village de Namkwi, dans la zone de Myitkyina. Sur le front de la Salouen, les troupes chinoises de la « force Y » sont à court de ravitaillement.

27 mai

Front italien. Repoussant les contre-attaques allemandes, la 3e division américaine (6e corps) enlève Artena. Tandis que des unités de la 88e division (2e corps américain) atteignent Roccagorga, plus au nord les Français prennent Amaseno, Castro dei Volsci et le mont Siserno.

Dans le secteur de la VIIIe armée, des unités du 1er corps canadien, traversant le Liri, occupent Ceprano. La 6e division blindée (13e corps britannique du général Kirkman), appuyée par la 8e division indienne, poursuit ses attaques pour atteindre Arce.

Nouvelle-Guinée. Escortée par une escadre de croiseurs aux ordres du contre-amiral Fletcher, une force d'invasion de 12 000 hommes composée en grande partie de la 41e division d'infanterie américaine, après un bombardement aérien et naval, prend pied sur l'île de Biak, à 185 km au nord-ouest de Wadke, dans la grande baie de Geelvink (aujourd'hui baie d'Irian). Les premiers détachements débarquent dans la zone de Bosnik. Le général Fuller, commandant la division, assume la direction des opérations terrestres. La résistance de la garnison japonaise est faible, la réaction aérienne quasiment nulle. Aussi, les Américains sont optimistes, mais à tort, car sur l'île les Japonais ont une garnison de 11 000 hommes très aguerris.

Dans la zone de Wadke-Sarmi, le 158e régiment d'infanterie améri-

cain (groupe de combat) avance très lentement, gagnant quelques positions. Dans la nuit du 28, les Japonais lancent contre le périmètre de la tête de pont près de 200 assauts, tous déjoués.
Birmanie-Chine. Dans la zone de Myitkyina, 2 bataillons sino-américains livrent de durs combats contre les détachements japonais au sud de Charpate pour tenter de gagner Radhapur. L'objectif n'est pas atteint, et ils subissent de lourdes pertes. Sur le front de la Salouen, les troupes chinoises arrivent à 8 km de Hongmoshu, où les opérations sont gênées par la mousson.
Chine. 2 divisions japonaises avancent dans la région située à l'est du Hsiang.

Fantassins allemands s'entraînant à La Rochelle.

28 mai
Front italien. Dans le secteur sud, le 6e corps se heurte à une résistance accrue des forces allemandes. En revanche, l'avance du corps français par les monts Lepini se poursuit sans histoire.
Dans la nuit du 29, les Allemands se retirent d'Arce, laissant le champ libre au 13e corps britannique.
Nouvelle-Guinée. Tandis que le 186e régiment d'infanterie américain agrandit sa tête de pont, le 162e se porte à l'ouest, vers les aérodromes de l'île de Biak. A l'ouest du village de Mokmer, à proximité d'un aérodrome, les Japonais contre-attaquent violemment, scindant en deux 1 bataillon américain et lui infligeant de lourdes pertes. Constatant que la position est intenable, le général Fuller ordonne le repli du bataillon, dans l'attente de renforts. Dans la zone de Wadke-Sarmi, les pointes américaines les plus avancées, pourtant épaulées par l'artillerie, doivent reculer sous la pression japonaise.
Birmanie-Chine. Sur le front de la Salouen, le général Wei décide la traversée de la rivière (qui grossit de plus en plus avec les pluies de mousson) par la LXXIe armée chinoise, dont relève la 88e division, déjà parvenue à l'ouest de la Salouen pour investir le centre de Loungling.

29 mai
Front italien. La 1re division blindée américaine (6e corps) attaque sur la route d'Albano, enlève vers midi la gare de Campoleone, mais son avance est freinée par la ferme résistance du 1er corps d'armée de parachutistes allemands.
Dans le secteur de Lanuvio, la 34e division américaine se heurte également à une farouche résistance allemande.
Dans le secteur de la VIIIe armée britannique, le corps canadien amorce son avance de Ceprano à Frosinone.
Nouvelle-Guinée. La première bataille de blindés de la guerre du Pacifique se déroule sur Biak. Les Japonais refoulent le 162e régiment d'infanterie américain jusqu'au point de débarquement près de Bosnek. Le général Krueger ordonne le transfert à Biak de 2 bataillons du 163e régiment d'infanterie, alors que les Japonais menacent toujours la tête de pont Arare-Toem, sur la terre ferme.
Birmanie-Chine. Sur le front de la Salouen, la réparation d'un petit pont sur la rivière vient améliorer la situation logistique des divisions chinoises. On constatera un peu plus tard que le trafic passant par cette voie est insuffisant, et il faudra réclamer du ravitaillement par la voie aérienne.
Chine. Le général Chennault réclame du ravitaillement pour la 14e force aérienne américaine, afin de parer à la menace japonaise sur les importantes positions chinoises dans la partie orientale du pays.

30 mai
Front italien. Dans le secteur de la Ve armée américaine, en dépit des attaques répétées et de la supériorité des Alliés, les Allemands conservent leurs positions entre Albano et Velletri.
Plus au nord, le 1er corps canadien continue à avancer sur Frosinone.
Nouvelle-Guinée. Faibles accrochages à Biak, où les Américains se réorganisent.
Dans la zone de Wadke-Sarmi, le 158e régiment d'infanterie américain établit une nouvelle ligne défensive le long du Tirfoam. Attaques nocturnes des Japonais sur le périmètre de la tête de pont d'Arare, face à Biak.

31 mai
Front italien. Ordre est donné aux 6e et 2e corps américains de passer à l'attaque des monts Albains. Albano résiste toujours aux assauts du 6e corps américain. La 88e division (2e corps américain) enlève Lariano et gagne les positions situées au-delà de la route de Velletri à Artena.
Dans le secteur de la VIIIe armée, le 1er corps canadien entre à Frosinone, tandis que le 10e corps prend Sora.

Nouvelle-Guinée. Accalmie sur Biak. Dans la zone de Wadke-Sarmi, les Américains réduisent le périmètre défensif pour obtenir une meilleure concentration de feu, mais maintiennent une petite tête de pont au-delà de la Tor. Dans la zone de Hollandia-Aitape, intense activité de patrouilles japonaises.
Birmanie-Chine. Le largage de ravitaillement aux divisions chinoises au-delà de la Salouen commence.

1er juin
Front italien. La pression alliée s'accentue sur la XIVe armée allemande, qui résiste dans le secteur d'Albano et de Lanuvio. Tandis qu'au sud des monts Albains le 141e régiment de la 36e division américaine enlève Velletri après une très dure bataille, le 2e corps passe à l'attaque finale en direction de Rome en se portant sur la route nº 6 : sur le flanc gauche, la 85e division, attaquant le mont Ceraso, se heurte à une forte résistance allemande.
Sur le flanc droit du 2e corps américain, la 3e division américaine lance une offensive plein nord, vers Valmontone.
Après l'enfoncement de la ligne Gustav, le maréchal Kesselring, commandant le groupe d'armées C, ordonne aux Xe et XIVe armées de se replier en combattant sur la ligne gothique, position fortifiée établie au travers de l'Italie, de la mer Ligurienne (entre La Spezia et Viareggio) à l'Adriatique à hauteur de Pesaro, en passant au nord de Lucques et Pistoia pour descendre ensuite au sud de San Marino et remonter jusqu'au niveau de Pesaro.
Nouvelle-Guinée. Sur l'île de Biak, les Américains reprennent l'offensive pour étendre à nouveau leur tête de pont. Le 163e régiment d'infanterie reste pour la défendre, tandis que le 186e, épaulé par l'artillerie et les blindés, se porte au nord, en direction du plateau central, repoussant les vigoureuses contre-attaques lancées du nord et du sud. Partis d'une autre petite tête de pont, des détachements du 162e régiment d'infanterie progressent à travers la jungle vers le plateau central pour faire leur jonction avec le 186e régiment. Les Japonais bloquent la principale route côtière de l'île. Dans la zone d'Aitape, les Japonais obligent le 1er bataillon du 126e régiment d'infanterie américain à reculer légèrement.
Birmanie-Chine. Sur le front nord, la 22e division chinoise, débordant la résistance japonaise, coupe la route de Kamaing, dans la vallée de Mogaung, en divers points au sud-est de Nanyaseik, au-delà de Kamaing. Étant donné que la 38e division chinoise barre déjà la route de Seton en deçà de Kamaing, la garnison japonaise de Kamaing est gravement menacée. Des renforts américains sont envoyés d'urgence dans la zone de Myitkyina.
Les pluies de mousson gênent les opérations. Les conditions du ravitaillement allié dans la zone sont critiques : les Américains ont des vivres pour 24 heures, les Chinois pour 2 jours.
Sur le front de la Salouen, des détachements des 2 divisions chinoises parties du col de Tatangtzu gagnent la vallée du Shweli, établissant la liaison avec 1 régiment de la 198e division chinoise venant du col de Mamien. Les Japonais retirent quelques-uns de leurs détachements de la haute vallée du Shweli pour qu'ils aillent renforcer, plus au sud, la ligne de Loungling. 2 régiments de la 9e division chinoise traversent la Salouen. Après avoir tergiversé si longtemps, Tchang Kaï-chek s'est enfin décidé à employer en Birmanie les forces nécessaires.

2 juin
Front italien. Au fur et à mesure du désengagement des forces allemandes, les Alliés avancent sur tout le front, du secteur d'Albano à celui de Lanuvio, et des hauteurs à l'est des monts Cavo et Tano jusqu'à la route nº 7 (6e corps américain).
Dans le secteur du 2e corps américain, des unités de la 85e division enlèvent Maschio d'Ariano, les monts Fiore et Ceraso, poussant jusqu'à la route nº 6, laquelle par contre est coupée au-delà de San Cesareo par les troupes de la 88e division. L'avance des 7e et 30e régiments (3e division américaine) continue respectivement dans les secteurs de Palestrina et de Valmontone (abandonnée depuis peu par les Allemands).
États-Unis. Les chefs d'état-major anglo-américains parviennent à un compromis sur la stratégie à suivre dans le Sud-Est asiatique. Le pont aérien Inde-Chine devra être ultérieurement renforcé en fonction des opérations dans le Pacifique. Les actions terrestres seront entreprises

Poste d'artillerie lourde construit par l'organisation Todt sur la côte atlantique pour faire face à une éventuelle invasion alliée.

et maintenues dans la mesure où elles serviront à accroître le volume des ravitaillements de l'Inde à la Chine : à cette fin, la conquête de la zone de Myitkyina est de la plus haute importance, tout comme le rétablissement de la route de l'Inde à la Chine et la construction de pipe-lines pour la Chine.
Nouvelle-Guinée. Sur Biak, le 186ᵉ régiment d'infanterie américain attaque à l'ouest en bordure du plateau intérieur en direction des aérodromes. La prise de ceux-ci est jugée capitale, non seulement comme futures bases, mais surtout parce que de là l'aviation japonaise peut frapper fréquemment l'aérodrome de Wadke, où des dizaines d'avions américains ont déjà été détruits.
Le bataillon du 162ᵉ régiment d'infanterie, qui a établi la liaison avec le 186ᵉ régiment, lui est incorporé. Dans le secteur côtier, les autres bataillons du 162ᵉ régiment d'infanterie bloquent une piste qui mène à l'intérieur et délogent les Japonais d'une position.
Birmanie-Chine-Inde. Le véritable siège de la garnison japonaise de Myitkyina a commencé. Les Chinois creusent des galeries pour s'infiltrer dans les lignes ennemies. Sur le front de la Salouen, la 36ᵉ division chinoise occupe le village de Kaitou et encercle Chiaotou, dans la vallée du Shweli.
Sur le front d'Arakan, les divisions indiennes qui ont établi leurs liaisons et repris l'initiative contre les Japonais, avancent lentement vers Akyab.
Sur le front indien, où les combats sont particulièrement meurtriers autour d'Imphal, les effectifs anglo-indiens s'élèvent à 100 000 hommes. La 7ᵉ division indienne, retirée d'Arakan, réussit à briser les lignes de la 31ᵉ division japonaise au nord de Kohima. Les Japonais commencent lentement leur repli.

3 juin
Front italien. L'avance alliée se poursuit à une allure record sur tout le front : Albano, Lanuvio et Frascati, entre autres, sont tombées, tandis que des unités de la 3ᵉ division américaine et du corps expéditionnaire français progressent sur la route nº 6. Dans le secteur de la VIIIᵉ armée britannique, le 1ᵉʳ corps canadien atteint Anagni.
Le maréchal Kesselring a reçu de Hitler l'autorisation de quitter Rome, mais le désengagement est déjà en cours depuis quelque temps : selon le plan de Kesselring, les combats au sud et au sud-est de Rome doivent se prolonger le plus possible pour permettre l'évacuation des troupes stationnées dans la ville, et surtout la retraite de la XIVᵉ armée au-delà du Tibre. L'opération réussit : d'autre part, Rome ayant été déclarée « ville ouverte » depuis le 13 août 1943 et en vertu également des accords passés avec les chefs de la Résistance, les anciens occupants ne font sauter ni les ponts ni les autres constructions. En contrepartie, leur retraite n'est pas entravée par des actions partisanes.
France. Le Comité français de libération nationale se proclame Gouvernement provisoire de la République française (G. P. R. F.).
Nouvelle-Guinée. Le 186ᵉ régiment d'infanterie continue son avance à l'ouest sur un large front, plus gêné par la nature du terrain que par l'ennemi. En revanche, le 162ᵉ régiment, qui lui aussi se porte à l'ouest, est arrêté par les Japonais tenant la zone d'Ibdi. Le commandement décide d'éliminer cette poche avant de poursuivre la progression.
Birmanie. Les 42ᵉ, 150ᵉ et 89ᵉ régiments sino-américains assaillent les positions japonaises, mais sont repoussés avec de lourdes pertes.

4 juin
Front italien. Les unités de la Vᵉ armée américaine convergent sur Rome. Les dernières arrière-gardes allemandes quittent la capitale lorsque les premiers détachements du général Clark entrent dans la banlieue sud : à 19 h 15, la 88ᵉ division américaine atteint la Piazza Venezia.
Nouvelle-Guinée. Début des opérations précédant l'invasion de l'île de Noemfor (Numfoor), à l'ouest de Biak, où se trouvent 3 aérodromes pouvant être utilisés soit comme tremplin vers le Pacifique central, soit pour contrôler les routes maritimes à l'ouest de Biak.
Birmanie-Chine-Inde. Sur le front de la Salouen, l'artillerie chinoise réduit au silence les batteries japonaises qui pilonnaient le pont de Huei-jen. Les 87ᵉ et 88ᵉ divisions chinoises convergent sur Loungling. La 28ᵉ division chinoise, récemment constituée, occupe le village de Lameng, s'opposant à la garnison japonaise de Soung Chan. Dans

Des détachements américains d'infanterie débarquent sur une île des Philippines ravagée par des incendies.

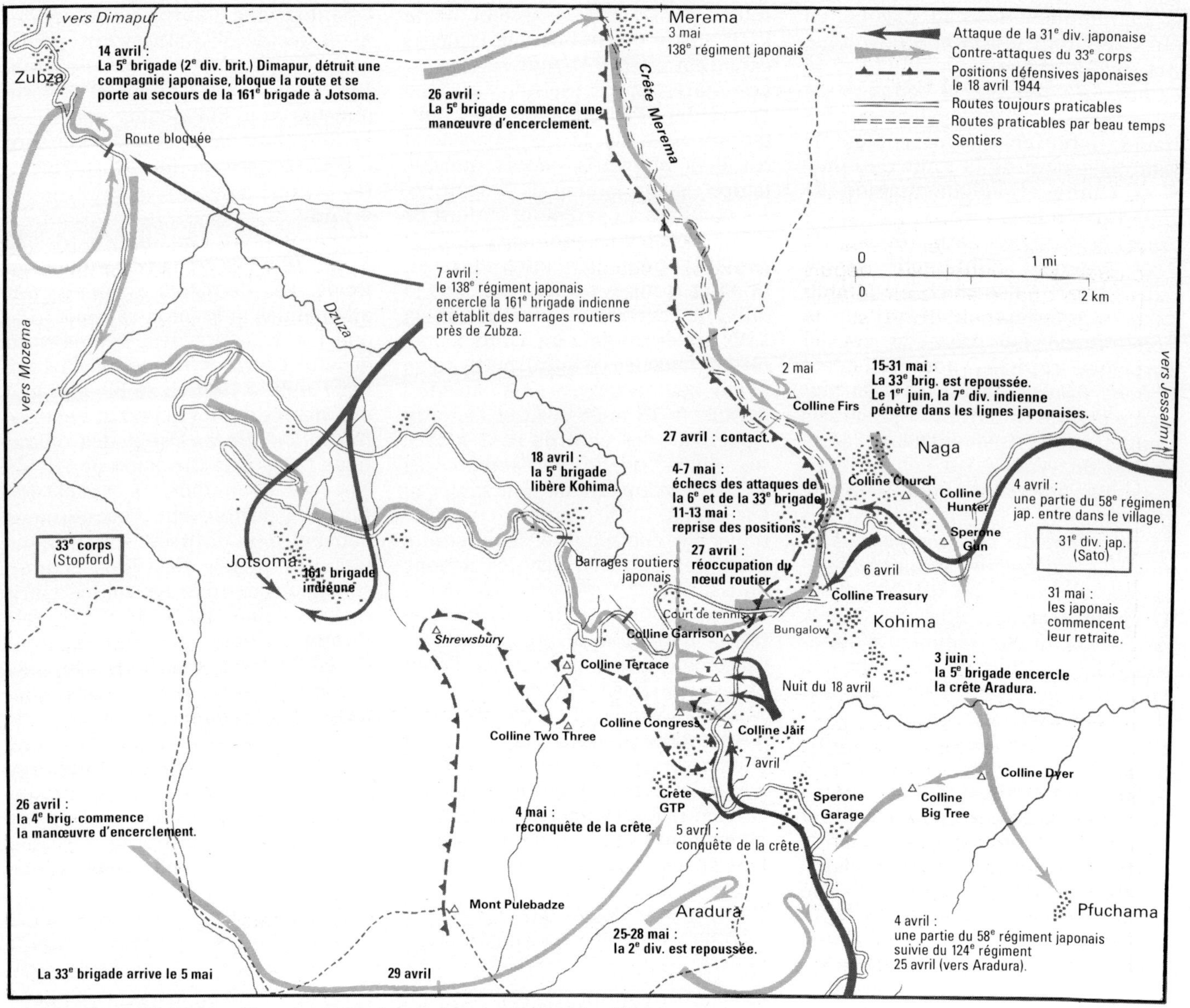

La bataille de Kohima, ultime tentative japonaise pour défendre l'Inde.

la zone d'Imphal, la 20e division indienne avance au nord en direction d'Ukhrul pour faire sa liaison avec la 7e division indienne, qui descend au sud de Kohima. La 15e division japonaise risque d'être prise au piège au nord-est d'Imphal.

5 juin

Front italien. Entrée triomphale à Rome des troupes alliées, surprises de l'accueil enthousiaste que leur réserve la population. Celle-ci salue le retour à la liberté, mais aussi la fin de la guerre, des persécutions, des déportations et sans doute des restrictions.

Le roi Victor-Emmanuel III, selon les engagements pris, remet le royaume aux mains de son fils Humbert de Savoie qui reçoit la lieutenance générale.

Traversant la « ville ouverte », les Alliés se lancent à la poursuite de la XIVe armée allemande, dont le général Lemelsen s'apprête à prendre le commandement. La conquête de Rome a coûté à la Ve armée américaine 30 000 hommes (morts, blessés et disparus), à la VIIIe armée britannique 12 000 hommes, contre 25 000 chez les Allemands.

Nouvelle-Guinée. Le général Krueger, commandant la VIe armée américaine, enjoint à la force d'invasion de Biak d'occuper rapidement les aérodromes, que les Japonais risquent toujours d'utiliser pour frapper les têtes de pont américaines dans la zone de Hollandia et Aitape. Le 186e régiment d'infanterie se porte sur la hauteur principale de l'île, au nord-est de l'aérodrome de Mokmer. Dans la zone d'Ibdi, le 162e régiment réussit à éliminer les Japonais de la piste qui mène à l'intérieur de l'île et à établir la liaison avec le 186e régiment ; mais, en dépit du concours de l'artillerie navale, il ne parvient pas à briser la résistance japonaise.

Dans la zone d'Aitape, les Américains doivent rembarquer les détachements qui occupaient la zone de Yakamul. D'autres détachements sont envoyés à l'intérieur, de façon

LE GOUVERNEMENT PROVISOIRE DE LA RÉPUBLIQUE FRANÇAISE

En annonçant le 3 juin 1944, à la veille du débarquement, la création du Gouvernement provisoire de la République française (G. P. R. F.), le général de Gaulle couronne l'œuvre méthodiquement entreprise depuis près de quatre ans pour rétablir la légalité républicaine sur le territoire national et assurer la présence de la France aux côtés des Alliés le jour de la victoire. Simple chef des « Français libres » en juin 1940, il avait formé, en septembre 1941, un Comité national français, que la pleine adhésion de la Résistance lui avait permis, le 3 juin 1943, de transformer en Comité français de libération nationale (C. F. L. N.), reconnu en août par les gouvernements alliés.

La proclamation du G. P. R. F. répond à un triple souci : couper court aux tentatives de certains éléments vichyssois pour assurer eux-mêmes la transition ; éviter la création d'une situation anarchique ou « révolutionnaire » ; installer dans les territoires libérés une administration française au lieu d'une autorité militaire alliée.

Les velléités vichyssoises (avec l'essai de Laval d'installer Herriot à Paris) avortent assez vite. Le problème allié est plus sérieux : comme ils l'ont fait pour les autres pays occupés, les Américains entendent faire administrer la France par leur « Allied Military Government in Occupied Territories » (A. M. G. O. T.). De Gaulle s'y oppose énergiquement et, non sans mal, obtient gain de cause. Mais il lui faut, d'autant plus soigneusement, préparer le passage ordonné du régime de Vichy au pouvoir né de la Résistance (intérieure et extérieure).

Le C. F. L. N. puis le G. P. R. F. mettent donc en place un véritable État clandestin, appelé à se substituer, le moment venu, aux autorités en place. La pièce maîtresse en est 12 « commissaires régionaux de la République », dotés de pouvoirs très étendus. Ils incarneront le pouvoir central durant la période de transition, secondés par des préfets départementaux, assistés eux-mêmes de comités départementaux de libération (C. D. L.) représentant sur le plan local (comme le C. N. R. sur le plan national) les différentes tendances de la Résistance.

Ce dispositif assurera dans l'ensemble, aux moindres frais, le passage d'un régime à l'autre.

à prendre à revers les Japonais qui viennent de l'est. La tête de pont ne peut être considérée comme sûre, mais les Japonais paient cher des progrès éventuels.

Birmanie-Chine-Inde. 20 000 hommes de la LXXIe armée chinoise ont passé jusqu'à ce jour la Salouen.

Sur le front indien, dans le secteur du 33e corps, la bataille de Kohima s'achève par le succès des Anglo-Indiens ; la 2e division britannique liquide la résistance japonaise dans l'éperon d'Aradura, au sud de Kohima ; mais il reste à rouvrir la route entre Kohima et Imphal.

Du sud, c'est-à-dire d'Imphal, la marche de la 20e division indienne et des divisions restantes du 4e corps se poursuit vers le nord.

Thaïlande. Première mission des Superforteresses B-29 du 20e groupe de bombardement américain : attaque de Bangkok.

6 juin

Front italien. Le 6e corps américain (V^e armée) fonce au nord : des unités de la 1re division blindée américaine établissent leurs positions à environ 40 km au nord de Rome.

Dans le secteur où opèrent les unités de la VIIIe armée britannique, le 13e corps progresse rapidement à l'est du Tibre ; une action soudaine et rapide conduit sa 6e division blindée sud-africaine à Civita Castellana. Sur le flanc droit, la 8e division du 10e corps anglais talonne les Allemands en direction de Subiaco.

Le général Lemelsen remplace von Mackensen à la tête de la XIVe armée allemande, renforcée sur le flanc droit par la 2e division de la Luftwaffe employée en infanterie.

France. A la pointe du jour, les Alliés débarquent sur les côtes de Normandie : la gigantesque opération « Overlord » est déclenchée (voir pages 524 et suivantes).

Nouvelle-Guinée. Le général Fuller, commandant de division, ordonne l'occupation immédiate de l'aérodrome de Mokmer par le 186e régiment d'infanterie américain, qui devra ensuite se porter sur la côte sud de Biak. Abandonnant les hauteurs conquises, le régiment s'apprête à attaquer l'aérodrome, mais l'opération est reportée au lendemain, dans l'attente des approvisionnements en vivres, munitions, et surtout en eau, en provenance de la tête de pont. Dans la zone d'Ibdi, le 162e régiment d'infanterie ne réussit pas à entamer la résistance tenace de l'ennemi.

Chine. Les renforts en munitions venant de l'Inde et destinés à la 14e force aérienne américaine sont fortement accrus en vue des graves engagements résultant de l'offensive japonaise en Chine orientale.

Front soviétique. Raid sur l'aérodrome de Galati, en Roumanie, effectué par 104 Forteresses volantes B-17 et 42 P-51 de la 15e force aérienne américaine, décollant de bases situées en U.R.S.S.

7 juin

Front italien. Le général Alexander donne l'ordre à la VIIIe armée britannique du général Leese d'intensifier les attaques en direction de la ligne Arezzo-Florence (sauf pour ce qui est du 5e corps, qui défend la côte adriatique), tandis que la Ve armée américaine du général Clark marchera le long de la bande tyrrhénienne en direction de Pise, Lucques et Pistoia.

Dans les deux secteurs l'avance devra être la plus rapide possible. Entre-temps, les unités de la 43e division américaine occupent Civitavecchia et son port qui, bien qu'en-

LE DÉBARQUEMENT

Le 6 juin 1944, à 9 h 33, le quartier général d'Eisenhower communique au monde entier le message suivant : « Sous le commandement suprême du général Eisenhower, les forces navales alliées, soutenues par de puissantes forces aériennes, ont commencé à débarquer des armées alliées sur la côte nord de la France. » C'est l'annonce que l'opération « Overlord », soit l'invasion de la France, a réussi et le monde libre ne peut que s'en réjouir. Celui qui est loin de se réjouir est le maréchal Rommel, commandant le *Heeresgruppe* B, chargé de la défense du littoral de la Manche, et donc directement concerné. Son chef d'état-major, le général Speidel, l'appelle le 6 juin, à 10 h 15, dans sa villa de Herrlingen pour lui annoncer la nouvelle, et c'est pour Rommel la plus mauvaise des surprises. Le « jour le plus long », comme il l'a défini à plusieurs reprises, s'est déroulé sans que lui, le grand stratège, ait pu intervenir. Cela fait des mois et des mois que les Alliés préparent cette opération dont devait dépendre l'issue de la guerre, des années que les Anglais dressent les plans, depuis qu'en 1940 ils ont dû quitter le continent.

Depuis longtemps déjà, hommes et matériel désignés pour le débarquement se concentrent dans la région sud de l'Angleterre : spectacle qui se fait de jour en jour plus incroyable, au fur et à mesure qu'arrivent d'outre-Atlantique les moyens d'« Overlord ». Les effectifs américains comptent à eux seuls (soldats, marins, aviateurs et gardes-côtes) 1 700 000 hommes ; les bases aériennes se multiplient (163 nouvelles s'ajouteront aux dizaines déjà existantes) ; les ports deviennent trop exigus. Au printemps de 1944, 2 000 000 de tonnes de matériel ont déjà été amenées à terre et dissimulées dans les bois, tandis que dans les bruyères sont alignés plus de 50 000 blindés, automitrailleuses, semi-chenillés, jeeps, camions.

Dès les premiers jours de mai, cette spectaculaire masse d'hommes et de matériel afflue vers les lieux d'embarquement en vue du « jour J », le jour fatidique fixé pour l'opération.

Depuis des mois les bombardiers alliés ont littéralement « rasé » les côtes françaises, notamment la zone choisie pour le débarquement, coupant de nombreuses lignes de communication et neutralisant la Luftwaffe. Les derniers jours, l'offensive aérienne s'est intensifiée, les installations radar entre Caen et Cherbourg ont été presque totalement détruites. Il n'en reste pas moins que plus de 500 000 soldats allemands ont pris position le long des 1 300 km de côtes, des Pays-Bas à la Bretagne. Le gros de ces forces, constitué par la XVe armée, est concentré sur les côtes de la Manche les plus proches de l'Angleterre, là où l'on pensait généralement que le débarquement aurait lieu. Rommel, en France depuis la fin 1943, a renforcé au maximum et avec la plus grande énergie les fortifications côtières du Mur de l'Atlantique, aussi vanté par la propagande allemande qu'incomplet. Pour compenser le nombre insuffisant d'ouvrages en béton armé, il a fait poser une quantité incroyable d'obstacles et des millions de mines sur toutes les plages éventuelles de débarquement. Son plan de défense repose également sur la disponibilité de divisions blindées, pas moins de 5, en mesure de rejoindre en 2 ou 3 heures n'importe quel point de la côte en cas de débarquement avec mission de rejeter l'ennemi à la mer. Mais, sur ordre de Hitler, les divisions blindées sont gardées en réserve trop loin de la côte et ne peuvent être déplacées sans l'accord exprès du Führer. Aussi, pour rallier le dictateur à ses thèses — il avait souvent dit : « Avec Hitler, c'est celui qui parle en dernier qui a raison » —, Rommel a décidé de se rendre fin mai en Allemagne pour en confé-

Dans une base au sud de l'Angleterre,

EN NORMANDIE

quelques jours avant le débarquement allié.

rer avec lui, c'est-à-dire lorsque les conditions météorologiques auront cessé d'être favorables à un débarquement dans le mois. De surcroît, il est exténué et souhaite partir quelques jours chez lui pour fêter, le 6, l'anniversaire de sa femme. Rommel estime qu'il n'y a rien à craindre jusqu'à la mi-juin, tout laissant supposer qu'un éventuel débarquement ne pourra que coïncider avec la fin du dégel en Pologne et la reprise de l'offensive soviétique à l'est.

1er juin
21 heures : Un message personnel lancé sur les ondes après les informations de la B. B. C. est intercepté aussitôt par le service d'écoute radio du commandement de la XVe armée allemande. Ce message, c'est le début de la *Chanson d'automne* de Paul Verlaine : « *Les sanglots longs/Des violons/De l'automne...* » Canaris, chef des services secrets allemands, a informé les chefs militaires que

ces vers constituent la première partie d'un message qui, lancé le 1er et le 15 d'un mois quelconque à l'adresse de la Résistance française, doit annoncer l'imminence de l'invasion ; la seconde partie du message, les trois vers suivants de Verlaine, sera retransmise 48 heures avant le début du débarquement.
Après l'interception du signal, dès le 2 juin la XVe armée est placée en état d'alerte. Mais, par suite d'une mésentente entre les services de renseignements du commandant suprême de l'armée (O. K. W., Jodl), le commandant en chef à l'ouest (Rundstedt) et le commandant du *Heeresgruppe* B (Rommel), on a tout simplement omis d'en aviser la VIIe armée, qui tient la côte de Normandie.

2-3 juin
Après le journal de la B. B. C., la première partie du message personnel est retransmise, ce qui n'est pas sans déconcerter les services de renseignements allemands, qui ne s'expliquent pas cette seconde retransmission. Entre-temps, Rommel s'apprête à partir pour l'Allemagne.
En Angleterre, d'une roulotte placée dans un bois près de Portsmouth, au sud de l'île, le général Eisenhower va donner l'ordre d'invasion. 3 millions d'hommes dépendent de lui : 1 700 000 Américains, 1 million d'Anglais et de Canadiens, plus 300 000 Français libres, Polonais, Belges, Hollandais, Norvégiens et Tchécoslovaques.
L'opération « Overlord » (débarquement en Normandie, là où l'ennemi s'y attend le moins) a été décidée par Eisenhower le 8 mai (puis confirmée le 17) ; le « jour J » est fixé au 5 ou 6 juin, au plus tard le 7, lorsque deux conditions indispensables à la réussite de l'opération seront réunies. La première : une nuit de pleine lune pour favoriser les parachutages et atterrissages de planeurs, effectués par 22 000 hommes environ des 101e et 82e divisions américaines et de la 6e division britannique. La seconde : la basse mer à l'aube, mettant à découvert les obstacles et les mines que Rommel a fait poser sur les plages, de façon à permettre aux équipes spécialisées qui précéderont la première vague de débarquement de les neutraliser aisément, en faisant sauter les mines et en détruisant les obstacles. Puis, à la seconde marée basse, avant le soir, ce sera au tour de la seconde vague d'assaut de débarquer. Seuls ces 3 jours du mois de juin réunissent toutes ces conditions ; le 19 juin, il est vrai, les marées seraient à nouveau favorables, mais il n'y aura pas de lune et les forces aéroportées seraient obligées d'attaquer dans l'obscurité la plus totale. Il faudrait alors attendre juillet, mais un report aussi reculé, comme le dira par la suite Eisenhower, est « trop compliqué à envisager ». Dans un premier temps, Eisenhower fixe donc le débarquement au 5 juin, mais le 4 (soit le dimanche, jour du départ prévu de Rommel pour l'Allemagne), il le repousse de 24 heures à cause du mauvais temps.

4 juin
De gigantesques convois, qui ont déjà appareillé des ports et ancrages anglais, doivent faire demi-tour sur une mer plus démontée d'heure en heure.
Vers 22 heures, après avoir entendu les chefs alliés et pris connaissance du communiqué météorologique (dont celui du général Stagg, de la R. A. F.), Eisenhower annonce l'irrévocable décision : le débarquement commencera le 6 juin : « Je n'aime pas cela, déclare-t-il, mais il me semble que nous n'avons pas le choix... Je suis absolument persuadé que nous devons donner l'ordre... »
A minuit, les convois se reforment et reprennent la mer en direction de la France. Le mauvais temps, par contre, rassure les Allemands : au sein de la VIIe armée, qui n'a même pas été mise en état d'alerte, règne le calme absolu. Ironie du sort : quelques officiers supérieurs sont attendus le 6 à Rennes, pour participer à un *Kriegspiel,* exercice théorique et topographique destiné à préparer un plan anti-invasion de la Normandie.
Le rapport des forces au moment du débarquement est le suivant : les Allemands disposent de 59 divisions, dont 10 blindées (avec les fameux Tigre et Panthère), 165 bombardiers et 183 chasseurs (dont 160 en exercice : quelques jours plus

Panzerkampfwagen V Panther

Panzerkampfwagen VI Tiger

tôt, des groupes d'avions ont été retirés du nord de la France, alors que Hitler avait promis à ses généraux 1 000 avions pour appuyer, le jour de l'invasion, l'armée de terre).
L'organigramme allemand se présente ainsi : maréchal von Rundstedt, commandant en chef à l'ouest (Q. G. à Saint-Germain-en-Laye); Rommel, commandant du *Heeresgruppe* B, forces de la Manche (Q. G. à La Roche-Guyon). Le *Heeresgruppe* B comprend le 88e corps d'armée (qui garde les Pays-Bas), la XVe armée, mise en ligne entre Anvers et l'Orne, et la VIIe armée, qui défend le secteur compris entre les Pays-Bas et la Loire.
De leur côté, les Alliés disposent de 86 divisions, dont 25 blindées (dotées des chars lourds Churchill et Sherman) et 55 motorisées, 3 100 bombardiers et 5 000 chasseurs. Le commandement suprême des forces alliées est confié au général Eisenhower, assisté du maréchal britannique sir Arthur Tedder. Les forces terrestres sont placées sous les ordres de Montgomery; l'amiral Ramsey et le général d'aviation Leigh-Mallory, tous deux Anglais, commandent respectivement les forces navales et l'aviation. Les forces aériennes stratégiques ont été confiées au général américain Spaatz.

5 juin
22 h 15 environ : Le centre d'écoute radio de la XVe armée allemande intercepte les vers de Verlaine constituant la seconde partie du message personnel à l'adresse de la Résistance française, celle qui, selon le décryptage de Canaris, précédera l'invasion de 48 heures au maximum : « ... *Blessent mon cœur/D'une langueur/Monotone...* » La XVe armée, mais toujours elle uniquement, est mise en alerte d'urgence.
Peu après 22 heures, parachutistes et fantassins, transportés par planeurs, quittent les camps anglais. Juste après minuit, le ciel de Normandie s'embrase de fusées éclairantes, et s'emplit du vrombissement des avions et du crépitement de la D. C. A. allemande.

Nuit du 5 au 6 juin
Une énorme « armada », la plus formidable jamais rassemblée dans l'histoire de l'humanité, approche des côtes françaises : 2 727 bateaux des types les plus variés (navires marchands, ferry-boats assurant déjà la traversée de la Manche, navires-hôpitaux, petits transatlantiques, remorqueurs, pétroliers) chargent ou remorquent plus de 2 500 engins de débarquement *(Landing Ship, tanks; Landing Ship, infantry; Landing Crafts),* escortés de plus de 700 navires de guerre, dont 23 croiseurs, 5 navires de combat (bâtiments anglais *Ramillies* et *Warspite,* et américains *Texas, Arkansas* et *Nevada,* remis en service après avoir été coulés dans les bas-fonds de la rade de Pearl Harbor), plus 104 CT. Pour s'opposer à cette « armada », dont on n'a jamais vu l'équivalent sur mer, les Allemands disposent au total de 3 CT, 35 vedettes lance-torpilles, 34 *U-Boote.*
On compte 21 convois américains et 38 anglo-canadiens, partis pratiquement de toute la côte sud d'Angleterre, et transportant hommes et matériel de la première vague d'invasion vers les côtes normandes : les Américains débarqueront sur les plages dites en code « Utah » (sur la presqu'île du Cotentin) et « Omaha » (entre Vierville-sur-Mer et Sainte-Honorine-des-Pertes); les Anglo-Canadiens, sur « Gold », « Juno » (entre Arromanches et Saint-Aubin-sur-Mer) et « Sword » (entre Lion-sur-Mer et l'embouchure de l'Orne).

6 juin
3 h 14 : Le bombardement aérien des plages choisies commence.
3 h 30 : Des parachutistes et groupes aéroportés sont largués, en l'absence de toute réaction organisée des Allemands. De nombreux parachutistes (on ne saura jamais combien), ployant sous le poids et l'encombrement de l'équipement, se noient dans les marais aux abords de la Douve et du Merderet et dans les marécages créés par Rommel en faisant inonder la vallée de la Dives. Un certain nombre de planeurs s'écrasent au sol lors de l'atterrissage : leurs occupants sont tués. Mais le gros des forces, tant américaines que britanniques, soit environ 18 000 hommes, parviennent à se regrouper

Infantry Tank Mk IV Churchill V

Medium Tank Sherman V C Firefly

et à remplir les tâches qui leur sont assignées : démanteler le système de communications adverse, provoquer le maximum de confusion, occuper tous les ponts importants avant que les Allemands ne les fassent sauter. A l'aube, les parachutistes tiennent le pont de Caen et l'un des ponts sur l'Orne. Sainte-Mère-Église est la première ville française libérée, à l'aube du 6, par des parachutistes américains.
5 h 50 : 600 navires de guerre escortant le gigantesque convoi pilonnent les défenses côtières.
6 h 30 : Le XXIe groupe d'armées allié, commandé par Montgomery, commence à débarquer. La IIe armée britannique de Dempsey prend pied sur les plages qui lui sont assignées à l'embouchure de l'Orne (« Juno », « Sword, » « Gold »), la Ire armée américaine de Bradley sur les plages de la presqu'île du Cotentin (« Utah » et « Omaha »). La couverture aérienne est impressionnante, le tir des canons de marine meurtrier. Pour éviter toute surprise, les navires des convois sont précédés par des dragueurs de mines et protégés par le barrage des ballons captifs. Peu à peu arrivent les 145 grands caissons flottants de béton remorqués destinés à la construction des ports artificiels Mulberry en mesure d'accueillir des navires de 10 000 t (type Liberty), et les éléments d'un pipe-line préfabriqué Pluto *(Pipeline-under-the-ocean)* qui alimentera l'armée en carburant. Lorsque enfin, après tant d'heures, les chefs militaires allemands réalisent qu'il s'agit bien de l'invasion et non pas d'une opération de diversion (la nouvelle parvient à Berchtesgaden le 6 juin, à 5 heures, mais personne ne réveille Hitler qui dort), Rundstedt donne l'ordre de contrecarrer l'avance des Alliés avec la 12e *Panzer S. S.* et la *Panzerlehr.*
Si l'heure H pour les troupes de débarquement alliées a été 6 h 30 le 6 juin — mais, compte tenu des différences locales des marées, les unités anglaises ne prendront pied sur le sol de Normandie qu'à 7 h 25 —, pour les parachutistes anglo-américains ce sera minuit. C'est à cette heure, en effet, que commencent à s'ouvrir dans le ciel de Normandie les premiers parachutes des envahisseurs : 3 divisions aéroportées (82e et 101e américaines et 6e britannique), au total 20 000 hommes environ, largués à l'intérieur des terres à hauteur d'Utah Beach, entre Sainte-Mère-Église et Carentan (82e et 101e), et Sword Beach, à l'est de l'Orne, dans le secteur de Caen (6e). Le but de l'opération est clair : couvrir et faciliter le débarquement allié dans ces deux secteurs clés pour la prise de Caen et du Cotentin.
Peu après 1 heure, au commandement du 84e corps allemand, à Saint-Lô, les messages des unités côtières commencent à parvenir, annonçant l'atterrissage de « parachutistes ennemis » dans la région de Ranville-Bréville et en bordure nord du bois de Bavent, au nord-est de Caen, ainsi que dans la presqu'île du Cotentin, près de Sainte-Marie-du-Mont et de Saint-Germain-de-Varreville.
Pour la 6e division aéroportée anglaise tout marche bien, et à 3 h 30, lorsque le général Gale, à la tête de la troisième vague, met pied à terre, une bonne partie des objectifs sont atteints : entre autres, la tête de pont de Ranville est consolidée, les batteries côtières de Merville sont détruites, les ponts sur la Dives ont sauté. Un seul inconvénient : près de la moitié des quelque 5 000 hommes qui forment la division sont dispersés et ne répondent pas à l'appel.
Cet inconvénient, les Américains vont également le connaître : marécages, boue, obscurité rendent hypothétique le rassemblement et dérangent les plans si longuement mûris : sur les 13 000 hommes des 2 divisions américaines, quelques milliers seulement parviennent à se regrouper, et à l'aube très rares sont les unités qui se présentent au lieu prévu. Toujours est-il que la 101e division (501e, 502e et 505e régiments de parachutistes, sous les ordres du général Taylor) réussit à prendre le contrôle de la zone située entre Saint-Martin-de-Varreville et Pouppeville, d'où elle s'apprête à couvrir le débarquement de la 4e division américaine à Utah Beach. Plus à l'intérieur, la 82e division aéroportée (505e, 507e et 508e régiments de parachutistes, commandés par le général Ridgway) enlève Sainte-Mère-Église, mais manque 2 objectifs importants : la traversée de la Douve et du Merderet, et la jonction avec la 101e division.
Le débarquement a commencé à 6 h 30 et les premiers à prendre pied sur le sol de Normandie sont les Américains de Bradley, avec le 7e corps du général Collins sur Utah Beach, et le 5e du général Gerow sur Omaha Beach. A Utah Beach, tout marche pour le mieux et à midi les avant-gardes de la 4e division américaine avancent sur la route de Pouppeville et Sainte-Marie-du-Mont pour tenter la jonction avec les parachutistes de Taylor ; en revanche, devant Omaha Beach, la mer démontée, le ressac et la réaction meurtrière des unités de la 352e division allemande rendent la situation des hommes du général Gerow extrêmement critique : les péniches de débarquement sont difficiles à manœuvrer dans les vagues, et une bonne partie des chars amphibies lancés en mer sont engloutis avec leurs équipages.
Sur les plages « Gold », « Juno » et « Sword », où les détachements de la IIe armée britannique de Dempsey prennent pied, la mer cause également des dégâts, mais pas aussi graves qu'à Omaha Beach. Vers midi, de la plage « Gold », objectif du 30e corps britannique du général Bucknall, la 50e division pousse sur Arromanches et Versur-Mer ; sur « Juno », la 3e division canadienne (1er corps britannique du général Crocker) a

Fantassins américains à l'attaque, pris sous le feu de l'ennemi, après le débarquement en Normandie.

contourné les défenses de Courseulles, prenant position sur les collines derrière la ville ; enfin, dans le secteur « Sword », la 3e division d'infanterie et 3 groupes de commandos se portent à Biéville-sur-Orne, à 4 km environ de Caen.

A midi, le Premier ministre britannique, Churchill, s'adressant à la Chambre des communes, annonce les débarquements en Normandie : «... La première série de débarquements en force sur le continent européen a commencé au cours de la nuit. Cette fois, l'assaut libérateur s'est effectué sur la côte de France... L'unité la plus complète règne parmi les armées alliées. »

Dans l'après-midi les défenses allemandes sont en mesure d'opposer une résistance efficace, notamment dans le secteur de Caen, où le 22e régiment de panzers stoppe l'avance des Anglais vers la ville, tandis que le 192e régiment de *Panzergrenadiere* pousse jusqu'à la mer entre les plages « Juno » et « Sword ».

Entre-temps, dans le secteur « Gold », la 50e division, renforcée par la 8e brigade blindée (30e corps britannique), approche de Bayeux.

A Utah Beach, dans le secteur américain, entre 12 h 15 et 12 h 30, la 101e division aéroportée opère sa jonction avec le 7e corps américain, tandis que sur Omaha Beach l'avance des unités du 5e corps américain est très lente, bloquée par la résistance tenace des régiments de la 352e division d'infanterie allemande : à la tombée de la nuit, la pénétration américaine ne dépasse nulle part 1,5 km.

En fin d'après-midi, Rommel, commandant du *Heeresgruppe* B, arrive à son quartier général de La Roche-Guyon. Nullement convaincu qu'il s'agit là de la grande offensive alliée en territoire français, il s'apprête à lancer ses contre-attaques contre les têtes de pont anglo-américaines, selon les directives de Hitler, qui a donné l'ordre de rejeter les envahisseurs à la mer « dans la nuit ». Il peut compter sur la VIIe armée de Dollmann, composée du 84e et du 47e corps blindé, dont la 21e division est l'une des premières unités à être lancée contre les Anglais dans les secteurs « Juno » et « Sword ». En revanche, il ne peut disposer de la XVe armée, employée à l'est du front de débarquement ; Hitler a d'ailleurs formellement interdit qu'on fasse appel à elle pour les opérations en Normandie : le Führer reste en effet persuadé que la véritable invasion n'a pas encore commencé et qu'elle n'aura sûrement pas lieu en Normandie.

Toujours est-il qu'à la tombée de la nuit la bataille cesse sur tout le front : les Alliés sont trop exténués pour envisager la poursuite de l'offensive, et, de leur côté, les Allemands ne possèdent ni matériel ni troupes suffisants pour lancer une contre-attaque de grand style. Aussi, sur le plan tactique, les objectifs alliés fixés pour le 6 juin n'ont été atteints sur aucune des plages ; toutefois, le « jour J » reste un grand succès pour les Anglo-Américains qui ont débarqué 155 000 hommes sur le sol français. Il n'est désormais plus possible de les rejeter à la mer, et, une fois de plus, l'avenir donnera raison à Rommel, qui, depuis toujours, soutient que perdre la première bataille, celle des plages, signifierait ouvrir le continent européen à l'invasion.

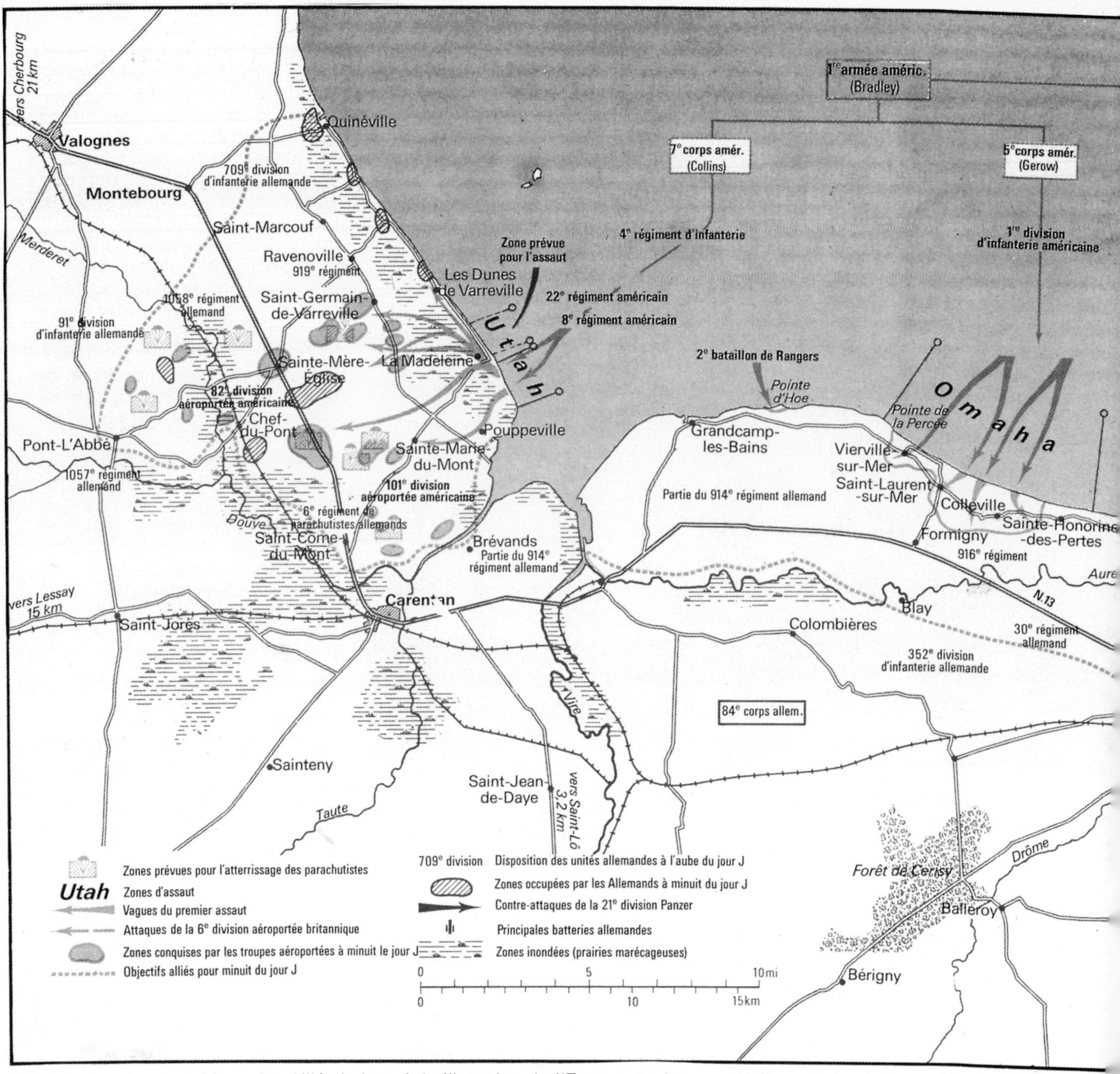

Débarquements et positions des Alliés le jour J de l'invasion de l'Europe, toujours partiellement dominée par Hitler.

dommagé, pourra servir de point de débarquement au ravitaillement destiné aux troupes opérant en première ligne. Dans la soirée, le général Clark retire du front le 2e corps américain du général Keyes (85e et 88e divisions), qu'il remplace par le corps expéditionnaire français du général Juin. La 6e division blindée sud-africaine, suivie par la 78e (13e corps britannique), se dirige vers Orvieto.

France. Le 6 à minuit, les Alliés n'ont pas atteint les objectifs fixés par « Overlord » ; toutefois, les débarquements (sauf sur Omaha Beach) ont été effectués avec succès, et les troupes anglo-américaines ont maintenant établi de larges têtes de pont.

A la pointe du jour, la bataille reprend : l'urgence pour les Alliés consiste à consolider les têtes de pont et à gagner le plus vite possible la ligne qu'ils comptaient atteindre la veille au soir. Pour les Allemands, c'est une question de vie ou de mort de repousser l'ennemi avant qu'il n'ait la possibilité d'agrandir la brèche ouverte dans leurs défenses côtières.

Le général Eisenhower, en inspection sur le front, donne aux 5e et 7e corps américains (Ire armée du général Bradley) l'ordre de converger, après avoir enlevé respec-

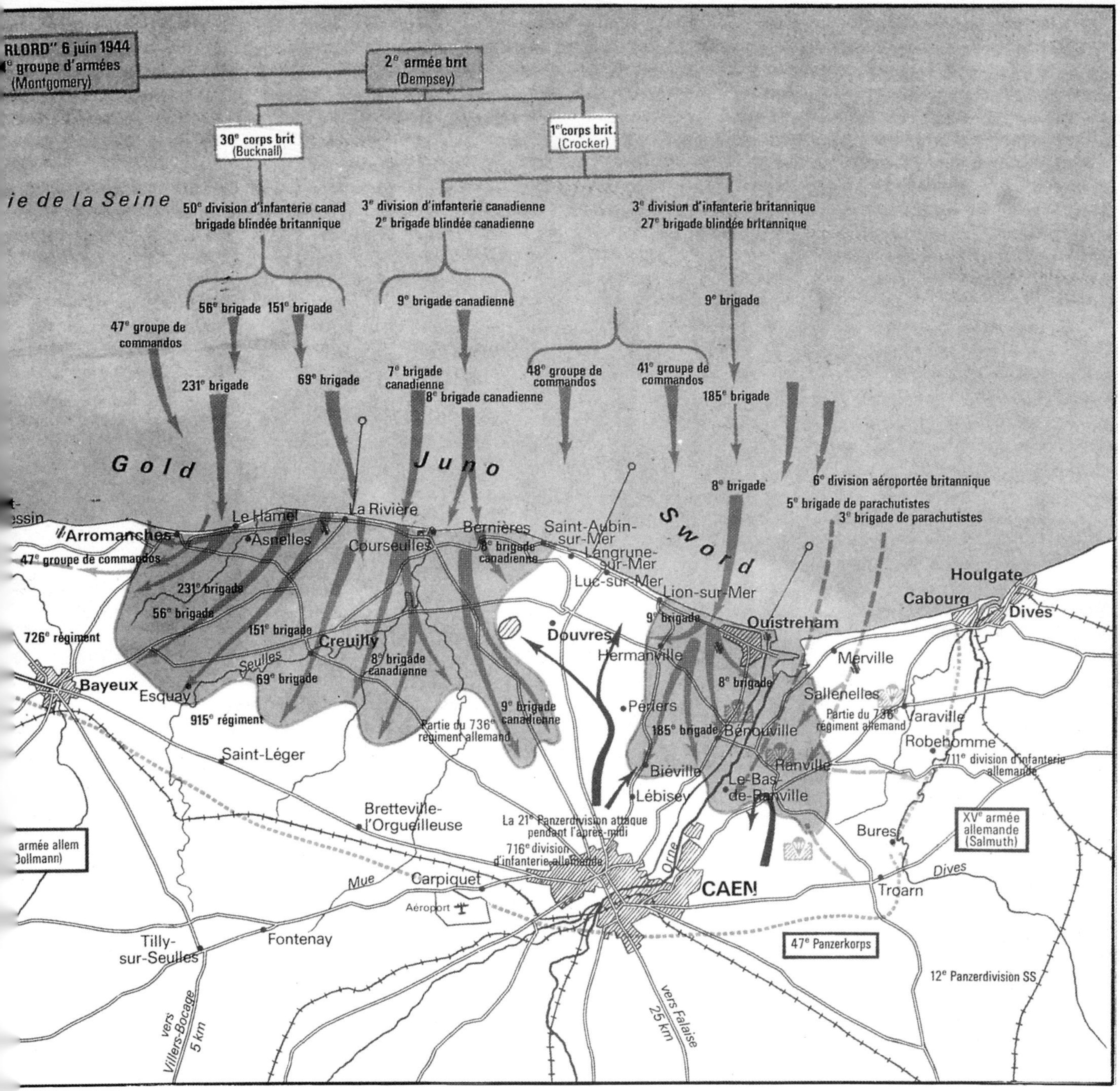

tivement Isigny (29e division) et Carentan (101e division d'assaut). La 4e division du 7e corps se porte au nord, vers la ligne de Quinéville-Montebourg, mais est stoppée par la volonté de résistance des Allemands sur la ligne de fortifications de Crisbecq et d'Azeville. Entretemps, les colonnes du 8e régiment convergent vers Sainte-Mère-Église pour aider les unités de la 82e division aéroportée à repousser une dangereuse contre-attaque allemande venue du nord. D'autres unités de cette division atteignent la rive orientale du Merderet, mais se heurtent à une farouche résistance au pont La Fière. Au sud de Sainte-Mère-Église, des unités de la 101e division aéroportée, stationnées sur la rive septentrionale de la Douve, suspendent momentanément les attaques en vue d'établir une tête de pont au-delà du cours d'eau : en revanche, elles reçoivent la reddition des détachements allemands du Port et de La Barquette. Le 5e corps américain, flanqué à droite de la 29e division et à gauche de la 1re, marche sur Isigny et Bayeux.

Des unités de la 29e division, atteignant la région de Saint-Laurent-sur-Mer, se portent au sud-ouest vers Louvières et Montigny. Sur le flanc droit du secteur de la 1re division américaine, des éléments du

5 juin 1944. Détachements de la Ve armée américaine à Rome, Porta Maggiore; pour les Romains, c'est la fin du cauchemar de la guerre.

26e régiment tentent vainement de prendre Formigny; au centre, le 18e régiment pousse en direction d'Engranville, Mandeville-en-Bessin et Mosles; sur la gauche, le 16e régiment enlève Huppain.

Les Allemands contrôlent toujours solidement l'étroit couloir séparant les forces américaines et anglaises, le long de la Dromme jusqu'à sa confluence avec l'Aure. Dans la soirée débarquent les premières troupes de la 2e division américaine.

Dans le secteur de la IIe armée britannique, la 50e division (30e corps anglais) dépasse Bayeux (prise miraculeusement intacte) et, forte de quelques unités, se porte au sud de la N13 Bayeux-Caen : même opération réalisée plus à l'est, près de Caen, par une brigade de la 3e division canadienne (2e corps).

□ Une unité de F.F.I. occupe la ville de Tulle.

Nouvelle-Guinée. Sur Biak, le 186e régiment d'infanterie américain occupe l'aérodrome de Mokmer, atteignant la côte sud sans rencontrer de résistance, mais toute la zone est ensuite prise sous un feu nourri de l'ennemi.

Le 162e régiment d'infanterie commence le transfert par mer du gros de ses forces dans le secteur côtier au sud de l'aérodrome de Mokmer pour pouvoir enlever les positions japonaises dans la partie méridionale de l'île et éliminer ainsi toute menace des batteries japonaises sur le trafic du ravitaillement entre la terre ferme et l'île. On se bat toujours autour de la poche d'Ibdi. L'artillerie américaine a commencé à neutraliser les cavernes fortifiées par l'ennemi dans la partie orientale de l'île, à l'est de l'aérodrome de Mokmer. Les combats se poursuivent dans la zone des têtes de pont de Hollandia et d'Aitape.

Birmanie-Chine. Les Sino-Américains projettent pour le 10 une nouvelle offensive contre Myitkyina. Sur le front de la Salouen, la 88e division chinoise atteint la périphérie est de Loungling, tandis que la 87e division chinoise, progressant le long de la « route de Birmanie », approche peu à peu de la ville.

8 juin

Front italien. L'avance du 6e corps américain (Ve armée) est freinée au sud de Tarquinia par des actions de diversion allemandes. Le 2e corps américain arrive à une dizaine de kilomètres de Viterbo. Dans le secteur britannique, le 5e corps, qui garde la côte adriatique, progresse au nord après le retrait des troupes allemandes. Au centre du dispositif allié, la 6e division blindée sud-africaine (13e corps) marche rapidement sur Orvieto.

La 6e division blindée britannique est arrêtée au col de Corese, à l'ouest du mont Maggiore.

France. Près de Port-en-Bessin, la liaison est faite entre la Ire armée américaine et la IIe anglaise. Des unités de la 82e division aéroportée et de la 4e division (7e corps américain) commencent d'avancer en direction de Cherbourg, tandis que le 22e régiment (4e division) tente vainement de franchir la ligne de fortifications entre Azeville et Crisbecq. Le long du Merderet, la 82e division s'oppose durement à la 243e division allemande. Sur le flanc méridional du secteur, où opère le 7e corps, la 101e division aéroportée engage la bataille pour Carentan, en vue d'opérer sa jonction le plus vite possible avec le 5e corps américain. Ce dernier atteint les objectifs qui avaient été fixés pour le jour du débarquement et enlève Isigny dans la nuit, en toute sécurité; son 115e régiment, traversant Longueville, poursuit au sud de l'Aure. Dans le secteur où opère la 1re division, tandis que le 26e régiment, cherchant à prendre l'ennemi au piège entre les têtes de pont américaine et britannique, dépasse Tour-en-Bessin et, dans la nuit, Sainte-Anne, le 16e tente de stopper la retraite des Allemands fuyant Port-en-Bessin. Mais ceux-ci, réussissant à maintenir un couloir d'évacuation, sauvent dans la nuit du 8 au 9 une bonne partie de leurs forces. Dans le secteur de la IIe armée britannique (30e corps), le 47e régiment de Royal Marines entre à Port-en-Bessin aux premières heures de la matinée.

Front soviétique. En prélude en quelque sorte à la grande offensive d'été, les XXIIIe et XXIe armées soviétiques du Front de Leningrad (Govorov), après une préparation d'aviation qui dure 3 heures, attaquent les positions finlandaises de la ligne Mannerheim dans l'isthme de Carélie, entre le lac Ladoga, à l'est, et le golfe de Finlande, à l'ouest. Moscou a tenté, par la voie diplomatique, de faire sortir la Finlande de la guerre en obtenant une paix séparée, mais jusqu'ici les conditions soviétiques sont jugées inacceptables par les Finlandais.

Nouvelle-Guinée. Les îlots au sud de Biak sont maintenant tous occupés

6 juin 1944. Débarquement allié en Normandie. Sous le feu des défenses allemandes, hommes et engins du contingent américain prennent pied sur la portion de plage dite en code « Omaha Beach ».

par les Américains; sur l'un d'eux, une base américaine pour vedettes lance-torpilles est mise en état de fonctionnement.

Sur Biak, le 186e régiment d'infanterie américain consolide ses positions dans la zone de l'aérodrome de Mokmer, tandis que le 162e régiment d'infanterie américain, dont les forces sont réparties entre les côtes orientale et occidentale de l'île, se heurte à une forte résistance ennemie dans la zone des cavernes fortifiées (cavernes orientales), à l'est de l'aérodrome de Mokmer. Dans la zone du défilé de Parai, les Japonais s'opposent très durement aux forces conjuguées des 163e, 186e et 162e régiments américains. De Parai, les avant-gardes du 162e régiment parviennent jusqu'aux abords du village de Mokmer. Près de la tête de pont d'Aitape, les Américains contre-attaquent, réussissant à approcher à 1,5 km du Tirfoam, d'où ils avaient dû se retirer.

Birmanie-Chine. Sur le front de la Salouen, la 88e division chinoise réussit une percée limitée dans les défenses de Loungling, tandis que la 87e, gagnant la porte nord de la ville, bloque la route Loungling-Tengchoung, par où est acheminé le ravitaillement japonais.

9 juin

Front italien. Dans le secteur du 6e corps américain, des unités de la 34e division entrent à Tarquinia. A la première heure, Viterbo tombe également sans coup férir aux mains de la 1re division blindée américaine. Dans le secteur d'opérations de la VIIIe armée britannique, une nouvelle frontière est établie le long du Tibre entre les 13e et 10e corps, des unités du 13e (6e division blindée britannique et 4e division d'infanterie) passant au 10e corps. Dans le secteur du 13e corps, la 6e division blindée sud-africaine établit la liaison à Viterbo avec des unités de la 1re division blindée américaine (Ve armée) et se porte en direction d'Orvieto. De son côté, la 6e division britannique (10e corps) progresse en direction de Terni.

Après les 85e et 88e divisions blindées américaines, c'est au tour de la 1re division d'être retirée du front, tandis que le 4e corps américain prend le contrôle du secteur occupé

par le 6e (dont le commandement est transféré à Naples) et par la 36e division (général Crittenberger). *Rome.* Démission du maréchal Badoglio, président du Conseil des ministres italien. Ivanoe Bonomi est chargé de former le nouveau gouvernement de la lieutenance.
France. Progrès notables de la 4e division américaine (7e corps) en direction de Cherbourg : le 22e régiment contraint à la reddition les 169 hommes qui défendent les fortifications d'Azeville (4 casemates en béton dissimulées derrière des habitations de civils, reliées par des tranchées couvertes armées de canons de 150 mm et surmontées de mitrailleuses); il met sur pied ensuite une *Task Force,* qui se dirige vers Quinéville par la brèche ouverte à Azeville. Les 82e et 101e divisions aéroportées lancent leurs attaques respectivement sur le Merderet et, au sud, vers Carentan. Dans le secteur central du 5e corps américain, le 38e régiment de la 2e division entre à Trevières, tandis que le 9e, par l'est, se porte à Rubercy. La 1re division, forte des troupes de son flanc gauche, atteint Agy et Dodigny. La 2e division blindée américaine commence à débarquer. Dans le secteur de la IIe armée britannique, le 1er corps rencontre une forte résistance dans la zone de Caen.
□ Chargée de lutter contre les maquis, la division S.S. Das Reich, commandée par le général Lammerding, reprend Tulle et fait pendre 99 otages dans les rues de la ville.
Nouvelle-Guinée. Dans la nuit du 9, une escadre alliée aux ordres du contre-amiral anglais Crutchley intercepte et met en fuite devant les îles Schouten (groupe auquel appartient Biak) 5 destroyers japonais transportant renforts et ravitaillement destinés à la garnison de Biak. Un autre destroyer a été coulé la veille par un bombardier américain. Les combats se poursuivent sur Biak. La résistance japonaise se déplace sur les cavernes fortifiées à l'est de l'île. L'artillerie américaine balaie la zone, mais sans résultats appréciables. Dans la zone de la tête de pont de Hollandia-Aitape, les Américains entament la résistance japonaise, regagnant le Tirfoam, où ils s'arrêtent, car un régiment d'infanterie doit être relevé et affecté au débarquement sur l'île de Nœmfoor. Une escadrille de chasseurs australiens atteint l'aérodrome de Tadji, toujours dans la zone d'Aitape.
Birmanie-Inde. L'amiral Mountbatten donne au général Giffard, commandant du XIe groupe d'armées anglo-indien, des directives lui enjoignant de libérer d'ici le 15 juillet la zone de Dimapur-Kohima-route d'Imphal, puis la plaine d'Imphal et la zone située entre Yuwa et Tamanthi, pour ensuite prendre l'offensive au-delà de la Chindwin.

10 juin

Front italien. Les divisions du 5e corps britannique (VIIIe armée) continuent d'avancer le long de la côte adriatique, atteignant Chieti et Pescara. Aux alentours de Bagnoregio, les arrière-gardes allemandes endiguent la progression de

Normandie, juin 1944. Des soldats allemands, camouflés avec des branchages, sortent d'un champ où ils étaient retranchés et passent résolument à l'attaque.

ASSURANCE SUR LA MORT

Une blonde fascinante convainc son mari de souscrire en sa faveur une assurance sur la vie. Pour toucher l'indemnité, elle persuade l'assureur de tuer son époux. L'intervention d'un détective et les remords de son complice font échouer son plan. Dirigé de façon incisive par Billy Wilder, et récrit pour l'écran, d'après un roman de J. Cain, par Raymond Chandler, *Assurance sur la mort (Double Indemnity)* est l'un des meilleurs exemples des films noirs réalisés pendant les années quarante. Dans un Los Angeles à l'atmosphère décadente, rôdent des personnages extrêmement typés : une femme fatale qui fait preuve d'impitoyable sang-froid, et une silhouette insolite de héros malfaisant.

Fred MacMurray et Barbara Stanwyck dans une scène du film.

la 6e division blindée sud-africaine (13e corps). Le 10e corps rencontre aussi une forte résistance devant Terni, tandis que la 2e division néo-zélandaise enlève Avezzano.

France. A Auville-sur-le-Vey, les 5e et 7e corps de la Ire armée américaine opèrent leur jonction : la ville de Carentan reste néanmoins aux mains de la 17e *Panzerdivision* allemande. Dans le secteur du 7e corps américain, des unités de la 4e division enlèvent quelques positions en deçà de la route Montebourg-Quinéville ainsi que des objectifs le long de la route Montebourg-Le Ham. La 101e division aéroportée commence à encercler Carentan.

Premiers débarquements de la 9e division américaine, la dernière arrivée. Le nombre des soldats alliés déjà débarqués s'élève à 325 000.

Sur le flanc gauche du 5e corps américain, des unités de la 1re division atteignent la route Bayeux-Saint-Lô. Dans le secteur de la IIe armée britannique, la pression des 1er et 3e corps s'accentue sur Caen. Le plan de Montgomery prévoit une double attaque : par l'est, le 1er corps partirait de la rive droite de l'Orne pour gagner Cagny, au sud-est de la ville ; par l'ouest, la 7e division blindée (30e corps), qui opère dans la région de Bayeux et occupe Tilly-sur-Seulles, Villers-Bocage et Noyers-Bocage, prendrait possession des hauteurs d'Évrecy, au sud-ouest de Caen.

La 7e division blindée attaque en direction de Tilly-sur-Seulles, se heurtant à la résistance tenace de la division *Panzerlehr* allemande.

□ La division S.S. Das Reich incendie le village d'Oradour-sur-Glane (Haute-Vienne) et massacre ses 642 habitants, dont 240 femmes et enfants.

Nouvelle-Guinée. L'on se bat toujours à Biak, où la résistance japonaise se durcit, cependant qu'elle faiblit dans la zone de Hollandia-Aitape.

Birmanie-Chine. Vaines attaques sino-américaines contre Myitkyina. Dans la vallée de Mogaung, les forces chinoises prennent d'assaut Kamaing.

Sur le front de la Salouen, les 87e et 88e divisions chinoises attaquent Loungling : des renforts de munitions arrivent par air.

Chine. Avançant avec 5 divisions le long du Liouyang, les Japonais menacent l'important centre de Tchangcha au nord de Canton.

11 juin

Front soviétique. Poursuivant l'offensive contre la ligne Mannerheim, le Front de Leningrad fait une percée de 25 km dans les lignes finlandaises, sur un front de 50 km.

Des avions de la 15e force aérienne américaine, inaugurant une « navette » entre l'U. R. S. S. et l'Italie, bombardent au cours de leur première mission l'aérodrome de Focsani.

Front italien. Dans le secteur du corps expéditionnaire français, tandis que la 1re division motorisée enlève Montefiascone, la 3e division algérienne entre à Valentano. La 6e division blindée sud-africaine (13e corps britannique) ne peut vaincre la résistance allemande en deçà de Bagnoregio. La 6e division blindée britannique, traversant la Galantina, atteint Cantalupo, d'où les Allemands se sont retirés.

France. Tandis que la 90e division américaine progresse, quoique lentement, à l'ouest du Merderet, la 101e division aéroportée déclenche l'attaque décisive contre Carentan :

dans la nuit, sous le feu meurtrier de l'artillerie américaine, les Allemands abandonnent la ville, aussitôt occupée, mais qu'ils vont tenter sans tarder de reprendre.
Dans le secteur du 5e corps américain, des unités de la 2e division blindée reçoivent l'ordre de renforcer la tête de pont à Auville-sur-le-Vey, tant que la 101e division aéroportée (7e corps) sera employée à Carentan.
La 7e division blindée (30e corps de la IIe armée britannique) est durement prise à partie autour de Tilly-sur-Seulles par la *Panzerlehr* allemande qui, exploitant la végétation et la nature du terrain, a adopté une tactique de guérilla faite d'embuscades, d'avances rapides et de brusques retraits. Les Anglais réussissent à s'emparer de Tilly, mais ils en sont délogés par une soudaine contre-attaque allemande. A l'est de Caen, où opère le 1er corps britannique, la situation des Alliés n'est guère plus réjouissante : l'avance du 86e corps est enrayée par les contre-attaques allemandes.
Chine. Les Japonais pénètrent en force au-delà du Liu-yang, sans guère susciter de réaction de la part des forces chinoises de la 9e zone de guerre.
Nouvelle-Guinée. Les 186e et 162e régiments d'infanterie américains passent à l'attaque, approchant à un peu plus de 1 km de la limite occidentale de la piste menant à l'aérodrome de Mokmer.
Des ouvriers javanais capturés révèlent l'existence de positions nippones dans des cavernes, à 1 km environ au nord-ouest de détachements du 162e régiment américain.
Iles Moluques. Le vice-amiral Ugaki, commandant la flotte japonaise en mer, fait venir à Batjan les 2 cuirassés géants *Yamato* et *Musashi* (72800 t à pleine charge) avec leurs escortes de croiseurs et de destroyers, pour porter un coup décisif à la 7e force amphibie de MacArthur. Mais, au moment où la puissante escadre va appareiller, elle reçoit l'ordre de mettre d'urgence le cap sur les Mariannes.
Iles Mariannes. Des avions envolés de 15 porte-avions de la *Task Force* 58 (vice-amiral Mitscher) vont bombarder pendant 3 jours d'affilée les navires et installations japonais des îles de Saipan (vers où se dirige une force d'invasion américaine partie des Marshall), Tinian, Guam, Pagam et Rota, dans l'archipel des Mariannes. 2 convois japonais sont attaqués et gravement endommagés. Les Américains s'assurent la maîtrise du ciel, abattant ou détruisant au sol 150 à 200 appareils japonais.

12 juin

Front italien. La progression du 4e corps américain le long du secteur tyrrhénien du front est freinée par l'opposition grandissante des éléments motorisés de la XIVe armée allemande. Un groupement spécial est constitué avec le 9e escadron de cavalerie employé à l'exploration, le 14e régiment de la 36e division américaine et d'autres unités : confié au général Ramey, il a pour mission de protéger le flanc droit du 4e corps et de maintenir la liaison avec les détachements du corps expéditionnaire français.
France. Le 7e corps américain (Ire armée) n'a toujours pas atteint la ligne qui lui était fixée le jour du débarquement. Il n'en continue pas moins d'avancer, tant dans la presqu'île du Cotentin qu'au sud, en direction de Saint-Lô.
Sur la côte est de la presqu'île, des éléments des 9e et 4e divisions entrent conjointement à Crisbecq, d'où l'ennemi a dû se retirer : Ozeville est également prise par le 22e régiment américain après un violent pilonnage terrestre et naval. Le 8e régiment tente quelques attaques contre Montebourg, mais est résolument arrêté par les détachements de la 243e division allemande. Échec également d'une nouvelle tentative de 2 régiments de la 9e divison pour poursuivre leur avance à l'ouest du Merderet.
Des unités de la 8e division aéroportée, renforcées et regroupées, traversent la Douve à hauteur de Beuzeville-la-Bastille, pour tenter d'établir la liaison avec la 101e division aéroportée à Baupte. Dans le secteur du 5e corps américain, la 29e division, traversant la Vire, s'empare des ponts sur le canal qui relie cette dernière et la Taute, mais est arrêtée dans la région de Monmartin-en-Graignes par la résistance résolue des Allemands. Les divisions du 5e corps passent à l'attaque en direction de Saint-Lô : sur le flanc gauche, la 1re division atteint Caumont-l'Éventé, sur la route Saint-Lô-Caen.

13 juin

Front italien. Dans le secteur de la VIIIe armée britannique, la 6e division blindée sud-africaine brise le front ennemi à Bagnoregio et se porte sur Orvieto. La 6e division blindée britannique (10e corps) se dirige vers Terni.
France. Dans le secteur du 7e corps américain, la 4e division continue d'avancer lentement sur la côte orientale de la presqu'île du Cotentin, de même que la 90e division à l'ouest, au-delà du Merderet. Une violente contre-attaque de la 17e *Panzerdivision* pour reprendre Carentan repousse les assaillants jusqu'à la périphérie de la ville : mais la prompte intervention de la 101e division aéroportée et des éléments de la 2e division blindée américaine arrête les Allemands. Dans le secteur du 5e corps américain, la 1re division enlève Caumont-l'Éventé, tandis que le 38e régiment de la 2e division, avec l'appui déterminant de l'artillerie, parvient à 3 km environ de l'Elle en direction de Saint-Lô. A la tombée de la nuit, le général Bradley, commandant la Ire armée américaine, donne au 5e corps l'ordre de stopper son avance et de se maintenir sur ses positions, à la veille de la tentative du 7e corps pour « couper » la presqu'île du Cotentin et prendre Cherbourg. Dans le secteur du 30e corps britannique (IIe armée britannique), la 7e division blindée parvient à entrer à Villers-Bocage, important nœud routier entre Caen et Saint-Lô, et continue d'avancer en direction de Caen jusqu'à la cote 213, au nord-ouest de la ville : la violente réaction de la 2e *Panzerdivision,* fraîchement arrivée de la région de Beauvais, l'oblige à s'arrêter. La contre-attaque allemande prend par surprise les troupes anglaises, qui refluent à l'ouest, abandonnant Villers-Bocage. La position de l'unité britannique est critique. A 3 h 30 les premiers « V1 » allemands (initiale de *Ver-*

ORADOUR

Une étape sur la route de la division Das Reich à travers la France : Oradour-sur-Glane, village paisible de 642 habitants.

Le nom d'Oradour reste le symbole de la barbarie exercée par certaines unités d'élite de l'armée allemande, et notamment par les *Waffen S.S.* La France, assurément, eut moins à en souffrir que l'U.R.S.S., la Pologne ou la Yougoslavie, où des dizaines de villages furent rasés et leur population massacrée. Mais la destruction d'Oradour est exemplaire par sa gratuité : le village n'abritait aucun maquis et aucun incident n'y avait eu lieu.

C'est le 7 juin 1944 que la 2e *Panzerdivision S.S.* Das Reich quitte ses bases de Montauban et de Bordeaux. Commandée par le général Lammerding, elle doit rejoindre le front de Normandie, en détruisant, au passage, les éventuels maquis. Or, ce même jour, à l'annonce du débarquement, une unité F.F.I. a occupé Tulle. Le 8, les S.S. la reprennent et, avec l'aide de la Milice, arrêtent 600 otages. Le lendemain, 99 d'entre eux sont pendus et 149 envoyés en déportation, d'où 48 seulement reviendront.

Le 10 juin, tandis que la division poursuit sa route, un officier est intercepté et tué par des maquisards. 50 km plus loin, la compagnie Dickmann, du 2e bataillon du régiment Der Führer, arrive au petit village d'Oradour-sur-Glane (Haute-Vienne). Elle fait rassembler dans des granges les hommes adultes, et dans l'église les 240 femmes et enfants. Puis elle met le feu aux bâtiments, en mitraillant les victimes qui tentent de fuir. Il n'y aura pas de survivants. Tout le village est ensuite incendié et rasé. Transformé en monument du souvenir, il ne sera jamais reconstruit.

geltungswaffe, « armes de représailles ») sont lancés sur l'Angleterre, à partir de rampes situées sur les côtes de la Manche. La nouvelle arme, réalisée dans la base de Peenemünde, est une bombe volante, semblable à un petit avion, longue de 8 m, avec une envergure de 5 m et un poids total de 5 t, y compris une charge de 800 kg environ d'explosifs. Lancé sur des rampes légèrement inclinées, le « V1 » vole à une altitude de 1 000 m environ avec une vitesse maximum de près de 600 km/h.

Sur les 10 « V1 » lancés à cette occasion, 4 seulement atteignent le sol britannique et 1 seul tombe sur Londres, tuant 6 personnes. Jusqu'au 6 septembre, 8 000 « V1 » environ seront lancés (et, plus tard, 1 200 autres, à partir de rampes installées sur les côtes de la mer du Nord).

Chine. Un train d'armes et de munitions est acheminé vers la 9e zone de guerre chinoise, à Heng-Tchéou (aujourd'hui Hengyang), où la menace japonaise est plus forte.

Iles Mariannes. Selon le rapport du service de renseignements américain, les forces japonaises sur Saipan comptent quelque 17 000 hommes, sur Tinian 10 500. En réalité, la garnison japonaise est plus importante : 30 000 hommes.

Une escadre comprenant 7 cuirassés et 11 destroyers aux ordres du vice-amiral Lee bombarde les installations japonaises à Saipan et Tinian. Aucune réaction de la part de l'aviation japonaise.

14 juin

Front soviétique. Les XXIIIe et XXIe armées soviétiques du Front de Leningrad avancent dans l'isthme de Carélie, après avoir enfoncé la partie avancée de la ligne Mannerheim.

Front italien. Tandis que la Ire armée allemande du général Lemelsen se retire lentement, maintenant ses arrière-gardes en contact avec l'ennemi, le 4e corps américain (Ve armée américaine) continue d'avancer dans le secteur tyrrhénien au nord et au nord-est, en direction de Livourne et de Florence. Au centre du dispositif allié, la 6e division blindée sud-africaine (13e corps) entre à Orvieto sans combattre.

France. Les divisions du 7e corps américain continuent d'avancer au nord et à l'ouest de la presqu'île du Cotentin, la 4e division le long du secteur côtier oriental, la 82e aéroportée, les 9e et 90e à l'ouest du Merderet : l'objectif est d'isoler Cherbourg. La 79e division américaine débarque sur Utah Beach. Le

19e corps américain, nouvellement constitué par la 29e division (prélevée sur le 5e corps) et la 30e, qui tient le secteur entre Carentan et Isigny, est envoyé en ligne entre le 5e et le 7e corps.

Dans le secteur anglais, l'intervention de la 1re division américaine permet à la 7e division blindée (30e corps britannique), harcelée au sud par les panzers allemands, de se dégager pour se mettre à couvert du côté de Parfouru-l'Éclin.

L'offensive contre Caen à l'est et à l'ouest de l'Orne est momentanément suspendue.

Birmanie. Poursuite de l'offensive sino-américaine contre Myitkyina. Dans leurs contre-attaques, les Japonais réussissent à percer des trouées dans les lignes ennemies sans parvenir toutefois à liquider les poches de résistance.

Une partie de la 3e division indienne (les Chindits), qui a reçu l'ordre de renforcer la formation sino-américaine, ne peut l'exécuter à cause du terrain inondé et de l'extrême fatigue des hommes ; de plus, les approches de la zone sont tenues par les Japonais. Dans la vallée de Mogaung, les Chinois resserrent l'étau autour de Kamaing.

Sur le front de la Salouen, les Japonais renforcent leurs positions et déclenchent de violentes contre-attaques à la périphérie de Loung-ling, reconquérant un pont important.

Chine. Avec la prise de Liouyang, la menace japonaise s'accentue sur Tchangtcha.

Nouvelle-Guinée. On se bat toujours à Biak. Les Américains réussissent à approcher du nid de résistance que constituent les cavernes situées à l'ouest de l'île. Le général Eichelberger remplace le général Fuller à la tête de la *Task Force* Hurricane, c'est-à-dire des régiments engagés sur Biak.

Iles Mariannes. Tandis que le convoi d'invasion des Mariannes (opération « Forager ») approche des objectifs, 2 escadres américaines comprenant 7 cuirassés, 11 croiseurs et 26 destroyers, respectivement sous les ordres des contre-amiraux Oldendorf et Ainsworth, bombardent les installations japonaises de Saipan et Tinian. Les batteries côtières japonaises touchent le cuirassé *California* et un destroyer, causant des dégâts et de nombreuses victimes.

Une longue colonne de soldats chinois s'achemine vers le front, traversant la Salouen sur une passerelle de fortune.

Les Américains commencent les opérations de déminage et de destruction des obstacles sous-marins.

15 juin

Front italien. Le 4e corps de la Ve armée américaine atteint l'Ombrone (dont la traversée commencera à la tombée de la nuit) et envoie des patrouilles vers Grosseto. Le 6e corps, retiré du front depuis peu, est intégré à la VIIe armée américaine en vue de l'opération « Anvil », qui prévoit le débarquement allié dans le midi de la France.

Dans le secteur anglais, tandis que l'avance du 5e corps se poursuit le long de la côte adriatique, la 3e division britannique relève au front la 4e division indienne.

France. Création du 8e corps américain, placé sous les ordres du général Middleton, qui prend le contrôle du secteur ouest de la presqu'île du Cotentin. Le général Collins, commandant le 7e corps américain, juge préférable de couper d'abord la presqu'île en deux avec le gros de ses troupes, puis de s'emparer de Cherbourg.

Birmanie. La lutte continue dans la zone de Myitkyina. Sur le front de la Salouen, les Chinois s'emparent d'un relief montagneux surplombant la « route de Birmanie », sur un tronçon d'une soixantaine de kilomètres, à travers la vallée de la Salouen.

Japon. Des Superforteresses volantes B-29 du 29e Bomber Command effectuent, à partir de la Chine, leur premier raid sur le Japon, déversant plus de 200 t de bombes sur les aciéries de Yawata, dans l'île de Kiou-Siou (Kyushu).

Nouvelle-Guinée. Sur l'île de Biak, les Japonais, opérant de leur nid de résistance dans les cavernes occidentales, contre-attaquent avec leurs blindés. L'assaut est contenu. L'aérodrome de Mokmer, toujours pris sous le feu de l'artillerie ennemie, n'est pas encore en état d'appuyer l'opération en cours.

Iles Mariannes. La grande flotte amphibie transportant les 2e et 4e divisions de marines et un régiment de réserve se présente devant Saipan, défendue, avec Tinian et les autres Mariannes, par 30 000 hommes appartenant d'une part à l'infanterie de marine (sous les ordres du vice-amiral Nagumo) et d'autre part à la XXXIe armée, comprenant la 43e division et la 47e brigade mixte (commandée par le général Saito). Sur Saipan, les Japonais disposent de plus de 60 canons.

La force amphibie est commandée par le vice-amiral Turner, les marines, par le général Smith.

Protégés par le feu des cuirassés et des croiseurs entrés en action à 5 h 45, et après un violent bombardement aérien, les premiers des 700 engins amphibies des marines prennent pied à 8 h 40 sur la côte ouest de Saipan. La 2e division débarque au nord, la 4e au sud de la pointe Afetna. La puissance de feu des Japonais fait des ravages dans les troupes fraîchement débarquées sur les plages. La distance entre les 2 divisions est plus grande que prévu, une bonne partie de la 2e division ayant débarqué plus au nord du lieu fixé. En fin de journée, les marines ont établi une tête de pont large de 9 km environ et profonde de 1 km, mais les flancs ne sont pas sûrs et les Japonais tiennent encore solidement la pointe Afetna.

Selon la tactique habituelle, les Japonais contre-attaquent dans la nuit du 16, sans toutefois réussir à rejeter les Américains à la mer et subissant de lourdes pertes. La défense des marines est facilitée par le lancement incessant de fusées éclairantes. Pour attirer les forces ennemies, le régiment de réserve a feint un débarquement au nord, simultanément au vrai débarquement. Entre-temps, une autre division, la 27e d'infanterie, est arrivée. Le cuirassé *Tennessee* est endommagé par le tir des batteries côtières japonaises.

A 9 heures, le vice-amiral Ozawa, commandant les forces aéronavales japonaises chargées de l'opération « A-GO », conçue par l'amiral Toyoda, commandant en chef des forces aéronavales, et destinée à la destruction de la *Task Force* 58, reçoit de Toyoda un message rédigé dans les mêmes termes que celui de l'amiral Togo avant la bataille historique de Tsushima (27-28 mai 1905) : « Le sort de l'Empire dépend de cette bataille. Chacun devra donner le meilleur de lui-même. »

MARC BLOCH

L'historien français Marc Bloch, fondateur des *Annales*, est fusillé par les Allemands le 16 juin aux Roussilles (Lyon). Victime des mesures racistes, il est entré dans la Résistance dont il est devenu un membre influent ; écrivant sous le pseudonyme de Fougères, il a été arrêté en mars et soumis plusieurs fois à la torture.

Bloch est né à Lyon en 1886. Il fait ses études à Paris, Leipzig, et Berlin. Après avoir combattu, pendant la Première Guerre mondiale, il devient, en 1919, professeur d'histoire médiévale à l'université de Strasbourg. En 1936, il est nommé à la Sorbonne, où il enseigne l'histoire économique jusqu'en 1940.

Son œuvre *Les Rois thaumaturges*, publiée en 1924, marque la naissance d'une nouvelle conception de l'histoire, qu'il approfondit dans les *Caractères originaux de l'histoire rurale française* (1931) et *La Société féodale* (1939-1940), ainsi que dans une œuvre posthume, *Apologie pour l'histoire*. C'est une véritable révolution qui trouve plus tard son plein épanouissement dans les *Annales d'histoire économique et sociale*, une revue fondée par Marc Bloch et Lucien Febvre en 1929. Bloch et les historiens des *Annales* inaugurent une nouvelle méthode d'investigation historique, en exploitant à fond les apports de sciences telles que la psychologie, la sociologie et l'économie, tenues jusqu'alors à l'écart.

Iles Volcano et Bonin. Les contre-amiraux Clark et Harrill attaquent avec 2 groupes de porte-avions les aérodromes, casernes et dépôts de carburant sur les îles d'Iwo Jima (Volcano), Chichi Shima et Haha Shima (Bonin). L'offensive contre Iwo Jima reprendra le lendemain.

15-16 juin

Angleterre. 244 nouveaux « V 1 » sont lancés sur l'Angleterre. 144 passent la Manche, parmi lesquels 73 atteignent Londres, causant de sérieux dégâts. Churchill déclare : « La nature impersonnelle de la nouvelle arme produit un effet déprimant. »

16 juin

Front italien. Des unités du 10e corps britannique approchent de Pérouse, tandis que les Xe et XIVe armées allemandes ont effectué entièrement leur repli derrière la ligne gothique.

France. Le 7e corps américain franchit la Douve et établit des têtes de pont sur l'autre rive ; des unités de la 82e division aéroportée entrent à Saint-Sauveur-le-Vicomte, sur la rive ouest de la Douve, au cœur de la presqu'île du Cotentin : les Allemands refluent en grand désordre. Dans le secteur du 19e corps américain, tandis que quelques unités de la 30e division tiennent le canal qui relie la Taute et la Vire, la 29e division, conjointement avec la 2e du 5e corps, marche sur Saint-Lô.

☐ Le maquis du Vercors, qui compte maintenant 3500 F. F. I., entreprend le « verrouillage » du plateau.

L'historien Marc Bloch, arrêté le 8 mars, est tué par la Gestapo.

Birmanie-Chine. Des éléments de la 50e division chinoise enlèvent Kamaing, dans la vallée de Mogaung. Au-delà de Kamaing, la 38e division chinoise fait sa jonction à Gurkhaywa avec les Chindits de la 3e division indienne.

Sur le front de la Salouen, les Japonais contre-attaquent, faisant reculer de 5 km la 87e division chinoise. Plus au nord, les 2e et 36e divisions chinoises s'emparent de Chiaotou.

Chine. Les Japonais passent à l'attaque contre Tchangcha, dont la garnison, constituée par des éléments de la IVe armée chinoise, bat en retraite à Paoking (aujourd'hui Chaoyang).

Nouvelle-Guinée. Combats dans la

zone des cavernes occidentales de l'île de Biak.

Iles Mariannes. Une escadre américaine composée de cuirassés, de croiseurs et de destroyers, et commandée par le contre-amiral Ainsworth, bombarde les installations ennemies de l'île de Guam. En apprenant l'arrivée imminente de la puissante flotte japonaise, aux ordres du vice-amiral Ozawa, le vice-amiral Spruance décide d'annuler les débarquements.

A Saipan, sur le flanc nord de la tête de pont, la 2e division de marines consolide ses positions, s'emparant de la pointe Afetna et du village de Charan Kanoa, puis opère sa jonction avec la 4e division de marines, au sud de la pointe Afetna. Cette dernière division se porte à l'intérieur, rencontrant une forte résistance. Au cours des combats de la nuit précédente, les Japonais ont perdu plus de 1 000 hommes. L'artillerie américaine tente de réduire au silence les batteries japonaises installées à l'intérieur de l'île et qui pilonnent les têtes de pont avec une grande efficacité.

17 juin

Front italien. Dans le secteur oriental du dispositif allié (VIIIe armée britannique), le 5e corps anglais est relevé par le 2e corps polonais.

De soudaines trombes freinent les mouvements du 10e corps britannique; après l'achèvement d'un pont sur le Tibre à environ 5 km au nord de Todi, l'avance n'en continue pas moins sur Pérouse, de part et d'autre du fleuve. Au sud-est de Pérouse, la 8e division se heurte à une dure résistance allemande.

Des unités du corps expéditionnaire français débarquent sur l'île d'Elbe, qu'elles commencent à occuper (opération « Brassard »).

France. La 9e division du 7e corps américain lance une puissante offensive en direction de Carteret, sur la côte ouest de la presqu'île du Cotentin. Dans la nuit du 17 au 18, une colonne atteint Carteret, isolant Cherbourg et la partie nord de la presqu'île. Rommel réclame l'évacuation, mais Hitler ne veut rien entendre. Il ne reste plus qu'à ordonner aux divisions stationnées au nord (709e, 243e, 91e et 97e) de se sacrifier pour Cherbourg : le reste du 84e corps allemand (VIIe armée du général Dollmann) se voit confier la défense de la base de la presqu'île. Hitler réunit Rundstedt et Rommel en conférence à Margival, près de Soissons, donnant libre cours à l'une de ses colères coutumières. L'armée de l'Ouest, dit-il, « s'est laissée prendre dans son sommeil », et il accuse les troupes de lâcheté. Rommel tente une nouvelle fois de le convaincre, soulignant la disproportion entre les forces alliées et allemandes, et réclame à nouveau l'évacuation de la presqu'île. Mais Hitler ne cède pas. Alors même que Carteret est prise, la 82e division aéroportée, passée sous le commandement du 8e corps, reçoit l'ordre d'établir une tête de pont sur la rive droite de la Douve à Pont-l'Abbé. Dans le secteur du 19e corps, la 29e division, qui marche sur Saint-Lô, s'oppose durement à la 3e division de parachutistes allemands.

Birmanie. Sur le front de la Salouen, les 87e et 88e divisions chinoises reçoivent l'ordre de se replier dans la zone de Loungling. En Inde, où les Anglo-Indiens ont repris l'initiative, les pertes britanniques depuis le 4 mars s'élèvent à 2 700 morts et 10 000 blessés, contre 30 000 tués environ chez les Japonais.

Nouvelle-Guinée. Sur Biak, les 186e et 162e régiments d'infanterie américains occupent une hauteur dominant les cavernes occidentales de l'île, nids de résistance japonais.

Iles Mariannes. La 27e division américaine débarque à Saipan. Les divisions de marines réalisent quelques progrès, tant au nord qu'au sud de la tête de pont, mais n'avancent guère à l'intérieur, arrêtées par les furieuses contre-attaques japonaises. Les avions de la *Task Force* 58, engagés dans la neutralisation de Guam et la recherche de la flotte japonaise, ne peuvent prêter leur appui habituel.

☐ A la suite d'un plébiscite en date du 23 mai, l'Islande devient une république indépendante.

18 juin

Front italien. La 1re division motorisée du corps expéditionnaire français du général Juin atteint Radicofani, localité située au nord-ouest d'Orvieto et dominant la route Florence-Rome.

Dans le secteur anglais, les colonnes convergeant sur Pérouse ne rencontrent de résistance qu'aux abords de la ville. Dans la nuit du 19, les Allemands abandonnent

Fantassins du 8e corps d'armée américain avançant dans le secteur de La Haye-du-Puits, dans la presqu'île du Cotentin.

Città della Pieve, aussitôt occupée par le 13e corps britannique.

France. Montgomery, commandant du XXIe groupe d'armées, donne ses premières directives écrites après le débarquement de Normandie, demandant la conquête rapide de Caen et Cherbourg. Sur le front de Cherbourg, le 7e corps américain commence à avancer vers la ville avec la 9e, la 79e et la 4e division, respectivement à gauche, au centre et à droite du dispositif.

Situation inchangée dans le secteur de Saint-Lô, où le 19e corps américain est bloqué au nord de la ville.

Front soviétique. Le Front de Leningrad (Govorov) fait irruption au-delà de la ligne Mannerheim, se dirigeant vers Viipuri (Vyborg) et Vuosalmi, dans l'isthme de Carélie.

Chine. Les troupes japonaises s'emparent de Tchangcha, centre important au nord-ouest du pays.

Nouvelle-Guinée. Un nouveau régiment d'infanterie américain prend position sur l'île de Biak, où les Américains s'apprêtent à porter le coup décisif pour la libération de la zone de l'aérodrome de Mokmer. Le général Krueger ordonne aux forces de la zone de Wadke-Sarmi de reprendre l'offensive à l'ouest de la ligne de la rivière Tirfoam.

Iles Mariannes. A Saipan, les canons de marine et ceux des engins de débarquement américains empêchent l'afflux vers la tête de pont de renforts japonais en provenance de Tanapag Harbor, au nord de celle-ci. Tandis que la 2e division de marines maintient ses positions, la 4e division pousse rapidement jusqu'à la côte orientale de l'île, dans la baie Magicienne. Les forces japonaises se retrouvent coupées en deux. La 27e division d'infanterie, récemment entrée en ligne, enlève l'aérodrome d'Aslito, atteignant presque la baie Magicienne.

1 contre-torpilleur américain est coulé par les batteries côtières japonaises de Saipan, 2 pétroliers par des bombardiers, qui touchent également le porte-avions d'escorte *Fanshaw Bay,* au large des Mariannes.

Profitant de l'absence de l'aviation américaine, les avions japonais attaquent en force le trafic et les têtes de pont américains, perdant une vingtaine d'appareils touchés par la D.C.A.

19 juin

Front italien. Le corps expédition-

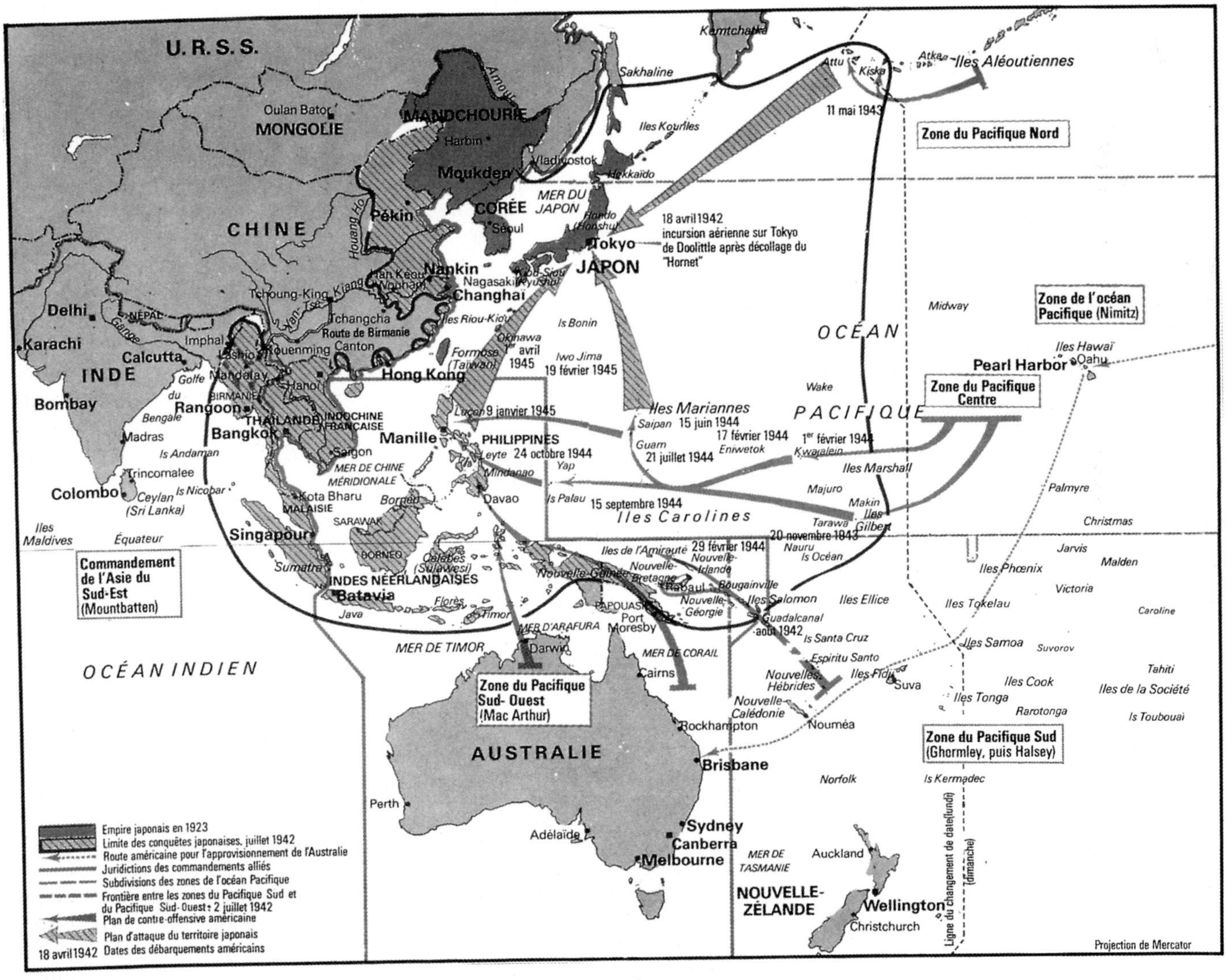

Tableau général de la contre-offensive alliée dans le Pacifique.

naire du général Juin occupe complètement l'île d'Elbe.
France. Les divisions américaines donnent l'assaut final contre Cherbourg : sur la gauche, la 9e division se porte à Helleville, Saint-Christophe-du-Foc et Couville ; au centre, la 79e division se dirige vers la ligne Golleville-Urville et vers le bois de la Brique ; dans le secteur droit du dispositif américain, la 4e division, la plus avancée, se heurte à une farouche résistance des forces allemandes qui défendent Cherbourg.
La 82e division aéroportée et la 90e division sont transférées du 7e au 8e corps.
Birmanie. Sur le front de la Salouen, les Chinois ont pris Koutoung et marchent sur Tengchoung.
Nouvelle-Guinée. Sur Biak, après une intense préparation d'artillerie, le 186e régiment d'infanterie américain réussit à contourner les positions japonaises des cavernes occidentales, coupant la route qui y conduit par le nord.
Le 34e régiment d'infanterie occupe les aérodromes de Borokoe et de Sorido.
Iles Mariannes. A Saipan, la 4e division de marines, après avoir atteint la baie Magicienne, sur la côte orientale, converge vers le nord, laissant à la 27e division d'infanterie le soin de liquider la résistance japonaise dans la partie méridionale de l'île. On croit à une simple opération de nettoyage, mais la réalité sera tout autre.
Bataille de la mer des Philippines. Le rapport des forces est le suivant : la puissante flotte japonaise du vice-amiral Ozawa rassemble 9 porte-avions, la *Task Force* 58 de Spruance en compte 15. Celle-ci n'a toujours pas repéré la flotte ennemie, mais une formidable bataille s'engage dans les airs entre avions américains et japonais venant soit de bases terrestres, soit de porte-avions. Les Japonais perdent 400 avions, les Américains 130. Quelques unités navales américaines sont légèrement endommagées.

20 juin
Front italien. Les unités de la Ve armée américaine sont maintenant à mi-chemin entre le Tibre et l'Arno. Tandis que quelques unités du corps expéditionnaire français sont arrêtées sur l'Orcia, affluent de l'Ombrone, la 1re division motorisée est relevée dans la nuit sur le front par la 2e division marocaine et affectée à l'opération « Anvil », qui prévoit le débarquement dans le midi de la France. La 6e division blindée (10e corps britannique) entre à Pérouse sans rencontrer de résistance.
France. Tandis que la pression du 7e corps américain s'accentue sur Cherbourg (les 4e et 79e divisions sont à environ 7 km de la ville), tous les efforts tentés par la 29e division (19e corps américain) pour progresser en direction de Saint-Lô demeurent vains.
□ Jean Zay, ancien ministre du Front populaire, est extrait de prison par la Milice et assassiné.
Front soviétique. Les armées russes du Front de Leningrad (Govorov) ont pris Viipuri (Vyborg), assurant ainsi la sécurité de Leningrad et ouvrant le golfe de Finlande à la flotte soviétique.
Birmanie-Chine. Sur le front de la Salouen, la 36e division chinoise occupe Watien, dans la vallée du Shweli.
Nouvelle-Guinée. Le 34e régiment d'infanterie, venant aisément à bout de la résistance ennemie, occupe les aérodromes de Borokoe et Sorido, puis bloque la route à d'éventuels renforts japonais dans la zone des cavernes occidentales.
Iles Mariannes. A Saipan, la 4e division de marines continue de converger au nord, s'alignant avec la 2e. La formation ennemie s'étire au travers de l'île, de Garapan, à l'ouest, jusqu'à l'extrémité nord-occidentale de la baie Magicienne, à l'est. La 27e division d'infanterie entame sa marche vers la pointe Nafutan, à l'extrême sud de l'île, mais est soudainement arrêtée par les Japonais.
Bataille de la mer des Philippines. La *Task Force* 58, après avoir repéré la flotte japonaise, l'attaque avec ses bombardiers en altitude ou en piqué, ainsi que ses avions torpilleurs et ses sous-marins. Les Japonais perdent 3 porte-avions *(Shokatu, Taiho* et *Hiyo),* 2 contre-torpilleurs et 1 pétrolier ; en outre, 3 porte-avions, 1 cuirassé, 3 croiseurs, 1 contre-torpilleur et 3 pétroliers sont sérieusement endommagés. De leur côté, les Américains perdent 130 avions dont 57 abattus par l'ennemi et 73 tombés en mer faute de carburant ou parce qu'ils n'ont pu réintégrer leurs porte-avions dans l'obscurité ; 2 porte-avions, 2 cuirassés, 1 croiseur lourd et 2 contre-torpilleurs subissent des avaries. Ozawa ordonne un repli rapide, et tous les efforts des Américains pour repérer les positions ennemies demeurent vains. Après cette grande victoire de Spruance et

Soutenus par des chars, des fantassins américains tentent de réduire une poche de résistance allemande en Normandie.

Mitscher, les Japonais comprennent que le sort de la guerre est joué.

21 juin

Front italien. Dans le secteur de la VIIIe armée britannique, les avant-gardes du 2e corps polonais atteignent le Chienti et établissent une tête de pont, malgré la ligne de défense préparée par l'ennemi. La 6e division blindée sud-africaine s'empare des hauteurs qui dominent Chiusi, sans parvenir toutefois à entrer dans la ville. La 36e division (4e corps américain) continue sa lente avance le long de la route no 1, arrivant à 12 km environ de Grosseto.

France. Les divisions du 7e corps américain (9e, 79e et 4e) se préparent à l'attaque finale contre Cherbourg. A la tombée de la nuit, le général Collins, commandant le 7e corps, somme le général von Schlieben, commandant la garnison de Cherbourg, de se rendre. Il ne reçoit pas de réponse.

Front soviétique. Les armées russes du Front de Carélie passent à l'attaque sur les bords du lac Onega. La 8e force aérienne américaine inaugure une navette entre la Grande-Bretagne et les bases en Russie, bombardant au passage les installations pétrolières de Ruhland, au sud de Berlin.

Nouvelle-Guinée. Les Américains attaquent avec des chars d'assaut et des lance-flammes, mais sans faire le moindre progrès, dans la zone des cavernes occidentales de l'île de Biak.

Dans la zone de la tête de pont de Sarmi, l'avance des Américains vers l'ouest est bloquée un peu au-delà de la Tirfoam par le feu précis et nourri de l'ennemi.

22 juin

Front soviétique. La grande offensive russe est déclenchée, entre les marais du Pripet et la Dvina occidentale, contre les lignes du *Heeresgruppe* Centre (feld-maréchal Busch, remplacé 6 jours plus tard par Model). 28 des 40 divisions constituant le groupe d'armées sont subitement menacées d'encerclement après une double et habile manœuvre en tenaille des Soviétiques.

Front italien. Le 2e corps polonais doit abandonner sa petite tête de pont sur le Chienti, dans le secteur oriental du front. Les unités de la Ve armée américaine continuent leur lente avance vers le nord.

France. Collins ne recevant pas de réponse à son ultimatum, l'assaut final contre Cherbourg est donné à 12 h 40 par la VIIe armée, appuyé par un puissant bombardement aérien : les 3 divisions du 7e corps (9e, 79e et 4e) avancent difficilement sur un terrain accidenté, mais l'opposition n'est pas partout aussi forte : certaines unités résistent avec acharnement, d'autres se rendent vite.

Finlande. Le ministre des Affaires étrangères du Reich, Ribbentrop, se rend en visite à Helsinki pour tenter de ressaisir la Finlande qui, compte tenu des événements militaires, prend ses distances, en dépit des démentis officiels.

Birmanie-Chine. Les Chindits de la 77e brigade de la 3e division indienne, en association avec des éléments de la 38e division chinoise, attaquent Mogaung. Sur le front de la Salouen, les troupes chinoises, qui contrôlent désormais toute la vallée du Shweli, se préparent à conquérir Tengchoung. En Inde, les 4e et 33e corps britanniques opèrent leur jonction, après avoir rouvert la route Dimapur-Kohima-Imphal. Les Japonais doivent se replier le plus vite possible en dépit du terrain rendu impraticable par les pluies de mousson.

Nouvelle-Guinée. Tandis que la chasse américaine commence d'opérer depuis l'aérodrome de Mokmer, sur Biak, le 162e régiment d'infanterie réitère ses attaques contre les cavernes occidentales, d'où l'ennemi est débusqué aux lance-flammes. Dans l'après-midi, la zone est déclarée libre de toute présence ennemie, mais dans la nuit du 22 au 23 des groupes de Japonais réchappés du nettoyage attaquent les positions américaines. Dans la zone de Wadke-Sarmi, sur la terre ferme, les Japonais contre-attaquent après le crépuscule aux abords de la Snaky River, réussissant à isoler 2 bataillons américains.

Iles Mariannes. Saipan. La 2e division de marines passe à l'attaque vers le nord, enlevant le mont Tipo Pale, et arrive à un peu plus de 1 km du sommet du mont Tapotchau, qui domine toute l'île. Entre-temps, les détachements qui attaquent le long de la côte orientale progressent rapidement vers le nord. Au sud, la 27e division d'infanterie américaine poursuit le nettoyage de la pointe Nafutan.

23 juin

Front soviétique. La bataille dans le secteur central se déroule sur un front de 560 km, entre les marais du Pripet et la Dvina.

Le 1er Front balte et les 3 Fronts biélorusses montent à l'assaut du saillant allemand de Minsk, accentuant la pression dans les secteurs de Vitebsk et Bobrouïsk, respectivement au nord-est et au sud-est de Minsk.

Front italien. Après une dure bataille, des unités du 13e corps britannique entrent à Chiusi, mais une contre-attaque allemande isole les Alliés. La 4e division prend le contrôle du secteur central du 13e corps britannique entre Vaiano et le lac de Chiusi, relevant quelques unités de la 78e division.

France. Les divisions du 7e corps de la Ire armée américaine percent les défenses extérieures de Cherbourg ; sur le flanc gauche, tandis que le 60e régiment (9e division) dépasse le secteur de Flottemanville, le 47e achève la prise de la cote 171 ; au centre du dispositif allié, la 79e division progresse en direction de La Mare-à-Canards, qu'elle ne réussit pas à dépasser. Sur la droite, la 4e division, qui marche sur Tourlaville, est également en difficulté. A l'est, dans le secteur anglais, la 5e division (1er corps) s'empare de Sainte-Honorine-des-Pertes, au nord-ouest de Caen.

Nouvelle-Guinée. Dans la zone de Sarmi, les Japonais attaquent les lignes américaines à l'ouest de la tête de pont, infligeant des pertes sévères à l'ennemi, qui a du mal à les repousser. Les 2 bataillons américains isolés ne réussissent pas à s'ouvrir la route menant à leurs lignes.

Iles Mariannes. Saipan. Vaines attaques américaines contre le mont Tapotchau, dont les flancs sont défendus par des cavernes fortifiées. Les marines enlèvent toutefois quelques cotes aux abords du mont, réalisant de légers progrès dans la «vallée de la Mort». Les Japonais contre-attaquent le long de cette vallée avec leurs chars lourds, mais ils sont repoussés. Dans la partie sud de l'île, le 105e régiment d'infanterie tente toujours vainement d'éliminer les quelque 500 Japonais qui défendent la zone de la pointe Nafutan.

24 juin

Front soviétique. Poursuite des offensives du Front de Leningrad dans l'isthme de Carélie, du Front de Carélie sur le lac Onega contre la Finlande centrale, du 1er Front balte et des 3 Fronts biélorusses dans le secteur central, où le *Heeresgruppe* Centre s'ébrèche peu à peu.

Front italien. La 1re division motorisée est la première unité du corps expéditionnaire français à quitter le théâtre d'opérations italien pour participer à l'opération « Anvil », débarquement dans le midi de la France.

Dans le secteur de la Ve armée américaine, le 4e corps pousse toujours au nord, s'opposant durement aux arrière-gardes allemandes.

Le groupe Guillaume (du corps expéditionnaire français) franchit l'Ombrone, avec pour mission de se porter au nord pour rejoindre la 1re division blindée du 4e corps américain.

France. Les combats se poursuivent autour de Cherbourg : des éléments de la 9e division font pression sur la ville par le nord-ouest, tandis qu'au centre les régiments de la 79e division, atteignant et dépassant La Mare-à-Canards, le hameau de Gringor, se dirigent sur le fort du Roule.

Le général Schlieben, commandant la garnison de Cherbourg, informe ses supérieurs que la combativité de ses troupes faiblit rapidement : il doute qu'il soit possible de résister à une nouvelle attaque.

Nouvelle-Guinée. Sur Biak, les 186e et 163e régiments d'infanterie américains isolent d'importantes forces japonaises dans le secteur central de l'île. Dans la zone de la tête de pont de Sarmi, les Américains débarquent de petits détachements à l'ouest de la Snaky River et tentent de contourner de l'intérieur les forces japonaises qui ont isolé 2 bataillons dans ce secteur.

Iles Mariannes. Saipan. La 27e division d'infanterie, moins 1 régiment engagé à la pointe Nefutan, monte en ligne dans la partie centrale de l'île, où les Américains sont toujours tenus en échec par les Japonais, notamment sur le mont Tapotchau et dans la « vallée de la Mort », cependant qu'ils réalisent de légers progrès sur la côte orientale.

Le général Smith, commandant la 27e division d'infanterie, jugé incapable, est remplacé par le général Jarman.

25 juin

Front italien. La 36e division du 4e corps américain s'empare du port de Piombino : c'est l'ultime action en Italie de cette division désignée pour participer à l'opération « Anvil ».

Le corps expéditionnaire français franchit en force l'Orcia, tandis que la résistance allemande faiblit. La 78e division (13e corps britannique) réussit, avec beaucoup de difficulté, à étendre sa tête de pont près de Pescia, cependant que la 4e division déloge de Vaiano les arrière-gardes allemandes. A la tombée de la nuit, après de violents combats qui se prolongent toute la journée, les Allemands se retirent de Chiusi.

France. La bataille de Cherbourg touche à sa fin : bombardements aériens et navals brisent peu à peu la résistance des hommes du général Schlieben, qui, après une journée de furieux combats, fait parvenir au commandement général de Rommel un message désabusé et pessimiste : « Les troupes sont à bout de forces... La perte de la ville est inévitable et prévisible à brève échéance... Il y a parmi les défenseurs de la ville 2000 blessés qui ne peuvent être soignés. Le sacrifice des survivants est-il encore nécessaire ? » Rommel répond sèchement : « Vous devez obéir aux ordres du Führer et résister jusqu'à la dernière cartouche. » Les unités du 7e corps américain sont maintenant aux portes de Cherbourg : la 9e division entre peu à peu dans la ville par l'ouest, tandis que des détachements de la 79e, venant du sud, enlèvent le fort du Roule, au pied duquel se trouve Cherbourg, et pénètrent dans les faubourgs de la ville; à l'est, il revient au 12e régiment de la 4e division d'entrer en premier à Cherbourg.

Dans le secteur où opèrent les corps de la IIe armée britannique, la 49e division (30e corps) passe à l'attaque en direction de Rauray, à environ 15 km à l'ouest de Caen. La ville est défendue par de nombreuses divisions du 86e corps et des 1er et 2e corps de *Panzer S. S.*

Front soviétique. Dans le secteur central, où la bataille fait rage, les Soviétiques cernent Vitebsk, prenant au piège 5 divisions allemandes, puis coupent la route Smolensk-Minsk.

En Allemagne, la propagande nazie fait circuler des rumeurs de trahison dans les hautes sphères militaires, au lieu d'admettre l'évidence : les forces de la Wehrmacht étaient insuffisantes dans le secteur enfoncé par les Russes.

Birmanie-Chine. Sur le front de la Salouen, les Japonais infligent une défaite sanglante au 261e régiment de la 87e division chinoise dans la zone de Loungling. 1500 Japonais ont eu raison de 10000 Chinois. Tchang Kaï-chek lance d'Indochine la VIIIe armée chinoise vers Tengchoung (en Chine, au sud-est de Myitkyina) et ordonne la reprise de l'offensive contre Loungling.

Nouvelle-Guinée. A la faveur de la nuit, les Japonais évacuent la zone de Biak, au centre de l'île, où ils étaient isolés par les Américains.

Des positions souterraines ennemies sont repérées par les patrouilles américaines dans la zone des cavernes occidentales, que l'on croyait entièrement nettoyée.

Attaques américaines dans la zone de Sarmi, sur la terre ferme; les Japonais amorcent leur repli vers l'ouest.

Iles Mariannes. Saipan. Des éléments des 8e et 29e régiments de marines atteignent le sommet du mont Tapotchau. La 27e division d'infanterie harcèle vainement les positions ennemies de la « vallée de la Mort ». La 4e division de marines s'empare de la péninsule de Kagman. Au sud de l'île, le 105e régiment d'infanterie réussit à enfoncer les lignes ennemies près de la pointe Nafutan, dont la conquête est maintenant assurée, même si les Japonais résistent toujours désespérément.

26 juin

Front soviétique. Dans le secteur central, les Russes enlèvent Vitebsk et Jlobine. La première représente avec Orcha et Moghilev l'un des nids de résistance de la fameuse ligne « hérisson » que Hitler a ordonné de défendre coûte que coûte pour éviter la chute de Minsk, à l'ouest des deux villes.

Front italien. Dans le secteur tyrrhénien, la 34e division, qui a remplacé la 36e, désignée pour l'opération « Anvil », se dirige vers la Cecina. Le corps expéditionnaire français, qui a franchi l'Orcia au prix de lourdes pertes, se porte à Sienne. Au centre du dispositif allié, la 6e division blindée sud-africaine (13e corps britannique) entre à Chiusi.

France. L'étau du 7e corps américain se resserre autour de Cherbourg. L'avance des détachements de la 9e division est arrêtée devant l'arsenal : entre-temps, le 39e régiment atteint Octeville et les environs de Saint-Sauveur-le-Vicomte, où il fait prisonniers un millier d'Allemands, dont le général Schlieben, commandant la garnison, et l'amiral Hennecke, commandant naval de la place, qui a fait détruire complètement le port pour que les Alliés ne puissent l'utiliser (il sera, pour ce geste, décoré par Hitler chevalier de la Croix de Fer). Mais la bataille n'est pas finie.

Birmanie. La 38e division chinoise, en association avec les Chindits de la 77e brigade de la 3e division indienne, enlève Mogaung, position clé sur la « route de Birmanie », et la voie ferrée Myitkyina-Mandalay. La garnison japonaise se retrouve ainsi isolée. Légèrement au-delà de la frontière chinoise, les B-25 américains attaquent Tengchoung.

Chine. Prise par les Japonais de l'aérodrome de Heng-Tchéou (Hengyang), importante base américaine au nord de Canton, dans la province du Hounan.

Front italien, juin 1944. Un Bofors anglais de 40 mm en action aux alentours d'Arezzo.

Iles Mariannes. Saipan. Des engins amphibies américains attaquent un convoi de chalands japonais transportant des troupes de Tanapag Harbor (côte ouest) vers le sud. Un chaland est coulé, et la tentative japonaise est déjouée. A l'intérieur de l'île, la 2e division de marines s'empare d'une position clé au nord du mont Tipo Pale, la 27e division d'infanterie est toujours bloquée dans la « vallée de la Mort », la 4e division de marines nettoie, sur le flanc droit du dispositif américain, la péninsule de Kagman. Au sud, le 105e régiment d'infanterie approche de la pointe Nafutan, repoussant une contre-attaque nocturne des Japonais.

Iles Kouriles. Une escadre américaine, sous les ordres du contre-amiral Small, bombarde Paramouchir, situé au nord-est de l'archipel.

27 juin

Front soviétique. Les troupes des 1er, 2e et 3e Fronts biélorusses (aux ordres du maréchal Joukov, vice-commandant suprême de l'Armée rouge) s'emparent d'Orcha, dans le secteur central, et cernent à Bobrouïsk d'importantes forces ennemies.

Front italien. Le 10e corps anglais progresse dans le secteur compris entre la rive orientale du lac Trasimène et le Tibre, après le repli général de la ligne Albert effectué par la Xe armée allemande.

France. A Cherbourg, l'arsenal est tombé, tandis que des unités des 4e et 9e divisions avancent en direction du cap Lévy (à l'est de la ville) et du cap de la Hague (l'extrême pointe nord-ouest de la presqu'île du Cotentin).

Dans le secteur de la IIe armée, l'offensive de la 49e division (30e corps) se poursuit à l'ouest de Caen par la prise de Rauray : une contre-attaque de la 9e *Panzerdivision S. S.* est repoussée. A l'est de la 49e division, le 8e corps britannique parvient à établir une petite tête de pont au-delà de l'Odon, aggravant la position des Allemands dans la région de Granville (l'opération « Epsom » a commencé, qui prévoit l'encerclement de Caen par le sud).

Nouvelle-Guinée. A Biak, les Américains nettoient à fond les cavernes occidentales pour éviter de nouvelles surprises. Accrochages mineurs dans le secteur des autres têtes de pont de Sarmi et Aitape.

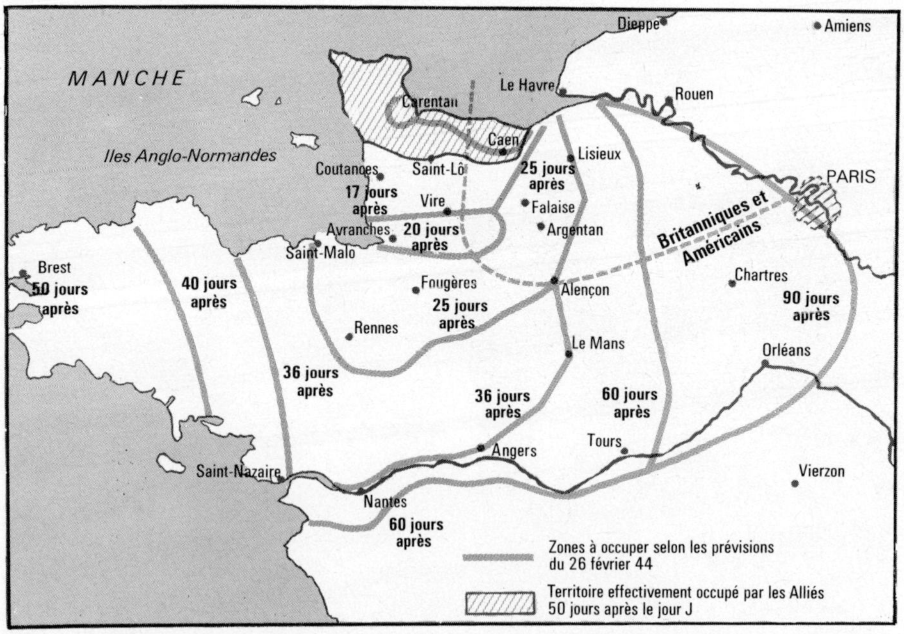

Prévisions des progrès des troupes alliées en Normandie et la réalité à cinquante jours du « jour J ».

Iles Mariannes. Saipan. Les Américains s'emparent de quelques positions dans le secteur du Purple Heart, à l'ouest du mont Tapotchau. Au sud, à la pointe Nafutan, toute résistance cesse : on dénombre plus de 500 cadavres japonais.

28 juin

Front italien. Tandis que le 4ᵉ corps américain, flanqué de la 34ᵉ division à gauche et de la 1ʳᵉ division blindée à droite, progresse le long de la route nº 68, qui longe la Cecina, la 6ᵉ division blindée sud-africaine (13ᵉ corps britannique) atteint Chianciano sans entrer en contact avec les arrière-gardes allemandes. La 10ᵉ division indienne relève la 8ᵉ sur ses positions.

France. La 79ᵉ division américaine (7ᵉ corps) quitte le secteur de Cherbourg pour gagner la zone du 8ᵉ corps américain, au sud-ouest de la presqu'île du Cotentin ; la 9ᵉ division poursuit ses préparatifs en vue de l'assaut final contre le cap de la Hague.

□ Philippe Henriot, ministre de la Propagande de Vichy, est abattu à Paris par des Groupes francs du mouvement Franc-Tireur.

Front soviétique. La VIIᵉ armée du Front de Carélie (Meretzkov) enlève Petrozavodsk, sur la rive occidentale du lac Onega, coupant la voie ferrée de Mourmansk, également interrompue au nord du lac par la XXXIIᵉ armée. Les 2ᵉ et 6ᵉ corps finlandais opposent toutefois une énergique résistance. Hitler remplace Busch par Model à la tête du *Heeresgruppe* Centre.

Finlande. Après Ribbentrop, Keitel, chef d'état-major du commandement suprême allemand (l'O. K. H.), se précipite lui aussi à Helsinki en promettant des renforts allemands d'Estonie. Il faut éviter à tout prix la paix séparée que les circonstances semblent vouloir imposer à la Finlande, malgré les démentis officiels.

Chine. Les Japonais partent à la conquête de la ville de Heng-Tchéou, dont ils occupent déjà l'aérodrome, se heurtant pour la première fois à une résistance énergique de la part des Chinois.

Birmanie. Au nord du pays, des détachements de la 14ᵉ division chinoise se dirigent vers Sitapur, dans le but d'isoler les troupes japonaises stationnées au nord de Myitkyina. Sur le front de la Salouen, des avions japonais apparaissent pour la première fois, larguant du ravitaillement à la garnison de Soung Chan.

Nouvelle-Guinée. Le général Eichelberger cède le commandement de la *Task Force* Hurricane au général Doe. Les Japonais amorcent leur repli des cavernes orientales vers le nord, se préparant à passer à la guérilla, faute de renforts et de ravitaillement.

Iles Mariannes. Saipan. Poursuite des combats le long de la ligne qui traverse l'île depuis le sud de Garapan, sur la côte ouest, en passant par les massifs du Tipo Pale, du Tapotchau et du Purple Heart, jusqu'à la côte est au nord de la péninsule de Kagman. La 27ᵉ division d'infanterie subit des pertes sensibles dans la « vallée de la Mort », aux abords du mont Tapotchau et du Purple Heart.

29 juin

Front soviétique. Les armées du 1ᵉʳ Front biélorusse (Rokossovski — les 3 Fronts biélorusses réunis relevant de Joukov) s'emparent de Bobrouïsk. Les Soviétiques menacent Minsk.

Front italien. Dans le secteur ouest du front (4ᵉ corps américain), légèrement au-delà de Cecina, des unités de la 34ᵉ division américaine s'opposent durement à la 16ᵉ *Panzergrenadiere S. S.* A l'est, sur le front où opèrent les divisions de la VIIIᵉ armée anglaise, une retraite générale de la Xᵉ armée allemande de Vietinghoff est en cours. La 6ᵉ division blindée sud-africaine atteint Acquaviva et Montepulciano, et la 78ᵉ Castiglion del Lago.

France. A Cherbourg, dans la zone du port, reddition du dernier nid de résistance allemand. Le 8ᵉ corps envoie à Cherbourg la 101ᵉ division aéroportée.

Nouvelle-Guinée. A Biak, poursuite des ratissages américains. Les Japonais bombardent les positions américaines à partir des cavernes orientales, à leur tour pilonnées par les blindés et les mortiers.

Iles Mariannes. Saipan. Le 106ᵉ régiment de la 27ᵉ division d'infanterie américaine progresse sur environ 1 km dans la « vallée de la Mort ».

30 juin

Front italien. La 34ᵉ division lutte toujours pour la conquête de Cecina.

France. Les dernières résistances allemandes au cap de la Hague sont

Un hôpital de campagne improvisé dans une rue de Tengchoung, en Chine : à gauche, des blessés sur des civières de fortune posées sur le pavé.

tombées sous les coups répétés de la 9e division (7e corps américain). Devant Cherbourg, la 101e division aéroportée américaine relève la 4e division. Dans le secteur du 19e corps américain, la 3e division blindée progresse lentement dans la zone qui s'étend au sud de Saint-Lô : avant la nuit, l'unité est relevée par la 29e division.
Nouvelle-Guinée. Fin de la phase principale des opérations sur l'île de Biak. Une partie des forces débarquées doit se retirer entre les têtes de pont, tandis que le restant entreprend le ratissage de l'île.
Sur la terre ferme, dans la zone de Wadke-Sarmi, se déroulent des opérations de nettoyage.
Iles Mariannes. Saipan. La 2e division de marines avance au nord des monts Tipo Pale et Tapotchau ; la 27e division d'infanterie, au centre de la formation, investit la « vallée de la Mort » et le Purple Heart, établissant de solides liaisons avec la 2e division de marines sur sa gauche, et la 4e sur sa droite. Cette dernière achève le nettoyage de la péninsule de Kagman. Ainsi s'achève la bataille dans la bande centrale de Saipan.
Les chefs militaires américains fixent au 21 juillet le débarquement sur Guam, qui incombera aux troupes actuellement engagées à Saipan, renforcées de la 77e division d'infanterie, venant des îles Hawaii.

1er juillet
Front soviétique. Les troupes du 3e Front de Biélorussie (Tcherniakhovski) prennent d'assaut Borisov, sur la ligne ferroviaire Orcha-Minsk.
Front italien. Des unités de la 34e division (4e corps américain) ont pris Cecina, tandis que d'autres sont lancées vers le fleuve du même nom ; à l'est de l'agglomération, malgré une furieuse réaction allemande, le 135e régiment réussit à maintenir la tête de pont conquise la veille. Sur le flanc droit du corps d'armée américain, la 1re division blindée se porte sur Sienne.
Sur la droite du dispositif allié, le 10e corps britannique (VIIIe armée), qui n'a pas encore été aux prises avec les unités allemandes, remplace en première ligne la 6e division blindée anglaise.
France. Le commandement de la Ire armée donne à ses divisions des instructions en vue d'une offensive générale, qui sera déclenchée le 3 juillet par le 7e corps américain (à l'ouest de la presqu'île du Cotentin) et étendue progressivement vers l'est avec le concours des autres unités de l'armée. A la pointe nord de la péninsule, après la prise du cap de la Hague, les Allemands cessent toute résistance organisée.
Dans le secteur de la IIe armée britannique, les 8e et 30e corps, massivement soutenus par l'artillerie, repoussent les puissantes contre-attaques du Ier *Panzergruppe S. S.* dans le secteur situé entre Tilly-sur-Seulles et Caen, faisant une hécatombe de chars allemands.
Depuis le 6 juin, « jour J », les Alliés ont débarqué en Normandie 920 000 hommes, presque 600 000 t de matériel et 177 000 véhicules. Chacune des 2 armées alliées (la Ire américaine et la IIe britannique) dispose de 15 à 16 divisions, tandis que 15 autres (9 américaines et 6 anglo-canadiennes) sont gardées en réserve, prêtes à embarquer dans le sud de l'Angleterre. En 24 jours de combats, les Alliés ont eu près de 62 000 tués et blessés.
États-Unis. Ouverture d'une conférence internationale à Bretton Woods, avec la participation de 44 États, tous ennemis de l'Allemagne et du Japon. Leur objectif est de mettre sur pied des institutions à l'échelle mondiale en vue de répondre aux problèmes de la communauté internationale issue de la guerre. De ces accords naîtront le Fonds monétaire international et la Banque internationale pour la reconstruction.
Nouvelle-Guinée. La *Task Force 77* (contre-amiral Fechteler) appareille avec le 158e régiment d'infanterie américain et des détachements australiens pour l'île Nœmfoor (entre Biak et la pointe nord-ouest de la Nouvelle-Guinée). La XVIIIe armée japonaise doit répartir ses faibles forces dans la défense d'un trop grand nombre d'objectifs.
A Biak, les Américains s'emploient à empêcher les Japonais de se réorganiser.
Dans la zone de Wadke-Sarmi, pour assurer la sécurité de la baie de Maffin, les troupes américaines se portent à l'embouchure du Woske et envahissent l'intérieur.
Iles Mariannes. Saipan. Faibles progrès des assaillants vers la partie nord de l'île.

2 juillet
Front soviétique. Les 1er et 3e Fronts de Biélorussie convergent vers Minsk, dans le secteur central. Le

1er coupe la voie ferrée Minsk-Baranovitchi.
Front italien. Tandis que le 133e régiment de la 34e division américaine investit Marina di Cecina, mettant fin à une bataille meurtrière sur le flanc gauche du dispositif américain, le 135e consolide et renforce sa tête de pont au-delà de la Cecina. Des éléments de la 1re division blindée tentent d'enlever Casole d'Elsa, centre agricole à une quarantaine de kilomètres de Sienne, subissant de très lourdes pertes en hommes et en engins blindés. Le corps expéditionnaire français a pris Sovicille et continue son avance sur Sienne.
Dans le secteur anglais du front, la 6e division blindée sud-africaine (13e corps) se dirige vers Sienne, d'où l'ennemi s'est retiré. La 4e division a pris Foiano, à environ 30 km d'Arezzo, et se porte résolument sur le chef-lieu : la ligne Albert est complètement enfoncée.
France. Déplacement de divisions dans le secteur de la Ire armée américaine : le 7e corps, formé par les 4e, 9e et 83e divisions, est placé entre le 8e et le 19e corps, respectivement à l'ouest et à l'est. 4 divisions (8e, 79e, 90e et 82e) sont intégrées au 8e corps, tandis que la 29e et la 30e restent au 19e corps. La 2e division blindée et les 1re et 2e divisions d'infanterie constituent le 5e corps.
Allemagne. Le maréchal von Rundstedt demande à être relevé du commandement suprême des forces allemandes à l'ouest, demande acceptée par Hitler.
Birmanie-Chine. Dans la crainte d'une autre contre-offensive japonaise venant du nord, les divisions chinoises renforcent le flanc nord dans la zone de Myitkyina. Sur le front de la Salouen, la 116e division, bien que gênée par les trombes de la mousson, marche sur Tengchoung.
Nouvelle-Guinée. Après 80 minutes de très violent et efficace bombardement aéronaval, à 8 heures le 158e régiment d'infanterie américain, renforcé par des détachements australiens, débarque sans rencontrer de résistance sur la côte nord de l'île Nœmfoor, dans la zone de l'aérodrome de Kamiri. Le général Patrick, commandant les opérations terrestres, demande que le 503e régiment de parachutistes, tenu en réserve, soit lancé contre l'aérodrome. Au fur et à mesure qu'ils s'enfoncent prudemment à l'intérieur, les Américains se heurtent aux premières résistances, mais réussissent à établir une tête de pont de 3 km de long et de plus de 700 m de profondeur. Sitôt débarquée, l'artillerie entame le pilonnage de l'aérodrome de Kamiri.
Iles Mariannes. Saipan. A gauche du dispositif américain, la 2e division de marines enlève une à une les ruines de Garapan. L'ensemble du front progresse de 1 km environ en moyenne, tandis que les Japonais se retranchent sur une nouvelle ligne défensive s'étendant de la partie nord de la rade de Tanapag jusqu'à la côte est de l'île.

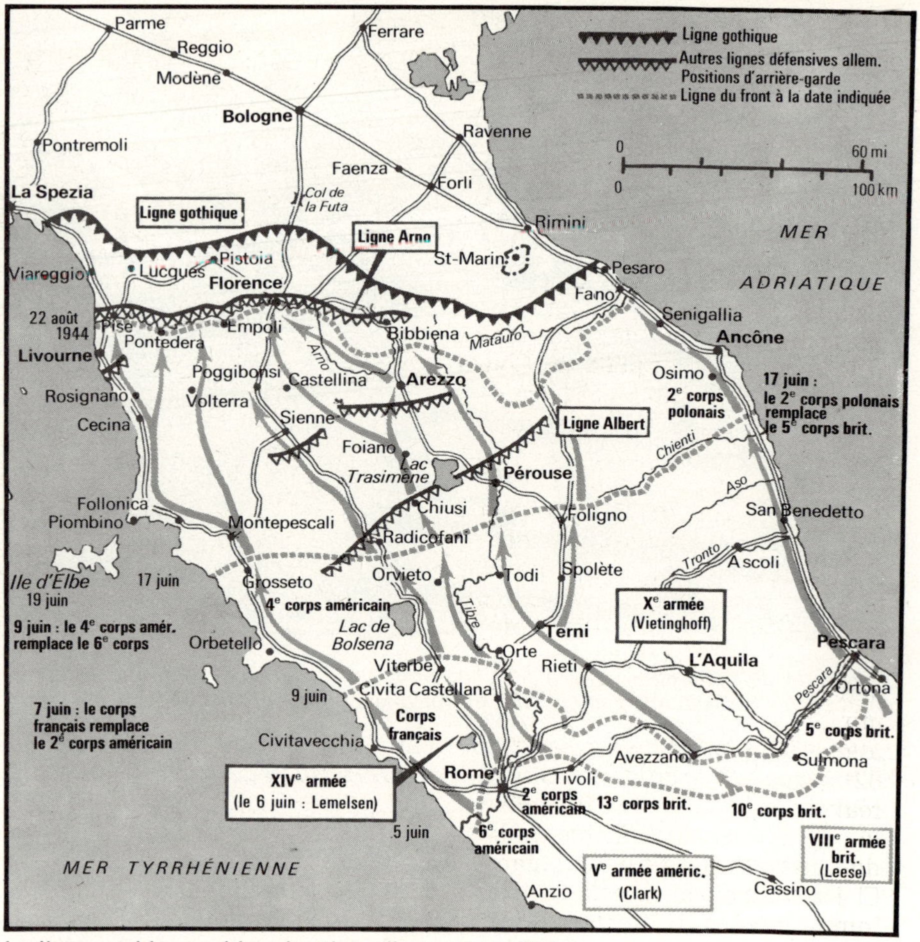

La ligne gothique, ultime bastion allemand en Italie.

3 juillet

Front soviétique. Les 1er et 3e Fronts de Biélorussie ont pris Minsk. Le *Heeresgruppe* Centre a été brisé : 28 de ses 40 divisions sont encerclées. Les Russes parlent de 400 000 morts et 158 000 prisonniers allemands, de 2 000 blindés et 10 000 canons capturés ou détruits. L'écrasante victoire des Soviétiques, qui débordent vers l'ouest, met en position critique le *Heeresgruppe* Nord, chargé de la défense des États baltes, qui se trouve menacé d'être coupé en deux : le 1er Front de la Baltique (Bagramyan), fort de 6 armées, s'apprête à lancer contre lui une attaque d'envergure. La supériorité des Soviétiques est totale sur tous les plans : ils ont la maîtrise du ciel et, lors de l'assaut contre le *Heeresgruppe* Centre, 200 canons par kilomètre s'échelonnaient dans les secteurs les plus importants du front.
Front italien. La marche sur Livourne de la 34e division (4e corps américain) est ralentie par une résistance tenace et efficace des Allemands. Des unités du 135e régiment d'infanterie américain (34e division) parviennent aux abords de la forteresse de Rosignano (au sud-

est de Livourne), s'opposant durement à la 16e *Panzergrenadiere S. S.* Plus à l'est, la 3e division algérienne (corps expéditionnaire français) fait son entrée à Sienne.
Dans le secteur de la VIIIe armée anglaise, la 78e division (13e corps) atteint Cortone, évacuée par les Allemands.
France. La Ire armée américaine déclenche la « guerre des haies » : à partir du flanc nord de la formation alliée, dans la presqu'île du Cotentin, le 8e corps américain (général Middleton) monte à l'asaut des divisions du 84e corps allemand. Les Américains ont mis en ligne 3 divisions (79e, 82e aéroportée et 90e), mais leur progression est fortement ralentie tant par la pluie et le mauvais temps en général qui rendent le terrain impraticable et ne permettent pas une couverture aérienne efficace, que par la détermination farouche des divisions allemandes (243e, 353e et 91e). La 82e division aéroportée américaine réalise de légers progrès, enlevant la cote 131, au nord-est de La Haye-du-Puits, sur la route de Coutances.
☐ Le Vercors se proclame « territoire libéré », sous la direction d'Yves Farge, commissaire de la République désigné par de Gaulle.
Allemagne. Après la démission de von Rundstedt, le général Hans Günther von Kluge est nommé à la tête des forces allemandes à l'ouest.
Birmanie. Sur le front de l'Assam, la 7e division indienne (33e corps) s'empare d'Uhkrul, mais les Japonais prennent position à proximité de ce très important nœud routier.
Nouvelle-Guinée. Sur l'île Nœmfoor, le 158e régiment d'infanterie américain agrandit le périmètre de la tête de pont de 1 800 m environ à l'est, en direction de l'aérodrome de Kornasoren. Un bataillon du 503e régiment de parachutistes est largué sur l'aérodrome de Kamiri, qu'il occupe. De nombreux parachutistes sont tués au cours de l'opération.
Sur Biak, les Américains occupent avec une extrême facilité les cavernes orientales, dont ils entreprennent le nettoyage systématique.
Sur la terre ferme, le commandement de la XVIIIe armée japonaise donne des instructions en vue d'une attaque en force contre la tête de pont américaine d'Aitape.
Iles Mariannes. Saipan. Progressant au nord, les Américains occupent une hauteur dominant Tanapag, sur la côte ouest, puis s'arrêtent devant un bastion ennemi qui sera écrasé, la nuit suivante, sous un tapis de bombes.
Iles Volcano-Bonin. 2 *Task Groups* de porte-avions et navires d'escorte américains, sous les ordres des amiraux Clark et Davison, attaquent avec avions et artillerie navale les installations japonaises dans les îles Volcano, et à Chi Chi Shima et Haha Shima, sur les Bonin. 4 unités ennemies sont coulées.

Soldats américains dans leur char, traversant la Normandie en juillet 1944.

4 juillet
Front soviétique. Dans le secteur nord, le 1er Front de la Baltique (Bagramyan), fort de 6 armées, passe à l'attaque en direction de Riga, enlevant Polotsk, au nord-ouest de Vitebsk. Après la vaste percée réalisée au centre par les Soviétiques, le *Heeresgruppe* Nord se trouve en position extrêmement critique.
Front italien. Dans le secteur tyrrhénien, la 34e division (4e corps américain) déclenche la bataille pour Rosignano. Sur le flanc droit du 4e corps, des unités du 361e régiment de la 1re division blindée font leur entrée, avant l'aube, à Casole d'Elsa, localité située à une quarantaine de kilomètres au sud de Sienne, évacuée en grande partie par la garnison allemande. Après quoi le 361e régiment est transféré de la 1re division blindée à la 91e division. Remaniements également dans le dispositif français : la 3e division algérienne est relevée sur ses positions par la 4e division de montagne et envoyée à Naples pour prendre du repos.
La VIIIe armée poursuit sa marche en avant dans le secteur centre-oriental du front : le 13e corps, fort de la 6e division blindée sud-africaine sur la gauche, de la 4e division britannique au centre et de la 6e division blindée sur la droite, approche à vive allure d'Arezzo sans rencontrer de résistance réelle. La 6e division blindée enlève Castiglion Fiorentino.
France. Sur le flanc droit de la Ire armée américaine, le 8e corps progresse avec la même lenteur vers le sud. A l'est, début de l'offensive du 7e corps.
Dans le secteur anglais, la 3e division canadienne (1er corps britannique) se prépare à la grande offensive contre Caen, s'emparant de Carpiquet (à quelques kilomètres à l'ouest de Caen), mais elle est arrê-

tée à proximité de l'aéroport local par les lignes de défense allemandes.
Nouvelle-Guinée. Sur Nœmfoor, les Américains occupent l'aérodrome de Kornasoren et le village de Kamiri. Un autre bataillon du 503ᵉ régiment de parachutistes est largué sur l'aérodrome de Kamiri : devant l'ampleur des pertes (8 %), dues à l'inexpérience et au terrain plus qu'au feu de l'ennemi, il est décidé que le reste du régiment sera aéroporté. A cette fin, l'aérodrome de Kamiri est rapidement remis en état.
Sur la terre ferme, dans la zone de Wadke-Sarmi, le 63ᵉ régiment d'infanterie américain progresse légèrement vers l'est.
Iles Mariannes. Saipan. La 27ᵉ division d'infanterie américaine, après un accrochage avec l'ennemi en retraite, atteint la plaine de Tanapag. Un régiment de cette division gagne la base pour hydravions à la pointe Flores et, avec l'aide d'un régiment de marines, liquide un nid de résistance japonais souterrain. Une centaine de Japonais, infiltrés dans les lignes américaines, sont décimés.
États-Unis. Les chefs d'état-major réunis adressent un mémorandum au président Roosevelt, lui demandant de faire pression sur Tchang Kaï-chek pour que le général Stilwell prenne le commandement de toutes les armées chinoises ; il serait remplacé par le général Sultan à la tête de l'armée chinoise de Birmanie, tandis que le général Wheeler deviendrait l'adjoint de Mountbatten au commandement suprême du Sud-Est asiatique.

Saipan (îles Mariannes), 7 juillet 1944. Des Japonais se sont suicidés après l'échec de l'assaut lancé à l'aube contre les lignes américaines dans la plaine de Tanapag, fidèles à leur serment au général Saito.

5 juillet
Front italien. La lutte pour Rosignano continue : la progression de la 34ᵉ division américaine (4ᵉ corps) est rendue excessivement lente par la résistance tenace des Allemands. On enregistre un durcissement de la résistance de la Xᵉ armée de Vietinghoff sur le front où progresse le 13ᵉ corps britannique.
France. Le 8ᵉ corps américain a dépassé la gare de La Haye-du-Puits, cependant que le 7ᵉ corps poursuit sa lente avance vers le sud en direction de Périers sur la route de Saint-Lô, sur la côte ouest de la presqu'île du Cotentin.
Birmanie-Chine. Sur le front de la Salouen, après une longue préparation d'artillerie, la VIIIᵉ armée chinoise attaque Soung Chan par l'est et le sud. Mais, au cours d'une puissante contre-attaque, les Japonais reconquièrent le terrain perdu.
Nouvelle-Guinée. Sur l'île Nœmfoor, les Japonais lancent l'unique attaque en force depuis le débarquement. Les assaillants, au nombre de 400 environ, sont exterminés.
Iles Mariannes. Saipan. Les Américains amorcent la phase finale de la conquête de la partie nord de l'île. La 4ᵉ division de marines avance sans difficulté, tandis que le 105ᵉ régiment de la 27ᵉ division d'infanterie est contenu par l'ennemi, qui a pris position en bordure d'un ravin dénommé Harakiri Gulch.

6 juillet
Front soviétique. Les troupes du 1ᵉʳ Front de Biélorussie (Rokossovski) ont pris Kovel, en Pologne, au sud-est de Brest-Litovsk, évacué la veille par les Allemands.
Front italien. On se bat toujours pour Rosignano. Dans le secteur de la VIIIᵉ armée britannique, la 3ᵉ division Carpatica (2ᵉ corps polonais) emporte Osimo, à une trentaine de kilomètres au sud d'Ancône.
France. Les 7ᵉ et 8ᵉ corps américains avancent toujours avec lenteur vers le sud en direction de Lessay et de Périers.
De Gaulle entreprend une visite aux États-Unis et au Canada.
Nouvelle-Guinée. Sur Nœmfoor, après la classique préparation d'aviation et d'artillerie navale, des éléments du 158ᵉ régiment d'infanterie américain, effectuant une opération amphibie, occupent l'aérodrome de Namber. Sur celui de Kamiri, des escadrilles de P-40 australiens atterrissent pour appuyer les opérations terrestres.
A Biak, les Américains invitent par haut-parleurs les derniers Japonais retranchés dans les cavernes orientales à se rendre.
Iles Mariannes. Saipan. Les unités américaines réalisent quelques progrès sur la côte ouest, vers le village de Makunsha, mais sont contenues par la résistance désespérée des Japonais. Sur la côte orientale, le 24ᵉ régiment de marines se porte rapidement au mont Petosukara, ne rencontrant qu'une résistance sporadique. A l'aube, le général Saito, commandant la garnison japonaise, a réuni les officiers : après leur avoir fait promettre de ne pas tomber vivants entre les mains de l'ennemi, il se suicide, selon le code d'honneur japonais ; presque

au même moment, l'amiral Nagumo se faisait hara-kiri. Une attaque banzai (charge-suicide) est décidée par tous les survivants, afin de sauver l'honneur japonais.
États-Unis. Le président Roosevelt transmet à Tchang Kaï-chek les propositions des chefs d'état-major réunis.
Guam-Rota. En prélude au débarquement, des avions embarqués sur des porte-avions américains entament une série de bombardements quotidiens sur les îles de Guam et de Rota, dans les Mariannes.

7 juillet
Front italien. Dans le secteur tyrrhénien, le 135e régiment de la 34e division (4e corps américain) achève la conquête de Rosignano, mais les arrière-gardes allemandes, qui n'ont absolument pas abandonné la partie, ont pris position légèrement en retrait du village. La 4e division de montagne du corps expéditionnaire français s'empare du col du Val d'Elsa.
France. Dans la nuit du 7 au 8, dans le secteur oriental du dispositif allié où opère la IIe armée britannique de Dempsey, les bombardiers de la R.A.F. déversent sur Caen plus de 2 500 t de bombes, en vue de l'assaut final contre la ville. A l'ouest, les 79e et 90e divisions (8e corps américain) multiplient les assauts pour briser la ligne de défense entre La Haye-du-Puits et la forêt de Mont Castre, subissant pour leur part de furieuses contre-attaques. De leur côté, les unités du 7e corps se déplacent avec lenteur le long de la route Carentan-Périers, tandis que grandit l'opposition de 2 divisions de S.S., la 2e et la 17e division blindée. A l'est du 7e corps américain, la 30e division américaine (19e corps) établit une tête de pont à proximité de la petite ville de Saint-Jean-de-Daye, qu'elle enlève : ses unités se portent ensuite en direction de la Vire.
☐ Livré par Vichy à l'Allemagne, l'ancien ministre Georges Mandel est ramené en France pour y être assassiné par la Milice.
États-Unis. De Gaulle est arrivé à Washington, où il s'est entretenu avec Roosevelt.
Birmanie-Chine. De nouvelles attaques de la VIIIe armée chinoise contre Soung Chan sont repoussées par les Japonais : lourdes pertes du côté des assaillants.

L'avance soviétique en Pologne.

Japon. Second raid effectué par les Superforteresses volantes contre l'archipel japonais lui-même. Les B-29 visent surtout les installations navales à Sasebo, sur l'île Kiou-Siou.
Nouvelle-Guinée. Toujours des îlots de résistance japonais à Biak, dans la zone d'Ibdi, qui est sévèrement bombardée.
Iles Mariannes. Saipan. A l'aube, environ 3 000 Japonais (ce qui reste de la garnison de Saipan) montent furieusement à l'assaut des lignes américaines dans la plaine de Tanapag, mettant en déroute un régiment de la 27e division d'infanterie et détruisant l'artillerie du 3e bataillon du 10e régiment de marines. Les combats, au corps à corps, sont acharnés. Vers la fin de la matinée, une contre-attaque américaine repousse les Japonais, qui sont poursuivis vers le nord et massacrés.
Zone du Pacifique. L'amiral Nimitz ordonne à ses chefs militaires en campagne de préparer leurs troupes en vue de l'invasion des Palau méridionales (Angaur, Peleliu, Ngesebus), fixée au 15 décembre, et celle de Yap et d'Ulithi, au nord-est des Palau, pour le 5 octobre.

8 juillet
Front soviétique. Progressant au nord des marais du Pripet, les forces du 1er Front de Biélorussie (Rokossovski) prennent Baranovitchi, au sud-est de Brest-Litovsk.

Front italien. Après la prise de Rosignano, l'avance de la 34ᵉ division américaine (4ᵉ corps américain) vers Livourne s'accélère. La 88ᵉ division occupe Volterra et les hauteurs au nord et à l'est de la ville. Des unités du corps expéditionnaire français passent à l'attaque en direction de San Gimignano, à l'ouest de Poggibonsi, et enlèvent la cote 380, à 3 km environ au nord de la route nº 68.
France. Au cours d'une attaque lancée de l'ouest par la 78ᵉ division, le 8ᵉ corps américain dépasse La Haye-du-Puits. La 8ᵉ division, fraîchement arrivée d'Angleterre, entre en ligne dans le secteur compris entre la 79ᵉ et la 90ᵉ division. Les unités du 7ᵉ corps poursuivent leur difficile avance le long de la route Carentan-Périers, tandis que le 19ᵉ corps (auquel est rattachée la 35ᵉ division nouvellement débarquée) continue d'avancer vers Saint-Lô.
Dans le secteur oriental, à 4 h 20, le 1ᵉʳ corps britannique monte à l'assaut de Caen, renforcé par la 3ᵉ division canadienne et les 59ᵉ et 3ᵉ divisions britanniques, respectivement à droite, au centre et à gauche du dispositif. Les premières troupes alliées entrent dans la ville.
Birmanie-Chine. Sur le front de la Salouen, 5 divisions chinoises encerclent Tenchoung.
Tchang Kaï-chek souscrit pleinement à la demande de Roosevelt de confier au général Stilwell le commandement des armées chinoises. Il y pose une condition : un représentant personnel du président américain sera envoyé en Chine.
Iles Mariannes. Saipan. Venus à bout de la résistance japonaise au Harakiri Gulch, les Américains progressent sur toute la ligne vers la pointe nord de l'île.
Guam. Une escadre de croiseurs et de destroyers américains, sous les ordres du contre-amiral Joy, déclenche une série de bombardements quotidiens des défenses de Guam. A partir du 14, quelques cuirassés participeront également aux opérations.

9 juillet
Front soviétique. Dans le secteur centre-nord, les troupes du 3ᵉ Front de Biélorussie (Tcherniakhovski) prennent Lida, à l'est de Minsk et au nord de Vilna, en Lituanie. Quant au *Heeresgruppe* Nord, cloué dans les États baltes par les ordres impérieux de Hitler, sa situation s'aggrave de jour en jour.
Front italien. Sur le flanc gauche de la 34ᵉ division américaine (4ᵉ corps), l'avance continue vers le nord au-delà de Rosignano, tandis que sur le flanc droit, la 88ᵉ division livre une dure bataille contre les unités allemandes. La VIIIᵉ armée britannique prépare l'offensive contre Arezzo.
France. La 5ᵉ division américaine débarque en Normandie. Les difficultés du terrain et le harcèlement des divisions du 84ᵉ corps allemand anéantissent tous les efforts du 8ᵉ corps américain pour dépasser La Haye-du-Puits. Les 4ᵉ et 83ᵉ divisions américaines (7ᵉ corps) se dirigent vers Périers, sous un violent tir de barrage allemand. La 9ᵉ division, arrivée de Cherbourg, se voit confier le secteur situé à l'est de la Taute. Dans le secteur du 19ᵉ corps, l'offensive de la 30ᵉ division se poursuit en direction de la route de Saint-Lô à Lessay.
Dans le secteur de la IIᵉ armée anglaise, le 1ᵉʳ corps britannique entre dans la banlieue de Caen (la 3ᵉ division canadienne par l'ouest et la 1ʳᵉ division britannique par le nord) : il en chasse la 12ᵉ *Panzerdivision S.S.*
L'aéroport de Carpiquet et la localité de Bretteville (respectivement à l'ouest et au nord-ouest de Caen) sont également conquis par la division canadienne.
Iles Mariannes. Saipan. Les Américains atteignent la pointe Marpi, leur objectif final. En dehors des classiques nettoyages à effectuer, l'île est officiellement déclarée conquise à 16 h 15 par le vice-amiral Turner. Sa conquête a coûté aux Américains plus de 14 000 hommes, tués ou blessés, les Japonais ayant eu presque 30 000 morts, soit toute la garnison, à l'exception de quelques centaines de blessés faits prisonniers. A la pointe Marpi, on découvre au pied d'une falaise les corps d'une centaine de civils ayant probablement fait cause commune avec les Japonais.
La conquête de Saipan se révèle précieuse, l'île étant aussitôt convertie en une base aérienne qui met le Japon à portée des Superforteresses volantes B-29.

10 juillet
Front soviétique. Le maréchal Model, commandant le *Heeresgruppe* Centre, réclame à Hitler le repli du *Heeresgruppe* Nord au-delà de la Dvina, afin de l'employer à la défense du secteur central. Hitler refuse formellement.
La quasi-totalité des IXᵉ et IVᵉ armées du *Heeresgruppe* Centre a été anéantie par les Soviétiques. Le 3ᵉ Front de Biélorussie cerne Vilna, en Lituanie.
Front italien. Dans le secteur tyrrhénien, progrès insignifiants du 4ᵉ corps américain vers le nord, en direction de Livourne (34ᵉ division).
France. Le général Montgomery, commandant du XXIᵉ groupe d'armées, donne des instructions pour l'opération « Cobra », confiée à la Iʳᵉ armée américaine, dont l'objectif est de percer les défenses allemandes à l'ouest de Saint-Lô et prendre Coutances.
Dans le secteur du 8ᵉ corps, les troupes américaines progressent au sud de La Haye-du-Puits, tandis que l'offensive des 3 divisions du 7ᵉ corps (4ᵉ, 9ᵉ et 83ᵉ) partie de l'est se poursuit vers l'ouest. Le 8ᵉ corps britannique (IIᵉ armée) passe à l'attaque au sud-ouest de Caen dans la zone comprise entre l'Odon et l'Orne. La 43ᵉ division enlève Éterville et la cote 112, sur la route d'Évrecy. Le 2ᵉ corps d'armée canadien du général Simonds entre en ligne dans le secteur de Caen, encadré par la IIᵉ armée britannique.
Birmanie-Chine. Sur le front de la Salouen, les Chinois tentent toujours péniblement de déloger les Japonais de Soung Chan. Sur le front de l'Assam, en Inde, le 33ᵉ corps britannique a chassé les Japonais des abords immédiats du nœud routier d'Ukhrul.
Nouvelle-Guinée. Dans la nuit du 10 au 11, les Japonais attaquent en force au-delà de la rivière Driniumor, infligeant de lourdes pertes au 128ᵉ régiment d'infanterie américain.

de Havilland Mosquito Mk.VI - 1943
(Angleterre)

Hawker Tempest Mk.V - 1944
(Angleterre)

Handley Page Halifax Mk.III - 1944
(Angleterre)

Supermarine Spitfire Mk.XIV - 1944
(Angleterre)

Gloster Meteor Mk.III - 1945
(Angleterre)

Junkers Ju.188 E-1 - 1943
(Allemagne)

Heinkel He.219 A-2/R1 - 1943
(Allemagne)

Focke Wulf Fw.190 D-9 - 1944
(Allemagne)

Messerschmitt Bf.109 - 1944
(Allemagne)

Mistel 1 + Messerschmitt - 1944
(Allemagne)

Messerschmitt Me.163/B-1a - 1944
(Allemagne)

Messerschmitt Me.262 B-1a/U1 - 1945
(Allemagne)

Heinkel He.162 A-2 - 1945
(Allemagne)

Imam Ro.57 - 1943
(Italie)

Macchi M.C.205 - 1943
(Italie)

Fiat G.55 - 1943
(Italie)

Curtiss P-40N Warhawk - 1943
(États-Unis)

Bell P-39Q Airacobra - 1943
(États-Unis)

Consolidated B-24J Liberator - 1943
(États-Unis)

Republic P-47C Thunderbolt - 1943
(États-Unis)

Bell P-59A Airacomet - 1944
(États-Unis)

Vought F4U-1D Corsair - 1944
(États-Unis)

North American P-51D Mustang - 1944
(États-Unis)

Yakovlev Yak-3 - 1944
(U.R.S.S.)

Tupolev Tu-2 - 1943
(U.R.S.S.)

Lavotchkinen La-7 - 1944
(U.R.S.S.)

Mikoyan-Gourevitch MiG-7 - 1944
(U.R.S.S.)

Nakajima Ki-84-la Hayate - 1943
(Japon)

Mitsubishi A6M8 Reisen - 1945
(Japon)

Kawasaki Ki-100-II - 1945
(Japon)

Nakajima G8N1 Renzan - 1944
(Japon)

Yokosuka P1Y1 Ginga - 1945
(Japon)

Nakajima Kikka - 1945
(Japon)

Yokosuka MXY7 Ohka 11
(Japon)

11 juillet

Front italien. L'opération « Mallory Major » contre les ponts du Pô est décidée. Progrès limités du 4e corps américain vers le nord. Dans le secteur du 13e corps britannique (VIIIe armée), la 2e division néo-zélandaise s'apprête à appuyer l'assaut final contre Arezzo.

États-Unis. Le gouvernement des États-Unis reconnaît *de facto* le gouvernement provisoire de la République française du général de Gaulle et sa qualification pour administrer les territoires libérés de la France.

France. L'offensive de la Ire armée américaine est conduite simultanément par ses 4 corps : 8e, 7e, 19e et 5e, déployés dans l'ordre sur un front s'étirant de la côte ouest de la presqu'île du Cotentin à Caumont-l'Éventé, à environ 20 km à l'est de Saint-Lô.

Tandis que le 8e corps réalise des progrès significatifs au sud de La Haye-du-Puits, une contre-attaque de la *Panzerlehrdivision* réussit à enfoncer les lignes de la 9e division américaine dans le secteur du Désert. Repoussés par une action conjuguée de l'infanterie et de l'artillerie, en coordination avec l'aviation, les Allemands doivent reculer, abandonnant sur le terrain un grand nombre de blindés.

Le 19e corps passe à l'attaque contre Saint-Lô, avec sa 30e division à l'ouest de la Vire, et ses 35e et 29e divisions à l'est. Le 5e corps reprend l'offensive en direction de la cote 192, au nord-est de Saint-Lô. Dans le secteur anglais, la 50e division (30e corps) améliore ses positions près de Hottot-les-Bagues, à une vingtaine de kilomètres à l'ouest de Caen. Entre-temps, la 43e division britannique (8e corps) a pris la cote 112.

Chine. Dans la Chine du Centre oriental, les Japonais de la XIe armée reprennent l'offensive contre Heng Tchéou mais sont repoussés par les Chinois, efficacement soutenus par l'aviation.

Nouvelle-Guinée. A Nœmfoor, le 158e régiment d'infanterie et le 503e régiment de parachutistes américains entreprennent le nettoyage systématique de l'île, les fantassins au nord, les parachutistes au sud. Dans la zone de la tête de pont d'Aitape, sur la terre ferme, les Américains évacuent la ligne de la Driniumor, mais le général Krueger ordonne de la réoccuper au plus vite.

Au cours des combats pour la reconquête de Vilna, en Lituanie, un automoteur SU-76 russe du 3e Front de Biélorussie dépasse, à un carrefour, une pièce d'artillerie allemande mise hors de combat.

12 juillet

Front soviétique. L'offensive soviétique se développe et s'intensifie. Moscou annonce que le 2e Front de la Baltique a lancé une série d'attaques entre Nevel et Ostrov (au sud du lac Peipous), enlevant Idritsa, à l'ouest de Vielikie Louki, le long de la voie ferrée menant à Riga.

Front italien. Dans sa marche sur Livourne, le 4e corps américain (Ve armée) dépasse Castiglioncello : à droite du dispositif, la 34e division progresse au prix d'innombrables difficultés, tandis que la 88e, secondée par un tir efficace d'artillerie, franchit Laiatico.

L'opération « Mallory Major » (bombardement des ponts sur le Pô), menée par la force aérienne tactique américaine, débute dans des conditions de temps idéales.

France. La 101e division aéroportée quitte la Ire armée américaine pour prendre du repos en Angleterre et y former des éléments de réserve. Tandis que le 8e corps réalise des progrès significatifs au sud, en direction de l'Ay et de la Sèves, le 7e rencontre des difficultés le long de la route Carentan-Périers. L'attaque du 19e corps américain contre Saint-Lô est ralentie, la 30e division dans le secteur de Pont-Hébert et le 116e régiment (29e division) à l'ouest de la ville se trouvant en difficulté. Tous les objectifs de la cote 192, au nord-est de Saint-Lô, sont conquis par la 2e division (5e corps américain).

Birmanie-Chine. Les Sino-Américains, fortement épaulés par l'aviation, attaquent en force Myitkyina, mais sont repoussés. Par suite d'une mauvaise coordination, ils sont bombardés par leurs propres avions.

Sur le front de la Salouen, la garnison japonaise de Soung Chan tient toujours en échec les 2 divisions chinoises. L'offensive chinoise est suspendue.

Nouvelle-Guinée. Dans la zone d'Aitape, les Américains se réorganisent pour reprendre les positions perdues sur la rivière Driniumor.

13 juillet

Front soviétique. Après des combats acharnés dans les rues, le 3e Front

L'avance soviétique en Lettonie et Lituanie.

de Biélorussie (Tcherniakhovski) a pris Vilna, capitale de la Lituanie. La situation du *Heeresgruppe* Nord est de plus en plus compromise.
Front italien. La 34e division américaine (4e corps) progresse de 5 km environ en direction de Livourne ; les 2 autres divisions du 4e corps, les 88e et 9e, sont engagées respectivement dans le secteur central et sur la droite du dispositif. La 4e division de montagne du corps expéditionnaire français enlève San Gimignano, tandis qu'une autre unité française, la 2e division marocaine, est presque arrivée à Poggibonsi et dans les faubourgs de Castellina in Chianti, à mi-chemin à peu près entre Arezzo et Livourne.

Au centre de la formation alliée, la 2e division néo-zélandaise investit le sommet du mont Castiglione Maggiore.
France. La 4e division blindée américaine arrive en Normandie. Le haut commandement de la Ire armée américaine approuve le plan d'attaque pour s'emparer de Saint-Lô, baptisé opération « Cobra ».
Le 8e corps américain continue d'avancer sûrement vers le sud, tandis que dans le secteur du 7e, seule progresse la 9e division (sur le flanc gauche), toute activité étant pratiquement suspendue sur le reste de la ligne. Le 9e corps américain lutte toujours durement pour Saint-Lô ; enfin, dans le secteur du 5e corps, la 5e division relève au front la 1re, qui est déplacée à Colombières, à une dizaine de kilomètres au sud-est d'Isigny, en attendant de rejoindre le secteur du 7e corps.
Nouvelle-Guinée. Sur l'île Nœmfoor, les parachutistes américains se heurtent au dernier et plus dur nid de résistance japonais, à environ 5 km au nord-est de l'aérodrome de Namber. Sur la terre ferme, dans la zone d'Aitape, des détachements américains contre-attaquent les Japonais, atteignant en deux endroits la rivière Driniumor. Le 128e régiment d'infanterie a raison du groupe d'assaut côtier japonais, détruisant en grande partie son artillerie.
États-Unis. Avant de s'envoler pour les îles Hawaii, où il doit débattre avec Nimitz et MacArthur de la stratégie à suivre dans la guerre du Pacifique, Roosevelt répond à la lettre du 8 juillet de Tchang Kaï-chek, en donnant son accord pour l'envoi d'un représentant politique personnel et le pressant de confier au général Stilwell le commandement de l'armée chinoise.

14 juillet

Front soviétique. Les Fronts du Centre et du Sud de l'Armée rouge se remettent en marche. Le 1er Front d'Ukraine (Koniev) passe à l'offensive en Pologne, au nord et au sud de Brody, dans la région située à l'est de Lwow. Plus au nord, le 1er Front de Biélorussie enlève Pinsk, à l'est de Brest-Litovsk.
Italie. La 34e division (4e corps américain) continue sa marche sur Livourne, le 442e régiment s'emparant de San Pieve di Luce et le 133e approchant d'Usigliano, tandis que Chianni tombe, sans coup férir, aux mains des unités de la 9e division américaine (4e corps) : les Allemands ont également évacué Terricciola. Des détachements du corps expéditionnaire français, après la prise de Poggibonsi, marchent sur Certaldo.
France. Les 4 corps de la Ire armée américaine (8e, 7e, 19e et 5e) continuent d'avancer vers le sud, bien que gênés par la détermination toujours farouche de la VIIe armée allemande. Notamment, des unités de la 30e division (19e groupe) pren-

nent Pont-Hébert après un violent accrochage, tandis que la 35e gagne la route de Pont-Hébert à Saint-Lô.

□ La « république du Vercors » célèbre la fête nationale par une prise d'armes et reçoit un important parachutage.

□ A Thônes et à Thorens, en Haute-Savoie, les F. F. I. organisent aussi des défilés militaires.

Birmanie. Le général Lentaigne réclame le repli à l'ouest de l'Irraouaddi des quelques pelotons de Chindits de la force Morris (de la 3e division indienne), mais le commandement britannique s'y oppose.

En Inde, le 33e corps britannique achève l'encerclement et l'élimination des forces ennemies le long de la route Ukhrul-Imphal. Le 4e corps, dont l'avance sur Tiddim (au-delà de la frontière birmane) a été jusqu'ici résolument endiguée par les Japonais, parvient à affaiblir la résistance ennemie grâce à une série d'attaques lancées par les 5e et 17e divisions indiennes.

Nouvelle-Guinée. Dans la zone d'Aitape, des contre-attaques japonaises sur la rivière Driniumor sont repoussées.

15 juillet

Front soviétique. Le 2e Front de la Baltique a pris Opotchka, au sud d'Ostrov et du lac Peipous.

Front italien. La progression de la 34e division (4e corps américain) en direction de Livourne est extrêmement rapide. 2 régiments (168e et 133e) poussent en direction de Pise. Au centre du 4e corps, le 363e régiment (9e division), qui a pris Bagni di Casciana sans rencontrer de résistance, doit revenir en arrière pour appuyer l'assaut de la 34e division contre Livourne. L'offensive de la 88e division se poursuit sur le flanc droit du 4e corps. Dans le secteur du corps expéditionnaire français, le 8e régiment marocain fait son entrée dans Castellina in Chianti.

Au centre du front, le 13e corps britannique (VIIIe armée) passe à l'attaque en direction d'Arezzo : préparé à l'aube par un bombardement aérien, l'assaut contre la ville est donné par 2 divisions, la 6e division blindée (sur la gauche) et la 2e division néo-zélandaise (à droite). Les

LE PORT DE L'ANGOISSE

Harry, un aventurier américain qui gagne sa vie en louant son bateau à de riches amateurs de pêche, sur les flots tièdes de la mer des Antilles, prend conscience face à l'intolérance et est entraîné malgré lui dans la lutte contre les nazis.

Le Port de l'angoisse (To Have and Have Not) est tiré du roman *En avoir ou pas*, publié en 1937 par Ernest Hemingway, où celui-ci décrivait, à travers son héros, les limites de l'individualisme. L'adaptation fut réalisée, entre autres, par William Faulkner et la mise en scène assurée par Howard Hawks. Réalisé deux ans après *Casablanca* de Michael Curtiz, *Le Port de l'angoisse* s'inscrit dans la lignée des films d'aventure, qui ont la guerre pour toile de fond. Il tire son charme de la présence de deux monstres sacrés.

Aux côtés de Bogart, comme d'habitude parfait dans son rôle d'aventurier capable de se rallier à la cause juste au bon moment, se détache pour la première fois la jeune Lauren Bacall, passionnée, sensuelle, à l'ironie amère.

Humphrey Bogart et Lauren Bacall.

Faubourgs de Caen. Une femme offre à boire à un soldat anglais.

Une patrouille américaine avance avec précaution dans les ruines de Saint-Lô libéré le 18 juillet.

positions allemandes sont tenues par des unités du 76e *Panzerkorps* de la 1re division de parachutistes, 2 divisions d'infanterie (334e et 719e) et des détachements de la 15e *Panzergrenadiere.* A la nuit, les Allemands amorcent leur repli sur tout le front.
Le gouvernement italien est à nouveau transféré à Romc.
France. Suspension de l'offensive américaine (Ire armée) à l'ouest de la Taute tandis que se prépare le plan « Cobra » des opérations contre Saint-Lô et Coutances.
La 9e division (7e corps) poursuit l'offensive, avec les 30e et 1re divisions d'infanterie, et les 2e et 3e divisions blindées regroupées sous son commandement. Les 35e et 29e divisions (19e corps), appuyées par l'artillerie et les bombardiers, marchent toujours sur Saint-Lô : à gauche de la 35e division, le 134e régiment atteint la cote 122, dépassant Saint-Lô de près de 2 km, mais le reste de la division reste en arrière. Des unités de la 29e division gagnent la route de Bayeux à Saint-Lô, près de La Madeleine, mais sont brusquement isolées par les Allemands.
Dans le secteur anglais (IIe armée britannique), le 12e corps passe à l'attaque, dans la nuit du 15 au 16, le long de la ligne Bougy-Évrecy-Maizet, au sud-ouest de Caen, entre l'Orne et l'Odon.
Birmanie. Le commandant japonais de Myitkyina envisage de tenter une trouée à travers les forces qui les encerclent et de se retirer. La garnison japonaise compte déjà 800 morts et 1180 blessés. Les récentes attaques, limitées mais continuelles, ont progressivement réduit les positions japonaises.
Nouvelle-Guinée. On se bat encore sur Biak, dans la zone d'Ibdi.

16 juillet
Front soviétique. Des colonnes blindées des 3e (Tcherniakhovski) et 1er (Rokossovski) Fronts biélorusses, convergeant respectivement du nord et du sud, emportent Grodno, au sud-ouest de Vilna (Vilnius) et au nord-est de Bialystok. Dans le sud de la Pologne et en Galicie, les Fronts du Sud ont investi le *Heeresgruppe* Nord d'Ukraine, commandé depuis le 28 juin par le général

Harpe, qui a remplacé Model, placé le même jour à la tête du *Heeresgruppe* Centre.
Front italien. Le 135e régiment de la 34e division (4e corps américain) enlève la cote 232 et le mont Maggiore (cotes 449 et 413), au sud-est de Livourne. Des unités du 133e régiment (34e division), prenant Usigliano, s'enfoncent de quelques kilomètres dans la vallée de l'Arno, tandis qu'au centre de l'unité américaine avancent la 9e division et à sa droite la 88e. Dans le secteur anglais, la 6e division blindée (13e corps britannique) a pris Arezzo ; néanmoins, la détermination farouche des Allemands dans le secteur a non seulement retardé sensiblement (bien qu'avec des dégâts limités) l'avance des Alliés, mais a permis aussi à la Xe armée de Vietinghoff et à la XIVe armée de Lemelsen de renforcer et d'améliorer les défenses de la ligne gothique. Quelques unités du 13e corps poussent jusqu'à l'Arno, occupent un pont et établissent une tête de pont sur l'autre rive. Le prochain objectif est Florence.
France. Le 7e corps américain (Ire armée), fort de 2 divisions, la 9e (à droite) et la 30e (à gauche), accentue sa pression en direction de la route de Périers à Saint-Lô : dans ce secteur, les Allemands lui opposent la 5e division de parachutistes et la division *Panzerlehr.* Près de La Madeleine, sur la route de Bayeux à Saint-Lô, la 29e division tente vainement de faire sa jonction avec les unités toujours isolées après l'attaque du 15. A droite du dispositif de la IIe armée britannique, la 59e division (30e corps) attaque en direction de Noyers, tandis que la 50e renforce ses positions près de Hottot-les-Bagues. Plus à l'est, la 15e division (12e corps britannique) enlève Gavrus, Bougy et Esquay, au-dessus d'Évrecy.
Dans un rapport présenté au haut commandement du *Heeresgruppe* Ouest, le maréchal Rommel fait état de pertes s'élevant à 100 000 morts, blessés et disparus (dont 2 360 officiers) depuis le 6 juin, jour du débarquement allié en Normandie. Un dixième seulement des disparus a été remplacé. Rommel signale l'usure progressive et incessante de l'armée, et conclut sur une note des plus pessimistes : « L'ennemi s'apprête à briser notre faible ligne défensive et à s'enfoncer très avant à l'intérieur de la France. »
Nouvelle-Guinée. Légers accrochages sur la ligne de la Driniumor, dans la zone d'Aitape. Sur l'île Nœmfoor (Numfoor), les parachutistes perdent le contact avec le gros des forces japonaises. L'aérodrome de Kamiri est prêt à accueillir un groupe entier de chasseurs.

Au côté du général Alexander (premier à gauche), le Premier ministre britannique, Winston Churchill, contemple la ligne gothique depuis un observatoire du corps d'armée polonais.

17 juillet

Front italien. Progrès limités vers Livourne de la 34e division américaine (4e corps). Après avoir dépassé Prusacco, des éléments de la 91e division se dirigent vers Pontedera.
Dans le secteur de la VIIIe armée britannique, le 13e corps poursuit les Allemands qui se retirent en direction de Florence. Avec le soutien de l'aviation, le 2e corps polonais passe à l'attaque vers Ancône. Le commandant de la VIIIe armée britannique (général Leese) décide de lancer contre la ligne gothique 2 corps d'armée sur deux lignes : Florence-Fiorenzuola et Florence-Bologne.
France. Dans le secteur américain, la 4e division blindée est placée sous le commandement du 8e corps. La 9e division américaine (7e corps), venue à bout de la résistance allemande, se porte rapidement sur la route de Périers à Saint-Lô. De leur côté, les unités du 19e corps réussissent une percée dans les lignes ennemies le long de la Vire, près de Rampan.
Au centre du dispositif allié, dans le secteur de la IIe armée britannique, le 30e corps continue d'avancer lentement vers Noyers, tandis

que le 12e ne réussit toujours pas à atteindre Évrecy.
De retour à son quartier général de La Roche-Guyon, après une inspection du 1er *Panzerkorps S. S.* au sud de Caen, le maréchal Rommel est grièvement blessé à la tête près de Vimoutiers, au cours d'une attaque aérienne.
Rommel est remplacé provisoirement à la tête du *Heeresgruppe* B par le maréchal von Kluge, qui, depuis le 3 juillet, a succédé à von Rundstedt, démissionnaire, au commandement du front occidental.
Nouvelle-Guinée. Dans la zone d'Aitape, les Américains réussissent à maintenir la continuité de leurs lignes sur la Driniumor, rompues ensuite par une attaque nocturne des Japonais. D'autres forces japonaises se concentrent pour lancer une attaque contre Afua, le long du périmètre américain.

18 juillet
Front soviétique. Les troupes du 1er Front d'Ukraine (Koniev) ont pris Brody, à l'est de Lwow, en Pologne. Dans le secteur immédiatement plus au nord, les colonnes blindées du 1er Front biélorusse (Rokossovski) se portent de Kovel à Lublin. Le 3e Front balte (Tcherniakhovski), qui a repris l'offensive au sud du lac Peipous, menace Ostrov et Pskov, bastions avancés que les Allemands ont réussi à tenir jusqu'ici au prix de lourds sacrifices.
A l'ouest de Grodno, les Russes, déjà presque à la frontière de la Prusse-Orientale, sont violemment contenus par les armées de Model près d'Augustow.
Front italien. L'assaut final contre Livourne est lancé par la 34e division (4e corps américain) : quelques détachements atteignent les faubourgs de la ville, mais les Allemands réussissent à sauver une bonne partie de la garnison. La 9e division atteint l'Arno à Pontedera, tandis que de son côté le corps expéditionnaire français progresse sur toute la ligne.
Dans le secteur de la VIIIe armée britannique, la 6e division blindée sud-africaine (13e corps) atteint et dépasse Radda in Chianti, tandis que dans la vallée de l'Arno les 4e et 6e divisions blindées britanniques

Le maréchal soviétique Gheorghi Joukov.

sont quasiment stoppées devant la première d'une série de lignes défensives dressées par les Allemands au nord d'Arezzo. La 4e division n'en atteint pas moins Montevarchi, sur la route no 69.
Les Allemands défendent farouchement Città di Castello contre les attaques du 10e corps britannique. Le 2e corps polonais occupe Ancône.
France. Les Américains du 19e corps (Ire armée américaine) entrent à Saint-Lô. A l'ouest de la ville, les 9e et 30e divisions du 7e corps américain continuent d'avancer vers le sud. Dans le secteur oriental du dispositif allié, les divisions britanniques lancent une offensive (opération « Goodwood ») dans la zone de Caen. Le but de l'opération est d'attirer dans ce secteur le maximum des forces allemandes faisant face à la Ire armée américaine, de façon à alléger le secteur occidental en vue de l'opération « Cobra », fixée au 24 juillet et dans laquelle les divisions américaines seront engagées pour tenter de percer les lignes ennemies à l'ouest de Saint-Lô et de prendre Coutances.
Le 2e corps canadien traverse l'Orne au sud-ouest de Caen, tandis que sa 3e division enlève Colombelles et Giberville, au nord-est de la ville. Le 8e corps anglais lance une attaque en force de l'ouest et, après une chaude bataille avec les divisions du 1er *Panzergruppe S. S.,* atteint la ligne Hubert-Folie-La Hogue-Cagny, au sud de Caen.
Japon. Le cabinet Tojo tombe. Le général Kuniaki Koiso est chargé de former le nouveau gouvernement.
Nouvelle-Guinée. Dans la zone d'Aitape, les Américains occupent la rive ouest de la Driniumor, depuis l'embouchure jusqu'au village d'Afua.

19 juillet
Front soviétique. Le 1er Front d'Ukraine (Koniev) encercle 5 divisions allemandes à l'ouest de Brody, en Pologne.
Front italien. La 34e division (4e corps américain) a pris Livourne. Dans le secteur où progresse le corps expéditionnaire français, la 4e division de montagne atteint Certaldo, au nord-ouest de Castellina. La marche entreprise par la 6e division blindée sud-africaine à travers les collines de Chianti est fortement ralentie par le feu des Allemands. Des unités de la 6e division blindée assurent un nouveau passage sur l'Arno à hauteur de Laterina.
France. Après la prise de Saint-Lô, le 19e corps américain (Ire armée) continue d'avancer vers le sud. Dans le secteur britannique, la 2e division canadienne (2e corps) enlève Louvigny et Fleury-sur-Orne, respectivement sur les rives nord et sud de l'Orne. A l'est de Caen, la bataille du 1er corps britannique et du 86e corps allemand pour Troarn fait rage.
Nouvelle-Guinée. On se bat encore près d'Afua, dans la zone de la tête de pont d'Aitape.

20 juillet
Front soviétique. Au sud-ouest de Kovel, dans le secteur central, les forces du 1er Front biélorusse (Rokossovski) atteignent le Boug sur un front de 65 km.
Front italien. Des unités de la 34e division américaine (4e corps) réussissent à établir un avant-poste le long de la route no 67 au sud-est de Pise. Dans le secteur du corps expéditionnaire français, la 4e divi-

L'ATTENTAT CONTRE HITLER

20 juillet

A 12 h 42, la *Wolfsschanze* (Tanière du loup), quartier général de Hitler à Rastenburg (aujourd'hui Ketrzyn), dans une forêt de la Prusse-Orientale, est secouée par une formidable explosion : une flamme et de la fumée s'élèvent de la baraque où, chaque jour, l'état-major se réunit en présence du Führer (au moment de l'explosion, la conférence a commencé depuis quelques minutes). Cris des blessés (certains ont été projetés par les fenêtres) et appels au secours retentissent; des cadavres jonchent le sol.

Et Hitler? Le chef du nazisme est blessé, mais très superficiellement. Il est certes commotionné (sa première réaction sera : « Mon pantalon neuf ! »...), mais à part son visage noirci, ses cheveux emmêlés, son pantalon en lambeaux et quelques égratignures, il n'a absolument rien, si bien qu'à 16 heures il sera en état de recevoir la visite de Mussolini, d'abord fixée à 14 h 30.

Il ne s'agit pas de classer l'épisode comme un attentat contre Hitler, mais de démasquer l'auteur, ou les auteurs, qui ne peuvent être bien loin et doivent sûrement être recherchés parmi les membres présents à la conférence.

En dehors des morts, il manque à l'appel un jeune colonel de 37 ans, le comte Claus Schenk von Stauffenberg (que l'on croit d'abord hospitalisé avec les blessés), et c'est sur lui que vont se porter les premiers soupçons des enquêteurs, lorsqu'on s'aperçoit que le colonel a quitté la pièce où se tenait la réunion quelques minutes avant l'explosion.

Ces soupçons se muent en certitude après le témoignage de certains officiers et soldats S. S. de garde à Rastenburg : l'auteur de l'attentat ne peut être que lui. Mais qui est ce von Stauffenberg? A-t-il agi seul ou est-il simplement l'exécutant d'un complot plus vaste destiné à éliminer Hitler?

Pour répondre, il nous faut revenir en arrière, au 7 avril 1943, lorsque le colonel von Stauffenberg, descendant d'une noble famille de l'Allemagne du Sud, est grièvement blessé en Tunisie en sautant avec sa voiture sur un champ de mines : il perd l'œil gauche, la main droite et deux doigts de la main gauche. Il est contraint à une longue convalescence durant laquelle il a tout loisir de méditer sur la situation de son pays, parvenant à des décisions d'une gravité fondamentale.

« Je sens que je dois faire quelque chose pour sauver l'Allemagne », écrit-il à sa femme. Et dans une autre lettre : « Même si l'entreprise est vouée à l'échec, il faut la tenter. L'essentiel est de prouver au monde et à l'histoire que le mouvement de résistance allemand existe et qu'il a osé passer aux actes, au prix de sa vie. »

Il fait alors partie d'un groupe d'opposants qui se proposent d'éliminer le dictateur et de mettre fin à la guerre en sauvant ce qui peut être sauvé de l'Allemagne. On trouve notamment parmi les conspirateurs : l'ancien bourgmestre de Leipzig Karl Goerdeler, le général Ludwig Beck (chef militaire du complot), l'ancien ambassadeur à Rome Ulrich von Hassel, le général Friedrich Olbricht, le maréchal Erwin von Witzleben, le général Hans Henning von Tresckow, chef d'état-major du *Heeresgruppe* Centre sur le front russe, le général des transmissions à Rastenburg Erich Fellgiebel, l'ancien ambassadeur à Moscou Friedrich Werner von der Schulenburg, le général Edward Wagner, le pasteur Dietrich Bonhoeffer et le jésuite Alfred Delp, le social-démocrate Julius Leber, le jeune comte Helmuth James von Moltke ainsi que d'autres jeunes descendants d'illustres maisons prussiennes (Stauffenberg est d'ailleurs lui-même arrière-petit-fils du comte August von Gneisenau, héros national de la guerre contre Napoléon). Rommel, von Kluge et l'amiral Hans Wilhelm Canaris, chef de l'*Abwehr* (services secret militaires), sont du complot, même s'ils n'y prennent pas une part active. Le général Fritz Fromm, chef des armées de l'Intérieur, comprenant l'armée territoriale qui tient Berlin, a, lui, une position ambiguë.

Dans l'après-midi du 19 juillet, von Stauffenberg est convoqué par Hitler à Rastenburg pour participer, en qualité de chef d'état-major du général Fritz Fromm, à la réunion des principaux représentants militaires du Reich, prévue pour le lendemain à 13 heures. C'est l'occasion qu'attend Stauffenberg, et il en informe les autres conjurés. Le plan (baptisé opération « Walkyrie ») ne doit pas échouer : il a été réglé dans les moindres détails, et les alliances et complicités sont à toute épreuve.

Dans la matinée du 20 juillet, von Stauffenberg s'envole de Rangsdorf, un des aéroports de Berlin : il emporte une serviette bourrée de documents, au milieu desquels est cachée une bombe confectionnée par le général Helmut Stieff avec un explosif britannique spécial muni d'un détonateur à retardement.

Peu après 10 heures, l'avion atterrit à Rastenburg.

La réunion, avancée d'une demi-heure car Hitler attend l'arrivée de Mussolini, commence à 12 h 30 précises.

A 12 h 36 Stauffenberg pénètre dans la salle en même temps que Keitel : il a brisé auparavant la capsule du détonateur, et d'ici à 6 minutes, sauf imprévu, la bombe explosera.

Dans la salle, mesurant environ 9 m sur 4,5 m, autour d'une longue table ovale reposant sur

L'ATTENTAT CONTRE HITLER

20 juillet 1944. Hitler, Mussolini et l'interprète Paul Schmidt parmi les ruines de la baraque où, quelques heures plus tôt, a explosé la bombe destinée à tuer le chancelier allemand et ceux qui étaient avec lui.

deux socles épais, Hitler a pris place, assis le dos tourné à la porte, sur le grand côté de la table; il est entouré de 22 officiers supérieurs appartenant aux trois armes et aux S.S. : à gauche du Führer se tient Keitel et, à sa droite, Stauffenberg, entre le général Korten, chef d'état-major de la Luftwaffe, et le général Brandt, chef des opérations. Sitôt assis, Stauffenberg pose sa serviette sur le sol, à environ 2 m des jambes de Hitler, non loin du socle sur lequel repose la partie droite de la table.

Le général Hensinger, chef d'état-major adjoint de l'armée, est en train de parler, illustrant la situation sur le front russe en se reportant fréquemment à la carte de géographie déployée sur la table : il est 12 h 37, et les minutes s'écoulent inexorablement.

Von Stauffenberg se glisse hors de la pièce, sans être vu. Tous sont absorbés par ce que dit Hensinger : le général Brandt, qui semble particulièrement intéressé, se penchant sur la table pour mieux voir la carte, heurte du pied la serviette de Stauffenberg. Il essaie de la repousser du pied, puis se baisse et la pose contre le bord extrême du socle droit qui soutient la table : ce geste a probablement sauvé la vie de Hitler.

A 12 h 42, l'explosion se produit. Stauffenberg, qui se tient à 200 m de là environ, voit la baraque sauter littéralement en l'air et, convaincu que l'attentat a réussi, quitte Rastenburg.

A 13 heures, il reprend son avion pour Berlin afin d'aller y recueillir les fruits de son geste. Il ignore que l'attentat a échoué et, surtout, que le général Fellgiebel, chef des transmissions de Rastenburg, n'a pas exécuté l'ordre qui lui avait été donné de transmettre aussitôt la nouvelle aux conjurés à Berlin ni celui, encore plus important, de blo-

quer toute communication entre le quartier général de Hitler et la capitale.
Les conjurés, qui attendent à Berlin, restent donc dans l'ignorance de tout, ne sachant que faire. Entre-temps, le complot a été découvert, et Himmler est déjà parti pour Berlin avec ordre de tuer dans l'œuf toute révolte éventuelle.
Lorsque Stauffenberg arrive dans la capitale, à 16 h 30, la nouvelle que Hitler a échappé à l'attentat est déjà parvenue aux commandants militaires suprêmes de la ville.
Le général Fromm, commandant en chef de l'armée de l'intérieur, qui n'avait souscrit que formellement au complot, apprenant que Hitler n'est pas mort, se précipite dans le bureau du général Olbricht, chef de la section approvisionnements de l'armée territoriale. Il y trouve Stauffenberg, en train de téléphoner à tous les chefs militaires allemands en Europe, et lui déclare sans ambages qu'il doit se suicider : pour toute réponse, Stauffenberg et Olbricht l'arrêtent.
Le ministre de la Propagande, Goebbels, n'a pas été dérangé dans son bureau de la Wilhelmstrasse. Le commandant de la place de Berlin, von Hase (autre conjuré), ordonne au *Wachtbataillon Grossdeutschland,* commandé par Otto Ernst Remer, de tenir et d'encercler les ministères. Mais Goebbels réussit à parler avec Remer et à le mettre en communication directe avec Hitler. Le bataillon est arrivé à la Bendlerstrasse, où se trouve le quartier général des conjurés. Mais l'astucieux Fromm (libéré entre-temps), pour se défaire de témoins dangereux, a fait fusiller le colonel von Mertz von Quirnheim, le général Olbricht et le colonel von Stauffenberg dans la cour du commandement suprême de l'armée à Berlin, à la lueur des phares d'un camion. Le général Beck s'est suicidé. Toutefois, en dépit de son zèle, Fromm lui aussi sera fusillé.
Jugés par des tribunaux du peuple, 5 000 Allemands environ seront fusillés dans les mois à venir. Parmi les condamnés à mort : le maréchal Witzleben, les généraux Hase, Stieff, et de nombreux officiers et hauts fonctionnaires ; d'anciens diplomates tels que von Hassel et von der Schulenburg, ambassadeurs tous deux, et le conseiller de légation von Trott zu Solz ; des hommes politiques comme Goerdeler, l'ancien ministre des Finances de Prusse Johannes Popitz, les sociaux-démocrates. Leuschner et Leber, les religieux A. Delp et D. Bonhoeffer. Ont été contraints au suicide : les maréchaux von Kluge (18 août) et Rommel (14 octobre). Les procès sommaires et les condamnations se poursuivront jusqu'en avril 1945 : parmi les victimes, les généraux Wagner, von Tresckow, Fellgiebel, Oster, l'amiral Canaris. En revanche, comme leurs procès n'auront pas le temps de se dérouler, les ministres Hermes et Schacht, et les généraux Halder et von Falkenhausen se tireront d'affaire.

Hitler visite le général Scherf, blessé dans l'attentat du 20 juillet 1944 à Rastenburg.

Le cuirassé américain Pennsylvania *bombardant avec ses gros calibres les positions japonaises sur Guam, la plus grande des îles Mariannes.*

sion de montagne atteint la ligne Santo Stefano-Castelfiorentino-Certaldo, sur le flanc gauche de la formation alliée.
Le 13e corps britannique modifie ses plans d'attaque : d'une part, ses unités devront se « répandre » vers l'ouest pour occuper également le secteur tenu par le corps expéditionnaire français (sur le point d'être retiré du front); d'autre part, la région comprise entre les collines du Chianti et la route n° 2 présente des points faibles; le gros des forces sera donc concentré sur le flanc gauche, où la 2e division néo-zélandaise et la 8e division indienne s'apprêtent à prendre l'offensive.
La 6e division blindée sud-africaine investit les monts San Michele et Querciabella, ouvrant aux 4e et 6e divisions blindées le passage de la vallée de l'Arno.
France. La Ire armée américaine continue les préparatifs de l'opération « Cobra ».
Dans le secteur de Caen, la 2e division canadienne (2e corps) a pris Saint-André-sur-Orne, après une très dure bataille.
Allemagne. Échec à Rastenburg, en Prusse-Orientale, de l'attentat contre Hitler perpétré par le colonel Stauffenberg; du même coup, le projet de putsch militaire pour renverser le nazisme est abandonné.
Iles Mariannes. Tandis que la flotte d'invasion américaine approche de son objectif, les bombardements aériens et navals sur Guam, pratiquement ininterrompus depuis le 7 juillet, atteignent une intensité sans précédent. Sur l'île Tinian, ils sont légèrement moins forts.

21 juillet
France. 15000 soldats allemands montent à l'assaut du Vercors. Une opération aéroportée a débarqué leurs parachutistes au centre du plateau.
Front soviétique. Le 3e Front balte occupe Ostrov, au sud du lac Peipous.
Dans le secteur central, le 1er Front biélorusse, après avoir franchi le Boug au sud-ouest de Kovel, se scinde en deux colonnes, dont l'une avance vers Brest-Litovsk, l'autre vers Lublin.
Front italien. Les chefs militaires de la Ve armée américaine dressent les plans d'attaque de la ligne gothique. Dans le secteur de la VIIIe armée britannique, des éléments de la 2e division néo-zélandaise et de la 6e division blindée sud-africaine relèvent les unités du corps expéditionnaire français, qui se retirent peu à peu du front italien. A la nuit, les troupes allemandes amorcent leur retraite du saillant de Cittá di Castello, laissant le champ libre au 10e corps britannique.
Allemagne. Le général von Zeitzler, chef d'état-major général de l'armée de terre allemande, présente sa démission, aussitôt acceptée par Hitler. Il est remplacé par le général Heinz Guderian.
Nouvelle-Guinée. Dans la zone d'Aitape, les Américains renforcent leurs positions sur la Driniumor. Au cours d'une violente attaque, qui dure jusqu'au lendemain matin, les Japonais réussissent à encercler quelques détachements du 112e régiment de cavalerie américain à proximité du village d'Afua.
Iles Mariannes. Après une préparation d'aviation et d'artillerie navale, une force amphibie américaine, aux ordres du contre-amiral Conolly, débarque vers 8 h 30 la 3e division de marines et une partie de la 77e division d'infanterie sur la côte ouest de l'île de Guam, la plus méridionale des Mariannes. Les marines prennent pied près d'Asan et d'Agat et, après avoir écrasé une résistance japonaise modérée, établissent une tête de pont sur un peu plus de 3 km de long et 1,5 km de profondeur. Les fantassins sont débarqués près d'Agat pour renforcer la tête de pont méridionale. La garnison japonaise, forte de 12000 hommes environ, est commandée par le général Takashima. Arrachée aux Américains le 23 décembre 1941, Guam a été rebaptisée par les Japonais l'« île aux Oiseaux ».

22 juillet
Front soviétique. Les Fronts de Leningrad (Govorov) et de Carélie (Meretzkov) atteignent la frontière russo-finlandaise de 1940. En Pologne, le 1er Front biélorusse, qui pousse en direction de Lublin, enlève Chelm.
Front italien. Dans le secteur du 10e corps britannique, la 10e division indienne entre à Cittá di Castello.
France. L'avance de la 90e division américaine (Ire armée américaine) vers Saint-Germain-sur-Sèves est enrayée par la réaction rapide et énergique des unités de la VIIe armée allemande.
États-Unis. Clôture de la conférence internationale inaugurée le

1er juillet à Bretton Woods, en vue de promouvoir une politique mondiale monétaire et commerciale, sitôt après la fin du conflit.
Front italien. Le 363e régiment d'infanterie de la 34e division américaine (4e corps) atteint Marina di Pisa et la banlieue sud de Pise : tous les ponts sur l'Arno ont été détruits par les Allemands. De leur côté, les 9e et 88e divisions ont atteint l'Arno.
Dans le secteur oriental du front, les troupes de la 2e division néo-zélandaise (13e corps britannique) enlèvent Tavernelle. La 6e division blindée sud-africaine progresse sur les hauteurs aux abords de Greve, occupant le sommet des monts Domini et Fili. La 4e division atteint San Giovanni.
Nouvelle-Guinée. Faibles accrochages dans la zone de la tête de pont d'Aitape. Les détachements américains encerclés par les Japonais à proximité d'Afua ne peuvent être libérés.
Iles Mariannes. Guam. Les marines, repoussant des contre-attaques japonaises contre les têtes de pont, s'enfoncent à l'intérieur sur 1 km environ vers le mont Alifan. Des éléments de la 3e division de marines s'apprêtent à déloger l'ennemi de la péninsule d'Orote.

23 juillet

Front soviétique. Le général Friessner qui, depuis le 3 juillet, a succédé à Lindemann à la tête du *Heeresgruppe* Nord, menacé en Estonie, en Lettonie et en Lituanie, est remplacé à son tour par le général Schörner. Aux yeux de Hitler, Friessner a eu le tort, tout comme son prédécesseur, de réclamer avec insistance le retrait du groupe d'armées.
Le 3e Front balte (Maslennikov) a pris Pskov, centre vital allemand au sud du lac Peipous et première ville conquise par la Wehrmacht à l'intérieur des frontières soviétiques de 1939.
Chine. Tchang Kaï-chek adresse un message à Roosevelt, lui confirmant sont accord pour confier au général Stilwell le commandement des forces chinoises, sous certaines conditions : avant de passer aux ordres de Stilwell, l'armée communiste reconnaîtra l'autorité du gouvernement nationaliste; les fonctions de Stilwell seront clairement délimitées; les Chinois pourront disposer à leur guise de l'aide perçue en vertu de l'accord prêt-bail.
Birmanie. Sur le front de la Salouen, la VIIIe armée chinoise réalise des

Tinian, île Mariannes, 24 juillet 1944. Après l'habituelle série d'actions préliminaires et une préparation meurtrière d'aviation et d'artillerie navale, les premiers Américains arrivés préparent la plage où débarqueront les marines.

Europe, front de l'Est. Au milieu des restes d'une batterie d'artillerie de campagne, près du cadavre d'un frère d'armes, un soldat allemand commotionné, la tête entre les mains, semble ignorer que tout brûle autour de lui.

progrès décisifs en direction de Soung Chan.
Mountbatten préconise deux stratégies à réaliser au plus vite : l'opération « Capital », c'est-à-dire une offensive au-delà de la Chindwin, et l'opération « Dracula », comportant un débarquement dans la zone de Rangoon et des actions menées par des troupes amphibies et aéroportées.
Nouvelle-Guinée. Accrochages dans la zone d'Aitape. Sur l'île de Biak, le nettoyage final des positions japonaises a commencé dans la zone d'Ibdi. Sur l'île Nœmfoor (Numfoor), des parachutistes américains rencontrent le gros des défenseurs japonais à proximité du village d'Inasi, sur la côte est de l'île.
Iles Mariannes. Guam. La 3e division de marines livre de durs combats en vue d'étendre la tête de pont nord au-delà des falaises escarpées de Chonito, vers la pointe Adelup.
France. Après 3 jours de résistance acharnée, les maquisards du Vercors, qui n'ont pas reçu les secours attendus, doivent cesser le combat. Ils ont 639 morts. Les jours suivants, Allemands et miliciens se livreront sur la population civile à des tortures et des massacres qui feront plus de 200 morts.

24 juillet

Front soviétique. En Pologne, le 1er Front biélorusse (Rokossovski) occupe Lublin. Le flanc droit du 1er Front d'Ukraine (Koniev), qui avance à gauche du 1er Front biélorusse, force le passage de la San au nord-ouest de Lwow.
France. Débarquement en Normandie de la 28e division américaine. L'opération « Cobra » est précédée par un bombardement de l'aviation alliée, mais l'attaque est différée en raison du mauvais temps.
Chine. La garnison de Heng-Tchéou (Hengyang), assiégée et privée de ravitaillement par air depuis une semaine, par suite du mauvais temps, résiste néanmoins héroïquement aux attaques japonaises.
Nouvelle-Guinée. Durant la nuit, les Américains repoussent, dans la zone d'Aitape, la énième tentative japonaise pour franchir la Driniumor. Quelque 2000 Japonais, près d'Afua, empêchent le 127e régiment d'infanterie américain de dégager les éléments du 112e régiment de cavalerie, toujours encerclés.
Iles Mariannes. Guam. Les Américains reçoivent l'ordre de réunir les deux têtes de pont et d'éliminer l'ennemi de la péninsule d'Orote avant le 26. La 3e division de marines,

engagée dans la conquête des hauteurs dominant la tête de pont nord, se heurte à la résistance tenace des Japonais.
Tinian. A 8 h 30, après une préparation d'artillerie navale et d'aviation, celle-ci menée par des appareils décollant de porte-avions ou venus de Saipan, un groupe amphibie, commandé par le contre-amiral Hill, débarque les 2e et 4e divisions de marines sur la côte nord-ouest de l'île. Avec l'appui de 156 canons de gros calibre disposés sur l'île voisine de Saipan, les marines établissent une solide tête de pont. La garnison japonaise, commandée par le colonel Ogata, est attirée au sud-ouest grâce à une habile manœuvre de diversion menée par des éléments de la 2e division de marines, qui feignent un débarquement devant la petite ville de Tinian. L'artillerie japonaise touche le cuirassé *Colorado* et le destroyer *Norman Scott*.
Dans l'après-midi, les troupes d'Ogata cherchent à atteindre le nord de l'île, où le débarquement a effectivement eu lieu, mais l'aviation américaine les écrase sous une pluie de bombes au napalm, leur infligeant de lourdes pertes. A 2 heures du matin, 600 Japonais attaquent la tête de pont, mais sont anéantis. Les assauts suivants, conduits avec le soutien des blindés, sont repoussés au prix de pertes terribles. Au matin, les marines dénombrent 1 241 cadavres ennemis.

25 juillet
Front soviétique. Les troupes du 2e Front balte barrent la route Dvinsk-Riga, en Lettonie. Le 1er Front d'Ukraine encercle Lwow, tandis que 4 colonnes blindées soviétiques convergent sur Brest-Litovsk.
Front italien. Le 13e corps britannique poursuit sa marche sur Florence.
France. Après une efficace intervention de l'aviation, la Ire armée américaine déclenche l'opération « Cobra », destinée à faciliter l'avance des troupes américaines vers Coutances, au sud-ouest de Saint-Lô.
Au cours du déroulement de ces opérations, le général McNair, qui a remplacé depuis peu Bradley à la tête de la Ire armée américaine, trouve la mort au cours d'un bombardement : il sera remplacé par le général De Witt. Le 7e corps américain progresse au sud de la route reliant Périers à Saint-Lô.
Indes néerlandaises. La flotte orientale britannique de l'amiral Somerville bombarde la base navale japonaise de Sabang, île côtière au nord de Sumatra, causant de sérieux dégâts. Des avions, partis des porte-avions, touchent les aérodromes de la région.
Iles Mariannes. Guam. Les Américains, occupés à repousser sept assauts japonais, n'ont toujours pas réussi la jonction des deux têtes de pont. 3 500 soldats ennemis sont tués au cours de furieux combats, particulièrement meurtriers devant la tête de pont nord, tandis que les autres sont refoulés dans les marécages de la péninsule d'Orote.
Tinian. Les 2e et 4e divisions de marines talonnent les Japonais en retraite vers le centre de l'île, direction sud, et occupent deux des quatre aérodromes de l'île.
Nouvelle-Guinée. Grâce à une énergique contre-attaque, les fantassins du 127e régiment d'infanterie américain réussissent une trouée, à travers laquelle les éléments du 112e régiment de cavalerie encerclés peuvent rejoindre les lignes américaines.

26 juillet
Front soviétique. Les troupes du Front de Leningrad (Govorov) se détournent du front finlandais, relativement calme, pour se concentrer contre les lignes du *Heeresgruppe* Nord (Schörner), enlevant la ville de Narva, en Estonie.
En Pologne, des détachements du 1er Front biélorusse atteignent la Vistule, à l'est de Radom.
Des chasseurs-bombardiers de la 5e force aérienne américaine, faisant la navette entre la Russie et l'Italie, attaquent avec succès les installations ennemies dans la zone comprise entre Ploesti et Bucarest, en Roumanie.
France. Dans le secteur du 8e corps américain (Ire armée), alors que la 8e division barre la route de Lessay (sur la côte ouest de la presqu'île du Cotentin) à Périers, la 90e division établit une tête de pont au-delà de la Sèves.
La 1re division du 7e corps s'empare de Marigny et la 2e division blindée de Saint-Gilles et de Canisy. L'offensive du 5e corps se développe à l'est de Saint-Lô.
Birmanie-Chine. Après un bombardement aérien, les forces chinoises attaquent Tengchoung, à l'est de la Salouen, enlevant le Laifeng, pic rocheux surplombant les voies d'accès à la ville. Mais l'assaut que les Chinois tentent par le sud-est est repoussé par les Japonais.
Nouvelle-Guinée. Dans la zone d'Aitape, les forces américaines se réorganisent en prévision des futures attaques japonaises attendues dans la région d'Afua.
Iles Mariannes. Guam. Épaulés par 8 bataillons (l'équivalent des groupes) d'artillerie, les marines et les fantassins américains commencent le nettoyage de la péninsule d'Orote, avançant de 1 500 m à travers l'inextricable jungle marécageuse. De violents assauts japonais contre la tête de pont sont repoussés par la 3e division de marines.
Tinian. Les 4e et 2e divisions de marines, fraîchement débarquées, avancent vers le sud de l'île, ne rencontrant que peu de résistance.
Iles Hawaii. Le président Roosevelt, l'amiral Halsey et le général MacArthur débattent de la stratégie à suivre dans la guerre du Pacifique. Halsey conseille d'attaquer directement Formose en « sautant » les Philippines. MacArthur est d'un avis contraire. Cette divergence de vues durera longtemps.

27 juillet
Front soviétique. Dans le secteur nord, des détachements du 2e Front balte ont pris Daugavpils, sur la Daugava, en Lettonie du Sud. Après une semaine de lutte très chaude, le 2e Front biélorusse prend d'assaut Bialystok, cependant que les colonnes blindées du 1er Front d'Ukraine occupent Lwow et Stanislawow. Le *Heeresgruppe* Nord d'Ukraine doit lui aussi battre en retraite après avoir éprouvé de lourdes pertes.
Front italien. Les Allemands refluent vers Florence, tandis que la

2e division néo-zélandaise enlève San Casciano.
France. Dans le secteur ouest du front (8e corps de la Ire armée américaine), la 79e division dépasse Lessay, la 80e division pousse au sud et la 90e division occupe Périers et traverse la Taute. De leur côté, les unités du 7e corps continuent vers le sud.
Birmanie-Chine. Les Sino-Américains occupent l'aérodrome au nord de Myitkyina, dont la garnison s'essouffle. Sur le front de la Salouen, les forces chinoises ratissent la zone du pic Laifeng, dénombrant 400 morts japonais. Les Chinois ont eu 1 200 tués.
Iles Mariannes. Guam. Les marines continuent lentement de nettoyer la péninsule d'Orote, réussissant à étendre çà et là la tête de pont nord, mais ils sont bloqués un peu au-delà de l'endroit où commence le plateau s'étendant des falaises de Chonito vers l'intérieur. Pour accélérer la soudure des deux têtes de pont, la 77e division reçoit l'ordre d'investir le mont Tenjo, qui occupe une position clé entre elles.
Tinian. Le tiers du nord de l'île est aux mains des Américains, qui commencent à remettre en état l'aérodrome de la pointe Ushi.

28 juillet
Front soviétique. Tandis que les troupes du 1er Front biélorusse enlèvent Brest-Litovsk, le 1er Front d'Ukraine atteint le San.
□ De nombreux officiers supérieurs sont touchés par la répression qui a suivi l'attentat du 20 juillet contre Hitler.
France. L'avance de la Ire armée américaine se déroule selon les plans de l'opération « Cobra ». A 17 heures, la 4e division blindée américaine entre à Coutances : l'objectif de « Cobra » est atteint. A l'est de Saint-Lô, la 30e division pousse au sud sur la rive est de la Vire.
Nouvelle-Guinée. Sur Biak, après la liquidation de la poche d'Ibdi, les Japonais cessent le combat. Le nettoyage de l'île se poursuit. Sur la terre ferme, dans la zone d'Aitape, les Américains raccourcissent leurs lignes, se retirant de la zone d'Afua.
Iles Mariannes. Guam. Continuant le nettoyage de la péninsule d'Orote,

Le général américain Patton (à gauche) s'entretenant avec les généraux Bradley (au centre) et Montgomery.

où les marines atteignent l'aérodrome local, la 77e division d'infanterie réussit la jonction des deux têtes de pont. Fantassins et marines investissent les monts Chachao et Alutom, puis se portent de la pointe Adelup au mont Tenjo.
Le général Tarakashima, commandant la garnison japonaise, est tué dans la journée : il est remplacé par le général Obata.
Tinian. Progrès rapides des marines vers le sud.

29 juillet
Front italien. La 8e division du 13e corps britannique atteint l'Arno à proximité d'Empoli.
France. Les 4e et 6e divisions blindées (8e corps de la Ire armée américaine) poursuivent leur marche sur Avranches. Le 7e corps américain atteint Percy, cependant que la VIIe armée allemande de Hausser bat en retraite. Dans le secteur droit du front, où opère le 19e corps, la 29e division gagne la région située à l'est de Percy, tandis que la 30e, malgré le feu nourri de l'ennemi, continue d'avancer vers le sud sur la rive occidentale de la Vire en direction de Tessy-sur-Vire. Le 5e corps approche à vive allure de Torigni-sur-Vire, au sud-est de Saint-Lô.
Nouvelle-Guinée. Dans la zone d'Aitape, près d'Afua, les Américains sont contraints à de légers reculs.
Iles Mariannes. Guam. Après la prise de l'aérodrome, toute la péninsule d'Orote tombe dans la journée aux mains des marines.
Tinian. La course vers le sud des 2e et 4e divisions de marines est enrayée par la résistance japonaise.

30 juillet
France. Le 8e corps américain (6e et 4e divisions blindées) marche à vive allure sur Avranches et Granville. Des unités de la 4e division blindée poussent jusqu'aux environs de la ville, enlevant les ponts sur la Sée. Les autres corps de la Ire armée continuent d'avancer vers le sud, le 7e sans grande difficulté (ses unités approchent rapidement de Villedieu-les-Poêles, sur la route entre Granville et Vire), mais le 19e doit subir de violentes contre-attaques allemandes près de Percy.
Birmanie. Le commandant des forces japonaises dans la zone de Myitkyina ordonne le repli de ses troupes, puis il se suicide.
Nouvelle-Guinée. Sans bombardements préliminaires ni couverture aérienne, les Américains débarquent par surprise 2 divisions d'infanterie et une force amphibie de cavalerie et d'infanterie dans la péninsule de Vogelkop près de Sansapor (Doberai), sur la pointe nord-ouest de Nouvelle-Guinée et sur certains îlots côtiers. Le débarquement a lieu à 7 heures : les divisions établissent une tête de pont de 2,5 km de long et 800 m de profondeur.
Dans la zone d'Aitape, les Américains regroupent leurs forces pour passer à la contre-attaque sur la ligne de la Driniumor.
Iles Mariannes. Saipan. Malgré la tenace opposition japonaise, les 2e et 4e divisions de marines poursuivent leur progression vers le sud, s'emparant de la ville de Tinian et enfermant les Japonais dans une petite bande à l'extrémité sud de l'île.
Guam. Les nombreux fortins japonais dans la zone des têtes de pont sont détruits grâce à l'action conjuguée de l'artillerie et des blindés, qui tirent à bout portant dans les meurtrières. Les survivants de

la garnison japonaise battent en retraite vers le mont Santa Rosa, au nord de l'île. Marines et fantassins, lancés à leur poursuite, sont freinés par de nombreux francs-tireurs ennemis.

31 juillet

Front soviétique. En Lettonie, le 1er Front de la Baltique enlève Ielgava, aux abords du golfe de Riga. Atteindre ce dernier signifierait isoler le *Heeresgruppe* Nord. Les armées du 3e Front de Biélorussie se dirigent vers la Prusse-Orientale et livrent des combats de rue dans Kaunas (Kovno), capitale de la Lituanie. Le 2e Front de Biélorussie progresse lui aussi vers la Prusse-Orientale, tandis que le 1er marche sur Varsovie, enlevant Siedlce.

France. La 6e division blindée (8e corps américain), dépassant Granville, sur la côte, se dirige à vive allure sur Avranches, où elle relève la 4e division blindée, qui continue au sud de la ville, traversant la Sélune aux alentours de Pontaubault. Le 7e corps se porte à Brécey, tandis que, dans la zone de Tessy-sur-Vire, les Allemands bloquent toujours l'avance du 19e corps. Depuis le 6 juin, les pertes alliées se montent à 122 000 morts, blessés et disparus, contre 114 000 chez les Allemands auxquels il faut ajouter 40 000 prisonniers environ.

Birmanie-Inde. Les Japonais battent en retraite sur la route de Tiddim, poursuivis par les divisions du 4e corps britannique, qui a pour tâche de repousser l'ennemi au-delà de la Chindwin. Sur le front d'Arakan, le 15e corps britannique est pour le moment engagé dans des actions visant à interdire le transfert en Inde de forces japonaises.

Nouvelle-Guinée. Les Américains étendent, quasiment sans difficulté, leur tête de pont jusqu'au cap Sansapor, dans la péninsule de Vogelkop. Dans le secteur d'Aitape, 4 bataillons américains, qui ont franchi la Driniumor et atteint le torrent Niumen, doivent riposter aux actions d'arrière-garde des Japonais. On se bat également à proximité du village d'Afua, où 500 Japonais au moins auraient été tués au cours des deux dernières semaines.

Iles Mariannes. Guam. La 3e divi-

SAINT-EXUPÉRY

L'écrivain et aviateur français Antoine de Saint-Exupéry disparaît le 31 juillet, au cours d'une mission aérienne au-dessus de la France occupée.

Saint-Exupéry est né à Lyon, le 29 juin 1900. Après avoir accompli son service militaire dans l'aviation, il est engagé en 1926 par la société Latécoère, spécialisée dans les vols commerciaux. L'année suivante, il devient l'un des pionniers de l'Aéropostale en France, en Afrique du Nord et en Amérique du Sud. Son expérience lui fournit la matière de ses premiers livres, où transparaît l'idéal héroïque de l'homme moderne, qui traversera toute son œuvre. Le roman *Vol de nuit*, préfacé par André Gide, lui vaut le prix Fémina en 1931.

Saint-Exupéry, entré en 1934 à Air France, est victime en 1937 d'un accident (le cinquième depuis qu'il pilote) qui le contraint à l'immobilité; il écrit alors *Terre des hommes.*

Journaliste et héros de dangereux raids aériens, Antoine de Saint-Exupéry s'engage dans l'aviation française lorsqu'éclate la Seconde Guerre mondiale. Après la défaite, il part pour les États-Unis, où il publie deux romans qui remportent un grand succès : *Pilote de guerre* (Flight to Arras) et *Le Petit Prince*, qui deviendra un classique de la littérature enfantine. Après le débarquement allié en Afrique du Nord, Saint-Exupéry rejoint son ancien détachement, reconstitué sous commandement américain. Malgré son âge, il obtient de participer à diverses missions de reconnaissance. La dernière, arrachée à force d'insistance, lui sera fatale.

En haut : Antoine de Saint-Exupéry en tenue d'aviateur.

Ci-dessous : un dessin de l'auteur illustrant Le Petit Prince.

Août 1944. Dans une rue de Varsovie, un soldat allemand se rend à une patrouille de partisans polonais qui, à l'approche des troupes russes, se sont insurgés le 1er août contre les occupants.

sion de marines et la 77e division d'infanterie talonnent l'ennemi vers le nord et atteignent une ligne s'étendant d'Agana, sur la côte ouest, à Yona, sur la côte est. Les installations et le grand aérodrome construits par les Américains sont repris.

Tinian. Les marines progressent toujours en vue de liquider les dernières forces ennemies à l'extrémité sud de l'île. Comme toujours, l'action des Américains est soutenue par l'artillerie, l'aviation et la marine.

1er août

Front soviétique. Le 3e Front de Biélorussie (Tcherniakhovski), qui se dirige vers Königsberg, en Prusse-Orientale, a pris Kaunas (Kovno). Des éléments du 1er Front de la Baltique (Bagramyan) atteignent le golfe de Riga, à une quarantaine de kilomètres à l'ouest de la ville. Toutefois, ils ne parviennent pas à consolider leurs positions et à s'emparer de Riga, dont la prise leur permettrait de couper le *Heeresgruppe* Nord du reste de l'armée allemande.

Pologne. Le général Tadeusz Bór-Komorowski, commandant en chef de l'*Armia Krajowa* (A. K., « armée de l'intérieur »), force clandestine dépendant du gouvernement polonais de Londres, déclenche à 17 heures l'insurrection de Varsovie. Il compte que les troupes soviétiques, dont les avant-gardes sont à 20 km de la capitale, l'atteindront dans une ville libérée par la Résistance. Mais les Russes, qui ont rompu avec les Polonais de Londres et viennent de former à Lublin un Comité de libération procommuniste, arrêtent leur avance, en invoquant la nécessité de regrouper leurs forces.

France. Une nouvelle unité est constituée, la IIIe armée américaine du général George Patton, composée de 4 corps (8e, 12e, 15e et 20e), qui se voit confier le secteur situé à droite de la Ire armée américaine : elle formera donc l'extrémité du flanc droit du front allié.

L'objectif de la IIIe armée est la Bretagne ; son 8e corps, détaché de la Ire armée, est commandé par le général Middleton et compte 4 divisions (4e, 6e, 8e et 79e), les deux premières étant des divisions blindées. Le 15e corps, commandé par le général Waddet H. Haislip, est constitué par 2 divisions d'infanterie (83e et 90e) et la 5e division blindée. Les 2 autres corps, le 12e et le 20e, encore incomplets, sont respectivement aux ordres du général Eddy et du général Walker.

Dans le secteur de la Ire armée américaine (maintenant aux ordres de Courtney Hodges, après que Bradley a été appelé à la tête du XIIe groupe d'armées), les 7e et 19e corps continuent d'avancer dans la région de Vire, au nord-est d'Avranches, qu'ils enlèvent.

Dans le secteur britannique (IIe armée du XXIe groupe d'armées du général Montgomery), le 30e corps

se dirige vers Villers-Bocage.
Chine. Les Japonais assiègent toujours Heng Tchéou (Hengyang), réduisant à néant les efforts de la garnison chinoise pour s'ouvrir une brèche à travers les lignes ennemies. Depuis le 26 mai, la 14e force aérienne américaine a effectué 4454 sorties pour appuyer les armées chinoises engagées dans le centre et l'est de la Chine.
□ Démission du président finlandais Rjuti, remplacé par le maréchal Mannerheim.
Nouvelle-Guinée. Toujours de petits accrochages à Biak et dans la péninsule de Vogelkop.
Dans le secteur d'Aitape, les Américains atteignent le torrent Niumen et y établissent leurs lignes avancées.
Iles Mariannes. Guam. Marines et fantassins américains, poursuivant l'ennemi vers le nord, se portent sur une ligne qui va de la côte ouest, au nord d'Agana, à la baie de Pago, sur la côte est. Plus de la moitié de l'île est conquise.
Tinian. Après l'échec de leur dernière contre-attaque, les Japonais cessent toute résistance organisée. Les marines entament le nettoyage de l'île.

Des sapeurs de la Ve armée américaine font exploser les mines non éclatées dans les ruines du pont de Santa Trinita, à Florence.

2 août
France. Dans le secteur de la IIe armée britannique, les 8e et 30e corps continuent d'avancer en direction de la route Vire-Argentan. Le 8e corps américain (IIIe armée) se dirige résolument vers la Bretagne : tandis que la 6e division parvient près de Dinan, la 4e gagne d'autres positions aux alentours de Rennes.
Le 7e corps (Ire armée américaine), fort de la 1re division, renforcée des éléments de la 3e division blindée, se porte rapidement à Mortain, à une quarantaine de kilomètres à l'est d'Avranches. Sur le flanc gauche du 7e corps, le 19e corps, parti de la région de Tessy-sur-Vire, progresse rapidement vers le sud-est.
Allemagne. Hitler ordonne une contre-attaque entre Mortain et Avranches, en vue d'isoler les armées américaines stationnées en Bretagne.
Birmanie-Chine. Sur le front de la Salouen, les avions qui appuient les assauts chinois contre Tengchoung bombardent les remparts de la ville, y ouvrant cinq brèches.
Nouvelle-Guinée. Nouvelles et vaines attaques japonaises dans la zone d'Aitape : les pertes sont élevées dans les deux camps.
Iles Mariannes. Guam. Sur le flanc gauche, la 3e division de marines progresse sans problème vers le nord, occupant l'aérodrome de Tiyan ; sur le flanc droit, la 77e division d'infanterie est stoppée près du village de Barrigada par des détachements japonais tenant des positions parfaitement bien camouflées dans la jungle.

3 août
Front soviétique. Le 1er Front d'Ukraine (Koniev) franchit la Vistule à Baranow Sandomierski, au sud-est de Kielce, établissant une tête de pont au-delà du fleuve.
France. Dans le secteur de la IIIe armée américaine, le 8e corps progresse vers l'ouest. L'assaut contre Rennes est donné par les unités de la 8e division, tandis que la 4e division blindée continue au sud de la ville.
Le 7e corps de la Ire armée américaine dépasse Mortain, tandis que plus au nord les 19e et 5e corps se dirigent au sud-est dans la région de la Vire.
Dans le secteur britannique, les 50e et 53e divisions du 7e corps gagnent des positions le long de la route Villers-Bocage-Caen.
Birmanie-Chine. Des éléments de la 50e division chinoise ont pris Myitkyina, capturant 187 Japonais, pour la plupart malades ou blessés. Le restant de la garnison est en fuite ou a été exterminé. La longue lutte, qui a coûté aux Sino-Américains plus de 6500 tués, blessés et mutilés, représente une victoire précieuse pour les Alliés, leur rouvrant les communications terrestres entre l'Inde et la Chine.
Sur le front de la Salouen, la VIIIe armée chinoise attaque Tengchoung et Soung Chan.
Nouvelle-Guinée. Dans la zone d'Aitape, les Américains attaquent le long du torrent Niumen en direction des monts Torricelli.
L'activité offensive des Japonais aux alentours d'Afua faiblit.
Iles Mariannes. Guam. Avançant sur le flanc droit, la 77e division d'infanterie américaine découvre des positions fortifiées dans la jungle, abandonnées par les Japonais qui se sont réfugiés au nord, et occupe le village de Barrigada. Sur le flanc gauche, la 3e division de marines progresse à vive allure, occupant Finegayan et poussant vers la baie de Tumon. Des unités navales américaines bombardent le mont Santa

Rosa, dominant le nord de l'île et sur lequel les Japonais se sont concentrés.

4 août

Front soviétique. Le *Heeresgruppe* Nord repousse les troupes du 1er Front de la Baltique, qui avaient atteint le golfe de Riga, rouvrant le corridor Estonie-Lettonie entre Riga et la trouée soviétique au nord de Ielgava.
Pour la première fois, à la demande des Soviétiques, des chasseurs-bombardiers de la 15e force aérienne américaine effectuent un puissant raid sur plusieurs aérodromes roumains, se posant ensuite sur les bases soviétiques.
Front italien. Des troupes indiennes et néo-zélandaises du 13e corps britannique atteignent la rive méridionale de l'Arno, non loin de Florence. Les avant-gardes de la 6e division blindée sud-africaine pénètrent dans la banlieue sud de la ville, d'où les Allemands se sont retirés, après avoir détruit tous les ponts sur l'Arno, sauf le Ponte Vecchio.
France. En Bretagne, tandis que la 6e division blindée (Ire armée américaine) marche sur Brest, la 4e se porte au nord-ouest à Vannes. Les troupes allemandes (25e corps du général Farmbacher) se retranchent dans les ports (Saint-Malo, Brest, Lorient, Saint-Nazaire). Rennes tombe aux mains du 13e régiment de la 8e division.
Dans le secteur de la Ire armée américaine, le 7e corps renforce ses positions à Mortain, tandis que certaines de ses unités se dirigent au sud-est vers Mayenne; le 19e corps doit subir une nouvelle contre-attaque allemande, tandis que le 5e atteint ses objectifs dans le secteur de Vire. Dans la zone britannique, le général Montgomery, commandant le XXIe groupe d'armées, ordonne à la Ire armée canadienne du général Crerar de se porter au plus vite à Falaise. Le 30e corps de la IIe armée britannique enlève Hermilly (43e division) et Villers-Bocage (50e division).
Algérie. Le G. P. R. F. déclare nuls et non avenus les actes de l'« autorité de fait » installée à Vichy.
Birmanie-Chine. Sur le front de la Salouen, les Chinois entrent dans la ville de Tengchoung, où la bataille est âprement disputée maison par maison. La 2e division britannique du 33e corps, partie de la zone d'Imphal, occupe Tammu, au-delà de la frontière birmane.
Nouvelle-Guinée. Après un dernier assaut désespéré dans la zone d'Afua (tête de pont d'Aitape), les Japonais battent en retraite au sud. Les Américains s'apprêtent à franchir la Driniumor.
Iles Mariannes. Guam. La 77e division d'infanterie américaine, après la prise du mont Barrigada, opère sa jonction avec la 3e division de marines, qui progresse sur sa gauche. L'avance américaine est retardée par le terrain plus que par l'opposition japonaise. Jour et nuit, les navires américains pilonnent sans relâche le mont Santa Rosa.

5 août

Front soviétique. Le 4e Front d'Ukraine, sous les ordres du général Petrov, est envoyé en ligne en Pologne, au sud du 1er Front d'Ukraine.
France. En Bretagne, le 8e corps du général Middleton attaque simultanément à l'ouest, au sud-ouest et au sud : tandis que la 6e division blindée poursuit sa marche sur Brest à l'ouest et que la 83e assaille les défenses extérieures de la forteresse de Saint-Malo, des unités de la 4e division blindée atteignent Vannes; vers l'est, la 90e division (15e corps du général Haislip) s'empare de Mayenne, la 79e s'approchant de Laval.
Dans le secteur de la Ire armée, le 7e corps continue d'avancer au sud-est de Mortain, tandis que la 29e division (30e corps) poursuit en direction de Vire et que le 5e corps se met en devoir d'investir la région comprise entre Tinchebray et Saint-Jean-du-Bois.
Pacifique. 2 escadres de porte-avions américains (contre-amiraux Clark et Montgomery) avec une escadre de destroyers et de croiseurs (contre-amiral DuBose) bombardent par air et par mer les installations militaires de Chi Chi Shima et Haha Shima, sur les îles Bonin. La veille, l'escadre de Montgomery a attaqué les aérodromes d'Iwo Jima, tandis que celle de DuBose interceptait un convoi japonais près de Chi Chi Shima, coulant 1 destroyer et 2 transports.

6 août

Front italien. Les instructions sont données concernant les opérations préliminaires à l'offensive alliée contre la ligne gothique.
France. Dans le secteur de la IIIe armée américaine du général Patton, le 8e corps poursuit l'offensive au cœur de la Bretagne : sur la côte nord, les 8e et 83e divisions ont donné l'assaut contre Dinard, à l'ouest de Saint-Malo; la 4e division blindée avance vers Lorient. A l'est, le 15e corps marche rapidement sur Le Mans, tandis que la 79e enlève Laval, au sud de Mayenne. La 3e division blindée du 7e corps américain (Ire armée) atteint également Mayenne par le nord. Vire est conquise par la 29e division.
La IIe armée britannique lutte toujours au nord-est de Vire.
Birmanie. Le général Slim donne ordre au 33e corps anglo-indien de pousser jusqu'à la Chindwin, puis d'occuper Sittaung et Kalewa, localité où devra s'effectuer la traversée de la rivière.
Nouvelle-Guinée. Dans la zone d'Aitape, près d'Afua, durs engagements entre Américains et arrière-gardes japonaises.
Iles Mariannes. Guam. Marines et fantassins américains sont désormais maîtres des deux tiers de l'île. Sur le flanc droit de la 77e division, les Japonais attaquent avec les blindés le secteur du 305e régiment, infligeant de lourdes pertes aux Américains avant de se retirer brusquement, de façon à prévenir toute contre-attaque.

7 août

Front soviétique. Les Soviétiques sont contenus presque partout par la Wehrmacht. Par ailleurs, l'offensive d'été a dû être interrompue, après une avance de presque 700 km du Dniepr à la Vistule et l'extension qui en résulte des lignes d'approvisionnement soviétiques.
France. En Bretagne, la 6e division blindée (8e corps de la IIIe armée américaine) atteint Brest dans la soirée, mais il est trop tard pour

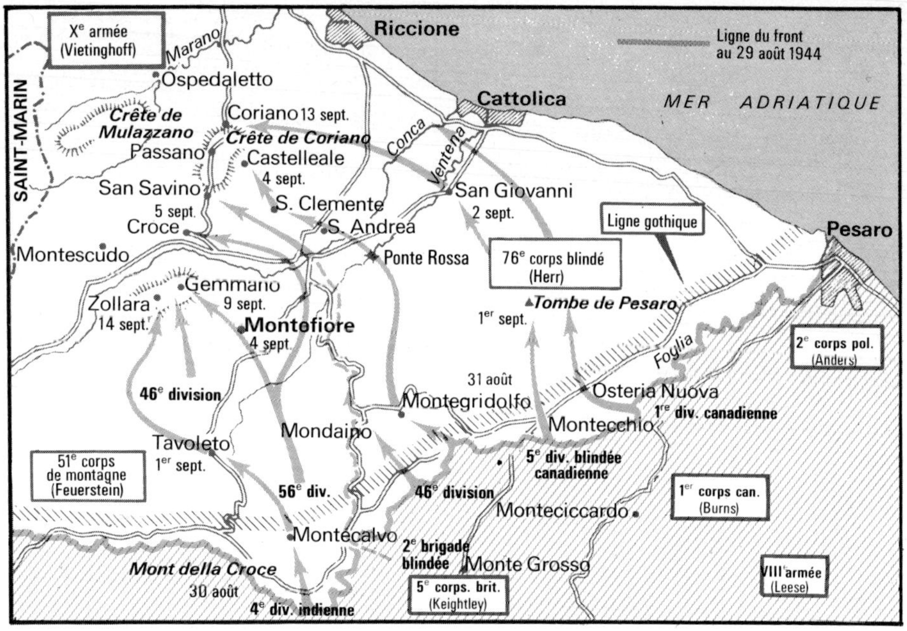

La ligne gothique, partie orientale, à la fin août 1944.

déclencher l'assaut contre la ville et, surtout, l'unité américaine ne dispose pas de moyens suffisants pour entreprendre une action de cette envergure. Les Allemands mettent à profit ce contre-temps pour renforcer la garnison et perfectionner les ouvrages de défense. La 83e division lutte toujours pour Saint-Malo, tandis que sur la côte sud la 4e division blindée investit Lorient. Vers l'est, la IIIe armée de Patton opère avec le 15e corps, qui approche rapidement du Mans. La contre-offensive allemande ordonnée par Hitler est déclenchée dans le secteur d'Avranches : les divisions blindées allemandes enfoncent le dispositif américain entre le 7e et le 19e corps (Ire armée américaine), dépassant Mortain et atteignant Le Mesnil-Tôve, où leur avance est enrayée grâce à l'intervention de l'aviation américaine. Les 7e et 19e corps, dûment renforcés, préparent la contre-offensive.

Dans la nuit du 7 au 8, dans le secteur britannique, le 2e corps canadien (Ire armée), après une puissante préparation d'aviation, lance une offensive au sud de Caen en direction de Falaise.

Nouvelle-Guinée. Sur Biak, le 162e régiment d'infanterie américain avance le long de la piste Sorido-baie de Korim pour opérer sa jonction avec le 163e régiment qui, du nord de l'île, se porte à sa rencontre.

Iles Mariannes. Guam. Précédée par un bombardement meurtrier, une puissante attaque est lancée contre Yigo et le mont Santa Rosa par la 3e division de marines, la 77e division d'infanterie et la 1re brigade de marines, qui enlèvent Yigo ; mais leur avance est ensuite freinée sur les pentes du mont Santa Rosa par la résistance japonaise et la végétation extrêmement touffue de la jungle. Pendant la nuit, les Japonais contre-attaquent avec les blindés, mais sont repoussés.

8 août

Front soviétique. Des avions de la 8e force aérienne américaine partis de bases soviétiques et se dirigeant vers l'Italie attaquent les aéroports roumains. D'Italie, ils s'envoleront pour l'Angleterre, bombardant le nord de l'Italie et l'Allemagne : une navette très perfectionnée.

France. La garnison allemande de Brest repousse l'ultimatum du commandant de la 6e division blindée américaine (8e corps de la IIIe armée). A la périphérie de Saint-Malo, la lutte est toujours âprement disputée entre la 8e division américaine et la garnison allemande. La 79e division (15e corps américain) atteint et enlève Le Mans, tandis que des unités de la 5e division se portent à vive allure vers Nantes et Angers. Les Allemands font intervenir dans le secteur quelques détachements du 58e corps blindé, la 9e *Panzerdivision* et la 708e division d'infanterie, arrivés en renfort du midi de la France.

Dans le secteur d'Avranches, les 2e et 116e divisions blindées allemandes essaient toujours de pénétrer plus avant dans les lignes américaines entre les unités du 7e et du 19e corps (Ire armée américaine).

Les efforts du 2e corps canadien pour atteindre Falaise, à 50 km au sud-est de Caen, demeurent vains.

Chine. Les troupes japonaises prennent d'assaut Heng Tchéou (Hengyang), prélude à la réalisation du plan « Ichi-Go », destiné à la conquête de tous les aérodromes américains dans le sud-est de la Chine ainsi que d'un très vaste territoire.

Iles Mariannes. Guam. Les Japonais cessent toute résistance organisée. La 77e division américaine occupe le mont Santa Rosa, libérant virtuellement tout le secteur de la présence ennemie. Les derniers Japonais se réfugient à l'extrémité septentrionale de l'île.

9 août

France. Le 2e corps canadien continue d'avancer sur la route de Caen à Falaise.

Poursuite dans toute la Bretagne de l'offensive des unités du 8e corps américain (IIIe armée) : la 6e division blindée à Brest, la 83e division à Saint-Malo (où les Allemands sont retranchés dans la ville close), la 4e division blindée à Lorient. Du Mans, le 15e corps se dirige au sud vers Alençon.

Dans le secteur d'Avranches, la contre-offensive allemande faiblit, bien que les combats soient encore violents.

Birmanie-Chine. Sur le front de la Salouen, les Japonais effectuent avec succès un raid contre les emplacements d'artillerie et les dépôts de vivres de la VIIIe armée chinoise dans la zone de Soung Chan.

En Chine, après la défaite de Heng Tchéou (Hengyang), le maréchal Li Chishen, président du Comité consultatif militaire, informe un consul américain que les seigneurs de la

guerre de la Chine orientale s'apprêtent à constituer un gouvernement provisoire d'unité nationale pour chasser l'envahisseur japonais. Le nouveau gouvernement exigera la démission de Tchang Kaï-chek. Les Américains se cantonnent dans une attitude prudente.
Nouvelle-Guinée. Les Japonais cessent le combat dans la zone d'Aitape.
Iles Mariannes. Guam. Les Américains nettoient le nord de l'île. Les Japonais luttent jusqu'à la mort plutôt que de se rendre.

10 août
Pologne. L'*Armia Krajowa* (A.K., « armée de l'intérieur »), à laquelle se sont joints les partisans communistes, tient la plus grande partie de Varsovie, mais manque d'armes et de munitions pour résister aux assauts allemands. Les Soviétiques ne leur fournissant même pas un appui aérien, les insurgés s'adressent à Londres.
France. Dans le secteur de la Ire armée canadienne, la 49e division (1er corps britannique) et le 2e corps canadien avancent vers Vimont, se heurtant à une dure résistance.
En Bretagne, le 8e corps américain poursuit les opérations contre Dinard, Saint-Malo, Brest et Lorient. Au sud, des unités de la 4e division blindée entrent à Nantes et atteignent la Loire.
Dans le secteur du 15e corps américain, des colonnes blindées continuent d'avancer vers Alençon.
Dans le secteur Avranches-Mortain, le 7e corps américain reprend l'initiative des combats : les divisions allemandes refluent peu à peu vers l'est.
Méditerranée. Début de la première phase des opérations aériennes préliminaires au plan « Dragoon » (nouveau nom du plan « Anvil »), qui prévoit le débarquement des forces alliées dans le sud de la France.
Nouvelle-Guinée. Sur Noemfoor, les parachutistes du 503e régiment, se heurtant à nouveau aux Japonais au sud et sud-ouest d'Inasi, tentent de les encercler.
Iles Mariannes. Guam. Des centaines de Japonais ont été tués au cours des derniers nettoyages. Cette lutte acharnée pour la conquête

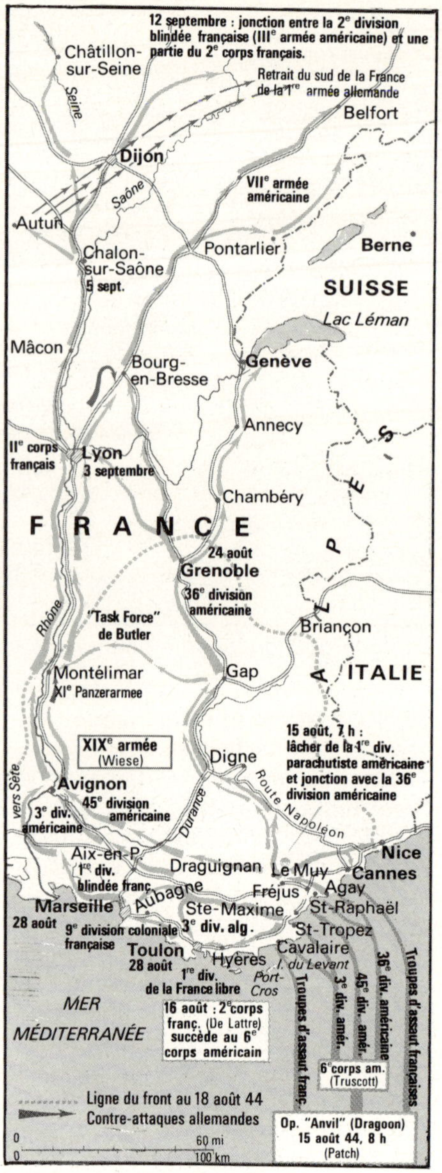

L'opération « Anvil-Dragoon ».

de l'île a coûté aux Américains 1 400 morts, les Japonais en ayant eu plus de 10 000 (selon le chiffre officiel, mais sans doute beaucoup plus, car la garnison comptait plus de 15 000 hommes).

11 août
Front soviétique. Reprenant brusquement l'offensive dans le secteur nord, le 3e Front de la Baltique (Bagramyan) brise les lignes allemandes au sud du lac Peipous sur environ 70 km et déferle vers le nord. Par suite de l'entêtement de Hitler, le *Heeresgruppe* Nord se retrouve virtuellement isolé des autres grandes unités allemandes.
Front italien. Les convois de forces d'assaut destinées au débarquement dans le midi de la France (opération « Dragoon ») appareillent peu à peu de Naples.
France. En Bretagne, les garnisons de Dinard et Saint-Malo tiennent toujours en échec la 83e division (8e corps américain). Dans le secteur du 7e corps américain (Ire armée), les 30e et 35e divisions font pression sur Mortain, mettant les Allemands en difficulté. Le maréchal von Kluge, commandant en chef du front occidental, suggère à Hitler le repli de 3 divisions blindées du saillant de Mortain pour lancer depuis l'ouest une contre-attaque vers l'est sur le flanc du 15e corps américain. Le Führer, qui ne veut pas renoncer à l'offensive contre Avranches, n'autorise qu'un retrait partiel de ces troupes.

12 août
France. Tandis que les unités de la Ire armée américaine rendent vains tous les efforts de l'ennemi dans le secteur d'Avranches, quelques divisions blindées allemandes amorcent leur repli du saillant de Mortain en vue de l'attaque prévue vers l'est contre le flanc du 15e corps.
Situation inchangée en Bretagne, où la 83e division (8e corps de la IIIe armée) essaie toujours de s'emparer de Dinard et de la ville de Saint-Malo.
Parvenu à Alençon, le 15e corps américain du général Haislip se porte droit au nord à Argentan, défendue par la 116e division blindée allemande.
Chine. Tchang Kaï-chek accepte la proposition de Roosevelt d'envoyer en Chine le général Hurley et l'expert économique Nelson, en tant que représentants personnels du président américain.

13 août
France. Le 15e corps américain (IIIe armée du général Patton) atteint le secteur d'Argentan, où il s'arrête sur ordre du général Bradley, commandant le XIIe groupe d'armées. Simultanément, le 20e corps américain avance au nord-est dans le secteur du Mans, gagnant les alentours de Chartres, qu'il s'apprête à attaquer.
Au sud-ouest du Mans ont été con-

centrées la 4e division blindée et la 35e division américaine (prélevées respectivement sur le 8e et le 7e corps américain), qui passent aux ordres du général Eddy (12e corps) : leur tâche principale est de marcher vers l'est en direction d'Orléans.
Ayant atteint la Mayenne, le 7e corps d'armée se dirige, au nord, vers la route qui relie Vire à Argentan.
Chine. Le général Chennault fait effectuer par quelques éclaireurs de la 14e force aérienne américaine une mission de reconnaissance sur Manille. Les généraux MacArthur et Stilwell, qui exigent, pour des motifs politiques, que les Philippines ne soient pas bombardées, regrettent cette initiative.

14 août
France. La 2e division canadienne (2e corps de la Ire armée) parvient à 7 km de Falaise, qui a été tellement bombardée par les Anglais que même le tracé des routes a disparu.
En Bretagne, la résistance des garnisons allemandes de Saint-Malo et de Dinard continue. Le 15e corps américain (IIIe armée) fait mouvement d'Argentan vers l'est, en direction de Dreux.
La 7e division blindée et la 5e division (20e corps américain) se dirigent vers Chartres, tandis que le 12e corps progresse toujours vers Orléans.
Pologne. Des avions de la R. A. F. commencent à larguer vivres et munitions aux insurgés de Varsovie.
Méditerranée. Les convois de l'opération « Dragoon », après une halte en Corse, reprennent la route vers les côtes du midi de la France.

15 août
France méridionale. Début de l'opération « Anvil-Dragoon » : la VIIe armée américaine du général Alexander McCarrel Patch (que suivra, le 16, le 2e corps d'armée français du général de Lattre de Tassigny) débarque en Provence entre Toulon et Cannes.
France septentrionale. Jonction du 8e corps britannique (IIe armée) avec le 5e corps américain, près de Tinchebray, à 20 km au nord-est de Mortain. Dans le secteur de la Ire ar-

L'OPÉRATION « ANVIL-DRAGOON »

15 août
Dans la nuit du 14 au 15 août, un convoi allié d'environ 2000 unités de matériel de transport et de débarquement, escorté de 300 navires de guerre, dont quelques vétérans de l'opération « Overlord » (le débarquement en Normandie), comme les cuirassés américains *Nevada, Texas, Oklahoma* et le cuirassé anglais *Ramillies*, arrive en vue des côtes du midi de la France.
Le 15 août, aux premières heures du jour, les troupes de la VIIe armée du général Alexander McCarell Patch débarquent entre Toulon et Cannes.
C'est le début de l'opération « Anvil-Dragoon », qui prévoit l'invasion du midi de la France, la jonction avec les forces alliées débarquées en Normandie le 6 juin, ainsi que l'isolement, si possible, de la frontière franco-italienne.
L'opération a été reportée à plusieurs reprises en 1944 (le nom de code « Anvil » finit même par être changé en « Dragoon »), par suite de l'opposition du Premier ministre anglais, Churchill, qui (peut-être avec raison) ne voyait pas l'intérêt stratégique et militaire d'une telle attaque dans cette région.
Pourtant, le plan est préparé et va être appliqué par les Américains, auxquels se joignent des groupes de commandos franco-marocains et le 2e corps d'armée français du général de Lattre de Tassigny.
La traversée du convoi, venant d'une part de Naples (VIIe armée) et d'autre part des ports d'Afrique du Nord (2e corps français), se fait sans encombre. Le convoi se rapproche de ses objectifs sans rencontrer d'obstacle, si ce n'est un patrouilleur allemand, l'*Escarburt*, qui, à 3 h 14, est en vue de la flotte alliée au niveau de l'île du Levant, près de Toulon. Le contre-torpilleur *Somers* le coule d'une seule salve. La présence de ce patrouilleur était presque fortuite.
Aux premières lueurs de l'aube, la 1re division de parachutistes américaine est larguée entre Draguignan et Le Muy, à 30 km à l'ouest de Cannes, tandis que les troupes d'élite américaines (Sitka Force) et franco-marocaines (Romeo Force et Rosie Force) débarquent dans les îles de Port-Cros et du Levant, au cap Nègre et à la pointe de l'Esquillon.
A 8 heures précises, après un violent bombardement aérien et naval, les premières unités du 6e corps d'infanterie américain du général Truscott accostent en face de Saint-Raphaël (36e division), sur la droite du dispositif, aux environs de Sainte-Maxime, au centre (45e division) et entre les baies de Cavalaire et de Pampelonne sur la gauche (3e division). La résistance des unités de la XIXe armée allemande est pratiquement nulle : les Alliés ne perdent que 183 hommes dans l'opération et débarquent, dans la même journée du 15 août, au moins 94000 hommes qui installent rapidement de solides têtes de pont.
A partir du 16, unités françaises et américaines prendront Toulon et Marseille, puis Cannes et Nice.
Avant la fin août, les Alliés tiendront solidement la côte française, de l'embouchure du Rhône à Nice, en faisant environ 48000 prisonniers. De plus, vers l'intérieur, l'action en tenaille sur Montélimar de la *Task Force* de Butler (à l'est) et de 2 divisions au sud (3e et 45e divisions américaines) manquera prendre au piège la XIXe armée allemande de Wiese. Un habile décrochage opéré par le commandant allemand, qui perdra pourtant 15000 hommes et 4000 véhicules, fera échouer cette manœuvre.

mée canadienne, la 4e division blindée (2e corps) avance vers Falaise, à l'est de la route qui relie cette localité à Caen. Au nord-est de Falaise, la 1re division blindée polonaise parvient à établir une tête de pont sur la rive est de la Dives. Dans le secteur Avranches-Mortain, les Allemands ont évacué le saillant de Mortain, réoccupé immédiatement par les Américains du 7e corps. Les divisions allemandes du 48e corps blindé, qui ont contre-attaqué à Avranches, font retraite à l'est vers Falaise et occupent un boyau long de 50 km, large seulement de 20 km. Elles risquent d'être isolées puis encerclées par les Alliés, qui convergent du nord vers Falaise (Ire et IIe armées britanniques) et du sud vers la route de Tinchebray à Argentan (15e et 7e corps américains). La situation des Allemands, déjà critique en elle-même, s'aggrave par la disparition inexplicable de von Kluge, commandant en chef du secteur occidental. La nouvelle rend Hitler fou furieux : sans aucun doute, von Kluge est passé à l'ennemi. Mais la réalité est tout autre : parti à l'aube pour le Q. G. du général Heinrich Eberbach, commandant la Ve armée, sa voiture et celle de son escorte ont été attaquées et détruites par des avions ennemis. Sauvé par miracle, von Kluge a attendu le soir, caché dans un champ de blé.

En Bretagne, des unités de la 83e division (8e corps américain) entrent à Dinard, tandis que la position de la garnison allemande dans la ville close de Saint-Malo devient de plus en plus critique.

Dans le secteur de la Ire armée américaine, des unités du 5e corps atteignent les hauteurs qui dominent Tinchebray, au sud.

☐ La police parisienne se met en grève.

Pacifique sud-ouest. Le commandement allié de ce secteur donne l'ordre d'envahir l'île de Morotai, dans les Moluques septentrionales, au nord-ouest de la Nouvelle-Guinée et au sud des Philippines. L'île pourra constituer une excellente rampe de lancement vers les Philippines. 2 divisions et 1 compagnie mèneront l'opération, sous les ordres du général Hall.

Nouvelle-Guinée. Dans l'île de Noemfoor, le gros de la garnison japonaise évite les parachutistes américains en se réfugiant dans la zone de Pakriki, sur la côte sud.

Pacifique. La 3e force amphibie américaine, qui a terminé plus tôt que prévu ses opérations dans les Mariannes, reçoit l'ordre de se préparer à envahir les Palau.

16 août

France méridionale. Tandis que les unités américaines du général Truscott (6e corps, VIIe armée) consolident leurs têtes de pont en Provence, le 2e corps français du général de Lattre de Tassigny prend place en avant des unités américaines.

France septentrionale. Les Canadiens du 2e corps encerclent Falaise tandis qu'au nord, dans le secteur côtier, le 1er corps britannique (IIe armée) pousse carrément à l'ouest, vers la Seine. Les 15e et 20e corps américains (IIIe armée), se rapprochant de Paris, atteignent respectivement Dreux et Chartres.

17 août

Front soviétique. Le *Heeresgruppe* Nord contre-attaque énergiquement dans la zone de Siauliai en Lituanie pour stopper l'avance soviétique vers Riga et dissiper la menace qui pèse sur les armées restées en Estonie. Plus au sud, le 3e Front de Biélorussie (Tcherniakhovski) gagne la frontière de la Prusse-Orientale en longeant le Sesupe.

France septentrionale. La conquête de Falaise par la 2e division canadienne (2e corps) réduit le couloir par où les unités de la Ve *Panzerarmee* et de la VIIe armée peuvent échapper à l'encerclement allié. Mais, la nuit précédente, von Kluge, sans demander la permission à Hitler, a ordonné la retraite aux unités allemandes des Ve et VIIe armées, stationnées dans la poche entre Falaise et Argentan.

En Bretagne, la garnison de la ville de Saint-Malo se rend aux Américains de la 83e division (8e corps). La bataille continue dans les autres poches de résistance.

Hitler remplace von Kluge par le feld-maréchal Walter Model au commandement du secteur ouest.

☐ A Paris, le Comité militaire national des F. T. P. donne l'ordre de mobilisation.

Nouvelle-Guinée. La tête de pont d'Aitape étend son périmètre. Les détachements de la 43e division américaine progressent de tous côtés, ne rencontrant une certaine résistance ennemie qu'à l'embouchure du Dandriwad.

Sur l'île Nœmfoor, après la longue poursuite, le 503e régiment de parachutistes américain réussit enfin à accrocher la petite garnison japonaise, qu'il détruit en grande partie. De même, sur l'île de Biak, la résistance japonaise a pour ainsi dire cessé.

18 août

Front soviétique. Les Allemands poursuivent leur contre-offensive dans la zone de Siauliai, en Lituanie. L'élan ennemi est contenu non sans peine par le 1er Front de la Baltique (Bagramyan).

Sandomierz, sur la rive occidentale de la Vistule, au sud de la Pologne, tombe aux mains du 1er Front d'Ukraine (Koniev).

France septentrionale. Les troupes alliées continuent leur poussée vers l'ouest en direction de la Seine. Pendant ce temps, dans la nuit, les arrière-gardes de la VIIe armée allemande du général Hausser réussissent à se replier sur la rive est de l'Orne.

A Chambois, entre Falaise et Argentan, des unités du 2e corps canadien, venant du nord, rejoignent les avant-gardes du 15e corps, colmatant la brèche de Falaise, par laquelle s'est effectuée la retraite de la VIIe armée et de quelques unités de la Ve armée blindée allemande.

☐ Impliqué dans l'attentat du 20 juillet contre Hitler, le maréchal von Kluge, artisan de tant de victoires, mais qui avait été destitué le 17 août du commandement du front de l'Ouest (repris par le maréchal Model), se donne la mort près de Metz plutôt que d'être traîné devant un tribunal du peuple. Dans une lettre à Hitler, il expose son point de vue : « Je ne sais si le maréchal Model sera en mesure de rétablir la situation. Je l'espère de tout cœur. Mais s'il en était autrement et si les nouvelles armes, en lesquelles tant

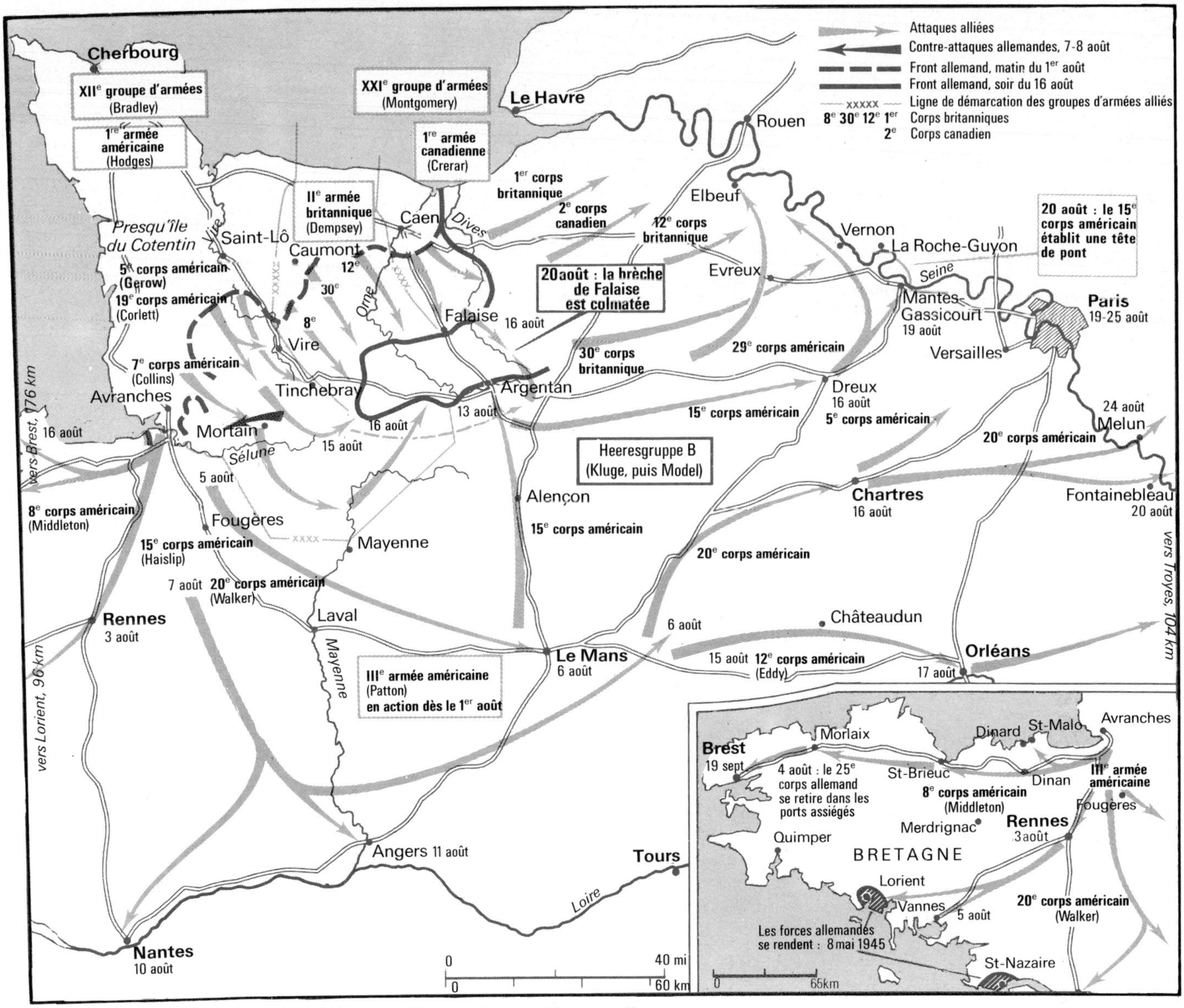

La percée des Alliés dans les défenses allemandes en Normandie.

d'espoirs sont mis, ne mènent pas au succès, alors, mon Führer, prends la décision de mettre fin à la guerre. Le peuple allemand a souffert des maux si indicibles qu'il est temps maintenant d'en finir avec ces horreurs. »

France méridionale. Tandis que le 6e corps américain se dirige vers Aix-en-Provence, la 1re division française progresse à l'ouest en direction de Toulon et de Marseille. ☐ L'état-major F.F.I. de l'Ile-de-France donne l'ordre d'insurrection. Les F.F.I. libèrent aussi la Haute-Savoie.

19 août

Front soviétique. Dans la nuit du 19 au 20, le 2e Front d'Ukraine (maintenant commandé par Malinovski) lance dans la zone de Iasi une violente offensive, à laquelle participe le 3e Front d'Ukraine (Tolboukhine), qui attaque dans la zone de Tiraspol, en Roumanie. L'objectif est l'anéantissement de la VIe armée germano-roumaine du *Heeresgruppe* Sud Ukraine (Friessner), forte de 23 divisions roumaines et de 21 allemandes. Le maréchal Antonescu voit se profiler sa propre fin politique, liée à celles des débris de son corps expéditionnaire envoyé en temps voulu en Russie, où il a combattu en Ukraine, dans le Caucase et en Crimée.

Pologne. Roosevelt et Churchill demandent à Staline l'autorisation d'utiliser les aérodromes soviétiques, pour ravitailler les insurgés de Varsovie.

20 août

France méridionale. La 3e division du 6e corps américain (VIIe armée) atteint la périphérie d'Aix-en-Provence, tandis que les troupes du 2e corps français continuent d'avancer vers Toulon et Marseille.

France septentrionale. Dans la nuit, les dernières unités des VIIe et Ve armées allemandes réussissent à traverser la Dives à hauteur de Saint-Lambert, échappant à l'encerclement allié. Le 15e corps américain établit une tête de pont au-delà

Le débarquement en Provence, dans la région de Saint-Tropez.

de la Seine à Mantes-Gassicourt, à 50 km environ au nord-ouest de Paris, tandis qu'au sud de la capitale les Américains atteignent aussi la Seine avec la 7e division blindée et la 5e (20e corps américain), qui tentent de créer une tête de pont au-delà du fleuve à Melun et Montereau. Ils arrivent, en outre, à la périphérie de Fontainebleau. □ A Vichy, les Allemands arrêtent le maréchal Pétain, qu'ils transfèrent à Belfort.
Birmanie-Chine. Sur le front de la Salouen, les Chinois minent et font sauter les fortifications japonaises de Soung Chan et, après un assaut meurtrier aux lance-flammes et à la baïonnette, s'emparent de ce bastion, qui a si longtemps résisté.
Nouvelle-Guinée. Le général Krueger annonce officiellement la fin des opérations sur l'île de Biak. Depuis le 27 mai, les pertes de la *Task Force* « Hurricane », chargée de la conquête de l'île, s'élèvent à 2555 morts, blessés et disparus, contre 4700 tués et 220 prisonniers chez les Japonais.

21 août
Front soviétique. Le *Heeresgruppe* Nord poursuit sa contre-offensive dans la zone de Siauliai, en Lituanie et en Estonie. En Roumanie, l'étau des 2e et 3e Fronts d'Ukraine va se refermer sur la VIe armée germano-roumaine dans la zone de Kichinev, entre Iasi et Tiraspol.
France méridionale. Des unités de la 3e division (6e corps américain de la VIIe armée) enlèvent Aix-en-Provence, tandis que les colonnes de la 45e division marchent sur Avignon et que la 36e se dirige vers Grenoble. Dans le secteur français, à gauche de la formation alliée, le 2e corps français progresse en direction de Toulon et Marseille : la 1re division atteint Hyères, tandis que certaines de ses unités et certaines de la 3e division algérienne gagnent Aubagne, légèrement à l'est de Marseille.
France septentrionale. Les armées alliées progressent sur toute l'étendue du front en direction de la Seine : le 2e corps canadien au nord vers Rouen, les 19e et 30e corps britanniques ainsi que le 15e corps américain au centre du dispositif vers le nord de Paris, les 20e et 12e corps américains au sud de la capitale. Dans la zone de Mantes-Gassicourt, la 79e division (15e corps américain) élargit sa tête de pont au-delà de la Seine. Au sud, la 4e division blindée du 12e corps fait son entrée à Sens.

22 août
Front soviétique. En Roumanie, le 2e Front d'Ukraine (Malinovski) a pris Iasi.
France septentrionale. Tandis que la tête de pont de la 79e division (15e corps), à Mantes-Gassicourt, résiste aux contre-attaques allemandes, le 20e corps avance à marche forcée vers Melun et Montereau, sa 5e division menaçant Fontainebleau. Après la prise de Sens, la 4e division blindée (12e corps) poursuit sa marche sur Villeneuve.
France méridionale. La 36e division du 6e corps américain atteint et enlève Grenoble, sans rencontrer de résistance. Dans les secteurs de Toulon et Marseille, la 3e division algérienne et la 1re division blindée française du 2e corps continuent d'avancer le long de la côte, malgré la dure résistance allemande.
Front italien. Le 2e corps polonais (VIIIe armée britannique) atteint et occupe la rive méridionale

L'enfoncement des lignes allemandes dans les Balkans.

du Metaure, depuis Sant'Ippolito jusqu'à la côte adriatique, légèrement au sud de Pesaro et Fano.
Birmanie-Chine. Sur le front de la Salouen, vaines contre-attaques japonaises autour de Soung Chan.

23 août

Front soviétique. L'étau des 2e et 3e Fronts d'Ukraine, au sud-ouest de Iasi, en Roumanie, se referme. La manœuvre vise à envelopper la VIe armée germano-roumaine; environ 130 000 hommes se retrouvent ainsi pris au piège. Les rares troupes ayant échappé à l'encerclement, allemandes pour la plupart, battent précipitamment en retraite vers les Carpates.
☐ Coup d'État à Bucarest. Le Premier ministre pro-allemand, Ion Antonescu, *conducator* (chef) de la Roumanie depuis 1940, est arrêté. Le roi Michel charge un modéré, Sanatescu, de former un gouvernement; ce même jour, il ordonne l'arrêt des hostilités contre l'Armée rouge et souscrit à la capitulation sans conditions exigée par Moscou. Toutefois, il autorise les Allemands à quitter le pays sans qu'ils soient inquiétés.
France septentrionale. La 2e D.B.

L'INSURRECTION ET LA LIBÉRATION DE PARIS

Qui libérerait Paris ? Les armées alliées, les forces de la France combattante ou la Résistance intérieure ? Question majeure, tant pour les rapports du G. P. R. F. avec les Alliés que pour ceux de la Résistance avec de Gaulle, et même pour les rapports de force entre les différents courants de la Résistance. Comme pour l'ensemble des maquis — mais avec la signification particulière qui s'attachait à la capitale —, deux tendances, sourdement, s'opposaient. Les uns voulaient que Paris se libérât lui-même, l'insurrection populaire prenant ainsi une sorte d'option sur le futur gouvernement. Les autres ne voyaient dans cette éventuelle insurrection qu'une action militaire de dernière minute, étroitement coordonnée avec le commandement allié. Ni les uns ni les autres ne souhaitaient pourtant que Paris connût le sort de Stalingrad ou de Varsovie. Et nul ne désirait que la Résistance apparût divisée, ou en conflit avec de Gaulle. D'où un jeu fort complexe, aux alliances changeantes, où chacun s'efforçait de prendre des gages et de créer des faits accomplis, tout en évitant la rupture.

A Paris, le pouvoir clandestin était assumé par le C. N. R., présidé par Georges Bidault, et secondé par sa commission militaire, le COMAC, que dirigeait le communiste Pierre Villon. Le Comité parisien de libération (C. P. L.) était présidé par un communiste, Tollet, tandis qu'un autre communiste, Rol-Tanguy, commandait les F. F. I. de l'Ile-de-France. Ces organismes étaient assistés par le délégué général du G. P. R. F., Alexandre Parodi, et son délégué militaire national, Jacques Chaban-Delmas.

C'est dans ces conditions que l'avance alliée, au début d'août, met à l'ordre du jour le problème de Paris. Eisenhower, en effet, se propose de déborder la capitale, pour y enfermer les 17 000 hommes de von Choltitz, lequel a reçu de Hitler l'ordre d'y tenir jusqu'au bout. Mais ni de Gaulle ni la Résistance n'entendent attendre passivement l'issue des combats, qui risquent d'ailleurs d'entraîner la destruction de la ville.

En fait, le communiste Charles Tillon, chef national des F. T. P., prend de court tout le monde, et même la direction de son propre parti, en lançant ses troupes, le 10 août, dans la guérilla insurrectionnelle. Le même jour, les cheminots de la région parisienne se mettent en grève, suivis par les postiers. Le 15, c'est au tour des policiers, tandis que les combats s'étendent. Le 17, le Comité militaire national des

En haut, place de la Concorde, le 25 août. Les derniers combats pour la libération de Paris. En bas, sur les Champs-Élysées, le 26 août : à gauche, Bidault ; derrière de Gaulle, Kœnig ; à droite, Juin.

F.T.P. lance l'ordre de mobilisation générale, que reprend, le 18, l'état-major F.F.I. de la région parisienne. Le 19, Alexandre Parodi — nommé cinq jours plus tôt par de Gaulle ministre-délégué du G.P.R.F. — l'entérine à son tour officiellement.
Parallèlement, cependant, certains membres du C.N.R. ont entamé avec von Choltitz, par l'intermédiaire du consul de Suède, Nordling, des pourparlers en vue d'une trêve. Acceptée le 20 août par le C.N.R. à une faible majorité, cette trêve, où certains voient une trahison, déclenche un violent affrontement entre les différents responsables. Le 21, après une séance orageuse où l'on frôle la rupture, le C.N.R. décide de rompre la trêve. Le 22, l'insurrection reprend de plus belle et Paris se couvre de barricades. Ce même jour, pressé par les émissaires envoyés par l'état-major F.F.I., le commandement américain accepte de modifier ses plans et de laisser la 2e D.B. du général Leclerc avancer à marche forcée vers la capitale. Le 24 août au soir, une petite avant-garde, qui a couvert 240 km en quarante heures, arrive devant l'Hôtel de Ville. Le 25, après d'ultimes combats, von Choltitz signe la reddition de la garnison allemande. Quelques heures plus tard, le général de Gaulle salue du balcon de l'Hôtel de Ville « Paris libéré par lui-même, libéré par son peuple avec le concours des armées de la France ». Le lendemain, tandis que des accrochages sporadiques se poursuivent en banlieue et que sévissent encore quelques « tireurs des toits », le chef du G.P.R.F., entouré des responsables de la Résistance, descendra triomphalement les Champs-Élysées, à pied.
Extraordinaire mélange de spontanéité et de calcul, de témérité et de risque calculé, servie par un peu de chance, l'insurrection de Paris aboutissait à consacrer avec éclat le nouveau régime.

(5e corps américain) amorce sur deux lignes sa marche sur Paris pour soutenir les Forces françaises de l'intérieur (F.F.I.) au moment de l'assaut final contre la ville. La 4e division américaine enlève Arpajon, au sud de Paris.
La 30e division du 19e corps américain fait son entrée à Evreux, tandis que, plus au nord, les unités de la 2e D.B. s'emparent de Neubourg et se portent sur Elbeuf.
Dans le secteur de la IIIe armée américaine, tandis qu'au nord de Paris la 79e division (15e corps) contrôle toujours solidement la tête de pont à Mantes-Gassicourt, la 5e division du 20e corps enlève Fontainebleau et la 7e division blindée s'approche de Melun.
France méridionale. La 9e division coloniale française et la 1re division française (2e corps) font leur entrée dans les faubourgs de Toulon et foncent vers le centre de la ville, tandis que d'autres unités de la 3e division algérienne et de la 1re division blindée française pénètrent par le nord et l'est dans la périphérie de Marseille : la garnison allemande repousse une offre de reddition formulée par le commandement français.
Birmanie-Chine. Le général Stilwell reçoit l'ordre de faire construire une route carrossable allant de la frontière birmano-indienne à Myitkyina, et de remettre en meilleur état la piste, difficilement praticable, qui relie cette ville à la Chine. Les Américains demandent à nouveau la nomination de Stilwell à la tête des armées chinoises.
Sur le front de la Salouen, les défenseurs japonais de Loungling réclament l'envoi de renforts.
Nouvelle-Guinée. L'île de Nœmfoor (Numfor) une fois conquise, le 503e régiment de parachutistes américain la quitte.
Pacifique. Iles Mariannes. Des contre-torpilleurs américains pilonnent Aguijan.

24 août

Front soviétique. En Roumanie, le *Heeresgruppe* Sud Ukraine (Friessner), harcelé par le 2e Front d'Ukraine (Malinovski) et par le 3e Front d'Ukraine (Tolboukhine), bat rapidement en retraite au-delà du Danube. Après l'encerclement de la VIe armée germano-roumaine, les Soviétiques ont raison également de la IIIe armée roumaine, dont une grande partie rend les armes. Les deux armées font partie du groupe d'armées Dumitrescu. Les Soviétiques occupent Kichinev.
□ Après la défection de Bucarest, l'aviation allemande effectue un raid de représailles sur la ville.
Pologne. Staline refuse aux avions américains le droit de se poser en U.R.S.S. pour aider Varsovie.
France septentrionale. Dans le secteur d'Elbeuf, le 2e corps canadien et le 19e corps américain ont leur premier contact. La 2e D.B. du général Leclerc, se rapprochant de la banlieue sud-ouest de Paris, se heurte à une résistance acharnée. Sur ordre du général Bradley, commandant le XIIe groupe d'armées, la 4e division américaine s'apprête à attaquer Paris par le sud.
Au sud, le 20e corps de la IIIe armée établit 2 têtes de pont au-delà de la Seine, à Melun et Montereau, tandis que des unités du 12e corps américain progressent à l'est en direction de Troyes, Saint-Florentin et Courtenay.
France méridionale. Des parachutistes de la 1re *Task Force* aéroportée font leur entrée à Cannes sans rencontrer de résistance et se dirigent ensuite vers Antibes, tandis que des unités de la 3e division américaine atteignent le Rhône à Arles. La lutte pour Toulon continue.
Birmanie-Chine. Sur le front de la Salouen, les Japonais font venir en masse des renforts de Loungling à destination de Mangshin.

25 août

La Roumanie déclare la guerre à l'Allemagne.
Front soviétique. Dans le secteur nord, le 3e Front balte (Maslennikov) enlève Tartu, en Estonie, point d'appui d'une ligne fortifiée baptisée Valga créée par les Allemands entre la rivière Velikaja, à l'est, et la ligne Sigulda, plus solide, édifiée autour de Riga.
France septentrionale. Tandis que la 15e division du 12e corps britannique (IIe armée) tente de traverser la Seine à hauteur de Louviers (au

sud de Rouen), la 43e division britannique établit une tête de pont au-delà du fleuve, à Vernon.
A 7 heures, la 2e D. B. fait son entrée à Paris par le sud-ouest : une demi-heure plus tard, la 4e division américaine se porte au centre de la capitale. Paris tombe en quelques heures. Le général von Choltitz, qui commande la place, élude l'ordre de Hitler de miner et détruire les monuments, musées et ponts de Paris. Renonçant à faire traîner la résistance en longueur, il se rend à 15 h 15 au général Leclerc.
En Bretagne, à 13 heures, les 2e, 80e et 90e divisions du 8e corps américain (IIIe armée du général Patton) donnent l'assaut contre Brest, après une heure de bombardement aérien. Réaction très vigoureuse de la garnison allemande, forte des unités du 25e corps.
France méridionale. La 3e division américaine (6e corps) entre à Avignon. Tandis que la lutte pour Toulon et Marseille continue, les unités de la XIXe armée de Wiese refluent vers le nord, le long de la vallée du Rhône.
Front italien. Dans la nuit du 26, la VIIIe armée britannique (5e corps britannique, 1er corps canadien et 2e corps polonais), partie du Métaure, monte à l'assaut de la ligne gothique. Pris par surprise, les Allemands du 76e corps blindé du général Herr esquissent une faible réaction.
Nouvelle-Guinée. Le général Krueger annonce officiellement la fin des opérations sur la tête de pont d'Aitape. Les combats ont fait chez les Alliés 3000 morts, blessés et disparus, chez les Japonais 8821 tués et 98 prisonniers. Ayant ainsi perdu plus de 2 divisions en tentant de reprendre la tête de pont, la XVIIIe armée japonaise ne représente désormais plus une menace sérieuse pour les Américains et les Australiens.
Dans la partie nord-ouest de la péninsule de Vogelkop (aujourd'hui rebaptisée Djazirah Doberai), les Japonais lancent contre les forces américaines du secteur leur premier raid aérien depuis le jour du débarquement.
Grèce. Les armées allemandes en Grèce et en mer Égée sont regroupées dans le *Heeresgruppe* E (général Löhr), dont le commandement est à Salonique, bien qu'elles dépendent sur le plan opérationnel du secteur sud-est, confié au maréchal von Weichs, commandant le *Heeresgruppe* F, qui a son quartier général à Belgrade.
Par suite de la défection de la Roumanie, qui sera suivie inéluctablement de celle de la Bulgarie, les îles de la mer Égée ont perdu leur valeur stratégique et politique, garante de la neutralité forcée de la Turquie. Aussi le 25 août, cédant pour une fois aux pressions des militaires, Hitler autorise leur évacuation, celle-ci devant commencer effectivement le 2 septembre. Simultanément, il est procédé au désengagement du Péloponnèse, mais non pas d'Athènes et du Pirée, dont la possession reste indispensable tant que toutes les îles de la mer Égée ne seront pas évacuées.

26 août
Front soviétique. Le 3e Front d'Ukraine (Tolboukhine) marchant le long du Prout sur Galati, en Roumanie, atteint le cours inférieur du Danube.
Le 2e Front d'Ukraine (Malinovski) fait irruption par la brèche ouverte dans les lignes ennemies entre Galati et Focsani.
France septentrionale. Après la traversée du cours inférieur de la Seine, la Ire armée canadienne se porte au nord sur Calais, tandis que la Ire armée britannique se dirige vers la Belgique : pour appuyer cette dernière, la Ire armée américaine avance le long de l'axe Paris-Bruxelles. A partir des têtes de pont établies sur la rive droite de la Seine, les divisions alliées reprennent leur marche vers l'est. La 7e division blindée du 20e corps progresse à marche forcée au nord-est vers Château-Thierry et la Marne.
En Bretagne, les assauts du 8e corps américain pour prendre Brest demeurent toujours vains.
France méridionale. Tandis que les Allemands refluent vers le nord, la résistance des garnisons de Toulon et de Marseille s'éteint peu à peu : le 2e corps français investit une grande partie des deux villes.
Front italien. Les divisions de la VIIIe armée établissent des têtes de pont au-delà du Métaure.

27 août
Front soviétique. En Roumanie, le 2e Front d'Ukraine (Malinovski) a pris Focsani et marche sur Ploesti, tandis que le 3e (Tolboukhine) occupe Galati, troisième ville de Roumanie et principal port fluvial sur le Danube.
France septentrionale. Le 1er corps britannique atteint l'embouchure de la Seine, que des unités du 2e corps canadien commencent à traverser entre Elbeuf et Pont-de-l'Arche. Plus au sud, dans le secteur du 12e corps, la 15e division la traverse également à l'est de Louviers ; au-delà, dans le secteur de Mantes-Gassicourt, les 30e et 79e divisions du 15e corps (Ire armée américaine) passent à l'attaque.
Le 20e corps américain (IIIe armée), avec la 7e division blindée en tête, marche sur Reims, atteignant la Marne à Château-Thierry. De Troyes, le 12e corps américain se dirige vers Châlons-sur-Marne.
En visite à Paris, les généraux Eisenhower, commandant suprême allié, et Bradley, commandant du XIIe groupe d'armées, rencontrent le général de Gaulle.
En Bretagne, le 8e corps (IIIe armée) achève l'encerclement de Brest.
France méridionale. Progressant vers le nord le long de la vallée du Rhône, la 3e division américaine approche de Montélimar, tandis que la 45e division de Grenoble se dirige vers Lyon. A Marseille, la garnison allemande se dit prête à discuter des conditions de la reddition.
Front italien. La VIIIe armée britannique poursuit son avance vers la ligne gothique.
Birmanie. La 36e division du 33e corps britannique, avançant sur la route Mogaung-Mandalay, s'empare de Pinbaw.

28 août
Front soviétique. En Roumanie, les troupes du 2e Front d'Ukraine (Malinovski) pénètrent en Transylvanie par le col d'Oituz, dans les Carpates. Voici la Hongrie menacée à son tour. Devant l'imminence de la percée soviétique, le général Lakatos

HÉLICOPTÈRES DE GUERRE

Expérimenté pendant la décennie précédente, l'hélicoptère attend l'ultime phase de la guerre pour être utilisé à des fins militaires. On l'emploie pour les services de liaison, la reconnaissance, l'observation tactique des tirs d'artillerie, et au cours d'expéditions de secours dans des lieux inaccessibles par d'autres moyens.
Quasiment interrompu au début de la guerre, le développement technique de l'hélicoptère prend un nouvel élan lorsque, compte tenu de l'évolution des opérations stratégiques, le gouvernement allemand décide de construire aux environs de Berlin une usine souterraine. Il s'agit de produire en série des Fa-223, modèles améliorés du fameux Focke-Achgelis Fa-61, un monoplace qui avait établi de prestigieux records à la fin des années trente.
Mais le véritable trait d'union entre l'autogyre et l'hélicoptère moderne est le Flettner Fl-282, plus connu sous le nom de Colibri, un appareil comportant une cabine fermée en plexiglas, employé pour les opérations de reconnaissance sur les navires de guerre allemands à partir de 1942. Le Colibri peut être considéré comme le premier hélicoptère militaire de l'histoire.
L'intérêt des forces armées américaines pour l'hélicoptère se concrétise en 1941, en raison des excellents résultats remportés par le VS-300, qui a été réalisé par un ingénieur d'origine russe, Igor Sikorsky, l'un des pionniers du vol vertical. La construction du R-4, un hélicoptère expérimental composé d'un fuselage en tubes d'acier entièrement revêtu, et d'un habitacle en verre, est confiée aux ateliers Vought-Sikorsky. A partir de ce modèle, qui connaît un grand succès (130 appareils construits pendant la guerre), on créera le R-5 et le R-6.

VS-300

Flettner Fl-282

forme un nouveau gouvernement, qui se déclare prêt à négocier la reddition de la Hongrie.
France septentrionale. Tandis que, dans le secteur nord du dispositif allié, le 2e corps canadien étend sa tête de pont en direction de Rouen et que le 30e corps britannique (IIe armée) traverse en force la Seine, plus au sud, le 15e corps élargit ensuite la tête de pont de Mantes-Gassicourt.
La 2e D. B. et la 4e division américaine, après leur entrée à Paris, continuent d'avancer en direction du nord-est. Le 20e corps (IIIe armée) s'approche rapidement de Reims ; en Bretagne, le 8e corps, cette autre unité de l'armée de Patton, assiège toujours Brest.
France méridionale. Le 2e corps français progresse au nord sur la rive ouest du Rhône, tandis que le 6e corps américain tente de rejoindre les troupes d'« Overlord », qui elles aussi se dirigent au nord le long de la ligne Lyon-Beaune-Dijon. La XIXe armée allemande réussit à dégager une grande partie de ses forces, prises dans la nasse de Montélimar, à une cinquantaine de kilomètres au nord d'Avignon sur la route de Lyon. Des unités de la 45e division américaine marchent sur Lyon.
Les dernières troupes allemandes se rendent à la 9e division coloniale : la bataille de Toulon est terminée. La garnison allemande de Marseille se rend également.
Front italien. Des unités de la 8e division indienne (12e corps britannique de la Ve armée américaine) enlèvent Tigliano, au nord de Pontassieve. La VIIIe armée britannique continue sa poussée vers la ligne gothique.

29 août
Front soviétique. En Roumanie, le 3e Front d'Ukraine (Tolboukhine) a pris le port de Constantza, sur la mer Noire.
France septentrionale. Le général Eisenhower donne comme consigne l'avance vers le nord. Des unités du 30e corps britannique, prenant la tête des colonnes alliées dans le secteur nord, se portent à Amiens avec pour objectif la traversée de la Somme. Au sud-est, la 3e division

blindée (7e corps de la Ire armée américaine), marchant sur Laon, franchit l'Aisne à l'est de Soissons. La 5e division américaine du 20e corps (IIIe armée) fait son entrée à Reims, tandis qu'au sud-est de la ville des unités du 12e corps dépassent Châlons-sur-Marne.
France méridionale. Tandis que la 3e division américaine du 6e corps se rassemble à Voiron, au nord-ouest de Grenoble, les 36e et 45e poursuivent leur avance vers Lyon.
Front italien. L'infanterie de la VIIIe armée britannique atteint la Foglia, juste au nord de Pesaro.
Chine. La XIe armée japonaise avance vers Koueilin et Lioutchéou, où se trouvent deux grands aérodromes américains.

30 août
Front soviétique. En Roumanie, le 2e Front d'Ukraine (Malinovski) occupe Ploesti, centre pétrolier de première importance.
France septentrionale. La 7e division blindée du 20e corps (IIIe armée américaine) se rapproche à vive allure de Verdun, tandis que plus au sud, sur la route de Nancy, le 12e corps atteint le secteur de Saint-Dizier.
France méridionale. La 36e division américaine (6e corps) et le 2e corps français progressent résolument vers Lyon, la première sur la rive est du Rhône, le second sur la rive ouest.
Front italien. Début de l'offensive de la VIIIe armée britannique contre la ligne gothique : les 1er et 5e corps canadiens traversent la Foglia.

31 août
Front soviétique. Le 2e Front d'Ukraine (Malinovski) entre à Bucarest. Une énorme brèche a été ouverte dans le front allemand, s'étendant des Carpates à l'embouchure du Danube, et la Wehrmacht ne dispose pas de forces suffisantes pour la colmater : l'Armée rouge peut donc occuper sans coup férir la Valachie.
France septentrionale. Le 30e corps britannique (IIe armée) atteint Amiens, où il traverse la Somme. Dans le secteur du 20e corps américain (IIIe armée), la 7e division blindée réussit à établir une tête de pont près de Verdun, au-delà de la Meuse, que franchissent également des unités de la 4e division blindée (12e corps de la IIIe armée), créant une tête de pont près de Commercy. En Bretagne, le 8e corps suspend provisoirement ses attaques contre Brest.
□ Le gouvernement provisoire de la République française est transféré à Paris.
Front italien. Tandis que les Allemands refluent, dans la nuit, des patrouilles du 4e corps américain (Ve armée américaine) franchissent l'Arno.
Dans le secteur oriental (VIIIe armée britannique), alors que le 2e corps polonais lutte toujours pour Pesaro, des éléments des 1er et 5e corps canadiens percent les défenses de la ligne gothique.
Pacifique. Des avions d'une escadre de porte-avions de la *Task Force* 38 (auparavant *Task Force* 58), sous les ordres du contre-amiral Davison, attaquent 3 jours durant les installations japonaises d'Iwo Jima et des îles Bonin.

Un soldat allemand capturé dans les rues de Paris, le 25 août 44.

Nouvelle-Guinée. Les opérations sur l'île Nœmfoor et dans la zone de Sansapor sont déclarées officiellement terminées. A Nœmfoor, les Américains ont eu 63 morts, les Japonais 1 730. A Sansapor, les pertes américaines ont été minimes (14 morts).

1er septembre
Front soviétique. L'Armée rouge atteint la frontière bulgare à Giurgiu, sur le Danube.
Face à la menace soviétique le Premier ministre bulgare, Muraviev, sollicite, sans succès, l'appui anglo-américain.
Balkans. Tandis que les Allemands se préparent à évacuer les îles des mers Ionienne et Égée, ainsi qu'une partie de la Grèce, l'aviation anglo-américaine lance un raid massif de bombardiers contre la principale voie ferrée servant à la retraite ennemie.
Pologne. Devant les assauts allemands, l'A. K. doit abandonner le quartier de la Vieille Ville de Varsovie.
France septentrionale. Après la traversée de la Seine, le 1er corps britannique se porte vers l'ouest, vers Le Havre. Des unités du 2e corps canadien atteignent Dieppe, tandis que 2 divisions du 30e corps (IIe armée britannique), la 11e division blindée et la division de la garde, atteignent Arras. Dans le secteur des 19e et 5e corps, les Américains marchent rapidement sur Saint-Quentin et Cambrai. A l'est du dispositif allié, le 20e corps américain (IIIe armée) se porte de Verdun vers Metz.
France méridionale. Les unités du 6e corps américain s'approchent de Lyon à marche forcée.
Front italien. Le 4e corps de la Ve armée américaine se lance à la poursuite des Allemands au-delà de l'Arno. Dans le secteur oriental (VIIIe armée britannique), les 1er et 5e corps britanniques attaquent en force la ligne gothique, atteignant Tomba di Pesaro.

2 septembre
Finlande. Après la défection et capitulation de la Roumanie, Antti Hackzell, Premier ministre depuis quelques jours, décide la rupture des relations diplomatiques avec l'Allemagne.
France septentrionale. L'avance alliée continue sur l'ensemble du front, à l'ouest vers Le Havre, à l'est

vers la frontière belge (Ire armée américaine).
En Bretagne, le 8e corps américain (IIIe armée) se bat toujours pour Brest.
France méridionale. Près de Lyon, la 36e division américaine s'arrête pour laisser au 2e corps français l'honneur d'entrer le premier dans la ville.
Front italien. Dans le secteur de la VIIIe armée britannique, la marche sur Rimini continue : les Polonais du 2e corps du général Anders occupent Pesaro, tandis que, dans la nuit du 3, des unités canadiennes atteignent Conca, réussissant à établir une tête de pont sur la rive nord de la rivière, à 5 km environ à l'est de Cattolica.
Allemagne. Le maréchal von Witzleben, condamné à mort par un tribunal du peuple pour avoir participé à la conjuration militaire qui devait aboutir à l'attentat du 20 juillet contre Hitler, est sauvagement pendu à un crochet de boucher.
□ Effectif des armées allemandes au début septembre 1944 : 10 165 303 hommes, dont 7 536 946 appartenant à la Wehrmacht et aux *Waffen-S.S.*, 1 925 291 à la Luftwaffe, 703 066 à la Kriegsmarine. Mais, pour la plupart, rien à voir avec les forces du début de la guerre : beaucoup sont des vétérans ou de très jeunes soldats.
Nouvelle-Guinée. Les opérations dans la zone de la tête de pont de Wadke-Sarmi sont déclarées officiellement terminées, mais les pertes des deux camps, très élevées, ne sont pas publiées. Dans toutes les têtes de pont, des aérodromes ont été construits ou sont en voie de construction : ils serviront de base aux prochaines opérations dans le Pacifique.

3 septembre
France septentrionale. La 2e division blindée de la garde (30e corps de la IIe armée britannique) fait son entrée à Bruxelles.
A ce stade des hostilités, le front allié s'étend en gros de l'embouchure de la Somme (au nord) jusqu'à Troyes (au sud), le long de la ligne Lille - Bruxelles - Mons - Sedan - Verdun - Commercy.
France méridionale. La 1re division

Civils roumains fraternisant avec des tankistes soviétiques dans une rue de Bucarest, libéré le 31 août.

d'infanterie française (2e corps du général de Lattre de Tassigny) entre à Lyon. Entre-temps, le général Wiese a réussi à sauver une grande partie de la XIXe armée allemande, qui tenait le secteur. La Ire armée allemande du général von der Chevallerie, chargée de la défense du golfe de Gascogne, a quitté le sud-ouest de la France. 130 000 Allemands réussissent à rejoindre le *Heeresgruppe* B, mais 80 000 autres sont faits prisonniers.

4 septembre
Front soviétique. Les Finlandais déposent les armes sur l'ensemble du front. Une trêve a été conclue entre les deux gouvernements, en attendant les négociations de paix : ce résultat est dû à la remarquable habileté politique de Mannherheim et de Paasikivi.
Europe occidentale. Le général Eisenhower fixe les objectifs généraux de ses armées : le XXIe groupe (Ire armée canadienne et IIe britannique) ainsi que la Ire armée américaine ont pour mission de poursuivre l'avance vers la Ruhr ; objectif final de la IIIe armée américaine de Patton : la Sarre.
Hitler confie de nouveau le commandement du front de l'Ouest au vieux maréchal von Rundstedt.
La 11e division blindée (30e corps de la IIe armée britannique) entre à Anvers : le port, un des plus importants de la mer du Nord, est intact, mais inutilisable par les Alliés, car les Allemands tiennent toujours l'estuaire de l'Escaut, par lequel Anvers communique avec la mer.
Pologne. Churchill presse Staline de revenir sur son refus de permettre une aide aérienne alliée à Varsovie.
France méridionale. Après la prise de Lyon, le 6e corps américain et le 2e corps français continuent leur marche sur Besançon et Dijon.
Front italien. Dans le secteur ouest, le 5e corps britannique avance vers les crêtes de Gemmano et de Coriano, deux positions clés pour les défenses allemandes alors constituées par le 51e corps de montagne du général Feuerstein et le 76e corps blindé du général Herr.
Birmanie. Le général Slim, commandant la XIVe armée britannique, fixe pour simple tâche au 15e corps de contenir et de combattre les Japonais dans le secteur de l'Arakan, tandis que le 33e corps lancera, début décembre, une grande offensive au-delà de la Chindwin.
Dans le secteur du 33e corps, la 11e division d'Afrique orientale, qui a remplacé la 23e division indienne dans la poursuite des forces ennemies au-delà de Tammu, occupe Sittaung sans rencontrer de résistance, et lance quelques détachements avancés sur Kalemyo.
Pacifique. Départ des îles Salomon

des premiers détachements du 3e corps amphibie des marines destiné à l'invasion des Palau. En Nouvelle-Guinée s'effectue l'instruction des troupes affectées à l'invasion de Morotai, dans les Moluques, au nord de Halmahera et à l'est de Célèbes.

5 septembre
Front soviétique. L'Armée rouge enlève Brasov, au centre des Carpates, et commence d'enfoncer ledit Mur des Carpates.
☐ L'Union soviétique déclare la guerre à la Bulgarie, qu'elle investit et contraint en quelques heures à la capitulation.
Europe occidentale. Succès significatifs des armées alliées sur toute l'étendue du front : au nord, le 2e corps canadien (Ire armée du général Crerar), dépassant Boulogne, approche du secteur de Calais : les divisions de Hodges (Ire armée américaine) parviennent aux abords de Liège et traversent la Meuse à Sedan; au sud, l'armée de Patton franchit la Moselle près de Nancy.
Front italien. Des éléments de la 1re division blindée américaine (4e corps de la Ve armée) entrent à Lucques. Dans le secteur oriental, la lutte est déclenchée pour la conquête des crêtes de Coriano et de Gemmano, respectivement à l'ouest et au sud-ouest de Cattolica.

6 septembre
Front soviétique. Le 3e Front d'Ukraine (Tolboukhine) atteint la frontière roumano-yougoslave à Turnu Severin, à proximité des Portes de Fer du Danube, entrant en contact avec les partisans de Tito.
Finlande. Une délégation finlandaise s'envole pour Moscou afin de négocier l'armistice.
Europe occidentale. La IIIe armée du général Patton traverse la Moselle, tandis que le 7e corps (Ire armée américaine) poursuit vers Liège.
☐ La perte des ressources pétrolières de Roumanie est gravement ressentie en Allemagne et condamne à l'échec toute tentative éventuelle des forces allemandes et hongroises pour tenir la ligne des Carpates et la Hongrie, faute de moyens.
France méridionale. Le 2e corps français entre à Chalon-sur-Saône, cependant que le 6e corps américain effectue une avance éclair sur Besançon.
☐ Le G.P.R.F. s'installe officiellement à Paris. De Gaulle, le 9, le remaniera profondément.
Front italien. Le 5e corps britannique (VIIIe armée) prépare une offensive de grand style pour la prise de Coriano, tandis que des patrouilles du 1er corps canadien atteignent le Marano.
Birmanie-Chine. Sur le front de la Salouen, le commandant des forces japonaises du secteur de Soung Chan est tué au combat.
Pacifique. 16 porte-avions de l'escadre de porte-avions rapides du vice-amiral Mitscher, escortés par des croiseurs et des destroyers, lancent leurs appareils sur les aérodromes et autres installations japonaises des Palau, des îles Yap et Ulithi, dans les Carolines occidentales. L'attaque se poursuivra 3 jours durant, causant de sérieux dégâts. Des bombardements contre les objectifs désignés sont également effectués par des unités de surface.

Le général de Lattre de Tassigny.

7 septembre
Front soviétique. Le 2e Front d'Ukraine (Malinovski), franchissant les Carpates orientales, se présente en Hongrie.
☐ La Bulgarie déclare la guerre à l'Allemagne, alors que le 3e Front d'Ukraine (Tolboukhine) est en train de procéder à son occupation.
Europe occidentale. La IIe armée britannique et la Ire armée américaine atteignent en Belgique le canal Albert, que le 113e groupe de cavalerie (19e corps américain) traverse à proximité de Hasselt.
La 3e division blindée (7e corps de la Ire armée américaine) atteint Liège.
France méridionale. Le 6e corps américain entre à Besançon.
☐ Les Allemands transfèrent Pétain et Laval au château de Sigmaringen, dans le Jura souabe. Déat, Doriot et les autres « collaborateurs » qui les ont accompagnés se perdent en intrigues byzantines.
Front italien. Dans la nuit du 8, les Allemands quittent leurs positions sur les collines au nord et nord-est de Florence.
Chine. Le général américain Hurley, représentant personnel de Roosevelt auprès de Tchang Kaï-chek, Donald Nelson, expert économique, et le général Stilwell confèrent avec le généralissime, qui confirme son accord de remettre à Stilwell le commandement suprême des armées chinoises, à condition de recevoir de nouvelles armes et des compléments américains. Le généralissime défend ses intérêts et son prestige.
Sur le front de la Salouen, la VIIIe armée chinoise termine le nettoyage de la zone de Soung Chan. La lutte pour la conquête de cette importante étape sur la route de Birmanie a coûté aux Chinois près de 8000 morts, tandis que la garnison japonaise, qui comptait 2000 hommes, a été exterminée.

8 septembre
Front soviétique. Les Russes finissent d'occuper la Bulgarie, tandis que se poursuit la pénétration dans les Carpates orientales. Après la défection de la VIe armée germano-roumaine et de la IIIe armée roumaine (groupe Dumitrescu), le *Heeresgruppe* Ukraine Sud, réduit à la VIIIe armée allemande, à la IVe ar-

mée roumaine et au 17e corps allemand, n'est pas en mesure de s'opposer aux 8 armées, dont 1 blindée et 1 aérienne, du 2e Front d'Ukraine (Tolboukhine), fort de 4 armées, du 1er corps motorisé et de la 1re force aérienne. Avec ces 2 fronts, les Soviétiques ont en ligne 929 000 hommes, les Allemands à peu près la moitié.
Europe occidentale. Dans le secteur nord du front (Ire armée canadienne), tandis que la 2e division du 2e corps attaque Dunkerque, la 4e division atteint les faubourgs de Bruges.
Les unités du 7e corps américain (Ire armée) ont investi Liège. Le canal Albert est franchi à hauteur de Geel (30e corps de la IIe armée britannique) et à Maastricht (19e corps de la Ire armée américaine).
En Bretagne, après un intense bombardement aérien, le 8e corps lance une offensive générale contre Brest.
Les Français du 2e corps entrent à Beaune et à Autun, au sud-ouest de Dijon.
Belgique. Retour à Bruxelles du gouvernement Hubert Pierlot, réfugié à Londres après la capitulation de la Belgique, en mai 1940.
Front italien. Les unités du 5e corps britannique et du 1er corps canadien, qui luttent toujours pour la conquête des crêtes de Coriano et de Gemmano, sont aisément tenues en échec par les défenses allemandes. Or la prise de Rimini est impossible sans la conquête de ces deux positions.
Angleterre. Les premiers V2, très différents et bien plus meurtriers que les lents V1, proie facile des chasseurs anglais, s'abattent sur Londres. Seuls les bombardements aériens alliés ont réussi à entraver et même empêcher la construction de la principale base de lancement, près de Saint-Omer, au sud de Dunkerque ; des rampes plus faciles à édifier seront ultérieurement installées sur les îles hollandaises. La portée des V2 est de 370 km environ, leur précision remarquable sans être absolue. Leur objectif principal est l'Angleterre, ou plus exactement la zone de Londres ; mais, depuis sa chute, Anvers est devenue la cible continuelle de la nouvelle arme, afin d'empêcher les Alliés d'utiliser le port. L'objectif que s'était fixé Hitler, c'est-à-dire saper le moral des Anglais, déjà durement éprouvé, n'est pas atteint. Au contraire, les *V-Waffen* renforcent les Alliés dans leur volonté d'anéantir l'Allemagne. Le dernier V2 tombera sur Londres le 27 mars 1945. Les Allemands en ont lancé jusqu'à ce jour 1 115, qui ont fait 2 724 tués et 6 467 blessés graves. Au total, les pertes britanniques à la suite des raids aériens s'élèveront à 60 000 morts. Jusqu'au 5 avril 1945, plus de 2 050 V2 seront lancés sur Anvers, Bruxelles et Liège.
Birmanie-Chine. Sur le front de la Salouen, les Japonais, qui ont reçu des renforts considérables, lancent une offensive contre les positions chinoises au nord de Loungling.
En Chine, les troupes japonaises avancent de Hengyang vers le sud, occupant Ling-ling, évacuée par les effectifs et avions de la 14e force aérienne américaine. Les bases aériennes de Koueilin et de Lioutchéou sont menacées par 2 divisions et 1 brigade de la XXIIIe armée japonaise parties de Canton et qui se portent à leur rencontre.

9 septembre
Front soviétique. L'Union soviétique accepte la demande d'armistice présentée par la Bulgarie et entame les pourparlers en vue de sa signature.
Les Allemands massent des forces en Hongrie et se préparent à contre-attaquer le 2e Front d'Ukraine.
Europe occidentale. Des unités du 19e corps américain franchissent la frontière entre la Belgique et les Pays-Bas à hauteur de Maastricht.
France méridionale. Le 2e corps français continue d'avancer vers Dijon.
Front italien. Les attaques du 5e corps britannique et du 1er corps canadien pour les crêtes de Coriano et de Gemmano s'intensifient.
Une junte installe un gouvernement provisoire à Val d'Ossola et à Val Cannobina, aux mains des partisans.
Pacifique. Des avions du *Task Group* du vice-amiral Mitscher, comprenant 16 porte-avions rapides escortés de croiseurs et destroyers, bombardent les installations japonaises de Mindanao, dans les Philippines.

10 septembre
Pacifique. Iles Palau. Des avions d'un *Task Group* de porte-avions rapides (contre-amiral Davison) lancent une puissante attaque, renouvelée le lendemain, contre les défenses japonaises des îles Peleliu et Angaur, prélude à leur invasion.
Europe occidentale. Le général Eisenhower décide de différer l'opération visant à la libération du port d'Anvers. Sur proposition de Montgomery, commandant le XXIe groupe d'armées, c'est l'opération « Market Garden » qui est décidée : il s'agit de débarquer des troupes aéroportées à Arnhem, Grave et Eindhoven en vue d'assurer une tête de pont au-delà du Rhin.
Après un raid massif des bombardiers alliés, le 1er corps britannique (Ire armée canadienne) lance un assaut général contre Le Havre, réussissant une percée dans les lignes allemandes. Les Canadiens du 2e corps occupent Ostende.
La 5e division blindée américaine (5e corps de la Ire armée) atteint la ville de Luxembourg.
France méridionale. Le 2e corps français entre à Dijon : aux environs de la ville, à Sombernon, sa 1re division opère sa jonction avec la 2e division blindée française (15e corps de la IIIe armée américaine).
Front italien. L'offensive alliée se poursuit derrière la ligne gothique : avec succès dans le secteur de la Ve armée américaine (traversée du Serchio à Vecchiano, prise de Villa Basilica, franchissement du Sieve) ; sans résultats à l'est, où elle est contenue par les unités de la Xe armée allemande sur les crêtes de Gemmano et de Coriano.

11 septembre
Front soviétique. Confirmation du premier armistice entre l'Union soviétique et la Bulgarie, après l'évacuation des premières armées bulgares des territoires yougoslaves occupés.
La 8e force aérienne américaine effectue la dernière de ses missions « navette » de bombardement : 139 avions attaquent une fabrique

Ci-dessus : un V1 tombe sur Londres. A droite : des V2 sur les rampes de lancement à Peenemünde, sur la Baltique. Il s'agit de la dernière vraie menace allemande.

d'armes en Allemagne, à Chemnitz (aujourd'hui Karl-Marx-Stadt), puis regagnent leurs bases soviétiques.
Europe occidentale. Sauf les ports de Boulogne, Calais et Dunkerque, toute la côte nord de la France est aux mains des Alliés.
L'avance alliée continue sur toute l'étendue du front occidental : aux environs d'Aix-la-Chapelle, des patrouilles américaines de la Ire armée traversent la frontière allemande, semant la panique parmi les défenseurs. Mais l'action n'a pas de suite.
Front italien. Des unités du 4e corps américain (Ve armée) atteignent les faubourgs de Viareggio, tandis que la 6e division blindée sud-africaine entre à Pistoia.
Pacifique Sud-Ouest. En Nouvelle-Guinée, rassemblement des forces destinées à l'invasion de Morotai.

12 septembre
Front soviétique. Stagnation sur les différents fronts en raison de la réorganisation des grandes unités et du système logistique russe.
☐ A Moscou, la Roumanie signe l'armistice avec l'Union soviétique, la Grande-Bretagne et les États-Unis. La Roumanie participera à la guerre contre l'Allemagne, et la Hongrie paiera les dédommagements. La frontière entre la Russie et la

Roumanie sera celle établie par l'accord russo-roumain du 28 juin 1940. L'Union soviétique s'engage à restituer la Transylvanie à la Roumanie. D'ici avril 1945, les pertes roumaines en Hongrie, Tchécoslovaquie et Allemagne s'élèveront à 170 000 tués, blessés et disparus.
Europe occidentale. Reddition de la garnison allemande du Havre : 12 000 hommes sont faits prisonniers.
Yougoslavie. Le roi Pierre II de Yougoslavie, dans un discours radiodiffusé de Londres, appelle « tous les Serbes, les Croates, les Slovènes à s'unir et à rejoindre l'Armée de libération nationale du maréchal Tito ».
Front italien. La seconde bataille pour la crête de Coriano commence.
Pacifique. Les 16 porte-avions du groupe Mitscher lancent durant 3 jours consécutifs une attaque contre les Philippines centrales, ne rencontrant qu'une très faible réaction de l'aviation et de la flotte japonaises ; Leyte, un des objectifs de la prochaine invasion, ne réagit pas non plus.
Iles Palau. Cuirassés, croiseurs et porte-avions américains, sous les ordres des contre-amiraux Oldendorf et Ford, entament le bombardement intensif des Palau en vue de leur invasion. Les Américains procèdent également au déminage et à la destruction des obstacles sous-marins près des plages.

13 septembre

Front soviétique. Sous la pression accrue des Alliés, les Soviétiques larguent ravitaillement et matériel aux insurgés de Varsovie, qui livrent une bataille désespérée contre les blindés allemands.
Le 2e Front de Biélorussie a pris Lomza, point d'appui allemand à l'ouest de Bialystok, défendant la Prusse-Orientale et Varsovie.
Au cours de son vol de retour en Italie, la 8e force aérienne américaine bombarde les aciéries de Diosgyör, en Hongrie.
France. La garnison allemande de Brest refuse de se rendre.
La IIIe armée de Patton poursuit l'offensive le long de la ligne de la Moselle, de Thionville à Épinal.
Front italien. Dans le secteur de la VIIIe armée britannique, la 5e division blindée du 1er corps canadien et la 1re division du 5e corps britannique occupent la crête de Coriano : les Allemands sont contraints de refluer au nord, laissant ouverte la route de Rimini.
Chine. Le général Stilwell s'entretient avec des émissaires de l'armée communiste chinoise. Puis il se rend à Koueiling pour inspecter les positions chinoises.
Pacifique Sud-Ouest. La force d'invasion américaine destinée à Morotai fait route vers son objectif.

14 septembre

Inauguration à Québec de la conférence « Octagon », tenue du 14 au 17 entre chefs d'état-major anglais et américains, en vue de préciser la stratégie à appliquer dans la guerre du Pacifique et la politique d'occupation de l'Allemagne après la victoire. Dernières opérations dans le Pacifique : invasion de l'île de Kiou-Siou (Kyushu) en octobre 1945 et de celle de Hondo (Honshu), où se trouve Tokyo, en décembre. L'amiral Mountbatten sera chargé de reconquérir la Birmanie et de rouvrir la route de l'Inde à la Chine. Ces objectifs devront être atteints le 15 mars 1945.
Pologne. Reprenant son offensive, l'armée soviétique (1er Front de Biélorussie, du général Bagramyan) enlève Praga, faubourg de Varsovie, sur la rive droite de la Vistule, mais ne tente pas de franchir le fleuve.
Europe occidentale. Le général Montgomery donne ses instructions en vue de l'offensive de la IIe armée britannique vers le Rhin et la Meuse (opération « Market Garden ») et d'une attaque de la Ire armée canadienne pour libérer le port d'Anvers, puis s'emparer de Boulogne et de Calais.
Birmanie-Chine. Les Chinois achèvent la conquête de la ville de Tengchoung, où ils sont entrés le 4 août. Après la perte de Tengchoung et le durcissement de la résistance chinoise dans le secteur de Loungling, les Japonais interrompent leur contre-offensive sur le front de la Salouen.

15 septembre

Front soviétique. Le *Heeresgruppe* Sud Ukraine (Friessner) réussit à masser devant Cluj, en Transylvanie, 27 divisions et brigades allemandes et hongroises (dont 6 blindées), bloquant l'avance du 2e Front d'Ukraine (Malinovski).
Grèce. Entre le 12 et le 15, les Allemands évacuent Mytilène (Lesbos) et les îles Ioniennes.
Europe occidentale. Les armées alliées se présentent devant l'Allemagne : d'Aix-la-Chapelle à Luxembourg, les 7e et 5e corps américains ont atteint la frontière sud-ouest du Reich.
Depuis le 6 juin, jour du débarquement en Normandie, plus de 2 millions d'hommes ont mis pied sur le sol de France, dont 40 000 sont morts au champ de bataille. Dans le même temps, les pertes allemandes ont été catastrophiques : 700 000 hommes de l'armée de terre et des forces engagées dans les défenses côtières.
Exception faite de quelques lambeaux de terre à la frontière allemande, la Belgique et le Luxembourg sont désormais totalement libérés.
Sur le nouveau front qui s'étend des environs d'Ostende, sur la mer du Nord, à Épinal (à l'ouest de Colmar), touchant Anvers, Maastricht, Thionville, Metz et Nancy, les Allemands ont mis en ligne le *Heeresgruppe* B du général Model (au nord) et le *Heeresgruppe* G du général Blaskowitz (au sud). Le premier se compose de la XVe armée du général Zengen, de la Ire armée de parachutistes du général Student (stationnées aux Pays-Bas) et de la VIIe armée du général Brandenberger, qui défend les frontières allemandes entre la Ruhr et la Sarre. Le second aligne entre Metz et Épinal la Ire armée de Knobelsdorff et la Ve *Panzerarmee* du général Manteuffel.
Chine-Birmanie. Tchang Kaï-chek menace de retirer ses troupes du front de la Salouen si, d'ici 8 jours, les Sino-Américains du secteur de Myitkyina n'ont pas lancé une offensive vers le sud.
En Birmanie, dans le secteur du 33e corps britannique, la 5e division indienne poursuit son avance sur Tiddim, établissant une tête de pont au-delà du Manipur, près de Tuitum.

Pacifique. Après une longue préparation d'aviation et d'artillerie navale menée depuis 2 semaines par la *Task Force* 38, à 8 h 30, les Américains débarquent sur la côte ouest de l'île de Peleliu, dans les Palau, la 1re division de marines (1er, 5e et 7e régiments), aux ordres du général Rupertus. D'abord peu nourri, le feu des Japonais s'intensifie tandis que les marines s'enfoncent à l'intérieur, devenant particulièrement meurtrier sur les flancs de la division. En fin de journée, le périmètre de la tête de pont s'étend sur 2,6 km du nord au sud, mais n'atteint que 350 à 630 m de profondeur.
Les Palau, devenues, après la destruction de Truk, un centre stratégique de liaison pour les forces aéronavales japonaises, sont défendues par un peu plus de 30 000 combattants d'élite, commandés par le général Sadao Inoue.
Morotai. Après des bombardements aéronavals déclenchés au début du mois sur l'île, une flotte amphibie commandée par le contre-amiral Barbey, effectue un dernier pilonnage de 2 heures avant de débarquer, à 8 h 30, la 31e division américaine (général Persons) sur la côte sud-ouest de Moratai, dans la péninsule de Gila. L'opposition japonaise est insignifiante, mais les conditions ambiantes sont terribles. Dans la journée, la division est maîtresse de toute la péninsule de Gila.
États-Unis. Après un examen de la situation dans le Pacifique, qui montre le peu de réaction des Japonais dans le secteur des Philippines centrales, les chefs d'état-major réunis décident d'anticiper l'invasion de Leyte (la fixant au 20 octobre) et d'annuler les opérations prévues contre Yap (à l'est des Palau), Talaud (au sud de Mindanao) et Mindanao dans les Philippines méridionales.

16 septembre
Front soviétique. Les Fronts de Leningrad (Govorov) et de la Baltique (1er, Bagramyan ; 2e, Eremenko ; 3e, Maslennikov) relancent l'offensive vers la Baltique en direction de Tallinn, en Estonie, et de Riga, en Lituanie. En Bulgarie, le 3e Front d'Ukraine (Tolboukhine), reprenant l'offensive vers l'ouest pour couper la retraite des *Heeresgruppen* F (von Weichs) et E (Löhr) de Grèce en Yougoslavie, fait son entrée à Sofia. En Roumanie, la lutte est toujours chaude entre le *Heeresgruppe* Sud Ukraine (Friessner) et le 2e Front d'Ukraine (Malinovski).

Le génie américain nettoie un champ de mines japonais dans les Palau.

Grèce. Un contingent de commandos britanniques débarque sur l'île de Cythère.
Allemagne. Hitler présente aux généraux de son état-major son plan d'attaque dans les Ardennes.
Front italien. Le commandement de la VIIIe armée donne ses instructions pour la poursuite de l'avance sur Rimini : le 5e corps britannique marchera sur la route no 9 en direction de Bologne, et le 1er corps canadien vers Ravenne et Ferrare.
Pacifique. Iles Palau. A Peleliu, le 7e régiment de marines occupe la pointe sud de l'île, dont il entreprend le nettoyage. Malgré le feu d'enfer des Japonais, la tête de pont s'élargit de 2 km environ.
Morotai. La 31e division américaine élargit la tête de pont de 6 km en moyenne.

17 septembre
Europe occidentale. Après une violente préparation d'aviation et d'artillerie, la 3e division canadienne de la Ire armée lance une offensive générale contre Boulogne.
Début de l'opération « Market Garden », réalisée par 3 divisions aéroportées anglo-américaines sur Arnhem, Grave (au sud de Nimègue), Veghel et Eindhoven, localités hollandaises situées respectivement sur le Rhin inférieur, la Meuse, le canal Guillaume et le canal Wilhelmine.
Front italien. Dans le secteur ouest, le 4e corps américain (Ve armée) lance une attaque générale sur le flanc gauche de sa formation.
Birmanie. Sur le front du 33e corps britannique, la 5e division indienne enlève Tuitum.
Pacifique. Iles Morotai. La 31e division américaine commence le nettoyage de l'île et occupe les îlots côtiers.
Iles Palau. Des groupes de Japonais se lancent dans la nuit du 17 à l'assaut des positions américaines au nord de la tête de pont, mais sont repoussés par le feu des mortiers et des canons de la marine. Au cours de la matinée, après la conquête de toute la zone sud, y compris l'aérodrome de Peleliu, les 1er et 5e régiments de marines attaquent, l'un par le sud-ouest, l'autre par le sud-est, les contreforts méridionaux, très fortifiés, du mont Umurbrogol, au centre de l'île, mais sont contenus avec de lourdes pertes, après la prise de quelques fortins. Les gros calibres du cuirassé *Mississippi* interviennent, pilonnant avec succès les fortifications japonaises.
A 8 h 30, un régiment de la 322e division d'infanterie américaine débarque sur la côte orientale de la petite île d'Angaur, au sud de Peleliu. Vu la faiblesse de la défense japonaise, les troupes débarquées réalisent des progrès significatifs ; vaines contre-attaques nocturnes des Japonais.

18 septembre
Iles Palau. Peleliu. Les marines se lancent d'une façon un peu désordonnée à l'assaut des positions ennemies du mont Umurbrogol, ne progressant guère, tandis que les défenseurs japonais, très aguerris, leur infligent de lourdes pertes.

COMMENT ANVERS TOMBA INTACT AUX MAINS DES ALLIÉS

Le 3 septembre 1944, les blindés d'Eisenhower approchent de la frontière allemande. Dans leur retraite, les états-majors hitlériens s'accrochent au littoral. Seuls Cherbourg et les ports artificiels des plages de débarquement ravitaillent, pour l'assaut final, des millions d'hommes. Or Eisenhower dit, début septembre, au général Marshall : « Si nous pouvons nous emparer d'Anvers, ce sera une véritable transfusion de sang pour les services logistiques. » En effet, ces derniers sont essoufflés. Le ravitaillement, en essence surtout, commence à donner des signes de faiblesse.

De leur côté, les Allemands sont bien décidés à protéger les installations portuaires anversoises ou à les détruire. Depuis le 14 août, ils creusent des puits de mine et les tunnels sous l'Escaut sont minés. Des fossés antichars minés doivent retarder l'approche alliée.

Ce dispositif sera rendu vain par une action coordonnée de toute la Résistance. Trois hommes y veillent : le lieutenant du génie Urbain Reniers, que l'on appelle Reaumur dans la Résistance, le capitaine au long cours Colson, appelé Harry, et le lieutenant Vekemans, ingénieur au service des ponts et chaussées. Un officier britannique intelligent et audacieux, le major Dunlop, les appuiera. Derrière eux se fédèrent les organisations de la Résistance, sous l'autorité de Reaumur.

Les bateaux remplis de mines fluviales et d'explosifs, que les Allemands avaient bloqués, les bateaux en construction dans les chantiers navals de l'Escaut et toutes les écluses sont sous une surveillance permanente.

Le lundi 4 septembre, les premiers chars anglais s'avancent vers Anvers. Tout est affaire de secondes. Si le premier char dépasse le poste d'observation allemand, l'ordre de faire tout sauter sera donné. Vekemans s'interpose. Dunlop lui fait confiance. Il lance deux de ses lourds engins sur un chemin de halage, avec une voiture blindée, où Vekemans est embarqué. Le pont Entschopt est atteint, avant que la diversion ne soit remarquée par les guetteurs allemands, que la poussière empêche d'identifier les deux chars de tête. Vekemans arrache les mises à feu qui devaient faire sauter le pont. Les deux tanks britanniques, que suivront d'autres troupes, « rabattent » alors vers le carrefour où les attendent les guetteurs allemands. Sous la menace de son revolver, Vekemans se fait montrer, par un gradé allemand, la mise à feu et arrache le cordeau. Le chemin est libre. Les combattants de la Résistance reçoivent l'ordre qu'ils attendent d'arracher partout les mises à feu des mines.

Le grand port tombe entre les mains de Montgomery, sans avoir subi de dommage.

Il faudra que l'état-major allemand fasse d'Anvers l'objectif de ses V2, armes jusque-là inédites, pour en réduire — peu, à vrai dire — l'utilisation par les convois alliés, dès que l'embouchure de l'Escaut sera libérée à son tour.

L'offensive pouvait se poursuivre sur le Rhin.

Angaur. Les fantassins américains convergent vers le centre de l'île : dans certains secteurs, ils sont attaqués par erreur par des avions américains. Des détachements avançant par le nord sont partiellement isolés par l'ennemi.

19 septembre

Front soviétique. Dans la zone de Cluj, en Roumanie septentrionale, la bataille est toujours âprement disputée entre le 2e Front d'Ukraine et le *Heeresgruppe* Nord Ukraine. En Estonie, des troupes du 3e Front de la Baltique ont pris Valga, à la frontière de l'Estonie et de la Lettonie, tandis que d'autres forces poussent vers Tallinn et Riga.

□ Signature à Moscou de l'armistice entre les Finlandais et les Alliés. La Finlande conserve son indépendance à l'intérieur des frontières de 1940, mais doit céder à l'Union soviétique la ville de Viipuri (Vyborg), trop proche de Leningrad, le district de Petsamo (aujourd'hui Petchenga), au nord du pays, et le contrôle (mais non la souveraineté) de la péninsule de Porkkala, au sud d'Helsinki, qui commande les communications entre le golfe de Finlande (et Leningrad) et la Baltique. Les Russes restituent Hangö (aujourd'hui Hankö), ou plus exactement renoncent à leurs prétentions sur la ville. Les Finlandais devront payer des dommages de guerre. Les Alliés, quant à eux, auront le droit d'utiliser les aéroports du pays.

Pologne. Tandis que les insurgés de Varsovie livrent des combats désespérés, l'armée soviétique arrête sa progression à Praga, mais parachute quelques armes sur la ville.

Europe occidentale. En Bretagne, après la conquête de la presqu'île de Crozon et la capture du général Ramcke, commandant la garnison, la 8e division américaine (8e corps) s'empare de Brest.

Chine. Roosevelt et Churchill adressent un message à Tchang Kaï-chek, l'informant des décisions de la conférence de Québec. Le message est accompagné d'une lettre de Roosevelt exigeant du généralissime, en termes peu diplomatiques, qu'il cesse de tergiverser et passe à l'action. Tchang Kaï-chek s'en montre profondément mortifié.

Pacifique. Iles Morotai. L'écrasante supériorité de la 7e force amphibie de MacArthur (28 000 hommes) a eu aisément raison des quelques centaines de Japonais en garnison sur cette petite île des Moluques, qui deviendra bien vite une grande base

aérienne à moins de 600 km de Mindanao, dans les Philippines.
Iles Palau. Peleliu. La lutte est particulièrement meurtrière sur le mont Umurbrogol, où les Japonais clouent sur place les 1er et 7e régiments de marines, dont certains éléments, avançant à l'est, investissent le village d'Asias. Devant la résistance du mont Umurbrogol, une ligne en U s'est formée, dont les bras ne peuvent bouger.
Angaur. La petite garnison japonaise résiste toujours désespérément.

20 septembre
Pacifique. Palau. A Peleliu, les marines sont bloqués. A Angaur, en revanche, les Japonais ont cessé le combat : les quelques poignées encore organisées se réfugient au nord-ouest de l'île, où elles se préparent à résister coûte que coûte, dans une large dépression à proximité du lac Salomé.

21 septembre
Front italien. Les Canadiens du 1er corps et la 3e brigade de montagne grecque entrent à Rimini, d'où les Allemands se sont retirés. Depuis le début de l'offensive contre la ligne gothique, les pertes de la VIIIe armée britannique s'élèvent à 14 000 tués, blessés et disparus.
Yougoslavie. Tito arrive à Moscou pour ses premiers entretiens avec Staline.
Pacifique Sud-Ouest. Le général MacArthur communique aux chefs d'état-major américains qu'ils doivent se préparer à lancer une vaste opération contre Luçon, dans les Philippines, à la suite de la décision d'un débarquement anticipé sur Leyte. D'après lui, la prise de Luçon rendrait inutile l'occupation prévue de Formose.
Iles Palau. Peleliu. Piétinement des marines devant la vigoureuse défense japonaise dans les cavernes du mont Umurbrogol.
Philippines. 12 porte-avions américains de la *Task Force* 38, commandés par le vice-amiral Mitscher, lancent une attaque en force, durant 3 jours consécutifs, contre les aérodromes et la flotte japonaise à Luçon et dans les îles de la mer des Visayas, dans l'archipel des Philippines. 1 contre-torpilleur, 1 pétrolier et 7 autres unités japonaises sont coulés.

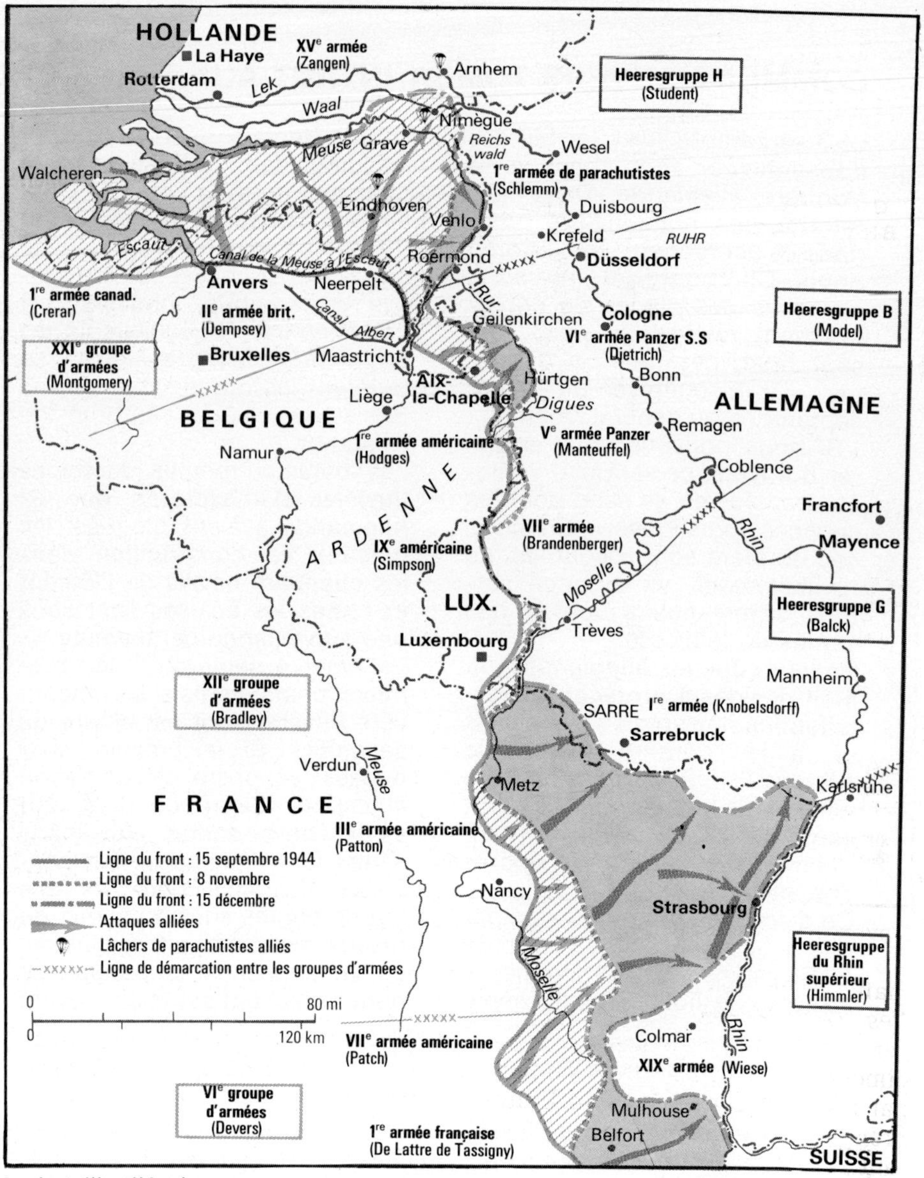

La bataille d'Arnhem.

22 septembre
Front soviétique. Les armées du Front de Leningrad (Govorov) enlèvent Tallinn, capitale de l'Estonie.
Croatie. Pavelitch proclame la mobilisation générale. Après la défection de la Roumanie et de la Bulgarie (fin août-début septembre), Pavelitch reçoit une aide plus substantielle des Allemands et tente de gouverner le pays avec ses oustachis, cependant que la Résistance est prête à jouer son va-tout. Malgré la mobilisation, les forces de Tito se font chaque jour plus menaçantes, et, au premier choc, les éléments croates armés par les Allemands s'effondrent.
Europe occidentale. Dans le secteur de la Ire armée canadienne, la garnison de Boulogne se rend à la 3e division d'infanterie canadienne (2e corps). L'avance des Alliés continue sur le reste du front. Le général Eisenhower décide de donner la priorité absolue aux opérations destinées à la libération de l'estuaire de l'Escaut, sans lequel le port d'Anvers est inutilisable.
Front italien. Toutes les unités de la Ve armée américaine ont franchi la ligne gothique : seule une petite bande de la côte tyrrhénienne, entre Livourne et La Spezia, reste aux

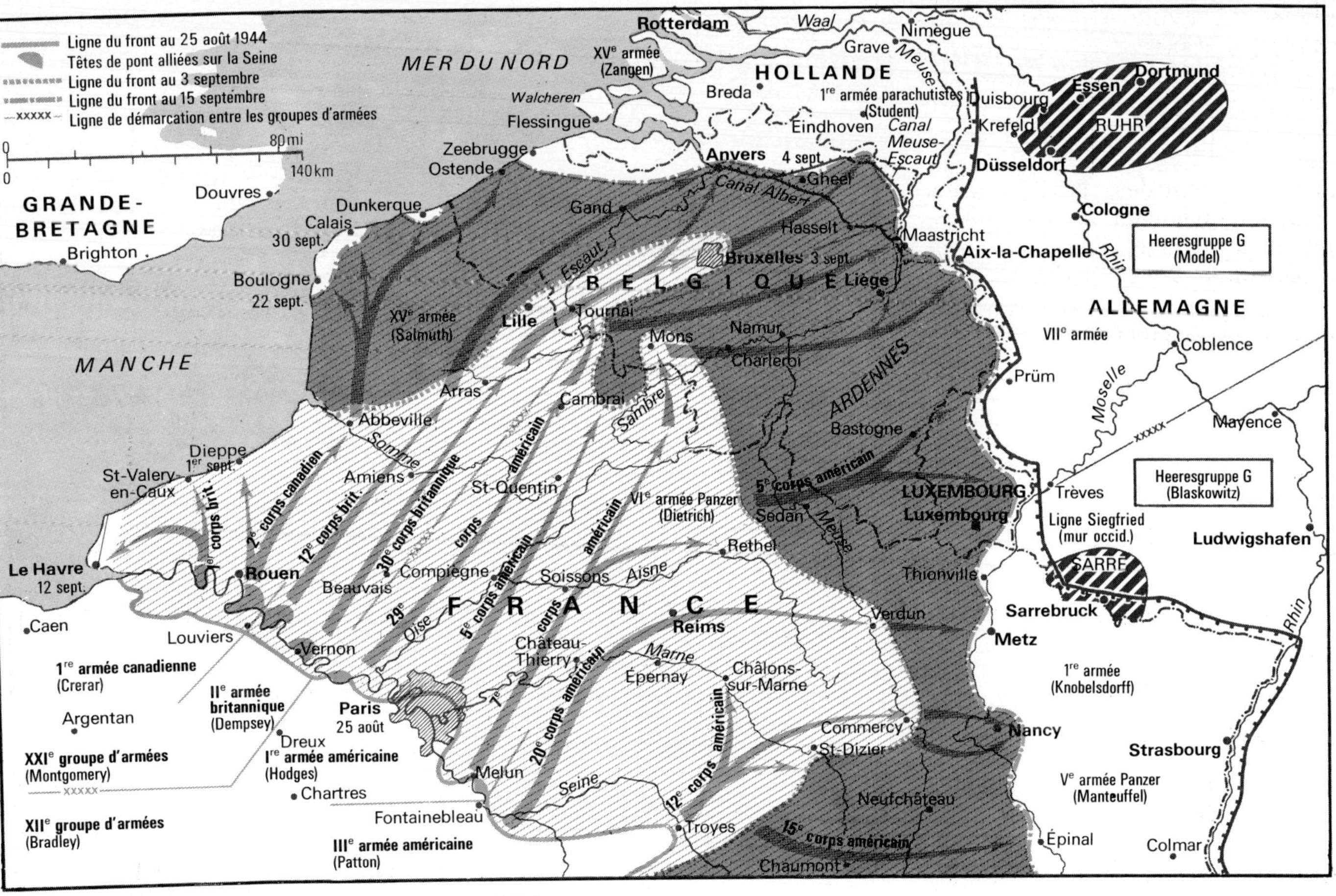

L'avance alliée sur le Rhin au 15 septembre 1944.

mains des troupes allemandes.
Iles Palau. Peleliu. Le général Geiger décide de remplacer le 1er régiment de marines, trop éprouvé par les combats sur le mont Umurbrogol, par le 321e régiment d'infanterie de la 81e division, qui est débarqué et envoyé en ligne. Les Japonais, toujours accrochés à leur « termitière », combattent avec une remarquable efficacité.
Angaur. Des éléments du 322e régiment d'infanterie de la 81e division se portent dans la zone du lac Salomé où sont regroupés les Japonais mais se retirent à la nuit.
Ulithi. Un groupe de combat régimentaire de la 81e division américaine débarque sur l'atoll d'Ulithi, dans les Carolines nord-occidentales, qu'il commence à occuper.

23 septembre
Front soviétique. Dans le secteur nord, des troupes du 3e Front de la Baltique (Maslennikov) atteignent le golfe de Riga à Pärnu, dans le sud de l'Estonie. Le *Heeresgruppe* Nord (Schörner) ne peut que tenter de freiner l'avance soviétique.
Grèce. Un détachement de troupes spéciales britanniques est parachuté sur Araxos (côte nord-ouest du Péloponnèse) pour occuper l'aérodrome local, d'où les Alliés pourront frapper les Allemands qui se retirent de Grèce, et éventuellement avancer pour occuper Patras. Depuis 48 heures, les Allemands ont dégagé tout le Péloponnèse, tandis que l'évacuation de 60 000 hommes de Crète se poursuit toujours, ainsi que celle des petites garnisons de la mer Égée.
Birmanie-Chine. Sur le front de la Salouen, les Japonais dépêchent des renforts à la garnison de Pingka, attaquée par les Chinois.
Pacifique. Iles Palau. A Peleliu, le 321e régiment d'infanterie, fraîchement entré en ligne, progresse le long de la côte ouest jusqu'au village de Garekoru. Mais ses efforts pour avancer sur toute la ligne demeurent vains, en raison de la ferme résistance japonaise sur le mont Umurbrogol et sur la partie orientale de l'île.
Angaur. Nouveau raid du 322e régiment d'infanterie américain dans la zone du lac Salomé, suivi d'une nouvelle retraite dans la soirée.

24 septembre
Front soviétique. Après 9 jours de combats acharnés, le 2e Front d'Ukraine (Malinovski) repousse les 27 divisions et brigades allemandes et hongroises, qui enrayaient son avance dans la zone de Cluj. Désormais, la Roumanie est presque entièrement conquise, et les Russes atteignent la frontière roumano-hongroise dans la zone de Mako.
Europe occidentale. La 2e division canadienne (1er corps) établit une tête de pont au-delà du canal Anvers-Turnhout.
Front italien. Lentement, mais sûrement, les Alliés continuent d'avancer au nord de la ligne gothique.
Birmanie. Dans la région nord, la 36e division britannique, qui avance prudemment vers le sud dans la

L'OPÉRATION « MARKET GARDEN » (ARNHEM)

17 septembre
Dimanche 17 septembre : l'opération « Market Garden », prévoyant un débarquement de troupes alliées parachutées et aéroportées en Hollande, près d'Arnhem, Nimègue et Eindhoven, est déclenchée. Le plan en est conçu par Montgomery, lequel espère convaincre Eisenhower, partisan d'une avance sur plusieurs fronts, d'adopter une stratégie d'offensive unique et décisive, qui ouvrirait l'accès vers le nord. Son objectif est très clair : pénétrer à l'intérieur de la Ruhr.
L'opération est exécutée par la Ire armée aéroportée : 1 068 avions transportant des parachutistes et 478 planeurs larguent ou débarquent la 1re division aéroportée anglaise sur Arnhem, avec mission d'occuper tous les ponts sur le Rhin inférieur; la 101e division de parachutistes américaine (sous les ordres du général Maxwell Taylor) au nord d'Eindhoven et la 82e près de Grave, au sud de Nimègue; ces 2 divisions sont chargées d'investir la ville et 2 grands ponts sur la Meuse et le Waal. Le succès de l'opération, en créant un couloir le long de l'axe Eindhoven-Nimègue-Arnhem, permettrait au 30e corps (IIe armée britannique) d'avancer de Belgique vers le nord, au cœur des Pays-Bas. La 101e division américaine débarque sans dommage, enlève Eindhoven et occupe les ponts sur le canal Wilhelmine et le canal Guillaume. La 82e investit le pont de Grave, sur la Meuse, mais une violente contre-attaque allemande l'empêche de prendre celui du Waal, à Nimègue. De leur côté, les parachutistes anglais sont arrêtés sur la route d'Arnhem par d'imposantes forces allemandes : un seul bataillon (le 2e) réussit à atteindre le pont sur le Rhin, mais il est intercepté et isolé.

18 septembre
Le 30e corps anglais rejoint la 101e division américaine débarquée au nord d'Eindhoven. Sur le front de la 1re division britannique, la bataille fait rage : conscients de la très grave menace qui pèse sur le Reich, les Allemands envoient en ligne toutes les forces qu'ils peuvent, y compris un bataillon de mutilés.

19 septembre
A 8 h 30, le 30e corps britannique opère sa jonction avec les

Des parachutistes américains mettent pied à terre près d'Arnhem, aux Pays-Bas.

parachutistes de la 82e division américaine, qui ont investi le pont sur la Meuse près de Grave. A Arnhem, tous les efforts des Anglais pour briser les défenses ennemies et parvenir au pont sur le Rhin demeurent vains.

20 septembre
A Nimègue, une attaque conjuguée de la 82e division aéroportée américaine et du 30e corps britannique se termine par l'occupation du pont.

21 septembre
A Arnhem, les troupes britanniques qui défendent le pont sont écrasées : le restant de la 1re division anglaise forme un périmètre défensif sur la rive septentrionale du Rhin, à l'est d'Osterbeek, où elle se prépare à résister.

22 septembre
La résistance allemande freine l'avance du 30e corps, tandis qu'une brigade de parachutistes polonais commence à affluer au sud du Rhin et d'Arnhem. En même temps que les avant-gardes du 30e corps britannique, les Polonais tentent de traverser le fleuve, mais ils sont repoussés.

26 septembre
Après 3 jours de combats acharnés, il reste environ 2200 hommes sur les 10000 de la 1re division aéroportée anglaise à avoir réussi à se sauver en repassant le Rhin. Les autres sont tués ou faits prisonniers. Bref, l'opération se solde par un échec total, et désormais Montgomery renoncera à imposer à Eisenhower sa propre vision stratégique, se mettant loyalement à sa disposition. L'un des principaux objectifs de Montgomery avait été de couper les Pays-Bas en deux afin de s'emparer des rampes de lancement, situées sur l'île de Walcheren et aux alentours de La Haye, des V2, qui, depuis le 8 septembre, s'abattaient sur l'Angleterre. Les lancers, qui ont été interrompus le 17, jour du débarquement aéronaval, ont repris avec une intensité accrue le 25 septembre. Telle est l'une des raisons pour lesquelles Hitler ne veut en aucun cas se résigner à renoncer aux Pays-Bas.

En haut : fantassins américains dans les ruines d'Arnhem. Ci-dessus : soldat allemand tué sur le pont de Nimègue.

région de Namma, tombe sur des contingents japonais importants et aguerris. Son avance est suspendue.
Iles Palau. Peleliu. Après un bombardement aéronaval et d'artillerie de campagne, le 321ᵉ régiment d'infanterie américain avance au-delà de Garekoru, sur le flanc gauche américain.
Une tentative des marines pour contourner les positions ennemies est déjouée par une violente contre-attaque japonaise.
Angaur. Les Américains invitent les Japonais qui résistent encore dans la zone du lac Salomé à se rendre, mais deux hommes seulement se présentent aux lignes américaines. L'artillerie déclenche alors un pilonnage meurtrier de la poche, qui dure jusqu'au lendemain.

Front du Pacifique, îles Palau. Des chars amphibies américains du type LVT avancent vers les plages d'Angaur, d'où s'élèvent d'épais nuages de fumée.

25 septembre
Europe occidentale. La 3ᵉ division canadienne (2ᵉ corps) investit les défenses de Calais, après une intense préparation d'artillerie.
Échec de l'opération « Market Garden », effectuée par 3 divisions aéroportées de la IIᵉ armée britannique pour créer un couloir le long de la ligne Eindhoven-Arnhem et permettre ainsi aux Alliés de pénétrer plus rapidement aux Pays-Bas.
Front italien. Bien que forcées de faire retraite vers le nord face à l'offensive massive et incessante des Alliés, les unités de la XIVᵉ armée allemande de Lemelsen et de la Xᵉ de Vietinghoff continuent d'accrocher sévèrement les divisions américaines du général Clark (à l'ouest du front) et les divisions britanniques du général Leese (à l'est). La situation des divisions de Vietinghoff n'en est pas moins de plus en plus critique : il ne dispose plus que de 90 bataillons d'infanterie au plus, dont 10 seulement comprennent plus de 400 hommes, 38 n'en comptant que 200.
Chine. Après tant de tergiversations, et piqué au vif par le brutal message de Roosevelt, Tchang Kaïchek refuse de confier au général Stilwell le commandement opérationnel de l'armée nationaliste chinoise.
Iles Palau. Peleliu. Le 7ᵉ régiment de marines et le 321ᵉ régiment d'infanterie américain attaquent sur le flanc gauche pour déloger les Japonais du nord-ouest de l'île, et le 5ᵉ régiment de marines sur le flanc droit, sur la côte.
Angaur. Vu l'inutilité du bombardement comme de toute tentative pour pénétrer par le sud dans la zone du lac Salomé, le 322ᵉ régiment d'infanterie américain entame, avec le secours du génie, la construction d'une route, qui permettra d'atteindre la poche ennemie par le nord-est.

26 septembre
Iles Palau. Peleliu. Ayant repoussé 3 furieuses contre-attaques japonaises, les marines parviennent au carrefour des routes occidentale et orientale au pied du mont Amiangal, dans la partie nord de l'île. Une unité spéciale attaque au lance-flammes et avec les blindés les positions japonaises vers le sud, bloquant, avec de la terre et des pierres, les fortins qu'ils arrosent de flammes à travers les meurtrières. Le soir, l'importante colline 120 est aux mains des Américains.
Les troupes japonaises se retrouvent de la sorte isolées dans des poches sur le mont Umurbrogol, au centre de l'île, et sur le mont Amiangal, au nord.
Angaur. Le 322ᵉ régiment d'infanterie américain réussit une petite percée dans la partie nord du bassin du lac Salomé.

27 septembre
Front soviétique. Les 13 armées russes du Front de Leningrad et des 3 Fronts de la Baltique acculent, à l'intérieur du périmètre défensif de Riga, puissamment fortifié, le *Heeresgruppe* Nord, qui réussit toutefois à maintenir un petit couloir vers la Prusse-Orientale.
La résistance allemande se durcit à l'ouest des Carpates, dans la zone située au nord de Cluj. De la Bulgarie à la Roumanie, les LVIIᵉ et XLVIᵉ armées soviétiques s'apprêtent à marcher sur Belgrade.
Europe occidentale. Pressions de Montgomery, commandant le XXIᵉ groupe d'armées, sur le général Crerar, commandant la Iʳᵉ armée canadienne, pour l'inciter à procéder au plus vite à la libération de l'estuaire de l'Escaut.
Le 20ᵉ corps américain (IIIᵉ armée) lance des attaques contre les forts de Metz.
Pacifique. Iles Palau. A Peleliu, le 321ᵉ régiment d'infanterie américain, appuyé par le 7ᵉ régiment de marines, attaque la poche ennemie du mont Umurbrogol. Le feu des défenseurs, vétérans expérimentés de la 14ᵉ division d'infanterie japonaise, qui s'est distinguée en Mand-

chourie, fait un grand vide parmi les attaquants. Des éléments du 5e régiment de marines ratissent le mont Amiangal, d'autres atteignent la pointe nord de l'île et sont pris sous le feu de l'artillerie ennemie, qui a été mise en place sur les îlots de Ngesebus et Kongauru.
Angaur. Le 322e régiment d'infanterie américain entame la liquidation méthodique des Japonais dans la zone du lac Salomé.

28 septembre
Front soviétique. Partie de Vidin, en Bulgarie, la LVIIe armée soviétique, forte de 9 divisions, marche sur Belgrade.
Europe occidentale. La 3e division canadienne (2e corps de la Ire armée) réussit à enfoncer un coin dans les défenses de Calais.
Birmanie-Inde. Ordre est donné au 15e corps britannique de passer à l'attaque sur le front de l'Arakan pour déloger les Japonais de la région de Chittagong (en Inde) et de l'estuaire de la Naaf.
Pacifique. Iles Palau. A 9 heures, des détachements du 5e régiment de marines, appuyés par l'artillerie, les blindés et les chasseurs-bombardiers américains, partis de l'aérodrome de Peleliu (rapidement remis en état par les *Seabees*), débarquent sur les îlots de Ngesebus et de Kongauru, dont ils entreprennent le nettoyage. Avant 15 heures, l'aérodrome de Ngesebus est quasiment entre leurs mains. Sur Peleliu, une guerre d'usure, favorisée également par le mauvais temps, s'instaure contre les positions japonaises du centre-nord de l'île.
Angaur. La liquidation des Japonais se poursuit dans la zone du lac Salomé.

29 septembre
Front italien. A Marzabotto, petite localité dans la région de Bologne, au pied des Apennins, 2 régiments de S.S. commandés par le major Walter Reder lancent contre les partisans une action de représailles, qui se soldera en quelques jours par l'extermination de 1 836 civils.
Birmanie-Chine. Des soldats du génie et des civils chinois assistés de techniciens américains, entament la construction d'une route militaire reliant Myitkyina, Tengchoung et Kouenming.
Pacifique. Iles Palau. Sur Peleliu, le 7e régiment de marines relaie les détachements du 321e régiment d'infanterie dans l'attaque des positions japonaises de la poche du mont Umurbrogol, tandis que celles du mont Amiangal sont graduellement réduites.
Angaur. Les Américains parviennent à chasser les Japonais du centre de la zone du lac Salomé, les obligeant à refluer vers l'extrémité nord-ouest de l'île. Ngesebus et Kongauru sont maintenant entièrement nettoyées.

30 septembre
Front soviétique. Après la LVIIe armée, c'est au tour de la XLVIe armée russe du 3e Front d'Ukraine (Tolboukhine) de traverser en force le Danube, en amont de Turnu Severin (à la frontière roumano-yougoslave), et de marcher sur Belgrade.
Europe occidentale. A Calais, les Allemands capitulent devant la 3e division canadienne. Dans le secteur d'Anvers, la 1re division polonaise enlève Merksplas.
Dans le secteur du 12e corps américain (IIIe armée), seule l'intervention de la 6e division blindée américaine permet de contenir une violente contre-attaque allemande lancée pour reprendre la forêt de Gremlécey.
Pacifique. Iles Palau. Le commandement du secteur des Carolines occidentales passe du contre-amiral Wilkinson, commandant la *Task Force* 31, au contre-amiral Fort, commandant la force d'attaque ouest (*Task Force* 32). Celui-ci annonce officiellement la prise de Peleliu, Angaur, Ngesebus et Kongauru. En fait, les opérations contre les poches de résistance japonaises dans ces îles se prolongeront longtemps encore.

1er octobre
Europe occidentale. La 3e division (2e corps) achève l'occupation de Calais. Dans le secteur d'Anvers, la 2e division canadienne (1er corps) commence la traversée du canal d'Anvers-Turnhout et, passant par la banlieue nord de la ville d'Anvers, se dirige vers la péninsule de Beveland.
La Ire armée américaine amorce sa manœuvre d'enveloppement d'Aix-la-Chapelle.
☐ A Sigmaringen, siège provisoire de l'État français, les Allemands chargent Fernand de Brinon de mettre en place une « délégation gouver-

HANTISE

L'assassin d'une vieille et riche cantatrice épouse la nièce de la victime, afin de s'approprier les bijoux de famille. Sournoisement, il pousse sa femme à la folie. Ayant deviné son dessein, la jeune femme réussit à démasquer son époux, aidée par un détective de Scotland Yard.
Dirigé avec maestria par George Cukor, *Hantise (Gaslight)* est un film noir classique. Les salles mystérieuses et angoissantes de la demeure où se déroule la plus grande partie de l'action, sont le lieu d'une analyse acérée de la vie de couple.
Un oscar fut attribué pour les décors à Gibbons et Ferrari ; un autre à Ingrid Bergman.

nementale », jouissant de l'exterritorialité.
Front italien. A l'aube, dans le secteur ouest (Ve armée américaine), le 2e corps américain lance une offensive sur Bologne, mais rencontre une furieuse opposition allemande. Remaniement au commandement suprême de la VIIIe armée britannique : le général Leese, affecté au secteur asiatique, est remplacé par le général McCreery. Toujours est-il que les pluies persistantes ont sensiblement réduit l'activité militaire et que, jour après jour, les plans d'attaque vers le nord sont dressés puis annulés.
Grèce. Partis de Cythère, des commandos britanniques et détachements côtiers débarquent dans le golfe de Poros. Les forces grecques, encadrées par la VIIIe armée britannique, débarquent à Mytilène (Lesbos), Lemnos et Levitha.

2 octobre
Pologne. Incapable de combattre plus longtemps, le général Bór-Komorowski signe à 20 heures la reddition des insurgés de Varsovie. La Résistance a eu 22000 morts, blessés graves et disparus, les Allemands 10000 tués, 7000 disparus, 9000 grands blessés. Près de 200000 civils ont trouvé la mort. Sur ordre de Hitler, toute la population survivante sera déportée et la ville systématiquement détruite.
Europe occidentale. Dans le secteur du 19e corps américain (Ire armée), après une violente préparation d'aviation et d'artillerie, la 30e division passe à l'attaque du Mur occidental (ligne Siegfried) entre Aix-la-Chapelle et, au nord-ouest, Geilenkirchen.
Front italien. Les 2e et 4e corps américains de la Ve armée sont pratiquement arrêtés, respectivement au mont Catarelto et au mont Galletto.
Yougoslavie. Dans la zone de Negotin, au sud de Turnu Severin, la LVIIe armée soviétique s'accroche au groupe allemand Serbia du *Heeresgruppe* F (von Weichs).
Birmanie. A la suite des décisions du Cabinet de guerre britannique, l'amiral Mountbatten ordonne de lancer au plus vite l'offensive contre Mandalay, cependant que les autres opérations prévues sont différées ou réduites. Le commandement du secteur de Birmanie septentrionale devra assurer la sécurité des communications aériennes entre l'Inde et la Chine et rétablir entre les deux pays les communications terrestres.
Pacifique. Iles Palau. A Peleliu, le 321e régiment d'infanterie américain liquide la résistance japonaise sur le mont Amiangal. Dans la zone du mont Umurbrogol, le 7e régiment de marines est toujours durement accroché par les forces japonaises, décidées à lutter jusqu'au dernier homme.
Angaur. Le 322e régiment d'infanterie suspend ses ruineuses attaques contre les Japonais réfugiés au nord-ouest de l'île, dans une zone large de 500 m et profonde de 150 m, dont l'artillerie commence le pilonnage systématique.

3 octobre
Front soviétique. En Estonie, les troupes du Front de Leningrad (Govorov), débarquées sur l'île de Hiiumaa, à l'entrée du golfe de Riga, amorcent la liquidation de la garnison allemande. Les 3 Fronts de la Baltique accentuent leur pression sur le *Heeresgruppe* Nord (Schörner), qui recule lentement sur Riga.
Europe occidentale. Ayant enfoncé la ligne Siegfried, la 3e division américaine (19e corps de la Ire armée) atteint Ubach, où elle est dépassée par la 2e division blindée, qui a traversé le Wurm à Marienberg.
Dans le secteur du 20e corps (IIIe armée américaine de Patton), relance de l'offensive pour la prise de Metz. En début d'après-midi, 247 bombardiers du *Bomber Command* de la R.A.F. attaquent avec un succès total la digue de Westkapelle sur l'île de Walcheren (Pays-Bas) : 108 m de digue sont démolis et des milliers d'hectares de terre inondés par la mer.
Pacifique. Iles Palau. Sur Peleliu, le 7e régiment de marines mord légèrement sur les positions japonaises sur le flanc est de la poche du mont Umurbrogol.
États-Unis. Les chefs d'état-major réunis tombent d'accord pour préférer la stratégie préconisée par MacArthur à celle de Nimitz. Priorité sera donnée aux forces américaines du Pacifique pour la conquête des bases de Luçon (Philippines), qui sera dirigée par MacArthur.

4 octobre
Front soviétique. En Yougoslavie, dans la zone de Negotin, la LVIIe armée soviétique encercle et défait les divisions allemandes du groupe Serbia. Des détachements de la XLVIe armée russe enlèvent Pančevo, sur la rive est du Danube, non loin de Belgrade.
Europe occidentale. Les Canadiens de la 2e division (Ire armée) continuent d'avancer au nord d'Anvers, libérant le secteur Merksem-Ekeren. Au nord d'Aix-la-Chapelle, où les unités du 19e corps américain ont brisé la ligne Siegfried, celles de la VIe *Panzerarmee* lancent une contre-attaque pour combler la brèche ouverte dans le système défensif allemand. Les Américains conservent toutefois les positions conquises. De son côté, le 5e corps américain, opérant au Luxembourg, s'apprête à affronter la ligne Siegfried.
Birmanie. Dans le secteur du 33e corps britannique, la 11e division d'Afrique orientale enlève Yazagyo, tandis que la 5e division indienne approche de Tiddim.
Pacifique. Iles Palau. Sous une pluie diluvienne, le 7e régiment de marines développe ses attaques contre les positions japonaises du mont Umurbrogol, mais en fin de journée, devant l'ampleur des pertes, le commandement donne l'ordre de le relever.

5 octobre
Front soviétique. Dans le secteur nord, les armées du 1er Front de la Baltique (Bagramyan), parties de la zone de Siauliai, en Lituanie, déclenchent une violente offensive en direction de la Baltique et de la Prusse-Orientale, en vue de bloquer le *Heeresgruppe* Nord (Schörner), tandis que les 2e et 3e Fronts se voient confier la tâche de pousser l'avance vers Riga.
Presque à l'autre extrémité de l'immense front, le 2e Front d'Ukraine (Malinovski), parti de la zone d'Arad, en Roumanie, passe à l'attaque au sud-est de la Hongrie, en

L'insurrection des patriotes polonais à Varsovie contre les Allemands est étouffée dans le sang : sur la photo, un insurgé blessé, sortant des égouts de la ville, est capturé par les Allemands.

direction de Szeged et de Budapest.
Europe occidentale. Des unités de la IIe armée américaine (19e corps, Ire armée) avancent en direction de Geilenkirchen et atteignent, vers le sud, la route d'Aix-la-Chapelle. Dans le secteur du 7e corps américain, le mauvais temps interdit l'attaque de la 9e division en direction de Schmidt, objectif important sur les digues de la Roer, au sud d'Aix-la-Chapelle.
Front italien. A l'ouest, le 4e corps américain (Ve armée) relance l'offensive en direction de La Spezia, tandis que les autres unités continuent d'avancer vers le nord, colline après colline.
Pacifique. Iles Palau. A Peleliu, les opérations sont momentanément retardées par les pluies et la relève des détachements américains dans le secteur du mont Umurbrogol.

6 octobre
Front soviétique. Des détachements du Front de Leningrad (Govorov) débarquent sur l'île de Saaremaa, au sud de l'île de Hiiumaa, dans le golfe de Riga.
Europe occidentale. Dans le secteur nord du front, le général Montgomery déclenche l'offensive en vue du déblocage de l'estuaire de l'Escaut, qui permettra l'emploi par les Alliés du port d'Anvers. Les Allemands ont maintenant abandonné l'extrémité occidentale des Pays-Bas, à l'exception d'une division qui tient le petit port de Breskens, au sud de Flessingue. C'est justement contre Breskens que le 2e corps canadien lance le premier assaut de la « bataille des polders », dans l'eau et la boue. Au nord du canal Léopold, 2 petites têtes de pont sont établies, mais la réaction allemande, d'une extrême violence, contraint les Canadiens à y dépêcher de substantiels renforts.
Le 19e corps de la Ire armée américaine se bat toujours autour d'Aix-la-Chapelle et de Geilenkirchen, sur la ligne Siegfried.
Chine. Par suite des dissensions entre Tchang Kaï-chek et Roosevelt, le général Stilwell est destitué de son poste de chef d'état-major du généralissime. Il ne commandera désormais plus que les armées chinoises en Birmanie ainsi que celles de la province du Yunnan, entraînées et armées par les Américains. De surcroît, la responsabilité du ravitaillement de la Chine, accordé en vertu de la loi prêt-bail, lui est retirée.
Pacifique. Iles Palau. Stagnation des opérations à Peleliu. A Angaur, relance des tirs d'artillerie améri-

cains contre les Japonais, à l'extrémité nord-ouest de l'île.

7 octobre

Europe occidentale. Au nord, la lutte continue pour le port d'Anvers : la 3e division canadienne (2e corps) dépêche des renforts sur la rive septentrionale du canal Léopold, que la violente réaction allemande les empêchera d'atteindre.

Des unités du 20e corps (IIIe armée américaine) enlèvent Wormeldange, libérant le Luxembourg jusqu'à la Moselle. Des contre-attaques allemandes dans le secteur de Maizières-lès-Metz, à une dizaine de kilomètres au nord de Metz, ralentissent les opérations de la 90e division. Au cours de la bataille qui s'ensuit, des détachements américains réussissent à atteindre la ville.

Front italien. Dans le secteur oriental, le 5e corps (VIIIe armée britannique) lance une attaque au-delà du Rubicon. A gauche du dispositif allié, des unités des 4e et 2e corps américains progressent dans le secteur du mont Stanco, de Castelnuovo di Bisano et du mont Cavallara.

Pacifique. Décollant de bases installées sur les Mariannes, des avions américains effectuent contre Iwo Jima des raids d'une intensité jamais encore égalée.

Iles Palau. Après de nouvelles et vaines tentatives du 5e régiment de marines, appuyé par les blindés, la décision est prise d'interrompre momentanément les opérations contre les fortifications japonaises du mont Umurbrogol.

8 octobre

Europe occidentale. Des éléments canadiens du 2e corps, qui tentent de se porter de Hoogerheide à Korteven, sur la route Anvers-Bergen op Zoom, sont repoussés sur leur ligne de départ par la prompte réaction de la XVe armée allemande, qui est contenue non sans peine.

Des unités du 19e corps américain progressent au sud le long de la vallée du Wurm, dépassant Herzogenrath. Une violente contre-attaque allemande aux alentours de Mariadorf enraye l'avance américaine dans le secteur. Les détachements de la 90e division, qui ont pénétré à Maizières-lès-Metz, doivent arracher la ville aux Allemands, maison par maison. Après un bref mais intense bombardement, les divisions du 12e corps américain s'engagent sur les rives de la Seille, enlevant Moivrons, Arraye-et-Han, Lixières et Fossieux.

Grèce. Les Allemands ont évacué Corinthe, où arrivent des détachements britanniques, en provenance d'Araxos. Des éléments du 9e régiment de commandos britanniques atteignent Nauplie, sur le golfe du même nom, au sud de Corinthe.

9-18 octobre

Staline, Churchill et Eden se rencontrent à Moscou. Churchill cède le contrôle total de la Roumanie aux Russes (approuvé par les Américains, qui se montrent bien plus accommodants et moins prévoyants à l'égard des Soviétiques que le Premier ministre britannique). De même, la Bulgarie est reconnue comme « appartenant à 100 % à la sphère d'intérêt soviétique ». En revanche, pour la Hongrie, il est décidé un partage par moitié (il ne sera pas observé), tandis que la Grèce est laissée « domaine réservé » des Britanniques.

9 octobre

Europe occidentale. Au nord, des détachements de la 3e division canadienne (2e corps) débarquent à Breskens, sur le bras occidental de l'Escaut, au sud de Flessingue. Les opérations de la 1re division américaine (7e corps) continuent autour d'Aix-la-Chapelle, de même que les combats sur les routes de Maizières-lès-Metz. Plus au sud, dans le secteur du 12e corps américain, les détachements de la 6e division blindée n'arrivent pas à atteindre Létricourt, de même que l'avance de la 80e division américaine sur les rives de la Seille est endiguée. Dans ce secteur du front, durant près d'un mois, toute action militaire sera stoppée.

Chine. Un mémorandum de Tchang Kaï-chek dénonce la stratégie alliée dans le Sud-Est asiatique, attribuant au général Stilwell, et indirectement au président Roosevelt, la responsabilité de la perte de la Chine du Sud-Est (où les Japonais réalisent des progrès spectaculaires dans la zone au nord-ouest de Hong Kong, là où se situent les aéroports américains).

Grèce. D'autres détachements britanniques, aux ordres du général Scobie, débarquent à Corinthe. Les Allemands tiennent toujours Le Pirée.

Pacifique. L'amiral Nimitz donne les premières directives pour l'invasion d'Iwo Jima, provisoirement fixée au 20 janvier 1945. C'est l'amiral Spruance qui commandera l'opération : il sera assisté du vice-amiral Turner, dirigeant la force amphibie, et du général Smith, commandant le corps expéditionnaire. Les troupes seront regroupées dans les îles Hawaii et les Mariannes.

Ile Marcus. Croiseurs et destroyers américains aux ordres du contre-amiral Smith bombardent les défenses côtières de l'île Marcus (aujourd'hui Minami Tori Shima), à 1 300 km à l'est des îles Bonin.

10 octobre

Front soviétique. Dans le secteur nord, le 1er Front de la Baltique (Bagramyan) atteint la Baltique en Lituanie, au nord de Memel (aujourd'hui Klaïpeda), investie après l'offensive russe. Sur le flanc gauche, d'autres troupes de ce front font pression vers le Niémen, à la frontière nord-est de la Prusse-Orientale. Dans le secteur sud, les armées du 3e Front d'Ukraine (Tolboukhine) atteignent et coupent la voie ferrée de Niš-Belgrade à Velika Plana, au sud de Belgrade.

Europe occidentale. En dépit de ses assauts répétés, la 30e division (19e corps américain) ne réussit pas à atteindre Bardenberg. Autour d'Aix-la-Chapelle, se referme la tenaille de la 1re division américaine, qui lance un ultimatum aux défenseurs de la ville, les sommant de se rendre dans les 24 heures.

Front italien. Le 2e corps américain déclenche une nouvelle série d'attaques en direction de Bologne, mais tant dans le secteur de Monterumicini (où la 34e division est engagée depuis plusieurs jours) qu'en direction de Livergnano et, enfin, aux environs du mont delle Formiche, les succès sont insignifiants. Dans le secteur oriental (VIIIe armée bri-

tannique), la prise de Spaccato par la 10e division indienne (5e corps) met un terme à la défense allemande le long du Rubicon : la 46e division enlève Longiano et La Crocetta; de son côté, la 1re division s'apprête à traverser le fleuve à Savignano di Romagna.
Pacifique. Une *Task Force* comprenant 17 porte-avions rapides, 5 cuirassés, 14 croiseurs et 58 destroyers aux ordres du vice-amiral Mitscher, bombarde les défenses côtières et la flotte nippone à Okinawa et sur les autres îles Riou-Kiou (Ryukyu). 110 avions nippons sont abattus, plusieurs transports coulés.
La guerre s'approche du Japon. La marine américaine qui, au début, avait essuyé le désastre de Pearl Harbor, dispose aujourd'hui de 1500 unités de combat, dont 80 porte-avions lourds et légers et 17 cuirassés. Les Américains sont maîtres du ciel dans le Pacifique et leur flotte amphibie est d'une puissance considérable.

11 octobre
Front soviétique. Les armées du 2e Front d'Ukraine (Malinovski) forcent sur un large front le passage de la Tisza à Szeged, seconde ville de Hongrie et, plus à l'est, investissent Debrecen, autre point d'appui important des Germano-Hongrois, ainsi que la ville de Cluj, si disputée (ici les Russes sont épaulés par des Roumains).
Europe occidentale. La 30e division du 19e corps américain (Ire armée américaine) enlève Bardenberg, s'ouvrant la route du nord en direction de Würselen.
A Aix-la-Chapelle expire l'ultimatum lancé par la 1re division américaine (7e corps) à la garnison qui tient la ville : les assaillants reprennent avec violence les bombardements aériens et tirs d'artillerie.
Front italien. Sur l'ensemble du front l'avance alliée continue, bien que freinée par les défenses disposées par les Allemands dans toutes les anfractuosités, sur toutes les hauteurs.
Ainsi à Livergnano, au mont delle Tombe, à la crête Gesso, au mont Battaglia, à gauche du front où opèrent les divisions de la Ve armée américaine.

Une Hongroise converse avec un officier allemand commandant le détachement qui, au cours d'une contre-attaque, a reconquis la zone où elle vit.

Dans le secteur est du dispositif allié (VIIIe armée britannique), la 10e division indienne et la 46e division anglaise (5e corps) continuent d'avancer vers Cesena et le Savio, occupant les hauteurs à l'est du Rubicon. La 1re division canadienne (1er corps) étend la tête de pont au-delà du fleuve, poussant sur la route no 9 presque jusqu'à Rigossa. La 2e division néo-zélandaise établit deux têtes de pont au-delà du Rubicon, au nord de Savignano, sans rencontrer d'opposition, enlevant dans la nuit du 11 au 12 Gatteo a Mare.
Chine. Tchang Kaï-chek réclame à Roosevelt le rappel immédiat du général Stilwell.
Pacifique. Iles Philippines. 2 *Task Groups* de porte-avions américains (aux ordres du vice-amiral Cain et du contre-amiral Davison) lancent leurs appareils contre les aérodromes et autres installations nippones au nord de l'île de Luçon.

12 octobre
Front soviétique. Le 2e Front d'Ukraine (Malinovski) a pris Oradea, en Transylvanie, tandis que la lutte pour Debrecen continue.
En Yougoslavie, les Russes enlèvent Subotica, le long de la voie ferrée Belgrade-Budapest, à proximité de la frontière hongroise.
Grèce. Les arrière-gardes allemandes abandonnent Le Pirée, qu'elles tenaient uniquement pour permettre l'évacuation du plus grand nombre possible d'hommes des îles grecques. Athènes, déjà pratiquement désertée, est déclarée « ville ouverte » afin d'éviter d'inutiles destructions.
Des troupes britanniques débarquent à Corfou et dans la zone de Santi Quaranta (Sarandë) en Albanie du Sud.
Europe occidentale. Dans le secteur d'Aix-la-Chapelle, une contre-attaque de l'aviation et de l'artillerie allemandes se développe sur la ligne Bardenberg-Euchen. L'aviation et l'artillerie alliées continuent de bombarder la ville.
Le 3e bataillon du 357e régiment de la 30e division (10e corps américain de la IIIe armée) marche sur Metz pour appuyer le 2e bataillon. Dans la nuit du 12 au 13, les derniers éléments de la 5e division se retirent du fort Driant.
Front italien. Pour la énième fois, des unités du 4e corps américain tentent vainement de s'emparer du sommet du mont Cavallara : les attaques dans le secteur sont suspendues, tandis qu'est contré un nouvel assaut de la 91e division américaine (2e corps) à Livergnano, à 20 km environ au sud de Bologne.

La 88e division américaine atteint la crête Gesso.
Dans le secteur oriental (VIIIe armée britannique), les divisions du 5e corps se portent du Rubicon au Savio et à Cesena : la 10e division indienne avance sur le flanc gauche vers le mont dell'Erta, à l'est du Savio, et franchit le Rubicon. Sur le flanc droit, la 46e division attaque et enlève Casale.
Pacifique. En prélude à l'invasion de Leyte, la *Task Force* 38 de la 3e flotte américaine, commandée par l'amiral Halsey, lance 5 jours durant une série d'attaques massives contre Formose, où installations industrielles et équipements militaires sont détruits, et contre Luçon : ces attaques seront contenues par une réaction violente et inattendue de l'aviation nippone. Au cours de la plus grande bataille aérienne de toute la guerre, les Japonais perdent 500 avions environ, les Américains 89, tandis que 40 navires de guerre et auxiliaires nippons sont coulés.
Iles Palau. A Peleliu, la 1re division de marines lance une série d'attaques contre la poche nippone du mont Umurbrogol.

13 octobre
Front soviétique. Les 2e et 3e Fronts d'Ukraine (Eremenko et Tcherniakhovski) enfoncent la solide ceinture défensive de Riga, importante base navale en Lettonie. Des forces allemandes considérables vont se retrouver totalement isolées dans la Courlande, fermant à l'ouest le golfe de Riga.
Grèce. Des commandos britanniques et des détachements grecs débarquent près du Pirée, occupant l'aérodrome de Kalamata. Un bataillon de parachutistes anglais atterrit à Mégare, dont il prend l'aérodrome.
Europe occidentale. Les premiers V1 et V2 allemands tombent sur Anvers : la cité belge sera, après Londres, la principale cible des missiles. Dans le sud-est des Pays-Bas, où opèrent les unités de la IIe armée britannique, la 3e division (8e corps) lance à partir d'Overloon, à une trentaine de kilomètres au sud de Nimègue, une offensive au sud-est, vers Venraij, mais elle se heurte à une vive réaction.
L'attaque finale des détachements de la 1re division américaine (7e corps) se développe contre Aix-la-Chapelle. Tandis que le 2e bataillon combat dans les rues de la ville, maison par maison, le 3e assaille la base de la colline de l'observatoire, une des trois hauteurs dominant la ville au nord.
Front italien. Des unités de la 6e division blindée (Ve armée américaine) avancent dans le secteur de Grizzana, à environ 30 km au sud-ouest de Bologne et, après quelques vaines attaques, occupent le mont Stanco et le mont de Bombiana.
La résistance allemande autour de Livergnano commence à faiblir sous l'offensive de la 91e division (2e corps américain) et des bombardements aériens et terrestres : les Américains enlèvent la cote 603 et le village de Casalino, au nord-ouest de Livergnano. Dans la nuit du 14, des détachements de la 88e division traversent le Sillaro, à l'ouest de la cote 339.
Dans le secteur est (VIIIe armée), des unités de la 46e division (5e corps) entrent à Carpineta.
Chine. Le général Hurley, représentant personnel de Roosevelt auprès de Tchang Kaï-chek, conseille au président le rappel de Stilwell.
Pacifique. Formose. La *Task Force* 38 poursuit ses attaques contre les objectifs de l'île. Le croiseur australien *Canberra* est sévèrement touché par une torpille lancée par un torpilleur-bombardier nippon ; le porte-avions américain *Franklin* est également endommagé, mais moins sérieusement, par un avion-suicide.

14 octobre
Front soviétique. Les armées russes et les partisans de Tito convergent vers Belgrade, qui est presque entièrement encerclée. Plus au sud, les Allemands sont contraints d'évacuer Niš pour éviter d'être coupés du gros des forces de von Weichs.
Grèce. Le 3e corps britannique, complété de détachements grecs, s'apprête à débarquer au Pirée ; les navires attendent le déminage des eaux devant le port.
Europe occidentale. Les Canadiens du 2e corps assurent les liaisons avec la poche de Breskens par l'est. La bataille d'Aix-la-Chapelle continue : les progrès des Américains de la 1re division (7e corps) sont extrêmement lents.
Dans le secteur sud-est du front, où opère le VIe groupe d'armées du général Devers (VIIe armée américaine de Patch et Ire armée française de De Lattre de Tassigny), la 3e division algérienne atteint Cornimont.
Front italien. La 6e division blindée sud-africaine (2e corps de la Ve armée américaine) entre à Grizzana. Dans le secteur de Livergnano, la 91e division avance, enlevant Querceto et contraignant les Allemands à abandonner Livergnano.
La 78e division (13e corps britannique de la VIIIe armée) poursuit ses attaques vers le mont La Pieve. Le 2e corps polonais est déplacé dans le secteur du 10e corps britannique et des forces opérant sur le flanc gauche de l'armée, avec ordre de se porter à Forlí.
Le 5e corps occupe les hauteurs à l'est de Savio. Dans la nuit du 15, des éléments de la 2e division polonaise entrent à Sant'Angelo.
Allemagne. Soupçonné d'avoir participé, même indirectement, au complot du 20 juillet contre Hitler, le maréchal Rommel est contraint, sur ordre du Führer, de se suicider en avalant du cyanure. Les généraux Burgdorf et Maisel viennent le trouver à Herrlingen, où il est en convalescence après la blessure à la tête reçue en Normandie lors du débarquement allié, pour lui communiquer la sentence fatale. Ultime concession faite au courageux officier : le choix entre son procès devant le tribunal du peuple pour avoir conspiré contre Hitler — en réalité, Rommel avait donné une adhésion de principe à la conjuration du 20 juillet, mais n'avait pas pris une part active au complot — et le suicide par le poison. Rommel ayant choisi la seconde solution, ce sont les messagers du Führer qui lui remettent le poison avec lequel le soldat le plus prestigieux et le plus populaire du Reich se suicidera quelques heures plus tard. Rommel aura des funérailles nationales, car Hitler craignait le scandale et ses effets sur le moral de la population.
Pacifique. La 3e force amphibie, destinée à l'invasion de Leyte, dans

les Philippines, appareille de l'île de Manus.
Formose. De nouvelles attaques de la *Task Force* 38 conduisent à la neutralisation de Formose. Le croiseur léger *Houston* est sévèrement touché par un avion torpilleur nippon, tandis que d'autres navires américains sont endommagés : le porte-avions *Hancock,* le croiseur léger *Reno* et 2 destroyers.
Iles Palau. A Peleliu, la 81ᵉ division de l'armée américaine relaie les marines dans la difficile tâche de liquider la poche nippone du mont Umurbrogol. Angaur est déclarée conquise et occupée, bien que les troupes américaines n'aient toujours pas réussi à éliminer les Japonais, qui résistent encore au nord-ouest de l'île.

Un groupe de partisans grecs, aux environs d'Athènes, avance pour rejoindre les forces alliées qui ont commencé à débarquer près du port du Pirée le 13 octobre 1944.

15 octobre
Front soviétique. En Finlande, le Front de Carélie déloge les forces allemandes du port de Petsamo (aujourd'hui Petchenga). Les 2ᵉ et 3ᵉ Fronts de la Baltique enlèvent Riga.
En Roumanie du Nord, les Soviétiques prennent Cluj d'assaut et se dirigent vers l'ouest.
Grèce. Les Anglais (3ᵉ corps du général Scobie, complété par des détachements grecs), débarqués en force dans le port du Pirée, s'apprêtent à éliminer « avec effusion de sang si nécessaire », selon les directives de Churchill, l'aile armée du parti communiste grec, l'E. L. A. S.
Hongrie. Face à la situation maintenant désespérée (toute la Transylvanie va être contrôlée par les Soviétiques), le régent Nicolas Horthy prononce à la radio un discours révélant son intention de négocier un armistice séparé avec l'Union soviétique. Sous les pressions allemandes, Horthy doit le même jour démentir son message au pays, et le lendemain il est conduit en Allemagne. Ferenc Szalasi, chef du mouvement nazi « les Croix-Fléchées », s'empare du pouvoir, collaborant étroitement avec les Allemands, mais il n'est aucunement suivi par la population. Le 21, Horthy sera arrêté et interné dans un château en Bavière.
Europe occidentale. La IXᵉ armée du général Simpson (XIIᵉ groupe d'armées), engagée au Luxembourg, dépêche la 104ᵉ division américaine en renfort de la Iʳᵉ armée canadienne, qui opère au nord pour libérer le port d'Anvers. Rien de nouveau à Aix-la-Chapelle, dont la garnison tient toujours en échec les unités de la 29ᵉ division (19ᵉ corps américain) et de la 1ʳᵉ division (7ᵉ corps américain). Le 3ᵉ bataillon du 26ᵉ régiment de cette 1ʳᵉ division réussit à occuper une grande partie de la colline de l'observatoire, au nord de la ville, mais une rapide contre-attaque allemande en déloge les Américains.
Dans le secteur de la VIIᵉ armée, le 6ᵉ corps commence à avancer du nord-ouest et du sud vers Bruyères, entre Épinal et Saint-Dié.
Front italien. La 6ᵉ division blindée sud-africaine (Vᵉ armée américaine) pousse son avance dans le secteur de Grizzana.
La 91ᵉ division américaine (2ᵉ corps) consolide ses positions au nord de Livergnano.
La 2ᵉ division polonaise (1ᵉʳ corps canadien de la VIIIᵉ armée britannique) libère Gambettola.
Birmanie. Les Anglais et les Sino-Américains passent à l'attaque pour libérer la partie nord du pays et rétablir les communications terrestres entre l'Inde et la Chine. Les Sino-Américains descendent au sud de Myitkyina jusqu'à la ligne Katha-Shwegu-Bhamo, pratiquement sans rencontrer de résistance. La 36ᵉ division britannique pénètre dans la zone de Namma le long de la voie ferrée Myitkyina-Mandalay, suivie par la 50ᵉ division chinoise. La 22ᵉ division chinoise descend au sud-est de Kamaing vers la zone située entre la voie ferrée et la route Myitkyina-Bhamo, en vue d'établir une tête de pont à Shwegu, au-delà de l'Irraouaddi. Le commandement allié de la Birmanie du Nord dispose maintenant des Iʳᵉ et VIᵉ armées chinoises, fraîchement constituées, ainsi que de 2 régiments américains.
Pacifique. Philippines. Un *Task Group* de la *TF* 38, sous les ordres du contre-amiral Davison, lance les appareils de ses porte-avions contre divers objectifs nippons dans la zone de Manille, sur l'île de Luçon.
Le porte-avions *Franklin,* déjà endommagé le 13 par un avion-suicide, est à nouveau touché par un bombardier nippon en piqué.
Les attaques reprendront les 16, 17 et, avec une plus grande intensité, le 18, avec la participation de 2 autres *Task Groups* et de 13 porte-avions. La 1ʳᵉ flotte aéronavale nippone subit de lourdes pertes.

16 octobre

Front soviétique. Les débris du *Heeresgruppe* Nord (Schörner) se trouvant isolés en Courlande, sur le golfe de Riga, le commandement soviétique lance le 3e Front de Biélorussie (Tcherniakhovski) contre la Prusse-Orientale. Les Allemands s'apprêtent à défendre le sol de leur patrie jusqu'à leur dernier souffle.

En Yougoslavie, on se bat dans les rues de Belgrade. Plus au sud, les Russes occupent Niš, évacuée par les Allemands.

Europe occidentale. Après la prise de Woensdrecht par la 2e division canadienne, l'isthme du Beveland Sud est virtuellement bloqué par les Alliés. Dans le même secteur, la 3e division canadienne poursuit son offensive contre la poche de Breskens, maintenant réduite de moitié.

Dans le sud-est des Pays-Bas, où opère la IIe armée britannique, la 3e division atteint les faubourgs de Venraij, à mi-chemin entre Helmond et la frontière allemande.

L'agonie d'Aix-la-Chapelle continue : dans l'après-midi, avec la jonction opérée par les patrouilles des 19e et 7e corps américains (Ire armée), la tenaille des troupes alliées se referme tout autour de la ville. Dans le secteur de la VIIe armée américaine, les 45e et 36e divisions (6e corps) s'approchent de Bruyères, mais sont durement accrochées par les forces de la Ire armée allemande. Sur l'aile droite de la VIIe armée, où opère la Ire armée de De Lattre de Tassigny, la 3e division algérienne et la 1re division blindée française lancent une offensive en vue de percer les lignes ennemies dans les Vosges.

Front italien. Dans le secteur de la Ve armée américaine, la 6e division blindée sud-africaine, épaulée sur la droite par le 2e corps, lance une offensive au nord-est de Grizzana, dans la région située entre le Reno et la Setta. Le 2e corps américain amorce la phase finale de l'attaque vers Bologne.

Dans le secteur oriental du front, des unités de la 10e division indienne (5e corps britannique) établissent une petite tête de pont au-delà du Savio, non loin de Borello. La 1re division canadienne marche rapidement en direction de Cesena.

Pacifique. Iles Palau. A Peleliu, le 321e régiment d'infanterie américain, renforcé par des détachements du 323e fraîchement arrivés d'Ulithi, luttent toujours pour éliminer les résistances nippones dans la zone du mont Umurbrogol.

17 octobre

Grèce. Les derniers Allemands évacuent l'île de Lemnos.

Pacifique. Philippines. Après un bombardement préliminaire, de petits détachements de *Rangers* américains débarquent sur les îlots non défendus de Suluan et de Dinagat, en vue de protéger les approches du golfe de Leyte, que le gros corps d'invasion de Leyte, transporté par les 3e et 7e forces amphibies, est en train d'atteindre.

Europe occidentale. Aux Pays-Bas, Venraij, à quelque 15 km de la frontière allemande, est libérée par la 3e division du 8e corps (IIe armée britannique).

Dans le secteur de la VIIe armée américaine, tandis que la 44e division du 15e corps approche de la région de Lunéville, à 15 km environ au sud-est de Nancy, les 45e et 36e divisions du 6e corps arrivent près de Bruyères.

L'ampleur des pertes amène le général de Lattre de Tassigny, commandant la Ire armée française, à stopper l'offensive de ses divisions (3e algérienne et 1re blindée française) vers les Vosges.

Front italien. Le 2e corps continue sa poussée vers le nord : notamment, la 91e division atteint Lucques, la 34e les pentes du mont della Vigna et la 85e progresse au-delà de Monterenzio.

Dans le secteur du 13e corps britannique, des unités de la 8e division indienne montent à l'assaut du mont Pianoresso. Sur la droite du front, le 2e corps polonais attaque vers Forlí.

18 octobre

Front soviétique. Durement contrée par les Allemands, l'offensive du 3e Front de Biélorussie (Tcherniakhovski) se poursuit contre la Prusse-Orientale. Belgrade va tomber aux mains des Russes et des partisans de Tito, tandis que le *Heeresgruppe E* (Löhr) accélère sa retraite des Balkans.

Faisant irruption de Pologne par le col des Carpates, les troupes du 4e Front d'Ukraine (Petrov) entrent en Tchécoslovaquie orientale, où elles se heurtent à la Ire *Panzerarmee.*

Europe occidentale. Lors d'un entretien à Bruxelles avec ses généraux, Eisenhower dresse les plans des futures opérations sur le front occidental. Le XXIe groupe d'armées, notamment la Ire armée canadienne, axera ses efforts sur la libération du port d'Anvers. La IIe armée britannique devra ensuite se porter, direction sud-est, entre la Meuse et le Rhin (vers le 10 novembre) pour appuyer l'avance de la Ire armée américaine au-delà du Rhin, à proximité de Cologne (opération prévue entre les 1er et 5 novembre). La IXe armée américaine, après avoir protégé le flanc sud de la Ire armée dans sa marche vers le Rhin, participera à la conquête de la Ruhr.

Remaniement à la tête du 19e corps de la Ire armée américaine : le général Corlett est remplacé par le général McLain.

A Aix-la-Chapelle, les Américains relancent l'offensive, en réponse à la tentative allemande de briser le siège.

Dans le secteur de la VIIe armée américaine, la 36e division du 6e corps occupe une partie de Bruyères.

Front italien. Lentement, le 2e corps avance. Dans le secteur de la VIIIe armée, la 5e division *Kresowa* (2e corps polonais) entre à Galeata, au nord d'Arezzo, sans rencontrer d'opposition. La 10e division indienne (5e corps britannique) reçoit l'ordre d'attaquer au-delà du Savio.

Pacifique. Philippines. Tandis que 3 *Task Groups* comprenant 13 porte-avions de la 3e flotte américaine (amiral Halsey) pilonnent la partie nord de Luçon et la zone de Manille, une escadre de croiseurs, aux ordres du contre-amiral Oldendorf, bombarde les défenses côtières de l'île de Leyte.

Désormais informés de l'imminence du débarquement des forces améri-

caines les Japonais attaquent l'armada d'invasion à l'aide de toutes les forces disponibles, coulant un transport rapide américain.
Chine. Roosevelt rappelle à Washington le général Stilwell, selon le désir de Tchang Kaï-chek, mais informe celui-ci que, les Américains renonçant au commandement des armées chinoises, le général Wedemeyer pourrait faire fonction de chef d'état-major du généralissime. La proposition est acceptée.
Birmanie. Sur le front du 33e corps britannique, la 5e division entre à Tiddim.
Japon. Le quartier général impérial ordonne l'application du plan *Sho-go* (« Victoire »), prévoyant un choc décisif avec les forces américaines terrestres et navales, sur le point d'envahir Leyte.
Iles Palau. La lutte continue dans la zone du mont Umurbrogol, à Peleliu, et contre la petite poche nippone de l'île d'Angaur.

19 octobre
Europe occidentale. Fraîchement dépêchée de l'arrière, la 52e division entre en ligne dans le secteur d'Anvers, où opère le 2e corps de la Ire armée canadienne, prenant position au-delà de la tête de pont jetée par la 3e division canadienne au nord du canal Léopold.
A Aix-la-Chapelle, la résistance de la garnison allemande faiblit sensiblement. Des unités de la 1re division américaine (2e corps de la Ire armée) et de la 3e division blindée tentent toujours de conquérir la ville, occupant respectivement le col du Salvatorberg et les hauteurs du Lousberg : des patrouilles de la division blindée réussissent à couper la route d'Aix-la-Chapelle à Laurensberg.
A droite de la formation alliée, secteur de la VIIe armée américaine, la 36e division (6e corps) achève la conquête de Bruyères; la 3e division se rassemble derrière la 45e, en attendant d'avancer vers Saint-Dié.
Front italien. Des détachements de la 6e division blindée sud-africaine progressent sur les pentes du mont Salvaro, tandis que d'autres, sur la droite du dispositif, se présentent en vue du mont Alcino, au sud-est

L'*HENRI V* DE LAURENCE OLIVIER

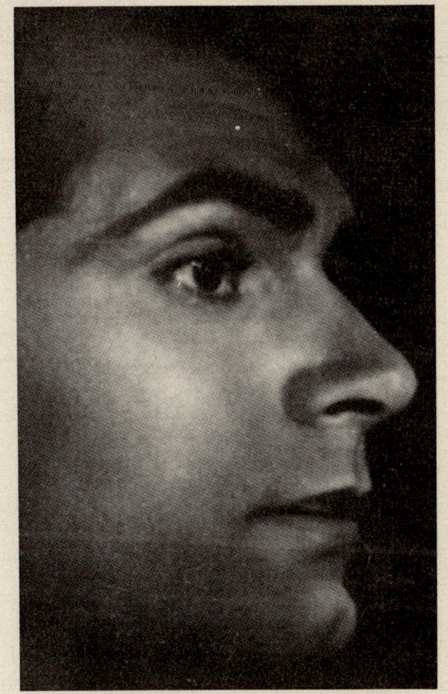

Ci-dessus : Laurence Olivier, réalisateur et interprète de Henri V.
Ci-dessous : Laurence Olivier et Vivien Leigh, sa femme.

Afin de réaffirmer les droits des Plantagenêt, le roi anglais Henri V descend en France avec son armée. Il met en déroute les troupes ennemies à Azincourt (1415). Après le traité de Troyes, il épouse Catherine, la jolie fille de Charles VI.
Henri V, reconstitution remarquable d'exactitude, est la première adaptation cinématographique d'une tragédie de Shakespeare. Elle est réalisée par Laurence Olivier, comédien shakespearien de l'Old Vic Theatre de Londres depuis 1937.
Le récit commence par une représentation imaginaire dans un théâtre élisabéthain, le Globe, mais le reste est du cinéma à l'état pur. Inspirés de miniatures françaises et de la peinture italienne du XVe siècle, mis en valeur par un Technicolor extrêmement raffiné, les décors sont stupéfiants et font de ce film un chef-d'œuvre inégalé.
Le monologue de Laurence Olivier-Henri V, le soir précédant la bataille, est admirablement interprété.

du mont Salvaro. Dans le secteur de la 34e division (2e corps), une attaque en force est lancée sur le flanc droit en direction des monts Grande et Cerere.

A son tour, la 88e division, après un bombardement efficace, enlève aisément le mont Cerere, atteignant également le sommet du mont Grande. Sur le flanc occidental du 2e corps, les positions de la 91e division américaine restent inchangées.

Dans le secteur de la VIIIe armée britannique, la 5e division *Kresowa* (2e corps polonais) entre à Civitella di Romagna sans rencontrer de résistance; sur le flanc gauche, où opère le 5e corps britannique, la 46e division approche de Cesena, ses patrouilles abordant la ville par le sud. Simultanément, la 4e division se rapproche de la 46e, dont les troupes, entrées à Cesena, sont toujours sur leurs positions. Des unités de la 20e brigade indienne (10e division) progressent au-delà du Savio à proximité de Falcino, tandis que, simultanément, à proximité de Roversano, d'autres unités de la 25e brigade établissent une tête de pont.

Birmanie. Une brigade de la 26e division britannique occupe Mohnyin, où les Japonais ont abandonné d'importants stocks de munitions et de vivres.

Pacifique. Philippines. Tandis que le convoi d'invasion approche de son objectif sous la couverture de la 7e flotte américaine, l'opération de déminage et de destruction des obstructions sous-marines posées par les Japonais pour protéger les Philippines est menée à terme. Les bombardements aériens continuent. La réaction nippone est assez énergique : le porte-avions *Sangamon* est touché par un bombardier, 2 destroyers sont avariés, l'un par une mine, l'autre par des batteries côtières.

20 octobre

Front soviétique. En Hongrie, le 2e Front d'Ukraine (Malinovski), épaulé par les troupes roumaines et bulgares, chasse les Allemands de Debrecen.

En Yougoslavie, Belgrade, assiégée depuis tant de temps, est entièrement libérée par les XLVIe et LVIIe armées du 3e Front d'Ukraine (Tolboukhine) et les partisans de Tito. Ces derniers s'emparent également de Dubrovnik (Raguse).

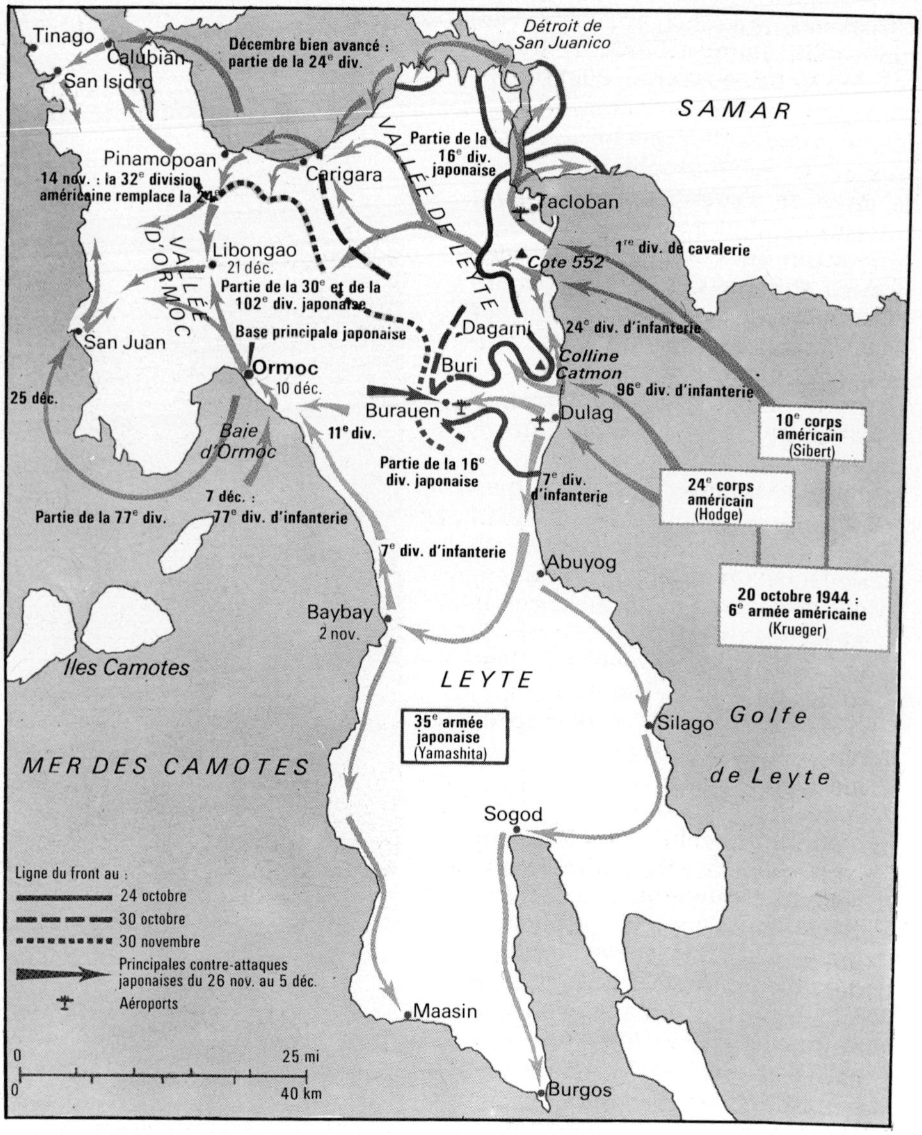

Les opérations à Leyte à la date du 24 octobre 1944.

Europe occidentale. Le 1er corps britannique (Ire armée canadienne), fort de ses 3 divisions (la 4e blindée à gauche, la 49e au centre et la 1re blindée polonaise à droite), lance l'offensive en direction de la route reliant Bergen op Zoom à Tilburg.

Le 26e régiment d'infanterie de la 1re division (7e corps de la Ire armée américaine) pourchasse les défenseurs allemands dans la banlieue sud d'Aix-la-Chapelle.

Débarquement à Marseille (secteur de la VIIe armée américaine) de 2 nouvelles divisions américaines, les 100e et 103e. La 3e division (6e corps de la VIIe armée) se dirige vers Saint-Dié, au nord-est de Bruyères, avec le 7e régiment d'infanterie.

Front italien. La 6e division blindée sud-africaine (V^{e} armée américaine), repoussant une contre-attaque des détachements du 14e corps blindé allemand sur les positions alliées du mont Salvaro, atteint les pentes du mont Alcino. Sur le flanc droit du 2e corps américain, la 88e division, poursuivant son offensive, avance jusqu'à Farneto : les autres secteurs sont pratiquement immobilisés.

Dans le secteur est de la formation alliée (VIIIe armée britannique), la 4e division atteint et passe à gué le

Cesano, près du pont que les Allemands ont fait sauter. Sur la côte adriatique, les Alliés occupent Cesenatico, après le retrait des unités du 76e corps blindé.

Égypte. Arrivée au Caire du Premier ministre britannique, Churchill, venu de Moscou pour débattre avec l'amiral Mountbatten de la stratégie à suivre dans le Sud-Est asiatique.

Pacifique. Philippines. 10 h 05 : Premiers débarquements sur la côte est de Leyte, près de Tacloban, de la VIe armée américaine (général Krueger), forte de 4 divisions comprenant au total plus de 120 000 combattants, transportés par les 3e et 7e forces amphibies (350 transports de troupe et de matériel, ainsi que plus de 400 engins de débarquement de tous types), escortées par la 7e flotte, sous les ordres du vice-amiral Kinkaid (6 cuirassés, 18 porte-avions d'escorte, ainsi que des destroyers et navires auxiliaires). Le commandement général de l'opération est personnellement assuré par le général MacArthur, celui des forces d'escorte par le vice-amiral Kinkaid, celui des opérations terrestres par le général Krueger. Précédés par un bombardement naval meurtrier déclenché à 6 heures et interrompu à 8 h 50 à cause du mauvais temps, au cours duquel l'aviation américaine déverse des centaines de tonnes de bombes sur la zone de Dulag, les débarquements sont effectués sur un front de 29 km, sur deux têtes de pont distinctes.

Quelques heures plus tard, le général MacArthur reprend pied sur le sol des Philippines (il avait juré : « Je reviendrai »), flanqué de son chef d'état-major, Sutherland, et du nouveau président philippin, Sergio Osmena, qui avait succédé à Quezon, ainsi que de nombreux officiers supérieurs. Utilisant un petit poste émetteur, il s'adresse aux Philippins, leur rappelant qu'il a tenu sa promesse faite deux ans et demi plus tôt et les invitant à collaborer avec les libérateurs.

Pour défendre toutes les Philippines, les Japonais disposent de 260 000 hommes sous les ordres du maréchal Terauchi ; à Leyte, la défense est confiée aux 16e, 30e, 26e et 102e divisions de la XXXVe armée, commandée par le général Tomoyoku Yamashita, le conquérant de la Malaisie et de Singapour. Sous une constante couverture aérienne, les Américains occupent le terrain d'aviation de Tacloban, la péninsule de Cataisan, l'accès septentrional de la vallée de Leyte, San José et Dulag. La réaction nippone n'est violente que dans certains secteurs : comme toujours, les contre-attaques d'infanterie sont lancées dans la nuit) du 20 au 21, mais sont contenues par les Américains. Les deux têtes de pont, profondes de 1,5 à 2,5 km, ne parviennent toutefois pas à se souder, restant distantes de 16 km.

Des marines américains débarquent sur l'île de Leyte (Philippines).

21 octobre

Front soviétique. Les détachements avancés du 2e Front d'Ukraine (Malinovski) pénètrent à l'ouest de Szeged, en Hongrie, atteignant le Danube à Baja (à l'est de Pécs).

En Yougoslavie, les *Heeresgruppen* F (von Weichs) et E (Löhr) abandonnent positions sur positions, constamment menacés sur le flanc oriental par la Ire armée bulgare, ailleurs par des partisans yougoslaves et albanais. Après le « coup d'épaules » contre Belgrade, les Soviétiques se concentrent en revanche contre la Hongrie. En Finlande, le Front de Carélie, de Meretzkov, se porte avec la XIVe armée de Petsamo (aujourd'hui Petchenga) à la frontière norvégienne, repoussant la XXe armée de montagne allemande (Rendulic).

Europe occidentale. A 12 h 05, la garnison allemande d'Aix-la-Chapelle se rend : la ville n'est plus qu'un amas de décombres, alors que les derniers sacrifices en vies humaines, notamment du côté allemand, ne se justifient plus ni sur le plan stratégique ni sur celui du prestige militaire.

Dans le secteur de la VIIe armée américaine, des unités du 6e corps entrent à Brouvelieures (détachements de la 45e division), pour-

suivant leur avance sur Saint-Dié (3e division) et améliorant les positions à l'est de Bruyères (36e division).
Front italien. A l'ouest de la formation alliée (Ve armée américaine), tandis que la 6e division blindée sud-africaine achève la conquête du mont Alcino, les positions des divisions des 2e et 13e corps demeurent inchangées. Dans le secteur de la VIIIe armée, le 5e corps britannique réussit à consolider et à étendre ses trois têtes de pont au-delà du Savio, en dépit de la pluie persistante et du rapide grossissement du cours d'eau.
La 4e division anglaise achève l'occupation de Cesena.
Au-delà du Savio, la 1re division canadienne (1er corps), avec la 2e brigade, réussit à constituer une autre tête de pont.
Pacifique. Philippines. A Leyte, les Américains repoussent une violente contre-attaque nocturne des Japonais faisant plus de 600 morts. A la pointe du jour, avec le soutien de l'artillerie et des avions de la 7e flotte, ils recommencent à avancer, enlevant Tacloban, chef-lieu de l'île, et l'aérodrome de Dulag. Franchissant également le Labiranan, ils doivent refluer face à la dure réaction nippone. Les deux têtes de pont principales ne réussissent toujours pas à effectuer leur jonction. Entre-temps, des appareils d'une escadre de porte-avions, sous les ordres du contre-amiral Bogan, attaquent les îles Panay, Cebu, Negros et Masbate (Philippines).
Iles Palau. Sur Angaur — où un aérodrome est déjà prêt à accueillir les bombardiers américains — prend fin toute résistance organisée des Japonais, qui ont eu 1 300 tués environ et 45 prisonniers, contre 265 morts et 1 355 blessés du côté américain. Les grandes îles de l'archipel des Palau ne sont pas occupées : leurs garnisons, privées de tout ravitaillement, ne constituent plus un danger pour les troupes américaines.

Comme il l'avait juré, le général MacArthur (au centre) remet pied sur le sol des Philippines. Le voici sur la plage de Leyte.

22 octobre
Front soviétique. Les armées du 1er Front de la Baltique (Bagramyan) et du 3e Front de Biélorussie (Tcherniakhovski), qui ont réussi à enfoncer les défenses extérieures de la Prusse-Orientale, sont arrêtées devant Insterburg par la farouche résistance allemande. Les positions dans ce secteur du front resteront pratiquement inchangées jusqu'en janvier 1945.
En Yougoslavie, après la prise de Sombor (au sud-ouest de Subotica), les Alliés contrôlent une grande partie de la rive orientale du Danube jusqu'à la ville hongroise de Baja.
Europe occidentale. La 3e division canadienne (2e corps de la 1re division) enlève Breskens, tandis que la 4e division blindée canadienne (1er corps britannique) atteint Esschen.
A l'est, dans le secteur de la IIe armée britannique, le 12e corps passe à l'attaque dans la région située à l'ouest de la Meuse : la 15e division se dirige vers Tilburg, tandis que la 7e division blindée et la 53e division d'infanterie, suivies par la 51e, se portent à Bois-le-Duc.
Les opérations en vue de l'offensive alliée vers le Rhin commencent par l'alignement le long du dispositif allié des 3 armées américaines qui y participeront : dans l'ordre et du nord au sud la Ire, la IXe et la IIIe.
Front italien. La pluie incessante crée de sérieuses difficultés dans les mouvements des unités alliées qui, toutefois, continuent d'avancer dans plusieurs secteurs. Sur la côte adriatique, des unités du 1er corps canadien s'emparent de Cervia et de Pisignano.
France. Reconnaissance *de jure* du gouvernement provisoire du général de Gaulle par la Grande-Bretagne, les États-Unis et l'Union soviétique.
Pacifique. Iles Philippines. A Leyte, dans le secteur du 10e corps américain débarqué près de Tacloban, la 1re division de cavalerie nettoie la ville de Tacloban, dont elle occupe les hauteurs au sud-ouest ; des détachements de la 24e division d'infanterie, soutenus par l'artillerie terrestre et navale, investissent la zone de Pawing.
Dans le secteur du 24e corps, des détachements de la 96e division d'infanterie débarqués plus au sud près de Dulag, après un intense tir d'artillerie qui a duré toute la nuit, reprennent les positions évacuées la veille, au-delà du Labiranan ; d'autres détachements occupent les villages de San Roque, Tigbao et Camangui, s'enfonçant à l'intérieur vers Burauen.
La 7e division d'infanterie avance

de 3 km environ vers le sud, en direction d'Abuyog.

23-26 octobre
Bataille aéronavale du golfe de Leyte. La quasi-totalité de la flotte nippone tente une attaque d'envergure pour repousser l'invasion des Philippines et porter un coup décisif à la 3ᵉ et à la 7ᵉ flotte américaine. La rencontre, qui se joue sur 3 fronts, se solde de façon désastreuse pour la marine impériale, qui perd 4 porte-avions, 3 bâtiments de guerre, 10 croiseurs, 9 destroyers. La puissance navale japonaise est virtuellement anéantie. Les Américains perdent 1 porte-avions, 3 destroyers et 2 navires d'escorte; de nombreuses autres unités s'en tirent avec des dommages plus ou moins sérieux.
Pour la première fois, dans le golfe de Leyte, intervient systématiquement le corps spécial d'attaque des kamikazes (nom qui évoque deux tempêtes providentielles qui, en 1274 et 1281, détruisirent la flotte des Mongols envoyés par Kūbilāy Khan pour envahir le Japon). Organisé par l'amiral Arima, ce corps de pilotes-suicide de l'armée et de la marine sacrifiera avant la fin du conflit plus de 5 000 hommes, qui couleront 34 bâtiments américains et en endommageront 290 (voir le texte encadré, p. 608 à 612).

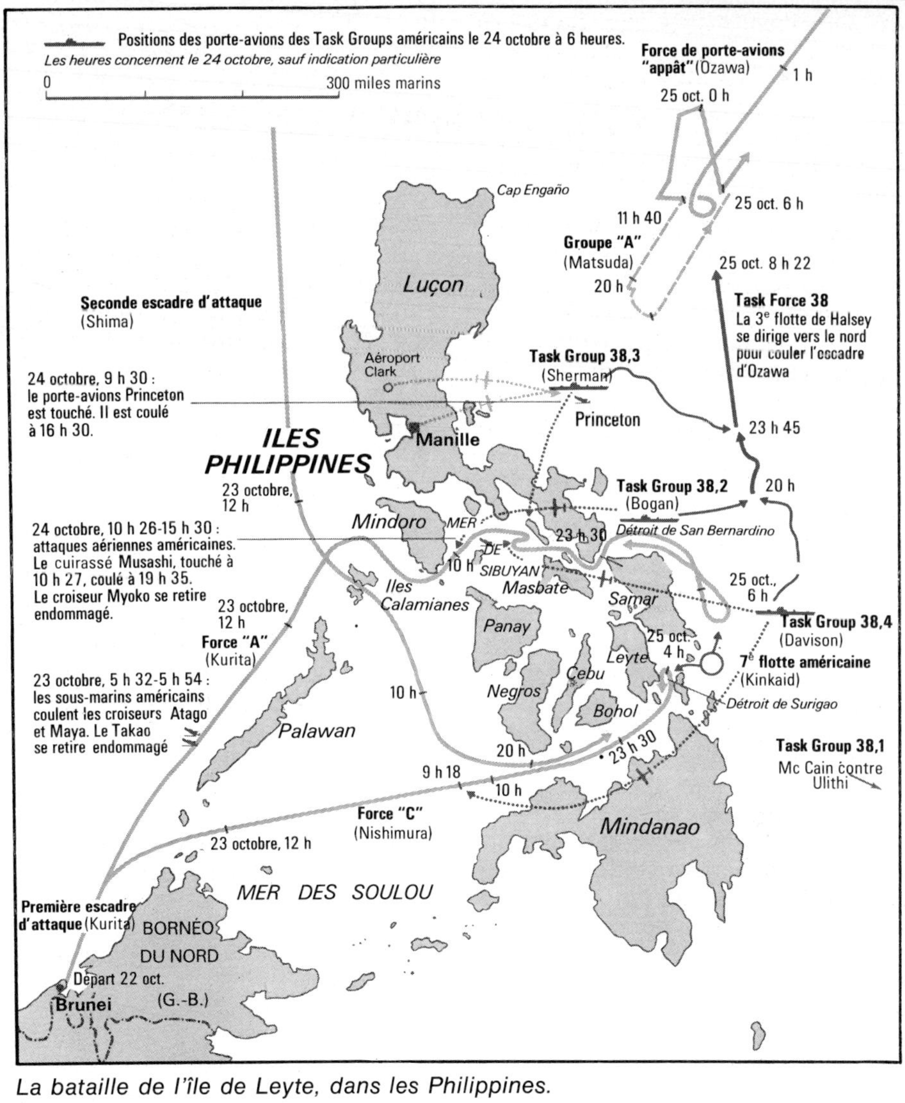

La bataille de l'île de Leyte, dans les Philippines.

23 octobre
Europe occidentale. Sur le flanc gauche du 1ᵉʳ corps britannique (Iʳᵉ armée canadienne), la 4ᵉ division blindée se porte en direction de Bergen op Zoom, pour boucler l'isthme du Beveland Sud, le long duquel la 2ᵉ division canadienne (2ᵉ corps) se prépare à avancer.
La marche sur Saint-Dié de la 3ᵉ division (6ᵉ corps de la VIIᵉ armée américaine) est efficacement contenue par les unités de la XIXᵉ armée allemande du général Wiese. Sur le flanc droit du front du 6ᵉ corps, la 36ᵉ division américaine se porte à l'est de Bruyères, vers Biffontaine.
Front italien. Tandis que dans le secteur ouest (Vᵉ armée américaine) les positions alliées restent pratiquement inchangées, à l'est, où opèrent les unités de la VIIIᵉ armée britannique, les têtes de pont au-delà du Savio sont bien renforcées.
Philippines. Leyte. Au cours d'une cérémonie solennelle qui se déroule à Tacloban, MacArthur réinstalle le gouvernement légitime des Philippines présidée par Sergio Osmena. Au nord de Tacloban, la 1ʳᵉ division de cavalerie américaine exerce une forte pression contre une partie de la 16ᵉ division japonaise pour la déloger du nord-est de l'île, libérant le détroit de San Juanico, entre Leyte et l'île très voisine de Samar, et interdire les mouvements ennemis entre les deux îles.
Dans le secteur sud, où opère le 24ᵉ corps américain, la 96ᵉ division d'infanterie est à court de vivres. La 7ᵉ division, épaulée par un bataillon de chars, s'enfonce plus profondément à l'intérieur vers Burauen, aux abords de laquelle se trouvent l'aérodrome de San Pablo et d'autres pistes d'atterrissage. Les blindés arrivent à Burauen, dont ils prennent l'aérodrome, l'infanterie occupant Julita et San Pablo.

24 octobre
Front soviétique. En Roumanie, les troupes soviétiques ont investi toute la Transylvanie.
Europe occidentale. Sur les côtes hollandaises, la 2ᵉ division canadienne (Iʳᵉ armée) commence à avancer le long de l'isthme de Beveland Sud. Dans le Brabant, sur le front de la IIᵉ armée britannique, le 12ᵉ corps (7ᵉ division blindée et 53ᵉ division d'infanterie) arrive à Bois-le-Duc. Tandis que sur les fronts des 3 armées du XIIᵉ groupe (Iʳᵉ, IXᵉ, IIIᵉ) tout paraît soudai-

(suite page 614)

PHILIPPINES : LA BATAILLE DE LEYTE

Depuis des mois, le quartier général impérial connaît le prochain objectif des Américains : reconquérir les Philippines, dernier bastion du Japon dans le Pacifique, dont la perte lui interdirait presque sûrement l'accès du Sud-Est asiatique, c'est-à-dire du pétrole et autres matières premières vitales. Prévisions confirmées par les attaques massives lancées par la flotte de Nimitz contre Formose et les Philippines, notamment contre Luçon.

De leur côté, les Américains savent exactement comment réagiront les Japonais à leur attaque contre les Philippines. Quelques jours après la chute du cabinet Tojo, l'amiral Yonai, nouveau ministre de la Marine, et les autres membres du cabinet de guerre se sont concertés pour dresser le plan « *Sho-go* » (opération « Victoire »). Lors de l'invasion, l'armée de terre résistera à tout prix, tandis que la marine affrontera en masse les forces amphibies et les porte-avions américains, dans une « bataille générale et décisive ».

L'amiral Toyoda, commandant en chef de la flotte, conscient de l'impossibilité de vaincre la flotte américaine, en raison surtout de l'insuffisance de la couverture aérienne des grandes unités nippones, imagine un stratagème pour fractionner l'ennemi : lorsque les Américains envahiront les Philippines, un appât attirera au large la puissante *Task Force* 38, et les cuirassés nippons en profiteront pour intervenir et détruire la flotte de l'envahisseur. Une escadre de porte-avions servira d'appât pour éloigner l'ennemi des Philippines et la composition de cette flotte, à coup sûr sacrifiée pour la victoire décisive, est déjà établie : le porte-avions lourd *Zuikaku,* 2 cuirassés convertis en semi-porte-avions, mais sans appareils, le *Ise* et le *Hyuga,* les porte-avions légers *Zuiho, Chitose* et *Chiyoda,* les croiseurs légers *Oyodo, Tama* et *Isuzu,* plus 8 destroyers. Cet appât comprend tous ces porte-avions, car les Japonais ont encore des navires, mais plus d'avions et d'équipages entraînés. Tandis que la flotte « appât », commandée par l'amiral Ozawa, attirera le gros poisson au loin, 3 escadres convergeront vers les Philippines et pulvériseront la flotte amphibie américaine, prenant de court l'envahisseur et portant un coup mortel à la puissance navale ennemie.

La flotte « appât » mise à part, les 3 escadres nippones, commandées respectivement par les vice-amiraux Kurita, Nishimura et Shima, sous le haut commandement de l'amiral Toyoda, compteront : 7 cuirassés (les géants *Yamato* et *Musashi* déplaçant 72 800 t, *Nagato, Kongo, Haruna, Yamashiro, Fuso*), 11 croiseurs lourds *(Atago, Maya, Takao, Chokai, Myoko, Aguro, Kumano, Suzuya, Tone, Chikuma, Mogami),* 5 croiseurs légers *(Nashiro, Yahagi, Nachi, Ashigara, Abukama),* 28 destroyers. Ces escadres comporteront, en outre, une flottille de 11 sous-marins et 2 forces aéronavales de 800 avions environ, plus les 116 embarqués sur les porte-avions.

Depuis le 6 octobre, grâce à une fuite, accidentelle ou volontaire, venue de Moscou, le quartier général impérial a la certitude que l'objectif américain sera les Philippines. Toyoda se rend le 7 à Manille afin d'aviser les chefs militaires locaux de l'armée et de la marine de se tenir prêts au débarquement américain entre les 20 et 30 octobre. L'élément surprise ne joue donc plus pour les Américains, lesquels toutefois, avec la *Task Force* 38 commandée par l'amiral Halsey (assisté du vice-amiral Mitscher), disposent d'une trentaine de porte-avions lourds, légers et d'escorte *(Wasp, Hornet, Hancock, Intrepid, Essex, Lexington, Enterprise, Franklin ; Monterey, Cowpens, Cabot, Independence, Langley, Princeton, San Jacinto, Belleau Woods, Marcus Island, Kadashan Bay, Savo Island, Omanney Bay, Fanshaw Bay, St. Lo, White Plains, Kalinin Bay, Kitkun Bay, Gambier Bay ; Sangamon, Suwannee, Santee, Petrof Bay, Natoma Bay, Manila Bay),* 6 cuirassés rapides *(New Jersey, Iowa, Massachusetts, South Dakota, Washington, Alabama),* 6 cuirassés de modèle ancien *(Mississippi, Maryland, West Virginia, Tennessee, California, Pennsylvania),* 9 croiseurs lourds *(Chester, Pensacola, Salt Lake City, Boston, Wichita, New Orleans, Louisville, Portland, Minneapolis),* 14 croiseurs légers *(San Diego, Oakland, Biloxi, Vincennes, Miami, Santa Fe, Birmingham, Mobile, Reno, Denver, Columbia, Phoenix, Boise, Shropshire* — australien), environ 100 destroyers, 49 canots automobiles de reconnaissance, 22 sous-marins.

17 octobre (date japonaise)

8 h 09 : Les commandants des escadres nippones reçoivent l'ordre de faire démarrer le plan.

18 octobre

1 h 45 : L'escadre de Kurita, qui comprend le gros des forces nippones, appareille de Lingga (à l'est de Sumatra), faisant route au nord-est sur Brunei (Bornéo), pour y faire le plein.

11 heures : Kurita reçoit des instructions relatives aux tâches assignées à toutes les unités de sa 1re force d'attaque.

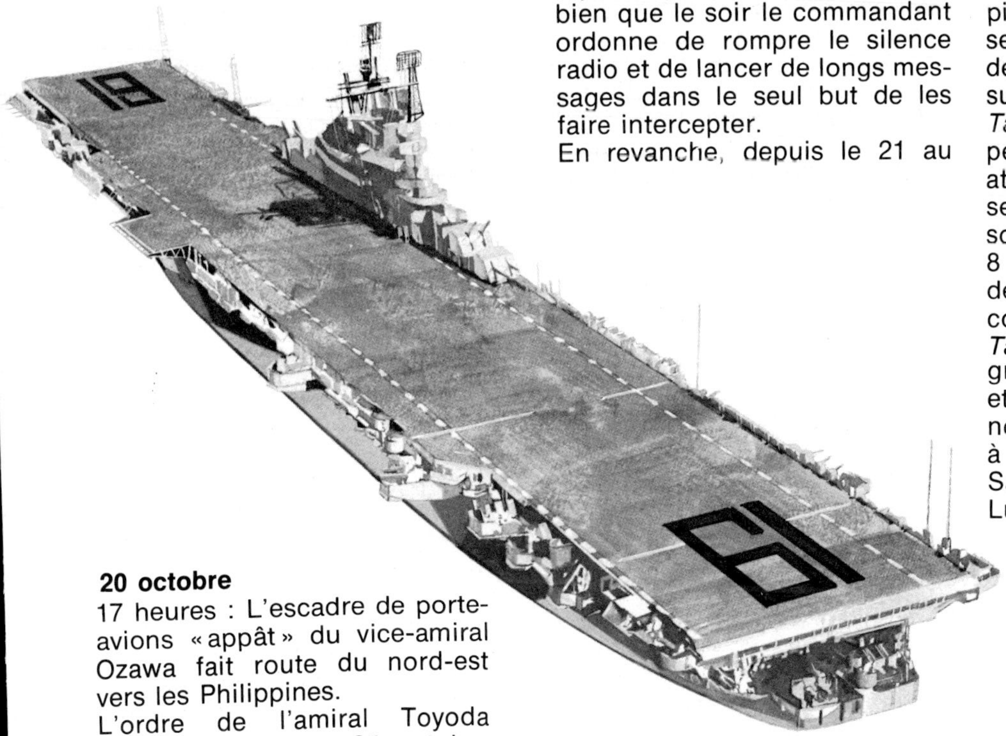

CV 19 Hancock (États-Unis)

20 octobre

17 heures : L'escadre de porte-avions « appât » du vice-amiral Ozawa fait route du nord-est vers les Philippines.
L'ordre de l'amiral Toyoda fixant l'attaque au 25 octobre parvient à toutes les escadres.

21 octobre

L'escadre du vice-amiral Shima reçoit l'ordre d'appuyer l'escadre du vice-amiral Nishimura. Appareillant l'après-midi de Bako, dans les îles Pescadores (aujourd'hui Penghou), elle fait route vers la baie de Coran dans les îles Calamian, où elle fera le plein.

22 octobre

A 8 heures, la grande escadre de Kurita, appareillant de Brunei, met le cap sur le nord-est pour emprunter le passage à l'ouest des îles Palawan, puis tourner au nord des Calamian et pénétrer dans le détroit de Mindoro.
15 heures : L'escadre de Nishimura quitte Brunei et, après un long détour pour berner d'éventuels sous-marins américains, aborde la mer de Soulou, entre Bornéo et les Philippines.

23 octobre

Malgré tous ses efforts, l'escadre de porte-avions « appât » d'Ozawa n'a toujours pas été repérée par les Américains, si bien que le soir le commandant ordonne de rompre le silence radio et de lancer de longs messages dans le seul but de les faire intercepter.
En revanche, depuis le 21 au soir, 2 sous-marins américains, le *Darter* et le *Dace,* ont repéré l'escadre de cuirassés de Kurita et signalé sa présence.
5 h 32 : Le *Darter,* lançant 3 torpilles, envoie par le fond le croiseur lourd *Atago,* navire-amiral de Kurita, puis lance 2 torpilles sur un autre croiseur nippon, le *Takao* (qui regagnera à grand peine Brunei). A 5 h 54, le *Dace* atteint avec 4 torpilles le croiseur lourd *Maya,* qui explose et sombre aussitôt.
8 h 27 : Fort du signalement des sous-marins, l'amiral Halsey concentre 3 *Task Groups* de la *Task Force* 38, nommément les groupes de Sherman, Bogan et Davison, respectivement au nord, au centre et au sud, face à l'entrée est du détroit de San Bernardino, à l'est des îles Luçon et Samar.

24 octobre
L'aviation nippone des Philippines passe à l'attaque de la flotte américaine. A 8 h 30, 60 avions sont signalés près du *Task Group* du contre-amiral Bogan, devant le détroit de San Bernardino. Les chasseurs américains en font une hécatombe, mais à 9 h 08, un bombardier en piqué réussit à percer l'écran défensif et touche le porte-avions *Princeton.* Ravagé par les explosions, le navire sera achevé dans l'après-midi par le croiseur *Reno.*
9 h 15 : Un avion du *Franklin* repère l'escadre de Nishimura à 75 miles au sud des îles Cagayan. Peu après, une vingtaine d'avions américains sont en l'air et touchent légèrement le cuirassé *Fuso* et le destroyer *Shigure.* Entre-temps, l'escadre de Kurita, arrivée au sud de Mindoro et qui a pénétré dans la mer de Sibuyan, est repérée par un avion de reconnaissance du porte-avions *Intrepid* et attaquée, à 10 h 26, par une première vague de 12 bombardiers en piqué et 12 avions torpilleurs américains.
10 h 27 : Le super-cuirassé *Musashi* est très sévèrement touché par une torpille et une bombe.
12 h 35 : Seconde vague d'avions américains. Le *Musashi* est atteint par 4 autres torpilles. 3 autres attaques américaines se succéderont dans la journée. Peu après 15 h 20, l'aviation américaine lance sur le *Musashi* 10 torpilles et plusieurs bombes. Le navire, qui a encaissé 19 torpilles et 17 bombes, est désormais condamné : ingouvernable, il ne peut même pas être poussé à la côte. On lutte contre les incendies.
19 h 35 : Le *Musashi* se retourne et coule avec 39 officiers et 984 marins. Les 1 264 autres hommes ont été sauvés.
14 heures : Pour ne pas exposer son escadre à la destruction, Kurita, renonçant momentanément à poursuivre vers le golfe de Leyte, met le cap au nord-est pour sortir du rayon d'action des avions américains.
19 h 59 : Informé du changement de cap de Kurita, l'amiral Toyoda invite ce dernier à s'en tenir au plan prévu.
20 h 20 : Nishimura avise Kurita que son escadre (Force C ou Force Sud) sortira du détroit de Surigao (entre Leyte et Dinagat) le 25 à 4 heures. Kurita, qui convergera sur Dinagat par le nord, lui fixe rendez-vous à 9 heures, le 25, devant le golfe de Leyte.
20 h 22 : L'amiral Halsey décide de lancer toute la *Task Force* 38 contre l'escadre d'Ozawa, que des avions de reconnaissance américains ont fini par repérer. Halsey tombe donc dans le piège japonais, détachant des forces considérables à la poursuite de l'appât, tandis que les 3 escadres d'attaque ennemies convergent vers le golfe de Leyte, qui n'est plus défendu que par la VIIe flotte (Kinkaid).

25 octobre
0 h 37 : La flotte de Kurita entre dans la mer des Philippines et se dirige vers le détroit de San Bernardino. Les escadres de Nishimura et de Shima font route, plus au sud, vers le détroit de Surigao. Le gros de la VIIe flotte de Kinkaid est concentré devant Surigao; les cuirassés de la *Task Force* 34 (contre-amiral Lee) montent la garde devant le détroit de San Bernardino. La défense du détroit de Surigao, confiée au contre-amiral Oldendorf, dispose de 6 cuirassés de modèle ancien et 6 destroyers au centre, de 5 croiseurs et 9 destroyers sur l'aile gauche, de 3 croiseurs et 13 destroyers sur l'aile droite. A cela il faut ajouter 39 vedettes lance-torpilles.
2 h 40 : Le destroyer *MacGowan* signale l'escadre de Nishimura avançant dans le détroit de Surigao avec 7 destroyers de tête, suivis des cuirassés *Yamashiro* et *Fuso* et du croiseur *Mogami,* qui ferme la formation.
3 h 01 : 5 destroyers américains lancent des torpilles contre la formation ennemie, touchant 3 destroyers nippons (dont un coule instantanément), le cuirassé *Fuso* gravement et le cuirassé *Yamashiro* plus légèrement.
3 h 20 : Nouvelle attaque de torpilles lancées par 6 autres destroyers, dont 5 américains et 1 australien. A 3 h 25, le *Yamashiro* est touché par une autre torpille et, à 3 h 30, il explose, s'ouvrant en deux. Le destroyer nippon *Michishio* est également coulé par une torpille lancée du destroyer américain *Hutchins.*
3 h 51 : Les canons des croiseurs américains ouvrent le feu sur les unités nippones, aussitôt suivis par les obus de gros calibre des cuirassés. Les Japonais, déjà aux prises avec les destroyers, doivent en plus répondre au feu des grosses unités.
4 h 04 : 9 autres destroyers américains attaquent les Japo-

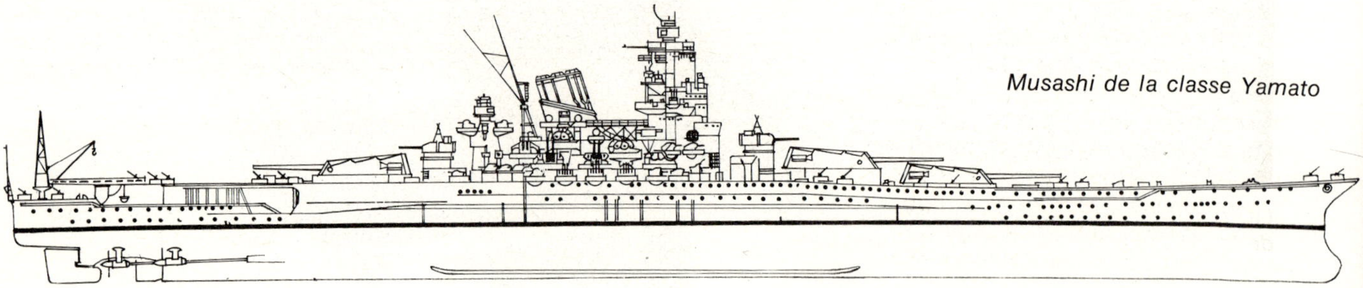
Musashi de la classe Yamato

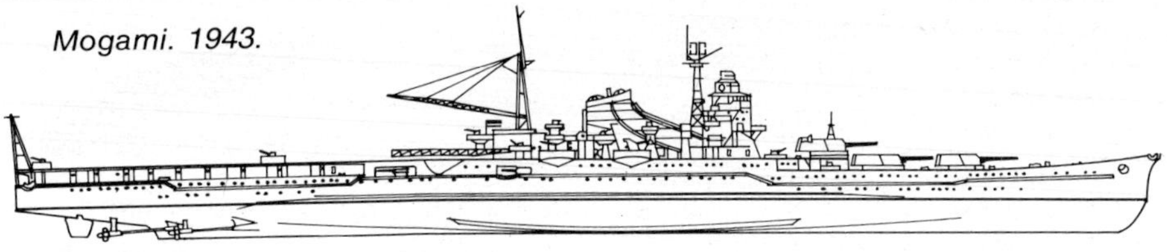

Mogami. 1943.

nais, lançant une cinquantaine de torpilles, dont une seule toutefois fait mouche, touchant le cuirassé *Fuso.*
Un destroyer américain, l'*Albert W. Grant,* est mis hors de combat par l'artillerie nippone et, par erreur, également par l'artillerie américaine. Après ce grave incident, le contre-amiral Oldendorf ordonne à 4 h 06 le cessez-le-feu. L'ordre est transmis 3 minutes plus tard aux croiseurs. Le cuirassé japonais *Fuso,* ravagé par les flammes, réussit toutefois à s'éloigner lentement, tandis que le croiseur *Mogami* et le destroyer *Shigure* fuient de leur côté.
4 h 18 : Assuré de ne plus courir le risque de tirer sur ses propres navires, Oldendorf donne l'ordre de rouvrir le feu. Une minute après, le cuirassé nippon *Fuso* coule à pic, tandis que le *Mogami,* endommagé, s'éloigne, précédé du *Shigure,* unique bateau de l'escadre de Nishimura qui soit resté indemne.
4 h 20 : Arrivée dans le détroit de Surigao de l'escadre de Shima, comprenant les croiseurs lourds *Nachi* et *Ashigara,* et 2 destroyers. Le croiseur léger *Abukama,* qui faisait partie de l'escadre, sévèrement touché à 3 h 21 par une vedette lance-torpilles, a été laissé en arrière.
4 h 25 : Tandis que les navires nippons se préparent au combat, le croiseur *Nachi* entre en collision avec le *Mogami,* en train de se retirer lentement et qui subit des dommages l'obligeant à réduire sa vitesse à 20 nœuds. Shima donne alors l'ordre de changer de cap, poursuivi par les Américains.
7 h 07 : Les croiseurs *Denver* et *Columbia* et 3 destroyers ouvrent le feu sur le destroyer nippon *Asagumo,* déjà avarié, et l'envoient par le fond. A 7 h 23, arrêtant la poursuite, ils font route vers l'entrée nord du détroit de Surigao. Touché à 8 h 45 par des avions américains, le croiseur *Mogami* sera mis hors de combat à 9 h 10 et coulé par un destroyer nippon à 12 h 30.
La grande escadre de Kurita (le super-cuirassé *Yamato,* les cuirassés *Nagato, Kongo* et *Haruna,* les croiseurs lourds *Caokai, Chikuma, Tone, Kumano, Suzuya, Haguro,* 2 croiseurs légers et 11 destroyers) descend à l'est de l'île de Samar, mettant le cap, comme prévu, sur le golfe de Leyte. Dans cette zone, le vice-amiral Kinkaid dispose de 16 porte-avions d'escorte, non cuirassés, et de 21 destroyers.
Ces forces sont scindées en 3 groupes : *Taffy* 1 au sud, vers l'île de Mindanao (contre-amiral Sprague), *Taffy* 2 au centre, face au golfe de Leyte (contre-amiral Stump), *Taffy* 3 au

Touché par un kamikaze, le porte-avions américain St-Lo *s'embrase.*

Le cuirassé nippon Yamashiro *touché par des torpilles américaines au cours de la bataille de Leyte : il coulera peu après.*

nord, devant Samar (contre-amiral Spruance). C'est ce groupe, avec ses 6 porte-avions d'escorte et ses 7 destroyers, qui sera surpris par l'escadre du vice-amiral Kurita.

7 h 01 : Le *Yamato* ouvre le feu à 30 000 m, aussitôt imité par d'autres cuirassés. La surprise a été possible, car Kinkaid pensait que la *Task Force* 38 se trouvait encore au nord de *Taffy* 3, alors que Halsey l'a lancée au complet à l'attaque de l'escadre « appât » d'Ozawa, sans en informer Kinkaid, exposant gravement toutes les forces américaines.

Spruance réclame de l'aide, tandis qu'il dirige ses porte-avions à l'est pour lancer tous ses appareils disponibles. Le *White Plains* et le *St-Lo* sont sévèrement touchés.

Les Américains lancent des rideaux fumigènes, de sorte qu'eux aussi se retrouvent enveloppés de fumée.

7 h 20 : Les destroyers américains *Hoel, Heermann* et *Johnston* se défendent courageusement en lançant des torpilles. Le croiseur lourd *Kumano,* touché, s'embrase et ne pourra plus participer à la bataille. Le destroyer *Johnston* est sévèrement atteint par 3 projectiles de 355 mm et par d'autres de 152 mm. Le cuirassé nippon *Kongo,* attaqué avec des torpilles par le destroyer *Hoel,* réussit à les esquiver et à frapper son agresseur, qui est presque entièrement détruit.

7 h 50 : Le destroyer *Hoel* lance ses dernières torpilles (il sombrera peu après) contre le croiseur *Haguro,* mais sans l'atteindre, tandis que, simultanément, le *Heermann* lance également contre ce dernier une torpille, mais le manque. Il attaque ensuite les gros cuirassés nippons, qui ripostent par un déluge de coups, miraculeusement évités.

7 h 54 : Le super-cuirassé *Yamato* s'éloigne, se plaçant en arrière du restant de l'escadre nippone.

Entre-temps, à 7 h 50, l'escadre nippone est attaquée par de petits destroyers d'escorte américains *Roberts, Butler, Dennis* et *Raymond,* assistés du *Heermann,* du *Johnston,* très endommagé, et par les avions des *Taffy* 3 et *Taffy* 2 (le plus proche de l'escadre américaine surprise par Kurita).

8 heures : Tandis que les petites unités américaines sèment le désordre dans la formation nippone, une bombe lancée d'un avion touche le croiseur *Haguro,* mettant hors d'usage l'une des tourelles de tir.

8 h 30 : Le petit destroyer d'escorte *Raymond* attaque le croiseur *Tone,* l'obligeant à interrompre son tir.

9 heures : Le *Chokai* et le *Chikuma,* atteints par les avions américains, sont mis hors de combat et couleront peu après.

9 h 07 : Le porte-avions d'escorte *Gambier Bay,* frappé à plusieurs reprises, se retourne et coule. En outre, le *Kalinin*

Un croiseur accoste le porte-avions Princeton, *touché par une bombe.*

CVE 27 Suwanee (États-Unis)

Bay et les 7 destroyers sont également endommagés.
9 h 15 : Le porte-avions d'escorte *Fanshaw Bay* est touché à plusieurs reprises par les cuirassés et croiseurs nippons, comme l'est peu après le *St-Lo,* tandis que le destroyer d'escorte *Roberts* est mis hors de combat.
10 h 05 : Le destroyer américain *Roberts* sombre.
10 h 10 : Le destroyer *Johnston* coule aussi, alors que, déjà percuté, il se lance contre le croiseur léger nippon *Yahagi* et ses destroyers d'escorte.
Kurita donne l'ordre de se replier provisoirement au nord. A 11 h 47, il ordonne de faire route sur le golfe de Leyte ; à 12 h 15, il décidera de mettre le cap au nord-ouest, et, à 12 h 36, ordonnera le retrait vers le nord. Des avions nippons ayant appareillé des îles voisines ont, pendant ce temps, attaqué le porte-avions d'escorte *Santee.* Un kamikaze l'a sévèrement touché, tandis qu'un autre atteignait également le *Suwannee.*
10 h 51 : Le porte-avions d'escorte *St-Lo,* déjà avarié, est achevé par un kamikaze. Il coulera à 11 h 25.
11 h 10 : Le *Kalinin Bay* est endommagé par un avion-suicide. Le soir, le contre-torpilleur *Eversole,* qui croise à la recherche des naufragés, est coulé par un sous-marin nippon qui, à son tour, sera envoyé par le fond par des charges de grande profondeur du contre-torpilleur *Whitehurst.*
Les appareils des porte-avions d'escorte *Kitkun Bay, Manila Bay* et *Kadashan Bay,* ainsi que les porte-avions lourds *Wasp, Hornet* et *Hancock* (de la *Task Force* 38) se lancent à la poursuite de l'escadre de Kurita, sur laquelle ils arrivent entre 12 h 45 et 13 h 10.
Ils endommagent plusieurs unités nippones, mais n'en coulent aucune.
13 h 22 : Le croiseur lourd nippon *Suzuya* sombre à la suite des avaries subies précédemment.
21 h 40 : Un avion de reconnaissance du porte-avions *Independence* repère encore l'escadre de Kurita en train de se retirer à travers le détroit de San Bernardino.

Contre la flotte « appât »

Zuiho de la classe Shoho

25 octobre
2 h 08 : Un avion de reconnaissance nocturne américain repère l'avant-garde de l'escadre « appât » du vice-amiral Ozawa.
7 h 10 : 180 appareils, chasseurs, bombardiers et avions-torpilleurs décollent des porte-avions du vice-amiral Mitscher.
8 heures : Les avions américains sont sur leur objectif et lancent les attaques, touchant les porte-avions *Zuiho, Chitose* et *Zuikaku.*
Vers 9 heures : Le destroyer *Akitsuki* coule.
9 h 37 : Le porte-avions *Chitose* sombre également.
9 h 45 : Arrivée d'une nouvelle vague d'avions américains.
10 h 18 : Le porte-avions *Chiyoda,* déjà touché par plusieurs bombes, est immobilisé par une torpille, puis c'est au tour du croiseur léger *Tama* d'être atteint, mais il réussit à fuir à petite vitesse. Le *Chiyoda* sombrera ensuite.
13 heures : Troisième vague d'avions américains. Au bout de quelques minutes, 3 torpilles atteignent le *Zuikaku,* tandis que le *Zuiho* est endommagé par 3 bombes.
13 h 10 : 40 avions attaquent le *Zuiho,* qui est touché à plusieurs reprises.
13 h 30 : A nouveau attaqué, le *Zuiho* est frappé à mort.
14 h 14 : Le porte-avions léger *Zuikaku* se retourne et coule.
14 h 45 : Arrivée d'une quatrième vague d'avions américains. Ils attaquent le cuirassé *Ise,* mais sans l'atteindre, touchant par contre pour la énième fois le *Zuiho.*
15 h 26 : Le porte-avions léger *Zuiho* sombre.
Avant le soir, les Américains lancent deux autres vagues contre l'escadre d'Ozawa, en vain.
Au cours des actions de poursuite et autres conduites les 26 et 27 octobre, la marine et l'aviation américaines couleront encore : les croiseurs légers *Noshiro, Abukuma, Kinu* et *Tama* (d'abord touché par les avions, il sera achevé par un sous-marin), le navire-support d'hydravions *Akitsishima,* les destroyers *Shiranuhi, Yamagumo, Hatzusuki, Hayashimo, Wakaba, Nowaki, Uranami.*

(suite de la page 607)
nement arrêté, au sud, dans le secteur de la VIIe armée américaine, la 3e division (6e corps américain) accentue sa pression sur la route de Saint-Dié.

La 45e division (6e corps américain) occupe le village de Mortagne, sur la rive de la rivière du même nom tenue par les Allemands. Le général de Lattre de Tassigny, commandant la Ire armée française, donne les directives de l'opération « Independence », qui a pour but la prise de Belfort, non loin de la frontière suisse, sur la route de Salzbourg-Mulhouse-Lyon.

Front italien. Tandis que la 6e division blindée sud-africaine s'empare du col del Termine et que la 78e division du 13e corps britannique renforce ses positions sur le mont Spadura, la 61e brigade de la 6e division blindée britannique atteint le mont Orsaro, entre la Parma et la Magra.

Dans le secteur de la VIIIe armée britannique, la 10e division indienne fonce vers le Ronco en tenant le flanc gauche du 5e corps.

Birmanie. Jusqu'alors unifié, ce théâtre d'opérations se scinde en deux secteurs : l'un indo-birman, l'autre chinois. Le commandement de ce dernier est provisoirement assumé par le général américain Chennault, avant d'être confié au général Wedemeyer.

Pacifique. Bataille du golfe de Leyte. La 7e flotte américaine attaque et détruit, dans la nuit du 25, des unités ennemies se dirigeant sur Leyte, par le détroit de Surigao. Après avoir attaqué une autre escadre ennemie, la IIIe flotte américaine poursuit vers le nord une troisième escadre qui, à dessein, l'attire loin de Leyte et du bras de mer de San Bernardino (entre Samar et Luçon), pour permettre à d'autres escadres nippones de pénétrer dans les eaux de Leyte et d'attaquer les forces de débarquement.

Philippines. Leyte. Un escadron du 7e régiment de cavalerie de la 1re division, parti de Tacloban, traverse le détroit de San Juanico et débarque sur l'île de Samar, à La Paz, barrant la route de Basey et repoussant un assaut nocturne des Japonais. Le gros de la division progresse au nord sur la route n° 1 jusqu'à Guintiguian, où se trouve l'ouverture nord du détroit de San Juanico : l'objectif visant à empêcher les mouvements de la 16e division nippone entre Leyte et l'île voisine de Samar est donc atteint. Au sud de Tacloban, dans le secteur du 24e corps américain, le 383e régiment d'infanterie de la 96e division doit se borner à des activités de patrouille faute de ravitaillement, tandis que le 17e régiment d'infanterie de la 7e division nettoie Burauen, se portant ensuite au nord sur Dagami.

Au nord-ouest de l'aérodrome de San Pablo, près de Burauen, les Japonais obligent une partie du 32e régiment d'infanterie américain à se replier.

Des fantassins de la VIIe armée américaine avancent en combattant dans les ruines de Dannemarie (Bas-Rhin).

25 octobre

Front soviétique. Le Front de Carélie (Meretzkov) se porte de Petsamo (aujourd'hui Petchenga), sur l'océan Glacial Arctique, en Norvège, enlevant la ville de Kirkenes.

Europe occidentale. Aux Pays-Bas, les Canadiens poussent lentement leur avance le long de l'isthme de Beveland Sud, tandis que plus à l'est la 104e division américaine (1er corps britannique) marche sur Zundert, juste à la frontière hollandaise, sur la route Anvers-Breda.

Dans le secteur du 15e corps de la VIIe armée américaine, la 44e division soutient les contre-attaques de la XIXe armée allemande. Le général Truscott est remplacé à la tête du 6e corps américain par le général Brooks, qui avait commandé auparavant le 5e corps.

Front italien. A droite du dispositif allié, le 5e corps britannique atteint le Ronco, depuis les hauteurs face à Meldola jusqu'à la route n° 9. Des unités de la 4e division prennent sans coup férir Forlimpopoli. Dans la nuit du 25 au 26, la 10e division indienne réussit à constituer une petite tête de pont au-delà du Ronco, au sud et au nord de Meldola.

Birmanie. Descendant de la haute Birmanie, la 29e brigade de la 36e division britannique, parvenue à 40 km environ au-delà de Namma, se heurte à une forte résistance nippone dans la zone de Mawpin.

Pacifique. Bataille du golfe de Leyte. Les avions des IIIe et VIIe flottes américaines attaquent la flotte combinée nippone, qui bat en retraite, harcelée par les unités américaines.

Philippines. Leyte. Dans le secteur nord, où opère le 10e corps américain, des éléments de la 1re division de cavalerie atteignent la baie de Carigara, sur la côte nord de l'île, ne rencontrant que des forces nippones négligeables.

Au sud, dans le secteur du 24e corps, un assaut des détachements du 19e régiment d'infanterie américain contre la petite ville de

Tabontabon est repoussé par les Japonais. Le 382e régiment d'infanterie enlève Aslom et Kanmonhag, le 17e, quelques villages, mais ne réussit pas à progresser vers Nagami, au nord de Burauen.

26 octobre

Front soviétique. En Hongrie, le 2e Front d'Ukraine (Malinovski) et le 4e (Petrov) se rejoignent près de Moukatchevo, dans le sud. La Ire armée hongroise et la Ire *Panzerarmee* allemande se replient en ordre. On note une certaine stabilisation du front le long de la Tisza, avec un saillant soviétique au nord de la rivière près de Subotica, le long de la voie ferrée Belgrade-Budapest.
Europe occidentale. Aux Pays-Bas, tandis que la 2e division canadienne continue d'avancer vers l'ouest le long de l'isthme du Beveland Sud, la 52e division du 2e corps (Ire armée) effectue une opération amphibie sur les côtes sud du Beveland Sud, réussissant à établir une tête de pont aux environs de Baarland.
Dans le Brabant, la 53e division (12e corps de la IIe armée britannique) progresse au-delà de Bois-le-Duc.
Dans le secteur de la VIIe armée américaine, la 3e division tente toujours, sous un feu meurtrier, d'atteindre Saint-Dié.
Front italien. Activités de patrouille sur toute l'étendue du front de la Ve armée américaine. Dans le secteur de la VIIIe armée britannique, la 10e division indienne (5e corps) renforce la tête de pont au-delà du Ronco ; la rivière en crue interdit par ailleurs les opérations de la 4e division sur la rive méridionale. Le 1er corps canadien est immobilisé par les pluies.
Birmanie. La 22e division chinoise, qui progresse au centre du front de la Birmanie du Nord, atteint, à 40 km au sud-est de Hopin, le terrain d'aviation « Broadway » déjà utilisé par les Chindits et s'y arrête quelques jours.
Pacifique. Bataille du golfe de Leyte. La grande bataille de 4 jours, sur laquelle les Japonais avaient tant compté, prend fin ; le bilan est extrêmement lourd. Torpilles, bombes et projectiles d'artillerie ont coulé : 3 cuirassés (le super-cuirassé *Musashi,* déplaçant 72 800 t à pleine charge, le *Fuso* et le *Yamashiro*) ; 4 porte-avions (1 lourd, le *Zuikaku,* et 3 légers, *Chitose, Chiyoda* et *Zuiho*) ; 6 croiseurs lourds *(Maya, Atago, Chikuma, Chokai, Suzuya, Mogami)* ; 4 croiseurs légers *(Tama, Abukuma, Noshiro, Kinu)* ; 10 destroyers *(Asagumo, Shiranuhi, Wakaba, Michishio, Yamagumo, Akitsuki, Hatzusuki, Hayashimo, Nowaki, Uranami),* plus des bâtiments plus petits.
Les Américains ont perdu le porte-avions léger *Princeton,* les porte-avions d'escorte *St-Lo* et *Gambier Bay,* les destroyers *Hoel* et *Johnston* et les destroyers d'escorte *Eversole* et *Samuel B. Roberts,* plus 2 sous-marins (l'un des deux ayant coulé par suite d'un fonctionnement défectueux de ses propres torpilles). De nombreuses autres unités ont été plus ou moins endommagées (en grande partie par des avions-suicide) : parmi elles, 7 porte-avions d'escorte, 1 croiseur léger, 8 destroyers, 2 péniches de débarquement et 1 pétrolier.
Philippines. Leyte. Dans le secteur nord, les Américains venant du nord progressent lentement dans la vallée de Leyte. Dans le secteur centre-sud, leur tentative pour enlever la colline Catmon, sur la côte, au nord de Dulag, est contenue par les Japonais qui retirent ensuite une grande partie de leur garnison dans cette zone trop exposée. Après avoir triomphé de la tenace résistance nippone, des détachements de la 7e division d'infanterie américaine parviennent aux abords de l'aérodrome de Buri. Les Japonais débarquent 2 000 hommes sur leur base d'Ormoc.
Iles Palau. A Peleliu, la résistance obstinée des Japonais dans la poche du mont Umurbrogol ne semble aucunement fléchir, bien que la garnison-suicide ne tienne plus que quelques rares positions dans des grottes, la poche mesurant un peu plus de 500 m dans le sens nord-sud et 330 à 450 m dans le sens est-ouest. Mais la résistance est favorisée par le terrain et le mauvais temps.

27 octobre

Front soviétique. Le 4e Front d'Ukraine (Petrov) enlève Oungvar (aujourd'hui Oujgorod) à la frontière nord-orientale de Hongrie.
Europe occidentale. Aux Pays-Bas, la 52e division canadienne (2e corps de la Ire armée) étend vers Oudelande la tête de pont créée sur la côte sud du Beveland Sud, près de Baarland ; la 2e division canadienne atteint le canal Beveland. Plus à l'est, dans le secteur du 1er corps britannique, la 4e division blindée canadienne entre à Bergen op Zoom.
Sur le secteur droit du front, où opère la Ire armée canadienne, des détachements de la 104e division, appuyés par les blindés britanniques, prennent Zundert d'assaut. A l'ouest de Venlo, les parachutistes de la Ire armée allemande lancent une soudaine et violente attaque vers Asten, dans le secteur tenu par la 7e division blindée américaine (8e corps de la IIe armée britannique) à qui ils reprennent les positions conquises le long du canal Deurne et du canal du Nord. Les unités allemandes atteignent Meiel, enfonçant les lignes alliées également à Heitrak, sur la route Deurne-Meiel et près de Nederweert, mais la brèche sera vite comblée par la 7e division blindée.
A Vittel, à une cinquantaine de kilomètres au sud de Nancy, le général de Lattre de Tassigny, commandant la Ire armée française, présente le plan de l'opération « Independence » à son supérieur direct, le général américain Devers, commandant le VIe groupe d'armées, qui l'approuve. L'action française contre Belfort se déroulera simultanément avec l'offensive générale alliée, début novembre.
Front italien. La 26e brigade blindée du 12e corps britannique (Ve armée américaine) occupe Rocca San Casciano, sur la route no 67. Dans le secteur de la VIIIe armée britannique, des unités de la 5e division polonaise *Kresowa* (2e corps) reprennent Predappio Nuovo après en avoir été délogés la veille par une contre-attaque allemande. D'autres troupes, de la 10e division indienne, franchissent le Ronco dans la nuit du 27 au 28.
Chine. Les Japonais relancent l'offensive pour la conquête des bases

aériennes américaines en Chine orientale. Quelques divisions avancent sur Koueilin et Lioutchéou.
Pacifique. Des appareils de 2 escadres de porte-avions américains, sous les ordres des contre-amiraux Sherman et Davison, attaquent les navires et installations côtières ennemis dans les eaux des Philippines centrales et de l'île de Luçon, coulant 2 destroyers. Le cuirassé *California* est attaqué et endommagé par les avions nippons.
Philippines. Leyte. Après un bombardement préalable la nuit durant, des détachements de la 24e division d'infanterie enlèvent, dans le secteur du 10e corps américain, la localité de Pastrana, dont ils entament le nettoyage. Dans le secteur du 24e corps, nouvel assaut de la 96e division contre Tabontabon ; un bataillon pénètre dans la ville, où il est isolé par une violente contre-attaque nippone. La 7e division, rencontrant une faible résistance, occupe l'aérodrome de Buri. Le 17e régiment d'infanterie progresse vers Dagami, arrivant à 2 km au sud de la ville.

28 octobre
Signature à Moscou de l'armistice entre la Russie et la Bulgarie. Celle-ci retire ses troupes de la Macédoine yougoslave et de la Grèce, désormais placées sous commandement soviétique (ce qui était déjà une situation de fait) de façon à participer aux opérations contre le *Heeresgruppe* E. Le montant des dédommagements sera fixé ultérieurement.
Yougoslavie. Les partisans de Tito enlèvent Split, en Dalmatie.
Europe occidentale. Avec l'offensive alliée du XIIe groupe d'armées du général Bradley, prévue pour le début novembre, Eisenhower s'est fixé 3 objectifs : éliminer tout nid de résistance allemande à l'ouest du Rhin, établir des têtes de pont au-delà du fleuve et pénétrer au cœur de l'Allemagne. La 104e division américaine du 1er corps britannique enlève Rijsbergen, à mi-chemin entre Zundert et Breda. Plus à l'est, Tilburg tombe aux mains des Alliés (12e corps), tandis qu'entre Eindhoven et Venlo la 7e division blindée américaine tente de reprendre Meiel, d'où elle a été délogée la veille par une contre-attaque allemande.
France. Le gouvernement décide de dissoudre les Milices patriotiques et de mettre en congé les F.F.I. qui n'auront pas souscrit un engagement pour la durée de la guerre.
Pacifique. Des avions du *Task Group* du contre-amiral Davison attaquent la flotte nippone dans les eaux de Cebu (Philippines). 2 sous-marins nippons sont coulés. Un destroyer américain est coulé par un sous-marin nippon et le croiseur léger *Denver* endommagé par un kamikaze.
Philippines. Leyte. Dans le secteur du 10e corps américain, on enregistre de durs accrochages à Carigara, sur la côte nord de l'île. Lents progrès américains dans la vallée de Leyte. Dans le secteur du 24e corps, le 382e régiment de la 96e division, après la prise de Tabontabon, poursuit son avance sur Kiling. Dans la zone de Dagami, le 17e régiment d'infanterie progresse lentement, subissant des pertes sévères.

29 octobre
Europe occidentale. Le 2e corps canadien (Ire armée) avance rapidement dans le Beveland : la 52e division atteint Goes. Sur le flanc droit de l'armée, le 1er corps, après avoir atteint la route de Bergen op Zoom à Tilburg, se prépare à poursuivre vers le nord. La 1re division blindée polonaise a pris Breda.
Relance de la contre-offensive allemande dans le secteur compris entre Eindhoven et Venlo : des unités de la 7e division blindée américaine doivent abandonner Liessel, à l'est d'Asten, sur la route Meiel-Deurne. Dans le secteur de la IIIe armée américaine, des détachements de la 90e division occupent une bonne partie de Maizières-lès-Metz.
Birmanie. Secteur indo-birman : dans le nord de la Birmanie, la 36e division britannique, après une pause de quelques jours à Mawpin, reprend sa route vers le sud le long de la voie ferrée qui va de Myitkyina à Mandalay.
Sur le front de la Salouen, les troupes chinoises, avec l'appui de la 14e force aérienne américaine, reprennent l'offensive contre Loungling. La pointe avancée est constituée par la 200e division chinoise.
Pacifique. Une escadre de porte-avions américains, commandée par le contre-amiral Bogan, attaque les objectifs ennemis dans la zone de Manille, sur l'île de Luçon. Dans les eaux de Leyte, le porte-avions *Intrepid* est sévèrement touché par un kamikaze.
Leyte. Les Américains continuent d'avancer dans la vallée de Leyte. Sur la côte, au nord de Dulag, la colline Catmon (en réalité, une succession de reliefs), presque entièrement dégarnie par les Japonais, est aisément prise par les éléments de la 96e division. Au centre de l'île, les attaques continuent contre Dagami. Parti de Burauen, un bataillon du 32e régiment d'infanterie avance vers le sud sans rencontrer de résistance, atteignant la petite ville côtière de Abuyog.

30 octobre
Europe occidentale. Dans le secteur sud-est, où opère la VIIe armée américaine, des détachements de la 45e division enlèvent Saint-Benoît-la-Chipotte, sur la route Rambervillers-Raon-l'Étape.
Front italien. Dans le secteur du 5e corps britannique (VIIIe armée), la 10e division atteint Meldola, évacuée par les Allemands. Sur le flanc nord du corps, la 4e division tente vainement de faire traverser le Ronco à ses patrouilles.
Pacifique. Les commandements alliés décident une offensive aérienne massive contre les Philippines en vue de l'invasion de Mindoro. Y participeront la 5e force aérienne américaine et la 13e australienne, ainsi que les appareils embarqués sur les porte-avions des IIIe et VIIe flottes américaines et les super-bombardiers B-29 de la 20e force aérienne américaine.
Dans les eaux de Leyte, le porte-avions américain *Franklin* et le porte-avions léger *Belleau Wood* sont endommagés par des kamikazes.
Philippines. Leyte. Le 17e régiment d'infanterie de la 7e division enlève Dagami, dont il entreprend le nettoyage. La ville a été défendue avec ténacité par les Japonais, dont le

gros des forces est maintenant concentré sur les reliefs au centre nord de l'île. D'Abuyog, sur la côte orientale, les détachements américains descendent vers le sud pour virer ensuite à l'ouest, vers la côte occidentale.

Poste d'artillerie américain dans les environs d'Aix-la-Chapelle.

31 octobre

Front soviétique. En Hongrie, intense activité du 2e Front d'Ukraine (Malinovski), qui force le passage de la Tisza près de Kecskemet et pénètre dans la ville, où se déroulent de très violents combats de rue.
Grèce. Les troupes allemandes évacuent Salonique.
Europe occidentale. A Breskens et à Ostende, dans le secteur de l'Escaut, des unités d'assaut amphibies du 2e corps canadien se préparent à débarquer sur l'île de Walcheren. Le 12e corps (IIe armée britannique) a raison de la résistance allemande dans le secteur de Raamsdonk.
□ Le gouvernement français amnistie Maurice Thorez, secrétaire général du Parti communiste.
Front italien. La 10e division indienne (5e corps de la VIIIe armée britannique) fonce vers la rivière Rabbi sur la trace des Allemands en retraite. La 4e division établit deux têtes de pont au-delà du Ronco, entre Selbagnone et la route nº 9.
Birmanie. Dans le secteur nord, la 36e division britannique occupe Mawlu, cependant que la résistance nippone se durcit.
Chine. Le général Wedemeyer prend le commandement des forces américaines sur le théâtre d'opérations chinois, avec pour tâche principale de diriger les opérations aériennes en Chine, en Birmanie et dans le Pacifique.
Philippines. Leyte. D'Abuyog, des détachements du 24e corps américain traversent le centre de l'île, se dirigeant vers Baybay, sur la côte occidentale. Dans le secteur du 10e corps, au nord, les Américains nettoient la zone de Jaro, près de Tacloban.

1er novembre

Front soviétique. Le 3e Front d'Ukraine achève la conquête de Kecskemet, au sud-est de Budapest.
Grèce. Après l'évacuation de Florina, tout le territoire grec est libéré, à l'exception de quelques îles qui n'ont pu être évacuées. Les garnisons allemandes de Rhodes, de la Crète occidentale, de Milo et des petites îles (Léros, Coo, Piskopi et Simi), au total 20 000 hommes, ne déposeront les armes qu'aux derniers jours du conflit : celles de Rhodes et de Simi le 1er mai 1945, les autres le 9 mai 1945.
Europe occidentale. Le 2e corps canadien déclenche l'attaque générale de l'île de Walcheren, en vue du déblocage définitif de l'estuaire de l'Escaut, défendu par la 70e division d'infanterie allemande (dite *« Weissen Brot »* en raison de l'alimentation spéciale prévue pour ses soldats, tous malades de l'estomac). La 4e brigade canadienne et la 4e brigade spéciale, sous le commandement de la 52e division, traversent l'estuaire sur la côte sud à proximité de Flessingue, investie et en partie enlevée par les assaillants. Des commandos de la brigade spéciale, partis d'Ostende, débarquent sur l'île de Walcheren près de Westkapelle ; certains éléments se portent au nord-est le long de la côte, d'autres se dirigent au sud-est sur Flessingue. La couverture aérienne des bombardiers basés en Grande-Bretagne, prévue pour l'attaque du 2e corps canadien à Walcheren et dans le Beveland Sud, est annulée à cause du mauvais temps, tandis que l'appui de la marine ne donne quasiment aucun résultat, vu l'intensité du feu ennemi (sur les 28 embarcations opérant sur le flanc oriental, 9 sont coulées et 11 sérieusement endommagées) et la quantité de mines infestant les côtes.
Dans le secteur de la IIIe armée américaine, la 5e division du 20e corps réoccupe la tête de pont d'Arnaville au sud de Metz, relevant la 95e division. Le 12e corps lance des attaques limitées avec des éléments de la 8e division pour franchir la Seille, enlevant Létricourt et Abaucourt.
La 2e division blindée française (15e corps de la VIIe armée américaine) entre à Bertrichamps. Dans le secteur du 6e corps américain arrive la 100e division, qui remplacera la 45e sur le flanc nord. Le 15e régiment de la 3e division occupe La Bourgonce, au nord-ouest de Saint-Dié.
Front italien. Dans le secteur de la VIIIe armée, la 10e division indienne (5e corps britannique) traverse le Rabbi près de Collina, enlevant Gusignano, tandis que la 4e division est arrêtée non loin de l'aérodrome de Forli.

Philippines. Leyte. Des transports rapides nippons débarquent renforts (2000 hommes) et ravitaillement à Ormoc, principale base nippone à Leyte. Le général Yamashita, commandant en chef des troupes nippones aux Philippines, met sur pied la XXXVe armée, forte des 16e, 30e et 102e divisions, sous les ordres du général Suzuki.

2 novembre

Europe occidentale. A Walcheren les Allemands résistent toujours, tandis que la 157e brigade de la 52e division britannique y relève les unités de la 2e division canadienne (2e corps). Flessingue est libérée. Après un intense bombardement préliminaire, le 1er corps passe à l'attaque, tandis que la 104e division établit une tête de pont dans le secteur de Standdaarbuiten.

Dans le secteur du 8e corps (IIe armée britannique), des éléments de la 7e division blindée lancent une offensive pour rejeter l'ennemi du canal du Nord.

Front italien. Le commandement de la Ve armée américaine donne les directives (confirmant les ordres oraux du 30 octobre) des futures opérations durant la trêve forcée d'hiver, rappelant la nécessité de consolider le saillant de Bologne.

Dans le secteur de la VIIIe armée britannique, la 128e brigade (46e division) remplace la 10e division indienne, rappelée à la réserve.

Yougoslavie. Les partisans de Tito occupent le port dalmate de Zadar (Zara).

Birmanie. Au nord-ouest du pays, la 5e division indienne du 33e corps britannique élimine un nid de résistance nippon, baptisé Vital Corner, au sud de Tiddim.

Philippines. Leyte. Avec l'occupation par les Américains de toute la vallée de Leyte, au nord-est de l'île, s'achève la seconde phase de la campagne.

Dans le secteur centre sud, où opère le 24e corps, le 382e régiment d'infanterie de la 96e division est durement accroché par les Japonais à l'ouest de Dagami ; des détachements de la 7e division d'infanterie atteignent en fin de soirée Baybay, sur la côte ouest.

Pacifique. Iles Palau. Le temps s'améliorant, les Américains reprennent, mais sans succès, leurs attaques en vue de liquider la poche japonaise du mont Umurbrogol.

3 novembre

Front soviétique. Les détachements du *Heeresgruppe* E (Löhr) continuent à décrocher lentement dans les Balkans. Les Fronts soviétiques Sud accentuent leur pression en Hongrie, tandis que dans le secteur nord le restant du *Heeresgruppe* Nord (Schörner) ne tient plus que la Courlande et l'île de Saaremaa, ainsi que quelques petites îles dans le golfe de Riga.

Europe occidentale. Fin de la résistance allemande dans la poche de Breskens : cette longue bataille a coûté à la 3e division canadienne 2077 hommes, soit 314 tués, 231 disparus plus les blessés, et aux Allemands 12500 prisonniers. Sur l'île de Walcheren, la progression de la 52e division est assez rapide. Les forces d'assaut en provenance de Westkapelle et de Vlissingen (Flessingue) font leur jonction. La 104e division étend sa tête de pont, tandis que la 1re division polonaise en établit une près de Zevenbergen sur le flanc droit du 2e corps d'armée et que, sur la gauche, la 4e division blindée canadienne améliore ses positions dans le secteur même de Zevenbergen.

Birmanie. Sur le front chinois de la Salouen, la 1re division chinoise reprend Loungling après de durs combats. Au nord, la 22e division atteint l'Irraouaddi, aux abords de Shwegu.

Philippines. Leyte. Bloqués par la dure résistance japonaise à l'ouest de Dagami, sur un relief baptisé Bloody Ridge, des détachements de la 96e division d'infanterie américaine doivent battre en retraite. Dans la nuit du 4, une violente contre-attaque nippone est repoussée.

Iles Mariannes. Des avions japonais lancent une série de raids contre les bases aériennes américaines de Saipan et Tinian, d'où les bombardiers lourds partent à l'attaque du Japon.

4 novembre

Front soviétique. En Hongrie, le 2e Front d'Ukraine (Malinovski) enlève Cegled et Szolnok, sur la ligne ferroviaire Debrecen-Budapest, non loin de la capitale. Les fortes pluies et la résistance grandissante des Germano-Hongrois ont quasiment stoppé la poussée soviétique.

En Yougoslavie, les partisans de Tito ont pris Sibenik, sur la côte dalmate.

Europe occidentale. Le premier dragueur de mines allié atteint le port d'Anvers d'où, avec de nombreuses autres unités, il entamera le nettoyage de tout l'estuaire de l'Escaut. La 52e division britannique et les groupes de commandos éliminent les poches de résistance sur l'île de Walcheren.

Dans le secteur central du 1er corps britannique, les 49e et 104e divisions continuent d'avancer au nord vers la Meuse : à droite, la 1re division blindée polonaise enlève Geertruidenberg, tandis qu'à gauche Steenbergen est encerclée.

La 3e division du 6e corps (VIIe armée américaine) continue d'avancer à l'ouest de Saint-Dié, dans la forêt de Mortagne.

Une unité d'infanterie allemande en position à la frontière hongroise.

Birmanie. Au nord-ouest du pays, la 5e division indienne (33e corps britannique) occupe le pic Kennedy, autre îlot de résistance japonaise au sud de Tiddim.
Philippines. Leyte. Dans la crainte d'une contre-attaque nippone par la mer, le 10e corps reçoit l'ordre de se regrouper et de se placer en position défensive dans la zone de Carigara, au nord de l'île. Dans le secteur du 24e corps, des détachements de la 96e division d'infanterie américaine réitèrent leurs attaques portées contre le Bloody Ridge, à l'ouest de Dagami, réalisant une avance de presque 1 km. De nouvelles contre-attaques nocturnes des Japonais sont contenues sous le feu d'enfer de l'artillerie : les assaillants nippons perdent 254 hommes. Depuis le 1er novembre, 1 destroyer américain a été coulé et 4 autres, plus le croiseur léger *Reno,* endommagés dans les eaux de Leyte par des bombardiers, kamikazes et sous-marins japonais.

ALEXIS CARREL

Malade du cœur depuis longtemps, le chirurgien et physiologue français Alexis Carrel s'éteint à Paris le 5 novembre.
Né à Sainte-Foy-les-Lyon en 1873, Carrell obtient son diplôme de docteur en médecine en 1900, à l'université de Lyon. Il s'est spécialisé dans la chirurgie des vaisseaux sanguins. Les polémiques engendrées par ses expériences l'incitent à quitter la France. Installé aux États-Unis, il travaille au Rockefeller Institute for Medical Research. Là, il reprend ses expériences sur les sutures et les greffes de vaisseaux, puis il étend ses recherches à la chirurgie cardiaque et à la culture des tissus et des organes *in vitro.* Son travail lui vaut en 1912 le prix Nobel de médecine et de physiologie. Pendant la Première Guerre mondiale, il devient chirurgien militaire, et utilise avec succès une solution désinfectante (solution de Carrel-Dakin), qui permet d'éviter bien souvent l'amputation.
Après la guerre, grâce à la collaboration de l'aviateur C. A. Lindbergh, il réussit à cultiver *in vitro* quelques organes isolés, comme le rein ou la thyroïde.
Son ouvrage, *Man, the unknown* (L'homme, cet inconnu), lui confère une notoriété internationale.
De retour en France, il accepte pendant l'Occupation de diriger La Fondation française pour l'étude des problèmes humains, ce qui lui vaudra d'être accusé de collaboration après la Libération.

5 novembre
Europe occidentale. Dans le secteur de l'Escaut, le 2e corps de la Ire armée canadienne poursuit sa rapide progression sur l'île de Walcheren.
La 5e division du 12e corps (IIe armée britannique) dégage la rive méridionale de la Meuse. Dans le secteur du 8e corps, la 7e division blindée approche de la zone de Meiel par le sud et la 15e division par le nord.
La 3e division algérienne (2e corps de la Ire armée française) poursuit l'offensive en direction de Gérardmer, enlevant Rochesson et Menaurupt.
Les unités des autres armées alliées prennent position en vue de l'offensive générale vers le Rhin.
Philippines. Leyte. Nouveaux assauts du 382e régiment d'infanterie de la 96e division américaine contre le Bloody Ridge, à l'ouest de Dagami. Les blindés et l'artillerie contraignent les Japonais à un léger repli.
Luçon. Une escadre de porte-avions américains sous les ordres du vice-amiral McCain déclenche une attaque 2 jours durant contre la flotte et les aérodromes ennemis, dans la zone nord et les eaux de Luçon. Le croiseur lourd nippon *Nachi,* endommagé à la suite d'une collision avec le croiseur *Mogami* au cours de la bataille du golfe de Leyte, est coulé par l'aviation américaine. Le porte-avions *Lexington* est touché par un avion-suicide.

6 novembre
Europe occidentale. Le 2e corps de la 1re division canadienne enlève Middelburg, principal centre de l'île de Walcheren : pris par surprise, le général Daser, commandant la garnison, se rend avec 2000 hommes.
Dans le secteur du 1er corps britannique, la 1re division blindée polonaise, avec le soutien d'unités de la 104e division américaine, déclenche l'offensive contre Moerdijk.
Front italien. La 8e division indienne (12e corps de la Ve armée américaine) s'empare du mont Monsignano.
Dans le secteur oriental (8e division britannique), le 2e corps polonais pousse son avance, s'emparant de Chiodo et Pratello (3e division des Carpates) et du mont Testa à l'est de Dovadola (5e division Kresowa).
Birmanie. Traversant l'Irraouaddi, un régiment de la 22e division chinoise écrase la faible résistance nippone à Shwegu.
Chine. Les Japonais assiègent Kouenming, ville importante de la Chine du Sud-Ouest, capitale de la province du Yunnan.
Philippines. Leyte. La crainte d'une contre-attaque amphibie des Japonais se révélant non fondée, le 10e corps américain reçoit l'ordre du général Krueger de se porter immédiatement à Ormoc. Dans le secteur du 24e corps, le 382e régiment d'infanterie de la 96e division prend d'assaut le Bloody Ridge, à l'ouest de Dagami, sauf quelques rares poches isolées, qui résistent toujours.

7 novembre
Europe occidentale. Le commandement de la Ire armée canadienne assume le contrôle direct des opérations finales destinées à l'occupation de l'île de Walcheren.
Les Allemands résistent encore à Moerdijk sur le chenal de Hollande (Hollandsch Diep), à une vingtaine de kilomètres de Breda.
Dans le secteur de la Ire armée américaine, après une série de furieu-

ses contre-attaques de la Vᵉ *Panzerarmee* allemande, la 28ᵉ division du 5ᵉ corps est retirée de la tête de pont établie sur la Kall.
Le général Patton (IIIᵉ armée américaine) fixe au 8 novembre le déclenchement de l'offensive sur le Rhin, bien que les pluies torrentielles ne permettent pas pour l'instant l'intervention de l'aviation.
Front italien. Dans le secteur de la VIIIᵉ armée, après un intense tir d'artillerie, le 5ᵉ corps passe à l'attaque de Forli. Tandis que la 4ᵉ division se lance à l'assaut de l'aérodrome, la 46ᵉ division, à gauche du dispositif, avance vers San Martino in Strada.
États-Unis. Franklin Roosevelt est réélu président des États-Unis pour un quatrième mandat : tout est mis en œuvre pour cacher à l'opinion publique mondiale son état de santé irrémédiablement compromis (il mourra le 12 avril 1945).
Birmanie. Dans la zone nord, la 22ᵉ division chinoise enlève Shwegu : tandis qu'une partie reste pour défendre la ville, un régiment se porte sur Mantha.
Philippines. Leyte. Du nord, le 10ᵉ corps commence son avance sur Ormoc. Des détachements des 24ᵉ et 19ᵉ divisions d'infanterie américaines attaquent les positions ennemies un peu au sud-ouest de Carigara, après une massive préparation d'artillerie, mais sont repoussés avec des pertes sensibles. Dans le secteur du 24ᵉ corps américain, le 382ᵉ régiment d'infanterie de la 96ᵉ division a pris entièrement le Bloody Ridge, tuant quelque 480 Japonais.

8 novembre
Europe occidentale. La Iʳᵉ armée canadienne achève la conquête de l'île de Walcheren. Les derniers défenseurs se rendent, ce qui porte à 8000 le nombre des prisonniers faits par les Alliés au cours des opérations dans l'estuaire de l'Escaut, destinées à débloquer le port d'Anvers.
Le 12ᵉ corps du général Gillem, fort de la 102ᵉ division (sauf le 406ᵉ régiment) et de la 84ᵉ entre en ligne, prenant position à gauche du dispositif du XIIᵉ groupe d'armées.
Début de l'offensive de la IIIᵉ armée américaine du général Patton contre la Sarre. Le 20ᵉ corps met le point final aux préparatifs de l'attaque de la zone de Metz, confiée aux 90ᵉ, 95ᵉ et 1ʳᵉ divisions blindées ; à l'aube, le 12ᵉ corps, fort des 80ᵉ, 35ᵉ et 26ᵉ divisions blindées, passe à l'offensive en direction de la Seille.
Front italien. Dans le secteur est du front, la 3ᵉ division Carpatica (2ᵉ corps polonais de la VIIIᵉ armée britannique) entre à Dovadola, tandis que la 5ᵉ division Kresowa pousse en direction de Castrocaro. Progrès limités du 5ᵉ corps britannique dans le secteur de Forli.
Birmanie. Sur le front du 33ᵉ corps britannique, la 5ᵉ division indienne achève la reconquête de la zone au sud de Tiddim, occupant Fort White, point d'appui des Japonais, sans rencontrer de résistance.
Philippines. Leyte. Dans le secteur du 10ᵉ corps, on enregistre de violents accrochages, en dépit d'un typhon qui fait rage.

9 novembre
France. Première réunion à Paris de l'Assemblée consultative, élargie à 248 membres, dont 148 pour les mouvements, partis et syndicats représentés au C. N. R.
Europe occidentale. Dans le secteur de la Iʳᵉ armée canadienne, tandis que le 1ᵉʳ corps finit de libérer la région au sud de la Meuse, le 2ᵉ corps prend la responsabilité de la zone de Nimègue (dépendant auparavant du 30ᵉ corps britannique) et le commandement de 2 divisions aéroportées, la 82ᵉ et la 101ᵉ, du 43ᵉ régiment blindé de la Garde et de la 50ᵉ division d'infanterie (en plus de la 8ᵉ brigade blindée opérant à part).
Le 12ᵉ corps (IIᵉ armée britannique), fort de 3 divisions (53ᵉ et 51ᵉ britanniques, 1ʳᵉ belge) et de la 8ᵉ brigade, prend position le long de la Meuse sur le flanc droit du 8ᵉ corps.
Dans le secteur de la IIIᵉ armée américaine, le 20ᵉ corps, soutenu par d'efficaces raids aériens dans la zone entre Metz et Thionville, lance une puissante attaque pour encercler et enlever Metz. La Moselle est atteinte par la 90ᵉ division aux alentours de Malling et par la 95ᵉ à Uckange : dans les deux cas, les Américains réussissent à constituer de solides têtes de pont. Au sud de Metz, la 5ᵉ division franchit la Seille.
Sur le flanc droit du dispositif, les formations du 12ᵉ corps foncent avec la 35ᵉ division, qui, après avoir atteint le village de Delme, avance vers Château-Salins, à quelque 30 km au nord-est de Nancy.
Front italien. La 4ᵉ division (5ᵉ corps de la VIIIᵉ armée) oblige les Allemands à abandonner Forli.
Birmanie. Après la pause observée dans la zone de Mawlu, la 36ᵉ division britannique reprend sa marche.
Chine. Sur proposition du général Wedemeyer, Tchang Kaï-chek ordonne à la « Force du Yunnan » de profiter du moment propice pour attaquer les Japonais en retraite de Loungling à Mang-shih (aujourd'hui Luxi, en Chine occidentale près de la frontière birmane). 3 armées chinoises s'y dirigent.
Philippines. Leyte. Un convoi nippon débarque des renforts à Ormoc, mais, surpris par une attaque aérienne, il doit se retirer avant d'avoir pu débarquer munitions et ravitaillement. Par la suite, ce convoi, comprenant des destroyers affectés à des transports rapides, sera détruit par l'aviation américaine.
Dans le secteur nord-ouest de l'île, le 10ᵉ corps américain poursuit sa lente progression vers Ormoc, repoussé toutefois, çà et là, par des détachements nippons. Les opérations sont gênées par les pluies torrentielles.

10 novembre
Europe occidentale. Poursuite de l'offensive des 20ᵉ et 12ᵉ corps (IIIᵉ armée américaine) respectivement dans les secteurs de Metz et à l'est de Nancy. Tandis que les 3 divisions du 20ᵉ corps (90ᵉ, 95ᵉ et 5ᵉ) avancent dans les zones de Koenigsmacker, dans les têtes de pont d'Uckange et de Malling et au sud de Metz en direction du nord-est, les unités du 12ᵉ corps (6ᵉ division blindée et 80ᵉ division) foncent sur le flanc sud malgré la boue, les mines et le trafic embouteillé qui gêne les mouvements sur les lignes

Soldat américain faisant le guet près de barrages antichars érigés par les Allemands sur la ligne Siegfried.

d'attaque. Des détachements de la 6ᵉ division blindée, avec la 5ᵉ division du 20ᵉ corps, traversent Vigny et Buchy, tandis que la 80ᵉ division progresse de 10 km environ. Sur le flanc droit du 12ᵉ corps, tandis que le 137ᵉ régiment de la 35ᵉ division atteint Viviers après de durs combats, poussant au-delà de Laneuveville-en-Saulnois, les 320ᵉ et 134ᵉ régiments avancent respectivement dans la forêt de Château-Salins et à Gerbécourt.

Birmanie. Dans la zone de Pinwe, le long de la voie ferrée Myitkyina-Mandalay, la 36ᵉ division britannique atteint une des lignes de défense japonaises. Plus à l'est, la 38ᵉ division chinoise contourne les positions nippones le long du Taping dans la zone de Bhamo (sur l'Irraouaddi, au sud de Myitkyina), pénétrant dans la plaine de Bhamo.

Chine. Le corps expéditionnaire japonais s'empare aisément de Koueilin et Lioutchéou qui servent de bases à la 14ᵉ force aérienne américaine, et s'apprête à marcher sur Koueïyang, ville importante et nœud routier au sud de Tchoung-king.

Philippines. Leyte. Les troupes du 10ᵉ corps américain avancent dans les montagnes centrales, où les Japonais se sont retranchés. Près de Carigara, la 24ᵉ division attaque de front une chaîne de montagnes, baptisée Breakneck Ridge, âprement défendue par les Japonais. Des éléments de la division effectuent une opération amphibie, embarquant près de Carigara et débarquant à 11 km à l'ouest de la localité ; ils s'enfoncent ensuite à l'intérieur jusqu'à une crête près du village de Belen. Dans le secteur du 29ᵉ corps américain, le 382ᵉ régiment d'infanterie liquide les derniers foyers de résistance japonaise sur le Bloody Ridge.

11 novembre

Europe occidentale. En vue de l'offensive américaine dans la vallée de la Rur (ou Roer) au nord-est d'Aix-la-Chapelle, les unités de la IIᵉ armée britannique prennent position dans le secteur sud qui leur est assigné. Dans le secteur de la IIIᵉ armée américaine, tandis que se poursuit l'offensive du 20ᵉ corps (entre autres des détachements de la 95ᵉ division réussissent à constituer une tête de pont au-delà de la Moselle près de Thionville et montent à l'assaut de Yutz), la 6ᵉ division blindée, appuyée par la 80ᵉ division (12ᵉ corps), établit 2 têtes de pont sur la Nied. La 35ᵉ division

poursuit son avance à travers la forêt de Château-Salins. Des éléments de la 4e division blindée et de la 26e division poussent en direction du flanc sud du 12e corps, les premiers vers la région comprise entre Conthil et Rodalbe, les seconds atteignant cette dernière localité.
Le commandement du 1er corps de la Ire armée française demande et obtient que le début de l'opération « Independence » contre Belfort soit reporté du 13 au 14 novembre, pour mieux soigner sa préparation.
Birmanie. La 36e division britannique doit s'arrêter après une vaine tentative pour contourner les positions japonaises dans l'importante zone de Pinwe.
Chine. Des appareils de la 14e force aérienne américaine attaquent l'aérodrome de Heng-Tchéou (aujourd'hui Hengyang), conquis par les Japonais, le rendant inutilisable pour les bombardiers.
Pacifique. Une escadre de croiseurs et destroyers américains commandée par le contre-amiral Smith bombarde les aérodromes et les installations côtières japonaises sur l'île d'Iwo Jima. Le bombardement, commencé vers minuit, continue durant la journée du 12, avec la participation d'avions basés à terre. Au large d'Ormoc (île de Leyte), des avions de 3 escadres de porte-avions américains commandés par le contre-amiral Sherman attaquent le convoi qui le 9 a réussi à débarquer des renforts aux défenseurs de Leyte et coulent les contre-torpilleurs *Hamanami, Naganami, Shimakaze* et *Wakatsuki,* plus un dragueur de mines.
Philippines. Leyte. Après une longue préparation d'artillerie, le 21e régiment d'infanterie de la 24e division attaque de nouveau le Breakneck Ridge; il est bloqué par les Japonais peu avant le sommet de la crête.

Le cuirassé allemand Tirpitz *est repéré et photographié par un avion de reconnaissance anglais dans un fjord norvégien, au nord de Trondheim.*

12 novembre

Yougoslavie. Des troupes de la Ire armée bulgare conquièrent Kumanovo, le long de la voie ferrée Skopje-Nis.
Europe occidentale. Destruction du pont de Malling, sur la Moselle, au cours d'une contre-attaque de quelques détachements de la Ire armée allemande, repoussée du reste au prix de lourdes pertes par la 90e division américaine (20e corps d'armée). Le 358e régiment de cette même 90e division américaine atteint la ligne Elzange-Valmestroff en prenant les deux villages. A Cattenom, les Américains commencent à construire un pont sur la Moselle. Secteur du 12e corps d'armée américain : les tentatives allemandes pour bloquer la 80e division dans le triangle compris entre la Nied et le Rotte perdent de leur efficacité quand des détachements de la 6e division blindée américaine tournent l'ennemi sur son flanc sud et traversent le Rotte en trois endroits.
☐ Les survivants de la L. V. F. et de la Milice réfugiés en Allemagne forment la division Charlemagne, versée dans les Waffen S. S. Forte de 7500 hommes, elle prête serment à Hitler et revêt l'uniforme allemand.
Front italien. Le 2e corps d'armée polonais, en liaison étroite avec le 5e corps britannique (VIIIe armée), attaque sur la ligne Castrocaro-Converselle-Santa Lucia, au sud de Faenza.
Norvège. Dans le fjord de Tromsö, au nord du pays, 29 bombardiers Lancaster de la R. A. F. coulent le cuirassé *Tirpitz* (42900 t), sister-ship du fameux *Bismarck,* coulé lui-même en 1941, à 100 km à l'ouest de Brest.
Philippines. Leyte. Secteur du 10e corps d'armée : le 21e régiment d'infanterie de la 24e division conquiert le sommet du Breakneck Ridge, mais ne parvient pas à progresser vers le sud, le long de la route d'Ormoc, en raison de la dure résistance opposée par l'ennemi.

13 novembre

Yougoslavie. La garnison allemande évacue Skopje.
Europe occidentale. Secteur du 20e corps (IIIe armée américaine) : le pont de Cattenom sur la Moselle est ouvert au trafic des véhicules de la 90e division. Sur le flanc sud du corps d'armée, la 5e division marche du nord vers Metz.
Au sud-est de Metz, où opèrent les unités du 12e corps d'armée américain, des détachements de la 6e division blindée, renforcés par le 317e régiment de la 80e division, progressent vers Faulquemont tandis que, plus au sud, des éléments de la 4e division blindée, appuyés par la 35e division, se dirigent vers Morhange, nœud routier important.
Secteur de la VIIe armée : le

15e corps prend l'offensive au nord-est vers Sarrebourg avec deux divisions, la 44e, à gauche du front, et la 79e, à droite, couvertes sur le flanc nord par le 106e régiment de cavalerie. Devant la progression du 6e corps d'armée, les Allemands se préparent à évacuer Saint-Dié.
Front italien. Alors que, sur le flanc gauche du déploiement allié (Ve armée américaine), des unités de la 8e division indienne (12e corps d'armée britannique) prennent le mont San Bartolo, sur la droite, des détachements de la 46e division (VIIIe armée britannique) s'emparent de Varano.
Grèce. Désormais, toute la Grèce est libérée, hormis quelques îles. A la suite d'une modification de l'accord anglo-grec du 9 mars 1942, les forces armées grecques sont placées sous le haut commandement britannique.
Birmanie. Secteur du 23e corps d'armée britannique : la 5e division indienne et la 11e division ouest-africaine se rejoignent près de Kalemyo (à l'est de Tiddim et au sud du pic Kennedy).
Philippines. Quelques progrès du 21e régiment d'infanterie de la 24e division américaine dans le secteur du Breakneck Ridge, à Leyte.
Des appareils appartenant à 3 escadres de porte-avions américains, commandés par le contre-amiral Sherman, mènent pendant deux jours une série d'attaques contre les installations et la flotte ennemies, dans la zone de Manille et la bande centrale de Luçon. Au cours de cette opération, les Américains détruisent le croiseur léger *Kiso,* les contre-torpilleurs *Akebono, Akishimo, Hatsuharu* et *Okinami,* ainsi qu'un navire auxiliaire.

14 novembre
Europe occidentale. Dans le secteur de la IIe armée britannique, offensive du 12e corps pour réduire la tête de pont allemande à l'ouest de la Meuse, entre Venlo et Roermond. Sur le flanc droit du déploiement allié, où opère la IIIe armée américaine, des unités de la 90e division (20e corps d'armée) entrent à Oudrenne et à Distroff, à l'est de Thionville. A l'est de la Moselle (dans la même zone), des détachements de la 95e division atteignent Haute-Yutz et donnent l'assaut au Fort d'Illange. Dans le secteur du 12e corps d'armée, les unités de la 4e division blindée et de la 35e division qui marchent sur Morhange prennent Destry et Baronville. Au sud du front allié, le 1er corps de la Ire armée française (général de Lattre de Tassigny) mène l'offensive prévue vers Belfort, avec la 2e division marocaine, appuyée à gauche par la 5e division blindée et à droite par la 9e division coloniale.
□ Le gouvernement norvégien en exil annonce que des détachements norvégiens commandés par le colonel Arne Dahl ont débarqué en Norvège pour opérer contre les Allemands sur le front arctique, avec les troupes soviétiques du Front de Carélie. Depuis le 29 octobre, la XXe armée alpine allemande (Rendulic) est installée sur une ligne à l'ouest de Kirkenes et à l'ouest du lac Inari.
Yougoslavie. Des troupes bulgares et yougoslaves occupent Skopje, évacuée la veille par les Allemands. Cette ville était le principal point d'appui allemand en Macédoine yougoslave durant l'évacuation de la Grèce.
Birmanie. La 22e division chinoise occupe Man-Tha, coupe la route de Bhamo et progresse vers Si-U. Deux régiments de la 38e division chinoise convergent sur Bhamo : l'un d'eux est durement contré par les Japonais dans la zone de Momauk, à une douzaine de kilomètres de Bhamo; l'autre passe le Taping et marche sur Bhamo, venant de l'est.
Philippines. Leyte. La 32e division américaine, qui aurait dû occuper le sud de l'île de Samar, près de Leyte, est au contraire chargée de relever la 24e division, éprouvée par de durs combats sur le Breakneck Ridge, désormais presque entièrement conquis.

15 novembre
Hongrie. Les Soviétiques prennent Jaszberény, à l'est de Budapest.
Europe occidentale. Les troupes de la 95e division (20e corps de la IIIe armée américaine), qui se trouvent à l'est de la Moselle, sont affectées à la *Task Force* du colonel Bacon pour marcher du sud vers Metz, alors que, plus au nord, la 5e division renforce ses positions et prépare l'assaut final contre Metz.
Dans le secteur du 2e corps d'armée américain, des détachements de la 4e division blindée rejoignent la voie ferrée Metz-Sarrebourg en même temps que la 35e division, qui a traversé Morhange, abandonné entretemps par les Allemands.
Secteur de la VIIe armée américaine : tandis que la 44e division (15e corps d'armée) se dirige vers Avricourt et que la 79e rejoint Halloville, la 100e division (6e corps d'armée) pénètre dans le champ d'action de l'adversaire au nord de Raon-l'Étape, à une dizaine de kilomètres au nord-ouest de Saint-Dié, ville contre laquelle se prépare à marcher la 103e division qui vient du sud-ouest.
Les Français de la Ire armée du général de Lattre de Tassigny continuent leur marche sur Belfort.
Front italien. Quelques patrouilles de la 8e division indienne (13e corps de la Ve armée américaine) pénètrent à Modigliana où elles rencontrent les unités du 2e corps d'armée polonais (VIIIe armée britannique).
Une grève générale paralyse la ville de Turin et prend par surprise les occupants allemands.
Birmanie. La 38e division chinoise bloque toutes les voies d'accès à Bhamo. La 22e division chinoise (que le 475e régiment d'infanterie américain s'apprête à renforcer) marche sur Si-U.
Dans le secteur ouest, où opère le 23e corps d'armée britannique, la 5e division indienne occupe Kalemyo évacuée par les Japonais.
Pacifique. Iles Mapia. La 31e division de la VIIIe armée américaine, appuyée par l'artillerie d'une escadre navale anglo-américaine commandée par lord Ashbourne, débarque aux îles Mapia, à 160 milles marins au nord-est de l'extrémité occidentale de la Nouvelle-Guinée. L'occupation est rapide grâce à la faible résistance des maigres garnisons japonaises, depuis longtemps isolées et livrées à elles-mêmes.

16 novembre
Europe occidentale. Les IXe et Ire armées américaines lancent con-

jointement une offensive pour occuper la plaine au nord d'Aix-la-Chapelle délimitée par le Wurm et la Rur (opération « Queen »). Y participent : le 19e corps (IXe armée) qui avance au nord d'Aix-la-Chapelle vers la Rur avec la 2e division blindée qui se dirige vers Jülich (flanc gauche), la 29e division (au centre), avec pour objectif Aldenhoven, et la 30e (flanc droit) dans le secteur de Würselen. Les divisions du 7e corps de la Ire armée américaine (104e, 3e blindée et 4e) se dirigent vers Düren (et Cologne), à l'est d'Aix-la-Chapelle.
Dans le secteur de la IIIe armée américaine, toutes les divisions des 20e et 12e corps poursuivent leur avance : en particulier, les détachements de la 6e division blindée et deux régiments de la 80e division (12e corps d'armée) attaquent Faulquemont, et disloquent la Ire armée allemande, faisant 1 200 prisonniers.
Birmanie. La 36e division britannique est encore bloquée par la résistance tenace des Japonais dans la zone de Pinwe.
Philippines. Leyte. Les combats se poursuivent dans la zone du Breakneck Ridge. La 24e division américaine, qui vient de Jaro à l'est, se dirige vers Ormoc sur la côte ouest.

17 novembre
Europe occidentale. Suite de l'opération « Queen » à laquelle participent les IXe (19e corps) et Ire (7e corps) armées américaines, au nord d'Aix-la-Chapelle. Dans le secteur sud du 19e corps d'armée, la 30e division rejoint Würselen, à 10 km au nord d'Aix-la-Chapelle. Dans le secteur sud du front, l'offensive de la IIIe armée de Patton se développe : la 10e division (20e corps d'armée) se déploie, afin de poursuivre les Allemands à travers la Sarre, tandis que les 95e et 5e divisions progressent vers Metz. Les unités du 12e corps d'armée se préparent à l'assaut contre la Sarre. Dans la nuit du 17 au 18, les Allemands amorcent un repli général. Au sud-est de Lunéville, la 100e division (15e corps de la VIe armée) se prépare à attaquer Raon-l'Étape par le nord; pendant la nuit, des patrouilles de la 103e division entrent à Saint-Dié. Les détachements de la Ire armée française se dirigent vers Belfort, via Héricourt, Montbéliard et Hérimoncourt.
Chine. De la zone de Koueilin-Lioutchéou, les Japonais marchent sur Koueiyang, qui leur ouvrirait la route de Kouenming, « tête de ligne » chinoise de la route de Birmanie et de Tchoung-King.
□ Le porte-avions d'escorte japonais *Jinyo* est coulé, dans la mer Jaune, par un sous-marin américain.

18 novembre
Front soviétique. Le Front de Leningrad (Govorov) reprend l'offensive contre les Allemands qui défendent âprement le sud de l'île de Saaremaa, dans le golfe de Riga. La possession de cette langue de terre est importante pour la Wehrmacht qui doit penser à évacuer le *Heeresgruppe* Nord (Schörner), pris au piège à l'est de Riga en Courlande.
Europe occidentale. Les 43e et 84e divisions du 30e corps (IIe armée britannique) lancent une offensive sur le saillant de Geilenkirche (opération « Clipper »). Dans le cadre de l'opération « Queen », la 2e division blindée (19e corps de la IXe armée) atteint Apweiler, et la 29e division Setterich; quelques détachements de cette dernière unité forcent les défenses extérieures de Jülich.
Secteur de la Ire armée américaine : la 4e division (7e corps) progresse dans la forêt de Hürtgen où le 8e régiment d'infanterie force les défenses extérieures de Düren.
Secteur de la IIIe armée américaine : la 10e division blindée, après avoir conquis Launstroff et Schwerdorff, continue à poursuivre la Ire armée allemande et atteint la Nied dans les environs de Bouzonville, à quelques kilomètres de la frontière franco-allemande. La *Task Force* « Bacon » (95e division) entre à Metz par le nord-est, la 5e division par le sud. Deux divisions du 12e corps (la 35e et la 26e) reprennent leur marche vers la Sarre, après avoir essuyé un bombardement intense. La première atteint Bistroff et les positions à l'est de Vallerange; la seconde, qui opère sur le flanc droit, se lance contre la ligne Dieuze-Bénestroff.
Au sud du déploiement allié, la 79e division du 15e corps (VIIe armée américaine) prend l'offensive à Frémonville; dans le secteur du 6e corps d'armée, la 100e division investit Raon-l'Étape. La 5e division blindée et la 2e division marocaine (1er corps de la 1re armée française) se rapprochent de Belfort par le flanc nord du corps d'armée. La 1re division française, appuyée par la 9e division coloniale, avance d'une dizaine de kilomètres au-delà de Belfort par le canal du Rhône au Rhin et Delle, à la frontière suisse.
□ Le gouvernement français crée une Haute Cour de Justice pour juger les ministres de Vichy.
Front italien. Le commandement de la VIIIe armée britannique fixe à 20 heures l'attaque de Faenza par le 5e corps d'armée britannique et le 2e corps d'armée polonais.
Philippines. Leyte. Dans le secteur du 10e corps d'armée américain, de durs combats sont signalés dans la zone des collines (Kilay et Corkscrew) où la 30e division japonaise oppose une très forte résistance.

19 novembre
Europe occidentale. Secteur de la IIe armée britannique : la 84e division (30e corps d'armée) continue à nettoyer la zone de Plummern. La 51e division du 12e corps d'armée prend Helden et Panningen, faisant ensuite sa jonction avec la 15e division du 8e corps d'armée.
Des détachements de la 2e division blindée du 19e corps (IXe armée américaine) repoussent la vive contre-attaque des unités de la VIIe armée allemande de Brandenberger vers Apweiler.
Metz est complètement encerclée par les divisions du 20e corps (IIIe armée américaine du général Patton). Dans le secteur où opère le 12e corps d'armée, la 6e division blindée atteint Bertring et Grostenquin. La 26e division se lance contre la ligne Dieuze-Bénestroff et rencontre une forte opposition d'unités de la Ire armée allemande (général Knobelsdorff) qui couvrent la retraite générale.
Dans le secteur Blâmont-Cirey-sur-Vezouze, la défense allemande cède le long de la Vezouze et, tandis que la 79e division prend Frémonville,

M4 Sherman Calliope
Muni d'une rampe lance-fusées multitube

Char léger M.24 Chaffee - 1944

Fusil semi-automatique M.1 Garand

Carabine ML Winchester

Pistolet-mitrailleur Thompson M.1

Pistolet-mitrailleur M.3 « Grease Gun »

Pistolet semi-automatique Colt M.1911 A1

Char moyen M.3 Lee/Grant - 1941

M.4 Sherman - 1942

M.4A3 E8 Sherman - 1944

M.36 Chasseur de chars servant aux détachements antichar

M.26 Pershing - 1944

BT.7 - 1938

T.40 - 1940

KV.1C - 1941

Pistolet Tokarev TT 1930, calibre 7,62 mm

T.34/85 - 1944

J.S.III Staline - 1945

Katioucha. Les lance-fusées soviétiques étaient généralement montés sur des camions mais quelques-uns furent installés sur des châssis de chars périmés ne servant plus en première ligne. Le dessin montre l'une de ces rampes lance-fusées montée sur le châssis d'un char léger T.60.

U. R. S. S. : Fusil-mitrailleur Degtyarev DP - Pistolet-mitrailleur PPSh M1941 - Fusil semi-automatique Tokarev M1940.

Char Chi-nu type 3.

Char Chi-he type 1.

Char amphibie Ka-chi type 3.

Char Chi-ha type 97.

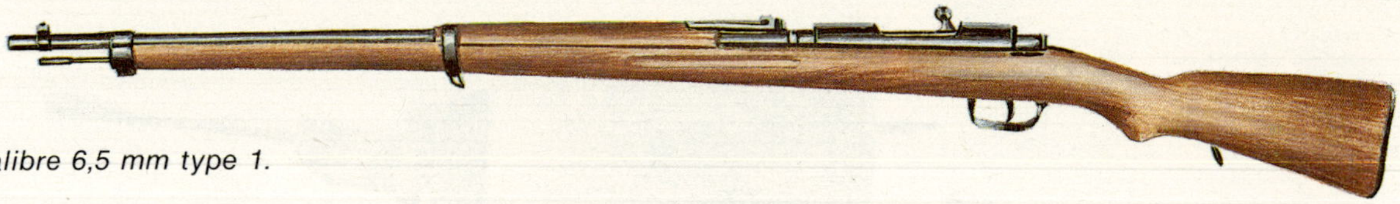

Fusil de calibre 6,5 mm type 1.

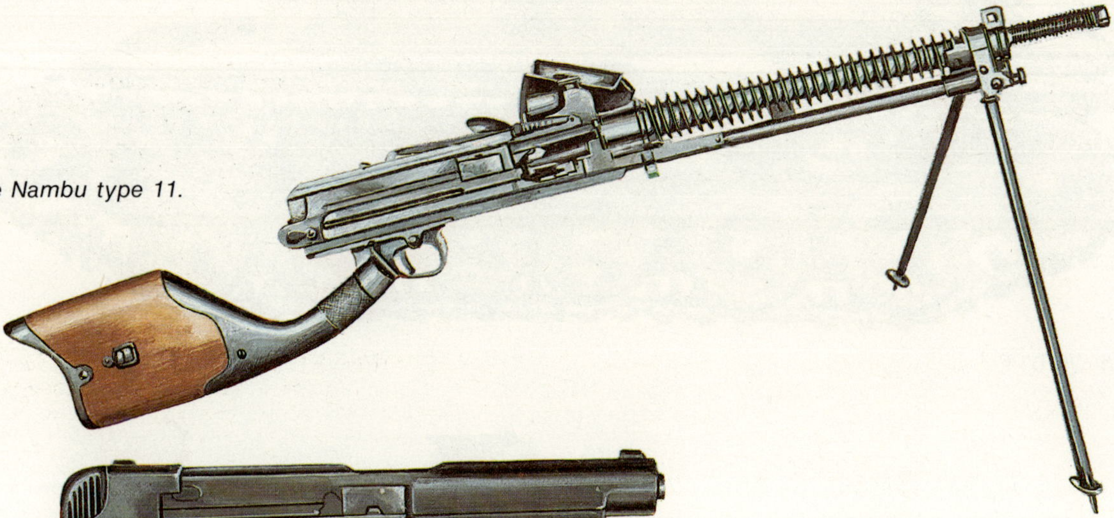

Mitrailleuse Nambu type 11.

Pistolet M94.

Pistolet Nambu M1904.

Char Chi-ri, le modèle de blindé le plus utilisé par le Japon durant la guerre.

la 2e division blindée française rejoint Cirey. Les blindés du général Leclerc enfoncent les lignes allemandes près de Saverne et se dirigent vers Strasbourg. Le 6e corps d'armée approche de la Meurthe et va passer sur la rive est; la 100e division, qui se trouve déjà à l'est de la Meurthe, continue à marcher vers Raon-l'Étape. Au sud, là où opère la Ire armée française, la 2e division marocaine, soutenue par la 5e division blindée (1er corps d'armée français), atteint les faubourgs de Belfort. A 18 h 30, un détachement français gagne le Rhin à Rosenau, près de Bâle. Les villages proches de la frontière suisse sont libérés rapidement.
Birmanie. La 19e division indienne (4e corps d'armée britannique) commence à traverser le Chindwin à Sittaung.
Pacifique. Iles Asia. Des détachements de la VIIIe armée américaine débarquent aux îles Asia, à l'est des îles Mapia (au nord de la Nouvelle-Guinée).
Philippines. Les appareils d'une *Task Force* de porte-avions rapides américains, commandés par le vice-amiral McCain, attaquent la flotte japonaise près de Luçon et les aéroports de cette île, détruisant au sol de nombreux avions ennemis.
Leyte. Les combats se poursuivent. Un feu très intense des Japonais contraint les Américains à céder un peu de terrain sur le Kilay Ridge.

Des soldats du contingent français parvenus sur le Rhin trempent leur drapeau dans les eaux du fleuve.

20 novembre
Europe occidentale. Le 12e corps de la IIe armée britannique avance vers la Meuse avec les 49e et 51e divisions.
Secteur de la IXe armée américaine : la 29e division du 19e corps d'armée, en deux attaques, prend Aldenhoven (qui se trouve à environ 5 km au sud-ouest de Jülich et fait partie de la seconde ligne défensive de la ville). Dans les rues de Metz, les 5e et 95e divisions (20e corps de la IIIe armée américaine) continuent de se battre avec les arrière-gardes allemandes. Metz est le premier objectif important atteint par les forces du général Patton. Le serment spécial de fidélité et d'héroïsme qu'Hitler a exigé du général Kittel a été inutile. Celui-ci, après que l'état-major de la Ire armée allemande a retiré du guêpier de Metz ses meilleures unités, se fait tuer sur place. La 80e division (12e corps d'armée) rejoint la Nied à Faulquemont, établissant une tête de pont sur la rive nord du fleuve. Secteur de la VIIe armée américaine : la 3e division du 6e corps traverse la Meurthe dans la région de Clairefontaine et Saint-Michel, et conquiert une importante tête de pont comprenant La Paire, Hurbache et La Voivre. La 100e division lance une offensive du secteur de Raon-l'Étape vers l'est.
Dans la nuit du 20 au 21, la 103e division traverse la Meurthe dans la zone de la 3e division et marche sur Saint-Dié.
La 2e division marocaine et des détachements de la 5e division blindée (Ire armée française) entrent à Belfort, où les combats se poursuivront pendant quelques jours. Les divisions du 2e corps d'armée (1re et 3e divisions algériennes) progressent également. Quelques unités de la 1re division blindée française atteignent les faubourgs de Mulhouse.
Front italien. La 46e division du 5e corps de la VIIIe armée britannique s'empare de Castiglione.
Albanie. Les Allemands évacuent Tirana.
Inde-Birmanie. Sur le front de la Salouen, les troupes du 11e groupe de l'armée chinoise occupent Mang-Shih, dont l'aéroport est immédiatement remis en état.
Philippines. Leyte. La poussée des Américains vers Ormoc est contenue efficacement par les Japonais.

21 novembre
Europe occidentale. Les 49e et 51e divisions du 12e corps (IIe armée britannique) progressent rapidement vers Venlo. La 84e division américaine (30e corps d'armée) ne réussit pas à conquérir Müllendorf, Wurm et Beeck. Dans le secteur de la IXe armée américaine, le 19e corps d'armée entre dans la dernière phase de l'attaque de la Rur.
Des unités de la 10e division blindée (20e corps de la IIIe armée américaine) lancent une offensive vers Sarrebourg, sur les flancs gauche et droit, avec les *Task Forces* « Standish » et « Chamberlain » : cette tentative est stoppée par les Allemands sur la ligne défensive d'Orscholz.
Secteur du 12e corps : la 80e division élargit sa tête de pont au-delà de la Nied en faisant sa jonction

avec les unités du 20e corps. Le 104e régiment de la 26e division prend Albestroff, important nœud routier. Le commandement de la VIIe armée américaine autorise les 6e et 15e corps à s'emparer de Strasbourg (mission confiée à l'origine au seul 6e corps d'armée, dont l'avance n'a pas été assez rapide).
Front italien. La 3e division des Carpates (2e corps polonais de la VIIIe armée) déclenche une offensive au sud de Faenza, s'empare du mont Fortino et progresse vers le nord.
Chine. Le général Wedemeyer suggère à Tchang Kaï-chek de concentrer les forces chinoises du sud-ouest dans la zone de Kouenming pour parer à la menace japonaise contre la capitale du généralissime.
Philippines. Leyte. Tandis que les troupes du 10e corps d'armée américain, qui venaient du nord-est, sont bloquées dans la vallée d'Ormoc, la 7e division d'infanterie du 24e corps commence à progresser lentement de Baybay, sur la côte sud-ouest, vers Ormoc.
☐ Au nord-ouest de Formose, le sous-marin américain *Sealion* coule le cuirassé japonais *Kongo* et le contre-torpilleur *Urakaze.*
☐ Croiseurs et contre-torpilleurs américains bombardent les installations des porte-avions japonais à Matsuwa, dans les îles Kouriles.

22 novembre
Front soviétique. Dans le grand nord, les Finlandais, respectueux des conditions de l'armistice, ont maintenu l'offensive contre les Allemands en les poursuivant au cours de leur retraite, et rejoignent la frontière norvégienne.
En Hongrie, les Allemands prennent tous les pouvoirs à Budapest. Les Soviétiques ont maintenant réussi à rejoindre le Danube, au sud de la ville.
Europe occidentale. Au nord-ouest de Venlo, les localités de Sevenum et Horst sont occupées par la 15e division du 8e corps (IIe armée britannique). Dans le secteur de la IIIe armée américaine, le commandement du 20e corps ordonne à trois divisions de lancer une offensive de grande envergure sur la Sarre : la 10e blindée sur le flanc gauche, la 90e au centre et la 95e sur le flanc droit du déploiement.

Front italien, novembre 1944. Des artificiers polonais préparent une charge explosive. Au premier plan, un soldat panse la main d'un camarade qui a été blessé.

Nouveau plan d'attaque pour les 35e et 26e divisions du 12e corps, le long du Maderbach : des détachements de la 35e division atteignent Leyviller et Saint-Jean-Rohrbach (appuyés par des unités de la 6e division blindée) alors que le 104e régiment de la 26e division essaie d'encercler Alberstroff. La Ire armée allemande quitte cette localité dans la nuit du 22 au 23.
Dans le secteur sud du front, où opère la VIIe armée américaine, les détachements de la 2e division blindée, qui viennent de Bouxwiller au sud et de Birkenwald au nord, marchent sur Saverne.
De son côté, la 100e division atteint Senones et se dirige vers Saint-Blaise. La 3e division accélère sa marche vers des positions proches de Saint-Blaise et Saales ; ses détachements prennent Saint-Dié sans rencontrer de résistance.
Secteur de la Ire armée française : la 1re division du 2e corps d'armée prend Giromagny et s'ouvre un passage dans les lignes ennemies, le long de la Savoureuse. Le 1er corps d'armée regagne le terrain perdu après la contre-offensive des forces de la XIXe armée allemande de Wiese et entre à Mulhouse.
Philippines. Leyte. Secteur du 10e corps d'armée américain : le 128e régiment d'infanterie de la 32e division conquiert définitivement le Breakneck Ridge et s'empare de Limon, à l'ouest de Carigara, près de la côte nord de l'île. Les derniers nids de résistance des Japonais seront liquidés à la mi-décembre. Un bataillon du 34e régiment d'infanterie, rudement chargé par les Japonais sur le Kilay Ridge, doit rectifier ses positions pour éviter d'être encerclé. Les Américains se préparent à avancer du sud vers Ormoc.

23 novembre
Front soviétique. En Hongrie, le nœud ferroviaire de Csap (aujourd'hui Tchop, en U.R.S.S.), âprement disputé au cours des dernières semaines, tombe définitivement aux mains des Russes. Dans le secteur nord, les forces du Front de Leningrad (Govorov) éliminent les derniers foyers de résistance allemands au sud de l'île de Saaremaa, maîtrisant ainsi les voies d'accès au golfe de Riga.
Europe occidentale. Les progrès rapides des Alliés mettent notamment en difficulté le *Heeresgruppe* H du général Student, donc l'aile droite du dispositif allemand qui soutient, vers le centre des Pays-Bas, la XVe armée du général Zangen. La progression du 19e corps de la IXe armée vers Merzenhausen (2e division blindée) et Bourheim (29e division) provoque une réaction rapide de la VIIe armée allemande, qui contre-attaquera dans les trois jours suivants.
Secteur de la IIIe armée américaine : la 90e division (20e corps d'armée) et la 6e division blindée (12e corps d'armée) se préparent à marcher vers la Sarre.
Les blindés de la 2e division française (15e corps de la VIIe armée américaine) entrent à Strasbourg. La 3e division du 6e corps d'armée, après avoir atteint Saulxures et Saales, investit Saint-Blaise, appuyée par la 100e division.
Philippines. Leyte. Les Américains consolident leurs positions au sud de Limon.

24 novembre
Europe occidentale. Secteur de la

IIIe armée américaine : la 90e division (20e corps d'armée) continue d'attaquer la ligne Orscholz. Plus au sud, des détachements de la 35e division (12e corps d'armée), appuyés par des chars et un bombardement intense, prennent Hilsprich. Des détachements de la 4e division blindée traversent la Sarre dans le secteur du 15e corps d'armée près de Romelfing et Gosselming, se repliant ensuite au nord-est. Les 1er et 2e corps de la Ire armée française reçoivent l'ordre de converger vers Burnhaupt le plus vite possible, pour contraindre les détachements allemands de la région à se replier en Alsace.
Chine. Dans le sud de la Chine, les Japonais prennent Nanning, d'où ils pourront facilement rejoindre leurs garnisons qui tiennent l'Indochine française.
Japon. 111 Superforteresses B-29 basées dans les Mariannes font un raid sur Tokyo, le premier d'une longue série.
Philippines. Leyte. Au nord, dans le secteur du 10e corps d'armée américain, une contre-attaque japonaise est repoussée sur le Kilay Ridge. De plus, les Japonais attaquent de nuit, à l'est et au sud, dans le secteur du 24e corps d'armée, surtout au sud d'Ormoc.

Un tank américain de la 2e division blindée française qui est entrée dans Strasbourg le 23 novembre avance dans la foule assemblée place Kléber pour un défilé fêtant la libération de la capitale alsacienne.

25 novembre
Front soviétique. Les Germano-Hongrois disputent aux Soviétiques la possession de l'île Csepel, formée par deux bras du Danube au sud de Budapest.
Birmanie. Le général Kimura, qui commande l'armée japonaise en Birmanie, ordonne aux détachements qui avaient barré la route à la 36e division britannique dans la région de Pinwe, le long de la voie ferrée Myitkyina-Mandalay, de se replier au centre de la Birmanie.
Philippines. Leyte. Dans le secteur du 10e corps d'armée américain, au nord d'Ormoc, les Japonais renouvellent leurs contre-attaques sur le Kilay Ridge. Ils attaquent même à l'est d'Ormoc, sur les montagnes du centre, dans le secteur du 24e corps d'armée américain. Leur poussée est contenue par des détachements américains. Le 511e régiment américain de parachutistes entreprend une marche difficile en montagne, de Burauen à l'ouest, vers Ormoc ; leur objectif immédiat : Mahonag, à 16 km de Burauen.
Luçon. Deux escadres de porte-avions américains, commandées par les contre-amiraux Bogan et Sherman, attaquent les aéroports au centre de Luçon, de même que la flotte ennemie autour de l'île, et coulent les croiseurs *Kumano* et *Yasoshima.* Après l'échec naval subi dans le golfe de Leyte, l'aviation japonaise semble se donner pour tâche d'accomplir l'opération « Victoire ». En effet, elle déchaîne contre les Américains toutes les forces qui lui restent. La plupart des avions sont confiés à des kamikazes qui, ce jour-là, attaquent les navires américains devant Luçon, endommageant les porte-avions *Essex, Intrepid* et *Hancock,* de même que le porte-avions léger *Cabot.* Un autre porte-avions léger, l'*Independence,* est endommagé par un appareil américain qui explose à l'apppontage.

26 novembre
Front soviétique. Des troupes du 2e Front ukrainien (Malinovski) prennent Hatvan, en Hongrie, au nord-est de la capitale, déjà menacée au sud.
Yougoslavie. Tito autorise la Royal Navy et la R.A.F. à utiliser provisoirement certains ports et aéroports yougoslaves.
Europe occidentale. Secteur de la Ire armée américaine : la 104e division (7e corps d'armée) traverse Weisweiler, à 20 km à l'est d'Aix-la-Chapelle, et s'empare de Frenz. De son côté, la 4e division assure ses positions dans la forêt de Hürtgen. Dans le secteur sud (IIIe armée américaine), le 20e corps d'armée continue à progresser vers le nord-est : sur le flanc droit, la 95e division pénètre dans la ligne Maginot. La 3e division du 6e corps de la VIIe armée américaine, après avoir passé les Vosges, débouche dans la plaine d'Alsace.
Front italien. La pluie persistante ralentit considérablement les opérations dans le secteur de Lamone.
Philippines. Leyte. Les Japonais lancent sur tous les secteurs du front de violentes attaques nocturnes, contenues par les Américains à grand renfort d'artillerie. Plus de 400 cadavres japonais sont dénombrés le matin suivant sur une crête

Embusqués derrière une palissade, durant les furieux combats qui se déroulent dans la banlieue de Budapest, des soldats soviétiques font feu sur l'ennemi.

à l'ouest de Burauen, où est alignée la 26ᵉ division japonaise.

27 novembre

Europe occidentale. Des unités de la 2ᵉ division blindée (19ᵉ corps de la IXᵉ armée) achèvent le ratissage du secteur de Merzenhausen tandis que la 29ᵉ division procède aux mêmes opérations vers la Rur.

Ratissage également de la zone de Weisweiler-Frenz, atteinte la veille par la 104ᵉ division du 7ᵉ corps de la Iʳᵉ armée américaine.

Dans le secteur de la IIIᵉ armée américaine du général Patton, la 10ᵉ division blindée interrompt son action vers Saarburg, après avoir délogé les forces allemandes qui s'étaient infiltrées dans Tettingen et repoussé une contre-attaque sur Borg. Tandis que la 90ᵉ division fait halte près de la Sarre et se prépare à donner l'assaut pour forcer le passage du fleuve, la 95ᵉ division poursuit sa poussée avec quelques patrouilles du 377ᵉ régiment près de la frontière franco-allemande. La 80ᵉ division du 12ᵉ corps entre dans Saint-Avold, sur la route Metz-Sarrebruck.

Le général Eisenhower, commandant suprême des forces alliées, ordonne à la VIIᵉ armée américaine du général Patch d'aller soutenir, au nord, la IIIᵉ armée de Patton pour la conquête du bassin de la Sarre. Tandis que la 100ᵉ division (15ᵉ corps) approche de Sarrebourg, la 3ᵉ division (6ᵉ corps) remplace à Strasbourg la 2ᵉ division blindée française.

France. Maurice Thorez rentre à Paris et prononcera son premier discours, le 30, au Vélodrome d'Hiver.

États-Unis. Edward R. Stettinius est nommé secrétaire d'État, en remplacement de Cordell Hull, démissionnaire pour raison de santé.

Pacifique. Iles Palau. Les hostilités prennent fin à Peleliu. Environ 13 000 Japonais ont péri dans la défense de Peleliu, d'Angaur et des îles voisines, et 400 ont été faits prisonniers. Les Américains de la 81ᵉ division d'infanterie et de la 1ʳᵉ division de marines ont à déplorer 1 792 tués et plus de 8 000 blessés.

Philippines. Leyte. Contre-attaque générale américaine. Les Japonais se préparent également à une puissante offensive pour reconquérir les terrains d'aviation de la zone de Burauen, au cœur de l'île. Des avions-suicide japonais attaquent les forces navales américaines dans le golfe de Leyte, endommageant le cuirassé *Colorado* et les croiseurs légers *St. Louis* et *Montpelier.*

28 novembre

Europe occidentale. Tandis que les 8ᵉ et 5ᵉ corps de la Iʳᵉ armée américaine continuent d'avancer dans les secteurs de l'Inden et de la forêt de Hürtgen, des détachements de la 95ᵉ division de la IIIᵉ armée américaine de Patton franchissent la frontière allemande. La 101ᵉ division du 12ᵉ corps américain est envoyée à Burbach pour renforcer la 4ᵉ division blindée à l'est de la Sarre, en attendant de poursuivre vers le secteur de Sarre-Union.

La 2ᵉ division blindée française (6ᵉ corps de la VIIᵉ armée américaine) atteint le secteur d'Erstein à environ 15 km au sud-ouest de Strasbourg, où elle est arrêtée par la vive résistance de la XIXᵉ armée allemande.

Front italien. Le 13e corps britannique de la Ve armée américaine atteint Casola Valsenio.
Dans le secteur de la VIIIe armée britannique, les opérations du 5e corps sont retardées par le mauvais temps. Le 1er corps d'armée canadien s'apprête à passer à l'offensive le long de la côte adriatique.
Chine. La XIe armée japonaise, agissant de sa propre initiative et en dépit des ordres reçus, se retire de la zone de Nanning dans la province du Kouangsi, au nord.
Birmanie. La 38e division chinoise fait en vain pression sur les défenses nord de la ville de Bhamo.
Pacifique. Le vice-amiral Kinkaid expose le plan opérationnel de débarquement sur Mindoro, île située au sud de Luçon. Le contre-amiral Arthur D. Struble, commandant du groupe d'attaque 78.3, dirigera la partie amphibie des opérations.
Leyte. Dans la nuit du 28 au 29, les Japonais, attaquant en force pour reconquérir le Kilay Ridge (secteur du 10e corps américain), réussissent à accomplir de légers progrès et isolent notamment quelques détachements américains. Le 12e régiment de cavalerie américain progresse très lentement dans la zone du mont Badian à environ 8 km au nord-ouest du centre de Kananga. Comme prévu, les Japonais attaquent également en direction des aéroports de Buri et de Bayug, mais sont repoussés par les troupes du 24e corps américain.

29 novembre
Front soviétique. En Hongrie, les 2e (Malinovski) et 3e (Tolboukhine) Fronts d'Ukraine, avec l'appui de détachements yougoslaves, marchent au sud-ouest de Budapest et au nord de la Drave, repoussent les Allemands et les Hongrois de Pecs et emportent Mohacs.
En Albanie, les Allemands évacuent Scutari (aujourd'hui Shkodër). Les troupes dispersées dans cette zone tentent de rejoindre le *Heeresgruppe* E (Löhr), qui continue à se battre et réussit à maintenir ouverte la route de la retraite. La jonction aura lieu le 18 décembre. Après l'évacuation de l'Albanie et de la Serbie, et, plus tard, de la Bosnie-Herzégovine en raison de la pression des forces soviétiques et des partisans titistes, les Allemands prendront position sur la ligne Mostar-Visegrad-Drina, ligne qui, en raison de la pénétration soviétique en Hongrie, s'étendra le long de la Drave. Après 4 mois et demi de retraite, au cours desquels le groupe d'armées a parcouru 1 500 km, les Allemands, en dépit de batailles rangées et d'embuscades des partisans, n'auront pas subi de pertes sensibles, et le front méridional se stabilisera, pour quelque temps au moins, le 13 janvier 1945.
Europe occidentale. Le 13e corps de la IXe armée américaine s'ébranle en direction de la Rur, dans le secteur de Lindern, et le long de la route Lindern-Linnich, au nord-ouest de Jülich. La situation demeure inchangée dans le secteur du 7e corps de la Ire armée américaine avec les 104e et 4e divisions engagées respectivement dans le secteur Inden-Lammersdorf et dans la zone de la forêt de Hürtgen.
Dans le secteur de la IIIe armée américaine, les 90e et 95e divisions (20e corps) lancent une offensive conjointe sur la Sarre. Mais, tandis que quelques patrouilles de la 90e division parviennent à atteindre la rivière, la 95e rencontre une vive résistance sur les hauteurs du front, à Sarrelouis (Saarlautern).
La 2e division française (6e corps de la VIIe armée américaine) s'empare d'Erstein, à environ 15 km au sud-ouest de Strasbourg.
Front italien. Tandis que le 13e corps de la Ve armée américaine atteint Fontanelice, dans le secteur est du front (VIIIe armée britannique), la 7e division blindée s'ébranle de Recanati pour rejoindre le 5e corps en vue d'une prochaine offensive.
Pacifique. Des avions japonais pilotés par des kamikazes continuent d'attaquer les unités navales américaines dans le golfe de Leyte, endommageant gravement le cuirassé *Maryland* et deux contre-torpilleurs. En revanche, le sous-marin américain *Archerfish* coule le porte-avions *Shinano* au sud de l'île japonaise de Hondo (Honshu).
Philippines. Leyte. Les attaques japonaises se poursuivent sur le Kilay Ridge, mais les Américains les repoussent et libèrent les détachements restés isolés la veille.

30 novembre
Front soviétique. Les armées du 2e Front d'Ukraine (Malinovski), avec l'aide de la IVe armée roumaine, conquièrent Eger, au nord-est de Budapest, et continuent leur avance sur Miskolc.
Europe occidentale. Dans le sud des Pays-Bas, les 8e et 12e corps de la IIe armée britannique ont pratiquement détruit la tête de pont des parachutistes allemands sur la rive occidentale de la Meuse, réduite à une petite poche aux environs de Blerick. L'avance du 13e corps de la IXe armée américaine se poursuit dans le secteur de Linnich, et celle des unités du 7e corps de la Ire armée américaine sur Lammersdorf et Inden.
Dans le secteur de la IIIe armée américaine, la 10e division blindée (20e corps) attaque en direction de la Sarre sur le flanc nord du corps. Les 90e et 95e divisions poursuivent le combat pour la Sarre. Le 12e corps d'armée reste stable à l'exception de son flanc droit où la 4e division blindée emporte les hauteurs de Mackwiller dans le secteur de Sarre-Union.
Birmanie. La 36e division britannique occupe Pinwe, dans le secteur nord abandonné par les Japonais.
Chine. Le généralissime Tchang Kaï-chek décide de retirer la 22e division chinoise de Birmanie pour l'adjoindre à la 14e division afin de renforcer la défense de Kouenming menacée par les Japonais. Il promet en outre l'envoi de 270 000 hommes avant le 1er avril 1945 pour la contre-offensive en Chine méridionale, mais refuse de fournir des armes à l'armée communiste.
Philippines. Leyte. Les Américains se sont mis sur la défensive et se bornent à contenir les contre-attaques répétées des Japonais.

1er décembre
France. Le général de Gaulle se rend à Moscou, pour s'entretenir avec le maréchal Staline.
Front soviétique. En Tchécoslovaquie orientale, des troupes du 4e Front d'Ukraine (Petrov) forcent

DE GAULLE AU POUVOIR

A l'automne 1944, le général de Gaulle est acclamé dans les villes libérées. Ici, le 25 septembre, à Nancy.

Au cours des mois qui suivent la Libération, l'action du général de Gaulle vise deux objectifs. A l'intérieur, rétablir l'ordre et restaurer l'autorité de l'État. A l'extérieur, poursuivre la guerre pour rendre à la France, dans le monde, son rang et sa puissance.

Dans le premier domaine, le chef du G. P. R. F. prend immédiatement ses distances à l'égard des institutions et organisations issues de la Résistance. Le C. N. R. est ignoré. Les F. F. I. sont incorporés aux forces armées régulières. Les Milices patriotiques sont dissoutes. Il réduit à néant le rôle des Comités de libération, au profit des Commissaires de la République, eux-mêmes supprimés dès qu'ils ne sont plus nécessaires à l'exercice du pouvoir central.

Cette « restauration » n'exclut pas une volonté de réformes, dont le bilan sera considérable : du vote des femmes aux nationalisations, en passant par la Sécurité sociale et la planification. Mais la dissonance n'en est pas moins nette entre cet effort de rénovation et ceux qui parlent de révolution. Il faut dire que le Parti communiste lui-même, dans cette première période, joue le jeu de l'ordre, et que les mouvements de Résistance n'ont pas tardé à se reclasser selon des clivages plus traditionnels. Trois grands partis, en fait, se partagent le pouvoir sous l'autorité encore incontestée du général : le Parti communiste, le Parti socialiste (S. F. I. O.) et le Mouvement républicain populaire (M. R. P.), d'orientation démocrate-chrétienne.

Dans le domaine extérieur, de Gaulle se heurte au sentiment de beaucoup de Français, pour qui la libération du pays a marqué la fin de la guerre, et qui sont absorbés par les innombrables difficultés quotidiennes. Le général, au contraire, intensifie l'effort de guerre, mobilise plusieurs classes et impose autant que possible la présence de la France au règlement de la paix.

Dès le mois de décembre 1944, de Gaulle se rend à Moscou pour conclure avec l'U. R. S. S. une « belle et bonne alliance ». Le 20 février 1945, il refuse de rencontrer à Alger le président Roosevelt à son retour de Yalta : de quel droit celui-ci l'invite-t-il à « lui faire visite en France », après avoir récusé sa présence en Crimée ? Il obtiendra de participer à la capitulation du Reich, puis du Japon, et à l'occupation de l'Allemagne. Mais il devra renoncer à ses projets d'aménagements territoriaux : du côté allemand, séparation de la Ruhr et de la rive gauche du Rhin ; du côté italien, rattachement aux Alpes maritimes de Tende, La Brigue et Vintimille, autonomie du val d'Aoste. De même renoncera-t-il, à la demande de Churchill, à « rétablir l'ordre » au Levant.

Reste, en effet, le domaine colonial où de Gaulle, depuis son discours de Brazzaville, avait semblé prôner une certaine évolution. Mais soucieux, là encore, de rétablir d'abord l'autorité française, il se montre d'une grande prudence quant à ses modalités. Il ne parle, au mieux, que d'interdépendance, exalte une communauté française de 110 millions d'hommes, et ne saura pas engager à temps, notamment en Afrique du Nord, le processus de décolonisation.

le passage de l'Ondava dans les environs d'Humenné et de Trebisov. En Hongrie, les Allemands contiennent les attaques du 2e Front d'Ukraine (Malinovski) près de Miskolc, au nord-est de Budapest, mais les forces du 3e Front d'Ukraine (Tolboukhine), rangées au sud-ouest de Budapest, parviennent à progresser au nord et au nord-est de Pecs.

Europe occidentale. Des unités de la 102e division (IXe armée américaine) prennent Linnich, à environ 5 km au nord-ouest de Jülich.

Dans le secteur de la Ire armée américaine, le 7e corps est mis en difficulté près de la forêt de Hürtgen. Le 20e corps (IIIe armée américaine du général Patton) continue à progresser à l'ouest de la Sarre en vue de la traversée du fleuve. Participent à l'opération la 90e division, en action dans le secteur situé au sud de Merzig, la 95e en route vers Sarrelouis et la 5e, venue de Metz, sur le flanc droit de la 95e pour

une offensive dans le saillant de Warndt. En Alsace, alors que la 79e division (VIIe armée américaine, 15e corps) libère Schweighouse-sur-Moder, à quelques kilomètres à l'ouest de Haguenau, plus au nord, les 44e et 45e divisions se heurtent aux hommes du général Wiese (XIXe armée allemande) dans les environs de Tieffenbach et Zinswiller.
Front italien. Les préparatifs de la VIIIe armée britannique se poursuivent en vue de l'attaque du 4 décembre.
Birmanie. Sur le front de la Salouen, les Chinois emportent Khefang.
Philippines. Leyte. Les capacités offensives des Japonais se trouvent considérablement réduites par le manque de vivres et de munitions. De violents affrontements ont pourtant lieu sur le Kilay Ridge et sur une série de collines au sud-est de Limon, à l'ouest de Carigara.

2 décembre
Front soviétique. En Tchécoslovaquie, le 4e Front d'Ukraine (Petrov) étend la tête de pont au-delà de l'Ondava.
En Hongrie, le 2e Front d'Ukraine (Malinovski) attaque les fortifications ennemies de la zone de Miskolc, tandis que le 3e Front d'Ukraine (Tolboukhine) et des détachements de l'armée de Tito contraignent les Allemands à se replier sur un large front entre le Danube et la Drave, au sud du lac Balaton.
Europe occidentale. Les Allemands font sauter une digue sur le Rhin inférieur, près d'Arnhem, inondant la région au sud-ouest d'Arnhem et provoquant le retrait des têtes de pont établies sur la Waal par le 2e corps de la Ire armée canadienne. Avec la chute de Dreisbach, la IIIe armée américaine de Patton a achevé la conquête de son secteur, à l'ouest de la Sarre : pendant la nuit du 2 au 3, dans le secteur du 20e corps, la 90e division franchit le fleuve dans la région de Dillingen, la 95e à la hauteur de Sarrelouis, où l'on combat maison par maison, et la 5e par le versant occidental de la forêt de la Houve. Le 12e corps franchit la Sarre près de Sarre-Union. Le général Devers, à la tête du VIe groupe d'armées, ordonne à la VIIe armée américaine de se rallier et de se réorganiser pour le 5 décembre, en vue d'une importante offensive prévue au nord. Le secteur de Colmar est confié aux troupes françaises de la Ire armée que rejoint la 2e division blindée française, détachée de la VIIe armée américaine. Les 44e et 45e divisions du 15e corps (VIIe armée américaine) prennent Waldhambach, Engwiller et Meitesheim.
La Ire armée française se trouve renforcée par la 76e division américaine ; son commandant, le général de Lattre de Tassigny, ordonne à ses unités de converger simultanément vers la poche de Colmar du nord et du sud avec, pour point de mire, le Rhin, dans la zone de Neuf-Brisach, à près de 20 km au sud-est de Colmar.
Italie. Les Allemands fusillent 22 partisans à Portofino.
Birmanie. Dans le secteur du 33e corps britannique, la 11e division d'Afrique orientale rejoint le Chindwin à Kalewa.
Chine. Une colonne japonaise avançant sur Koueïyang atteint et occupe Touchan.
Les Américains proposent à Tchang Kaï-chek d'armer trois régiments communistes dans la province du Chensi, première région administrée par les communistes ; ces régiments évolueront en territoire nationaliste sous les ordres d'officiers américains. Le généralissime refuse.
Philippines. Leyte. Opérations terrestres de faible envergure. Les contre-torpilleurs américains bombardent les positions japonaises de Palompon, sur la côte occidentale de Leyte et dans la baie d'Ormoc. Quatre d'entre eux ont réussi à pénétrer de nuit en baie d'Ormoc et sont pris sous le feu de l'aviation, des contre-torpilleurs et des batteries côtières japonaises. Un contre-torpilleur américain est coulé, deux autres endommagés, tandis qu'un contre-torpilleur ennemi est envoyé par le fond. La bataille prend fin le 3 décembre vers 2 heures.

3 décembre
Front soviétique. En Hongrie, des forces soviétiques du 2e Front d'Ukraine (Malinovski) prennent Miskolc, au nord-est de Budapest, poste clé du dispositif défensif allemand et grand centre industriel.
Grèce. A Athènes, une insurrection des guérilleros communistes de l'E. L. A. S. est réprimée, sur les ordres de Churchill, par le général Ronald Scobie. Conformément au pacte établi le 18 octobre à Moscou avec Churchill, Staline retire tout appui aux communistes grecs.
Europe occidentale. Dans le secteur de la IIe armée britannique, une fraction du 12e corps s'empare de Blerick (sur la rive occidentale de la Meuse, face à Venlo) et toute la région située à l'ouest du fleuve est libérée.
Le 13e corps de la IXe armée américaine atteint la Rur, tandis que dans le secteur de la Ire armée américaine la *Task Force* « Hamberg » de la 5e division blindée atteint Brandenberg. Des détachements de la 95e division (20e corps de la IIIe armée américaine) conquièrent en grande partie Sarrelouis, alors que d'autres éléments se dirigent vers la Sarre. Pendant que la 44e division (15e corps de la VIIe armée américaine) est bloquée sous le feu des unités de la XIXe armée allemande près de Ratzwiller, la 45e conquiert Zinswiller.
Front italien. La VIIIe armée britannique lance l'offensive sur Bologne avec trois corps d'armée : le 2e corps polonais opère sur le flanc gauche, le 5e corps au centre, le long de la nationale 9 vers Santerno, enfin, le 1er corps canadien le long de la côte adriatique.
Birmanie. Dans le secteur du 33e corps britannique, la 11e division d'Afrique orientale établit une tête de pont sur le Chindwin près de Kalewa ; la 20e division indienne franchit à son tour le fleuve dans le secteur de Mawlaik.
Chine. A court de ravitaillement, la XIe armée japonaise interrompt sa progression sur Koueïyang dans la province de Koueitchéou, au sud de Tchoung-king.
Philippines. Leyte. Combats au sud-est de Limon.

4 décembre
Front soviétique. Poursuite des

affrontements au nord-est et au sud-ouest de Budapest. Des troupes soviétiques et yougoslaves, aux prises avec les Allemands dans la zone située entre le Danube et la Save, au nord-ouest de Belgrade, prennent Mitrovica (aujourd'hui Sremska Mitrovica).

Europe occidentale. Le 13e corps (IXe armée américaine) suspend l'offensive après s'être rendu maître de ses objectifs à l'ouest de la Rur, si l'on excepte les localités de Würm et Müllendorf.

Dans le secteur de la Ire armée américaine (7e corps), la 104e division renforce la tête de pont sur l'Inde. Pour exploiter la conquête du pont sur la Sarre à Sarrelouis, la 95e division du 20e corps (IIIe armée américaine) se réorganise rapidement et envoie à l'est du fleuve quelques détachements qui entament une dure bataille pour le contrôle des abords de Fraulautern situé sur la ligne Siegfried.

Le 12e corps se lance à l'assaut final de la Sarre et de la ligne Siegfried avec ses quatre divisions, la 80e, la 6e blindée, la 35e et la 26e : le 104e régiment de cette dernière unité réduit les derniers foyers de résistance de Sarre-Union.

Front italien. Dans le secteur de la VIIIe armée britannique, le 2e corps polonais emporte Montecchio, tandis que des unités du 1er corps canadien entrent dans Ravenne.

Chine. Tchang Kaï-chek procède à un nouveau remaniement ministériel. Il nomme T. V. Soong Premier ministre en même temps que ministre des Affaires étrangères.

Pacifique. Philippines. La 7e Force aérienne américaine entame une série de bombardements nocturnes contre les camps d'aviation japonais de l'île de Luçon.

A Leyte, dans le secteur du 10e corps américain, le 112e régiment de cavalerie reprend ses vaines tentatives contre les positions japonaises au sud-est de Limon. D'autres détachements de la 24e division se retirent du Kilay Ridge vers Pinamopoan.

5 décembre

Front soviétique. Des détachements du 3e Front d'Ukraine (Tolboukhine) en opération dans le sud-ouest de la Hongrie gagnent la rive sud du lac Balaton ; d'autres progressent le long de la Drave et s'emparent de Szigetvar.

Birmanie. Les Japonais envoient à Bhamo un important contingent (environ 3 000 hommes) pour soulager la garnison assiégée depuis longtemps. Dans la même zone, la 30e division chinoise progresse au sud vers Namhkam, freinée par de petits détachements japonais postés sur les hauteurs.

Philippines. Leyte. La VIe armée américaine lance l'offensive contre Ormoc ; la progression s'effectue au sud alors qu'au nord les détachements américains sont bloqués par les Japonais.

Les kamikazes endommagent sérieusement deux contre-torpilleurs américains dans la zone de Leyte. Malgré cela, les Japonais ne parviennent pas à percer le blocus aéro-naval américain autour de l'île.

6 décembre

Front soviétique. L'offensive soviétique en Hongrie se renforce. Pour l'endiguer, les Allemands ont aligné le *Heeresgruppe* Sud (Wöhler) appuyé sur le flanc méridional, en Yougoslavie, par le *Heeresgruppe* F (von Weichs). Le *Heeresgruppe* Sud, issu du *Heeresgruppe* Sud Ukraine, dispose de 550 avions mais les Soviétiques en comptent 2 000.

Le haut commandement allemand annonce que les 2e et 3e Fronts d'Ukraine ont attaqué en force à l'est et à l'ouest de Budapest, et que quelques détachements ont réussi, au sud de Budapest, à passer de l'île de Csepel, sur le Danube, à la rive ouest du fleuve. Les forces roumaines se sont jointes aux forces soviétiques dans la conquête du nord-est de la Hongrie, tandis que Bulgares et Yougoslaves, avec une partie du 3e Front d'Ukraine (Tolboukhine), ratissent la région comprise entre le Danube et la Save, dans le nord de la Yougoslavie, repoussant le *Heeresgruppe* F (von Weichs) vers le nord-est. Dans ce secteur, le 3e Front d'Ukraine enlève le nœud routier et ferroviaire de Sid.

Europe occidentale. Les forces d'assaut de la 90e division (20e corps de la IIIe armée américaine) traversent la Sarre entre Rehlingen et Wallerfangen, établissant ainsi une petite tête de pont dans la zone de Pachten-Dillingen.

Sur le flanc sud du corps, la 5e division progresse toujours vers le fleuve après la reddition des fortifications de Saint-Quentin. Pendant ce temps, deux divisions du 12e corps d'armée, la 6e blindée et la 35e d'infanterie, atteignent la rive occidentale de la Sarre, entre Grosbliederstroff et Wittring.

Birmanie. Le contingent japonais venu renforcer les assiégés de Bhamo franchit le Shweli et marche sur Tonkwa, où se trouve une partie de la 22e division chinoise et vers lequel se dirige le 475e régiment américain.

Philippines. Leyte. Au nord, les efforts renouvelés du 112e régiment de cavalerie américaine pour déloger les Japonais de la ligne de crête se révèlent vains. Au sud, la 7e division prend Balogo et Kang Dagit et poursuit son avance sur Ormoc. Protégée par des forces aériennes et navales considérables, la 77e division s'ébranle pour le débarquement dans la baie d'Ormoc. Les Japonais attaquent l'aéroport de Buri, prenant la garnison par surprise.

7 décembre

Front soviétique. En Hongrie, le 3e Front d'Ukraine (Tolboukhine) rejoint la rive méridionale du lac Balaton. Poursuivant sa conquête de la zone située entre le Danube et le lac Balaton, il occupe Adony, à environ 40 km au sud de Budapest, et Enying, à une trentaine de kilomètres de Székesféhervar. L'aile gauche soviétique, opérant entre le Balaton et la Drave, s'empare de Barcs. Moscou révèle que les Allemands acheminent des renforts d'Italie et du front occidental pour défendre Budapest devenue la clé de voûte de leur front oriental.

Des troupes yougoslaves franchissent en plusieurs points le Danube près de Vukovar, en Slovénie. Le haut commandement allemand affirme que ses troupes évacuent le Montenegro et la Serbie occidentale conformément aux plans prévus. En fait, le Montenegro a été évacué depuis longtemps.

Europe occidentale. Poursuite des combats des 90e et 95e divisions

Une pièce antiaérienne américaine de 40 mm en position sur le front italien.

afin de consolider leurs positions dans le secteur Pachten-Dillingen pour la première, dans la tête de pont de Sarrelouis pour la seconde. Le 12ᵉ corps d'armée se réorganise en vue de l'attaque des 35ᵉ et 26ᵉ divisions sur la ligne Siegfried, entre Sarrebruck et Zweibrücken (Deux-Ponts).

Sur le flanc méridional du front allié, tandis que le 1ᵉʳ corps de la Iʳᵉ armée française lance l'attaque vers la poche de Colmar, le 2ᵉ corps d'armée s'efforce de contenir les violentes contre-attaques des hommes de la XIXᵉ armée allemande dans les secteurs d'Ostheim, Guémar et Mittelwihr.

Philippines. Leyte. Avec l'aide des appareils de l'armée et du corps des marines, des appareils de la 5ᵉ Force aérienne américaine attaquent un convoi japonais de 6 transports et 6 unités d'escorte, envoyés à Leyte avec des renforts et des vivres. Les pilotes se flattent d'avoir coulé tous les navires ennemis. Sur l'île, tandis que les Japonais s'accrochent fermement aux collines du sud-est de Limon, la 77ᵉ division américaine du 24ᵉ corps du général Hodge commence, à 7 h 07, après une intense préparation de l'artillerie navale, à débarquer à Deposito, dans la baie d'Ormoc. Trois ans se sont écoulés depuis Pearl Harbor. En raison de la faible réaction japonaise sur terre, la pénétration est rapide. Mais la résistance aérienne est forte : une cinquantaine d'appareils japonais effectuent 16 raids contre les unités de débarquement ; 36 seront abattus. Les kamikazes parviennent cependant à couler un contre-torpilleur et une vedette rapide américains, et à endommager un autre contre-torpilleur, une vedette rapide et un navire de débarquement pour chars de combat.

Dans le même temps, la 7ᵉ division américaine continue, venant du sud, à avancer sur Ormoc. Les combats se poursuivent dans la zone de l'aéroport de Buri.

8 décembre

Front soviétique. En Hongrie, les Soviétiques élargissent la brèche ouverte au nord de Budapest par le 2ᵉ Front d'Ukraine (Malinovski). Au sud de la ville, des détachements avancés du 3ᵉ Front d'Ukraine (Tolboukhine) se trouvent à 15 km de Székesféhervar. Les Allemands repoussent les tentatives adverses entre le lac Balaton et la Drave.

Europe occidentale. Préparatifs pour l'attaque, par le 7ᵉ corps d'armée (Iʳᵉ armée américaine), de la région située entre l'Inde et la Rur et de la ville de Düren, objectif ultime de l'offensive. Dans les secteurs de Dillingen et de Sarrelouis, les 90ᵉ et 95ᵉ divisions subissent une pressante contre-offensive allemande.

A son tour, le 12ᵉ corps (avec la 35ᵉ division) traverse la Sarre.

Birmanie. Le contingent japonais en route pour Bhamo emporte Tonkwa, défendue par une partie de la 22ᵉ division chinoise. A l'ouest, le 4ᵉ corps d'armée de réserve britannique se prépare à avancer sur l'Irraouaddi dans la zone de Pakokku, pour passer à l'est du grand fleuve et marcher sur Meiktila et Thazi.

Philippines. Leyte. Au nord, dans le secteur du 10ᵉ corps, les Américains tentent de percer les lignes de ravitaillement japonaises au-delà des collines au sud-est de Limon. Dans le secteur du 24ᵉ corps, un régiment de la 77ᵉ division d'infanterie parvient à moins de 2 km d'Ormoc avec un bataillon de chars et un détachement de lance-flammes. Les Japonais sont repoussés près de l'aéroport de Buri.

Pacifique. Une escadre de croiseurs et de contre-torpilleurs américains (vice-amiral A. E. Smith), des bombardiers B-24 et des super-bombardiers B-29, attaquent en force les terrains d'aviation et les défenses côtières de l'île d'Iwo Jima.

Chine. Les Japonais de la XIᵉ armée et des détachements venant d'Indochine se regroupent.

9 décembre

Front soviétique. Moscou annonce que le 2ᵉ Front d'Ukraine (Malinovski) a atteint la boucle du Danube, à Vac, et qu'il a établi le contact avec le 3ᵉ Front d'Ukraine (Tolboukhine) sur le lac Velence, entre le Danube et le lac Balaton, encerclant ainsi la ville de Budapest aux deux tiers. Le gouvernement bulgare annonce que les armées bulgare et yougoslave, aidées de l'aviation soviétique, ont occupé la Serbie et la Macédoine, balayant les derniers détachements du *Heeresgruppe* E (Löhr).

Europe occidentale. Dans le secteur de la IIIᵉ armée américaine, les combats continuent autour de la tête de pont de Dillingen (90ᵉ division du 20ᵉ corps d'armée) et de Sarrelouis (95ᵉ division). La VIIᵉ armée américaine tente de rejoindre les lignes Maginot et Siegfried : sur la gauche du front, les unités du 15e corps prennent Singling (12e division blindée), Enchenberg (44e division) et Lemberg (100e division) ; sur le flanc droit, la 45e division atteint Niederbronn-les-Bains. Malgré la résistance allemande, le 2e corps de la Ire armée française libère Mittelwihr.

Birmanie. Poursuite des attaques chinoises contre Bhamo, que les Japonais défendent avec acharnement.

Chine. Le regroupement des Ve et LIIIe armées chinoises pour assurer la défense de Kouenming n'étant pas encore réalisé, le général Wedemeyer proteste auprès de Tchang Kaï-chek.

Philippines. Leyte. Les Japonais débarquent quelques renforts à Palompon, à l'ouest d'Ormoc. Au nord, les Américains sont toujours bloqués sur les collines au sud-est de Limon. A l'ouest, les hommes de la 77e division élargissent leur tête de pont près d'Ormoc. Les Japonais se livrent à des contre-attaques nocturnes autour de l'aéroport de Buri.

10 décembre

Europe occidentale. Le 7e corps de la Ire armée américaine lance une offensive conjointe pour libérer la rive occidentale de la Rur et la ville de Düren : participent à l'opération les 9e, 83e et 104e divisions d'infanterie et la 3e division blindée.

Les Allemands lancent une contre-offensive générale pour détruire la tête de pont de Dillingen que la 90e division du 20e corps de la IIIe armée parvient à contenir au prix d'énormes efforts.

Dans le secteur de Sarrelouis, les unités de la 95e division tentent de pénétrer à Fraulautern, mais une soudaine contre-offensive allemande annule leurs efforts.

La 2e division marocaine (1er corps de la Ire armée française) achève la conquête de Thann. La 9e division coloniale élimine la dernière tête de pont allemande à l'ouest du Rhin entre Kembs et la frontière suisse.

France. A l'issue des entretiens de Gaulle-Staline, la France et l'U. R. S. S. signent un traité d'alliance et d'assistance mutuelle.

Chine. Le général Wedemeyer demande à Tchang Kaï-chek d'ordonner aux forces du Yunnan de conquérir Wanting, au nord-est de la vallée du Shweli, où la nouvelle route de Birmanie, venant de Ledo, devra se greffer sur le tracé de l'ancienne. En conjuguant leurs forces en Chine avec les garnisons d'Indochine, les Japonais ont atteint le point maximum de leur expansion sur le continent asiatique.

Philippines. Leyte. La 77e division américaine, avec l'appui de l'artillerie navale, emporte Ormoc. Des détachements japonais attaquent les aéroports de Burauen et contraignent temporairement les garnisons de la 5e force aérienne américaine à se retirer ; une contre-attaque rétablira les positions. Dans les eaux de Leyte, les kamikazes coulent un contre-torpilleur et une vedette lance-torpilles américaine.

11 décembre

Europe occidentale. Tandis qu'à Dillingen la 90e division du 20e corps d'armée de la IIIe armée américaine du général Patton se réorganise en vue de la reprise de l'offensive destinée à élargir la tête de pont dans le secteur de Sarrelouis, la 95e division réussit à pénétrer avec quelques détachements dans le centre de Fraulautern.

Après avoir emporté Sarreguemines, la 35e division du 12e corps d'armée avance en direction de la Blies.

Front italien. La 6e division blindée du 13e corps de la Ve armée américaine reçoit l'ordre de marcher sur Tossignano au cours de la nuit du 12 au 13.

Birmanie. Des détachements de la 268e brigade du 4e corps d'armée britannique prennent Indaw.

Philippines. Leyte. Les bombardiers de la 5e force aérienne américaine basés dans l'île commencent le pilonnage préparatoire au débarquement sur l'île de Mindoro.

Les Américains réussissent, en encerclant les positions japonaises au sud-est de Limon, à scinder en deux les forces ennemies, isolant celles de la zone de Limon du gros des troupes concentré au nord-ouest d'Ormoc. Dans la nuit, les Japonais tentent sans grand succès de débarquer des renforts dans la baie d'Ormoc.

Dans les eaux de Leyte, un autre contre-torpilleur américain est coulé par un kamikaze japonais.

12 décembre

Europe occidentale. Dans le secteur de la Ire armée américaine, la 104e division s'empare du village de Pier, obligeant la Ve *Panzerarmee* à se retirer au-delà de la Rur, tandis que des détachements de la 9e division et de la 3e division blindée achèvent la conquête de la région à l'ouest de la Rur et de la ville de Düren.

Bien meilleure est la situation de la 9e division (20e corps de la IIIe armée américaine) dans la tête de pont de Dillingen ; on enregistre des progrès limités de la 95e division à Sarrelouis.

L'avance du 15e corps de la VIIe armée américaine est stoppée à la hauteur de Hottviller-Bitche, sur la ligne Maginot.

Front italien. Au cours de la nuit du 13, la 6e division blindée (13e corps de la Ve armée américaine) entame la seconde phase de son offensive en lançant les unités de la 61e brigade sur Tossignano. Dans le secteur de la VIIIe armée, la 5e division blindée et la 1re division d'infanterie (1er corps d'armée canadien) avancent de Fosso Vecchio sur le canal Naviglio : la 1re division établit une tête de pont au nord de Bagnacavallo.

Birmanie. Le 15e corps d'armée britannique déclenche l'offensive pour libérer le secteur côtier de l'Arakan, en vue d'y établir des bases pour les futures opérations de reconquête de la Birmanie. La 25e division indienne avance dans la péninsule de Mayu vers Akyab ; la 82e division d'Afrique occidentale pénètre dans la vallée de Kalapanzin près de Buthidaung, et la 81e attaque près de Kyauktaw.

Philippines. Leyte. Dans la nuit du 13, deux *Task Groups* de la 7e flotte américaine appareillent du golfe de Leyte pour Mindoro.

Poursuite des combats au sud de Limon et dans la partie nord-ouest de l'île. Un contre-torpilleur américain est endommagé près de Leyte par un kamikaze.

VASSILI KANDINSKI

Dans toute son œuvre Kandinski exprime sa conviction que la peinture « commence aux limites du silence... du langage et de la musique ». Ci-dessus : Première aquarelle abstraite.

Le grand peintre russe Vassili Kandinski, l'un des fondateurs de l'art abstrait, meurt le 13 décembre à Neuilly-sur-Seine, où il vivait depuis l'avènement du nazisme en Allemagne. Kandinski est né à Moscou en 1866. Après des études de droit il effectue une mission aux limites de l'Asie centrale où il découvre l'art populaire puis, en 1896, il se rend à Munich et se consacre à la peinture. Il complète sa formation auprès de Franz Stuck puis voyage en Europe et en Tunisie avant de se réinstaller en Bavière.

Progressivement, la peinture de Kandinski s'oriente vers le non-figuratif et en 1910 il écrit un essai, *Du spirituel dans l'art,* où il synthétise ses théories. Peu après, il fait partie des fondateurs du groupe du Blaue Reiter. Revenu à Moscou en 1914, il y joue après la guerre un rôle important mais en 1922 il quitte l'U. R. S. S. pour l'Allemagne et enseigne au Bauhaus jusqu'en 1933. Il s'installe à Neuilly et fréquente les surréalistes tout en poursuivant ses recherches.

Le déroulement de la bataille des Ardennes.

13 décembre
Front soviétique. Des éléments avancés du 2e Front d'Ukraine (Malinovski) parviennent à 10 km au nord-est et à 13 km à l'est de Budapest.
Europe occidentale. La 30e division du 19e corps de la IXe armée américaine occupe la région située entre l'Inde et la Rur. Des éléments de la 9e division occupent Derichsweiller. Les opérations du 7e corps de la Ire armée américaine se terminent au moment où la 104e division atteint la Rur sur un front d'environ 7 km.
La 90e division du 20e corps de la IIIe armée américaine se prépare à l'offensive générale pour la conquête de Dillingen. Dans la tête de pont de Sarrelouis, la 95e division est bloquée sur ses positions des jours précédents.
Front italien. De nouvelles unités de la 6e division blindée (12e corps britannique de la Ve armée américaine) sont envoyées sur Tossignano.
Birmanie. Tandis que le 114e régiment de la 38e division chinoise réussit à percer les défenses du nord de Bhamo, dans la zone de Tonkwa, le 475e régiment d'infanterie américain repousse une attaque du contingent japonais se rendant au secours des assiégés de Bhamo.
Philippines. Dans la mer de Mindanao, les escadres de la 7e flotte américaine en route pour l'invasion de Mindoro sont attaquées par l'aviation japonaise et ses kamikazes. Le croiseur *Nashville* et le contre-torpilleur *Haraden,* gravement endommagés, quittent la formation.
Leyte. Contre-attaques nocturnes des Japonais dans le secteur du 10e corps d'armée américain. Dans le secteur du 24e corps, la 77e division est arrêtée par une ligne fortifiée japonaise, au nord d'Ormoc.

14 décembre
Europe occidentale. Fin de la conquête de la région située entre l'Inde et la Rur par des éléments de la 30e division du 19e corps de la IXe armée américaine. Les unités

des Iʳᵉ et IIIᵉ armées américaines se trouvent immobilisées sur les positions des jours précédents : on enregistre cependant des progrès limités des 5ᵉ et 7ᵉ corps de la Iʳᵉ armée et du 20ᵉ corps (95ᵉ division) dans le secteur de Sarrelouis.

Front italien. Dans le secteur du 13ᵉ corps de la Vᵉ armée américaine, la 6ᵉ division blindée perd le contact avec les patrouilles ayant rejoint Tossignano.

Dans la nuit du 15, le 2ᵉ corps d'armée polonais reprend l'offensive, s'appuyant sur la gauche du 5ᵉ corps canadien, et la 5ᵉ division blindée établit une tête de pont au-delà du canal Naviglio.

Philippines. Leyte. Faibles progrès américains au nord d'Ormoc.

15 décembre

Front soviétique. Des détachements de l'Armée rouge franchissent l'Ipely au nord de Budapest et établissent une tête de pont à Sahy, en territoire tchécoslovaque.

Europe occidentale. La 90ᵉ division (20ᵉ corps de la IIIᵉ armée américaine) se lance à la conquête de Dillingen et du pont sur le Prims qu'emprunte la route Dillingen-Sarrelouis : une accalmie s'ensuit et la 90ᵉ division suspend son attaque. La 95ᵉ division poursuit sa marche vers la tête de pont de Sarrelouis, et des unités de la 35ᵉ division emportent Habkirchen.

Dans le secteur méridional du front, la Iʳᵉ armée française attaque les positions de la XIXᵉ armée allemande, à l'ouest du Rhin dans la région de Colmar.

Birmanie. Dans la nuit, la garnison japonaise de Bhamo parvient à se sauver en passant à travers les lignes chinoises. La ville est occupée par la 38ᵉ division chinoise. En Arakan, la 82ᵉ division d'Afrique occidentale emporte Buthidaung.

Philippines. Mindoro. Soutenue par une intense préparation de l'artillerie de marine, la 24ᵉ division d'infanterie américaine, renforcée d'un bataillon parachutiste, débarque sur la côte sud-ouest de l'île de Mindoro à 7 h 35, dans le secteur de San Agustin, au sud de Luçon. Pénétrant jusqu'à 12 km à l'intérieur sans rencontrer de grande résistance, les Américains occupent le périmètre de la tête de pont et entreprennent immédiatement la construction d'un aéroport.

L'aviation japonaise attaque les transports et les unités d'escorte américaines et, grâce à la présence des kamikazes, coule deux vedettes lance-torpilles et endommage le porte-avions d'escorte *Marcus Island,* deux contre-torpilleurs et une vedette lance-torpilles.

Dans le secteur des Philippines, avions et sous-marins américains coulent un contre-torpilleur et un bateau de ravitaillement japonais.

Leyte. Les Américains entreprennent la liquidation de poches japonaises dans la zone d'Ormoc sans trop appuyer leurs opérations contre le gros de la garnison concentrée au nord et au nord-ouest d'Ormoc.

16 décembre

Europe occidentale. La contre-offensive allemande débute dans les Ardennes. La IIIᵉ armée américaine cède la 10ᵉ division blindée (20ᵉ corps) au 8ᵉ corps de la Iʳᵉ armée américaine, qui doit subir cette offensive. La 95ᵉ division poursuit les combats pour élargir la tête de pont de Sarrelouis, tandis que dans la nuit du 16 au 17, ses unités commencent à être relevées par la 5ᵉ division. Le 2ᵉ corps se voit

(suite page 642)

GLENN MILLER

Glenn Miller, tromboniste, arrangeur et chef d'orchestre, meurt le 16 décembre dans un accident d'avion au-dessus de la Manche.

Né en 1904 à Clarinda, dans l'Iowa, Miller joue avec Benny Goodman et Ray Noble puis fonde dans les années vingt son premier groupe de jazz. Au bout d'une dizaine d'années, il devient très célèbre, grâce à *Moonlight Serenade*, un air de danse au charme caressant, qui remporte un succès énorme.

Lorsque la guerre éclate, Miller s'engage, puis il crée un « big band ». Il donne alors concert sur concert au bénéfice des troupes. Sa chanson *In the Mood*, émise sans interruption par les radios américaines, devient l'un des refrains les plus populaires des années de guerre, et le symbole même de l'armée américaine.

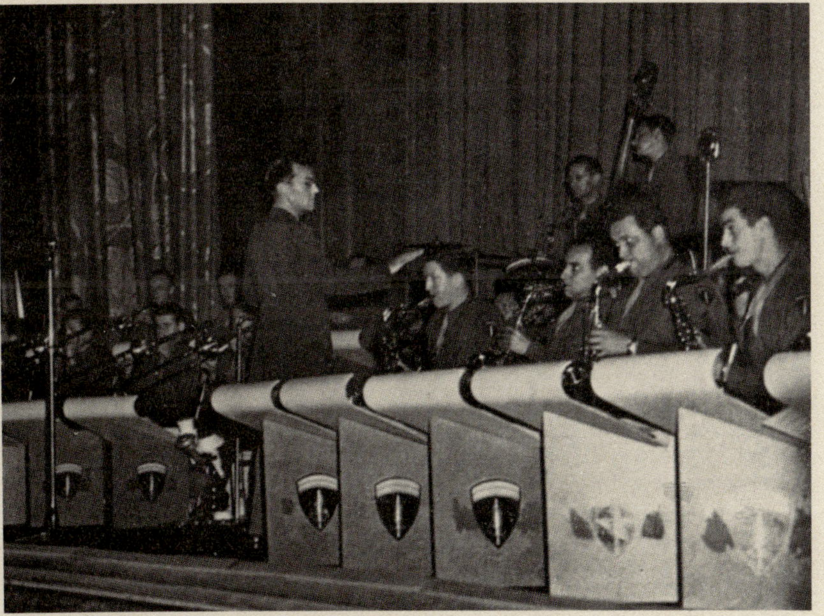

Glenn Miller à la tête de son big band.

LA DERNIÈRE OFFENSIVE DU TROISIEME

16 décembre

Samedi 16 décembre 1944. 5 h 30 : Le long du front occidental, dans le secteur allant de Monschau (au nord) jusqu'à Echternach (au sud), sur les hauts plateaux des Ardennes, les Allemands ouvrent un feu d'artillerie nourri sur les positions de la Ire armée américaine. La durée de ce bombardement varie entre 20 et 90 minutes selon les secteurs ; les Américains pris par surprise ont subi d'importants dommages, car ils étaient habitués, depuis le débarquement en Normandie, à diriger les opérations. La veille encore, le 15 décembre, cette attitude psychologique des Alliés avait été amplement démontrée par le maréchal Montgomery, commandant du XXIe groupe d'armées, qui, parlant devant quelques-uns de ses collaborateurs, déclarait : « Sur tous les fronts, les Allemands mènent une campagne défensive. Actuellement, leur situation militaire et stratégique ne leur permet absolument pas d'envisager la mise sur pied d'une quelconque offensive de grande envergure. »

Le destin allait rapidement contredire les prévisions optimistes du stratège anglais en leur opposant un cinglant démenti ; en effet, 24 heures plus tard, les Allemands déclenchent une des plus importantes opérations militaires de ces 18 derniers mois de guerre : l'offensive dans les Ardennes.

Entre septembre et octobre 1944, Hitler établit les plans de l'opération : élaborée dans une atmosphère de défiance sans

Lors d'une pause pendant leur avance dans le saillant des Ardennes, des tankistes et des fantassins américains observent une escadrille de bombardiers alliés chargée de pilonner les lignes allemandes de ravitaillement. Les conditions atmosphériques avaient tout d'abord empêché l'aviation d'intervenir.

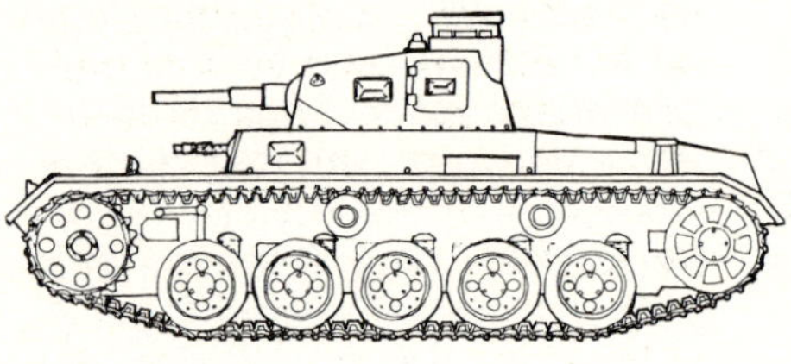

Pz.Kw III A

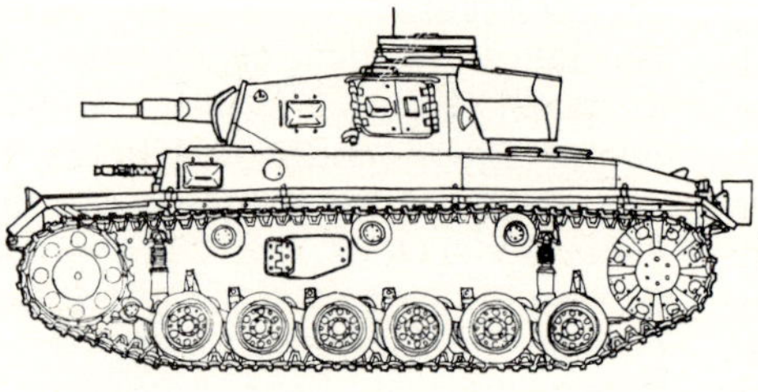

Pz.Kw III E

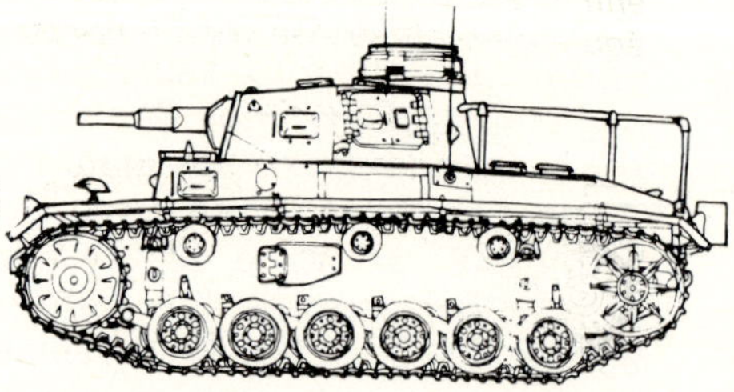

Pz.Bef.Wg H/E (char de commandement)

REICH : LA BATAILLE DES ARDENNES

Toutes les armées ont développé plusieurs versions d'un même véhicule blindé. Ainsi, le Panzerkampfwagen III (Pz.Kw III), dont il a été produit 5650 exemplaires entre 1939 et 1943, a connu douze variantes par rapport au modèle de base. Son équipage était composé de 5 hommes.

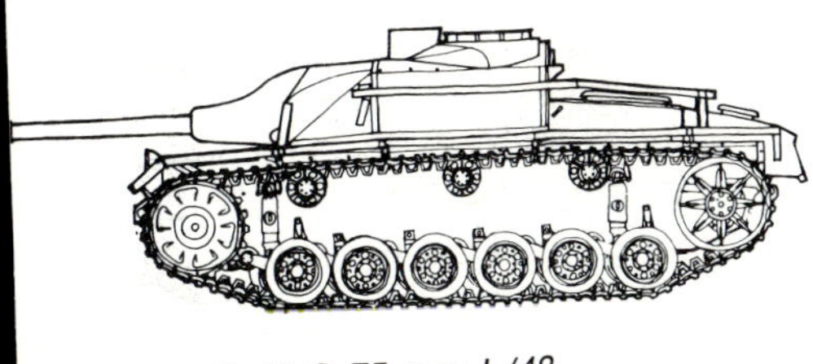

Stu.G. III G 75 mm L/48

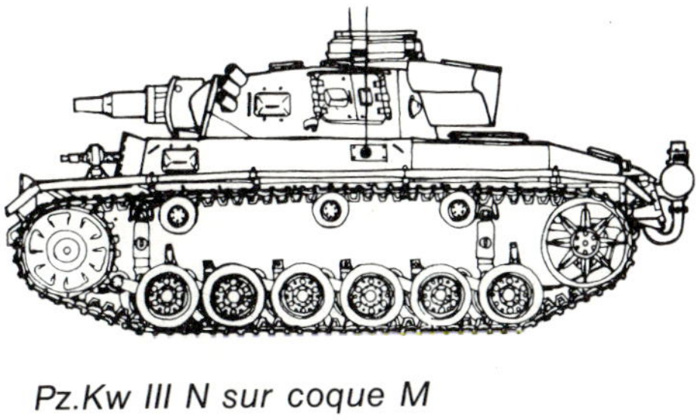

Pz.Kw III N sur coque M

cesse croissante envers ses généraux et ses conseillers, cette offensive lui est entièrement attribuable. Il semble que cette idée ait germé dans l'esprit du Führer dès les derniers jours d'août, au moment des débarquements et des succès alliés dans le midi de la France ; il demande alors à ses commandants de préparer la reprise des offensives en novembre.

C'est le 24 octobre que Hitler révéla son plan d'attaque aux généraux Westphal et Krebs, respectivement chef d'état-major de von Rundstedt et commandant du front occidental, et au feld-maréchal Model, chef du *Heeresgruppe* B. Selon les plans de Hitler, le but de l'offensive était d'enfoncer le front allié en son maillon le plus faible, les Ardennes, et d'investir Anvers, but suprême de l'opération, car il craignait que, du port belge dragué et nettoyé, les Alliés ne lancent contre le front allemand toute leur terrifiante machine de guerre. L'objectif étant connu, voici les moyens pour l'atteindre : les quatre armées de Model (V^e^ et VIe armées blindées, VIIe et XVe armées d'infanterie) recevront, toujours selon les plans établis, d'importants renforts parmi lesquels un certain nombre de divisions blindées transférées du front oriental ; d'après les promesses de Goering, elles pourront compter sur une couverture aérienne composée de 3000 chasseurs au moins. Enfin, il était évident, selon le Führer, que la clé du succès résidant en grande partie dans l'effet de surprise, le secret le plus absolu devait entourer ces plans.

Des ordres très stricts furent donnés concernant le respect de ce secret : lorsque le général Alfred Jodl, chef de la section opérationnelle du haut commandement de la Wehrmacht, réunit le 3 novembre les commandants d'armée concernés pour leur exposer les modalités de l'opération, il leur fit signer, sur ordre de Hitler, une déclaration

par laquelle ils s'engageaient à ne jamais rien révéler de ce projet sous peine de mort.
Selon le plan du Führer, l'offensive devait être menée par le groupe d'armées B du général Walter Model avec 4 armées alignées sur le front des Ardennes entre Monschau et Echternach. Deux armées situées sur les ailes du dispositif devaient s'élancer en premier lieu : la XVe armée du général Gustav von Zangen sur la droite, la VIIe armée du général Erich Brandenberger sur la gauche. L'effort principal, au centre, était dévolu à deux unités blindées, la Ve *Panzerarmee* et la VIe *Panzerarmee S. S.*, respectivement sous les ordres de Hasso von Manteuffel et de Sepp Dietrich.
L'opération était fixée au 27 novembre, mais il devint rapidement évident que cette date ne pourrait être tenue, et Hitler consentit à la reporter au 16 décembre. La principale difficulté concernait l'acheminement du matériel et des troupes appelées en renfort. Pour échapper à la surveillance des Alliés, ces mouvements s'effectuaient de nuit. Les routes que devaient emprunter les hommes et le matériel étaient recouvertes de paille retirée à l'aube; les canons étaient tirés soit par des chevaux, soit par des engins mécaniques; enfin, pour couvrir le bruit des *Panzer,* la chasse allemande, à la stupéfaction des Américains, survolait sans raison logique le front en rase-mottes. Ce stratagème permit aux Allemands d'amasser sur le front occidental, à environ 130 km de la ligne d'attaque, 30 divisions — soit autour de 250 000 hommes, environ 2 000 canons, un millier de chars de combat et 1 500 avions sur les 3 000 promis par Goering.
Pendant toute cette période préliminaire, Hitler convoqua ses généraux à plusieurs reprises pour discuter du plan et en préciser les moindres détails. Von Rundstedt et Model, sceptiques sur la réalisation d'un projet d'une telle envergure, proposèrent le 2 décembre, lors d'une nouvelle réunion au quartier général de Hitler, de réduire l'importance de l'offensive, mais le Führer resta inébranlable : le plan devait être exécuté selon les dispositions prévues par lui.
Le 12 décembre eut lieu la dernière réunion à caractère « psychologique » : Hitler convoqua en deux groupes distincts les commandants de corps d'armée et de division pour exalter leur foi et leur esprit de combat.
Face à l'imposant dispositif mis en place par les Allemands, il n'y avait de l'autre côté du front qu'à peine 6 divisions américaines du 5e corps du général Leonard Gerow (2e, 99e et 106e) et du 8e corps du général Troy Middleton (28e, 4e et 9e division blindée), soit, au total, 80 000 hommes qui ne sont absolument pas préparés à faire face à l'attaque surprise et simultanée de quatre armées.
On arrive ainsi au 16 décembre. Après un canonnage des lignes américaines, commencé à 5 h 30, les divisions blindées entrent en action. Les espoirs allemands reposent principalement sur la puissance des blindés; ils comptent également sur le mauvais temps et le brouillard pour empêcher l'aviation alliée d'intervenir. Les lignes américaines sautent l'une après l'autre et la surprise est telle que, 4 heures après le début de l'attaque, le 12e corps américain, déployé sur le flanc droit du 8e corps, ignore toujours tout de l'attaque allemande.
Face à la violence de l'attaque des *Panzer,* la désorganisation et la confusion générales règnent dans les unités américaines. Cependant, Hitler ajoute un élément nouveau, une initiative imprévue et secrète dont le nom de code est « Opération *Greif* » et qui va provoquer de sérieux dégâts dans les lignes américaines. Un groupe de commandos impeccablement dressés par le colonel Otto Skorzeny (l'officier qui libéra Mussolini), vêtus d'uniformes américains et utilisant des véhicules pris aux Alliés, sèment la panique dans les lignes arrière en répandant des nouvelles alarmantes, modifiant la signalisation routière, faisant sauter les dépôts de munitions, coupant les câbles téléphoniques et se livrant à toutes les opérations de sabotage possibles.
Le stratagème est découvert relativement vite, mais il réussit à provoquer une véritable psychose du soupçon : surévaluant la portée du plan de sabotage allemand, les Américains vont créer des centaines de postes de verrouillage pour soumettre à de sévères contrôles les occupants de toutes les Jeeps ou autres véhicules, les officiers supérieurs n'échappant pas à cette rigueur. En fait, les militaires chargés des contrôles posaient des questions portant sur la vie américaine : personnages de bandes dessinées, championnats de baseball, détails de la vie des vedettes de Hollywood, etc. Pour bien se rendre compte de cet état d'esprit, reportons-nous aux souvenirs du général Bradley, commandant du XIIe groupe d'armées : « Imaginez... un demi-million d'authentiques soldats américains jouant au gendarme et au voleur, à chacune de leurs rencontres. Ni grade, ni bonne foi manifeste, ni protestations ne pouvaient éviter un interrogatoire digne de l'inquisition à chaque poste de contrôle. On m'a bien demandé trois fois de prouver mon identité. Je la prouvai, la première fois en répondant à mon inquisiteur que la capitale de l'Illinois était Springfield et non Chicago comme il le soutenait avec talent; la deuxième fois en effectuant un mouvement d'escrime et la troisième en nommant le mari de Betty Grable. »
L'annonce de l'attaque et des progrès allemands dans les Ardennes parvint à Eisenhower alors qu'il se trouvait à Versailles, où avait été transféré son quartier général. Le commandant suprême des Alliés ordonne en premier lieu que toutes les forces blindées disponibles aillent immédiatement renforcer le secteur attaqué. Les 82e et 101e divisions de parachutistes

sont elles aussi mobilisées : la première rejoint le secteur de Houffalize, en plein cœur du front d'attaque allemand, où convergent les unités des 58e et 47e corps de *Panzer.* La seconde division rejoint Bastogne, le plus grand nœud routier de la région, à une vingtaine de kilomètres au sud de Houffalize. Cependant, comme l'avaient espéré les Allemands, les conditions atmosphériques empêchent l'aviation alliée d'intervenir.
Tandis que sur le flanc nord du 67e corps blindé de la VIe *Panzerarmee S. S.* de Sepp Dietrich, l'offensive est assez bien contenue par les Américains dans le secteur de Monschau, sur le flanc sud, le 19 décembre, le 1er corps blindé atteint Trois-Ponts sur la rive gauche de l'Amblève, et poursuit vers le nord en direction de Spa. Mais sa progression est modeste comme l'est celle de la 9e division blindée *S.S.* du 2e corps de *Panzer* attaquée par la 82e division de parachutistes américains, et contrainte de repasser sur la rive droite de l'Amblève.

25 décembre

Le 25 décembre, après le premier élan, l'ensemble de la VIe *Panzerarmee S. S.* se met sur la défensive.
Dans le secteur central du front d'attaque, les corps de la Ve *Panzerarmee* de Manteuffel progressent en profondeur : le 66e rejoint Saint-Vith (23 décembre), les 68e et 47e franchissent l'Our et atteignent respectivement Houffalize (116e division blindée) et Bastogne (division *Panzer-Lehr*). Si la première localité est conquise, la seconde résiste, défendue par la 101e division de parachutistes et par des unités des 9e et 10e divisions commandées par le général McAuliffe. Les jours suivants, bien que complètement encerclée par un régiment de la division *Panzer-Lehr* et de la brigade *Führer Begleit,* la ville résiste toujours et refuse l'offre de reddition du général Heinz Kokott : enfin, le 26 décembre, le cercle qui étreignait la cité est brisé par les unités de la 4e division blindée de la IIIe armée de Patton.
Pendant ce temps, le gros des unités allemandes poursuit son avance à l'ouest : au nord, la 116e division blindée franchit l'Ourthe près de Hotton, mais elle est stoppée par la 84e division américaine; au sud, la *Panzer-Lehr* atteint Ciergnon, à une vingtaine de kilomètres de Dinant, et la 2e division blindée occupe, le 24 décembre, la petite localité de Foy-Notre-Dame à 6 km à peine de la Meuse. Et là, le grand rêve de Hitler se brise : à 100 km de leur point de départ, les Allemands sont essoufflés, et la violence de la riposte alliée est impressionnante; aux contre-attaques de la IIIe armée de Patton au sud et de la Ire armée de Hodges au nord, sur les flancs du saillant conquis par les unités des Ve et VIIe armées allemandes, les Alliés ajoutent, à partir du 22 décembre, l'intervention massive et dévastatrice des chasseurs bombardiers rendue possible par la nette amélioration des conditions atmosphériques. Les bombardements d'une grande violence sèment la perturbation à l'arrière des troupes allemandes, interrompant toutes communications entre les corps d'armée; les divisions blindées sont décimées par le feu adverse et paralysées par le manque de carburant. La 2e *Panzerdivision,* qui s'était aventurée dans un étroit couloir aux alentours de Dinant, est pratiquement détruite. Les Allemands amorcent alors un lent, mais inexorable, repli. En fait, depuis le 22 décembre, von Rundstedt, avec le plein accord du feld-maréchal Model, commandant le groupe d'armées B, et de Guderian, chef de l'état-major de l'*Oberkommando Wehrmacht,* avait demandé à Hitler un recul des troupes derrière la ligne Siegfried; mais le Führer, comme d'habitude, s'y était formellement opposé. Et ainsi, comme le relate le général von Manteuffel, « au lieu d'un repli ordonné, nous fûmes contraints à une retraite pied à pied, sous la pression des Alliés, subissant d'inutiles pertes... Pour nous, la politique hitlérienne d'"aucun repli" signifiait la ruine, dans la mesure où nous ne pouvions nous permettre de pareilles pertes. »
Après l'échec de la tentative allemande des 3 et 4 janvier 1945 de reconquérir Bastogne, les attaques des Ire et IIIe armées américaines se font plus incisives et imposent une nette accélération au repli allemand. Le 20 janvier, les armées allemandes se retrouvent sur leurs positions de départ : en 34 jours de combat, elles ont perdu environ 100 000 hommes, tués, blessés ou faits prisonniers, 800 chars et au moins 1 000 avions. Les pertes alliées sont lourdes également : 81 000 Américains et 1 400 Britanniques sur les 600 000 hommes ayant participé à la bataille, et environ 800 engins blindés. Mais si les pertes humaines américaines sont compensées en une quinzaine de jours, les pertes allemandes en hommes et en matériel sont irréparables et vont jouer un rôle déterminant dans la fin du conflit. Comme l'a écrit Churchill, l'offensive des Ardennes a contraint les Alliés à différer de trois semaines l'invasion de l'Allemagne, mais en revanche elle leur a offert des atouts inespérés : « Puisque les Allemands ne pourront plus combler leurs pertes, nos combats sur le Rhin, même acharnés, s'en trouveront facilités... »

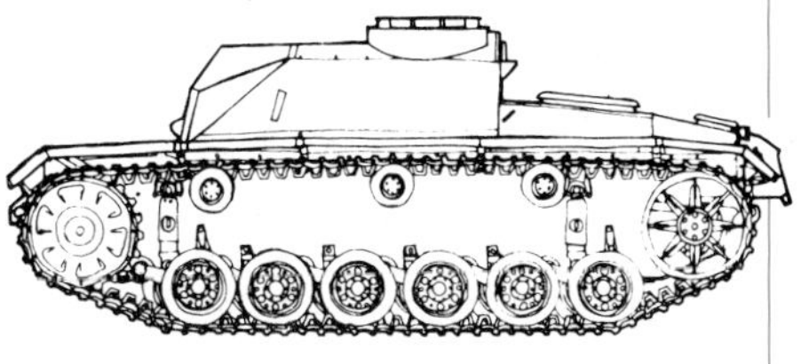

Stu.G. III F pourvoyeur

(suite de la page 637)

assigner la zone comprise entre les 20e et 12e corps; cette dernière unité continue l'offensive sur la ligne Siegfried jusqu'au déclenchement de l'attaque allemande dans les Ardennes. Sur le flanc méridional du front, le 6e corps de la VIIe armée américaine envoie ses unités sur la frontière allemande.

Front italien. Le général Alexander est nommé commandant en chef des forces alliées en Méditerranée à la place du général Wilson : il est remplacé au commandement des troupes alliées en Italie (XVe groupe d'armées) par le général Clark, qui cède le commandement de la Ve armée américaine au général Truscott. Dans le secteur de la VIIIe armée, le 5e corps britannique marche sur Faenza : la 2e division néo-zélandaise atteint le Senio et la 10e division indienne entre à Pergola.

Birmanie. Dans le secteur du 4e corps britannique, la 19e division indienne occupe Pinlebu et Banmauk. Quelques détachements rejoignent Indaw et établissent le contact avec la 36e division britannique venue du nord.

Chine. La 57e armée chinoise n'ayant pas encore été transférée dans la zone de Kouenming, le général Wedemeyer élève une protestation auprès de Tchang Kaï-chek et obtient qu'une partie de la troupe soit amenée par voie aérienne.

Les difficiles négociations entre les nationalistes et les communistes, représentés par Chou En-laï, permettent enfin d'établir les termes d'une collaboration fructueuse dans la lutte contre l'occupant japonais.

Philippines. Mindoro. Les Américains patrouillent dans la zone du débarquement et fortifient la région entourant l'aéroport, tandis que les avions japonais poursuivent leurs attaques des navires américains.

Luçon. Les avions de la 3e flotte américaine attaquent les objectifs militaires de l'île.

Leyte. La 77e division américaine reprend l'offensive au nord d'Ormoc, et enlève Cogon et San José.

17 décembre

Front soviétique. En Hongrie, les troupes de Malinovski se rejoignent à 8 km de Budapest.

Des avions américains parachutent des renforts et du ravitaillement pour les

troupes américaines assiégées par les Allemands à Bastogne durant la contre-offensive dans les Ardennes.

Europe occidentale. Les 82e et 101e divisions aéroportées (18e corps de la Ire armée aéroportée alliée) sont dirigées sur le Front des Ardennes, où l'offensive allemande se poursuit avec succès.
Dans le secteur de la IIIe armée, la 5e division continue à relever les unités de la 95e division (20e corps) dans la tête de pont de Sarrelouis.
Les unités de la VIIe armée américaine (15e et 6e corps) sont pratiquement arrêtées face à la ligne Siegfried.
Front italien. Le long du Senio, la 5e division *Kresowa* (2e corps polonais de la VIIIe armée) relève les unités de la 3e division des Carpates. La 10e division indienne établit quelques petites têtes de pont sur le Senio, au sud et au nord de Tebano.
Philippines. Leyte. Les escadres de la VIIe Flotte américaine regagnent le golfe de Leyte après avoir escorté la force d'invasion de Mindoro sous le feu de l'aviation japonaise. La 32e division du 10e corps américain avance lentement au sud de Limon. Le 307e régiment d'infanterie du 24e corps, appuyé par l'artillerie et l'aviation, attaque l'aéroport de Valencia.

18 décembre
Front soviétique. En Hongrie, au nord de Miskolc, l'Armée rouge atteint la frontière tchécoslovaque sur un front qui s'étire sur plus de 110 km.
Europe occidentale. Dans le secteur d'opération de la IXe armée américaine, la 84e division rejoint ses derniers objectifs, Wurm et Müllendorf.
Dans les Ardennes, la Ire armée américaine subit toujours l'offensive allemande, et, dans le secteur de la tête de pont de Sarrelouis, la 5e division a définitivement remplacé la 95e américaine.
Chine. 77 super-bombardiers B-29 et 200 avions de la 14e force américaine bombardent intensément Han-Kéou (aujourd'hui Wouhan), centre industriel et base de ravitaillement japonais.
Philippines. Leyte. Le 307e régiment d'infanterie américain occupe Valencia et son terrain d'aviation. La partie sud de la vallée d'Ormoc

Un soldat allemand fait prisonnier.

est pratiquement aux mains des Américains.
☐ A l'est des Philippines, un violent typhon surprend la IIIe Flotte américaine et provoque un véritable désastre : 3 contre-torpilleurs sombrent ; 4 porte-avions légers, 4 porte-avions d'escorte, 1 croiseur, 7 contre-torpilleurs, 3 contre-torpilleurs d'escorte, 1 pétrolier et d'autres bâtiments sont sérieusement endommagés. De plus, en raison des conditions météorologiques, les Américains sont contraints d'annuler les opérations prévues de bombardement aérien de Luçon.

19 décembre
Europe occidentale. Les commandants alliés réunis à Verdun décident de suspendre l'offensive sur le Rhin afin de concentrer la majeure partie des hommes et des moyens dans les Ardennes, où continue la progression des Allemands. Sur les deux flancs de la ligne allemande, les Ire et IIIe armées américaines (au nord et au sud) se réorganisent en vue d'une attaque coordonnée qui devra arrêter les éléments les plus avancés de l'armée allemande.
Front italien. Dans la nuit du 19 au 20, le 5e corps de la VIIIe armée britannique reprend l'offensive et libère le secteur de Faenza.
Birmanie. La 19e division indienne emporte Wunthe. Dans le secteur du 33e corps d'armée, la 2e division britannique, venant de Kohima, franchit le Chindwin à Kalewa et relève la 11e division d'Afrique orientale.
Philippines. Mindoro. Les Américains, accompagnés de guérilleros philippins, commencent à patrouiller dans l'île.
Leyte. Les autorités japonaises sont contraintes d'abandonner la XXXVe armée et informent en effet le général Yamashita que désormais il devra compter sur les seules ressources locales dans la mesure où tout renfort et tout ravitaillement sont impossibles. Au sud de Limon, les combats se poursuivent. La 77e division marche sur Libongao et Palompon ; Valencia subit une contre-attaque japonaise.
Mer de Chine orientale. Un sous-marin américain coule le porte-avions japonais *Unryu.*

20 décembre
Europe occidentale. Les armées allemandes avancent toujours dans les Ardennes et encerclent l'important nœud routier de Bastogne.
Front italien. Dans le secteur de la VIIIe armée britannique, la 56e division du 5e corps entreprend la conquête de la région située entre le canal Naviglio et le Lamone, au nord de Faenza. Dans la nuit du 20 au 21, la 1re division d'infanterie et la 5e division blindée du 1er corps canadien repoussent les Allemands au-delà du Senio.
Birmanie. Dans le secteur du 4e corps britannique, la 19e division indienne investit Kawlin.
Philippines. Leyte. Pilonnage intensif des poches japonaises à l'ouest de Palompon et au sud de Limon par l'artillerie américaine.

21 décembre
Front soviétique. Tandis que se poursuit l'évacuation allemande des Balkans, de très violents combats opposent le *Heeresgruppe* Sud (Wöhler) au 3e Front d'Ukraine (Tolboukhine) au sud-ouest de Budapest, dans la zone entre le Danube et le lac Balaton.

Europe occidentale. Alors que les armées américaines qui ne sont pas directement concernées par la bataille des Ardennes détachent certaines de leurs unités pour renforcer le secteur de la Ire armée (c'est le cas de la 2e division blindée du 19e corps de la IXe armée et de la 75e division du 16e corps), les Allemands continuent leur progression à l'ouest de Bastogne.
Front italien. Tandis que la 5e division Kresowa (2e corps polonais de la VIIIe armée) achève la conquête de la rive orientale du Senio, le 1er corps canadien rejoint le fleuve dans le secteur de Cotignola-Alfonsine.
Birmanie. L'avance des Britanniques dans l'Arakan est si rapide que l'amiral Mountbatten convoque à Calcutta les commandants des grandes unités pour envisager avec eux le meilleur parti à tirer du succès inattendu qui se profile.
Philippines. Mindoro. Les Japonais reçoivent par pont aérien des renforts de Luçon. Les avions japonais attaquent un convoi de ravitaillement américain, coulant deux navires de débarquement pour chars d'assaut et endommageant d'autres bâtiments. Un contre-torpilleur est coulé par un kamikaze.
Leyte. La jonction se fait entre les troupes du 10e corps venant du nord et celles du 24e corps qui remontent d'Ormoc. Toute la vallée d'Ormoc est libérée, malgré de nombreuses poches de résistance japonaise qui restent à liquider.

22 décembre
Europe occidentale. La garnison américaine de Bastogne refuse sa reddition aux Allemands qui continuent de marcher vers Dinant.
Front italien. En vue d'une prochaine attaque allemande dans le secteur occidental du front, la 92e division de la Ve armée américaine, opérant dans le secteur de Lucques, est renforcée par des unités de la 8e division indienne et de la 85e division américaine, ainsi que par des chars et des pièces d'artillerie.
Birmanie. La 36e division britannique progressant au nord, dans la vallée de l'Irraouaddi, atteint Tigyaing évacuée par les Japonais, et se prépare à attaquer Möng Mit.
Philippines. Leyte. Les Américains investissent plusieurs villages ; le problème qui se pose à présent est de détruire le reste des forces japonaises concentrées en deux poches importantes à l'ouest de Palompon.

23 décembre
Front soviétique. Poursuite de la bataille de Budapest, encerclée par les trois quarts des 3e et 2e Fronts d'Ukraine.
Birmanie. Dans le secteur du 33e corps britannique, la 19e division indienne occupe Kokoggon.
Philippines. Leyte. L'artillerie de la 77e division américaine et des appareils de la 5e force aérienne pilonnent Palompon, sur la côte ouest, pour préparer un débarquement. Les Japonais lancent des contre-attaques nocturnes qui sont repoussées.

24 décembre
Front soviétique. Le haut commandement soviétique révèle qu'au cours des trois derniers jours le 3e Front d'Ukraine (Tolboukhine), après avoir enfoncé les lignes allemandes au sud-ouest de Budapest, entre le lac Velence et le Danube, a progressé d'une bonne quarantaine de kilomètres ; 160 localités ont été conquises dont les centres de Székesféhervar et de Bicske. Le passage encore ouvert aux Allemands pour quitter Budapest se trouve ainsi réduit d'une trentaine de kilomètres.
Europe occidentale. Le calvaire de Bastogne, à demi détruite par l'aviation et l'artillerie allemandes, continue.
Dans le secteur de la Ire armée française, la 3e division américaine libère Bennwihr, mettant ainsi fin aux opérations dans le secteur de Colmar.
Birmanie. Dans le secteur du 33e corps britannique, la 2e division anglaise et la 20e division indienne anéantissent la résistance nippone dans la zone de Pyingaing.
Iwo Jima. Une escadre américaine commandée par le contre-amiral A. E. Smith bombarde les aéroports et autres installations nippones de l'île, coulant en outre deux transports.

25 décembre
Front soviétique. En Hongrie, le 3e Front d'Ukraine (Tolboukhine) réduit à moins de 15 km le couloir allemand.
Europe occidentale. Le 30e corps de la IIe armée britannique prend possession de la rive occidentale de la Meuse, de Givet à Liège. La 51e division de la IXe armée américaine est transférée dans la Ire armée. Bastogne résiste toujours, tandis que

ROMAIN ROLLAND

Romain Rolland, musicologue et homme de lettres, lauréat du prix Nobel de littérature en 1916, meurt le 30 décembre à Vézelay. Romain Rolland est né à Clamecy en 1866. Après avoir quitté l'École française de Rome, il devient en 1895 professeur d'histoire de l'art à l'École normale supérieure de Paris et, plus tard, titulaire de la chaire d'histoire de la musique, à la Sorbonne. Ses nombreux travaux d'historien et de critique musical, riches d'intuitions géniales, font de lui l'un des musicologues les plus influents.
Son autobiographie, *Le Voyage intérieur* (1942), permet, tout comme son *Journal* et sa *Correspondance*, de mieux comprendre les aspirations humanitaires qui lui firent écrire, par exemple, les articles recueillis en 1915 sous le titre *Au-dessus de la mêlée*.
Auteur éclectique, il s'adonna tout à tour à l'histoire de l'art, à la littérature, au théâtre et à l'essai politique. Mais Romain Rolland doit surtout sa célébrité au monumental roman *Jean-Christophe*, biographie fictive d'un musicien allemand, publiée en dix volumes entre 1904 et 1912, à travers laquelle il expose sa vision sociale et morale du monde.

l'avance allemande cesse pratiquement faute de ravitaillement.
Philippines. Luçon. Intensification des raids aériens américains sur l'île en vue du débarquement.
Leyte. La VIe armée américaine, qui doit envahir Luçon, est progressivement remplacée par la VIIIe. Des détachements de la 77e division débarquent sans rencontrer de résistance au nord de Palompon, sur la côte occidentale, et commencent la liquidation des positions japonaises de ce secteur.

26 décembre
Front soviétique. Des détachements du 3e Front d'Ukraine bouclent virtuellement le cercle entourant les défenses de Budapest et conquièrent la ville fortifiée d'Esztergom.
Front italien. La 1re division blindée est envoyée dans le secteur de Lucques. Des unités de la XIVe armée allemande lancent une série de contre-attaques contre les positions de la 92e division (4e corps américain) le long du Serchio.
Birmanie. Dans la zone côtière de l'Arakan, la 25e division indienne atteint plus tôt que prévu la pointe Foul. Les Japonais décident de se retirer d'Akyab.
Chine. Le général Wedemeyer expose au généralissime Tchang Kaï-chek les plans d'une offensive contre Koueilin, Lioutchéou et Canton.
Philippines. Mindoro. Une escadre japonaise, déjouant la surveillance navale et aérienne américaine, parvient de nuit devant Mindoro et bombarde la tête de pont américaine. Un contre-torpilleur nippon est coulé conjointement par la marine et l'aviation américaines.

27 décembre
Front soviétique. La phase finale de la bataille de Budapest commence. La ville est complètement encerclée.
Europe occidentale. Le 30e corps britannique stoppe l'avance des panzers dans le secteur de Celles, à 5 km au sud-est de Dinant. Pendant ce temps, la pression des Ire et IIIe armées américaines s'accentue sur les flancs de l'avancée allemande dans les Ardennes.
Philippines. Mindoro. Les Japonais effectuent des bombardements aériens, qui dureront jusqu'au 31 décembre, contre les positions américaines et les convois de ravitaillement.
Leyte. Quelques détachements américains débarquent à Taglawigan, sur la côte nord-ouest, et occupent les villes de Taglawigan et de Daha ; d'autres détachements avancent sur San Isidro. Dans la zone de Palompon, les Japonais résistent encore farouchement.
Iwo Jima. Avions et navires américains bombardent l'île, objectif des prochains débarquements.

28 décembre
Europe occidentale. A Hasselt, en Belgique, les généraux Eisenhower et Montgomery se rencontrent afin d'envisager les mesures à prendre contre la percée allemande dans les Ardennes. Dans le même temps, les unités de la IIIe armée américaine de Patton ébauchent une contre-offensive entre le Sauer et le Wiltz, tandis que le 12e corps — qui vient de recevoir sous ses ordres la 6e division blindée — est sur la défensive.
Front italien. Dans le secteur de la Ve armée américaine, les unités de la 8e division indienne avancent au nord dans la vallée du Serchio. Les troupes allemandes sont progressivement repoussées vers le nord.

29 décembre
Front soviétique. Combats de rue à Budapest. Les Soviétiques avaient proposé de discuter la reddition de la ville afin d'éviter toute effusion de sang ; cependant, les émissaires chargés d'entamer les négociations ont été tués, sans doute par erreur, devant les tranchées allemandes.
Europe occidentale. Le calme est pratiquement absolu sur toute l'étendue du front, où Allemands et Alliés restent sur la défensive.

30 décembre
Front soviétique. A Budapest, les combats de rue se poursuivent dans le secteur occidental de la ville entre les Allemands et les troupes du 3e Front d'Ukraine (Tolboukhine), tandis qu'à l'est interviennent les armées du 2e Front d'Ukraine (Malinovski).
Europe occidentale. Dans le secteur de la IIIe armée américaine, le 8e corps commence à avancer sur Houffalize, petite ville belge située à 5 km du Luxembourg.
Dans leur tentative de couper la route allant de Bastogne à Arlon, les Allemands atteignent Lutrebois et encerclent à Villers-la-Bonne-Eau quelques détachements de la 35e division américaine.
Birmanie. Dans le secteur du 33e corps britannique, les Anglo-Indiens enlèvent Kaduma.
Philippines. Mindoro. Un second convoi de ravitaillement américain arrive dans l'île, après une dure attaque de l'aviation japonaise ; les pertes s'élèvent à 3 cargos, 3 navires de débarquement de chars d'assaut, 2 navires de débarquement d'engins mécanisés et 2 contre-torpilleurs. Une nouvelle fois, les kamikazes sont responsables de ces pertes.
Leyte. Les Américains attaquent en force dans la zone de Palompon, ce qui oblige les Japonais à retirer le gros de leurs forces durant la nuit du 30 au 31.

31 décembre
Europe occidentale. Des détachements de la 87e division (8e corps de la IIIe armée américaine) atteignent Remagen.
☐ Déclaration de guerre de la Hongrie à l'Allemagne.
Front italien. Dans la vallée du Serchio, les Américains de la Ve armée ont regagné les positions qu'ils occupaient à la fin d'octobre.
Birmanie. Dans le secteur du 33e corps britannique, la 2e division britannique emporte Kabo.
Philippines. Leyte. Avec l'énergie du désespoir, les Japonais lancent de nouvelles contre-attaques dans le nord-ouest de l'île. Le commandement de la 77e division estime que durant les combats des dix derniers jours, les Japonais ont eu au moins 5 800 tués ; du côté américain, les pertes sont insignifiantes.
Mindoro. Nouvelles attaques des kamikazes contre les navires de ravitaillement américains ; un bâtiment auxiliaire est coulé.
Zone du Pacifique. Le commandement de la 5e flotte américaine expose les plans de la conquête de l'île d'Iwo Jima. La date de l'invasion est fixée au 19 février 1945.

1945

JANVIER	**9** *Philippines.* Le débarquement de 67 000 hommes dans le golfe de Lingayen, sur la côte centre-ouest de l'île de Luçon, commence. **12.** *Front soviétique.* L'opération « Vistule-Oder » est lancée.
FÉVRIER	**11.** *U.R.S.S.* Fin de la conférence de Yalta (« Argonaut »). **19.** *Iwo Jima.* Le 5e corps amphibie américain débarque une partie des 4e et 5e divisions de marines sur la côte sud-est de l'île.
MARS	**4.** Les Alliés atteignent le Rhin en Allemagne. **30.** Chute de Dantzig.
AVRIL	**1er** *Okinawa.* Après un bombardement préliminaire commence le débarquement de la Xe armée américaine (général Buckner) sur la côte sud-ouest d'Okinawa. **12.** Mort à Warm Springs, en Géorgie, du président Franklin D. Roosevelt. **25.** *Front soviétique.* La Ve armée de la Garde établit le premier contact avec les Américains de la Ire armée, près de Torgau, au sud de Berlin, sur l'Elbe. L'Allemagne est coupée en deux. □ Ouverture à San Francisco de la conférence des Nations unies. **29.** Reddition inconditionnelle de toutes les forces allemandes en Italie. **30.** A 15 h 30, Hitler se suicide dans le Bunker de la Chancellerie à Berlin.
MAI	**7.** A Reims, à 2 h 41, près du quartier général d'Eisenhower, les délégués allemands signent l'acte de capitulation inconditionnelle de l'ensemble des armées allemandes. **9.** *Front soviétique.* A 0 h 01, cessation officielle des hostilités en Europe.
JUIN	**5.** Les quatre gouvernements alliés décident d'assumer l'autorité suprême en Allemagne. **13.** *Okinawa.* Fin de la résistance japonaise.
JUILLET	**16** *États-Unis.* La première bombe atomique est expérimentée avec succès. **17.** Ouverture de la conférence de Potsdam.
AOUT	**6.** *Japon.* Opération « Centerboard » : un B-29, l'*Enola Gay,* lance sur Hiroshima la première bombe atomique. **8.** La Russie déclare la guerre au Japon.
SEPTEMBRE	**2.** Le ministre des Affaires étrangères japonais Mamoru Shigemitzu et le chef d'état-major général Yoshijiro Umezo signent l'acte de capitulation devant le général MacArthur.

Une patrouille de marines hisse le drapeau américain sur l'un des nombreux reliefs d'Okinawa, l'île sanglante.

L'année qui vient de se terminer a connu une série de triomphes pour les Alliés, et donc une terrible succession de défaites pour l'Allemagne et le Japon. Les Soviétiques ont repoussé l'envahisseur sur tout leur territoire et lui ont infligé des pertes considérables ; ils se trouvent dans une position favorable en Hongrie, en Pologne et en Prusse-Orientale. Ils ont amené la Roumanie, la Bulgarie et la Finlande à la capitulation et, avec les forces de Tito, ils ont contraint les Allemands à évacuer presque entièrement les Balkans. Leur production de guerre a fait de grands progrès, en partie grâce à la libération du bassin du Don. En 1944, ils ont produit 29 000 chars d'assaut et véhicules motorisés, 40 300 avions et 122 500 canons. Il faut noter dans la production de chars le nouveau IS-2, avec un canon de 122. Ils se préparent à donner le coup décisif au Reich, voué à la destruction totale par la folie sans cesse croissante de Hitler. Le Führer dévoile quelques « armes secrètes », tant matérielles que psychologiques, mais sans grand succès ; la production de guerre, pourtant supérieure à ce que l'on pourrait croire, n'est absolument pas comparable à celle, formidable, des Américains. En matière d'armes secrètes, ces derniers préparent la plus terrifiante de toutes, qui, sous peu, marquera la fin de la grande boucherie.

En Italie, les Alliés sont pratiquement dans Bologne, après avoir libéré la majeure partie de la péninsule ; ils se préparent en vue de la dernière offensive vers les Alpes prévue pour le printemps. Mais ce front, bien que permettant d'empêcher la relève des forces allemandes, est devenu secondaire pour les Anglo-Américains et leurs alliés après la réalisation d'« Overlord » (invasion de la France septentrionale) et de « Dragoon » (invasion de la France méridionale). « Overlord », qui fut une opération d'envergure, a nécessité des moyens considérables : 4 000 navires, divers matériels de débarquement, 350 unités de guerre, 11 000 avions évoluant du front occidental jusqu'aux confins de ce Reich qui devait être millénaire, et 2 millions d'hommes. Mais en dépit de l'offensive des armées de Model dans les Ardennes, les jeux paraissent faits. Les Alliés ont repris solidement en main la situation et s'appliquent à éliminer l'avancée allemande, avant de passer à l'offensive finale sur le Rhin et au cœur de l'Allemagne. Après la débandade des dernières semaines de décembre 1944, la puissante machine de guerre alliée est en mesure de se remettre rapidement en mouvement ; les pertes subies dans ses rangs par la soudaine offensive allemande sont comblées. Le plan d'Eisenhower pour une offensive sur la Ruhr, au nord du front, et vers la Sarre, au sud, redevient d'actualité. La défense désespérée des soldats allemands ne modifiera pas une situation qui conduit à l'anéantissement de leur pays.

Dans le Pacifique se déroule également une lutte de titans, bien que les forces du Japon soient maintenant des plus réduites : ils ont en effet subi des pertes territoriales en cédant les Salomon, les Carolines, les Marshall, la Nouvelle-Guinée, etc., et des pertes militaires avec, entre autres, 2 242 navires coulés dont 407 unités de guerre parmi lesquelles le super-cuirassé *Musashi* de 72 800 t.

Le potentiel industriel illimité des Américains affirme de plus en plus sa supériorité. En 1944, pour donner quelques chiffres, les États-Unis ont produit 134 000 avions, 148 000 chars d'assaut, une flotte de 27 millions de tonnes, 1 200 000 engins motorisés de toute nature, et 42 000 canons.

Dans l'autre camp, alors que le spectre de la défaite apparaît, le fanatisme de quelques-uns survit au milieu de la résignation fataliste du plus grand nombre.

1er janvier

Front soviétique. En raison des défaites subies, le front que les Allemands doivent tenir contre les Soviétiques et leurs alliés se réduit de 4 450 à 2 250 km en ce début d'année. Il va de l'océan Glacial Arctique, à l'ouest de Petsamo (aujourd'hui Petchenga) et Kirkenes, jusqu'au lac Inari. Au sud de la Baltique, le *Heeresgruppe* Nord, isolé en Lettonie, défend la Courlande. En Prusse-Orientale, Memel est également isolée, et ailleurs le front suit plus ou moins la frontière de l'Allemagne. La ligne du Narew, de la Vistule et du San délimite le front polonais, avec une grosse avancée soviétique au sud de la zone de Sandomierz. La partie la plus à l'est de la Slovaquie est aux mains des Soviétiques. En Hongrie, l'Armée rouge combat à Budapest et s'établit sur une ligne de front, qui, de la frontière tchécoslovaque, descend au sud jusqu'à la capitale magyare, puis s'infléchit à l'ouest jusqu'au lac Balaton et encore au sud jusqu'à la Drave avant de pénétrer en Yougoslavie où cette ligne est plus flottante : les Allemands, ayant évacué en partie seulement les Balkans, doivent faire face à des combats d'arrière-garde.

Face aux Soviétiques et à leurs alliés roumains, bulgares et yougoslaves, l'Allemagne dispose encore de 3 100 000 hommes (sur un total de 5 350 000 effectivement « opérationnels » en tenant compte des réservistes), de 28 500 canons et mortiers, de 4 000 chars d'assaut et canons automoteurs et de 1 960 avions de combat.

Les forces soviétiques s'élèvent à 11 500 000 hommes, dont 6 millions de combattants, 108 000 canons et mortiers, 12 900 chars d'assaut et canons automoteurs, et 15 540 avions. Depuis le début de 1944, leur armement a plus que doublé, alors que dans le même temps celui des Allemands s'est réduit de 26 000 canons, de 1 450 chars d'assaut et canons automoteurs et de 1 113 avions.

Les violents combats de Budapest, où les Allemands ont dressé des centaines de postes fortifiés, se poursuivent.

Europe occidentale. Environ 800 bombardiers de la Luftwaffe effectuent des raids surprises sur les aéroports belges, hollandais et français, prenant au dépourvu les forces alliées et détruisant ou endommageant gravement 156 appareils.

Pendant ce temps, dans les Ardennes, la contre-offensive des 3e et 8e corps de la IIIe armée de Patton se poursuit : Moircy, Jenneville et Chenogne sont reprises (87e division du 8e corps), tandis que les unités du 3e corps parviennent à contenir l'avancée ennemie au sud-est de Bastogne. En Alsace, dans la partie méridionale du front, les unités du groupe d'armées G du général Balck (10 divisions à effectifs réduits) lancent une offensive contre la VIIe armée du général Patch (opération « Nordwind ») qui est contrainte à se replier : selon les directives d'Eisenhower, les unités du VIe groupe d'armées, et en particulier la VIIe armée américaine, doivent évacuer l'Alsace et se porter à l'ouest sur les crêtes des Vosges (ligne Maginot) ; elles doivent ensuite occuper la ligne Bitche-Strasbourg, et, enfin, avant le 5 janvier, la ligne Bitche-Dabo.

Front italien. En ce premier jour de l'année, on enregistre un calme quasi absolu sur tout le front ; la VIIIe armée britannique du général McCreery se trouve sur le Senio, dans la plaine romagnole, et la Ve armée américaine de Truscott à 15 km de Bologne. Cette trêve, qui va durer plusieurs semaines, permettra aux unités du groupe d'armées C de Vietinghoff (Xe et XIVe armée des généraux Herr et Lemelsen) de renforcer les défenses. Le général Clark, qui remplace depuis décembre Alexander au commandement allié en Italie, en profite pour mettre au point le plan de l'offensive finale.

Philippines. Pour tromper les Japonais, les Américains, conformément aux plans alliés d'invasion de Luçon, entreprennent des actions de ratissage dans la partie nord-est de Mindoro. Plus tard, des actions de harcèlement seront entreprises au sud de Luçon.

Sur Leyte, la VIIIe armée américaine commence un ratissage éprouvant qui durera jusqu'au 8 mai.

Iles Carolines. De petits détachements de la 81e division d'infanterie américaine débarquent sur l'île de Fais au sud-est d'Uiithi.

2 janvier

Front soviétique. Le *Heeresgruppe* Sud (Wöhler) lance une énergique contre-attaque au nord-est de Budapest pour tenter de briser l'encerclement de la ville par les Soviétiques.

Europe occidentale. Dans le secteur des Ardennes, les divisions du 8e corps de la IIIe armée de Patton poursuivent leur marche vers l'est et emportent Gerimont (87e), Mande Saint-Étienne (11e division blindée), Senonchamps (10e division blindée). Du côté allemand, le général Manteuffel, commandant la Ve *Panzerarmee,* demande à Model, commandant le groupe d'armées B, de se replier vers Houffalize ; favorable à cette proposition, Model la transmet à Hitler, qui, naturellement, refuse. Le Führer ne veut pas renoncer à l'avancée des Ardennes, car c'est son seul moyen de fixer les Alliés sur un vaste front et de les empêcher ainsi d'amasser des troupes au nord pour une offensive sur la Ruhr. Il compte également sur les opérations de type « Nordwind ».

Dans le secteur de la VIIe armée, la pression allemande est sensible, particulièrement pour le 6e corps d'armée américain qui commence à se replier pour défendre la ligne Maginot.

Front italien. Dans le secteur de la VIIIe armée britannique, des actions ponctuelles sur la rive orientale du Senio sont entreprises afin de libérer définitivement le secteur. La 5e division blindée du 1er corps canadien, qui progresse en direction du nord, vers la mer, emporte Conventelle.

Philippines. Les convois transportant les troupes américaines devant envahir Luçon se rassemblent dans le golfe de Leyte.

Sur Mindoro, les Américains commencent la construction de deux aéroports destinés à accueillir les bombardiers lourds. L'aviation japonaise attaque les autres aéroports de l'île, détruisant 22 appareils américains.

3 janvier

Europe occidentale. Dans les Ardennes, la Ire armée américaine commence l'offensive destinée à réduire ultérieurement l'avancée allemande du nord : l'attaque est conduite en direction de Houffalize. Le général Manteuffel tente une dernière attaque désespérée sur Bastogne avec la Ve *Panzerarmee,* dans l'espoir de couper le couloir menant à la ville. En raison de son insuffisance en hommes et en moyens, l'offensive allemande parvient à stopper pour 24 heures seulement l'avance américaine sur Houffalize.

Plus au sud, les 8e et 3e corps de la IIIe armée de Patton continuent sur Houffalize. Dans le secteur tenu par le 6e corps de la VIIe armée américaine, les forces du général Balck étendent leur avancée vers Bitche, sur l'Horn, à environ 25 km au sud-est de Sarrebruck, et investissent Wingen et Philippsbourg. Les unités du secteur central et du flanc droit du 6e corps d'armée américain achè-

vent leur repli sur les positions de la ligne Maginot. Les unités de la Ire armée française de De Lattre de Tassigny sont chargées par le général Eisenhower d'occuper Strasbourg (dans un premier temps, le Haut Commandement allié avait décidé d'abandonner la ville, mais, en raison des vives protestations de De Gaulle, il avait changé d'opinion). Pendant ce temps, le général Devers, commandant le VIe groupe d'armées, reçoit l'ordre de se replier du saillant nord-est jusqu'à la Moder, à une trentaine de kilomètres à l'ouest de la ligne de front du 1er janvier.
Birmanie. Le 15e corps britannique envahit l'île d'Akyab sur la côte de l'Arakan, zone défendue par la 53e division de la XXVIIIe armée japonaise.
Dans le secteur du 33e corps d'armée, la 2e division britannique occupe Ye-u.
Chine. Sur le front de la Salouen, la 9e division de la IIe armée chinoise parvient à pénétrer dans Wanting, à la frontière sino-birmane, mais en est délogée par une contre-attaque nippone.
Pacifique. Des avions de la *Task Force* de porte-avions rapides du vice-amiral Mitscher commencent une série de raids, qui durera deux jours, contre la flotte et les avions japonais à Formose et dans les Riou-Kiou.
Le porte-avions d'escorte américain *Sargent Bay* est endommagé dans une collision.

4 janvier
Europe occidentale. Le 30e corps britannique de la IIe armée lance son offensive dans le secteur occidental de l'Ourthe.
Dans le secteur de la IIIe armée américaine, l'avance des divisions des 8e et 3e corps d'armée est refoulée avec efficacité dans les environs de Pirompré et dans la région comprise entre Pinsamont, Rechrival et Hubermont (8e corps), ainsi qu'à l'est de Bastogne, dans le secteur Mageret-Wardin.
Sur le flanc droit du front opérationnel de la VIIe armée américaine, les forces de la 45e division continuent en direction de Wingen pour éliminer la poche de Bitche.

Arme au poing, un soldat américain s'approche d'un Allemand blessé, étendu sur la neige, près de Bastogne.

Hitler consent à ce que la VIe *Panzerarmee S.S.* du général Sepp Dietrich soit retirée de la région de l'Eifel, renforcée et envoyée sur le front oriental où l'on s'attend à une attaque massive des Soviétiques. Le secteur reste confié à la Ve armée blindée et à la VIIe armée.
Birmanie. Le 15e corps britannique achève d'occuper Akyab, importante base aérienne et navale sur la côte de l'Arakan.
Plus à l'est, le 475e régiment d'infanterie américain traverse le Shweli, tandis que le 124e régiment de cavalerie américain attend des renforts de parachutistes pour effectuer le passage.
Pacifique. A la fin de l'opération, l'escadre du vice-amiral Mitscher, en dépit du mauvais temps, a coulé 12 navires et en a endommagé 28, abattant en outre 110 avions japonais et n'en perdant que 18.
Philippines. Les avions japonais attaquent les navires américains en route pour le golfe de Lingayen sur l'île de Luçon. Le porte-avions d'escorte *Ommaney Bay,* très endommagé par un kamikaze, doit se saborder.
Sur l'île de Leyte, le 10e corps de la VIIIe armée américaine conclut ses opérations. L'aviation japonaise reprend ses activités à Mindoro et coule un transport de munitions américain.

5 janvier
Europe occidentale. La Ire armée américaine avance en direction de Consy (7e corps) et de Bergeval (18e corps). Dans le secteur de la IIIe armée, les unités des 7e et 3e corps se mettent sur la défensive : malgré l'âpreté des combats, il est clair désormais que Bastogne ne court plus aucun danger et que le seuil critique pour les Américains, dans ce secteur, est définitivement dépassé.
Dans le secteur de Strasbourg, sur le flanc méridional des positions alliées, la Ire armée française relève les unités de la VIIe armée américaine afin d'assurer la défense de la ville.
Le 15e corps de la VIIe armée américaine gagne Frauenberg et Gros Réderching. Sur le flanc droit du 6e corps, la 553e *Volksgrenadieredivision* établit une tête de pont sur le Rhin dans le secteur de Gambsheim, à une vingtaine de kilomètres au nord de Strasbourg. La réplique instantanée de la *Task Force* Linden (5 bataillons de la 42e division d'infanterie américaine), responsable de la région, n'apporte pas de résultats.
Pacifique. Les îles de Chichi Shima et Haha Shima, dans les Bonin, sont attaquées par des avions de la 7e force aérienne américaine et par des croiseurs et des contre-tor-

pilleurs aux ordres du vice-amiral A. E. Smith. Un autre groupe de croiseurs et de contre-torpilleurs, commandé par le contre-amiral J. L. McCrea, bombarde les installations japonaises des Kouriles.
Philippines. Une trentaine de kamikazes partis de Luçon attaquent au large de l'île les convois américains d'invasion, endommageant les porte-avions d'escorte *Manila Bay* et *Savo Island,* les croiseurs lourds *Louisville* et *Australia* et 2 contre-torpilleurs.
Sur Mindoro, un certain nombre de localités tombent aux mains des guérilleros philippins commandés par des officiers américains.

6 janvier
Front soviétique. La contre-offensive lancée par les Allemands en Hongrie et destinée à ouvrir un couloir aux troupes assiégées à Budapest échoue. Cependant, les Allemands peuvent partir à la conquête d'Esztergom, importante position au nord-ouest de la capitale.
□ Churchill envoie un télégramme à Moscou pour demander aux Russes d'entreprendre une grande offensive sur la Vistule afin de soulager la pression allemande à l'ouest.
Europe occidentale. Les unités du 7ᵉ corps de la Iʳᵉ armée américaine s'approchent de Consy et de Dochamps (2ᵉ division blindée et 84ᵉ division d'infanterie), emportant Odeigne et se mêlant aux détachements de la 3ᵉ division blindée sur la route Manhay-Houffalize.
Dans le secteur de la IIIᵉ armée de Patton, les unités du 3ᵉ corps (6ᵉ et 35ᵉ divisions) subissent de sévères contre-attaques dans les forêts situées au nord-est de Lutrebois. Bonnerue, défendue par la 87ᵉ division (8ᵉ corps), est attaquée par le groupe blindé allemand du général Manteuffel.
Dans les Ardennes, le repli de la VIᵉ *Panzerarmee S. S.* de Sepp Dietrich rend extrêmement critique la position allemande dans le secteur. Von Rundstedt, dans un mémorandum envoyé à l'*Oberkommando der Wehrmacht* (O. K. W.), propose un repli des armées sur la rive droite du Rhin : Hitler lui oppose encore un refus ferme et net.
Dans le secteur méridional du front, les forces de la 45ᵉ division (6ᵉ corps de la VIIᵉ armée américaine) continuent pour réduire la poche de Bitche.
Philippines. 2 escadres américaines, précédant la flotte d'invasion de Luçon, pénètrent dans le golfe de Lingayen. Les porte-avions lâchent leurs appareils contre les aéroports tandis que l'artillerie des navires pilonne les défenses côtières et que les dragueurs de mines entrent en action.
Les Japonais réagissent par une violente attaque de kamikazes qui endommage les cuirassés *New Mexico* et *California,* les croiseurs *Louisville* (déjà touché), *Minneapolis* et *Columbia,* 6 contre-torpilleurs et autres navires. 2 dragueurs de mines sont coulés. Il ne reste que 35 des 150 avions japonais qui défendaient Luçon il y a une semaine.

7 janvier
Front soviétique. Poursuite des combats à Budapest et au nord-ouest de la ville.
Europe occidentale. Les unités du 7ᵉ corps de la Iʳᵉ armée accomplissent des progrès notables sur la route reliant La Roche-en-Ardenne à Salmchâteau, dernier objectif avant Houffalize, tandis qu'au nord de La Roche tombe Dochamps.
Dans le secteur de la IIIᵉ armée américaine, les actions de la 87ᵉ division (8ᵉ corps), qui cherche à rejoindre Tillet, continuent leur défense de Bonnerue. Dans le secteur à l'est de Bastogne, la résistance des unités du 47ᵉ corps *Panzer* est particulièrement efficace.
La situation est difficile pour les unités américaines et françaises (VIᵉ groupe d'armées) sur le flanc méridional du front. Une nouvelle contre-offensive a lieu dans le secteur de Strasbourg : au nord de la ville, la bataille se déchaîne en bordure de la forêt d'Haguenau et au sud de Wissembourg, où les Allemands menacent les positions de la ligne Maginot. Au sud de Strasbourg, la 198ᵉ division d'infanterie allemande, appuyée par une brigade blindée de S. S., attaque les 3ᵉ et 1ʳᵉ divisions de la France libre, ouvrant une brèche à Erstein.
Philippines. Tandis que se poursuit le bombardement aéronaval de Luçon, des détachements spéciaux américains commencent la recherche et la destruction des barrages sous-marins dans les eaux du golfe de Lingayen.

8 janvier
Europe occidentale. Les unités du 7ᵉ corps de la Iʳᵉ armée américaine continuent leur avance sur Houffalize ; pendant ce temps, les unités de Manteuffel ont reçu l'ordre de se replier à l'ouest de la ville sur une ligne de hauteurs.
Au sud, dans le secteur de Strasbourg, la bataille de la Iʳᵉ armée française pour la défense de la ville continue. Parallèlement, dans le secteur de la VIIᵉ armée américaine, les Allemands emportent Rimling en consolidant la tête de pont de Gambsheim.
Philippines. Une autre escadre américaine, commandée par le vice-amiral Oldendorf, et une escadre de porte-avions sous les ordres du contre-amiral Durgin attaquent les objectifs de Luçon, et plus particulièrement les zones choisies pour le débarquement. 2 porte-avions d'escorte et autres bâtiments sont endommagés par des bombardiers et des kamikazes ; le croiseur lourd *Australia* est touché.

9 janvier
Europe occidentale. Dans le nord de la France et en Belgique, l'avance des unités des Iʳᵉ et IIIᵉ armées américaines se poursuit afin de contrer définitivement l'offensive allemande dans les Ardennes. Dans le secteur de la IIIᵉ armée du général Patton, la 87ᵉ division et la 101ᵉ division aéroportée (8ᵉ corps) marchent respectivement sur Tillet et Noville. Les unités du 3ᵉ corps d'armée, 3 divisions d'infanterie (90ᵉ, 26ᵉ, 35ᵉ) et la 6ᵉ division blindée s'élancent contre la poche allemande au sud-est de Bastogne. Sur le flanc droit des positions alliées, la pression allemande continue sur la VIIᵉ armée américaine et sur la Iʳᵉ armée française.
Philippines. Vers 9 h 30, après une intense préparation aérienne et navale américaine (Krueger), le débarquement de 67 000 hommes

dans le golfe de Lingayen, sur la côte centre-ouest de l'île de Luçon, commence. Le commandant en chef de l'opération est le général MacArthur ; les forces navales sont aux ordres du vice-amiral Kinkaid. L'île est défendue par les 262000 hommes de la XIVe armée japonaise (général Yamashita). Les 1er et 14e corps débarquent : le premier commandé par le général Swift, sur le flanc gauche, non loin de Damortis ; le second commandé par le général Griswold, sur le flanc droit, près de Lingayen. Yamashita décide de ne pas contrecarrer les débarquants.

L'aviation nippone, toujours vigilante, lance les quelques avions dont elle dispose sur l'île contre les navires américains, endommageant le cuirassé *Mississippi*, le croiseur léger *Columbia* et d'autres bâtiments. Pour la première fois, la marine japonaise, utilisant des embarcations explosives, équivalent naval des kamikazes, coule un gros transport américain. Le cuirassé *Colorado* est touché accidentellement par le feu des autres unités américaines.

Entre-temps, pour soutenir l'opération contre Luçon, des avions américains transportés par bateau et de gros bombardiers attaquent les aéroports et autres objectifs militaires à Formose, dans les Riou-Kiou et dans les Pescadores. Les bombardiers B-29 participent également aux raids. Sur Iwo Jima, le pilonnage se poursuit. Une incursion est effectuée à Tokyo contre l'usine aéronautique Musashino.

10 janvier

Allemagne. Marcel Déat et Jacques Doriot participent au congrès européen de Weimar.

Europe occidentale. La 51e division du 30e corps britannique (IIe armée britannique) emporte La Roche-en-Ardenne, à une quinzaine de kilomètres au nord-ouest de Houffalize. Les unités de la Ire armée américaine (7e et 18e corps) se préparent à amplifier l'attaque sur tout le front, vers la ligne Houffalize-Bovigny et vers Saint-Vith.

Dans le secteur de la IIIe armée américaine, la 87e division (8e corps) prend Tillet. Sur le flanc méridional, le 3e corps continue sa progression.

Malgré la prise d'Althorn par la 45e division américaine, sur le flanc gauche de la poche de Bitche (secteur de la VIIe armée américaine), les unités allemandes parviennent à maintenir leurs positions.

Birmanie. Dans le secteur du 33e corps d'armée britannique, la 2e division anglaise et la 19e division indienne emportent Shwebo ; la 20e division indienne s'empare de Budalin. Dans le secteur du 4e corps britannique, l'aviation alliée attaque en force les concentrations japonaises de la zone de Gangaw.

Philippines. Luçon. Les débarquements américains se succèdent dans le golfe de Lingayen. La tête de débarquement, large de 2 km et profonde de 5,5 km, est sérieusement élargie. Le gros des forces américaines pointe au sud, en direction de Manille, et occupe plusieurs villages ; une partie du Ier corps marche au nord et au nord-est, occupant San Jacinto. Les attaques aériennes japonaises continuent, sans compter les dégâts dus aux barques explosives : 2 contre-torpilleurs et 5 bâtiments américains sont endommagés.

11 janvier

Europe occidentale. Des détachements de la 6e division du 30e corps britannique (IIe armée) enlèvent Saint-Hubert et entrent en contact avec des détachements du 8e corps de la IIIe armée américaine entrés, eux aussi, dans la cité désertée. Les Américains du 8e corps occupent Bonnerue, Pirompré et Vesqueville. Les unités du 3e corps éliminent la poche allemande du sud-est de Bastogne. La pression de la 45e division américaine (6e corps de la VIIe armée américaine) s'exerce toujours sur le flanc occidental de la poche de Bitche. Les Allemands lancent une nouvelle offensive contre les positions de la 79e division sur la ligne Maginot au sud de Wissembourg.

Birmanie. Les divisions du 4e corps britannique emportent Gangaw, marchent vers l'Irraouddi dans la zone de Pakokku, pour attaquer Meiktila.

Philippines. Luçon. Le 14e corps américain consolide son secteur dans la tête de débarquement. Quelques unités se heurtent aux premiers noyaux de résistance organisée des Japonais. Le village d'Aguilar, déjà libéré par les guérilleros philippins, est occupé. Plus au nord, dans le secteur du 1er corps, la 6e division américaine occupe Santa Barbara, elle aussi libérée par les guérilleros philippins ; la 43e division investit Manoag sans rencontrer de résistance, puis est harcelée par l'artillerie nippone située sur une chaîne de collines. Le front du 1er corps est désormais d'une cinquantaine de kilomètres.

2 contre-torpilleurs d'escorte, 1 transport d'attaque et 1 péniche de débarquement sont gravement touchés par les kamikazes.

12 janvier

Front soviétique. Tandis que se poursuit la bataille de Budapest, les Soviétiques relancent l'offensive contre la Pologne, défendue par le *Heeresgruppe* A du général Josef Harpe qui comprend la Ire *Panzerarmee* (Heinrici), la XVIIe armée (Schulz), la IVe *Panzerarmee* (Gräser) et la IXe armée (von Lüttwitz) : cela représente 30 divisions d'infanterie, 5 divisions blindées et 50 bataillons autonomes. Au sud et en appui du *Heeresgruppe* A est disposé le *Heeresgruppe* Centre du général Schörner, composé de la IIe armée (Weiss), de la IVe (Hossbach) et de la IIIe *Panzerarmee* (Rauss). 7 lignes fortifiées ont été édifiées entre la Vistule et l'Oder, la plus importante étant la ligne qui longe la Vistule. Pour leur part, les Soviétiques confient l'opération au 1er Front de Biélorussie (Joukov) et au 1er Front d'Ukraine (Koniev), appuyés au nord par l'aile gauche du 2e Front de Biélorussie (Rokossovski) et au sud par l'aile droite du 4e Front d'Ukraine (Petrov). Les forces de Joukov et de Koniev totalisent en outre 2,2 millions d'hommes répartis en 160 divisions d'infanterie, avec 32143 canons et mortiers, 6460 chars d'assaut et canons automoteurs (presque la moitié de l'armement soviétique de ce type), 4772 avions de combat répartis en deux armées de l'air, assignée chacune à un front. Au total, sont en jeu du côté soviétique 5,3 millions d'hommes répartis en 527 divisions d'infanterie, 43 divisions d'artillerie et 302 brigades blindées et mécanisées (avec 13400 chars d'assaut et canons automoteurs) ; du côté allemand, 1,8 million d'hommes répartis en 164 divisions, dont 38 du *Heeresgruppe* Sud (Wöhler), 99 des *Heeresgruppen* A et Centre et 27 dans la tête de pont de Courlande.

Par rapport au *Heeresgruppe* A, la supériorité du 1er Front de Biélorussie et du 1er Front d'Ukraine se traduit — de source soviétique — comme suit : effectifs 5,5 à 1 ; canons et mortiers 7,8 à 1 ; chars d'assaut et automoteurs 5,7 à 1 ; aviation 17,7 à 1. Les proportions concernant les autres fronts soviétiques directement intéressés par l'offensive de Pologne sont analogues par rapport au *Heeresgruppe* Centre.

L'opération « Vistule-Oder » est lancée par le 1er Front d'Ukraine qui s'ébranle de la tête de pont de Sandomierz vers Breslau (aujourd'hui Wroclaw), et par le 2e Front de Biélorussie qui, avec 9 armées, attaque par surprise le long du Narew au nord de Varsovie. La première ligne allemande sur la Vistule est enfoncée en 24 heures par le 1er Front d'Ukraine.

Europe occidentale. Dans le secteur de la Ire armée américaine, la 2e division blindée du 7e corps lance une offensive dans le secteur Houffalize-La Roche-en-Ardenne. Plus au nord, la 106e division du 18e corps aéroporté américain établit une tête de pont sur l'Amblève, au sud de Stavelot.

Le repli des divisions allemandes de la Ve *Panzerarmee* et de la VIIe armée se poursuit sous la pression des unités de la IIIe armée américaine de Patton ; la 87e division (8e corps) enlève Amberloup, Lavacherie, Fosset et Sprimont tandis que, plus au sud, la 6e division blindée du 3e corps pénètre dans Wardin.

Front italien. Encadré par le 1er corps d'armée canadien (VIIIe armée britannique), le groupe de combat Cremona du général Clemente Primieri, qui remplace la 1re division canadienne dans le secteur entre Alfonsine (Ravenne) et la côte adriatique, entre en action. Ce groupe est la première de 6 grandes unités (Friuli, Legnano, Folgore, Mantova et Piceno) constituées par l'armée italienne dans la seconde moitié de 1944.

Birmanie. Dans le secteur du 15e corps britannique, la 3e brigade de commandos débarque, après un bombardement aérien et naval, sur la côte de l'Arakan, à Myebon, et y établit une solide tête de pont.

9 janvier 1945. Débarquement des troupes américaines à Luçon, après d'intenses bombardements aériens et navals.

13 janvier

Front soviétique. Par une série d'attaques, le 1er Front d'Ukraine et le 2e Front de Biélorussie poursuivent leur marche. La XLVIIe armée du 2e Front de Biélorussie encercle Varsovie.

Europe occidentale. Dans le secteur de la IIe armée britannique, la mission du 30e corps dans les Ardennes se termine avec l'arrivée de la 51e division sur l'Ourthe, au sud de La Roche-en-Ardenne. Le 7e corps de la Ire armée américaine fonce sur Houffalize. Entre Stavelot et Malmédy, le 18e corps aéroporté, avec sur sa droite la 106e division et sur sa gauche la 30e, lance une nouvelle offensive. Les deux unités américaines atteignent respectivement Hénumont et Hédomont. Dans le secteur de la IIIe armée américaine, des patrouilles avancées de la 87e division (8e corps) gagnent l'Ourthe. Les unités de la 11e division blindée rejoignent la route Houffalize-Saint-Hubert, près de Bastogne, et encerclent Saint-Hubert. Sur le flanc droit du corps, des détachements de la 101e division aéroportée s'emparent de Foy, sur la route Bastogne-Houffalize.

Sur le flanc gauche de la VIIe armée américaine, le 21e corps entre en action.

Dans le secteur méridional du front, la bataille se poursuit autour de Strasbourg.

Birmanie. Le 15e corps britannique étend et renforce la tête de pont de Myebon et débarque la 25e division indienne.

Philippines. Luçon. Le général Krueger assume le commandement direct de la VIe armée américaine. Des troupes du 14e corps occupent Guagua, tandis que des forces de la marine se glissent dans une zone côtière devant laquelle sera installée une base pour hydravions. Le 1er corps occupe Damortis sans combats.

14 janvier

Front soviétique. Berlin annonce que les Soviétiques du 1er Front de la Baltique (Bagramyan) et du 3e Front de Biélorussie (Tcherniakhovski) sont passés à l'attaque dans la zone de Schlossberg (Pillkallen) près de la frontière nord-est de la Prusse-Orientale.
En Pologne, le 1er Front de Biélorussie (Joukov) s'élance, avec 7 armées de la zone de Magnuszew, en direction de Poznan, et de la tête de pont de Pulawy, sur la Vistule, vers Radom et Lodz. Le flanc droit du front converge du sud vers Varsovie. Dans le même temps, le 1er Front d'Ukraine (Koniev), qui est passé à l'offensive le 12, marche rapidement sur l'important nœud ferroviaire de Kielce.
En Hongrie, les combats s'intensifient à Budapest tandis que les Allemands retirent méthodiquement leurs forces de Yougoslavie.
Europe occidentale. L'avance du 7e corps de la Ire armée américaine se poursuit : la 84e division atteint son objectif final en prenant Nadrin, Filly, Petit-Mormont et Grand-Mormont, et arrive en vue des patrouilles avancées de la IIIe armée de Patton. Les 2e et 3e divisions blindées s'emparent respectivement de Wibrin, Wilogne, Dinez et de Montleban et Baclain. La 106e division (18e corps aéroporté) continue au sud après avoir enlevé Hénumont.
Dans le secteur de la IIIe armée américaine, la 17e division aéroportée du 8e corps emporte Bastogne, tandis qu'à l'est de la ville la 101e développe une offensive vers la région comprise entre Noville, Rachamps et Bourcy. Plus au sud, dans la zone d'action du 20e corps d'armée, la 94e division lance une série d'attaques pour améliorer la position défensive des unités américaines dans le triangle du confluent de la Sarre et de la Moselle, position fortifiée de la ligne Siegfried au sud de Wasserbillig.
Birmanie. Dans le secteur du 33e corps britannique, la 19e division indienne parvient à établir une

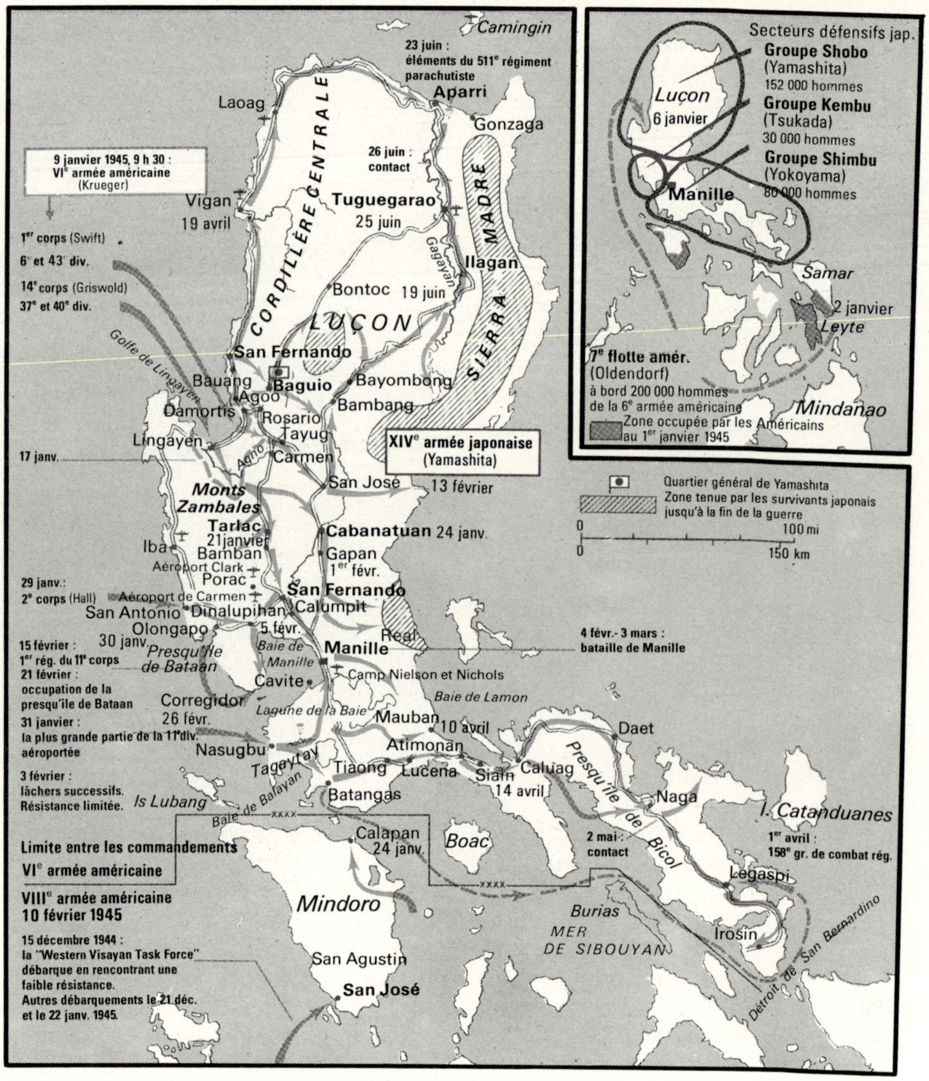

Les débarquements américains à Luçon.

tête de pont à Thabeikkyin, sur l'Irraouaddi, provoquant une violente réaction des Japonais qui envoient des renforts sur les lieux.
Philippines. Luçon. Le 14e corps progresse au sud, franchit l'Agno et occupe Bautista. Dans le secteur du 1er corps, la 43e division américaine est bloquée par le feu nourri de l'artillerie japonaise, alors qu'elle avançait sur Rosario.

15 janvier

Front soviétique. Le 4e Front d'Ukraine (Petrov) entre en action en Pologne méridionale, dans les Carpates, dans la zone de Sanok, au sud-est de Cracovie. Le 1er Front d'Ukraine (Koniev) anéantit Kielce.
Birmanie. Dans le secteur du 33e corps britannique, la 19e division indienne établit une autre tête de pont sur l'Irraouaddi, à Kyaukmyaung. Dans la zone septentrionale, la 30e division chinoise enlève Namhkam, parvenant ainsi à prendre le contrôle de la basse vallée du Shweli. Parti de Ledo, le premier convoi qui doit inaugurer la nouvelle route de Birmanie atteint Myitkyina, où il est obligé d'attendre que le reste du parcours soit libéré.
Europe occidentale. Dans le secteur de la IIe armée britannique, des unités de la 7e division blindée (12e corps) enlèvent Bakenhoven, à 2 km environ au nord-ouest de Susteren, en vue de l'opération « Blackcock » destinée à réduire l'avance allemande entre la Moselle et la Roer, de Roermond vers le sud. La 2e division blindée du 7e corps (Ire armée américaine), après avoir

LA NATIONALISATION DE RENAULT

Privée de la direction de son fondateur, Louis Renault, incarcéré à Fresnes pour avoir collaboré, et décédé le 24 octobre 1944, la plus ancienne des marques automobiles françaises subit après la Libération une modification radicale de son destin.
Le 16 janvier, une ordonnance signée par le général de Gaulle, Pierre Lacoste, Pierre Mendès France, Alexandre Parodi et René Pleven ratifie dans les faits la nationalisation de Renault.
Avec son nouveau statut, l'usine de Billancourt devient une entreprise d'État à gestion autonome. Elle est rebaptisée R. N. U. R. (Régie nationale des usines Renault).
Sous la direction de Pierre Lefaucheux, Renault connaît dès les premiers mois de l'année une reprise notable de la production. 60 voitures par jour sortent des chaînes de montage de Billancourt, un résultat qui n'est pas négligeable si l'on considère les difficultés d'approvisionnement en matières premières.
La révolutionnaire 4 CV, conçue avant la guerre, sera lancée sur le marché en août 1947.

rejoint Achouffe, Mont et Taverneux, envoie quelques patrouilles vers l'Ourthe et dans Houffalize, évacuée par les troupes de la Ve *Panzerarmee.* Dans le secteur du 18e corps aéroporté, la 75e division lance une offensive sur le Salm en atteignant Salmchâteau et Bech ; la 30e division enlève Beaumont, Francheville et Pont.
Progression également des unités de la IIIe armée américaine ; tandis que la 11e division blindée et la 101e division aéroportée (8e corps) avancent sans rencontrer de résistance, les 35e et 90e divisions du 3e corps se heurtent à l'âpre résistance du 85e corps allemand.
Le VIe groupe d'armées allié transmet à la Ire armée française les directives préliminaires de l'offensive contre la poche de Colmar.
Chine. En Chine du Sud-Est, les Japonais lancent une offensive pour la conquête des aéroports américains de Soueitchouan, au sud-est de Tchangcha.
Mer de Chine méridionale. Une escadre de porte-avions rapides américains de la *Task Force* 38, commandée par le vice-amiral MacCain, attaque les aéroports et les navires japonais de Formose et, le long de la côte chinoise, de Hong Kong à Amoy. 2 contre-torpilleurs et 1 transport japonais sont coulés.
Philippines. Luçon. Tandis que les troupes du 14e corps américain avancent prudemment sans rencontrer de résistance, celles du 1er corps affrontent les forces japonaises dans la zone d'Urdaneta et de Rosario.
Mindoro. Les Américains retirent de l'île le 503e régiment de parachutistes qui a, jusque-là, soutenu les opérations des guérilleros. Le 21e régiment d'infanterie, en route pour Calapan, se heurte à des détachements japonais chargés de ralentir son avance.

16 janvier

Front soviétique. La LXIXe armée et le 2e corps blindé du 1er Front de Biélorussie (Joukov) prennent d'assaut Radom et continuent sur Lodz. Les XLVIIe et LXIe armées de ce même front investissent Varsovie par le nord et par le sud. La IIe armée blindée soviétique, avec la Ire armée polonaise, l'emportent sur l'adversaire respectivement à l'est et à l'ouest.
Quelques détachements allemands parviennent à ouvrir une brèche et à quitter la capitale. Durant les deux premiers jours de l'offensive, le 1er Front de Biélorussie a progressé en moyenne de 25 à 40 km ; le 1er Front d'Ukraine (Koniev), qui a dépassé Kielce, donc gagné 100 km en quatre jours, se dirige sur Czestochowa et Cracovie.
Europe occidentale. Après l'intervention préalable de l'artillerie, le 12e corps britannique du général Ritchie (IIe armée) lance, avec deux divisions d'infanterie et la 7e division blindée, l'opération « Blackcock » pour repousser

l'avance allemande entre la Meuse et la Roer, dans ce qu'on appelle le triangle de Roermond.

Près d'Houffalize (et donc au cœur de la poche allemande des Ardennes), le 41e régiment d'infanterie blindée du 7e corps de la Ire armée américaine et le 41e escadron de cavalerie du 8e corps de la IIIe armée américaine se regroupent. Tandis que la 2e division blindée (7e corps) occupe le secteur de la ville au nord de l'Ourthe, sur le flanc gauche du corps, les unités de la Ve *Panzerarmee* résistent.

La poche allemande des Ardennes est pratiquement réduite à néant : en partant de Monschau (au nord), le front court à l'ouest de Saint-Vith, rejoint Houffalize et pointe vers le sud-est en direction de Wiltz et d'Ettelbruck, pour ensuite se replier à l'est d'Echternach.

Dans le secteur méridional du front, la 12e division blindée américaine (6e corps de la VIIe armée) lance une offensive contre la tête de pont de Gambsheim.

Philippines. Luçon. Dans le secteur du 14e corps américain, la construction de ponts sur l'Agno est commencée afin d'acheminer le matériel lourd. Dans la même zone, toujours au sud de la tête de débarquement, les Américains atteignent les versants septentrionaux des monts Zambales. Dans le secteur du 1er corps, la 43e division tente en vain de prendre Rosario.

17 janvier

Front soviétique. En Pologne, les Soviétiques accordent à la Ire armée polonaise (1er Front de Biélorussie de Joukov) l'honneur de lancer l'assaut final et d'entrer la première dans Varsovie. De la ville, réduite en ruine, sortent bientôt, pour accueillir leurs libérateurs, des centaines d'habitants qui ont vécu cachés dans les abris et les caves. En fait, après la répression de l'insurrection patriotique, les Allemands avaient déporté dans des camps de concentration tous les suspects, soit 600 000 hommes.

Au nord de Varsovie, le 2e Front de Biélorussie (Rokossovski) enlève Ciechanow. Au sud, le 1er Front d'Ukraine progresse rapidement et vient à bout de la résistance allemande sur la Warta, avant d'occuper Czestochowa.

Des prisonniers allemands dans les Ardennes.

Après la perte de Varsovie, Hitler destitue le général Harpe du commandement du *Heeresgruppe* A et le remplace par Schörner.

Europe occidentale. Dans le cadre de l'opération « Blackcock », des unités de la 7e division blindée (12e corps de la IIe armée britannique) enlèvent Echt et Susteren.

Birmanie. Dans la zone septentrionale, la 5 332e brigade américaine et la 38e division chinoise ratissent le tracé de la route de Birmanie à partir de Myitkyina.

18 janvier

Front soviétique. Tandis que le 1er Front de Biélorussie (Joukov) anéantit les derniers détachements allemands de Varsovie, le 1er Front d'Ukraine (Koniev) entame la conquête de la haute Silésie.

Europe occidentale. Malgré les efforts désespérés des unités de la Ire armée de parachutistes allemande, l'opération « Blackcock » continue avec la progression du 12e corps (IIe armée britannique) et la conquête de Schilberg et de Heide, au nord-est de Susteren.

Dans le secteur de la IIIe armée américaine, la 17e division aéroportée (8e corps) s'élance d'Hardigny sur Houffalize. Le 12e corps lance, avec les 4e et 5e divisions blindées, une offensive sur la Sûre, entre Reisdorf et Ettelbruck.

La Ire armée française de De Lattre de Tassigny reçoit l'ordre de se préparer à attaquer la poche de Colmar pour le 20 janvier ; le haut commandement allié pense en effet que cette poche doit être balayée pour rétablir la situation en Alsace. Elle est tenue par la XIXe armée allemande du général Wiese, qui dispose de deux corps blindés, le 64e et le 63e au sud, avec en tout 8 divisions. Le général de Lattre de Tassigny dispose également de deux corps d'armée, le 1er du général Béthouart et le 2e du général de Monsabert.

Philippines. Luçon. Le 14e corps américain reçoit l'ordre de passer l'Agno et d'avancer en force vers le sud, à partir de l'actuelle ligne Bayambang-Urbiztondo-Bogtong. Dans le secteur du 1er corps américain, la 6e division prend Urdaneta et s'infiltre dans les collines de Cabaruan sans réussir à entrer en contact avec le gros des forces japonaises. Près de Sison, la 43e division maintient un blocus routier malgré la forte pression ennemie. Près d'Amlang, la 63e division manœuvre en vue de l'attaque d'une crête appelée Blue Ridge.

Iles Palau. 2 détachements spéciaux japonais débarquent à Peleliu pour accomplir une opération contre les dépôts de munitions et les avions américains : leur tentative échoue et ils seront exterminés.

19 janvier

Front soviétique. Confirmant l'annonce allemande d'une nouvelle offensive lancée en Prusse-Orientale, le Haut Commandement soviétique communique que le 3e Front de Biélorussie (Tcherniakhovski) a pris Schlossberg (Pillkallen).

En Pologne, l'opération « Vistule-Oder » se poursuit rapidement, le 1er Front de Biélorussie (Joukov) enlève Lodz, tandis que le 1er Front d'Ukraine (Koniev), après avoir dépassé Tarnov, s'empare de Cracovie avec les IIIe et LIIe armées ; la LXe armée s'élance au sud et au nord de Katowice.

Enfin le Front d'Ukraine (Petrov), qui est en action plus au sud,

enlève Gorlice, au sud de Tarnov. *Europe occidentale.* Les combats continuent dans le secteur de Roermond entre la Meuse et le Rhin, opposant les unités du 12e corps britannique (IIe armée du général Dempsey) aux divisions de la Ire armée de parachutistes allemande. Avec la conquête de Brisy, de Rettigny et de Renglez, la 3e division blindée (7e corps de la Ire armée) a atteint ses objectifs. Les unités des deux autres corps de la Ire armée (le 18e aéroporté et le 5e) continuent de marcher sur l'Our.
Dans le secteur de la IIIe armée américaine, les 4e et 5e divisions (12e corps) enlèvent Bettendorf. Dans la poche de Bitche, une série de contre-attaques allemandes est arrêtée par les unités de la 45e division du 6e corps (VIIe armée américaine). Au sud de Haltern, au nord-ouest de Haguenau, non loin du Rhin et de la frontière franco-allemande, la pression des unités de la Ire armée allemande s'accroît.
Birmanie. La 25e division indienne (15e corps britannique) enlève Kantha dans la péninsule de Myebon. Dans le secteur septentrional, le 114e régiment de la 38e division chinoise coupe la route Namhkam-Namhpakka, tandis que la 5332e brigade américaine poursuit l'occupation des hauteurs qui dominent la route de Birmanie.
Philippines. Luçon. Le 14e corps (VIe armée américaine) s'élance au sud, avec pour objectif l'aérodrome Clark : certains de ses détachements atteignent Carmen et Moncada, d'autres Paniqui. Au nord, dans le secteur du 1er corps, les détachements de la 43e division sont repoussés par les Japonais, qui les délogent de leurs positions près de Sison.
Mindoro. L'occupation de l'île se poursuit. Le 21e régiment d'infanterie américain parvient à vaincre la résistance japonaise près du Gusay (torrent).

20 janvier
Le gouvernement provisoire hongrois signe à Moscou un armistice avec l'U. R. S. S., la Grande-Bretagne et les États-Unis.
Front soviétique. Les 3e et 2e Fronts

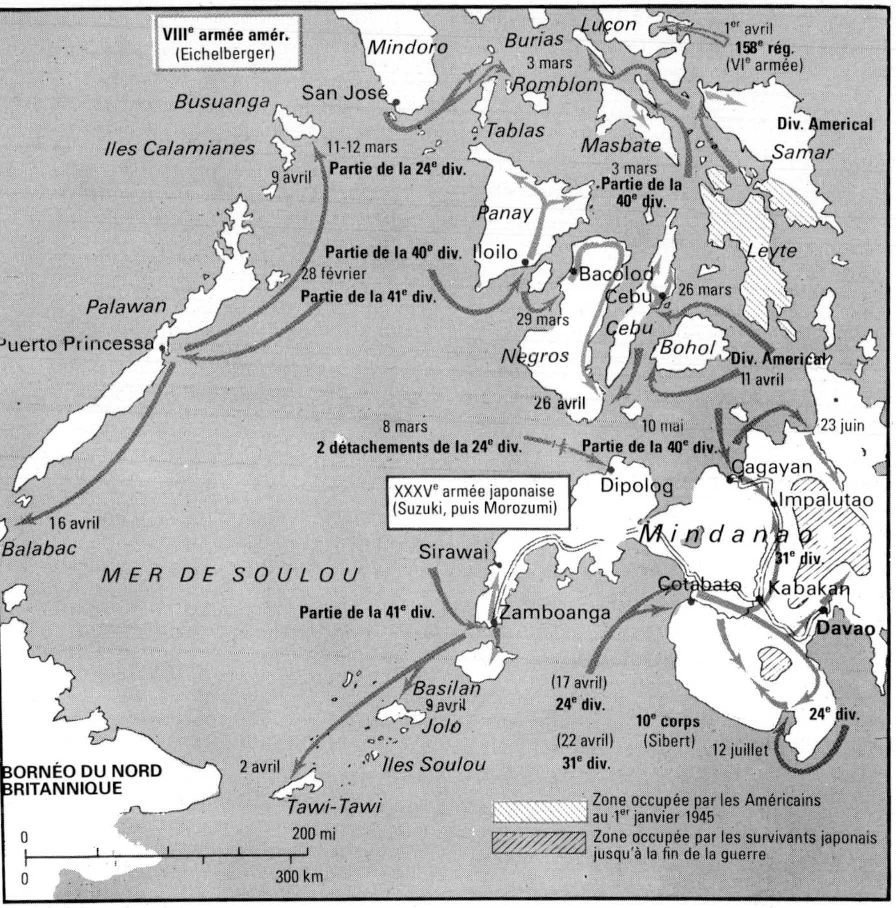

Les opérations dans les Philippines méridionales.

de Biélorussie (Tcherniakhovski et Rokossovski) pénètrent en Prusse-Orientale avec l'appui du 1er Front de la Baltique (Bagramyan), dont la XLIIIe armée occupe Tilsit (aujourd'hui Sovietsk), au nord ; le 2e Front de Biélorussie, marchant vers le nord de la Pologne, atteint avec quelques détachements la zone de Tannenberg (Stebark). Le 1er Front de Biélorussie (Joukov) et le 1er Front d'Ukraine (Koniev) poursuivent leur avance en Pologne, respectivement vers la Prusse et la Silésie.
Dans le secteur des Carpates, le 4e Front d'Ukraine (Petrov) enlève, en Pologne, Nowy Sacz, et, en Tchécoslovaquie, Bardejov, Presov et Kosice. En Hongrie, les Allemands résistent aux Soviétiques qui tentent de rejoindre le Danube dans la zone de Székesféhervar, au sud-ouest de Budapest. Dans la capitale ont lieu des combats acharnés.
Europe occidentale. Dans les Ardennes, la poche allemande est pratiquement réduite à son minimum et les armées allemandes doivent se replier sur leurs positions de départ. En Alsace, la VIIe armée du général Patch s'est repliée comme prévu sur de nouvelles positions défensives le long de la ligne du Rothbach et de la Rau-Moder. La bataille aura coûté 15600 hommes aux Américains, 25000 aux Allemands.
Dans le secteur de la Ire armée américaine, la 30e division du 18e corps aéroporté, venant du sud, rencontre d'ultimes difficultés avant Saint-Vith. La 7e division blindée attaque au sud, en direction de Saint-Vith, en passant par la gorge d'Ondenval.
Plus au sud, la IIIe armée du général Patton progresse sur tout le front, dépasse la ligne Hardigny-Bourcy et la localité de Tavigny avec le 8e corps. Elle rejoint Chifontaine et Allerborn avec les unités du 3e corps et occupe avec la 4e division (12e corps) l'angle formé par le confluent de la Sûre et de l'Our et avec la 5e division (12e corps) les

localités de Kippenhof et Brandenburg. Sur le flanc droit des positions, la 95e division (20e corps d'armée) bloque une contre-attaque allemande dans la tête de pont de Sarrelouis.
La Ire armée française commence les opérations préliminaires contre la poche de Colmar et attaque, du sud, sur l'axe Cernay-Ensisheim avec deux divisions marocaines du 1er corps du général Béthouart (la 4e motorisée et la 2e d'infanterie), renforcées par les chars de la 1re division blindée. Les conditions atmosphériques peu favorables retardent l'avance des Français, qui atteindront leur objectif, Ensisheim, le 1er février. Le 2e corps d'armée français du général de Monsabert se prépare à appuyer, du nord, l'offensive du 1er corps avec 4 divisions dont la 28e américaine.
Birmanie-Chine. La 9e division chinoise, sur le front de la Salouen, occupe Wanting, évacuée par les Japonais ; des éléments de la 38e division entrent en contact avec la Force du Yunnan, près de Muse.
Philippines. Luçon. Dans le secteur du 14e corps américain, un régiment de la 40e division d'infanterie parvient à 6 km de Tarlac et quelques détachements de la 37e division occupent Victoria, abandonnée par les Japonais.

21 janvier
Front soviétique. En Prusse-Orientale, marchant en éventail depuis Tilsit, le 1er Front de la Baltique (Bagramyan) rejoint, sur la droite, le bras de mer clos par la langue de terre qui relie Memel (aujourd'hui Klaïpéda) à la zone de Königsberg (aujourd'hui Kaliningrad), dans le détroit de Courlande; sur le flanc gauche, il occupe Gumbinnen (aujourd'hui Gusev). Le 2e Front de Biélorussie (Rokossovski), venant du sud, enlève la ville historique de Tannenberg (aujourd'hui Stebark). En Pologne, le 1er Front d'Ukraine (Koniev) pénètre dans la région allemande de haute Silésie, à l'ouest de Czestochowa, et prend plusieurs localités.
Europe occidentale. Le 7e corps de la Ire armée américaine se prépare à une offensive dans la région Gouvy-Beho, entre Houffalize et Saint-Vith.
La pression des 8e et 3e corps de la IIIe armée américaine s'intensifie : la 17e division aéroportée (8e corps) continue sa progression au nord-est de Tavigny, les divisions du 3e corps emportent Crendal, Lullange, Hoffelt et Hachiville (6e division blindée), Derenbach (90e division) et Wiltz, petite ville luxembourgeoise, à quelques kilomètres de la Belgique (26e division).
Birmanie. Après une préparation de l'artillerie navale et avec un appui aérien considérable, une brigade de la 26e division indienne débarque sur l'île de Ramree et prend la ville de Kyaukpyu. La 25e division indienne occupe désormais toute la péninsule de Myebon.
Formose-Riou-Kiou-Pescadores. Des avions de l'escadre des porte-avions rapides du vice-amiral McCain attaquent avec une grande violence les aéroports des 3 îles et la flotte ennemie, détruisant au sol une centaine d'avions japonais et coulant une dizaine de transports et pétroliers. Les escadrilles de kamikazes se lancent contre les navires américains et endommagent gravement le porte-avions *Ticonderoga ;* le porte-avions léger *Langley* et un contre-torpilleur sont également touchés, mais moins sévèrement; enfin, le porte-avions *Hancock* est secoué par une explosion accidentelle.
Philippines. Luçon. Dans le secteur du 14e corps d'armée américain, la 40e division d'infanterie occupe Tarlac sans rencontrer de résistance et avance jusqu'à San Miguel. Dans le secteur du 1er corps, les Américains ratissent le Blue Ridge, près d'Amlang, et quelques hauteurs autour de Rosario. Quelques bataillons philippins sont incorporés aux divisions américaines.

22 janvier
Front soviétique. En Prusse-Orientale, le 3e Front de Biélorussie (Tcherniakhovski) emporte Insterburg (aujourd'hui Tcherniakhovtsk), à l'ouest de Gumbinnen ; le 2e Front de Biélorussie enlève Allenstein (Olsztyn) et Deutsch Eylau (Ilawa) au sud de Königsberg. Deux millions de civils fuient vers l'ouest par tous les moyens.
En Pologne, le 1er Front de Biélorussie (Joukov) combat à Bromberg (Bydgoszcz) et occupe Gniezno, avant de poursuivre sur Poznan. Le 1er Front d'Ukraine (Koniev), partiellement introduit en haute Silésie, enlève Konstadt (Wolczyn) et Gros Strehlitz (Strzelce Opolskje). Les Allemands défendent avec la plus grande énergie cette importante région minière et industrielle.
Europe occidentale. Malgré de nombreux obstacles, le 12e corps (IIe armée britannique) poursuit son avance dans le secteur de Roermond. La 84e division, avec l'appui de la 3e division blindée (7e corps de la Ire armée américaine), s'empare de Gouvy et Beho entre Houffalize et Saint-Vith. Le beau temps revenu permet l'intervention massive de l'aviation alliée qui détruit tous les véhicules légers et blindés et contraint les Allemands, bloqués en longues files d'attente sur le pont de l'Our, à battre en retraite.
Le 8e corps de la IIIe armée américaine franchit la frontière luxembourgeoise avec la 11e division blindée. Dans le même secteur, la progression des 3e et 12e corps se poursuit : des unités de la 90e division (3e corps) atteignent Rumlange et Sassel et la 4e division du 12e corps s'établit sur la rive occidentale de l'Our en prenant Walsdorf.
Dans le secteur de la Ire armée française commence la marche sur la poche de Colmar du 2e corps (3e division et 5e division blindée américaines, 1re division d'infanterie marocaine appuyée par la 2e division blindée française) : l'attaque part du nord, de la région comprise entre Sélestat et Ostheim (à l'ouest, la 28e division américaine lance quelques raids), et se joint à l'offensive du 1er corps lancée du sud vers le même objectif le 20 janvier.
Front italien. Le commandement de la Ve armée américaine fait connaître les premières directives concernant les programmes d'instruction en préparation de l'offensive de printemps.
Birmanie. Dans le secteur côtier de l'Arakan, la 3e brigade de commandos débarque à Kangaw après des bombardements préliminaires. La 54e division japonaise réagit promptement, car ses détachements stationnés sur la côte au sud de la

ville sont menacés. Dans le secteur du 33e corps britannique, après de violents combats, la 20e division indienne occupe Monywa, dernier port fluvial sur le Chindwin aux mains des Japonais, ainsi que Myinmu sur l'Irraouaddi. Plus à l'est, dans le secteur du 4e corps d'armée britannique, la 7e division indienne occupe Tilin.
Dans le secteur septentrional, Chinois et Américains ratissent la route de Birmanie.
Chine. Venant du sud, les Japonais ont occupé ces trois derniers jours les ponts et tunnels ferroviaires de la ligne Canton-Han-Kéou (aujourd'hui Wouhan).
Iles Riou-Kiou. Les avions de l'escadre des porte-avions rapides américains du vice-amiral McCain attaquent la flotte, les aéroports et autres installations ennemies du secteur.
Philippines. Luçon. Violents accrochages entre des détachements de la 43e division américaine (1er corps) et les Japonais, dans la zone de la colline 355, près de Carmen. En dépit de l'appui de l'artillerie et des chars d'assaut, les Américains ne parviennent pas à occuper la cote.

23 janvier
Front soviétique. En Prusse-Orientale, au nord-est, le 3e Front de Biélorussie (Tcherniakhovski) enlève Wehlau (aujourd'hui Znamensk), entre Insterburg et Königsberg. Le 2e Front de Biélorussie marche sur Elbing (Elblag) et la baie de Dantzig, tandis qu'en Pologne septentrionale il occupe Brodnica et Lipno. Les forces allemandes de la province orientale se trouvent séparées en 3 parties.
En Pologne, le 1er Front de Biélorussie (Joukov) poursuit les combats pour enlever la ville fortifiée de Bromberg (Bygdoszcz) et occupe Kalisz, tandis que le 1er Front d'Ukraine (Koniev) atteint la ligne Oder-Neisse près de Breslau (aujourd'hui Wroclaw), sur un front de 60 km.
En Hongrie, la puissante contre-attaque lancée par les Allemands pour reconquérir la ligne du Danube contraint les Soviétiques à abandonner Székesféhervar. Au nord de Miskolc, le 2e Front d'Ukraine (Malinovski) ouvre de nouveau l'offensive en direction du nord et, avec la IVe armée roumaine, enlève plusieurs localités slovaques.
La ténacité dont font preuve les Allemands en Hongrie s'explique par le fait que dans la partie occidentale du pays se trouvent des gisements pétrolifères indispensables à la Wehrmacht.
Europe occidentale. Dans le secteur de la Ire armée américaine, la 7e division blindée (18e corps aéroporté) enlève Saint-Vith. Plus au sud, dans la zone d'opérations de la IIIe armée du général Patton, Biwisch, Basbellain, Binsfeld et Fuhren sont atteintes. Wasserbillig, localité située au confluent de la Sûre et de la Moselle, est occupée par le 346e régiment de la 87e division (12e corps).
Dans le secteur méridional du front allié, la 1re division marocaine (2e corps de la Ire armée française) franchit l'Ill, entre Illhaeusern et Illwald.
Philippines. Luçon. Dans le secteur du 14e corps d'armée américain, des détachements de la 40e division d'infanterie, après avoir eu raison de la faible résistance japonaise, occupent la ville et l'aéroport de Bamban (au sud de Tarlac) et dépassent la rivière du même nom, près du grand aéroport Clark. De furieux accrochages ont lieu dans la zone du 1er corps américain, à l'est de la tête de débarquement.

Identification des corps des soldats américains tués par les S. S. *de la 1re* Panzer-division *dans le secteur de Saint-Vith, au cours de la contre-offensive dans les Ardennes.*

24 janvier
Front soviétique. Les 2e et 3e Fronts de Biélorussie sont en position de force dans tous les secteurs de Prusse-Orientale en direction de Königsberg. La IIIe armée allemande est la grande unité qui subit le plus de pertes.
En haute Silésie, le 1er Front d'Ukraine (Koniev) enlève Oppeln (aujourd'hui Opole), sur l'Oder, et Gleiwitz (aujourd'hui Gliwice); au nord de Breslau, quelques détachements entreprennent le ratissage de Trachenberg (Zmigrod) et de Rawicz.
Europe occidentale. Dans le triangle de Roermond, l'avance du 12e corps (IIe armée britannique) se poursuit : la 7e division blindée dépasse Montfort, la 52e occupe Haaren et la 43e atteint Schleiden et Uetterath.
Le XIIe groupe d'armées (Ire et IIIe armées américaines) poursuit l'offensive dans les Ardennes pour éliminer l'avancée allemande : au nord, des détachements de la 7e division blindée (18e corps aéroporté de la Ire armée) se rendent maîtres de la région située au sud et au

sud-est de Saint-Vith, tandis que des unités du 5e corps poursuivent leur avance au sud-ouest vers la route qui va de Bullange (Büllingen) à Saint-Vith. Sur le flanc sud du XIIe groupe d'armées, la IIIe armée américaine avance avec le 3e corps sur le triangle Troisvierges-Wilwerdange-Binsfeld. Dans le secteur de la VIIe armée américaine, la Ire armée allemande repousse de Sägmuhl les avant-gardes de la 45e division (6e corps d'armée).
Sur le flanc droit, où opère la Ire armée française, le 2e corps lance une nouvelle offensive pour étendre la tête de pont sur l'Ill.
Chine. Interrompues le 6 décembre 1944 par l'opposition de Tchang Kaï-chek, les négociations entre nationalistes et communistes reprennent.
Philippines. Luçon. Les troupes du 14e corps américain se heurtent à la résistance japonaise sur une ligne de collines à l'ouest de Bamban.
Pacifique. Une *Task Force* américaine de cuirassés, croiseurs et contre-torpilleurs, commandée par le contre-amiral Badger, bombarde Iwo Jima, dans les îles Volcano.

25 janvier
Front soviétique. La situation des forces allemandes isolées en Prusse-Orientale est de plus en plus critique. En Pologne, le 1er Front d'Ukraine (Koniev) emporte Ostrowo (aujourd'hui Ostrow Wielkopolski), au sud-ouest de Kalisz, et occupe Oels (Olesnica) en haute Silésie allemande.
Au sud-est de Katowice, l'Armée rouge libère le camp de concentration d'Auschwitz-Birkenau, mais n'y trouve que quelques milliers de malades. Les nazis ont évacué les 58000 survivants depuis une semaine.
De source allemande, on apprend que les Russes tentent de forcer l'Oder à Steinhau, et entre Gleiwitz (Gliwice) et Brieg (Brzeg).
Destitution du général Reinhardt, commandant ce qui reste du *Heeresgruppe* Centre, qui défend la Prusse-Orientale (on estime que les Allemands ont perdu 35 divisions) ; le Führer lui a refusé l'autorisation de retirer ses forces dans la zone des lacs de Mazurie et il le remplace par le général Lothar Rendulic.
Europe occidentale. Dans le secteur de la IIe armée britannique, les unités du 12e corps poursuivent l'opération « Blackcock », emportent Linne et Putbroeck (7e division blindée), Kirchoven (52e division), et atteignent le Wurm, entre Heinsberg et Randerath, avec les unités de la 43e division.
La progression des Ire et IIIe armées américaines se poursuit, respectivement au nord et au sud de ce qui reste de l'avancée allemande des Ardennes : des unités du 5e corps (Ire armée) avancent sur la route Bullange-Saint-Vith, tandis que des détachements du 3e corps, dont une bonne partie a déjà franchi la Clerf, marchent le long de la route qui longe l'Our et relie Luxembourg à Saint-Vith. Une tête de pont est jetée sur la Clerf à la hauteur de Willwerwiltz par des unités de la 80e division (12e corps de la IIIe armée).
Plus au sud, la VIIe armée américaine est en difficulté, après une nouvelle attaque des détachements de la XIXe armée de Wiese dans le secteur tenu par la 103e division (6e corps), repoussée de Kindwiller. Les Allemands établissent une tête de pont sur la Moder, entre Haguenau et Kaltenhouse.
Sur le flanc droit du front, le 2e corps français (Ire armée) avance très lentement dans les forêts d'Elsenheim. Le général de Lattre de Tassigny, commandant la Ire armée française, obtient en renfort le 21e corps d'armée américain du général Milburne, qui entre en ligne à la droite du 2e corps du général de Monsabert et se place ainsi entre les 2 corps français.
Birmanie. La 81e division d'Afrique occidentale (15e corps d'armée britannique) avance du nord vers Kangaw et occupe Myohaung dans le secteur de l'Arakan.
Dans le secteur nord, Chinois et Américains attaquent les dernières positions japonaises de la route de Birmanie.
Japon. Le quartier général impérial ordonne au corps expéditionnaire de Chine de se concentrer sur les côtes et de renoncer à toute offensive vers l'intérieur.
Philippines. Luçon. Des combats se déroulent à l'ouest de Bamban. La 37e division d'infanterie américaine marche vers la zone des aéroports centraux de l'île.

26 janvier
Front soviétique. Le 2e Front de Biélorussie (Rokossovski) progresse entre la Prusse-Orientale et Dantzig, occupe Marienburg (Malbork) et atteint la Baltique au nord d'Elbing (Elblag) : environ 500000 soldats allemands se retrouvent isolés.
En Pologne, les Soviétiques se préparent à encercler Poznan et Thorn (Torun). Des troupes du 1er Front d'Ukraine (Koniev) enlèvent Hindenburg (Zabrze), en Silésie.
En Pologne, le 1er Front de Biélorussie (Joukov) prend Bromberg (Bydgoszcz) après plusieurs jours de combat.
Europe occidentale. Le 12e corps de la IIe armée britannique met un terme à l'opération « Blackcock » : commencée le 16 janvier, elle a permis l'élimination de l'avancée allemande entre la Meuse et la Roer dans le triangle de Roermond ; à Vlodrop, les Allemands tiennent encore une petite tête de pont.
Dans la nuit, la 102e division du 13e corps (IXe armée américaine) occupe la région située entre Brachelen, Himmerich et Randerath, à l'ouest de la Rur.
Dans le secteur de la IIIe armée américaine, les unités du 8e corps poursuivent leur marche au nord-est dans la région de Weiswampach, tandis que la VIIe armée allemande continue à se retirer derrière la ligne Siegfried. Plus au sud, la 80e division (12e corps) étend la tête de pont sur la Clerf, tandis que dans le secteur de celle de Sarrelouis, la 95e division (20e corps) consolide ses positions.
Dans le secteur de la VIIe armée américaine, la 101e division aéroportée s'approche de Hochfelden.
La 1re division marocaine du 2e corps (Ire armée française) s'empare de la route Jebsheim-Illhaeusern, au nord de Colmar.
Birmanie. Dans le secteur du 15e corps d'armée britannique, des détachements des *Royal Marines*, débarqués de la Flotte des Indes orientales, envahissent Cheduba, au sud-ouest de l'île de Ramree.

Philippines. Luçon. Quelques progrès américains dans le secteur du 14e corps d'armée, où la 37e division occupe l'une des pistes de l'aéroport Clark, important objectif militaire.

27 janvier
Front soviétique. En Prusse-Orientale, les Allemands lancent une contre-attaque surprise de l'ouest vers Marienburg (Malbork), avec 6 divisions d'infanterie, 1 motorisée et 1 blindée, bloquant la XLVIIIe armée soviétique du 2e Front de Biélorussie (Rokossovski).
En Pologne, les Soviétiques achèvent d'encercler Poznan et Thorn (Torun) et avancent lentement dans la région allemande de la haute Silésie.
En Tchécoslovaquie, la IVe armée roumaine enlève Dobsina. En Hongrie, les combats se poursuivent à Budapest et dans la zone de Székesféhervar.
Europe occidentale. Tandis que quelques unités de la 7e division blindée de la Ire armée américaine marchent depuis le nord dans la forêt de Saint-Vith, la 87e division du 8e corps (IIIe armée américaine) conquiert le sud de cette ville; sur le flanc droit de la IIIe armée, les 12e et 20e corps marchent vers la ligne Siegfried.
Birmanie. Le blocus japonais de la Chine est enfin brisé : la 38e division chinoise se joint à la Force du Yunnan, venue de Chine, sur la route de Birmanie qui est à présent entièrement dégagée.
Les Japonais, isolés au nord de la route, parviennent pourtant à s'ouvrir un passage vers le sud et à rejoindre le gros de la XVe armée nippone.
Dans le secteur du 4e corps britannique, la 7e division indienne occupe Pauk.
Chine. Tchang Kaï-chek interdit aux Américains de traiter avec les communistes sans son autorisation.
Philippines. Luçon. La VIe armée américaine est renforcée par deux régiments de cavalerie. Dans le secteur du 1er corps, d'âpres combats ont lieu à San Manuel.
Hawaii. La force expéditionnaire américaine destinée à l'invasion d'Iwo Jima s'embarque pour les îles Mariannes, qu'elle atteindra le 5 février.

Une formation soviétique franchit l'Oder à gué en direction de Stettin (Szczecin) en poussant une pièce d'artillerie (janvier 1945).

28 janvier
Front soviétique. Le 1er Front de la Baltique (Bagramyan) enlève pratiquement toute la poche allemande de Memel (Klaïpéda), achevant ainsi de libérer la Lituanie. Dans la partie centrale de la Prusse-Orientale, les Soviétiques enserrent la poche allemande de Königsberg (Kaliningrad), enlevant Bischofsburg (Biskupiec) et Sensburg (Mragowo). Les Allemands résistent à Elbing (Elblag) et sont en position favorable au nord-ouest d'Allenstein (Olsztyn).
Déferlant vers l'Allemagne sur un vaste front, les Russes enlèvent les villes frontières polonaises de Sepolno, Czarnkow et Leszno, ainsi que la ville allemande de Guhrau (Gora). Au sud, le 1er Front d'Ukraine (Koniev) achève la conquête des principales villes industrielles de la frontière entre la Pologne et la haute Silésie, en prenant Beuthen (Bytom) en Silésie et Katowice en Pologne. Dans la région des Carpates, le 4e Front d'Ukraine (Petrov) enlève Poprad en Tchécoslovaquie.
Europe occidentale. Tandis que l'avancée allemande dans les Ardennes est définitivement éliminée, la Ire armée américaine entame la phase finale contre la ligne Siegfried.
Une bonne partie du 8e corps de la IIIe armée américaine a rejoint l'Our.
Birmanie. Le premier convoi officiel parti des Indes pour la Chine atteint la frontière chinoise; il est reçu en grande pompe à Muse. La route de Birmanie est rebaptisée route Stilwell par Tchang Kaï-chek, pour honorer ce général qui s'est tant battu pour sa réouverture et l'amélioration de son tracé.

29 janvier
Front soviétique. Les combats se poursuivent en Prusse-Orientale, où les Allemands, passés à la contre-attaque, ont progressé d'une trentaine de kilomètres vers Marienburg (Malbork). En Allemagne, le 1er Front de Biélorussie (Joukov) pénètre en Poméranie, emportant les villes de Schönlanke (Trzcianka) et Woldenberg (Dobiegniew), avant d'être contré par le *Heeresgruppe* de la Vistule, récemment formé et commandé par Himmler.
Europe occidentale. Protégeant le flanc de la Ire armée américaine du général Hodges, la IIIe armée américaine de Patton lance à son tour une offensive pour ouvrir une brèche dans les défenses de la ligne Siegfried. La 90e division (8e corps), qui couvre le flanc droit du corps

LES CAMPS DE LA MORT

Auschwitz, Maidanek, Treblinka, Dachau, Ravensbrück, Mauthausen, Buchenwald... : jalonnant leur avance, au cours des derniers mois de la guerre, les armées soviétiques à l'est, anglo-américaines à l'ouest, découvrent avec stupeur, avec horreur, ces noms hier encore inconnus — les capitales de l'enfer concentrationnaire du IIIe Reich. Fosses communes à ciel ouvert où s'enchevêtrent des milliers de cadavres, corps à moitié brûlés sur des bûchers éteints, montagnes de cheveux, de vêtements, de lunettes, fantômes de survivants qui ne pèsent plus que trente ou quarante kilos, tel est le spectacle qui s'offre aux libérateurs. Certains commandants d'unités en sont si bouleversés qu'ils réquisitionneront les notables des villes voisines pour leur montrer ce qu'ils ne voulaient pas voir et les faire aider aux inhumations. Car il faut aller vite pour éviter les épidémies. Il faut surtout tenter de sauver les rescapés, dont la détresse physiologique déroute les traitements habituels et se révélera trop souvent irrémédiable. Ainsi l'hitlérisme continuera-t-il de tuer par-delà même son effondrement.

Le système des camps de concentration apparaît en effet comme une des pièces essentielles de l'État national-socialiste. Moins de deux mois après l'arrivée de Hitler au pouvoir, en mars 1933, le premier camp est ouvert à Dachau, à l'usage des prisonniers politiques. La promulgation des lois racistes de Nuremberg, le développement des persécutions antisémites entraînent son extension et l'ouverture de nouveaux camps : notamment, en juillet 1937, celui de Buchenwald. Mais c'est la guerre qui va donner au système toute son ampleur. Placé sous l'autorité suprême de Himmler, il constituera alors un véritable État dans l'État (l'État S. S.), administrant des millions de personnes et jouant un rôle économique non négligeable.

Lors de sa libération, le 30 avril 1945, par les Américains, le camp de Dachau compte 32 000 détenus. 9 000 étaient morts en trois mois.

Sa fonction fondamentale est de retrancher du monde ceux qui n'ont pas leur place dans l'ordre nazi : adversaires politiques (communistes, socialistes, résistants), éléments « asociaux » (criminels, homosexuels, malades mentaux), groupes ethniques « nuisibles » (Juifs, Tziganes). Mais les modalités de ce retranchement varient selon les moments et les catégories : allant d'une exploitation maximale de la force de travail, qui aboutit plus ou moins vite à la mort, jusqu'à l'extermination immédiate. Une seule éventualité est exclue : que l'on sorte du camp.

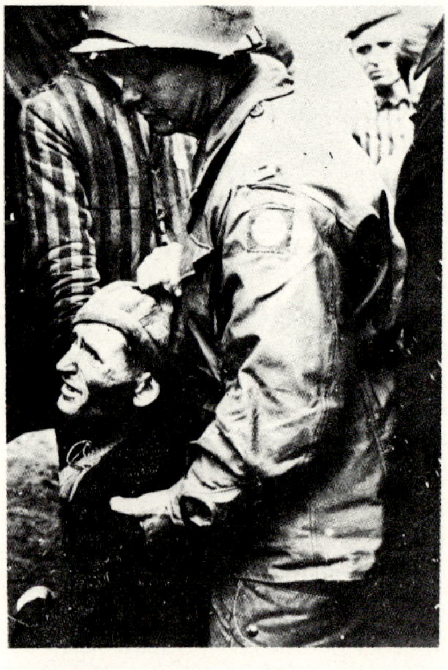

A Wobbelin, à 140 km au nord-ouest de Berlin, un camp de 4 000 prisonniers ne compte que quelques rares survivants.

Le cas d'Auschwitz est, à cet égard, exemplaire. Construit durant l'été 1940 près de Cracovie, en Pologne occupée, il reçoit d'abord des prisonniers politiques, essentiellement polonais. Puis, en juin 1941, Himmler décide d'en faire le principal centre d'extermination des Juifs. Auschwitz-Birkenau devient un gigantesque complexe d'installations couvrant plusieurs dizaines de kilomètres carrés vers lequel les convois de déportés convergent de l'Europe entière. Les deux tiers des arrivants,

Entassés dans des wagons, des centaines de corps décharnés : les médecins militaires cherchent si quelques-uns respirent encore.

jugés inaptes au travail, sont envoyés directement dans les chambres à gaz, où ils sont asphyxiés au « Zyklon B » (un acide prussique cristallisé), avant d'être incinérés dans les fours crématoires, qui fonctionnent jour et nuit. Les autres sont mis au travail (notamment pour la grande industrie allemande), dans des conditions telles que leur espérance de vie ne dépasse pas six mois.

L'extermination des Juifs d'Europe à Auschwitz se poursuivra sans interruption du printemps 1942 à octobre 1944. L'activité maximale se situera entre mai et juillet 1944, avec l'arrivée de 430 000 Juifs hongrois. A plein rendement, les installations du camp permettront de gazer et de brûler 9 000 personnes par jour. Seules les plaintes de la défense passive, qui déplorait que le rougeoiement des fours, la nuit, fût trop visible, ralentiront leur emploi. 2 500 000 déportés environ périront à Auschwitz, dont 2 000 000 de Juifs.

Quatre autres camps d'extermination au sens strict avaient été installés en territoire polonais entre décembre 1941 et juillet 1942 : Chelmno, Sobibor, Belzec, Treblinka, auxquels on peut ajouter Maidanek. Sauf dans ce dernier, où l'on utilisait le « Zyklon B », comme à Auschwitz, les détenus étaient asphyxiés avec des résidus de gaz de moteurs, d'où une rapidité moindre. Pour ces quatre premiers camps, le nombre de Juifs exterminés s'éleva à 1 850 000.

Dans les camps qui n'étaient pas voués, comme ceux-ci, à l'extermination systématique des Juifs, il n'existait pas de chambres à gaz. La mortalité n'en était pas moins énorme en raison de la malnutrition, des féroces conditions de travail, des épidémies, des tortures et mauvais traitements, sans parler des expériences médicales. A Buchenwald, qui pouvait recevoir jusqu'à 40 000 déportés, elle semble s'être élevée à 40 % pour les « non-raciaux ».

En dépit de tout cela, des organisations de résistance arrivèrent à se constituer dans la plupart des camps. La politique des S. S. consistait à confier à des *kapos,* généralement choisis parmi les « droit commun », l'encadrement des détenus. Les « politiques » parvinrent souvent à le leur enlever, pour mieux sauver tous ceux qui pouvaient l'être. Dans les pires camps, il y eut même des révoltes : à Treblinka, en août 1943, puis à Sobibor. Et à Auschwitz, le *Sonderkommando,* chargé de l'incinération des cadavres, se révolta en octobre 1944.

Il est difficile d'établir le bilan exact des victimes des camps de la mort. On sait que 6 millions de Juifs périrent pendant la guerre, sur les 9,5 millions que comptait l'Europe, soit 63 %. Mais pour la communauté la plus importante et la plus vivante — celle de Pologne, de Lituanie et de Lettonie —, la perte dépasse 85 %. Pour la France, on compta au minimum 75 000 déportés raciaux et 63 000 déportés non raciaux, dont 41 000 étaient des résistants. Mais il ne revint que 3 % des premiers, contre 60 % environ des seconds.

Pour l'ensemble de l'Europe, on estime entre 18 et 26 millions le nombre total des « prisonniers de guerre, prisonniers politiques et autres hommes, femmes ou enfants de tout âge et de toute nationalité morts de faim, froid, maladie, torture ou assassinat par quelque moyen que ce soit, dans les camps d'Allemagne et des territoires occupés. »

sur la rive orientale de l'Our, franchit la rivière et la frontière allemande, en prenant Welchenhausen et Stupbach. Dans le secteur de la Iʳᵉ armée française, le 21ᵉ corps américain franchit le canal de Colmar.
Birmanie. Les Japonais se retirent du secteur septentrional et infligent de lourdes pertes aux détachements chinois qui tentent de leur bloquer la route au nord de Lashio.
Chine. Les Japonais occupent la base de la 14ᵉ force aérienne américaine de Soueitchouan.
Philippines. Luçon. Le 11ᵉ corps d'armée américain, dont 2 régiments sont déjà à terre, finit de débarquer ses 30 000 hommes dans la partie centre-ouest de Luçon, à San Antonio, au sud-ouest des aéroports Clark et Del Carmen, et au nord-ouest de la péninsule de Bataan.

30 janvier
Malte. Débuts de la première partie, dénommée « Cricket », de la Conférence « Argonaut »; après les préliminaires anglo-américains, elle se déroulera à Yalta.
Front soviétique. En Prusse-Orientale, le 3ᵉ Front de Biélorussie (Tcherniakhovski) met en déroute le groupe Tilsit dont fait partie la IIIᵉ armée blindée allemande, qui réussit à se dégager en partie; il encercle, au nord, la ville de Königsberg (aujourd'hui Kaliningrad), occupant la partie de la péninsule de Samland qui sépare la ville de la Baltique. Le 1ᵉʳ Front de la Baltique (Bagramyan) achève la conquête de Memel (Klaïpéda). Les forces allemandes de Prusse-Orientale sont morcelées en trois tronçons : 4 divisions résistent sur la péninsule, au nord de Königsberg, 5 sont encerclées dans la ville et 20 contiennent la pression soviétique au sud-ouest de la ville.
Au nord-ouest de Bromberg (Bydgoszcz), en Pologne, l'Armée rouge franchit la frontière en plusieurs points. Elle pénètre en territoire allemand à l'ouest de Poznan, enlevant Stolzenburg, à un peu plus de 110 km de Berlin.
Europe occidentale. L'offensive de la 78ᵉ division (19ᵉ corps de la IXᵉ armée américaine) sur la Rur commence le long de la lisière septentrionale de la forêt de Monschau. 3 divisions du 5ᵉ corps américain (les 9ᵉ, 99ᵉ et 2ᵉ de la Iʳᵉ armée) entament, du nord vers le sud, l'offensive contre les fortifications de la ligne Siegfried.
Les unités de la IIIᵉ armée continuent l'attaque des défenses de la ligne Siegfried : Rôdgen, Auel et Steinkopf tombent aux mains des Américains (12ᵉ corps).
Au sud (secteur de la Iʳᵉ armée française), le 21ᵉ corps américain progresse lentement vers Colmar et la 1ʳᵉ division marocaine (2ᵉ corps français) libère la région boisée située à l'est d'Illhaeusern.
Birmanie. Dans le secteur du 5ᵉ corps d'armée britannique, la 25ᵉ division indienne vient à bout de la farouche résistance que les Japonais opposent à la tête de pont de Kangaw et s'empare du village. La 82ᵉ division d'Afrique occidentale marche au sud de Kangaw vers Myohaung. Dans le secteur nord-est, la 38ᵉ division chinoise se trouve à l'intersection de la route de Birmanie et de celle venant de Ledo, dans l'Assam, et s'apprête à marcher vers Lashio, au nord-est de Mandalay.
Philippines. Luçon. Le général Krueger donne des instructions particulières pour les prochaines opérations : à peine débarqué, le 11ᵉ corps d'armée marchera sur Manille le long de la base de la péninsule de Bataan jusqu'à la ligne Dinalupihan-Hermosa où il se joindra au 14ᵉ corps pour avancer sur Manille. Plus au nord, le 1ᵉʳ corps d'armée devra progresser en direction du sud-est, avec San José pour objectif.
Dans la journée, le 11ᵉ corps progresse rapidement et parvient à enlever Olongapo, sur la côte occidentale, tandis que des détachements du 14ᵉ corps doivent livrer de très durs combats contre les Japonais au nord du fleuve. Quelques patrouilles américaines pointent plus au sud, à environ 1 km de Calumpit.
Leyte et Samar. Le ratissage des deux îles se poursuit.

31 janvier
Front soviétique. En Prusse-Orientale, les Soviétiques occupent Heilsberg (Lidsbark Warminski) et Friedland (Mieroszow), au sud de Königsberg. En Allemagne, le 1ᵉʳ Front de Biélorussie (Joukov) occupe Zehden (Cedynia), sur la rive orientale de l'Oder, qui sera pour quelque temps le point le plus proche de Berlin atteint par l'Armée rouge.
D'autres centres du Brandebourg tombent également aux mains des Soviétiques, dont Landsberg (Gorzow Wielkopolsi), Schwiebus (Swiebodzin), Meseritz (Miedzyzecz) et Züllichau (Sulechow).
En Hongrie, la garnison allemande de Budapest résiste toujours. Au nord du lac Balaton, la violente contre-attaque des blindés allemands a provoqué l'effondrement du 3ᵉ Front d'Ukraine (Tolboukhine) : les Soviétiques ont été contraints d'envoyer d'énormes renforts pour compenser les pertes et harcèlent l'ennemi pour reprendre l'avantage.
Europe occidentale. Les avant-gardes des Iʳᵉ et IIIᵉ armées américaines se rencontrent près de Widdau. Le 5ᵉ corps de la Iʳᵉ armée pénètre dans la forêt de Monschau à l'est d'Elsenborn; le 18ᵉ corps aéroporté avance dans la forêt du Buchholz, où il franchit la frontière allemande.
Des unités du 6ᵉ corps de la VIIᵉ armée américaine lancent une attaque le long de la ligne Oberhoffen-Drusenheim.
Philippines. Luçon. La VIᵉ armée américaine entame la phase finale de l'offensive contre Manille. Le 14ᵉ corps marche sur Calumpit, le 11ᵉ avance à la base de la péninsule de Bataan et s'approche des positions adverses près du col Zigzag, à 5 km au nord-ouest d'Olongapo. C'est le 1ᵉʳ corps qui, dans la zone de Muñoz, rencontre la plus vive résistance de la part des Japonais.
Au sud de la baie de Manille, après une préparation de l'aviation et de l'artillerie navale, la VIIIᵉ armée américaine débarque la majeure partie de la 11ᵉ division aéroportée (8 000 hommes) près de Nasugbu. Ne rencontrant pas d'opposition, les Américains occupent Nasugbu, Guagua, Lian, avant de pénétrer rapidement à l'intérieur vers les monts Tagaytay.

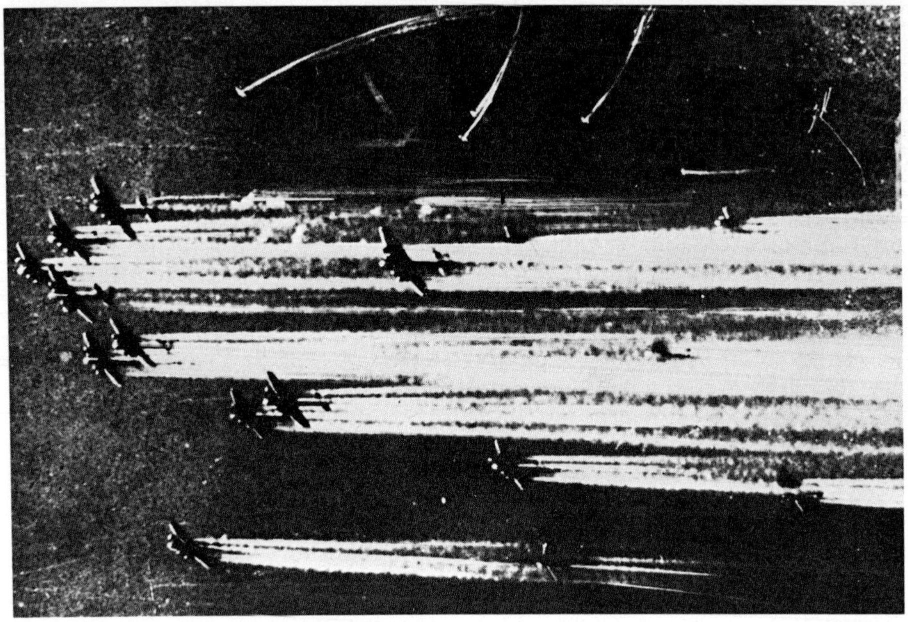

Formation de B-17, Forteresses volantes, au-dessus de Berlin.

1er février

Front soviétique. En Prusse-Orientale, l'action implacable du 1er Front de la Baltique (Bagramyan), des 3e (Tcherniakhovski) et 2e Fronts de Biélorussie (Rokossovski) se poursuit pour liquider les poches allemandes. En Pologne, après un assaut furieux, le 1er Front de Biélorussie (Joukov) et le 1er Front d'Ukraine (Koniev) enlèvent Thorn (Torun), sur la Vistule, tout en maintenant une vive pression sur Poznan encerclée.

En Allemagne, l'avance se poursuit vers le moyen Oder et Berlin. Schneidemühl (Pila) est occupée, Ratzebuhr (Okonek) menacée.

En Hongrie, une partie du 2e Front d'Ukraine (Malinovski) élimine les derniers noyaux allemands de Buda, la partie occidentale de Budapest, Pest ayant été complètement occupée le 18 janvier. Le 3e Front d'Ukraine (Tolboukhine) s'emploie à repousser la contre-attaque allemande au nord du lac Balaton.

Europe occidentale. Sur le flanc septentrional du front, la Ire armée canadienne et la IXe américaine mettent au point les préparatifs des opérations « Veritable » et « Grenade », qui prévoient respectivement une offensive massive entre la Meuse et le Rhin (Ire armée canadienne), du nord vers le sud-est, et, par-delà la Rur (IXe armée américaine), en direction du nord-est vers la Ruhr.

Dans le secteur de la Ire armée américaine, les divisions du 5e corps poursuivent vers les digues de la Rur et de l'Urft : la 9e atteint la route Hofen-Harperscheid, au cœur de la forêt de Monschau, tandis que la 2e se dirige de Rocherath vers la Belgique par la frontière allemande pour rejoindre la 9e.

Plus au sud, le 8e corps de la IIIe armée américaine poursuit l'offensive pour franchir la ligne Siegfried, le long de la chaîne du Schnee-Eifel, prenant, entre autres, Manderfeld (en Belgique) et Auw (87e division), Mützenich (8e division), Schweiler et Winterscheid (12e). Le 3e corps renforce ses positions défensives au Luxembourg, le long de la ligne de partage des eaux entre l'Our et la Clerf. Sur le flanc gauche et au centre de la VIIe armée américaine, le 15e et le 21e corps renforcent les positions au sud-est de Sarrelouis ; sur le flanc droit, la 36e division du 6e corps continue à marcher vers le Rhin, franchissant la Moder et attaquant en direction d'Oberhoffen. Les autres unités du 6e corps ont une activité ralentie pendant tout le mois de février et se limitent à défendre leurs positions, tout en effectuant de temps en temps quelques attaques au-delà de la Moder.

Les opérations de la Ire armée française contre la poche de Colmar continuent ; le 2e corps français achève la conquête de la plaine d'Alsace, entre Erstein (au nord) et Artzenheim (au sud). Au centre du dispositif, le 21e corps américain, avec l'appui des blindés français, avance en direction du sud, le long du canal du Rhône au Rhin, vers Neuf-Brisach, à 17 km au sud-est de Colmar. Sur le flanc droit de l'armée française, le 1er corps poursuit son avance au nord de Mulhouse, dans la région située au sud de la Thur, entre Cernay et Ensisheim.

Philippines. Luçon. Les unités du 14e corps d'armée américain se pressent vers Manille, occupant Gapan et Santa Rosa. Le 1er corps doit toujours faire face à de très sévères affrontements avec les Japonais devant San José, au cœur de l'île. Sur le flanc nord du corps, la 43e division et le 158e régiment consolident leurs positions sur les collines dominant la route Damortis-Rosario-Pozorrubio. Le 11e corps d'armée avance de moins de 1 km dans la zone du col Zigzag, où les Japonais opposent, là aussi, une farouche résistance.

Dans le secteur de la VIIIe armée, la 11e division est vivement contrée entre les monts Cariliao et Batulao, au pied des monts Tagaytay.

2 février

Europe occidentale. Dans le secteur de la Ire armée américaine, les avant-gardes des 9e et 2e divisions (5e corps) émergent de la forêt de Monschau. Dans le secteur du 18e corps aéroporté, les 1re et 82e divisions entament une offensive de grande envergure contre la ligne Siegfried, prenant nombre de casemates et autres fortifications : la 1re division sort de la forêt de Buchholz, près de Ramscheid, tandis que la 82e franchit la ligne et enlève Udenbreth et Neuhof.

La 36e division du 6e corps (VIIe armée américaine) poursuit l'offensive en direction d'Oberhoffen.

Sur le flanc sud du front, la 5e division blindée française entre dans Colmar. Dans le secteur du 21e corps, des unités de la 3e division, appuyées par les blindés, marchent sur la route située entre le

canal du Rhône au Rhin et le Rhin, vers Biesheim, au nord-est de Neuf-Brisach, où converge également la 75e division.
□ L'Équateur déclare la guerre à l'Allemagne et au Japon.
Malte. Fin de « Cricket », première partie de la conférence « Argonaut », au cours de laquelle les Anglo-Américains ont discuté de la future stratégie commune.
Birmanie. Les Japonais contraignent la 36e division britannique à repasser le Shweli, et malmènent la 5332e brigade américaine qui parvient cependant à enlever quelques hauteurs dans la zone de Hpa-pen.
Indochine française. Le général Wedemeyer signale à Washington la tension qui existe entre les occupants japonais (100000 hommes) et l'administration française, dont le gouverneur général est l'amiral Decoux. La 14e force aérienne américaine apporte un certain appui aux mouvements de résistance locaux.
Philippines. Luçon. Le 14e corps poursuit sa progression vers Manille, après avoir établi le contact, au nord de Cabanatuan, avec le 1er corps, alors en mesure de protéger son flanc oriental contre d'éventuelles contre-attaques japonaises.
Dans le secteur du 11e corps, l'avance américaine est stoppée par les Japonais devant le col Zigzag ; plus au nord, le 149e régiment d'infanterie progresse, sans rencontrer de résistance, vers Dinalupihan.
Dans le secteur de la VIIIe armée, la 11e division avance lentement sur les flancs des monts Tagaytay.
Leyte. Les Américains décident d'évacuer de l'île la 77e division, qui devra participer au débarquement sur Okinawa.

3 février
Front soviétique. En Lettonie, les troupes allemandes isolées en Courlande (XVIe armée) repoussent les attaques soviétiques dirigées sur Liepaja. Le retrait des troupes se prépare avec l'aide de la marine allemande. En Prusse-Orientale, on combat au nord de Heilsberg (Lidzbark Warminski), près de Bartenstein (Bartoszyce), ainsi qu'au sud et au nord de Königsberg (Kaliningrad). Des contre-torpilleurs allemands appuient les troupes au sol, tandis que les transports évacuent plus de 184000 réfugiés.
Le *Heeresgruppe* de la Vistule, récemment constitué et commandé par Heinrich Himmler, est chargé de la défense de la Pologne septentrionale, de la Poméranie et du Brandebourg. Il contient la pression du 2e Front de Biélorussie (Rokossovski) au nord de Chelmno et de Sepolno, ainsi qu'à Küstrin (Kostrzyn), à l'est de l'Oder. En Prusse-Orientale, Elbing (Elblag) est attaquée de tous côtés par les Soviétiques, ainsi que Pyritz (Pyrzyce) au sud de Stettin (Szczecin).
Le *Heeresgruppe* Centre (Schörner) est assailli près de Brieg (Brzeg) et Ohlau (Olawa), à Steinau (Scinawa) et le long du moyen Oder, à Glogau (Glogow), Ratibor (Raciborz) et Pless (Pszczyna).
En Hongrie, tandis que les combats se poursuivent à Budapest, les Allemands atteignent de nouveau le Danube, à l'est du lac Velence, à l'est du lac Balaton et au sud-ouest de Budapest. Mais le 3e Front d'Ukraine, déjà coupé en deux, parvient à rétablir un front continu.
Europe occidentale. A la IXe armée américaine viennent d'être incorporées les 30e et 83e divisions d'infanterie, ainsi que la 2e division blindée (incorporée au 19e corps), la 84e (au 13e corps) et la 95e, comme unité de réserve. Dans le secteur du 16e corps, la 35e division achève le regroupement de ses unités au sud-est de Maastricht, aux Pays-Bas. La 78e division (5e corps de la Ire armée américaine) franchit la Rur à Dedenborn, et prend la ville. Quelques détachements de la 7e division blindée se joignent à la 78e pour marcher sur Schwammenauel, où se trouve, près de Hasenfeld, l'une des digues les plus importantes de la Rur ; des unités des 9e et 2e divisions prennent respectivement Herhahn, Einruhr et Berescheid, et Bronsfeld. Les défenses de la ligne Siegfried subissent toujours les assauts des divisions du 18e corps : des unités de la 1re division pénètrent dans Ramscheid, à peine évacuée par les Allemands.
Dans le secteur de la VIIe armée américaine, la 36e division patrouille autour de Drusenheim, Steinwald et Herrlisheim ; sur le flanc sud du front, les 3 corps de la Ire armée française progressent toujours en direction du sud et de l'est, après avoir conquis Colmar : les 75e et 3e divisions (21e corps d'armée américain) continuent à marcher sur Neuf-Brisach, tandis que les unités du 1er corps français libèrent la rive méridionale de la Thur, entre Cernay et Ensisheim, et se préparent à poursuivre, au nord, au-delà de la Thur.
Chine. Les Japonais enlèvent Namyung.
Philippines. Luçon. La 1re division de cavalerie du 14e corps américain atteint la périphérie de Manille, vers où converge également la 37e division ; le 1er corps progresse au sud et au sud-ouest de San José ; le 11e corps renouvelle ses attaques contre le col Zigzag.
Dans le secteur de la VIIIe armée américaine, un régiment de parachutistes est lancé sur les monts Tagaytay.

4 février
A Yalta, en Crimée, commence la seconde phase de la conférence « Argonaut » (en code « Magnéto »), à laquelle participent les chefs de gouvernement des États-Unis, d'Union soviétique et de Grande-Bretagne : Roosevelt, Staline et Churchill. Les Alliés y discutent de la stratégie commune à adopter et surtout des questions politiques, principalement de la répartition des sphères d'influence à la fin du conflit.
Europe occidentale. En préparation à la grande offensive alliée sur le flanc nord du front, la Ire armée américaine reçoit l'ordre d'attaquer, dans le secteur de Düren, en étroit contact, sur sa gauche, avec la IXe armée. Dans la nuit, la 78e division (5e corps) attaque à l'est de Kesternich et enlève Ruhrberg et les hauteurs avoisinantes : premier pas vers la grande digue de Schwammenauel, sur la Rur, l'action précède de 24 heures l'assaut contre les fortifications de la ligne Siegfried. La bataille pour la conquête des digues se généralise : des unités de la 9e division atteignent le lac Urft où les Américains s'assurent une partie de la digue no 5. Dans le sec-

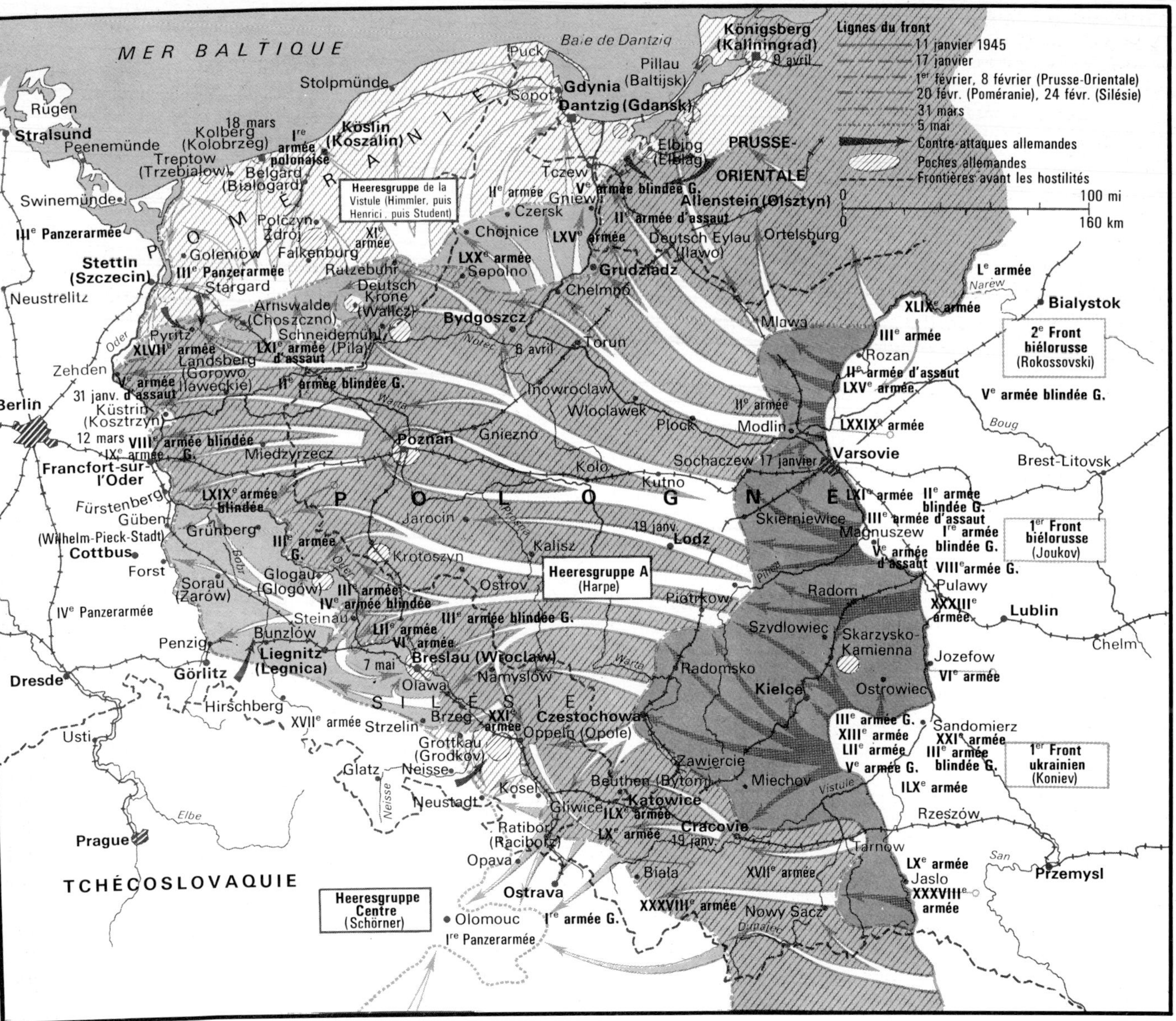

La bataille de l'Oder, le 31 janvier 1945.

teur du 18e corps aéroporté, la 1re division poursuit l'offensive contre les positions de la ligne Siegfried et s'implante dans la région de Ramscheid.

Au nord-est de Brandscheid, dans la chaîne du Schnee-Eifel, la 4e division du 8e corps (IIIe armée américaine) perce les défenses extérieures de la ligne Siegfried. Sur le flanc sud du corps, la 90e division est relevée par des détachements de la 6e et de la 11e division blindée, et s'apprête à appuyer la 4e division dans l'offensive contre Brandscheid. La 6e division blindée étend son contrôle à l'ouest de l'Our.

Le 12e corps regroupe ses divisions en vue de déclencher l'offensive sur l'Our et la Sûre, à travers la ligne Siegfried.

Sur le front de la 36e division (6e corps de la VIIe armée américaine), l'activité militaire est plus calme. Dans le secteur de la Ire armée française, les 3e et 75e divisions du 21e corps américain renforcent leurs positions près de Neuf-Brisach.

Le 1er corps français franchit la Thur, et progresse rapidement en direction du secteur du 21e corps américain.

Front italien. Dans le secteur de la Ve armée américaine, la 92e division (4e corps) consolide ses positions dans la vallée du Serchio.

Birmanie-Chine. Le premier convoi en provenance de Ledo, en Assam, fait une entrée triomphale à Kouenming, en Chine, après un long voyage sur la route de Birmanie réouverte.

Philippines. Luçon. La 1re division de cavalerie du 14e corps américain patrouille à la périphérie de Manille en attendant des renforts; elle est rejointe dans la soirée par des détachements de la 37e division. Dans le secteur du 1er corps, les Américains, soutenus par l'aviation, enlèvent San José et bloquent les accès à la vallée du Cagayan, sans parvenir toutefois à vaincre la résistance des points d'appui japonais à Muñoz. Le 11e corps est toujours bloqué dans le col Zigzag. Les parachutistes largués sur les monts Tagaytay convergent du sud sur Manille, pour se retrouver à 7 km de la ville.

5 février

Front soviétique. En Prusse-Orientale, Elbing (Elblag) continue de subir de tous côtés les attaques du 2e Front de Biélorussie (Rokossovski). Dans le secteur central du front, les Soviétiques atteignent l'Oder, à 50 km de Berlin, poussant au nord et au sud de la ville-forteresse de Küstrin (Kostrzyn) et de Francfort-sur-l'Oder. Les bulletins allemands annoncent une pénétration soviétique au-delà de l'Oder, sous Breslau (Wroclaw), au nord et au sud de Brieg (Brzeg), tandis que continuent les attaques contre Poznan, assiégée, et dans Budapest.

Europe occidentale. Le 7e corps de la Ire armée américaine commence à déplacer ses divisions de la Belgique vers la ligne de la Rur.

A 3 heures du matin, la 78e division américaine (5e corps de la Ire armée) attaque la digue de Schwammenauel, sur la Rur.

Dans le secteur de la VIIe armée américaine, le 6e corps se regroupe et continue à avancer vers le Rhin, tandis que la 79e division est relevée par la 36e et la 101e division aéroportée. Sur le flanc droit du dispositif allié, la poche de Colmar est coupée en deux en raison de la jonction opérée entre les unités du 21e corps américain et celles du 1er corps français. La plus grande partie de la XIXe armée a déjà été transférée au-delà du Rhin sous le commandement de von Rundstedt, avec l'autorisation de Hitler, et les détachements restés sur la rive occidentale de l'Ill n'offrent guère de résistance et se rendent l'un après l'autre au fil des jours. Pendant ce temps, les positions alliées du secteur se renforcent : le 21e corps s'établit le long de l'Ill et de la Fecht, respectivement au sud et à l'ouest de Colmar, et le 1er corps français occupe Ensisheim.

Philippines. Luçon. En position de repli sur le Pasig, à la périphérie nord de Manille, les Japonais pratiquent la politique de la terre brûlée face aux 37e et 1re divisions américaines, et repoussent au nord les attaques du 1er corps contre Lupao et Muñoz. Dans le secteur du 11e corps, la 38e division livre un combat acharné dans le col Zigzag et quelques détachements se replient. Le 511e régiment de parachutistes de la 11e division (VIIIe armée américaine) atteint le pont de Parañaque, au sud de Manille.

6 février

Front soviétique. Le commandement soviétique confirme le communiqué allemand qui avait annoncé l'enfoncement des lignes allemandes par le 1er Front d'Ukraine (Koniev), sur le haut Oder entre Breslau (Wroclaw) et Oppeln (Opole), et son avance au-delà du fleuve. Après avoir conquis deux petites têtes de pont en amont et en aval de Brieg (Brzeg), les forces soviétiques encerclent la ville, avant de la prendre d'assaut ; Ohlau (Olawa), Löwen (Lewin) et Grottkau (Grodkow) tombent également entre leurs mains.

Les accrochages continuent en Prusse-Orientale, à Poznan et à Budapest.

Europe occidentale. Tandis que sur les fronts des Ire et IIIe armées américaines se poursuit l'offensive pour percer les défenses de la ligne Siegfried, sur le flanc méridional du dispositif, la Ire armée française entame les opérations destinées à éliminer la poche de Colmar : dans le secteur du 21e corps américain, la 3e division conquiert la vieille forteresse de Neuf-Brisach ; quelques détachements de la 2e division blindée française progressent au sud, entre le canal du Rhône au Rhin et le Rhin, en direction du 1er corps ; la 75e division rejoint le canal, au sud de Neuf-Brisach ; la 12e division blindée américaine, avec la 5e division blindée française, élimine les poches isolées des Vosges. Dans le secteur du 1er corps français, la 2e division d'infanterie marocaine franchit l'Ill dans la zone de Meyenheim-Reguisheim, marche à l'est du canal du Rhône au Rhin et s'empare d'Hirtzfelden ; la 9e division coloniale achève la conquête d'Ensisheim et lance quelques détachements en direction de Baldersheim, au nord de Mulhouse ; la 4e division motorisée marocaine bloque les Vosges où elle ne rencontre plus aucune résistance organisée.

Philippines. Luçon. Violents bombardements de l'aviation et de l'artillerie américaines contre les positions japonaises de Muñoz, encerclée, et du col Zigzag.

Le 14e corps américain ratisse le nord de Manille au-delà du Pasig, et la 11e division, venant du sud, parvient à 0,5 km de la ville.

7 février

Front soviétique. A Budapest, les Soviétiques s'emparent de la gare du Sud. Sur le front du *Heeresgruppe* de la Vistule, le 1er Front d'Ukraine (Koniev) fait passer l'Oder à de nouvelles troupes, près de Fürstenberg, et au sud de Francfort-sur-l'Oder. Plus au nord, le 1er Front de Biélorussie (Joukov) attaque Arnswalde et Deutsch Krone (respectivement Choszczno et Walcz). De nouvelles divisions soviétiques attaquent les défenses de Poznan, mais des détachements allemands isolés opposent encore une certaine résistance à Elbing (Elblag), en Prusse-Orientale. Dans cette région, la situation du *Heeresgruppe* Nord est légèrement meilleure, notamment dans la péninsule de Samland, au nord de Königsberg (Kaliningrad).

En Yougoslavie, les Allemands se préparent à abandonner Visegrad et Mostar, jusqu'alors défendues par le *Heeresgruppe* E (Löhr) contre les partisans de Tito.

La Wehrmacht connaît une pénurie croissante d'officiers, en raison des destitutions opérées par Hitler. Les commandants ordonnent la suppression de toutes les permissions.

Europe occidentale. La 78e division (5e corps de la Ire armée américaine) poursuit l'offensive contre la digue de Schwammenauel, prend Kommerscheidt, et pénètre dans Schmidt et Harscheid.

Dans le secteur de la IIIe armée américaine, l'offensive du 8e corps contre la ligne Siegfried rencontre une farouche résistance de la part des unités de la VIIe armée allemande ; néanmoins la progression se poursuit sur tout le front : la 6e division blindée et la 17e division aéroportée achèvent de passer l'Our et la frontière allemande, tandis que les unités du 12e corps lancent une offensive au-delà de l'Our et de la Sûre, entre Vianden et Echternach. Enfin, le 20e corps enlève Sinz et attaque une poche allemande entre Campholz et Tettingen (94e division) avant de lancer, avec la 26e division, une série de raids dans le secteur de la tête de pont de Sarrelouis-Roden. Dans le secteur de la Ire armée française, le 21e corps américain progresse le long du Rhin, au nord et au sud de Balgau, et la 1re division blindée du 1er corps français franchit l'Ill sur un pont édifié à Ensisheim.

Chine. En Chine du Sud-Est, les Japonais occupent Kantchéou, base de la 14e force aérienne américaine.

Philippines. Luçon. Sur ordre de MacArthur, le commandant de la VIe armée américaine, le général Krueger, ordonne d'accélérer les opérations destinées à la conquête de Manille. La 1re division de cavalerie commence le ratissage de l'est de la ville, jusqu'au Pasig, franchi en canots pneumatiques par des détachements de la 37e division. Dans le secteur du 1er corps, la bataille de Muñoz se conclut victorieusement pour les Américains : les détachements japonais qui essaient de fuir sont anéantis. A Lupo, en revanche, les Japonais résistent énergiquement.

8 février

Front soviétique. Le 3e Front d'Ukraine (Tolboukhine) rétablit ses positions au sud-ouest de Budapest, dans la zone du lac Velence.

Le groupe d'armées de la Vistule (Himmler) contient les forces soviétiques, en position favorable, depuis les têtes de pont de l'Oder.

Les combats se poursuivent en Prusse-Orientale, à Poznan, et à Budapest, tandis qu'en Yougoslavie les Allemands sont mis en difficulté dans la zone de Mostar.

Europe occidentale. La Ire armée canadienne du général Crerar lance les opérations prévues pour la conquête de la région située entre la Meuse et le Rhin (opération « Veritable »). Après une intense préparation de l'aviation et de l'artillerie, l'attaque débute à 10 h 30 : y participent les 4 divisions du 30e corps britannique (la 3e division canadienne, la 15e, la 43e et la 51e divisions britanniques) qui avancent ensemble le long de la ligne Nimègue-Mook et bousculent la résistance de la Ire armée de parachutistes allemande avant de gagner dans la journée Kranburg, la zone du Reichswald, de Zifflich et Zandpol. L'offensive, qui fait partie du plan général contre l'Allemagne, a pour objectif spécifique d'attirer dans le secteur nord du front la plus grande partie des forces allemandes afin de faciliter l'action des armées des XIIe et VIe Groupes, au centre et sur le flanc sud.

Dans le secteur de la Ire armée américaine, les forces de la 78e division (5e corps) luttent toujours pour la prise de Schmidt, qui résiste ; au centre et sur le flanc droit de l'armée, la situation demeure inchangée.

Plus au sud, dans la région où opère la IIIe armée américaine, les 87e et 8e divisions (8e corps) atteignent respectivement Olzheim et Ober Mehlen, tandis que la 90e poursuit ses assauts contre la ligne Siegfried. La 6e division blindée parvient à élargir et à renforcer la tête de pont sur l'Our (3e corps).

Bombardements du 3 février. Les Berlinois fuient au milieu des flammes.

Dans le secteur de la Ire armée française, le 21e corps américain prend la suite de l'offensive lorsque la 2e division blindée gagne Fessenheim, où elle se joint à la 1re division blindée du 1er corps français.

Pour sa part, la 1re division continue son avance au sud, le long du Rhin, vers Chalampé, en enlevant Blodelsheim.

Front italien. La 92e division (4e corps de la Ve armée américaine) lance des opérations limitées dans le secteur côtier du front.

Dans le secteur de la VIIIe armée britannique, apparaît, sous les ordres du général Arturo Scattini, le groupe des combattants « Frioul », qui se substitue à la division polonaise Kresowa, alignée sur le Senio, face à Riolo dei Bagni.

□ Le Paraguay déclare la guerre à l'Allemagne et au Japon.

Birmanie. Dans le secteur nord, la 26e brigade (36e division britannique) établit une tête de pont sur le Shweli, près de Myitson, et assure sa défense face aux contre-attaques japonaises.

Philippines. Luçon. Le ratissage des faubourgs orientaux de Manille par des éléments de la 1re division de cavalerie américaine se poursuit pendant que la 37e division renforce la tête de pont au sud du Pasig. Toujours dans la zone du 14e corps d'armée, la 40e division américaine emporte une grande partie de la pointe McSevney en repoussant une série de contre-attaques japonaises ; le 1er corps enlève Lupao.

Véhicules canadiens avançant sur la route Nimègue-Clèves, inondée par les Allemands sous les eaux du Rhin lors de leur retraite (février 1945).

9 février

Europe occidentale. L'avance du 30e corps britannique (Ire armée canadienne) se poursuit rapidement : ses unités prennent Mehr, Niel et Millingen (3e division canadienne), franchissant les défenses de la ligne Siegfried, qu'elles occupent près de Nütterden, et investissent les hauteurs de Materborn (15e division écossaise) avant de lancer quelques détachements jusqu'à Clèves. Dans le secteur de cette ville, une contre-offensive allemande se déclenche grâce à l'arrivée de détachements de la 6e division de parachutistes et du 47e *Panzerkorps,* les premiers destinés à consolider la ligne défensive, aux côtés de la 7e division de parachutistes, les seconds à constituer une réserve blindée dans la région et à reprendre Materborn.

Dans le secteur de la Ire armée américaine, la 9e division du 5e corps donne l'assaut à la digue de Schwammenauel, s'emparant d'une bonne partie de Hasenfelde et de la rive nord du lac Urft. Au centre du dispositif les unités du 8e corps de la IIIe armée américaine enlèvent Neuendorf (87e division) et accomplissent de sérieux progrès à travers les fortifications de la ligne Siegfried, tandis que les détachements du 3e corps étendent et consolident la tête de pont à l'ouest de l'Our. Dans le secteur du 12e corps d'armée également, les têtes de pont sont renforcées et étendues par des hommes des 5e et 80e divisions. Sur le flanc droit allié, la Ire armée française achève de nettoyer la poche de Colmar. Le 1er corps français balaie les dernières petites têtes de pont allemandes, à l'ouest du Rhin, dans le secteur de Chalampé. La rive occidentale du fleuve, au sud de Strasbourg, est définitivement libérée : très affaiblies, les unités de la XIXe armée allemande ont été repoussées au-delà du Rhin, où elles se sont fixées pour la dernière bataille. L'opération, dans le secteur, aura coûté 18000 hommes (morts, blessés ou disparus) aux Franco-Américains, environ le double aux Allemands.

Birmanie. Le 15e corps britannique achève la conquête de l'île de Ramree, dans le secteur de l'Arakan. Devant le bon déroulement des opérations, l'amiral Mountbatten décide

d'accélérer la préparation de l'offensive contre Mandalay et Rangoon, car, la Birmanie libérée, les Alliés pourront reconquérir Singapour et la Malaisie.
Philippines. Luçon. La résistance japonaise se raidit à Manille, au sud du Pasig. Dans le secteur du 1er corps, des détachements de la 32e division américaine repoussent les contre-attaques nocturnes des Japonais sur la piste de Villa Verde, et passent à leur tour à l'offensive, avant d'être stoppés par le feu nourri de l'artillerie ennemie. Dans le secteur du 11e corps, la 38e division progresse dans la zone du col Zigzag. La 11e division (VIIIe armée) rencontre une vive résistance à l'aéroport Nichols.

10 février
Front soviétique. En Prusse-Orientale, le 3e Front de Biélorussie (Tcherniakhovski) enlève l'important nœud routier de Preussich-Eylau (Bagrationovsk). Le 2e Front de Biélorussie (Rokossovski) enlève le port fortifié d'Elbing (aujourd'hui Elblag). Des combats ont lieu dans la péninsule de Samland. Le long du front du *Heeresgruppe* Centre (Schörner), la 21e *Panzerdivision* doit se retirer de Küstrin (Kostrzyn). Arnswalde, encerclée, refuse toujours les offres de reddition soviétiques. Sur le front du *Heeresgruppe* Sud (Wöhler), le 2e Front d'Ukraine (Malinovski) fait une importante percée dans le secteur de Budapest, où les combats se poursuivent.
Europe occidentale. Dans le secteur de Clèves et de Materborn, la contre-offensive allemande bloque 3 divisions du 30e corps britannique (3e, 43e et 15e) ; dans la nuit du 10 au 11, la 51e division s'approche d'Hekkens et lance quelques patrouilles au-delà du Niers en crue, au nord de Gennep.
Les divisions du 8e corps (IIIe armée américaine) avancent dans le secteur de Prüm, tandis que celles du 12e continuent à étendre et à renforcer les têtes de pont du secteur Wallendorf-Dillingen (80e division) et celles du secteur de Weiterbach-Echternach, dans les fortifications de la ligne Siegfried.
Birmanie. Des détachements de la 36e division britannique enlèvent Myitson, sur le Shweli. Dans le secteur du 4e corps britannique, la 28e brigade d'Afrique orientale enlève Seikpyu.
Philippines. Le quartier général américain du Pacifique Sud-Ouest fixe les zones d'opération des VIe et VIIIe armées américaines ; à la VIe armée incomberont les opérations sur l'île de Luçon, à la VIIIe celles concernant toutes les îles situées au sud de Luçon.
Le ratissage de Leyte et de Samar se poursuit ; sur Luçon, de violents accrochages ont lieu à Manille. L'avance de la 37e division américaine est suspendue, en raison des pertes considérables, jusqu'à ce que les attaques conjuguées de l'aviation et de l'artillerie aient pu affaiblir l'ennemi. Des détachements du 1er corps américain rejoignent la côte est de l'île, et les forces japonaises se trouvent désormais coupées en deux, le contingent le plus nombreux et le plus aguerri étant localisé dans la zone nord.

11 février
U.R.S.S. Fin de la conférence de Yalta (« Argonaut »), où Staline, Churchill et Roosevelt assistés de leurs ministres des Affaires étrangères respectifs — Molotov, Eden et Stettinius — ont élaboré en commun la future stratégie militaire et jeté les bases politiques du monde d'après guerre. L'U. R. S. S. confirme son adhésion aux Nations unies (idée chère à Roosevelt) et accepte d'intervenir contre le Japon après la fin des hostilités en Europe, prévue pour le mois de juillet de l'année en cours. (Cette demande d'intervention faite par Roosevelt lui avait été fortement déconseillée, en raison des implications politiques, par les chefs militaires américains.) En retour, l'U. R. S. S. se verra accorder d'importantes concessions en Extrême-Orient (Daïren, aujourd'hui Luta, Port-Arthur, aujourd'hui Linchouen, une partie de l'île Sakhaline et des Kouriles).
Churchill tente de s'opposer à ce qu'il considère comme une faiblesse dangereuse et injustifiée, particulièrement en ce qui concerne la sphère d'influence soviétique en Europe, mais il doit s'incliner finalement devant les volontés de son allié le plus puissant.
Front soviétique. Moscou annonce la rupture des lignes allemandes sur l'Oder, au nord-ouest de Breslau (aujourd'hui Wroclaw), par le 1er Front d'Ukraine (Koniev), et la prise de Lüben (Lubin), Haynau (Chojnov), Liegnitz (Legnica), Neumarkt (Stroda Slaska) et Kanth (Katy Wroklavskie). En raison de l'avancée au sud-est de Breslau, la capitale de la Silésie est d'autant plus menacée que la pression soviétique sur la ville de Dresde (à 120 km plus à l'ouest) se précise. Dans le secteur nord-est, les Soviétiques prennent Deutsch Krone (Walcz). Les Allemands sont également écrasés à Scheidemühl (Pila) et à Poznan.
Europe occidentale. Le 30e corps britannique (Ire armée canadienne) vient à bout de la résistance allemande dans le secteur de Clèves et de Materborn. Les Alliés avancent jusqu'au canal de Clèves au Rhin et dans le Reichswald. Ils s'emparent de Clèves, de Materborn, ainsi que des deux nœuds routiers importants de Hekkens et de Gennep.
L'offensive du 8e corps (IIIe armée américaine) continue dans la région de Prüm, conquise par des unités de la 90e division. Dans le secteur du 12e corps, l'avance se poursuit entre les fortifications de la ligne Siegfried dans la tête de pont de Wallendorf, pendant que la 10e division blindée du 20e corps regroupe ses unités, aux environs de Metz.
□ Les États-Unis, la Grande-Bretagne et l'Union soviétique publient la déclaration de Yalta, qui résume les conclusions politiques de la conférence « Argonaut ».
Philippines. Luçon. Combats au sud de Manille, où la 11e division, encadrée par le 14e corps de la VIe armée américaine, prend un faubourg de la ville et une partie de l'aéroport Nichols. Au nord, dans le secteur du 1er corps, la 25e division d'infanterie avance depuis San Isidro en direction de Puncan. Le 11e corps progresse lentement dans le secteur du col Zigzag.

12 février
Europe occidentale. La progression du 30e corps britannique se poursuit dans le secteur nord du front

où opère la Ire armée canadienne. La 3e division canadienne, après avoir atteint Kellen et Warbeyen remplace, dans le secteur de Clèves, la 15e division britannique, qui gagne le nord-est, vers Calcar, où elle se heurte à la résistance acharnée des unités de la Ire armée allemande de parachutistes : la 43e division s'empare de Bedburg, objectif indispensable avant Goch. Les 53e et 51e divisions poursuivent le ratissage du Reichswald.

Dans le secteur de la IIIe armée américaine, les 8e et 12e corps avancent respectivement dans les secteurs de Prüm et de Bollendorf.

□ Le Pérou déclare la guerre à l'Allemagne et au Japon.

Birmanie. Dans la nuit du 12 au 13, la 20e division indienne (33e corps britannique), devant la faible résistance japonaise, entreprend de traverser l'Irraouaddi dans la zone de Myinmu-Allagappa, à l'ouest de Mandalay.

Philippines. Luçon. Isolés par l'avance américaine, les Japonais restés à Manille lutteront jusqu'au dernier homme. La baie de Manille atteinte, les Américains s'emparent de la quasi-totalité des aéroports Nichols et Neilson. Dans le secteur du 11e corps, ils s'élancent de Dinalupihan à la conquête de la péninsule de Bataan, indispensable au contrôle de la baie de Manille.

13 février

Front soviétique. Après un mois et demi de très durs combats, le 2e Front d'Ukraine (Malinovski) emporte les ultimes défenses allemandes de Budapest. Après la chute de Buda, Pest étant tombé le 18 janvier, 138 000 prisonniers se rendent aux Soviétiques. Quelques détachements tenteront de rejoindre les positions de la VIIIe armée allemande, mais seuls 7 officiers et 120 hommes parviendront à s'échapper (quelques centaines, selon les sources allemandes). En Silésie, les Soviétiques avancent au nord-ouest de Breslau, encerclant Glogau (Glogow), et prennent Beuthen-sur-l'Oder (Bytom Odrzanski).

Europe occidentale. L'effort du 30e corps britannique (Ire armée canadienne) se poursuit à l'ouest du Rhin dans le secteur compris entre Emmerich, Calcar et Goch : la 3e division canadienne avance vers Emmerich ; la 15e division britannique marche sur Calcar après avoir pris Hasselt et la 53e vient à bout des dernières résistances de la 84e division allemande (Ire armée de parachutistes) dans le Reichswald. Une période d'activité réduite commence pour le 3e corps de la Ire armée américaine, qui adopte une attitude purement défensive sur la rive occidentale de la Rur, en attendant de donner l'assaut aux positions allemandes sur l'autre rive. Activité militaire réduite aussi sur le front de la IIIe armée américaine dont les 3 corps (8e, 12e et 20e) sont mis sur la défensive. Seuls quelques détachements du 12e corps poursuivent leur marche sur Ammeldingen (80e division) et Ferschweiler (5e division).

Front italien. La 3e division des Carpates et le groupe Frioul passent sous le commandement du 2e corps d'armée polonais (VIIIe armée).

Birmanie. Dans le secteur nord, les Japonais intensifient leur pression sur la tête de pont de la 25e brigade de la 36e division britannique, au-delà du Shweli. Dans le secteur du 33e corps britannique, la 20e division indienne étend la tête de pont sur l'Irraouaddi, et la 7e division indienne (4e corps) commence à franchir à son tour la rivière dans la zone de Nyaungu.

Philippines. Luçon. Les combats continuent dans la ville de Manille. En vue du débarquement, des unités navales américaines commencent le déminage des eaux et le bombardement des côtes de Corregidor. La 38e division a finalement raison des défenses japonaises de la zone du col Zigzag et la 11e division achève la conquête de l'aéroport Nichols, près de Manille.

14 février

Front soviétique. En Hongrie, les Allemands contre-attaquent à partir du lac Velence et du lac Balaton, tandis qu'au nord de Budapest, la VIIIe armée allemande contient les attaques du 3e Front d'Ukraine (Tolboukhine).

Dans le secteur central, le 1er Front d'Ukraine (Koniev) parvient à réunir les deux têtes de pont établies sur l'Oder à l'ouest de Breslau ; des combats ont lieu à la périphérie de la ville. Au sud-ouest, à l'ouest et au nord-ouest de la ville, des troupes du 1er Front d'Ukraine (Koniev) et du 1er Front de Biélorussie (Joukov) enlèvent Striegau (Strzegom), Jauer (Jawor), Goldberg (Zlotoryja) ainsi que Sprottau (Szprotowa). Au nord de Poznan, le 2e Front de Biélorussie (Rokossovski) emporte Schneidemühl (Pila). Sur le front du *Heeresgruppe* de la Vistule (Himmler) des combats s'engagent au sud de Francfort-sur-l'Oder. Les Soviétiques poursuivent leur avance au nord-ouest et au sud-ouest de Liegnitz (Legnica).

Europe occidentale. Sur le flanc nord du dispositif allié, la 3e division canadienne (30e corps britannique de la Ire armée canadienne) enlève un bourg sur le Rhin, face à Emmerich, tandis que la 15e division britannique continue péniblement vers Calcar et que la 51e dépasse Kassel sans difficulté dans la nuit.

Le 12e corps de la IIIe armée américaine consolide son contrôle sur la tête de pont de la ligne Siegfried, et se prépare à marcher sur Prüm.

Philippines. Luçon. Les combats se poursuivent à Manille ; le 1er corps américain se prépare à attaquer au sud du Pampanga. Le 11e s'efforce de liquider la résistance japonaise du col Zigzag et de libérer la péninsule de Bataan. Un régiment de la 38e division s'embarque dans la baie de Subic pour Mariveles, à la pointe de la péninsule de Bataan.

15 février

Front soviétique. Le 2e Front de Biélorussie (Rokossovski) consolide ses positions en Pologne du Nord-Est, au nord de Bromberg (Bydgoszcz). En Silésie du Nord, des troupes du 1er Front d'Ukraine (Koniev) emportent Grünberg (Zielona Gora), au sud-ouest de Poznan, et pénètrent dans le Brandebourg. Les contre-attaques allemandes continuent en Hongrie. Les Soviétiques affirment avoir trouvé à Budapest les cadavres de deux généraux de division allemands qui se seraient suicidés, et annoncent également

LE BOMBARDEMENT DE DRESDE

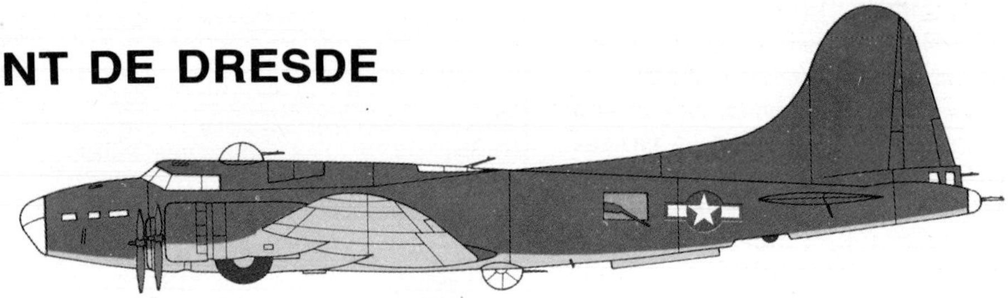

Boeing B-17 Forteresse volante

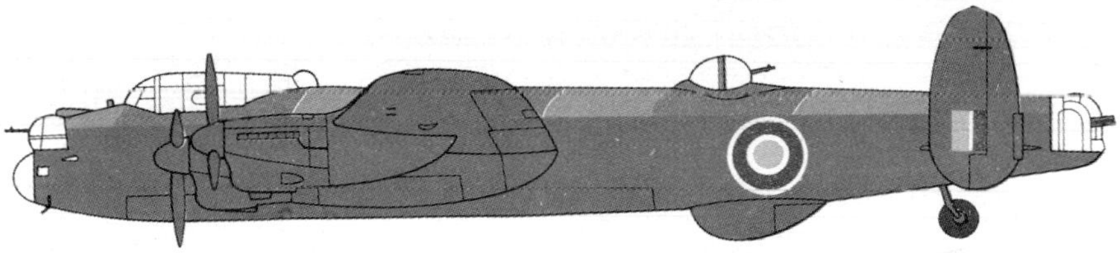

Avro Lancaster

13-14 février
Dresde, 22 h 15, le 13 février : Au cours d'un des plus terribles bombardements de l'histoire, 245 Lancaster de la R. A. F. déversent sur la ville sans défense leurs bombes meurtrières de 2 t et des dizaines de milliers de petites bombes incendiaires. La ville, qui regorge de réfugiés de Silésie ayant fui l'avance soviétique, a déjà subi deux bombardements, le 7 octobre 1944 et le 16 janvier 1945. Ces deux raids n'ont touché que les banlieues où se trouvaient des usines, notamment celles qui produisaient des instruments d'optique.

Le fait que le centre historique et résidentiel ait été soigneusement épargné au cours de ces deux premiers bombardements donnera naissance à une rumeur selon laquelle il aurait été convenu par les belligérants que la Luftwaffe épargnerait Oxford et les Alliés Dresde en raison du patrimoine culturel de ces deux villes.

Que ce pacte ait existé ou non, il n'en sera plus question, ce 13 février 1945, à 22 h 15. A la première vague de Lancaster succède, le lendemain, à 1 h 30, celle, plus effroyable encore, de 529 bombardiers de la R. A. F. Le résultat de ces deux raids est atroce : l'effet combiné des bombes et des bombes incendiaires a détruit la vieille ville et son centre historique, ainsi que la banlieue, en déchaînant la plus terrifiante tempête de feu de toute la guerre : le bitume fond et brûle, et un véritable cyclone ardent ravagera la ville durant 4 jours et 4 nuits. Pour parachever l'œuvre des bombardiers anglais, le 14 février, à 12 heures, 450 B-17, les célèbres Forteresses volantes de l'U. S. Air Force, interviennent alors que la cité a disparu dans un gigantesque brasier (les Anglais sont spécialistes des bombardements nocturnes, les Américains des bombardements diurnes).

On ne connaîtra jamais le nombre exact des victimes, mais, selon les estimations couramment admises, le chiffre minimal serait de 130 000 morts, les estimations de la Gestapo allant jusqu'à 200 000.

De toute façon, ce fut le plus meurtrier de tous les bombardements de la Seconde Guerre mondiale, en incluant celui du 6 août 1945 sur Hiroshima, où la 1re bombe atomique fera environ 110 000 victimes. Or ce bombardement impitoyable apparaît également comme l'un des plus discutables, dans la mesure où Dresde ne présentait aucune importance stratégique, regorgeait de réfugiés et était pratiquement sans défense, ce qu'atteste le peu de bombardiers abattus : 8.

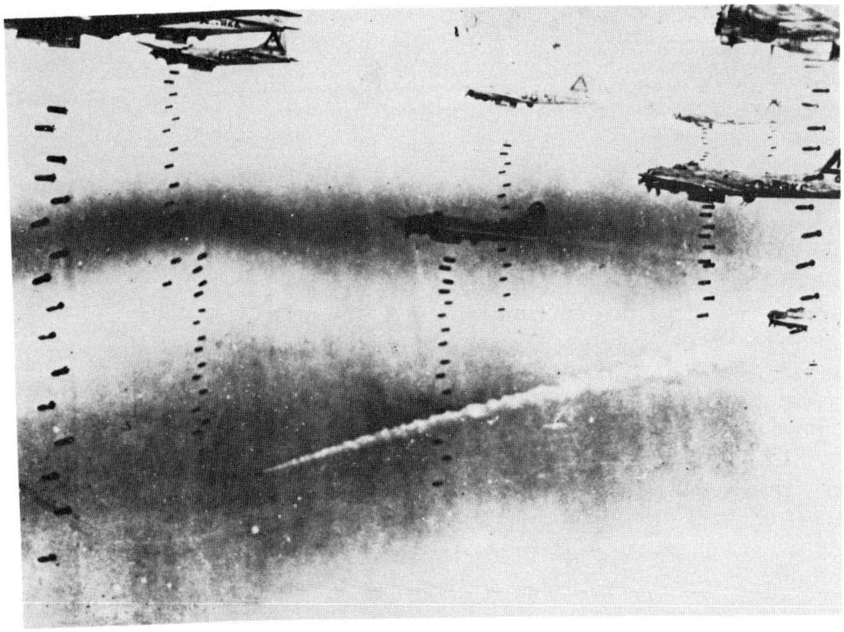

Les Forteresses volantes B-17 lâchent leurs bombes sur Dresde.

avoir fait 9000 prisonniers à Schneidemühl (Pila).
En Courlande, les XVIe et XVIIIe armées allemandes repoussent les attaques soviétiques et pourvoient au regroupement des forces isolées.
Europe occidentale. Un nouveau corps d'armée, le 2e canadien, fait son apparition, dans le cadre de l'opération « Veritable », et prend position, sur le flanc gauche du 30e corps britannique, sur la ligne Grave-Groesbeek-Clèves-Emmerich (respectivement du sud au nord). Jusqu'au 25 février, le nouveau corps d'armée canadien mènera des attaques limitées avec les 3e et 2e divisions canadiennes en direction de Calcar, qui est leur premier objectif, avant de regrouper les unités en vue d'une offensive de grande envergure.
Plus au sud, les efforts du 30e corps britannique sont dirigés contre les positions qui barrent la route de Goch, prochain objectif d'importance.
Le front de la VIIe armée américaine du général Patch se remet en action : le 15e corps lance des attaques limitées afin de le restructurer et de diminuer son étendue.
Birmanie. Dans le secteur du 33e corps britannique, la 20e division indienne rencontre une résistance de plus en plus vive de la part des Japonais autour de la tête de pont qui est en place sur l'Irraouaddi. Dans le secteur du 4e corps britannique, la 7e division indienne parvient à étendre sa propre tête de pont au-delà de l'Irraouaddi, et quelques-uns de ses détachements enlèvent Pakokku à l'ouest du fleuve.
Philippines. Luçon. Après les combats de Manille, la 38e division du 11e corps achève de liquider les forces japonaises de la zone du col Zigzag. Un régiment de la division débarque à Mariveles, après un bombardement préparatoire de l'escadre navale du contre-amiral Struble. Les Japonais ne répondent pas à cette action, mais lancent, dans la nuit du 16, une contre-attaque qui sera l'ultime action massive des troupes japonaises sur la côte occidentale de l'île.
□ L'Uruguay déclare la guerre à l'Allemagne et au Japon.

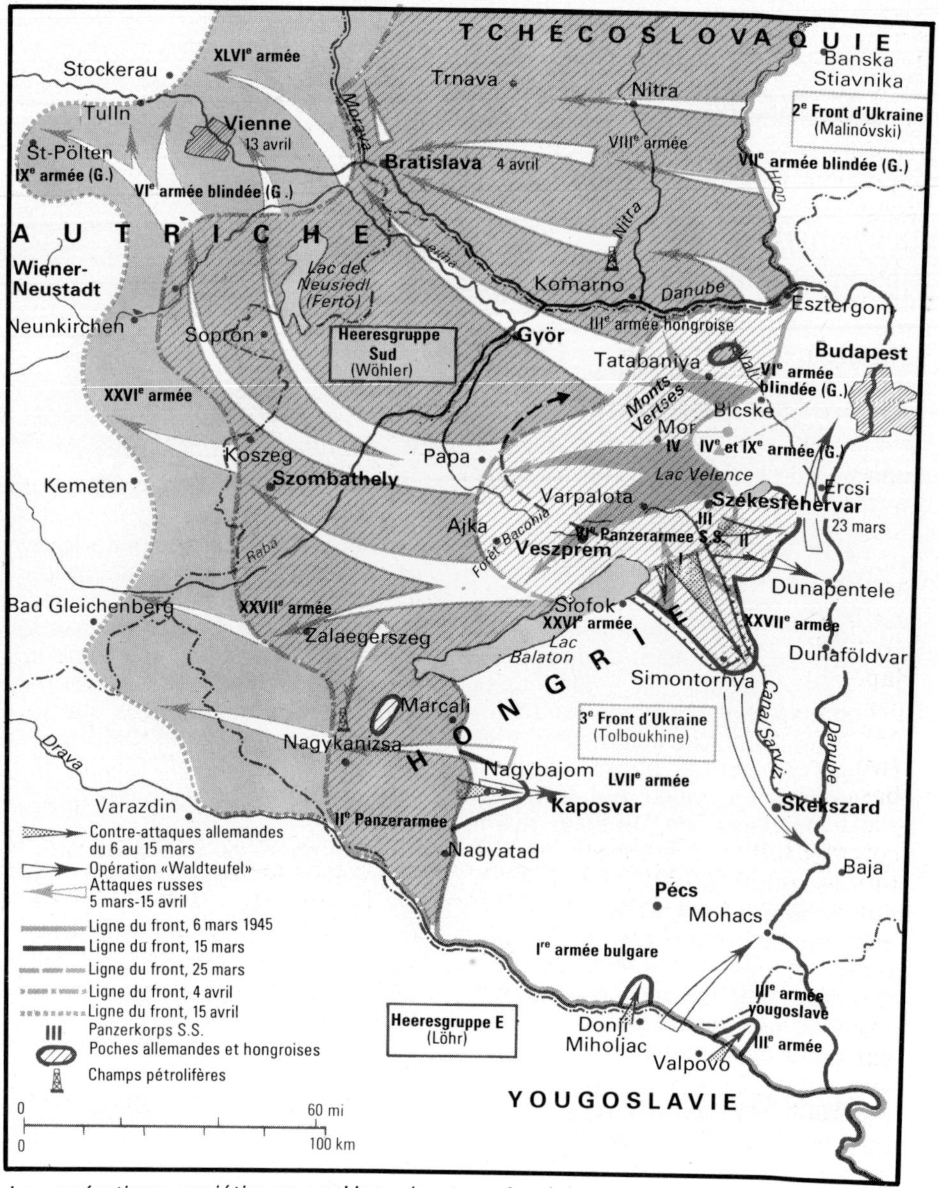

Les opérations soviétiques en Hongrie et en Autriche.

16 février
Front soviétique. Les autorités allemandes admettent pour la première fois l'existence de « bandes » qui, avec l'aide des Russes, tentent à partir de la Slovaquie de pénétrer dans le protectorat de Bohême-Moravie.
En Hongrie, la VIIe armée allemande affronte le 2e Front d'Ukraine (Malinovski).
Les forces soviétiques achèvent d'encercler Breslau. Les Allemands parviennent à retirer de Sagan (Zagan), conquise par le 1er Front de Biélorussie (Joukov), le corps d'armée « Hermann Goering », presque totalement encerclé.
Europe occidentale. Nouvelle progression du 30e corps britannique (Ire armée canadienne) qui emporte Asperberg, Asperden et Afferden.
L'activité est limitée dans le secteur du 12e corps (IIIe armée américaine) de Patton qui se borne à renforcer ses positions sur la ligne Siegfried, ainsi que dans celui du 20e corps, où des unités de la 26e division consolident les têtes de pont de Sarrelouis.
Front italien. Le commandement de la Ve armée américaine fait connaître aux unités du 4e corps les directives concernant des attaques limitées (prévues à partir du 20), ayant pour but de renforcer les positions à l'ouest de la nationale 64.
Birmanie. Dans le secteur du 15e corps britannique, une brigade

de la 25e division indienne débarque sur la côte de l'Arakan, près de Ru-ywa, à l'ouest de An, avec la 82e division d'Afrique occidentale, pour couper la route de la retraite japonaise vers Prome. Des combats acharnés opposent les Japonais aux troupes indiennes de la 20e division (33e corps britannique) sur la tête de pont de l'Irraouaddi, dans la zone de Myinmu-Allagappa.
Philippines. Luçon. Dans le secteur du 11e corps, après une massive préparation de l'aviation et de l'artillerie de marine, la 5e force aérienne américaine lance un régiment de parachutistes sur Corregidor. Un bataillon du 34e régiment d'infanterie de la 24e division, venant de Mariveles, débarque sur l'île. L'opération se déroule entre 8 h 30 et 10 h 30, et, totalement surpris, les Japonais ne peuvent empêcher les assaillants d'édifier une solide tête de débarquement.
Iwo Jima. Des avions américains basés sur les porte-avions, et une escadre avec cuirassés, croiseurs et contre-torpilleurs, engagent les opérations de débarquement préliminaires à l'invasion de l'île. Cette action qui se répétera le 17 provoque une vive réaction des batteries côtières japonaises.
Japon. En appui au débarquement sur Iwo Jima, une escadre de porte-avions rapides américains commandée par le vice-amiral Mitscher, attaque en force, pendant deux jours consécutifs, les aéroports, les fabriques aéronautiques et autres objectifs de la zone de Tokyo.
Iles Mariannes. La *Task Force* 51, qui transporte le corps expéditionnaire destiné à Iwo Jima, quitte Saipan.
□ Le Venezuela et le Chili déclarent la guerre à l'Allemagne et au Japon.

17 février

Europe occidentale. Le 30e corps britannique (Ire armée canadienne) s'approche de Goch, dans le cadre de l'opération « Veritable ». Dans le secteur de la IIIe armée américaine, les 12e et 20e corps étendent et renforcent les têtes de pont, respectivement au confluent de la Sarre et de l'Our, et à Sarrelouis.
L'offensive limitée du 15e corps de la VIIe armée américaine se poursuit pour éliminer les avancées allemandes à Gros-Réderching et à Wilferding : à ce stade, la 70e division intervient sur le flanc gauche du corps et s'élance vers les hauteurs du sud-ouest de Sarrebruck.
Birmanie. Dans le secteur nord, les Japonais lancent de violents assauts contre la tête de pont établie par la 36e division britannique sur le Shweli. Les détachements britanniques, complètement isolés, doivent être ravitaillés par voie aérienne.
Chine. Le général Wedemeyer met en garde le généralissime Tchang Kaï-chek contre le danger d'une offensive japonaise imminente destinée à conquérir les aéroports de Sian, Kouanghoua et Tchékiang. La seule base aérienne qui demeure encore aux mains des Américains, en Chine orientale, est celle de Changting.
Iwo Jima. Les bombardements aériens et navals américains préparatoires à l'invasion se poursuivent. Les batteries côtières japonaises et un petit nombre d'avions parviennent à endommager plus ou moins le cuirassé *Tennessee,* le croiseur lourd *Pensacola* et 3 contre-torpilleurs. Au Japon, les bombardements américains continuent dans la zone de Tokyo.

18 février

Front soviétique. En Yougoslavie, les troupes du *Heeresgruppe* E (Löhr) sont contraintes de se replier à 5 km dans la zone de Mostar.
En Hongrie, entre le lac Velence et le lac Balaton, 3 divisions d'infanterie allemandes, appuyées par 2 divisions blindées S.S., attaquent les positions du 3e Front d'Ukraine (Tolboukhine) près du Danube.
Dans le secteur central, les Soviétiques renforcent leurs positions sur l'Oder. Les Allemands affirment que les Soviétiques subissent de graves pertes à Poznan. Ailleurs en Prusse-Orientale, les Allemands commencent le sauvetage des blessés, des civils et des troupes, et embarquent la 93e division d'infanterie. Le maréchal Ivan D. Tcherniakhovski meurt à la suite de graves blessures en quelques jours. En son honneur, on rebaptise de son nom la ville d'Insterburg : Tcherniakhovtsk. Deux jours plus tard, le maréchal Vassilievski lui succède au commandement du 3e Front de Biélorussie.
Europe occidentale. Le 30e corps britannique de la Ire armée canadienne entame l'offensive contre la ville de Goch avec 3 divisions, la 15e attaquant au nord, la 51e au nord-ouest et la 43e à l'est.
Dans le secteur de la IIIe armée américaine, le 8e corps reprend l'offensive en attaquant au sud, en direction du 12e corps, à travers les défenses de la ligne Siegfried, à l'ouest de Prüm. Le 12e corps, pour sa part, lance une offensive vers le Prüm, et les unités de la 26e division (20e corps) consolident leurs positions dans la tête de pont de Sarrelouis, après avoir repoussé une série de contre-attaques de la VIIe armée allemande (général Brandenberger).
Birmanie. Les combats continuent près de la tête de pont de la 36e division britannique du Shweli. La pression japonaise est toujours très forte dans ce secteur.
Philippines. Luçon. Les combats de Manille et l'occupation de la péninsule de Bataan se poursuivent.

19 février

Front soviétique. En raison de l'envoi de renforts de Yougoslavie en Hongrie, les forces du *Heeresgruppe* E, qui parvient à tenir ses positions, ont considérablement diminué.
En Silésie, les forces soviétiques poursuivent leurs attaques contre la garnison de Breslau ainsi que dans la région située au nord-ouest de la ville.
En Prusse-Orientale, le 2e Front de Biélorussie (Rokossovski) attaque vigoureusement les Allemands qui traversent la péninsule de Samland — langue de terre qui relie Königsberg (aujourd'hui Kaliningrad) à Dantzig — et tente d'ouvrir une voie en combattant à l'ouest. Dans le nord-ouest de la Pologne, les Soviétiques entourent Grudziadz ; au nord, en direction de Dantzig, leurs troupes sont en position favorable malgré la présence dans cette zone du *Heeresgruppe* de la Vistule.
Europe occidentale. Les unités du 30e corps britannique (Ire armée canadienne) qui cherchent à pren-

Vue aérienne du sillage laissé par les engins de débarquement qui se dirigent sur Iwo Jima.

dre Goch doivent affronter l'opposition tenace de la Ire armée allemande de parachutistes.
Des unités de la 80e division (12e corps de la IIIe armée américaine) enlèvent Hommerdingen, Nusbaum et Niedergegen, et la 5e division Stockem.
Après une préparation intensive d'artillerie, le 20e corps d'armée passe à l'offensive pour libérer le triangle formé par la Sarre et la Moselle.
Birmanie. Les Japonais lancent une vigoureuse contre-attaque qui couvre la tête de pont ouverte par la 25e division indienne à Ru-ywa, dans le secteur de l'Arakan.
Philippines. Luçon. Les combats se poursuivent toujours à Manille. Quelques éléments de la 25e division du 1er corps américain, appuyés par l'aviation et l'artillerie, entament des opérations contre les positions japonaises au nord-ouest de Lumboy. A Corregidor, les quelques rares contre-attaques japonaises sont repoussées.
Dans les Philippines méridionales, secteur assigné à la VIIIe armée américaine, le 10e corps lance une série d'opérations amphibies pour libérer le détroit de San Bernardino, entre les îles de Samar et de Luçon.
Leyte. Les Américains tentent, non sans difficultés, d'éliminer les dernières poches japonaises.
Iwo Jima. A 9 heures, après une préparation intense à laquelle participent également 6 blindés, le 5e corps amphibie américain escorté par la Ve flotte de l'amiral R.A. Spruance (aux ordres du vice-amiral R.K. Turner pour les opérations amphibies et du général Harris Schmidt pour les opérations au sol) débarque une partie des 4e et 5e divisions de marines sur la côte sud-est de l'île puissamment fortifiée. Si, dans un premier temps, la résistance japonaise est modérée, elle devient rapidement terrible dès que les marines tentent de dépasser la ligne des plages. Les pertes des assaillants sont extrêmement importantes, spécialement sur le flanc droit du dispositif. Des détachements, sur le flanc gauche, tentent d'avancer au sud vers le mont Suribachi. A peine débarqués, les chars et l'artillerie entrent en action.
Les troupes débarquées se montent à 30 000 hommes. Leur font face, parfaitement protégés dans des cavernes fortifiées, reliées entre elles par des souterrains — une véritable termitière — 21 500 hommes, dont 14 500 de l'armée régulière (109e division d'infanterie, 2e brigade mixte venue de Mandchourie, 145e régiment mixte autonome, 1 régiment de chars, dont 30 moyens et 10 légers, 3 bataillons de mortiers et 5 bataillons anti-chars), et 7 000 hommes de la marine, comprenant techniciens, aviateurs sans avions et marins sans navires, entraînés à la hâte par l'armée. Les troupes de la marine sont placées sous les ordres du contre-amiral Ichimaru, la garnison dans son ensemble sous le commandement du général Tamadichi Kurabayashi.

L'île, dans l'archipel des Volcano, ne couvre que 24 km²; elle possède deux aéroports en service, plus un en construction. Elle est dominée par le mont Suribachi (170 m) à la pointe sud-ouest; au nord, un plateau de 90 m d'altitude moyenne, le haut plateau de Moto-yama. La végétation est rare et le terrain volcanique donne à l'île un aspect lunaire.
Pourquoi les Américains l'envahissent-ils ?
Raison psychologique : la perte d'Iwo Jima aura une sérieuse influence sur le moral de l'ennemi.
Raison stratégique : d'Iwo Jima les avions de chasse américains pourront atteindre le Japon et escorter les bombardiers, ces derniers trouvant ainsi une escale, en cas d'urgence, sur la longue route qu'ils devront effectuer au cours de leurs nombreuses missions contre le Japon.
Lors des opérations annexes au débarquement d'Iwo Jima, le croiseur lourd *Chester,* 2 contre-torpilleurs et 1 contre-torpilleur d'escorte sont touchés.

20 février

Front soviétique. En Hongrie, les contre-attaques allemandes se poursuivent dans la zone comprise entre le lac Balaton et le lac Velence. Entre Székesféhervar et Dunaföldvar les combats se font de plus en plus âpres. Les divisions allemandes commencent à contre-attaquer également du sud, au-delà de la Drave. La VIIIe armée contient les Soviétiques dans la zone d'Esztergom, au nord-ouest de Budapest, sur le Danube.
Sur les autres fronts, en Silésie, en Prusse-Orientale et en Courlande, on n'enregistre que des accrochages isolés.
Europe occidentale. Par une lettre aux commandants des groupes d'armées, Montgomery (XXIe), Bradley (XIIe) et Devers (VIe), le général Eisenhower, commandant en chef des forces alliées en Europe, confirme que les unités de Montgomery lanceront l'offensive générale au-delà du Rhin, même si les groupes d'armées de Bradley et de Devers sont encore en train de ratisser la rive occidentale du fleuve pour le franchir. En tout cas, lorsque

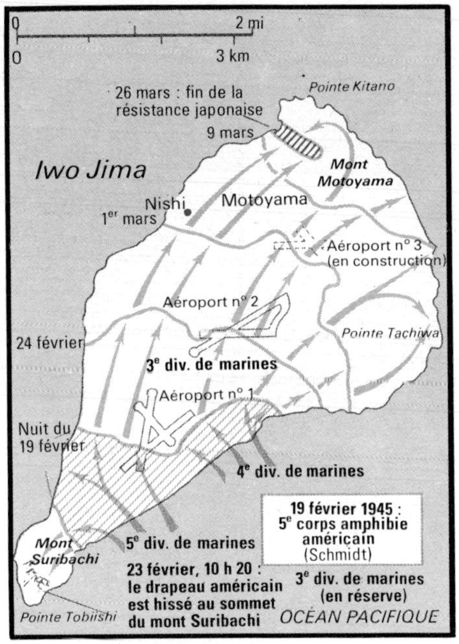

Les opérations d'Iwo Jima.

toutes les armées auront rejoint la rive orientale, les deux principaux axes de progression seront les zones de la Ruhr et de Francfort.
Dans le secteur du 30e corps britannique (Ire armée canadienne), un pont Bailey est jeté sur la Meuse à la hauteur de Gennep.
Le long de la rive occidentale de l'Our, les unités du 8e corps (IIIe armée américaine) et plus particulièrement la 6e division blindée, reprennent les attaques et dépassent les fortifications de la ligne Siegfried, au nord de Dahnen. Plus au sud, la 80e division du 12e corps atteint des positions favorables pour l'attaque des hauteurs situées au sud de Mettendorf. Dans le secteur du 20e corps, dont l'objectif est la prise du triangle formé par la Sarre et la Moselle, la 10e division blindée entre en action, appuyée par des unités de la 94e division.
□ Le général de Gaulle refuse de rencontrer le président Roosevelt à Alger, à son retour de Yalta.
Philippines. Luçon. Tandis que le 14e corps américain continue à s'organiser pour l'assaut final contre le centre de Manille, le 11e corps emporte 3 des 4 points d'appui ennemis, au nord-ouest de Lumboy, et atteint la côte ouest de la péninsule de Bataan, à Bagac.
Philippines méridionales. Des détachements du 10e corps de la VIIIe armée américaine débarquent, sans rencontrer de résistance, sur plusieurs îles du détroit de San Bernardino et Samar est presque entièrement occupée.
Iwo Jima. Les 4e et 5e divisions de marines appuyées par le feu des unités navales, de l'artillerie, des chars d'assaut et des lance-flammes, élargissent la tête de débarquement. La 4e division de marines s'empare d'un aéroport, tandis que la 5e, après avoir repoussé une violente contre-attaque nocturne, avance lentement au nord et au sud. Les Japonais se battent à feu continu depuis le mont Suribachi, transformé en forteresse, et provoquent de très lourdes pertes parmi les Américains, dont quelques détachements sont décimés. Les pertes en chars d'assaut sont estimées à 30 % des effectifs en 2 jours.
Au large de la côte, le croiseur léger *Biloxi* et un navire-hôpital sont touchés.

21 février

Europe occidentale. L'opération « Veritable » peut être considérée comme terminée, après la prise de Goch par des éléments de la 51e division du 30e corps britannique (Ire armée canadienne).
On note une progression générale dans le secteur de la IIIe armée américaine : la 6e division blindée (8e corps) à l'est de l'Our, la 80e et la 4e division blindée (12e corps) se sont déplacées respectivement au sud de Mettendorf et sur les positions de la ligne Siegfried, entre l'Our et le Gaybach (avec la conquête partielle de Roth). La 10e division blindée (20e corps) est passée à l'attaque en direction des ponts de Kanzem et de Wiltingen, ultimes objectifs de l'offensive dans le triangle Sarre-Moselle.
La pression du 15e corps (VIIe armée américaine) se maintient, en vue de l'attaque de Sarrebruck.
Philippines. Luçon. Le 11e corps américain occupe toute la péninsule de Bataan. L'opération n'a rencontré aucune résistance et n'a fait qu'une cinquantaine de victimes, morts ou disparus. Les pertes japonaises ne sont guère supérieures; un contingent japonais se réfugie dans la zone du mont Natib, où il

sera anéanti durant les jours suivants. La 40e division prépare l'opération de ratissage des monts Zambales, au centre-ouest de l'île.
Iwo Jima. En raison des pertes subies et des faibles progrès accomplis, le général Schmidt fait débarquer la 3e division de marines, tenue en réserve. Avec l'appui de l'artillerie, des chars d'assaut et des lance-flammes, les Américains se lancent à l'attaque vers le sud, en direction du mont Suribachi, et vers le nord avec, pour objectif, le second aéroport de l'île. L'avance est extrêmement lente et meurtrière ; à la fin de la journée, les Américains ont perdu 50 % de leurs blindés. Toutefois un groupe de combat de la 5e division de marines atteint les flancs du mont Suribachi. Dans la nuit du 21 au 22, les Japonais qui occupent les hauteurs lancent de nombreuses contre-attaques et font des tentatives d'infiltration.
Malgré la suprématie écrasante des Américains dans le ciel, les kamikazes parviennent à couler le porte-avions d'escorte *Bismarck Sea,* et à endommager le porte-avions *Saratoga,* le porte-avions d'escorte *Lunga Point,* un contre-torpilleur, 1 transport et 3 navires de débarquement.

22 février
Europe occidentale. La 2e division canadienne (2e corps de la Ire armée canadienne) prend Moyland, sur la route de Calcar. Dans le secteur, les parachutistes allemands de la Ire armée se maintiennent sur deux hauteurs boisées (Hochwald et forêt de Balberg) à une dizaine de kilomètres à l'ouest du Rhin. Pendant ce temps, le maréchal von Rundstedt, commandant en chef des forces allemandes du front occidental, demande à retirer, sur la rive est du fleuve, les quelques éléments restants de la Ire armée de parachutistes, mais Hitler lui oppose un refus catégorique.
Sur le flanc sud du 8e corps de la IIIe armée américaine, la 90e division envoie quelques patrouilles vers le Prüm, à la hauteur de Lünebach, la 11e division blindée atteint Eschfeld et Reiff, et la 6e division blindée dépasse l'Our et enlève Irrhausen et Olmscheid. Les unités

Un Japonais avec une bombe qu'il fera exploser contre un char.

du 12e corps renforcent leurs positions tandis que la 10e division blindée du 20e corps achève le ratissage du triangle Sarre-Moselle.
La 70e division (15e corps de la VIIe armée américaine) s'approche de Sarrebruck.
□ Mort de Doriot en Allemagne, mitraillé dans sa voiture, par un avion probablement allemand.
Birmanie. Dans le secteur du 4e corps britannique, 2 brigades mécanisées de la 17e division indienne et 1 brigade de chars avancent à partir de la tête de pont de Nyaungu en direction de Meiktila.
Philippines. Luçon. Le 14e corps américain continue les préparatifs en vue de l'assaut final contre la garnison japonaise demeurée à Manille. Dans les autres secteurs, les Américains progressent lentement.
Iwo Jima. La lutte est toujours âpre ; les marines, vu l'inutilité des chars d'assaut et des lance-flammes, font sauter à la dynamite tous les rochers ou toutes les anfractuosités qu'ils rencontrent. Après avoir isolé le mont Suribachi au sud, ils avancent lentement vers le cœur de l'île en direction de l'aéroport nº 2, où ils sont bloqués sous le feu croisé des Japonais habilement postés sur les hauteurs qui surplombent les deux aéroports. Les tentatives d'infiltration des Japonais et leurs contre-attaques nocturnes se poursuivent. Les fusées éclairantes se croisent dans la nuit, pour prévenir toute attaque surprise de l'adversaire.

23 février
Front soviétique. En Pologne, après un siège long et sanglant, les Soviétiques emportent Poznan. En Poméranie, à Arnswalde, la résistance allemande cesse, mais en Silésie les combats continuent à Breslau (aujourd'hui Wroclaw).
Europe occidentale. La IXe armée américaine entame une offensive de grande envergure — baptisée « opération Grenade » — effectuée par le XXIe groupe d'armées et qui s'étendra de la Rur au Rhin. L'attaque débute à 3 h 30, après une préparation intensive de l'artillerie qui a duré 45 mn. Les 13e et 19e corps lancent leurs divisions sur la Rur. Malgré la surprise, et pour bloquer l'avance américaine dans un secteur délicat, le commandement allemand déplace vers cette zone la division *Panzerlehr* et la 15e division de *Panzergrenadiere,* retirées du front nord. Les unités du 13e corps américain franchissent la Rur à la hauteur de Linnich (84e division) et de Roerdorf (102e), celles du 19e corps dans le secteur situé entre Broich et Jülich (29e division) et près de Schophven (30e division). Toujours à 3 h 30, la Ire armée américaine du général Hodges lance à son tour une attaque générale à l'est de la Rur, qu'elle franchit près de Düren. Plus au sud, la IIIe armée américaine franchit l'Our et la Sarre avec les unités des 12e et 20e corps. C'est le *Heeresgruppe* B du général Model qui fait front à l'offensive générale alliée, avec la XVe armée du général Zangen, la Ve *Panzerarmee* du général Manteuffel et la VIIe armée commandée maintenant par le général Felber, alignées respectivement du nord au sud (approximativement de Mönchengladbach à Prüm).
Dans le secteur de la VIIe armée américaine, la 70e division du 15e corps renforce ses positions près de Sarrebruck.
Philippines. Luçon. Après une préparation d'artillerie méthodique qui a duré plusieurs jours, le 14e corps

américain lance l'attaque finale contre Manille; les Japonais se sont barricadés à l'intérieur de la ville; dans un premier temps, ils cèdent du terrain en raison de l'intensité des bombardements, puis contre-attaquent avec succès. Dans le secteur du 11ᵉ corps, les Américains sont implantés à l'ouest de Corregidor et sur Luçon. La 40ᵉ division lance l'attaque destinée à liquider les dernières poches japonaises des monts Zambales.
Des troupes du 1ᵉʳ corps se préparent, après avoir occupé Pantabangan, à attaquer un contingent important de la XIVᵉ armée japonaise, qui est stationné au nord-est du golfe Lingayen.
Philippines méridionales. Les troupes de la VIIIᵉ armée américaine occupent l'une après l'autre les petites îles au nord-ouest de Samar.
Iwo Jima. Les combats se durcissent dans la zone centrale autour de l'aéroport nº 2.
La 5ᵉ division de marines, qui encercle le mont Suribachi, progresse à peine face aux solides positions ennemies. Un petit groupe de marines parvient cependant à atteindre le sommet de la montage et à y planter le drapeau américain, épisode qu'immortalisera une célèbre photographie.

Une patrouille américaine hisse le drapeau américain sur le mont Suribachi, à Iwo Jima. Cette photographie deviendra si célèbre qu'elle inspirera un monument.

24 février
Front soviétique. Le 1ᵉʳ Front de la Baltique (Bagramyan) est supprimé pour être intégré au 3ᵉ Front de Biélorussie (Vassilievski). En Hongrie, le 3ᵉ Front d'Ukraine (Tolboukhine) repousse définitivement les dernières tentatives allemandes dans le secteur du lac Balaton et du lac Velence, et dans celui d'Esztergom.
Europe occidentale. La 53ᵉ division du 30ᵉ corps britannique (Iʳᵉ armée canadienne) avance lentement au sud-est de Goch, vers Weeze.
Dans le secteur de la IXᵉ armée américaine, les 13ᵉ et 19ᵉ corps continuent l'offensive dans le cadre de l'opération « Grenade » : la 84ᵉ division enlève Doveren, la 29ᵉ achève d'occuper Jülich et s'empare de Stetternich et la 30ᵉ pénètre dans Hambach et dans Niederzier aux premières heures de la matinée. Le 7ᵉ corps de la Iʳᵉ armée américaine étend sa tête de pont sur la Rur.
Dans son secteur, la IIIᵉ armée américaine poursuit l'offensive avec ses 3 corps, le 8ᵉ, le 12ᵉ et le 20ᵉ, dont les divisions emportent, entre autres, Bellscheid, Leimbach, Neuerburg, Berscheid, Bauler, avant de commencer la traversée du Prüm, dans la nuit du 25.
Birmanie. Dans le secteur du 33ᵉ corps britannique, la 2ᵉ division anglaise commence à traverser l'Irraouaddi à Ngazun, à l'ouest de Mandalay, mais elle est immédiatement contrée par les Japonais. Dans le secteur du 4ᵉ corps, la 17ᵉ division indienne, qui avance sur Meiktila, enlève le centre logistique japonais de Taungtha.
Philippines. Luçon. Fin de la résistance japonaise à Manille. Les Américains progressent à l'est de la ville, malgré la résistance croissante de l'ennemi.
La 6ᵉ division prend Montalban et San Isidro. L'île de Corregidor, à l'exception d'un espace d'environ 3 km, est définitivement conquise par les Américains. Le ratissage se poursuit dans la zone des monts Zambales.
Iwo Jima. Combats acharnés sur le mont Suribachi et au centre de l'île, près de l'aéroport nº 2. Mais sur le mont Suribachi, les Japonais sont à bout de résistance et les Américains font sauter, une à une, toutes les grottes. Les suicides sont nombreux chez les Japonais. Autour de l'aéroport nº 2, en revanche, les mines et les pièces antichars habilement camouflées détruisent un grand nombre de chars Sherman. On enre-

gistre même de farouches combats au corps à corps.
Tempêtes et collisions endommagent plusieurs navires américains parmi lesquels le croiseur lourd *San Francisco.*

25 février
Front soviétique. La division « Charlemagne » se retrouve presque anéantie en Poméranie, près de Hammerstein.
Europe occidentale. La 53e division du 30e corps britannique (Ire armée canadienne) parvient à environ 2 km de Weeze, où elle reçoit l'ordre de s'arrêter.
La 35e division du 16e corps (IXe armée américaine) et des détachements de la 5e division blindée du 13e corps commencent à franchir la Rur, à la hauteur de Linnich et au sud de Hottorf. Sur le flanc droit de l'armée, le 19e corps progresse toujours et ses unités atteignent notamment les villes de Müntz et de Rodingen. Dans le secteur de la Ire armée américaine, le 7e corps achève de conquérir Düren, atteignant ainsi la ligne de la tête de pont. La 1re division commence, à son tour, à traverser la Rur.
L'offensive de la IIIe armée continue, et des détachements de la 4e division blindée, après avoir dépassé le Prüm, près d'Hermersdorf, parviennent à établir une tête de pont sur le Nims, à Rittersdorf. Dans la zone d'opérations du 20e corps, des détachements de la 10e division blindée franchissent la Sarre, près de Taben, et marchent sur Zerf.
Front italien. Dans le secteur de la Ve armée américaine, la première phase de l'offensive limitée du 4e corps prend fin à l'ouest de la nationale 64.
Sur le flanc droit du front allié, les premiers détachements du groupe de combat italien « Folgore » prennent position dans le secteur du 13e corps (VIIIe armée britannique), le contingent italien devant compléter, vers le 3 mars, le dispositif installé sur le Santerno et assumer ainsi la responsabilité du secteur que tenait la 6e division britannique.
Birmanie. La 17e division indienne (4e corps britannique) enlève Mahlaing.

Sous le feu ennemi, dans un village allemand.

Iwo Jima. Par une action audacieuse, quelques détachements de la 3e division de marines parviennent à conquérir la majeure partie de l'aéroport no 2 malgré la résistance acharnée des Japonais postés sur la cote 382, l'amphithéâtre et la crête du Dindon. Les combats sont si sanglants que les Américains surnommeront cette zone « le Hachoir ». 20 chars d'assaut Sherman seront détruits lors des combats du 25 et de la nuit du 26.
Le mont Suribachi est officiellement déclaré conquis.
Japon. Les super-bombardiers B-29 du 21e *Bomber Command* américain effectuent sur Tokyo un raid massif, avec bombes incendiaires. Des attaques diurnes, précises, visant uniquement les objectifs militaires, les Américains passent au pilonnage systématique des grands centres urbains. A leur tour, les avions de l'escadre de porte-avions rapides du vice-amiral Mitscher attaquent le 26 et le 27 les usines aéronautiques et les aéroports.

26 février
Front soviétique. Les 1er et 2e Fronts d'Ukraine (Koniev et Malinovski) attaquent la frontière tchécoslovaque. En Yougoslavie, le *Heeresgruppe* E (Löhr) contient la pression adverse dans la zone de Sarajevo, tandis que les Yougoslaves et les Bulgares concentrent leurs forces dans la zone de Zenica.
Europe occidentale. Le 2e corps canadien (Ire armée canadienne) lance l'opération « Blockbuster », qui prévoit une offensive de grande envergure contre les villes de Calcar, Uedem et Xanten. Le premier jour, les forces alliées atteignent la colline située au sud de Calcar ainsi que des positions très voisines de Uedem.
L'avance des unités de la IXe armée américaine se poursuit : quelques détachements du 16e corps pointent sur Hückelhoven ; d'autres traversent la Rur à la hauteur d'Hilfarth ; le 13e corps, après avoir rejoint et coupé la route Erkelenz-Gerderath, lance la 102e division sur Erkelenz, qui est conquise.
Dans le secteur de la Ire armée américaine, le 7e corps marche rapidement de Düren sur Cologne, balayant ce qui reste de la 2e *Panzerdivision.*
Alors que le flanc gauche de la IIIe armée américaine (8e corps) est relativement calme, dans le secteur central (12e corps), l'offensive se poursuit en vue, parmi d'autres objectifs, du franchissement de la Moselle à Trèves ; plus au sud, dans le secteur opérationnel du 20e corps, la 10e division blindée et la 94e division d'infanterie parviennent à réunir les têtes de pont d'Ockfen et Serrig ; quelques détachements de la 10e division blindée traversent la Sarre, dans le secteur de la 94e division, se dirigeant sur Irsch.
Birmanie. Dans le secteur du 33e corps britannique, la 19e division indienne avance au sud, en direction de Mandalay. Dans celui du 4e corps britannique, la 17e division indienne, qui marche sur Meiktila, s'empare du terrain d'aviation de Thabutkon.
Philippines. Luçon. Immédiatement à l'est et au nord-est de Manille, où se trouvent encore des détachements isolés japonais, les fantassins américains du 14e corps donnent l'assaut aux monts Pacawagan et Mataba, mais sont repoussés par le feu intense de l'adversaire.
Philippines méridionales. Les divisions de la VIIIe armée américaine encerclent les dernières forces japonaises sur la côte nord-ouest de l'île de Leyte, et s'emparent du reste de l'île de Samar et des nombreuses petites îles situées au sud du détroit de San Bernardino.

Iwo Jima. L'avance du 5e corps amphibie américain, malgré l'appui de l'aviation, de la marine et de l'artillerie de terre, est dérisoire, et la résistance des Japonais demeure toujours acharnée. Les Américains atteignent les trois hauteurs dominant l'aéroport nº 2, mais en sont immédiatement chassés.

□ L'Égypte et la Syrie déclarent simultanément la guerre à l'Allemagne et au Japon.

ANNE FRANK

La jeune Anne Frank meurt au camp de concentration de Bergen-Belsen, non loin de Hanovre. De parents allemands qui avaient émigré aux Pays-Bas en 1933, elle a été arrêtée et déportée avec les siens en août 1944. Elle est l'auteur d'un des documents les plus émouvants sur les persécutions nazies.

Son journal, publié aux Pays-Bas sous le titre *Het Achterhuis,* est la chronique dramatique et poignante de deux années vécues dans un appartement clandestin d'Amsterdam. Le 14 juin 1942, elle avait été contrainte de s'y réfugier, avec sa famille et des amis juifs, pour échapper aux persécutions raciales.

Avec une maturité surprenante et une profonde sensibilité, la toute jeune fille qu'est Anne transcrit jour après jour ses impressions, depuis la découverte de la sexualité jusqu'à la terreur incessante d'être capturée. Le *Journal* a été adapté à la scène par Frances Goodrich et Albert Hackett.

27 février

Front soviétique. Activité réduite sur tout le front. Près de Sarajevo, les Allemands rétablissent les communications vers le nord-ouest, qui avaient été coupées par les troupes yougoslaves et bulgares.

Europe occidentale. Le 20e corps canadien (Ire armée canadienne) continue l'opération « Blockbuster » avec la 43e division britannique qui dépasse Calcar, la 4e division blindée canadienne qui pénètre en forêt du Hochwald, à l'est d'Uedem, la 3e division canadienne qui atteint Uedem et la 11e division blindée britannique qui avance vers Kervenheim, depuis Uedem. Faisant suite à l'offensive du 2e corps canadien, les opérations du 30e corps britannique se ralentissent, bien que la 3e division coupe la route Uedem-Weeze.

Tandis que la 35e division du 16e corps (IXe armée américaine) avance rapidement à l'est de la Rur, peu gênée par les forces de la XVe armée allemande du général Zangen, la 8e division blindée franchit la Rur à la hauteur d'Hilfarth. La 2e division blindée du 19e corps se regroupe sur la rive orientale de la Rur, en attendant de lancer l'offensive finale sur le Rhin.

Le 7e corps de la Ire armée américaine progresse toujours dans la plaine de Cologne, malgré la vive résistance des divisions de Zangen : de nombreux détachements américains atteignent l'Erft, au-delà duquel la 3e division blindée établit une tête de pont. Dans le secteur du 3e corps, des unités de la 9e division traversent la Rur et se regroupent près de Rath.

La 6e division blindée (8e corps de la IIIe armée américaine) établit une tête de pont au-delà du Prüm, tandis que la 87e division avance péniblement vers Ormont et Hallschlag.

Les divisions du 12e corps franchissent également le Prüm ; la 76e division, depuis la tête de pont de Wolfsfeld, avance au sud-est vers Trèves où converge également la 10e division blindée du 20e corps.

Birmanie. Dans le secteur du 33e corps britannique, la tête de pont établie par la 20e division indienne sur l'Irraouaddi est consolidée. Dans le secteur du 4e corps britannique, une brigade de la 17e division indienne est aéroportée à Thabutkon ; des détachements arrivent près de Meiktila.

Philippines. Luçon. Dans le secteur du 14e corps, les Américains liquident les derniers foyers de résistance japonais à Manille ; la 63e division d'infanterie enlève le mont Pacawagan, mais les positions du mont Mataba sont abandonnées.

Iwo Jima. Les violents combats reprennent entre les Japonais et les marines sur les trois hauteurs dominant l'aéroport nº 2 : la cote 382, l'amphithéâtre et la crête du Dindon. A l'aide de bulldozers, de lance-flammes et de charges creuses, les Américains tentent d'éliminer un à un les fortins et les nids d'artillerie japonais. Cependant leurs efforts restent vains en raison des violentes contre-attaques qui les repoussent à chaque fois sur leurs positions de départ ; en effet, cette zone se trouve être le centre névralgique de communication du général Kuribayashi.

Après une tempête, de nombreux bâtiments de la flotte américaine restent endommagés dans les eaux d'Iwo Jima : il s'agit du porte-avions léger *San Jacinto,* d'un contre-torpilleur, d'un pétrolier et de divers transports.

□ Le Liban déclare la guerre à l'Allemagne et au Japon.

28 février

Front soviétique. Dans le secteur du *Heeresgruppe* de la Vistule (Himmler), les troupes du 2e Front de Biélorussie (Rokossovski), marchant au nord, en Poméranie, conquièrent Neustettin (Szczecinek), entre Dantzig (Gdansk) et Stettin (Szczecin), ainsi que Prechlau. En Silésie, les combats continuent à Breslau (Wroclaw). Les Allemands concentrent des troupes pour lancer une nouvelle contre-offensive en Hongrie, au nord et au sud du lac Balaton, contre le 3e Front d'Ukraine (Tolboukhine) ; c'est d'ailleurs dans ce but que Hitler a transféré du front occidental la VIe *Panzerarmee S.S.* du général Sepp Dietrich.

Europe occidentale. Des unités du 2e corps de la Ire armée canadienne marchent le long du Rhin, dans le Hochwald et dans la forêt de Balberg. Dans le secteur de la IXe ar-

mée américaine, l'offensive des 35e (16e corps) et 84e (13e corps) divisions ne connaît pas de trêve. Il en est de même pour la 29e division (19e corps) qui avance rapidement sur Mönchengladbach. La 2e division blindée, autre unité du 19e corps d'armée, parvient à environ 8 km de Neuss et à 10 km du Rhin. Le 3e corps de la Ire armée américaine progresse le long du Neffel avec la 1re division ; avec la 9e division il atteint Berg et dépasse en plusieurs points la Rur, franchie également par la 9e division blindée.
Dans le secteur de la IIIe armée américaine, le 20e corps continue au nord, vers Trèves.
Front italien. La 10e division motorisée américaine et la 1re division du corps expéditionnaire brésilien (4e corps de la Ve armée américaine) se regroupent en vue de la seconde phase de l'offensive contre les hauteurs à l'ouest de la nationale 64.
Birmanie. La 17e division indienne du 4e corps britannique commence l'assaut contre Meiktila malgré la vive résistance des détachements de la XXXIIIe armée japonaise du général Honda.
Philippines. Luçon. Le général Krueger ordonne au 14e corps américain de prendre les baies de Balayan et de Batangas, dans la partie sud-ouest de Luçon, au sud des monts Tagaytay. Le 11e corps progresse dans la région de Ternate, dans la partie méridionale de la baie de Manille. Dans cette ville, les Japonais résistent à partir des bâtiments de deux ministères.
Philippines méridionales. Un groupe de combattants de la 41e division de la VIIIe armée américaine, après un bombardement aérien et naval par des unités de l'escadre du contre-amiral Fechteler, débarque à Puerto Princesa, sur l'île de Palawan, sans rencontrer de résistance. Les Américains s'emparent rapidement des aéroports de la ville et y installent des stations de radar. Sur Samar, des détachements américains et philippins commencent à investir la zone de Mauo.
Iwo Jima. La 3e division de marines, marchant lentement au nord, enlève le village de Moto-yama, sur le haut plateau, et s'empare des hauteurs dominant l'aéroport n° 3, en construction plus au nord. Les accrochages deviennent de plus en plus acharnés dans la zone du « Hachoir » sur les deux versants (est et ouest) de l'aéroport n° 2. La liquidation des derniers foyers de résistance japonais persistant sur le mont Suribachi continue.
□ L'Arabie Saoudite déclare la guerre à l'Allemagne et au Japon.

1er mars
Front soviétique. En Hongrie, les Allemands préparent la contre-offensive. Les opérations sont limitées dans le secteur du *Heeresgruppe* Centre (Schörner). Le *Heeresgruppe* de la Vistule (Himmler) contient les attaques soviétiques (1er et 2e Fronts de Biélorussie) au sud-est et au sud-ouest de Pyritz (Pyrzyce), au sud de Stettin (Szczecin) ; la 7e division blindée et la 4e division *Panzergrenadiere S.S.* subissent de lourdes pertes. En Yougoslavie, les combats se situent dans la région de Sarajevo.
Europe occidentale. La progression du 30e corps britannique et du 2e corps de la Ire armée canadienne se poursuit, respectivement dans le secteur de Kervenheim et dans les forêts du Hochwald et de Balberg. Venlo, aux Pays-Bas, est conquise par des unités de la 35e division (16e corps de la IXe armée). Dans le secteur du 13e corps commence l'offensive coordonnée des 84e et 102e divisions sur Birgen, Dülken, le canal du Niers et Anrath. Des unités de la 29e division (19e corps) s'emparent de Mönchengladbach, le centre le plus important atteint par les Alliés en Allemagne à ce jour. La 2e division blindée s'élance vers le nord, au-delà de la plaine de Cologne, enlève Kleinenbroich, dépasse le canal du Nord, et continue sur la ligne Willich-Osterath, localités rapidement conquises.
Dans le secteur de la Ire armée américaine, le 7e corps, parti de l'Erft, continue ses attaques vers Cologne et le Rhin ; il rejoint la 3e division blindée qui opère dans la région Glesch-Paffendorf, la 104e dans la zone de Quadrath et la 8e vers Mödrath. Le 3e corps avance également vers le Rhin.
Le 8e corps de la IIIe armée américaine, après avoir franchi le Prüm, continue sa progression vers l'est, malgré une vive résistance de la VIIe armée allemande. La 80e division (12e corps) opère entre le Prüm et le Nims ; la 4e division blindée se trouvant entre le Prüm et le Kyll enlève Sefferweich et Malbergweich. Des unités de la 10e division blindée (20e corps) investissent Trèves tandis que, dans la nuit, le pont sur la Moselle est pris.
Philippines. Luçon. A Manille, le bâtiment du ministère des Finances abrite la dernière résistance japonaise. A l'est de la ville, la 6e division américaine se réorganise pour lancer l'attaque contre une zone parfaitement contrôlée par les Japonais : la ligne Shimbu, qui s'étend d'Antipolo vers le nord au mont Oro. Les guérilleros philippins continuent leur action de harcèlement contre les Japonais dans la partie nord de l'île. Le 1er corps d'armée reprend sa marche en direction du nord vers Baguio. Les 32e et 25e divisions, violemment contrées par les Japonais, commencent à se diriger sur la vallée du Cagayan et le col de Balete, au nord-est de l'île.
Philippines méridionales. Le groupe de combat de la 41e division de la VIIIe armée américaine, débarqué le 28 février à Puerto Princesa, occupe pratiquement toute l'île de Palawan. D'autres unités de la même armée

Troupes américaines en progression en Allemagne.

débarquent sur l'île de Lubang et enlèvent Tilic. Cette île, qui est la plus importante du groupe portant son nom, sera occupée dans les jours suivants.
Iwo Jima. La crête du Dindon, l'une des trois hauteurs qui flanquent l'aéroport n° 2, pour lequel les combats sont particulièrement rudes, cède finalement aux assauts des marines. La 3e division progresse à l'est du village de Moto-yama, mais se retrouve bloquée à moins d'un kilomètre de là. Pendant ce temps, les Américains maîtrisent une partie de l'aéroport n° 3, avant d'être arrêtés par une très vive résistance japonaise. La 4e division se bat toute la journée au pied de la cote 382 où les Japonais commencent à faiblir.
Iles Riou-Kiou. Des avions de l'escadre de porte-avions légers du vice-amiral Mitscher attaquent les installations japonaises de la zone d'Okinawa. Le lendemain, l'offensive de la *Task Force* 58 touchera l'île d'Okino Daito, à 720 km seulement de l'île japonaise de Kiou-Siou (Kyushu).
□ La Turquie déclare la guerre à l'Allemagne et au Japon.

2 mars
Front soviétique. Le *Heeresgruppe* de la Vistule (Himmler) évacue la tête de pont de l'Oder, dans la zone de Schwedt, au sud-ouest de Stettin (Szczecin). Les combats reprennent partout en Prusse-Orientale où les Soviétiques veulent anéantir la IVe armée allemande en train de réembarquer.
Europe occidentale. La 53e division du 30e corps britannique (Ire armée canadienne) conquiert Weeze et marche sur Geldern, au sud. Depuis Venlo, la 35e division (16e corps de la IXe armée) avance rapidement sur le territoire allemand et atteint Sevelen après avoir traversé Straelen et Nieukerk.
Les unités de la 84e division du 13e corps dépassent le canal du Niers près de Süchteln et de Odt; les autres divisions du corps, la 102e d'infanterie et la 5e blindée atteignent respectivement Krefeld et Ficheln. Tandis que la 29e division rejoint ses positions à Mönchen-Gladbach, la 83e division achève la

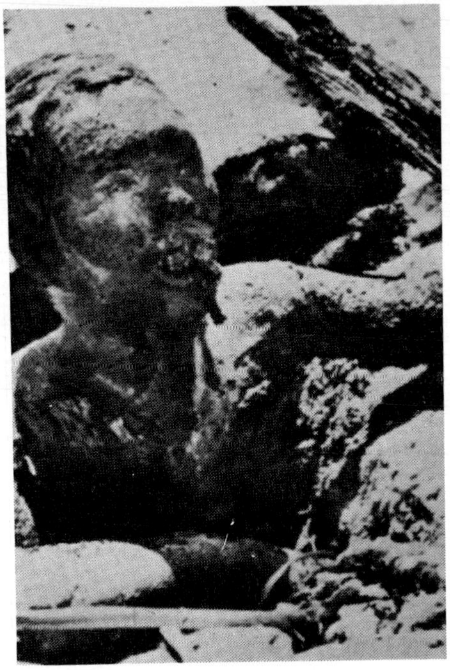

Japonais tué au lance-flammes.

conquête de Neuss et atteint le Rhin en face de Düsseldorf où tous les ponts sur le fleuve ont été détruits. Dans le secteur de la Ire armée, la 99e division du 7e corps dépasse l'Erft près de Glesch, tandis que, plus au sud, la 3e division blindée et la 104e division défendent les têtes de pont de l'est de l'Erft.
L'avance du 3e corps vers le Rhin continue : ses divisions atteignent Erp, le Roth à Friesheim, Mülheim et Wichterich, établissant une tête de pont près de Friesheim. Dans le secteur de la IIIe armée, les unités des 87e et 4e divisions (8e corps) rencontrent une forte résistance près d'Ormont et à l'est du Prüm. Le 12e corps entame quant à lui l'offensive vers le Kyll au cours de la nuit du 3 mars. La 5e division tente d'établir une tête de pont sur le Kyll entre Erdorf et Philippsheim. La 10e division blindée (20e corps) achève la conquête de Trèves. La 94e division d'infanterie étend la tête de pont de Saarburg, sur une profondeur d'environ 10 km.
Front italien. Dans le secteur de la VIIIe armée britannique, le groupe de combat Cremona (5e corps), appuyé par des partisans de la 28e brigade Garibaldi, entame l'offensive contre Comacchio.
Birmanie. La 20e division indienne et la 2e division britannique réunissent leurs têtes de pont à l'ouest de Mandalay.
Philippines. Luçon. Tandis que le 14e corps américain élimine les dernières résistances japonaises de Manille, le 1er corps progresse vers le nord.
MacArthur inspecte l'île de Corregidor, complètement ratissée. Au cours des opérations, les Japonais ont eu 4 700 tués et 500 hommes emmurés vivants dans les cavernes et les galeries; les Américains ont perdu 1 000 hommes tués, blessés ou disparus.
Philippines méridionales. Sur Samar, les détachements américains atteignent la périphérie de Mauo.
Iwo Jima. Au centre du déploiement des forces américaines, la 3e division de marines termine la conquête de l'aéroport n° 3 sous le pilonnage de l'artillerie japonaise. Dans la zone du « Hachoir », les Américains emportent une autre position clé, l'amphithéâtre. La lutte, au lance-flammes et à l'explosif, a été très dure. Les deux tiers de l'île sont maintenant contrôlés par les Américains.

3 mars
Europe occidentale. A Walbeck, au sud-ouest de Gelderen, le contact entre le 30e corps de la Ire armée canadienne et le 16e de la IXe armée américaine est établi.
A l'est de Sevelen, la 35e division (16e corps de la IXe armée) doit ralentir sa marche devant la résistance des parachutistes allemands de la Ire armée. Vive résistance allemande également dans le secteur du 12e corps, où la 84e division parvient cependant à dépasser Rath avant de marcher sur Homberg.
Les unités du 7e corps de la Ire armée américaine avancent vers le Rhin atteignant, entre autres, Sinsteden, Stommeln, Glessen et Dansweiller, avant de commencer les opérations contre Königsberg (104e division). Dans le secteur du 3e corps d'armée, la 1re division d'infanterie et la 9e division blindée atteignent l'Erft. Sur le flanc méridional du corps, la 78e division maintient la tête de pont près d'Hambach. La 2e division du 5e corps franchit la Rur à Heimbach et continue au sud sur Gemünd.

Difficile situation des 87e et 4e divisions (8e corps de la IIIe armée américaine) bloquées respectivement près d'Ormont et de Reuth. Plus au sud, la 11e division blindée franchit le Prüm, se dirige vers le Kyll et investit Fleringen. La 6e division blindée achève sa progression, du Prüm au Nims, qui est franchi par quelques unités au nord de Schönecken.
La 5e division du 12e corps américain parvient à s'assurer une tête de pont à l'est du Kyll; la 76e division achève les opérations de ratissage le long du Kyll et de la Moselle, et, dans la nuit du 3 au 4, commence à franchir le Kyll; la 4e division blindée se regroupe près de Bitburg, non loin de la rive occidentale du Kyll, pour préparer l'offensive vers l'est. Dans le secteur du 20e corps, la 10e division blindée continue son avancée sur Schweich; elle est obligée de s'arrêter sur le Ruwer, dans les environs d'Eitelsbach, dont le pont a sauté.
Front italien. Début de la seconde phase de l'offensive du 4e corps de la Ve armée américaine contre les hauteurs situées au nord-est des monts Torraccia et Castello.
Dans le secteur du 5e corps de la VIIIe armée britannique, la 56e division réussit à enlever un solide point d'appui situé sur la rive est du Senio, près de San Severo; le groupe Cremona poursuit toujours la bataille de Comacchio.
Philippines. Luçon. A Manille, qui a subi des dégâts considérables, toute résistance japonaise a cessé, et, avec la liquidation des détachements japonais dans la zone de Ternate, c'est toute la baie de Manille qui est libérée.
La 35e division (1er corps américain) enlève Digdig sans trop de mal et s'efforce d'éliminer, l'une après l'autre, toutes les poches japonaises de la zone de Puncan, sur laquelle se dirige une partie seulement de la division.
Philippines méridionales. Quelques détachements de la VIIIe armée américaine débarquent à Burias et Ticao, sans rencontrer d'opposition. L'île Verte est pratiquement aux mains des Américains, tandis que sur l'île de Palawan la 186e division d'infanterie rencontre une vive résistance des défenseurs japonais. *Iwo Jima.* Les 3e, 4e et 5e divisions de marines continuent leurs opérations offensives contre les positions japonaises. La cote 382 est enfin prise. Après un ultime assaut, les innombrables grottes et galeries sont ratissées; la zone du « Hachoir » passe aux mains des Américains qui ont perdu pour elle plus de 6 500 hommes. La 5e division, sur le flanc gauche du déploiement, est en position favorable dans la lutte pour la cote 362 qu'elle essaie d'emporter, utilisant le lance-flammes contre les solides fortifications japonaises.
□ La Finlande déclare la guerre à l'Allemagne, avec effet rétroactif au 15 septembre 1944.

4 mars
Front soviétique. Les combats acharnés se poursuivent à Breslau (Wroclaw), dont le centre vient d'être bombardé par les Soviétiques avec des canons de divers calibres allant jusqu'au 400 mm.
Les troupes du 1er Front de Biélorussie (Joukov) contraignent le *Heeresgruppe* de la Vistule à se replier au nord-est de Stettin (Szczecin), emportant Regenwalde (Resko). Le 10e corps d'armée S. S. subit de lourdes pertes sous la pression des Soviétiques. Plus à l'est, ces derniers s'emparent de Rummelsburg (Miastko). Dans ce secteur, les Allemands alignent également la 600e division russe du général Vlassov, combattant à leurs côtés depuis la fin de 1942.
En Prusse-Orientale, pour la première fois, les Soviétiques investissent totalement Königsberg (Kaliningrad). En Norvège, les 7e et 199e divisions de montagne commencent, dans les tempêtes de neige, une pénible retraite vers le sud.
Europe occidentale. Dans le secteur de la Ire armée canadienne, la 43e division du 2e corps canadien s'élance au sud-est vers Xanten, tandis que les 2e et 3e divisions du corps achèvent la conquête des forêts d'Hochwald et de Balberg. Sur le flanc droit de l'armée, la 53e division du 30e corps britannique s'empare de Geldern, où elle entre en contact avec la 35e division du 16e corps de la IXe armée américaine.
Repelen est prise par la 5e division blindée du 13e corps de la IXe armée américaine qui réussit à couper la route Rheinberg-Moers. De son côté, la 2e division blindée emporte Kaldenhausen, achève le ratissage des localités entre Uerdingen et Vielsheide mettant ainsi un point final aux opérations qu'elle poursuivait dans la plaine de Cologne.
La progression de la 99e division (7e corps de la Ire armée américaine) continue au nord-est, le long de l'Erft, à peu près jusqu'à la confluence de l'Erft et du Rhin, sur la ligne Derikum-Ückerath. La 104e division s'ouvre une voie dans les défenses extérieures de Cologne. Dans le secteur du 3e corps, alors que la 1re division établit une tête de pont sur l'Erft, la 9e division enlève Derikum et Hausweiler, sur la rive orientale de la rivière. La progression des 87e et 4e divisions du 7e corps de la IIIe armée américaine reprend; les divisions du 12e corps élargissent et renforcent les têtes de pont sur le Kyll.
Front italien. Le 4e corps de la Ve armée américaine avance jusqu'au mont Acidola, à Madonna di Brasa et au mont della Croce. Sur le flanc droit du 5e corps de la VIIIe armée britannique, le groupe de combat Cremona pénètre dans Torre di Primaro.
Birmanie. Dans le secteur du 4e corps d'armée britannique, la 17e division indienne occupe une partie de l'agglomération de Meiktila, objectif particulièrement important en raison de ses 8 aéroports.
Philippines. Les Américains s'apprêtent à investir la ligne défensive Shimbu, à l'est de Manille.
Japon. 192 super-bombardiers B-29 du 21e Bomber Command américain attaquent la fabrique d'avions Musashino à Tokyo, mettant fin ainsi aux bombardements de « précision » et inaugurant l'ère des bombardements « en tapis ».

5 mars
Front soviétique. Les troupes du 1er Front de Biélorussie (Joukov) dépassent Stargard (Stargard Szczecinski) et Naugard (Nowogard), bas-

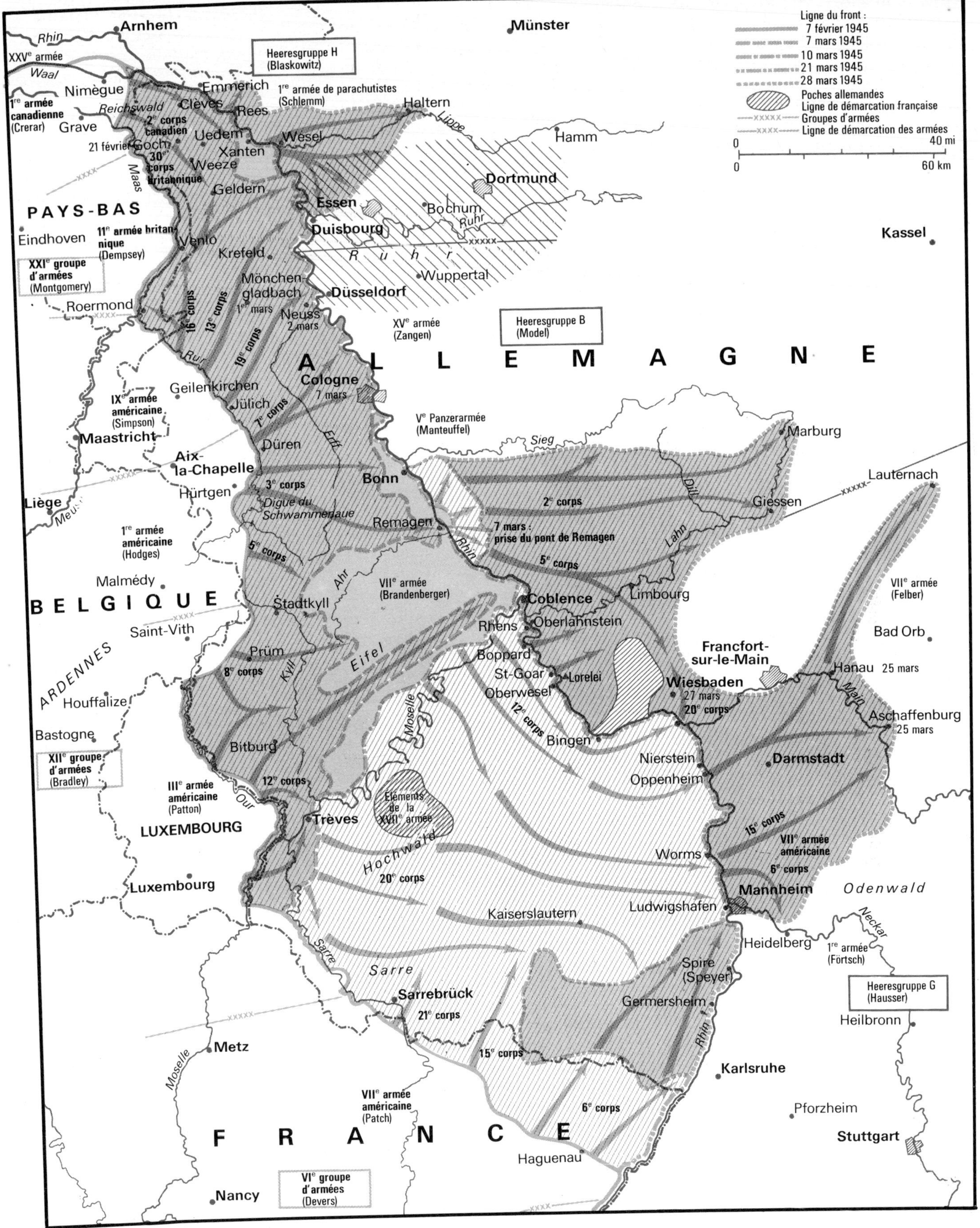

Le passage du Rhin.

tions défensifs respectivement au sud-est et au nord-est de Stettin. Le *Heeresgruppe* de la Vistule, tout en affirmant avoir détruit jusqu'à présent 1 800 chars d'assaut soviétiques, admet n'avoir plus de nouvelles de la IIe armée. Les combats se poursuivent en Prusse-Orientale et en Courlande.

Europe occidentale. Dans le secteur de la IXe armée, la 5e division blindée (13e corps) atteint le Rhin à Orsoy ; la ville est conquise, ainsi que Rheinkamp. Le 19e corps atteint Rheinhausen et élimine la poche du pont Adolf-Hitler, au sud d'Uerdingen ; parallèlement, elle appuie les membres de l'opération « Grenade ». Dès l'aube, la 3e division blindée du 7e corps commence par le sud l'offensive sur Cologne et investit la ville dans la journée. Venant de l'est, quelques détachements de la 104e division nettoient Junkersdorf et continuent leur marche sur Cologne.

Intense activité dans le secteur de la IIIe armée américaine dont trois corps, le 8e, le 12e et le 20e, déployés du nord au sud, dépassent le Kyll en plusieurs points.

Front italien. Fin de l'offensive limitée du 4e corps de la Ve armée américaine.

Birmanie. Dans le secteur du 15e corps britannique, la 25e division indienne, qui progresse le long de la côte de l'Arakan, enlève Tamandu. Dans le secteur du 33e corps d'armée, la 19e division indienne avance vers Mandalay.

Philippines. Luçon. Dans le secteur du 14e corps américain, la 11e division, renforcée d'un régiment, commence à occuper les baies de Balayan et de Batangas, dans la partie méridionale de l'île, mais sa progression est bloquée par les Japonais près de Langanan. Au nord, dans le secteur du 1er corps, les guérilleros philippins contrôlent maintenant la côte septentrionale à l'ouest de l'embouchure du Cagayan et la côte occidentale, sauf Vigan, jusqu'à la zone de San Fernando. La 33e division marche sur San Fernando et Baguio où les garnisons japonaises de la zone risquent d'être encerclées.

La 25e division avance vers la vallée du Cagayan.

6 mars

Front soviétique. Le 2e Front de Biélorussie (Rokossovski) achève la conquête de Grudziadz, la clé du système défensif allemand en Pologne, sur la basse Vistule ; il avance dans le couloir de Dantzig, détruisant en outre les forces adverses encerclées dans la zone de Köslin (Koszalin) en Poméranie. Le 1er Front de Biélorussie (Joukov) progresse également en Poméranie, dépassant Belgard (Bialograd) et d'autres centres que les détachements allemands défendent opiniâtrement.

En Hongrie, le *Heeresgruppe* Sud (Wöhler), après avoir amassé des forces importantes (VIe *Panzerarmee S.S.* de Sepp Dietrich, VIe armée, IIIe armée hongroise, VIIIe armée de cavalerie hongroise, 1er corps d'armée *Panzer S.S.*, IIe *Panzerarmee*), lance une puissante contre-offensive (opération « Waldteufel ») au nord et au sud du lac Balaton, contre les armées du 3e Front d'Ukraine (Tolboukhine).

Dans le même temps, le *Heeresgruppe* E (Löhr) attaque du sud-est sur la Drave. Le gros des forces allemandes s'élance de Székesféhervar vers l'est, au sud du lac Balaton, vers Pécs, au nord vers Tatabanya. Les réserves mobiles du 3e Front d'Ukraine sont envoyées sur des positions préétablies, dans le secteur du lac Velence et du canal Sarviz, aux mains de la XXVIIe armée soviétique.

Europe occidentale. La 43e division britannique et la 2e division canadienne (2e corps de la Ire armée canadienne) renforcent leurs positions près de Xanten, afin de préparer l'offensive finale contre la ville. La 3e division canadienne termine sa mission par la prise de Sonsbeck : la 4e division blindée continue de Sonsbeck vers Veen, tandis que, dans le secteur du 30e corps d'armée britannique, la 53e division poursuit lentement sa marche vers Alpen, sur la route de Wesel.

Dans le secteur de la IXe armée, l'opération « Grenade », qui a vu les 16e, 13e et 19e corps avancer de la Rur au Rhin, se conclut avec succès. Parmi les unités du 7e corps de la Ire armée américaine, la 3e division blindée continue l'offensive au nord de Cologne et la 104e division au sud. Depuis le sud de la ville, la 8e division attaque vers le Rhin. La 9e division blindée attaque en direction du confluent de l'Ahr et du Rhin. Dans le secteur de la IIIe armée, les opérations continuent le long du Kyll.

Philippines. Luçon. Intenses bombardements aériens et au sol contre la ligne Shimbu, à l'est de Manille.

Philippines méridionales. A Palawan, les Japonais, solidement implantés, repoussent avec ténacité les attaques de la 186e division d'infanterie américaine, tandis que, sur Burias, les Américains réussissent à établir un premier contact avec l'ennemi.

Iwo Jima. Après une préparation coordonnée de l'artillerie terrestre et navale, sans précédent dans cette campagne, le 5e corps amphibie américain renouvelle ses attaques pour tenter de percer la ligne défensive japonaise, dans la partie nord-orientale de l'île. A la fin de la journée, ses progrès sont pratiquement nuls, d'environ quelques dizaines de mètres, car les Japonais se sont parfaitement adaptés au style de l'ennemi : quand l'artillerie tonne, ils s'abritent dans les cavernes pour en ressortir lorsque les marines attaquent. Les zones les plus meurtrières sont : la cote 362 B, les abords de l'aéroport n° 3, et l'est du village de Moto-yama. 28 chasseurs Mustang et 12 bimoteurs P-61 viennent en renfort sur l'aéroport n° 1, pour appuyer les opérations sur terre.

7 mars

Front soviétique. En Hongrie et en Yougoslavie, le long de la ligne des lacs Velence et Balaton-Drave, l'opération « Waldteufel » se poursuit. Le *Heeresgruppe* E (Löhr) franchit la Drave dans la zone de Donji, Miholac et Valpovo, infligeant de lourdes pertes à la Ire armée bulgare et à la IIIe armée yougoslave, avant de se diriger sur Mohacs. Au sud du lac Balaton, la IIe *Panzerarmee* enfonce la ligne de la LVIIe armée soviétique (3e Front d'Ukraine) et avance rapidement sur Nagybajom. Entre le lac Balaton et le lac Velence, la XXVIIe armée soviétique contient la VIe *Panzerarmee S.S.*

LE PONT DE REMAGEN

7 mars

Tard dans la matinée du 7 mars 1945, un détachement de la 9e division blindée américaine (une des unités du 3e corps de la Ire armée du général Hodges), commandé par le lieutenant Karl Timmermann, débouche des bois de l'Eifel, qui surplombent le Rhin, en face de la petite ville de Remagen. Au premier coup d'œil vers le fleuve, Timmermann et ses hommes restent ébahis et incrédules : il y a un pont, un pont encore debout et surmonté d'une double voie ferrée qui franchit le fleuve. Le spectacle est inattendu, et même, sans aucun doute, unique, dans le paysage qu'offre l'Allemagne de 1945. En effet, depuis le début de l'année, les responsables des points de passage sur le Rhin ont reçu de Hitler l'ordre de faire sauter tous les ponts immédiatement après que les troupes allemandes auront atteint la rive orientale du fleuve : aucun pont ne doit, sous peine de mort du responsable, tomber aux mains des Alliés.

Prisonniers allemands traversant avec leurs blessés le pont de Remagen, encore intact malgré les ordres de Hitler.

La voie ferrée sur le pont de Remagen (qui est dédié à Ludendorff) conduit, sur la rive orientale, à un tunnel dans lequel sont entassés civils et militaires allemands. Pourquoi le pont est-il toujours debout? Ce mystère s'explique peut-être par le retard dans les opérations d'évacuation de la rive gauche du Rhin qui n'a pas permis de le détruire en temps voulu; peut-être aussi que les Américains sont arrivés plus tôt que prévu. Quoi qu'il en soit, Timmermann reçoit l'ordre du commandant de la 9e division blindée d'attaquer le pont et de s'en emparer. Avec ses hommes, le jeune officier se lance vers le Rhin. Peu après, une grande gerbe d'eau secoue l'air : les sentinelles allemandes ont actionné le dispositif qui doit faire sauter les quatre piliers qui soutiennent l'ouvrage. Mais, une fois la fumée dissipée, le pont est toujours là, miraculeusement intact. Aussitôt, le lieutenant Timmermann et ses hommes rejoignent la rive droite du fleuve. Tandis que les derniers civils et militaires allemands disparaissent dans le tunnel, quelques sentinelles américaines parviennent à couper le fil d'un second détonateur relié à une charge de 250 kg de dynamite.

La nouvelle de la traversée du pont de Remagen est rapidement connue du haut commandement allié, où elle suscite une vive surprise et une certaine émotion : Eisenhower, lorsqu'il en est informé, modifie les plans d'attaque pourtant rigides et ordonne au général Bradley, commandant du XIIe groupe d'armées (dont fait partie le Ire armée américaine) « d'envoyer à l'avant » toutes les troupes disponibles.

Par une extraordinaire faculté d'adaptation, les Américains sont ainsi en mesure d'exploiter totalement la chance inespérée qui leur est offerte, et ils établissent sans délai une solide tête de pont au-delà du Rhin. L'incroyable nouvelle parvient également au bunker de la Chancellerie de Hitler, à Berlin, et la colère du Führer éclate aussitôt. Le feld-maréchal von Rundstedt, considéré comme responsable de ce catastrophique contretemps, est relevé de la charge de commandant en chef des forces allemandes sur le front occidental. « C'est un homme fini, je ne veux plus en entendre parler », déclare Hitler. Il est remplacé par le feld-maréchal Kesselring, rappelé du front italien.

Très utile et efficace, surtout du point de vue psychologique, la conquête du pont de Remagen ne constitue pas cependant un épisode décisif dans le déroulement de l'offensive alliée : en effet, un seul pont sur le Rhin ne représente pas en soi une solution stratégique; il faudra encore beaucoup de jours et d'autres têtes de pont en amont et en aval de Remagen pour que les Alliés puissent franchir en force le Rhin, dernier obstacle naturel vers l'Allemagne.

Europe occidentale. Dans le secteur du 2e corps de la Ire armée canadienne, les préparatifs en vue de l'attaque finale de Xanten se poursuivent. Hormis quelques actions limitées du 16e corps pour étendre son flanc nord vers Wesel, le calme règne sur tout le front de la IXe armée américaine.

Cologne, troisième ville d'Allemagne, tombe aux mains de la 3e division blindée et de la 104e division d'infanterie (7e corps de la Ire armée américaine). Tandis que quelques détachements de la 9e division blindée (3e corps) parviennent à établir une tête de pont sur l'Ahr et sur le Rhin, d'autres s'emparent, à Remagen, d'un pont sur le Rhin, le seul que les Allemands aient « épargné », et établissent une tête de pont sur la rive orientale (voir l'encadré page 689).

Dans le secteur de la IIIe armée américaine, la 87e division (8e corps) progresse rapidement au nord-est, vers l'Ahr; les unités de la 11e division blindée emportent Dockweiler, Boxberg et Kelberg; le 4e division blindée (12e corps) marche sur l'axe Ulmen-Kaisersech-Kehrig-Ochtendung au sud d'Andernach : en un peu plus de deux jours, l'unité américaine a progressé d'environ 70 km, faisant 5000 prisonniers, s'emparant d'une grosse quantité d'équipement et jetant le trouble parmi les unités de la VIIe armée allemande, en déroute au nord de la Moselle et à l'ouest du Rhin.

Yougoslavie. Tito forme à Belgrade un gouvernement de 28 membres, dont 25 communistes ou compagnons de route.

Birmanie. Dans le secteur septentrional, un régiment de la 38e division chinoise occupe Lashio, au nord-est de Mandalay.

Dans le secteur du 4e corps britannique, les Japonais lancent une contre-offensive pour reconquérir Meiktila et parviennent à isoler une grande partie de la 17e division indienne avant d'occuper Taungtha. La menace britannique sur Mandalay, de Lashio au nord-est, et de Meiktila au sud-ouest, se précise.

Philippines. Luçon. Dans le secteur du 1er corps, un bataillon du 127e régiment d'infanterie occupe le pont et le village d'Aringay et avance vers le mont Magabang, tandis qu'un autre bataillon de ce régiment est bloqué par les Japonais sur la piste de Villa Verde.

Le 14e corps commence les opérations contre la ligne Shimbu : la 158e division d'infanterie occupe Taal, sans défense, et avance rapidement dans la zone du lac Taal.

Iwo Jima. Surprenant les Japonais par une attaque effectuée sans préparation d'artillerie, un groupe de la 3e division de marines enlève la cote 362 E sur le haut plateau de Moto-yama. La 5e division de marines, qui attaque sur la gauche du dispositif, progresse peu en raison de la nature accidentée du terrain. L'appui de l'artillerie navale est limité au minimum, car la proximité des combattants a déjà causé divers incidents et même des pertes au sein des marines.

8 mars

Front soviétique. Les combats se poursuivent au sud de Stettin (Szczecin) et de Dantzig (Gdansk), ainsi qu'en Silésie. En Hongrie et en Yougoslavie, la VIe armée blindée allemande S.S. progresse depuis Székesféhervar en direction du Danube et le long du canal Sarviz; la IIe armée blindée allemande, au sud du lac Balaton, avance sur Nagybajom. A ce jour, la pénétration allemande varie entre 10 et 24 km.

Le *Heeresgruppe* E (Löhr) malmène les forces bulgares et yougoslaves sur la Drave et contient les forces yougoslaves à l'ouest de Sarajevo.

Europe occidentale. Après une méticuleuse préparation, la 43e division britannique et la 2e division canadienne (2e corps de la Ire armée canadienne) lancent une attaque conjuguée contre Xanten, qui est libérée. Dans le secteur de la Ire armée américaine, la 1re division du 7e corps s'élance vers le Rhin à la hauteur de Bonn.

A Remagen, les Américains veulent exploiter au maximum la possession inespérée du pont : le 3e corps d'armée renforce et élargit, à l'aide de tous ses moyens, la tête de pont sur le Rhin. L'importance de cette opération provoque toutefois des retards et des embouteillages dans les voies de communication vers le pont. En outre, à cette situation s'ajoutent les tentatives désespérées des Allemands de colmater cette brèche : en deux jours, plus de 300 avions de la Luftwaffe bombardent en vain le pont.

Le 8e corps de la IIIe armée américaine marche rapidement vers le Rhin.

Front italien. Au sein du 2e corps de la Ve armée américaine, la 1re division blindée lance des attaques limitées afin de renforcer les positions du flanc gauche du corps, et s'empare de Carviano, au nord-est de Vergato.

Philippines. Luçon. L'attaque du 14e corps américain contre la ligne Shimbu, à l'est de Manille, continue avec la 6e division et la 1re division de cavalerie : progrès limités vers Antipolo. Dans la zone du 1er corps d'armée, les Américains enlèvent le mont Magabang, au nord-est d'Aringay, et le village de Pultan.

Philippines méridionales. Toute résistance organisée des forces japonaises cesse sur Palawan. Les Américains occupent les petites îles de Busuanga, Balabac et Pandanan.

Iwo Jima. Les trois divisions de marines renouvellent leurs attaques contre les positions japonaises, et, avec l'appui de l'artillerie et des lance-flammes, gagnent quelques centaines de mètres sur toute la ligne; la 4e division de marines repousse ensuite une violente contre-attaque nippone. Les Américains constatent, fait significatif à leurs yeux, un accroissement notable des suicidés parmi les morts ennemis.

9 mars

Front soviétique. En Yougoslavie, la IIIe armée yougoslave lance sans succès une contre-attaque vers la tête de pont établie sur la Drave par le *Heeresgruppe* E.

Dans le secteur du *Heeresgruppe* de la Vistule, les Soviétiques enfoncent les défenses de Küstrin (Kostrzyn); les combats font rage dans la ville. Le 2e Front de Biélorussie (Rokossovski) est en position favorable dans les environs de Dantzig (Gdansk).

Europe occidentale. Sur le flanc nord du déploiement allié, les Alle-

LES ENFANTS DU PARADIS

Paris, 1840-1847.
Sur le populaire et pittoresque « boulevard du crime », le rendez-vous des meurtriers, s'entrelacent les histoires d'amour de la belle Garance. Quatre hommes se la disputent : le mime Baptiste, l'acteur Lemaître, le dandy criminel Lacenaire et le riche comte de Montray. Lorsque Garance comprend que celui qu'elle aime vraiment est Baptiste, celui-ci est marié et père d'un enfant. Après une nuit d'amour entre ses bras, Garance disparaît parmi les masques, le jour du Carnaval, tandis que Baptiste, entraîné par la foule, crie en vain son nom.

Sorti le soir du 9 mars, *Les Enfants du paradis* est le premier film important produit à Paris après la Libération. Il reçoit du public un accueil chaleureux. En raison de la guerre et de l'Occupation, le tournage a duré plus de deux ans, et coûté plus de 60 millions de francs.

Récit lyrique sur les relations entre la vie et le théâtre, la réalité et la fiction, ainsi que sur la nature et la diversité de l'amour, *Les Enfants du paradis* est le meilleur film de Marcel Carné. S'aidant des précieux dialogues de Prévert, le metteur en scène rend au théâtre l'un des plus beaux hommages de toute l'histoire du cinéma.

Parmi d'excellents acteurs se détachent particulièrement Jean-Louis Barrault, Arletty et Pierre Brasseur. La version originale, qui durait trois heures et quart, sera raccourcie pour des raisons commerciales.

Maria Casarès et Jean-Louis Barrault.

mands abandonnent leur tête de pont des environs de Wesel et détruisent les ponts sur le fleuve.

Dans le secteur de la Ire armée canadienne, la 4e division (2e corps canadien) emporte Veen.

Tandis que les Allemands de la XVe armée abandonnent la rive occidentale du Rhin, Bonn est investie par les unités de la 1re division (Ire armée américaine).

Le contrôle de la tête de pont de Remagen, où les raids de l'aviation allemande continuent, est assigné à la 9e division (3e corps d'armée). Pendant ce temps, la 7e division blindée contrôle la rive occidentale du Rhin, entre Bonn et Remagen.

Dans le secteur de la IIIe armée américaine, toutes les unités du 8e corps ont rejoint le Rhin, tandis que la 4e division blindée du 12e corps reçoit l'ordre d'établir une tête de pont à Treis.

Birmanie. Dans le secteur du 33e corps britannique, la 19e division indienne pénètre dans les faubourgs de Mandalay où se déroulent de violents combats avec les défenseurs japonais.

Philippines. Luçon. Combats très âpres sur la ligne Shimbu, à l'est de Manille, et au centre de l'île.

Philippines méridionales. Avions et navires américains bombardent la zone de Zamboanga sur l'île de Mindanao, pour préparer le débarquement. Les troupes américaines sont retirées de Samar, où la liquidation des dernières poches japonaises est confiée aux guérilleros philippins.

Iwo Jima. Dans la nuit du 9, un grand nombre de Japonais, portant à la ceinture des charges explosives, se lancent contre les positions américaines et réussissent quelques pénétrations, mettant en difficulté la 4e division de marines. L'attaque suicide, qui avait été interdite par le général Kuribayashi, est repoussée. Au matin, les Américains dénombrent 784 morts ennemis.

Les trois divisions de marines continuent les attaques systématiques au lance-flammes et à l'explosif contre les cavernes et autres points de résistance japonais. Contenus sur la droite et au centre de leur ligne d'attaque, ils progressent notablement le long de la côte occidentale de l'île.

Japon. 334 B-29 venant de Guam, Saipan et Tinian lancent pendant 3 heures des raids incendiaires sur Tokyo ; un cinquième de la ville, soit 26 km^2, est rasé, et l'on compte, d'une façon sûre, 130 000 morts, et même 200 000 selon certaines sources.

Indochine française. Les Japonais, craignant un débarquement américain, enlèvent tout pouvoir à l'amiral Decoux, gouverneur général de la colonie, et à l'administration française ; les brutalités qui accompagnent cette décision renforcent les mouvements de résistance ; c'est dans cette atmosphère que se développe le Viêt-minh.

10 mars

Front soviétique. Le commandant du 3e Front d'Ukraine (Tolboukhine) demande, en vain, au haut commandement soviétique des renforts en raison de la menace que fait peser la contre-offensive allemande (opération « Waldteufel »). Les Allemands, durement contrés, se replient vers le Danube, au sud du lac Velence, mais poursuivent leur pénétration le long du canal

Sarviz, à l'ouest de celui-ci, lançant dans la bataille toutes leurs réserves blindées. Le *Heeresgruppe* Centre (Schörner) livre toujours de durs combats au 1er Front d'Ukraine (Koniev), près d'Oppeln (Opole), à Breslau (Wroclaw), près de Grottkau (Grodkow), Striegau (Strzegom) et Lauban (Luban).
Europe occidentale. La Ire armée conclut avec succès l'opération « Veritable » par la conquête de la région comprise entre la Moselle et le Rhin, et, avec le 2e corps d'armée, l'opération « Blockbuster », par laquelle les Alliés se sont emparés du secteur Calcar-Udem-Xanten. Le succès des deux opérations a coûté au XXIe groupe d'armées plus de 23 000 hommes, dont 7 300 Américains, environ 5 500 Canadiens et 10 500 Britanniques.
Dans le secteur de la Ire armée américaine, la 9e division (3e corps) étend la tête de pont de Remagen, sur le Rhin, où intervient aussi la 78e division, tandis que les tentatives allemandes pour détruire le pont continuent. A l'ouest du Rhin, la 4e division blindée du 12e corps (IIIe armée américaine) achève l'occupation de la région comprise entre Andernach et Coblence et, au nord de la Moselle, entre Coblence et Cochem ; cette dernière localité est atteinte par des détachements de la 5e division. Sur le flanc méridional de l'armée, le 20e corps est renforcé par la 80e division en vue de l'attaque de la tête de pont de Saarburg, prévue pour le 13 mars. La 10e division blindée atteint les objectifs prévus dans le secteur de Wittlich et commence à avancer vers la Moselle.
Birmanie. Dans le secteur nord, des détachements de la 36e division britannique enlèvent Möng Mit.
Philippines. Luçon. L'aviation et l'artillerie américaines bombardent la ligne Shimbu, à l'est de Manille.
Philippines méridionales. Des détachements de la VIIIe armée américaine quittent Mindanao pour occuper Romblon et Simara. Sur Mindanao, après une intense préparation d'aviation et d'artillerie navale, la 41e division américaine débarque dans la péninsule de Zamboanga et occupe, malgré la résistance japonaise, l'aéroport de Wolfe, avant de se lancer sur la localité de Mindanao.

11 mars
Front soviétique. Les armées du 2e Front de Biélorussie (Rokossovski) ont la situation en main depuis le sud jusque vers Dantzig (Gdansk) et Gdynia. Berlin annonce de légères pénétrations du 1er Front de Biélorussie (Joukov) dans la zone de Küstrin (Kostrzyn).
En Hongrie, les Allemands continuent leur offensive malgré des pertes de plus en plus lourdes et malgré la résistance accrue des Soviétiques.
Europe occidentale. La 35e division (16e corps de la IXe armée américaine) termine sa marche sur Wesel par la prise du point d'appui de Blucher.
Les unités américaines prennent position autour de la tête de pont de Remagen : des détachements de la 78e division (3e corps de la Ire armée) assument la responsabilité du flanc septentrional de la tête de pont tandis qu'au centre la 9e division continue d'attaquer dans la zone de Hargarten, et que, sur le flanc droit, la 99e division lance une offensive en direction du sud-est et du sud et atteint Leubsdorf et Ariendorf. Dans le même temps, plus au sud, la 2e division du 5e corps renforce ses positions le long du Rhin.
Les 8e et 12e corps de la IIIe armée américaine poursuivent les opérations de ratissage sur la rive occidentale du Rhin et dans la zone entre le Rhin et la Moselle en vue de franchir cette dernière.
La Moselle est, par ailleurs, l'objectif du 20e corps, dont la 10e division blindée se met en marche vers la rivière dans le secteur de Bullay.
Birmanie. Dans le secteur du 33e corps britannique, la 19e division indienne continue la bataille pour Mandalay, et occupe une colline dominant la partie nord-est de la ville.
Philippines. Luçon. Dans le secteur du 14e corps américain, la 43e division d'infanterie remplace la 1re division de cavalerie au sein du dispositif contre la ligne Shimbu. Un régiment de la 6e division d'infanterie accomplit des progrès notables au sud d'Antipolo et repousse une série de contre-attaques nocturnes japonaises. Dans la partie méridionale de Luçon, les Américains occupent la zone de Batangas. Dans le secteur du 1er corps, la 33e division américaine avance jusqu'à 16 km à l'ouest de Baguio, tandis que, sur la piste de Villa Verde, la 32e division est bloquée au col de Salacsac. Des détachements de la 35e division occupent Salazar.
Philippines méridionales. La 41e division américaine occupe la ville de Zamboanga dans l'île de Mindanao, tandis que les guérilleros philippins sont chargés d'occuper les îles Burias et Ticao. Dans la nuit du 11 au 12, de petits détachements américains débarquent sans problème sur l'île de Romblon.
Iwo Jima. La 4e division de marines vient finalement à bout de la résistance japonaise de son secteur, sur le flanc droit des lignes américaines. Au centre, la 3e division de marines élimine un à un les points de résistance ennemis tandis que, sur la gauche, la 5e division avance très lentement, malgré l'appui de l'artillerie très proche et l'emploi de chars munis de lance-flammes.

12 mars
Front soviétique. Après de violents combats, le 1er Front de Biélorussie (Joukov) emporte Küstrin (Kostrzyn), importante tête de pont allemande sur l'Oder, à l'est de Berlin, tandis que se poursuit le grignotage de l'autre tête de pont allemande, à l'est de Stettin (Szczecin). Le 2e Front de Biélorussie (Rokossovski) est toujours en position favorable dans le secteur de la Baltique, où il menace Dantzig (Gdansk) et Gdynia. En Hongrie, la pointe allemande entre le lac Velence et le lac Balaton a totalement disparu. On enregistre des signes de rébellion au sein des troupes, même parmi l'« élite » des corps blindés S.S. Hitler, furieux, ordonne que la division de sa garde personnelle soit privée de ses prérogatives.
Europe occidentale. Dans la partie nord de la tête de pont de Remagen, la 78e division (3e corps de la Ire armée américaine) parvient à contenir plusieurs contre-attaques de la VIIe armée allemande contre Hon-

nef et lance une offensive vers l'est en direction de Kalenborn ; pendant ce temps, au centre du dispositif allié, la 9e division est durement éprouvée dans les environs de Hargarten, ville qu'elle emporte finalement dans la soirée. Sur le flanc méridional de la tête de pont, la 99e division parvient à avancer dans la région comprise entre Hargarten et Höningen.

Dans le secteur de la IIIe armée américaine, le 8e corps achève l'occupation de la rive occidentale du Rhin, tandis que les 12e et 20e corps se préparent à franchir la Moselle.

Birmanie. La 20e division indienne réussit à enlever le nœud routier de Myotha et ratisse la zone située au sud-ouest de Mandalay.

Philippines. Luçon. Les Américains commencent leurs attaques en force contre la ligne Shimbu.

Philippines méridionales. Pendant que l'occupation de Mindanao se poursuit, de durs accrochages se produisent au nord-est de San Roque, dans un village que les Japonais défendent avec ténacité.

De petits détachements américains débarquent sans problème à Simara.

Iwo Jima. Les Américains lancent les dernières opérations offensives contre les fortifications japonaises du centre et de l'est de l'île.

Mars 1945. Prisonnier japonais (vu de dos) sur le front du Pacifique.

13 mars

Europe occidentale. Sur le flanc septentrional de la tête de pont de Remagen, la 78e division (3e corps de la Ire armée) est bloquée par la ferme résistance de la VIIe armée allemande ; au centre du secteur, la 9e division achève la conquête de Hargarten, poursuivant son avance dans la région comprise entre Kalenborn, Notscheid et Hargarten, tandis que, sur le flanc méridional, la 99e division renforce ses positions et parvient à repousser une série de contre-attaques.

Les divisions du 12e corps (IIIe armée américaine) achèvent de se préparer en vue de l'offensive sur la Moselle.

Philippines. Luçon. Le 14e corps américain repousse les contre-attaques japonaises à l'est de Manille.

Iwo Jima. L'anéantissement des positions japonaises se poursuit sur le flanc gauche des lignes américaines. L'artillerie de marine et l'aviation ne peuvent intervenir en raison de la proximité des combattants ; mais les lance-flammes, les bulldozers et les chars d'assaut, ainsi que l'artillerie de campagne, sont toujours en action.

14 mars

Europe occidentale. Tandis que se poursuivent les attaques aériennes allemandes contre le pont de Remagen et contre les ponts de barques construits par les Américains dans le secteur tenu par des détachements du 3e corps de la Ire armée, le 7e corps réorganise ses unités en vue de son offensive à l'est du Rhin. Au nord de la tête de pont de Remagen, la 78e division (3e corps) atteint ses objectifs près d'Aegidienberg, Rottbiz et Kalenborn.

Dans le secteur de la IIIe armée américaine, la 87e division (8e corps) prend position dans le secteur Coblence-Lehmen. Pendant ce temps, à l'aube, le 12e corps d'armée entame, à partir de la Moselle, sa marche vers le Rhin, tandis que, sur le flanc méridional de l'armée, les unités du 20e corps enlèvent Heddert (94e division), Weiskirchen (80e), Niederfell et Fell (65e).

La VIIe armée américaine achève les préparatifs de l'offensive sur la ligne Siegfried : dans le secteur du 21e corps, le 101e groupe de cavalerie et la 70e division pénètrent en Allemagne et patrouillent sur la rive méridionale de la Sarre.

Birmanie. Dans le secteur du 33e corps britannique, la 19e division indienne conquiert une grande partie de Mandalay, sauf quelques noyaux de résistance ennemis, parmi lesquels le fort Dufferin, qui sera violemment bombardé par l'artillerie et l'aviation alliées.

Philippines. Luçon. Durs combats au nord d'Antipolo et à l'est de Manille, où les Américains, qui avancent sur la ligne Shimbu, se heurtent à d'importantes défenses japonaises.

Philippines méridionales. Les Américains investissent les positions

japonaises du mont Capisan, sur Mindanao ; les combats intenses se poursuivent au nord-est de San Roque.
Iwo Jima. A 9 h 30, les Américains jugent achevée la conquête de l'île et hissent leurs couleurs, bien qu'il reste, dans la partie nord, plusieurs foyers de résistance.

15 mars
Front soviétique. En Prusse-Orientale, le 3e Front de Biélorussie (Vassilievski) coupe en deux les forces allemandes en rejoignant la côte de la Baltique, au sud-ouest de Königsberg (Kaliningrad).
En Hongrie et en Yougoslavie, Soviétiques, Bulgares et Yougoslaves passent à la contre-attaque.
Europe occidentale. Dans le secteur du 3e corps (Ire armée américaine), la 9e division investit Lorscheid et Notscheid, tandis que la 99e division étend sa tête de pont sur le Rhin, à l'est et au sud-est. Dans le même temps, l'offensive aérienne allemande contre les ponts américains sur le fleuve diminue.
La 87e division (8e corps de la IIIe armée américaine) se prépare à franchir la Moselle dans le secteur de Coblence et à conquérir, avec les autres unités du corps d'armée, la région située entre la Moselle et le Rhin. Au centre et sur le flanc droit de l'armée, l'avance des unités des 12e et 20e corps se poursuit.
La VIIe armée américaine lance l'opération « Undertone » par laquelle le commandement allié entend réduire complètement la ligne Siegfried et, en collaboration avec la IIIe armée, au nord, libérer le triangle Sarre-Palatinat, compris entre le Rhin, la Moselle et la ligne Lauter-Sarre. Y participent 3 corps d'armée : le 21e, qui opère dans le secteur de Sarrebruck ; le 15e, près de Zweibrücken (Deux-Ponts), Schorbach, Bitche et Reyersviller ; et le 6e, dont l'offensive porte sur le Rothbach et la Moder.
Le nouveau commandant en chef du front occidental, le maréchal Kesselring, rend compte à Hitler de la situation du front lors de sa prise de fonctions. Son opinion est que, malgré une situation objectivement critique, il est certainement possible d'arrêter les Alliés ; aussi conviendrait-il de renforcer les armées occidentales par des divisions sélectionnées qui seraient transférées du front oriental, après le succès de la défense allemande sur l'Oder.
Birmanie. Dans le secteur du 4e corps britannique, la 17e division indienne, isolée à Meiktila, résiste aux contre-attaques japonaises. Une brigade de la 5e division indienne est aéroportée dans la zone où convergent depuis Jorhat les deux autres brigades de la division.
Philippines. Luçon. Dans le secteur du 1er corps, la 32e division américaine est sévèrement malmenée par les Japonais sur la piste de Villa Verde, près d'Imugan, tandis que la 25e division commence l'assaut d'une crête rocheuse, le Norton's Knob, sur laquelle les Japonais résistent depuis 10 jours.
Iwo Jima. La liquidation des poches japonaises se poursuit.

16 mars
Front soviétique. Le 3e Front d'Ukraine (Tolboukhine) passe à l'offensive dans la zone de Székesféhervar, en Hongrie, contre le *Heeresgruppe* Sud (Wöhler), avec pour objectif final Vienne.
Europe occidentale. Les unités du 7e corps (Ire armée américaine) élargissent la tête de pont de Remagen ; la 78e division coupe l'autoroute Cologne-Francfort.
Dans le secteur du 8e corps (IIIe armée américaine), la 87e division lance l'offensive pour la traversée de la Moselle en envoyant deux régiments au-delà de la rivière, dans la région située entre Winningen et Kobern. Les unités des 12e et 20e corps franchissent également la Moselle.
Dans le secteur de la VIIe armée américaine, l'opération « Undertone » continue.
Philippines. Luçon. Les attaques américaines se poursuivent contre la ligne Shimbu et le Norton's Knob.
Iwo Jima. A 18 h, l'île est déclarée « sûre » par les forces américaines, bien que la pointe septentrionale soit encore aux mains des Japonais.

17 mars
Front soviétique. Le Führer consent à l'évacuation de la tête de pont de Donji-Miholjac au-delà de la Drave.
En Hongrie, le 3e Front d'Ukraine (Tolboukhine) passe à l'offensive entre les lacs Velence et Balaton.
Europe occidentale. La 1re division (7e corps de la Ire armée) lance son offensive sur la rive orientale du Rhin, en direction de la Sieg. Pendant ce temps, le pont de Remagen s'écroule brusquement, après avoir permis aux forces américaines de transborder de l'autre côté du Rhin des milliers de chars d'assaut, de camions et de canons : le flot des renforts et du ravitaillement destiné à la tête de pont de Remagen sera toutefois transbordé grâce à deux ouvrages édifiés en amont et en aval de l'ancien pont.
Les 9e et 99e divisions (3e corps) atteignent leurs objectifs : la première en coupant la voie ferrée près de Windhagen, la seconde en atteignant le Wied.
Des unités de la 87e division (8e corps de la IIIe armée) parviennent à dépasser la Moselle, près de Güls, et lancent quelques offensives en direction de Coblence. Dans le secteur du 12e corps, la 90e division atteint Boppard et Sankt-Goar, tandis que la 4e division blindée et la 89e division étendent leurs têtes de pont sur le Nahe et à Bullay. Le Nahe est franchi près de Turkismühle par la 10e division blindée (20e corps). Dans le même temps, la 94e division enlève Birkenfeld, son objectif final, la 80e établit une tête de pont au-delà du Prims, dans la zone de Krettnich. Pour sa part, la 65e division s'apprête à sortir de la tête de pont de Sarrelouis, et quelques-uns de ses détachements franchissent la Sarre près de Menningen, libérant les hauteurs au sud de Merzig en préparation de la prochaine offensive sur Dillingen.
En France, à Lunéville, près du quartier général de la VIIe armée, Eisenhower rencontre le général Patton, commandant la IIIe armée américaine, pour mettre au point la coordination des IIIe et VIIe armées en prévision de l'offensive programmée pour les derniers jours du mois de mars. Dans le secteur de la VIIe armée, l'offensive des 21e, 15e et 6e corps continue contre la ligne Siegfried, but de l'opération « Undertone », et en vue de l'occu-

Katioucha à la périphérie de Berlin.

pation du triangle Sarre-Palatinat. Sans contredire directement Hitler, pour lequel toute forme de repli volontaire est inacceptable, le maréchal Kesselring envoie une directive ambiguë dans laquelle il ordonne le « maintien des positions actuelles » ajoutant que l'« encerclement et, à plus forte raison, l'anéantissement du gros des troupes » doivent être évités. Pour le général Hausser, commandant du *Heeresgruppe* G, une telle directive est suffisante pour justifier la retraite de ses unités, plus gravement menacées, et pour ordonner le repli des divisions des VIIe et Ire armées des positions les plus occidentales de la ligne Siegfried.
Birmanie. Les combats continuent à Mandalay, où les Japonais tiennent encore quelques positions, et à Meiktila, où ce sont les Anglo-Indiens qui doivent se défendre des contre-attaques nippones. La 2e division britannique conquiert le fort d'Ava, sur la boucle de l'Irraouaddi, au sud de Mandalay.
Philippines. Luçon. Les attaques américaines se poursuivent contre la ligne Shimbu, à l'est de Manille. De puissantes contre-attaques japonaises contraignent le 1er régiment d'infanterie américain à se replier dans la zone de San Isidro.
Philippines méridionales. A Mindanao, la résistance japonaise se concentre surtout dans les zones de Masilay et de Pasananca.
Iwo Jima. Les derniers détachements japonais, sous le commandement du général Tadamichi Kuribayashi, résistent encore, bien qu'ils soient coincés dans une zone large de 200 à 500 mètres, et d'un peu plus de 600 mètres de profondeur.

18 mars

Front soviétique. En Poméranie, le 1er Front de Biélorussie (Joukov) emporte la ville et le port de Kolberg (Kolobrzeg), dernier foyer de résistance allemand de la Baltique, entre le couloir polonais et le golfe de Poméranie, avec Stettin (Szczecin).
Europe occidentale. Dans le secteur de la Ire armée compris entre Bonn et Remagen, à l'est du Rhin, le 3e corps poursuit son offensive en rejoignant Windhagen, renforçant ses positions à l'est de Vettelschoss, et enlève les hauteurs qui dominent la Wied, dans la zone de Strödt.
Des détachements de la 87e division (8e corps de la IIIe armée américaine) continuent les combats pour la conquête de Coblence. Les unités du 12e corps reçoivent l'ordre de marcher vers le Rhin, dans la région comprise entre Mayence et Worms, la 90e division sur la première localité, la 4e division blindée sur Worms. Tandis que des détachements de la 5e division gagnent le secteur compris entre Gemünden, Mengerschied et Sargenroth, la 89e division renforce ses positions à l'est de la Moselle et la 76e réussit à établir une tête de pont au sud-est de Wittlich.
Offensive générale et simultanée des unités de la VIIe armée contre la ligne Siegfried, tandis que la stratégie pour la traversée du Rhin est mise au point. Comme le 21e et le 15e corps, le 6e corps, sur le flanc méridional de l'armée, parvient à pénétrer en territoire allemand.
Philippines. Luçon. Dans le secteur du 1er corps, les Japonais se retirent de San Fernando, menacés au nord par les guérilleros philippins, et au

sud par les Américains. La 25e division américaine vient à bout de la résistance japonaise au nord de Putlan ; son prochain objectif sera Kapintalan. Dans le secteur du 11e corps, à l'est de Manille, les Américains regagnent le terrain perdu lors de la contre-attaque japonaise et attaquent en direction des monts Baytangan et Tanauan.
Philippines méridionales. Des forces américaines débarquent sans problème sur l'île de Panay, dans la zone de Tigbauan, après un bref bombardement naval.
Japon. Des avions de l'escadre de porte-avions rapides du vice-amiral Mitscher concentrent pendant 2 jours leurs attaques sur les unités de guerre japonaises de la zone de Kure-Kobe, touchant 16 navires de guerre et coulant quelques transports. La réaction japonaise est très vive, et, pour la première fois, les Japonais utilisent des bombes volantes pilotées (OKA) qui endommagent gravement le porte-avions *Franklin* et, plus légèrement, l'*Enterprise,* l'*Intrepid,* et le *Wasp.* Les Américains bombardent les aéroports de l'île de Kiou-Siou (Kyushu).

19 mars
Europe occidentale. Dans le secteur de la IIIe armée américaine, Coblence est conquise par des unités de la 87e divisions (8e corps) ; la 90e division (12e corps) lance une offensive au-delà du Nahe, près de Mayence. La 4e division blindée progresse très rapidement et rejoint Wendelsheim et Schimsheim. Au sud du Nahe, la 11e division blindée repousse les dernières défenses de la VIIe armée allemande et se lance à la poursuite de l'ennemi, sur la rive orientale du Rhin. Pendant ce temps, la 76e division étend sa tête de pont au-delà de la Moselle afin de permettre au génie de jeter un pont sur le fleuve, dans les environs de Mühlheim. Le 20e corps continue d'avancer rapidement vers le Rhin ; quelques unités de la 10e division blindée parviennent près de Kaiserslautern, la 80e division emporte Kusel et Sankt Wendel, et la 65e étend la tête de pont de Sarrelouis.
Dans le secteur de la VIIe armée américaine, la 70e division (21e corps) franchit la Sarre près de Sarrebruck. L'offensive déclenchée contre la ligne Siegfried se poursuit toujours : dans la zone où opère le 15e corps, les localités de Webenheim (45e division) et Zweibrücken (3e division) sont atteintes, alors que, sur le flanc méridional du front d'attaque, la 36e division (4e corps) enlève Wissembourg. Une directive de Hitler précise que tout doit être détruit dans les régions du Reich où les troupes allemandes doivent se replier : digues, centrales électriques, centrales à gaz, mines, installations industrielles et même les dépôts de vivres et d'habillement. Les envahisseurs devront trouver une « terre brûlée ».
Parmi ceux qui s'opposent à cette idée folle, Albert Speer, ministre de l'Armement du IIIe Reich, avec l'accord de Guderian, chef d'état-major général de la Wehrmacht, décide de boycotter cet ordre de destruction.
Birmanie. Dans le secteur du 33e corps britannique, la 19e division indienne attaque toujours le fort Dufferin, à Mandalay, dans les murs duquel une brèche a été ouverte par un bombardement aérien.
Philippines. Luçon. Dans le secteur du 1er corps américain, la 33e division occupe la ville et le pont de Bauang.

20 mars
Front soviétique. Des troupes du 1er Front de Biélorussie (Joukov) dépassent Dabie Aldamm en Poméranie, et liquident l'ultime tête de pont allemande de l'Oder, face à Stettin (Szczecin). En Prusse-Orientale, le 3e Front de Biélorussie (Vassilievski) emporte Braunsberg (Braniewo), près de la côte nord-est d'Elbing (Elblag). L'Armée rouge maintient une forte pression contre Gdynia et Dantzig (Gdansk). Le général Heinrici remplace Himmler à la tête du *Heeresgruppe* de la Vistule.
Europe occidentale. Poursuivant leur avance en direction du nord, le long du Rhin, les unités de la 78e division (7e corps de la Ire armée américaine) atteignent Geislar, Oberpleis et Berghausen. Durant leur marche, ces unités coupent la route Eudenbach-Buchholz.
Dans le secteur de la IIIe armée américaine, la 4e division blindée (12e corps) bloque tous les accès qui mènent à Worms. La 94e division (20e corps) avance assez rapidement, tandis que quelques détachements de la 12e division blindée atteignent le Rhin, au nord de Mannheim. Pendant que la 80e division converge sur Kaiserslautern, en s'arrêtant à la hauteur d'Enkenbach et Neukirchen, au nord-est de Kaiserslautern, la 10e division blindée, s'avançant dans le secteur compris entre Neukirchen, Enkenbach et Hochspeyer, encercle la ville de Kaiserslautern.
La VIIe armée américaine franchit la ligne Siegfried dans les secteurs des 21e et 15e corps. La 70e division du 21e corps occupe Sarrebruck et entre en contact avec le 20e corps. Par contre, sur le flanc droit de l'armée, les divisions du 6e corps avancent assez péniblement à travers la ligne Siegfried.
Birmanie. Dans le secteur du 33e corps britannique, la 19e division indienne enlève les dernières positions importantes des Japonais à Mandalay.
Dans le secteur septentrional, la 36e division britannique atteint Mogok avant de se diriger au sud-est vers Kyaukme.
Philippines. Luçon. Dans le secteur du 1er corps, les Américains avancent de la zone de Bauang en direction de San Fernando, qui a été évacué pendant la nuit par les Japonais. Les combats se poursuivent dans la zone du Norton's Knob.
Iwo Jima. La 5e division de marines avance très lentement au nord-ouest, vers la mer.

21 mars
Front soviétique. Le *Heeresgruppe* E (Löhr) contient les attaques des Yougoslaves et des Bulgares contre la tête de pont de Valpovo, sur la Drave. Le 3e Front d'Ukraine (Tolboukhine) réussit à se rendre maître de toute la zone industrielle de Tatabanya, en Hongrie, et même à occuper une partie de Székesféhervar. Les attaques soviétiques menées par le 1er Front d'Ukraine (Koniev) se poursuivent en Silésie, dans la région de Ratibor-Grottkau (Raciborz-Grodkow) et au nord et

En haut : réutilisant la vieille tactique de la terre brûlée, les Soviétiques, en 1941, incendient un village avant l'arrivée des troupes allemandes.
A gauche : en Finlande, en 1941, un avion de reconnaissance allemand entouré par un troupeau de rennes.
En bas : épaves anglaises abandonnées sur les côtes de Cyrénaïque.

Dans les pays occupés la vie quotidienne des femmes se poursuit.
En haut : des Françaises lavent leur linge sur les berges d'une rivière.
En bas : une paysanne russe s'en va aux champs.

Roosevelt

Pie XII

Churchill

Staline

De Gaulle

Bien que ce conflit ait engagé la plus grande masse de population de tous les temps, la Seconde Guerre mondiale fournit à la mythologie populaire plusieurs grandes figures de leaders politiques. Certains d'entre eux quittent la scène avant la fin du conflit, d'autres associeront leur nom aux difficiles étapes de la reconstruction.

Hitler et Mussolini

Les oeuvres de quatre artistes importants de ces années de guerre:

Mondrian (en haut à gauche), Kandinski (en bas à gauche), Klee (ci-dessous) et Munch (ci-dessous).

Le F6F Hellcat, un avion de chasse, s'apprête à décoller du pont d'un porte-avions américain.

L'équipage du B-29 Enola Gay, la Forteresse volante qui le 5 août lâche sur Hiroshima la première bombe atomique.

Défenseurs de l'héroïsme le plus fanatique, les kamikazes jouent un rôle très important dans les dernières phases du conflit. A gauche : une affiche de propagande. En bas : l'adieu des kamikazes, avant leur départ.

Le V-2 symbolise le dernier espoir de l'Allemagne nazie.

Les explosions atomiques d'Hiroshima et de Nagasaki marquent le début de l'ère nucléaire (à droite).

Le procès de Nuremberg se termine par la condamnation à mort de 12 des 24 inculpés (en bas).

au sud de Breslau (Wroclaw). La pression du 2e Front de Biélorussie (Rokossovski) se maintient dans le secteur de Gdynia-Dantzig (Gdansk).

Front occidental. Dans le secteur de la Ire armée américaine, la 78e et la 1re division (7e corps) atteignent la Sieg. Des unités du 12e corps arrivent à Bingen et étendent leur domination le long du Rhin, jusqu'à Frei Weinheim. Pour sa part, la 90e division s'approche de Mayence et libère une bonne partie du territoire à l'ouest du Rhin. Des unités de la 4e division blindée marchent au nord sur la rive occidentale du Rhin, libérant la région comprise entre Worms et Oppenheim. Worms est investie, tandis qu'au sud de la ville, et jusqu'à Mannheim, la rive occidentale du fleuve est occupée par les unités du 20e corps. Des détachements de la 12e division blindée atteignent les alentours de Ludwigshafen. Plus au sud, la 10e division blindée enlève Neustadt, Dannstadt, Annweiler, Queichhambach et Densieders.

La VIIe armée américaine poursuit son offensive sur le Rhin : dans le secteur du 21e corps, la 63e division libère la région autour de Neukirchen tandis que sur le flanc droit de l'armée, la 42e division du 6e corps reprend l'offensive vers la ligne Siegfried.

Birmanie. La résistance japonaise cesse à Mandalay. La 2e division britannique avance sur la route Ava-Mandalay, et la 20e division indienne est en position de force à Wundwin.

Chine. Les Japonais avancent vers la base aérienne de Laohokow (Kouanghoua), dans la province du Houpeih, au nord-ouest de Wouhan.

Philippines. Luçon. Des troupes de la 33e division du 1er corps américain se joignent aux guérilleros philippins, contrôlés par les Américains, et occupent la ville de San Fernando dans la partie nord de l'île. Les Américains dominent tout l'ouest de Luçon.

22 mars

Front soviétique. Le 1er Front d'Ukraine (Koniev) franchit les lignes ennemies à l'ouest et au sud d'Oppeln (Opole), en Silésie.

Un bâtiment allemand sous le feu d'un Beaufighter, dans un fjord norvégien.

En Hongrie, le 3e Front d'Ukraine (Tolboukhine) intensifie l'offensive pour enfoncer les lignes allemandes entre le lac Balaton et le Danube, tandis que de durs combats ont lieu à Székesféhervar.

Front occidental. Au cours de la nuit, le 3e corps de la Ire armée américaine lance des attaques limitées au-delà de la Wied. Sur le flanc méridional de l'armée, le 5e corps libère la région comprise entre la Wied et le Rhin. Le 12e corps de la IIIe armée américaine achève la conquête de la rive occidentale du Rhin et se prépare à le traverser. La 5e division se réorganise près d'Oppenheim et commence, à 22 heures, à franchir le fleuve à Nierstein. Dans le secteur du 20e corps, la 89e division se prépare également à franchir le Rhin, près de la tête de pont édifiée par la 5e division. La 10e division blindée (12e corps) enlève Landau.

L'avance des unités de la VIIe armée américaine sur le Rhin continue : dans le secteur du 6e corps, tandis que la 103e division atteint Klingenmünster et la 36e Bergzabern, la 14e division blindée conquiert Steinfeld.

Philippines. Luçon. Des détachements de la 25e division américaine (1er corps), avançant le long de la vallée du Putlan, dans les environs du col de Balete, sont arrêtés par les Japonais. Dans les autres secteurs, le ratissage se poursuit.

Philippines méridionales. La division Americal s'apprête à envahir l'île de Cebu, à l'ouest de Leyte, et à l'est de Negros : l'occupation systématique des Philippines méridionales par la VIIIe armée américaine (général Eichelberger) continue.

Les îles sont défendues par les 102 000 hommes de la XXXVe armée japonaise, concentrée principalement sur Mindanao, sous les ordres du général Suzuki.

Indes néerlandaises. Les Japonais accomplissent leur dernier raid aérien contre l'île de Morotai, dans les Moluques.

Okinawa. La *Task Force* 58 a mené, afin de préparer son invasion, une série d'attaques aéronavales contre les postes de défense d'Okinawa et le trafic maritime japonais, endommageant 16 navires de guerre et de transport, et détruisant au sol ou au cours de combats plus de 500 avions ennemis.

Iwo Jima. Avec l'appui de chars lance-flammes, la 5e division de marines continue sa lente progression en direction de la mer, dans la zone nord-ouest de l'île.

23 mars

Front soviétique. Dans le secteur du *Heeresgruppe* Nord, au nord-ouest de Zoppot (Sopot), entre Gdynia et Dantzig (Gdansk), le 2e Front de Biélorussie (Rokossovski) occupe la côte en plusieurs points et menace de couper la route de la retraite aux Allemands. La marine allemande appuie les opérations de son mieux le long des côtes de la Baltique, bombardant les positions ennemies et évacuant à la fois réfugiés et troupes. En Hongrie, le 3e Front d'Ukraine (Tolboukhine) enlève Székesféhervar.

Front occidental. Le XXIe groupe d'armées déclenche l'opération « Plunder », offensive qui doit être poussée au-delà du Rhin et au nord de la Ruhr : à 21 heures, après une préparation d'artillerie efficace et un important bombardement aérien, la Ire armée canadienne lance ses divisions au nord d'Emmerich, tandis que la IIe armée britannique franchit le Rhin près de Rees (30e corps britannique) et de Wesel (12e corps). Les deux villes sont attaquées, respectivement par les 51e et 15e divisions d'infanterie britanniques.

Dans le secteur de la Ire armée américaine, les 9e et 90e divisions étendent leur tête de pont à l'est de la Wied, au-delà de laquelle se trouvent les unités du 5e corps d'armée. La IIIe armée américaine, quant à elle, avance dans les secteurs de Coblence-Boppard (8e corps), Walerstädten-Erfelden et Oppenheim-Worms (12e corps). Des unités de la 94e division entrent à Ludwigshafen tandis que la 10e division blindée, marchant sur Lauterbourg, entre en contact avec la VIIe armée américaine.

Front italien. Le général Heinrich von Vietinghoff succède au feld-maréchal Kesselring au Haut Commandement des forces allemandes en Italie.

Birmanie. Dans le secteur du 33e corps britannique, une colonne de la 20e division indienne se dirige au nord, vers Kume. Dans le secteur du 4e corps, la 7e division indienne, renforcée par des détachements de la 5e division, occupent Myingyan. Les combats continuent à Meiktila, que les Japonais tentent encore d'arracher à la 17e division indienne.

Philippines. Luçon. La 5e force aérienne américaine commence une série de raids dans la zone de Legaspi, afin de préparer une importante opération amphibie.

Iles Riou-Kiou. L'escadre de porte-avions rapides américaine du vice-amiral Mitscher entame une série de raids quotidiens sur Okinawa pour préparer l'invasion.

24 mars

Front soviétique. Le front hongrois de la Wehrmacht, tenu au nord du Danube par la VIIIe armée et dans le secteur d'Esztergom au lac Balaton par la VIe armée, la VIe armée blindée S. S. et le 2e corps de la IIIe armée hongroise, s'écroule rapidement sous les coups de boutoir du 3e Front d'Ukraine (Tolboukhine). La VIe armée blindée S. S. de Sepp Dietrich, pratiquement encerclée près du lac Balaton, parvient à ouvrir une brèche de 2,5 km au prix de durs combats. La IIe armée blindée allemande, dispersée au sud du lac Balaton, se retire à l'ouest. Malgré tout, les Allemands lancent de violentes contre-attaques pour sauver Esztergom. Le 3e Front d'Ukraine, progressant rapidement de plus de 100 km sur un vaste front, au sud-ouest de Budapest, emporte nombre de localités parmi lesquelles Mor, Veszprem, Kisber. En Tchécoslovaquie, le 4e Front d'Ukraine (Petrov) atteint le cours supérieur de la Vistule et domine le *Heeresgruppe* Heinrici, au sud du *Heeresgruppe* Centre (Schörner), pointant sur l'important district industriel de Moravska-Ostrava (Ostrava). Il a conquis ce même jour Sorau (Zary) après avoir enfoncé les lignes du 59e corps allemand sur un front long de 16 km et profond de 7 km. Cinq divisions allemandes sont encerclées au sud-ouest d'Oppeln (Opole).

Front occidental. Des détachements du 12e corps de la IIe armée britannique s'emparent en partie de Wesel ; la 15e division franchit le Rhin au nord de Wanten.

Environ 3 000 appareils, avions de transport et planeurs, lancent ou déposent au nord-est de Wesel près de 14 000 parachutistes de la 6e division aéroportée britannique et de la 17e division américaine (18e corps de la Ire armée aéroportée alliée) ; ils se joignent aux Britanniques de la IIe armée. Dans la nuit, la tête de pont, établie par les hommes de Montgomery, atteint 10 km de profondeur. La IXe armée américaine commence la traversée du Rhin avec les divisions du 16e corps d'armée. Dans le secteur de la Ire armée américaine, les 3e et 5e corps étendent et renforcent leurs têtes de pont.

Sur le flanc méridional de leur dispositif, les Alliés sont en mesure de passer à l'offensive avec les détachements du 15e corps de la VIIe armée américaine. A la tombée de la nuit, sur la rive ouest du Rhin, il ne reste plus que quelques centaines d'Allemands isolés. Il est difficile d'établir combien d'Allemands sont parvenus à franchir le fleuve, mais il est certain que dans les dernières semaines, les IIIe et VIIe armées américaines ont fait environ 100 000 prisonniers.

Philippines. Luçon. Dans le secteur du 14e corps américain, la 1re division de cavalerie avance sur Lipa depuis le nord et le sud du lac Taal, prenant facilement Santo Tomas. Le 187e régiment d'infanterie attaque le mont Macolod, fortement défendu par les Japonais.

Philippines méridionales. Des détachements de la VIIIe armée américaine poursuivent la conquête et le ratissage de Mindanao.

Iwo Jima. La liquidation des dernières poches japonaises, réduites à quelques positions sur la côte septentrionale, continue. Il se pourrait que le général Kuribayachi soit encore en vie dans une caverne, mais son refuge n'a pu être localisé.

Iles Riou-Kiou. Les Américains commencent les opérations de déminage des eaux entourant ces îles, et en particulier d'Okinawa, qui est bombardée par une escadre de cuirassés commandée par le vice-amiral Lee.

25 mars

Front soviétique. En Prusse-Orientale, le 3e Front de Biélorussie (Vassilievski) emporte Heiligenbeil (Mamonowo), tandis que le 2e Front de Biélorussie (Rokossovski) prend Oliva (Oliwa), près de Dantzig (Gdansk). Le 2e Front d'Ukraine (Malinovski) rejoint le 3e Front d'Ukraine (Tolboukhine) en marche vers la frontière autrichienne ; ils avancent de 45 km, et enlèvent Esztergom, désespérément défendue par les Allemands, ainsi que Tata et Tatabanya.

En Tchécoslovaquie, les LIIIe et

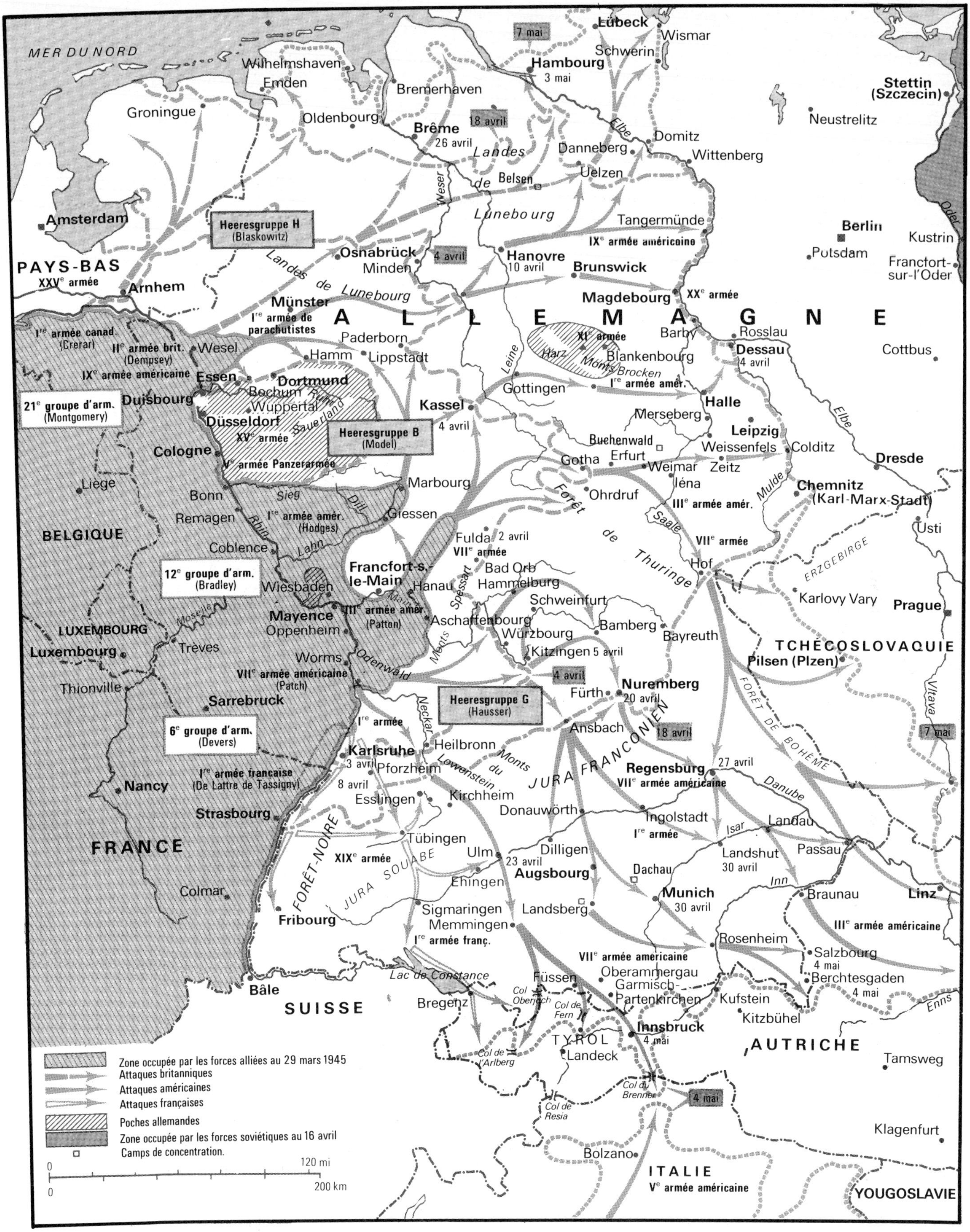

L'attaque des Alliés occidentaux contre l'Allemagne.

VIIe armées de la Garde avancent avec la Ire armée roumaine vers Bratislava, en conquérant Loslaw. La XLe armée soviétique et la IVe armée roumaine liquident la tête de pont allemande sur le Hron.
Front occidental. La ville de Wesel est libérée par les Anglais du 12e corps de la IIe armée britannique.
Dans le secteur de la IXe armée américaine, la pression du 16e corps sur la rive orientale du Rhin se poursuit dans la nuit et les premières heures du jour. L'offensive des 7e et 3e corps de la Ire armée américaine continue à l'est du Rhin dans un secteur compris entre la région de Cologne et celle de Remagen.
Le 8e corps de la IIIe armée américaine entame, à minuit, l'offensive au-delà du Rhin, lançant sur la rive orientale la 187e division dans la région comprise entre Braubach et Boppard. La 6e division (12e corps) franchit le Rhin à hauteur d'Oppenheim et se dirige vers le Main, pointant vers Francfort; des unités de la 4e division blindée atteignent les villes d'Aschaffenburg et de Hanau.
Chine. La 14e force aérienne américaine abandonne l'aéroport de Kouanghoua après en avoir détruit les installations; c'est le dernier aéroport qu'abandonnent les Américains. Les raids successifs des Japonais contre Sian et Ankang seront stoppés non loin de leurs objectifs par les forces chinoises.
Philippines. Luçon. De Santo Tomas, la 1re division de cavalerie américaine avance sur Tanauan; une colonne de la même division occupe Los Baños. La 25e division, qui marche vers le mont Myoko, doit lutter en certains points contre une très solide résistance japonaise.

26 mars
Front soviétique. En Hongrie, le 3e Front d'Ukraine (Tolboukhine) prend Papa et Devecser. La VIe *Panzerarmee* S.S. de Sepp Dietrich et la VIe armée tentent de s'établir sur la Raba, où ils parviennent à contenir les raids soviétiques pendant 2 jours.
En Tchécoslovaquie, le 2e Front d'Ukraine (Malinovski) parvient à s'emparer de l'important nœud routier et ferroviaire de Banska Bystrica.
En Prusse-Orientale, le 3e Front de Biélorussie (Vassilievski) continue de liquider les forces allemandes qui n'ont pu se mettre à l'abri.
Le 2e Front de Biélorussie perce la deuxième ligne de défense de Dantzig (Gdansk) et de Gdynia, et atteint en plusieurs endroits la troisième et dernière ligne défensive de ces villes.
Front occidental. Les détachements du 30e corps de la IIe armée britannique parviennent à étendre la tête de pont vers l'Issel. La ligne de progression du 18e corps aéroporté s'étend entre Ringenberg au nord et la Lippe, près de Krudenberg, au sud. L'avance du 16e corps de la IXe armée américaine, dont les unités gagnent en moyenne de 3 à 5 km, se poursuit rapidement.
Dans le secteur où opère la IIIe armée américaine, la 6e division blindée du 12e corps atteint la rive méridionale du Main à la hauteur de Francfort, et, sous un intense bombardement, tente de pénétrer dans la ville; les autres unités du 12e corps (5e, 90e, 26e divisions et 4e division blindée) rejoignent le Main.
La 45e et la 3e division du 15e corps de la VIIe armée américaine franchissent à leur tour le Rhin, aux premières heures du jour, respectivement entre Hamm et Rheindurkheim et entre Worms et Mannheim.
Philippines. Luçon. Dans le secteur du 1er corps d'armée américain, des détachements de la 25e division lancent l'attaque finale contre le Norton's Knob, après que les positions ennemies ont été « préparées » par de massifs bombardements aériens et terrestres. Dans le secteur du 11e corps, des détachements de la 1re division de cavalerie atteignent Malvar, tandis que la 11e division attaque sans succès les positions japonaises du mont Macolod et avance lentement vers Lipa.
Philippines méridionales. Des troupes américaines débarquent près de Talisay, sur l'île de Cebu; après avoir vaincu la faible résistance ennemie elles marchent sur la ville de Cebu, emportant en fin de journée la ligne du Mananga.
Iwo Jima. A l'aube, les derniers défenseurs japonais tentent une attaque désespérée contre les forces américaines, pour leur faire subir un maximum de pertes. Des 200 attaquants, 196 sont tués. A 8 heures, les Américains déclarent achevée la conquête de l'île; elle leur aura coûté plus de 20 000 hommes (tués, blessés ou disparus), soit le tiers des effectifs ayant participé à la campagne. La garnison japonaise de 21 500 hommes a été littéralement anéantie, mais le corps de Kuribayashi n'a pas été retrouvé. La possession de l'île constitue une nouvelle base aérienne contre le Japon; elle sert de plus à aggraver le blocus aérien et naval de ce pays.
Iles Riou-Kiou. La 77e division américaine débarque sur Kerama Retto ainsi que sur nombre de petites îles voisines pour préparer le débarquement final sur Okinawa. Les opérations sont appuyées par les navires et les avions américains de la 5e flotte. La réaction japonaise est confiée à un groupe de kamikazes qui parvient à toucher légèrement le cuirassé *Nevada,* le croiseur léger *Biloxi* et 5 contre-torpilleurs, alors qu'un autre chasseur américain saute sur une mine.

27 mars
Front soviétique. Au sud du Danube, la XLVIe armée soviétique encercle Esztergom et concentre de grosses forces à l'ouest de la ville. D'autres unités du 2e Front d'Ukraine (Malinovski) avancent vers la Raba, où les forces ennemies tentent de les contrer.
Le 2e Front de Biélorussie (Rokossovski) pénètre dans Dantzig (Gdansk) et Gdynia. Le 1er Front d'Ukraine (Koniev) enlève les villes de Strehlen (Strzelin) au sud de Breslau (Wroclaw), et de Rybnik (à l'est de Ratibor, aujourd'hui Raciborz), tandis que le 4e Front d'Ukraine (Petrov) occupe Sorau (Zary) et Wodzislaw, au sud-est de Ratibor.
Front occidental. La 51e division du 30e corps britannique de la IIe armée atteint l'Issel à Isselburg, tandis que le 8e corps aéroporté progresse rapidement, d'environ 15 km, à travers la forêt de Wesel. Dans le secteur de la IXe armée américaine, la 79e division du 16e corps progresse très lentement du sud vers la

région de la Ruhr où va se former un noyau de résistance allemande. Le 8e corps de la IIIe armée américaine étend et renforce considérablement sa tête de pont au-delà du Rhin, en particulier dans le secteur en direction de Wiesbaden. Plus au sud, où opère le 20e corps, la 80e division met au point tous les préparatifs pour franchir le Rhin et le Main dans le secteur de Mayence. La Ire armée française se regroupe rapidement en vue de l'offensive sur le Rhin, dans les environs de Germersheim.

□ L'Argentine déclare la guerre à l'Allemagne. La coalition anti-allemande comprend maintenant 53 pays, sur environ 70 États souverains (y compris Andorre, Saint-Marin, le Liechtenstein et le Vatican) existant dans le monde.

Philippines. Luçon. Dans le secteur du 1er corps américain, des détachements de la 32e division lancent l'offensive pour la conquête du col de Salacsac n° 2, sur la piste de Villa Verde. La 25e division emporte le Norton's Knob et maintient sa conquête, malgré une violente contre-attaque nocturne des Japonais.

Philippines méridionales. Ayant vaincu la faible résistance japonaise, les détachements débarqués à Cebu enlèvent la ville de Cebu et la dépassent. Les Japonais se barricadent sur les hauteurs voisines.

Iles Riou-Kiou. Les Américains poursuivent les opérations afin d'occuper Kerama Retto et d'autres îles, dans l'objectif d'envahir Okinawa. Les kamikazes continuent toujours leurs attaques contre les navires ennemis, touchant le porte-avions *Essex,* un poseur et un dragueur de mines.

Japon. Des Superforteresses volantes B-29 basées à Tinian lancent une vaste campagne de minage des eaux japonaises tandis que s'intensifient les bombardements diurnes et nocturnes des îles métropolitaines japonaises.

28 mars

Front soviétique. Les troupes du 2e Front de Biélorussie (Rokossovski) s'emparent de la base navale de Gdynia et de toute la partie occidentale de Dantzig (Gdansk).

Berlin, mars 1945. Cet adolescent des Jeunesses hitlériennes, enrôlé dans les dernières semaines de guerre, est armé d'un Panzerfaust.

Le 2e Front d'Ukraine (Malinovski) continue sa progression régulière vers l'ouest le long de la rive méridionale du Danube, dans la région est de Budapest ; il enlève Györ, atteint la Raba, et enfonce la ligne défensive allemande sur un front long de 20 km avant de conquérir Sarvar.

Front occidental. Le commandant en chef des Alliés, le général Eisenhower, modifie les plans et la direction de l'assaut final de ses troupes : l'objectif, en effet, n'est plus Berlin, vers lequel convergent rapidement les Soviétiques, mais Leipzig. La IIIe armée britannique s'ébranle vers l'Elbe.

Une double mission est assignée à la XVe armée, formée des 22e et 23e corps : contrôler les forteresses assiégées de Lorient et de Saint-Nazaire, et occuper, gouverner et administrer la Rhénanie. Pendant ce temps, au nord d'Idstein, sur l'autoroute qui va de Cologne à Francfort, a lieu la jonction des Ire et IIIe armées américaines.

C'est dans le secteur de la Ire armée américaine que les 7e, 3e et 5e corps réussissent à atteindre la Lahn.

La 80e division (20e corps de

la IIIe armée américaine) attaque simultanément vers le Rhin et le Main, créant une solide tête de pont dans le secteur de Mayence. Plus au sud, la 44e division marche le long du Rhin et franchit le Neckar en direction de Mannheim et Heidelberg.
Trois groupes d'armées allemands tentent de toutes leurs forces de ralentir la progression des Alliés : le *Heeresgruppe* H du général Blaskowitz, sur le flanc septentrional, le *Heeresgruppe* B du général Model, au centre, et, enfin, sur le flanc méridional, le *Heeresgruppe* G du général Hausser.
Heinz Guderian, chef d'état-major général de la Wehrmacht, est remplacé par le général Hans Krebs.
Philippines. Luçon. Dans le secteur du 11e corps d'armée, quelques détachements du 20e régiment d'infanterie atteignent la crête du mont Mataba, mais la résistance japonaise est toujours très vive.
Dans le secteur du 14e corps d'armée, la 1re division de cavalerie américaine atteint la périphérie de Lipa et de San Agustin. Les attaques américaines contre le mont Macolod restent toujours vaines.

29 mars
Front soviétique. Des troupes du 3e Front d'Ukraine (Tolboukhine) entrent en Autriche. Au sud du lac Balaton, la LVIIe armée soviétique et la Ire armée bulgare concentrent leurs forces contre la IIe armée blindée allemande. Les Soviétiques emportent Szombathely, Köszeg et Kapuvar. En Prusse-Orientale, le 3e Front de Biélorussie liquide les forces allemandes encerclées au sud-ouest de Königsberg (Kaliningrad). De durs combats se poursuivent dans la partie orientale de Dantzig (Gdansk).
Front occidental. Tandis que le 2e corps d'armée canadien (IIe armée britannique) continue à rencontrer une rude résistance dans son offensive vers Emmerich, le 8e corps d'armée progresse rapidement vers Osnabrück.
Dans le secteur de la Ire armée américaine, le 3e corps lance l'offensive en direction du nord pour franchir l'Eder. A l'est de Giessen, le 20e corps de la IIIe armée américaine atteint quelques objectifs au nord-est de Steinbach. La ville de Francfort est définitivement conquise par la 5e division américaine. La 44e division (15e corps de la VIIe armée américaine) pénètre dans Mannheim.
Birmanie. La 7e division indienne, qui appuie les opérations de la 5e division dans la zone de Taungtha-Meiktila, est transférée sous le commandement du 33e corps d'armée britannique.
Philippines. Luçon. Dans le secteur du 14e corps d'armée américain, la 1re division de cavalerie enlève Lipa et son aéroport.
Philippines méridionales. Des détachements de la VIIIe armée débarquent à Patik, sur l'île Negros. De durs combats se déroulent sur Cebu, où les Japonais minent et font sauter un éperon montagneux, causant de lourdes pertes à l'ennemi. Sur Mindanao, la résistance japonaise s'effondre dans le secteur de Zamboanga, mais les opérations de ratissage prennent du temps. Les guérilleros philippins, assistés des Américains, débarquent sur Masbate, enlevant le chef-lieu.
Iles Riou-Kiou. La 77e division américaine achève la conquête de Kerama Retto.

30 mars
Front soviétique. Le 2e Front de Biélorussie (Rokossovski) achève la conquête de Dantzig. En Silésie, le 1er Front de Biélorussie (Joukov) poursuit la liquidation des forces allemandes encerclées à Glogau (Glogow) et à Breslau (aujourd'hui Wroclaw). Le 2e Front d'Ukraine (Malinovski), marchant le long de la frontière entre la Tchécoslovaquie et la Hongrie, dépasse le Hron et la Nitra, se dirigeant sur la capitale de la Slovaquie, Bratislava. D'autres détachements de ce même front ratissent la rive sud du Danube en Hongrie, où se poursuit l'avance du 3e Front d'Ukraine (Tolboukhine) ; ce dernier pénètre à l'ouest en Autriche, lançant l'offensive depuis la ville hongroise de Köszeg, et, au sud-ouest, au-delà du lac Balaton, sur la Drave. La situation des 150 000 autres hommes du *Heeresgruppe* E (Löhr) se fait critique en Yougoslavie.
Front occidental. Des unités du 2e corps canadien (IIe armée britannique) achèvent la conquête d'Emmerich. Dans le secteur de la Ire armée américaine, les 3e et 5e corps rejoignent l'Eder, qu'ils se préparent à dépasser. La marche des unités du 8e corps de la IIIe armée américaine se poursuit vers Usingen, Butzbach, Neuhof et Eltville ainsi que celle du 20e corps, qui atteint l'Eder dans le secteur Zennern-Wabern, au nord de Francfort, en direction de Kassel. Le 12e corps d'armée progresse dans le secteur de Hersfeld, près de Hanau, en direction de Fulda, et dans celui de Michelau-Leisenwald.
Birmanie. Dans le secteur septentrional, la 36e division britannique, qui a repris sa progression au sud-est de Mogok, rejoint à Kyaukme les forces chinoises. Dans ce secteur, les opérations s'arrêtent, Tchang Kaï-chek ayant obtenu de l'amiral Mountbatten que les forces chinoises ne servent pas au-delà de la ligne Lashio-Hsipaw-Kyaukme.
Dans le secteur du 33e corps d'armée britannique, la 20e division indienne enlève Kyaukse après d'âpres combats. Dans le secteur du 4e corps d'armée britannique,

la 17e division indienne et la 225e brigade blindée avancent vers Pyawbwe, au sud, après avoir consolidé la conquête de Meiktila.
Iles Riou-Kiou. Bombardements aériens et navals américains en vue de l'invasion d'Okinawa.

31 mars
Front soviétique. En haute Silésie, le 1er Front d'Ukraine (Koniev) enlève Ratibor (Raciborz). Le 4e Front d'Ukraine (Petrov), qui l'emporte sur le *Heeresgruppe* Centre (Schörner), avance lentement sur Moravska-Ostrava (Ostrava). Le 2e Front d'Ukraine (Malinovski) enlève Nitra et force le passage sur la Vah, en enlevant Galanta, à un peu plus de 50 km de Bratislava. Le flanc droit du 3e Front d'Ukraine (Tolboukhine) est sur le point de prendre Sopron, en Hongrie, et avance en Autriche sur Wiener Neustadt ; quelques détachements occupent Vasvar, Körmend et Szentgotthard, dans la vallée du Raba. Les Allemands contre-attaquent là où ils le peuvent, mais ne parviennent qu'à ralentir temporairement l'avance inexorable de l'armée soviétique.
Front occidental. L'offensive des détachements de la 3e division blindée (7e corps de la 1re armée américaine) contre Paderborn continue.
Dans le secteur où opère la IIIe armée américaine ont lieu de violents affrontements entre le 20e corps et les Allemands de la VIIe armée sur la ligne de la Fulda et de l'Eder. La 6e division blindée continue toujours d'avancer en direction de Kassel, avec pour objectif immédiat Mühlhausen ; la 80e division avance également sur Kassel, tandis que le 12e corps d'armée attaque quelques objectifs de la région d'Eisenach (4e division blindée) et progresse le long de la ligne Nieder-Jossa-Kruspis-Grossenmoor.
Dans la nuit, le général de Lattre de Tassigny, commandant la Ire armée française, lance l'offensive au-delà du Rhin près de Speyer (Spire) et de Germersheim (2e corps d'armée français).
Philippines. Luçon. Combats près du col de Salacsac no 2, sur la piste de Villa Verde, où les Américains perdent du terrain, et sur le mont Myoko.
Iles Riou-Kiou. La 77e division quitte Kerama Retto, désormais conquise.
Pertes : 31 morts et 81 blessés américains ; 530 morts et 121 prisonniers japonais, sans compter 1 200 civils ennemis internés.

1er avril
Front soviétique. Le 3e Front d'Ukraine (Tolboukhine) emporte Sopron, important nœud routier sur l'axe Budapest-Vienne, près de la frontière autrichienne, au sud-ouest du lac de Neusiedl (Fertö). Le haut commandement soviétique ordonne au 2e Front d'Ukraine (Malinovski) de prendre Bratislava d'ici le 5 ou 6 avril et de rejoindre la Morava tandis que le 3e Front d'Ukraine marchera sur Vienne. Violents combats dans le secteur défendu par le *Heeresgruppe* Centre (Schörner) où les Allemands affirment avoir détruit, dans la dernière décade de mars, 1 002 chars d'assaut soviétiques. Les combats se poursuivent à Breslau.
La garnison allemande de Glogau (Glogow) reçoit l'ordre de s'ouvrir une route vers l'ouest.
En Prusse-Orientale, la IIe armée allemande contient la formidable pression des 2e et 3e Fronts de Biélorussie. Participent aux opérations les dernières unités de la marine militaire allemande, les croiseurs *Prinz Eugen, Emden, Lützow, Scheer, Hipper.* Au cours des 14 derniers jours, des bateaux de guerre et de commerce ont transporté en Poméranie 85 000 hommes, dont 70 000 blessés.
Front occidental. Tandis que le 2e corps canadien (IIe armée britannique) étend et renforce sa tête de pont d'Emmerich, le 8e corps déplace la sienne au-delà du canal Dortmund-Ems, en direction d'Osnabrück.
A Lippstadt a lieu la jonction des IXe et Ire armées américaines qui bouclent ainsi le cercle autour de la riche région industrielle de la Ruhr, en y enfermant le *Heeresgruppe* B de Model (Ve et XVe armées) et deux corps de la Ire armée de parachutistes (*Heeresgruppe* H). La poche est longue d'environ 110 km entre le Rhin et la source de la Ruhr, et large d'environ 80 km entre la Sieg (au sud) et la Lippe (au nord). Tandis que des détachements du 19e corps (IXe armée américaine) atteignent l'autoroute Cologne-Berlin, le 16e corps poursuit sa progression dans le secteur au sud de Haltern. La 3e division (7e corps de la Ire armée américaine) s'empare de Paderborn.
Dans le secteur de la VIIe armée américaine, le 15e corps est en difficulté aux alentours d'Aschaffenburg ; le 21e corps d'armée continue à l'est et au nord-est vers Würzburg et Königshofen tandis que le 6e progresse le long du Neckar, établissant un contact avec les forces françaises de la Ire armée.
Le 2e corps d'armée français élargit la tête de pont au-delà du Rhin, coupant la route Karlsruhe-Francfort près de Mingolsheim et Bruchsal, avant d'atteindre Linkenheim.
Front italien. Dans la nuit, la 2e brigade de commandos appartenant au 5e corps de la VIIIe armée britannique lance l'opération « Roast » pour libérer la zone de Comacchio.
Birmanie. Le commandement britannique modifie les plans et procède à une réorganisation des forces : le 4e corps marchera sur Man-

dalay et Rangoon ; le 33e corps d'armée (2e division britannique, 7e et 20e divisions indiennes, 268e brigade d'infanterie indienne) avancera au sud-ouest, le long de la vallée de l'Irraouaddi, en direction de Prome. La 19e division indienne développera des actions de ratissage aux côtés du 4e corps.

Philippines. Luçon. Dans le sud de l'île (péninsule de Bicol), la VIe armée américaine débarque le 158e groupe de combat, après un bombardement aérien et naval. Le débarquement ne rencontre pas d'opposition de la part des Japonais, ce qui permet aux troupes d'assaut d'emporter la ville, le port et l'aéroport de Legaspi, ainsi que Libog. Dans le secteur du 1er corps d'armée américain, sur la piste de Villa Verde, les Américains récupèrent une partie du terrain reconquis la veille par les Japonais. Le 11e corps d'armée contourne la ligne Shimbu au sud.

Okinawa. La *Task Force* 51, commandée par le vice-amiral Turner, commandant en chef de l'opération, et par l'amiral Spruance, commandant de la Ve flotte, après un bombardement préliminaire, commence le débarquement de la Xe armée américaine (général Buckner) sur la côte sud-ouest d'Okinawa, à proximité d'Hagushi. Le débarquement a lieu à 8 h 30 et l'opération est baptisée « Iceberg ». La Xe armée est formée du 24e corps (général Hodge) avec les 7e, 27e, 77e et 96e divisions d'infanterie, et du 3e corps amphibie de marines (général Geiger), avec les 1re, 2e, 5e et 6e divisions de marines. A la première phase de l'opération participent les 7e et 96e divisions d'infanterie et les 1re et 6e divisions de marines.

L'opération implique 180 000 soldats, 1 320 navires de tout type, de la 20e force aérienne et de l'aviation tactique des marines. A ces 180 000 hommes s'en ajoutent 368 000 autres, soit un total de 548 000 : il s'agit en fait de la plus importante opération amphibie jamais menée dans le Pacifique.

Du côté japonais, sous les ordres du général Mitsuru Ushijima, qui commande depuis août 1944 la XXXIIe armée japonaise, on trouve, dirigés par le groupe des Riou-Kiou, 130 000 hommes dont 85 000 sont stationnés à Okinawa : la 24e division d'infanterie (formée récemment et peu entraînée), la 62e division d'infanterie (retirée de Chine, experte et aguerrie), la 44e brigade mixte autonome (à demi décimée au cours du transbordement depuis le Japon), un régiment de chars (les chars ont été enterrés pour en faire autant de fortins). Dans les péninsules de Motobu et d'Oroku, sont répartis 3 500 marins et 7 000 civils enrôlés sous les ordres de l'amiral Ota, tandis que 20 000 hommes forment la milice territoriale. Les Japonais comptent beaucoup sur leurs barques explosives et leurs kamikazes dirigés par le vice-amiral Matome Ugachi, ex-chef d'état-major de Yamamoto. Mais, tandis qu'auparavant on pouvait utiliser de bons pilotes, Ugachi doit aujourd'hui se contenter d'élèves ne comptant que peu d'heures de vol à leur actif. Dans la partie sud de l'île, assignée au 24e corps d'armée du général Hodge, une redoutable ligne de défense a été édifiée, la ligne Shuri. Appliquant leur tactique maintenant habituelle, et malgré la preuve de son inefficacité, les Japonais ne contre-attaquent pas dès les premières phases du débarquement américain ; ainsi, dans la soirée du 1er avril, la tête de débarquement est déjà large d'environ 14,5 km et profonde de 3,5 à 4,5 km (Okinawa est longue de 107 km et large de 5 à 16 km ; la pénétration est donc notable). La défense aérienne de l'île est assez faible même si les kamikazes réussissent à toucher le cuirassé *West Virginia,* 2 contre-torpilleurs et 4 navires de débarquement. Le 3e corps amphibie emporte facilement l'aéroport de Yontan, tandis que le 24e corps d'armée s'empare de celui de Kadena.

2 avril

Front soviétique. En Hongrie, la LVIIe armée soviétique et la Ire armée bulgare enlèvent Nagykanizsa, centre du bassin pétrolifère hongrois. Le 2e Front d'Ukraine (Malinovski) occupe le centre industriel de Mosonmagyarovar et atteint la frontière autrichienne entre le Danube et le lac de Neusiedl. On se bat durement au sud-ouest de Ratibor (Raciborz) dans le secteur du *Heeresgruppe* Centre.

Front occidental. Le 1er corps de la Ire armée canadienne commence à avancer sur Arnhem depuis la tête de pont de Nimègue.

Dans le secteur de la IIe armée britannique, le 12e corps atteint le canal Dortmund-Ems, à Rheine, tandis que le 8e continue sa marche vers Osnabrück.

Tandis que le 13e corps d'armée conquiert Münster, et continue vers la Weser, le 19e lutte dans le Teutoburger Wald et le 16e atteint le canal Dortmund-Ems.

A Paderborn, les positions de la 3e division blindée (7e corps de la Ire armée américaine) se consolident. Le 16e corps aéroporté assume la responsabilité du secteur compris entre le Rhin, la Ruhr, la Lenne et la Sieg. La 80e division du 20e corps de la IIIe armée américaine atteint les faubourgs de Kassel.

Dans le secteur de la VIIe armée américaine, les attaques des unités du 15e corps continuent sans succès contre Aschaffenburg, farouchement défendue par des détachements de la VIIe armée allemande.

Front italien. L'opération « Roast » contre Comacchio se poursuit pour les détachements du 5e corps de la VIIIe armée britannique qui parviennent à établir une tête de pont dans le secteur occidental de Comacchio.

Philippines. Luçon. Les troupes américaines débarquées à Legaspi s'attachent à la défense de la tête de pont car les Japonais, craignant l'avancée américaine sur la route no 1 qui court au nord du détroit de San Bernardino, opposent une vive résistance. Dans le secteur du 14e corps américain, la 1re division de cavalerie atteint San Pablo.

Philippines méridionales. Sur l'île Negros, le 185e régiment d'infanterie américain emporte Talisay et son aéroport. Le 160e régiment d'infanterie est bloqué par un violent feu japonais près de Concepcion.

Dans l'île de Cebu, de durs accrochages opposent Américains et Japonais sur la crête Bolo.

Okinawa. Les divisions américaines avancent avec une facilité inespérée tant au nord où la 6e division de marines occupe la péninsule au nord-ouest de Hagushi, qu'à l'est où la 7e atteint la côte orientale dans la baie de Nakagusuku, coupant l'île en deux. Les pertes du premier jour ont été si dérisoires (28 morts, 27 disparus, 104 blessés) que le 1er avril, jour de Pâques, est baptisé « Love Day », le jour de l'amour. Les bulldozers dégagent les aéroports conquis des carcasses d'avions japonais pour les rendre praticables ; dans un hangar, on découvre même une des nouvelles bombes pilotées japonaises, les « Oka ». Un convoi américain, sur lequel est embarquée la 77e division, est attaqué par des avions japonais : 3 contre-torpilleurs, 4 transports d'attaque et 1 navire de débarquement pour chars d'assaut subissent des dommages plus ou moins graves, alors que les pertes humaines sont élevées.

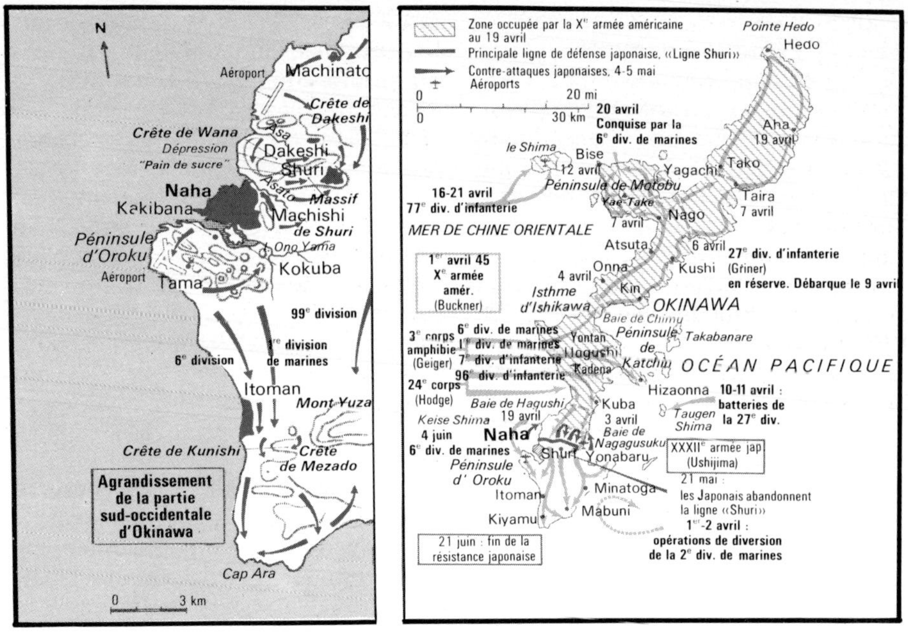

La conquête d'Okinawa.

3 avril

Front soviétique. Le 2e Front d'Ukraine (Malinovski) atteint la plaine viennoise ; le *Heeresgruppe* Sud (Wöhler) est presque totalement anéanti. L'avance des Russes a soutenu jusqu'à présent un rythme de 25 à 30 km par jour, et le haut commandement soviétique a lancé une proclamation aux Autrichiens pour préciser que l'objectif des Soviétiques est la destruction du nazisme et non celle de la population. Pour sa part, Hitler ordonne de « tenir Vienne ». La défense est assurée par la VIe *Panzerarmee S. S.*, avec 8 divisions blindées ; en face, on trouve la XLVIe armée du 2e Front d'Ukraine, la IVe, la IXe de la Garde, et la VIe armée blindée du 3e Front d'Ukraine ; la disproportion entre les forces est énorme.

Entre la Hongrie et l'Autriche, la IIe *Panzerarmee* continue de se battre dans la zone de Nagykanizsa et le long de la vallée de la Raba (Raab, en Autriche). Les Soviétiques ont enfoncé les défenses allemandes entre Wiener Neustadt et le lac de Neusiedl (lac Fertö).

Les combats sont âpres dans les autres secteurs, et surtout près de Bratislava, pratiquement investie par le 2e Front d'Ukraine (Malinovski). En Hongrie, les Soviétiques et les Bulgares ratissent le sud-ouest du lac Balaton et entrent en Yougoslavie au-delà de la Drave.

Front occidental. Près de Lingen, le 30e corps de la IIe armée britannique atteint le canal Dortmund-Ems.

Dans le secteur de la IXe armée américaine, le 13e corps achève la conquête de Münster et atteint la Weser. Plus au sud, le 19e corps avance vers l'est et commence sa pression contre la poche allemande de la Ruhr.

Le 18e corps aéroporté et le 3e corps de la Ire armée américaine lancent différentes opérations contre la poche de la Ruhr : la première dans la zone comprise entre la rivière Ruhr au nord et le Rhin à l'ouest, et la seconde entre la Lenne et la Ruhr.

La bataille pour Kassel se poursuit avec des éléments de la 80e division du 20e corps (IIIe armée américaine).

Après 3 jours de combats, Aschaffenburg se rend à la 45e division (15e corps de la VIIe armée américaine). Le 21e corps se lance contre Würzburg sur le Main, parvenant à établir une tête de pont à l'ouest de la ville.

La Ire armée française, qui amplifie la tête de pont sur la ligne Lichtenau-Pforzheim-Ludwigsberg, conquiert Karlsruhe et se prépare à occuper la Forêt-Noire.

Philippines. Luçon. Après avoir isolé du sud la ligne Shimbu, à l'est de Manille, les Américains tentent de rejoindre les limites septentrionales dans la zone d'Ipo.

Philippines méridionales. De petits détachements américains débarquent sur l'île de Masbate, pour se joindre aux guérilleros philippins. Des combats soutenus se déroulent sur les îles Negros et Cebu où le transfert du 164e groupe de combat venant de Leyte est autorisé.

Okinawa. Dans le secteur du 3e corps d'armée amphibie, au nord de la tête de pont de débarquement, la 6e division de marines avance d'environ 7 km vers l'isthme d'Ishikawa et le centre de l'île, tandis que la 1re division de marines s'élance le long de la péninsule de Katchin, sur la côte orientale, avançant jusqu'à Hizaonna. Le 24e corps, au sud de la tête de pont, converge au sud, avec la 7e division sur sa gauche et la 96e sur sa droite. La 7e division descend le long de la côte est de l'île jusqu'à Kuba, la 96e se déplace plus lentement, à l'intérieur et sur la côte ouest. Le porte-avions d'escorte *Wake Island* est gravement touché par un kamikaze, dans les eaux d'Okinawa.

Les chefs d'état-major réunis nomment le général MacArthur commandant en chef de toutes les forces terrestres américaines du Pacifique, et l'amiral Nimitz commandant de toutes les forces navales.

4 avril

Front soviétique. Progressant depuis le sud-ouest de Nowy Targ, en Pologne, où il avait pris position, le 4e Front d'Ukraine (Petrov) ouvre l'offensive vers la Bohême, le long de la frontière Pologne-Tchécoslovaquie, avec l'appui de détachements tchécoslovaques. Le 2e Front d'Ukraine (Malinovski) enlève le nœud routier et ferroviaire de Bratislava.

En Autriche, les avant-gardes du 3e Front d'Ukraine et des troupes bulgares parviennent à 3 km de Vienne. Le 3e Front d'Ukraine après avoir libéré, avec le 2e Front, toute la Hongrie, avance en Yougoslavie.

Les Allemands admettent la perte de Baden, mais annoncent des contre-attaques dans la zone de Moravska-Ostrava (Ostrava) et de Nitra.

En Prusse-Orientale, à Swinemünde (Swinoujscie), les Allemands forment le groupe de combat Slesia.

Le général Heinrici prend le commandement du *Heeresgruppe* de la Vistule, assuré auparavant par Himmler.

Front occidental. Dans le secteur de la IIe armée britannique, les 30e et 12e corps parviennent à établir une tête de pont sur le canal Dortmund-Ems, respectivement près de Lingen et de Rheine. Quelques détachements du 8e corps entrent à Osnabrück, tandis que d'autres dépassent la ville et se dirigent vers Minder sur la Weser.

Du nord et du sud, les IXe et Ire armées maintiennent leur pression contre la poche de la Ruhr et vers l'est, en direction de la Weser.

La garnison de Kassel se rend aux troupes de la 80e division (20e corps de la IIIe armée américaine).

La Ire armée française prend Karlsruhe et continue au sud-ouest vers Fribourg et au sud-est vers Tübingen.

Philippines. Luçon. Le 158e groupe de combat américain, débarqué le 1er avril à Legaspi, dans le sud de l'île, avance lentement vers le nord, violemment contré par les Japonais. Activité réduite dans les secteurs des 14e, 1er et 11e corps américains.

Okinawa. La situation change radicalement : toutes les unités américaines doivent affronter la résistance acharnée des Japonais, habilement postés et camouflés, du nord au sud, le long de la ligne Shuri.

Ayant appris que les Japonais ont l'intention de lancer une grande attaque aérienne contre leur flotte, les Américains décident d'attaquer l'île de Kiou-Siou (Kyushu) où sont basés des avions — de différents types — destinés aux raids des kamikazes.

11 navires de débarquement pour chars d'assaut jettent l'ancre devant Okinawa.

5 avril

Le gouvernement soviétique informe l'ambassadeur japonais à Moscou qu'il entend dénoncer le pacte quinquennal de non-agression signé par l'U. R. S. S. et le Japon le 14 avril 1941.

Japon. Démission du gouvernement présidé par le général Kuniaki Koiso, auquel succède l'amiral Kantaro Suzuki.

Front soviétique. Tandis que les combats se poursuivent maintenant à la périphérie même de Vienne et au sud de la capitale autrichienne, le *Heeresgruppe* Centre lance une série de contre-attaques en Tchécoslovaquie, pour réduire la pression soviétique sur Moravska-Ostrava (Ostrava). En Prusse-Orientale, après 4 jours de préparation d'artillerie et d'aviation, les Soviétiques s'apprêtent à lancer une attaque massive contre Königsberg (Kaliningrad). Prennent part à l'opération les XLVIIIe, L^{e}, XIe armées, la XXXIXe armée de la Garde et le regroupement de Keilsberg, soutenus par 2 500 avions (les Allemands disposent de 200 chasseurs dans ce secteur). La défense de Königsberg est assurée par la IVe armée allemande du général Müller, qui protège également la seule voie de retraite vers Dantzig (Gdansk) dans la péninsule de Samland.

Front occidental. Le 1er corps de la Ire armée canadienne achève de libérer la zone comprise entre Nimègue et le Rhin inférieur ; le 2e corps établit une tête de pont sur le canal Twenthe, à l'est de l'IJssel.

Dans le secteur de la IIe armée britannique, le 12e corps renforce la tête de pont sur le canal Dortmund-Ems. Le 8e corps, ayant achevé la conquête d'Osnabrück, continue vers la Weser, tandis que les forces du 13e corps se préparent à traverser la rivière près de Minden et que le 19e corps l'atteint au sud d'Hameln et parvient à envoyer quelques détachements sur l'autre rive. Le 18e corps aéroporté et le 3e corps de la Ire armée américaine sont mis en difficulté dans la poche de la Ruhr. La IIIe armée américaine avance au complet avec les 20e, 8e, 5e et 12e corps depuis la ligne Kassel-Fulda pointant vers l'est en direction de la Weser et de la région d'Ohrdruf. Dans le secteur de la VIIe armée américaine, le 15e corps s'empare de Gemünden, le 21e corps achève de franchir le Main à Würzburg.

Front italien. Dans le secteur de la Ve armée américaine, la 92e division lance une opération offensive en direction de Massa.

Philippines. Luçon. Dans le secteur du 11e corps américain, un régiment de la 43e division progresse le long de la lagune de la Baie, au sud de Manille, et occupe la ville de Lumban et un pont sur le Pagsanjan. Dans la région de Lumban, la 43e division se joint au 5e régiment de cavalerie (14e corps américain) qui marche au sud, le long de la pointe orientale de la lagune de la Baie.

Okinawa. La Xe armée américaine est presque complètement arrêtée par les forces japonaises. Le 22e régiment de la 6e division de marines parvient toutefois à progresser vers le nord, dans la région de l'isthme d'Ishikawa, partie la plus étroite de l'île. Les îlots en bordure de côte sont occupés.

Les Japonais décident de lancer leur grande attaque de kamikazes le jour suivant et de commencer, également le 6, l'opération suicide « Tengo », à laquelle participeront les dernières forces navales japonaises encore intactes : le super-cuirassé *Yamato,* de 72 800 t, le croiseur léger *Yahagi* et 8 contre-torpilleurs. Cette IIe flotte ou « Force spéciale d'attaque de surface » est commandée par le vice-amiral Seichi Ito. Le super-cuirassé, qui fait l'orgueil de la marine japonaise, ira s'ancrer sur la côte d'Okinawa pour devenir une sorte de forteresse insubmersible. Il n'y aura pas de retour : chaque bâti-

Berlin. Dans une rue relativement épargnée, mais où un incendie flambe toujours, la vie paraît reprendre.

ment a reçu seulement le carburant nécessaire pour parvenir jusqu'à son objectif.

6 avril

Front soviétique. La bataille de Vienne s'engage, et les Allemands font sauter tous les ponts sur le Danube, à l'exception d'un seul. La IIe armée blindée allemande et la VIe armée blindée S. S. parviennent à repousser les forces soviétiques dans le Wiener Wald, et contre-attaquent au nord-ouest vers Klosterneuburg. La XLVIe armée soviétique contourne Vienne par le sud. Le général Rendulic prend le commandement du *Heeresgruppe* Sud (600 000 hommes) à la place de Wöhler.

Le *Heeresgruppe* Centre renouvelle en Tchécoslovaquie ses attaques contre les 4e et 2e Fronts d'Ukraine, tandis que Breslau résiste encore aux Soviétiques.

Dans la région de Dantzig (Gdansk), les Soviétiques réalisent quelques percées à travers la ligne tenue par la IIe armée allemande. En Prusse-Orientale, le 2e Front de Biélorussie (Rokossovski) lance une attaque massive contre Königsberg (Kaliningrad) et investit la ville.

Front occidental. Dans le secteur de la IXe armée américaine, le 13e corps ouvre l'offensive au-delà de la Weser, que des unités du 19e corps franchissent près de Grohnde, pour se diriger ensuite sur Burgstemmen. Le 18e corps aéroporté de la Ire armée américaine lance une offensive contre la poche de la Ruhr près du confluent de la Ruhr et du Rhin. Le 7e corps s'approche de la Weser, le 5e traverse la rivière, où il s'assure une tête de pont.

Des éléments du 2e corps de la

Ire armée française atteignent le Neckar, près de Lauffen, l'Enz à Mühlacker, ainsi que la périphérie de Pforzheim, et ils enlèvent Stein et Königsbach.
Front italien. La 92e division américaine continue l'offensive contre la ville de Massa.
Philippines. Luçon. Le 158e groupe de combat, débarqué à Legaspi et arrêté par les Japonais dans sa progression vers le nord, étend son contrôle au sud, dans la partie la plus étroite de la péninsule de Bicol. Dans le secteur du 1er corps américain, un régiment de la 32e division s'empare d'une colline dans la région du col de Salacsac et avance vers Kapintalan. Dans son secteur, le 11e corps se lance à l'assaut du mont Mataba et entame une manœuvre d'approche des monts Oro et Pacawagan.
Okinawa. Faibles progrès de la 6e division de marines en direction du nord, dans l'isthme d'Ishikawa. Violents combats au sud de l'île. Les Américains se battent au lance-flammes mais la ligne Shuri se révèle impénétrable.
Aux premières heures du jour, des avions de la 5e flotte américaine attaquent l'île de Kiou-Siou (Kyushu) afin de prévenir l'attaque aérienne japonaise contre les forces navales rassemblées à Okinawa. Quelques dizaines d'avions sont détruits. Mais, contre la flotte qui a envahi l'île, les Japonais lancent près de 400 avions qui, avant d'être aux trois quarts détruits, coulent 2 contre-torpilleurs, un navire de débarquement pour chars, un dragueur de mines rapide et touchent le porte-avions léger *San Jacinto,* 13 contre-torpilleurs et plusieurs autres bâtiments.
A 16 heures, la 2e flotte japonaise quitte la baie de Tokuyama pour se rendre à Okinawa.

7 avril
Front soviétique. Des détachements du 3e Front d'Ukraine (Tolboukhine) pénètrent dans les quartiers sud de Vienne, où l'on se bat maison par maison. La VIIIe armée allemande, retirée de Hongrie, participe à la défense du sud de la ville, avec la IIe *Panzerarmee* et la VIe *Panzerarmee S. S.,* qui repoussent une avancée soviétique en direction de Sankt Pölten.
En Tchécoslovaquie, les contre-attaques du *Heeresgruppe* Centre (Schörner) contre les 2e et 4e Fronts d'Ukraine continuent.
A Königsberg, la IVe armée allemande bat en retraite de 1 ou 2 km sous la pression des Soviétiques, qui prennent 130 pâtés de maisons et plusieurs usines et points d'appui. Les officiers supérieurs allemands proposent une retraite à l'ouest par la péninsule du Samland tant que cela est encore possible, mais le général Müller refuse.
En Yougoslavie, le *Heeresgruppe* E (Löhr) évacue Sarajevo. En Dalmatie aussi les combats se poursuivent; les forces allemandes parviennent, en s'ouvrant une brèche, à quitter Karlobag-Gospic.
Front occidental. Le 8e corps de la IIe armée britannique parvient à établir une tête de pont sur la Weser, près de Minden et de Stolzenau, puis continue en direction de la Leine. Dans le secteur de la IXe armée américaine, la 84e division du 13e corps traverse la Weser, et élargit sa tête de pont. Le 16e corps avance en direction de la Ruhr et au sud, au-delà du canal de l'Ems et du canal Rhin-Herne, entre Gelsenkirchen et Essen. L'offensive du 18e corps aéroporté et du 3e corps de la Ire armée américaine contre la poche de la Ruhr se poursuit. Le 7e corps atteint la Weser dont tous les ponts ont sauté.
Dans le secteur de la VIIe armée américaine, la 14e division (15e corps) prend Neustadt sur la Saal.
Philippines. Luçon. Dans le secteur du 1er corps d'armée américain, après un bombardement d'aviation et une préparation d'artillerie, des détachements de la 23e division lancent une puissante attaque contre les positions japonaises dans la région du col de Salacsac. La 25e division commence à encercler Kapintalan. Le 14e corps reçoit l'ordre de marcher sur Mauban et Atimonan, dans la baie de Lamon, puis de gagner la péninsule de Bicol.
Okinawa. La 16e division de marines atteint la ligne Nago-Taira, à la base de la péninsule de Motobu. Le 24e corps, au sud, est toujours dominé par les Japonais sur la ligne Shuri. Dans les eaux d'Okinawa, les avions-suicide japonais renouvellent leurs attaques et touchent, entre autres, le porte-avions *Hancock,* le cuirassé *Maryland,* 2 contre-torpilleurs et un autre bâtiment.
Bataille de la Mer de Chine orientale. Malgré ses diversions et ses ruses pour tromper l'ennemi, la 2e flotte japonaise est repérée par le sous-marin américain *Hackleback* dans le détroit de Bungo, qui sépare Kiou-Siou (Kyushu) de Sikok (Shikoku). Quasiment privées de couverture aérienne, les unités japonaises sont attaquées par des centaines de planeurs américains à 12 h 38, puis par une nouvelle vague à 13 h 30, et ainsi jusqu'à 14 heures. Le croiseur *Yahagi,* touché par des bombes et des torpilles, coule le premier. A 14 h 23, le *Yamato,* à son tour, est touché par 5 torpilles et quantité de bombes. 4 contre-torpilleurs japonais sont coulés, 2 touchés. Les Américains ne perdent que 10 avions sur les 376 engagés.

8 avril
Front soviétique. Le 3e Front de Biélorussie (Vassilievski) poursuit ses opérations contre Königsberg (Kaliningrad) et franchit les défenses allemandes au nord-ouest. A Breslau (Wroclaw), en Silésie, les Soviétiques continuent la liquidation systématique de la garnison allemande encerclée qui résiste héroïquement. Le 2e Front d'Ukraine (Malinovski) avance en Tchécoslovaquie du Nord, et établit des têtes de pont sur la Morava et le Danube, à l'est et au nord-est de Vienne. A Vienne aussi, les combats continuent : le 3e Front d'Ukraine (Tolboukhine) occupe les quartiers sud et ouest de la ville. Les Soviétiques dépassent même la ville, en direction de Linz, et, de Wiener Neustadt, ils se dirigent au sud vers Graz.
Le général Schörner, à la tête du *Heeresgruppe* Centre, qui défend la Tchécoslovaquie, est promu feld-maréchal. Il possède le noyau le plus nombreux et le plus efficace de la Wehrmacht, avec environ 1 200 000 hommes, mais les forces soviétiques, supérieures en nombre

et en armement, sont plus combatives.

Front occidental. Sur le flanc nord du front allié, le 2ᵉ corps canadien (Iʳᵉ armée), qui marche au nord-est vers Oldenburg, franchit l'Ems entre Meppen et Lathen.

Des détachements du 30ᵉ corps britannique ont dépassé les positions défensives de la Iʳᵉ armée de parachutistes allemande, à l'est de Lingen, et avancent vers Brême. Le 8ᵉ corps atteint la Leine au sud-est de Nienburg.

La 5ᵉ division blindée (13ᵉ corps de la IXᵉ armée américaine) reçoit l'ordre de franchir la Leine au sud de Hanovre.

Le 18ᵉ corps aéroporté (Iʳᵉ armée américaine) étend sa tête de pont sur la Sieg, dans la poche de la Ruhr; le 7ᵉ corps établit une solide tête de pont sur la Weser, et, plus au sud, le 5ᵉ avance rapidement à l'est de la rivière.

Dans le secteur de la VIIᵉ armée américaine, le 15ᵉ corps progresse sur les collines Hohe Rhön, et les 21ᵉ et 6ᵉ corps avancent respectivement dans les régions de Schweinfurt et Heilbronn.

La 1ʳᵉ division française dépasse Pforzheim et atteint Dietenhausen et Dietlingen. Une tête de pont est établie sur l'Enz, près de Mülhausen.

Chine. Les Japonais sondent le dispositif de défense chinois à l'ouest de Paoking (aujourd'hui Chaoyang), en vue d'une offensive contre Tchékiang (au sud-est de Tchoung-King), où se trouve une base aérienne américaine.

Philippines. Luçon. Dans le secteur du 1ᵉʳ corps, les Américains prennent position à mi-chemin entre Rosario et Baguio, non loin du lieu de débarquement du 9 janvier, que le général Swift veut voir conquis rapidement. Sur la piste de Villa Verde, la bataille pour la conquête du col de Salacsac se poursuit. Dans le secteur du 11ᵉ corps, le mont Mataba est pris sous le feu de l'aviation et de l'artillerie, en vue d'une nouvelle attaque.

Philippines méridionales. La conquête de Cebu et de Negros se poursuit lentement.

Okinawa. Le 3ᵉ corps amphibie engage la bataille pour la prise de la péninsule de Motobu; le 24ᵉ corps déploie ses forces contre la ligne Shuri, mais attaque vainement la crête Kakazu.

Un Japonais se rend aux Américains à Okinawa.

2 contre-torpilleurs et quelques autres bâtiments américains sont touchés par des avions et des « barques-suicide » de la marine japonaise.

9 avril

Front soviétique. En Prusse-Orientale, le 3ᵉ Front de Biélorussie (Vassilievski) conclut les opérations contre Königsberg : dans la soirée, le commandant de la forteresse, le général Lasch, ordonne aux troupes de se rendre, ce qui lui vaudra d'être condamné à mort par contumace; le général Müller est également destitué injustement. La guerre à outrance pour défendre la ville a coûté aux Allemands 42 000 morts et 92 000 prisonniers. Les Soviétiques se sont par ailleurs emparés de 3 675 canons et mortiers. Une partie de la IVᵉ armée allemande rassemble ses dernières forces dans la péninsule de Samland, au nord de la ville.

La bataille de Vienne continue et les troupes de Tolboukhine s'emparent de la ville, quartier par quartier. La VIᵉ armée et la VIᵉ armée blindée S. S. tentent en vain d'empêcher le déferlement des Soviétiques sur le sud et l'ouest de l'Autriche.

Désormais isolés, les détachements du *Heeresgruppe* E (Löhr) continuent à se battre contre les forces de Tito.

Front occidental. Dans le secteur de la IIᵉ armée britannique, le 30ᵉ corps avance à l'est et au nord-est de Lingen, et les 12ᵉ et 8ᵉ corps atteignent respectivement la Weser (dans le secteur de Hoya) et la Leine.

Du nord, du nord-ouest et de l'ouest, les unités du 13ᵉ corps (IXᵉ armée américaine) engagent le combat en direction de Hanovre.

Dans le secteur de la Iʳᵉ armée américaine, tous les corps d'armée avancent vers l'Elbe : le 7ᵉ corps en particulier qui se dirige vers Nordhausen et vers la Leine, près de Göttingen.

La VIIᵉ armée américaine continue sa progression dans le secteur de Schweinfurt; elle atteint la Kocher, près de Weissbach et, plus au sud, la ligne Ingelfelden-Weldingsfeld.

Front italien. Dans la soirée, la VIIIᵉ armée britannique du général McCreery lance une grande offensive avec le 5ᵉ corps britannique du général Keightley, sur le flanc droit, et avec le 2ᵉ corps polonais du général Anders dans le secteur d'Imola ; ils parviennent à établir des têtes de pont sur le Senio, respectivement dans les secteurs de Lugo et de San Severo-Felisio. Tandis que, sur le flanc gauche de l'armée, le 13e corps britannique du général Kirkman reste sur des positions défensives, le 10e corps de Hawksworth, avec le groupe de combat italien Friuli, lance à son tour, dans la nuit du 10, une offensive au-delà du Senio.

Philippines. Luçon. Sur la piste de Villa Verde, la 32e division (1er corps américain) continue d'attaquer le col de Salacsac, pour ouvrir aux Américains l'accès à la vallée du Cagayan, qui s'étend du sud au nord, à l'ouest de la sierra Madre.

Là est concentré le gros des forces japonaises. Dans le secteur du 11e corps, le pilonnage de l'aviation et de l'artillerie continue sur le mont Mataba.

Philippines méridionales. Sur Cebu et Negros, les troupes américaines s'apprêtent à éliminer les forces japonaises, qui ont pris position dans les montagnes à l'intérieur des terres. Dans l'archipel des Soulou, après 2 semaines de bombardements aériens et un bombardement naval préliminaire, le 163e groupe de combat américain débarque, sans rencontrer de résistance, sur l'île de Jolo dont elle commence l'occupation.

Okinawa. Dans le secteur du 24e corps, des détachements de la 96e division américaine attaquent la crête Kakazu, l'un des deux points d'appui de la ligne Shuri, mais sont repoussés, en subissant de lourdes pertes, par l'artillerie et les contre-attaques de l'infanterie japonaise. La 27e division d'infanterie américaine débarque sur l'île. Dans le secteur nord, des détachements de la 6e division de marines commencent à pénétrer dans la péninsule de Motobu.

10 avril

Front soviétique. Tandis que se poursuit la bataille de Vienne, la VIe armée blindée S. S. repousse de terribles attaques soviétiques dans la région de Wiener Neustadt et à l'ouest de Baden. Dans le secteur du *Heeresgruppe* Centre, les troupes assiégées à Breslau résistent encore aux attaques soviétiques ininterrompues. Les communiqués allemands font état de la fin de la résistance à Königsberg (Kaliningrad), mais nient que la ville ait capitulé.

Front occidental. Sur le flanc nord du front, le 2e corps avance vers Groningue et Oldenburg. Dans le secteur de la IIe armée britannique, le 30e corps avance vers Brême, les 12e et 8e corps vers Soltau et Celle. Le 13e corps de la IXe armée américaine s'empare de Hanovre. Dans le secteur du 16e corps, les villes de Gelsenkirchen, Bochum et Essen, parmi d'autres, tombent à leur tour. Le 18e corps aéroporté de la Ire armée américaine franchit la Sieg, dans le secteur de Siegburg, en avançant dans la poche allemande de la Ruhr ; le 3e corps se rapproche du même objectif et le 7e marche vers Nordhausen.

Les unités du 20e corps (IIIe armée américaine) s'approchent d'Erfurt.

Dans le secteur de la VIIe armée américaine, le 21e corps avance au nord et au nord-ouest, respectivement en direction de Schweinfurt et le long de la rive orientale du Main.

Front italien. La 92e division de la Ve armée américaine entre dans Massa. L'offensive des unités de la VIIIe armée britannique se poursuit sur le flanc oriental du dispositif allié. L'attaque en force dans ce secteur surprend la Xe armée allemande du général Herr, qui s'attendait à une offensive au centre et sur le flanc droit de son propre dispositif.

Philippines. Luçon. Le 158e groupe de combat américain étend son contrôle au sud, dans la zone de Legaspi, et commence la reconnaissance des îles du golfe d'Albay. Dans le secteur du 1er corps, la 37e division américaine occupe la zone de Sablan-Salat, non loin de Baguio. Des détachements de la 25e division poursuivent les opérations dans la zone du mont Myoko. Le 128e régiment de la 32e division emporte le col de Salacsac no 2, ouvrant ainsi l'accès à la vallée de Cagayan. Dans le secteur du 11e corps, après les bombardements intensifs des jours précédents, l'infanterie américaine se lance à l'assaut du mont Mataba. Quelques détachements parviennent au sommet, mais les Japonais résisteront une semaine encore dans cette zone. Des colonnes du 14e corps, descendues au sud, atteignent la baie de Lamon et isolent les Japonais demeurés dans la péninsule de Bicol. La 1re division de cavalerie occupe Mauban, la 11e A/B prend Atimonan, au nord-ouest de la péninsule de Bicol.

Philippines méridionales. Le général Suzuki, commandant la XXXVe armée japonaise, meurt lors de son transfert de l'île de Cebu à Mindanao et est remplacé par le général Morozumi.

Okinawa. Dans la péninsule de Motobu, la 6e division de marines entreprend une manœuvre pour contourner les collines de Yae-Take, fortement contrôlées par les Japonais. Sur la ligne Shuri, au sud, la 96e division renouvelle ses attaques contre la crête Kakazu, gagnant quelques positions, mais sans parvenir à en déloger l'ennemi.

Après une intense préparation aérienne et navale, un bataillon de la 27e division débarque sur l'île de Tsugen, à l'est d'Okinawa, et en commence le ratissage.

11 avril

Un traité d'amitié et de collaboration est signé à Moscou entre l'U.R.S.S. et la Yougoslavie.

Front soviétique. La bataille de Vienne se poursuit. Le 3e Front d'Ukraine (Tolboukhine) exerce une forte pression sur l'aile gauche de la IIe armée blindée allemande, ainsi qu'entre la Mur et la Raab. Les Soviétiques pénètrent loin à l'ouest de la ville de Neuenkirchen. A Vienne, les Soviétiques se trouvent pratiquement au cœur de la ville ; le parlement et la mairie sont tombés. Le *Heeresgruppe* Centre (Schörner) se replie sous la forte pression de l'ennemi, le long du Vah, dans la région des Basses Tatras : d'après un communiqué allemand, les Soviétiques marchent sur Zilina, au sud de Moravska-Ostrava (Ostrava). Les Soviétiques prétendent avoir capturé, entre le 6 et le 10 avril, et dans le seul secteur de Prusse-Orientale, 142 000 Allemands, dont 1 819 officiers et 4 généraux.

Front occidental. Tandis que le 30ᵉ corps britannique (IIᵉ armée britannique) avance sans problème vers Brême, des détachements des 12ᵉ et 8ᵉ corps dépassent respectivement la Leine (près de Westen) et l'Aller (à Celle).

Au sud de Hanovre, la Leine est également atteinte par le 13ᵉ corps (IXᵉ armée américaine), près de Pattensen. Dans le secteur où opère le 19ᵉ corps, les avant-gardes de la 2ᵉ division blindée, dans une fantastique envolée, parviennent jusqu'à l'Elbe au sud de Magdebourg. Le 16ᵉ corps progresse dans la poche allemande de la Ruhr et atteint la rivière à la hauteur de Witten. La traversée de la Sieg par des unités du 18ᵉ corps aéroporté (Iʳᵉ armée américaine) se poursuit. Dans le secteur du 7ᵉ corps, les villes de Nordhausen, Osterode, Tettenborn et Neuhof tombent.

Le 20ᵉ corps (IIIᵉ armée américaine) avance rapidement dans le secteur de Weimar et dépasse le camp d'extermination de Buchenwald ainsi que Bad Sulza, où se trouve un camp de prisonniers alliés. Plus au sud, Cobourg se rend au 12ᵉ corps.

Le 15ᵉ corps (VIIᵉ armée américaine) progresse rapidement au sud de Nuremberg.

Front italien. Dans le secteur ouest du dispositif allié, la 92ᵉ division de la Vᵉ armée américaine s'empare de Carrare. Sur le flanc est, où opèrent les unités de la VIIIᵉ armée britannique, le 2ᵉ corps polonais atteint le Santerno.

Birmanie. Dans le secteur du 4ᵉ corps britannique, la 5ᵉ division indienne, qui a relevé la 17ᵉ division à Pyawbwe, avance jusqu'à Yamethin, précédée de détachements blindés. L'avant-garde blindée dépasse la ville, mais l'infanterie reste bloquée dans l'agglomération par un noyau de résistance japonais.

Philippines. Luçon. Forte réaction japonaise contre la 32ᵉ division américaine (1ᵉʳ corps), qui a traversé le col de Salacsac.

Dans le secteur du 11ᵉ corps, la 38ᵉ division a pour ainsi dire terminé les opérations de ratissage dans la zone qui s'étend à l'ouest de l'aéroport Clark ; déjà plus de 5000 cadavres japonais ont été dénombrés.

Mortier de 81 en action durant les opérations de la VIIᵉ armée américaine en Allemagne, près de Nuremberg. La résistance allemande est maintenant tout à fait à bout de souffle.

Okinawa. D'après combats se déroulent dans la péninsule de Motobu, où les positions japonaises sont très solides ; la bataille se poursuit également sur la crête Kakazu. Par contre, la 1ʳᵉ division de marines progresse le long de la côte est, vers le nord, et rejoint Taira. Des détachements de la 6ᵉ division sont parvenus plus au nord encore sur la côte ouest.

Le général Buckner se demande s'il faut persister à attaquer de front la ligne Shuri ou s'il vaut mieux tenter de débarquer à la tête de celle-ci, cette solution ayant pour but d'entraîner l'affaiblissement des effectifs ennemis engagés au nord de la ligne.

Dans les eaux d'Okinawa, bombardiers en altitude et kamikazes japonais fondent sur les navires de la *Task Force* 58, touchant gravement le porte-avions *Enterprise* (qui doit se retirer à Ulithi pour réparations), le porte-avions *Essex,* 6 contre-torpilleurs et d'autres bâtiments de moindre importance.

12 avril

Mort à Warm Springs, en Géorgie, du président Franklin D. Roosevelt ; comme le veut la Constitution américaine, le vice-président Harry S. Truman lui succède. Hitler fête l'événement au champagne.

Front soviétique. Avec l'aide du 2ᵉ Front d'Ukraine (Malinovski), le 3ᵉ Front d'Ukraine (Tolboukhine) est sur le point d'avoir raison des défenseurs de Vienne. Les Soviétiques marchent sur Graz et atteignent la route qui va de Vienne à Lundenburg (aujourd'hui Breclav). A Breslau (Wroclaw), les combats se poursuivent.

La péninsule de Hel subit d'importants bombardements. Un communiqué allemand admet la capitulation de Königsberg (Kaliningrad) et annonce la condamnation à mort du commandant de la place, le général Lasch.

En Yougoslavie, les Allemands sont contraints d'évacuer Zenica ; Yougoslaves et Bulgares pénètrent très loin au sud de la Drave.

Front occidental. Dans le secteur de la Iʳᵉ armée canadienne, le 1ᵉʳ corps lance ses divisions contre Arnhem. Le 13ᵉ corps (IXᵉ armée américaine) atteint l'Elbe près de Wittenburg et de Werben. De son côté, le 19ᵉ corps réussit à établir une tête de pont sur l'Elbe, dans la région de Randau, au sud de Magdebourg.

Le 18ᵉ corps aéroporté (Iʳᵉ armée américaine) poursuit son avance dans la poche de la Ruhr. Le 20ᵉ corps (IIIᵉ armée américaine) progresse vers l'Elster Blanche. Le 12ᵉ corps continue vers le Hasslach.

Les unités du 15e corps (VIIe armée américaine) arrivent à proximité de Bamberg. Après 9 jours de combats, Heilbronn est enlevée par la 10e division du 6e corps.
La Ire armée française renforce ses positions dans la tête de pont sur l'Enz, après avoir libéré la rive occidentale de la rivière.
Front italien. La Ve armée américaine est contrainte de reporter de 24 heures l'offensive prévue ce jour-là, en raison des mauvaises conditions atmosphériques.
Les unités du 5e corps (VIIIe armée britannique) poursuivent leur avance sur la rive nord du Reno.
Birmanie. Dans le secteur du 33e corps britannique, la 7e division indienne emporte Kyaukpadaung, important centre de communications entre Chauk et Meiktila.
Philippines. Luçon. L'avance de la 37e division américaine (1er corps) sur Baguio est stoppée près de Monglo par un feu nourri des Japonais postés sur les collines voisines. Des troupes du 14e corps progressent dans la péninsule de Bicol.
Philippines méridionales. Violents accrochages à Cebu, sur la crête Babay, que la division Americal enlève en partie, avant de repousser les contre-attaques japonaises.
Okinawa. Les Américains renouvellent leurs tentatives sur la crête Kakazu, mais en vain. Le soir, après un violent bombardement, les Japonais lancent une série de contre-attaques, surtout dans le secteur tenu par la 96e division américaine. Les Américains tiennent bon, mais des éléments ennemis parviennent à s'infiltrer dans leurs lignes.
Comme la veille, l'aviation japonaise attaque en force la flotte américaine avec des kamikazes, des bombes volantes pilotées et des bombardiers en altitude, qui coulent cette fois 1 contre-torpilleur et 1 navire de débarquement, et touchent les cuirassés *Idaho et Tennessee,* ainsi que 8 contre-torpilleurs.

13 avril

Front soviétique. Nouvelle percée du 3e Front d'Ukraine (Tolboukhine) à l'ouest de Vienne. Après de sauvages combats, à 14 heures, la ville est totalement conquise par les troupes de Tolboukhine et de Malinovski. Le 2e Front d'Ukraine se lance vers Sankt Pölten et menace au sud le *Heeresgruppe* Centre (Schörner), attaquant en Tchécoslovaquie en direction de Brno.
Front occidental. L'attaque du 1er corps canadien (Ire armée canadienne) contre Arnhem continue.
Dans le secteur de la IIe armée britannique, le 30e corps marche toujours sur Brême et le 8e sur Uelzen.
Sur l'Elbe, les opérations des 13e et 19e corps (IXe armée américaine) se poursuivent, tandis que le 16e corps libère le secteur situé au nord de la Ruhr, entre Witten et Westhofen, achevant la conquête de Dortmund.
Le 18e corps aéroporté poursuit l'ennemi, qui se retire dans la poche de la Ruhr.
Le 20e corps (IIIe armée américaine) lance d'autres troupes au-delà de l'Elster Blanche, pendant que le 8e corps continue le ratissage de la rive ouest de la Saale.
Des unités du 15e corps de la VIIe armée américaine pénètrent à Bamberg.
Front italien. Le commandement de la Ve armée américaine reporte le début de l'offensive en raison de la persistance des conditions atmosphériques défavorables.
Dans le secteur de la VIIIe armée britannique, le 2e corps polonais étend la tête de pont au-delà du Santerno.
Birmanie. La 20e division indienne (33e corps britannique) enlève Taungdwingyi.
Chine. Les Japonais lancent une offensive de grande envergure contre Tchékiang, en concentrant leurs efforts le long de la route de Paoking.
Japon. 327 Superforteresses volantes B-29 effectuent un raid massif sur Tokyo, rasant la partie nord-ouest de la ville sur 18 km^{2}.

14 avril

Front soviétique. Le commandement allemand annonce que le 1er Front de Biélorussie domine nettement le *Heeresgruppe* de la Vistule (Heinrici) dans la région de Francfort-sur-l'Oder, Küstrin (Kostrzyn) et Zehden (Cedynia), au sud de Stettin (Szczecin).
En Autriche, les Soviétiques avancent à l'ouest de Vienne.
Chine. Le quartier général impérial japonais ordonne au corps expéditionnaire de Chine de transférer 4 divisions en Chine du Centre et du Nord. En conséquence, les Japonais abandonnent la voie ferrée reliant Heng-Tchéou à Koueilin, Lioutchéou et Yongning (aujourd'hui Nanning), où se trouvaient d'importantes bases aériennes américaines. Les Chinois adoptent un plan pour stopper l'avance japonaise à Tchékiang : il consiste à viser les ailes de la colonne en marche, stratégie qui se révèle efficace.
Front occidental. La IIe armée britannique continue à progresser sur Brême, Soltau et Uelzen.
Les unités de la IXe armée américaine atteignent, l'une après l'autre, la rive occidentale de l'Elbe.
Le 18e corps de la Ire armée améri-

PÉTAIN : LE RETOUR

Le 26 avril 1945, vers 19 h 25, de retour de l'exil forcé en Allemagne, le maréchal Pétain, sa femme et ses compagnons de captivité à Sigmaringen rentrent en France, via la Suisse.
Ils sont attendus au poste frontière de Verrières-sous-Jougne par le général Kœnig, héros de Bir-Hakeim. Ils sont alors transférés à la prison de Fresnes, à l'exception du plus prestigieux d'entre eux — ainsi que sa femme — qui sera interné au fort de Montrouge, près de Paris, dans l'attente de son procès en Haute Cour.
Face à face très symbolique : c'est le général de Gaulle qui a voulu que l'ancien chef de la France occupée mais aussi le vainqueur de Verdun soit accueilli sur le sol national par un des chefs militaires les plus glorieux de la France libre, dont les faits d'armes en Libye ont assuré à la France sa place aux côtés des Alliés.

caine entame la phase finale de son offensive contre la poche allemande de la Ruhr. Le secteur du 3e corps entre le cours de la Rur et celui de l'Honne est définitivement conquis. Le 7e corps marche rapidement au nord-est, en direction de la ligne formée par l'Elbe et la Mulde.

Bamberg est entièrement conquise par des unités du 15e corps de la VIIe armée américaine.

Front italien. Après une série de reports dus au mauvais temps, la Ve armée américaine peut enfin lancer l'assaut final contre les troupes allemandes en Italie. Celles-ci sont constituées dans le secteur américain du 14e corps blindé de la XIVe armée de Lemelsen.

Le 4e corps américain attaque en direction de la plaine du Pô.

L'offensive des unités de la VIIIe armée britannique, sur le flanc droit du dispositif allié, se poursuit.

Philippines. Luçon. Dans le secteur du 1er corps américain, faibles progrès de la 37e division vers Monglo, l'une des dernières positions japonaises avant Baguio.

Okinawa. Dans le secteur du 3e corps amphibie, dans la péninsule de Motobu, la 29e division de marines attaque en force la colline de Yae-Take, mais ne parvient qu'à une avance limitée sur ses flancs. Dans le secteur du 24e corps, au sud, les Américains repoussent de nouvelles contre-attaques japonaises.

Dans les eaux d'Okinawa, les avions-suicide japonais attaquent les navires américains et endommagent le cuirassé *New York* et 3 contre-torpilleurs. Les attaques des kamikazes commencent à préoccuper sérieusement le commandement américain, en raison des lourds dommages subis.

15 avril

Front soviétique. En Autriche, le 3e Front d'Ukraine (Tolboukhine) emporte Radkesburg, au sud-est de Graz. Le 2e Front d'Ukraine (Malinovski) attaque en direction du nord, vers Brno. Le Führer, dans un ordre du jour adressé aux troupes qui combattent sur le front de l'Est, proclame : « Berlin reste allemande, Vienne le redeviendra. »

Pendant ce temps, le 1er Front de Biélorussie (Joukov), le 1er Front d'Ukraine (Koniev) et le 2e Front de Biélorussie (Rokossovski) s'apprêtent à lancer la grande offensive contre Berlin. Les 3 fronts comptent 19 armées, 4 armées blindées, 3 armées de l'air, soit, au total, 1 600 000 hommes avec 3 827 chars d'assaut et 2 334 canons automoteurs, 4 520 pièces antichars, 15 654 pièces d'artillerie de campagne et 3 411 pièces d'artillerie antiaériennes, 6 700 avions, 96 000 camions. Face à cette puissance, les Allemands alignent, au début de l'offensive, la IIIe *Panzerarmee,* la IXe armée et la réserve du *Heeresgruppe* de la Vistule (Heinrici), plus la IVe *Panzerarmee* du *Heeresgruppe* Centre (Schörner), soit, au total, 47 divisions dont 3 blindées et 8 motorisées, plus une brigade d'infanterie.

Front occidental. Dans le secteur de la Ire armée canadienne, tandis que la 49e division (1er corps canadien) achève la conquête d'Arnhem, le 2e corps canadien s'approche de Groningue.

Le 30e corps britannique (IIe armée) avance en direction de Brême et le 8e corps vers Uelzen.

Le 13e corps de la IXe armée américaine entame l'offensive sur la rive droite de la Saale pour tenter de conquérir le territoire compris entre la Saale et le Rhin. Des détachements du 5e corps atteignent les ponts situés sur la Mulde, entre Colditz et Lastau.

Plus au sud, le 20e corps de la IIIe armée américaine franchit aussi la Mulde près de Rochlitz et Lunzenau, et des détachements de la 4e division blindée marchent sur Chemnitz (aujourd'hui Karl-Marx-Stadt).

Le 22e corps de la XVe armée américaine est chargé du secteur d'Aix-la-Chapelle.

L'avance de la VIIe armée américaine se poursuit dans les secteurs de Nuremberg (15e corps) et Neustadt (21e corps).

Tandis que le 2e corps de la Ire armée française occupe la Forêt-Noire, le 1er franchit le Rhin, au nord de Kehl.

Front italien. Dans le secteur de la Ve armée américaine, tandis que le 4e corps progresse dans les sec-

Véhicule blindé américain pénétrant dans un village, au cours de l'avance alliée au cœur de l'Allemagne.

teurs de Suzzano et de Vergato, le 2e corps lance, dans la nuit, avec le groupe de combat italien Legnano, l'attaque en direction de Bologne, à l'est de la nationale 64, après un bombardement aérien intensif.
Sur le flanc oriental du dispositif allié, les unités du 2e corps polonais (VIIIe armée britannique) commencent à franchir le Sillaro.
Philippines. Luçon. Au sud, près de Legaspi, le 158e groupe de combat attaque en vain les monts Cituinan, tandis que l'un de ses bataillons attaque et emporte la ville de San Francisco.
Philippines méridionales. A Cebu, la division Americal continue à liquider les forces ennemies accrochées sur les hauteurs, dans la région de la ville de Cebu.
Okinawa. Dans la péninsule de Motobu, la 6e division de marines est engagée dans des combats sanglants pour s'emparer des collines du Yae-Take et se heurte à la violence des contre-attaques japonaises et à l'efficacité de leur tir croisé.
Sur la petite île de Minna, toute proche de l'île d'Ie, les Américains débarquent de gros détachements d'artillerie, qui prennent Ie sous leur feu.
Japon. Des avions de l'escadre des porte-avions rapides du vice-amiral Mitscher attaquent les aéroports situés dans la partie sud de Kiou-Siou (Kyushu) pour prévenir les perpétuelles attaques contre la flotte américaine d'Okinawa; mais à nouveau les kamikazes touchent 2 contre-torpilleurs, 1 pétrolier et 1 dragueur de mines.
Les Superforteresses volantes B-29 reprennent leurs attaques sur Tokyo et lancent 754 t de bombes sur le quartier industriel de Kawasaki.

16 avril

Front soviétique. A 5 heures, le 1er Front d'Ukraine (Koniev) entame l'offensive contre Berlin par un bombardement massif des positions de la IVe armée blindée allemande (*Heeresgruppe* Centre) sur la Neisse, dans la région de Triebel. A 7 heures, les chars d'assaut et l'infanterie s'ébranlent et emportent une tête de pont sur la Neisse. Dans la zone de Ratibor (Raciborz), les attaques sont également violentes. A 6 h 15, parti de la tête de pont sur l'Oder à Küstrin (Kostrzyn), le 1er Front de Biélorussie (Joukov) investit le secteur tenu par le *Heeresgruppe* de la Vistule, au nord et au sud de Francfort-sur-l'Oder. La XXXIIIe armée soviétique est celle qui accomplit, au sud de la ville, la plus grande progression, avançant de plusieurs kilomètres.
En Autriche, le 3e Front d'Ukraine (Tolboukhine) poursuit sa marche à l'ouest de Vienne et emporte Sankt Pölten et Fürstenfeld (au sud de Graz). En Tchécoslovaquie, le 2e Front d'Ukraine (Malinovski) gagne du terrain au sud de Brno.
Front occidental. Le 2e corps de la Ire armée canadienne prend Groningue.
Dans le secteur de la IIe armée britannique, le 30e corps approche de Brême, tandis qu'à Uelzen les détachements du 8e corps se heurtent à la vive résistance de la XXe armée allemande.
Le 18e corps aéroporté et le 3e corps de la Ire armée américaine progressent dans la poche de la Ruhr, où la résistance allemande s'effondre rapidement : plusieurs unités déposent les armes, alors qu'à ce jour 20 000 Allemands au moins se sont déjà rendus aux Américains.
Les 7e et 5e corps étendent leurs têtes de pont sur la rive orientale de la Mulde : des unités de la 9e division blindée (5e corps) entrent dans Colditz et la 69e marche sur Leipzig au nord-est.
Dans le secteur où opèrent les unités de la VIIe armée américaine, le 15e corps avance vers Nuremberg, dont il atteint la périphérie.
Birmanie. Les avant-gardes de la 5e division indienne (4e corps) occupent Shwemyo sans rencontrer de résistance, mais se retrouvent bloquées à la périphérie de la ville par l'intensité du feu japonais.
Philippines. Luçon. Dans le secteur du 1er corps, la 37e division américaine a raison de la résistance, pourtant tenace, des Japonais sur les hauteurs situées au nord de San Fernando, puis elle avance au nord, le long de la côte occidentale. Dans le secteur du 14e corps, le 511e régiment d'infanterie de la 11e division A/B enlève les monts Malepunyo et Dalaga, tandis que la 1re division de cavalerie enserre quelques détachements japonais dans différentes poches, au nord et au nord-ouest du mont Mataasna Bundoc.
Après une préparation aérienne et navale de 2 jours, un bataillon du 151e régiment d'infanterie débarque sans difficulté sur l'île de Carabao, dernier objectif dans la baie de Manille. L'île est occupée.
Philippines méridionales. A Cebu, lents progrès de la division Americal, qui se heurte toujours aux Japonais, postés sur les hauteurs, près de la ville de Cebu : mais, la nuit suivante, les Japonais se retirent.
Dans l'archipel des Soulou, des détachements de la 41e division américaine éliminent les derniers noyaux de résistance japonais.
Okinawa. La 6e division de marines du 3e corps amphibie lance 7 bataillons à l'attaque des collines de Yae-Take, dans la péninsule de Motobu. Les combats sont durs et incertains durant toute la journée. A 8 heures, après un bombardement aérien et naval, la 77e division américaine commence le débarquement sur l'île d'Ie (à l'ouest de la péninsule de Motobu), sur les côtes sud et ouest. Les troupes d'assaut progressent rapidement à l'intérieur, plus gênées par les mines que par les Japonais, et conquièrent les deux tiers de l'île, y compris l'aéroport, après avoir repoussé les contre-attaques japonaises.
Malgré les bombardements sur Kiou-Siou, qui ont repris aujourd'hui, les kamikazes attaquent en force les navires américains dans les eaux d'Okinawa, coulant le destroyer *Pringle* et touchant sévèrement le porte-avions *Intrepid*.

17 avril

Front soviétique. La bataille pour Berlin se poursuit. Le 1er Front d'Ukraine (Koniev), en particulier, réussit de profondes percées au-delà de la Neisse, d'où 3 armées russes foncent vers la Sprée, repoussant la IVe *Panzerarmee.*
Le *Heeresgruppe* Centre perd du terrain au sud, où les Russes marchent sur Brno, tandis qu'il contient l'ennemi près de Ratibor (Raciborz) et Loslaw.
Sur le front tenu par le *Heeresgruppe* de la Vistule, très durs

Un soldat soviétique extirpe un Allemand de son trou individuel durant la bataille de Berlin.

accrochages au sud de Francfort-sur-l'Oder, où progresse la XXXIIIe armée soviétique du 1er Front de Biélorussie (Joukov).

En Prusse-Orientale, les débris des IIe et IVe armées allemandes ont réussi à se replier à l'ouest de Königsberg (Kaliningrad) dans la zone de Pillau (Baltijsk), où ils sont massivement bombardés par l'aviation soviétique.

En Autriche, la situation de la VIe *Panzerarmee* S.S. au sud de Sankt Pölten s'aggrave. Les Russes s'emparent de Wilhelmsburg.

Front occidental. Le 30e corps (IIe armée britannique) lutte toujours dans la banlieue de Brême, tandis qu'à Uelzen le 8e corps est arrêté sur les positions conquises les jours précédents. Le 19e corps de la IXe armée américaine monte à l'assaut de Magdebourg.

Dans la poche de la Ruhr, le 18e corps atteint Duisbourg, Solingen, Düsseldorf et Werden.

Les divisions du 15e corps (VIIe armée américaine) convergent sur Nuremberg et engagent la bataille pour la ville, se heurtant à une farouche résistance.

Dans le secteur de la Ire armée française, le 2e corps, dépassant Freudenstadt, scinde en deux la XIXe armée allemande.

Front italien. Progression ininterrompue des forces alliées : dans le secteur ouest, la 92e division (V^e^ armée américaine) se porte à Sarzana, tandis que le 4e corps atteint les monts Ferra et Moscoso. Sur le flanc est du dispositif, le 2e corps polonais (VIIIe armée britannique) progresse à l'ouest de Medicina, tandis que le 13e corps atteint la Gaiana.

Philippines. Luçon. Dans le secteur du 1er corps américain, la 37e division, atteignant l'Irisan, affronte la dernière ligne de défense nippone avant Baguio. Les Japonais résisteront encore quelques jours. La 32e division poursuit le nettoyage des hauteurs dans la zone du col de Salacsac, sur la piste de Villa Verde.

Dans le secteur du 11e corps, la 6e division élimine les dernières résistances nippones sur le mont Mataba. Dans le secteur du 14e corps, légers progrès de la 1re division de cavalerie américaine sur les pentes occidentales du mont Mataasna Bundoc, ultime position clé de l'ennemi dans le centre sud de Luçon.

Philippines méridionales. Des unités d'assaut de la 24e division (10e corps américain), appuyées par des avions, des croiseurs et des destroyers, débarquent sur la côte ouest de Mindanao, dans la zone de Cotabato. Les forces débarquées progressent rapidement et enlèvent Parang, ainsi que les hauteurs dominant Polloc Harbor. Le centre de Malabang a déjà été libéré par les guérilleros.

Okinawa. La 6e division de marines (3e corps amphibie) occupe le sommet du relief de Yae-Take, dans la péninsule de Motobu, brisant la tenace résistance nippone. Entretemps, les Américains ont renforcé leur dispositif au sud : contre la ligne Shuri ont été amenées les 7e, 96e et 27e divisions du 24e corps (général Hodge); l'appui de feu est fourni par 650 avions des marines, 27 groupes d'artillerie, 6 cuirassés, 6 croiseurs et 9 destroyers.

Sur l'île de Ie, la 77e division américaine progresse vers le mont Iegusugu, qui domine toute l'île, et vers le chef-lieu Ie, dont elle atteint la périphérie.

18 avril

Front soviétique. Au nord, entre Stettin (Szczecin) et Schwedt, 5 armées du 2e Front de Biélorussie commencent à faire pression sur le *Heeresgruppe* de la Vistule (Heinrici), franchissant l'Oder inférieur.

Le 1er Front de Biélorussie (Joukov) et le 1er Front d'Ukraine (Koniev) enregistrent des progrès significatifs, enfonçant 2 lignes défensives allemandes sur un front de plusieurs kilomètres. La IVe *Panzerarmee* est coupée en deux par le 1er Front d'Ukraine dans la zone de Forst, à l'est de Cottbus.

Le *Heeresgruppe* Centre doit soutenir lui aussi la forte pression soviétique en Tchécoslovaquie, dans la zone de Moravska-Ostrava (Ostrava) et au sud de Brno, ville qui est déclarée « forteresse » et qui, encerclée plus tard par l'ennemi, résistera avec acharnement.

Dans le secteur de Brno opère, du côté russe, le 2e Front d'Ukraine (Malinovski).

Front occidental. Sur le flanc nord du front, le 1er corps de la Ire armée canadienne atteint le Zuiderzee, but de sa mission.

Tandis que le 30e corps (IIe armée britannique) s'apprête à lancer l'assaut décisif contre Brême, les unités des 12e et 8e corps ont pris respectivement Soltau et Uelzen.

Dans la poche de la Ruhr, le 18e corps aéroporté (Ire armée américaine), venu à bout de la résistance organisée allemande, entame

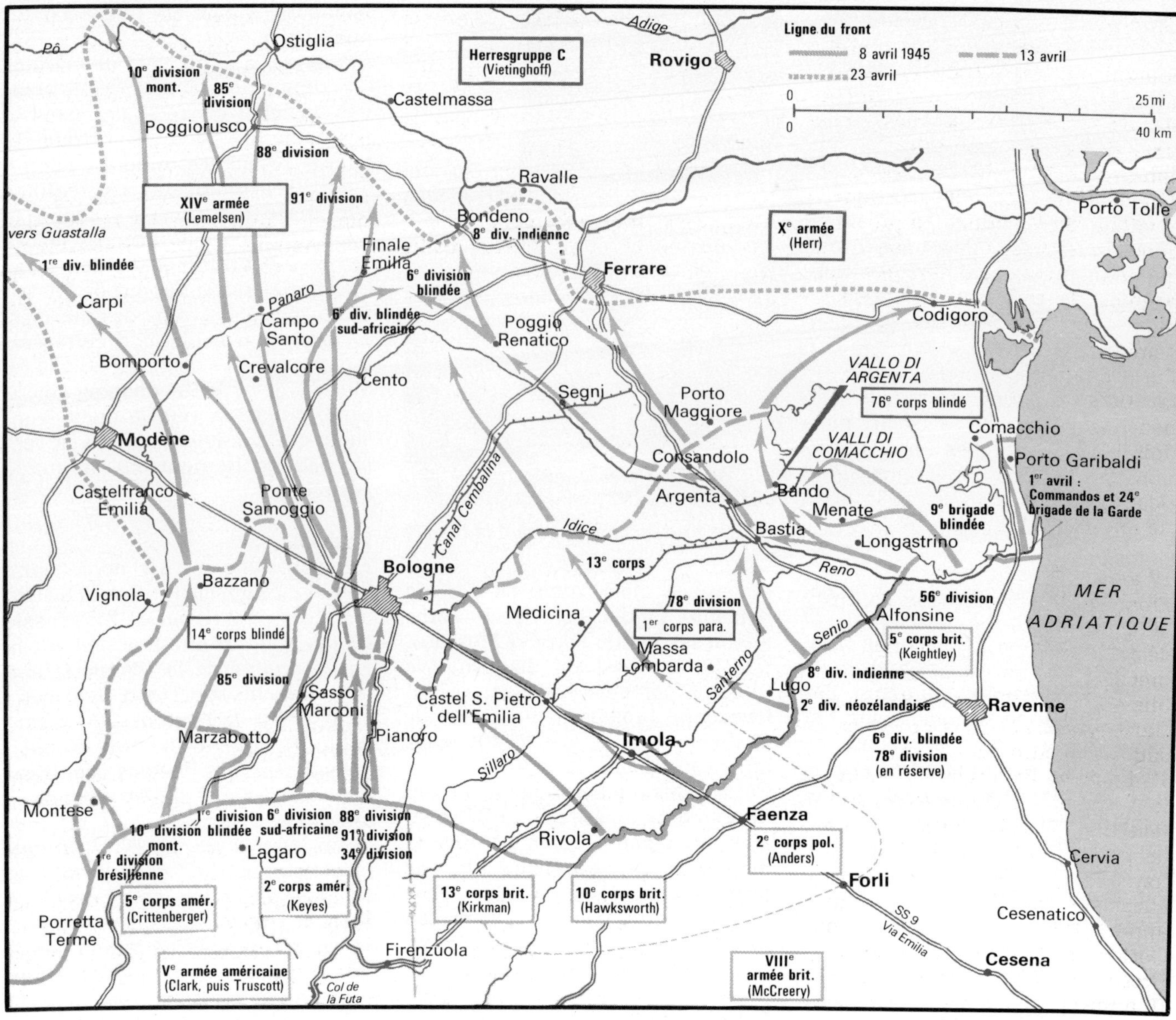

Les phases ultimes de la campagne pour la libération de l'Italie du Nord.

le nettoyage des bandes éparses. Au cours de l'opération autour de la poche, les Alliés ont fait 325 000 prisonniers, soit plus du double du nombre d'ennemis qu'ils pensaient avoir cernés.

Une grande partie de Halle est conquise par des éléments de la 3e division (7e corps), tandis que, dans le secteur du 5e corps, les 2e et 69e divisions lancent une action coordonnée contre Leipzig.

Recrudescence des attaques du 15e corps contre Nuremberg : simultanément, la 42e division du 21e corps entre à Fürth, juste à l'ouest de Nuremberg, bloquant toutes les sorties de la ville.

Front italien. Atteignant la zone Sulmonte-San Chierlo, la 10e division de montagne du 4e corps (Ve armée américaine) fait quelque 3 000 prisonniers du 14e corps blindé allemand.

Sur le flanc droit du dispositif allié, le 5e corps (VIIIe armée) enlève Argenta, avec le concours du groupe de combat italien Cremona.

Birmanie. Venue à bout de la résistance nippone près de Shwemyo, la 5e division indienne (4e corps britannique) se dirige au sud vers Pyinmana.

Philippines. Luçon. Dans le secteur du 14e corps américain, la 11e division A/B relance l'offensive contre le mont Macolod, gagnant quelques positions.

Philippines méridionales. Les troupes du 10e corps américain du général Sibert étendent la tête de pont à Mindanao ; la 24e division engage une opération amphibie et terrestre contre le fort Pikit, objectif préalable avant d'atteindre l'important carrefour de Kabacan. D'autres forces franchissent la rivière Mindanao, enlevant sans mal Tamontaca et Cotabato ; quelques détachements atteignent et occupent Lomopog, à 30 km de Cotabato.

Sur l'île de Negros, la 40e division, appuyée par l'aviation, attaque sans succès des positions japonaises.

Okinawa. Dans le secteur du 3e corps amphibie, les marines poursuivent les Japonais vers le nord, le long de la route Itomin-Manna, réduisant ensuite les poches ennemies au nord de l'île. Au sud, dans le secteur du 24e corps, des détachements occupent la crique et le village de Machinato, à proximité duquel une passerelle est construite, qui permettra à de nombreuses compagnies de traverser la crique de nuit sans être repérées par l'ennemi.
Furieux combats sur l'île de Ie, où un bataillon américain réussit à pénétrer dans le chef-lieu, Ie, mais doit ensuite se replier sur des positions moins exposées. Progrès significatifs du 306e régiment d'infanterie au nord-est, sur la côte.

19 avril
Front soviétique. Moscou confirme le début de la grande offensive, déjà annoncée par Berlin. De nombreuses têtes de pont ont été établies par le 2e Front de Biélorussie (Rokossovski) au-delà de l'Oder, au sud de Stettin (Szczecin), par le 1er Front de Biélorussie (Joukov) et le 1er Front d'Ukraine (Koniev) au-delà de la Neisse. Parties de la tête de pont à l'ouest de Küstrin (Kostrzyn), les armées de Joukov marchent sur Berlin ; d'autres troupes, après la traversée de la Neisse entre Görlitz et Cottbus, avancent sur Dresde. Au nord-ouest de Görlitz, la IIe armée polonaise, encadrée par le 1er Front d'Ukraine (Koniev), enlève Rothenburg.
Le 2e Front d'Ukraine (Malinovski) fait pression sur Moravska-Ostrava (Ostrava) et, du sud, sur Brno, tandis que le 3e Front d'Ukraine (Tolboukhine) gagne à nouveau du terrain au sud de Vienne.
L'on se bat encore dans les zones de Racibórz et de Loslaw, ainsi que près de Troppau et Breslau (Wroclaw).
Les Allemands annoncent le passage de la Sprée par les Russes près de Spremberg et la perte de Forst (à l'est de Cottbus).
En Prusse-Orientale, dans la zone de Pillau (Baltijsk), durs accrochages et violents tirs d'artillerie des Russes, qui infligent des pertes sévères aux Allemands. En Allemagne, on enrôle les jeunes de 16 ans, tandis que les vieux et les jeunes de 14 ans sont mobilisés dans le *Volkssturm,* la milice populaire.
Front occidental. Brême est investie par le 30e corps de la IIe armée britannique. De son côté, fonçant vers le nord, le 12e corps coupe l'autoroute Brême-Hambourg, tandis que le 8e corps atteint l'Elbe dans le secteur de Lauenburg.
Le 19e corps (IXe armée américaine) maintient et renforce ses positions sur l'Elbe. Ordre est donné au 16e corps d'organiser l'occupation et le gouvernement militaire du territoire occupé par la IXe armée à l'ouest de la Weser.
Les unités du 7e corps de la Ire armée américaine achèvent la conquête de Halle, et le 5e corps celle de Leipzig. Le 15e corps (VIIe armée américaine) continue d'attaquer Nuremberg.
Dans le secteur de la Ire armée française, le 2e corps pousse son avance en direction de Stuttgart, tandis que le 1er corps occupe la partie occidentale de la Forêt-Noire, atteignant la zone de Biberach-Mahlberg.
Front italien. Le commandement de la Ve armée américaine donne ses instructions en vue de la poursuite de l'offensive vers le Pô : le plan prévoit l'avance de la 92e division en direction de La Spezia, du 4e corps vers le Panaro, ensuite au-delà du Pô entre Ostiglia et Borgoforte, et enfin du 2e corps sur Bologne, avec la traversée du Pô entre Ostiglia et Sermide.
Birmanie. La 20e division indienne (33e corps britannique) atteint l'Irraouaddi, enlevant Magwe et Myingun.
Philippines. Luçon. Dans la péninsule de Bicol, le 158e groupe de combat régimentaire américain attaque de 3 côtés les reliefs Cituinan ; l'opération, appuyée par l'artillerie et l'aviation, durera une semaine.
Dans le secteur du 1er corps, la 37e division enlève plusieurs positions sur les reliefs au sud et au nord-ouest du passage sur l'Irisan, où un important pont a été détruit par les Japonais, qui réussissent à conserver certains points au nord-est de la rivière.
La 33e division affronte les positions nippones dans les cavernes de la zone d'Asin, tandis que la 32e avance dans la zone du col de Salacsac et que la 25e approche de Kapintalan.
Sur le mont Myoko, une violente contre-attaque japonaise est repoussée par des éléments du 27e régiment d'infanterie. La 11e division A/B continue à faire pression contre le mont Mataasna Bundoc, dans le secteur du 14e corps américain. Sur le mont Macolod, les Japonais sont enfermés dans une petite poche.
Okinawa. Une tempête de fer et de feu s'abat, à l'aube, sur les positions nippones avancées de la ligne Shuri. 3 divisions du 24e corps américain montent ensuite à l'assaut, la 27e sur la droite et la 7e sur la gauche, tandis que la 96e exerce une moindre pression au centre. Le but évident est de faire tomber les ailes afin d'encercler le centre.

20 avril
Front soviétique. La bataille fait rage entre les Sudètes et la baie de Stettin. Dans la zone entre Stettin (Szczecin) et Schwedt, le 2e Front de Biélorussie (Rokossovski) s'empare d'un large saillant qui s'étend au-delà de l'Oder, et dont le sommet domine le Randow. Plus au sud, le 1er Front de Biélorussie (Joukov) s'élance au nord et au sud de Spremberg : la XXXIIIe armée soviétique inflige de lourdes pertes à la IXe armée allemande. Au sud de Cottbus, après avoir enfoncé le front de la IVe *Panzerarmee,* le 1er Front d'Ukraine (Koniev) avance au-delà de la Sprée sur Berlin, enlevant Calau. Les Allemands lancent des contre-attaques désespérées au nord et au sud de Francfort-sur-l'Oder. Au nord-ouest de la ville, la bataille fait rage également dans les zones de Sternebeck et Prötzel.
En Tchécoslovaquie, les Russes maintiennent une pression continuelle sur le district industriel de Moravska-Ostrava (Ostrava) et sur Brno.
Front occidental. Dans le secteur de la Ire armée américaine, le 7e corps s'apprête à attaquer la ville de Dessau, au confluent de la Mulde et de l'Elbe.
Le 20e corps de la IIIe armée américaine attaque en direction du Da-

nube, dans la région de Ratisbonne. Nuremberg tombe après l'action coordonnée de 3 divisions (42e, 3e et 45e) du 15e corps de la VIIe armée américaine.

Stuttgart est investie par le 2e corps de la Ire armée française et le 6e corps de la VIIe armée américaine. Le 1er corps français se porte en direction du Danube sur Sigmaringen.

Front italien. La Ve armée américaine descend des Apennins dans la plaine du Pô : son 4e corps atteint Casalecchio, aux environs de Bologne, tandis que le 2e corps occupe la région entre Casalecchio et Gesso.

Dans le secteur de la VIIIe armée britannique, le 10e corps atteint l'Idice, au-delà de laquelle le 2e corps polonais et le 13e corps britannique établissent des têtes de pont.

Le général Vietinghoff, commandant le *Heeresgruppe* C, ordonne le repli des forces allemandes (Ire et XIVe armées) sur la ligne du Pô : mesure tardive, car les divisions blindées alliées s'élancent déjà sur les troupes allemandes sur toute la ligne du front.

Philippines. Luçon. Des détachements de la 37e division (1er corps) occupent les hauteurs au nord-est du passage de l'Irisan. Dans le secteur du 11e corps, le 145e régiment d'infanterie, fortement épaulé par l'artillerie, maintient sa pression sur le mont Pacawagan. Le 14e corps attaque toujours les monts Mataasna Bundoc et Macolod, maintenant pratiquement conquis.

Okinawa. Toujours de très durs combats devant la ligne Shuri, notamment sur la crête Kakazu, où les Japonais font une hécatombe de blindés américains. Après avoir réalisé des progrès importants dans la zone, les Américains doivent néanmoins refluer, dans la nuit du 20 au 21, devant la violence des contre-attaques nippones.

La 6e division de marines termine le nettoyage de la péninsule de Motobu.

Poursuite des combats sur l'île de Ie, où la 77e division réussit à encercler le « Pinacle » dans la zone du mont Iegusugu, tandis qu'au sud de l'île elle prend d'assaut une cote farouchement défendue par les Japonais, dite Bloody Ridge (Crête Sanglante).

Dans les eaux d'Okinawa, le cuirassé américain *Colorado* est sévèrement touché par une explosion accidentelle, le destroyer *Ammen* par un bombardier japonais.

□ Hitler fête son 56e anniversaire dans le bunker de la Chancellerie.

21 avril

Front soviétique. La troisième ligne de défense disposée par l'ennemi une fois brisée, le 1er Front de Biélorussie (Joukov) fonce au nord et au sud de Spremberg sur Berlin, les avant-gardes blindées russes faisant irruption à l'extrémité des faubourgs orientaux de la ville. Au nord-ouest de Görlitz, la IVe *Panzerarmee* (maintenant coupée en deux) oppose une héroïque résistance aux forces du 1er Front d'Ukraine (Koniev). Au nord, entre Schwedt et Stettin (aujourd'hui Szczecin), le *Heeresgruppe* de la Vistule (Heinrici) contient le 2e Front de Biélorussie (Rokossovski) sur le Randow. Au sud, l'avance russe continue au nord-ouest de Moravska-Ostrava, en Tchécoslovaquie, et au sud de Sankt Pölten en Autriche.

Front occidental. Après un violent raid aérien, le 7e corps de la Ire armée américaine lance avec la 3e division l'offensive contre Dessau.

Le 15e corps de la VIIe armée américaine marche sur Munich, tandis que le 21e se dirige vers le Danube. Le 6e corps, avec la 100e division, s'empare des ponts sur le Rems, se rapprochant de Stuttgart.

La 5e division blindée du 2e corps français (Ire armée) entre à Stuttgart par le sud, occupant rapidement toute la ville.

Front italien. Des unités de la Ve armée américaine se dirigent sur Bologne, où elles font leur entrée quelques heures après la prise de la ville par le 2e corps polonais de la VIIIe armée britannique. Les groupes de combat italiens Legnano et Friouli pénètrent également à Bologne.

Birmanie. Dans le secteur du 33e corps britannique, la 7e division indienne encercle Yenangyaung, où une puissante arrière-garde japonaise s'apprête à opposer une résistance héroïque pour couvrir la retraite vers Allanmyo du gros des forces japonaises du secteur. La 5e division indienne avance rapidement au sud vers Toungoo, tandis que la 17e nettoie la zone de Pyinmana.

Chine. Continuant leur marche sur Tchékiang, les Japonais sont accrochés par les Chinois dans la zone de Kaocha-Toungkou. Le commandement chinois fait venir la 22e division par air à Tchékiang, et la 14e par des véhicules automobiles fournis par le 475e régiment d'infanterie américain.

Philippines. Luçon. Dans le secteur du 1er corps, la 37e division américaine s'empare du passage sur l'Irisan et, construisant un pont de fortune, passe sur l'autre rive et poursuit sa marche sur Baguio. Des détachements de la 25e division ont enfin pris la ville de Kapintalan, tandis que des éléments de la 27e enlèvent quelques cotes dans la zone du mont Myoko. Dans le secteur du 14e corps, la 11e division A/B achève la conquête du mont Macolod, éliminant la dernière poche de résistance japonaise. La défense de la région est confiée aux groupes de guérilleros philippins.

Philippines méridionales. Sur l'île de Mindanao, des détachements du 10e corps américain occupent le fort Pikit, évacué par les Japonais. Les opérations se poursuivent sur l'île Negros et les petites îles.

Okinawa. Les combats sont toujours aussi violents entre le 24e corps américain et les défenseurs nippons aguerris de la ligne Shuri, au sud de l'île. Sur l'île d'Ie, la 77e division enlève le « Pinacle » et défend le Bloody Ridge contre une ultime contre-attaque ennemie. Après quoi les Japonais cessent toute résistance organisée et le nettoyage commence. Au cours de cette terrible bataille, qui a duré 6 jours, les pertes américaines se sont élevées à près d'un millier de morts, blessés et disparus, tandis que 4706 Japonais étaient tués et 149 capturés.

Au cours d'une énième attaque kamikaze contre la flotte américaine dans les eaux d'Okinawa, les aviateurs nippons coulent un dragueur de mines et endommagent 3 contre-torpilleurs et 3 dragueurs de mines.

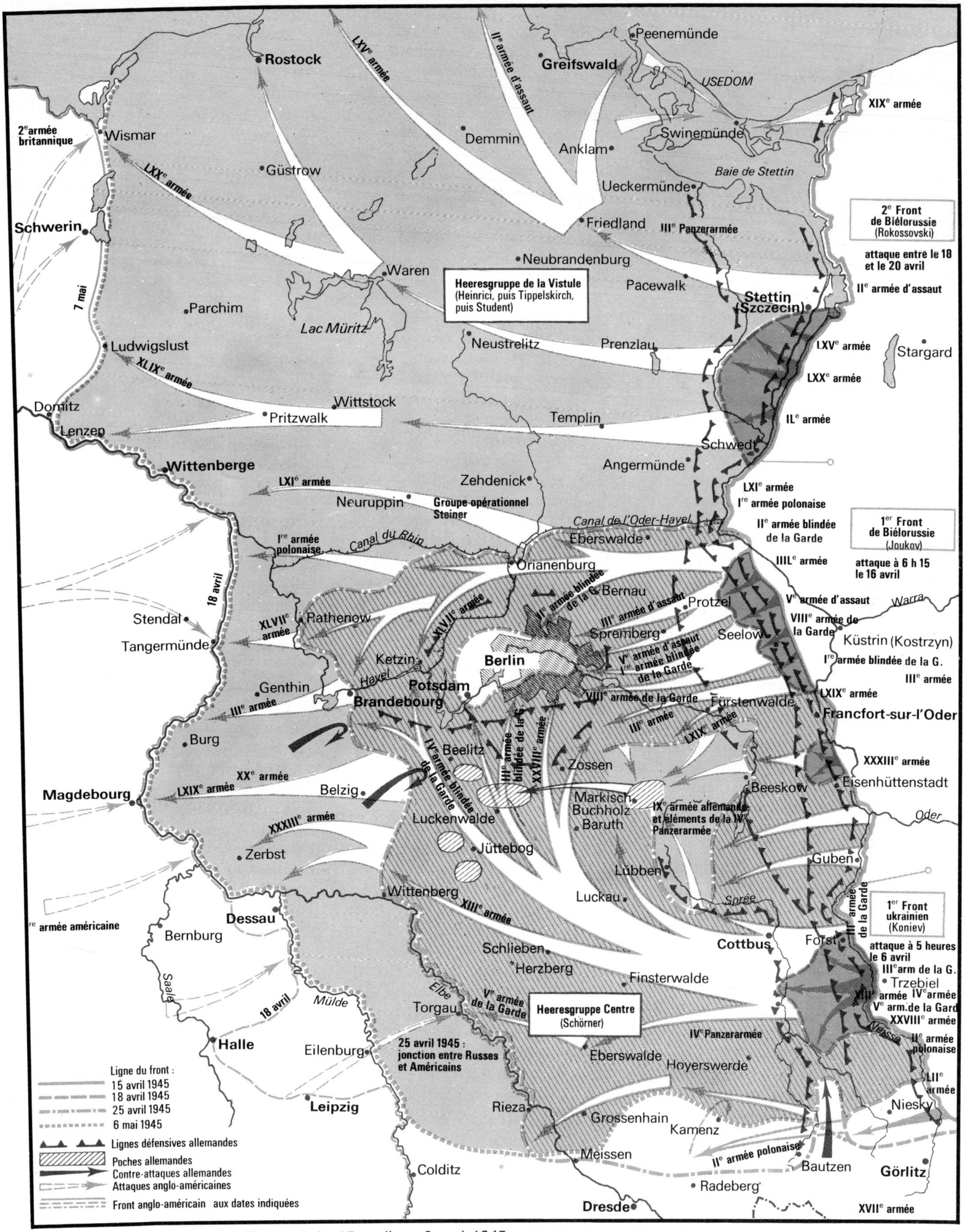

Les opérations sur le front allemand du 15 avril au 6 mai 1945.

22 avril
Front soviétique. Le 1er Front de Biélorussie (Joukov), parvenu à la périphérie de Berlin, atteint la ligne Fürstenwade-Strausberg-Bernau. Du sud, le 1er Front d'Ukraine se dirige au nord en direction de Berlin et à l'ouest vers Dresde. Selon l'annonce du commandement allemand, l'ennemi a commencé d'investir les défenses extérieures de la capitale. En Tchécoslovaquie, le 4e Front d'Ukraine (Petrov) s'est emparé du nœud routier de Troppau (Opava), au nord-ouest de Moravska-Ostrava (Ostrava). Le 2e Front de Biélorussie (Rokossovski) agrandit sa percée entre Stettin (aujourd'hui Szczecin) et Greifenhagen (aujourd'hui Gryfino). Les débris de l'armée allemande en Prusse-Orientale, regroupés dans la zone de Pillau (Baltijsk), sont soumis à l'incessante pression soviétique.
Situation inchangée en Autriche et en Yougoslavie.
Front occidental. Tandis que les unités de la IXe armée, qui n'ont pas encore atteint le Rhin, se dirigent rapidement vers la rive occidentale du fleuve, dans le secteur de la Ire armée américaine le 7e corps lutte toujours pour Dessau.
Les divisions du 21e corps (VIIe armée américaine) atteignent le Danube à Lauingen et à proximité de Dillingen, constituant des têtes de pont au-delà du fleuve, que le 6e corps franchit également, plus au sud, près d'Ehingen.
Dans le secteur de la Ire armée française, le 2e corps consolide ses positions dans le secteur de Stuttgart, entamant l'occupation de la région au sud de Tübingen. La 1re division blindée du 1er corps progresse rapidement le long du Danube, sur Ulm.
Front italien. Tandis que le 4e corps de la Ve armée atteint le Panaro, dépassant ensuite Modène, le 5e corps de la VIIIe armée britannique arrive à Ferrare.
Birmanie. Le général Kimura, commandant les armées japonaises en Birmanie, ordonne le repli du gros de ses troupes de Rangoon jusqu'aux zones de Pegu et Moulmein. Dans le secteur du 33e corps britannique, la 7e division indienne enlève Yenangyaung, principal centre pétrolier birman ; dans le secteur du 4e corps britannique, la 5e division, progressant plus vite que prévu, atteint Toungoo et lance quelques détachements au sud, en direction de Oktwin.
Philippines. Luçon. Dans le secteur du 1er corps américain, la 37e division progresse de quelque 4 km en direction de Baguio, tandis qu'un régiment de la 33e atteint les pentes du mont Mirador, à la périphérie ouest de Baguio.
La 32e division déloge les Japonais de quelques collines le long de la piste de Villa Verde. Au sud, dans le secteur du 11e corps, les Américains attaquent sans discontinuer le mont Pacawagan et les collines de Cituinan. Le mont Mataasna Bundoc est virtuellement encerclé.
Philippines méridionales. Débarquement sur Mindanao de la 31e division du 10e corps américain, tandis que des détachements de la 24e division entreprennent la traversée de l'île, se dirigeant sur le golfe de Davao. Du fort Pikit, un bataillon arrive dans la zone de Kabacan. Les forces japonaises se retrouvent ainsi coupées en deux.
Sur l'île de Jolo, des éléments de la 41e division américaine éliminent les derniers nids de la résistance japonaise sur le mont Daho. Sur Cebu, les Américains se portent de la ville de Cebu à Toledo et, de là, à Tabuelan, en longeant la côte nord.
Okinawa. Au sud, sur le front du 24e corps américain, la 27e division améliore ses positions sur le flanc ouest du dispositif, mais les Japonais tiennent toujours la crête Kakazu et autres positions clés. Des détachements de la 96e division prennent d'assaut le village de Nishibaru, sans toutefois atteindre la crête voisine de Nishibaru.
Dans les eaux d'Okinawa, des avions-suicide attaquent et endommagent 3 contre-torpilleurs et un autre bâtiment américain.

23 avril
Front soviétique. Hitler prend officiellement en main la défense de Berlin, chargeant Goebbels d'annoncer qu'il n'abandonnera pas la capitale. Comme le déclare celui-ci dans le journal de l'O.K.W., la lutte revêt désormais le caractère de défense suprême des valeurs culturelles européennes contre le bolchevisme, leur ennemi mortel. La garnison, renforcée des troupes retirées de l'Oder, de 32 000 policiers, de vieillards, de femmes et de jeunes de la *Hitlerjugend* (Jeunesse hitlérienne) armés de *Panzerfaust*, compte quelque 300 000 hommes. Le périmètre défensif est tenu à l'est par la division blindée Müncheberg et la *Panzergrenadiere Nordland*, au nord par la 9e division aéroportée, à l'ouest par la 20e division motorisée ; la 18e *Panzerdivision* est gardée en réserve. Dans la capitale devraient arriver le groupe Francfort-Guben, fort de 200 000 hommes, 2 000 bouches à feu et 200 blindés, encerclé par les Russes au sud-est de la ville, le groupe opérationnel Steiner, stationné au nord de celle-ci, et la XIIe armée du général Wenck, qui reçoit l'ordre de se porter de la zone de Brandebourg, à l'est de la capitale, sur Berlin. Mais les renforts tant attendus ne réussiront jamais à passer.
Entre-temps, venant de Spremberg, le 1er Front de Biélorussie (Joukov) a atteint la limite orientale de Berlin, tandis que du sud affluent les armées du 1er Front d'Ukraine (Koniev). Au sud, les Allemands résistent sur la ligne Beelitz-Trebbin-Teltow-Dahlewitz, mais les Soviétiques sont en train de refermer l'étau autour de la ville, atteignant par le nord et l'est la Havel, à l'ouest de Potsdam.
Au sud-est de Berlin, le 1er Front d'Ukraine (Koniev) enlève Cottbus, déjà encerclé après la percée sur la Sprée.
En Tchécoslovaquie, les combats continuent au sud de Brno et au nord-ouest de Moravska-Ostrava, opposant le *Heeresgruppe* Centre (Schörner) aux 4e et 2e Fronts d'Ukraine (Petrov et Malinovski).
Venant de Eberswalde, la Ve armée de la Garde (1er Front d'Ukraine) se porte résolument vers l'Elbe. D'autres forces du 1er Front de Biélorussie (Joukov) ont pris Oranienburg, au nord de Berlin, dépassant Francfort-sur-l'Oder. L'aile gauche du 1er Front d'Ukraine (Koniev)

prend d'assaut Pulsnitz, au nord-est de Dresde.
Front occidental. Au consulat suédois de Lübeck, Himmler, qui a pris le commandement suprême des armées du Rhin et de la Vistule, offre aux Alliés occidentaux la capitulation des armées allemandes. Mais l'offre est rejetée peu après par les Alliés, qui exigent la reddition sans condition sur tous les fronts, y compris celui de l'Est.
Le 12ᵉ corps de la IIᵉ armée britannique atteint l'Elbe face à Hambourg.
Tout le secteur de Dessau est aux mains de la 3ᵉ division blindée (7ᵉ corps de la Iʳᵉ armée américaine).
Les 15ᵉ et 21ᵉ corps de la VIIᵉ armée américaine font pression vers le Danube, tandis que l'offensive du 6ᵉ corps se poursuit au-delà du fleuve.
Front italien. Le 4ᵉ corps de la Vᵉ armée américaine franchit le Pô près de Guastalla et Luzzara.
Dans le secteur de la VIIIᵉ armée britannique, le 13ᵉ corps établit plusieurs têtes de pont au-delà du Reno, tandis que la 8ᵉ division du 5ᵉ corps atteint Ferrare et le Pô à Pontelagoscuro.
Philippines. Luçon. Après un violent raid aérien sur la zone du mont Mirador, au sud-ouest de Baguio, des détachements de la 37ᵉ division (1ᵉʳ corps américain) parviennent au cimetière de Baguio, où ils sont arrêtés par le feu des Japonais. Dans le secteur du 11ᵉ corps, la 6ᵉ division donne toujours l'assaut contre le mont Pacawagan, liquidant systématiquement les nids de résistance nippons. Le 14ᵉ corps maintient sa pression sur les positions ennemies sur le mont Mataasna Bundoc.
Philippines méridionales. Des éléments de la 24ᵉ division américaine enlèvent Kabacan, sur Mindanao.
Okinawa. Dans la zone entre Nishibaru et Tanabaru, la 96ᵉ division américaine conquiert plusieurs reliefs, écrasant la résistance japonaise, apparemment affaiblie.

24 avril
Front soviétique. Du sud, les 3ᵉ et 28ᵉ armées du 1ᵉʳ Front d'Ukraine (Koniev) entrent à Berlin, appuyant le 1ᵉʳ Front de Biélorussie (Joukov), qui lutte déjà dans la ville. Des combats acharnés sont signalés par le commandement allemand au sud de Potsdam, au sud-est de Brandebourg, à la périphérie est et ouest de Berlin.
Sur le front de l'Oder inférieur, le 2ᵉ Front de Biélorussie (Rokossovski) s'oppose à la IIIᵉ *Panzerarmee* du Front de la Vistule (Heinrici), étendant sa vaste tête de pont entre Schwedt et Stettin (aujourd'hui Szczecin).
La IXᵉ armée allemande et une partie de la IVᵉ *Panzerarmee* sont pratiquement encerclées au sud de Fürstenwalde.
Front occidental. Le 30ᵉ corps de la IIᵉ armée britannique lance l'offensive contre Brême; le 8ᵉ corps approche de l'Elbe près de Lauenburg.
Des unités de la VIIᵉ armée poursuivent leur marche rapide vers le Danube; le 6ᵉ corps atteint et enlève Ulm.
Le 2ᵉ corps de la Iʳᵉ armée française poursuit sa route dans la Forêt-Noire : quelques unités atteignent la frontière suisse à Bâle.
Front italien. Dans le secteur de la Vᵉ armée américaine, tandis que la 92ᵉ division reçoit l'ordre de se porter sur Gênes, le 4ᵉ corps se dirige sur l'aéroport de Villafranca, au sud de Vérone; des éléments de la 34ᵉ division atteignent Reggio d'Émilie. De leur côté, les 13ᵉ et 5ᵉ corps britanniques (VIIIᵉ armée britannique) établissent quelques têtes de pont au-delà du Pô, respectivement à Gaiaba et Stienta, et à l'ouest de Pontelagoscuro.
Le Comité de libération nationale ordonne l'insurrection générale dans l'Italie du Nord. Les colonnes allemandes en retraite sont atta-

Deux G.I. escortent l'un des premiers Japonais faits prisonniers au cours de la longue et sanglante campagne pour la conquête de l'île d'Okinawa.

quées par les partisans, qui, le 25, prennent le contrôle de Milan.
Birmanie. Les Japonais battent en retraite sur Moulmein et Toungoo.
Philippines. Luçon. Combats à moins de 2 km de Baguio, dont les Américains ont pris le cimetière.
Philippines méridionales. La 24e division américaine marche sur Digos dans le golfe de Davao, sur l'île de Mindanao.
Okinawa. Le 24e corps progresse sans mal sur toute la ligne, sauf sur le flanc ouest, occupant la bande extérieure de la ligne Shuri, d'où les Japonais se sont retirés à la faveur de la nuit. La 96e division occupe les positions, non encore conquises, de la crête de Nishibaru et autres cotes.

25 avril
Front soviétique. La Ve armée de la Garde (1er Front d'Ukraine du maréchal Koniev) établit le premier contact avec les Américains de la Ire armée, près de Torgau, au sud de Berlin, sur l'Elbe. L'Allemagne est coupée en deux.
Le 1er Front de Biélorussie (Joukov) et le 1er Front d'Ukraine font leur jonction au nord-ouest de Potsdam, près de Ketzin ; le commandement allemand annonce des combats dans cette zone et près de Nauen. Au sud de la capitale, les Russes atteignent la ligne Neubabelsberg-Zehlendorf-Neukölln ; au nord, l'on se bat près d'Oranienburg.
Pendant ce temps, les troupes russes livrent d'âpres combats contre le groupement Guben-Francfort, c'est-à-dire la IXe armée et une partie de la IVe *Panzerarmee,* au sud de Fürstenwalde. Ces forces n'atteindront jamais Berlin, pas plus que le groupe opérationnel Steiner ni l'armée du général Wenck.
En Prusse-Orientale, le 3e Front de Biélorussie (Vassilievski) a raison des défenseurs allemands de Pillau (Baltijsk) : ce qui reste des armées allemandes se réfugie dans la langue de terre qui relie la péninsule du Samland à Dantzig (aujourd'hui Gdansk).
Sur le front tchécoslovaque, les forces du 2e Front d'Ukraine (Malinovski) atteignent la périphérie de Brno, important centre industriel (fabrication d'armements).
Dans la Dalmatie nord-occidentale, les troupes de Tito atteignent la zone de Fiume (aujourd'hui Rijeka).
Avec l'énergie du désespoir, les Allemands trouvent le moyen de lancer des contre-attaques : ainsi, la XVIIe armée réussit une percée dans les lignes du 1er Front d'Ukraine, dans la zone de Görlitz-Bautzen-Kamenz (au sud de Cottbus), infligeant de lourdes pertes aux Soviétiques.
Front occidental. Le 30e corps de la IIe armée britannique fait son entrée à Brême.
La IIIe armée américaine poursuit son offensive vers la frontière tchécoslovaque, atteignant au sud le Danube avec les 20e et 3e corps. La VIIe armée américaine, engagée le long du Danube, franchit le fleuve en divers endroits au nord et au sud de la tête de pont de Dillingen.
Dans le secteur de la Ire armée française, le 2e corps, partant de la région de Sigmaringen, se porte à l'est ; le 1er corps français est accroché par les débris des unités de la XIXe armée allemande, qui fait une tentative désespérée pour fuir vers les Alpes bavaroises en regroupant ses forces dans la Forêt-Noire et en lançant une violente offensive entre Villingen et la frontière suisse.
Front italien. Tandis que les unités du 4e corps (Ve armée américaine) occupent l'aérodrome de Villafranca di Verona (10e division de montagne) et Parme (3e division), la 88e division du 2e corps libère Vérone. Dans le secteur de la VIIIe armée britannique, la 56e division et le groupe de combat Cremona traversent le Pô près de Polesella et près de la côte.
Chine. Sur les flancs de la principale colonne japonaise qui marche sur Tchékiang, la 58e division chinoise doit reculer, abandonnant la ville de Woukang.
Philippines. Luçon. Dans le secteur du 1er corps américain, l'assaut est donné contre le mont Mirador, près de Baguio. Les opérations continuent contre le mont Pacawagan dans le secteur du 11e corps et contre le mont Mataasna Bundoc et les massifs Cituinan dans le secteur du 16e corps. Les Japonais amorceront leur repli de ces dernières positions dans la nuit du 27.
Okinawa. Intenses raids aériens, navals et terrestres des Américains contre les principales positions de la ligne Shuri.
□ Ouverture à San Francisco de la conférence des Nations unies sur la création d'une organisation internationale pour la sauvegarde de la paix, faisant suite à la conférence de Moscou du 30 octobre 1943. Elle durera deux mois.

26 avril
Front soviétique. Ayant enfoncé les défenses allemandes à l'ouest de l'Oder, le 2e Front de Biélorussie (Rokossovski) enlève la ville et le port de Stettin (Szczecin).
A Berlin, on se bat toujours âprement maison par maison. Des unités du 1er Front de Biélorussie (Joukov) progressent au nord-est de la capitale, tandis que d'autres poursuivent la liquidation du groupe Guben-Francfort.
Le 1er Front d'Ukraine (lui aussi engagé à Berlin) enlève Torgau et Strehla, sur la rive ouest de l'Elbe.
A Breslau (aujourd'hui Wroclaw), les combats sont toujours aussi acharnés et les Soviétiques progressent dans la partie ouest de la ville.
En Tchécoslovaquie, le 2e Front d'Ukraine (Malinovski) a pris Brno, le 4e (Petrov) fait pression sur Moravska-Ostrava (Ostrava).
En Prusse-Orientale, le 3e Front de Biélorussie (Vassilievski) entame la liquidation des forces allemandes réfugiées sur la langue de terre qui s'étend de Pillau (Baltijsk) vers l'ouest.
Front occidental. Le 30e corps de la IIe armée britannique achève la conquête de Brême, tandis que le 12e se déploie sur la rive ouest de l'Elbe face à Hambourg. Des unités du 12e corps de la IIIe armée américaine pénètrent en Autriche, près de Lackenhaüsen. Les troupes américaines franchissent le Danube au sud-ouest de Ratisbonne (20e corps) et à proximité d'Ingolstadt, après avoir pris la ville. Plus au sud, la VIIe armée américaine franchit le Danube en plusieurs endroits et établit sur la rive mérionale de solides têtes de pont, puis se dirige sur Augsbourg (21e corps) et Memmingen (3e corps).

L'ÉPURATION EN FRANCE

Peu de problèmes ont été plus difficiles à aborder par le gouvernement de la Libération que celui de l'épuration. Il en est peu qui suscitent encore tant de controverses, quant à ses modalités, à son ampleur et à ses résultats.
Dès le 18 août 1943, le C.F.L.N. avait créé un Comité d'épuration pour châtier les collaborateurs, c'est-à-dire les serviteurs de l'ennemi et les profiteurs de la défaite. Le 3 septembre, il précisait que les ministres et hauts fonctionnaires du régime de Vichy seraient traduits en Haute Cour. Et le 20 mars 1944, il faisait un premier exemple en refusant la grâce de Pierre Pucheu, ancien ministre de l'Intérieur de Pétain, condamné à mort à Alger par un tribunal militaire.
Mais la libération du territoire métropolitain allait évidemment créer une situation peu propice à un exercice serein de la justice. Malgré la mise en place, très généralement réussie, des autorités régionales et départementales désignées par le G.P.R.F., de nombreux chefs de maquis ou responsables locaux de la Résistance continuèrent, pendant quelques semaines, de jouir d'une certaine autonomie de fait. Il s'ensuivit un peu partout, comme en toute période troublée, des exécutions sommaires, doublées de règlements de comptes personnels.
Dans les principaux centres, cependant, fonctionnaient des cours martiales à la procédure expéditive, les Commissaires de la République disposant toutefois du droit de grâce. Elles jugèrent essentiellement les miliciens et autres auxiliaires français de la police allemande arrêtés au moment de la Libération. Difficile à établir avec précision, le bilan de cette première période s'établit entre 10 000 et 20 000 exécutions plus ou moins régulières.
Mais, à partir de novembre 1944, au fur et à mesure que le permettait le rétablissement des communications, furent mises en place des cours de justice respectant les formes habituelles de la procédure, pour juger les crimes de collaboration et d'intelligence avec l'ennemi. En même temps, des Chambres civiques étaient appelées à connaître de délits plus mineurs. Celles-ci prononçaient des peines d'« indignité nationale » prévoyant la privation d'un certain nombre de droits civiques.
Au cours de cette seconde période, 124 750 affaires seront instruites. On comptera 767 condamnations à mort et 38 000 à des peines de prison diverses. Les peines d'indignité nationale, les radiations ou rétrogradations de fonctionnaires s'élèveront aussi à plusieurs milliers.
Traduit devant la Haute Cour le 23 juillet 1945, Pétain sera condamné à mort le 15 août, puis gracié par de Gaulle. Il mourra prisonnier en 1951, à l'âge de 95 ans.
Après un procès bâclé, la même juridiction condamnera à mort Pierre Laval, qui sera fusillé le 15 octobre 1945 après avoir tenté de se suicider.
Joseph Darnand, chef de la Milice, sera exécuté le 10 octobre 1945. Subiront, entre autres, le même sort plusieurs journalistes et écrivains de la collaboration : Robert Brasillach, Jean Luchaire, Paul Chack, Georges Suarez.

Philippe Pétain devant la Haute Cour : après avoir lu une déclaration liminaire, le maréchal s'enferma dans le silence.

La Ire armée française, atteignant la zone frontière qui va de Bâle au lac de Constance, achève l'encerclement de la Forêt-Noire.
Front italien. Les 4e et 2e corps de la Ve armée américaine atteignent et passent l'Adige dans les zones de Vérone et de Legnago ; le 13e corps de la VIIIe armée britannique à l'ouest de Badia.
Birmanie. Dans le secteur du 4e corps britannique, la 17e division indienne atteint Daik-U, sur la route de Rangoon.
Philippines. Luçon. Dans le secteur du 1er corps américain, le 129e régiment d'infanterie de la 37e division occupe le mont Mirador, près de Baguio.
Philippines méridionales. A Mindanao, la 24e division progresse lentement sur Digos, gênée par les destructions et les obstacles laissés par les Japonais.
Sur Negros, un groupe de combat régimentaire de la division Americal débarque sur la côte sud-est sans rencontrer d'opposition, occupant le centre de Dumaguete et l'aérodrome voisin. Des détachements

s'enfoncent à l'intérieur jusqu'à San Antonio et la rivière Ocoy, où ils se heurtent aux premières résistances japonaises.

27 avril

France. Venant d'Allemagne, Pétain qui s'est présenté à la frontière franco-suisse a été arrêté, conduit à Paris et est interné au fort de Montrouge.

Front soviétique. Le 2e Front de Biélorussie (Rokossovski) avance rapidement en Poméranie, enlevant Prenzlau et Angermünde. A Berlin, les combats de rue sont toujours aussi acharnés : les trois quarts de la ville sont désormais aux mains du 1er Front de Biélorussie (Joukov), qui attaque par le nord, et du 1er Front d'Ukraine (Koniev), venant du sud. Le 1er Front de Biélorussie investit le faubourg de Spandau, au nord-ouest, Potsdam et Rathenow. Du sud-est, la IXe armée allemande tente vainement de s'ouvrir la route en combattant vers Berlin et en contre-attaquant dans la zone de Zossen; de même, la XXe armée contre-attaque dans la zone au nord-est de Belzig.

Le commandement allemand reconnaît la perte de Pillau (Baltijsk) en Prusse-Orientale.

Front occidental. Le 12e corps de la IIIe armée américaine atteint la frontière tchécoslovaque au nord de Bischofsreut. Le 20e corps américain étend la tête de pont près de Ratisbonne, obtenant la reddition de la ville.

Dans le secteur de la VIIe armée américaine, la 20e division blindée (15e corps) s'apprête à donner l'assaut contre Munich. Le 6e corps pousse son avance vers la frontière autrichienne.

Front italien. Les unités de la Ve armée américaine continuent leur marche en avant en Italie du Nord : la 92e division atteint Gênes.

Chine. Épaulés par l'aviation américaine, les Chinois tiennent toujours les aérodromes de Ankang et de Sian, passant progressivement à la contre-offensive.

Philippines. Luçon. Dans le secteur du 1er corps américain, des détachements des 37e et 33e divisions enlèvent Baguio, capitale estivale des Philippines. On se bat encore dans la zone du mont Myoko. Dans le secteur du 11e corps, des éléments de la 6e division atteignent le sommet du mont Pacawagan. Dans celui du 14e corps, la 11e division A/B donne l'assaut décisif contre le mont Mataasna Bundoc, ultime position clé des Japonais au sud de Luçon.

Philippines méridionales. Sur Mindanao, des éléments de la 34e division américaine progressent dans la zone de Digos, durement accrochés par les Japonais. Les Américains tentent une manœuvre d'enveloppement de la ville de Davao, pensant que dans cette zone des Japonais voudront tenter une ultime manœuvre de résistance.

Okinawa. Les Américains continuent d'attaquer avec l'artillerie, les blindés et les lance-flammes, les positions japonaises de la ligne Shuri.

Le croiseur lourd *Wichita* est endommagé devant Okinawa par les batteries côtières japonaises. 3 contre-torpilleurs et 1 transport rapide sont touchés par les avions-suicide.

28 avril

Front soviétique. A Berlin, les forces de Joukov atteignent la Sprée dans le secteur de Moabit, tandis que celles de Koniev gagnent par le sud l'Unter den Linden et le Tiergarten : entre les armées soviétiques se trouvent le Reichstag et le Bunker de la Chancellerie, où Hitler vit dans un monde illusoire, se refusant à voir la réalité. Le général Heinrici, commandant le *Heeresgruppe* de la Vistule (ou ce qu'il en reste), est destitué pour n'avoir pas mené la politique de la « terre brûlée » face aux Soviétiques, avec l'approbation du ministre des Armées, Speer. En attendant son remplacement par le général de la Luftwaffe Kurt Student, le commandement est provisoirement assumé par le général Tippelskirch.

Le 2e Front de Biélorussie (Rokossovski) avance en Poméranie, à l'ouest de Prenzlau.

Au sud, les Russes occupent Ingolstadt et Ratisbonne. Entre-temps, le 1er Front d'Ukraine (Koniev) investit le saillant conquis par la XVIIe armée allemande au cours des contre-attaques au nord de Bautzen.

Front occidental. Le 8e corps de la IIe armée britannique et le 18e corps aéroporté américain s'apprêtent à traverser l'Elbe respectivement dans les secteurs de Lunebourg et de Bleckede.

Plus au sud, des unités du 19e corps (IXe armée américaine) occupent Zerbst, sur la rive orientale de l'Elbe.

Des unités des 15e et 21e corps de la VIIe armée américaine s'approchent de Munich.

Front italien. La 92e division américaine (Ve armée) atteint Alessandria. La 1re division blindée du 4e corps américain parvient au lac de Côme près de la frontière suisse, tandis que Vicence est libérée. Des unités des 13e et 5e corps (VIIIe armée britannique) progressent vers Padoue et Venise.

☐ Capturé par des partisans alors qu'il s'apprêtait à quitter l'Italie, Mussolini est exécuté à Giulino di Mezzegra, près de Dongo, sur le lac de Côme, avec sa maîtresse Clara Petacci et des chefs fascistes.

Birmanie. Le 15e corps britannique achève la reconquête de la zone de l'Arakan, occupant Taungup. Dans le secteur du 33e corps britannique, la 20e division indienne, qui se dirige sur Prome, enlève Allanmyo.

Philippines. Luçon. Dans le secteur du 1er corps américain, les 37e et 33e divisions commencent d'avancer au nord de Baguio.

Dans le secteur du 14e corps, c'en est fini de toute résistance organisée des Japonais dans la péninsule de Bicol.

Philippines méridionales. A Mindanao, des éléments de la 24e division américaine ont pris Digos, coupant l'île en deux. Le 19e régiment d'infanterie attaque vers Davao.

Sur l'île de Negros, la résistance japonaise s'épuise : les troupes américaines sont en partie remplacées par des guérilleros philippins.

Okinawa. 4 destroyers et autres bâtiments américains sont gravement endommagés par des avions-suicide nippons dans les eaux d'Okinawa. Dans la zone méridionale de l'île, de violents combats se déroulent encore le long de la ligne Shuri, notamment sur l'escarpement de Maeda, dans la zone de la crête Kochi et dans le village de Kuhazu.

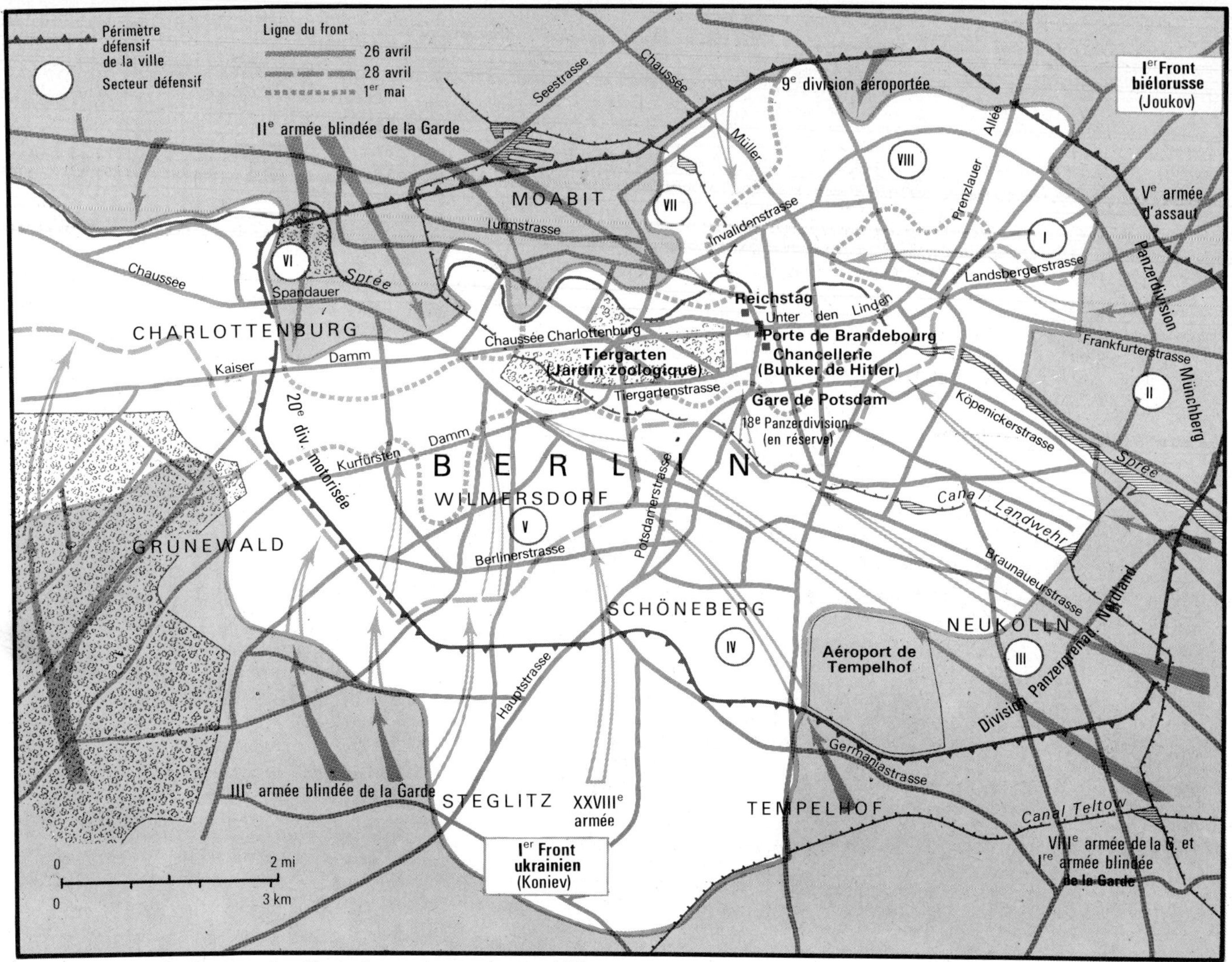

La bataille de Berlin : un inutile holocauste voulu par Hitler.

29 avril

Front soviétique. Le 2e Front de Biélorussie poursuit sa marche rapide le long de la côte balte en direction de Stralsund, enlevant Anklam et pénétrant dans le Mecklembourg.

En Tchécoslovaquie, le 2e Front d'Ukraine (Malinovski) gagne du terrain à l'est de Brno et au sud d'Olmütz (Olomouc). Au sud-est de Brno, les Soviétiques ont pris Austerlitz (Slavkov), tandis que le 4e Front d'Ukraine (Petrov) exerce une forte pression au nord-ouest de Moravska-Ostrava (Ostrava).

A Berlin, les événements se précipitent : des combats d'une rare violence se déroulent autour du Reichstag et de la Chancellerie, le long de la Potsdamer Strasse et de Belle-Alliance-Platz. Au sud de Cottbus, les Allemands contiennent la pression soviétique dans la zone située entre Bautzen et Meissen.

Hitler ordonne la poursuite de la guerre dans le « réduit des Alpes », au sud de l'Allemagne, et désigne le grand amiral Karl Doenitz pour lui succéder à la tête de l'État.

Front occidental. Le 8e corps de la IIe armée britannique traverse l'Elbe près de Lauenbourg, engageant la dernière action de l'armée, dont l'objectif est la Baltique.

La IIIe armée américaine continue à avancer dans le secteur danubien : les unités de tous ses corps atteignent l'Isar.

Le 15e corps de la VIIe armée américaine se lance contre Munich, dont il investit la banlieue et atteint le camp de concentration de Dachau.

Front italien. A Caserte, le colonel Schweinitz et son adjoint Wenner, représentant le général Vietinghoff, commandant le *Heeresgruppe* C en Italie, signent l'acte de reddition inconditionnelle de toutes les forces allemandes en Italie, qui entrera en vigueur le mercredi 2 mai 1945, à 13 heures (heure de Greenwich, soit 14 heures en Italie). Sont présents à la signature de l'acte des officiers anglais et américains et le général soviétique Kislenko.

Les Alliés poursuivent néanmoins leur avance en Italie du Nord : des unités du 4e corps américain atteignent Milan, déjà libérée par les partisans, tandis que le 5e corps britannique arrive à Venise et que la 2e division néo-zélandaise du 13e corps britannique, marchant sur Trieste, gagne la Piave.

Birmanie. Dans le secteur du 4e corps britannique, la 17e divi-

En haut : chefs fascistes exécutés par les partisans à Dongo. Ci-dessus : les corps des fusillés (dont Mussolini) suspendus par les pieds à Milan.

sion indienne atteint la périphérie de Pegu.

Chine. Les Chinois renforcent les défenses de Tchékiang et d'Ankiang avec l'apport de plus de 15 000 hommes de la nouvelle VIe armée.

Okinawa. Au centre du dispositif américain, la 77e division commence à relever progressivement la 96e, considérablement réduite après les durs combats livrés sur l'escarpement de Maeda. De violentes contre-attaques et tentatives d'infiltration des Japonais dans le secteur central sont contenues par les Américains. Le 383e régiment d'infanterie américain s'empare d'un saillant d'où l'artillerie pourra atteindre le centre de Shuri, où se trouve le quartier général de la XXXIIe armée japonaise (général Ushijima). Sur la crête Kochi, la 7e division, clouée sur place, subit de lourdes pertes sous le feu meurtrier des Japonais. Les kamikazes continuent d'attaquer la flotte américaine à Okinawa. Les victimes d'aujourd'hui sont 2 contre-torpilleurs et 3 mouilleurs de mines.

30 avril

Front soviétique. A 15 h 30, Hitler se suicide dans le Bunker de la Chancellerie ; Eva Braun (qu'il vient d'épouser) le suit dans la mort. Aucune nouvelle de la IXe armée, tandis que celle de Wenck a perdu tout espoir d'atteindre la ville. Après de très durs combats durant toute la journée, à 22 h 50, 3 bataillons d'assaut de la 150e division d'infanterie soviétique investissent le Reichstag : le lieutenant Berest et 2 sergents plantent le drapeau soviétique sur la statue équestre représentant l'Allemagne triomphante. Dans la nuit, le général Krebs, chef d'état-major général de la Wehrmacht, propose au général Tchouikov, commandant l'armée soviétique opérant dans le secteur de la Chancellerie, de négocier la capitulation de Berlin.

En Tchécoslovaquie, les Russes ont pris Moravska-Ostrava (Ostrava) après de longs combats soutenus par le 4e Front d'Ukraine (Petrov).

L'armée allemande est à moitié anéantie : le *Heeresgruppe* Sud (commandé depuis le 6 avril par Rendulic), fort de 600 000 hommes, et le *Heeresgruppe* Centre (Schörner), comptant 1 200 000 hommes, sont encore en mesure de combattre, mais ils ne le feront que dans le seul but de se frayer un passage à travers les armées soviétiques afin de se rendre aux Occidentaux : cet objectif sera atteint par le *Heeresgruppe* Sud, dont une grande partie gagnera les lignes américaines.

Au nord, dans le secteur du 2e Front de Biélorussie (Rokossovski), les Russes se portent d'Anklam à Stralsund, Peenemünde, Ribnitz ; de Prenzlau à Neustrelitz et Waren ; d'Angermünde à Templin.

Les combats continuent à Breslau (Wroclaw), où la garnison allemande, encerclée, refuse de se rendre.

Front occidental. Dans le secteur de la IIe armée britannique, tandis que le 8e corps étend et renforce la tête de pont sur l'Elbe à Lauenbourg, des unités du 18e corps aéroporté américain commencent d'avancer de l'Elbe vers la mer Baltique. Munich tombe aux mains du 15e corps de la VIIe armée américaine. Les 21e et 6e corps continuent leur marche en avant en direction de la frontière autrichienne dans les secteurs de Garmisch-Partenkirchen et de Rosenheim.

La Ire armée française fait son entrée en Autriche près de Bregenz.

Front italien. La 92e division de la Ve armée américaine atteint Turin, tandis qu'à l'est des unités du 2e corps arrivent à Trévise. Le 13e corps britannique continue sa marche sur Trieste.

Birmanie. Dans le secteur du 4e corps britannique, la 17e division indienne entre dans la ville de Pegu, dont elle entreprend le nettoyage. Les forces du 25e corps britannique appareillent pour Rangoon (opération « Dracula »).

Chine. Sous la pression des Japonais, la 58e division chinoise est obligée de se retirer sur des positions préparées à l'avance dans la zone de Wangtang.

Philippines. Luçon. Dans le secteur du 14e corps, les Américains occupent le mont Malepunyo, où toutefois quelques poches japonaises résistent encore.

Philippines méridionales. Dans l'île de Mindanao, la 24e division américaine (10e corps) arrive à 6 km de

Suprême humiliation pour l'orgueil nazi : un soldat russe hisse le drapeau soviétique sur le Reichstag.

Davao, prenant Talomo et le terrain d'aviation de Daliao.

Okinawa. Sur le flanc ouest du 24e corps américain, la 1re division de marines relève la 27e division, également éprouvée par les combats. La 77e division, qui remplace la 96e, persévère dans sa lutte difficile pour s'emparer de l'escarpement de Maeda. Aucun progrès n'est enregistré sur la crête Kochi. Un autre contre-torpilleur américain est touché par des avions-suicide dans les eaux d'Okinawa. Depuis le 26 mars, les pertes de la marine américaine dans cette zone s'élèvent à 20 unités coulées et 157 endommagées : hémorragie préoccupante même pour une flotte aussi puissante. Au cours de la même période, les Japonais ont perdu plus de 1100 avions, en comptant seulement les appareils abattus par la marine américaine.

1er mai

Front soviétique. Annonce de la mort de Hitler et de la désignation de son successeur, Doenitz. Le général Krebs demande une trêve au général Tchouikov, mais celui-ci exige la capitulation sans condition. Krebs retourne au Bunker de la Chancellerie pour en référer. Bormann et Goebbels sont d'avis de poursuivre la résistance, mais le général Weidling, commandant la garnison de Berlin, choisit la capitulation. Goebbels s'empoisonne avec sa femme et ses enfants, Krebs se suicide, Bormann s'enfuit. Après la signature de l'acte, Weidling lance un appel à l'armée et à la population berlinoise, ordonnant la cessation immédiate de toute résistance. Toutefois, de nombreux groupes de fanatiques continueront à se battre au cœur de la capitale.

Au nord, le 2e Front de Biélorussie (Rokossovski) avance sur la côte de la Baltique et dans le Mecklembourg, enlevant Stralsund, importante base navale et centre de communications.

Les troupes de Tito, entrées la veille à Trieste, prennent contact avec la 2e division néo-zélandaise sur l'Isonzo, près de Monfalcone. La situation des 150000 Allemands du *Heeresgruppe* E (Löhr), restés en Yougoslavie, devient vraiment désespérée.

Front occidental. Dans le secteur de la IIe armée britannique, les unités du 8e corps progressent vers Lübeck et Hambourg. La IXe armée britannique met fin à l'offensive avec 3 de ses corps, les 13e, 19e et 16e, solidement établis sur la rive ouest de l'Elbe.

Dans le secteur de la VIIe armée américaine, tandis que le 15e corps continue le nettoyage de la région de Munich, le 6e pousse son avance au sud vers Innsbruck et Imst.

Le 1er corps de la Ire armée française, passant la frontière autrichienne, occupe la ville de Bregenz.

Front italien. Le 2e corps de la Ve armée américaine commence à libérer la vallée de la Piave, s'apprêtant à gagner l'Autriche par le col du Brenner.

Indes néerlandaises. La 26e brigade de la 9e division australienne débarque sur l'île de Tarakan, au nord-est de Bornéo, et entame l'occupation de cet important district pétrolier.

Birmanie. L'opération « Dracula » a commencé. Les 2e et 3e bataillons de parachutistes Gurkha (népalais) débarquent à l'embouchure de l'Irraouaddi, au sud de Rangoon.

Okinawa. Équipés d'un matériel d'alpinisme (échelles, cordes), des éléments de la 77e division américaine escaladent la face ouest, très abrupte, de l'escarpement de Maeda : certains atteignent le sommet, mais ils en sont délogés par une furieuse contre-attaque nocturne des Japonais.

La bataille de Berlin est terminée : partout s'accumulent des amas de décombres.

2 mai

Front soviétique. Au nord, les forces allemandes sont repoussées sur une ligne qui s'étend de Rostock au lac Müritz et à Neuruppin.

A Berlin, la XXVIIIe armée du 1er Front d'Ukraine (Koniev) et la IIe armée du 1er Front de Biélorussie (Joukov) se rejoignent sur la Chaussée Charlottenburg et pour-

Des troupes et des véhicules de l'Armée rouge stationnent devant le palais de la Chancellerie.

suivent la liquidation des derniers nids de résistance.

Après l'armistice en Italie, les Anglais se dirigent vers les cols alpins qui mènent à la Styrie et la Carinthie, derrière le *Heeresgruppe* E. Rendulic a pris le commandement du *Heeresgruppe* Sud, qui était sous les ordres de Wöhler.

Les Allemands résistent toujours à Breslau (Wroclaw) et sur la langue de terre près de Pillau (Baltijsk) en Prusse-Orientale.

Les Soviétiques avancent au sud-ouest de Moravska-Ostrava (Ostrava) et à l'est de Brno en Tchécoslovaquie.

Front occidental. Près de Balow et d'Abbendorf, le 13e corps de la IXe armée américaine entre en contact avec les forces de l'Armée rouge. Le 5e corps de la Ire armée américaine renforce ses positions le long de la frontière tchécoslovaque.

Des unités du 20e corps (IIIe armée américaine), près de Passau et de Neuhaus, atteignent l'Inn, vers laquelle se dirige également le 3e corps.

Tandis que le 15e corps de la VIIe

armée américaine s'apprête à marcher sur Salzbourg, le 21e corps pousse en direction du sud, le long de l'Inn, vers la région de Degerndorf. Le 6e corps américain engage des pourparlers avec les défenseurs d'Innsbruck en vue de la reddition de la ville.

Le 1er corps de la Ire armée française atteint Obersdorf et Goetzis, en Autriche.

Front italien. En vertu de l'acte signé par les Allemands à Caserte le 29 avril, les hostilités cessent sur tout le front, tandis que la reddition sans condition des forces allemandes entre en vigueur.

France. Pierre Laval, réfugié à Barcelone, est arrêté par les autorités espagnoles, qui l'extraderont en France.

Birmanie. Débarquée à l'embouchure de la rivière Rangoon, la 26e division indienne progresse sans rencontrer de résistance dans la ville du même nom, tout comme les parachutistes largués la veille face à l'embouchure de l'Irraouaddi. Rangoon, victime depuis le 26 avril de violents bombardements alliés, a été évacuée par les Japonais.

Dans le secteur du 33e corps britannique, la 20e division indienne est aux portes de Prome, sur l'Irraouaddi, au nord de Rangoon, coupant l'ultime voie de retraite des forces japonaises de l'Arakan. La 17e division indienne (4e corps britannique) est entièrement maîtresse de Pegu, au nord-est de Rangoon.

Philippines. Luçon. Dans le secteur du 1er corps américain, la 25e division assaille toujours le plateau de Kembu, enlevant plusieurs positions. Le 145e régiment d'infanterie (11e corps) termine le nettoyage du mont Pacawagan. Ce qui reste des forces japonaises dans la péninsule de Bicol se regroupe autour du mont Isarog, au nord-est d'Anayan.

Philippines méridionales. A Mindanao, le 108e groupe de combat régimentaire débarque dans la baie de Macajalar. La 24e division, toujours durement accrochée par les Japonais sur le Davao, réussit toutefois à établir une petite tête de pont audelà de la rivière.

Dans l'île de Negros, la division Americal traverse la rivière Ocoy et avance vers Ticala et Odluman.

Soldats américains et cosaques sur une route de Saxe : les commandants ont échangé une cigarette.

Okinawa. Tandis que les Américains s'acharnent en vain contre la ligne Shuri, le général Ushijima décide de lancer une grande contreoffensive le 4 mai.

A cette fin, il demande à Tokyo que soient multipliées les attaques des kamikazes contre la flotte ennemie, qui fournit un puissant appui de feu aux opérations terrestres des Américains.

3 mai

Front soviétique. Le 1er Front de Biélorussie (Joukov) et le 1er Front d'Ukraine (Koniev) liquident les derniers nids de résistance à Berlin.

Avançant dans le Mecklembourg et le Brandebourg sur un large front, le 2e Front de Biélorussie (Rokossovski) atteint la ligne Wismar-Wittenberg, rejoignant des éléments du XXIe groupe d'armées allié (Montgomery).

Au sud-est de Wittenberg, des forces du 1er Front de Biélorussie font leur jonction sur l'Elbe avec des détachements de la IXe armée américaine. Les 2e et 4e Fronts d'Ukraine progressent au nord-est de Brno et au sud-ouest de Moravska-Ostrava (Ostrava) en Tchécoslovaquie.

Front occidental. Tandis que le maréchal Montgomery, commandant le XXIe groupe d'armées allié, refuse la capitulation des forces allemandes du Nord, y compris celles déployées sur le front est, le 12e corps de la IIe armée britannique reçoit la reddition de Hambourg. Le 7e corps harcèle l'ennemi vers le canal de Kiel, tandis que le 18e corps aéroporté conclut les opérations offensives, atteignant la Baltique à l'ouest de Klütz.

Dans le secteur de la IIIe armée américaine, les unités du 13e corps poussent leur avance vers Linz. La 65e division du 20e corps franchit l'Inn, tandis que tout le corps progresse vers l'est, entrant en contact avec les forces de l'Armée rouge.

Le 15e corps de la VIIe armée américaine fonce sur Salzbourg, en même temps que le 21e corps passe la frontière autrichienne, atteignant la région de Reisach. Dans le secteur du 6e corps, suite des pourparlers en vue de la reddition d'Innsbruck.

Birmanie. La 20e division indienne, descendant le long de la vallée de l'Irraouaddi, enlève Prome; la 26e division indienne entre à Rangoon et, sur l'autre rive de la rivière du même nom, à Syriam, évacuée par les Japonais.

Philippines. Luçon. Dans le secteur du 14e corps américain, la liquidation des dernières forces japonaises se poursuit dans la péninsule de Bicol. Dans celui du 1er corps, des détachements de la 25e division s'apprêtent à attaquer le mont Haruna, importante position à l'ouest du col de Balete.

Philippines méridionales. Des éléments de la 24e division américaine occupent les ruines de Davao, sur l'île de Mindanao, atteignant Santa Ana, tandis que les avant-gardes de la 31e division, enlevant Kibawe et son terrain d'aviation, avancent le long de la piste de Talomo.

A Negros, la division Americal est accrochée surtout dans la partie est de l'île, où les Japonais ont coupé ses lignes de ravitaillement.

Okinawa. Toute la journée, la 1re division de marines, les 77e et 7e divisions continuent contre l'escarpement de Maeda et la crête Kochi leurs vaines attaques, contenues par le feu meurtrier japonais.

Dans la nuit du 3 au 4, les Japonais lancent l'unique contre-offensive de grand style de la campagne, tentant des débarquements derrière les lignes américaines tant sur la côte orientale que sur la côte occidentale. L'opération amphibie échoue : presque tous les engins de débarquement sont détruits et les petits détachements qui parviennent à débarquer sont anéantis. La tentative coûte aux Japonais de 600 à 800 hommes. A la demande du général Ushijima, la contre-offensive a été précédée d'une violente attaque de kamikazes, au cours de laquelle les Japonais ont coulé 3 contre-torpilleurs américains et endommagé le croiseur léger *Birmingham,* 3 contre-torpilleurs et autres bâtiments. Un transport est touché par une barque explosive, un mouilleur de mines par une bombe volante pilotée.

4 mai

Front soviétique. Le commandement allemand reconnaît la fin de la lutte pour Berlin. Les combats continuent (pour la plupart des actions d'arrière-garde contre les Russes, tandis que le gros des unités cherche à rejoindre les lignes anglo-américaines) au nord entre Wismar et Schwerin, en Tchécoslovaquie au sud-est de Moraska-Ostrava, en Autriche dans le secteur de Sankt Pölten. En Dalmatie, les forces de Tito entrent à Fiume (aujourd'hui Rijeka) et menacent Pola (Pula).

Front occidental. A 18 h 20, les représentants allemands signent devant le maréchal Montgomery, commandant le XXIe groupe d'armées allié, l'acte de reddition sans condition des armées du Reich présentes aux Pays-Bas, en Allemagne du Nord-Ouest et au Danemark.

Le 5e corps de la Ire armée américaine s'apprête à marcher en Tchécoslovaquie sur Karlsbad (Karlovy Vary) et Pilsen (Plzen).

Dans le secteur de la IIIe armée américaine, le 20e corps achève la traversée de l'Inn.

Salzbourg se rend au 15e corps de la VIIe armée américaine, dont les unités continuent sur Berchtesgaden. Le 6e corps accepte la reddition d'Innsbruck. Des officiers de la

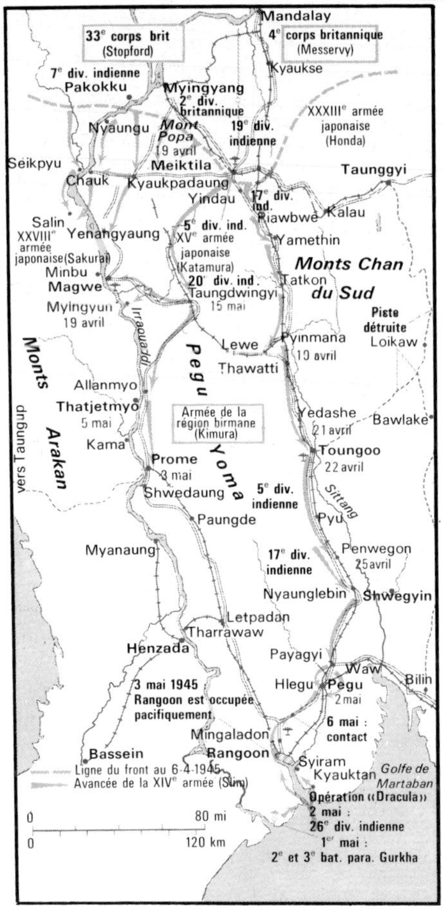

Les Anglais libèrent Rangoon.

XIXe armée allemande se présentent au commandement de la 44e division (6e corps de la VIIe armée américaine) pour discuter des modalités de la capitulation.

Birmanie. Outre la flotte qui lui est assignée, l'amiral Mountbatten obtient du commandement de la Flotte britannique du Pacifique la promesse de l'appui de 3 porte-avions d'escorte pour l'opération « Zipper » (reconquête de la Malaisie).

L'avance du 15e corps britannique au nord de Rangoon et la descente simultanée du nord des 4e et 33e corps menacent d'isoler la XXVIIIe armée japonaise (général Sakurai) du reste des forces de la zone birmane (général Kimura). La première se trouve en effet à l'ouest, les autres à l'est de l'Irraouaddi.

Philippines. Luçon. Dans le secteur du 1er corps américain, des éléments de la 25e division enlèvent le mont Haruna, à 300 m à l'ouest du col de Balete. Au nord-ouest de Manille, dans le secteur du 11e corps, le 145e régiment d'infanterie attaque vers Guagua, mais est repoussé par les Japonais.

Philippines méridionales. A Mindanao, la 24e division américaine entame le nettoyage de la zone de Davao, tandis qu'un régiment de la 31e division effectue des patrouilles au nord de Zibawe. Un régiment de la 41e division atteint Parang, au nord de Cotabato ; de Zamboanga, d'autres forces débarquent au nord de Digos près de Santa Cruz, sur la côte orientale de l'île.

Sur Negros, la division Americal tente à nouveau de rouvrir les lignes de ravitaillement coupées par les Japonais dans l'est de l'île.

Okinawa. Poursuite des attaques de kamikazes en même temps que de la contre-offensive terrestre. L'aérodrome de Yontan est violemment bombardé, tandis que les avions-suicide et des bombes pilotées coulent 14 petits bâtiments et endommagent plus ou moins gravement le porte-avions d'escorte *Sangamon,* 1 contre-torpilleur et d'autres bâtiments américains. 131 avions japonais sont abattus.

A terre, la XXXIIe armée japonaise contre-attaque énergiquement toute la journée. L'artillerie est portée à découvert pour mieux appuyer l'infanterie, mais devient une cible facile pour la contre-batterie américaine. Les Japonais axent leur effort sur le front des 7e et 77e divisions, sans réussir à le briser, et subissent de lourdes pertes. Bien qu'indirectement engagée dans la contre-offensive, la 1re division de marines éprouve des pertes très sévères, en attaquant à l'ouest du terrain d'aviation de Machinato. Malgré les contre-attaques japonaises, les Américains améliorent leurs positions sur l'escarpement de Maeda.

5 mai

Front soviétique. Alors que le grand amiral Doenitz a ordonné à ses troupes, après la capitulation de la veille, de cesser toute résistance en Allemagne du Nord-Ouest, aux Pays-Bas et au Danemark, celles-ci résistent toujours contre les Russes. D'âpres combats se disputent en Tchécoslovaquie près d'Olmütz (Olomouc), tandis que le *Heeresgruppe* Centre (Schörner) reflue en

combattant au sud-est de Moravska-Ostrava. Prague s'insurge. On se bat également près de Trieste, Abbazia (Opatija) et Fiume (Rijeka), et en Prusse-Orientale sur le Frische Nehrung (Baltijskaja Kosa), cordon littoral entre Dantzig (Gdansk) et Königsberg (Kaliningrad).
A Haar, en Bavière, les représentants du *Heeresgruppe* G du général Hausser (Ire et XIXe armées) signent l'acte de capitulation sans conditions réclamée par les Alliés.
Birmanie. Avec la reconquête de Rangoon par la 26e division indienne, l'objectif fixé par l'amiral Mountbatten peut être considéré comme atteint, mais il reste encore à éliminer au nord du pays des forces japonaises considérables.
Philippines. Luçon. Dans le secteur du 1er corps américain, la 25e division lutte toujours pour la conquête du col de Balete, tandis que, dans celui du 11e corps, on observe une pause des actions contre Guagua.
Philippines méridionales. A Negros, des détachements de la division Americal réussissent à rétablir les lignes de ravitaillement entre l'ouest et l'est de l'île.
Okinawa. Poursuite de la contre-offensive japonaise, concentrée dans le secteur des 7e et 77e divisions américaines. Quelques détachements réussissent à percer les lignes américaines, reprenant la ville et la crête de Tanabaru. Tandis qu'un régiment de la 77e division américaine contient l'ennemi, un autre régiment de la même division occupe la face nord de l'escarpement de Maeda, qu'il défend contre les attaques des Japonais dans la nuit du 5 au 6. 2 avions américains sont endommagés par des avions-suicide japonais.

6 mai

Front soviétique. Les combats continuent en Tchécoslovaquie près d'Olmütz (Olomouc), en Prusse-Orientale sur le cordon littoral du Frische Nehrung (Baltijskaja Kosa) et en Croatie (contre les troupes de Tito).
Front occidental. En Tchécoslovaquie, la 97e division du 5e corps américain (IIIe armée) atteint Pilsen (Plzen). Le 12e corps commence à avancer sur Prague.
Birmanie. La 76e brigade de la 26e division indienne (15e corps), progressant au nord de Rangoon, entre en contact avec la 17e division indienne (4e corps) à Hlegu. La XXVIIIe armée japonaise se retrouve ainsi isolée du reste des forces japonaises en Birmanie.
Indes orientales néerlandaises. Les Japonais doivent évacuer la ville de Tarakan, sur l'île du même nom, près de la côte nord-est de Bornéo.
Philippines. Luçon. Dans le secteur du 1er corps américain, la 25e division continue les opérations contre le col de Balete ; un de ses régiments finit d'occuper le plateau de Kembu. Dans le secteur du 11e corps, la 43e division marche sur Ipo. Par leur action, l'aviation et l'artillerie interdisent une contre-attaque japonaise.
Philippines méridionales. Dans l'île de Mindanao, les 24e et 31e divisions se risquent contre les positions japonaises au nord de Davao, où est concentré le gros de la XXXVe armée japonaise (général Morozumi).
Okinawa. La 1re division de marines, sur la droite du dispositif américain, est stoppée par la résistance acharnée de l'ennemi sur la ligne Shuri, puissamment fortifiée. Légers progrès d'un régiment de la 77e division au sud de l'escarpement de Maeda, au centre du front. Les éléments de la 7e division éliminent peu à peu les détachements japonais infiltrés dans la zone de Tanabaru.

7 mai

A Reims, à 2 h 41, près du quartier général d'Eisenhower, les délégués allemands signent l'acte de capitulation inconditionnelle de l'ensemble des armées allemandes. La reddition entrera en vigueur le 8 mai à minuit, mais toute action de guerre cesse immédiatement sur le front Ouest.
Front soviétique. Les troupes du 1er Front de Biélorussie (Joukov) atteignent l'Elbe au nord et au sud-est de Magdebourg. En Silésie, les Allemands ont cessé toute résistance à Breslau (Wroclaw), qui est prise par le 1er Front d'Ukraine (Koniev). En Tchécoslovaquie, on se bat toujours dans Olmütz (Olomouc) et au nord de la ville. Sur le cordon littoral du Frische Nehrung, en Prusse-Orientale, ce qui reste des forces allemandes tient encore tête aux Russes près du village de Vogelsang.
Philippines. Luçon. Dans le secteur du 11e corps américain, des éléments du 145e régiment d'infanterie attaquent au sud-est du mont Pacawagan en vue d'occuper une crête près de Guagua, mais sont repoussés énergiquement par les Japonais. La 43e division américaine progresse de 8 km environ en direction d'Ipo.

Reims, le 7 mai 1945. Le général Jodl (au centre) signe l'acte de reddition sans condition des armées allemandes aux Alliés.

Paris le jour de la Victoire. De Gaulle à l'Arc de Triomphe.

Philippines méridionales. On se bat encore sur Mindanao et Negros.
Okinawa. Les Américains assaillent toujours vainement les positions de la ligne Shuri : sur le flanc droit du dispositif, la 1re division de marines tente, sans succès, de s'emparer de la cote 60.
Au centre, les 77e et 7e divisions réalisent quelques progrès dérisoires en direction de la localité de Shuri et de Yonabaru. Des détachements de la 7e division terminent la liquidation des Japonais infiltrés dans la zone de Tanabaru. Au sud de la ville de Kochi, un fort nid de résistance japonais interdit l'avance des autres éléments de la 7e division, qui se contentent d'améliorer leurs positions sur la crête Kochi.

8 mai

Au quartier général soviétique de Karlshorst, près de Berlin, signature de l'acte définitif de capitulation par le feld-maréchal Keitel, en présence du maréchal Joukov, du maréchal de l'air Tedder, du général Spaatz et du général de Lattre de Tassigny.
□ A Paris, à 15 heures, de Gaulle déclare à la radio : « La guerre est gagnée ! Voici la victoire ! C'est la victoire des nations unies et c'est la victoire de la France !... » En même temps, allocutions de Winston Churchill à Londres et de Harry Truman à Washington.
Front soviétique. Les restes des XVIe et XVIIIe armées allemandes, isolées depuis de longs mois en Courlande, se rendent aux forces du Front de Leningrad.
Au sud et au sud-est de Berlin, Dresde et Görlitz se rendent aux armées du 1er Front d'Ukraine (Koniev), dont quelques unités, passant la frontière tchécoslovaque, avancent au sud vers Prague, où déjà les patriotes insurgés se battent contre les Allemands.
Des détachements du 4e Front d'Ukraine (Petrov) prennent Olmütz et, au nord de celle-ci, Sternberk.
En Croatie, poursuite des combats contre les troupes de Tito, qui libèrent Zagreb.
Philippines. Luçon. Dans le secteur du 11e corps américain, le 145e régiment d'infanterie écrase la résistance japonaise et enlève la crête près de Guagua au sud-est du mont Pacawagan, arrivant à 500 m de la ville et barrant une piste le long de la Mariquina.
Philippines méridionales. Sur Mindanao, malgré la forte réaction japonaise, des éléments de la 24e division américaine établissent une tête de pont au-delà du Talomo au nord de Mintal. La 31e division nettoie la forêt de Colgan et certains détachements atteignent l'aérodrome de Maramag.
Des troupes américaines débarquent sur l'île de Samar.
Dans la partie orientale de Negros se poursuit la lente avance des Américains, durement contrée par les Japonais.
Okinawa. Des pluies torrentielles gênent les opérations terrestres, navales et aériennes. La 1re division de marines fait sauter à la dynamite de nombreuses positions ennemies dans les cavernes du col Nan, qui freinent l'avance vers la cote 60. Sur la côte est, la 7e division améliore légèrement ses propres positions.

9 mai

Front soviétique. A 0 h 01, cessation officielle des hostilités en Europe.
La résistance allemande continue néanmoins en Tchécoslovaquie, en Autriche et en Croatie. Le 1er Front d'Ukraine (Koniev) libère Prague, avec la collaboration des insurgés tchécoslovaques. Le 2e Front de Biélorussie (Rokossovski) libère l'île de Bornholm au Danemark. Sur le front nord, les troupes allemandes restées en Prusse-Orientale et autour de Dantzig (Gdansk) se rendent aux 2e et 3e Fronts de Biélorussie. Avançant vers l'ouest en Autriche, le 3e Front d'Ukraine atteint Graz et Amstetten et contacte près de celle-ci les troupes américaines.
Birmanie. Se portant de Taungup au sud, la 82e division d'Afrique occidentale occupe Sandoway.

Philippines. Luçon. Dans le secteur du 1er corps américain, la résistance japonaise s'épuise dans la zone du col de Balete. Dans le secteur du 11e corps, des détachements du 145e régiment d'infanterie enlèvent le mont Binicayan et patrouillent dans la zone de Guagua.
Philippines méridionales. Le 108e groupe de combat régimentaire américain appareille de Cebu et Leyte pour la baie de Macajalar à Mindanao. Là, des détachements de la 24e division défendent la tête de pont sur la rivière Talomo contre les attaques japonaises, mais ne réussissent pas à jeter un pont. Les éléments de la 31e division suspendent leur offensive dans la forêt de Colgan, où les positions japonaises doivent faire face aux attaques aériennes et au feu des mortiers.
Okinawa. Le général Buckner donne l'ordre à la Xe armée américaine de lancer le 11 une offensive générale contre la ligne Shuri. L'attaque sera concentrée sur les deux ailes. La 1re division de marines investit la cote 60 après avoir éliminé les dernières installations japonaises sur le col Nan.

10 mai
Front soviétique. Les 1er, 2e, 3e et 4e Fronts d'Ukraine atteignent Klagenfurt et Linz en Autriche et entrent en contact avec les Américains.
Philippines. Luçon. Dans le secteur du IIe corps américain, la 43e division est freinée près d'Ipo.
Philippines méridionales. A Mindanao, un groupe naval d'assaut américain, aux ordres du contre-amiral Struble, débarque le 108e groupe de combat régimentaire sur la côte de la baie de Macalajar. Avec l'appui des guérilleros philippins, la tête de pont est aussitôt étendue et renforcée. Des troupes progressent de 8 km au sud-est, réalisant leur jonction avec des éléments de la 31e division. Des détachements du 19e régiment d'infanterie entament la liquidation de plusieurs poches ennemies dans la zone de Davao.
Okinawa. A 3 heures du matin, le 22e régiment de la 6e division de marines passe à l'attaque dans l'estuaire de l'Asa, occupant une tête de pont large d'environ 1,5 km et profonde de 350 m. La nuit suivante, un pont Bailey est jeté pour le passage des blindés et de l'artillerie. Légers progrès de la 1re division de marines vers Shuri, sous le feu infernal de l'ennemi.
Dans les eaux de l'île, des avions-suicide japonais touchent 1 contre-torpilleur et 1 mouilleur de mines américains.

11 mai
Front soviétique. Liquidant les dernières résistances allemandes en Tchécoslovaquie, des unités des 1er et 2e Fronts d'Ukraine entrent en contact avec les détachements américains à Pilsen (aujourd'hui Plzen). Parallèlement, en Autriche, les Russes contraignent à la reddition des groupements allemands. En Croatie, le *Heeresgruppe* Sud-Est, maintenant E (Löhr), résiste toujours aux forces de Tito.
Chine. Les armées chinoises stoppent l'offensive japonaise vers Tchékiang, menaçant les flancs des colonnes ennemies et opposant une ferme résistance dans la zone de Paima Chan.
Philippines. Luçon. Dans le secteur du 1er corps américain, des éléments des 25e et 27e divisions entrent en contact sur la crête de Kapintalan, après avoir muré ou fait sauter plus de 200 défenses japonaises dans les cavernes et fait un millier de morts. La 25e division marche sur Santa Fe.
Philippines méridionales. Sur Mindanao, le 108e groupe de combat régimentaire atteint des collines dominant l'aérodrome Del Monte. Des guérilleros philippins libèrent Cagayan. On se bat encore sur l'île de Negros, notamment à l'ouest, dans la région montagneuse.
Nouvelle-Guinée. La 6e division australienne occupe Wewak, qui fut une grande base japonaise, mais qui n'est plus tenue maintenant que par une garnison hâve et affamée.
Okinawa. Après une préparation d'artillerie d'une demi-heure, la Xe armée américaine au complet, flanquée à droite du 3e corps amphibie et à gauche du 24e corps, monte à l'assaut de la ligne Shuri. La 6e division de marines progresse au sud de l'Asa ; des détachements atteignent la périphérie d'Amike, enlevant des positions qui dominent Naha, chef-lieu de l'île. Le 7e régiment de marines de la 1re division, malgré le terrible feu ennemi, gagne des positions sur la crête de Dakeshi, mais le 1er régiment de marines est arrêté par la grêle de projectiles qui s'abat des hauteurs de Shuri (dont le château est le siège du commandement ennemi). Le 5e régiment de marines réussit à encercler des détachements ennemis dans la zone au sud d'Awacha. Progrès quasiment nuls du 24e corps, dont seul le 382e régiment d'infanterie de la 96e division réussit à consolider ses positions sur le col Zebra.
Des avions kamikazes et des bombes pilotées endommagent le porte-avions *Bunker Hill* et 2 contre-torpilleurs dans les eaux d'Okinawa.

U-Boote *type 21, non entré en fonction.*

12 mai
Zone de l'Asie du Sud-Est. Préparatifs en vue de l'invasion de la Malaisie (opération « Zipper »). En Inde, la réorganisation et l'instruction de la Force W (amphibie), des 15e et 34e corps, fraîchement constitués, et du 224e groupe aérien, sont en cours. D'autres forces d'assaut destinées à l'opération sont rassemblées en Birmanie, dans la zone de Rangoon.
Philippines. Luçon. Dans le secteur du 11e corps américain, des colonnes de la 43e division convergent sur Ipo, s'emparant de plusieurs collines tenues par les Japonais.

Philippines méridionales. A Mindanao, des détachements du 108e groupe de combat régimentaire américain occupent l'aérodrome Del Monte, tandis que d'autres progressent au sud-ouest de Tankulan. Après la longue préparation d'aviation et d'artillerie, le 124e régiment d'infanterie attaque dans la forêt de Colgan les points d'appui japonais, qu'il élimine. Aviation et artillerie américaines bombardent les localités de l'île Samal, lieu présumé des emplacements des canons japonais.
Okinawa. Les combats meurtriers contre la ligne Shuri se poursuivent. Au prix de lourdes pertes, la 1re division de marines occupe la majeure partie de la crête Dakeshi, tandis que la 77e division marche sur Shuri avec une lenteur extrême. Les positions les plus disputées sont le col Pain de Sucre (au sud-est d'Amike) et la Colline conique dans le secteur de la 96e division.

13 mai
Front soviétique. Les forces de Tito occupent Trieste. En Yougoslavie, une grande partie des armées de Löhr se rend, mais quelques unités résistent en haute Slovénie, à l'ouest de Maribor près de la frontière autrichienne. En Tchécoslovaquie, des Allemands tentent encore d'échapper aux Russes pour se rendre aux Américains. Mais toute résistance a cessé.
Birmanie. Dans la zone d'Arakan, la 82e division d'Afrique occidentale occupe Gwa sans rencontrer d'opposition.
Philippines. Luçon. Le 1er corps américain termine l'occupation du col de Balete, ouvrant enfin la route de la vallée du Cagayan. Dans le secteur du 11e corps, la 43e division arrive en vue de la digue d'Ipo.
Philippines méridionales. Poursuite des opérations à Mindanao, dans la zone au nord de Davao : la 24e division progresse lentement au nord, le long de la piste de Talomo et de la vallée de la rivière du même nom.
Okinawa. Toujours d'âpres combats le long de la ligne Shuri ; la 6e division de marines subit de lourdes pertes, mais achève la conquête de la crête de Dakeshi et de l'agglomération du même nom.

LES FORÇATS DE LA GLOIRE

Ernie Pyle, vieux correspondant de guerre, suit la compagnie du lieutenant Walker depuis l'Afrique du Sud jusqu'à Rome. Il gagne l'estime des soldats et recueille leurs confidences.
Tiré des Mémoires d'un authentique journaliste, *Les forçats de la gloire (The Story of G. I. Joe)* donnent à Robert Mitchum son premier grand rôle. Pour le lancement du film, l'acteur, alors sous les drapeaux, est autorisé à interrompre son service militaire et assiste aux premières projections parmi les troupes. Spécialiste des films de guerre et héros de la Première Guerre mondiale (il fut ambulancier dans la Légion étrangère et pilote de l'escadrille La Fayette), le réalisateur William A. Wellman renonce à tout effet spectaculaire et reste au plus près de ses personnages dont la réalité quotidienne se partage entre la tragédie et l'espoir.

Dans le secteur côtier oriental, des éléments de la 96e division réussissent une percée dans la bordure est de la ligne Shuri, et parviennent à occuper une partie de la Colline conique.
Japon. Des appareils de l'escadre de porte-avions rapides du vice-amiral Mitscher lancent une série de raids, 2 jours durant, contre les aérodromes de l'île Kiou-Siou (Kyushu). Au large de Hondo (Honshu), le porte-avions *Enterprise* est touché par un avion-suicide japonais.

14 mai
Philippines. Luçon. Dans le secteur du 1er corps américain, des éléments de la 25e division progressent au nord du col de Balete : dans celui du 11e corps, d'autres éléments de la 43e division atteignent la digue d'Ipo, fortifiée par les Japonais.
Okinawa. Toujours de vaines attaques américaines.
Front soviétique. A 12 heures, 150 000 hommes du groupe *Ostpreussen* se rendent à la IIIe armée du 2e Front de Biélorussie. Les Russes annoncent avoir fait 180 000 prisonniers en Courlande. En Yougoslavie, malgré la capitulation générale, le *Heeresgruppe* E (ou Sud-Est) résiste toujours.

15 mai
La proclamation de la république en Autriche entraîne le retour à la situation d'avant l'Anschluss.
Front soviétique. En Yougoslavie, aux environs de Slovenjgradec, 150 000 soldats allemands se rendent aux forces yougoslaves et soviétiques. Pour sa part, le *Heeresgruppe* Centre, qui comptait 1 200 000 hommes, est désormais complètement désagrégé. Certains ont réussi à se faire prendre par les Américains, d'autres sont aux mains des Soviétiques.
Birmanie. Se portant de Rangoon vers Prome, la 26e division indienne fait sa jonction avec la 20e qui descend en direction du sud.
Philippines. Luçon. Le 11e corps américain s'apprête à relancer l'offensive contre la digue d'Ipo, au nord de Manille.
Philippines méridionales. Violents combats à Mindanao ; partis de la zone de Davao, des détachements de la 24e division américaine se portent au nord-est pour établir la liaison avec des unités de guérilleros philippins. Le nettoyage de la vallée du Talomo se poursuit.
Okinawa. Dans le secteur du 3e corps amphibie, le feu meurtrier des Japonais contraint un détachement de marines à se retirer de la colline dite Pain de Sucre. Dans le secteur du 24e corps américain, le 305e régiment d'infanterie de la 77e division, malgré de très légers progrès, est réduit à un quart de ses effectifs après les durs combats des derniers jours.
La 1re division de marines avance dans le vallon de la Wana, à l'ouest de Shuri, sous le tir ininterrompu de l'artillerie ennemie. Les Japonais lancent de nombreuses contre-attaques nocturnes, mais elles sont toutes repoussées.

16 mai
Philippines. Luçon. Dans le secteur du 11e corps américain, le 152e régiment d'infanterie, fortement appuyé par l'artillerie, assaille le Woodpecker Ridge, prenant position sur le sommet. Dans le secteur du 14e corps, la péninsule de Bicol est déclarée officiellement conquise.
Mindanao. Les Japonais contiennent l'avance américaine le long de la piste du Talomo.
Okinawa. La 6e division de marines lance 2 régiments contre le Pain de Sucre, mais la résistance japonaise est plus résolue que jamais. Dans la zone de la 1re division de marines, le feu antichar japonais met hors de combat de nombreux blindés américains qui tentaient d'avancer dans le vallon de la Wana. La 77e division attaque, toujours inutilement, au nord de Shuri, tandis que la 96e parvient à la périphérie du village de Yonabaru. Les Japonais tiennent toujours la Love Hill (« colline de l'Amour »), à l'ouest d'une autre côte très disputée, la Colline conique.

17 mai
Philippines. Luçon. Dans le secteur du 11e corps, le 152e régiment d'infanterie américain s'établit sur des positions propices sur le Woodpecker Ridge, d'où les Japonais se retirent peu à peu. Après une intense préparation d'artillerie, la digue d'Ipo tombe intacte aux mains de la 43e division.
Okinawa. Dans le secteur de la Xe armée américaine, le général Buckner prend le commandement de toutes les forces débarquées, tandis que l'amiral Hill remplace Turner à la tête de la *Task Force* 51, avec sous ses ordres toutes les forces aériennes et navales. Dans le secteur du 3e corps amphibie, la 6e division de marines, bien que très éprouvée, s'acharne toujours à conquérir le Pain de Sucre, après un bombardement massif des positions japonaises par l'artillerie de campagne, l'aviation et les unités navales. Le 5e régiment de la 1re division de marines occupe la partie ouest du vallon de la Wana, sans réussir à prendre d'assaut la crête qui la délimite. Des détachements de la 77e division (24e corps) attaquent par surprise la crête d'Ishimmi, à l'ouest du village du même nom, mais restent dangereusement exposés au feu de l'ennemi.
Iles Marshall. Des avions partant d'une escadre de porte-avions, commandée par le contre-amiral Sprague, attaquent les installations côtières ennemies sur l'île Taroa et l'atoll de Maloelap, leur causant des dégâts quasiment irréparables.

18 mai
Chine. Les armées chinoises réoccupent Foutchéou dans la province du Foukien. De Birmanie, 3 divisions déjà engagées sur ce front s'apprêtent à rentrer en Chine.
Philippines. Luçon. Légers progrès des détachements américains dans la zone du Woodpecker Ridge.
Okinawa. Dans le secteur du 3e corps amphibie américain, la 6e division de marines réussit à reprendre le Pain de Sucre et une partie de deux autres positions clés, la Demi-Lune et le Fer à Cheval, qui du sud-ouest dominent le Pain de Sucre. La 1re division de marines continue ses attaques pour la conquête du vallon et de la crête de Wana, mais ni les blindés ni les lance-flammes n'ont raison de la résistance japonaise. Dans le secteur du 24e corps, les 77e et 96e divisions attaquent, sans succès, les positions japonaises du relief de la Cime Plate.

19 mai
Philippines. Luçon. Dans le secteur du 1er corps américain, la 25e division entame le nettoyage de la zone au nord et à l'ouest de Santa Fe. Dans celui du 11e corps, faible activité du 152e régiment d'infanterie contre le Woodpecker Ridge, tandis que la 43e division nettoie la zone de la digue d'Ipo, où cesse toute résistance japonaise.
Okinawa. Dans le secteur du 3e corps américain, la 1re division de marines se bat toujours pour la crête de Wana. D'âpres combats se déroulent dans le secteur du 24e corps, où de petits détachements américains, assiégés sur la crête d'Ishimmi, éprouvent des pertes sévères avant de pouvoir battre en retraite. Des unités du 381e régiment d'infanterie américain marchent sur le Pain de Sucre. Les derniers jours, le tir de l'artillerie japonaise a redoublé de violence. Le commandant japonais, le général Ushijima, ordonne aux marins du contre-amiral Ota de lancer une contre-offensive « spéciale » pour reprendre le Fer à Cheval. De nombreuses attaques-suicide sont lancées à partir de 21 h 30 dans le secteur du 4e régiment de marines, qui les repousse, tuant plus de 500 Japonais.

20 mai
Chine. Les Japonais quittent Hechi, dans la région du Kouangsi. La menace planant sur le Japon amène l'état-major impérial à redistribuer les forces disponibles à l'intérieur d'un périmètre défensif plus proche du territoire métropolitain.
Philippines. Mindanao. La 31e division du 10e corps américain avance

Un porte-avions endommagé, parmi tant

vers le nord dans la partie centre-est de l'île, occupant quelques positions près de la ville de Malaybalay, où elle se heurte à la forte réaction de l'artillerie japonaise. D'autres détachements progressent sur la côte est au nord de Davao, repoussant les contre-attaques nocturnes des Japonais.
Okinawa. Dans le secteur du 3e corps amphibie américain, le 4e régiment de la 6e division de marines entame le nettoyage des cavernes japonaises sur une partie du Fer à Cheval et de la Demi-Lune, utilisant lance-flammes et charges d'explosifs, et murant certaines positions. Après un assaut meurtrier, le 1er régiment de marines de la 1re division enlève la crête de Wana. Plus à l'est, dans le secteur du 24e corps américain, les 7e et 96e divisions s'acharnent toujours pour la prise de Yonabaru. La manœuvre qui vise à l'encerclement de la ligne Shuri est fortement contrée par les Japonais.

21 mai
Philippines. Luçon. Relance de l'offensive américaine contre le Woodpecker Ridge. Des patrouilles atteignent la zone de la digue de Guagua.
Mindanao. Le 155e régiment de la 31e division américaine enlève Malaybalay, importante base japonaise de ravitaillement.
Okinawa. A droite du dispositif américain, la 6e division de marines lutte encore pour l'élimination totale des Japonais du Fer à Cheval et la conquête du Pain de Sucre. Après avoir pris le village de Wana et repoussé les contre-attaques japonaises, la 1re division monte à l'assaut de la crête de Shuri. Au-delà se dresse le château de Shuri, siège du commandement japonais. Entre-temps, la 77e division d'infanterie du 24e corps progresse au nord, la 96e à l'est du village, tandis que la 7e division réussit dans la soirée une percée le long de la côte est, menacant Shuri d'encerclement. Conscient du péril, les Japonais décident de se retirer.

d'autres bâtiments, par des pilotes-suicide.

22 mai
Philippines. Luçon. Dans le secteur du 1er corps, des détachements de la 25e division américaine arrivent à 2 km au sud-est de Santa Fe. Dans le secteur du 11e corps, des unités du 149e régiment d'infanterie tentent de prendre la digue de Guagua, mais sont repoussées par les Japonais. Le 152e régiment d'infanterie, appuyé par les blindés munis de lance-flammes, occupe la zone du confluent de la Mariquina et du Bosoboso.
Mindanao. Le 155e régiment d'infanterie de la 31e division américaine occupe Kalasungay, désertée par les Japonais, et décime un important contingent ennemi. Des éléments de la 24e division atteignent Tambongan, d'autres gagnent du terrain à l'est du Talomo.
Okinawa. La 7e division occupe les ruines de Yonabaru, sur le flanc gauche du dispositif américain. Sur le flanc droit, la 6e division de marines atteint la rive septentrionale de l'Asato et lance des patrouilles sur la rive méridionale. Les Japonais sauvent ce qu'ils peuvent de la ligne et du village de Shuri.

23 mai
Allemagne. Heinrich Himmler, arrêté deux jours plus tôt sous un faux nom par des soldats britanniques, se suicide.
Le grand amiral Doenitz et les membres de son gouvernement sont arrêtés.
Okinawa. La 6e division de marines passe en force l'Asato, entrant dans les ruines de Naha sans rencontrer de résistance sérieuse. Mais, en essayant de dévier à l'est pour contourner par le sud la ligne Shuri, elle se heurte à une intense opposition des Japonais sur la colline fortifiée de Machishi. Sur la gauche de la formation américaine, le 32e régiment d'infanterie de la 7e division continue l'encerclement de Shuri.

Une période de pluies torrentielles a commencé, ralentissant les opérations, notamment dans le secteur central.

24 mai
Okinawa. Depuis quelques jours, les avions-suicide japonais ont repris leur activité contre la flotte américaine. Leur action devient particulièrement intense les 24 et 25, où ils envoient par le fond un transport rapide, endommageant 1 porte-avions d'escorte, 5 contre-torpilleurs et des bâtiments plus petits. La nuit du 25, des parachutistes japonais sont largués sur l'aérodrome de Yontan, où ils ont le temps de détruire et d'endommager de nombreux avions américains, avant d'être cernés et décimés.
Aux raids aériens et aux actions de commandos répondent sur le front terrestre, dans la nuit du 25, d'énergiques contre-attaques en direction de Yonabaru, grâce auxquelles les Japonais réussissent une percée limitée à l'intérieur des lignes du 32e régiment d'infanterie américain.
Japon. 520 bombardiers américains déversent 3 646 t de bombes sur le centre de Tokyo et sur les districts industriels au sud de la ville.

25 mai
Les chefs d'état-major réunis approuvent les directives générales en vue de l'opération « Olympic », qui prévoit l'invasion du territoire métropolitain japonais : le début en est fixé au 1er novembre.
Okinawa. Après une série d'assauts lancés par le 4e régiment de marines, les casemates et installations souterraines des Japonais sur la colline de Machishi sont éliminées. Le 29e régiment nettoie Naha.

26 mai
Chine. Dans le cadre de leur repli général, les Japonais évacuent Nanning, chef-lieu du Kouangsi, renonçant de ce fait à la liaison avec l'Indochine par voie de terre. Les Chinois réoccupent la ville.
Philippines. Luçon. Dans le secteur du 1er corps américain, des détachements de la 25e division, après avoir éliminé la résistance japonaise le long d'un ravin au nord du col de Balete, font leur entrée à Santa Fe. Dans le secteur du 11e corps, la route de Guagua est complètement libérée, mais les Américains, qui approchent de la position, doivent se replier sous la violence du feu ennemi.
Okinawa. Les Japonais, qui refluent de la ligne Shuri, sont massivement bombardés par air, terre et mer. Un régiment de la 7e division, longeant la côte est, se dirige au sud vers une chaîne de collines, mais les autres unités subissent de lourdes pertes en tentant de prendre la colline Dick, point d'appui de la ligne défensive japonaise à l'est de Chan. 2 contre-torpilleurs américains et des navires plus petits sont endommagés par des avions-suicide japonais dans les eaux d'Okinawa.
Japon. Nouveau raid sur Tokyo des bombardiers américains, qui déversent 3 252 t de bombes sur la ville, détruisant le quartier de Ginza et les abords du palais impérial. Plus de 90 km^2, soit la moitié de la superficie de la ville, ont été rasés au sol. De nombreuses usines sont détruites, la production de quelques industries de guerre est réduite de 80 %.

27 mai
Philippines. Luçon. La prise de Santa Fe marque la fin de la dure lutte menée sur les montagnes et pour la conquête de la piste de Villa Verde. Dans le secteur du 11e corps, des éléments de la 38e division arrivent à 50 km de la digue de Guagua, mais sont arrêtés par le feu japonais.
Mindanao. Avec lenteur, les troupes américaines et les guérilleros philippins poursuivent les opérations contre les détachements japonais, qui se concentrent pour l'ultime défense dans la région montagneuse centrale au nord de Davao, au centre-est de l'île.
Okinawa. Sur le flanc gauche de la formation américaine, les fantassins de la 7e division sont toujours bloqués devant la colline Dick, sans réussir à contourner Shuri. Sur le flanc droit, les marines poursuivent le nettoyage des ruines de Naha, entre lesquelles sont nichés de petits groupes de Japonais.
Des avions-suicide envoient par le fond 1 contre-torpilleur américain et endommagent 6 autres unités. L'amiral Halsey, commandant la IIIe flotte américaine, prend la direction de toutes les unités incorporées à la Ve flotte. La *Task Force* 58 devient *Task Force* 38 : le vice-amiral McCain en prend le commandement en remplacement du vice-amiral Mitscher.

28 mai
Philippines. Luçon. Dans le secteur du 11e corps américain, des détachements du 149e régiment d'infanterie occupent la digue de Guagua, évacuée par les Japonais.
Okinawa. Dans le secteur du 3e corps amphibie, des éléments de la 6e division de marines s'enfoncent à l'intérieur de Naha jusqu'à l'estuaire de la Koruba ; ils se heurtent à une violente réaction, en tentant d'envoyer un petit groupe sur l'îlot d'Ona, dans le port de Naha.
Reprise des raids aériens japonais (bombardiers en altitude et en piqué, kamikazes) contre la flotte américaine. De nombreuses unités américaines sont endommagées, mais les Japonais perdent 100 avions environ. C'est la dernière grande offensive japonaise dans la zone d'Okinawa.
Birmanie. Les Anglais procèdent à un vaste remaniement de commandements et de troupes en vue des opérations contre la Malaisie et les Indes néerlandaises. La XIIe armée est constituée, avec 2 divisions indiennes, 1 d'Afrique occidentale et 3 brigades, dont 1 britannique, sous les ordres du général Stopford.

29 mai
Philippines. Luçon. De Santa Fe, les unités du 1er corps américain s'apprêtent à marcher sur Aritao et à conquérir la vallée du Cagayan. Les guérilleros philippins occupent Cervantes.
Mindanao. La 24e division américaine marche sur Mandog, dernier nid de résistance japonais au nord de la plaine de Davao, qui est attaqué par l'aviation.
Okinawa. La 6e division de marines se porte de Naha à l'est. Des éléments de la 1re division de marines enlèvent la crête de Shuri, au sud du vallon de la Wana, et occupent le château de Shuri, abandonné par

SIMON LAKE

L'ingénieur naval américain Simon Lake meurt à Bridgeport, dans le Connecticut, le 3 juin. Né en 1866 à Pleasantville, dans le New Jersey, Lake construit en 1894 son premier sous-marin, l'*Argonaut Junior*, un engin de bois muni de trois roues pour se déplacer sur le fond de la mer. Trois ans plus tard, il réalise l'*Argonaut*, muni d'une coque en fer fusiforme, mue par un moteur à essence fonctionnant en immersion, et pourvu en outre d'un tube d'aération émergeant au-dessus de la surface de l'eau. Son premier submersible véritable est le *Protector*, construit pour la marine russe et utilisé jusqu'en 1908. Doté d'un moteur électrique pour la navigation sous-marine, il dispose d'un moteur à essence pour se déplacer à la surface de l'eau. La coque du *Protector* est fusiforme, il possède une grande tourelle, et est armé de trois tubes lance-torpilles. Pendant la Grande Guerre, la *Lake Torpedo Boat Company* construit dans ses chantiers de Bridgeport plus de cent sous-marins. Inventeur d'un dispositif pour localiser les navires immergés, Lake se ruine au cours des années trente en essayant de récupérer le chargement d'or d'un bateau coulé au XVIIIe siècle.

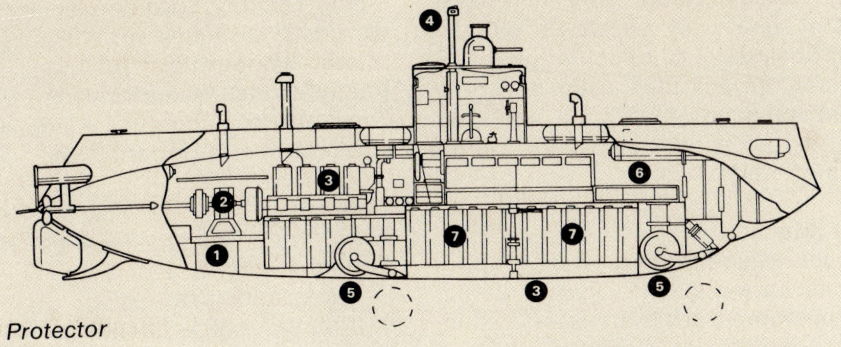

Protector

1 - Waterballast ; 2 - Moteur électrique ; 3 - Moteur à essence ; 4 - Périscope ; 5 - Roues (rentrées) ; 6 - Lance-torpilles ; 7 - Accumulateurs.

les Japonais. Dans le secteur gauche, où opère le 24e corps, la 7e division poursuit ses attaques contre les positions japonaises près du village de Karadera.

30 mai
Philippines. Sur Negros cesse toute résistance organisée des Japonais dans la partie ouest de l'île.
Okinawa. Dans le secteur du 24e corps américain, la 77e division pénètre dans les ruines du village de Shuri. La 7e division brise la résistance japonaise près de Karadera. L'ennemi s'est, en grande partie, retiré plus au sud.

31 mai
Philippines. Luçon. Les Américains forment une *Task Force* d'environ 800 hommes, qui devra se porter rapidement à Aparri, sur la côte nord, et opérer avec les groupes de guérilleros philippins.

1er juin
Philippines. A Luçon, dans le secteur du 1er corps américain, la 37e division avance rapidement dans la vallée du Cagayan. Dans l'île de Mindanao, les opérations se poursuivent dans la zone au nord de Davao.
Okinawa. Après la prise du château et du village de Shuri, le général Ushijima, qui a perdu ses meilleurs hommes, ordonne au reste de ses forces de se retirer sur la péninsule d'Oroku, juste au sud de Naha, ainsi que sur les reliefs de Yaeju, Yuza et Mezado, à l'extrémité sud de l'île. Les conditions sont terribles, les rations se raréfient ; fait inouï dans l'armée nippone, un certain mécontentement règne parmi les troupes. Des éléments de la 1re division de marines traversent la Koruba au sud de Naha. Le 24e corps, sur la gauche du dispositif, poursuit l'ennemi vers le sud, tandis que des détachements nettoient la zone de Shuri.

2 juin
Philippines. Luçon. Dans le secteur du 11e corps américain, la 43e division achève le nettoyage de la zone d'Ipo.
Okinawa. Le ratissage continue, tandis que la 6e division de marines s'apprête à débarquer 2 régiments sur la péninsule d'Oroku.

3 juin
Philippines. Luçon. Écrasant la maigre résistance japonaise, la 37e division américaine arrive à une dizaine de kilomètres au nord de Santa Fe.

4 juin
Okinawa. Le général Buckner réduit le secteur du front assigné au 3e corps amphibie, qui a éprouvé les plus lourdes pertes, augmentant celui du 24e corps. La ligne de front s'étend des faubourgs méridionaux de Naha aux contreforts au sud de la crête de Shuri, atteignant la côte est de l'île, juste au sud de Yonabaru. Après un intense bombardement préliminaire, les 4e et 29e régiments de marines (6e division), débarqués sur la côte nord de la péninsule d'Oroku, tenue par l'infanterie de marine du vice-amiral Ota, investissent près de la moitié de l'aérodrome local.

5 juin
Allemagne. A Berlin, conférence entre les généraux Eisenhower, Montgomery, Joukov et de Lattre. Les quatre gouvernements alliés décident d'assumer l'autorité suprême en Allemagne.
Philippines. Luçon. Dans le secteur du 1er corps américain, des éléments de la 37e division occupent Aritao et poussent au-delà, vers le nord.
Okinawa. Dans la péninsule d'Oroku, les Japonais s'organisent, s'opposant avec détermination à la

6e division de marines, qui enlève toutefois une grande partie de l'aérodrome. Le 24e corps approche de la dernière ligne de défense nippone au sud de l'île, qui va de Yuza, à l'ouest, jusqu'à Guschichan sur la côte est, en s'articulant sur les reliefs de Yaeju, Yuza et Mezado.
Un typhon surprend les navires américains au large d'Okinawa : 4 cuirassés, 8 porte-avions, 3 croiseurs lourds et 4 légers, 14 contre-torpilleurs, 2 pétroliers et 1 navire pourvoyeur subissent des dégâts plus ou moins graves. Le cuirassé *Mississippi* et le croiseur lourd *Louisville* sont sévèrement touchés par des avions-suicide japonais.

6 juin
Philippines. Les Américains progressent sans rencontrer d'opposition sérieuse, soit dans la vallée du Cagayan, à Luçon, soit sur Mindanao, où ils s'apprêtent à attaquer la ville de Mandog.
Okinawa. La 6e division de marines achève la conquête de l'aérodrome de la péninsule d'Oroku et avance le long de la côte, mais, à l'intérieur, les Japonais résistent avec leur ténacité coutumière. A l'est, des éléments de la 96e division (24e corps) atteignent les pentes du mont Yaeju, où ils sont stoppés par le feu violent des Japonais.

7 juin
Chine. Dans la province du Kouangsi, 3 armées chinoises s'apprêtent à lancer une offensive contre les Japonais en vue de libérer la zone Hong Kong-Canton. Dans le Hounan, les Chinois harcèlent les Japonais en retraite jusqu'à Paoking (aujourd'hui Chaoyang), centre d'où était partie leur offensive.
Okinawa. Dans la péninsule d'Oroku, les Japonais contiennent les assauts de la 6e division de marines, tandis que la 1re division avance au sud et coupe à la base la péninsule, isolant l'ennemi. Sur le front du 24e corps, on observe une importante activité d'artillerie.

8 juin
Philippines. Luçon. Le 145e régiment d'infanterie de la 37e division américaine enlève Solano et arrive presque à Bagabag (les deux localités sont au nord-est de Santa Fe vers la vallée du Cagayan). Des patrouilles se portent à l'est du Magat.
Okinawa. Toujours de durs combats dans la péninsule d'Oroku, tandis que le 24e corps se prépare à lancer une grande attaque contre le mont Yaeju.

9 juin
Philippines. Luçon. La 37e division américaine enlève Bagabag. L'objectif américain est de couper les voies d'accès à la vallée du Cagayan pour bloquer les Japonais concentrés sur la sierra Madre, au nord-est de l'île.
Mindanao. Des éléments de la 24e division américaine occupent Mandog, dernier point d'appui important des défenses japonaises.
Okinawa. Les défenseurs de la péninsule d'Oroku sont définitivement isolés et encerclés par les marines de la 6e division. La 1re division de marines avance vers le sud presque jusqu'à la crête de Kunishi, un des derniers points d'appui japonais.

10 juin
Indes néerlandaises. Avec l'appui de l'aviation et de la marine anglo-américaines, des troupes australiennes débarquées dans la baie de Brunei entament la reconquête de Bornéo. D'autres contingents débarquent également sur les îles de Labuan et de Muara.
Birmanie. Des guérilleros birmans guidés par des officiers anglais reprennent Loilem, dans la zone des monts Chan.
Chine. Des forces chinoises libèrent Yichan et poursuivent les Japonais vers Lioutchéou.
Philippines. Luçon. Les Japonais bloquent provisoirement l'avance de la 37e division américaine près du col d'Orioung.
Okinawa. Toujours de durs combats dans la péninsule d'Oroku, où sont engagés les éléments de la 6e division de marines. Les Japonais lancent des contre-attaques nocturnes et perdent de nombreux hommes. La 1re division de marines, au prix de lourdes pertes, occupe une colline à l'ouest du centre de Yuza. Le 24e corps, appuyé par l'artillerie terrestre et navale, l'aviation et les blindés munis de lance-flammes, lance une grande offensive contre la dernière ligne de défense japonaise, s'emparant d'un col entre les monts Yaeju et Yuza.

11 juin
Philippines. Luçon. Combats au col d'Orioung, où les Japonais continuent à bloquer la 37e division américaine.
Okinawa. Dans la péninsule d'Oroku, les Japonais, dont les positions se réduisent à une poche d'environ 1 km de profondeur, opposent une résistance fanatique. La 1re division de marines tente en vain de prendre d'assaut la crête de Kunishi. Dans le secteur du 24e corps, un régiment de la 96e division atteint Yuza, mais en est délogé par le violent feu japonais. Le col entre les monts Yaeju et Yuza résiste aux fortes contre-attaques nippones. L'artillerie pilonne les positions des Japonais dans les cavernes du mont Yaeju, à l'est duquel les Américains enlèvent une importante cote.

12 juin
Philippines. Luçon. Le 145e régiment d'infanterie américain écrase la résistance japonaise au col d'Orioung, occupe la ville du même nom et atteint des positions qui dominent la ville de Balite.
Okinawa. L'infanterie de marine japonaise assiégée dans la péninsule d'Oroku, pilonnée par le feu incessant des Américains, montre des signes de lassitude. Certains se rendent, beaucoup se suicident. Par une attaque nocturne, un régiment de la 1re division de marines occupe l'extrémité ouest de la crête de Kunishi. Dans le secteur du 24e corps, la 96e division attaque sans succès le mont Yuza, mais gagne des positions dans la zone du mont Yaeju.

13 juin
Chine. Les Japonais s'apprêtent à quitter Lioutchéou et Koueilin : ainsi, la première phase de l'opération chinoise contre la zone de Hong Kong-Canton devient inutile.
Indes néerlandaises. Les Australiens débarqués dans la baie de Brunei, dans l'île de Bornéo, libèrent la ville de Brunei.

L'ESCADRILLE NORMANDIE-NIÉMEN

Rentrée en France en juin 1945, au lendemain de la victoire, l'escadrille Normandie-Niémen n'a pas seulement écrit l'une des grandes pages militaires de la France libre. Elle a illustré l'un des rêves de politique étrangère du général de Gaulle : celui de l'alliance franco-russe.
De Gaulle, en effet, ne tenait pas seulement à faire participer la France à l'effort de guerre. Il souhaitait équilibrer l'influence anglo-américaine, prépondérante par la force des choses, au moyen d'accords avec un allié soviétique derrière lequel il se plaisait à deviner le visage de la Russie éternelle.
C'est dans cette perspective que se forma, en été 1942, l'idée d'associer militairement la France au difficile combat que menait alors l'Armée rouge pour tenter de briser l'offensive allemande.
Dès le mois de septembre se constitue ainsi à Rayak, en Syrie, un groupe d'aviation de chasse qui est baptisé « Normandie ». Sous les ordres du commandant Tulasne, ses membres sont rapidement pris en charge par les autorités soviétiques, transportés en Russie et entraînés, près de Moscou, sur les appareils qu'ils seront amenés à piloter.
C'est l'époque — avant Stalingrad — où l'U. R. S. S. mobilise toutes ses forces pour les combats décisifs. En mars 1943, la formation française reçoit le baptême du feu sur le front de Kalouga, au sud-ouest de Moscou.
Elle est commandée maintenant par le général Pierre Pouyade : un saint-cyrien de trente-deux ans, officier pilote, qui a fui l'Indochine en avion à la veille d'être arrêté pour ses activités antijaponaises et qui a réussi à gagner Londres, via la Chine. Et l'escadrille qu'il dirige montre un tel esprit offensif qu'elle est bientôt transformée en régiment et intégrée à la 303e division de chasse du général Zakharov. A ce titre, elle participe aux opérations sur le front de Biélorussie et inflige de lourdes pertes à l'ennemi. En octobre 1944, lorsque l'Armée rouge franchit le Niémen avec l'appui du régiment français, celui-ci ajoute ce nom à son nom initial : « Normandie-Niémen » devient le symbole de la fraternité d'armes franco-soviétique.
A la fin de la guerre, la célèbre escadrille, sept fois citée à l'ordre du jour, décorée de l'ordre du Drapeau rouge et de celui d'Alexandre Nevski, totalisera 210 victoires sur 869 combats, pour 4 000 heures de vols de guerre. Elle aura perdu 42 de ses 97 pilotes.

Philippines. Luçon. Une colonne blindée est envoyée par des Américains au-delà du col d'Orioung en vue d'exploiter la percée effectuée par le 145e régiment d'infanterie, mais une contre-attaque des Japonais lui barre la route.
Okinawa. C'en est fini de la résistance japonaise dans la péninsule d'Oroku : la 6e division de marines fait un nombre record de prisonniers. La 1re division de marines lance un régiment contre la crête de Kunishi ; bien qu'au prix de pertes sévères, les Américains réussissent à occuper et tenir quelques positions. Le 24e corps détruit l'une après l'autre au lance-flammes les installations japonaises établies dans les cavernes fortifiées des monts Yuza et Yaeju, et des collines 153 et 115.

14 juin
Birmanie. Grand défilé à Rangoon pour fêter la reconquête de la colonie. Mountbatten fixe au 9 septembre le début de l'opération « Zipper » (reconquête de la Malaisie).
Chine. Les Chinois poursuivent les Japonais vers Lioutchéou.
Philippines. Luçon. Les Américains forcent le barrage japonais près du col d'Orioung. Des éléments de la 37e division, complétés par une colonne blindée, se portent à Echague. De Santiago, d'autres détachements marchent sur Cabanatuan et Cagayan.
Okinawa. Tandis que s'opère le nettoyage de la péninsule d'Oroku, sur la crête de Kunishi comme autour des monts Yuza et Yaeju, les marines du 3e corps et les fantassins du 24e continuent la lutte pour l'anéantissement des cavernes forti-
l'anéantissement des cavernes fortifiées japonaises.
Un régiment de la 96e division parvient à atteindre le sommet du mont Yaeju, tandis que la 7e division étend son propre contrôle sur les collines 153 et 115.
États-Unis. Les chefs d'état-major réunis ordonnent aux généraux MacArthur et Arnold et à l'amiral Nimitz d'étudier un plan en vue de l'occupation immédiate des îles japonaises en cas de brusque capitulation de l'ennemi. La décision est peut-être liée aux progrès réalisés dans les études sur la fabrication de la bombe atomique, mais les chefs militaires américains sur le terrain (comme d'ailleurs les ministres) ne sont pas au courant.

15 juin
Birmanie. Le nettoyage des monts Chan est terminé. Le corps constitué à cette fin sera dissous en juillet.
Philippines. Luçon. Au nord de l'île, les guérilleros philippins s'emparent de Cervantes. La 37e division américaine continue d'avancer dans la vallée du Cagayan, éliminant un point d'appui japonais à environ 4 km de Santiago, près de Cabanatuan.
Okinawa. Les marines engagés sur la crête de Kunishi ne réussissent pas à avancer et subissent de lourdes pertes. La 1re division, maintenant à court d'effectifs, est complétée par le 8e régiment de la 2e division de marines. Le 24e corps poursuit la lente élimination des installations japonaises sur les monts Yaeju et Yuza.

16 juin
Okinawa. Les combats se poursuivent dans la partie méridionale

de l'île. Le 381e régiment d'infanterie réussit à s'emparer du sommet du mont Yuza.
Dans les eaux d'Okinawa, l'offensive aérienne des Japonais contre la flotte américaine continue, bien qu'avec une intensité réduite. Aujourd'hui, les Japonais ont envoyé par le fond 1 contre-torpilleur, tandis qu'ils endommageaient 1 porte-avions d'escorte.

17 juin
Philippines. Luçon. Dans le secteur du 1er corps américain, des éléments de la 37e division enlèvent Naguilian, après avoir forcé le passage sur le Cagayan, non loin de la localité.
Okinawa. Grâce à l'arrivée de renforts dans la zone de la crête de Kunishi, les Américains commencent à entamer la résistance acharnée des Japonais. Dans le secteur du 24e corps, la dernière ligne de défense japonaise est enfoncée. La 7e division achève la conquête des collines 153 et 115.
États-Unis. Le général Arnold décide de remplacer le général Chennault par le général Stratemeyer à la tête des forces aériennes américaines opérant en Chine.

18 juin
Philippines. Luçon. Des éléments de la 37e division américaine, escortés d'une colonne blindée, poussent leur avance dans la vallée du Cagayan, emportant l'aérodrome de Ilagan et franchissant la rivière du même nom.
Mindanao. C'en est fini de toute résistance organisée des Japonais, dont la XXXVe armée en est depuis longtemps réduite à se nourrir de racines et d'écorces d'arbres. Mais de petits groupes se défendront encore quelque temps.
Okinawa. Ce qui reste de la XXXIIe armée nippone résiste encore, bien que sporadiquement, aux attaques du 3e corps amphibie et du 24e corps.
Alors qu'il inspecte les lignes du 8e régiment de marines, le général Buckner est tué par un projectile ennemi. Il est remplacé à la tête de la Xe armée américaine par le général Geiger, commandant la 2e division de marines.
Japon. Les bombardiers américains lancent une série de raids violents sur 23 villes japonaises d'une population comprise entre 100 000 et 350 000 habitants.
Appliquant les consignes de l'empereur Hiro-Hito, le Premier ministre Suzuki informe le Conseil suprême de la guerre de son intention (ou plutôt de celle de l'empereur) d'engager au plus vite des négociations de paix avec les Alliés.

19 juin
Okinawa. Utilisant à plusieurs reprises des haut-parleurs et des parachutages de tracts, les Américains persuadent 343 Japonais de se rendre. L'ennemi reflue en désordre devant le 3e corps amphibie américain, tandis qu'il oppose toujours une forte résistance dans le secteur du 24e corps.

20 juin
Chine. Les plans alliés projettent pour le 1er août la conquête de Fort-Bayard (aujourd'hui Tchan Kiang), sur la mer de Chine méridionale, qui servira de base logistique pour la campagne contre Hong Kong et Canton.
Philippines. Luçon. Partis d'Aparri, sur la côte nord, et remontant la vallée du Cagayan, des groupes de guérilleros philippins libèrent le centre de Tuguegarao, à mi-chemin entre Aparri et Ilagan, que les Américains ont atteint.
La *Task Force,* envoyée au nord par les Américains, entre à son tour à Aparri, tandis que les éléments de la 37e division arrivent à 4 km au nord d'Ilagan.
Philippines méridionales. Le commandement de la VIIIe armée américaine annonce officiellement la fin des opérations de reconquête des îles Panay, Negros, Cebu, Bohol, Palawan et de la partie occidentale de Mindanao.
Indes néerlandaises. Les forces australiennes étendent leur occupation de Bornéo, débarquant à Lutong, dans la partie est de Sarawak.
Okinawa. Dans le secteur central du front confié au 24e corps, les poches nippones se défendent toujours efficacement. Le 32e régiment d'infanterie de la 7e division atteint la cote 89, près de Mabuni, où la présence du commandement japonais est certaine. Les marines, sur l'aile droite, les fantassins, sur l'aile gauche, progressent, pratiquement sans heurts, faisant plus de 1 000 prisonniers et atteignant en plusieurs points la côte méridionale de l'île.

21 juin
Philippines. Luçon. Sans guère rencontrer d'opposition, l'avance américaine se poursuit dans la vallée du Cagayan. Au nord, les éléments de la *Task Force,* dépêchés par les Américains, font la liaison avec les guérilleros philippins.
Okinawa. La résistance japonaise touche à sa fin. La cote 89 est emportée par le 32e régiment d'infanterie de la 7e division ; on découvre, dans une caverne, les corps du général Ushijima, commandant la XXXIIe armée japonaise, et de son chef d'état-major, qui se sont suicidés.

22 juin
Chine. Les forces chinoises sont à la périphérie de Lioutchéou : en se retirant, les Japonais mettent le feu à la ville.
Indes néerlandaises. Les Australiens ont réduit les Japonais au silence sur l'île de Tarakan, face à la côte nord-est de Bornéo.
Philippines. Luçon. Les Américains décident d'effectuer un débarquement de parachutistes sur la côte nord, près d'Aparri. Tandis que la 37e division continue sa marche vers le nord, emportant Tamauini et arrivant à 9 km de Cabagan, les guérilleros philippins, qui avaient libéré Tuguegarao, en sont délogés par les Japonais.
Okinawa. Toute résistance ayant cessé, les Américains fêtent au cours d'une cérémonie la conquête de l'île qui leur a coûté environ 50 000 morts, blessés et portés disparus. Les Japonais ont eu 110 000 morts, 7 400 se sont rendus. En outre, ils ont perdu 7 800 avions, mais ils ont coulé 36 navires américains et endommagé 368 autres. D'ailleurs, l'offensive aérienne continuera encore. Les bases aériennes et navales d'Okinawa rapprochent sensiblement les Américains de leur prochain objectif : le Japon.

23 juin
Philippines. Luçon. A 9 heures, un bataillon du 511e régiment de parachutistes américain est largué sur un aérodrome au sud d'Aparri, sur la côte nord. Le débarquement se réalise sans difficulté; le détachement, entrant aussitôt en contact avec les guérilleros philippins, prend la route du sud en vue de faire la liaison avec la 37e division.
Okinawa. Le nettoyage systématique de l'île a commencé. Le général Stilwell prend le commandement de la Xe armée américaine en remplacement du général Geiger, qui a provisoirement succédé au général Buckner.

Marines américains pendant le nettoyage de Naha, la capitale d'Okinawa.

25 juin
Philippines. Luçon. Les parachutistes américains largués à Aparri avancent vers le sud, enlevant Gattaran. Les éléments de la 37e division reprennent Tuguegarao, d'où les Japonais ont chassé les guérilleros philippins.

26 juin
Clôture à San Francisco de la conférence des Nations unies sur l'organisation internationale. Les représentants des pays membres signent la charte de l'O. N. U. (Organisation des Nations unies), qui ne sera ratifiée que le 24 octobre.
Chine. Les troupes chinoises s'emparent de l'aérodrome de Lioutchéou.
Philippines. Luçon. Le bataillon de parachutistes largué près d'Appari fait sa jonction avec la 37e division américaine, qui prend le contrôle à la fois du bataillon, de la *Task Force* déjà envoyée au nord et des guérilleros philippins opérant dans cette zone.
Iles Riou-Kiou. Des détachements de marines débarquent sur l'île de Kume, où sera installée une nouvelle station radar.
Japon. Les Superforteresses volantes B-29 lancent une série de raids nocturnes contre les raffineries de pétrole japonaises.

27 juin
Philippines. Luçon. La 37e division du 1er corps américain atteint Aparri, sur la côte nord. La majorité des Japonais, regroupés sur la sierra Madre au nord-est de l'île, sont isolés et dans un piteux état, par manque de vivres et de médicaments. Après l'occupation par les Américains de toute la vallée du Cagayan, la campagne pour la reconquête de Luçon est virtuellement terminée.

30 juin
Philippines. Luçon. La fin de la campagne de Luçon est officiellement annoncée. La VIIIe armée américaine procédera au nettoyage de ce qu'il reste des forces japonaises (estimées encore à 23 000 hommes répartis entre la sierra Madre et la zone de Kiangan-Bontoc), tandis que la VIe armée sera réorganisée en vue de sa prochaine mission, l'opération « Olympic » (invasion du Japon).
Sur Mindanao, les opérations de nettoyage continuent et ne s'arrêteront qu'à la fin de la guerre.
Okinawa. L'île est maintenant entièrement nettoyée.

1er juillet
Chine. Les Chinois libèrent Lioutchéou.
Indes néerlandaises. Après une série de bombardements aériens préliminaires et avec l'appui d'un groupe d'assaut naval américain, la 7e division australienne débarque à Balikpapan sur la côte est de Bornéo, sans susciter beaucoup de réaction de la part des forces japonaises, qui ont toutefois installé à l'intérieur d'importantes défenses.

2 juillet
Indes néerlandaises. Les Australiens s'emparent des installations pétrolières de Balikpapan et étendent leur tête de pont.
Iles de Riou-Kiou. La fin des opérations est officiellement annoncée.

4 juillet
Philippines. Mindanao. La 24e division américaine organise une force expéditionnaire amphibie en vue de libérer la baie de Sarangani, dans la partie méridionale de l'île.

5 juillet
Indes néerlandaises. A Bornéo, d'autres forces australiennes débarquent près de la pointe Penadjim, dans la baie de Balikpapan. A partir de nombreux points de débarquement, les Australiens étendent rapidement leur contrôle sur les côtes et vers l'intérieur de l'île.
Le général MacArthur annonce officiellement la libération des Philippines.

6 juillet
Chine. Le général Chennault, chef légendaire des « Tigres volants », donne sa démission.

8 juillet
Philippines. Mindanao. Les opérations se développent dans la zone

de la baie de Sarangani, avec le concours de guérilleros philippins sous commandement américain.

10 juillet
Japon. Des avions américains lâchés d'une escadre de porte-avions rapides commandée par le vice-amiral McCain attaquent de nombreux aéroports dans la zone de Tokyo, touchant également des objectifs industriels. Faible riposte des Japonais. L'aviation de l'empire du Soleil-Levant a été décimée à Okinawa. De même, ce qui reste de la marine est pratiquement paralysé par les attaques américaines et le manque de carburant.
La marine américaine, quant à elle, malgré l'hémorragie qu'elle a subie à Okinawa, est de plus en plus puissante : à ce jour, elle compte presque 68 000 unités de tous types, avec plus de 4 millions d'hommes.

11-12 juillet
Philippines. Luçon. Des milliers de bombes au napalm sont déversées sur les Japonais enfermés dans les poches situées sur la sierra Madre et dans la zone de Kiangan. Les Américains resserrent l'étau sur les dernières forces japonaises.

13 juillet
L'Italie déclare la guerre au Japon.

13-15 juillet
Philippines. Mindanao. Les opérations américaines dans la zone de la baie de Sarangani se poursuivent avec succès.

16 juillet
États-Unis. La première bombe atomique est expérimentée avec succès à 15 h 30 près d'Alamogordo, dans l'État du Nouveau-Mexique.

17 juillet
Ouverture de la conférence de Potsdam, réunie jusqu'au 2 août, avec Churchill (accompagné par Attlee), Staline et Truman, dans le but de débattre des problèmes de la paix en Europe et des conditions d'un règlement du conflit contre le Japon.
Japon. Des avions qui ont décollé d'unités de la IIIe Flotte américaine et de la Flotte britannique du Pacifique, respectivement commandées par les vice-amiraux McCain et Rawlings, entament une série de bombardements contre les installations militaires et les aérodromes de la zone de Tokyo. Une autre escadre américaine, composée de cuirassés, croiseurs et contre-torpilleurs, bombarde la zone industrielle de Mito-Hitachi, dans l'île de Hondo (Honshu).

18 juillet
Japon. Pratiquement sans rencontrer d'opposition, les attaques aériennes et navales des Américains et Britanniques continuent contre les nombreux objectifs de la zone de Tokyo. La base navale de Yokosuka et les aérodromes autour sont sérieusement touchés.
Indes néerlandaises. Des éléments de la 7e division australienne occupent à Bornéo le centre pétrolier de Sambodja, évacué par les Japonais.

20 juillet
Philippines. Mindanao. Des détachements américains débarqués sur l'île de Balut, à l'entrée de la baie de Sarangani, réduisent à merci la petite garnison japonaise.

23 juillet
France. Le procès du maréchal Philippe Pétain s'ouvre à Paris, devant la Haute Cour de justice.

25 juillet
Philippines. Mindanao. Toute résistance japonaise organisée cesse dans le secteur de la baie de Sarangani. Le nettoyage a commencé et durera jusqu'au 11 août.
Japon. Pour la seconde journée consécutive, des avions de la IIIe Flotte américaine attaquent la base navale de Kure et les aérodromes de Nagoya, Osaka et Miho. Les cuirassés *Hyuga, Ise* et *Haruna,* le porte-avions d'escorte *Kaiyo* et les croiseurs lourds *Aoba et Iwate* sont coulés. Les attaques aériennes et navales se succèdent contre un pays à bout de souffle et qui ne se défend plus.

26 juillet
Les Alliés réunis à Potsdam publient la Déclaration de Potsdam, ultimatum exigeant la capitulation sans condition du Japon, sous peine

PAUL VALÉRY

Paul Valéry, l'un des plus grands poètes contemporains, meurt à Paris le 16 juillet.
Valéry est né à Sète en 1871. Alors qu'il étudie le droit à Montpellier, il se lie avec Pierre Louÿs, qui l'introduit plus tard dans les milieux parisiens où évolue Mallarmé. Sous l'influence de ce dernier, Valéry compose ses premières poésies, bientôt suivies d'intéressants essais philosophiques. Plongé dans une crise profonde, Valéry s'enferme dans un silence absolu jusqu'en 1917. Sous l'influence de Gide, il publie alors *La Jeune Parque*, sa première grande œuvre. Il écrit ensuite les *Odes* et de nombreuses autres poésies lyriques, réunies dans le volume *Charmes*, qui étend sa renommée au-delà des frontières de la France.
Valéry n'est pas seulement un poète, il est en outre un penseur, qui produit de nombreux essais critiques.
Influencé par le Parnasse et par le symbolisme, Valéry parvient à réunir les thèmes de la tradition classique et ceux des courants poétiques modernes, atteignant un lyrisme d'une grande beauté.

« de destruction totale ». C'est aussi la conséquence de l'expérience réussie d'Alamogordo (dont Staline a été informé par les services de renseignement).

27 juillet
Chine. Les premières troupes chinoises entrent à Koueilin, qui sera défendue par les Japonais jusqu'à la fin du mois. D'autres forces chinoises s'emparent de l'aérodrome de Tanchouk.

28 juillet
Japon. Nouvelles attaques de la IIIe Flotte américaine contre la base navale de Kure et d'autres objectifs. Les avions américains coulent cette fois le porte-avions *Amagi,* le croiseur lourd *Tone,* le croiseur vétéran *Izumo,* le croiseur léger *Oyodo* et un contre-torpilleur. Les Japonais, qui ne sont désormais plus en mesure de défendre le sol de leur patrie, se contentent encore de quelques attaques de kamikazes contre les unités navales américaines dans la zone d'Okinawa.

29 juillet
Japon. Une escadre de cuirassés, croiseurs et contre-torpilleurs américains, commandée par le contre-amiral Shafroth, bombarde des usines, dont une d'avions, et d'autres objectifs à Hamamatsu, sur l'île de Hondo (Honshu).
A Okinawa, des avions-suicide japonais endommagent 1 contre-torpilleur et 1 transport rapide américains.

30 juillet
Le Japon repousse l'ultimatum de Potsdam. Le général Marshall donne néanmoins au général MacArthur et à l'amiral Nimitz des instructions afin qu'ils coordonnent leurs plans en vue d'une prochaine capitulation de l'ennemi.
Japon. Nouveaux bombardements d'aérodromes et d'installations industrielles sur Hondo (Honshu) par les avions de la IIIe Flotte américaine.
Philippines. Un sous-marin nippon coule dans la mer des Philippines le croiseur lourd américain *Indianapolis,* qui a convoyé à Tinian (dans les îles Mariannes) les pièces de la bombe atomique.

LA BOMBE

Le 16 juillet, sur la base aérienne d'Alamogordo, dans le désert du Nouveau-Mexique, la première bombe au plutonium est expérimentée, après avoir été fabriquée dans les laboratoires de Los Alamos.
Cette première explosion expérimentale est l'aboutissement des travaux du Manhattan Project (dont les savants ont décidé de ne pas expérimenter la bombe à l'uranium 435, car ils sont sûrs de son fonctionnement).
La bombe au plutonium est installée au sommet d'une tour, puis son explosion est télécommandée à distance. L'onde de choc parvient aux observateurs moins d'une minute plus tard.
La puissance d'explosion de cette bombe, surnommée en code *Fat Man* en raison d'une vague ressemblance avec le profil de Churchill, ébahit les savants, ainsi que les observateurs militaires présents.
Le président Truman (qui n'avait été mis au courant du Manhattan Project qu'en avril) est informé par télégramme au cours de la conférence de Potsdam.
Pour hâter la capitulation du Japon une bombe à l'uranium est envoyée sur Hiroshima, une bombe au plutonium sur Nagasaki.
En ce mois d'août 1945, le monde entier découvre qu'il est entré dans l'ère atomique.

31 juillet-1er août
Poursuite des bombardements aériens et navals sur le Japon. Un contre-torpilleur et une frégate japonais sont coulés.

2 août
Clôture de la conférence de Potsdam.

5 août
Chine. La XIIIe armée chinoise a pris la ville de Tanchouk. La 58e division libère Sinning.

6 août
Japon. Opération « Centerboard » : vers 9 h 30, un B-29, l'*Enola Gay,* commandé par le colonel américain Tibbets, et qui a décollé à 2 h 10 de Tinian dans les Mariannes, lance sur Hiroshima la première bombe atomique.
Le mitrailleur de queue, qui a vu l'explosion, s'exclame : « Mon Dieu ! qu'avons-nous fait ! » 92 233 morts et 37 425 blessés, dont un grand nombre décéderont sous l'effet des radiations.

7 août
Philippines. Luçon. Des officiers du quartier général de la IIe armée américaine arrivent à Luçon en vue de l'invasion prochaine du Japon.

8 août
La Russie déclare la guerre au Japon.

9 août
Japon. La seconde bombe atomique est lancée sur Nagasaki par l'aviation américaine. L'avion est un B-29 rebaptisé *Great Artist* et commandé par le major Sweeney. Cette explosion fait 23 753 morts et 43 020 blessés, dont la plupart décéderont ensuite.
Vers minuit, l'empereur Hiro-Hito convoque le Conseil suprême et cherche à imposer au clan des militaires l'acceptation des conditions de capitulation. Mais ces derniers s'y refusent. A 3 heures du matin, lorsque la réunion s'achève, rien n'a été décidé si ce n'est de tenter un prudent sondage des possibilités de paix par l'entremise de la Suède et de la Suisse.
Début des opérations soviétiques contre le Japon : les objectifs de Moscou sont l'occupation de la Mandchourie et de la Corée du Nord, des îles Kouriles et de la partie sud de Sakhaline, ainsi que la destruction de l'armée japonaise du Kouangtong qui compte environ 1 million d'hommes.
Contre ces forces, les Soviétiques alignent 1 158 000 hommes, qui sont

Les Alliés reçoivent la capitulation du Japon, signée à bord du cuirassé Missouri, *ancré dans la baie de Tokyo.*

regroupés dans les premier et deuxième Fronts d'Extrême-Orient et le Front de Transbaïkalie, avec 26 000 canons et mortiers, 5 500 blindés et canons automoteurs, 3 900 avions.
Les troupes soviétiques pénètrent en Mandchourie ; elles se dirigent alors directement sur la ville de Moukden (aujourd'hui Chenyang).

10 août
Le Japon envoie un message dans lequel il accepte la capitulation, à condition « qu'il ne soit pas porté atteinte au statut de l'empereur ». Les troupes soviétiques entrent en Corée.

ROBERT HUTCHINGS GODDARD

Robert Hutchings Goddard, le père des missiles américains, meurt à Baltimore, dans le Maryland, le 10 août. Il dirigeait depuis le début de la guerre des projets de recherche pour le ministère de la Défense.
Goddard est né en 1882 à Worcester, dans le Massachusetts. Étudiant au Worcester Polytechnic Institute, il s'intéresse très jeune aux problèmes posés par le vol spatial et les engins téléguidés. Entre 1914 et 1916, Goddard réalise des expériences très intéressantes, avec un petit moteur alimenté par un carburant solide. Le compte rendu de ces expériences est relaté dans son livre *Méthode pour atteindre des altitudes extrêmes*, publié en 1919 grâce à l'aide financière apportée par la Smithsonian Institution. Pendant les années suivantes, il commence à expérimenter un combustible liquide, et projette en outre la réalisation d'une fusée à étages. Grâce à l'aide financière de la Clark University, où il professe, ainsi que de la Fondation Guggenheim, il poursuit ses recherches dans le désert, près de Roswell (Nouveau-Mexique), pendant les années trente. C'est là qu'il réalise une fusée à combustible liquide et à contrôle gyroscopique.

11 août
Début des opérations du 2e Front russe d'Extrême-Orient et de la flotte soviétique du Pacifique en vue de l'occupation de la partie méridionale de l'île de Sakhaline.

12 août
Chine. Vu la capitulation imminente du Japon, le commandement sino-américain renonce aux opérations contre Fort Bayard (aujourd'hui Tchankiang), puis contre Hong Kong et Canton.

13 août
Les actes de capitulation du Japon, approuvés par le président Truman, sont envoyés au général MacArthur.
Des avions américains lancent sur Tokyo et d'autres villes japonaises importantes des millions de tracts exposant le stade des négociations de paix et les conditions réelles du Japon.
Les « faucons » se refusent toutefois à admettre la défaite.

14 août
L'empereur Hiro-Hito convoque le Conseil impérial et décide de diffuser à la radio un message annonçant qu'il accepte la capitulation

sans condition. A 23 heures, attaquant le Palais impérial, plus de 1 000 soldats tentent d'empêcher la communication, mais ils sont repoussés par la garde, fidèle au souverain. Informés de l'acceptation de la capitulation, les Américains préparent les premières divisions destinées à l'occupation du Japon.
Entre-temps, les Russes ont chassé l'armée japonaise du Kouangtong, pénétrant en Mandchourie sur 150 à 400 km et emportant de nombreuses villes dont Moukden (Chenyang). L'occupation du sud de Sakhaline et de la Corée se poursuit. □ L'U. R. S. S. et la Chine signent un traité d'alliance.

15 août
Avant que ne parvienne l'annonce de la cessation des hostilités, des appareils de l'escadre de porte-avions rapides du vice-amiral McCain attaquent les aéroports de la zone de Tokyo. La réaction aérienne des Japonais est d'une violence inattendue.
France. Le maréchal Pétain est condamné à mort, mais sera gracié par le général de Gaulle.

16-18 août
Poursuite des opérations soviétiques. Le maréchal Vassilievski propose la cessation des hostilités pour le 20 août à 12 heures. Aucune réponse de l'armée japonaise de Kouangtong, mais, à partir du 19, de nombreuses unités commencent à se rendre.

17 août
Le général prince Higashikumi, nommé Premier ministre, forme un nouveau cabinet.

19 août
Une délégation du gouvernement japonais arrive à Manille pour fixer les détails de la capitulation.

20 août
La délégation japonaise repart pour Tokyo emportant les dispositions alliées relatives à l'occupation et la signature de la capitulation.
Fin des opérations en Chine. L'armée japonaise du Kouangtong déplore 700 000 tués, blessés et disparus. Les Russes continuent cependant leurs opérations à Sakhaline et dans les Kouriles.

23 août
Les Soviétiques occupent Port-Arthur.

25 août
L'occupation du sud de Sakhaline marque la fin des opérations soviétiques sur l'île.

28 août
Les premiers Américains (techniciens de l'aviation) arrivent au Japon. Leur arrivée a été retardée de 48 heures par un typhon.

29 août
Singapour. L'amiral lord Mountbatten reçoit la capitulation des forces japonaises du Sud-Est asiatique, soit quelque 740 000 hommes. L'acte est signé par le général Itagaki.

30 août
Japon. La XIe division A/B atterrit à l'aéroport d'Atsugi, tandis que le 4e régiment de marines de la 6e division débarque à la base navale de Yokosuka. L'occupation en force du Japon a ainsi commencé.
Hong Kong. Une escadre navale britannique réoccupe la colonie.

31 août
La garnison japonaise de l'île Marcus (aujourd'hui Minami Tori Shima) se rend au contre-amiral américain Whiting.

1er septembre
L'occupation des Kouriles marque la fin des opérations soviétiques dans l'archipel.

2 septembre
Capitulation de l'île de Truk dans les Carolines, des îles Pagan et Rota dans les Mariannes et des îles Palau.
Japon. Peu après 8 heures, à bord du cuirassé *Missouri,* mouillé dans la baie de Tokyo, le ministre des Affaires étrangères japonais Mamoru Shigemitsu et le chef d'état-major général Yoshijiro Umezo, représentant respectivement le gouvernement et les forces armées japonaises, signent l'acte de capitulation devant le général MacArthur. Au nom des Alliés, celui-ci appose alors sa signature au bas de l'acte, rédigé en double exemplaire, en japonais et en anglais. Selon la volonté de MacArthur assistent à la cérémonie le général américain Wainwright, héros de Bataan, et le général anglais Percival, battu à Singapour, tous deux libérés depuis peu de leur captivité.
Contresignent l'acte l'amiral Nimitz pour les États-Unis, l'amiral Fraser pour la Grande-Bretagne, le général Blamey pour l'Australie, le général Yung-chang pour la Chine, le général Derebjanko pour l'U. R. S. S., l'amiral Helfrich pour les Pays-Bas, le général Leclerc pour la France, le colonel Moore-Cosgrave pour le Canada et le maréchal de l'air Isitt pour la Nouvelle-Zélande.
Ainsi se termine le plus gigantesque conflit de l'histoire. Il a duré 6 ans et a coûté la vie à 55 millions de personnes ; 3 autres millions sont portées disparues. Les dégâts matériels sont incalculables.

CHARTE DES NATIONS UNIES

Nous, peuples des Nations Unies, résolus
à préserver les générations futures du fléau de la guerre...
à proclamer à nouveau notre foi dans les droits fondamentaux de l'homme, dans la dignité et la valeur de la personne humaine, dans l'égalité de droits des hommes et des femmes, ainsi que des nations, grandes et petites...

Et à ces fins
à pratiquer la tolérance...
à unir nos forces pour maintenir la paix et la sécurité internationales...
à recourir aux institutions internationales pour favoriser le progrès économique et social de tous les peuples,

Avons décidé d'associer nos efforts pour réaliser ces desseins.

INDEX

Composition : MCP, Orléans.
Dépôt légal : 4e trimestre 1988.

Imprimé en Italie par Mondadori - Stab. A.G.V. - Vicenza